NARUTO

MASSIV VOL.20

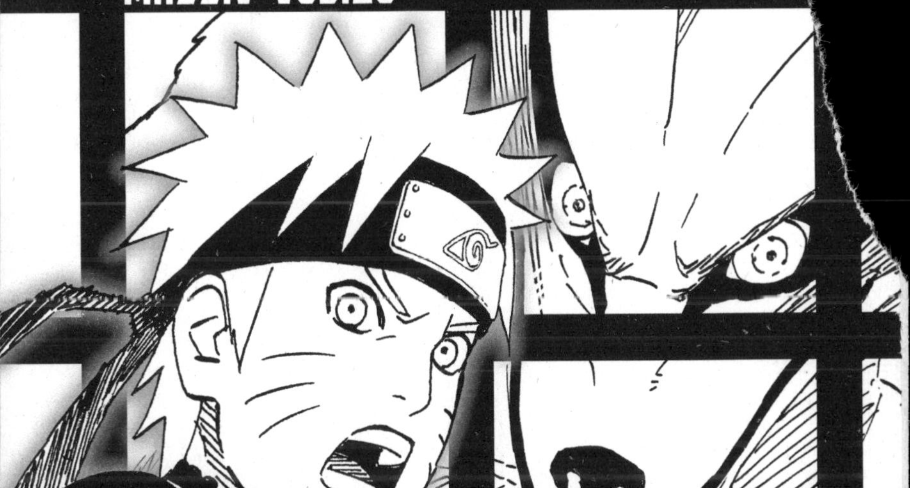

SEIN NAME LAUTET KURAMA

MASASHI KISHIMOTO

CARLSEN MANGA!

NARUTO CHARACTERS

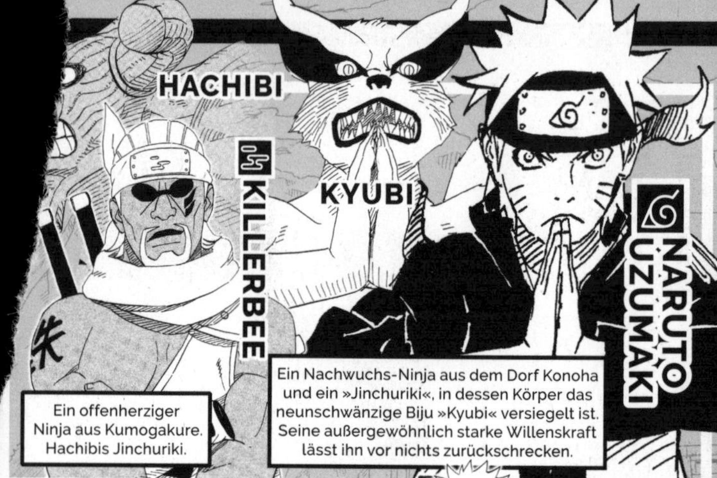

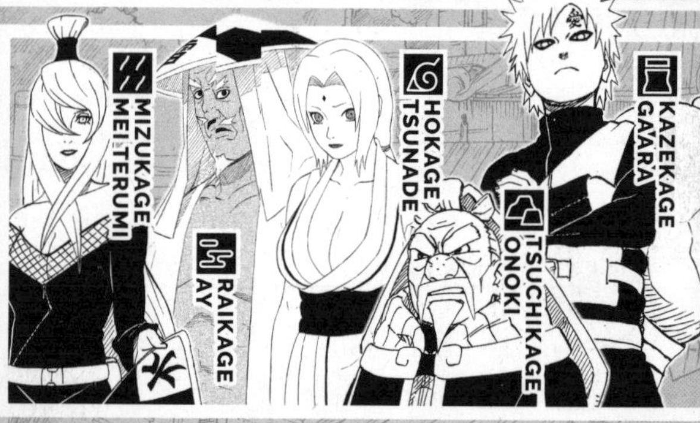

SHINOBI

DIE NINJA-ALLIANZ

EINE ALLIIERTE ARMEE AUS FÜNF NINJA-DÖRFERN: KONOHA, SUNA, KUMO, IWA UND KIRI. RAIKAGE DER VIERTE IST GENERAL-KOMMANDANT.

STORY

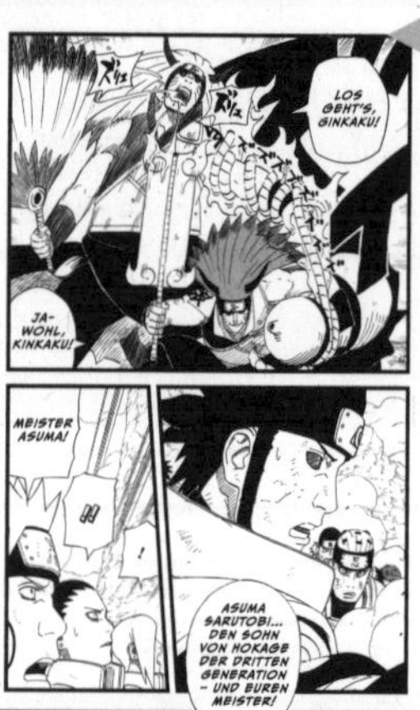

1

Die legendären starken Ninja werden wieder-erweckt!!

Auch die einstigen Meister…

»Ein Hokage zu werden, der alle früheren Hokages übertrifft« – für diesen Traum gibt Naruto alles. Zusammen mit Sasuke und Sakura und weiteren Kameraden trainiert und kämpft er und so wird aus dem ehemaligen Tunichtgut ein richtiger Ninja. Dann geht Sasuke, besessen von der Rache an seinem großen Bruder, zu Orochimaru, um stark zu werden.

Zweieinhalb Jahre später – Naruto nimmt als durchtrainierter Ninja volle Fahrt auf! Seine Kameraden im Dorf zählen immer mehr auf ihn. Da erscheint die Verbrecher-organisation Akatsuki und erschüttert die Ninja-Welt. Schließlich bricht der Vierte Ninja-Weltkrieg aus! Naruto kämpft für die Zukunft der Ninja!!

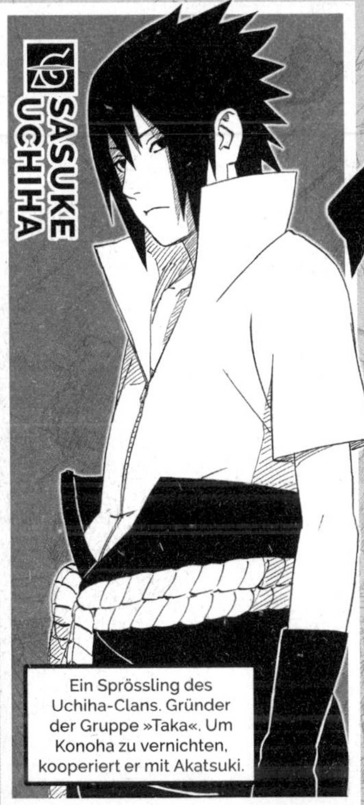

SASUKE UCHIHA

Ein Sprössling des Uchiha-Clans. Gründer der Gruppe »Taka«. Um Konoha zu vernichten, kooperiert er mit Akatsuki.

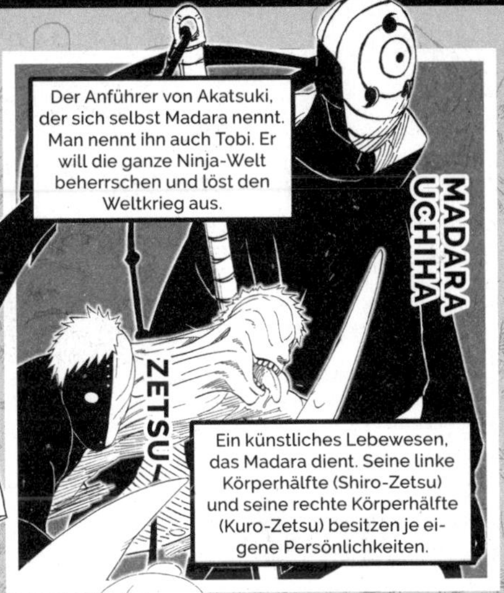

MADARA UCHIHA

Der Anführer von Akatsuki, der sich selbst Madara nennt. Man nennt ihn auch Tobi. Er will die ganze Ninja-Welt beherrschen und löst den Weltkrieg aus.

ZETSU

Ein künstliches Lebewesen, das Madara dient. Seine linke Körperhälfte (Shiro-Zetsu) und seine rechte Körperhälfte (Kuro-Zetsu) besitzen je eigene Persönlichkeiten.

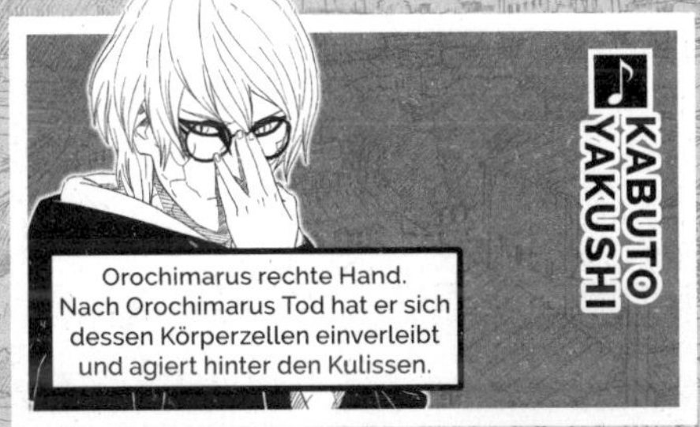

KABUTO YAKUSHI

Orochimarus rechte Hand. Nach Orochimarus Tod hat er sich dessen Körperzellen einverleibt und agiert hinter den Kulissen.

Die Lage im Vierten Ninja-Weltkrieg verschärft sich. Madara und Co. führen mit ihrem Geschick die Ninja-Allianz in die Irre. Naruto erkennt die Not seiner Kameraden und eilt zum Schlachtfeld!!

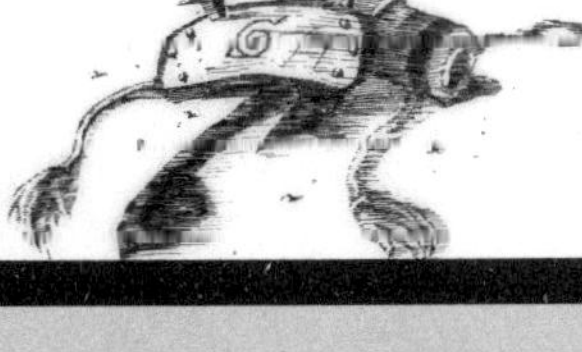

Naruto hat es geschafft, das Kyubi-Chakra unter Kontrolle zu bringen. Er erkennt, dass der Gegner einen Krieg begonnen hat, um seiner habhaft zu werden, und verlässt den Ort des Trainings und der Verbannung. Der Raikage versucht mit Gewalt, Naruto aufzuhalten. Aber Naruto reißt sich los und eilt zu seinen Kameraden!!

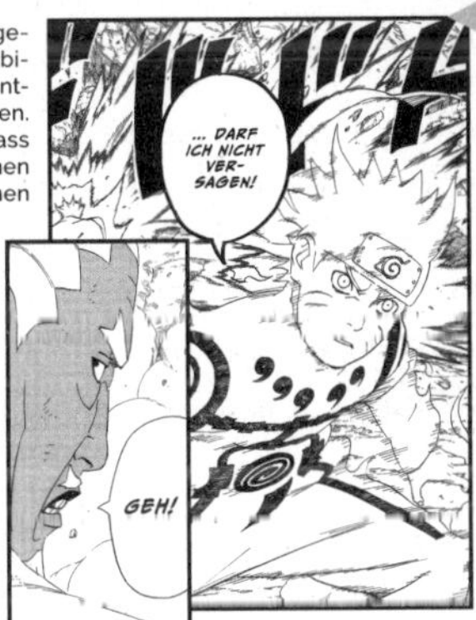

2

Der Kyubi-Chakra-Modus wird aktiviert!! Naruto kämpft gegen den Raikage!!

Durch Kabutos Kunst Edotensei tauchen auf dem Schlachtfeld die legendären starken Ninja auf – einschließlich der ehemaligen Kage! Viele Kämpfer der Ninja-Allianz geraten in schwere Konflikte, weil sie gegen ihnen vertraute Menschen – auch ihre einstigen Meister und Kameraden – kämpfen müssen...

NARUTO

592 SEITEN MASSIV 100% NARUTO

INHALT

545. Kapitel:

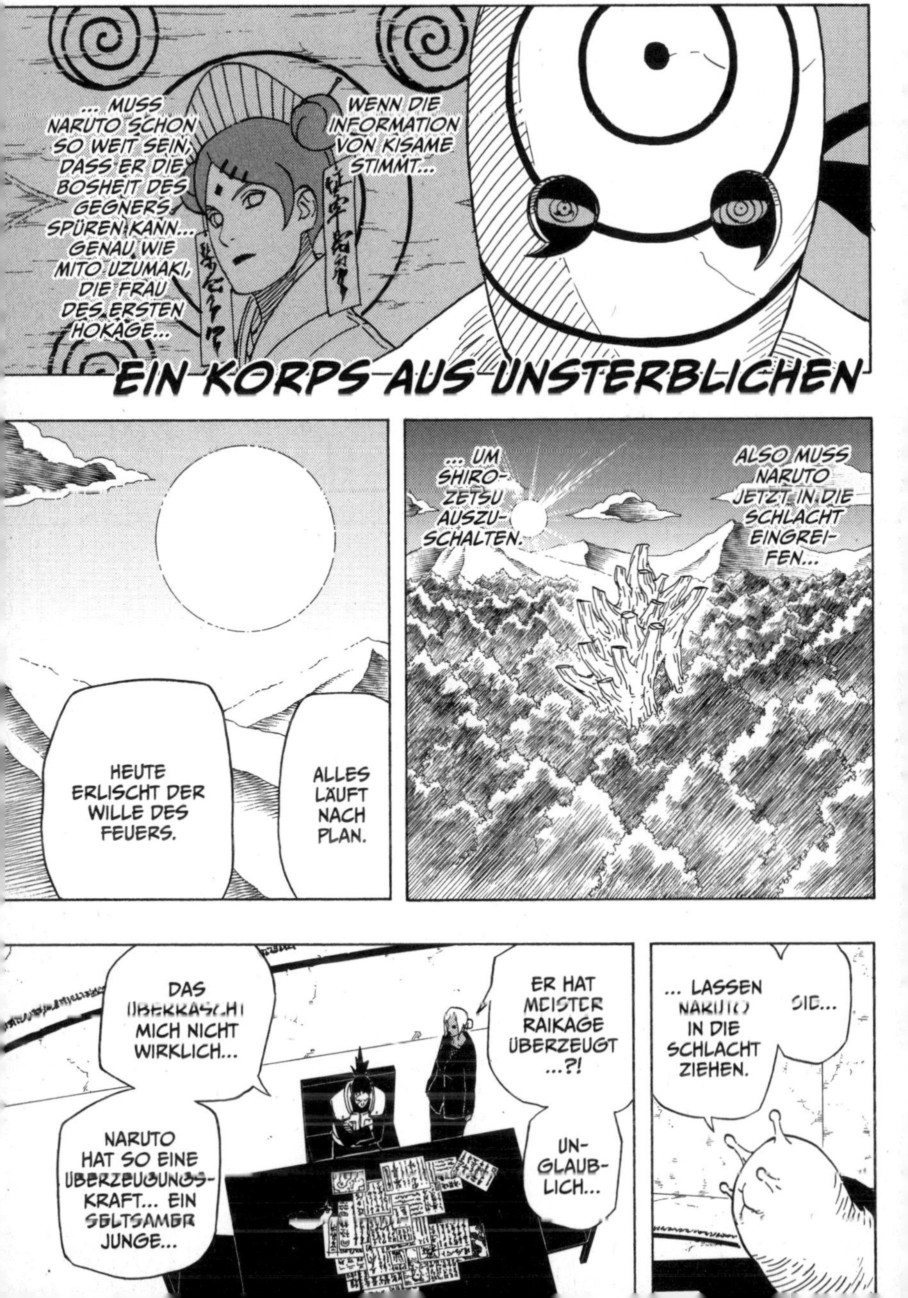

Wenn die Information von Kisame stimmt...
... muss Naruto schon so weit sein, dass er die Bosheit des Gegners spüren kann... genau wie Mito Uzumaki, die Frau des Ersten Hokage...
Ein Korps aus Unsterblichen
Also muss Naruto jetzt in die Schlacht eingreifen...
... um Shiro-Zetsu auszuschalten.
Alles läuft nach Plan.
Heute erlischt der Wille des Feuers.
Sie...
... lassen Naruto in die Schlacht ziehen.
Er hat Meister Raikage überzeugt ...?!
Un-glaub-lich...
Das überrascht mich nicht wirklich...
Naruto hat so eine Überzeugungskraft... ein seltsamer Junge...

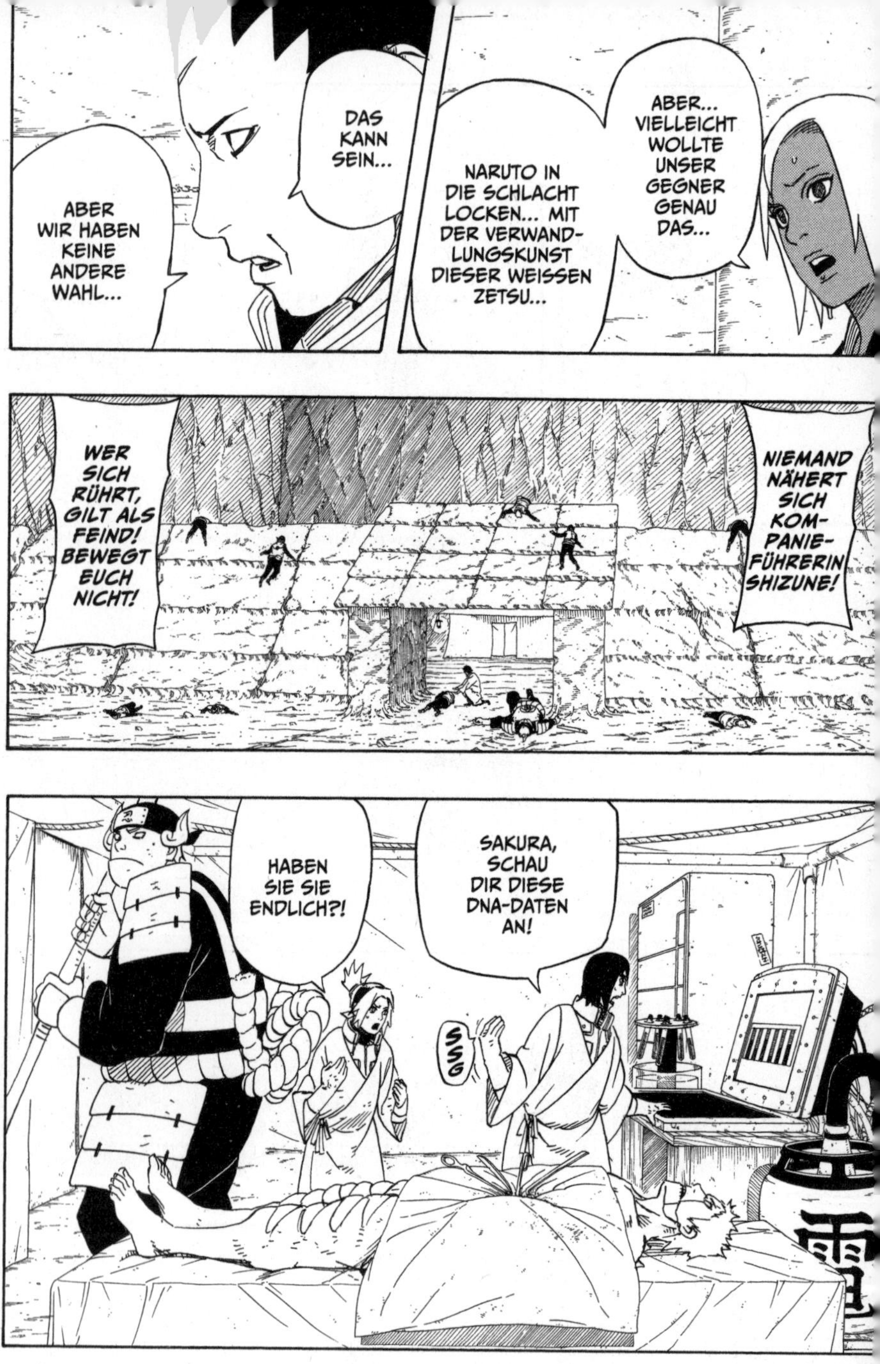
ABER... VIELLEICHT WOLLTE UNSER GEGNER GENAU DAS...
NARUTO IN DIE SCHLACHT LOCKEN... MIT DER VERWANDLUNGSKUNST DIESER WEISSEN ZETSU...
DAS KANN SEIN...
ABER WIR HABEN KEINE ANDERE WAHL...
NIEMAND NÄHERT SICH KOMPANIE-FÜHRERIN SHIZUNE!
WER SICH RÜHRT, GILT ALS FEIND! BEWEGT EUCH NICHT!
SAKURA, SCHAU DIR DIESE DNA-DATEN AN!
SSG
HABEN SIE SIE ENDLICH?!

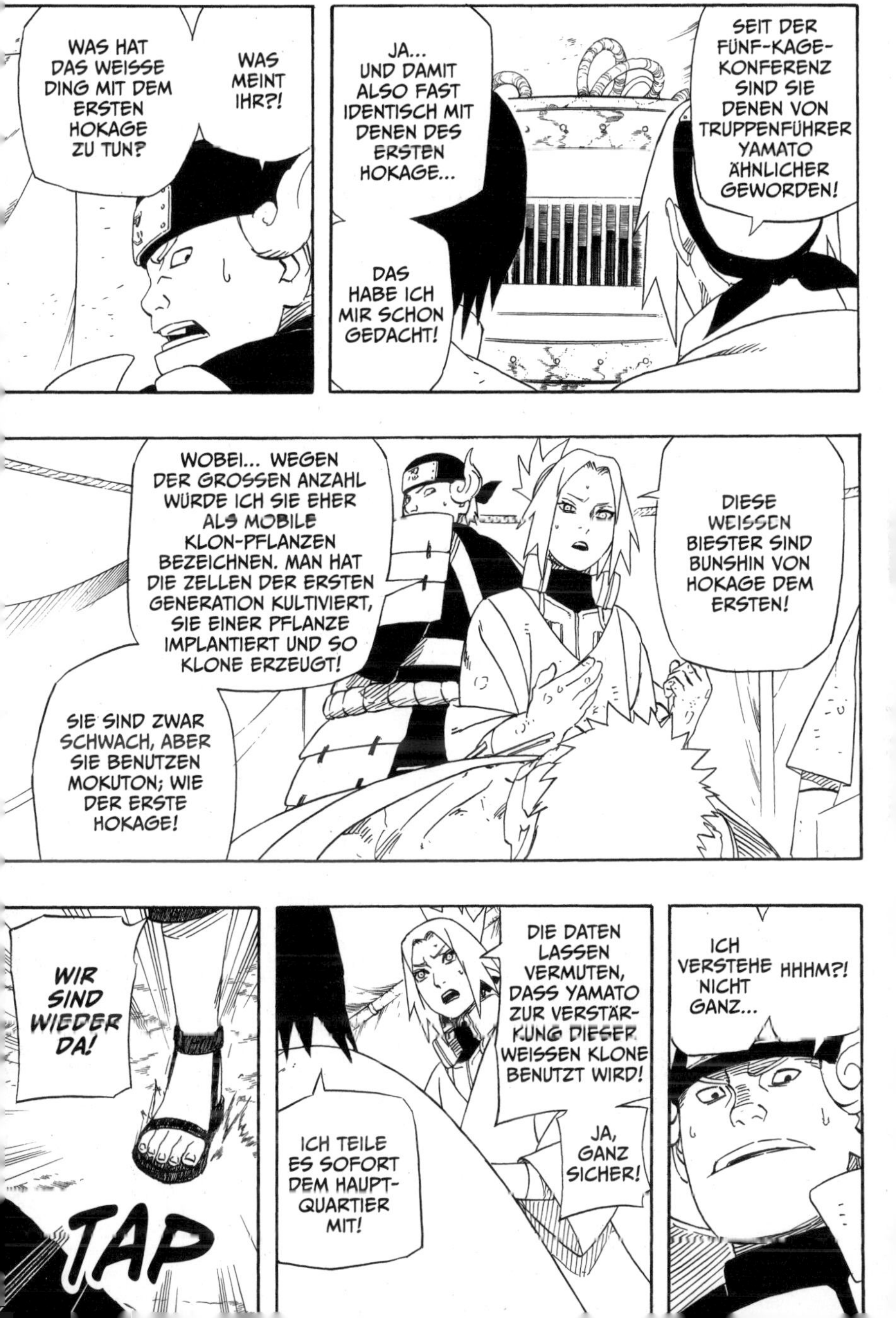

SEIT DER FÜNF-KAGE-KONFERENZ SIND SIE DENEN VON TRUPPENFÜHRER YAMATO ÄHNLICHER GEWORDEN!
JA... UND DAMIT ALSO FAST IDENTISCH MIT DENEN DES ERSTEN HOKAGE...
DAS HABE ICH MIR SCHON GEDACHT!
WAS MEINT IHR?!
WAS HAT DAS WEISSE DING MIT DEM ERSTEN HOKAGE ZU TUN?
DIESE WEISSEN BIESTER SIND BUNSHIN VON HOKAGE DEM ERSTEN!
WOBEI... WEGEN DER GROSSEN ANZAHL WÜRDE ICH SIE EHER ALS MOBILE KLON-PFLANZEN BEZEICHNEN. MAN HAT DIE ZELLEN DER ERSTEN GENERATION KULTIVIERT, SIE EINER PFLANZE IMPLANTIERT UND SO KLONE ERZEUGT!
SIE SIND ZWAR SCHWACH, ABER SIE BENUTZEN MOKUTON; WIE DER ERSTE HOKAGE!
HHHM?!
ICH VERSTEHE NICHT GANZ...
DIE DATEN LASSEN VERMUTEN, DASS YAMATO ZUR VERSTÄRKUNG DIESER WEISSEN KLONE BENUTZT WIRD!
JA, GANZ SICHER!
ICH TEILE ES SOFORT DEM HAUPTQUARTIER MIT!
WIR SIND WIEDER DA!
TAP

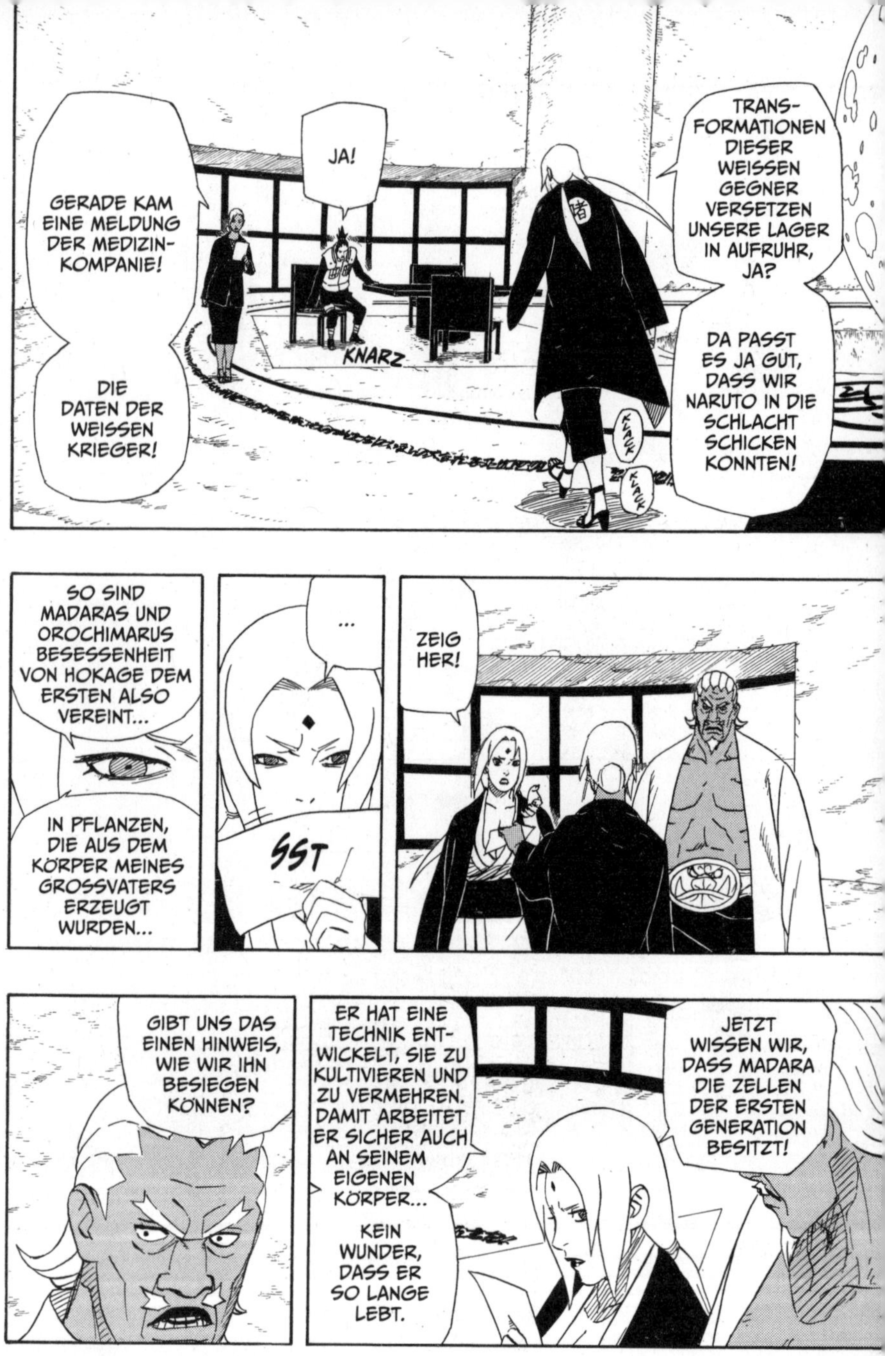
TRANSFORMATIONEN DIESER WEISSEN GEGNER VERSETZEN UNSERE LAGER IN AUFRUHR, JA?
DA PASST ES JA GUT, DASS WIR NARUTO IN DIE SCHLACHT SCHICKEN KONNTEN!
KLACK
KLACK
JA!
KNARZ
GERADE KAM EINE MELDUNG DER MEDIZINKOMPANIE!
DIE DATEN DER WEISSEN KRIEGER!
ZEIG HER!
...
SST
SO SIND MADARAS UND OROCHIMARUS BESESSENHEIT VON HOKAGE DEM ERSTEN ALSO VEREINT...
IN PFLANZEN, DIE AUS DEM KÖRPER MEINES GROSSVATERS ERZEUGT WURDEN...
JETZT WISSEN WIR, DASS MADARA DIE ZELLEN DER ERSTEN GENERATION BESITZT!
ER HAT EINE TECHNIK ENTWICKELT, SIE ZU KULTIVIEREN UND ZU VERMEHREN. DAMIT ARBEITET ER SICHER AUCH AN SEINEM EIGENEN KÖRPER...
KEIN WUNDER, DASS ER SO LANGE LEBT.
GIBT UNS DAS EINEN HINWEIS, WIE WIR IHN BESIEGEN KÖNNEN?

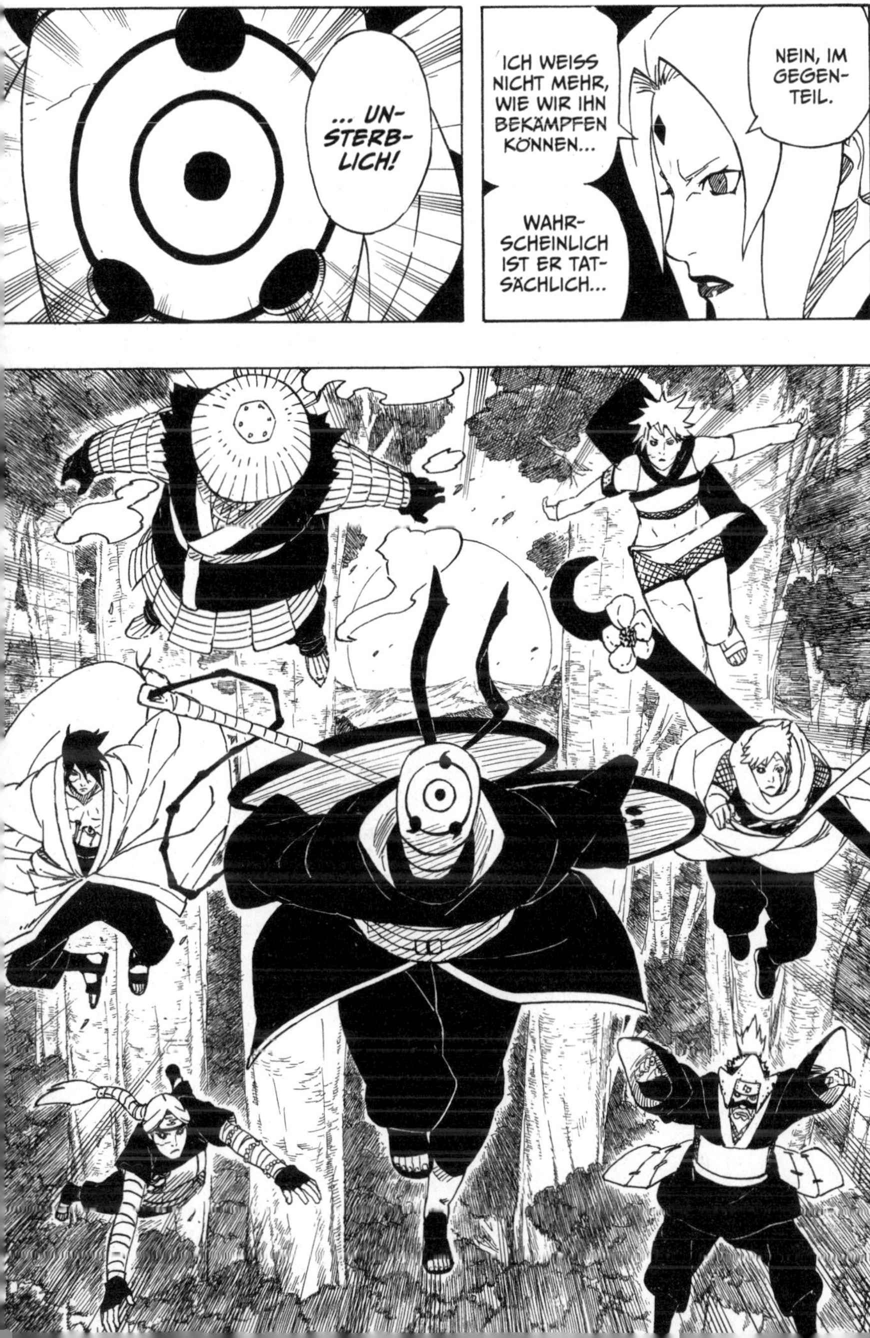
NEIN, IM GEGEN-TEIL.
ICH WEISS NICHT MEHR, WIE WIR IHN BEKÄMPFEN KÖNNEN...
WAHR-SCHEINLICH IST ER TAT-SÄCHLICH...
... UN-STERB-LICH!

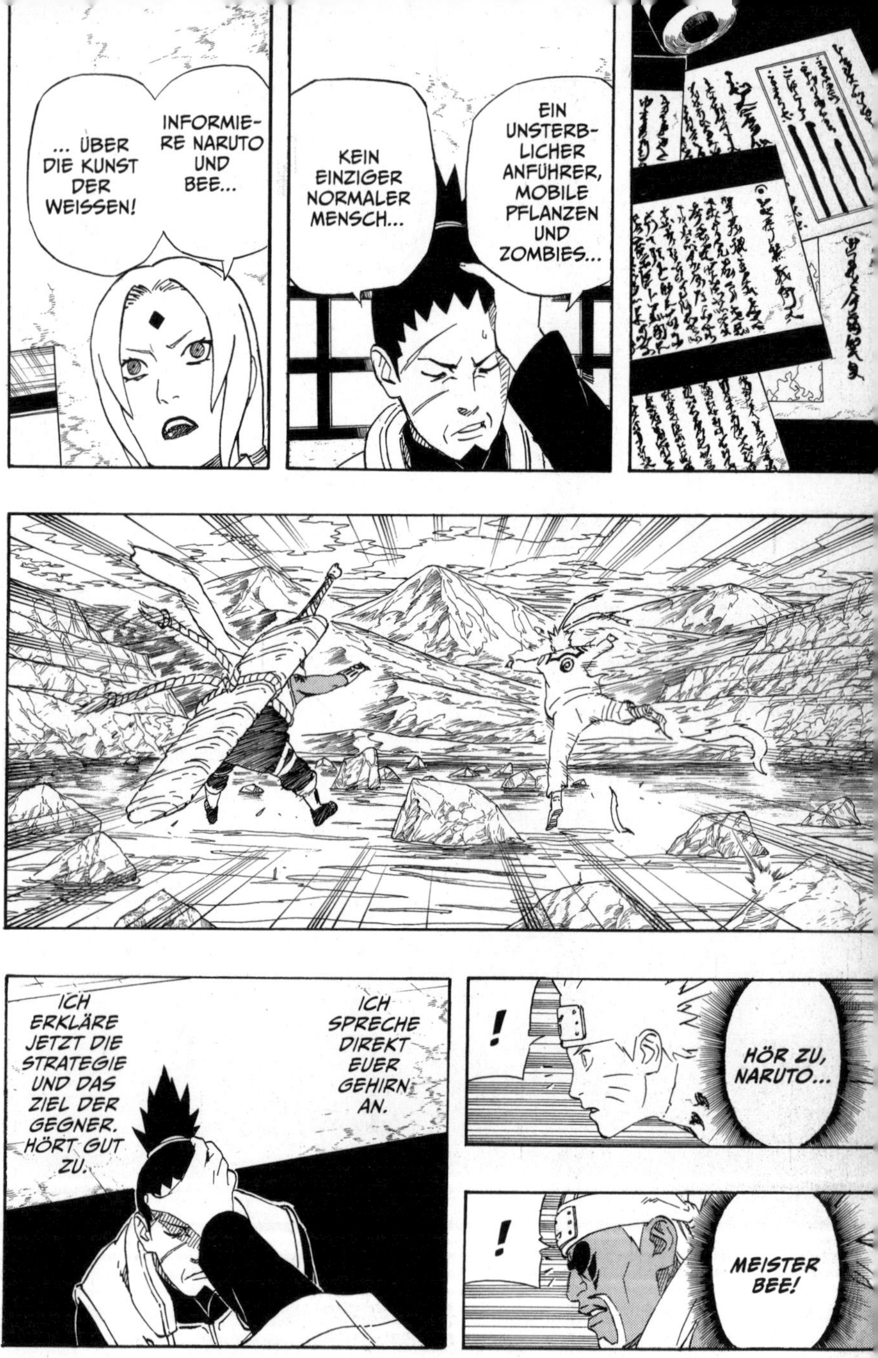
EIN UNSTERBLICHER ANFÜHRER, MOBILE PFLANZEN UND ZOMBIES...
KEIN EINZIGER NORMALER MENSCH...
INFORMIERE NARUTO UND BEE...
... ÜBER DIE KUNST DER WEISSEN!
!
HÖR ZU, NARUTO...
!
MEISTER BEE!
ICH SPRECHE DIREKT EUER GEHIRN AN.
ICH ERKLÄRE JETZT DIE STRATEGIE UND DAS ZIEL DER GEGNER. HÖRT GUT ZU.

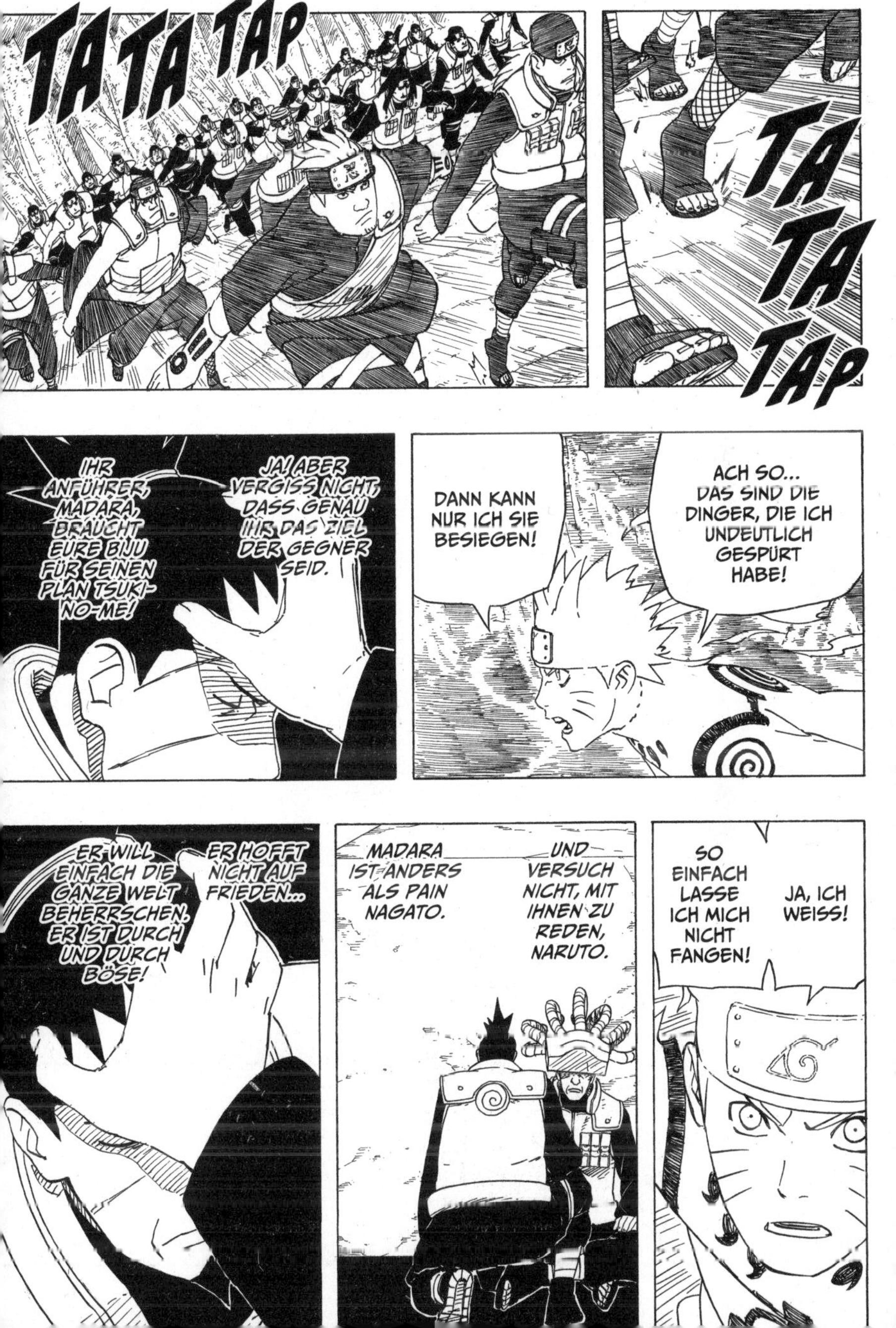

TA TA TAP
TA TA TAP
ACH SO... DAS SIND DIE DINGER, DIE ICH UNDEUTLICH GESPÜRT HABE!
DANN KANN NUR ICH SIE BESIEGEN!
JA! ABER VERGISS NICHT, DASS GENAU IHR DAS ZIEL DER GEGNER SEID.
IHR ANFÜHRER, MADARA, BRAUCHT EURE BIJU FÜR SEINEN PLAN TSUKI-NO-ME!
JA, ICH WEISS!
SO EINFACH LASSE ICH MICH NICHT FANGEN!
UND VERSUCH NICHT, MIT IHNEN ZU REDEN, NARUTO.
MADARA IST ANDERS ALS PAIN NAGATO.
ER HOFFT NICHT AUF FRIEDEN...
ER WILL EINFACH DIE GANZE WELT BEHERRSCHEN. ER IST DURCH UND DURCH BÖSE!

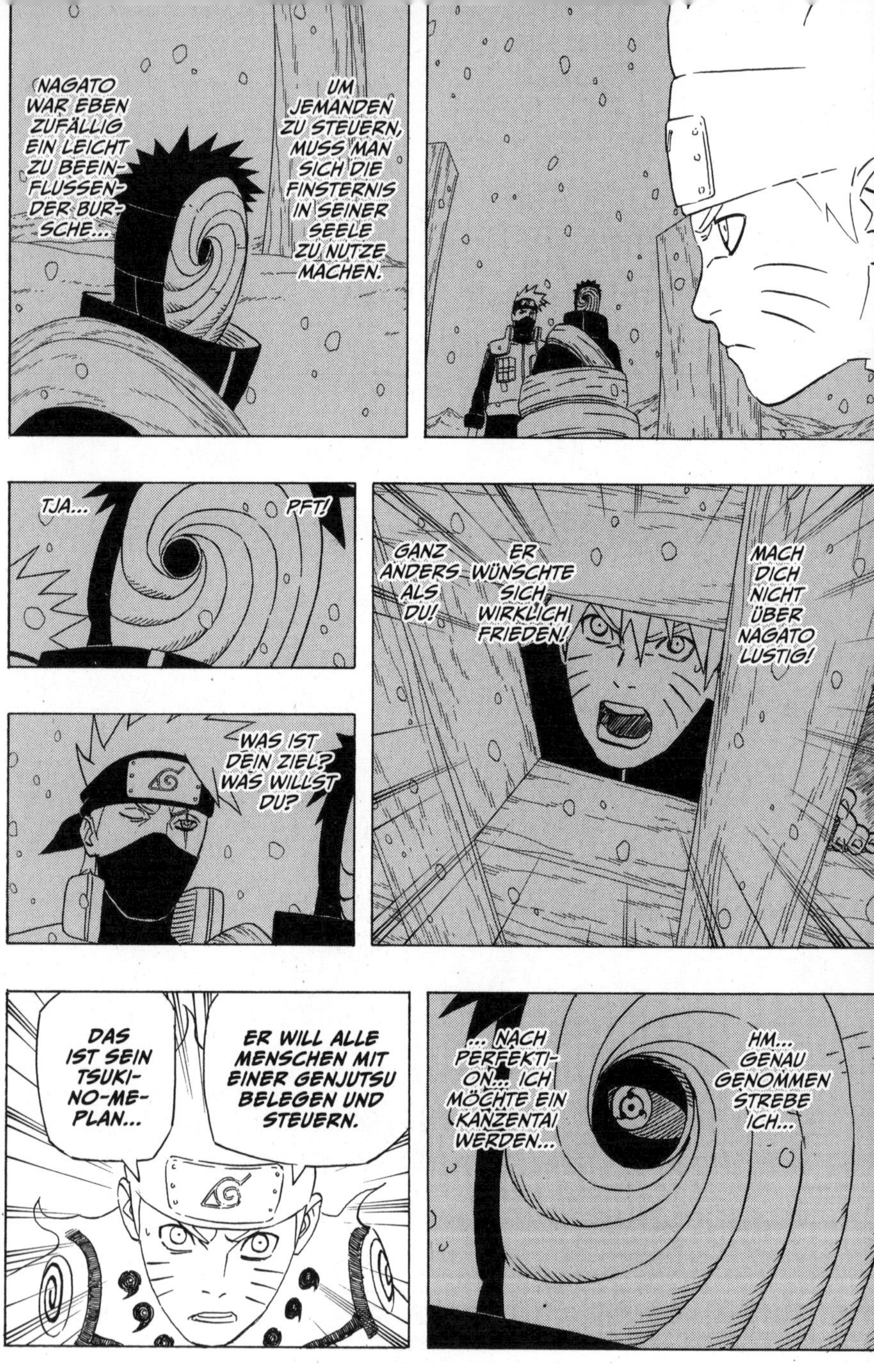
UM JEMANDEN ZU STEUERN, MUSS MAN SICH DIE FINSTERNIS IN SEINER SEELE ZU NUTZE MACHEN.
NAGATO WAR EBEN ZUFÄLLIG EIN LEICHT ZU BEEIN-FLUSSEN-DER BUR-SCHE...
MACH DICH NICHT ÜBER NAGATO LUSTIG!
ER WÜNSCHTE SICH WIRKLICH FRIEDEN!
GANZ ANDERS ALS DU!
PFT!
TJA...
WAS IST DEIN ZIEL? WAS WILLST DU?
HM... GENAU GENOMMEN STREBE ICH...
... NACH PERFEKTI-ON... ICH MÖCHTE EIN KANZENTAI WERDEN...
ER WILL ALLE MENSCHEN MIT EINER GENJUTSU BELEGEN UND STEUERN.
DAS IST SEIN TSUKI-NO-ME-PLAN...

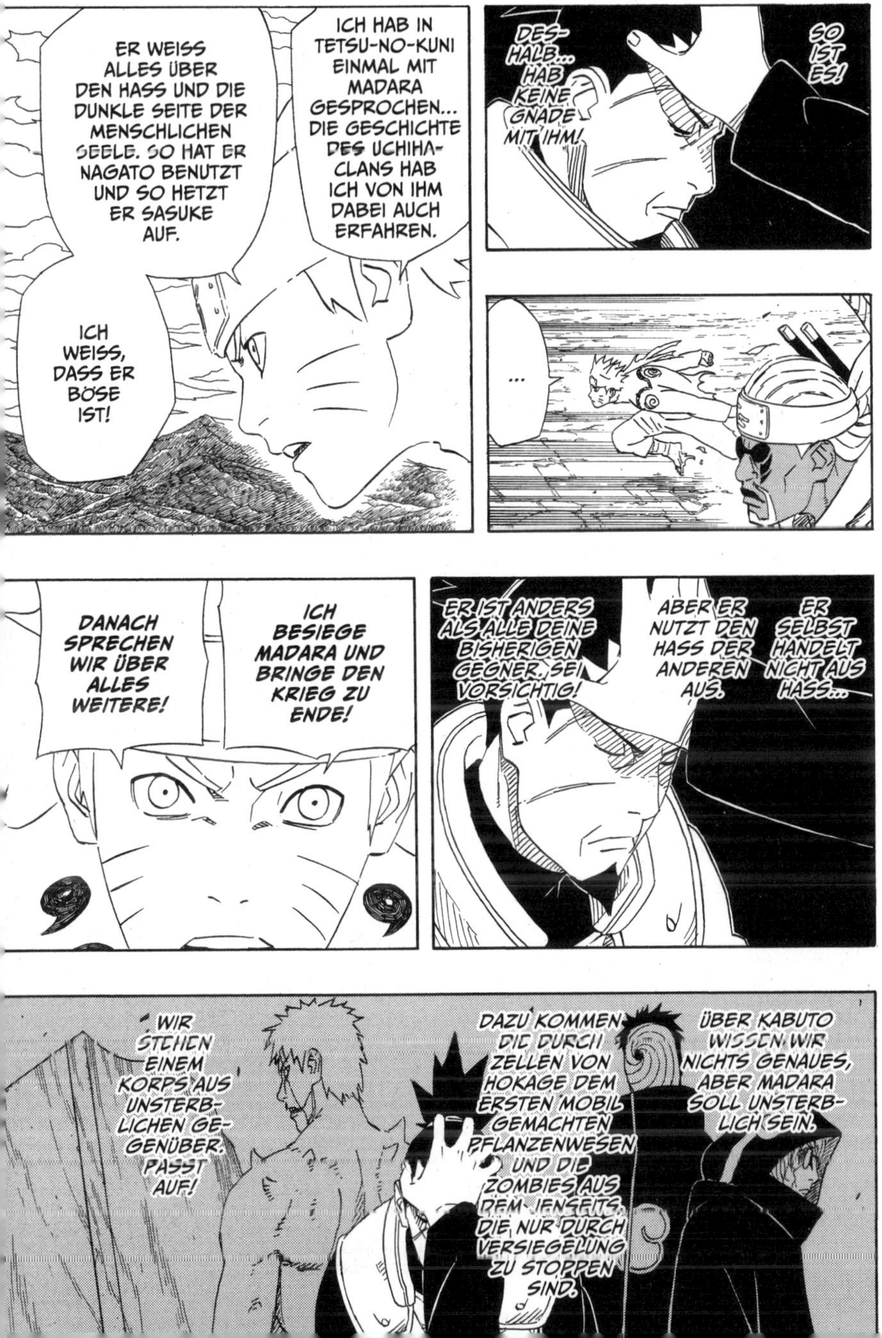
SO IST ES!
DESHALB... HAB KEINE GNADE MIT IHM!
...
ICH HAB IN TETSU-NO-KUNI EINMAL MIT MADARA GESPROCHEN... DIE GESCHICHTE DES UCHIHA-CLANS HAB ICH VON IHM DABEI AUCH ERFAHREN.
ER WEISS ALLES ÜBER DEN HASS UND DIE DUNKLE SEITE DER MENSCHLICHEN SEELE. SO HAT ER NAGATO BENUTZT UND SO HETZT ER SASUKE AUF.
ICH WEISS, DASS ER BÖSE IST!
ER SELBST HANDELT NICHT AUS HASS...
ABER ER NUTZT DEN HASS DER ANDEREN AUS.
ER IST ANDERS ALS ALLE DEINE BISHERIGEN GEGNER. SEI VORSICHTIG!
ICH BESIEGE MADARA UND BRINGE DEN KRIEG ZU ENDE!
DANACH SPRECHEN WIR ÜBER ALLES WEITERE!
ÜBER KABUTO WISSEN WIR NICHTS GENAUES, ABER MADARA SOLL UNSTERBLICH SEIN.
DAZU KOMMEN DIE DURCH ZELLEN VON HOKAGE DEM ERSTEN MOBIL GEMACHTEN PFLANZENWESEN UND DIE ZOMBIES AUS DEM JENSEITS, DIE NUR DURCH VERSIEGELUNG ZU STOPPEN SIND.
WIR STEHEN EINEM KORPS AUS UNSTERBLICHEN GEGENÜBER. PASST AUF!

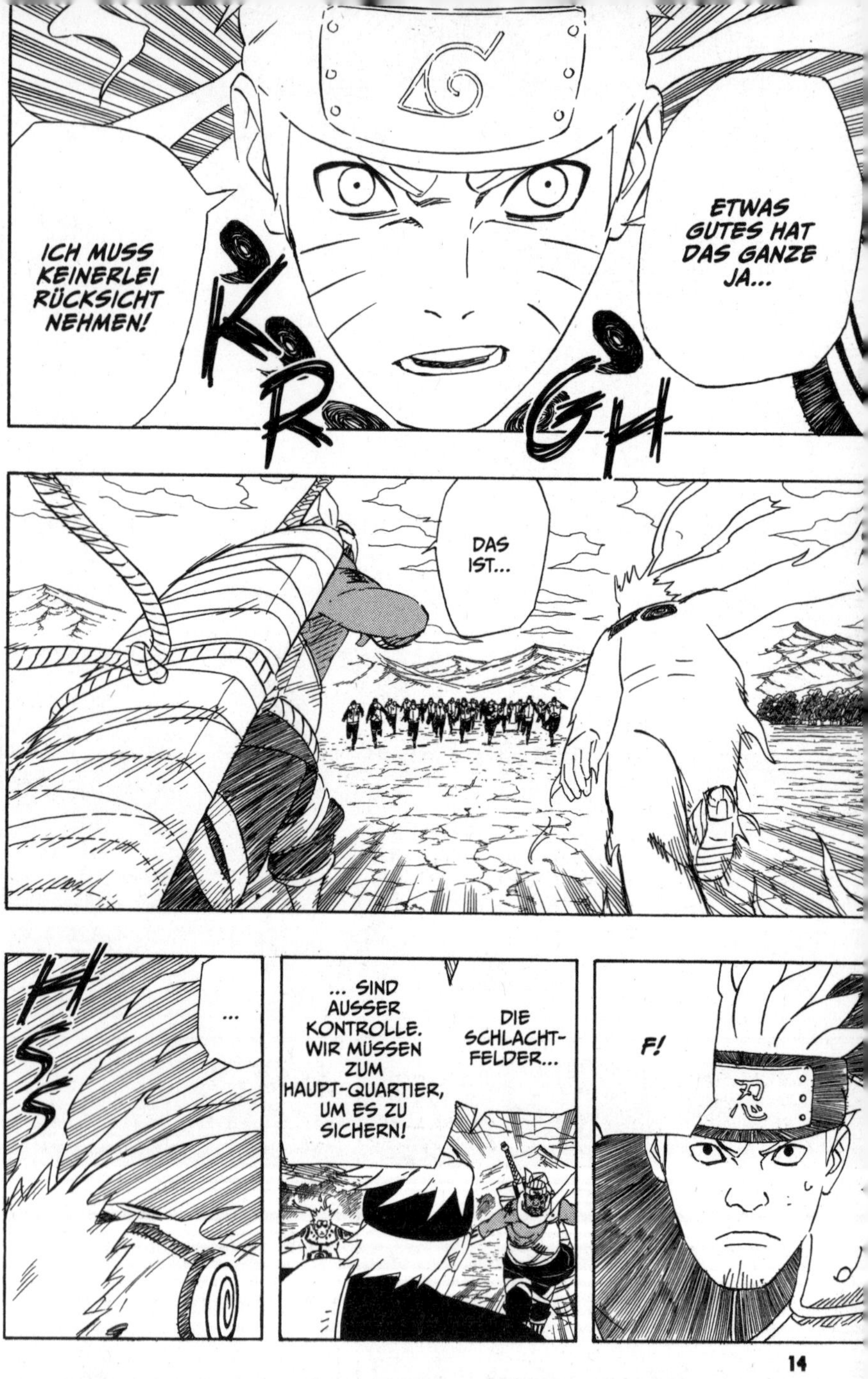
ETWAS GUTES HAT DAS GANZE JA...
ICH MUSS KEINERLEI RÜCKSICHT NEHMEN!
KRGH
DAS IST...
F!
DIE SCHLACHT-FELDER...
... SIND AUSSER KONTROLLE. WIR MÜSSEN ZUM HAUPT-QUARTIER, UM ES ZU SICHERN!
...
HSS

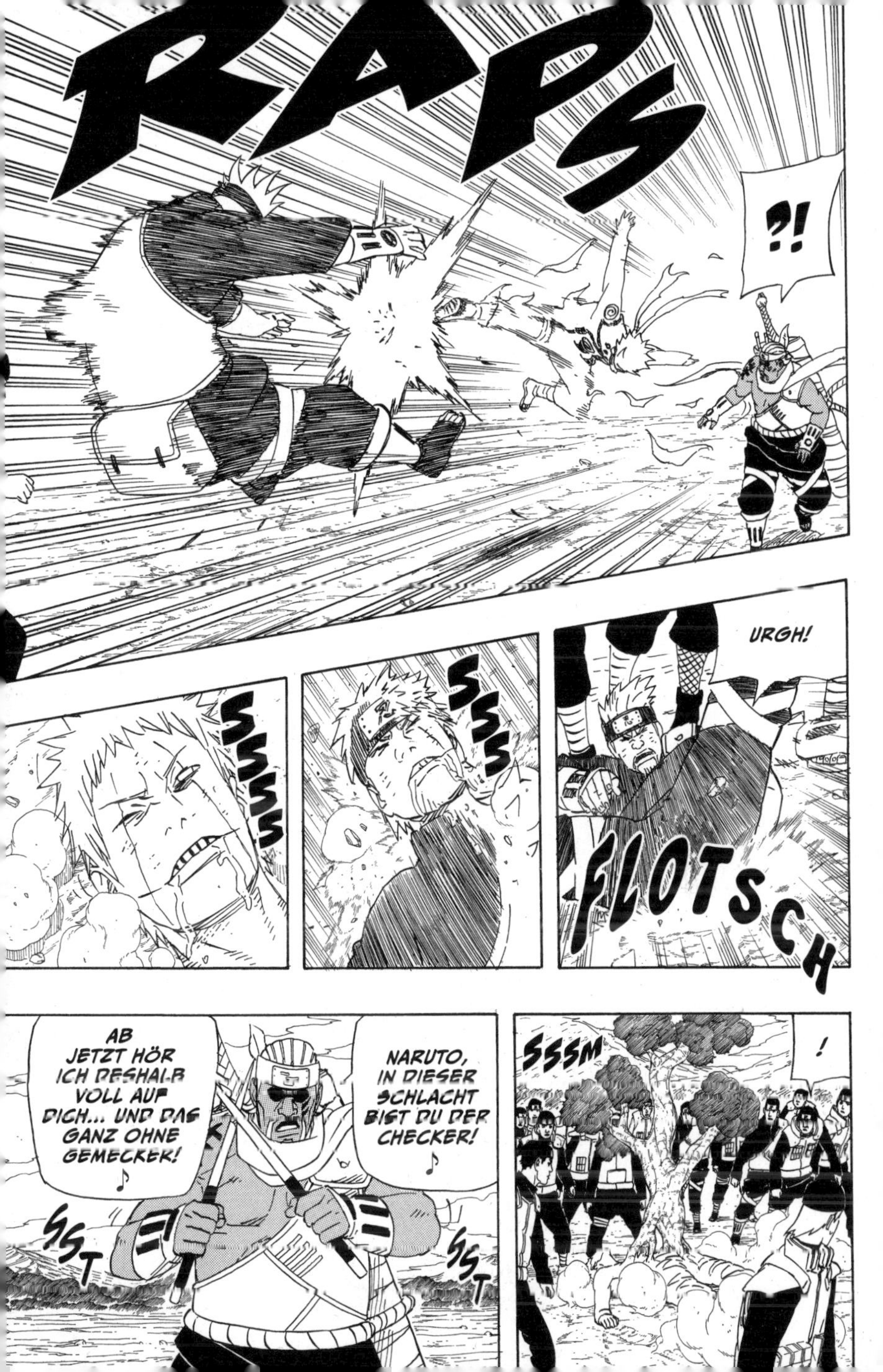

RAPS
?!
URGH!
FLOTSCH
SSSS
SSS
NARUTO, IN DIESER SCHLACHT BIST DU DER CHECKER! ♪
AB JETZT HÖR ICH DESHALB VOLL AUF DICH... UND DAS GANZ OHNE GEMECKER! ♪
SST
SST
!
SSSM

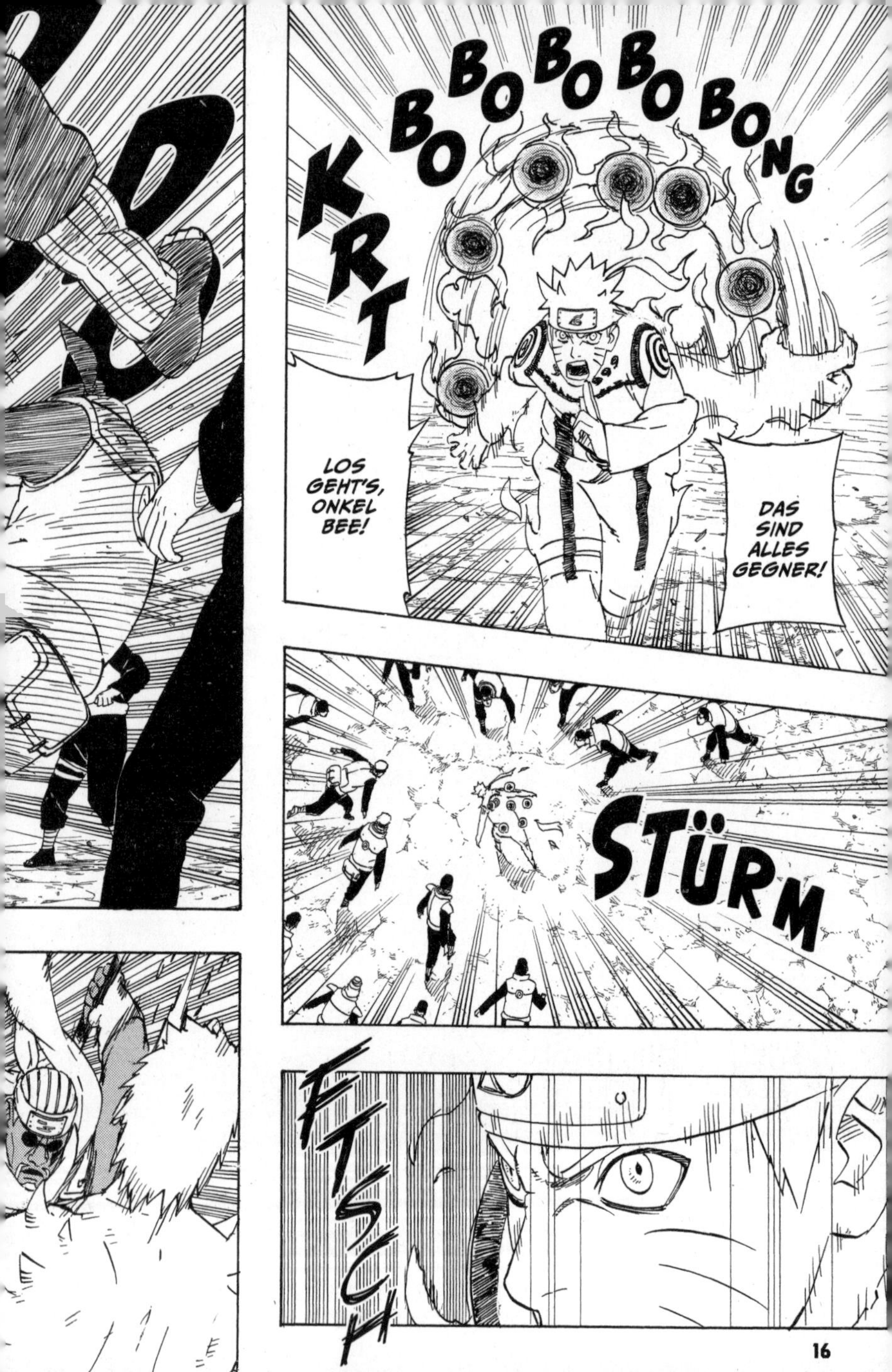

KRT
BO BO BO BO BO BO BONG
DAS SIND ALLES GEGNER!
LOS GEHT'S, ONKEL BEE!
STÜRM
FTSCH

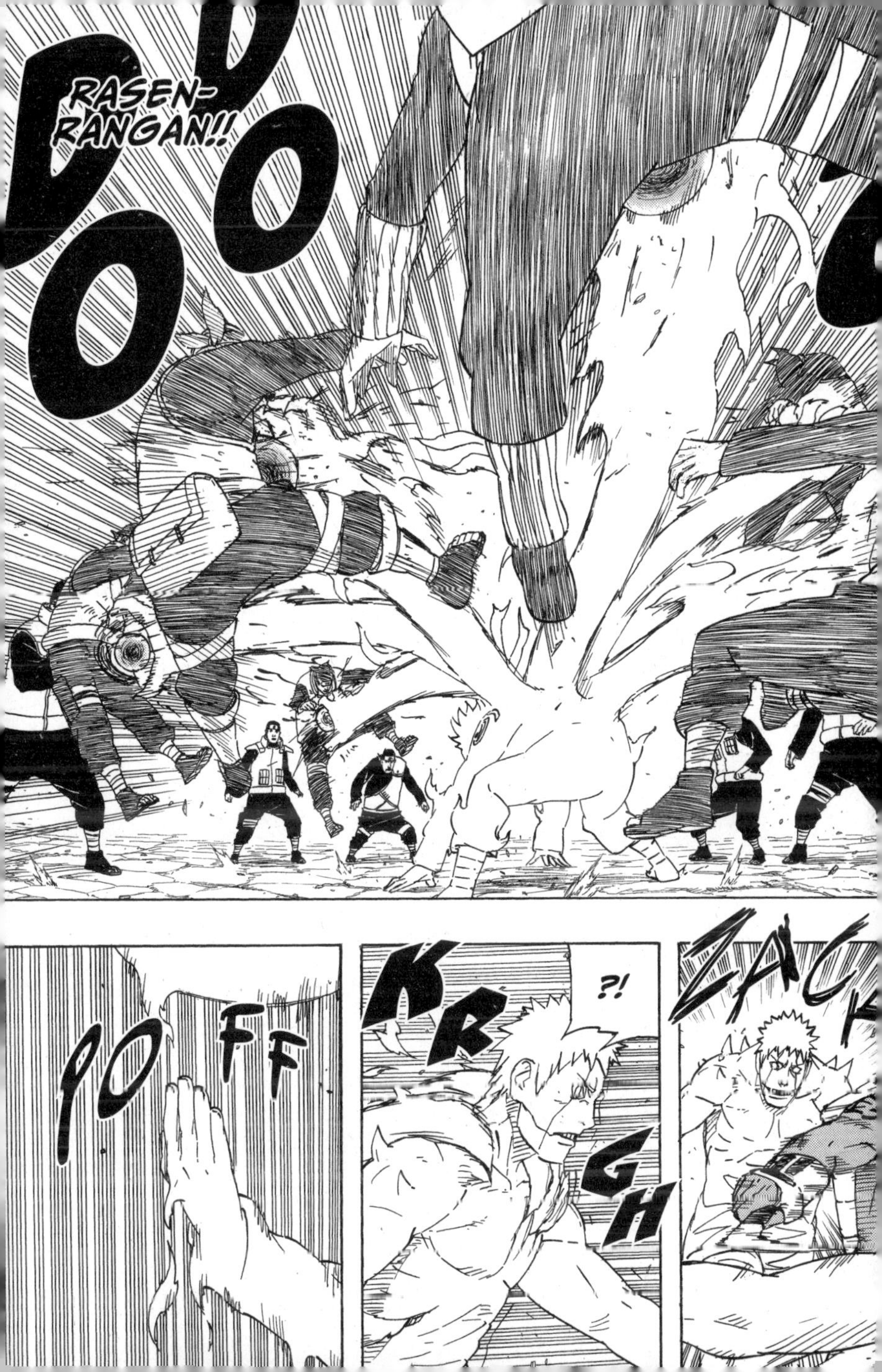
RASEN-
RANGAN!!
ZACK
?!
KRGH
POFF

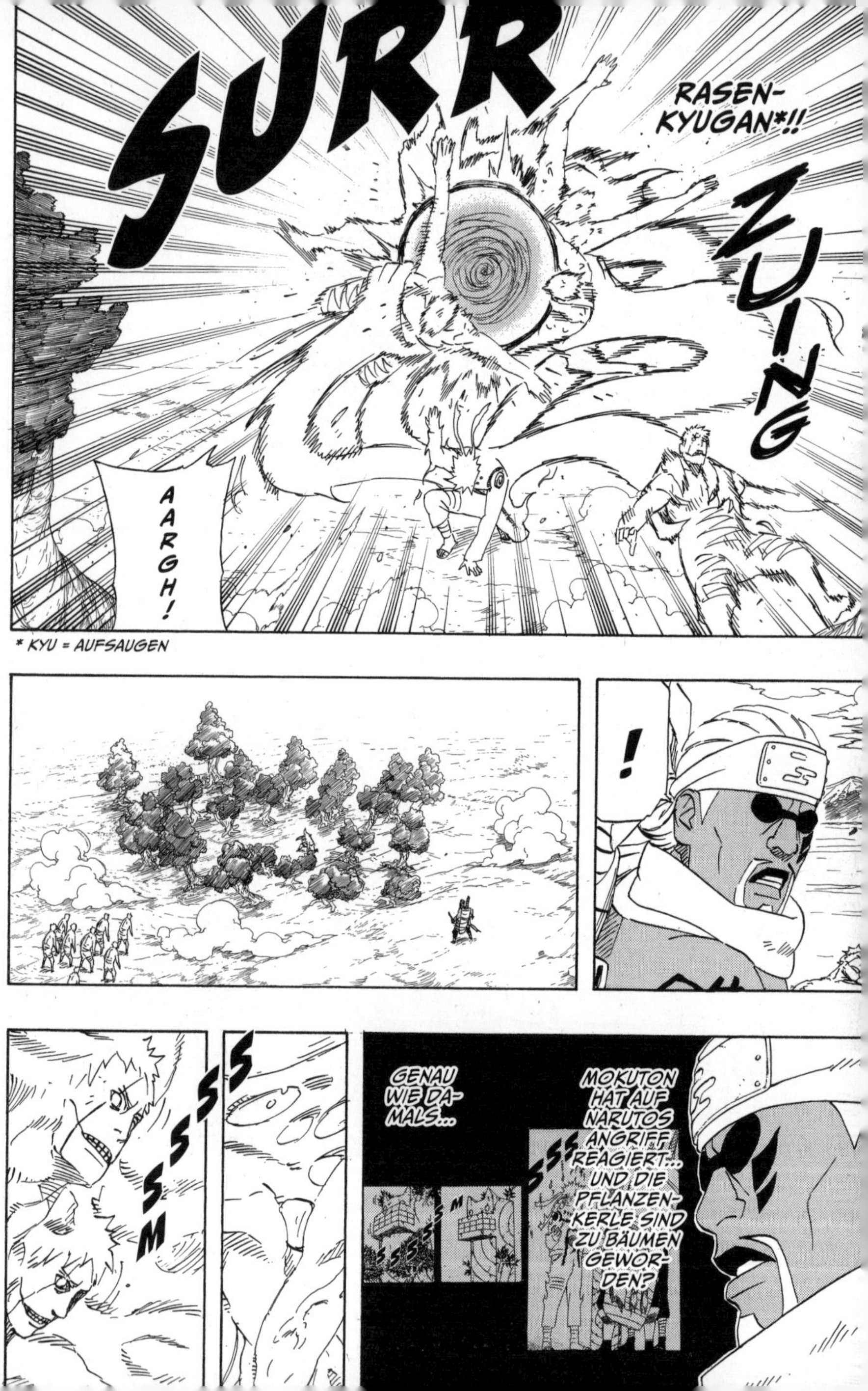

* KYU = AUFSAUGEN

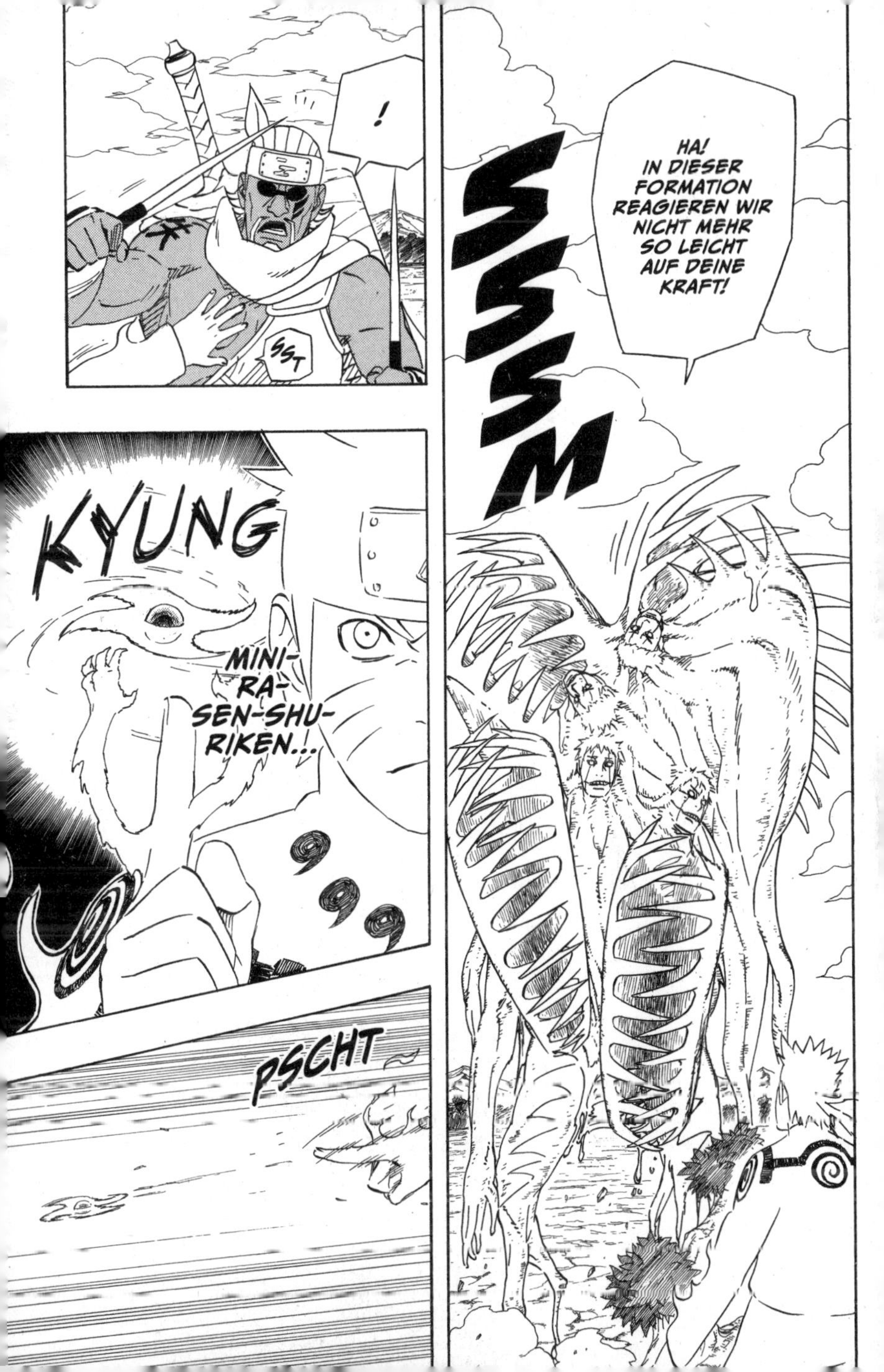
HA! IN DIESER FORMATION REAGIEREN WIR NICHT MEHR SO LEICHT AUF DEINE KRAFT!
SWSSM
!
SST
KYUNG
MINI-RA-SEN-SHU-RIKEN...
PSCHT

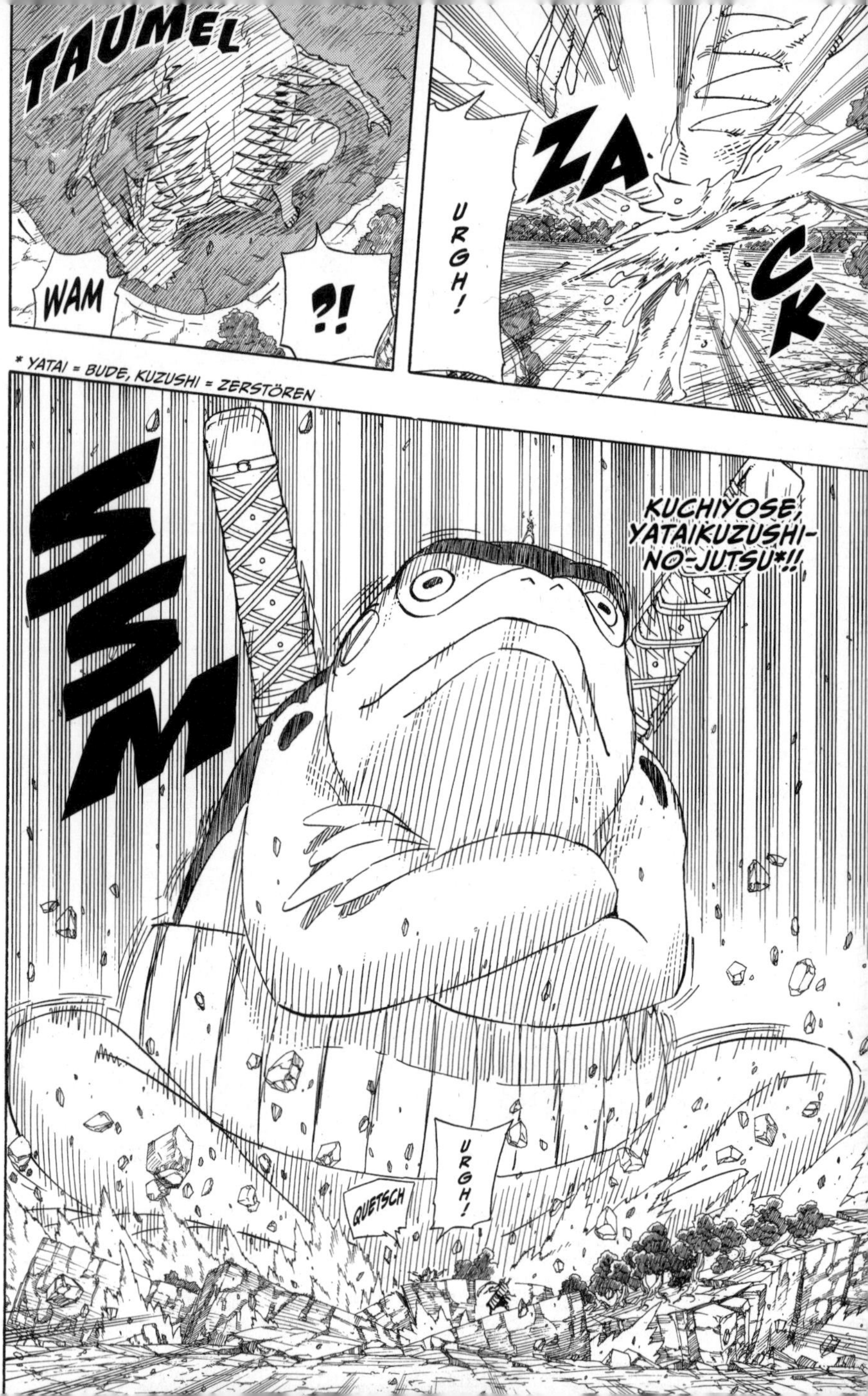

* YATAI = BUDE, KUZUSHI = ZERSTÖREN

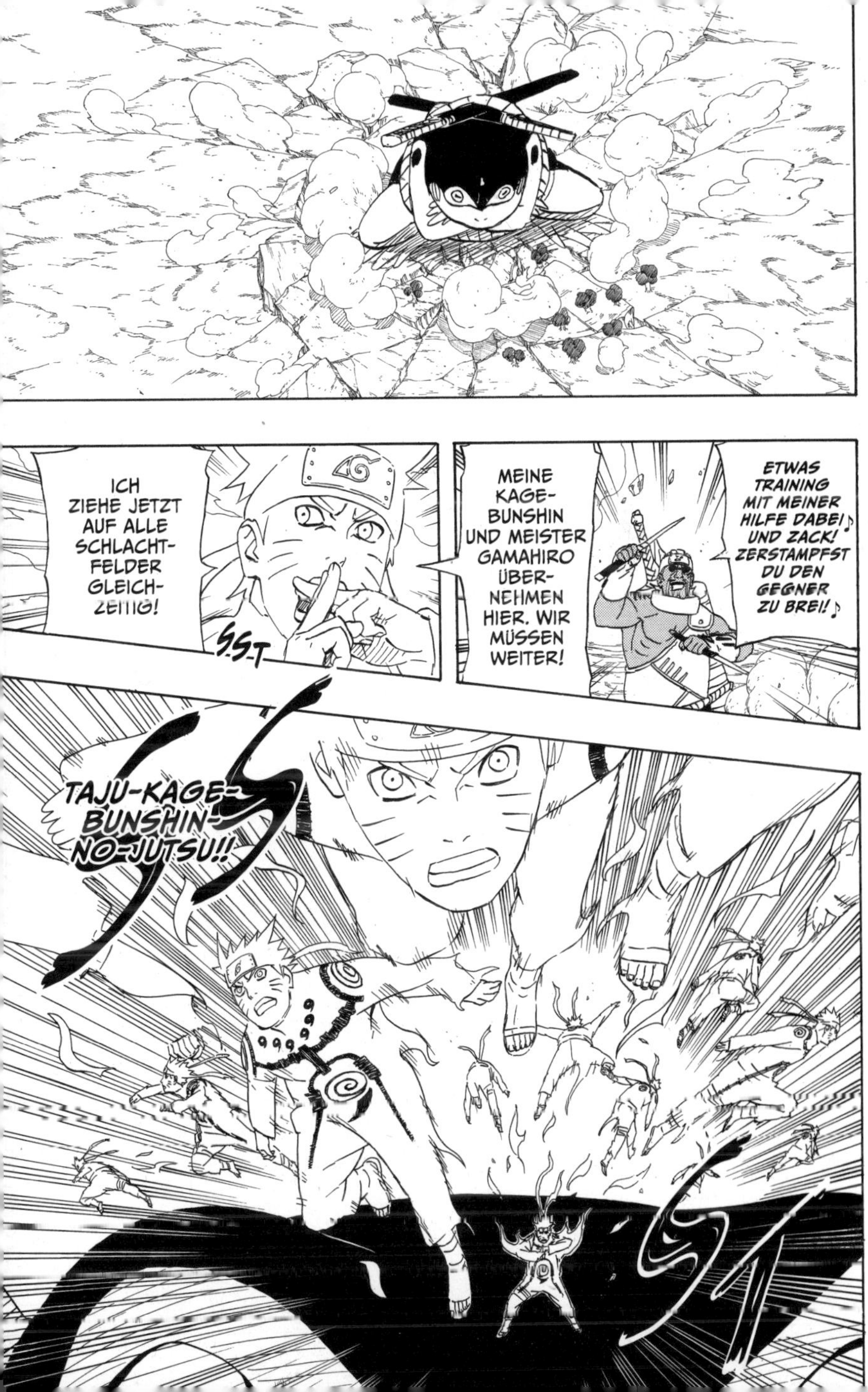
ETWAS TRAINING MIT MEINER HILFE DABEI♪ UND ZACK! ZERSTAMPFST DU DEN GEGNER ZU BREI!♪
MEINE KAGE-BUNSHIN UND MEISTER GAMAHIRO ÜBERNEHMEN HIER. WIR MÜSSEN WEITER!
ICH ZIEHE JETZT AUF ALLE SCHLACHTFELDER GLEICHZEITIG!
S-S-T
TAJU-KAGE-BUNSHIN-NO-JUTSU!!

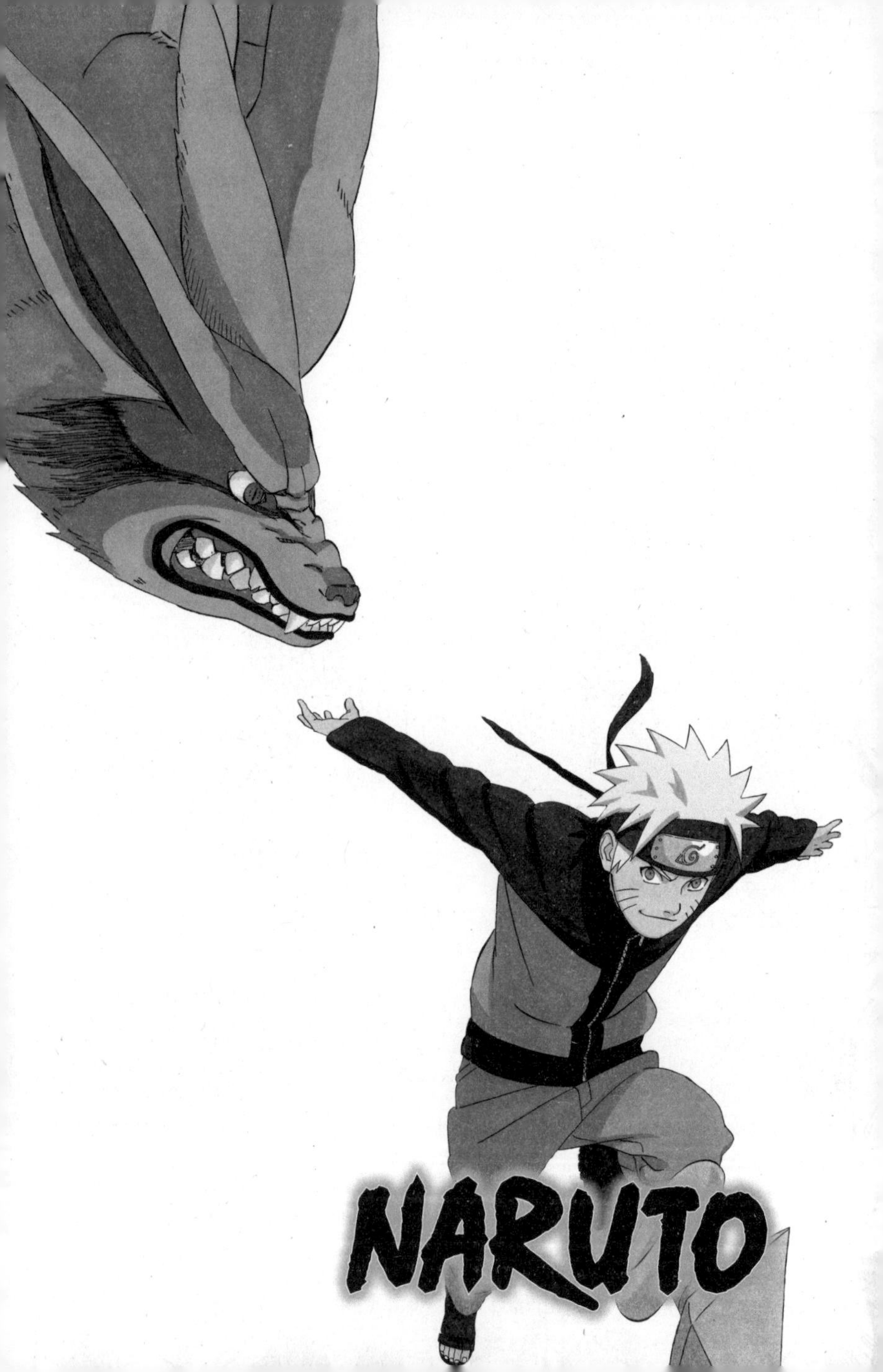
NARUTO

546. KAPITEL:

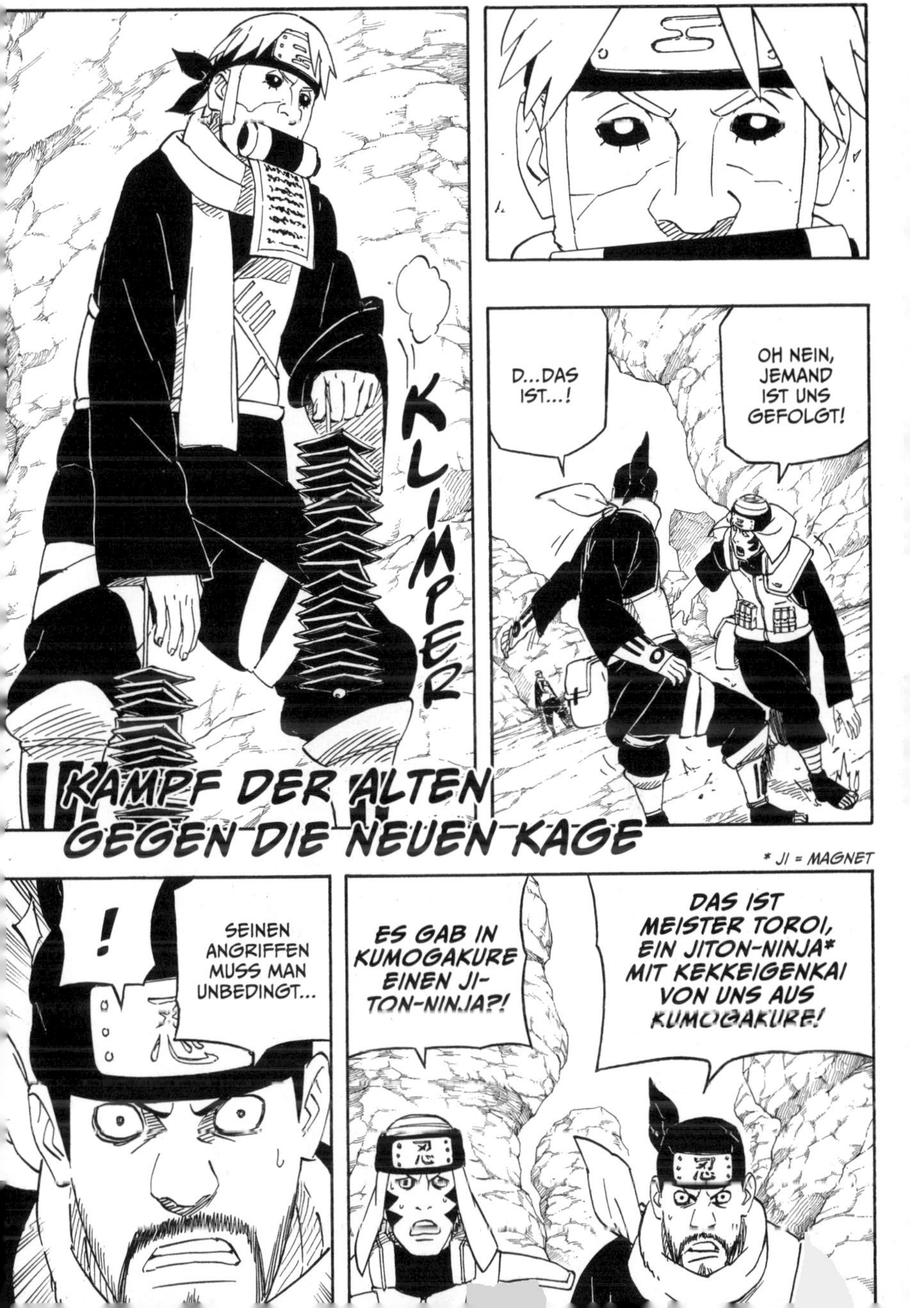

OH NEIN, JEMAND IST UNS GEFOLGT!
D...DAS IST...!
KLIMPER
KAMPF DER ALTEN GEGEN DIE NEUEN KAGE
* JI = MAGNET
DAS IST MEISTER TOROI, EIN JITON-NINJA* MIT KEKKEIGENKAI VON UNS AUS KUMOGAKURE!
ES GAB IN KUMOGAKURE EINEN JI-TON-NINJA?!
!
SEINEN ANGRIFFEN MUSS MAN UNBEDINGT...

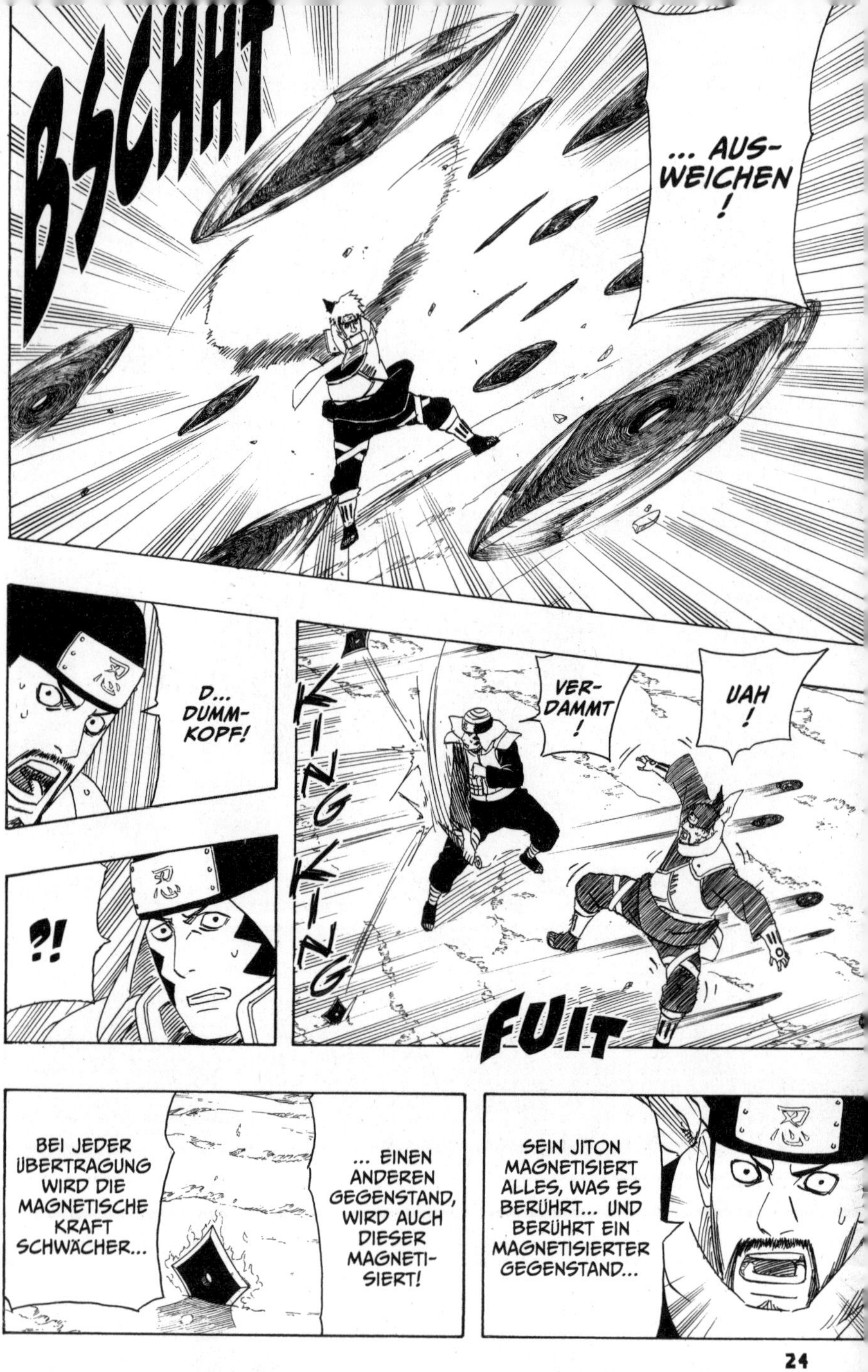

BSCHHT
... AUS-WEICHEN!
D... DUMMKOPF!
?!
UAH!
VERDAMMT!
KING KING
FUIT
SEIN JITON MAGNETISIERT ALLES, WAS ES BERÜHRT... UND BERÜHRT EIN MAGNETISIERTER GEGENSTAND...
... EINEN ANDEREN GEGENSTAND, WIRD AUCH DIESER MAGNETISIERT!
BEI JEDER ÜBERTRAGUNG WIRD DIE MAGNETISCHE KRAFT SCHWÄCHER...

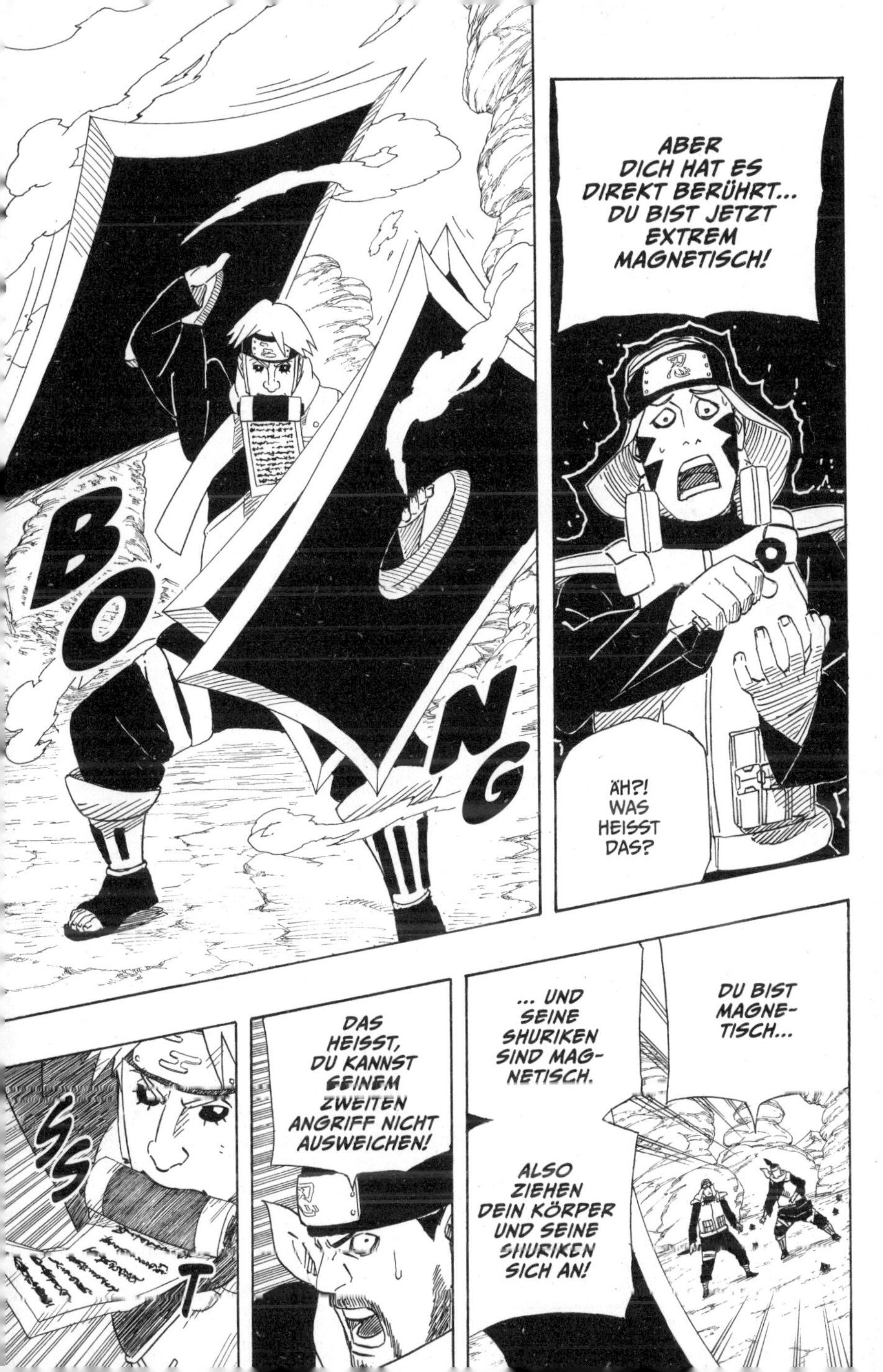
ABER DICH HAT ES DIREKT BERÜHRT... DU BIST JETZT EXTREM MAGNETISCH!
ÄH?! WAS HEISST DAS?
BOING
DU BIST MAGNETISCH...
... UND SEINE SHURIKEN SIND MAGNETISCH.
ALSO ZIEHEN DEIN KÖRPER UND SEINE SHURIKEN SICH AN!
DAS HEISST, DU KANNST SEINEM ZWEITEN ANGRIFF NICHT AUSWEICHEN!

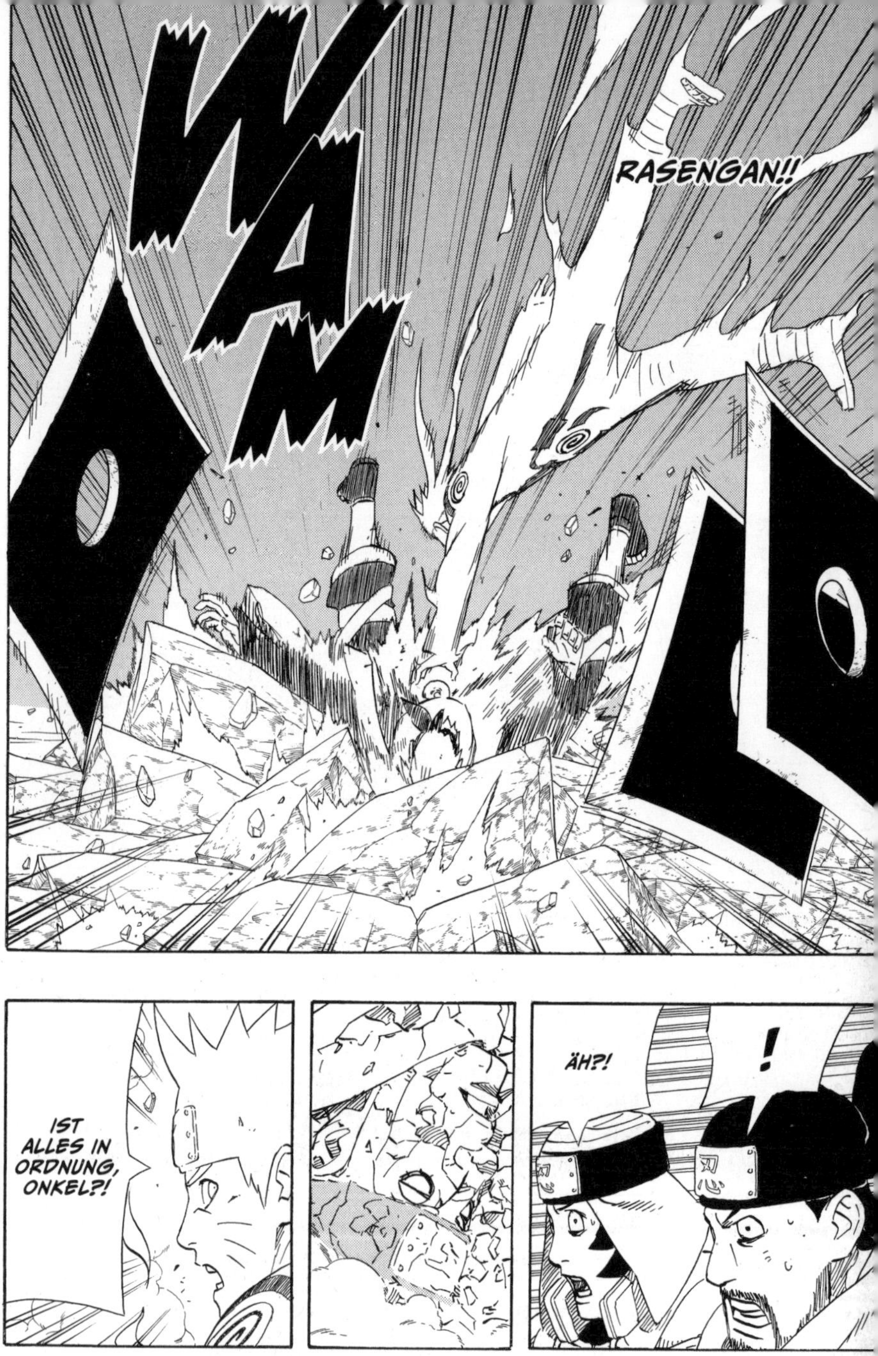

RASENGAN!!
WAM
!
ÄH?!
IST ALLES IN ORDNUNG, ONKEL?!

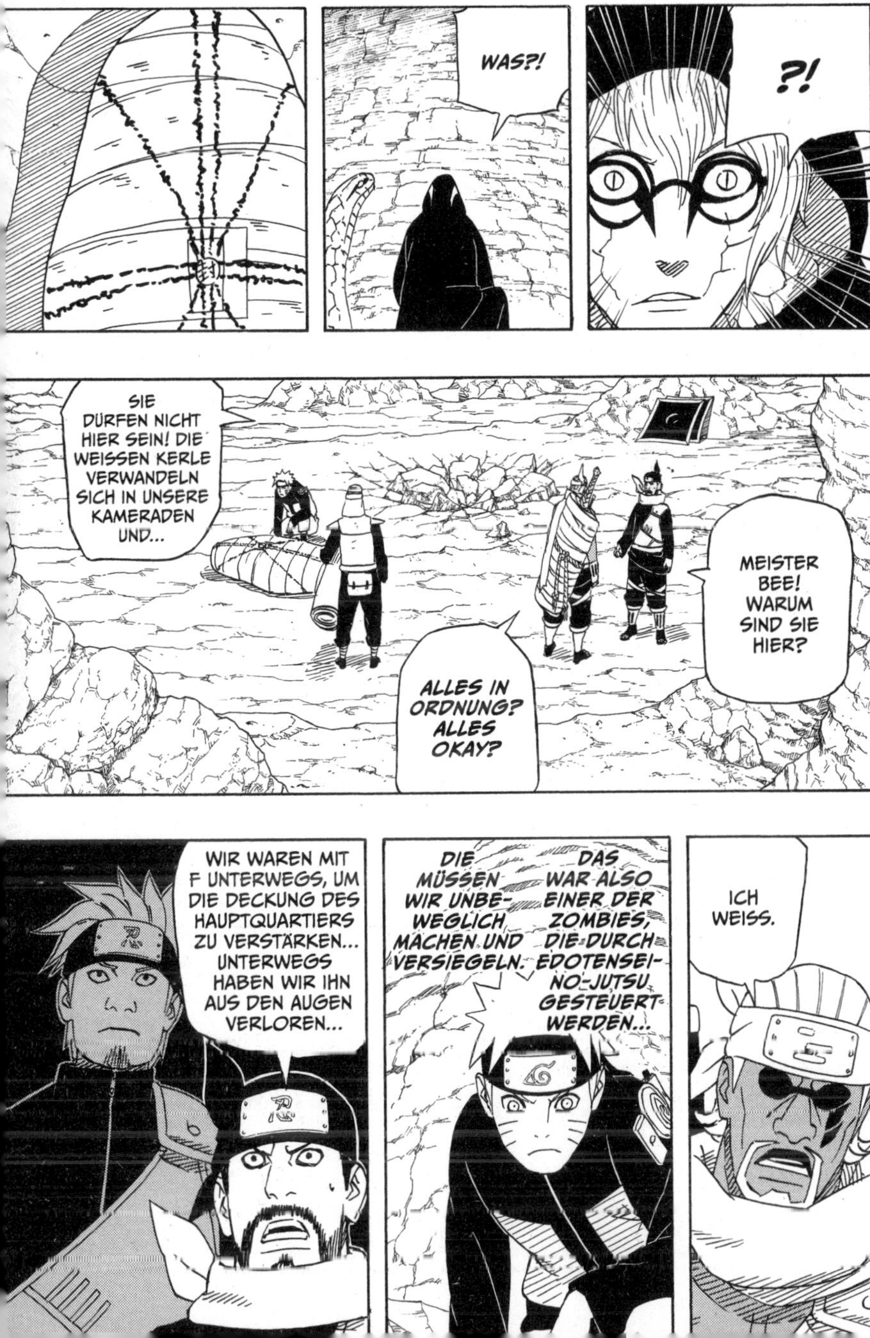
?!
WAS?!
MEISTER BEE! WARUM SIND SIE HIER?
ALLES IN ORDNUNG? ALLES OKAY?
SIE DÜRFEN NICHT HIER SEIN! DIE WEISSEN KERLE VERWANDELN SICH IN UNSERE KAMERADEN UND...
ICH WEISS.
DAS WAR ALSO EINER DER ZOMBIES, DIE DURCH EDOTENSEI-NO-JUTSU GESTEUERT WERDEN...
DIE MÜSSEN WIR UNBE-WEGLICH MACHEN UND VERSIEGELN.
WIR WAREN MIT F UNTERWEGS, UM DIE DECKUNG DES HAUPTQUARTIERS ZU VERSTÄRKEN... UNTERWEGS HABEN WIR IHN AUS DEN AUGEN VERLOREN...

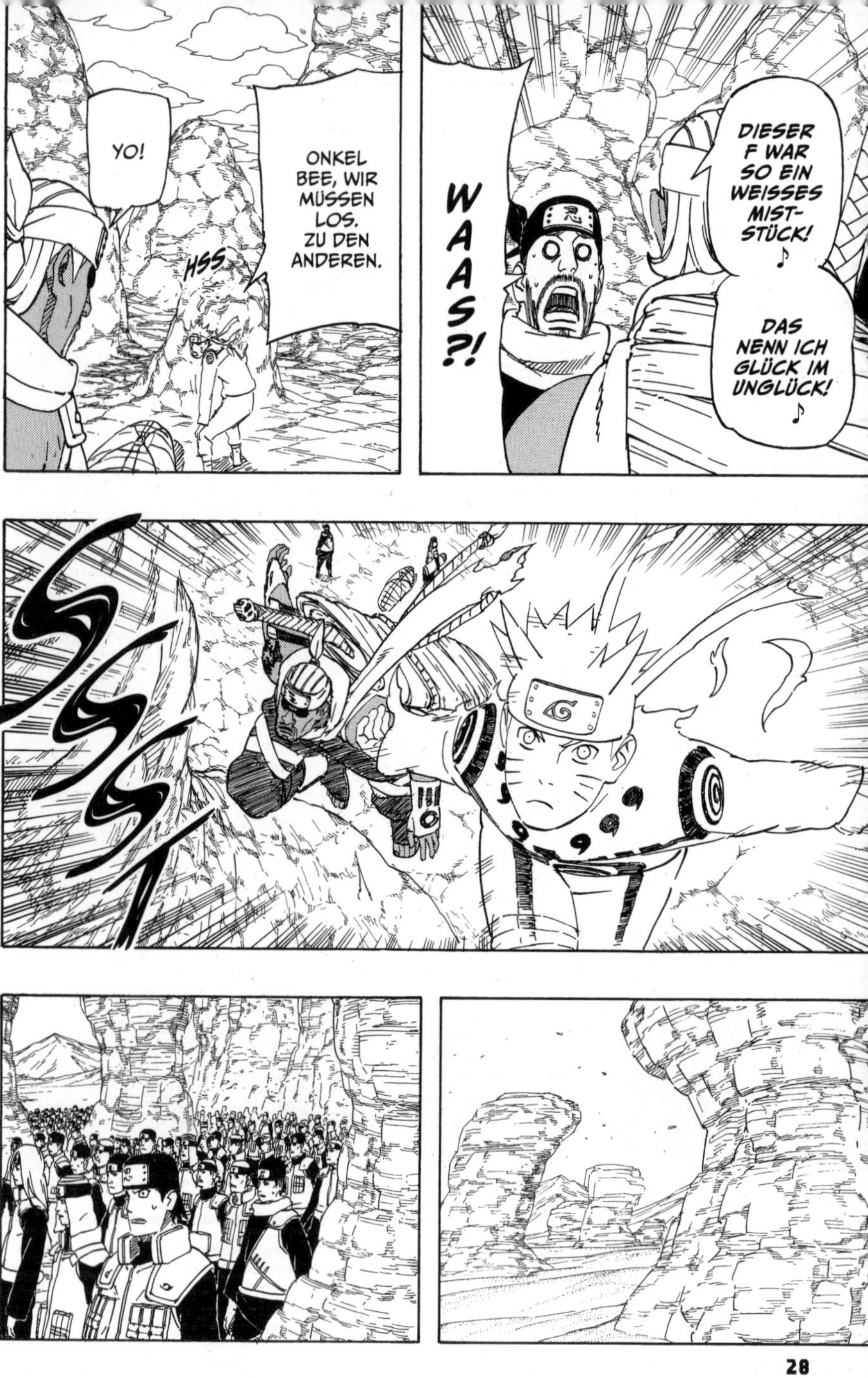

DIESER F WAR SO EIN WEISSES MIST-STÜCK! ♪
DAS NENN ICH GLÜCK IM UNGLÜCK! ♪
WAAS?!
ONKEL BEE, WIR MÜSSEN LOS. ZU DEN ANDEREN.
HSS
YO!

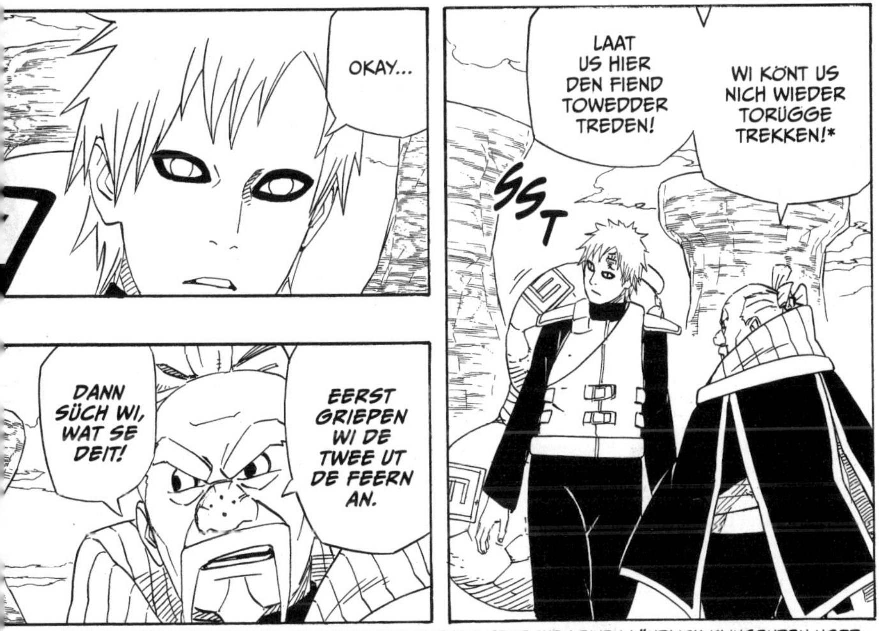

* TSUCHIKAGE, KUROTSUCHI, AKATSUCHI UND KITSUCHI SPRECHEN EINEN LÄNDLICH KLINGENDEN NORD-JAPANISCHEN DIALEKT, BEI UNS PLATTDEUTSCH. AB S. 574 FINDET IHR EINE ÜBERSETZUNGSHILFE.

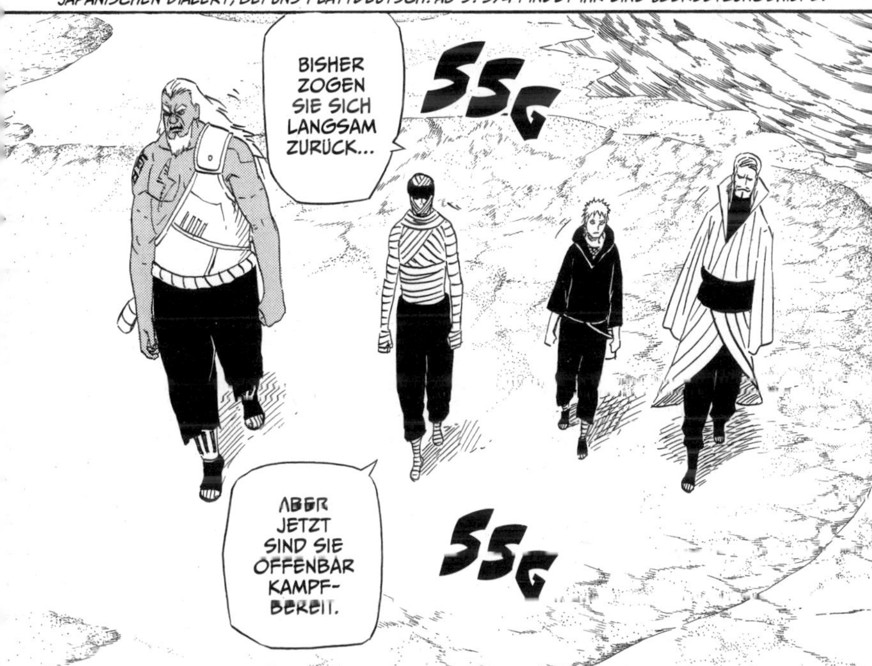

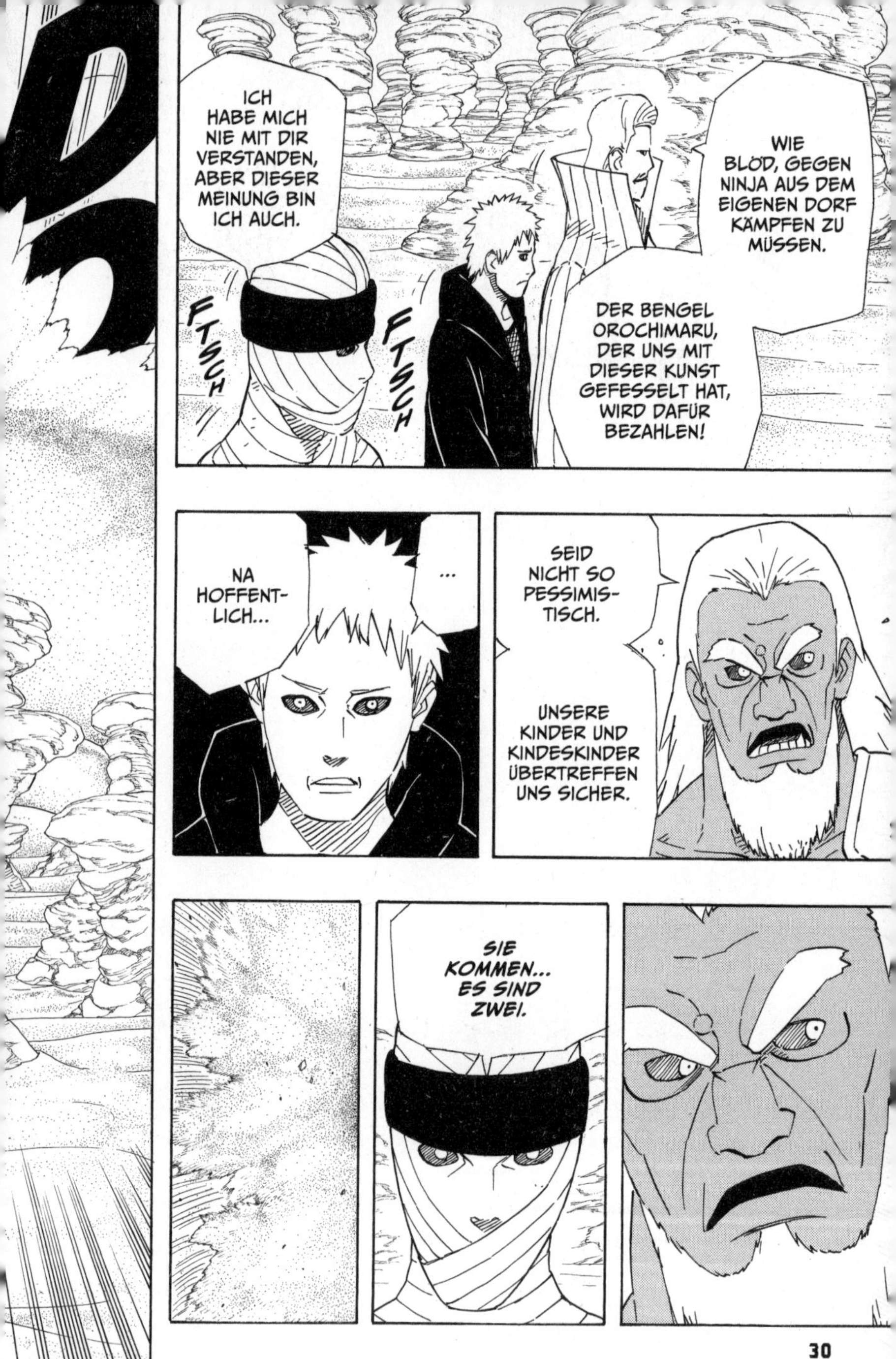
WIE BLÖD, GEGEN NINJA AUS DEM EIGENEN DORF KÄMPFEN ZU MÜSSEN.
DER BENGEL OROCHIMARU, DER UNS MIT DIESER KUNST GEFESSELT HAT, WIRD DAFÜR BEZAHLEN!
ICH HABE MICH NIE MIT DIR VERSTANDEN, ABER DIESER MEINUNG BIN ICH AUCH.
FTSCH
FTSCH
SEID NICHT SO PESSIMIS-TISCH.
UNSERE KINDER UND KINDESKINDER ÜBERTREFFEN UNS SICHER.
...
NA HOFFENT-LICH...
SIE KOMMEN... ES SIND ZWEI.

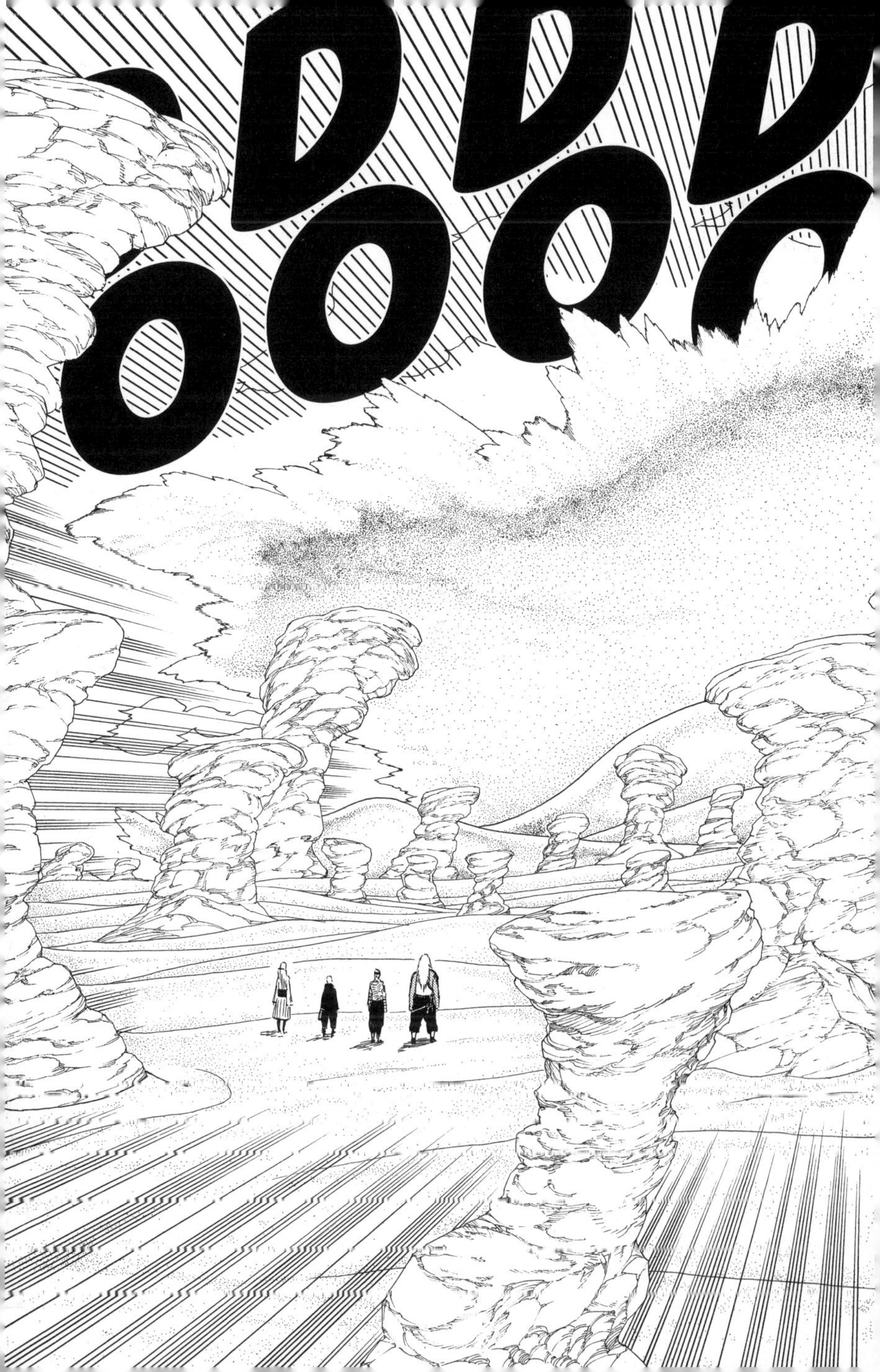

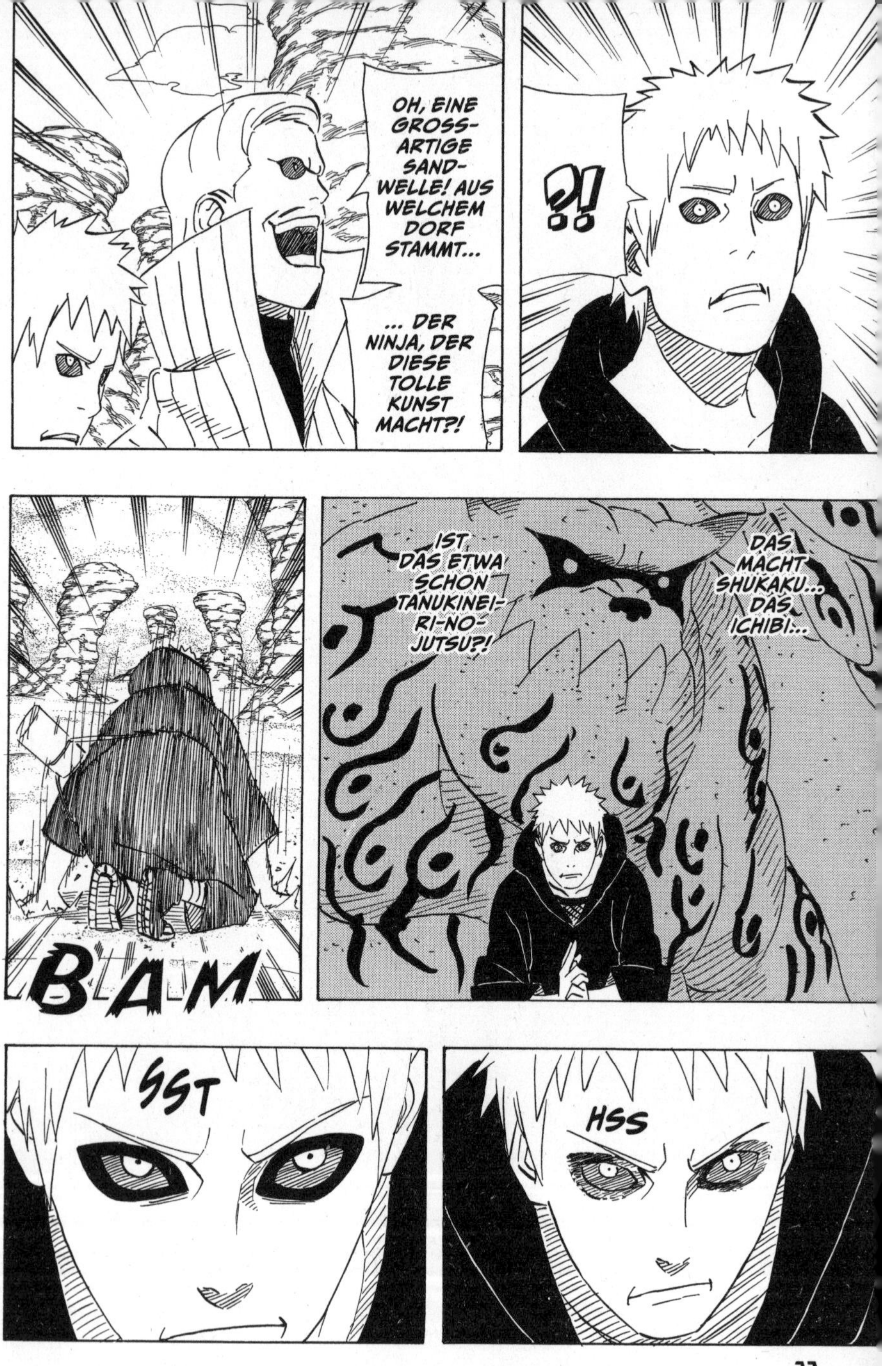
?!
OH, EINE GROSSARTIGE SANDWELLE! AUS WELCHEM DORF STAMMT...
... DER NINJA, DER DIESE TOLLE KUNST MACHT?!
DAS MACHT SHUKAKU... DAS ICHIBI...
IST DAS ETWA SCHON TANUKINEIRI-NO-JUTSU?!
BAM
HSS
SST

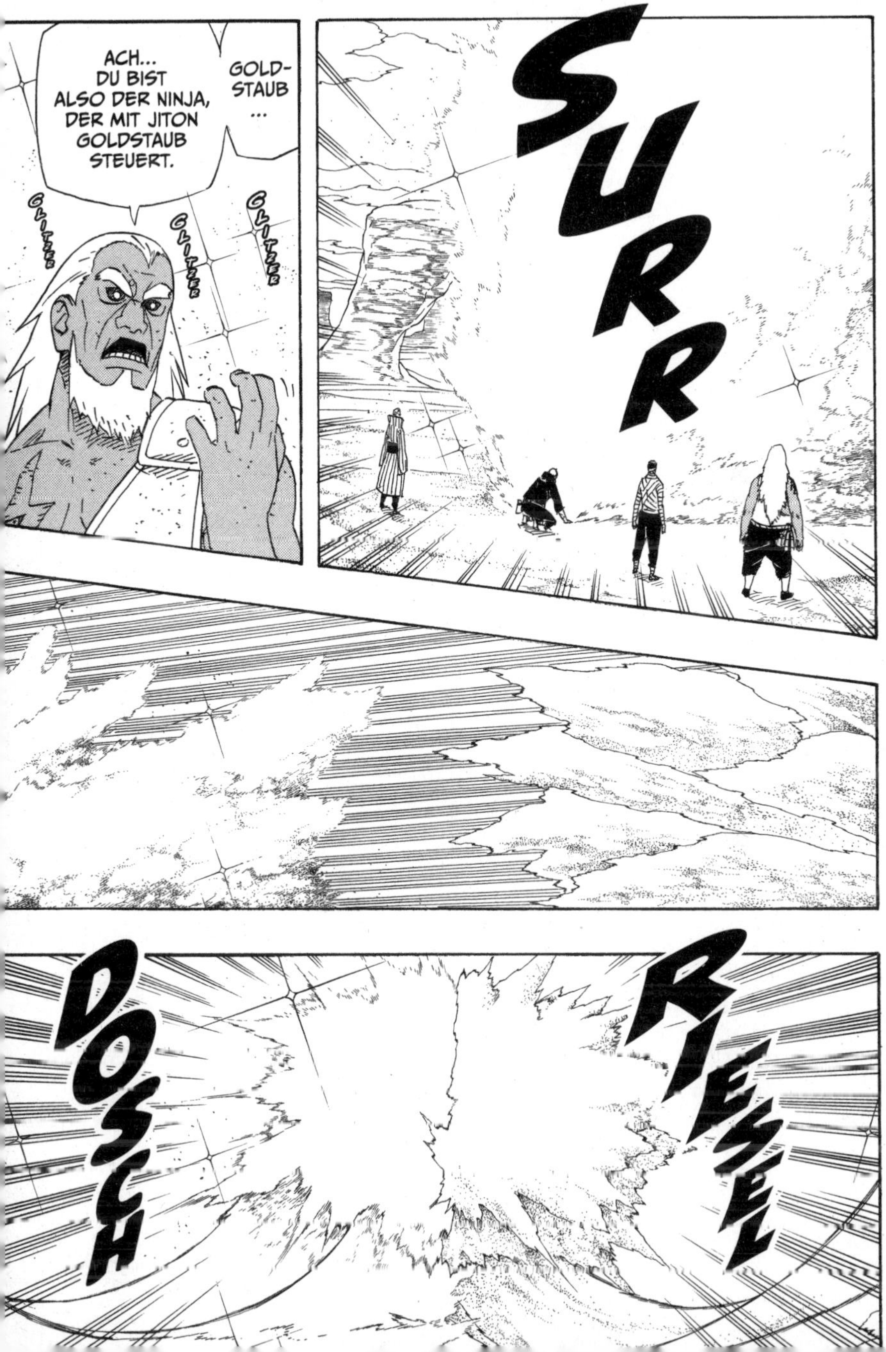

GOLD-
STAUB
...
ACH...
DU BIST
ALSO DER NINJA,
DER MIT JITON
GOLDSTAUB
STEUERT.
GLITZER
GLITZER
GLITZER
SURR
RIESEL
DOSCH

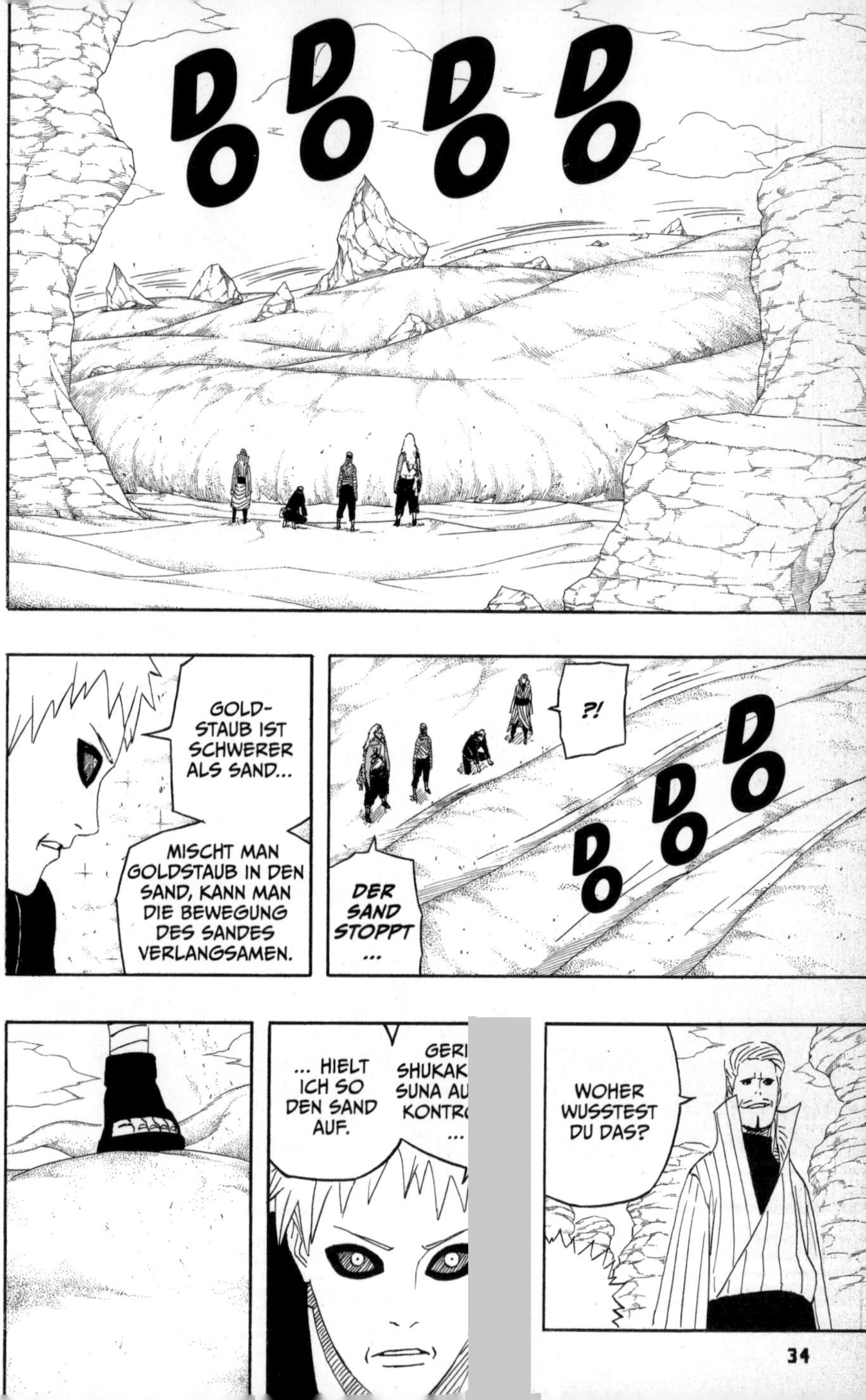
DO DO DO DO
?!
DER SAND STOPPT ...
DO DO DO
GOLD-STAUB IST SCHWERER ALS SAND...
MISCHT MAN GOLDSTAUB IN DEN SAND, KANN MAN DIE BEWEGUNG DES SANDES VERLANGSAMEN.
WOHER WUSSTEST DU DAS?
... HIELT ICH SO DEN SAND AUF.

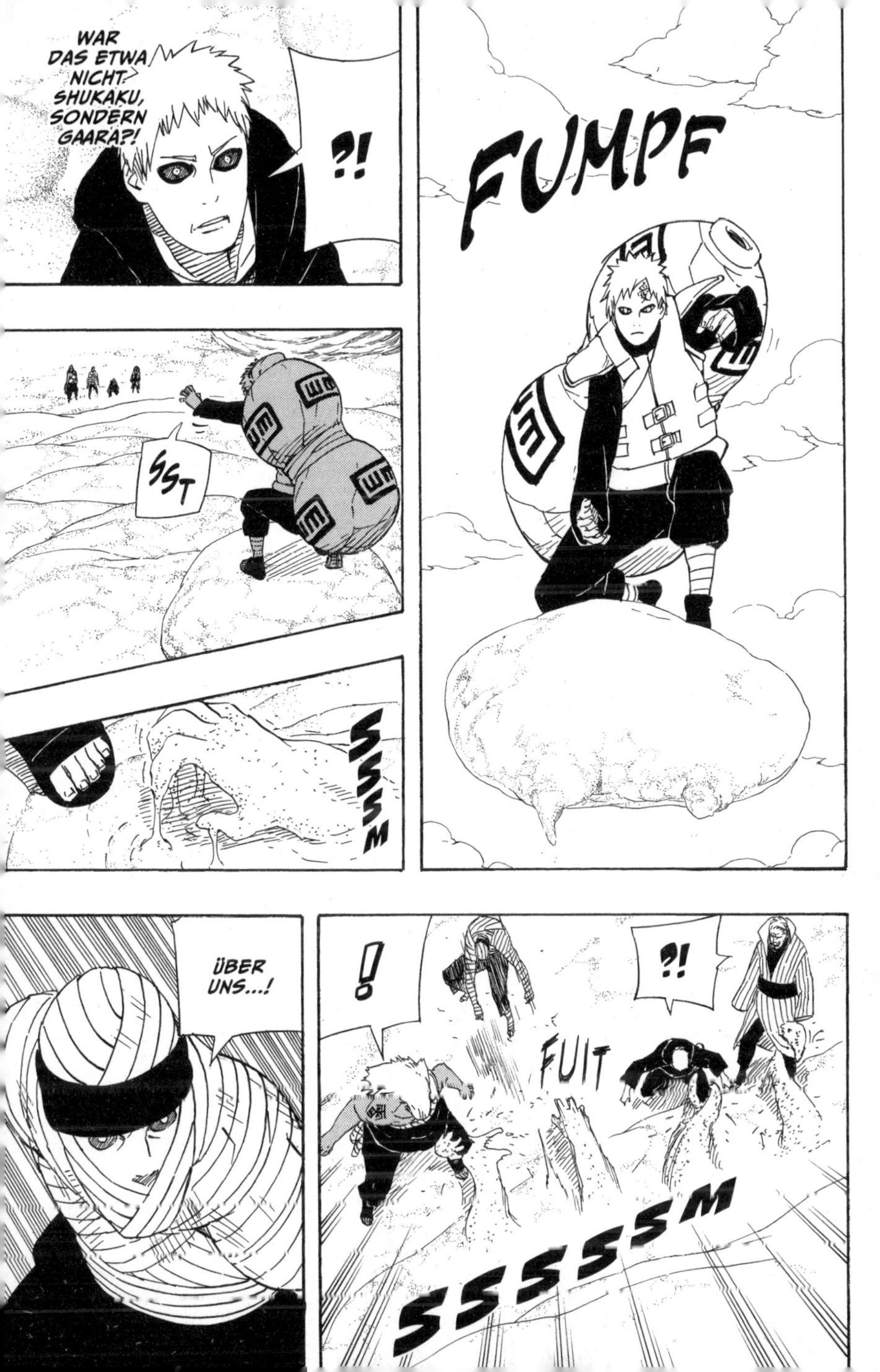

FUMPF
?!
WAR DAS ETWA NICHT SHUKAKU, SONDERN GAARA?!
SST
SSSM
?!
!
ÜBER UNS...!
FUIT
SSSSSSM

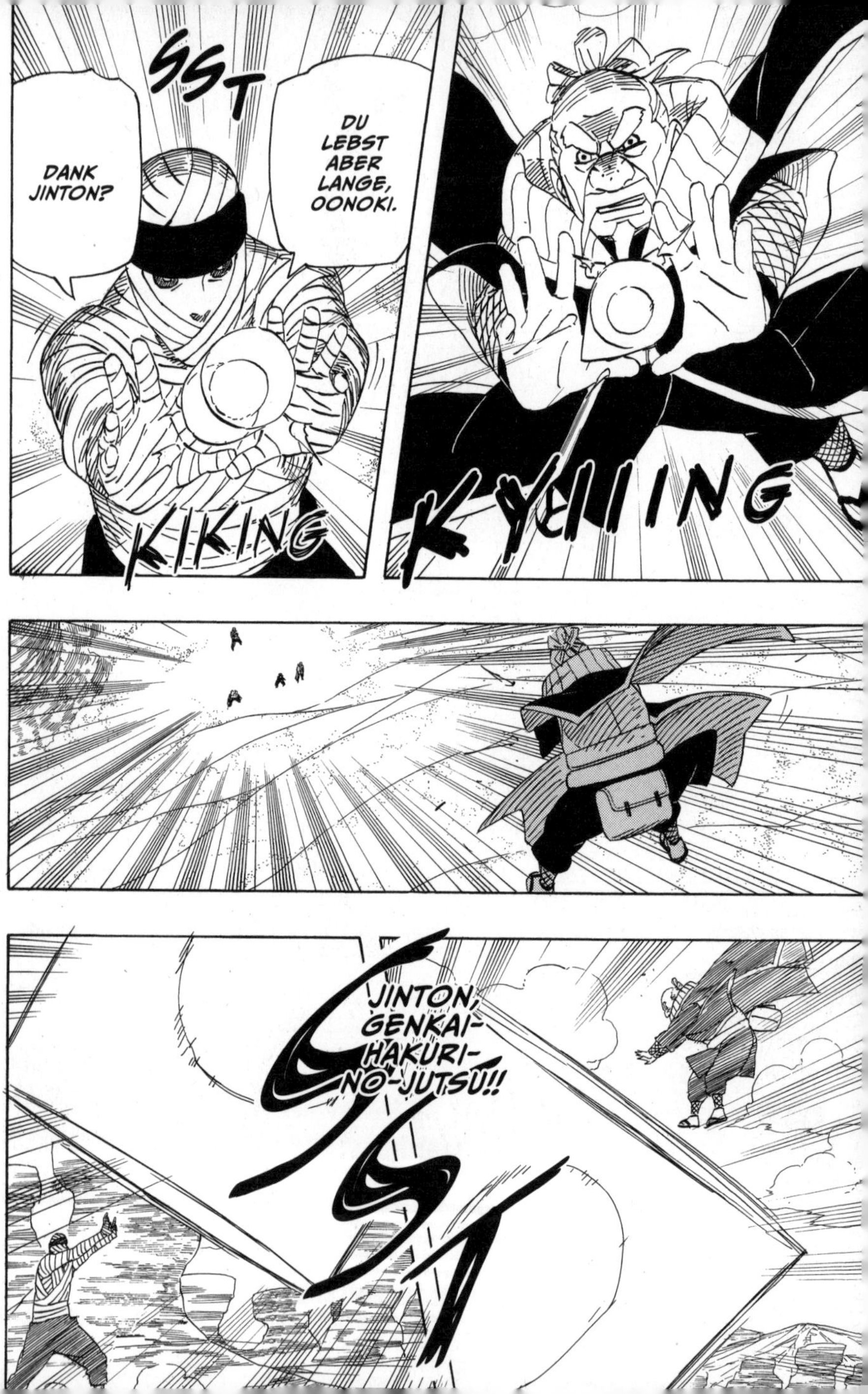
KYIIING
DU LEBST ABER LANGE, OONOKI.
DANK JINTON?
SST
KIKING
JINTON, GENKAI-HAKURI-NO-JUTSU!!
SST

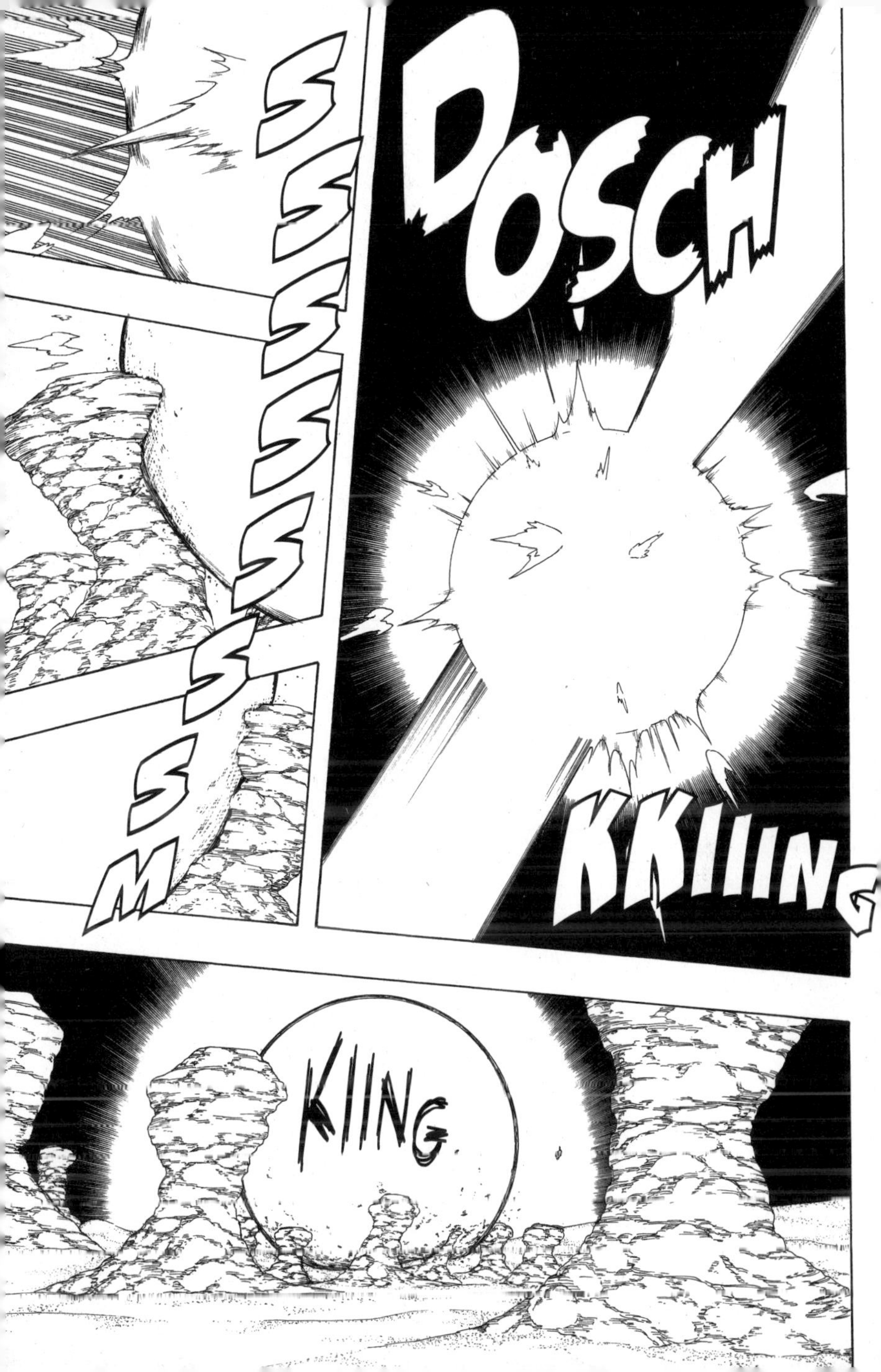
DOSCH
KKIING
SSSSSSSM
KIING

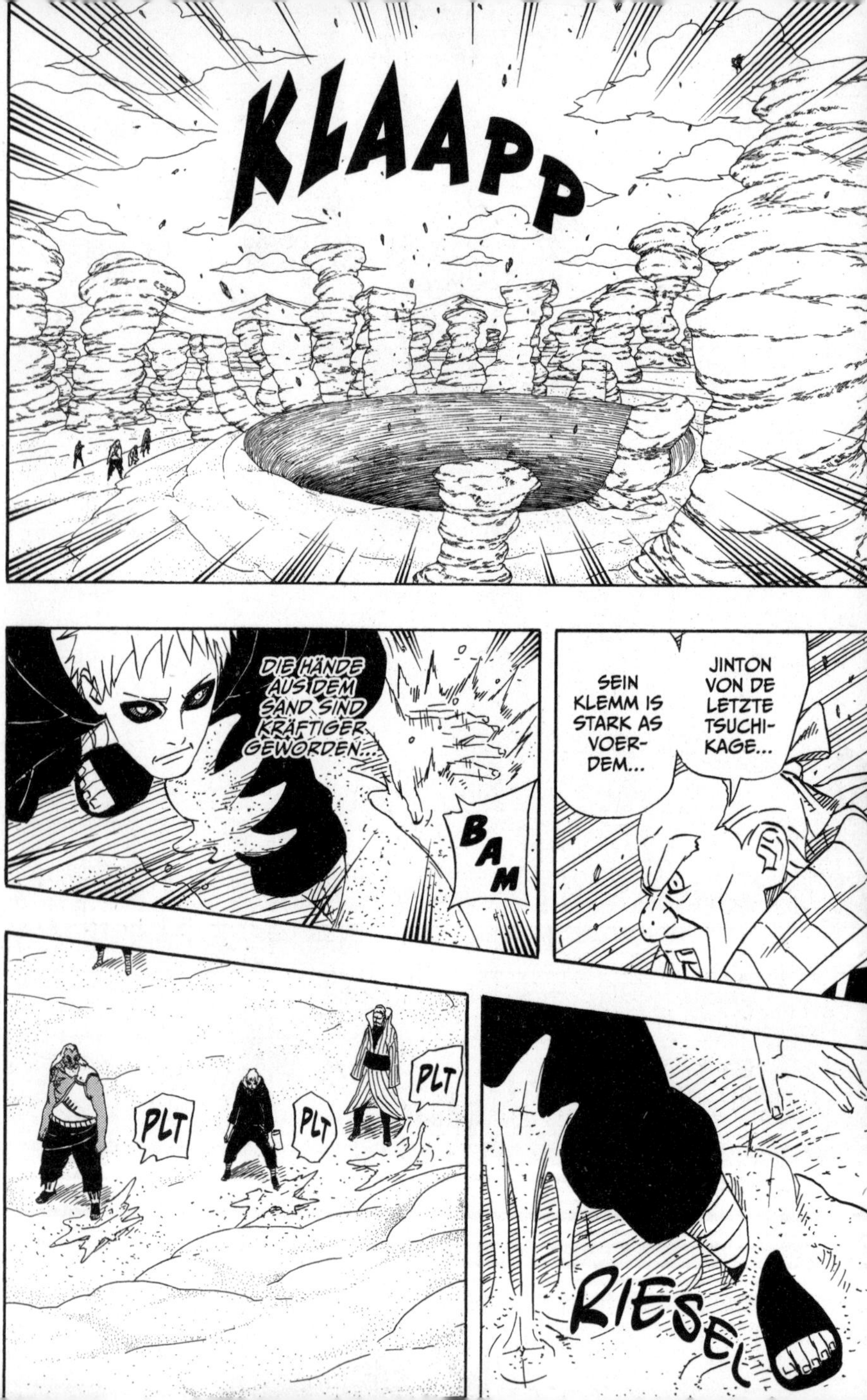
KLAAPP
JINTON VON DE LETZTE TSUCHI-KAGE...
SEIN KLEMM IS STARK AS VOER-DEM...
BAM
DIE HÄNDE AUS DEM SAND SIND KRÄFTIGER GEWORDEN...
RIESEL
PLT
PLT
PLT

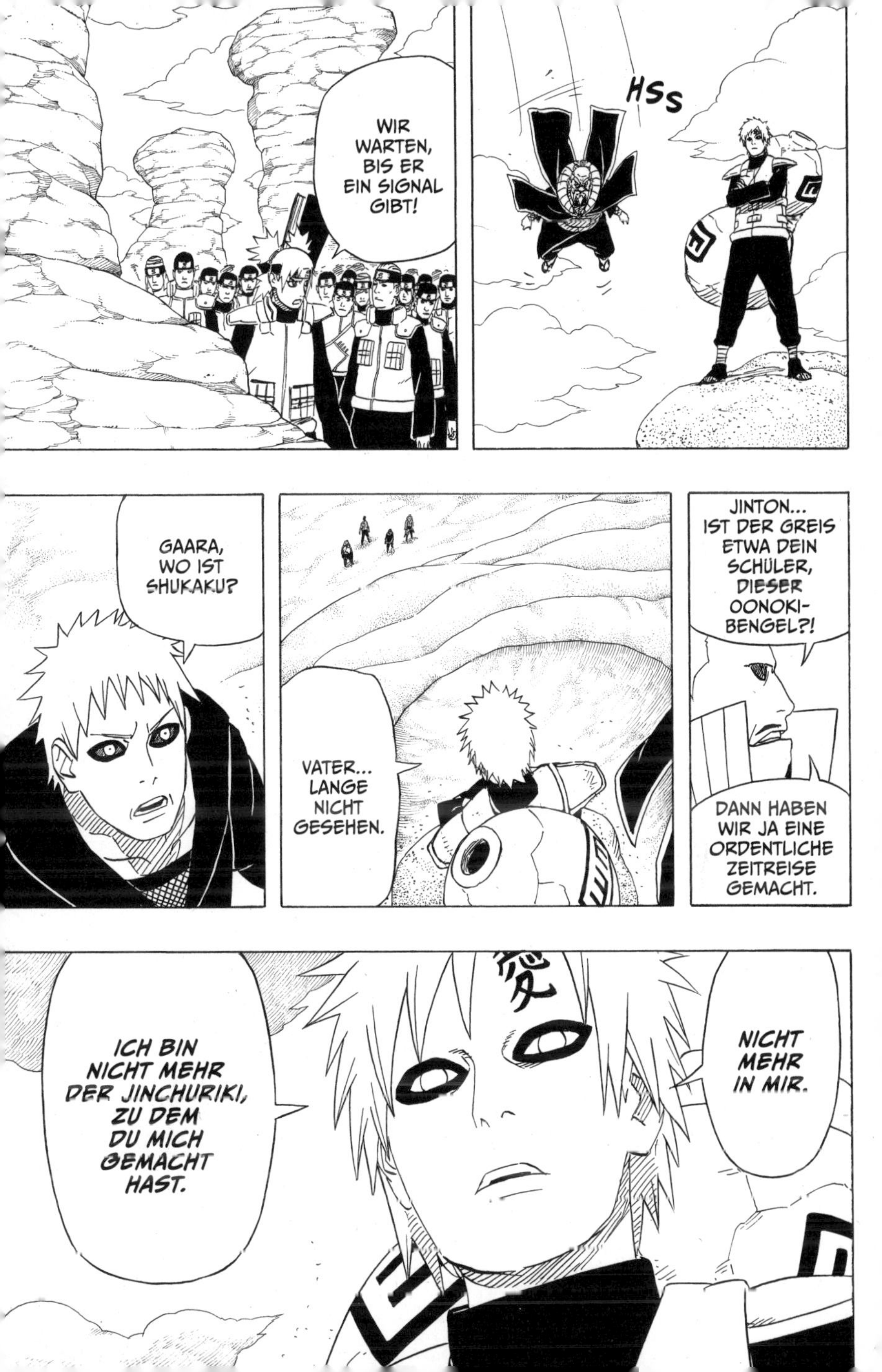
WIR WARTEN, BIS ER EIN SIGNAL GIBT!
HSS
GAARA, WO IST SHUKAKU?
VATER... LANGE NICHT GESEHEN.
JINTON... IST DER GREIS ETWA DEIN SCHÜLER, DIESER OONOKI-BENGEL?!
DANN HABEN WIR JA EINE ORDENTLICHE ZEITREISE GEMACHT.
ICH BIN NICHT MEHR DER JINCHURIKI, ZU DEM DU MICH GEMACHT HAST.
NICHT MEHR IN MIR.

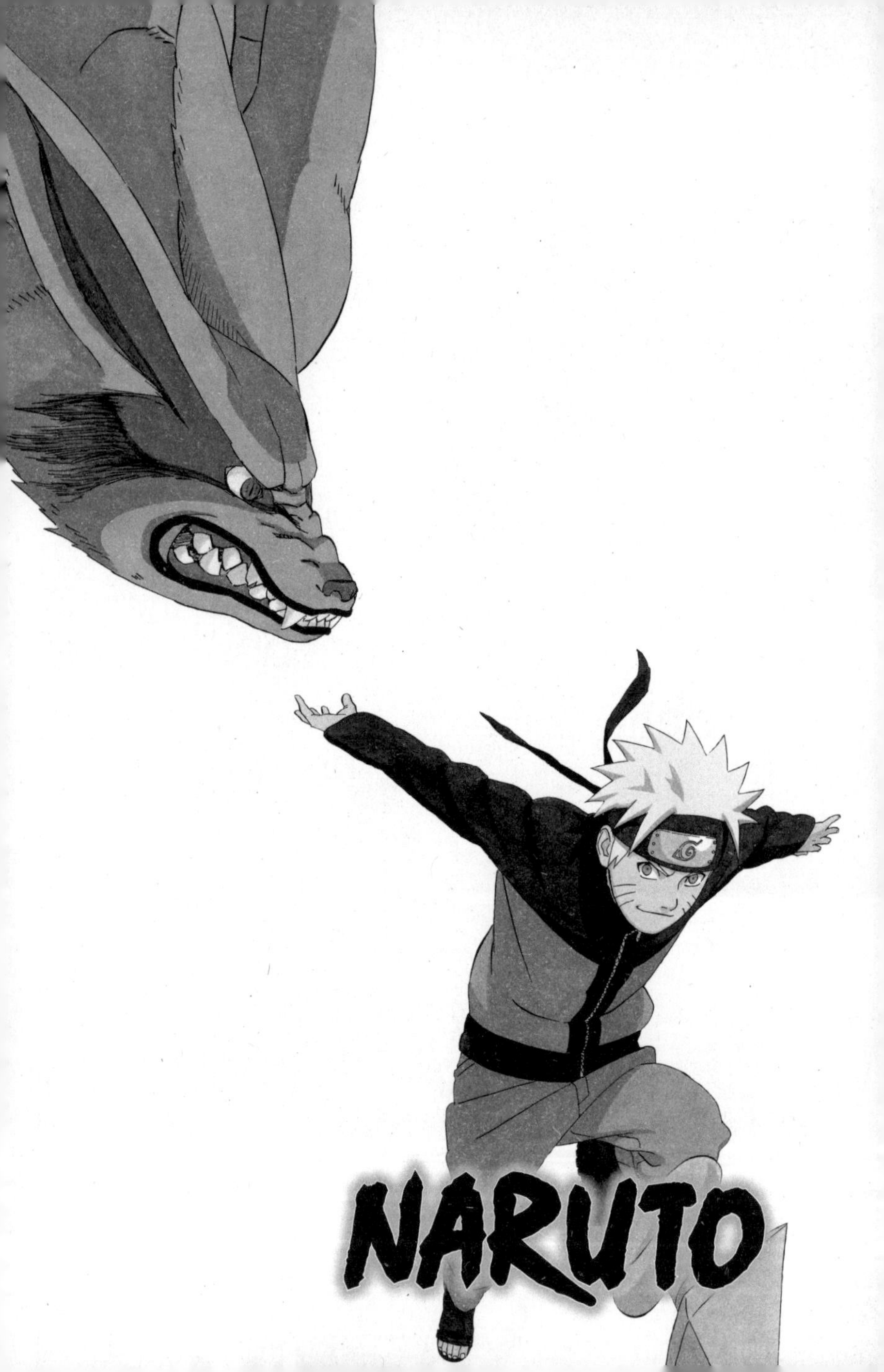
NARUTO

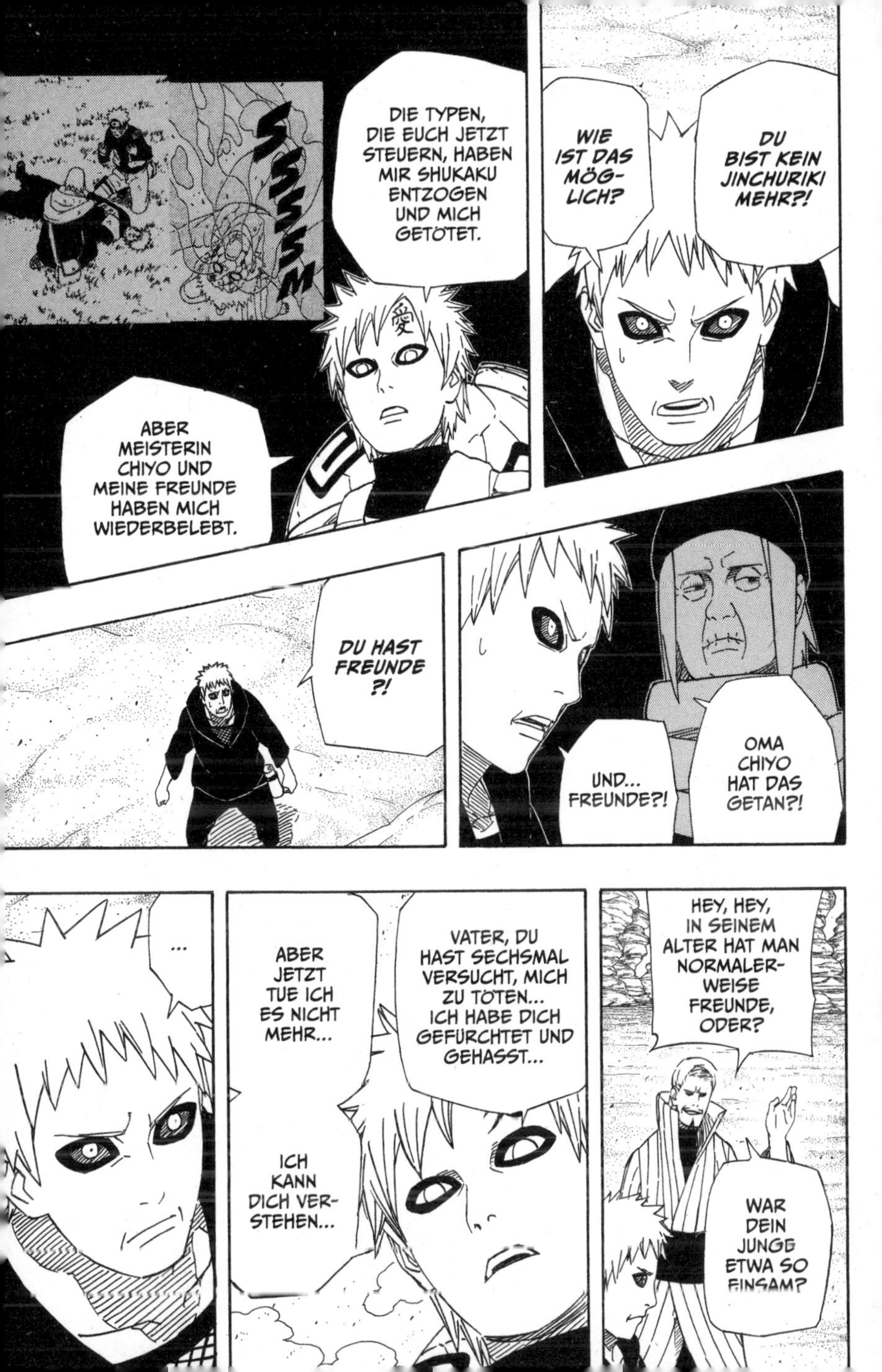
DU BIST KEIN JINCHURIKI MEHR?!
WIE IST DAS MÖG-LICH?
DIE TYPEN, DIE EUCH JETZT STEUERN, HABEN MIR SHUKAKU ENTZOGEN UND MICH GETÖTET.
SSSSM
ABER MEISTERIN CHIYO UND MEINE FREUNDE HABEN MICH WIEDERBELEBT.
OMA CHIYO HAT DAS GETAN?!
UND... FREUNDE?!
DU HAST FREUNDE ?!
HEY, HEY, IN SEINEM ALTER HAT MAN NORMALER-WEISE FREUNDE, ODER?
WAR DEIN JUNGE ETWA SO EINSAM?
VATER, DU HAST SECHSMAL VERSUCHT, MICH ZU TÖTEN... ICH HABE DICH GEFÜRCHTET UND GEHASST...
ABER JETZT TUE ICH ES NICHT MEHR...
ICH KANN DICH VER-STEHEN...
...

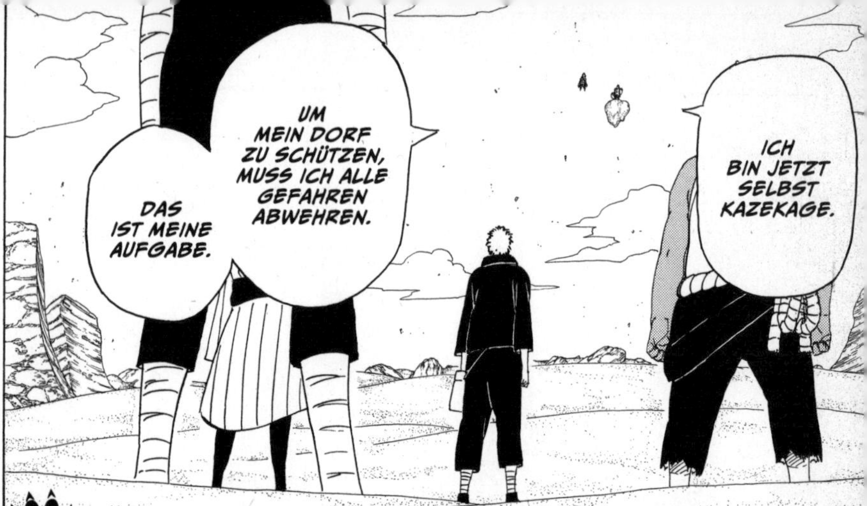

547. KAPITEL: ETWAS VON WERT

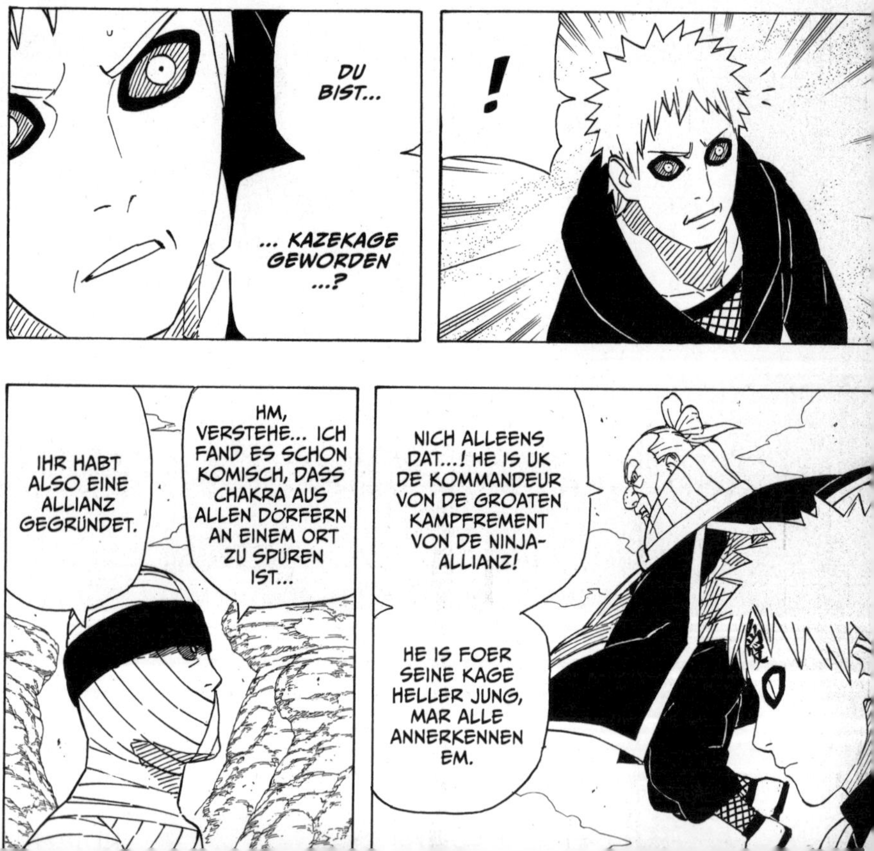

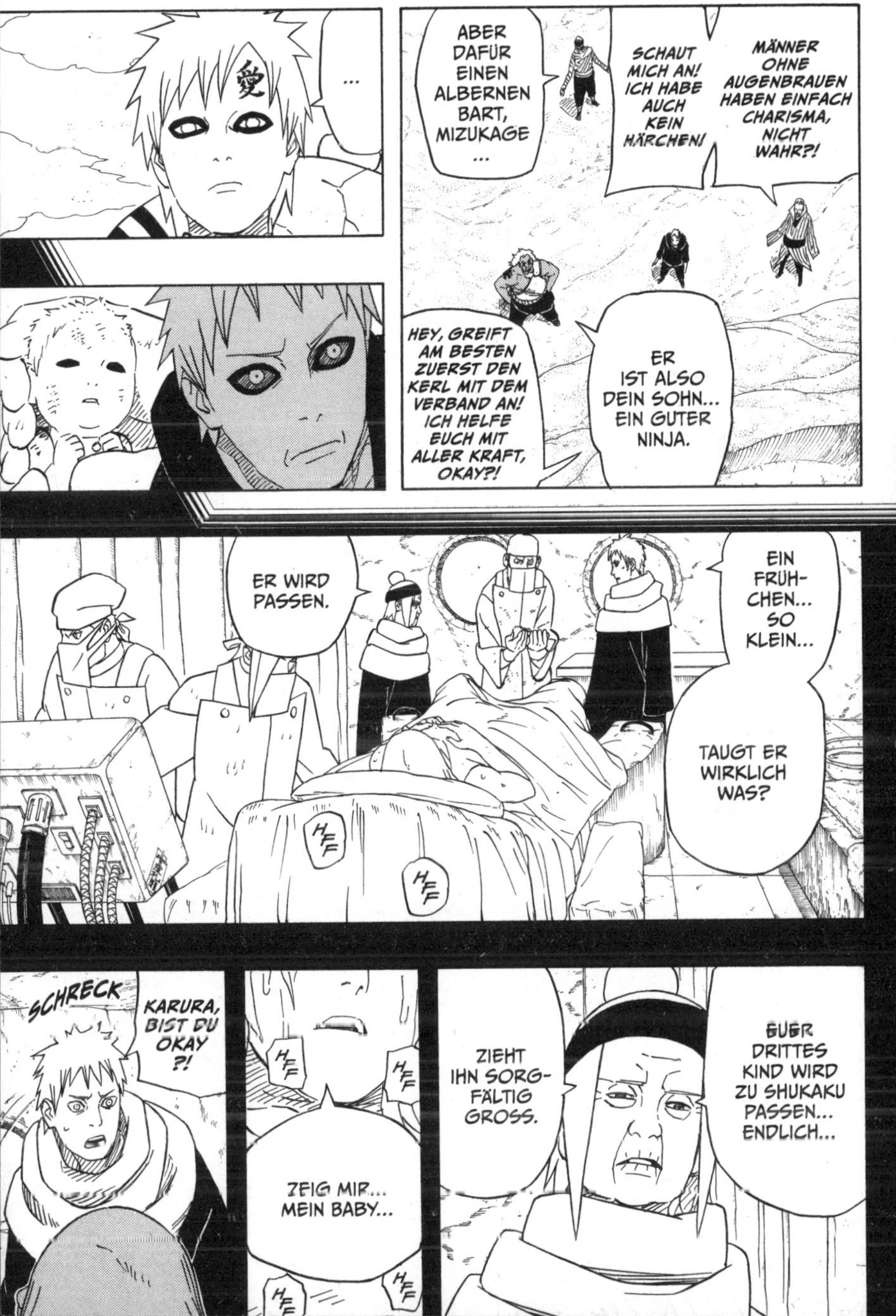
MÄNNER OHNE AUGENBRAUEN HABEN EINFACH CHARISMA, NICHT WAHR?!
SCHAUT MICH AN! ICH HABE AUCH KEIN HÄRCHEN!
ABER DAFÜR EINEN ALBERNEN BART, MIZUKAGE ...
ER IST ALSO DEIN SOHN... EIN GUTER NINJA.
HEY, GREIFT AM BESTEN ZUERST DEN KERL MIT DEM VERBAND AN! ICH HELFE EUCH MIT ALLER KRAFT, OKAY?!
...
EIN FRÜH-CHEN... SO KLEIN...
TAUGT ER WIRKLICH WAS?
ER WIRD PASSEN.
HFF
HFF
EUER DRITTES KIND WIRD ZU SHUKAKU PASSEN... ENDLICH...
ZIEHT IHN SORG-FÄLTIG GROSS.
HFF
HFF
ZEIG MIR... MEIN BABY...
HFF
HFF
KARURA, BIST DU OKAY?!
SCHRECK

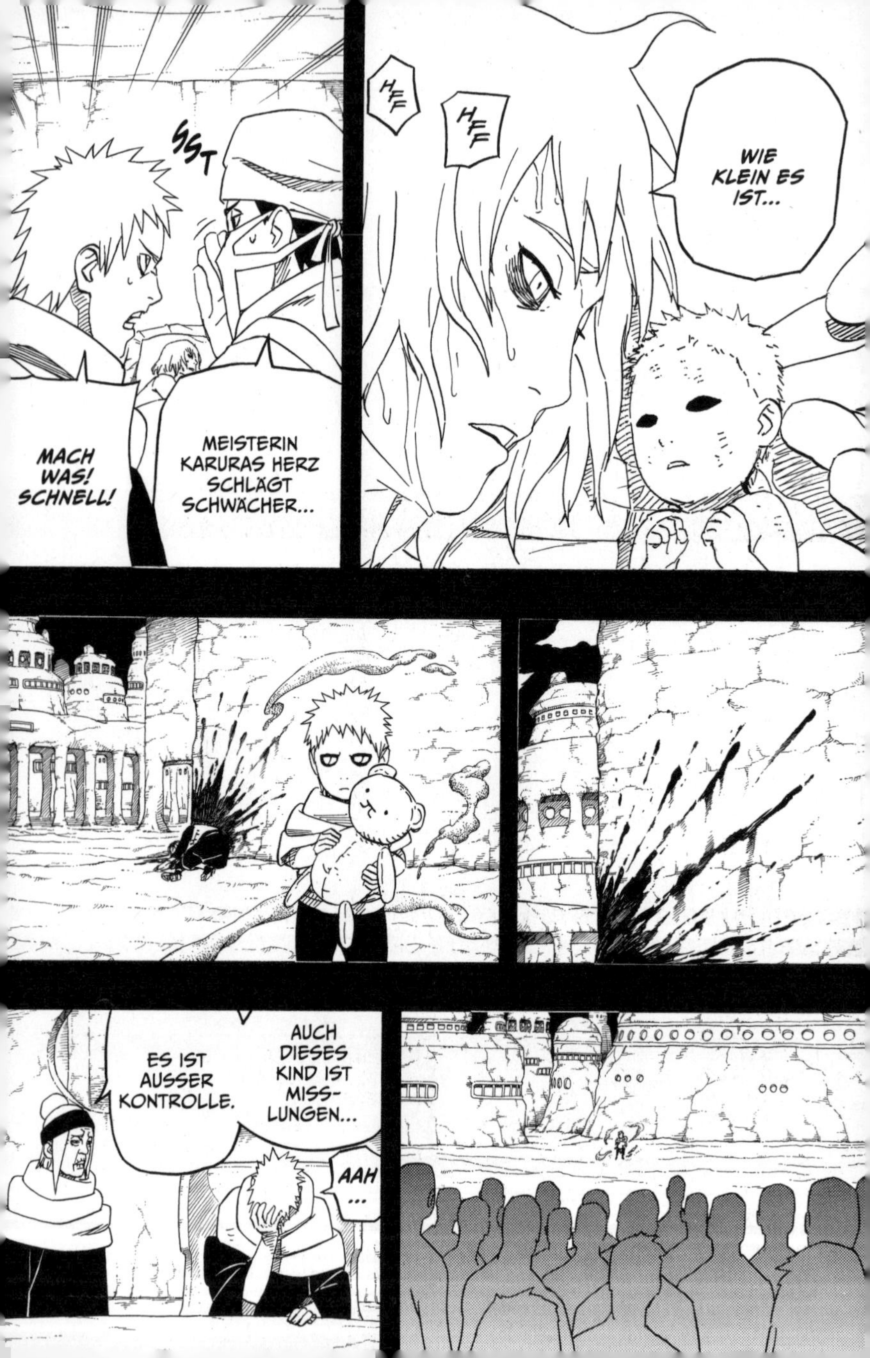
HFF
HFF
WIE KLEIN ES IST...
SST
MEISTERIN KARURAS HERZ SCHLÄGT SCHWÄCHER...
MACH WAS! SCHNELL!
AUCH DIESES KIND IST MISS-LUNGEN...
ES IST AUSSER KONTROLLE.
AAH ...

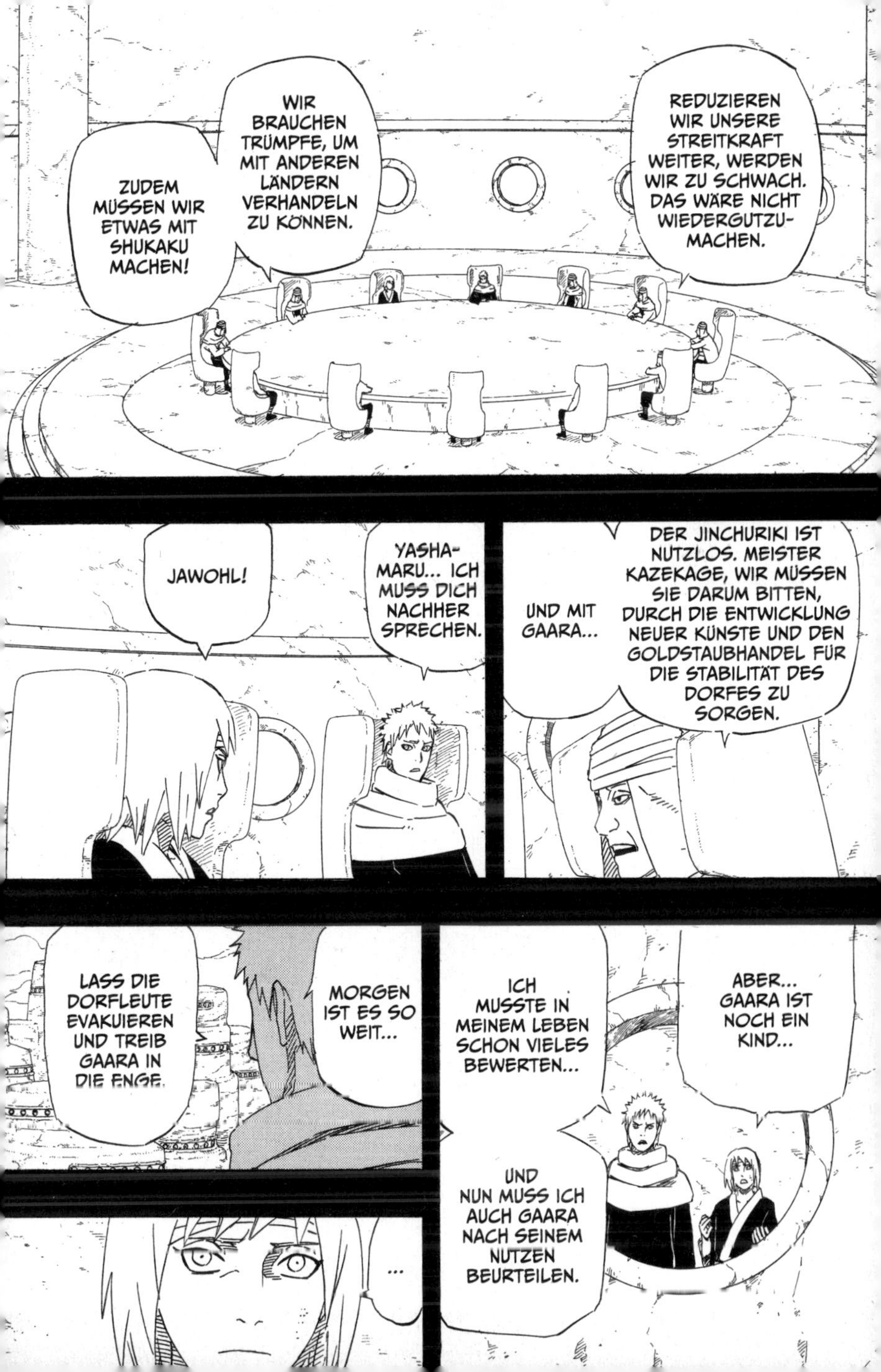
REDUZIEREN WIR UNSERE STREITKRAFT WEITER, WERDEN WIR ZU SCHWACH. DAS WÄRE NICHT WIEDERGUTZUMACHEN.
WIR BRAUCHEN TRÜMPFE, UM MIT ANDEREN LÄNDERN VERHANDELN ZU KÖNNEN.
ZUDEM MÜSSEN WIR ETWAS MIT SHUKAKU MACHEN!
DER JINCHURIKI IST NUTZLOS. MEISTER KAZEKAGE, WIR MÜSSEN SIE DARUM BITTEN, DURCH DIE ENTWICKLUNG NEUER KÜNSTE UND DEN GOLDSTAUBHANDEL FÜR DIE STABILITÄT DES DORFES ZU SORGEN.
UND MIT GAARA...
YASHAMARU... ICH MUSS DICH NACHHER SPRECHEN.
JAWOHL!
ABER... GAARA IST NOCH EIN KIND...
ICH MUSSTE IN MEINEM LEBEN SCHON VIELES BEWERTEN...
UND NUN MUSS ICH AUCH GAARA NACH SEINEM NUTZEN BEURTEILEN.
MORGEN IST ES SO WEIT...
LASS DIE DORFLEUTE EVAKUIEREN UND TREIB GAARA IN DIE ENGE.
...

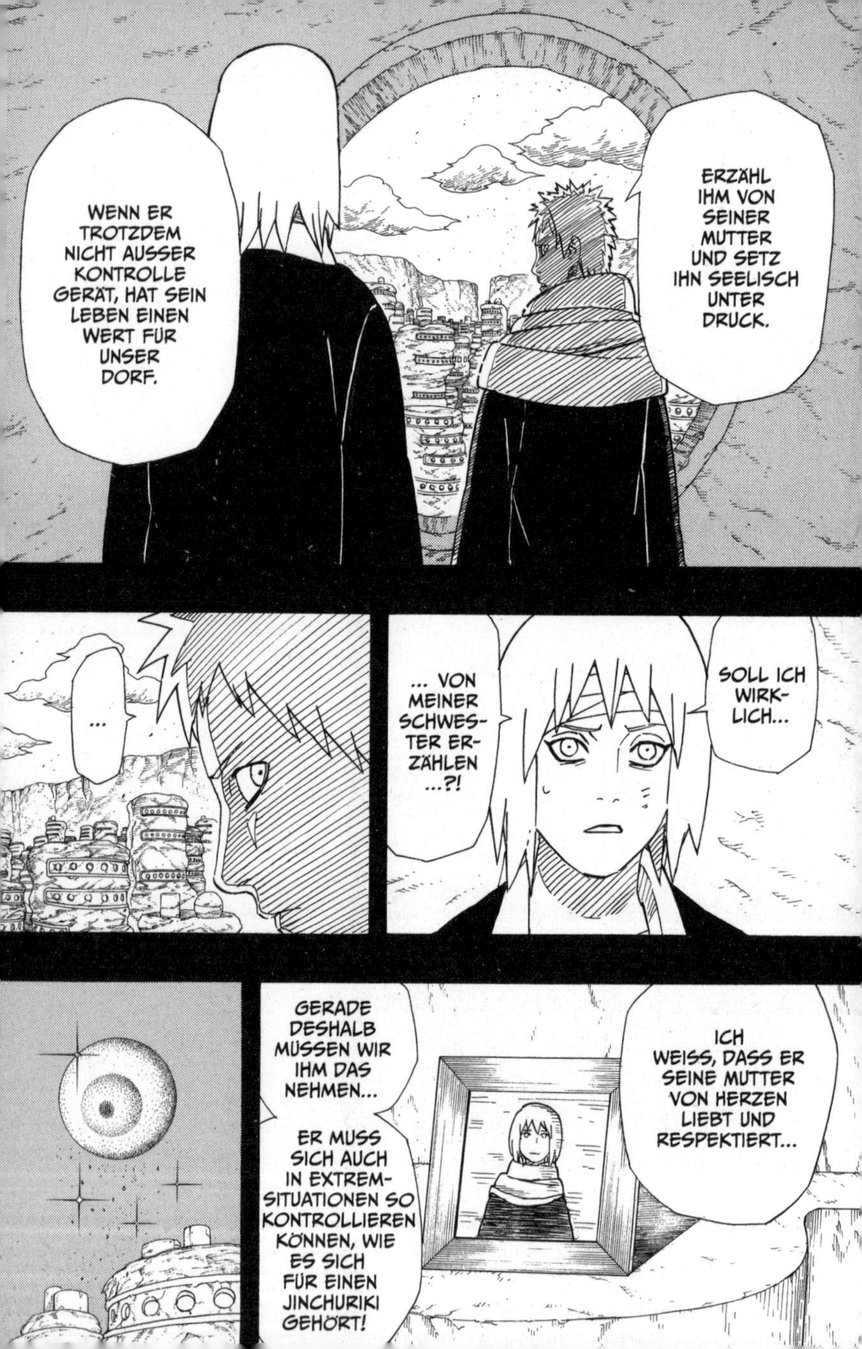
ERZÄHL IHM VON SEINER MUTTER UND SETZ IHN SEELISCH UNTER DRUCK.
WENN ER TROTZDEM NICHT AUSSER KONTROLLE GERÄT, HAT SEIN LEBEN EINEN WERT FÜR UNSER DORF.
SOLL ICH WIRKLICH...
... VON MEINER SCHWESTER ERZÄHLEN ...?!
...
ICH WEISS, DASS ER SEINE MUTTER VON HERZEN LIEBT UND RESPEKTIERT...
GERADE DESHALB MÜSSEN WIR IHM DAS NEHMEN...
ER MUSS SICH AUCH IN EXTREMSITUATIONEN SO KONTROLLIEREN KÖNNEN, WIE ES SICH FÜR EINEN JINCHURIKI GEHÖRT!

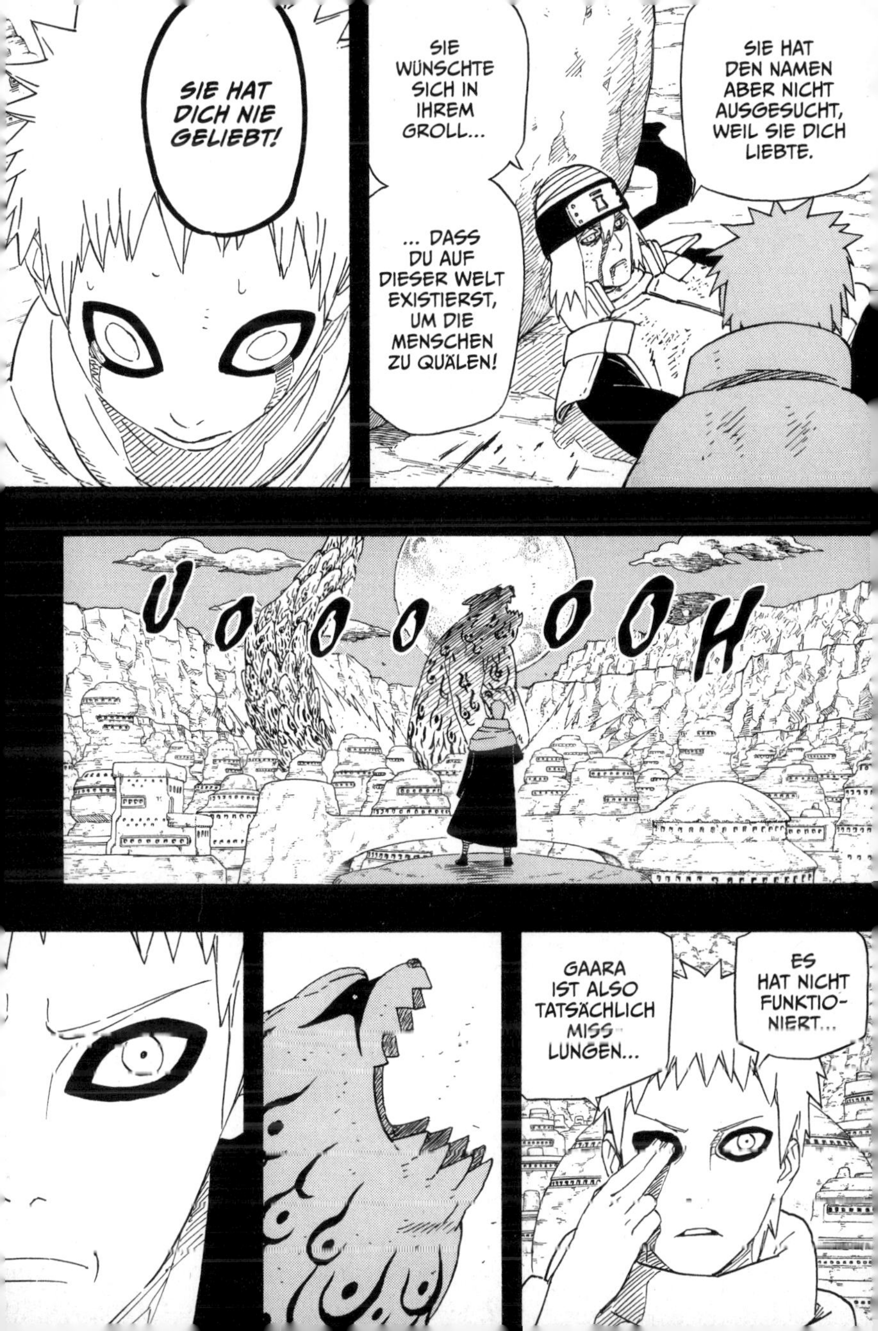
SIE HAT DEN NAMEN ABER NICHT AUSGESUCHT, WEIL SIE DICH LIEBTE.
SIE WÜNSCHTE SICH IN IHREM GROLL...
... DASS DU AUF DIESER WELT EXISTIERST, UM DIE MENSCHEN ZU QUÄLEN!
SIE HAT DICH NIE GELIEBT!
UOOOOOOOH
ES HAT NICHT FUNKTIONIERT...
GAARA IST ALSO TATSÄCHLICH MISSLUNGEN...

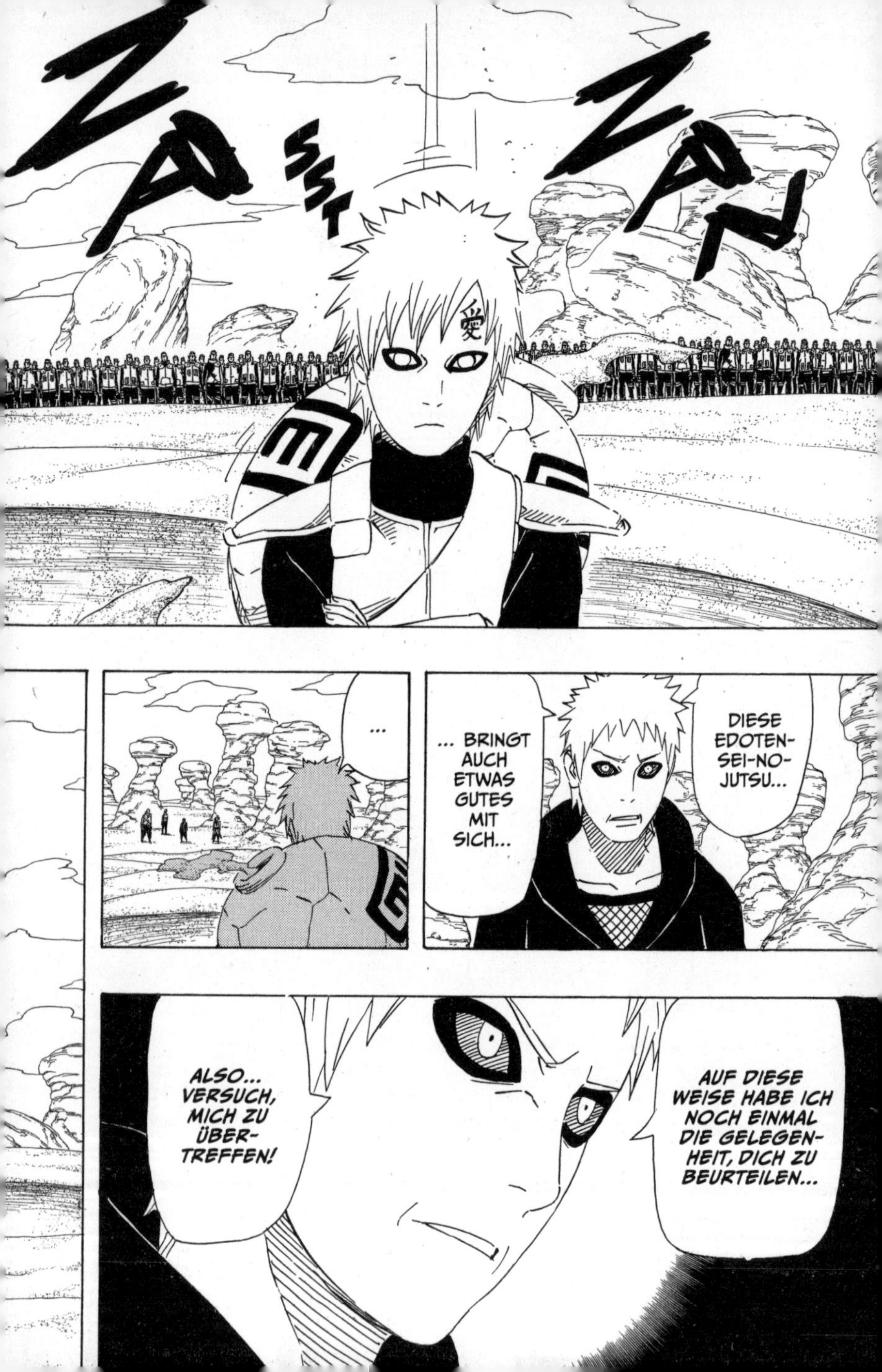
DIESE EDOTEN-SEI-NO-JUTSU...
... BRINGT AUCH ETWAS GUTES MIT SICH...
...
AUF DIESE WEISE HABE ICH NOCH EINMAL DIE GELEGENHEIT, DICH ZU BEURTEILEN...
ALSO... VERSUCH, MICH ZU ÜBERTREFFEN!

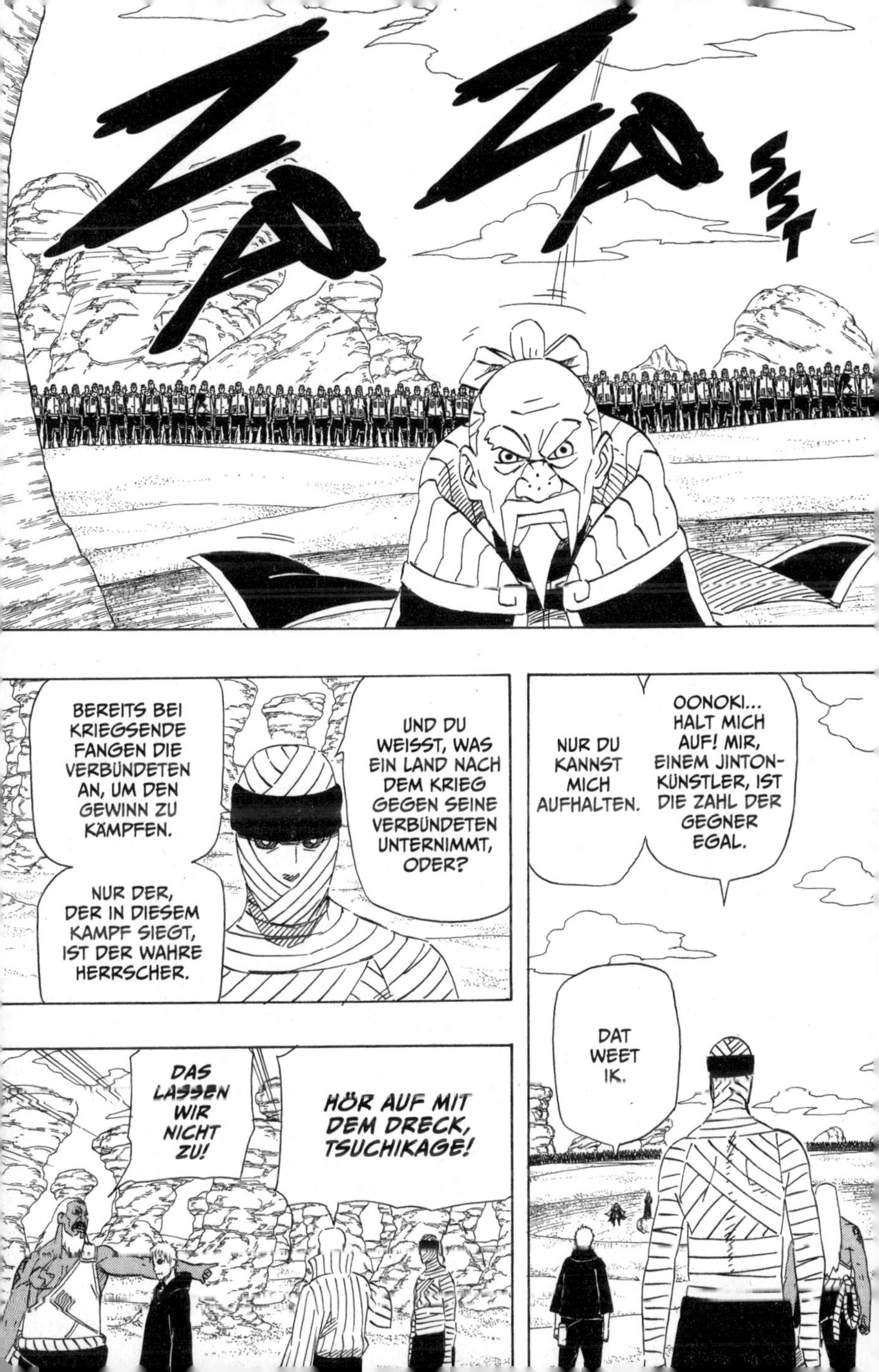
ZAP
ZAP
SST
OONOKI... HALT MICH AUF! MIR, EINEM JINTON-KÜNSTLER, IST DIE ZAHL DER GEGNER EGAL.
NUR DU KANNST MICH AUFHALTEN.
UND DU WEISST, WAS EIN LAND NACH DEM KRIEG GEGEN SEINE VERBÜNDETEN UNTERNIMMT, ODER?
BEREITS BEI KRIEGSENDE FANGEN DIE VERBÜNDETEN AN, UM DEN GEWINN ZU KÄMPFEN.
NUR DER, DER IN DIESEM KAMPF SIEGT, IST DER WAHRE HERRSCHER.
DAT WEET IK.
HÖR AUF MIT DEM DRECK, TSUCHIKAGE!
DAS LASSEN WIR NICHT ZU!

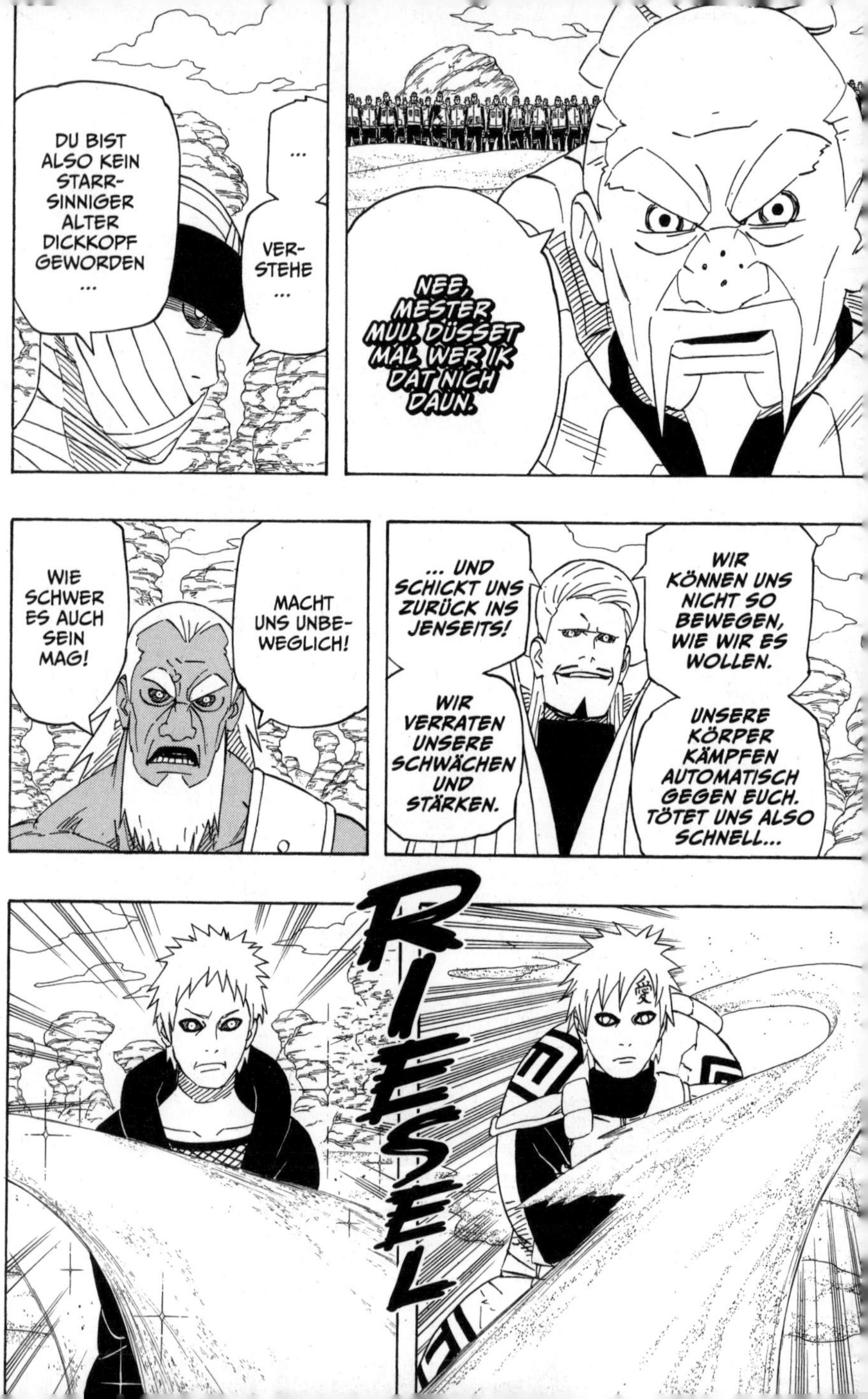
NEE, MESTER MUU. DÜSSET MAL WER IK DAT NICH DAUN.
...
VER-STEHE ...
DU BIST ALSO KEIN STARR-SINNIGER ALTER DICKKOPF GEWORDEN ...
WIR KÖNNEN UNS NICHT SO BEWEGEN, WIE WIR ES WOLLEN.
UNSERE KÖRPER KÄMPFEN AUTOMATISCH GEGEN EUCH. TÖTET UNS ALSO SCHNELL...
WIR VERRATEN UNSERE SCHWÄCHEN UND STÄRKEN.
... UND SCHICKT UNS ZURÜCK INS JENSEITS!
MACHT UNS UNBE-WEGLICH!
WIE SCHWER ES AUCH SEIN MAG!
RIESEL

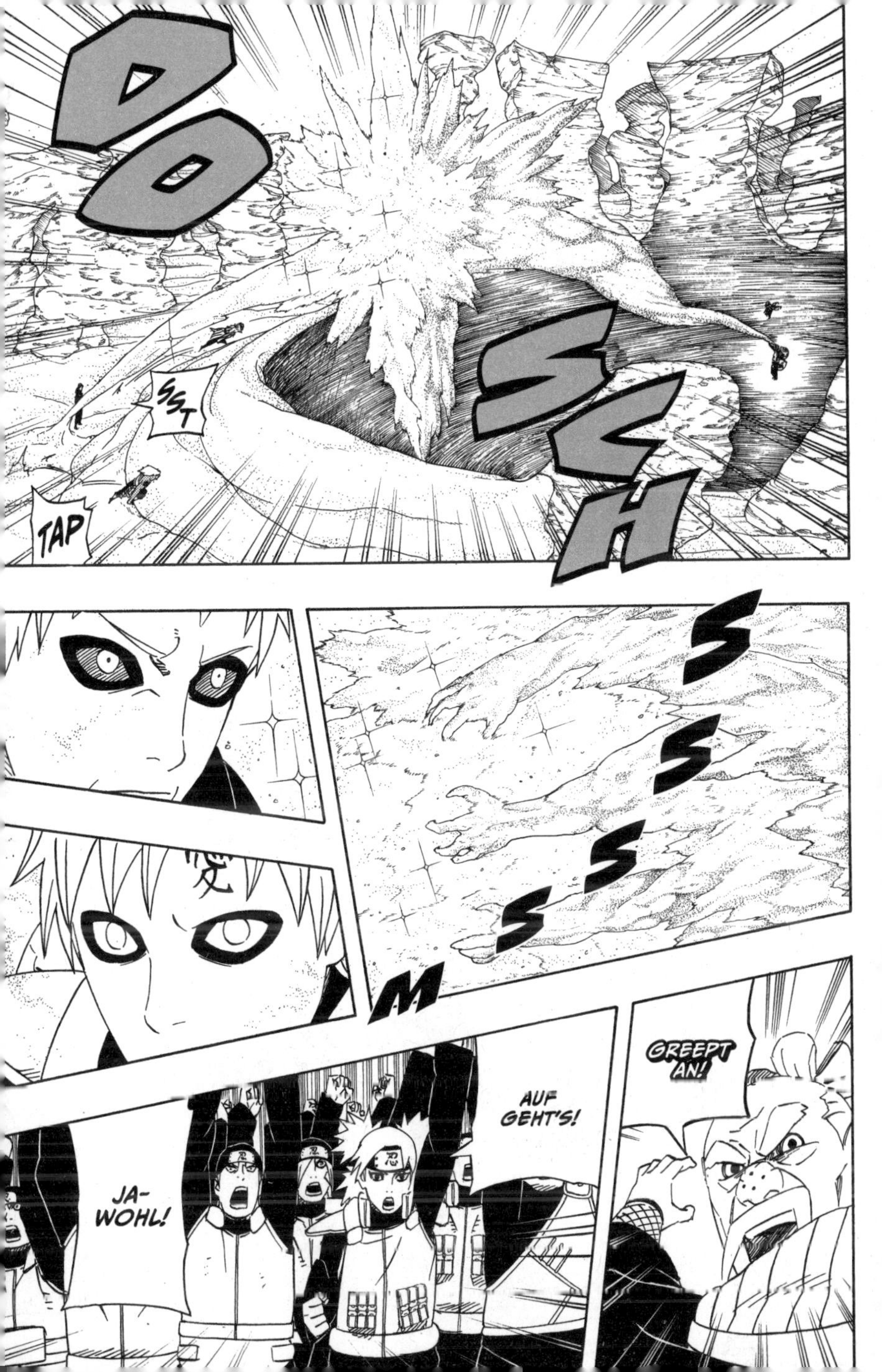
DO
SSST
TAP
SCH
SSSS
M
GREEPT AN!
AUF GEHT'S!
JA-WOHL!

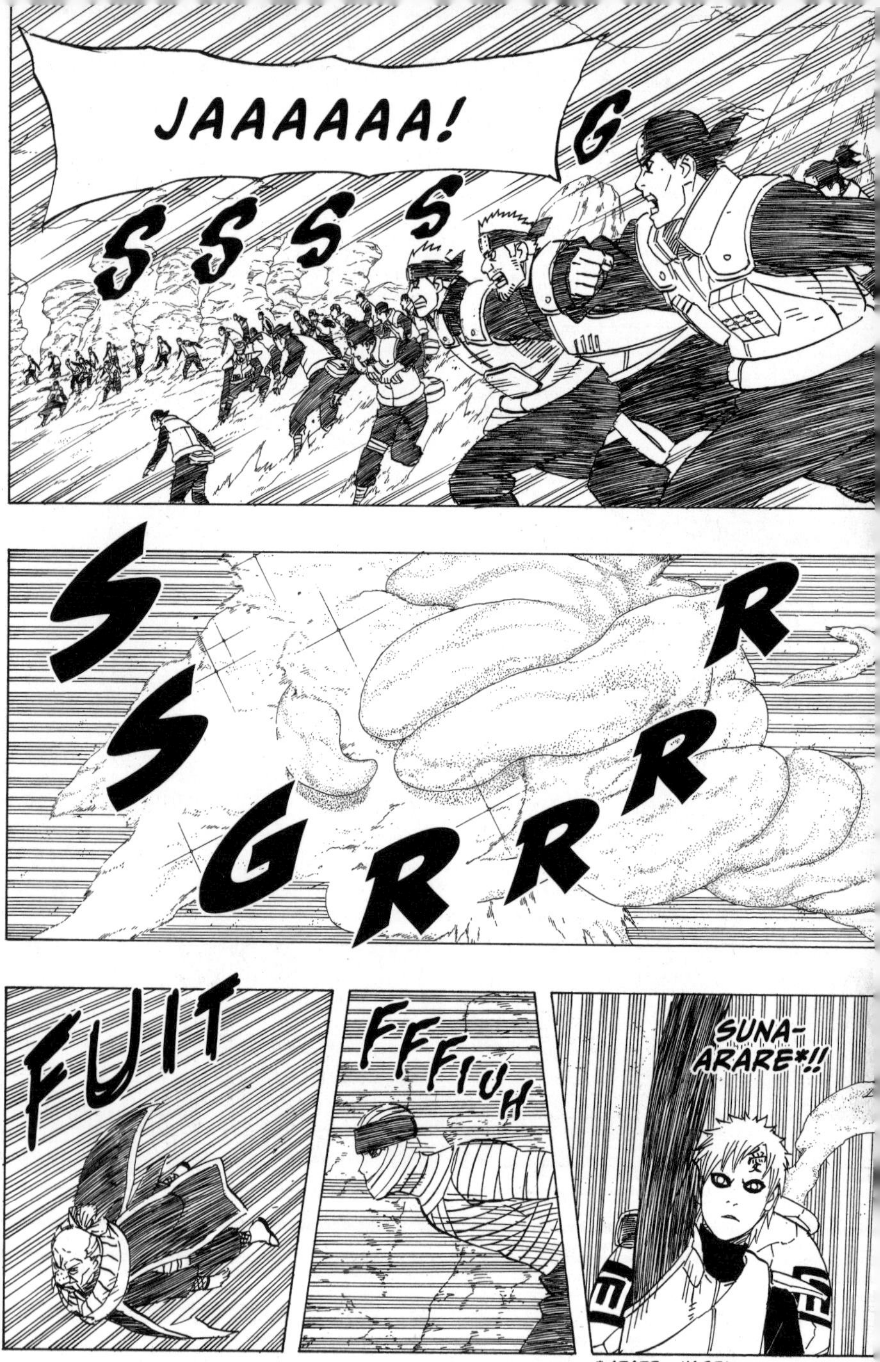

* ARARE = HAGEL

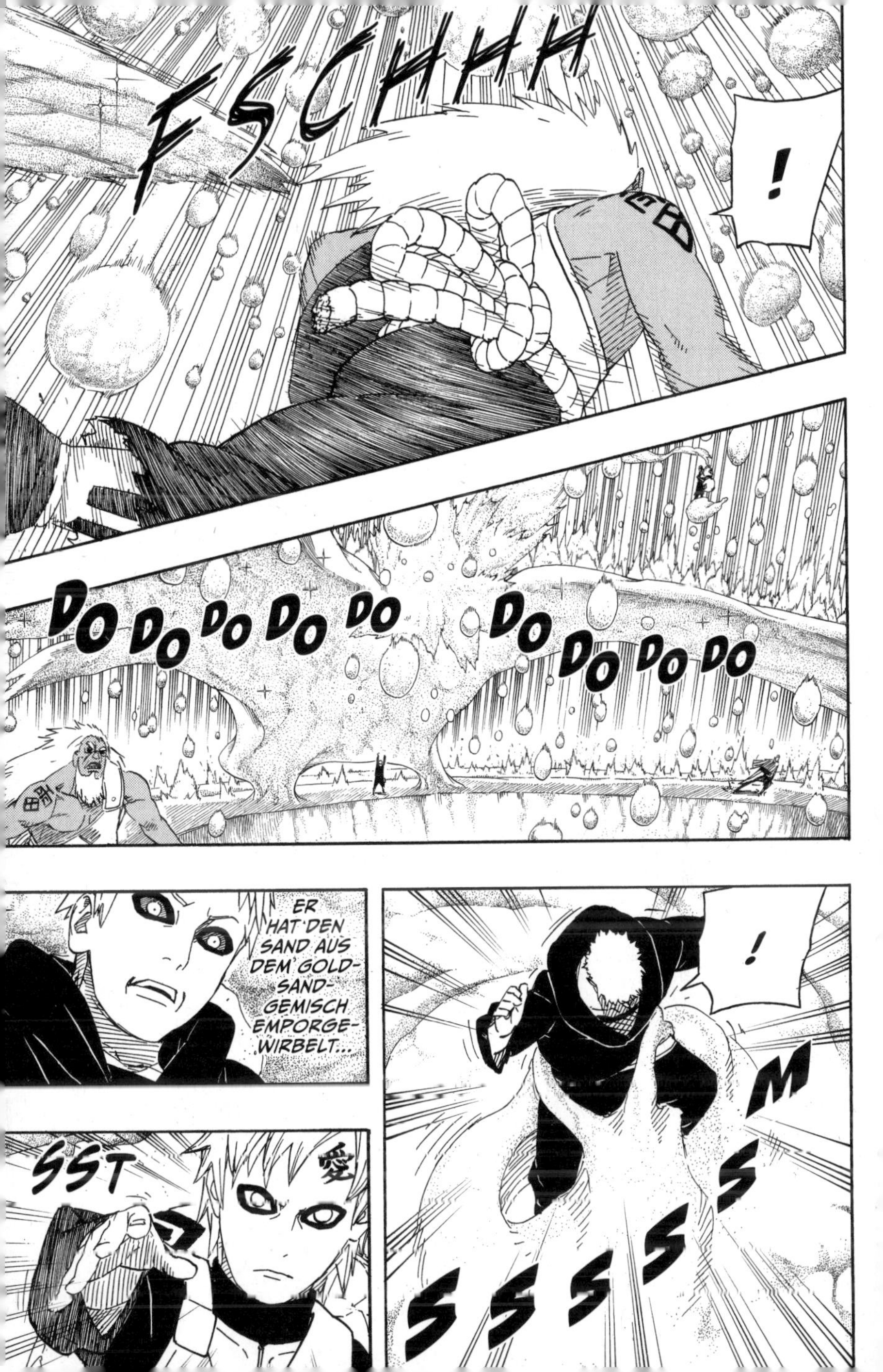
FSCHHH
!
DO DO DO DO DO
DO DO DO DO
ER HAT DEN SAND AUS DEM GOLD-SAND-GEMISCH EMPORGE-WIRBELT...
!
SSSSSSM
SST

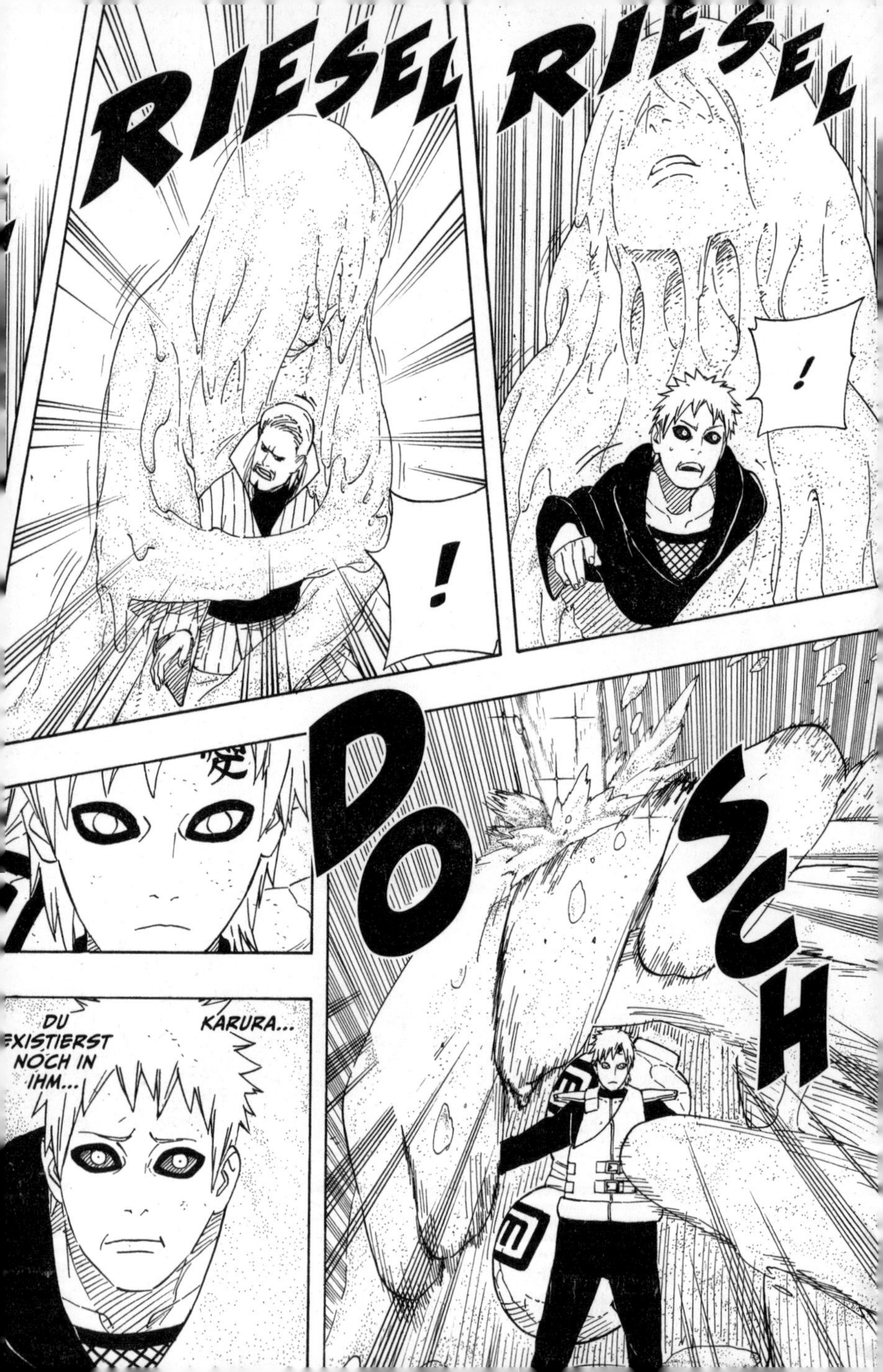
RIESEL RIESEL
!
RIESEL
!
DOSCH
KARURA...
DU EXISTIERST NOCH IN IHM...

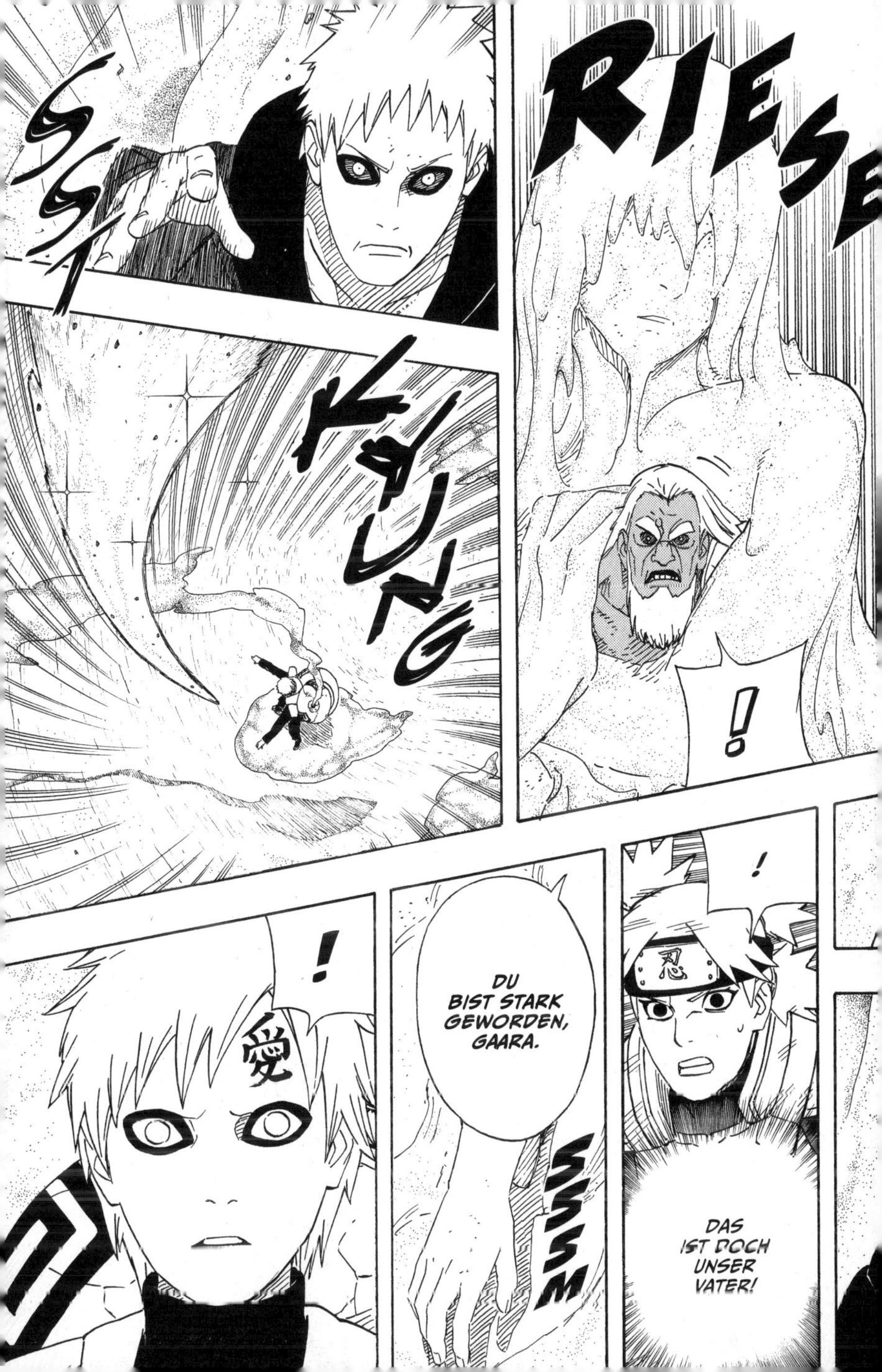
RIESE
!
!
!
DU BIST STARK GEWORDEN, GAARA.
SSSM
DAS IST DOCH UNSER VATER!

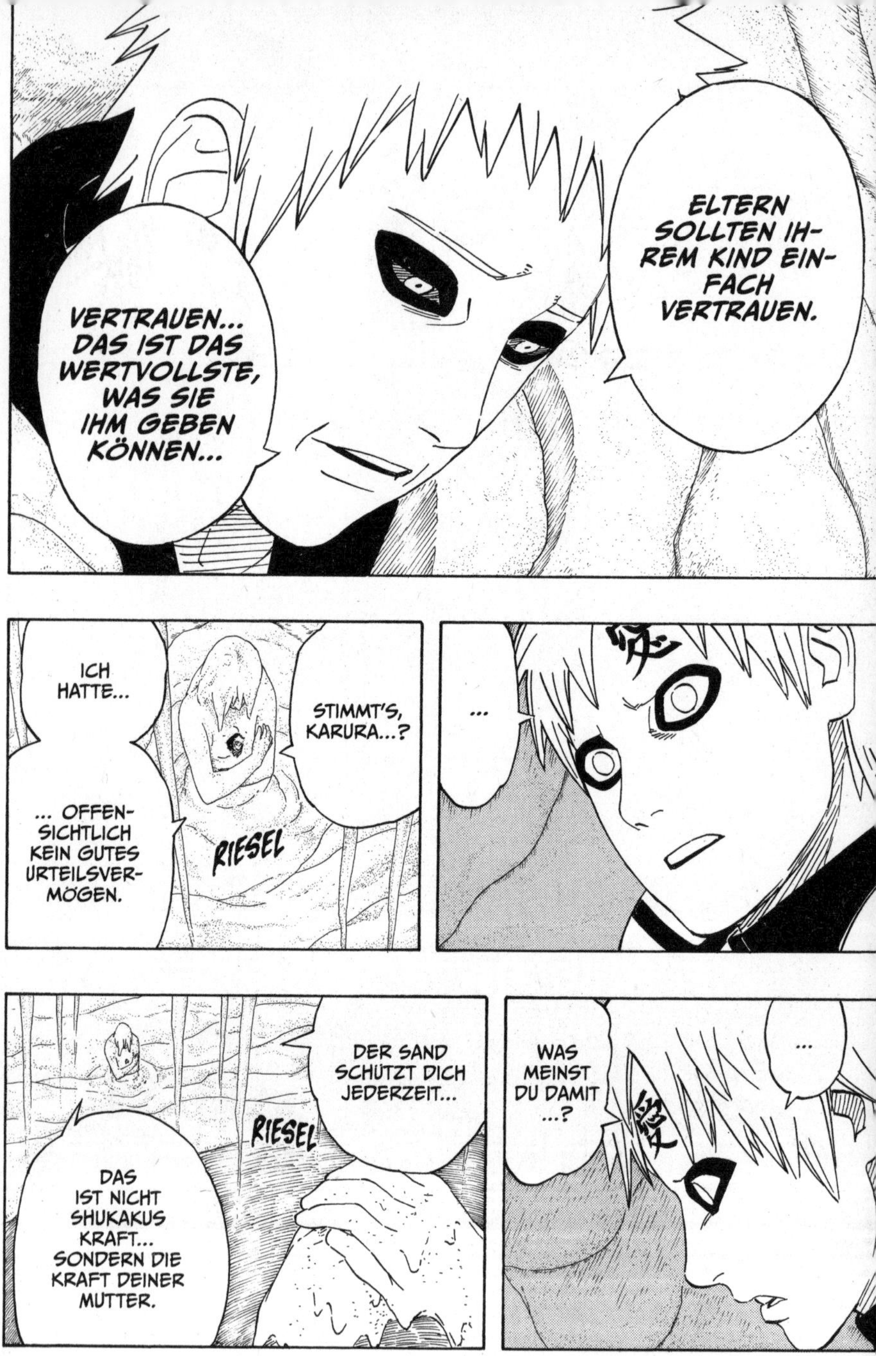
ELTERN SOLLTEN IHREM KIND EINFACH VERTRAUEN.
VERTRAUEN... DAS IST DAS WERTVOLLSTE, WAS SIE IHM GEBEN KÖNNEN...
...
STIMMT'S, KARURA...?
ICH HATTE...
... OFFENSICHTLICH KEIN GUTES URTEILSVERMÖGEN.
RIESEL
...
WAS MEINST DU DAMIT ...?
DER SAND SCHÜTZT DICH JEDERZEIT...
RIESEL
DAS IST NICHT SHUKAKUS KRAFT... SONDERN DIE KRAFT DEINER MUTTER.

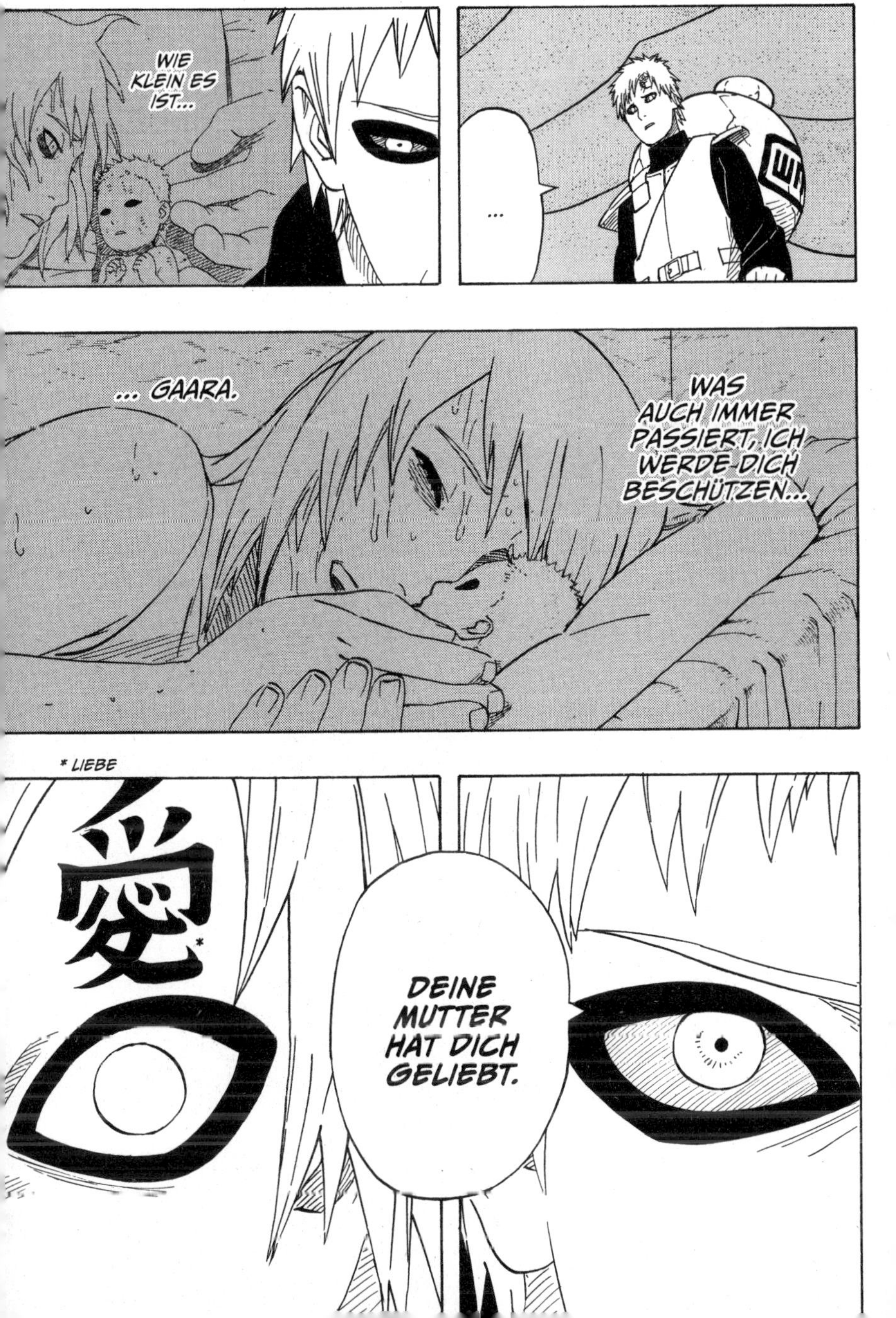
…
WIE KLEIN ES IST…
WAS AUCH IMMER PASSIERT, ICH WERDE DICH BESCHÜTZEN…
… GAARA.
DEINE MUTTER HAT DICH GELIEBT.
愛*
* LIEBE

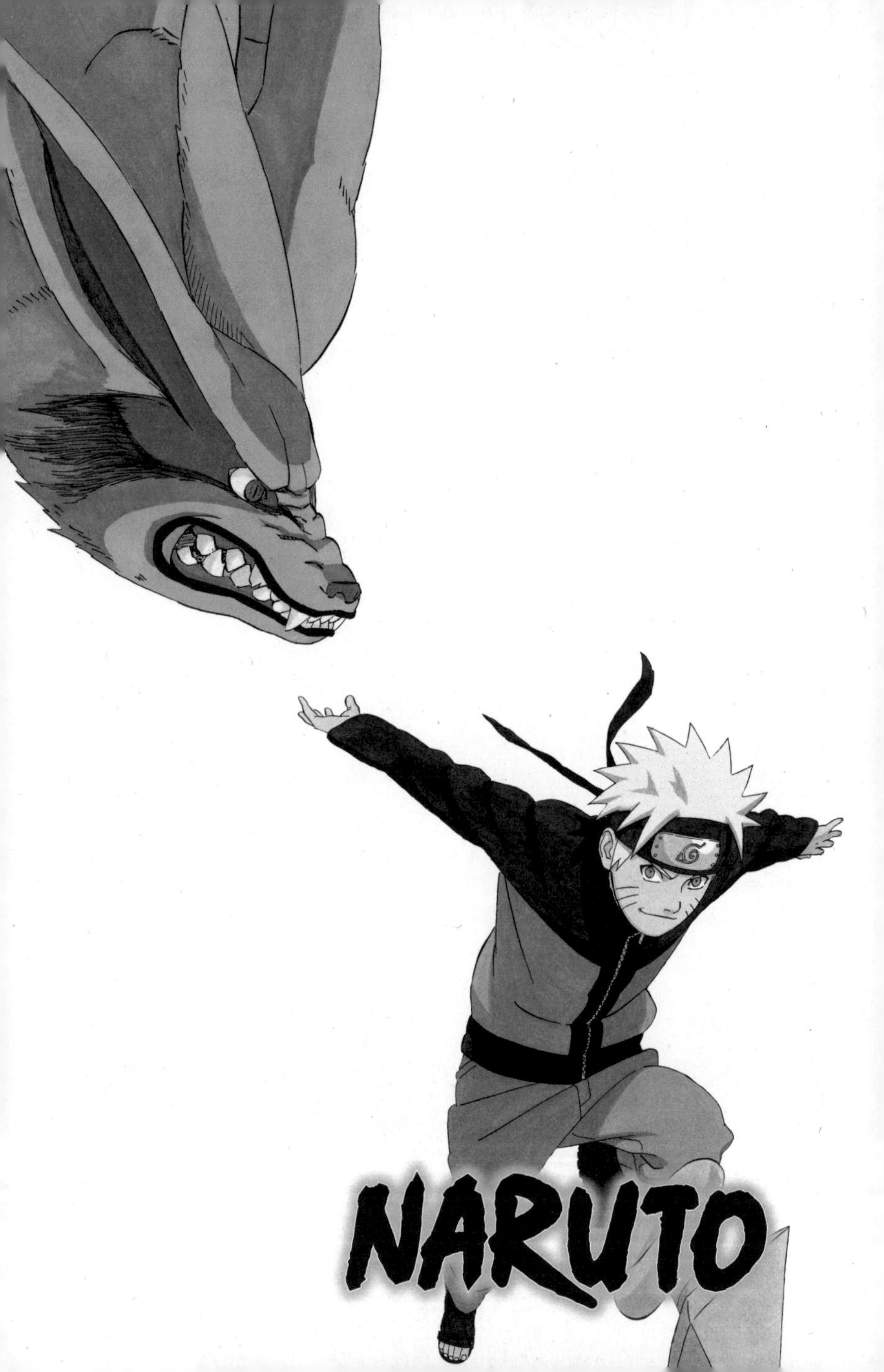
NARUTO

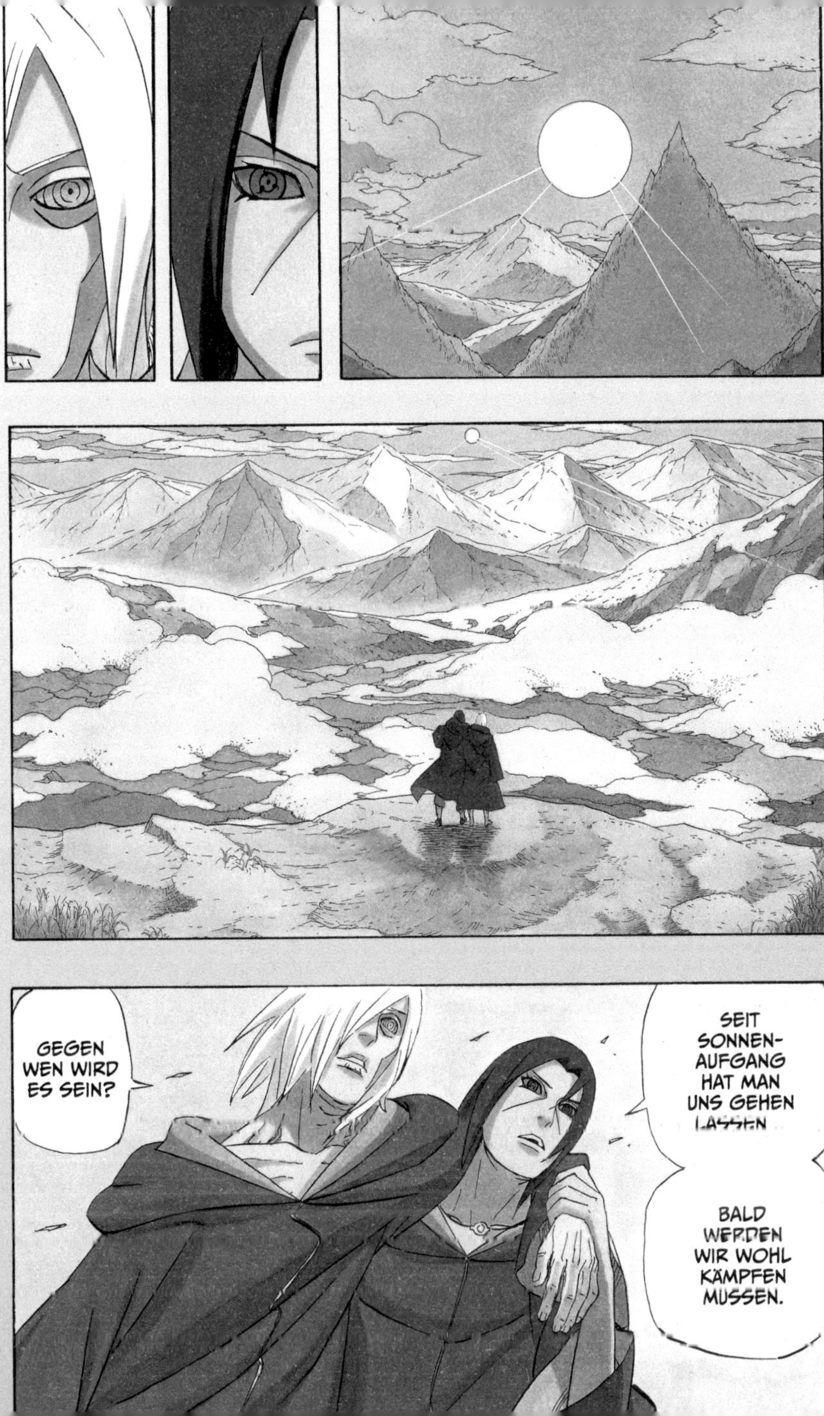
SEIT SONNEN-AUFGANG HAT MAN UNS GEHEN LASSEN
BALD WERDEN WIR WOHL KÄMPFEN MÜSSEN.
GEGEN WEN WIRD ES SEIN?

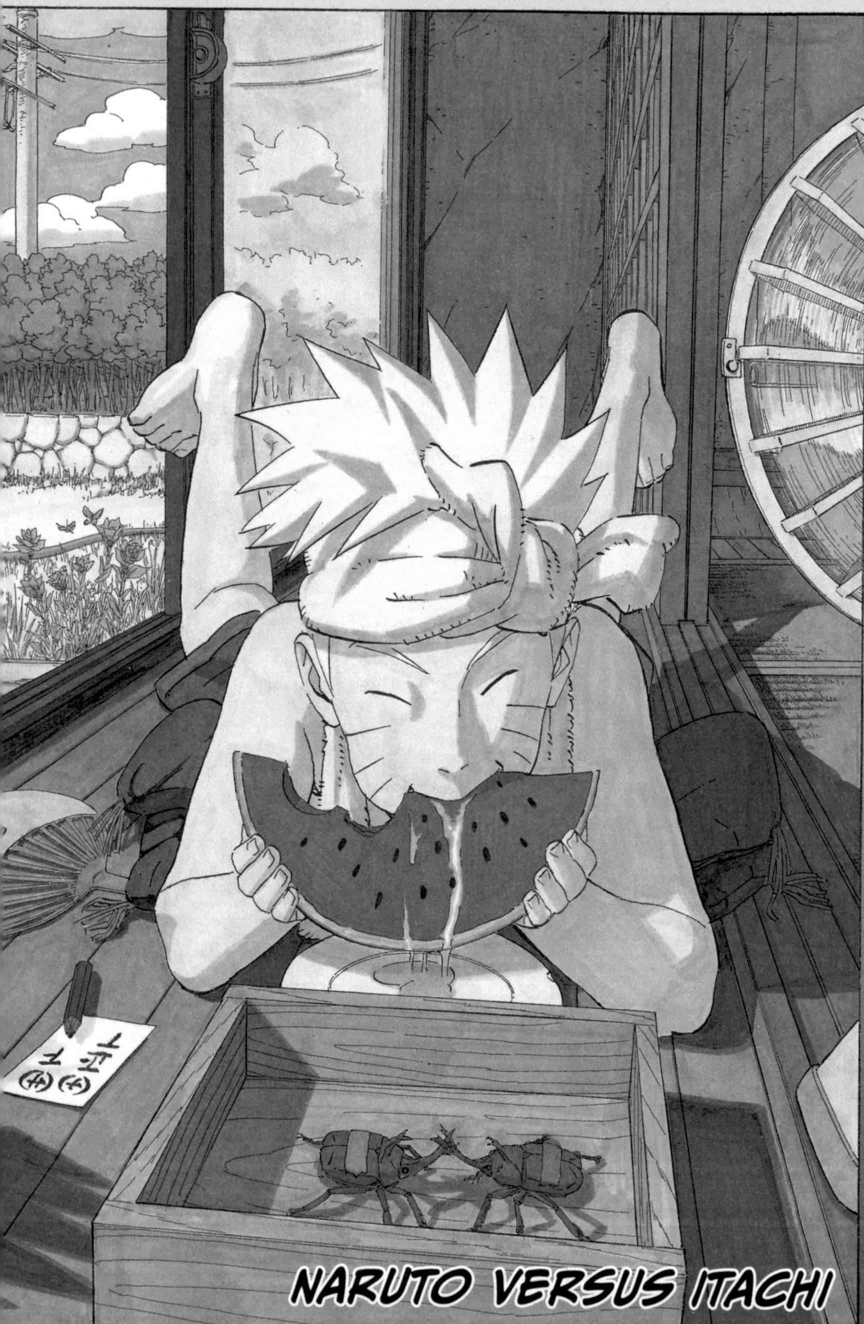
NARUTO VERSUS ITACHI

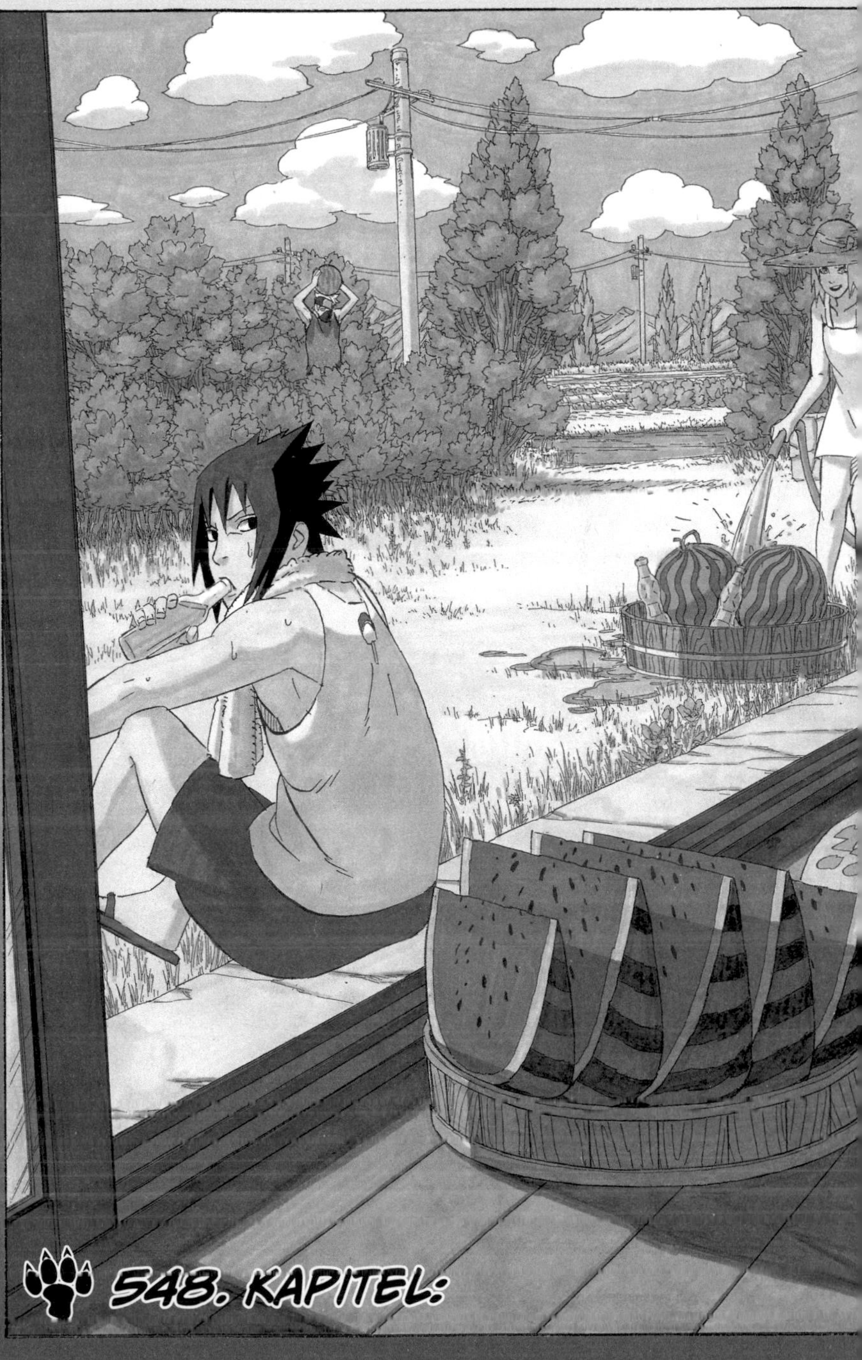
548. KAPITEL:

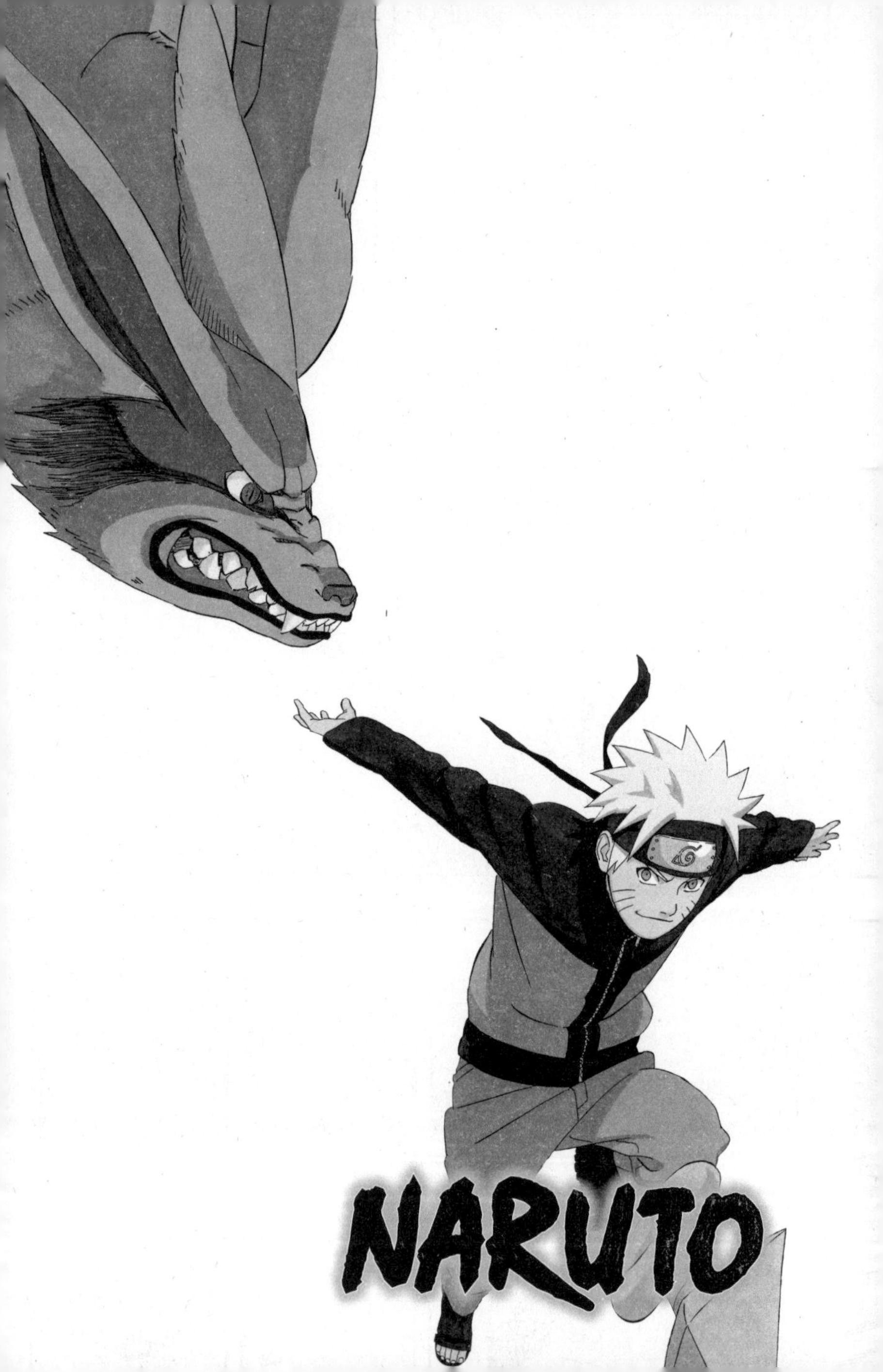
NARUTO

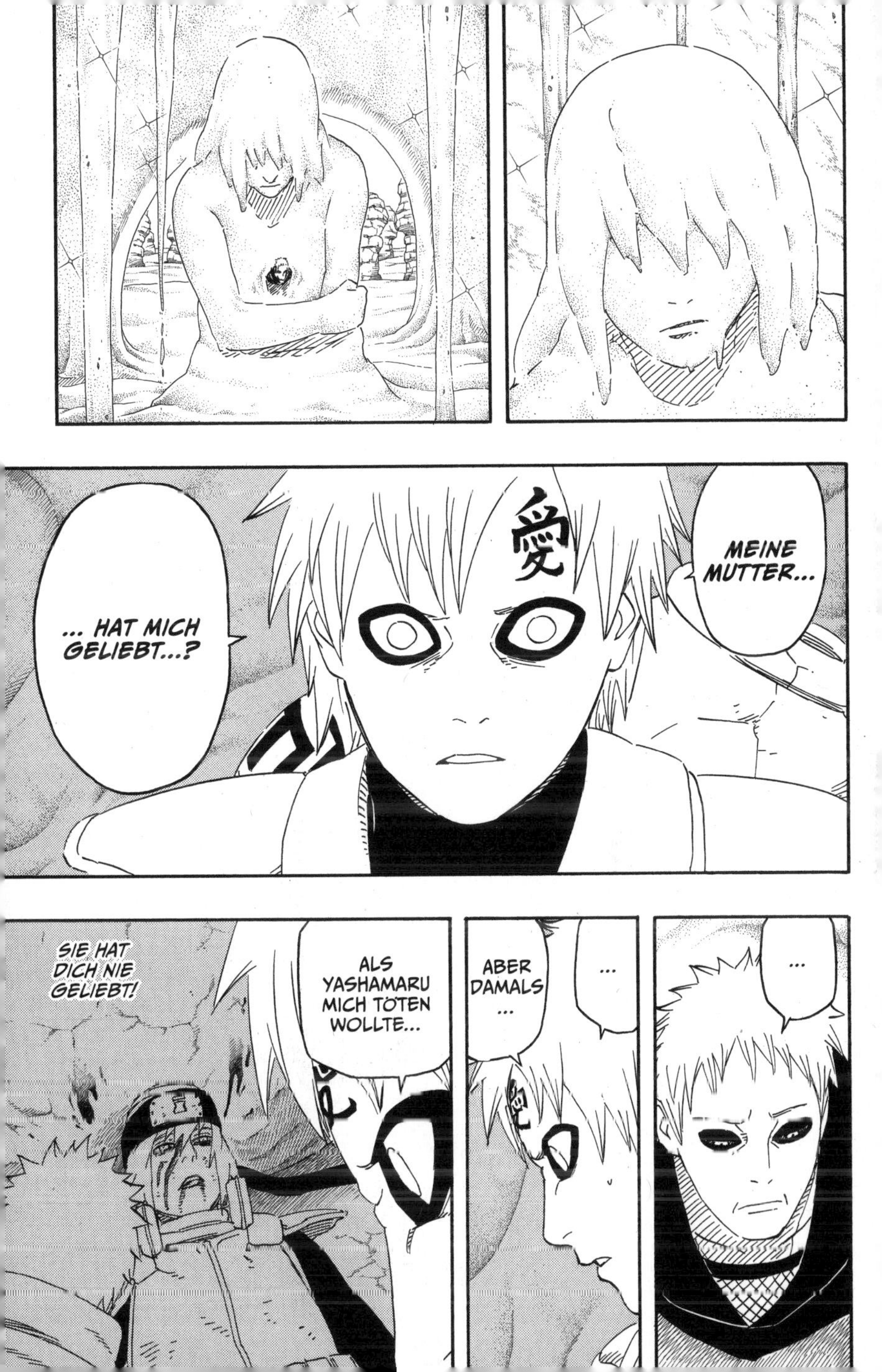

MEINE MUTTER...
... HAT MICH GELIEBT...?
...
...
ABER DAMALS ...
ALS YASHAMARU MICH TÖTEN WOLLTE...
SIE HAT DICH NIE GELIEBT!

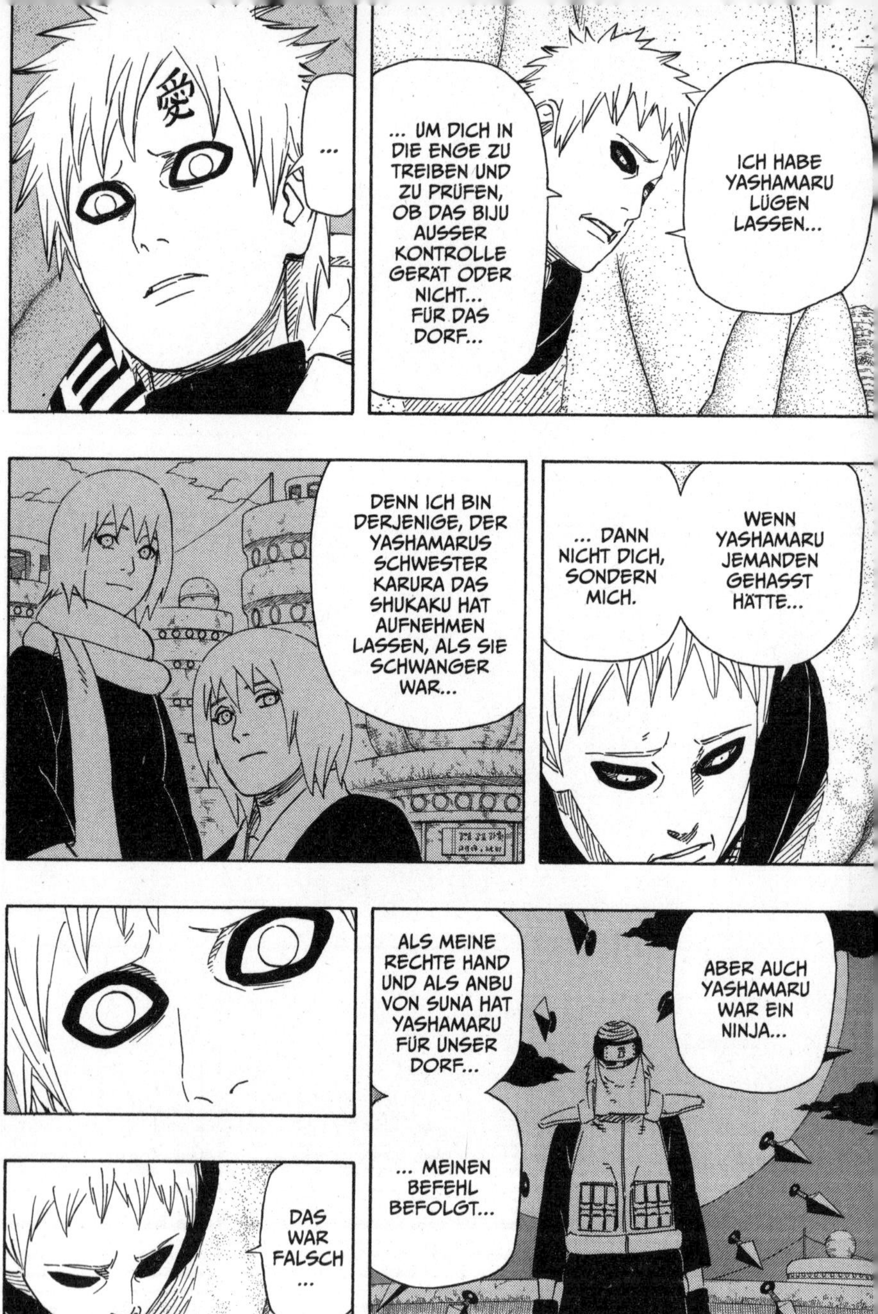
ICH HABE YASHAMARU LÜGEN LASSEN...
... UM DICH IN DIE ENGE ZU TREIBEN UND ZU PRÜFEN, OB DAS BIJU AUSSER KONTROLLE GERÄT ODER NICHT... FÜR DAS DORF...
...
WENN YASHAMARU JEMANDEN GEHASST HÄTTE...
... DANN NICHT DICH, SONDERN MICH.
DENN ICH BIN DERJENIGE, DER YASHAMARUS SCHWESTER KARURA DAS SHUKAKU HAT AUFNEHMEN LASSEN, ALS SIE SCHWANGER WAR...
ABER AUCH YASHAMARU WAR EIN NINJA...
ALS MEINE RECHTE HAND UND ALS ANBU VON SUNA HAT YASHAMARU FÜR UNSER DORF...
... MEINEN BEFEHL BEFOLGT...
DAS WAR FALSCH ...

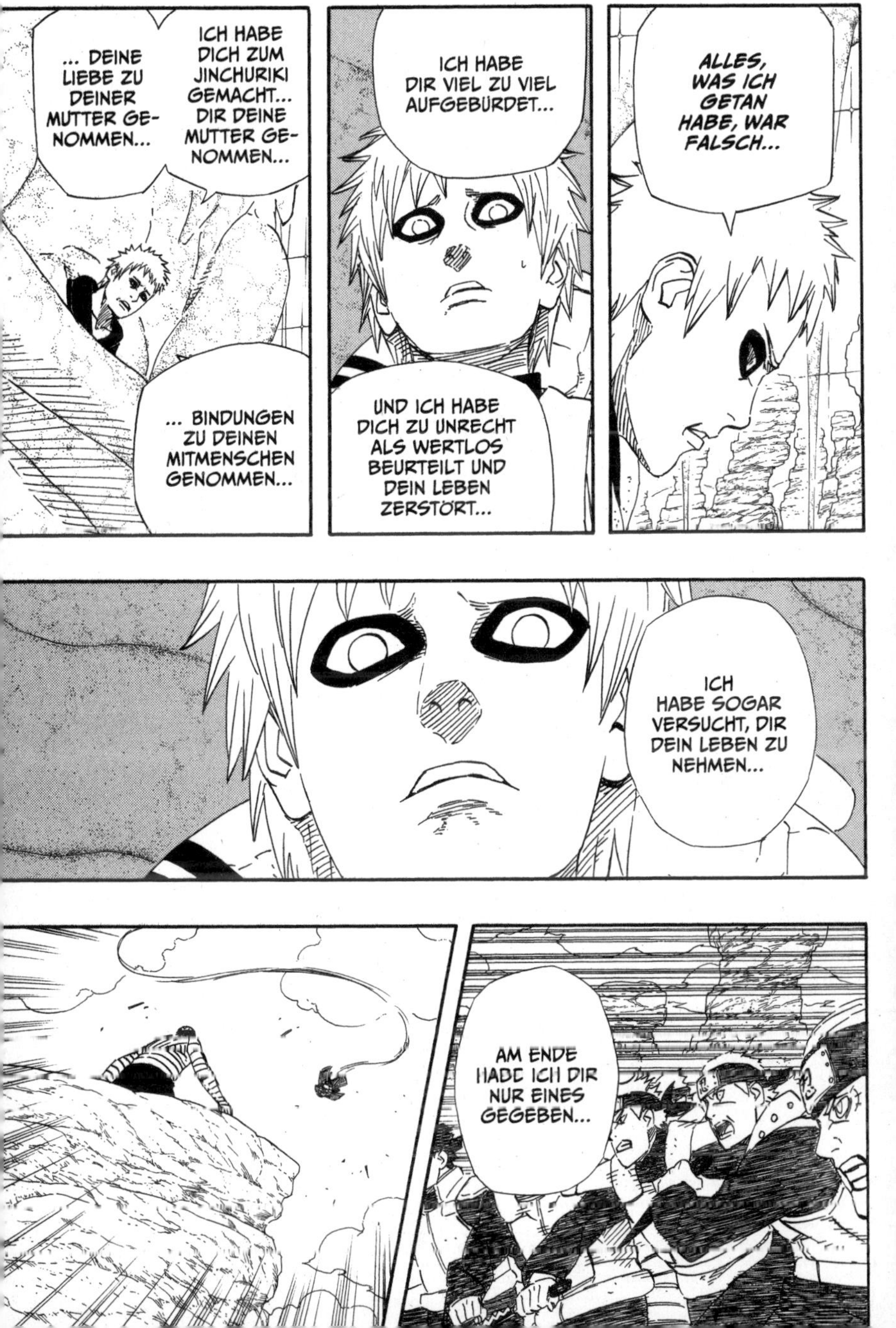
ALLES, WAS ICH GETAN HABE, WAR FALSCH...
ICH HABE DIR VIEL ZU VIEL AUFGEBÜRDET...
UND ICH HABE DICH ZU UNRECHT ALS WERTLOS BEURTEILT UND DEIN LEBEN ZERSTÖRT...
ICH HABE DICH ZUM JINCHURIKI GEMACHT... DIR DEINE MUTTER GENOMMEN...
... DEINE LIEBE ZU DEINER MUTTER GENOMMEN...
... BINDUNGEN ZU DEINEN MITMENSCHEN GENOMMEN...
ICH HABE SOGAR VERSUCHT, DIR DEIN LEBEN ZU NEHMEN...
AM ENDE HABE ICH DIR NUR EINES GEGEBEN...

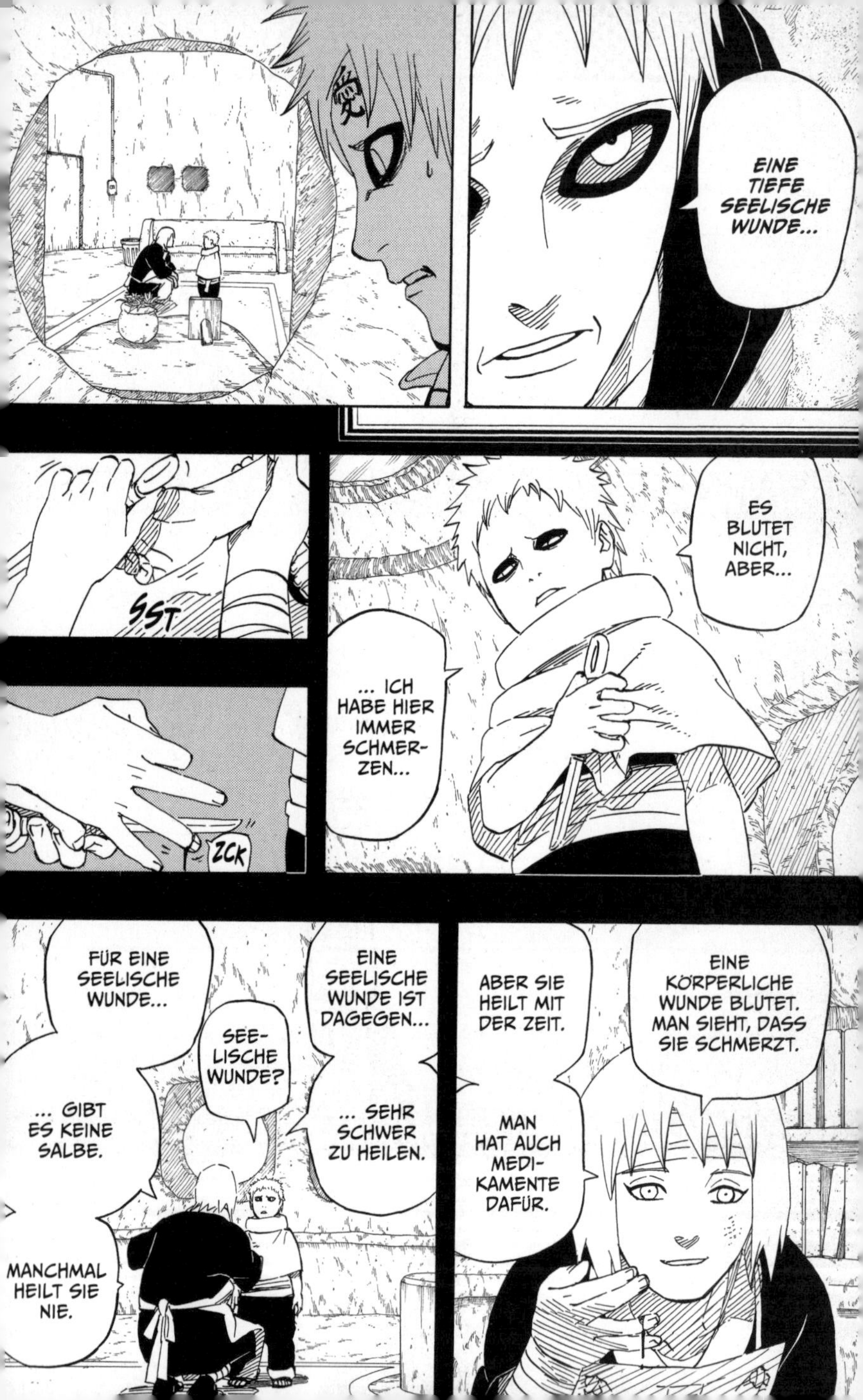
EINE TIEFE SEELISCHE WUNDE...
ES BLUTET NICHT, ABER...
... ICH HABE HIER IMMER SCHMERZEN...
SST
ZCK
EINE KÖRPERLICHE WUNDE BLUTET. MAN SIEHT, DASS SIE SCHMERZT.
ABER SIE HEILT MIT DER ZEIT.
MAN HAT AUCH MEDIKAMENTE DAFÜR.
EINE SEELISCHE WUNDE IST DAGEGEN...
... SEHR SCHWER ZU HEILEN.
SEELISCHE WUNDE?
FÜR EINE SEELISCHE WUNDE...
... GIBT ES KEINE SALBE.
MANCHMAL HEILT SIE NIE.

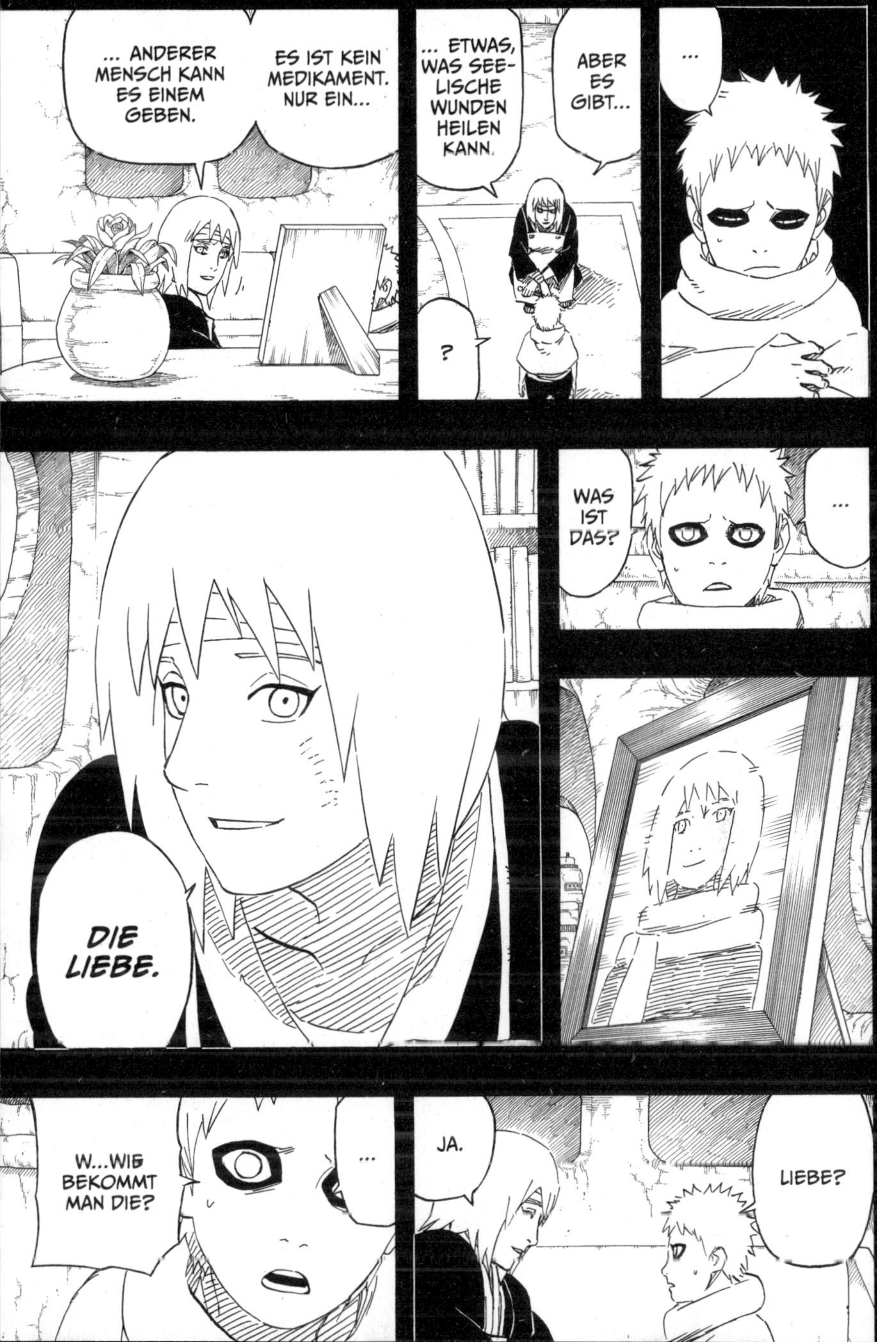
...
ABER ES GIBT...
... ETWAS, WAS SEE-LISCHE WUNDEN HEILEN KANN.
?
ES IST KEIN MEDIKAMENT. NUR EIN...
... ANDERER MENSCH KANN ES EINEM GEBEN.
...
WAS IST DAS?
DIE LIEBE.
LIEBE?
JA.
...
W...WIE BEKOMMT MAN DIE?

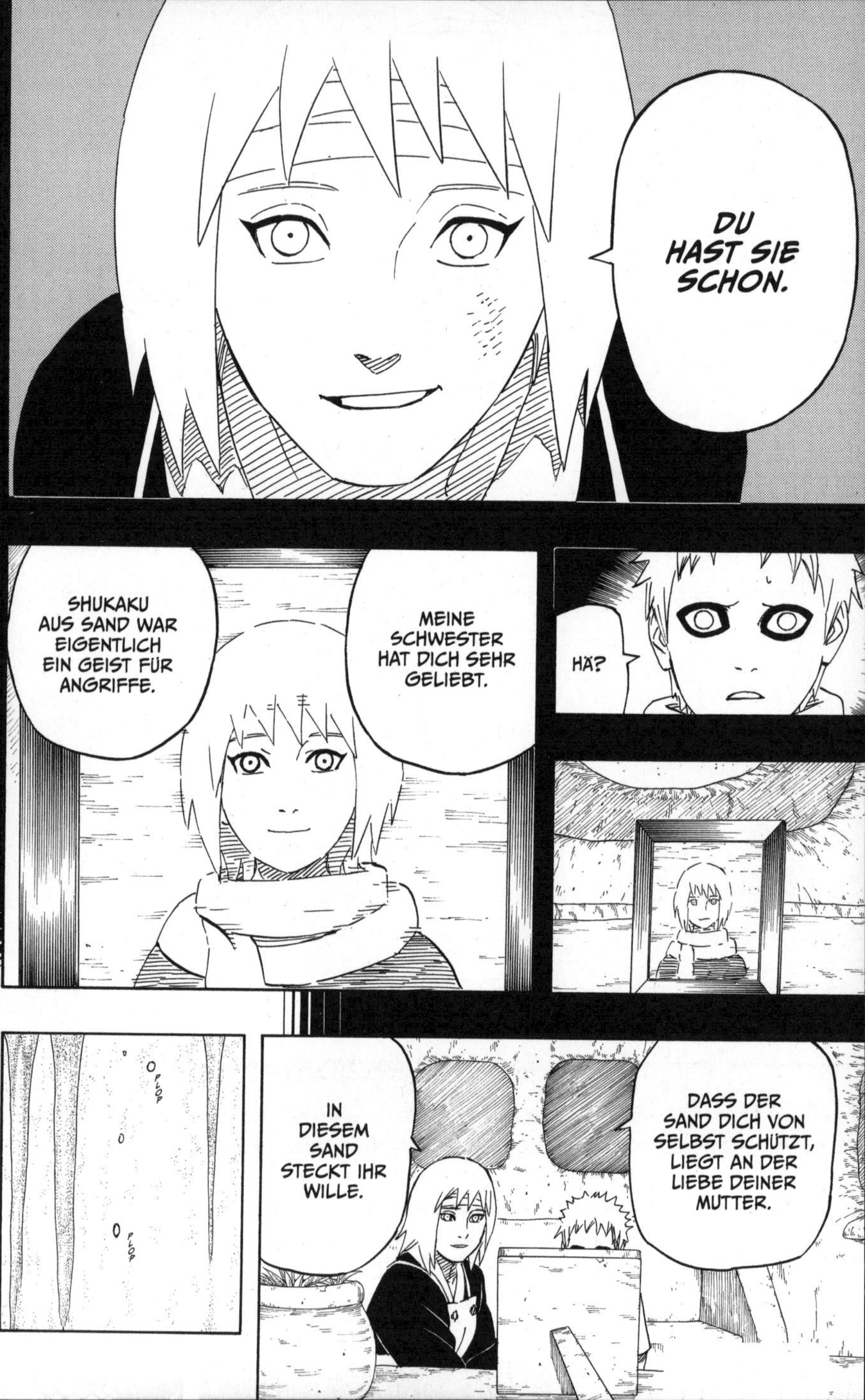
DU HAST SIE SCHON.
HÄ?
MEINE SCHWESTER HAT DICH SEHR GELIEBT.
SHUKAKU AUS SAND WAR EIGENTLICH EIN GEIST FÜR ANGRIFFE.
DASS DER SAND DICH VON SELBST SCHÜTZT, LIEGT AN DER LIEBE DEINER MUTTER.
IN DIESEM SAND STECKT IHR WILLE.
PLOP
PLOP

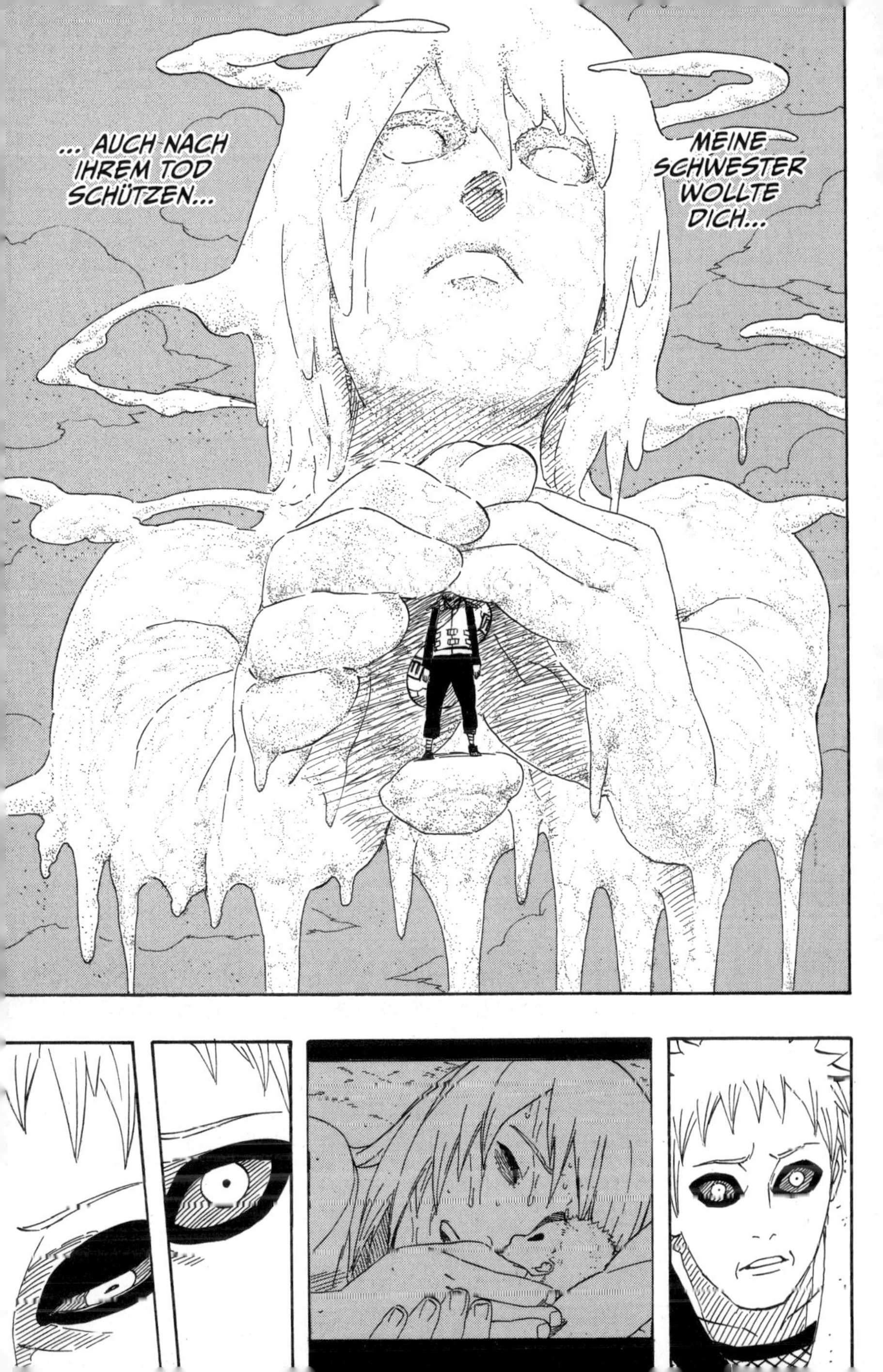
MEINE SCHWESTER WOLLTE DICH...
... AUCH NACH IHREM TOD SCHÜTZEN...

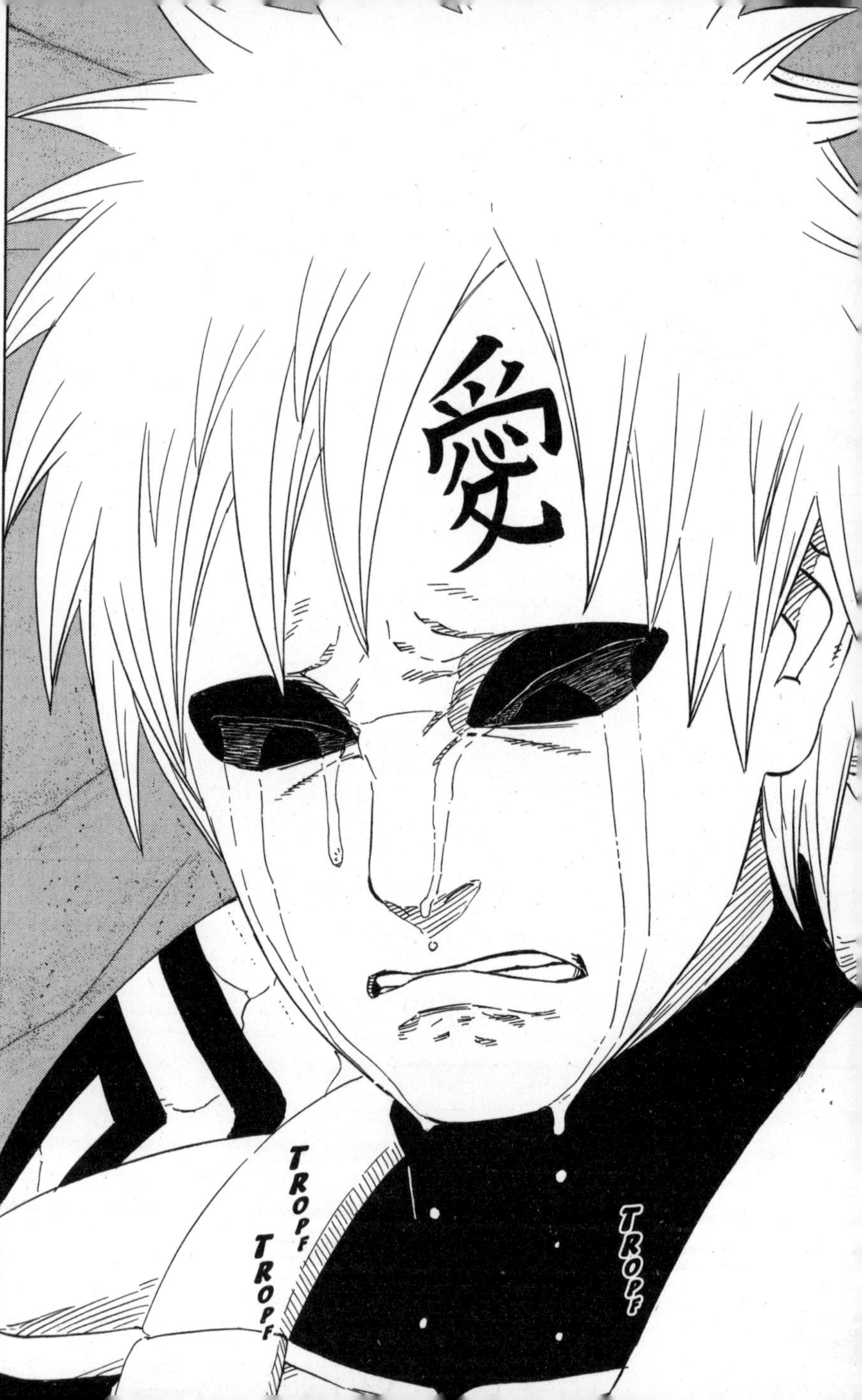

愛
TROPF
TROPF
TROPF

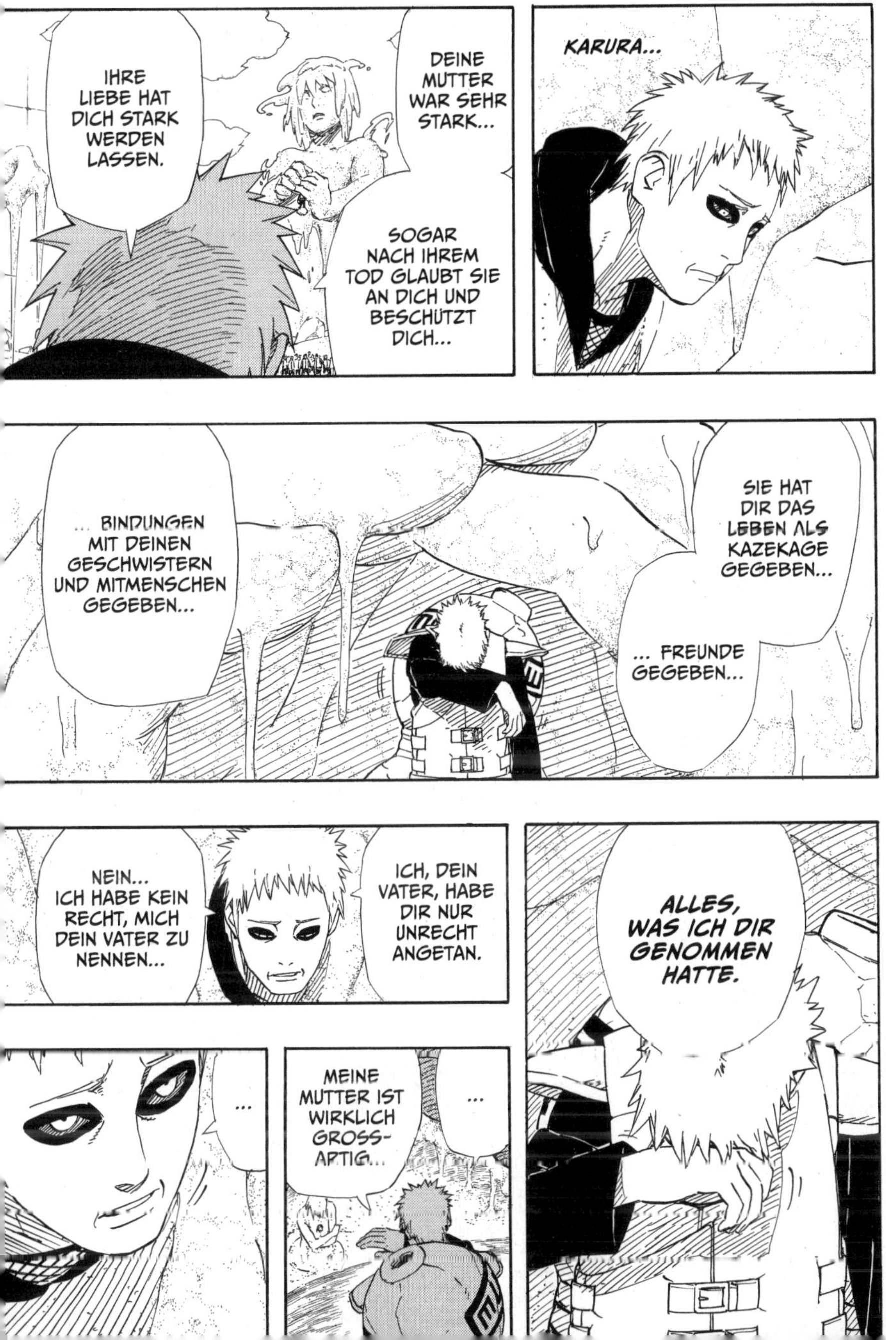
KARURA...
DEINE MUTTER WAR SEHR STARK...
SOGAR NACH IHREM TOD GLAUBT SIE AN DICH UND BESCHÜTZT DICH...
IHRE LIEBE HAT DICH STARK WERDEN LASSEN.
SIE HAT DIR DAS LEBEN ALS KAZEKAGE GEGEBEN...
... FREUNDE GEGEBEN...
... BINDUNGEN MIT DEINEN GESCHWISTERN UND MITMENSCHEN GEGEBEN...
ALLES, WAS ICH DIR GENOMMEN HATTE.
ICH, DEIN VATER, HABE DIR NUR UNRECHT ANGETAN.
NEIN... ICH HABE KEIN RECHT, MICH DEIN VATER ZU NENNEN...
...
MEINE MUTTER IST WIRKLICH GROSS-ARTIG...
...

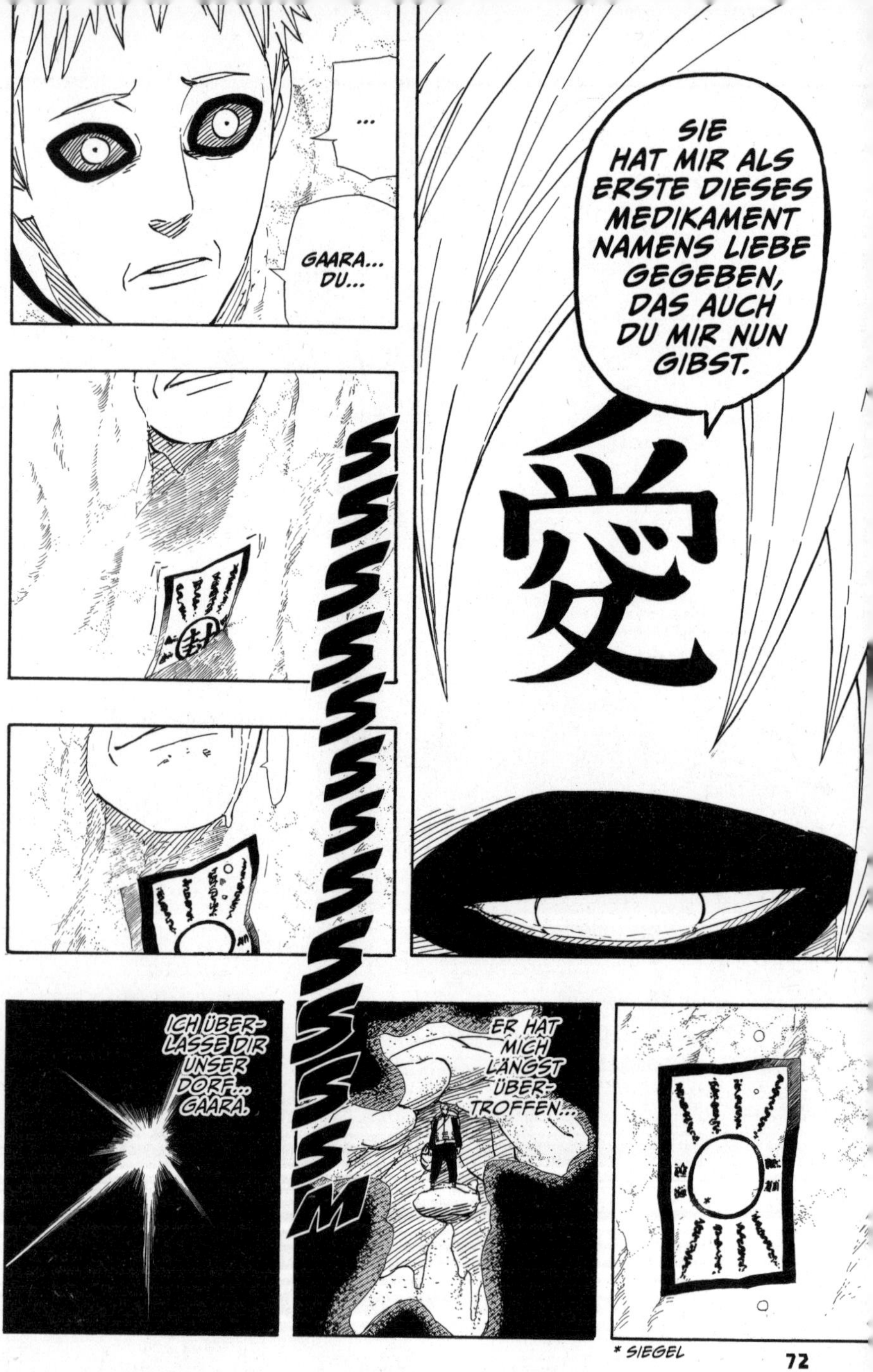
SIE HAT MIR ALS ERSTE DIESES MEDIKAMENT NAMENS LIEBE GEGEBEN, DAS AUCH DU MIR NUN GIBST.
...
GAARA... DU...
SSSSSSSSSSSSSSSSSSSSM
ER HAT MICH LÄNGST ÜBER-TROFFEN...
ICH ÜBER-LASSE DIR UNSER DORF... GAARA.

* SIEGEL

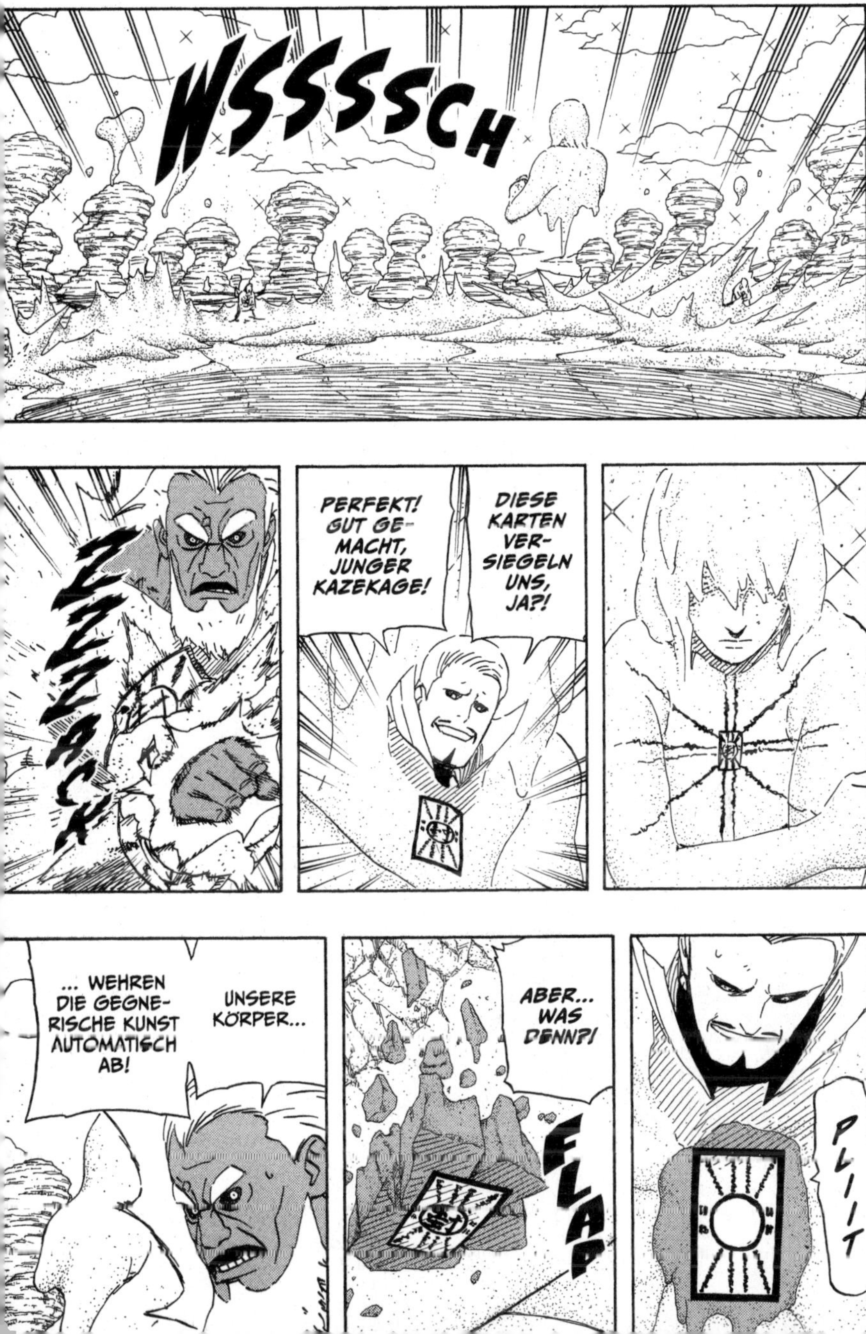

WSSSSCH
DIESE KARTEN VER-SIEGELN UNS, JA?!
PERFEKT! GUT GE-MACHT, JUNGER KAZEKAGE!
PLIIT
ABER... WAS DENN?!
FLAP
UNSERE KÖRPER...
... WEHREN DIE GEGNE-RISCHE KUNST AUTOMATISCH AB!

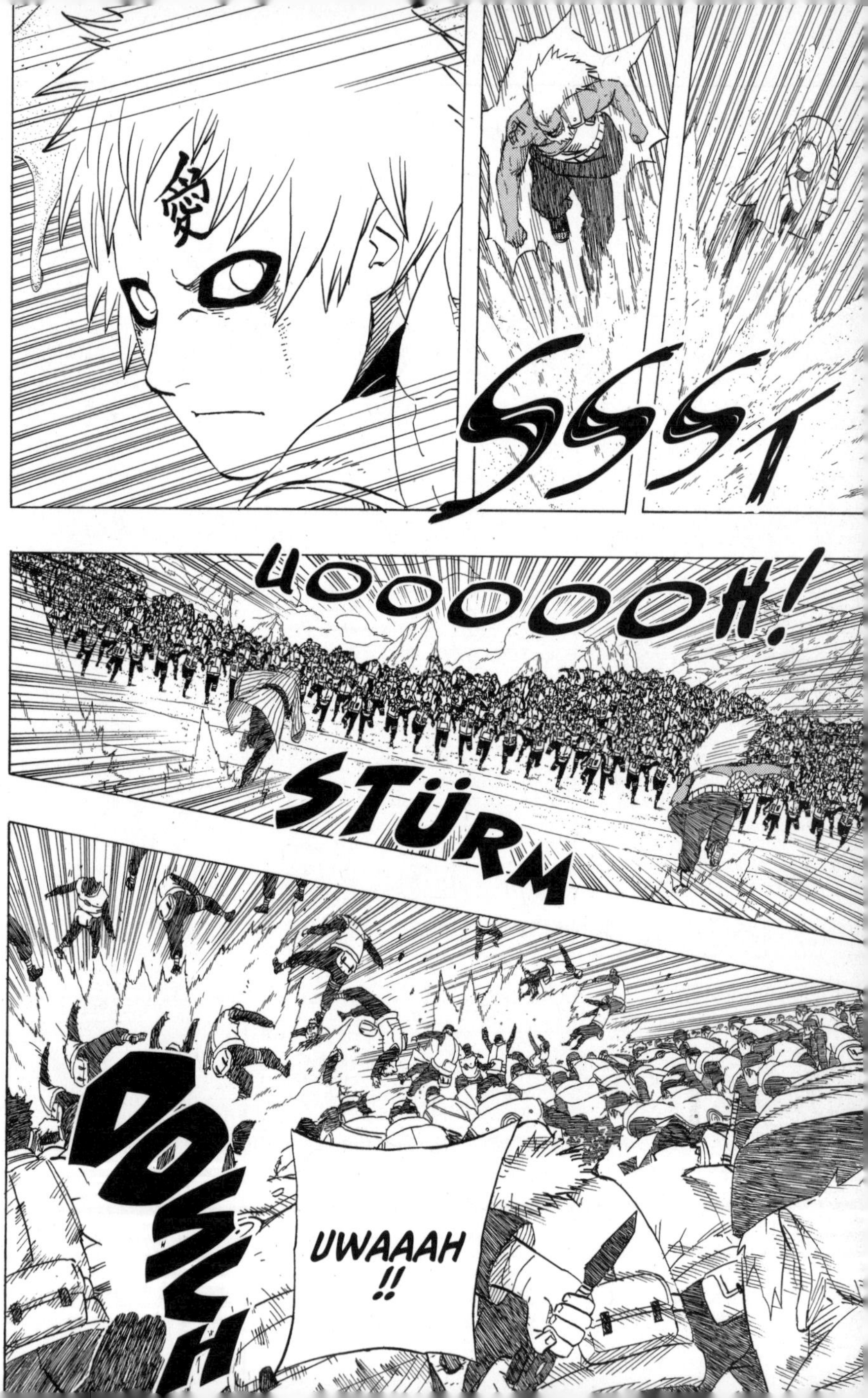
SSST
UOOOOOOH!
STÜRM
UWAAAH !!
DOWH

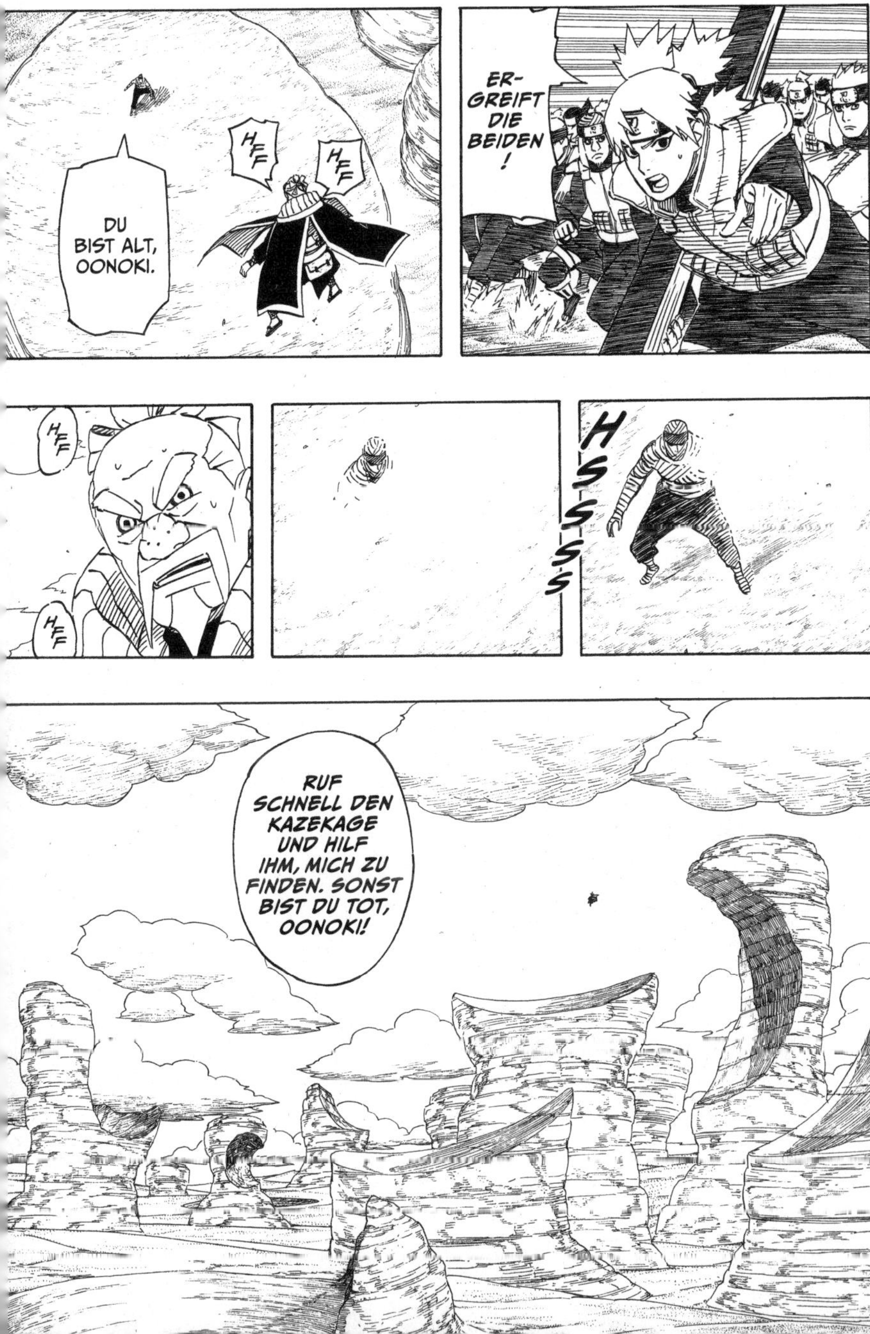
ER-GREIFT DIE BEIDEN!
HFF
HFF
DU BIST ALT, OONOKI.
HSSSS
HFF
HFF
RUF SCHNELL DEN KAZEKAGE UND HILF IHM, MICH ZU FINDEN. SONST BIST DU TOT, OONOKI!

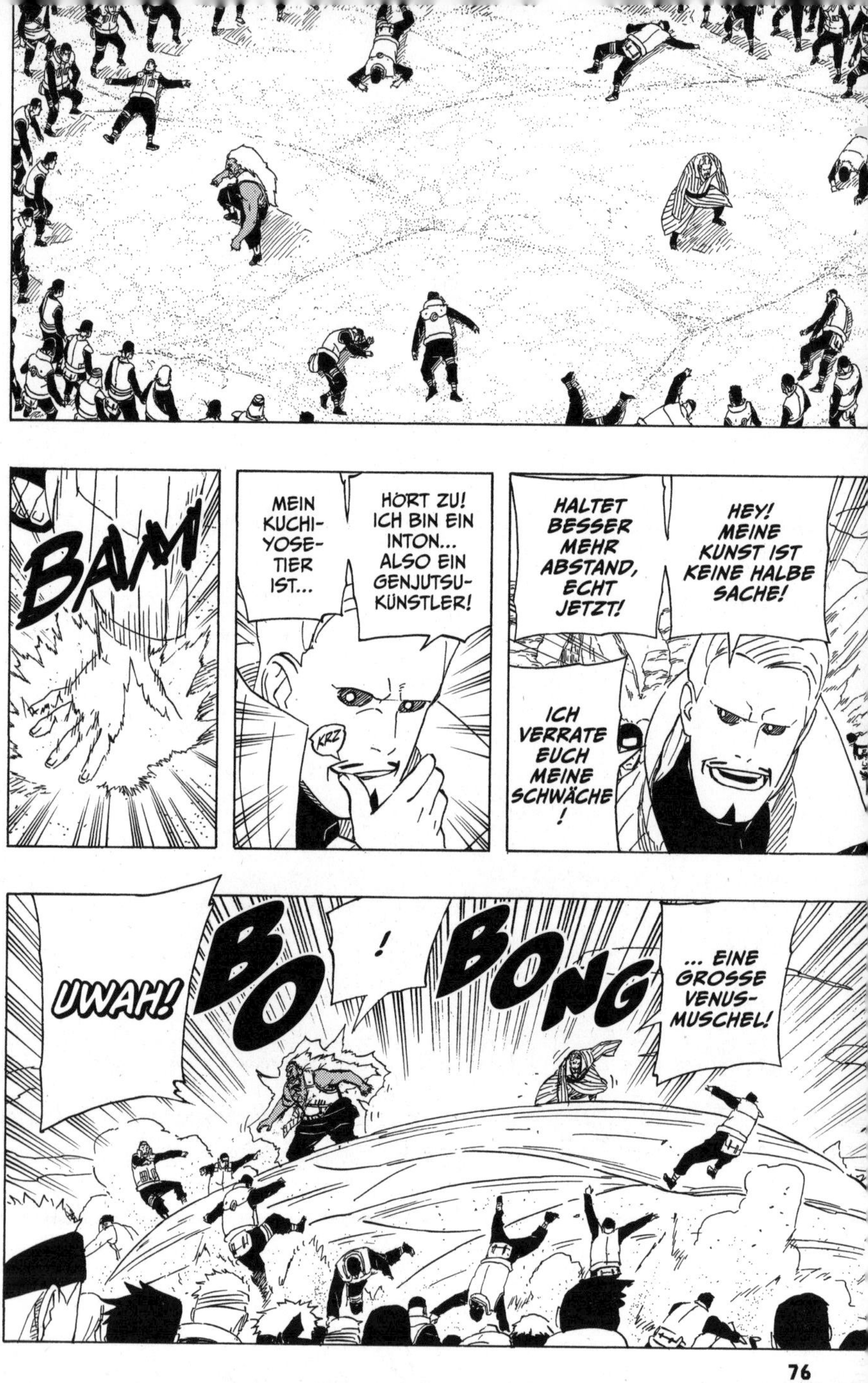
HEY! MEINE KUNST IST KEINE HALBE SACHE!
HALTET BESSER MEHR ABSTAND, ECHT JETZT!
ICH VERRATE EUCH MEINE SCHWÄCHE!
HÖRT ZU! ICH BIN EIN INTON... ALSO EIN GENJUTSU-KÜNSTLER!
MEIN KUCHI-YOSE-TIER IST...
KRZ
BAM
... EINE GROSSE VENUS-MUSCHEL!
BONG
!
BO
UWAH!

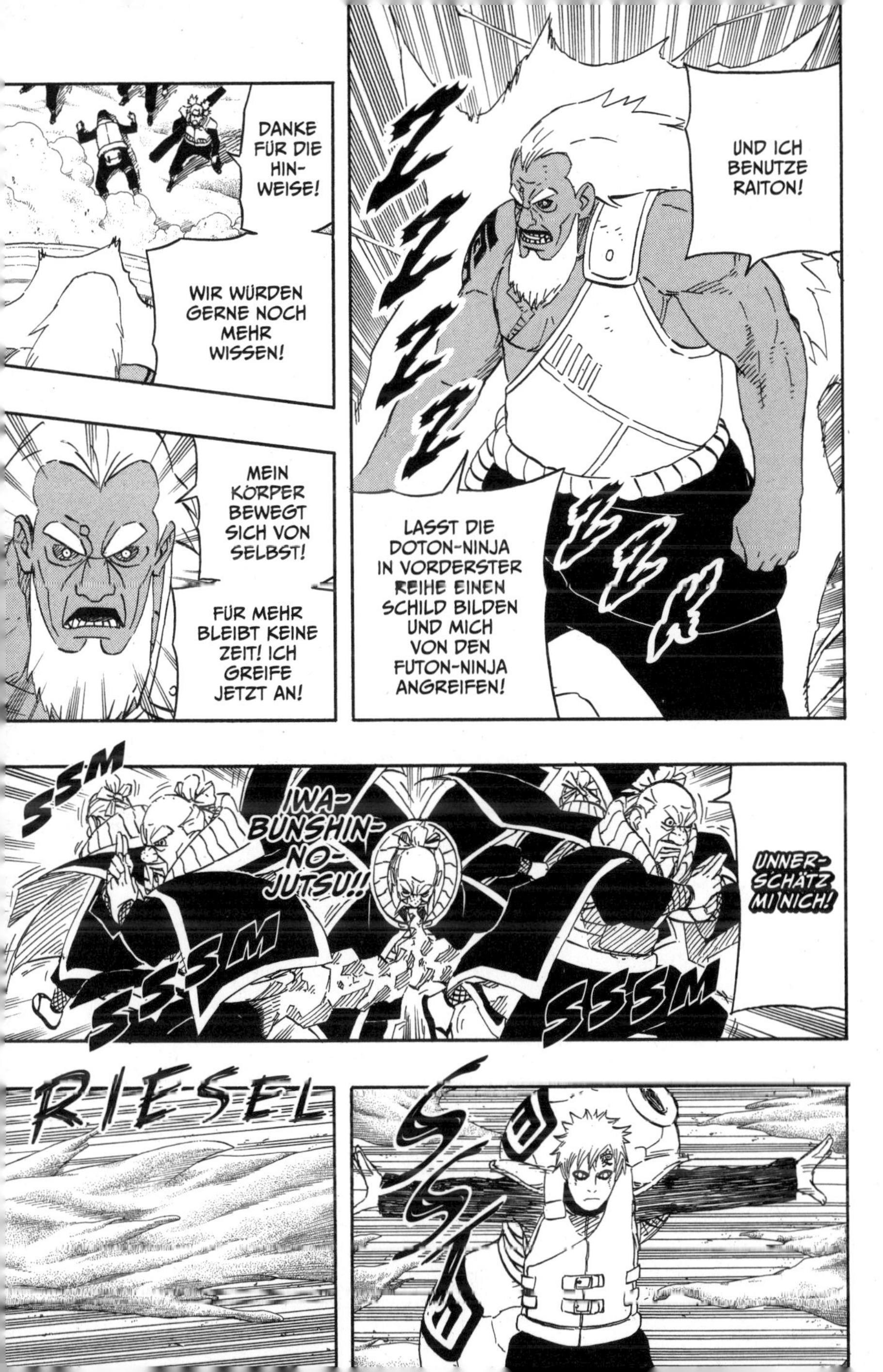
ZZZZZZZ
UND ICH BENUTZE RAITON!
DANKE FÜR DIE HIN-WEISE!
WIR WÜRDEN GERNE NOCH MEHR WISSEN!
LASST DIE DOTON-NINJA IN VORDERSTER REIHE EINEN SCHILD BILDEN UND MICH VON DEN FUTON-NINJA ANGREIFEN!
MEIN KÖRPER BEWEGT SICH VON SELBST!
FÜR MEHR BLEIBT KEINE ZEIT! ICH GREIFE JETZT AN!
UNNER-SCHÄTZ MI NICH!
IWA-BUNSHIN-NO-JUTSU!!
SSM
SSSM
SSSM
RIESEL
SST

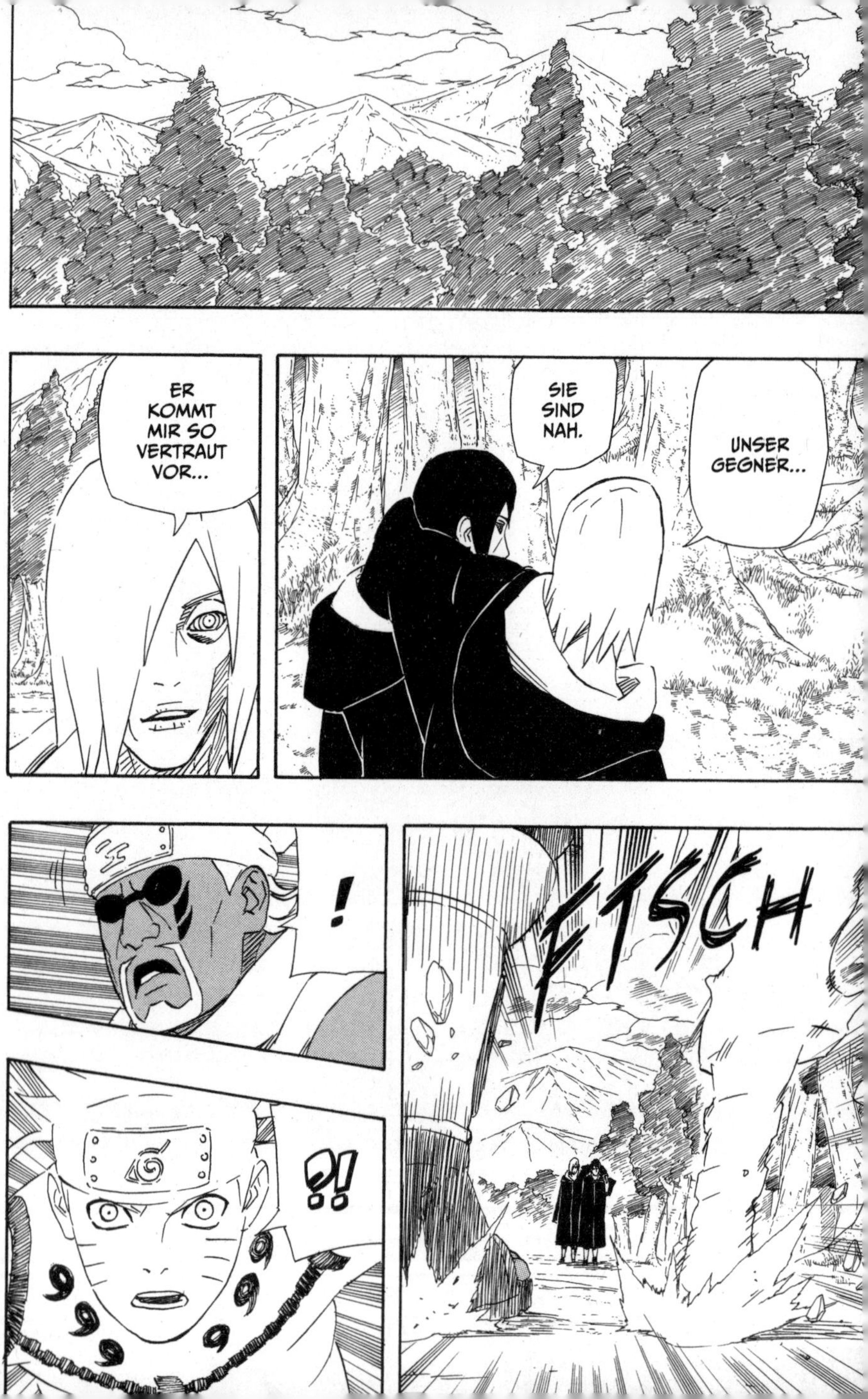
ER KOMMT MIR SO VERTRAUT VOR...
SIE SIND NAH.
UNSER GEGNER...
!
FTSCH
?!

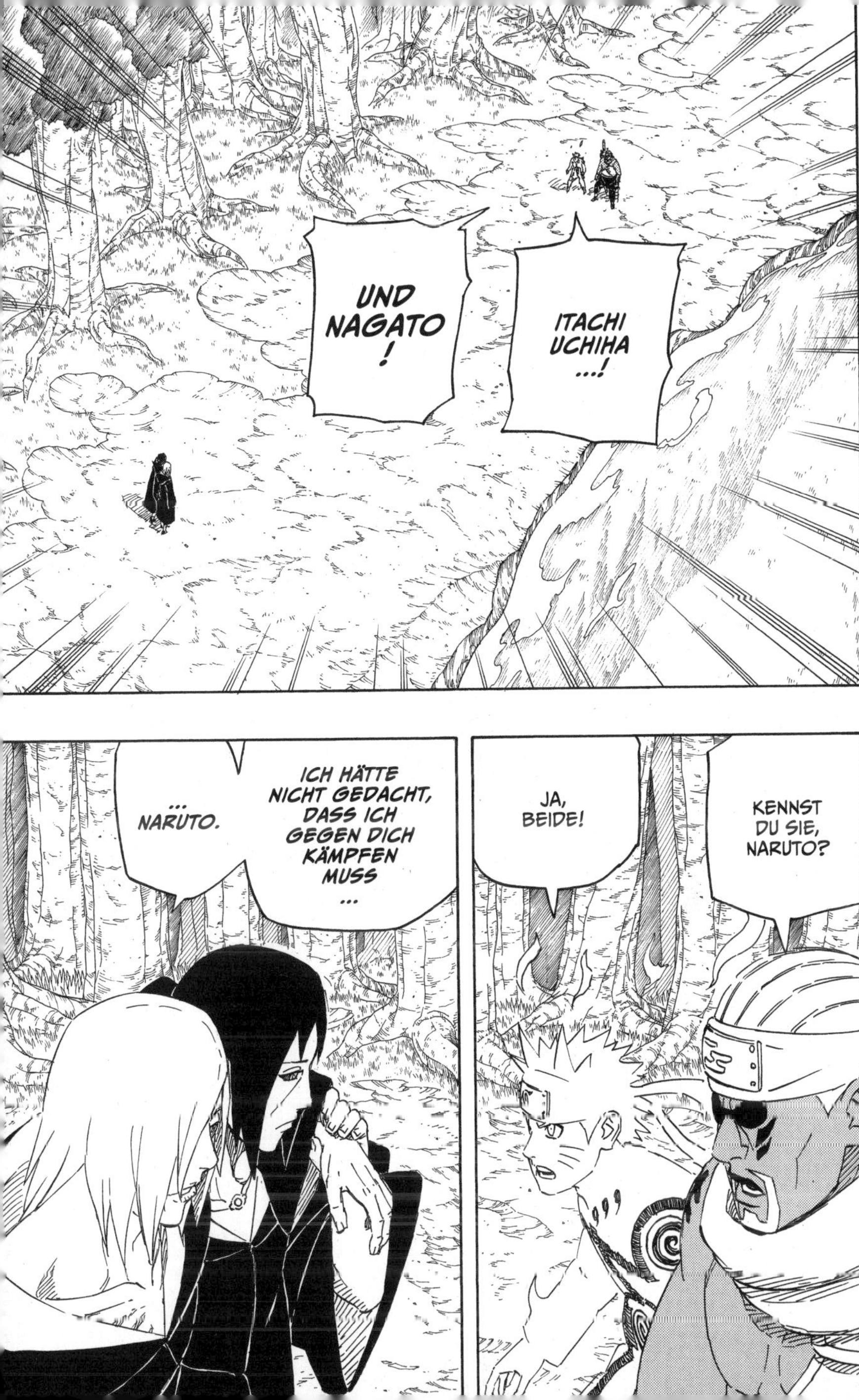
ITACHI UCHIHA ...!
UND NAGATO!
KENNST DU SIE, NARUTO?
JA, BEIDE!
ICH HÄTTE NICHT GEDACHT, DASS ICH GEGEN DICH KÄMPFEN MUSS ...
... NARUTO.

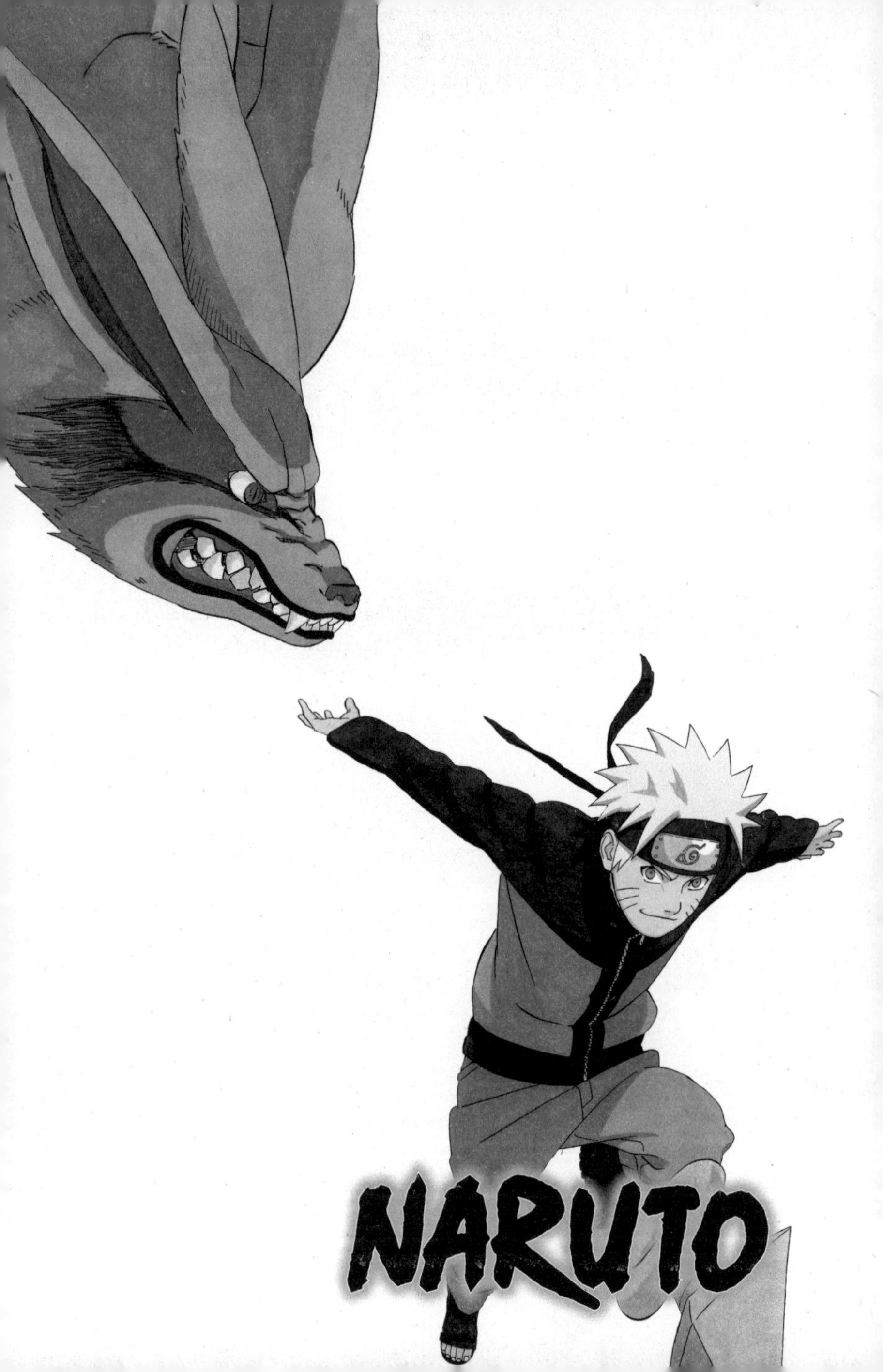
NARUTO

549. Kapitel: Itachis Frage

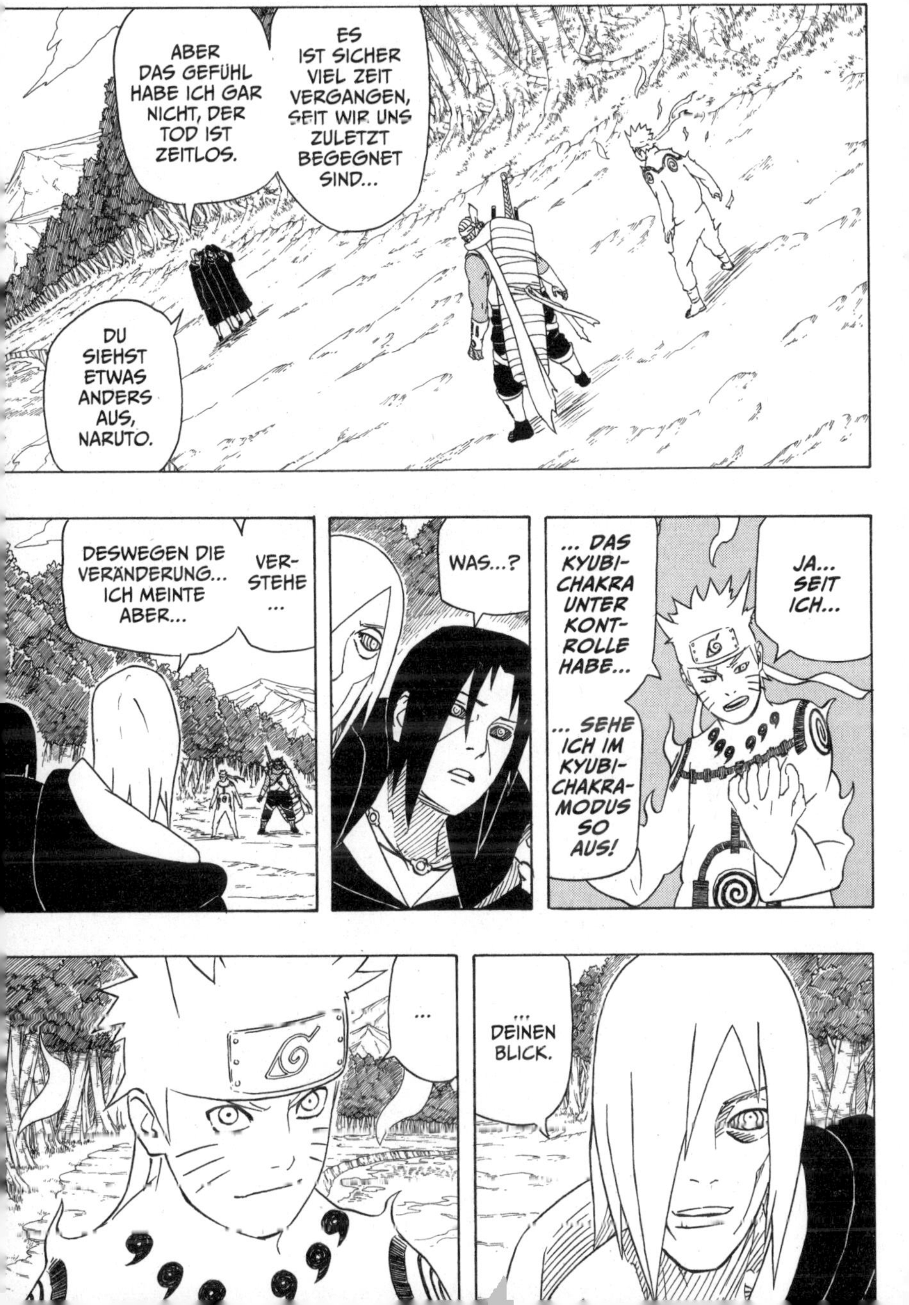

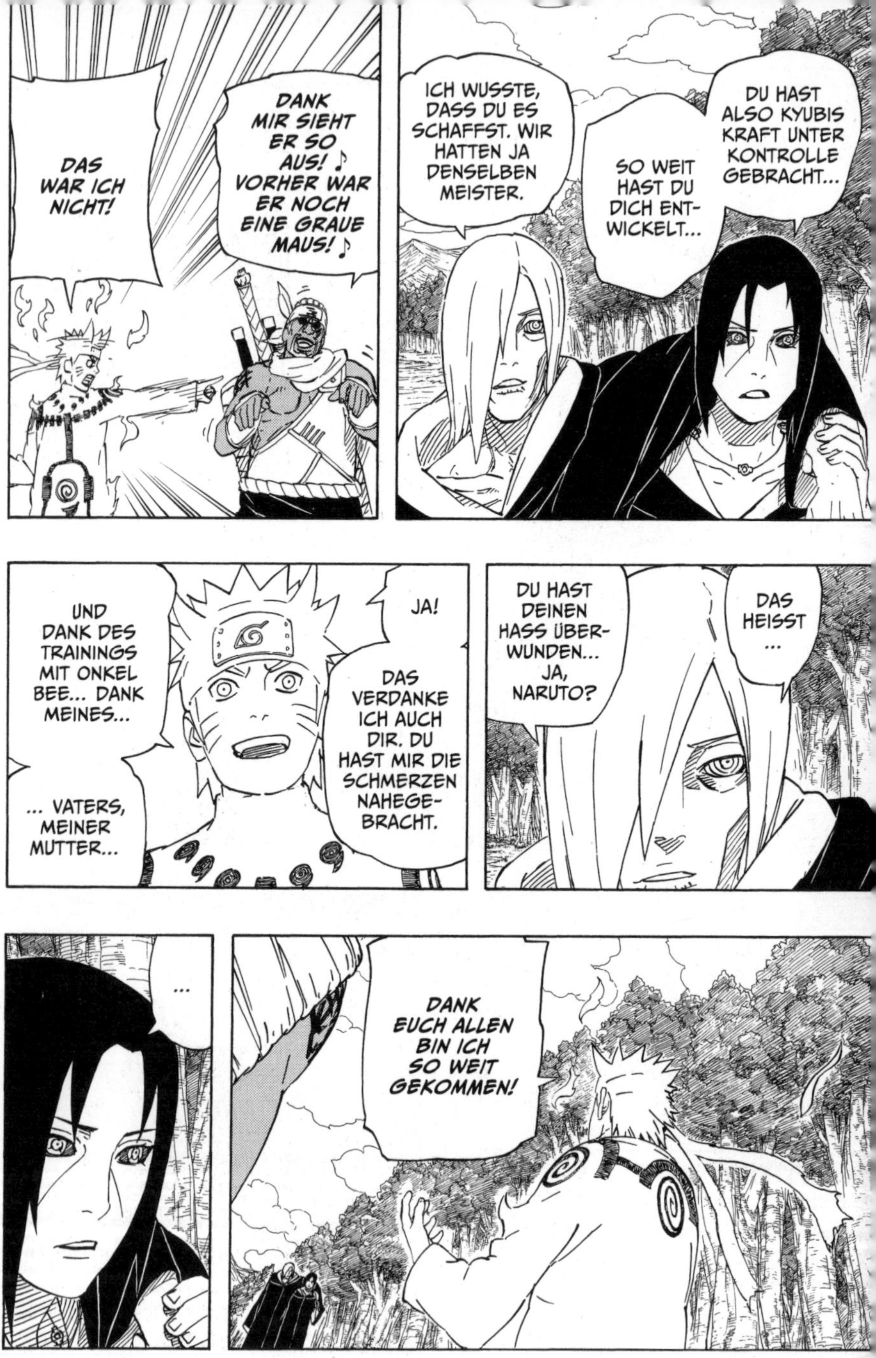
DU HAST ALSO KYUBIS KRAFT UNTER KONTROLLE GEBRACHT...
SO WEIT HAST DU DICH ENTWICKELT...
ICH WUSSTE, DASS DU ES SCHAFFST. WIR HATTEN JA DENSELBEN MEISTER.
DANK MIR SIEHT ER SO AUS! ♪ VORHER WAR ER NOCH EINE GRAUE MAUS! ♪
DAS WAR ICH NICHT!
DAS HEISST ...
DU HAST DEINEN HASS ÜBERWUNDEN... JA, NARUTO?
JA!
DAS VERDANKE ICH AUCH DIR. DU HAST MIR DIE SCHMERZEN NAHEGEBRACHT.
UND DANK DES TRAININGS MIT ONKEL BEE... DANK MEINES...
... VATERS, MEINER MUTTER...
DANK EUCH ALLEN BIN ICH SO WEIT GEKOMMEN!
...

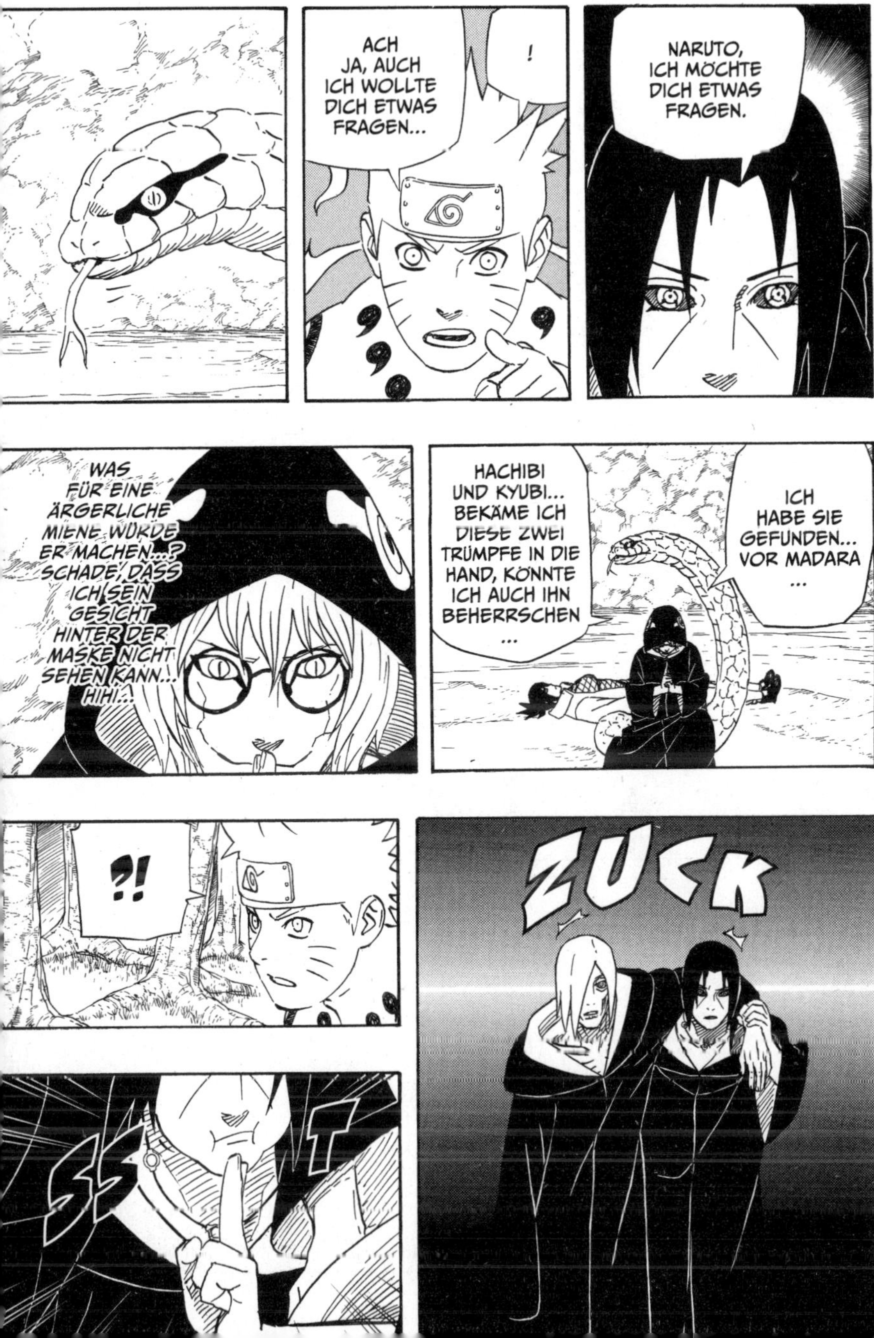
NARUTO, ICH MÖCHTE DICH ETWAS FRAGEN.
!
ACH JA, AUCH ICH WOLLTE DICH ETWAS FRAGEN...
ICH HABE SIE GEFUNDEN... VOR MADARA ...
HACHIBI UND KYUBI... BEKÄME ICH DIESE ZWEI TRÜMPFE IN DIE HAND, KÖNNTE ICH AUCH IHN BEHERRSCHEN ...
WAS FÜR EINE ÄRGERLICHE MIENE WÜRDE ER MACHEN...? SCHADE, DASS ICH SEIN GESICHT HINTER DER MASKE NICHT SEHEN KANN... HIHI...
ZUCK
?!
SST

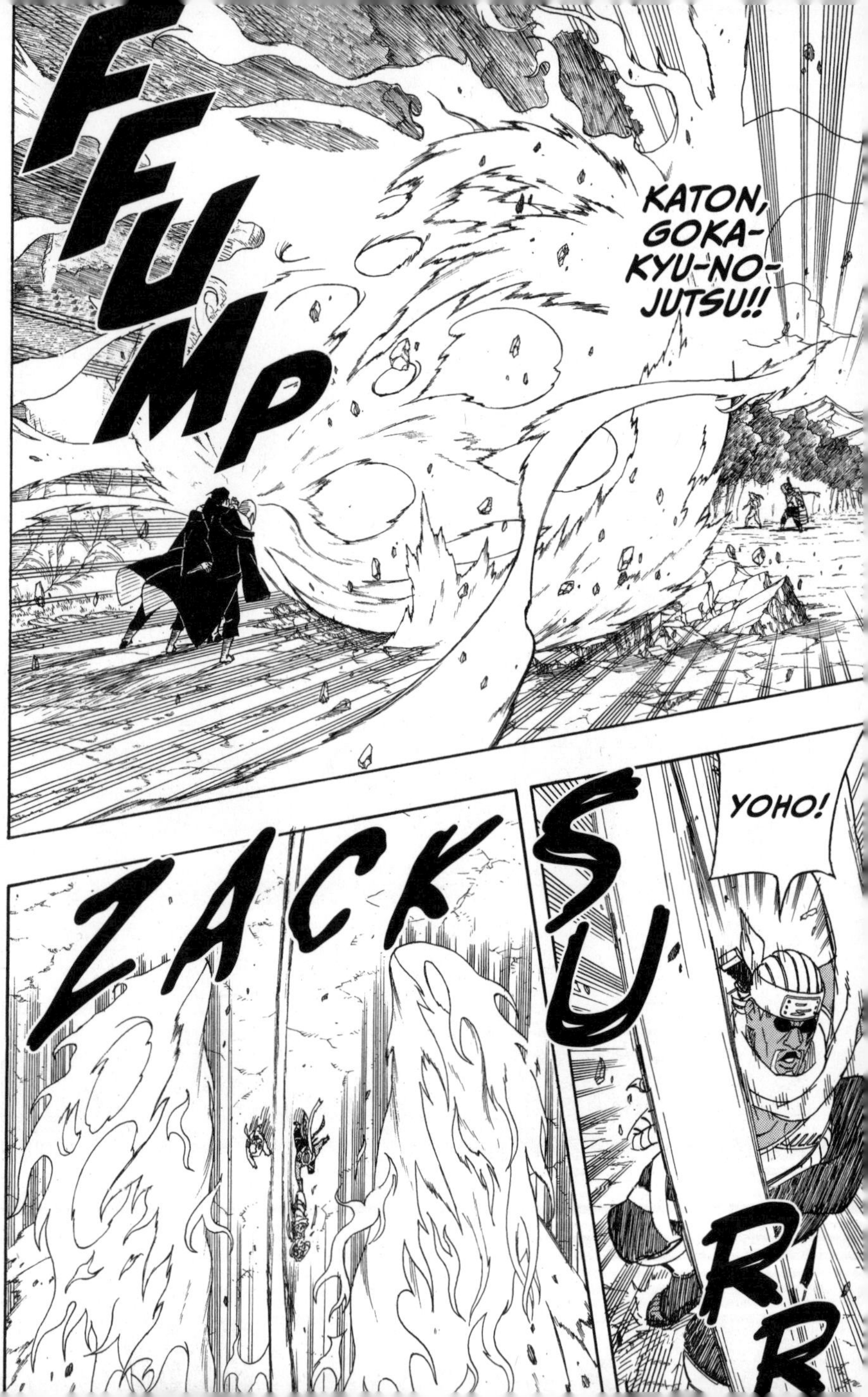
KATON, GOKA-KYU-NO-JUTSU!!
FFUMP
YOHO!
SURR
ZACK

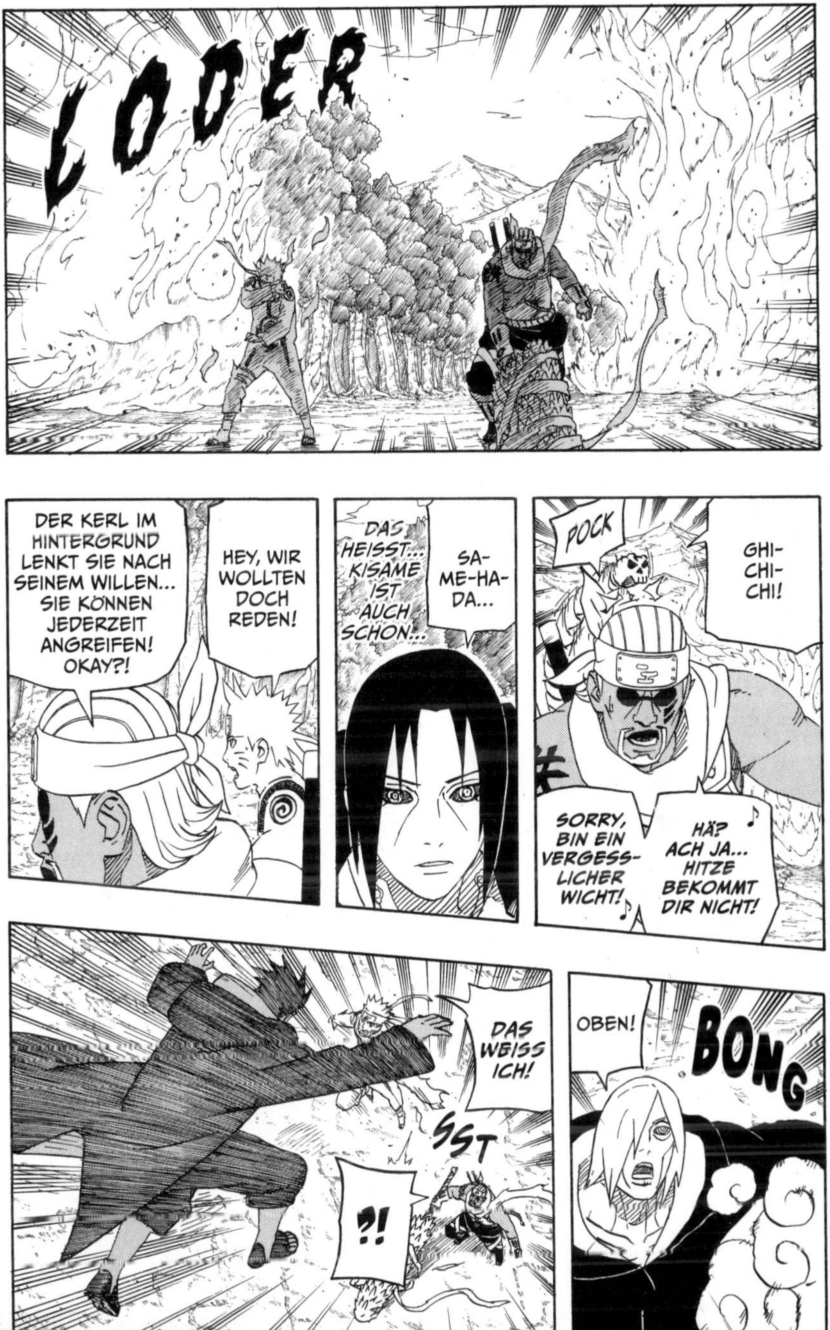

LODER
DER KERL IM HINTERGRUND LENKT SIE NACH SEINEM WILLEN... SIE KÖNNEN JEDERZEIT ANGREIFEN! OKAY?!
HEY, WIR WOLLTEN DOCH REDEN!
DAS HEISST... KISAME IST AUCH SCHON...
SA-ME-HA-DA...
POCK
GHI-CHI-CHI!
SORRY, BIN EIN VERGESS-LICHER WICHT!
HÄ? ACH JA... HITZE BEKOMMT DIR NICHT!
DAS WEISS ICH!
SST
?!
OBEN!
BONG

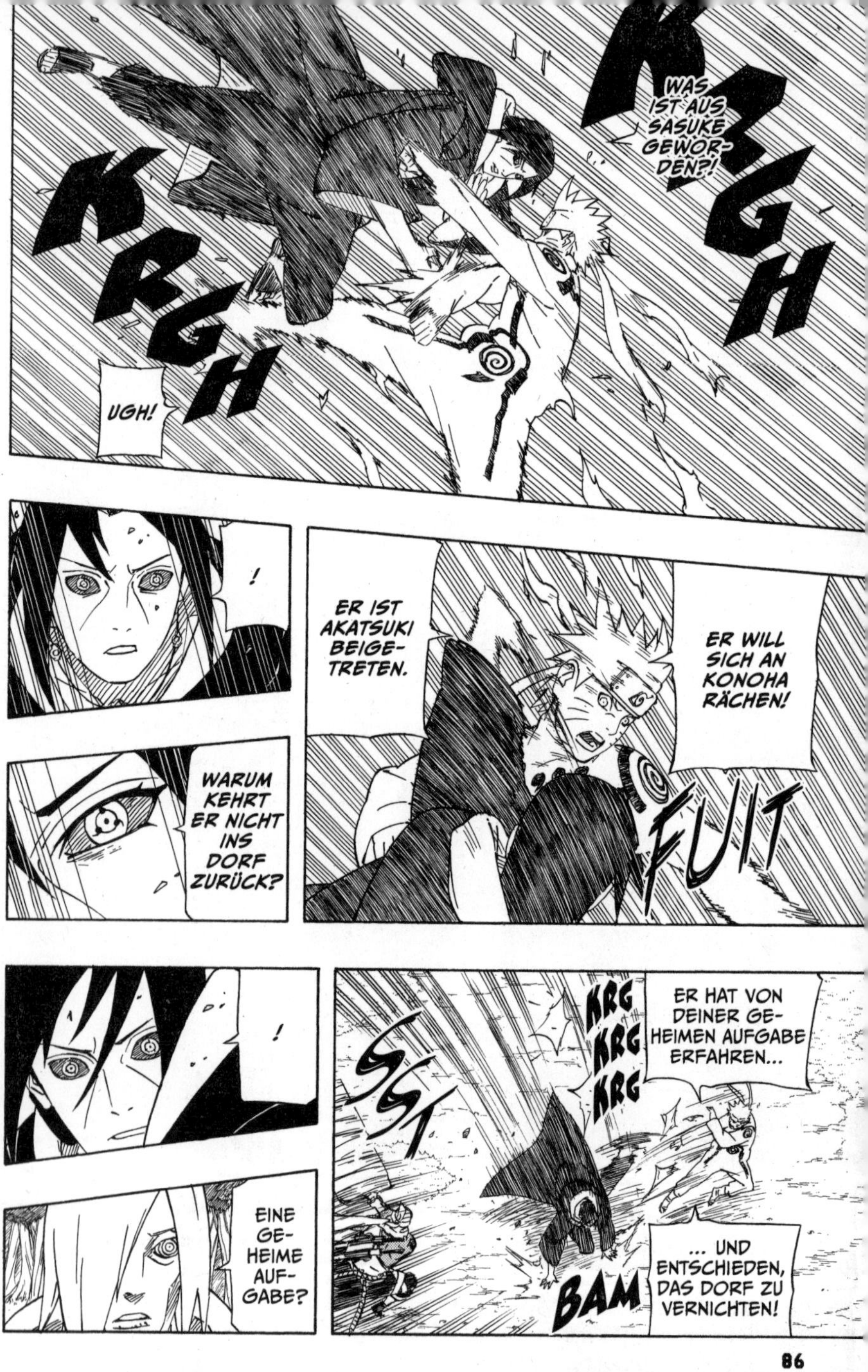

KRGH
WAS IST AUS SASUKE GEWORDEN?!
KRGH
UGH!
ER WILL SICH AN KONOHA RÄCHEN!
ER IST AKATSUKI BEIGETRETEN.
FUIT
!
WARUM KEHRT ER NICHT INS DORF ZURÜCK?
ER HAT VON DEINER GEHEIMEN AUFGABE ERFAHREN...
KRG KRG KRG
SSSH
... UND ENTSCHIEDEN, DAS DORF ZU VERNICHTEN!
BAM
!
EINE GEHEIME AUFGABE?

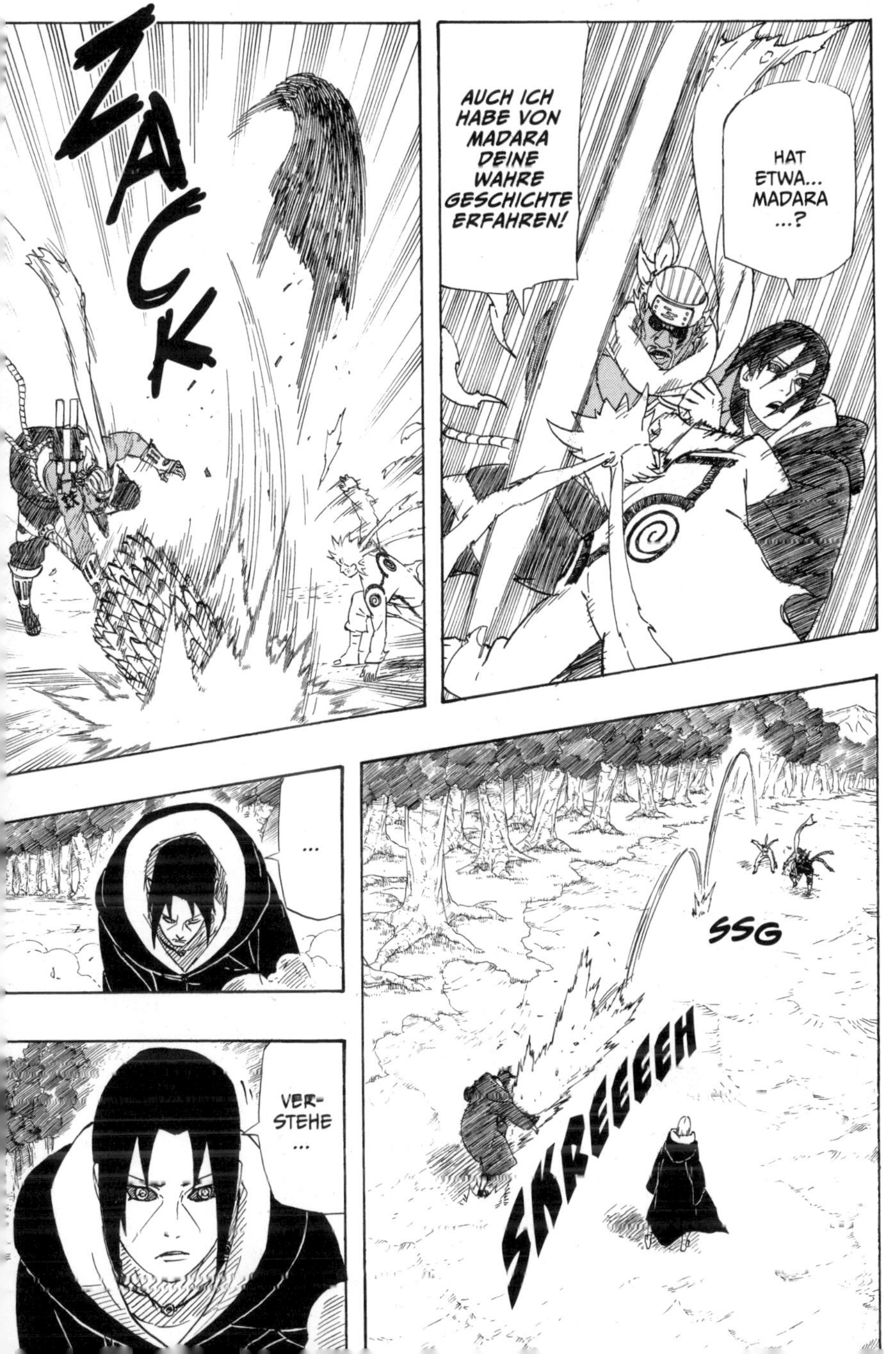
HAT ETWA... MADARA ...?
AUCH ICH HABE VON MADARA DEINE WAHRE GESCHICHTE ERFAHREN!
ZACK
SSG
SKREEEEH
...
VER-STEHE ...

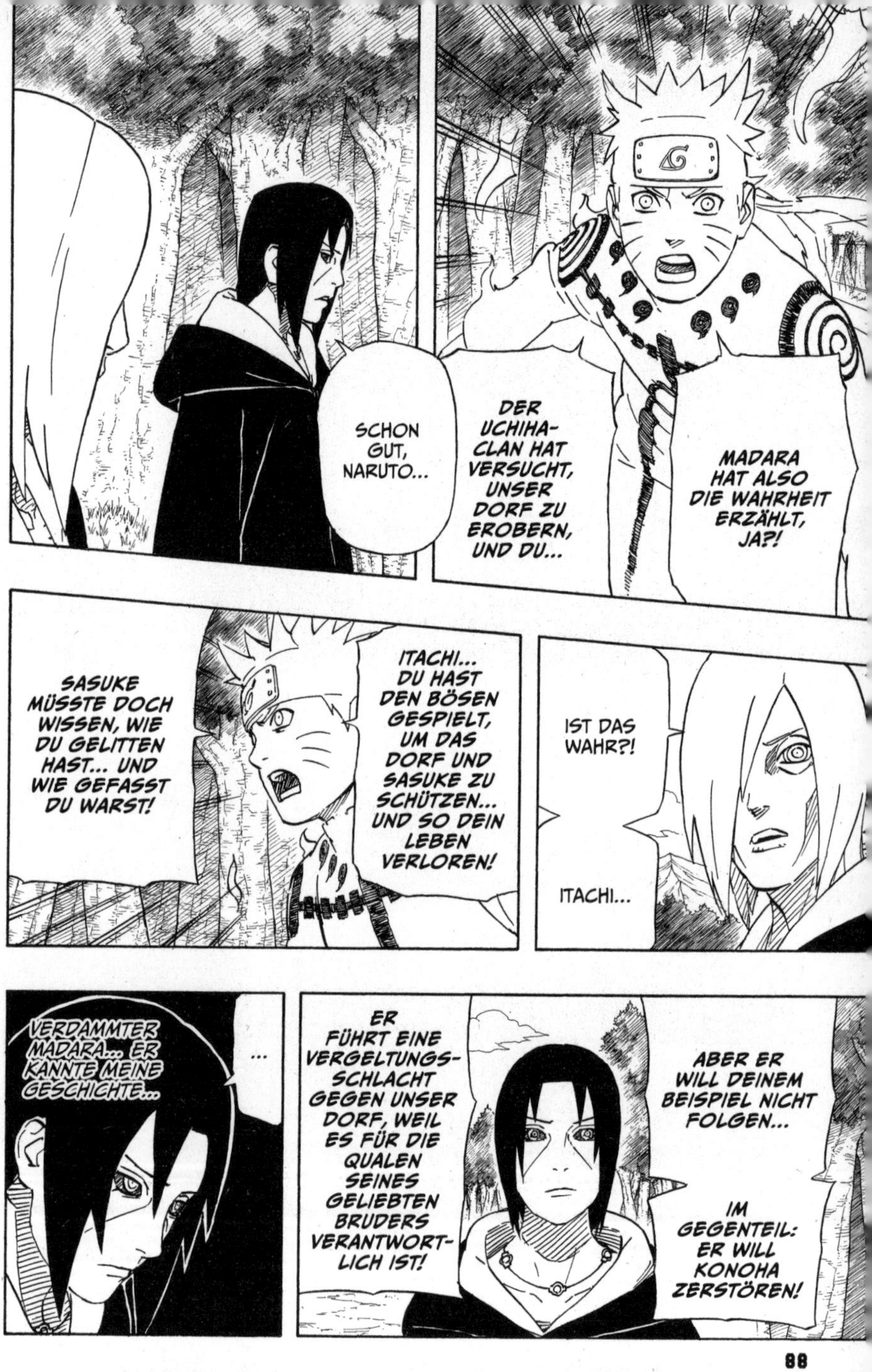

MADARA HAT ALSO DIE WAHRHEIT ERZÄHLT, JA?!
DER UCHIHA-CLAN HAT VERSUCHT, UNSER DORF ZU EROBERN, UND DU...
SCHON GUT, NARUTO...
IST DAS WAHR?!
ITACHI...
ITACHI... DU HAST DEN BÖSEN GESPIELT, UM DAS DORF UND SASUKE ZU SCHÜTZEN... UND SO DEIN LEBEN VERLOREN!
SASUKE MÜSSTE DOCH WISSEN, WIE DU GELITTEN HAST... UND WIE GEFASST DU WARST!
ABER ER WILL DEINEM BEISPIEL NICHT FOLGEN...
IM GEGENTEIL: ER WILL KONOHA ZERSTÖREN!
ER FÜHRT EINE VERGELTUNGS-SCHLACHT GEGEN UNSER DORF, WEIL ES FÜR DIE QUALEN SEINES GELIEBTEN BRUDERS VERANTWORT-LICH IST!
...
VERDAMMTER MADARA... ER KANNTE MEINE GESCHICHTE...

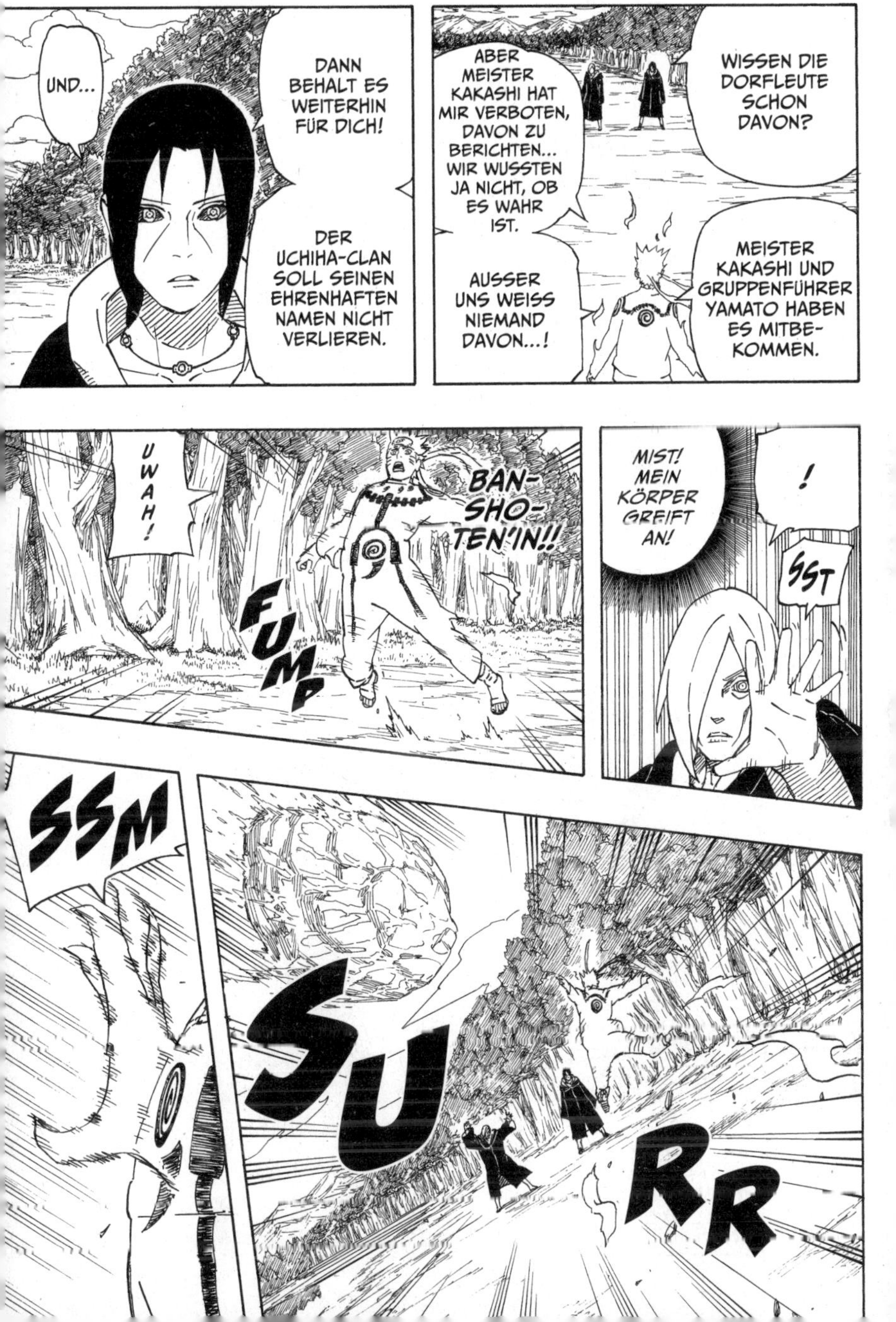

WISSEN DIE DORFLEUTE SCHON DAVON?
ABER MEISTER KAKASHI HAT MIR VERBOTEN, DAVON ZU BERICHTEN... WIR WUSSTEN JA NICHT, OB ES WAHR IST.
MEISTER KAKASHI UND GRUPPENFÜHRER YAMATO HABEN ES MITBEKOMMEN.
AUSSER UNS WEISS NIEMAND DAVON...!
DANN BEHALT ES WEITERHIN FÜR DICH!
UND...
DER UCHIHA-CLAN SOLL SEINEN EHRENHAFTEN NAMEN NICHT VERLIEREN.
!
MIST! MEIN KÖRPER GREIFT AN!
SST
BAN-SHO-TEN'IN!!
UWAH!
FUMP
SSM
SU
RR

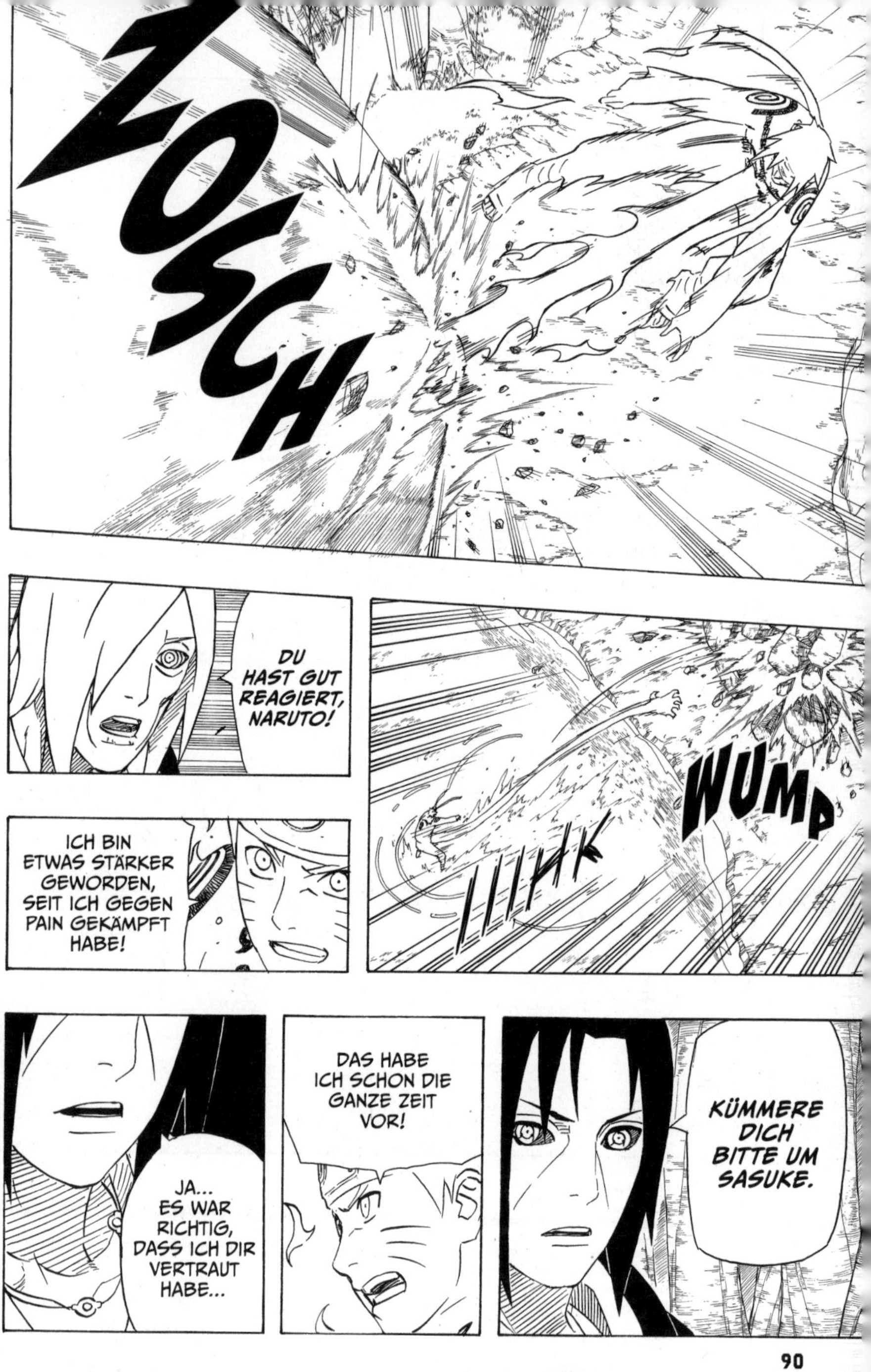
ZOSCH
WUMP
IIIHK
DU HAST GUT REAGIERT, NARUTO!
ICH BIN ETWAS STÄRKER GEWORDEN, SEIT ICH GEGEN PAIN GEKÄMPFT HABE!
KÜMMERE DICH BITTE UM SASUKE.
DAS HABE ICH SCHON DIE GANZE ZEIT VOR!
JA... ES WAR RICHTIG, DASS ICH DIR VERTRAUT HABE...

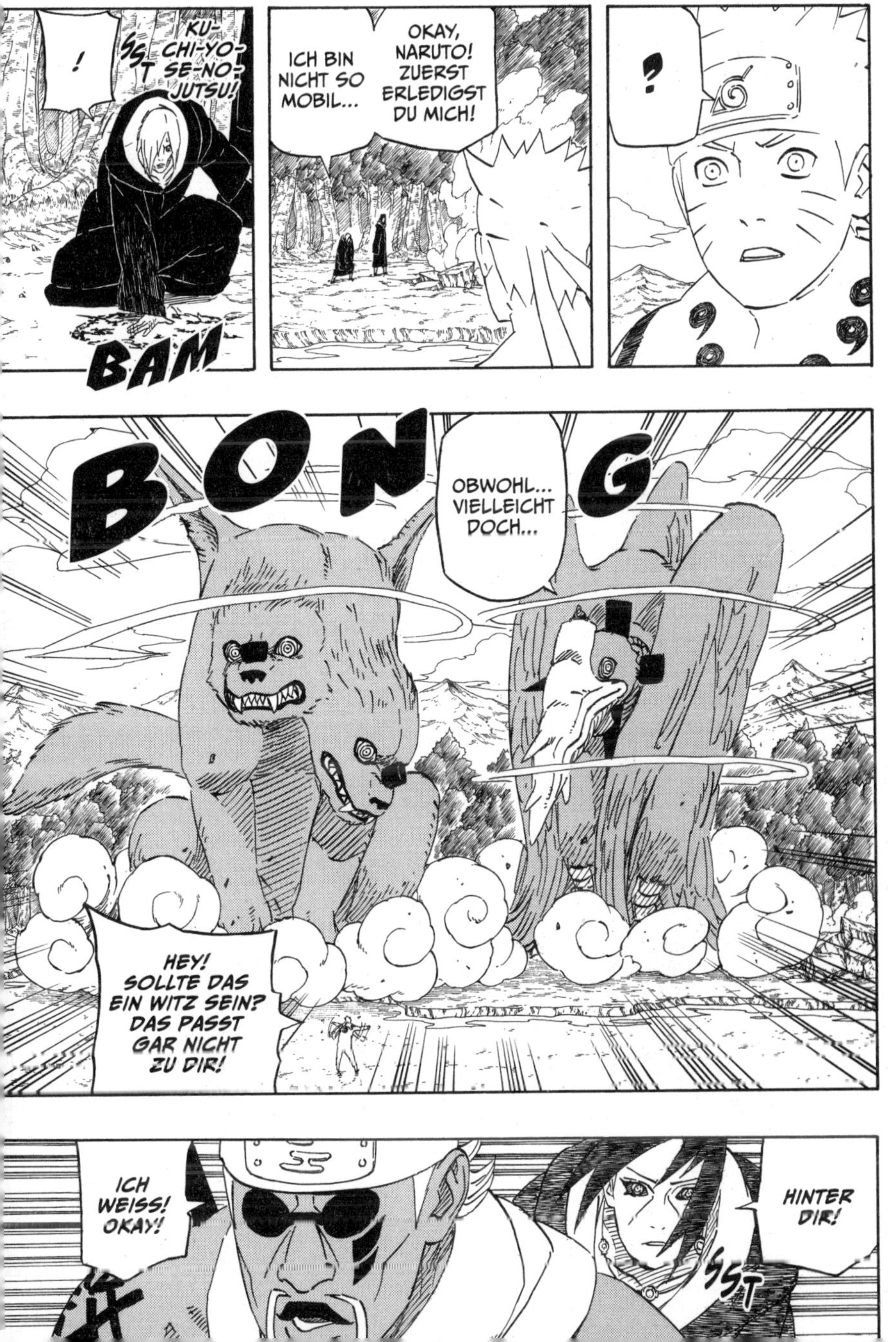
?
OKAY, NARUTO! ZUERST ERLEDIGST DU MICH!
ICH BIN NICHT SO MOBIL...
!
KU-CHI-YO-SE-NO-JUTSU!
SSST
BAM
BONG
OBWOHL... VIELLEICHT DOCH...
HEY! SOLLTE DAS EIN WITZ SEIN? DAS PASST GAR NICHT ZU DIR!
HINTER DIR!
SST
ICH WEISS! OKAY!

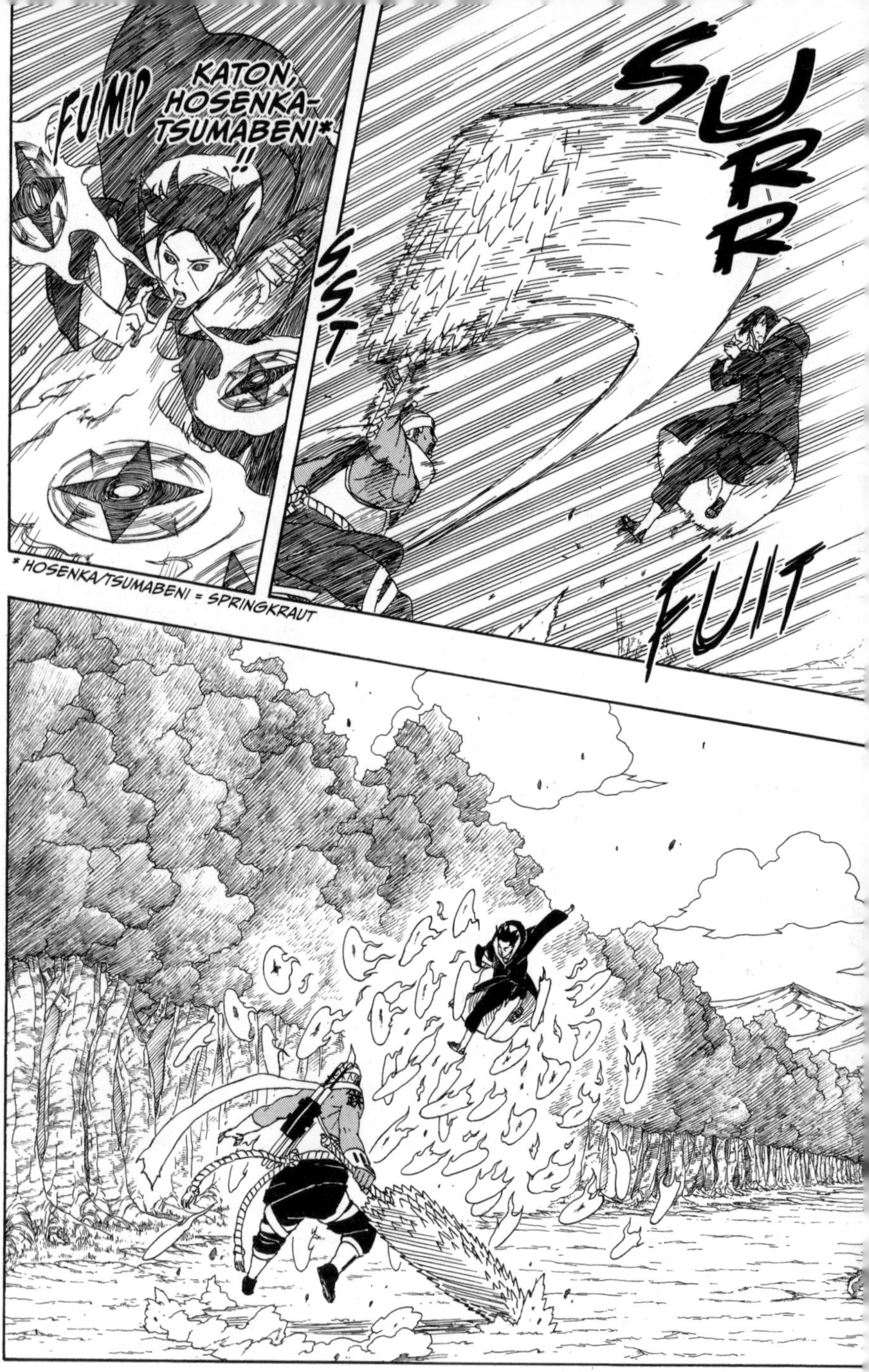
SURR
SST
FUIT
KATON, HOSENKA-TSUMABENI*!!
FUMP
* HOSENKA/TSUMABENI = SPRINGKRAUT

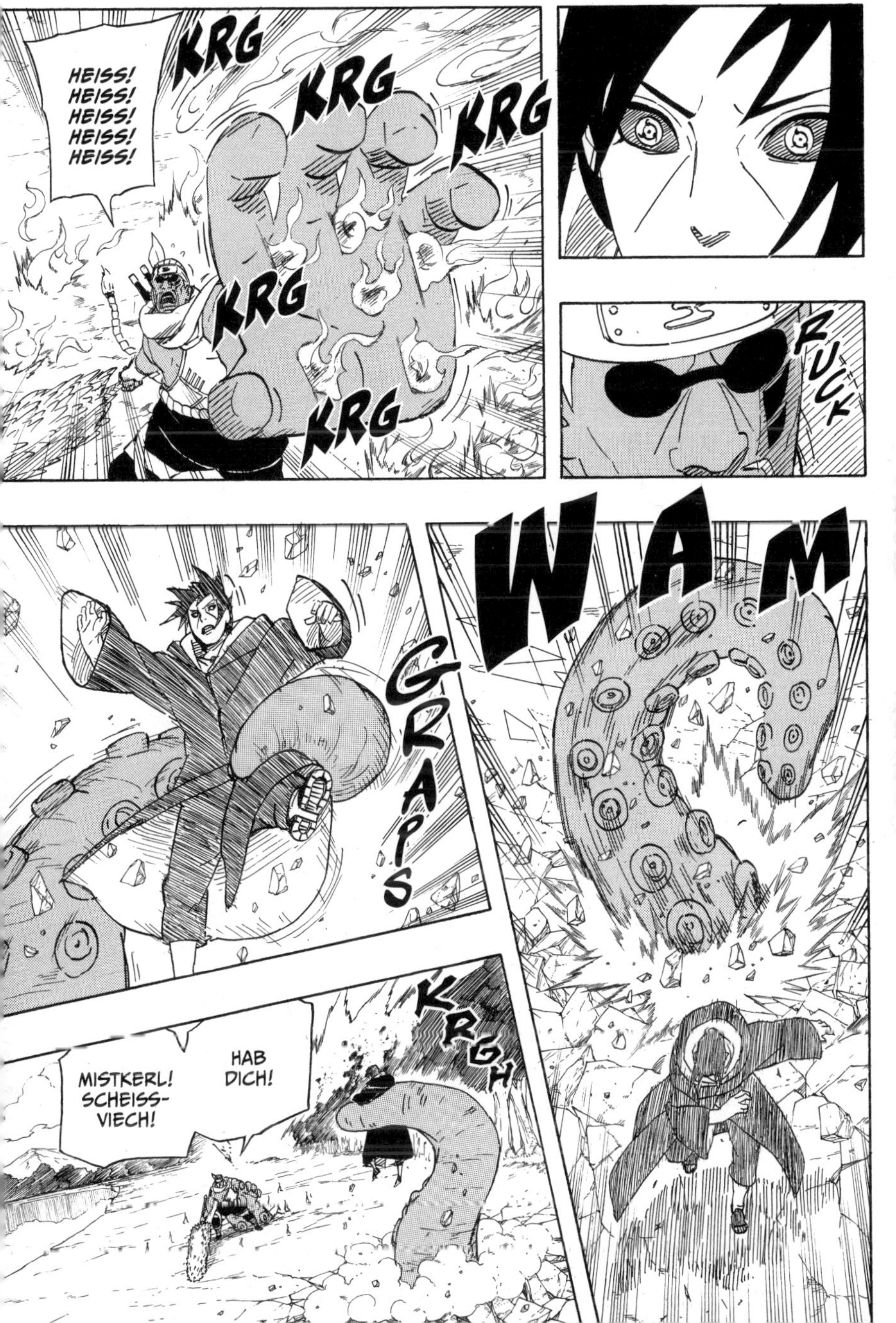
HEISS!
HEISS!
HEISS!
HEISS!
HEISS!
KRG
KRG
KRG
KRG
KRG
RUCK
WAM
GRAPS
KRGH
HAB DICH!
MISTKERL! SCHEISS-VIECH!

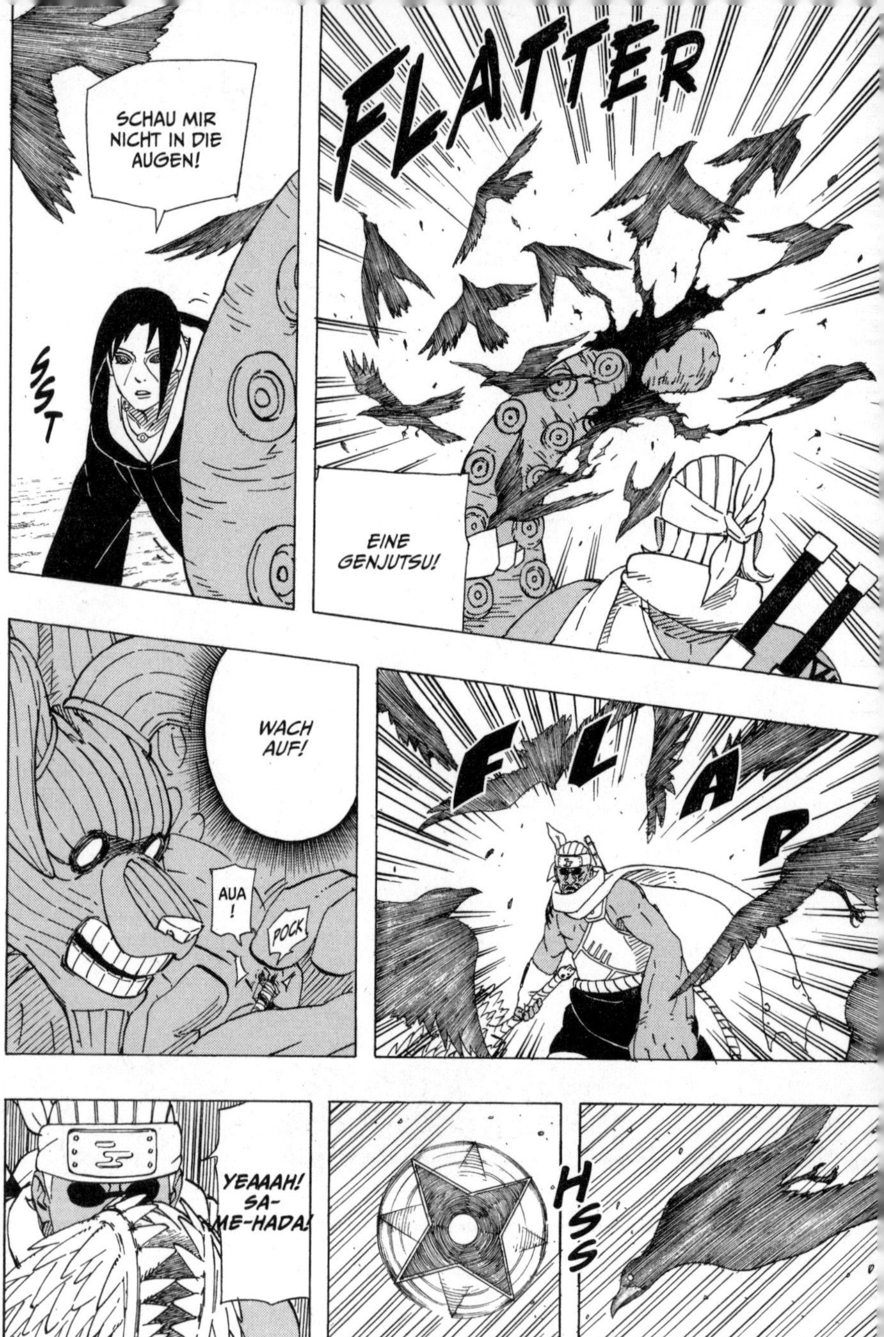
FLATTER
EINE GENJUTSU!
SSST
SCHAU MIR NICHT IN DIE AUGEN!
FLAP
WACH AUF!
AUA!
POCK
HSS
YEAAAH! SA-ME-HADA!

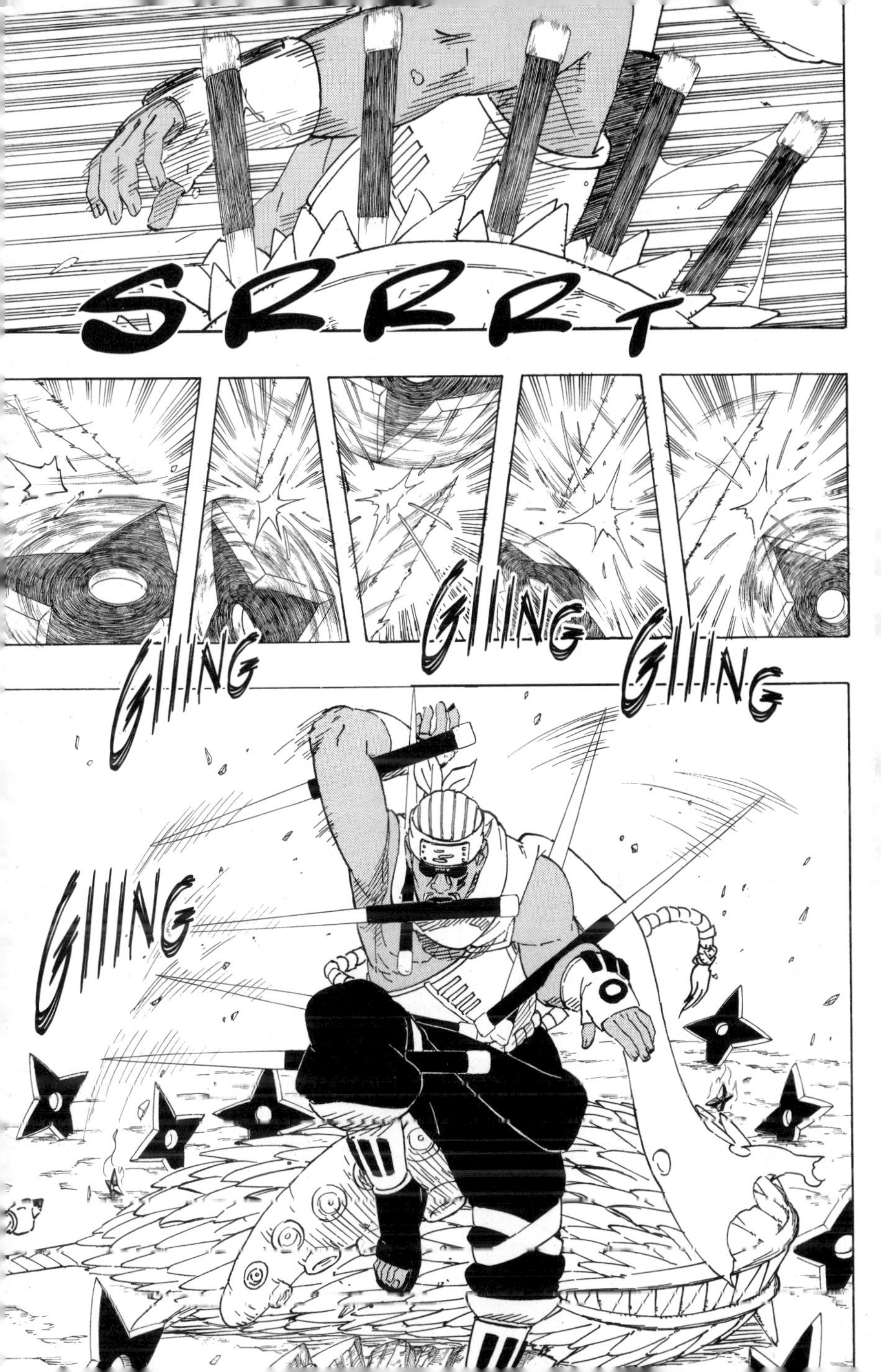
SRRRT
GIING
GIING
GIING
GIING

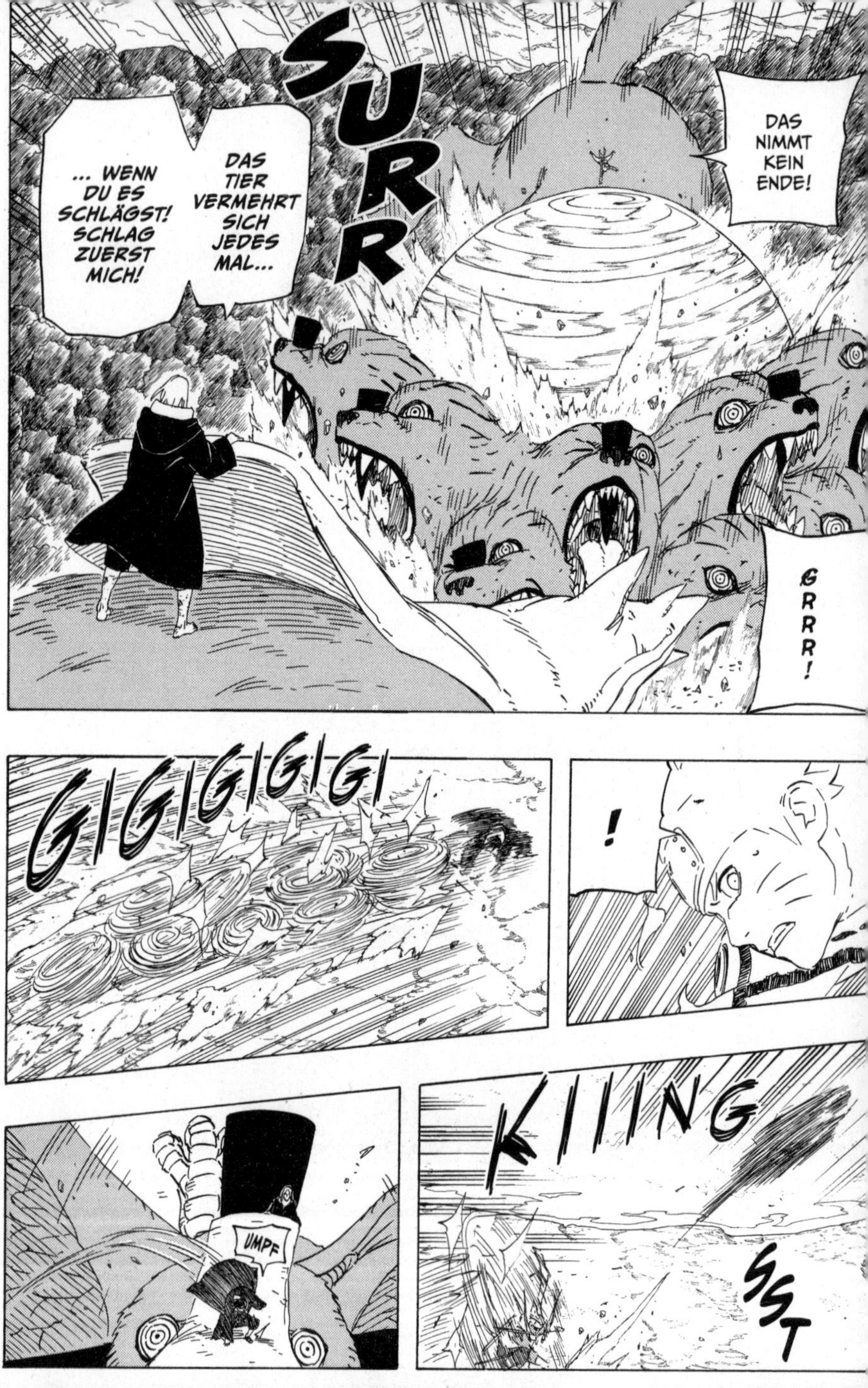
DAS NIMMT KEIN ENDE!
SURR
DAS TIER VERMEHRT SICH JEDES MAL...
... WENN DU ES SCHLÄGST! SCHLAG ZUERST MICH!
GRRR!
!
GIGIGIGIGI
KIIING
SST
UMPF

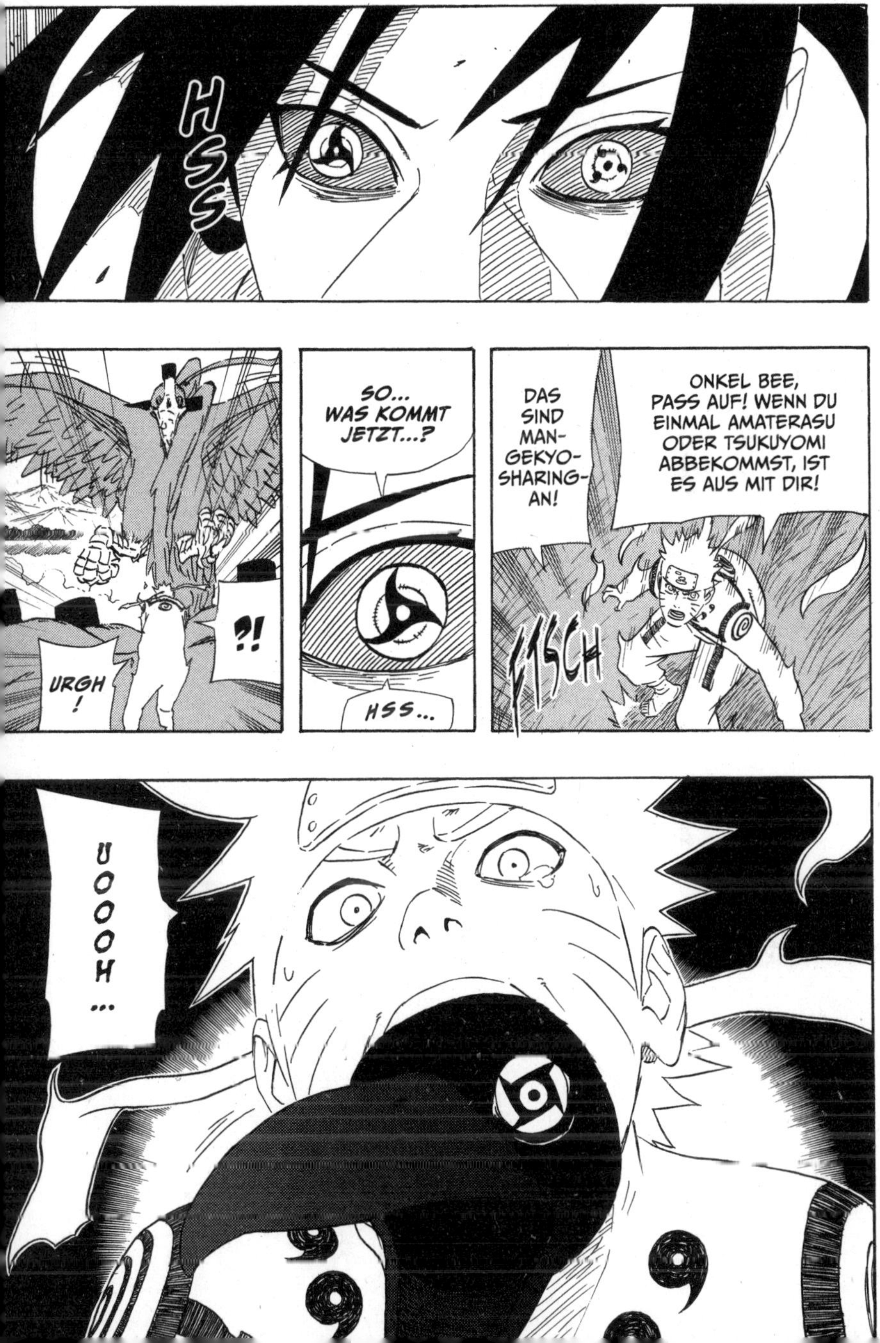
HSS
ONKEL BEE, PASS AUF! WENN DU EINMAL AMATERASU ODER TSUKUYOMI ABBEKOMMST, IST ES AUS MIT DIR!
DAS SIND MAN-GEKYO-SHARING-AN!
FTSCH
SO... WAS KOMMT JETZT...?
HSS...
?!
URGH!
UOOOOH...

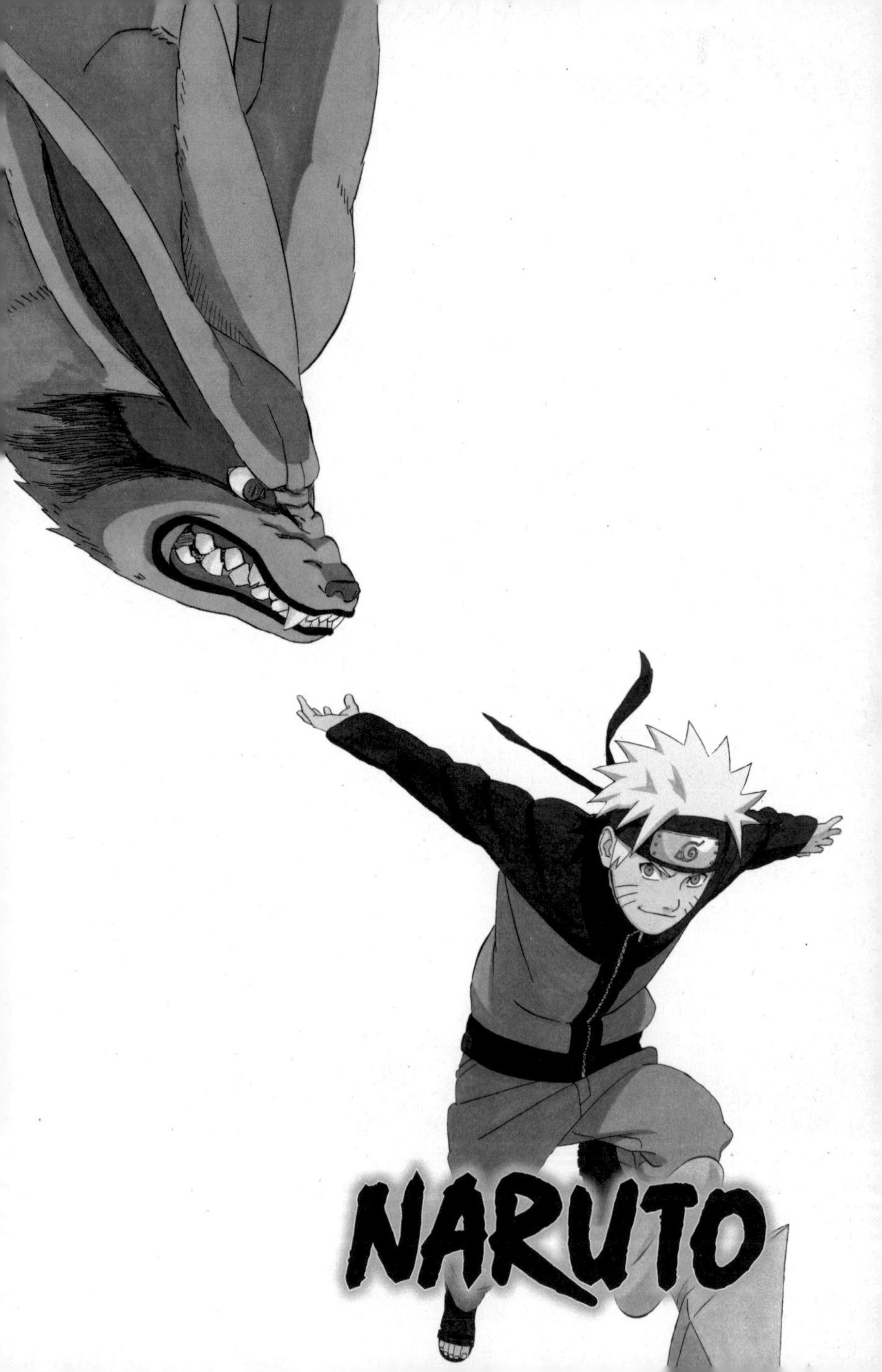
NARUTO

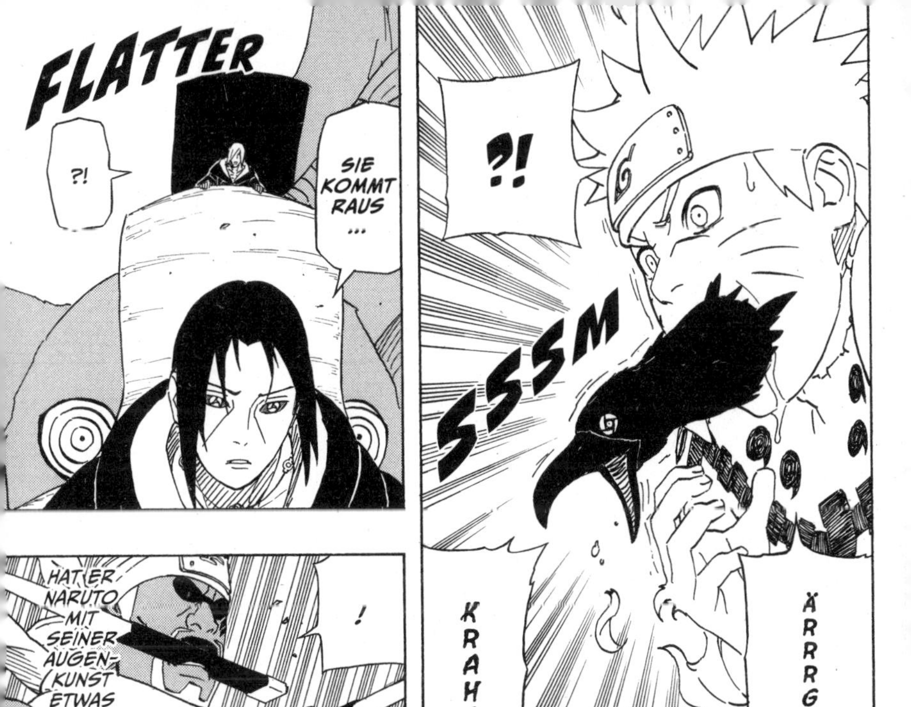

* BEGRIFF AUS DER JAP. MYTHOLOGIE; DIE ERSTEN FÜNF GÖTTER (KAMI) BEI DER SCHÖPFUNG DES UNIVERSUMS

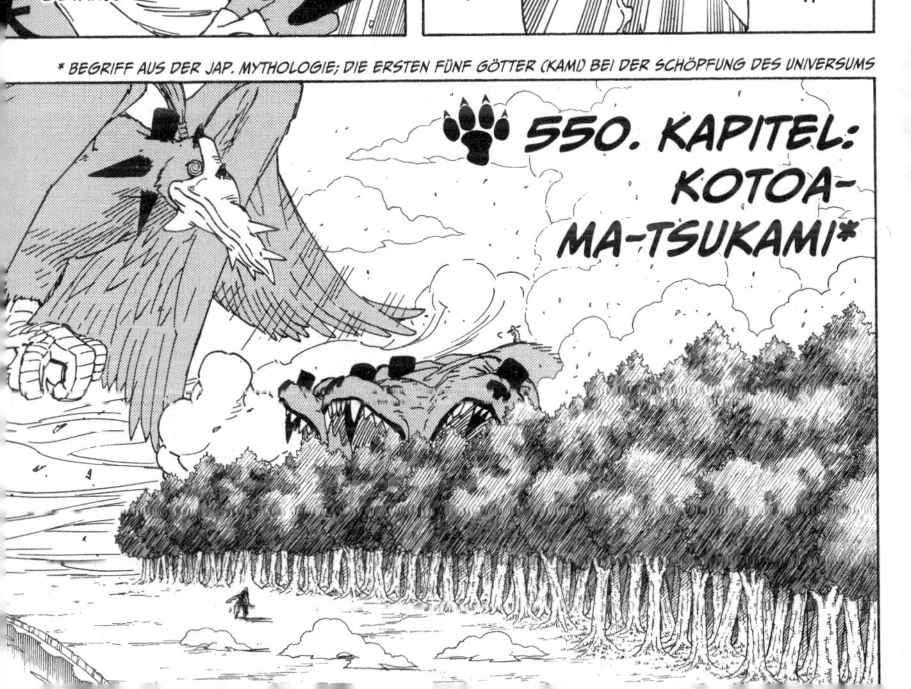

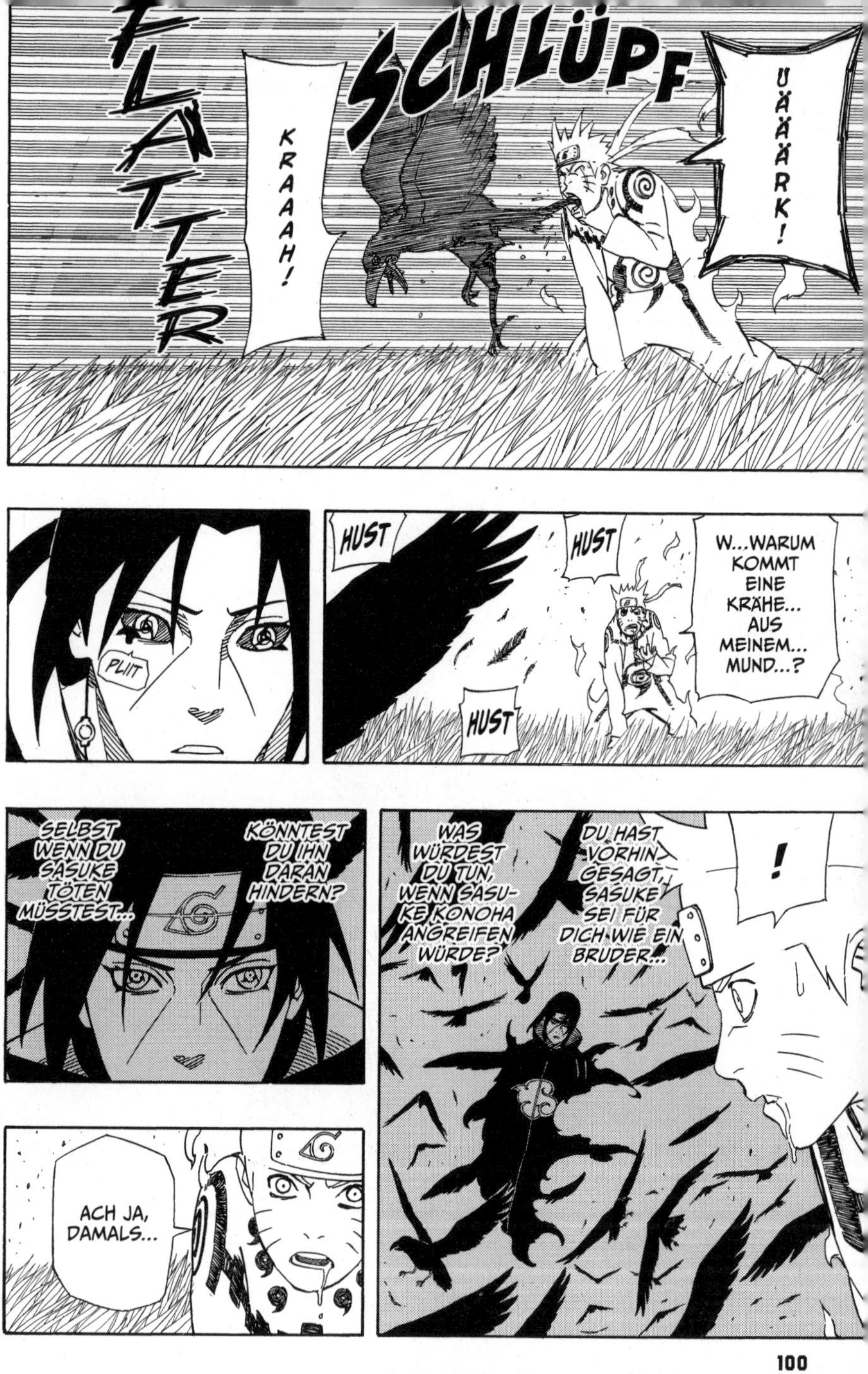
ÜÄÄÄRK!
SCHLÜPF
KRAAAAH!
FLATTER
W...WARUM KOMMT EINE KRÄHE... AUS MEINEM... MUND...?
HUST
HUST
HUST
PLIIT
!
DU HAST VORHIN GESAGT, SASUKE SEI FÜR DICH WIE EIN BRUDER...
WAS WÜRDEST DU TUN, WENN SASUKE KONOHA ANGREIFEN WÜRDE?
KÖNNTEST DU IHN DARAN HINDERN?
SELBST WENN DU SASUKE TÖTEN MÜSSTEST...
ACH JA, DAMALS...

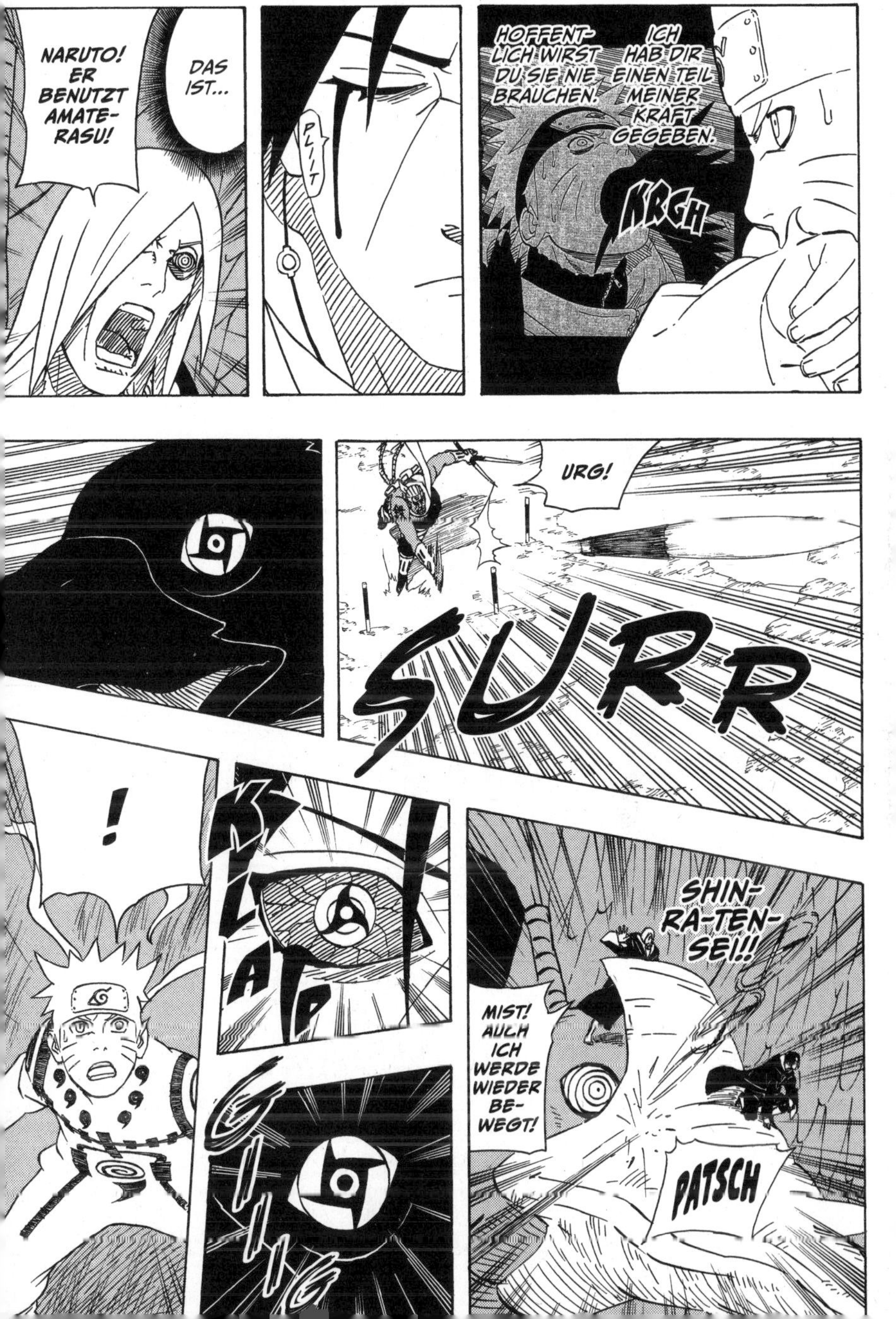

ICH HAB DIR EINEN TEIL MEINER KRAFT GEGEBEN.
HOFFENTLICH WIRST DU SIE NIE BRAUCHEN.
KRGH
PLIIT
DAS IST…
NARUTO! ER BENUTZT AMATERASU!
URG!
SURR
SHIN-RA-TEN-SEI!!
MIST! AUCH ICH WERDE WIEDER BEWEGT!
PATSCH
KLAP
!

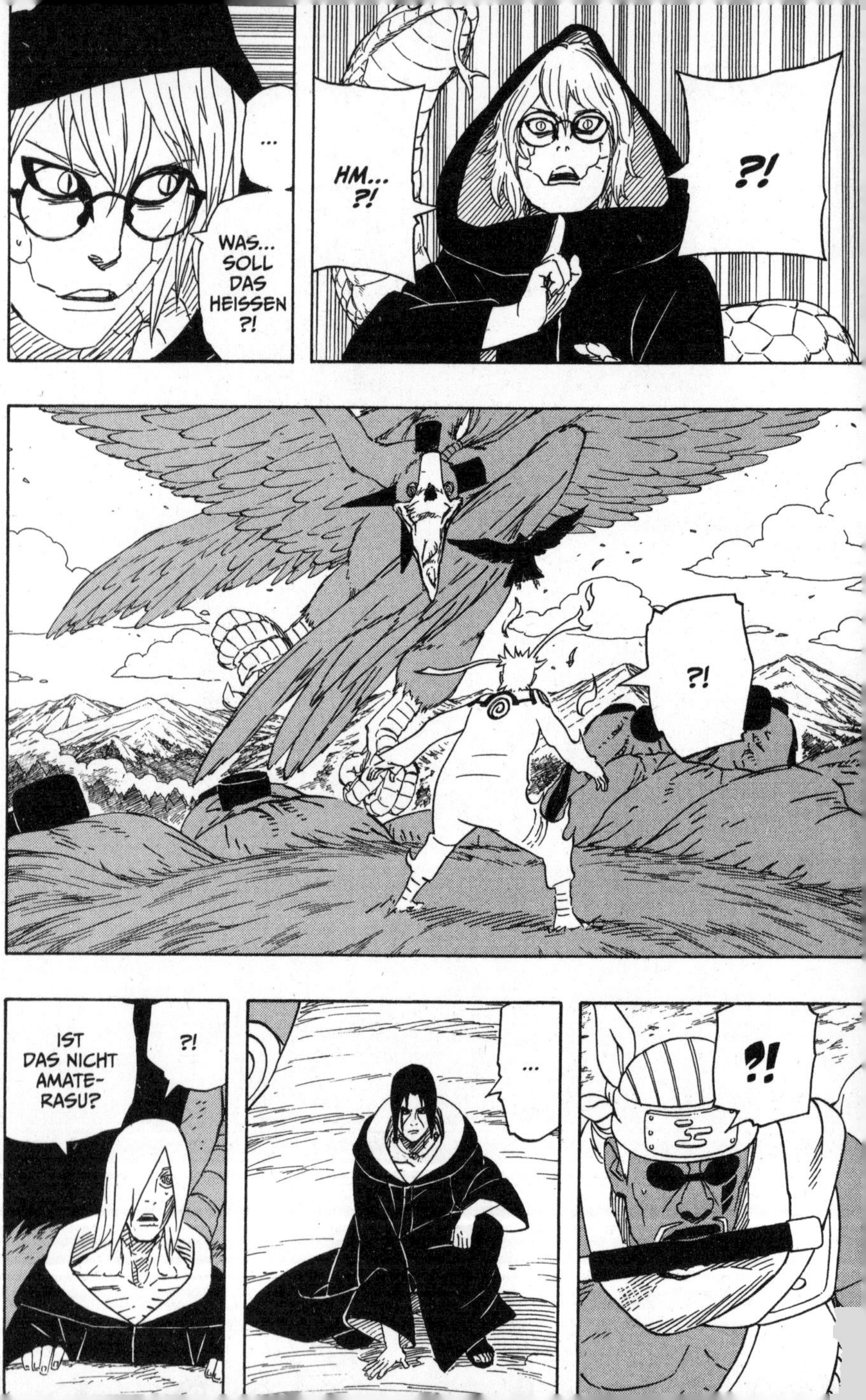

?!
HM... ?!
...
WAS... SOLL DAS HEISSEN ?!
?!
?!!
...
?!
IST DAS NICHT AMATE-RASU?

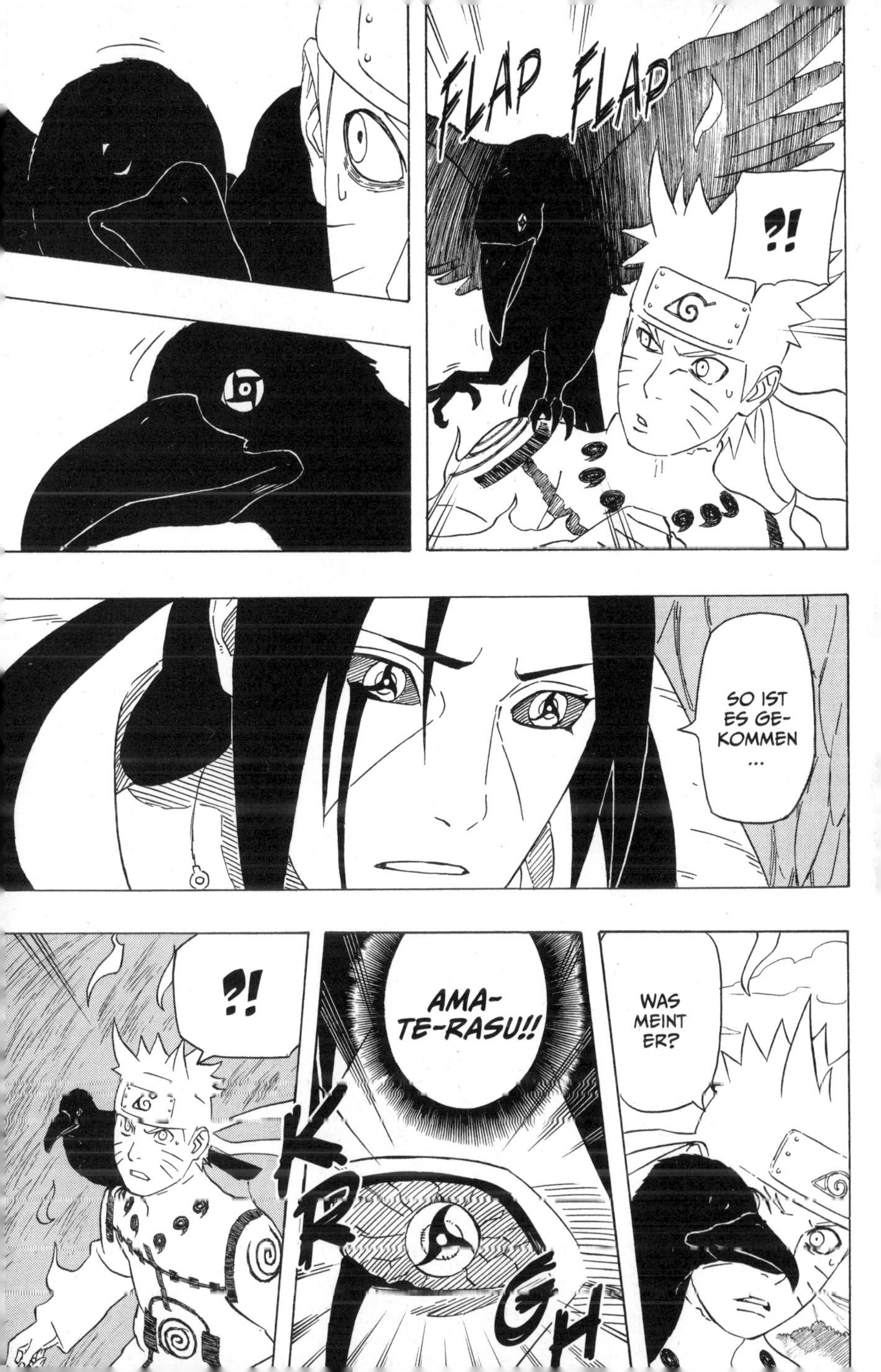

FLAP FLAP
?!
SO IST ES GE-KOMMEN ...
WAS MEINT ER?
AMA-TE-RASU!!
KRRGH
?!

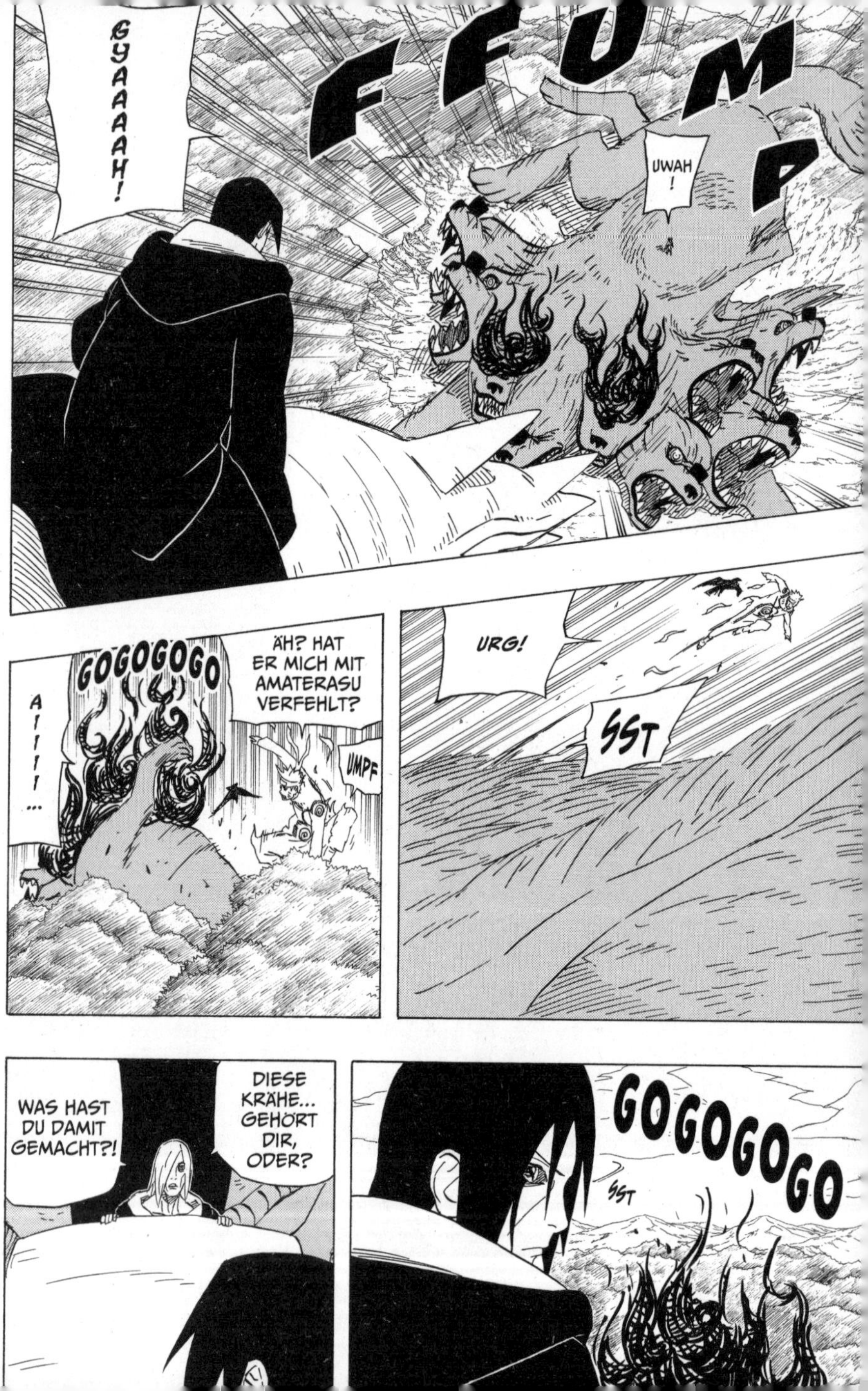
FFUMP
UWAH!
GYAAAAAH!
URG!
SST
ÄH? HAT ER MICH MIT AMATERASU VERFEHLT?
UMPF
GOGOGOGO
A!!!!!...
GOGOGOGO
SST
DIESE KRÄHE... GEHÖRT DIR, ODER?
WAS HAST DU DAMIT GEMACHT?!

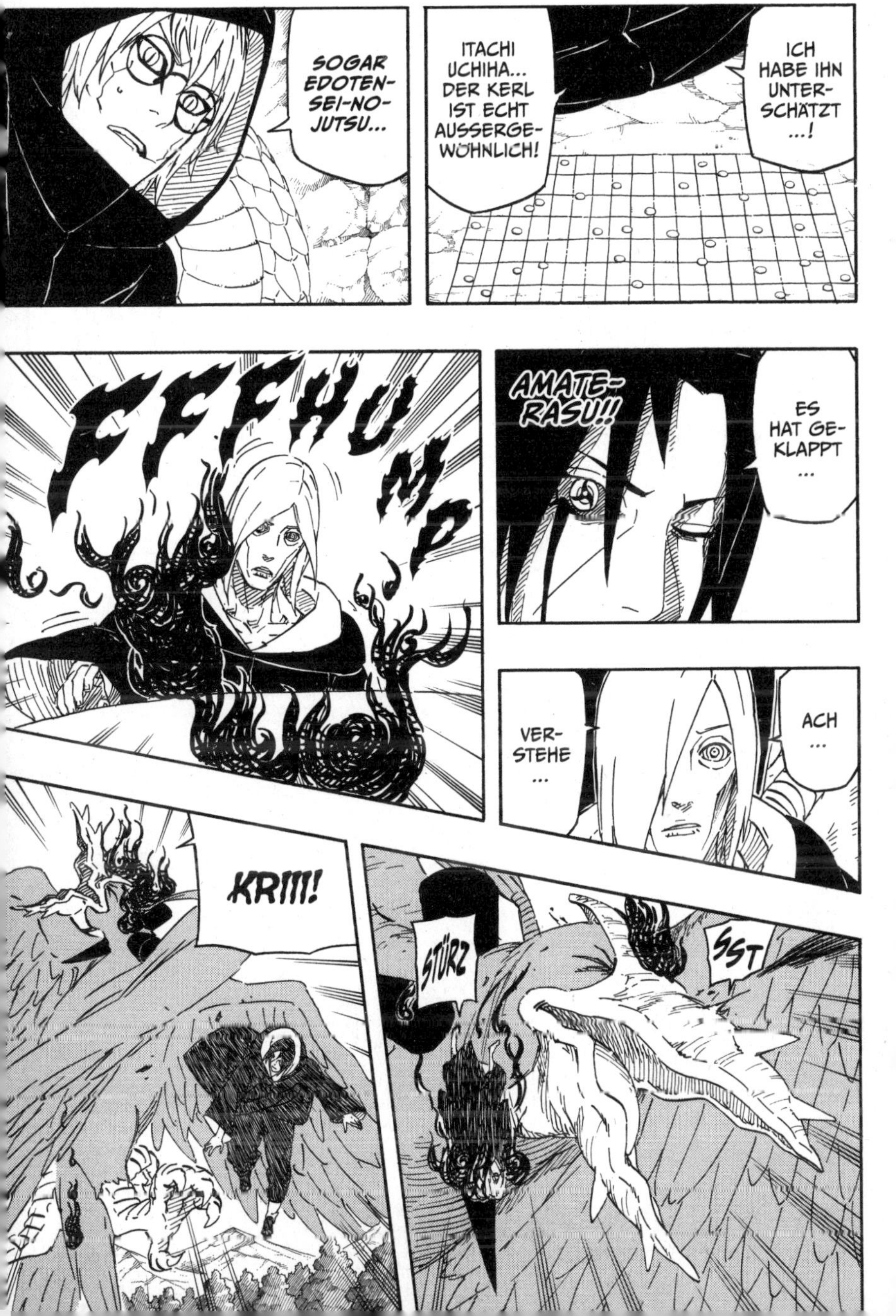
ICH HABE IHN UNTERSCHÄTZT ...!
ITACHI UCHIHA... DER KERL IST ECHT AUSSERGEWÖHNLICH!
SOGAR EDOTENSEI-NO-JUTSU...
ES HAT GEKLAPPT ...
AMATERASU!!
FFFHUMP
ACH ...
VERSTEHE ...
SST
STÜRZ
KRIII!

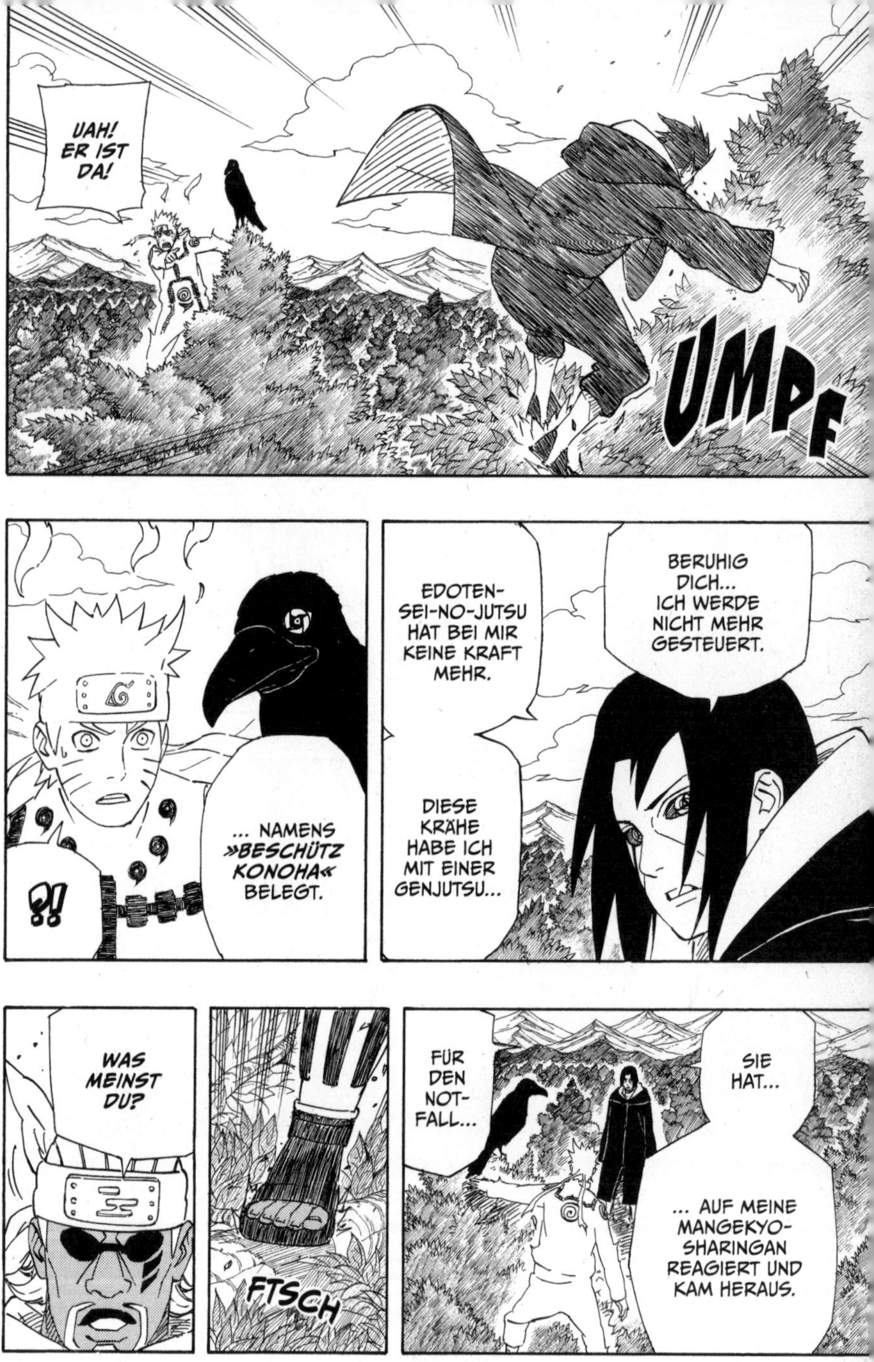
UAH! ER IST DA!
UMPF
BERUHIG DICH... ICH WERDE NICHT MEHR GESTEUERT.
EDOTEN-SEI-NO-JUTSU HAT BEI MIR KEINE KRAFT MEHR.
DIESE KRÄHE HABE ICH MIT EINER GENJUTSU...
... NAMENS »BESCHÜTZ KONOHA« BELEGT.
?!
SIE HAT...
FÜR DEN NOTFALL...
... AUF MEINE MANGEKYO-SHARINGAN REAGIERT UND KAM HERAUS.
FTSCH
WAS MEINST DU?

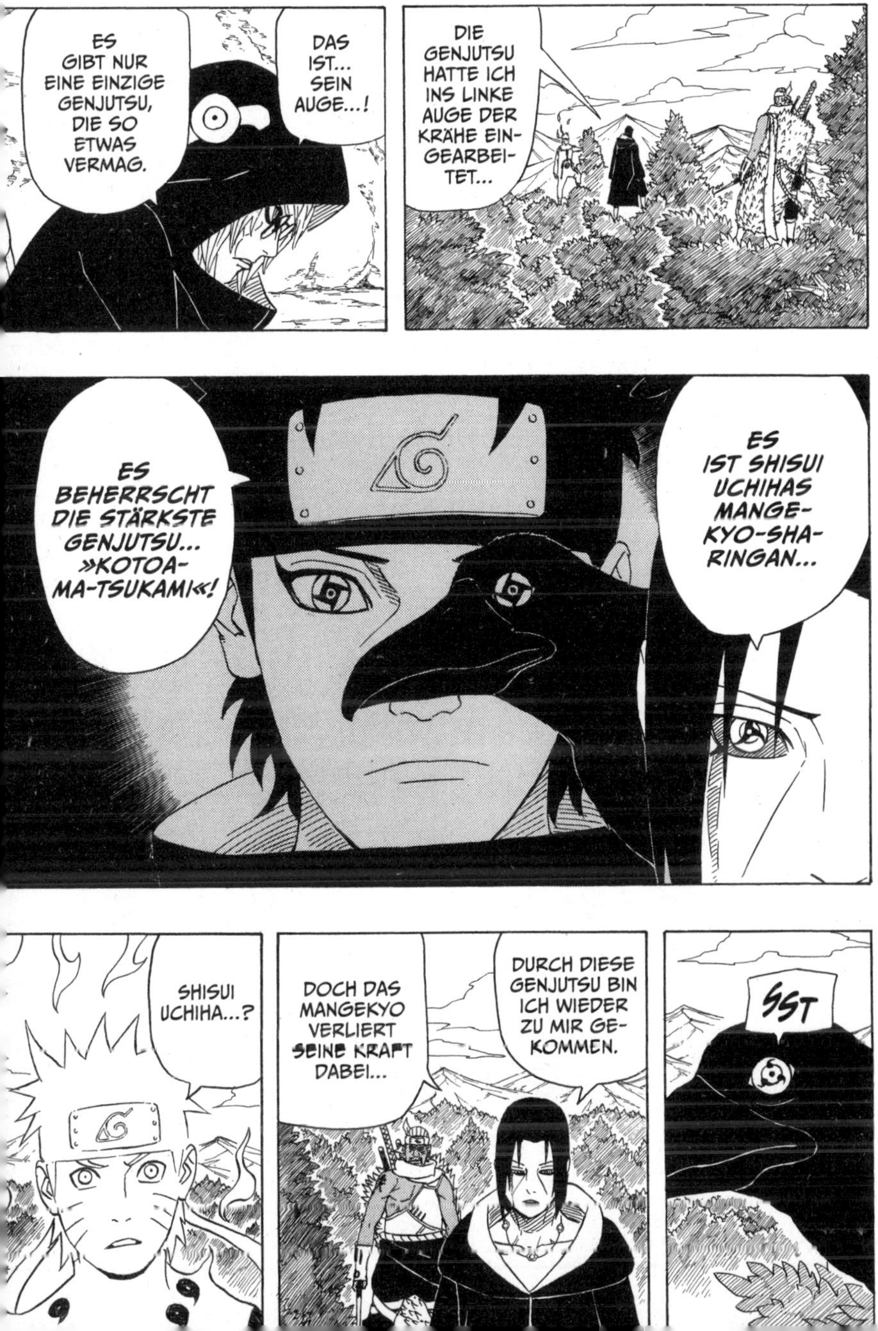
DIE GENJUTSU HATTE ICH INS LINKE AUGE DER KRÄHE EINGEARBEITET...
DAS IST... SEIN AUGE...!
ES GIBT NUR EINE EINZIGE GENJUTSU, DIE SO ETWAS VERMAG.
ES IST SHISUI UCHIHAS MANGEKYO-SHARINGAN...
ES BEHERRSCHT DIE STÄRKSTE GENJUTSU... »KOTOAMA-TSUKAMI«!
SST
DURCH DIESE GENJUTSU BIN ICH WIEDER ZU MIR GEKOMMEN.
DOCH DAS MANGEKYO VERLIERT SEINE KRAFT DABEI...
SHISUI UCHIHA...?

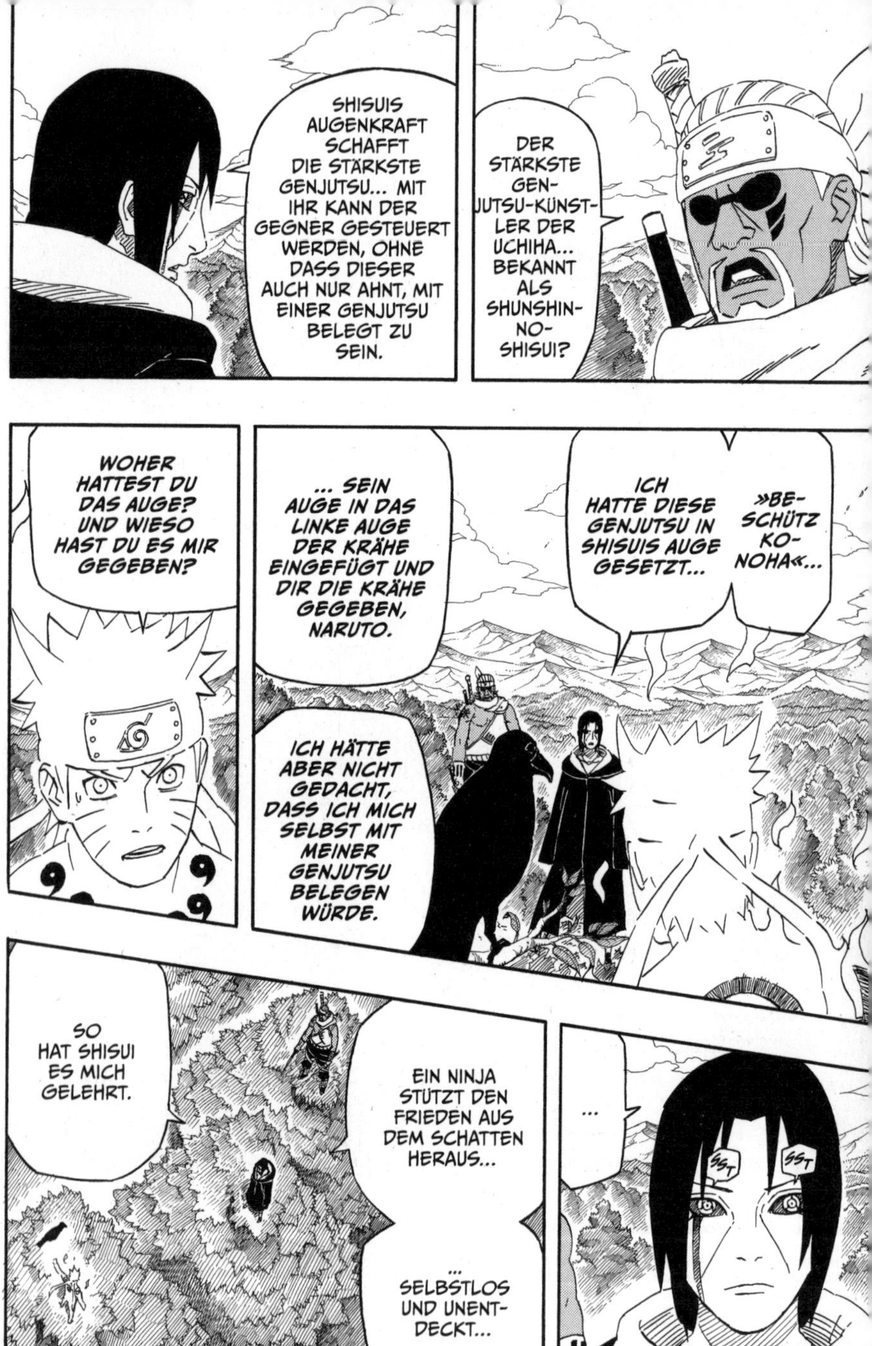
DER STÄRKSTE GEN-JUTSU-KÜNSTLER DER UCHIHA... BEKANNT ALS SHUNSHIN-NO-SHISUI?
SHISUIS AUGENKRAFT SCHAFFT DIE STÄRKSTE GENJUTSU... MIT IHR KANN DER GEGNER GESTEUERT WERDEN, OHNE DASS DIESER AUCH NUR AHNT, MIT EINER GENJUTSU BELEGT ZU SEIN.
»BESCHÜTZ KONOHA«...
ICH HATTE DIESE GENJUTSU IN SHISUIS AUGE GESETZT...
... SEIN AUGE IN DAS LINKE AUGE DER KRÄHE EINGEFÜGT UND DIR DIE KRÄHE GEGEBEN, NARUTO.
ICH HÄTTE ABER NICHT GEDACHT, DASS ICH MICH SELBST MIT MEINER GENJUTSU BELEGEN WÜRDE.
WOHER HATTEST DU DAS AUGE? UND WIESO HAST DU ES MIR GEGEBEN?
...
SST
SST
EIN NINJA STÜTZT DEN FRIEDEN AUS DEM SCHATTEN HERAUS...
... SELBSTLOS UND UNENT-DECKT...
SO HAT SHISUI ES MICH GELEHRT.

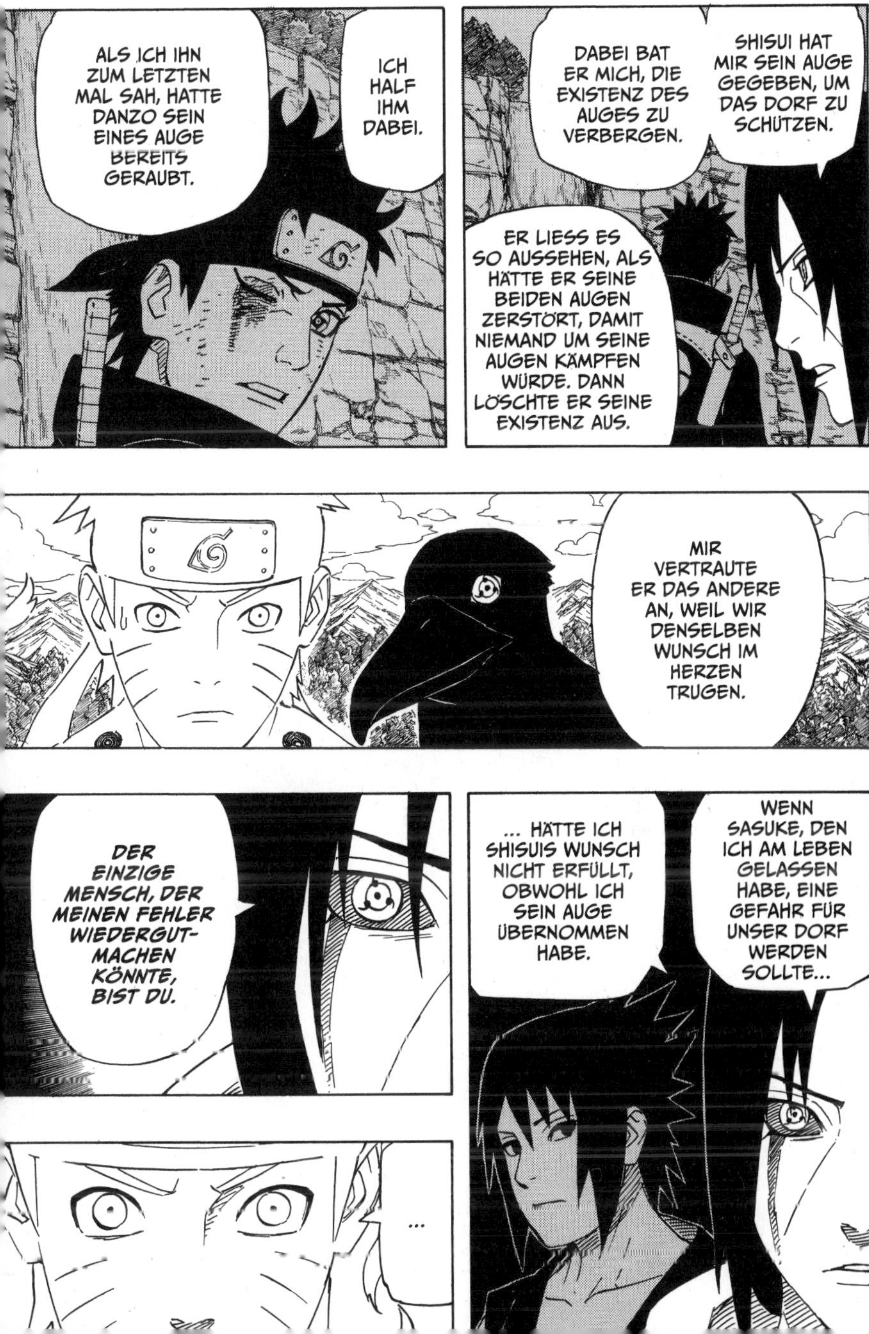
SHISUI HAT MIR SEIN AUGE GEGEBEN, UM DAS DORF ZU SCHÜTZEN.
DABEI BAT ER MICH, DIE EXISTENZ DES AUGES ZU VERBERGEN.
ER LIESS ES SO AUSSEHEN, ALS HÄTTE ER SEINE BEIDEN AUGEN ZERSTÖRT, DAMIT NIEMAND UM SEINE AUGEN KÄMPFEN WÜRDE. DANN LÖSCHTE ER SEINE EXISTENZ AUS.
ICH HALF IHM DABEI.
ALS ICH IHN ZUM LETZTEN MAL SAH, HATTE DANZO SEIN EINES AUGE BEREITS GERAUBT.
MIR VERTRAUTE ER DAS ANDERE AN, WEIL WIR DENSELBEN WUNSCH IM HERZEN TRUGEN.
WENN SASUKE, DEN ICH AM LEBEN GELASSEN HABE, EINE GEFAHR FÜR UNSER DORF WERDEN SOLLTE...
... HÄTTE ICH SHISUIS WUNSCH NICHT ERFÜLLT, OBWOHL ICH SEIN AUGE ÜBERNOMMEN HABE.
DER EINZIGE MENSCH, DER MEINEN FEHLER WIEDERGUT-MACHEN KÖNNTE, BIST DU.
...

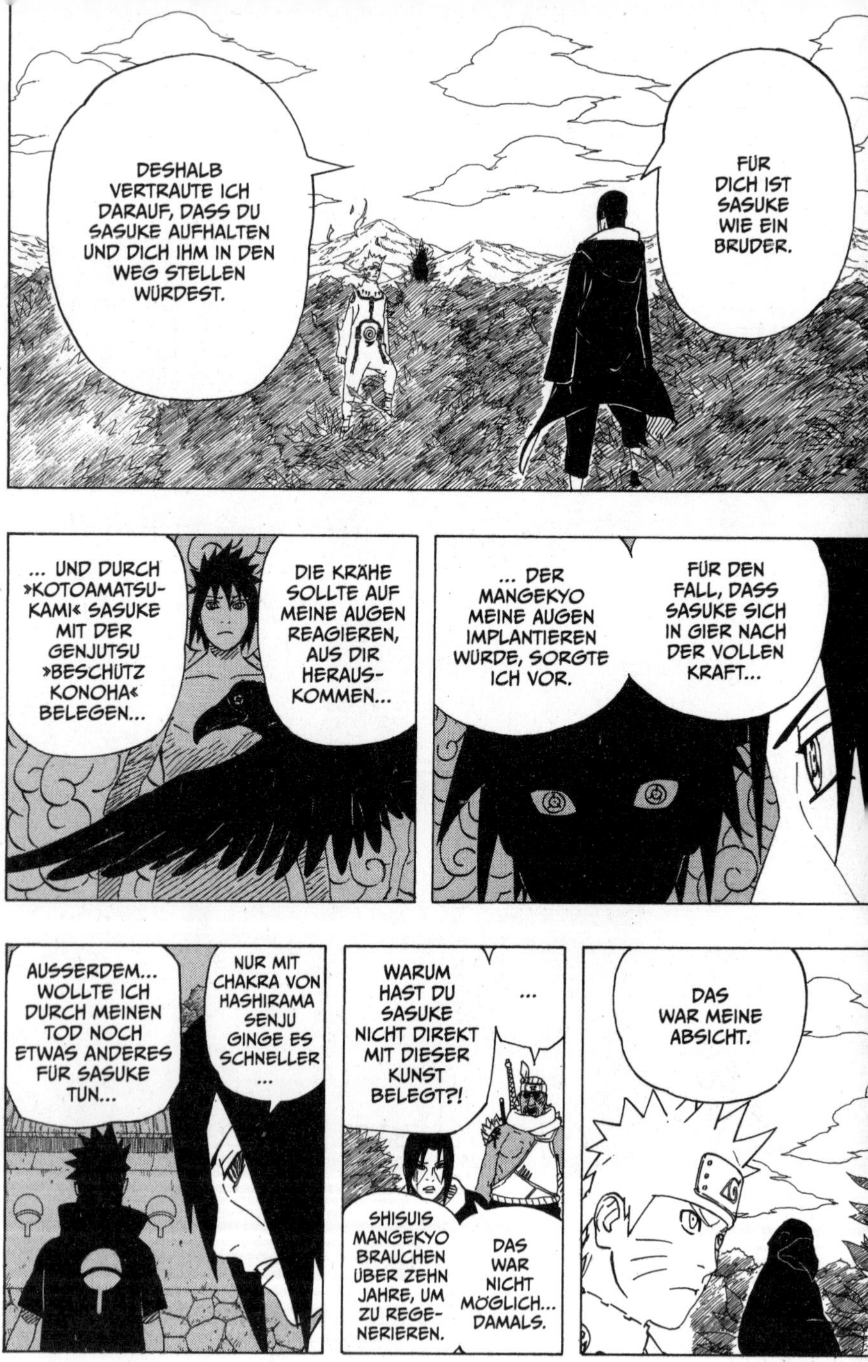
FÜR DICH IST SASUKE WIE EIN BRUDER.
DESHALB VERTRAUTE ICH DARAUF, DASS DU SASUKE AUFHALTEN UND DICH IHM IN DEN WEG STELLEN WÜRDEST.
FÜR DEN FALL, DASS SASUKE SICH IN GIER NACH DER VOLLEN KRAFT...
... DER MANGEKYO MEINE AUGEN IMPLANTIEREN WÜRDE, SORGTE ICH VOR.
DIE KRÄHE SOLLTE AUF MEINE AUGEN REAGIEREN, AUS DIR HERAUS-KOMMEN...
... UND DURCH »KOTOAMATSU-KAMI« SASUKE MIT DER GENJUTSU »BESCHÜTZ KONOHA« BELEGEN...
DAS WAR MEINE ABSICHT.
...
WARUM HAST DU SASUKE NICHT DIREKT MIT DIESER KUNST BELEGT?!
DAS WAR NICHT MÖGLICH... DAMALS.
SHISUIS MANGEKYO BRAUCHEN ÜBER ZEHN JAHRE, UM ZU REGE-NERIEREN.
NUR MIT CHAKRA VON HASHIRAMA SENJU GINGE ES SCHNELLER ...
AUSSERDEM... WOLLTE ICH DURCH MEINEN TOD NOCH ETWAS ANDERES FÜR SASUKE TUN...

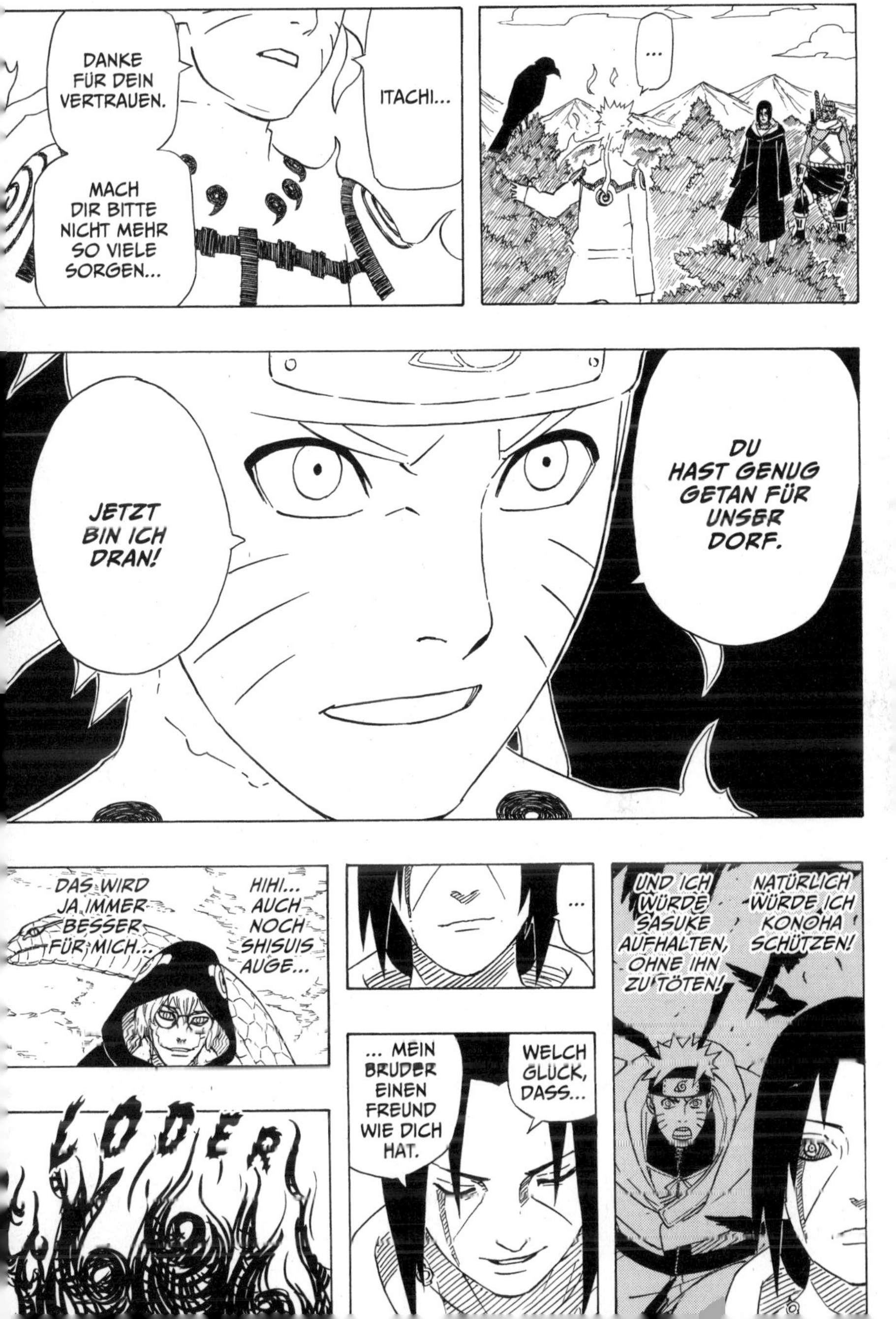
...
ITACHI...
DANKE FÜR DEIN VERTRAUEN.
MACH DIR BITTE NICHT MEHR SO VIELE SORGEN...
DU HAST GENUG GETAN FÜR UNSER DORF.
JETZT BIN ICH DRAN!
NATÜRLICH WÜRDE ICH KONOHA SCHÜTZEN!
UND ICH WÜRDE SASUKE AUFHALTEN, OHNE IHN ZU TÖTEN!
...
HIHI... AUCH NOCH SHISUIS AUGE...
DAS WIRD JA IMMER BESSER FÜR MICH...
WELCH GLÜCK, DASS...
... MEIN BRUDER EINEN FREUND WIE DICH HAT.
LODER

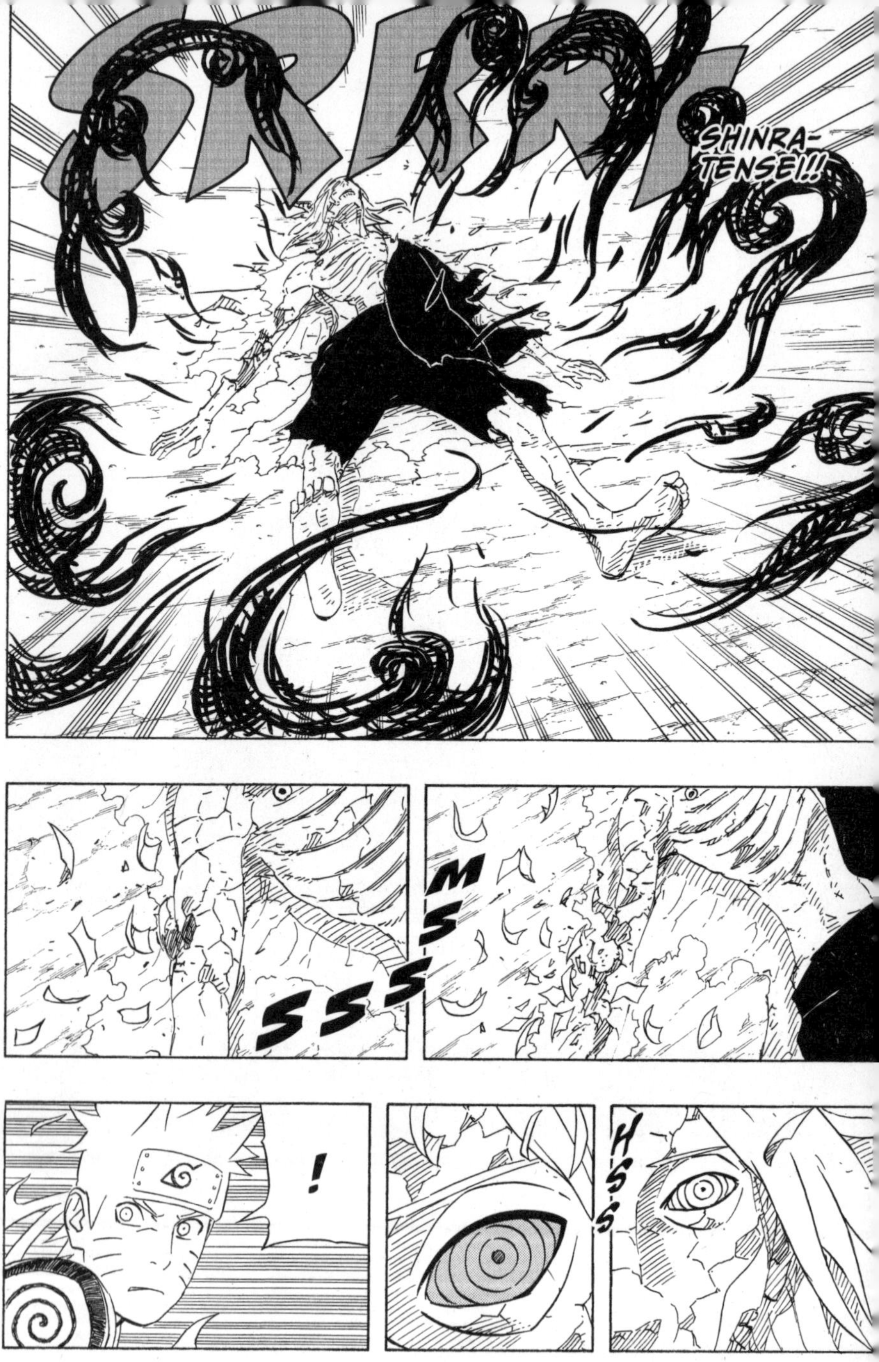
SHINRA-TENSEI!!
!
HSS

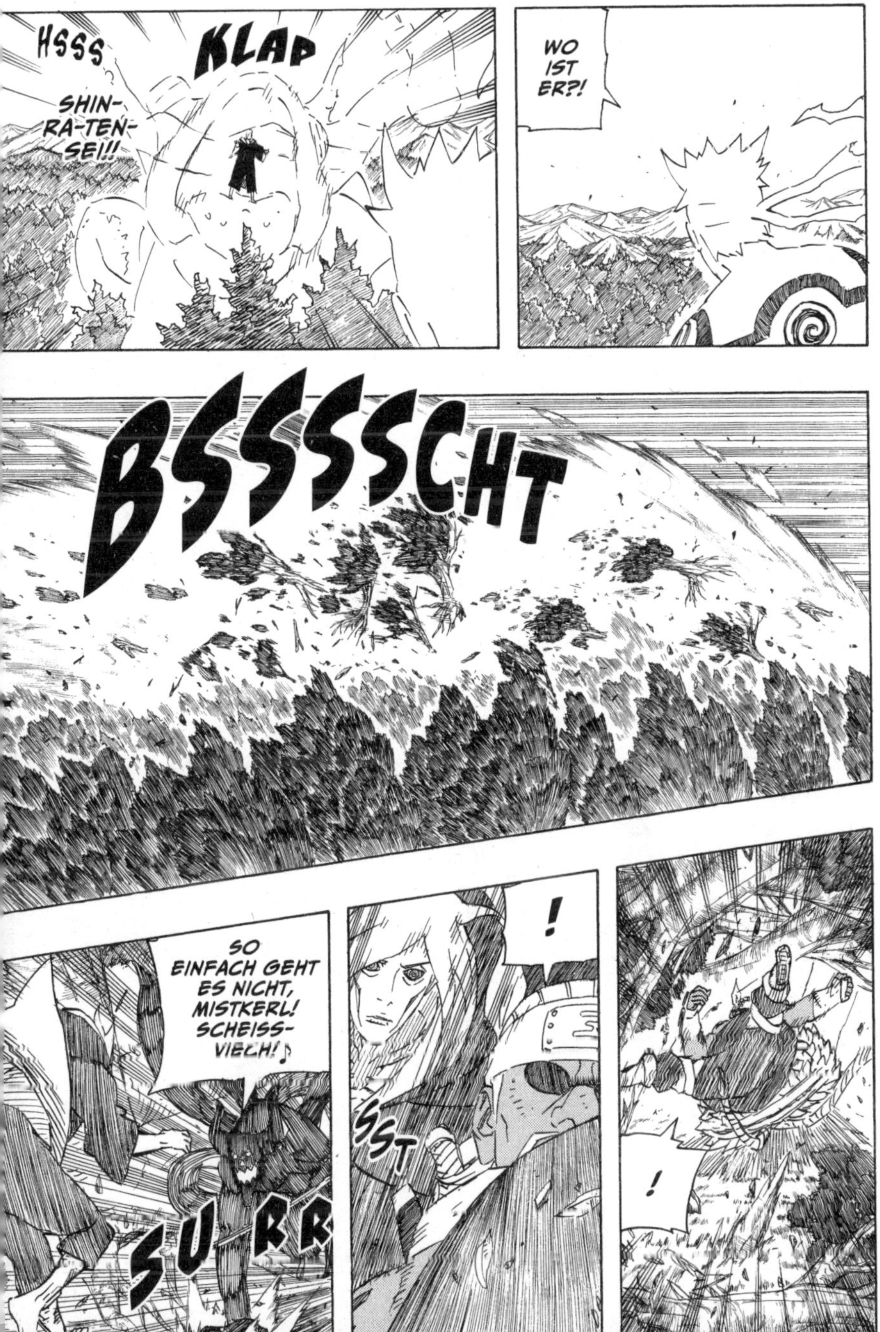
WO IST ER?!
HSSS
KLAP
SHIN-RA-TEN-SEI!!
BSSSSCHT
!
!
SO EINFACH GEHT ES NICHT, MISTKERL! SCHEISS-VIECH!♪
SSST
SURR

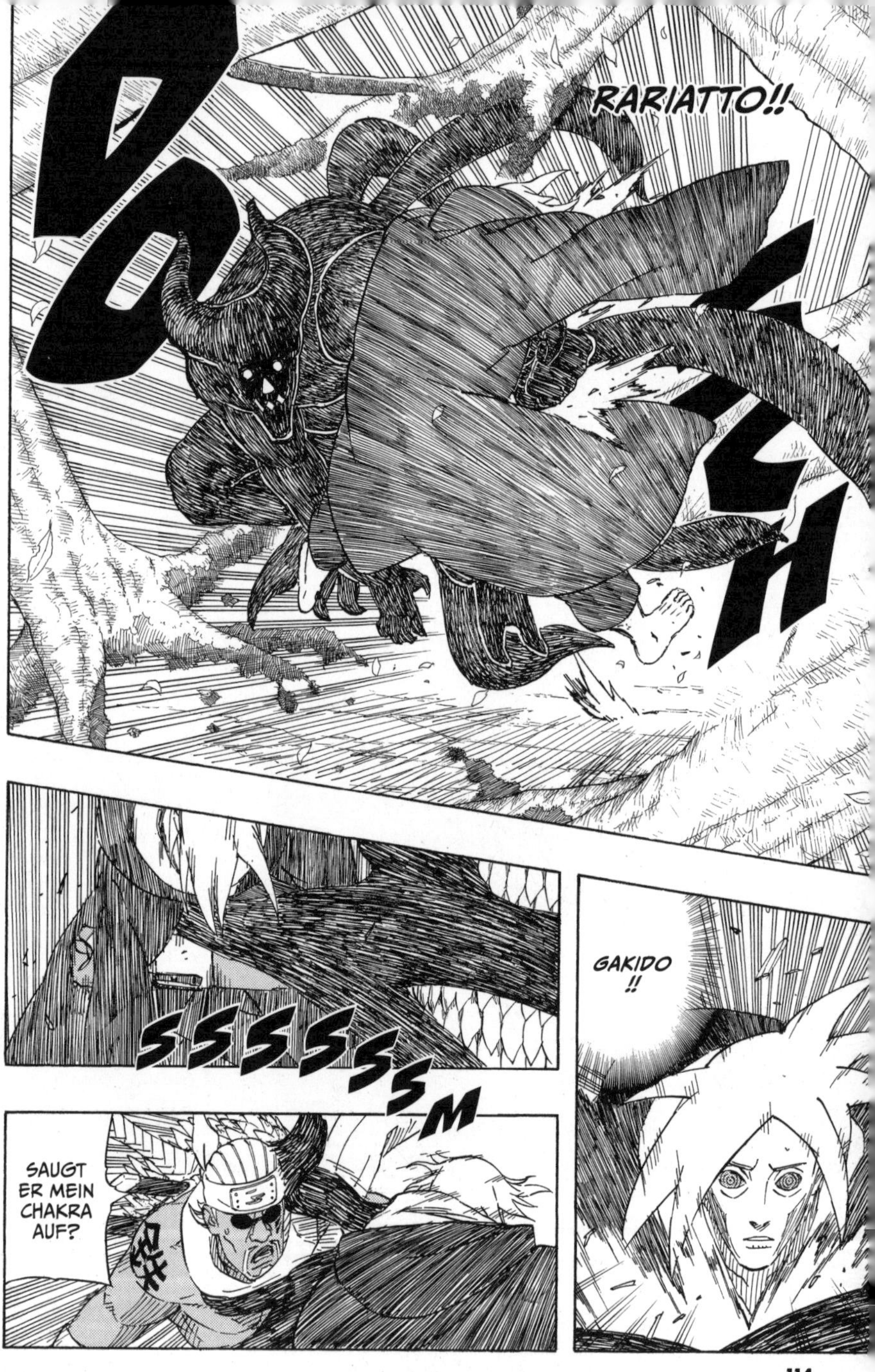

RARIATTO!!
DOSH
GAKIDO !!
SSSSSSSM
SAUGT ER MEIN CHAKRA AUF?

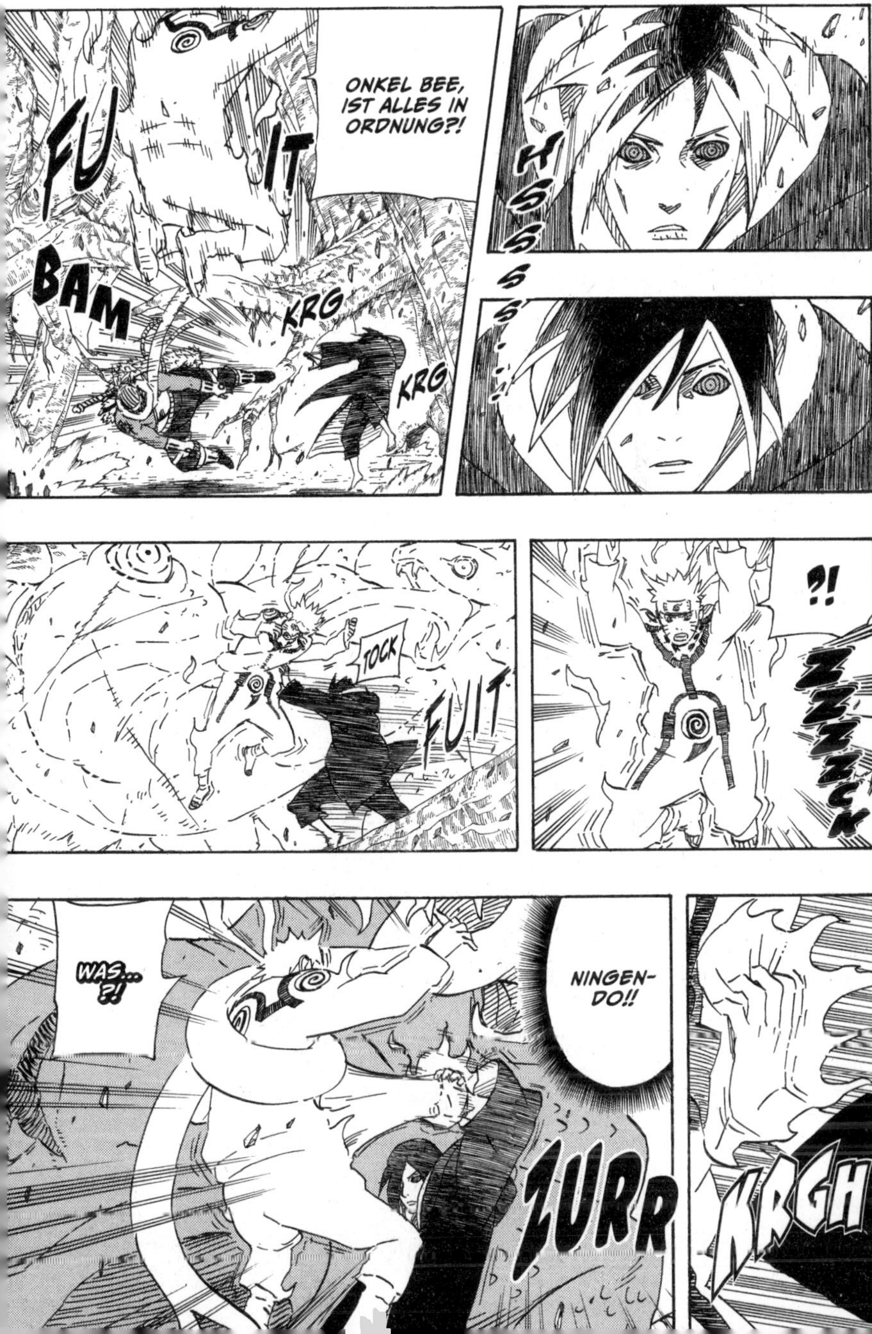
HSSSSS...
ONKEL BEE, IST ALLES IN ORDNUNG?!
FUIT
BAM
KRG
KRG
?!
ZZZZCK
TOCK
FUIT
KRGH
NINGEN-DO!!
WAS... ?!
ZURR

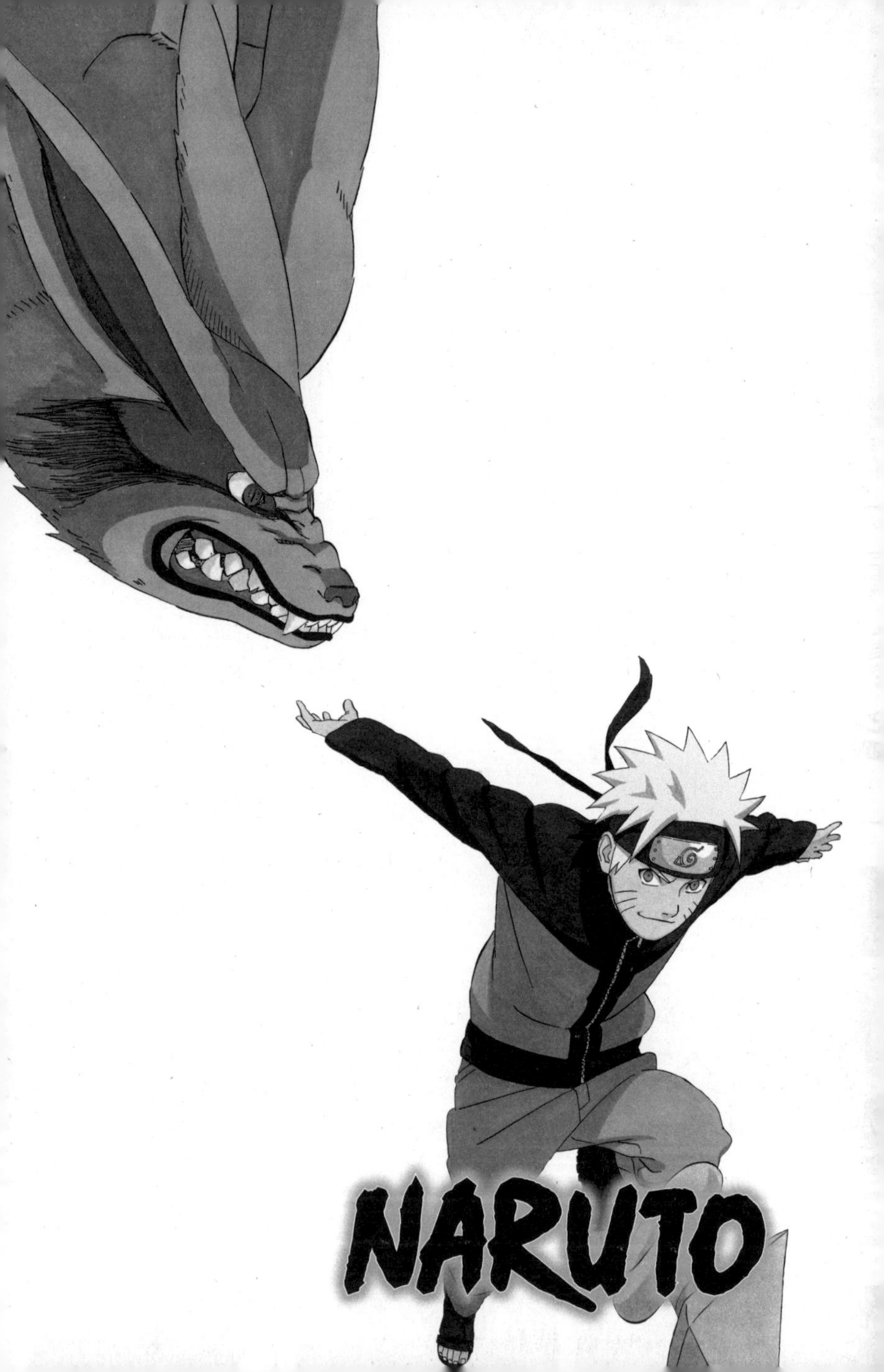
NARUTO

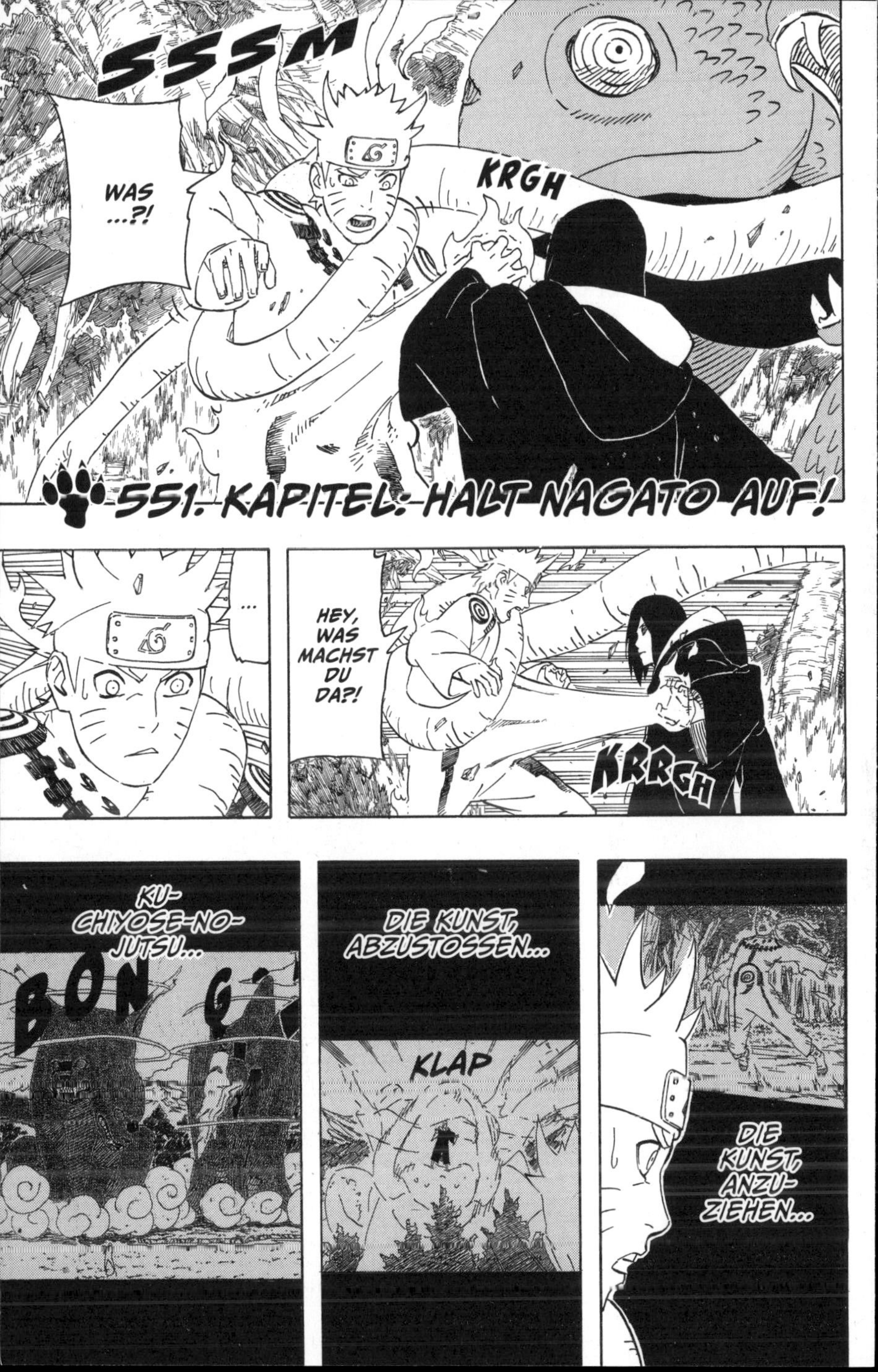
SSSM
WAS ...?!
KRGH
551. KAPITEL: HALT NAGATO AUF!
HEY, WAS MACHST DU DA?!
...
KRRGH
DIE KUNST, ANZUZIEHEN...
DIE KUNST, ABZUSTOSSEN...
KLAP
KU-CHIYOSE-NO-JUTSU...
BON G

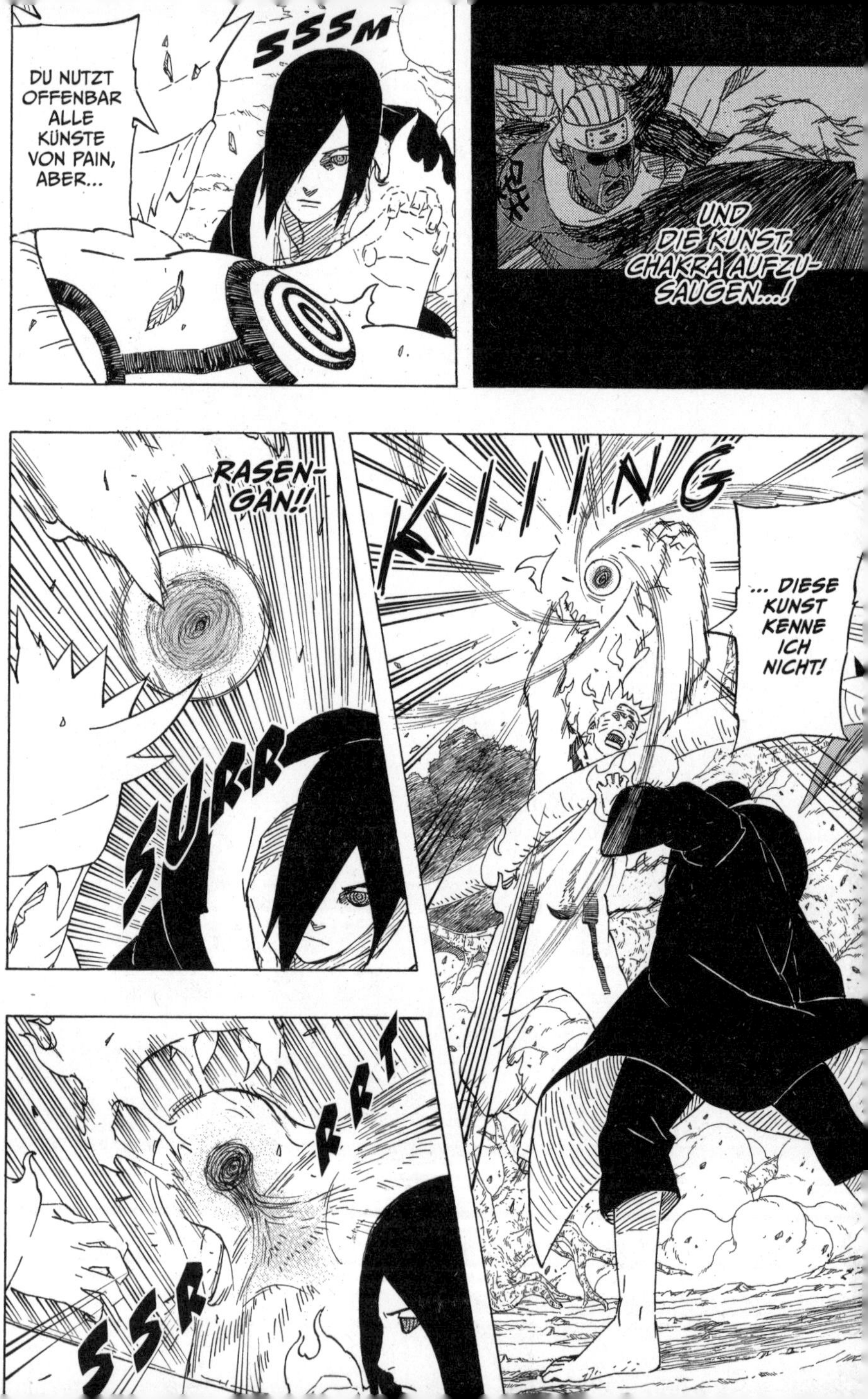
UND DIE KUNST, CHAKRA AUFZUSAUGEN...!
SSSM
DU NUTZT OFFENBAR ALLE KÜNSTE VON PAIN, ABER...
KIIING
... DIESE KUNST KENNE ICH NICHT!
RASENGAN!!
SURR
RRT
SSR

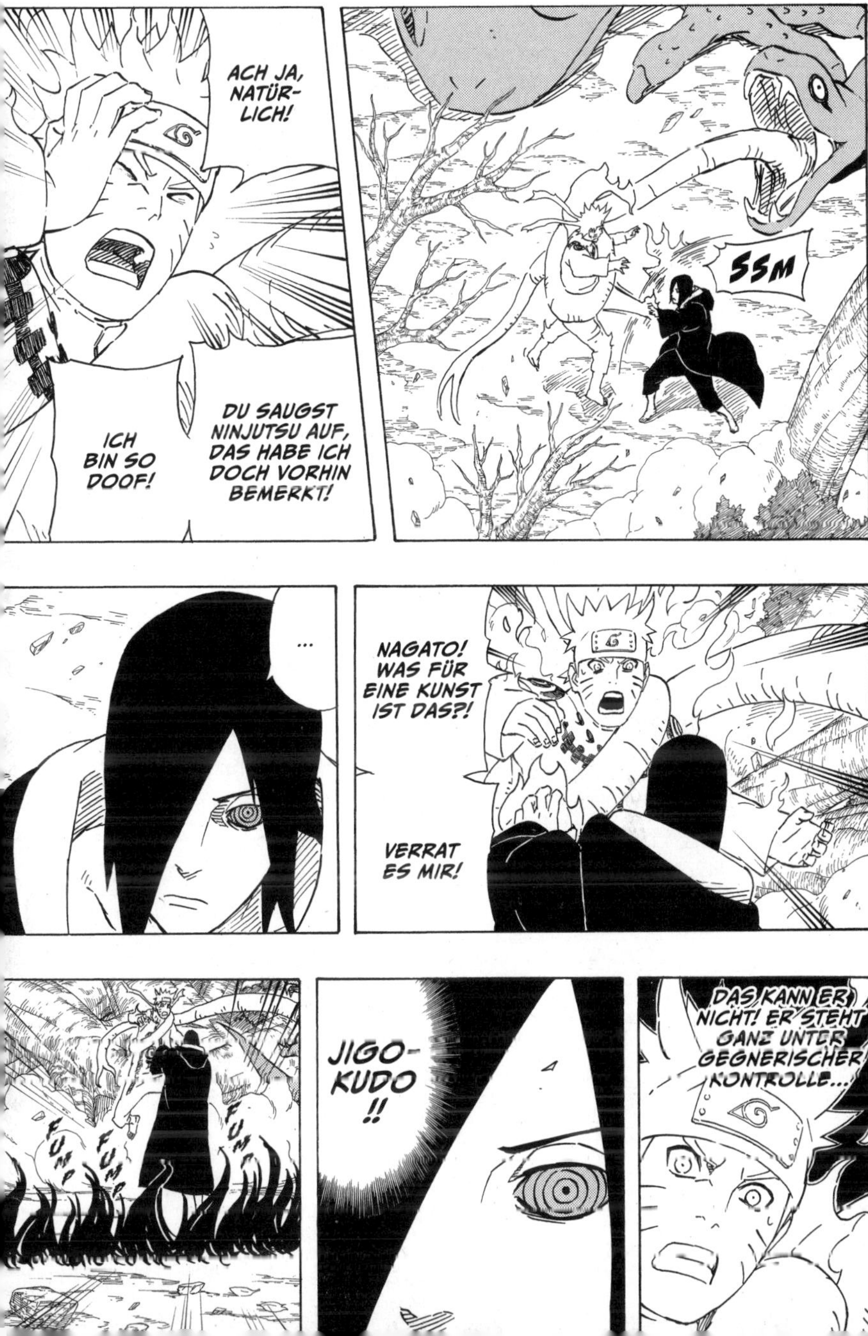

SSM
ACH JA, NATÜRLICH!
DU SAUGST NINJUTSU AUF, DAS HABE ICH DOCH VORHIN BEMERKT!
ICH BIN SO DOOF!
NAGATO! WAS FÜR EINE KUNST IST DAS?!
VERRAT ES MIR!
...
DAS KANN ER NICHT! ER STEHT GANZ UNTER GEGNERISCHER KONTROLLE...
JIGOKUDO!!
FUMP
FUMP
FUMP

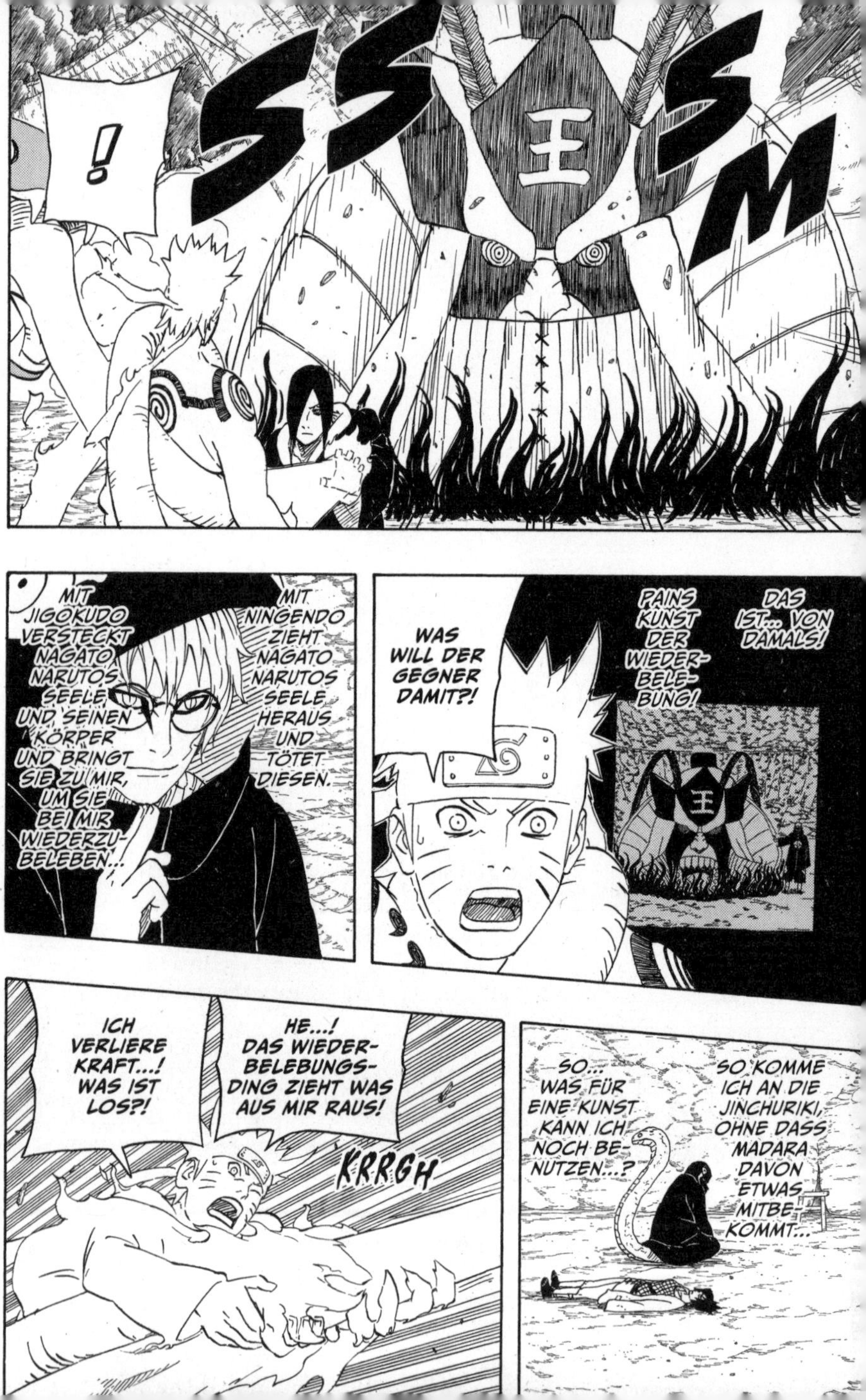
SSSM
!
DAS IST... VON DAMALS!
PAINS KUNST DER WIEDERBELEBUNG!
WAS WILL DER GEGNER DAMIT?!
MIT NINGENDO ZIEHT NAGATO NARUTOS SEELE HERAUS UND TÖTET DIESEN.
MIT JIGOKUDO VERSTECKT NAGATO NARUTOS SEELE UND SEINEN KÖRPER UND BRINGT SIE ZU MIR, UM SIE BEI MIR WIEDERZUBELEBEN...
SO KOMME ICH AN DIE JINCHURIKI, OHNE DASS MADARA DAVON ETWAS MITBEKOMMT...
SO... WAS FÜR EINE KUNST KANN ICH NOCH BENUTZEN...?
KRRGH
HE...! DAS WIEDERBELEBUNGSDING ZIEHT WAS AUS MIR RAUS!
ICH VERLIERE KRAFT...! WAS IST LOS?!

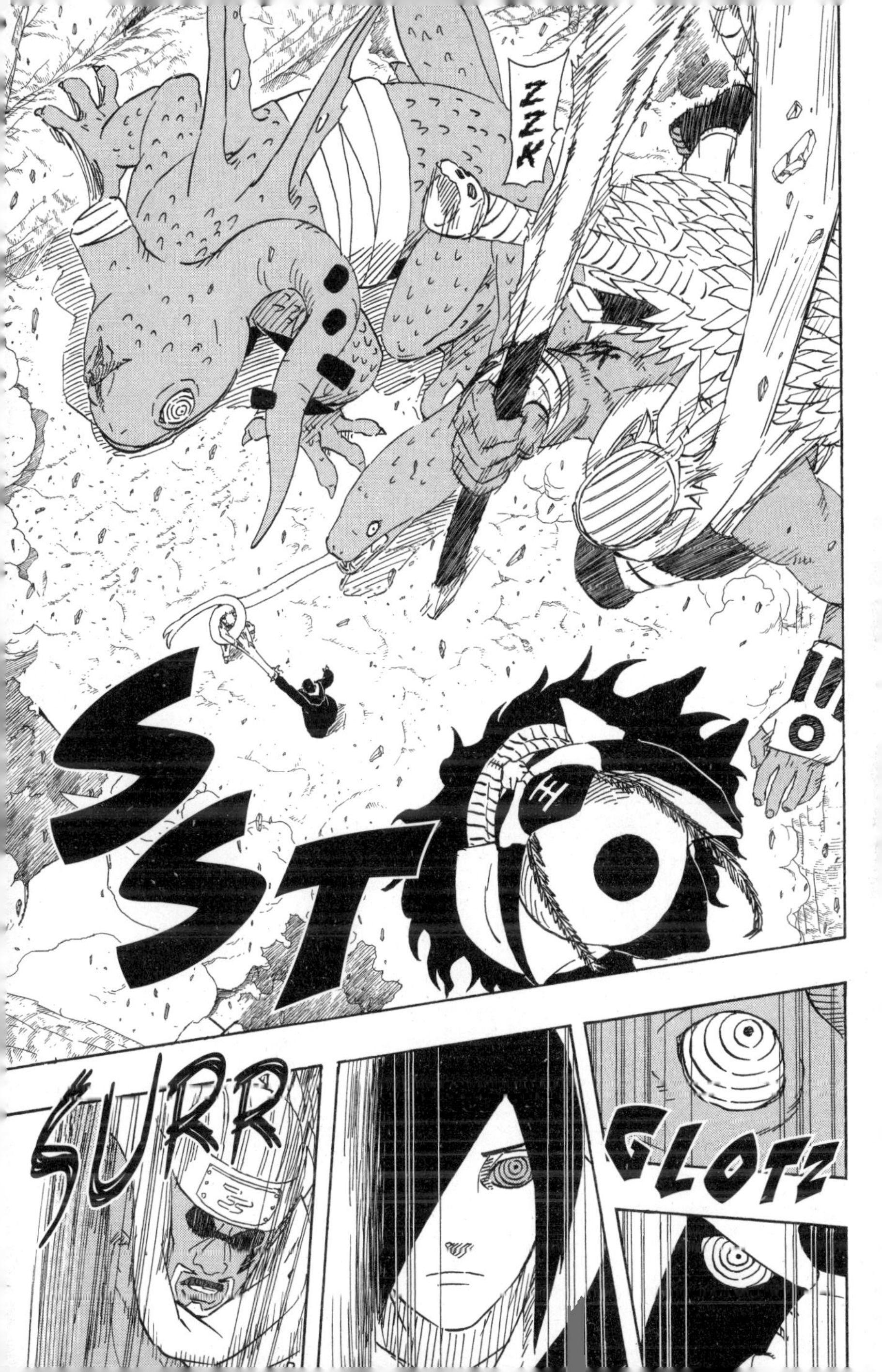

ZZZK
SSTO
SURR
GLOTZ

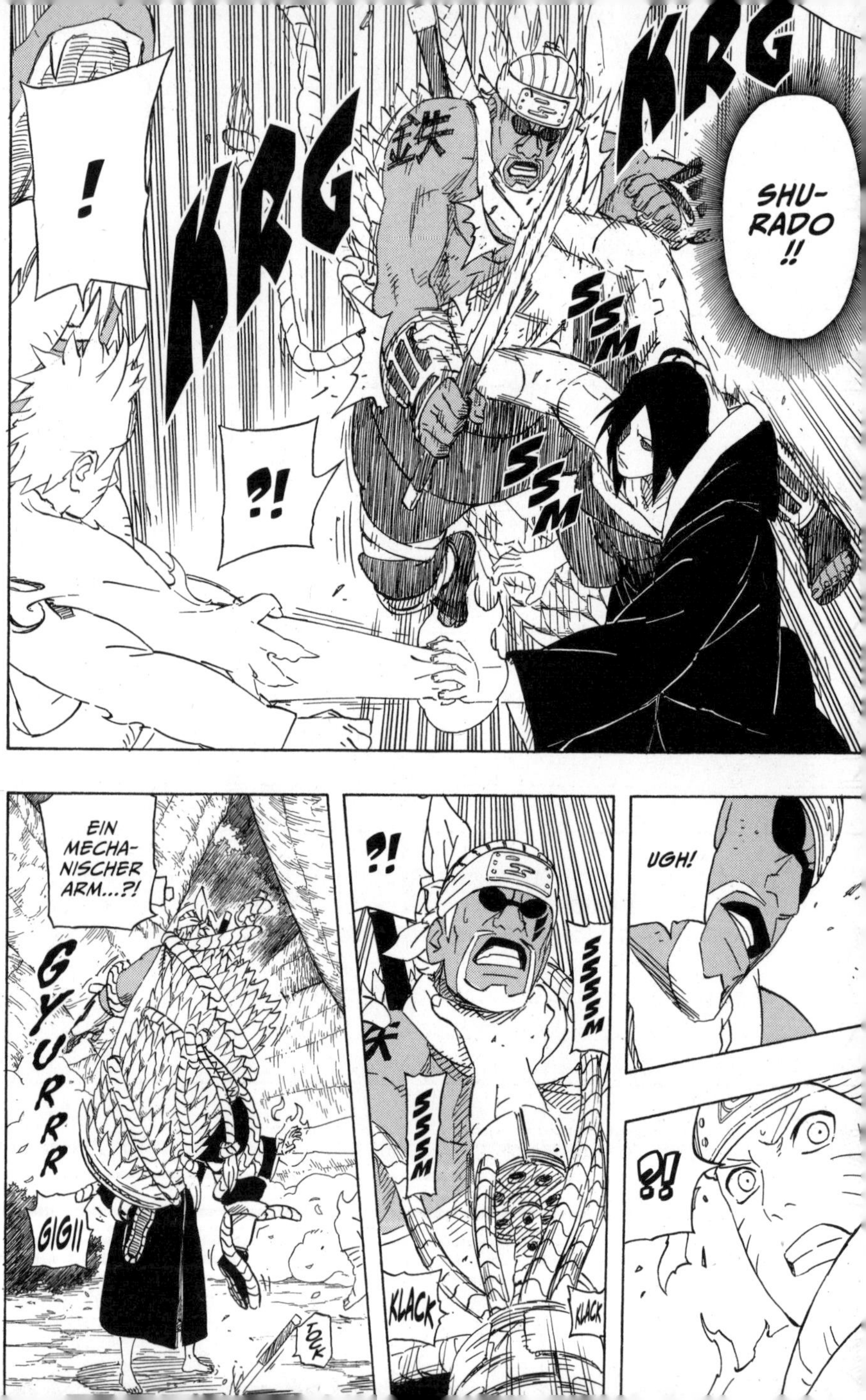
SHU-
RADO
!!
KRG
KRG
SSM
SSM
!
?!
UGH!
?!
SSSSM
SSSM
KLACK
KLACK
TOCK
EIN
MECHA-
NISCHER
ARM...?!
GYURRR
GIGII
?!!

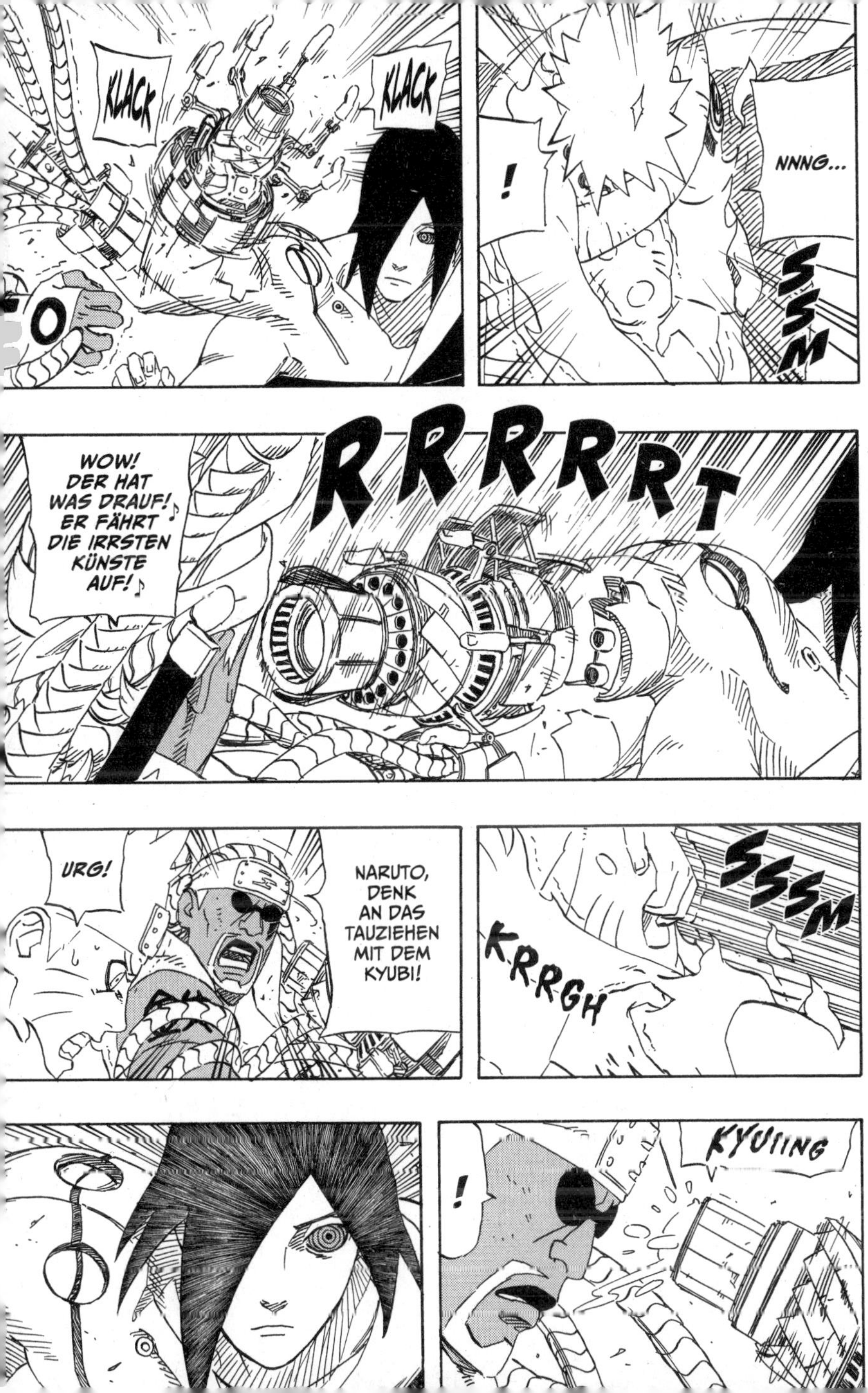
NNNG...
!
SSSM
KLACK
KLACK
RRRRRRT
WOW! DER HAT WAS DRAUF! ♪ ER FÄHRT DIE IRRSTEN KÜNSTE AUF! ♪
KRRRGH
SSSM
NARUTO, DENK AN DAS TAUZIEHEN MIT DEM KYUBI!
URG!
KYUIING
!

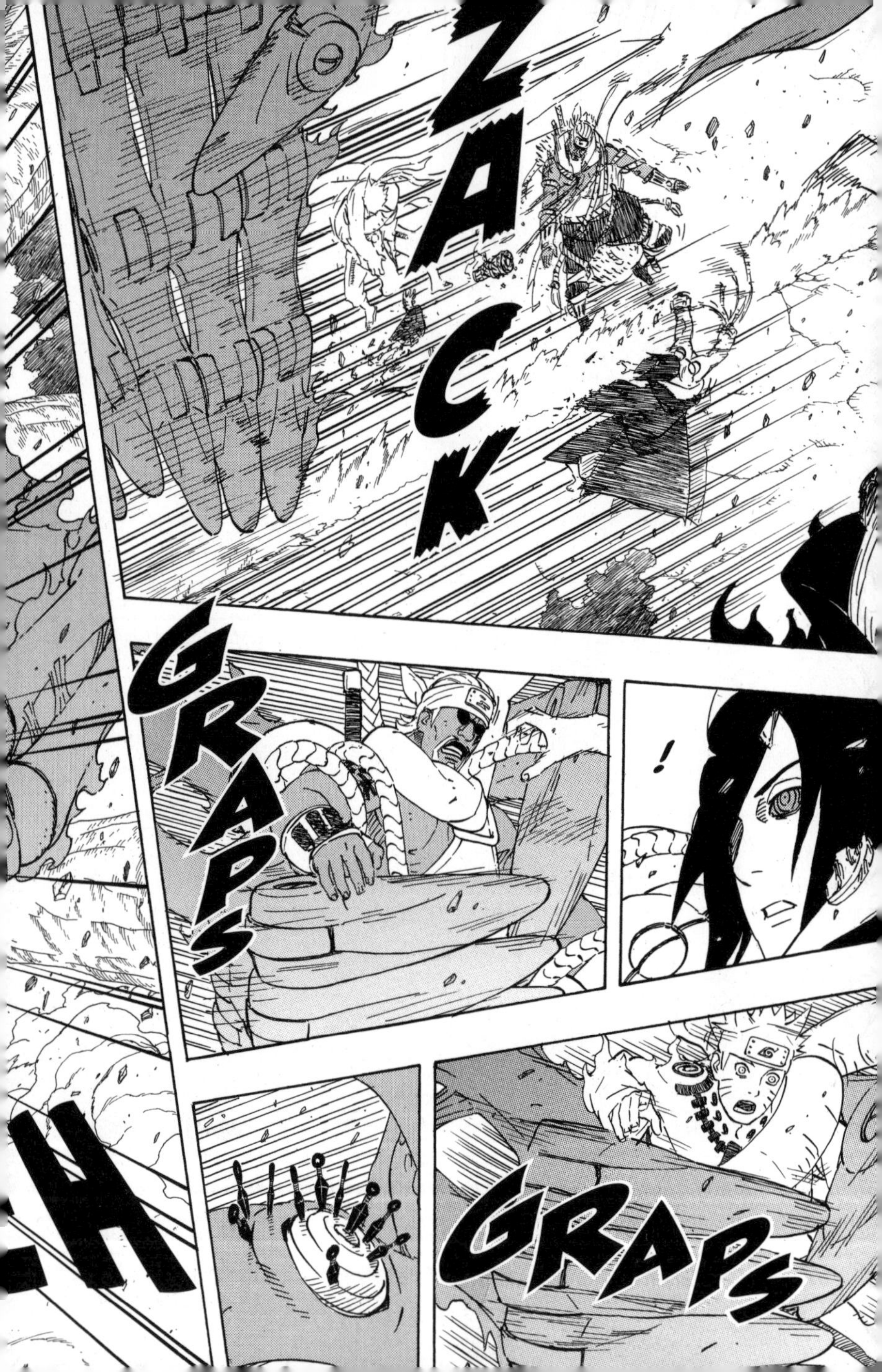
ZACK
!
GRAPS
GRAPS

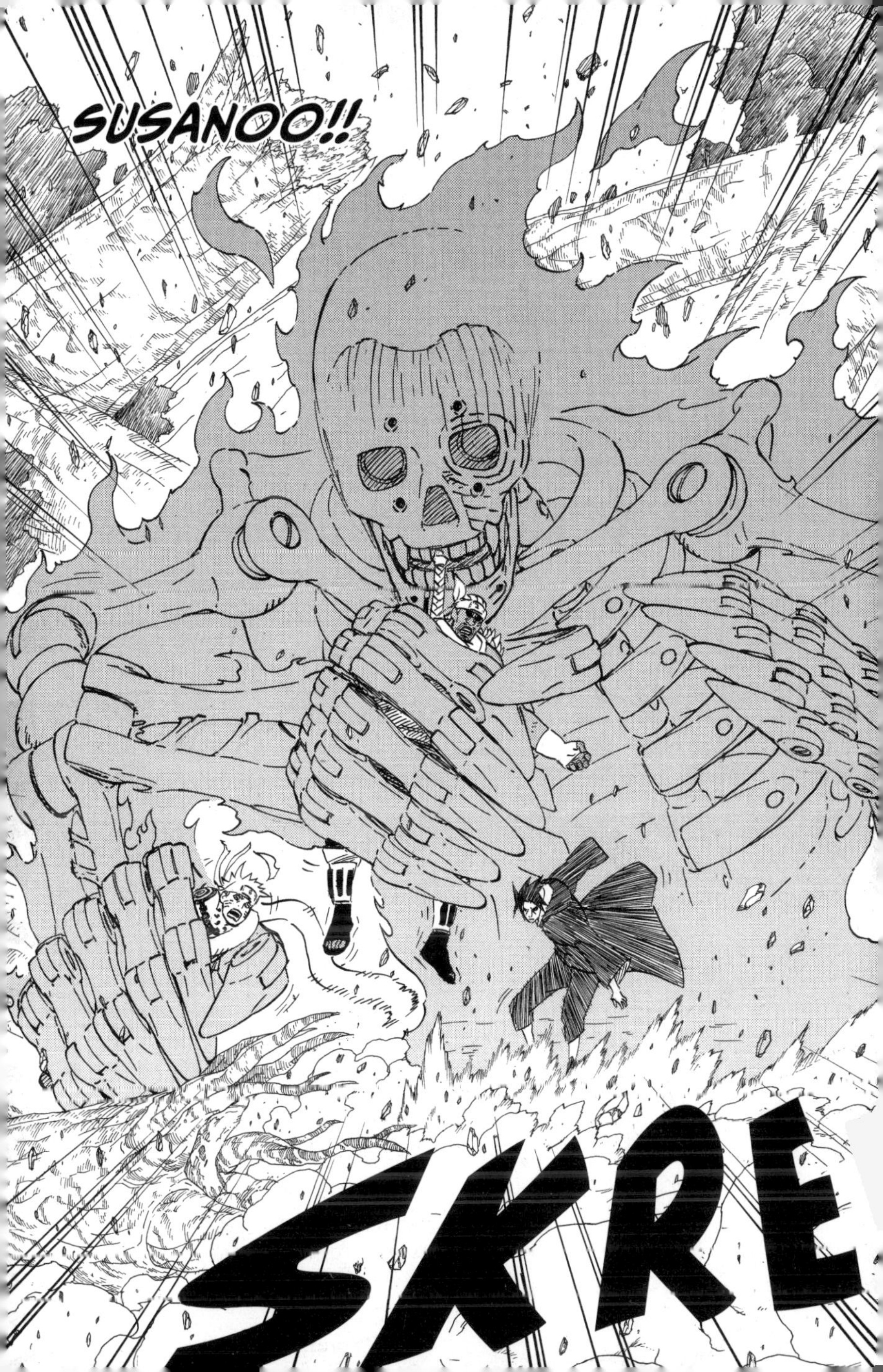
SUSANOO!!
SKRE

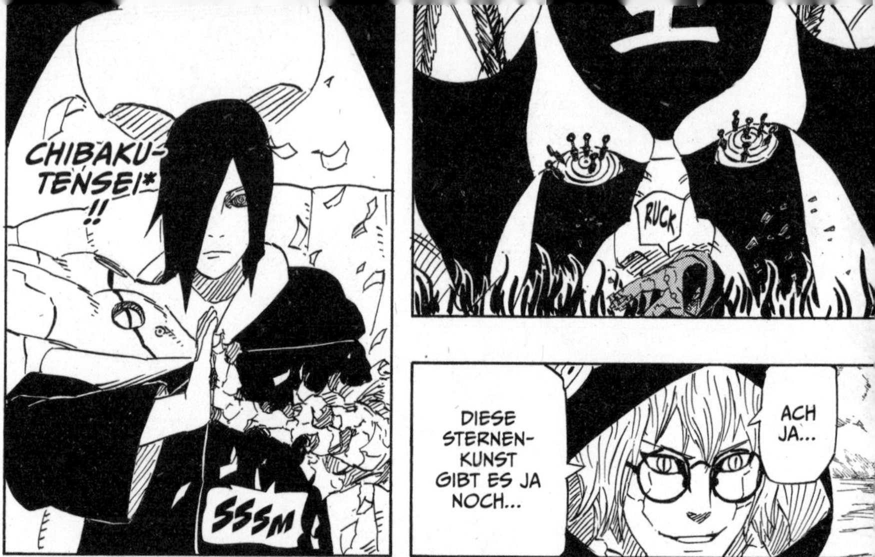

* CHI = ERDE, BAKU = EXPLODIEREN, TEN = HIMMEL, SEI = STERN

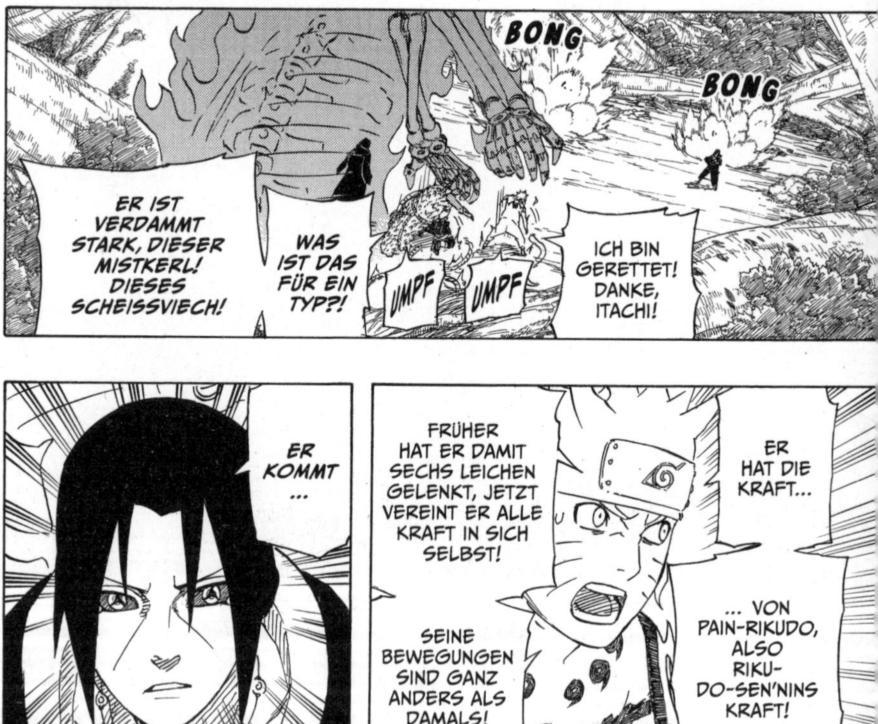

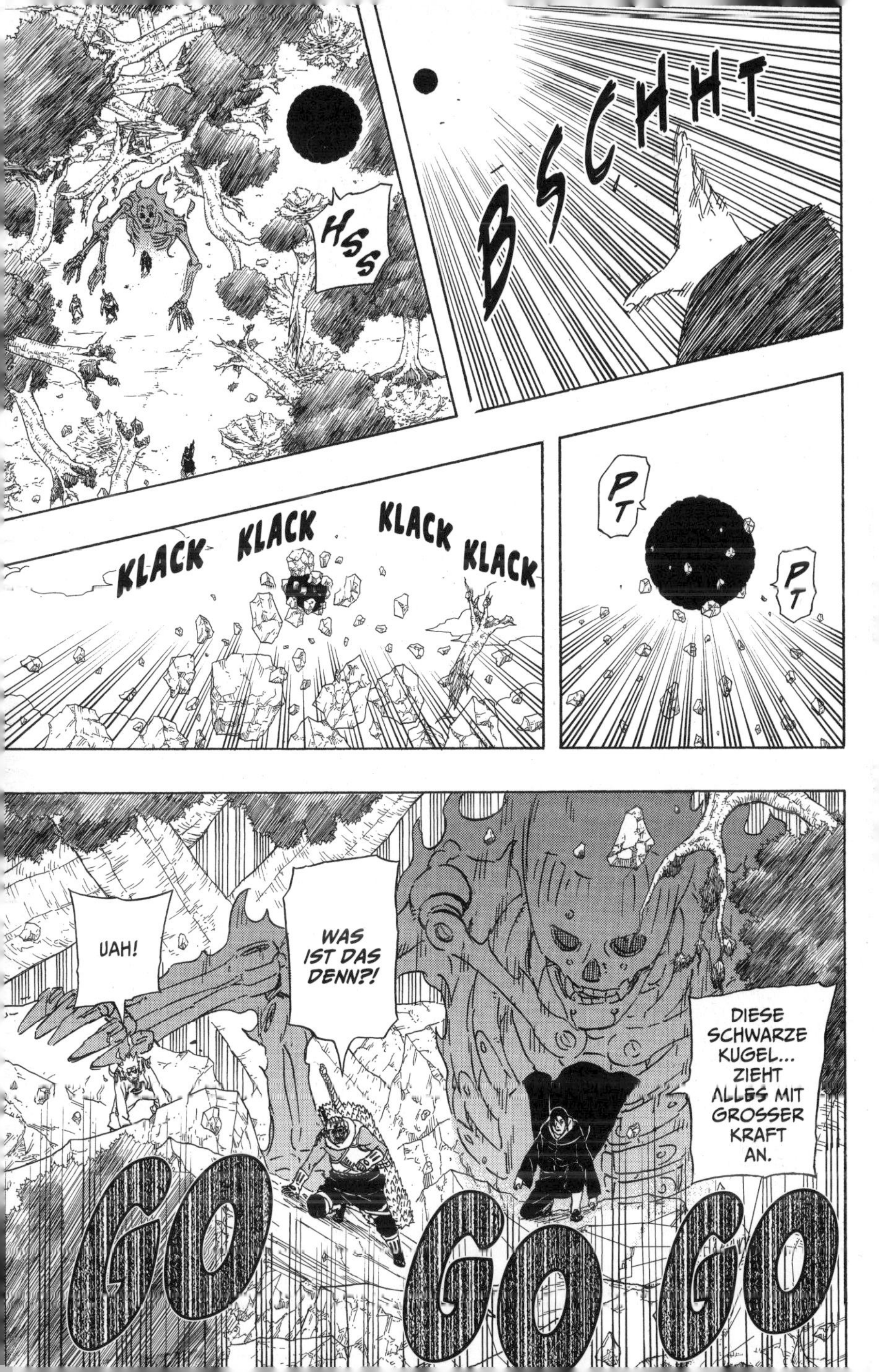
BSCHHT
HSS
PT
PT
KLACK
KLACK
KLACK
KLACK
DIESE SCHWARZE KUGEL... ZIEHT ALLES MIT GROSSER KRAFT AN.
WAS IST DAS DENN?!
UAH!
GO GO GO GO

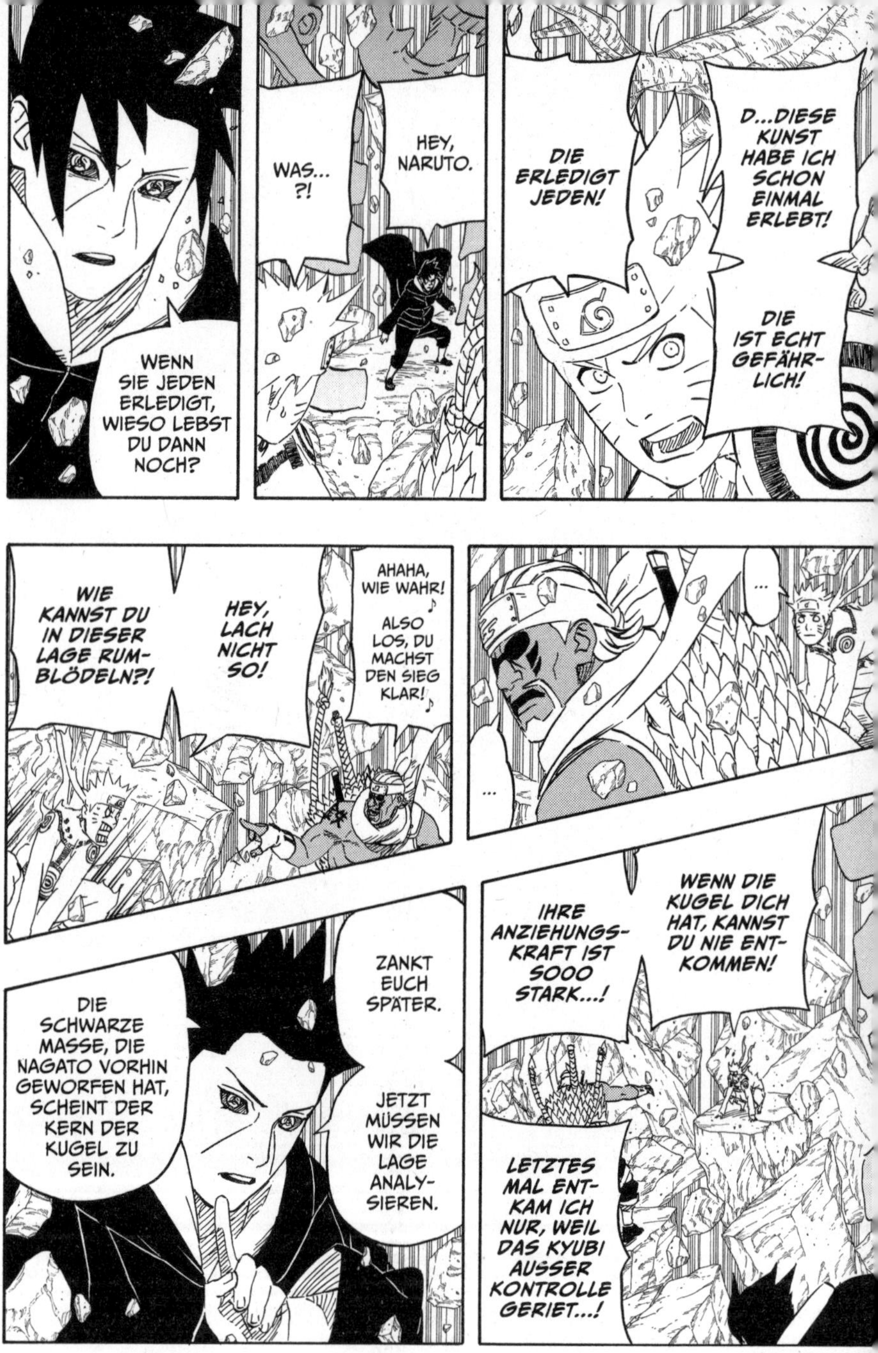
D...DIESE KUNST HABE ICH SCHON EINMAL ERLEBT!
DIE ERLEDIGT JEDEN!
DIE IST ECHT GEFÄHRLICH!
HEY, NARUTO.
WAS...?!
WENN SIE JEDEN ERLEDIGT, WIESO LEBST DU DANN NOCH?
...
...
AHAHA, WIE WAHR! ♪ ALSO LOS, DU MACHST DEN SIEG KLAR! ♪
HEY, LACH NICHT SO!
WIE KANNST DU IN DIESER LAGE RUMBLÖDELN?!
WENN DIE KUGEL DICH HAT, KANNST DU NIE ENTKOMMEN!
IHRE ANZIEHUNGSKRAFT IST SOOO STARK...!
LETZTES MAL ENTKAM ICH NUR, WEIL DAS KYUBI AUSSER KONTROLLE GERIET...!
ZANKT EUCH SPÄTER.
JETZT MÜSSEN WIR DIE LAGE ANALYSIEREN.
DIE SCHWARZE MASSE, DIE NAGATO VORHIN GEWORFEN HAT, SCHEINT DER KERN DER KUGEL ZU SEIN.

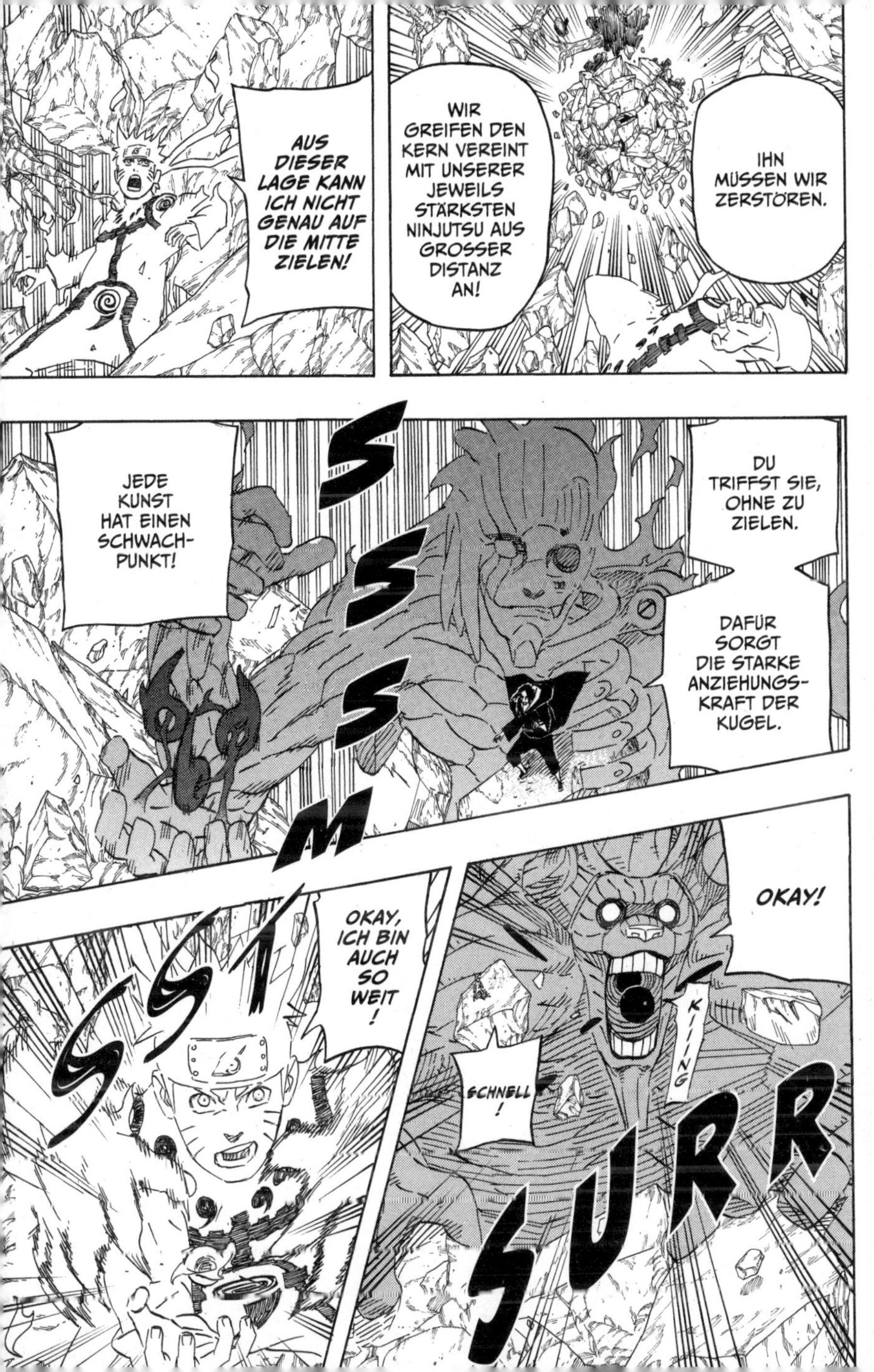
IHN MÜSSEN WIR ZERSTÖREN.
WIR GREIFEN DEN KERN VEREINT MIT UNSERER JEWEILS STÄRKSTEN NINJUTSU AUS GROSSER DISTANZ AN!
AUS DIESER LAGE KANN ICH NICHT GENAU AUF DIE MITTE ZIELEN!
DU TRIFFST SIE, OHNE ZU ZIELEN.
DAFÜR SORGT DIE STARKE ANZIEHUNGSKRAFT DER KUGEL.
JEDE KUNST HAT EINEN SCHWACHPUNKT!
SSSM
OKAY!
KIIING
SCHNELL!
SURR
OKAY, ICH BIN AUCH SO WEIT!
SSST

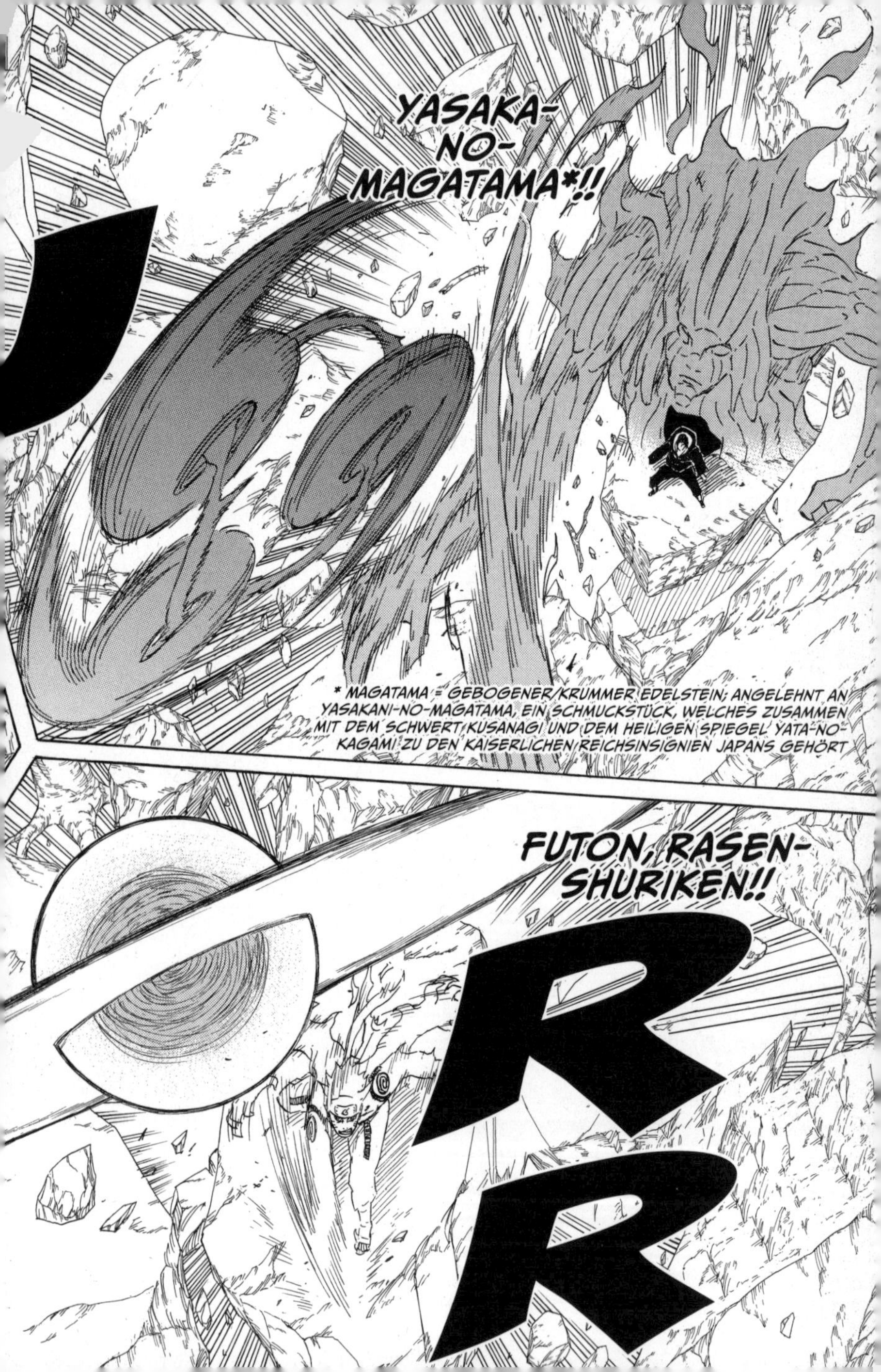
YASAKA-NO-MAGATAMA*!!
* MAGATAMA = GEBOGENER/KRUMMER EDELSTEIN; ANGELEHNT AN YASAKANI-NO-MAGATAMA, EIN SCHMUCKSTÜCK, WELCHES ZUSAMMEN MIT DEM SCHWERT KUSANAGI UND DEM HEILIGEN SPIEGEL YATA-NO-KAGAMI ZU DEN KAISERLICHEN REICHSINSIGNIEN JAPANS GEHÖRT
FUTON, RASEN-SHURIKEN!!
RR

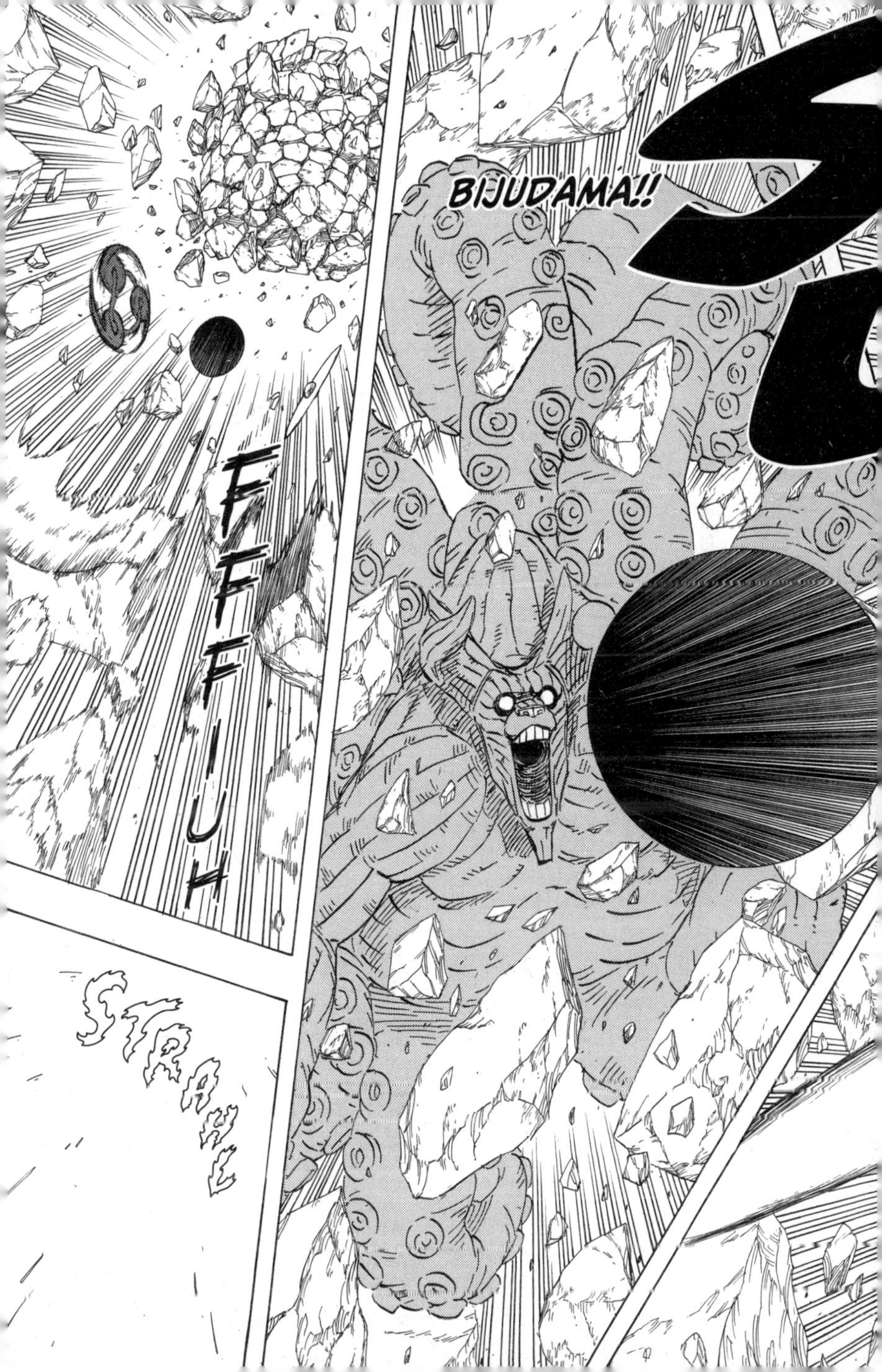
BIJUDAMA!!
FFFFIIUH
STRAHL

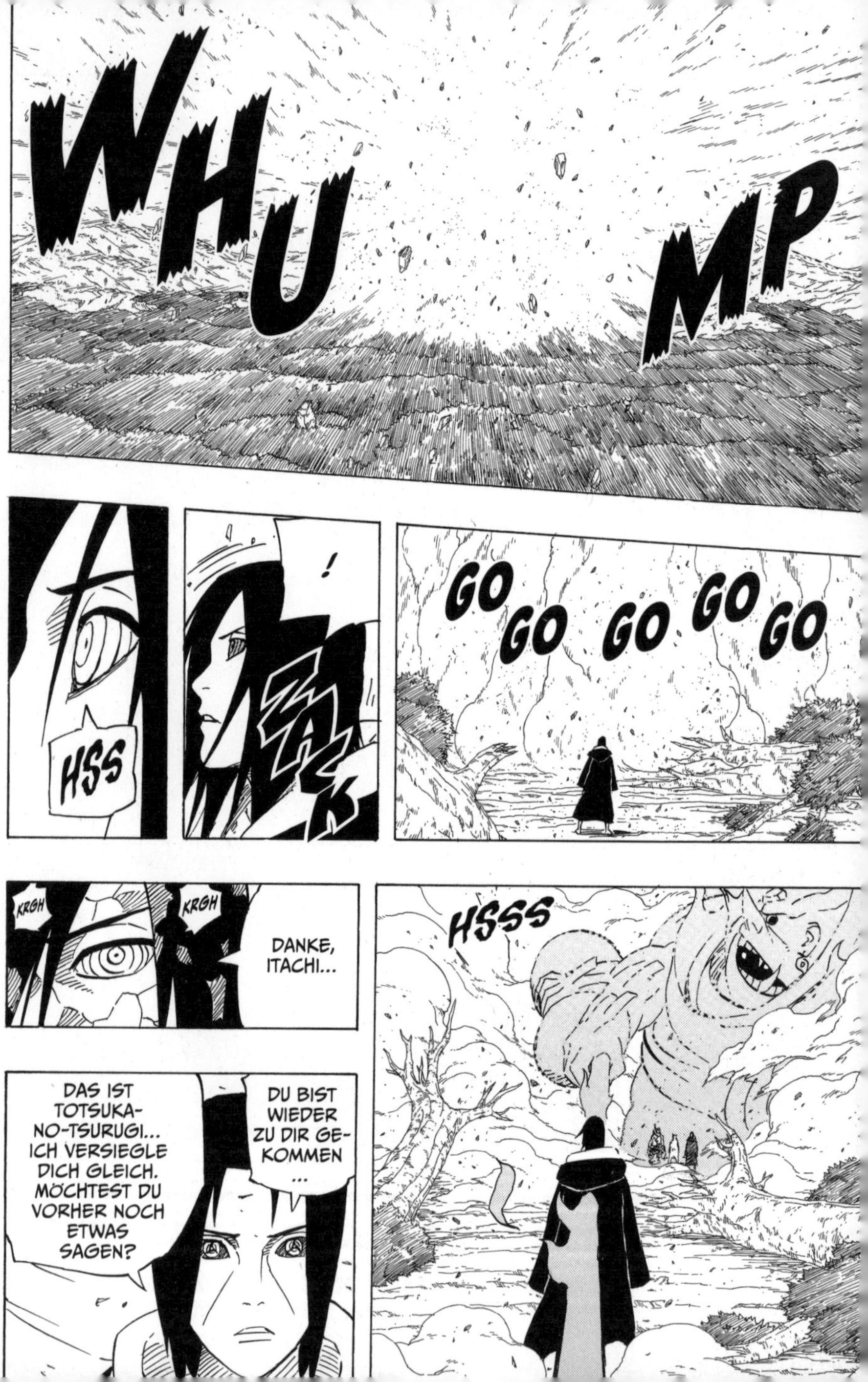
WHUMP
!
HSS
ZACK
GO GO GO GO GO GO
HSSS
KRGH
KRGH
DANKE, ITACHI...
DU BIST WIEDER ZU DIR GEKOMMEN ...
DAS IST TOTSUKA-NO-TSURUGI... ICH VERSIEGLE DICH GLEICH. MÖCHTEST DU VORHER NOCH ETWAS SAGEN?

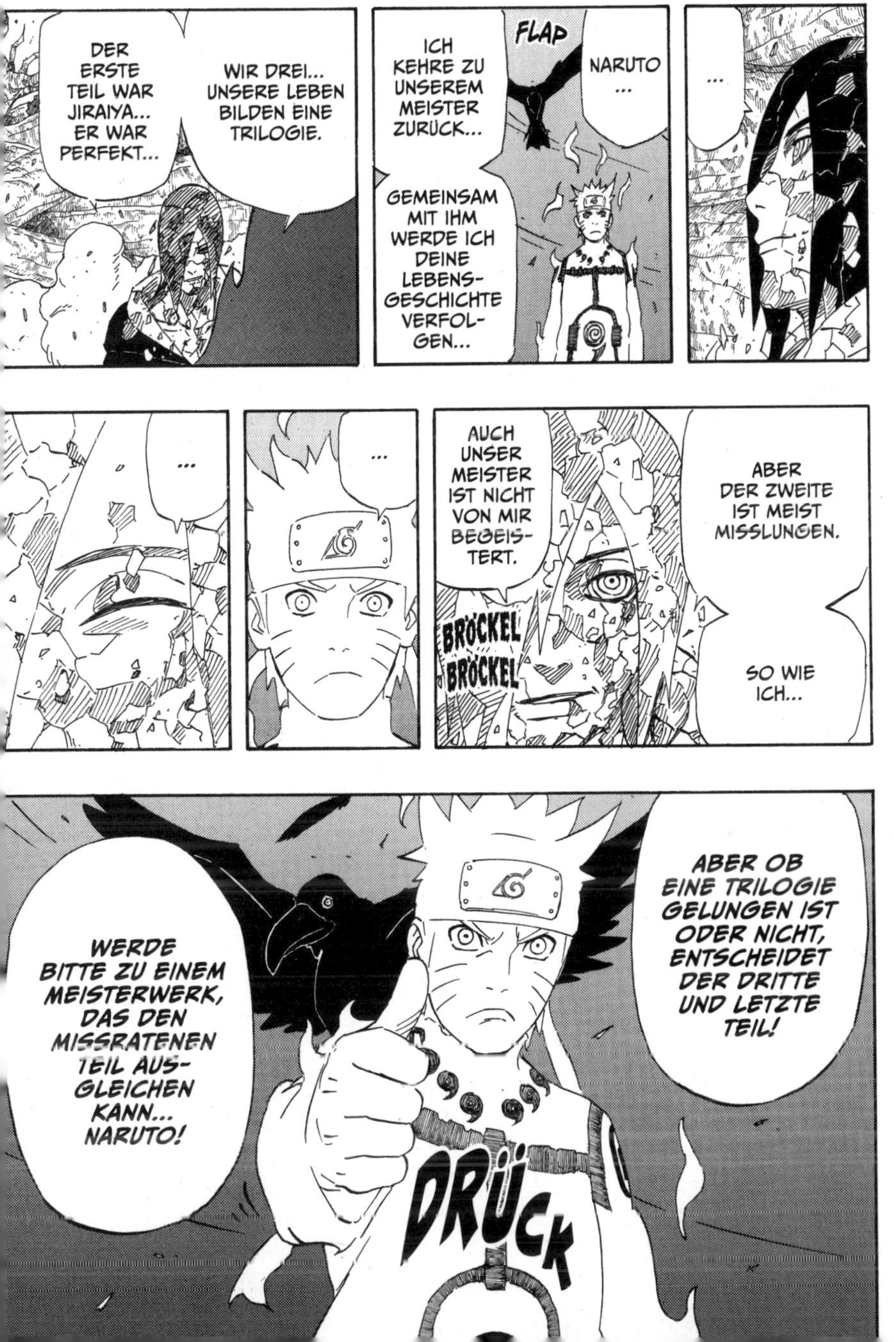
...
NARUTO ...
FLAP
ICH KEHRE ZU UNSEREM MEISTER ZURÜCK...
GEMEINSAM MIT IHM WERDE ICH DEINE LEBENSGESCHICHTE VERFOLGEN...
WIR DREI... UNSERE LEBEN BILDEN EINE TRILOGIE.
DER ERSTE TEIL WAR JIRAIYA... ER WAR PERFEKT...
ABER DER ZWEITE IST MEIST MISSLUNGEN.
SO WIE ICH...
AUCH UNSER MEISTER IST NICHT VON MIR BEGEISTERT.
BRÖCKEL BRÖCKEL
...
...
ABER OB EINE TRILOGIE GELUNGEN IST ODER NICHT, ENTSCHEIDET DER DRITTE UND LETZTE TEIL!
WERDE BITTE ZU EINEM MEISTERWERK, DAS DEN MISSRATENEN TEIL AUSGLEICHEN KANN... NARUTO!
DRÜCK

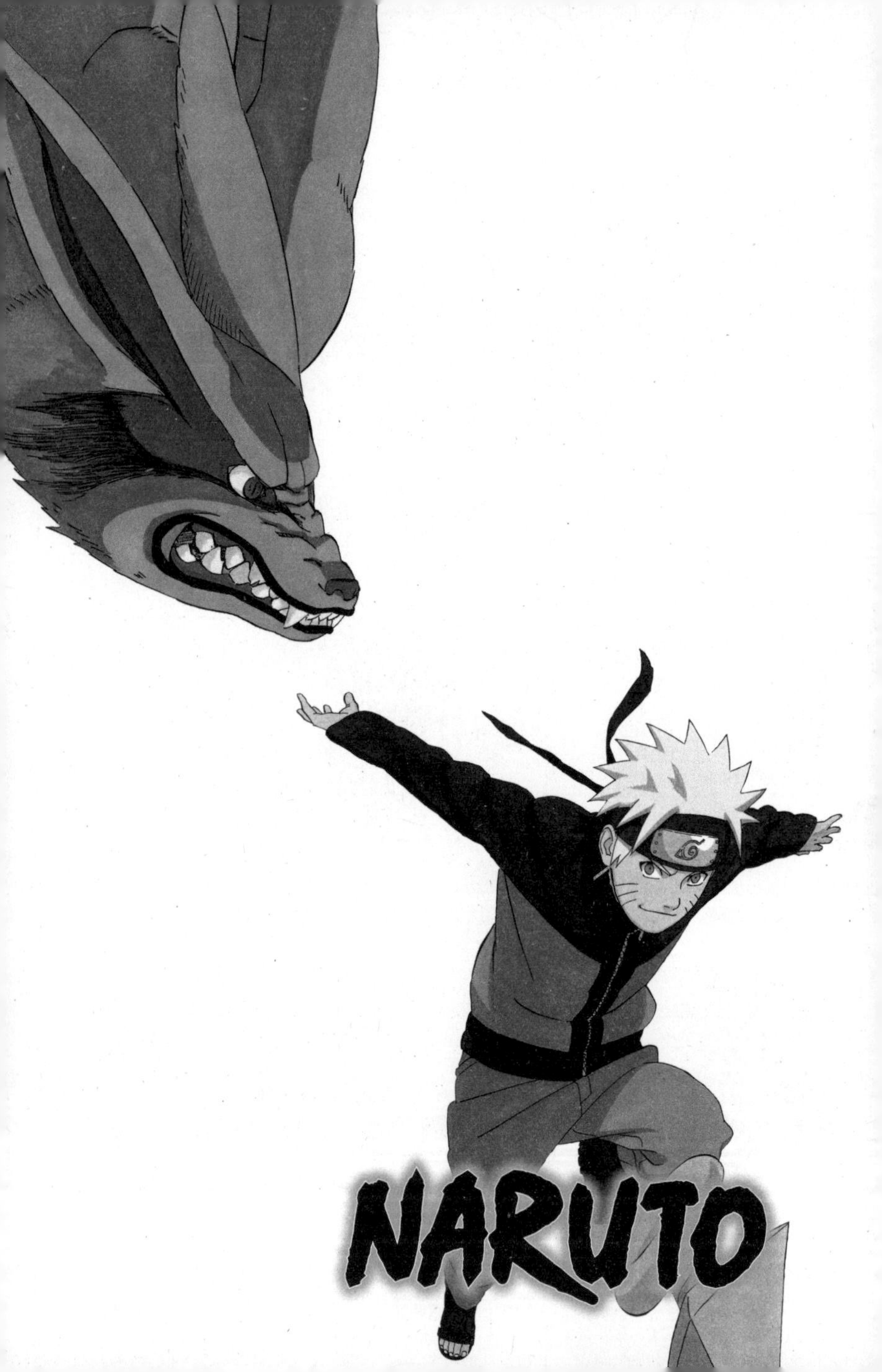
NARUTO

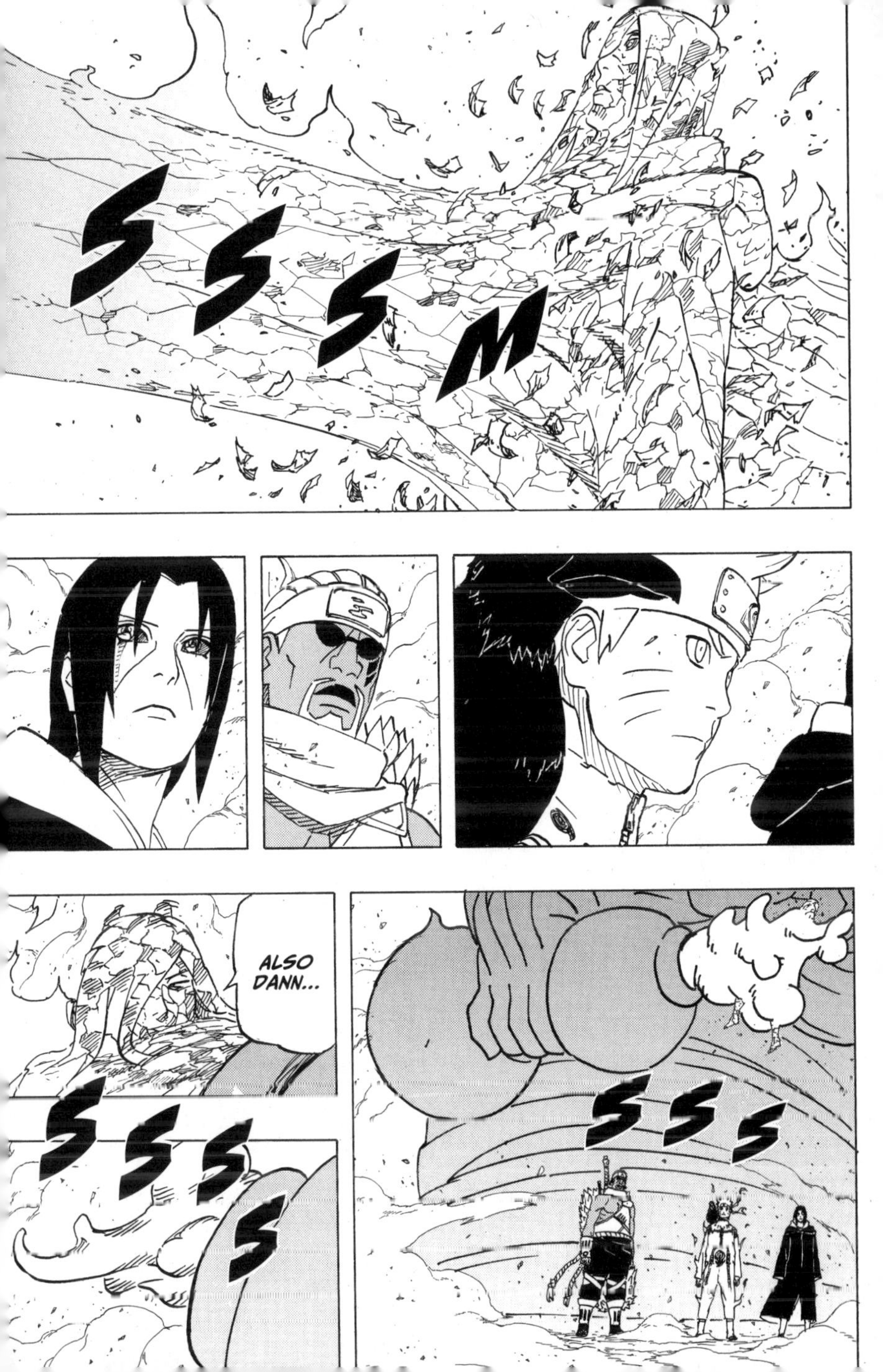
SSSM
ALSO DANN...
SSSS
SSS

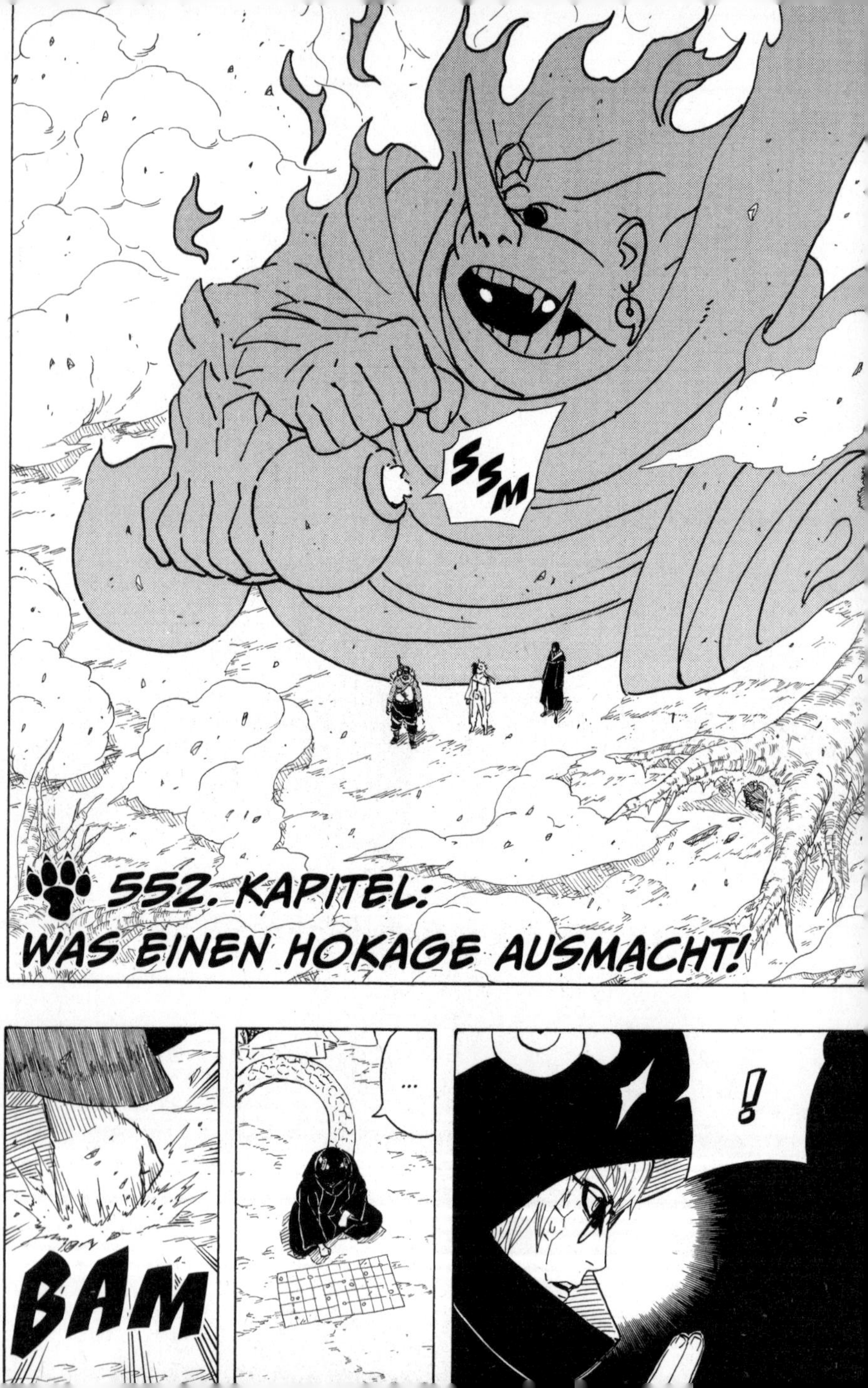
SSM
552. KAPITEL:
WAS EINEN HOKAGE AUSMACHT!
!
...
BAM

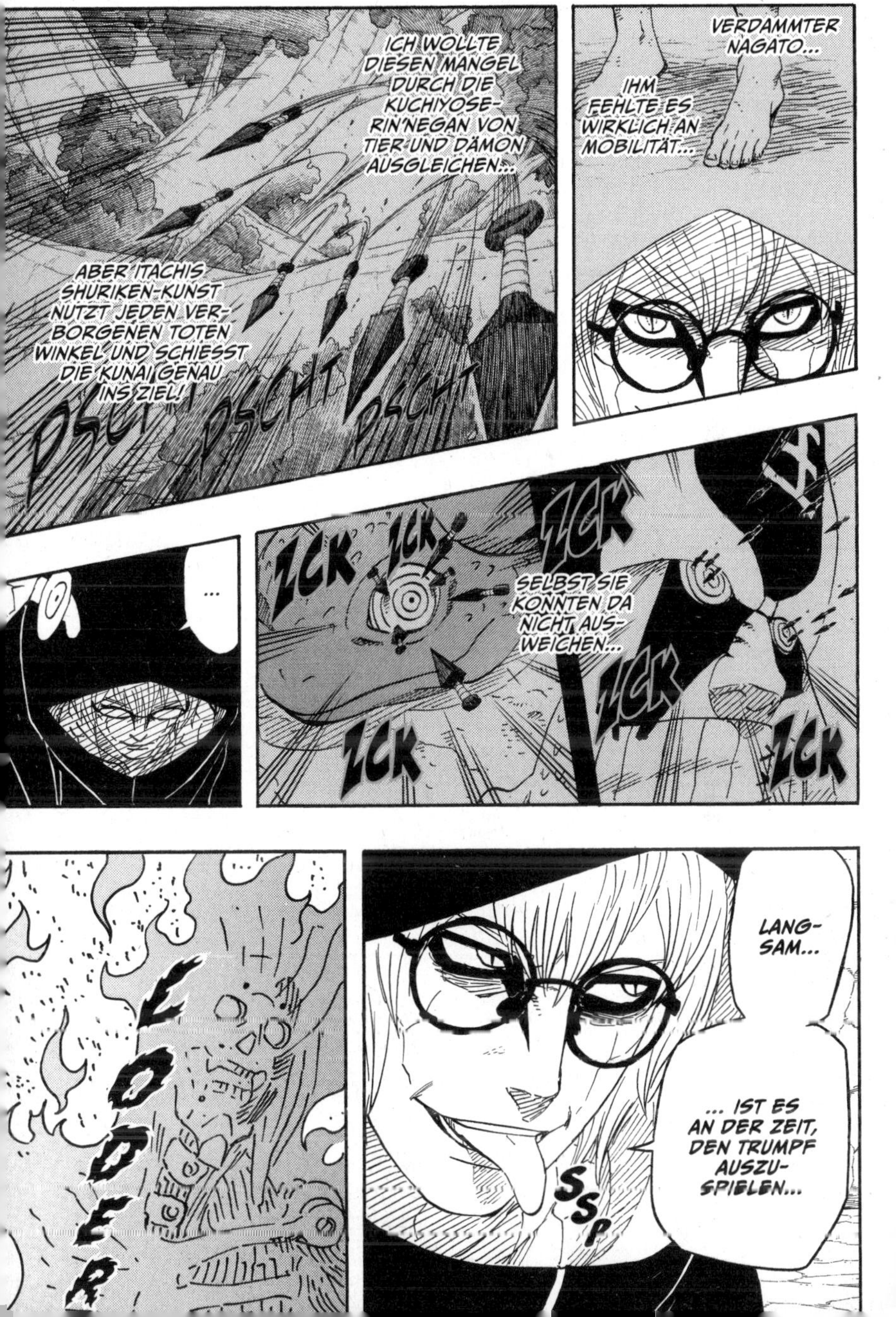
VERDAMMTER NAGATO...
IHM FEHLTE ES WIRKLICH AN MOBILITÄT...
ICH WOLLTE DIESEN MANGEL DURCH DIE KUCHIYOSE-RIN'NEGAN VON TIER UND DÄMON AUSGLEICHEN...
ABER ITACHIS SHURIKEN-KUNST NUTZT JEDEN VERBORGENEN TOTEN WINKEL UND SCHIESST DIE KUNAI GENAU INS ZIEL!
PSCHT
PSCHT
ZCK
ZCK
ZCK
SELBST SIE KONNTEN DA NICHT AUSWEICHEN...
ZCK
ZCK
ZCK
...
LANGSAM...
... IST ES AN DER ZEIT, DEN TRUMPF AUSZUSPIELEN...
SSP
LODER

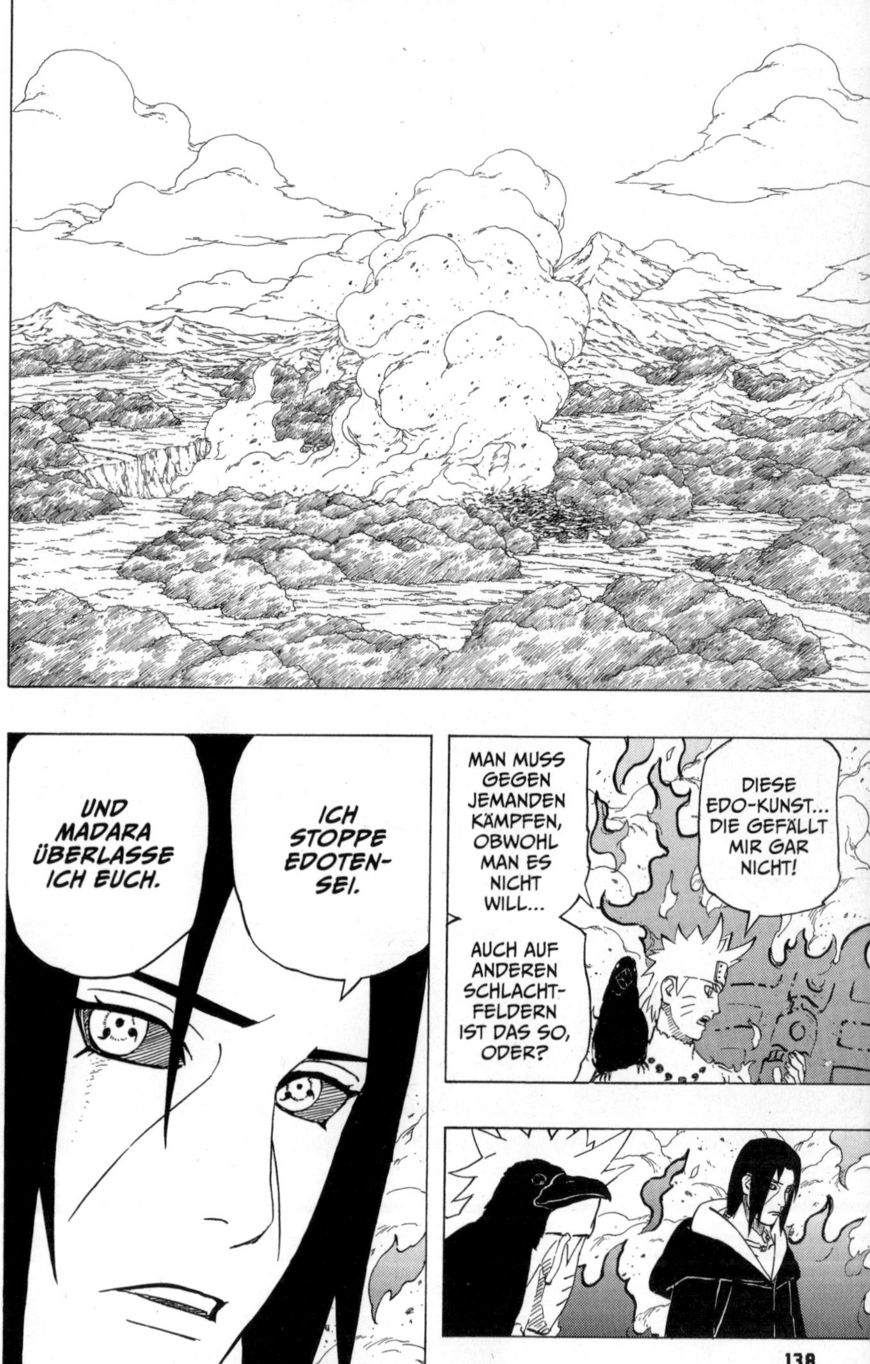
DIESE EDO-KUNST... DIE GEFÄLLT MIR GAR NICHT!
MAN MUSS GEGEN JEMANDEN KÄMPFEN, OBWOHL MAN ES NICHT WILL...
AUCH AUF ANDEREN SCHLACHTFELDERN IST DAS SO, ODER?
ICH STOPPE EDOTENSEI.
UND MADARA ÜBERLASSE ICH EUCH.

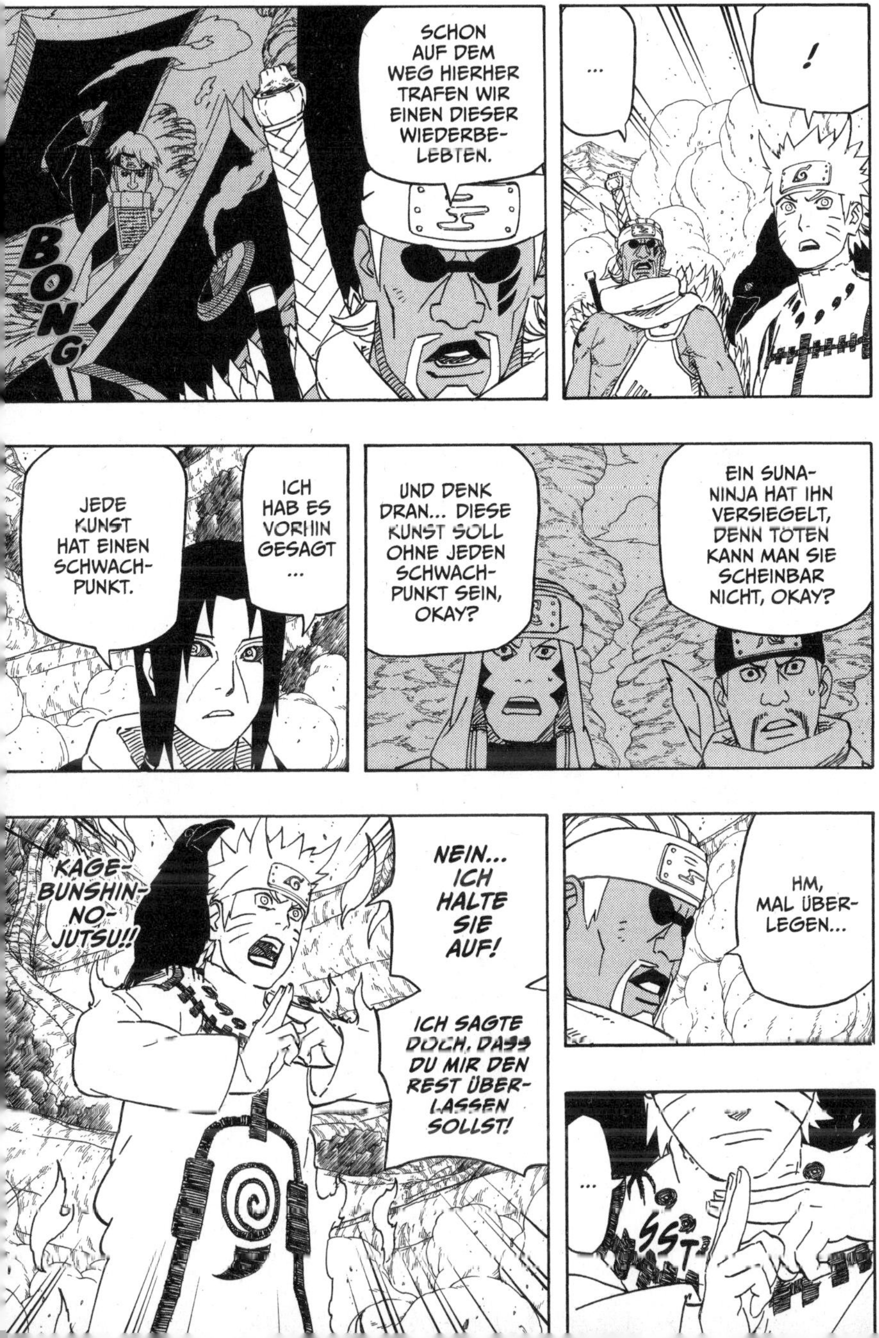
!
...
SCHON AUF DEM WEG HIERHER TRAFEN WIR EINEN DIESER WIEDERBELEBTEN.
BONG
EIN SUNA-NINJA HAT IHN VERSIEGELT, DENN TÖTEN KANN MAN SIE SCHEINBAR NICHT, OKAY?
UND DENK DRAN... DIESE KUNST SOLL OHNE JEDEN SCHWACHPUNKT SEIN, OKAY?
ICH HAB ES VORHIN GESAGT ...
JEDE KUNST HAT EINEN SCHWACHPUNKT.
HM, MAL ÜBERLEGEN...
...
SST
NEIN... ICH HALTE SIE AUF!
ICH SAGTE DOCH, DASS DU MIR DEN REST ÜBERLASSEN SOLLST!
KAGE-BUNSHIN-NO-JUTSU!!

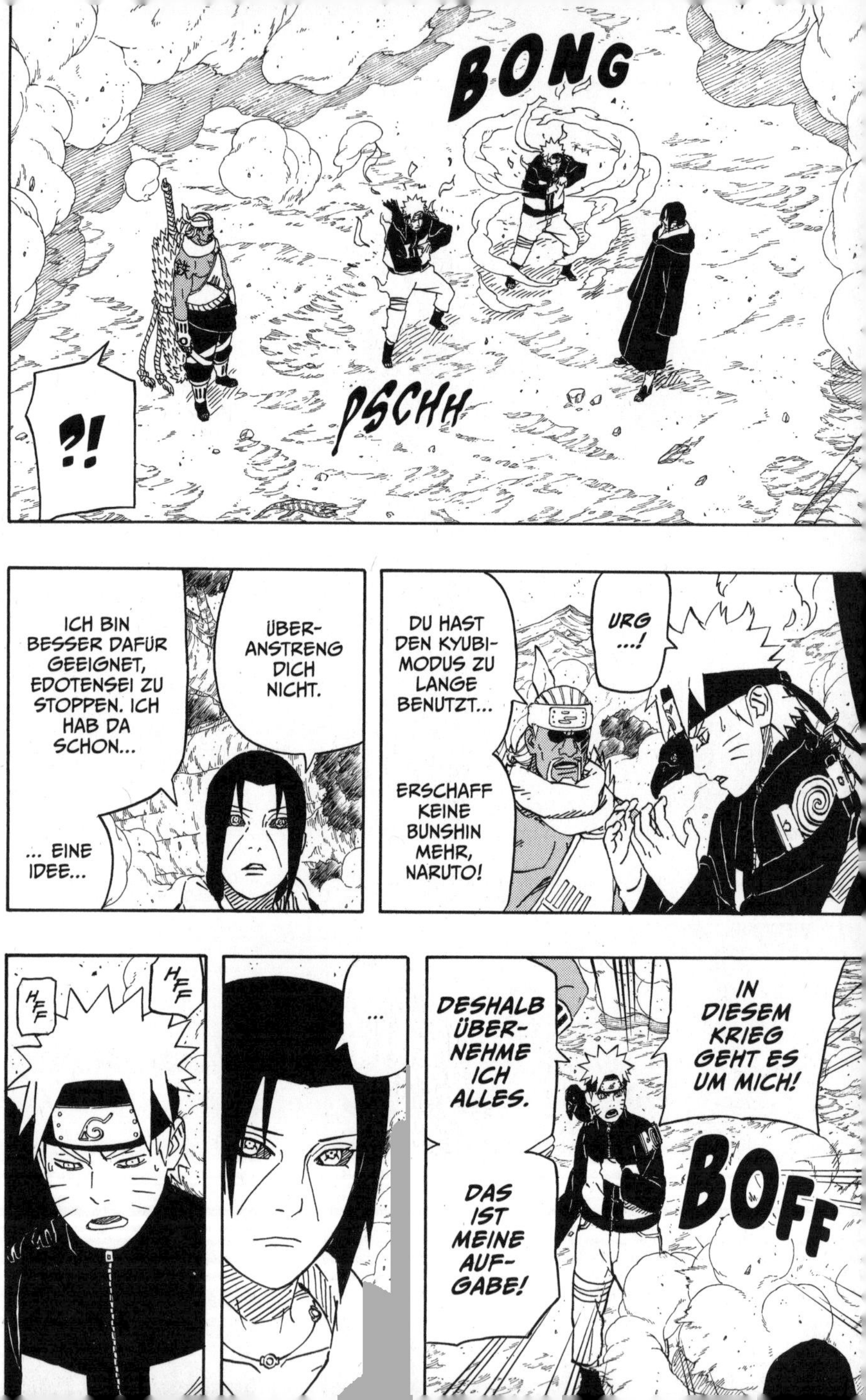
BONG
PSCHH
?!
URG ...!
DU HAST DEN KYUBI-MODUS ZU LANGE BENUTZT...
ERSCHAFF KEINE BUNSHIN MEHR, NARUTO!
ÜBER-ANSTRENG DICH NICHT.
ICH BIN BESSER DAFÜR GEEIGNET, EDOTENSEI ZU STOPPEN. ICH HAB DA SCHON...
... EINE IDEE...
IN DIESEM KRIEG GEHT ES UM MICH!
BOFF
DESHALB ÜBERNEHME ICH ALLES.
DAS IST MEINE AUFGABE!
...
HFF
HFF

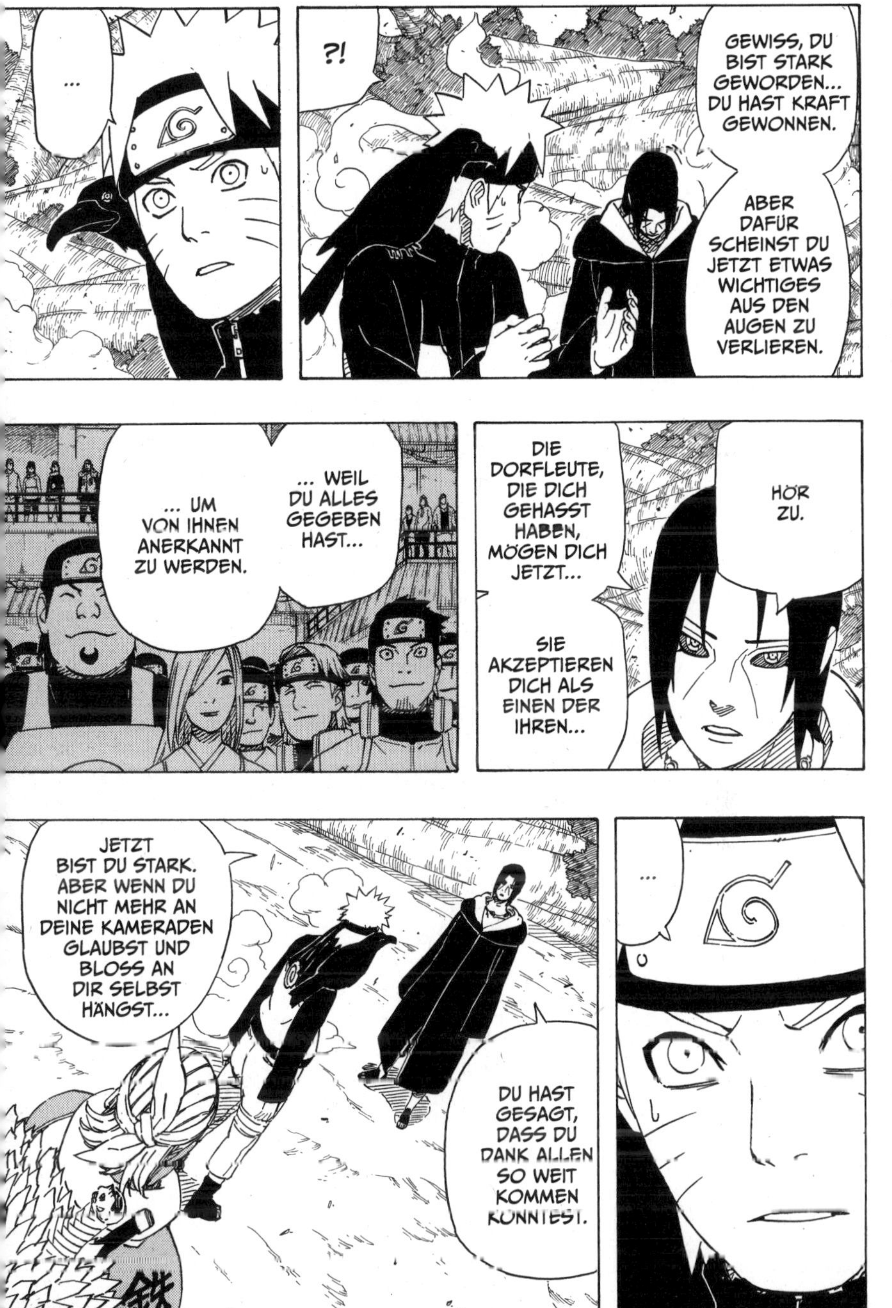
GEWISS, DU BIST STARK GEWORDEN... DU HAST KRAFT GEWONNEN.
ABER DAFÜR SCHEINST DU JETZT ETWAS WICHTIGES AUS DEN AUGEN ZU VERLIEREN.
?!
...
HÖR ZU.
DIE DORFLEUTE, DIE DICH GEHASST HABEN, MÖGEN DICH JETZT...
SIE AKZEPTIEREN DICH ALS EINEN DER IHREN...
... WEIL DU ALLES GEGEBEN HAST...
... UM VON IHNEN ANERKANNT ZU WERDEN.
...
DU HAST GESAGT, DASS DU DANK ALLEN SO WEIT KOMMEN KONNTEST.
JETZT BIST DU STARK. ABER WENN DU NICHT MEHR AN DEINE KAMERADEN GLAUBST UND BLOSS AN DIR SELBST HÄNGST...
鉄

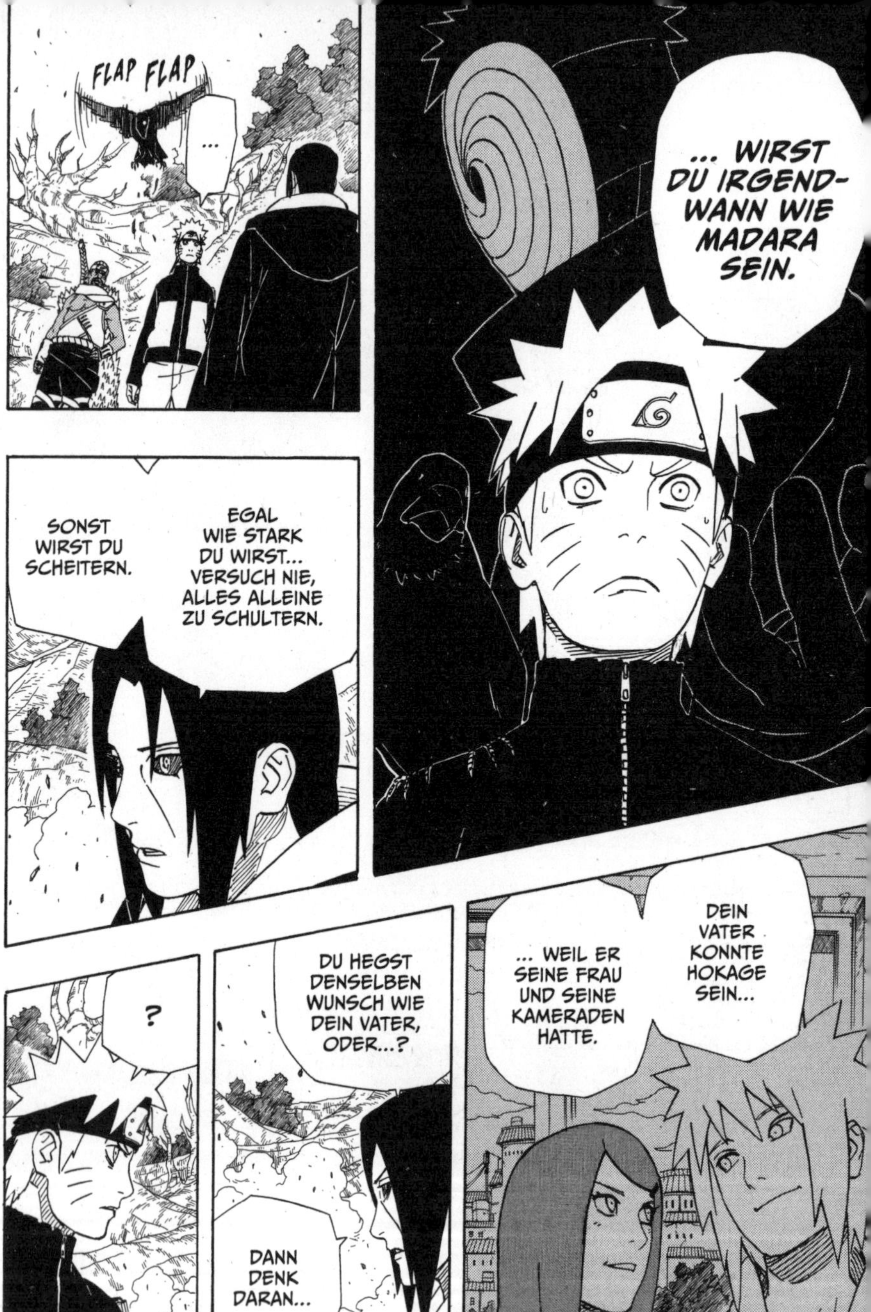
... WIRST DU IRGEND-WANN WIE MADARA SEIN.
FLAP FLAP
...
EGAL WIE STARK DU WIRST... VERSUCH NIE, ALLES ALLEINE ZU SCHULTERN.
SONST WIRST DU SCHEITERN.
DEIN VATER KONNTE HOKAGE SEIN...
... WEIL ER SEINE FRAU UND SEINE KAMERADEN HATTE.
DU HEGST DENSELBEN WUNSCH WIE DEIN VATER, ODER...?
DANN DENK DARAN...
?

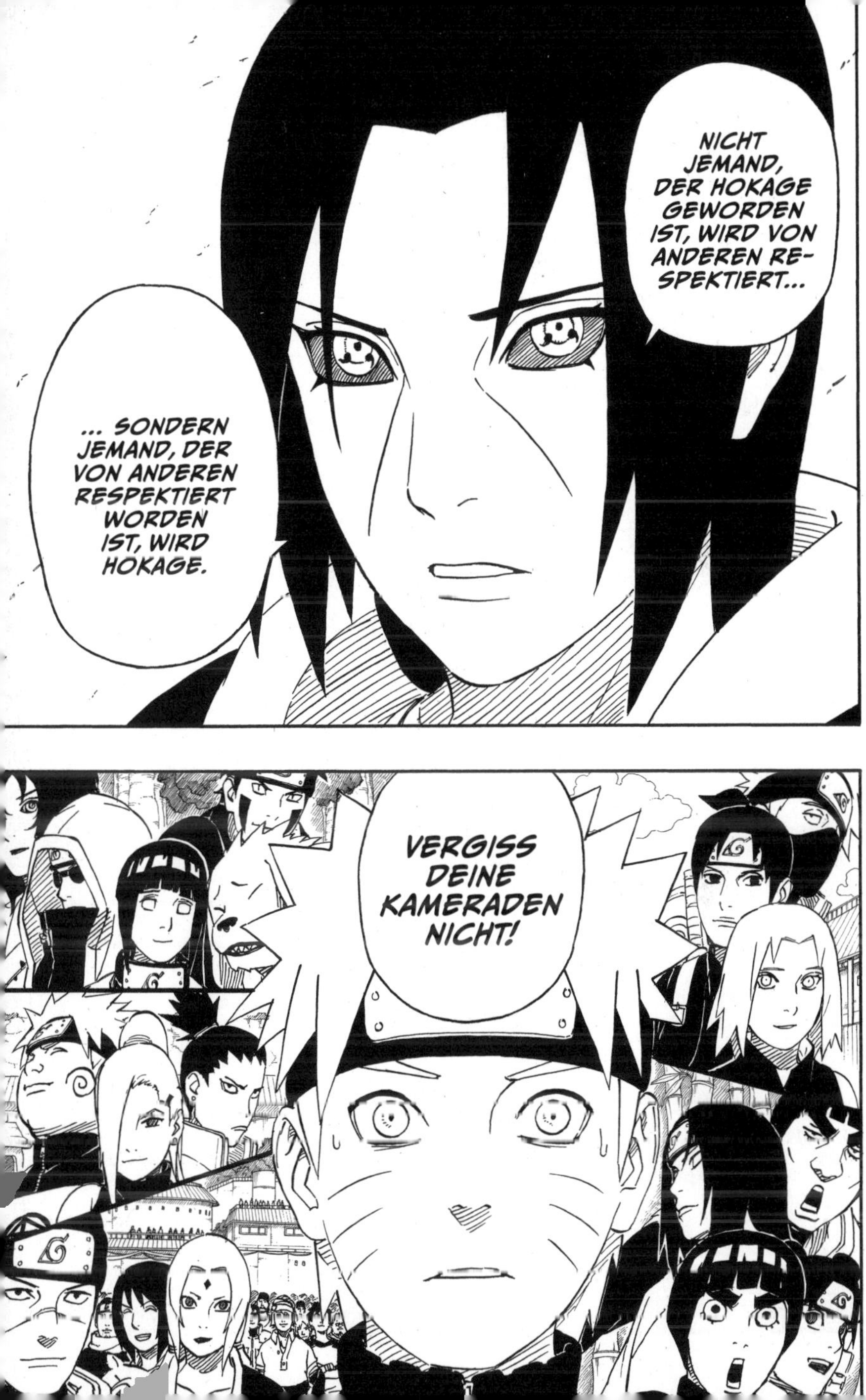
NICHT JEMAND, DER HOKAGE GEWORDEN IST, WIRD VON ANDEREN RE-SPEKTIERT...
... SONDERN JEMAND, DER VON ANDEREN RESPEKTIERT WORDEN IST, WIRD HOKAGE.
VERGISS DEINE KAMERADEN NICHT!

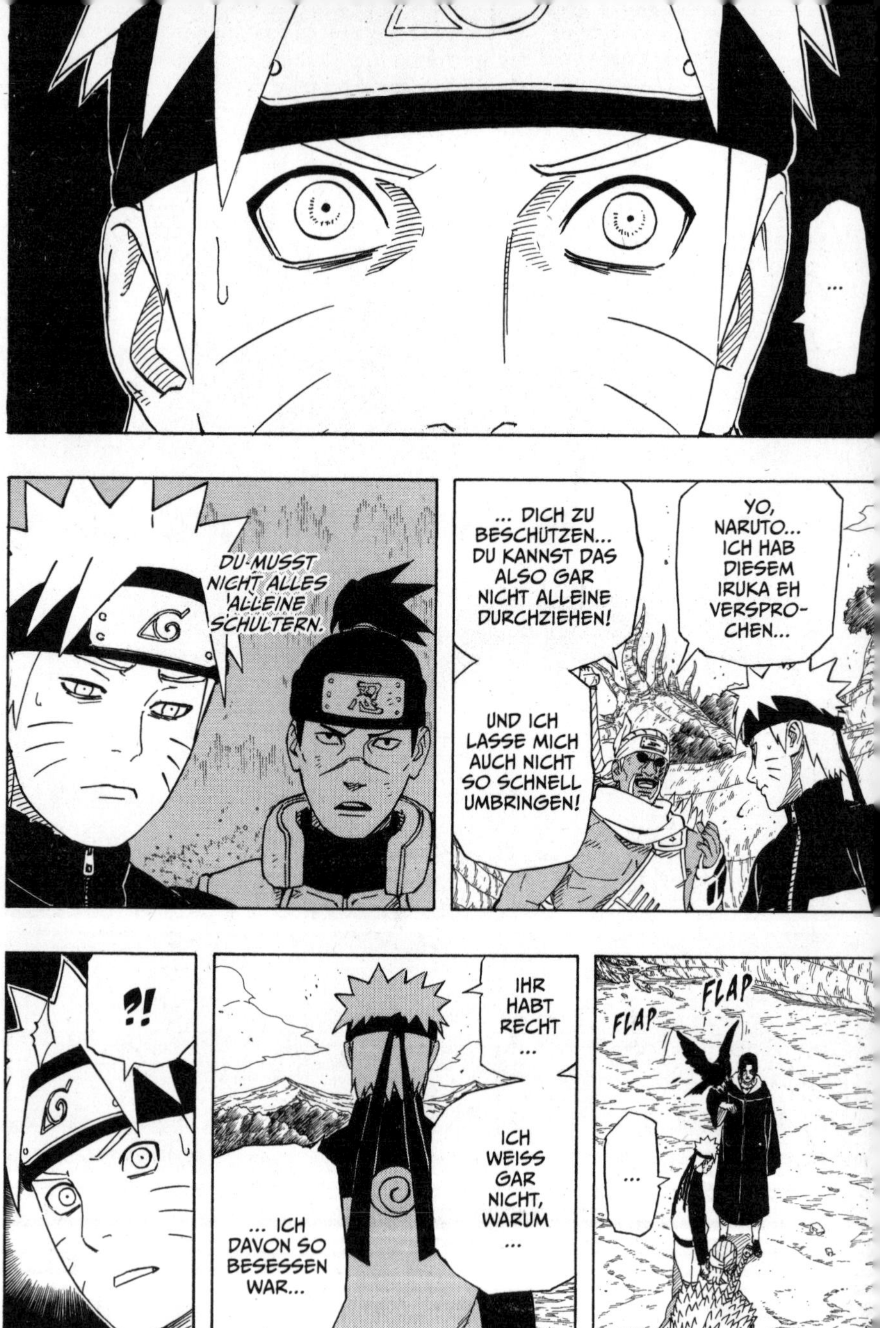
...
YO, NARUTO... ICH HAB DIESEM IRUKA EH VERSPROCHEN...
... DICH ZU BESCHÜTZEN... DU KANNST DAS ALSO GAR NICHT ALLEINE DURCHZIEHEN!
UND ICH LASSE MICH AUCH NICHT SO SCHNELL UMBRINGEN!
DU MUSST NICHT ALLES ALLEINE SCHULTERN.
FLAP
FLAP
...
IHR HABT RECHT ...
ICH WEISS GAR NICHT, WARUM ...
... ICH DAVON SO BESESSEN WAR...
?!

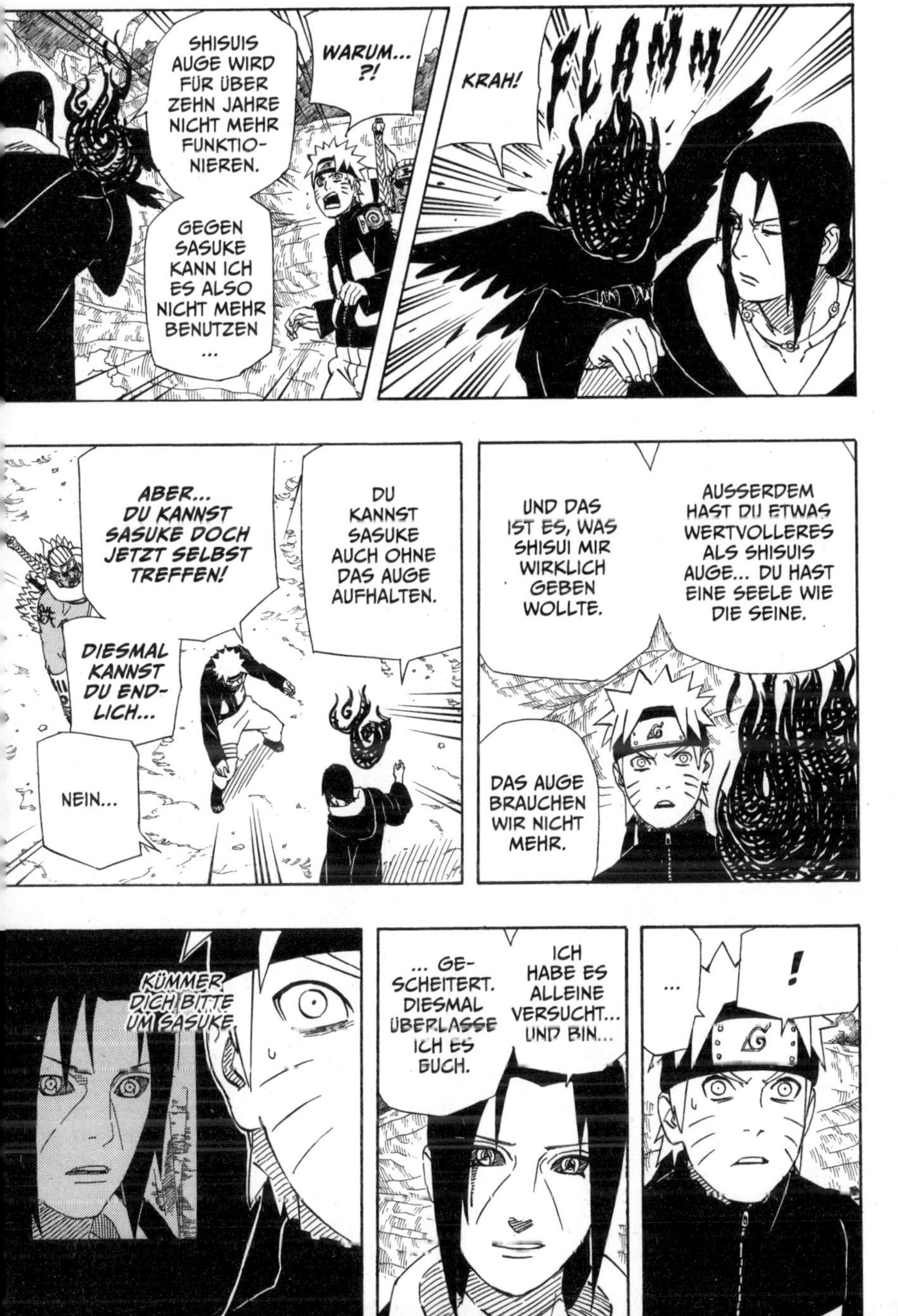
KRAH!
FLAMM
WARUM...?!
SHISUIS AUGE WIRD FÜR ÜBER ZEHN JAHRE NICHT MEHR FUNKTIONIEREN.
GEGEN SASUKE KANN ICH ES ALSO NICHT MEHR BENUTZEN ...
AUSSERDEM HAST DU ETWAS WERTVOLLERES ALS SHISUIS AUGE... DU HAST EINE SEELE WIE DIE SEINE.
UND DAS IST ES, WAS SHISUI MIR WIRKLICH GEBEN WOLLTE.
DAS AUGE BRAUCHEN WIR NICHT MEHR.
DU KANNST SASUKE AUCH OHNE DAS AUGE AUFHALTEN.
ABER... DU KANNST SASUKE DOCH JETZT SELBST TREFFEN!
DIESMAL KANNST DU ENDLICH...
NEIN...
!
...
ICH HABE ES ALLEINE VERSUCHT... UND BIN...
... GESCHEITERT. DIESMAL ÜBERLASSE ICH ES EUCH.
KÜMMER DICH BITTE UM SASUKE.

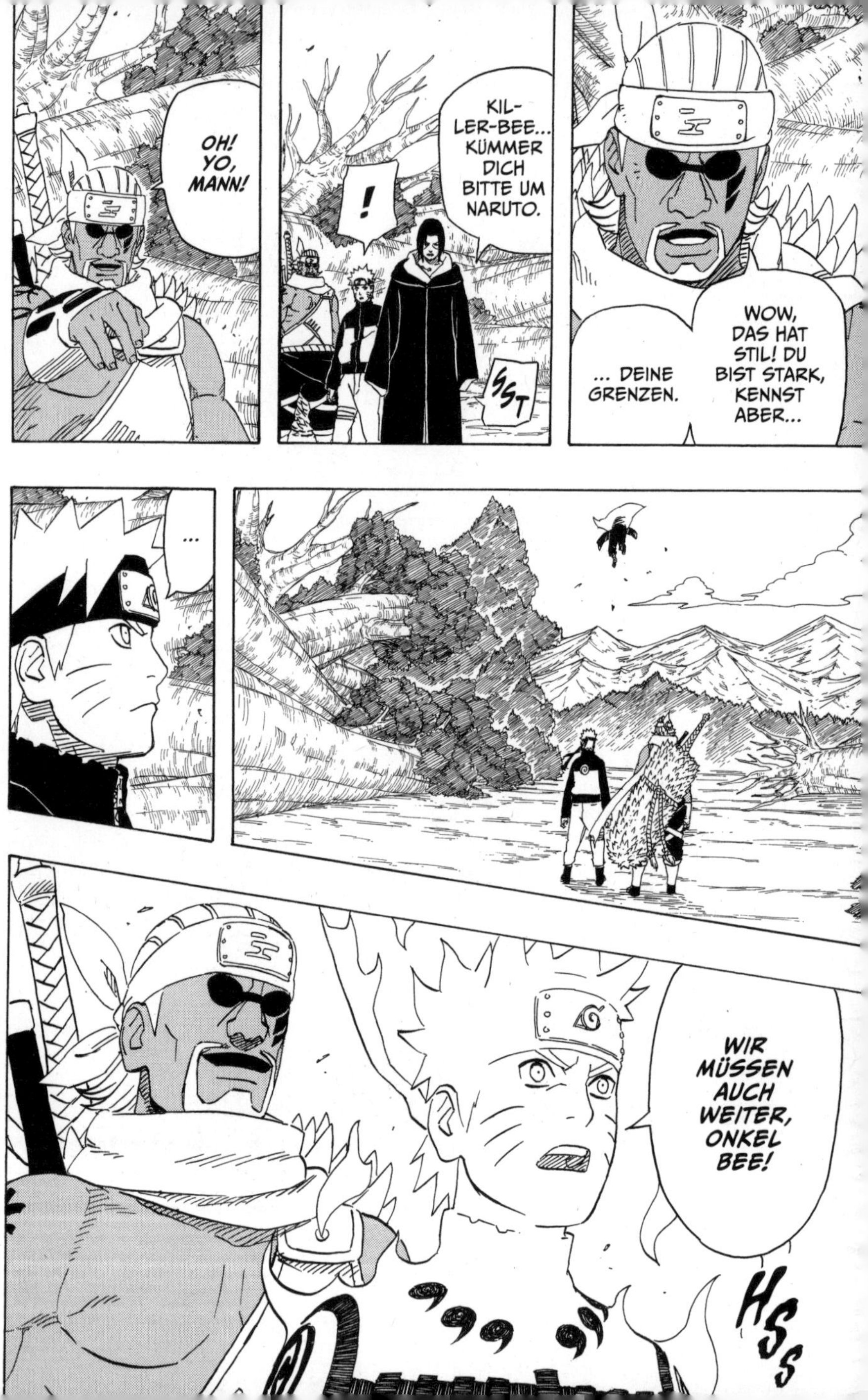
WOW, DAS HAT STIL! DU BIST STARK, KENNST ABER...
... DEINE GRENZEN.
KIL-LER-BEE... KÜMMER DICH BITTE UM NARUTO.
!
SST
OH! YO, MANN!
...
WIR MÜSSEN AUCH WEITER, ONKEL BEE!
HSS

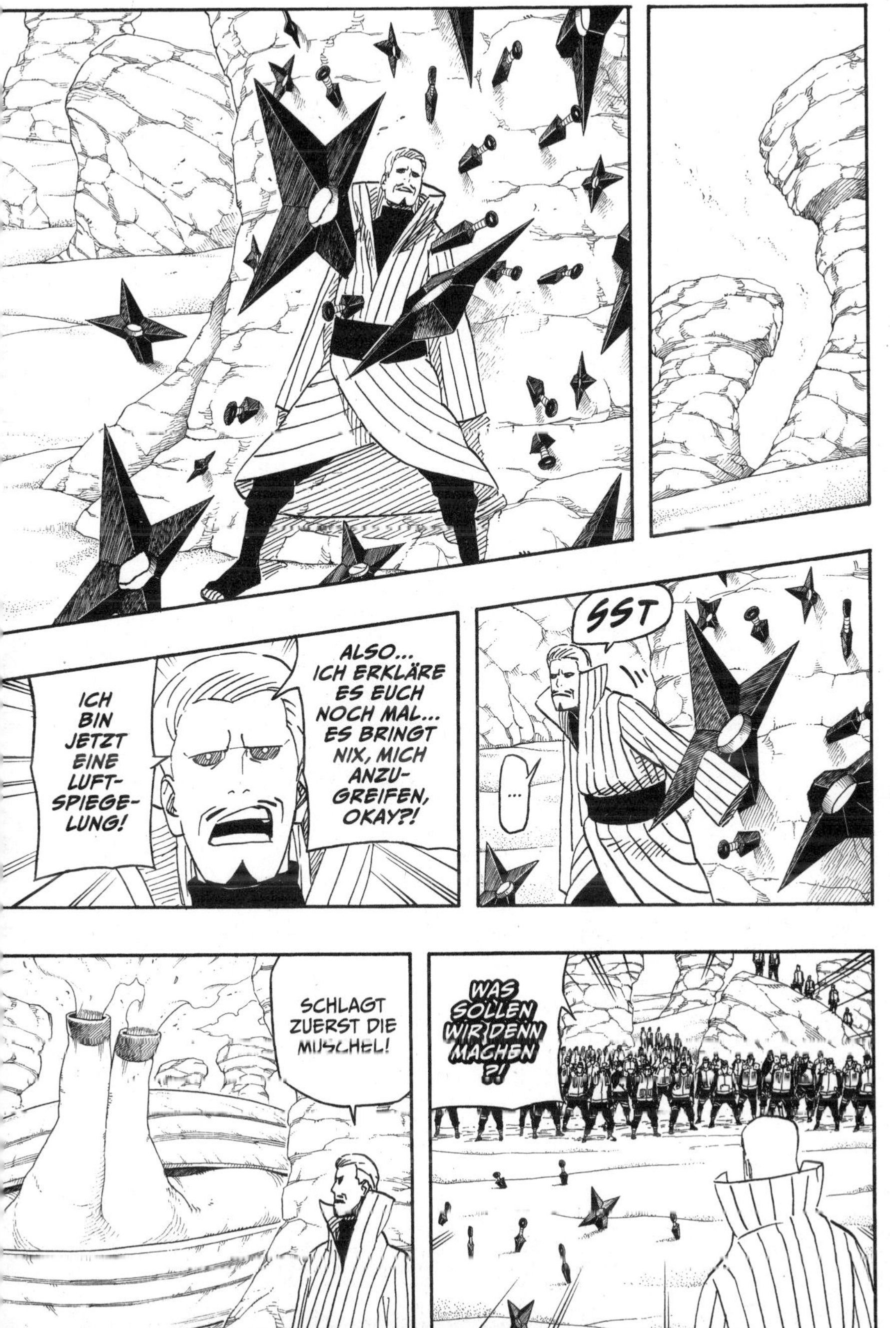
SST
...
ALSO... ICH ERKLÄRE ES EUCH NOCH MAL... ES BRINGT NIX, MICH ANZU-GREIFEN, OKAY?!
ICH BIN JETZT EINE LUFT-SPIEGE-LUNG!
WAS SOLLEN WIR DENN MACHEN?!
SCHLAGT ZUERST DIE MUSCHEL!

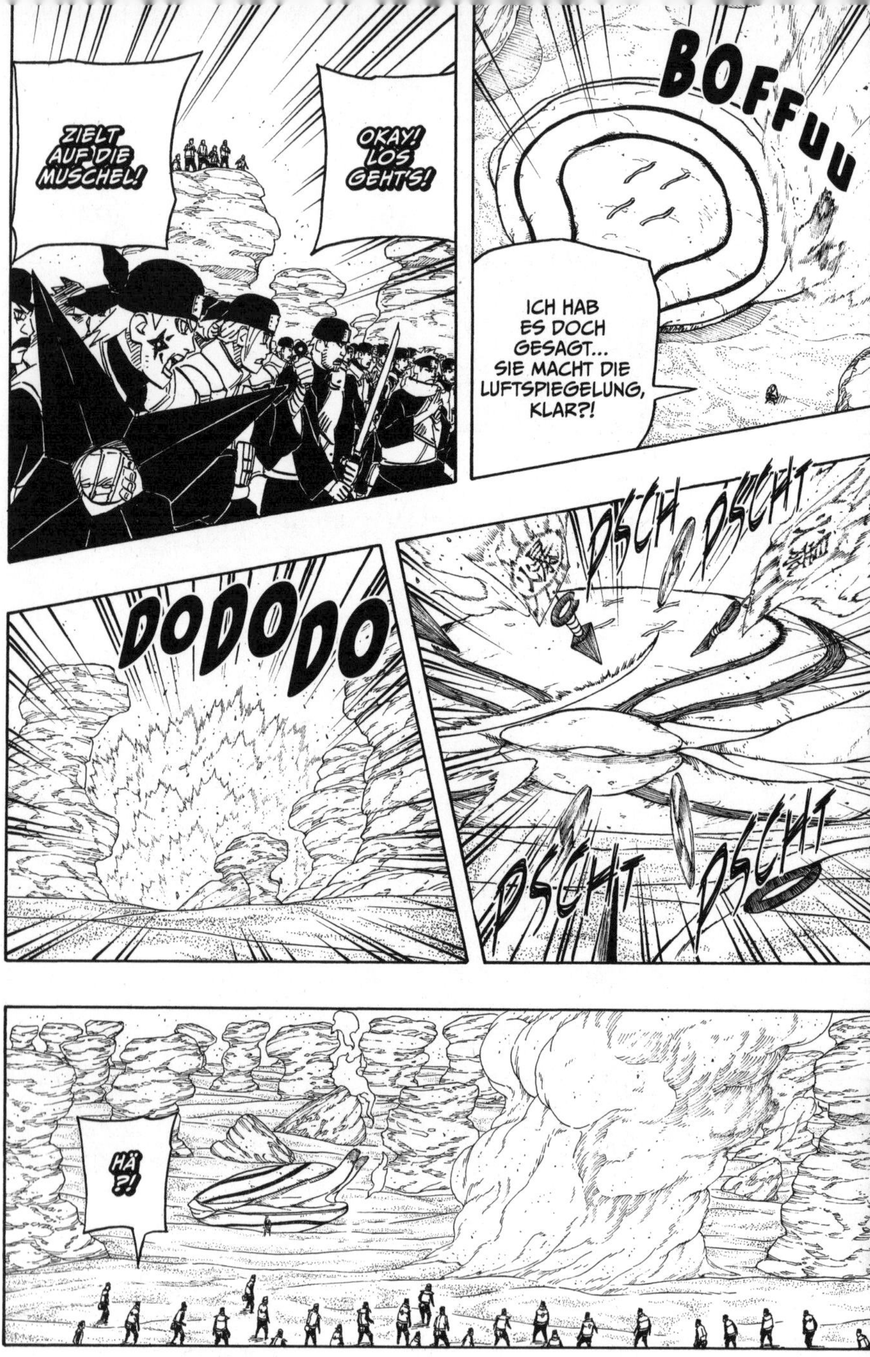
BOFFUU
ICH HAB ES DOCH GESAGT... SIE MACHT DIE LUFTSPIEGELUNG, KLAR?!
OKAY! LOS GEHT'S!
ZIELT AUF DIE MUSCHEL!
DSCHT
DSCH
DSCHT
DSCHT
DODODODO
HÄ ?!

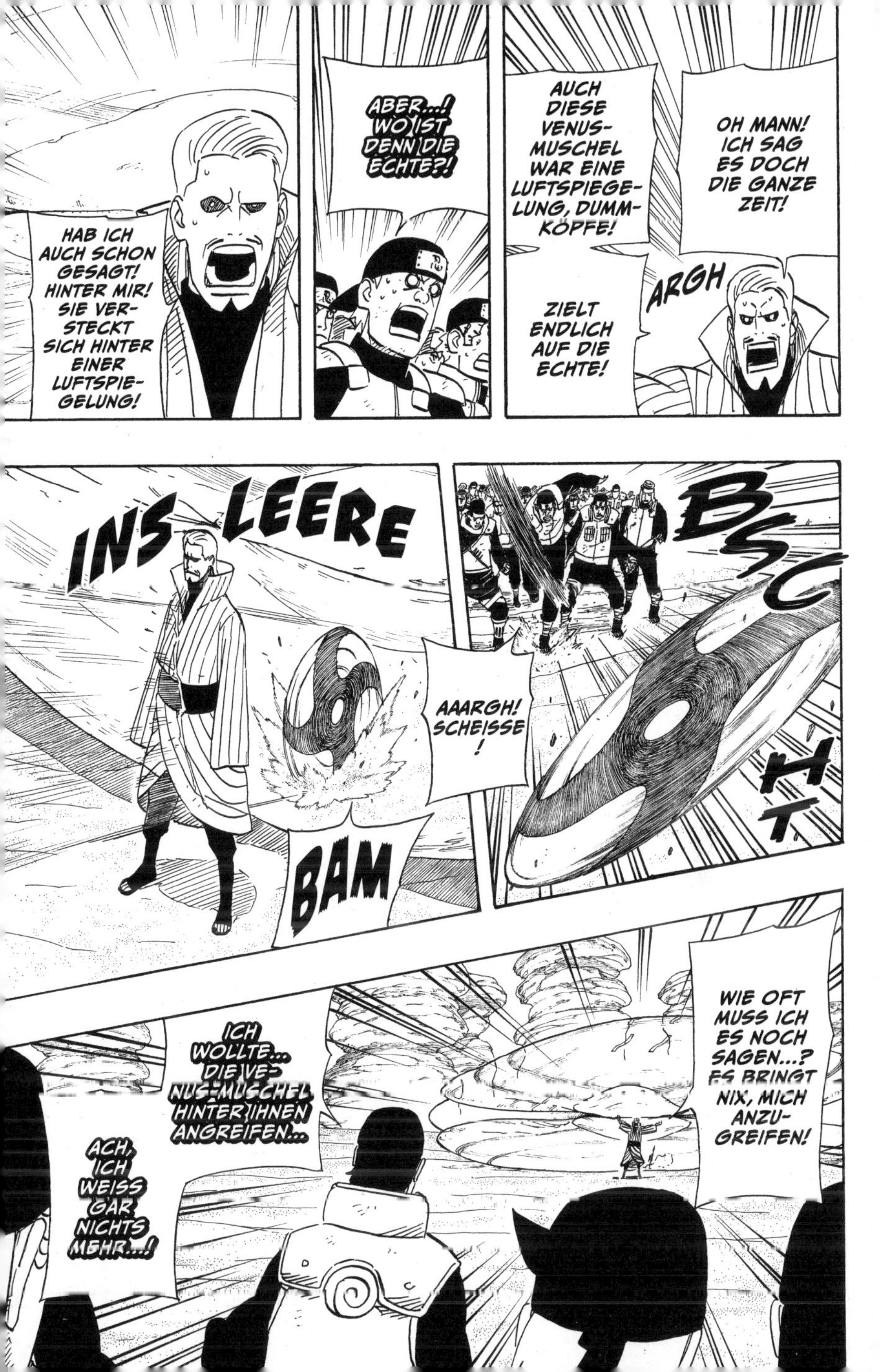
OH MANN! ICH SAG ES DOCH DIE GANZE ZEIT!
ARGH
AUCH DIESE VENUS-MUSCHEL WAR EINE LUFTSPIEGE-LUNG, DUMM-KÖPFE!
ZIELT ENDLICH AUF DIE ECHTE!
ABER...! WO IST DENN DIE ECHTE?!
HAB ICH AUCH SCHON GESAGT! HINTER MIR! SIE VER-STECKT SICH HINTER EINER LUFTSPIE-GELUNG!
BSCHHT
AAARGH! SCHEISSE!
INS LEERE
BAM
WIE OFT MUSS ICH ES NOCH SAGEN...? ES BRINGT NIX, MICH ANZU-GREIFEN!
ICH WOLLTE... DIE VE-NUS-MUSCHEL HINTER IHNEN ANGREIFEN...
ACH, ICH WEISS GAR NICHTS MEHR...!

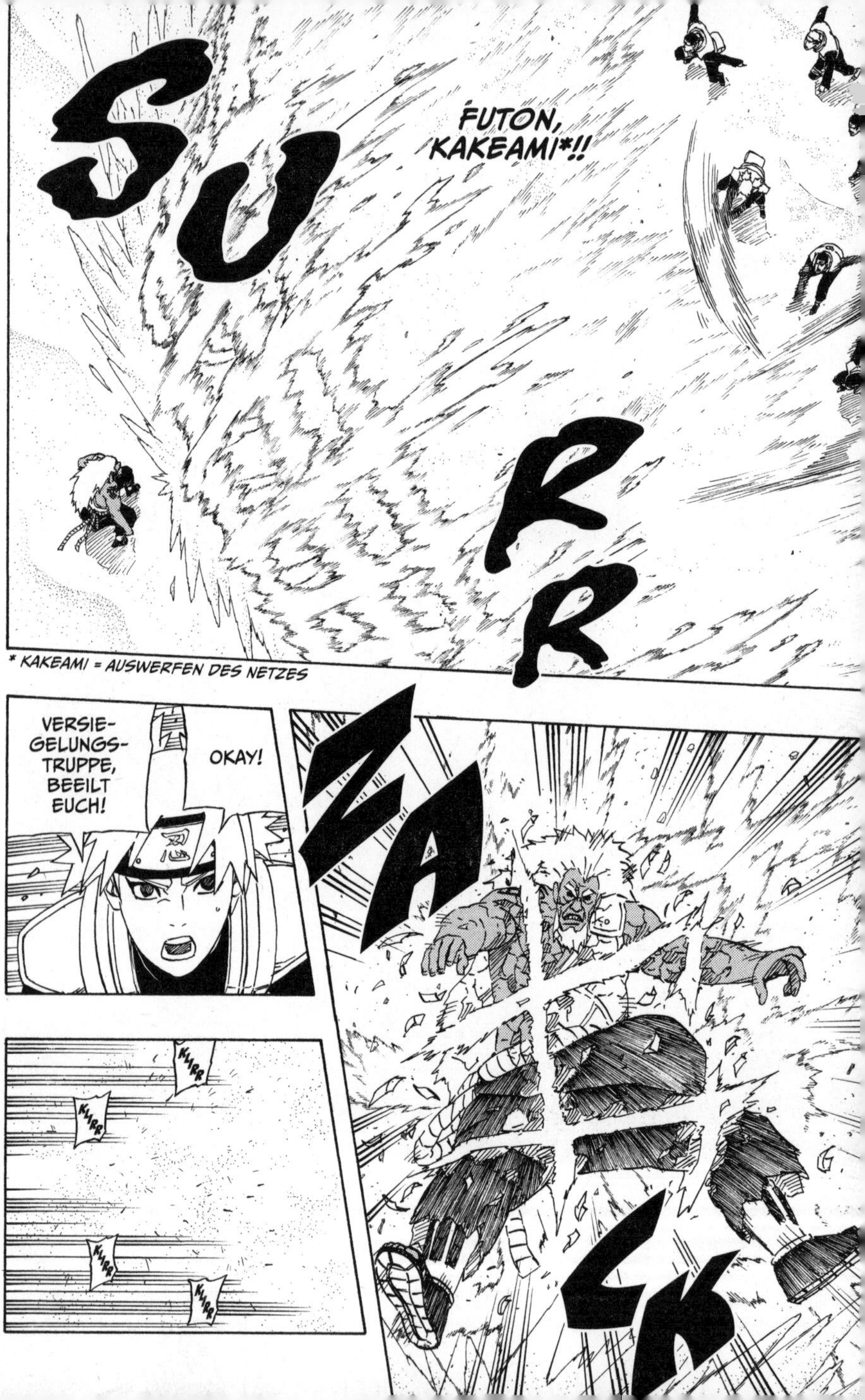

* KAKEAMI = AUSWERFEN DES NETZES

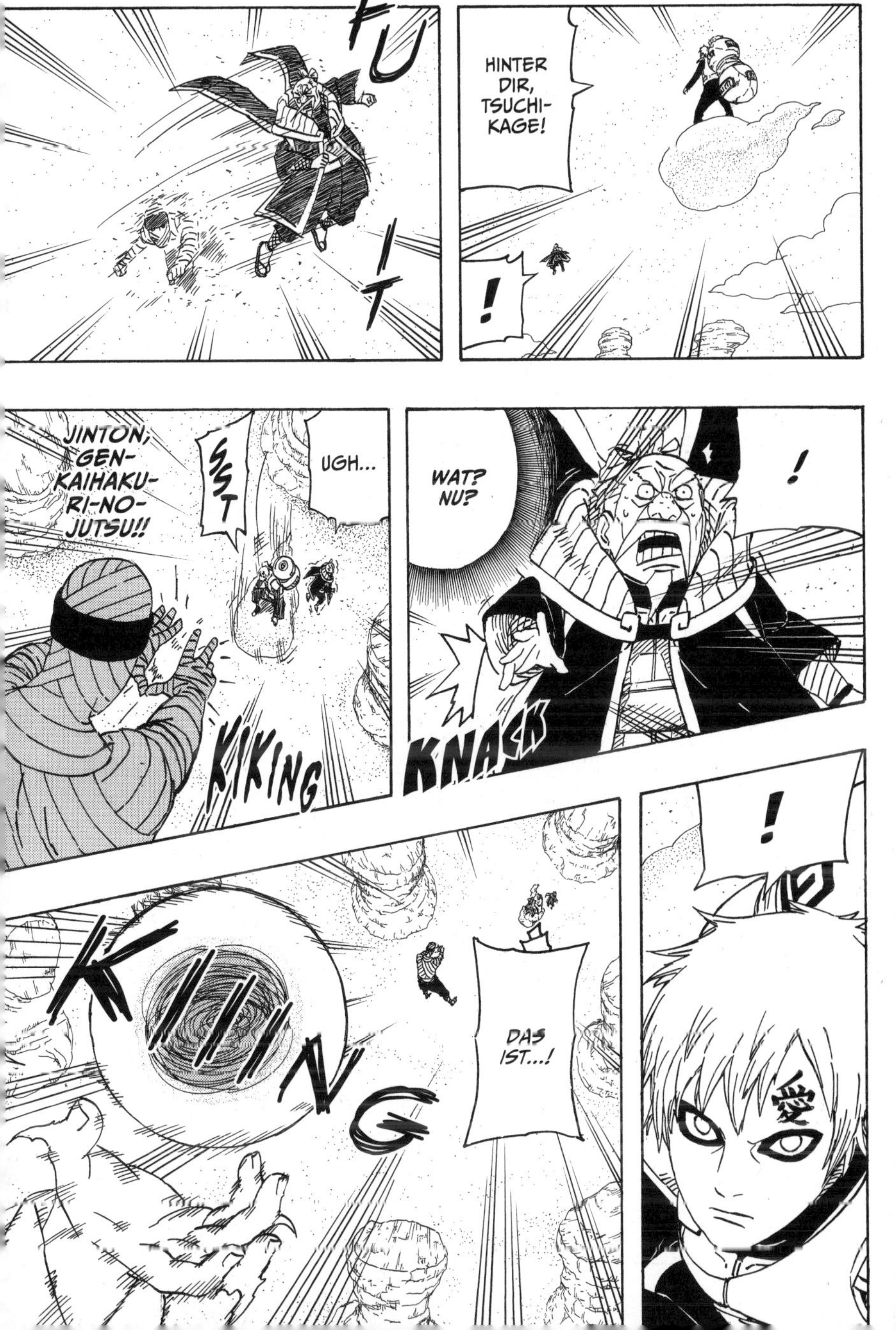

HINTER DIR, TSUCHIKAGE!
!
FUIIT
!
WAT? NU?
KNACK
UGH...
SST
JINTON; GEN-KAIHAKU-RI-NO-JUTSU!!
KIKING
!
DAS IST...!
KIIIING

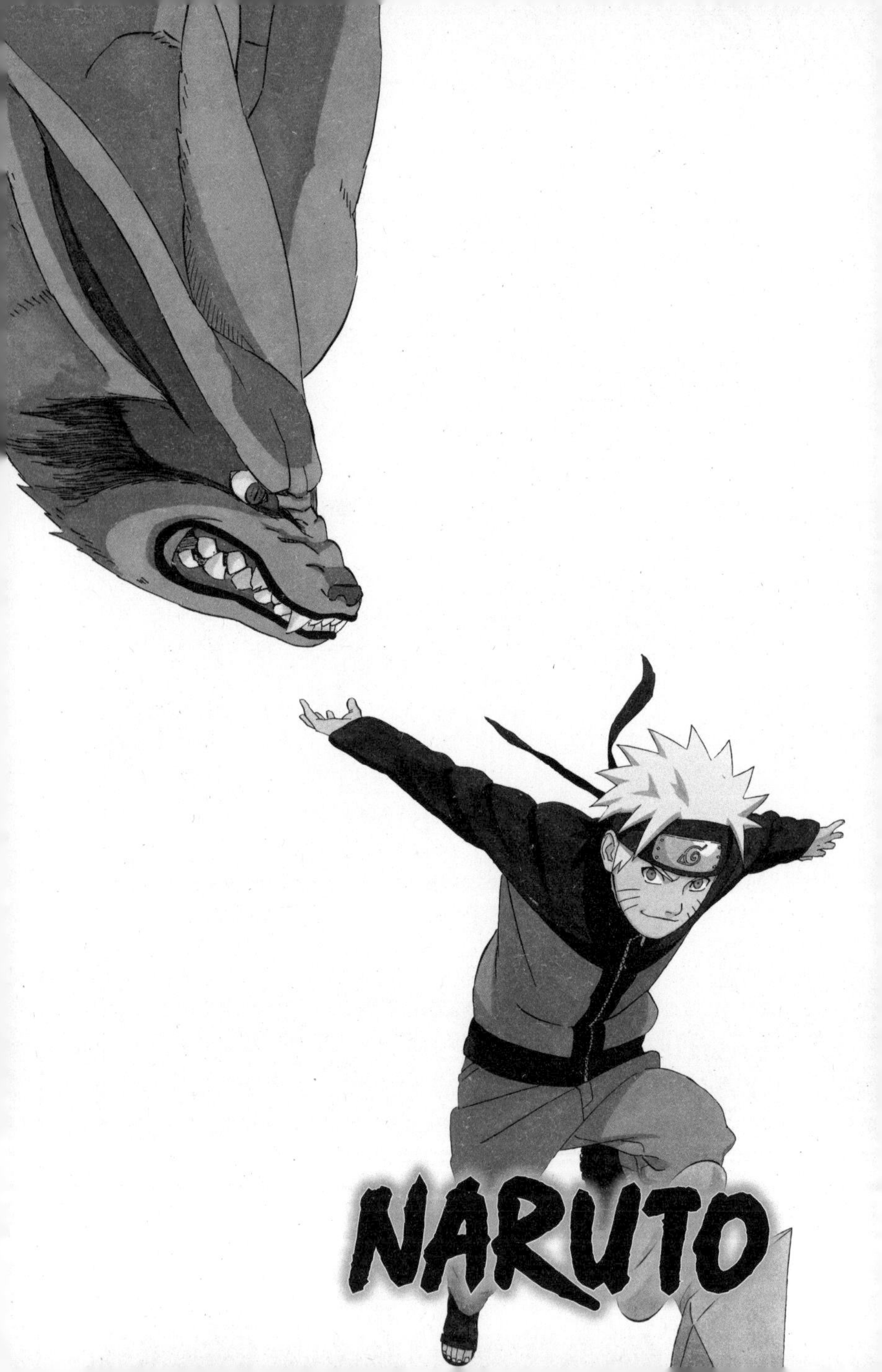
NARUTO

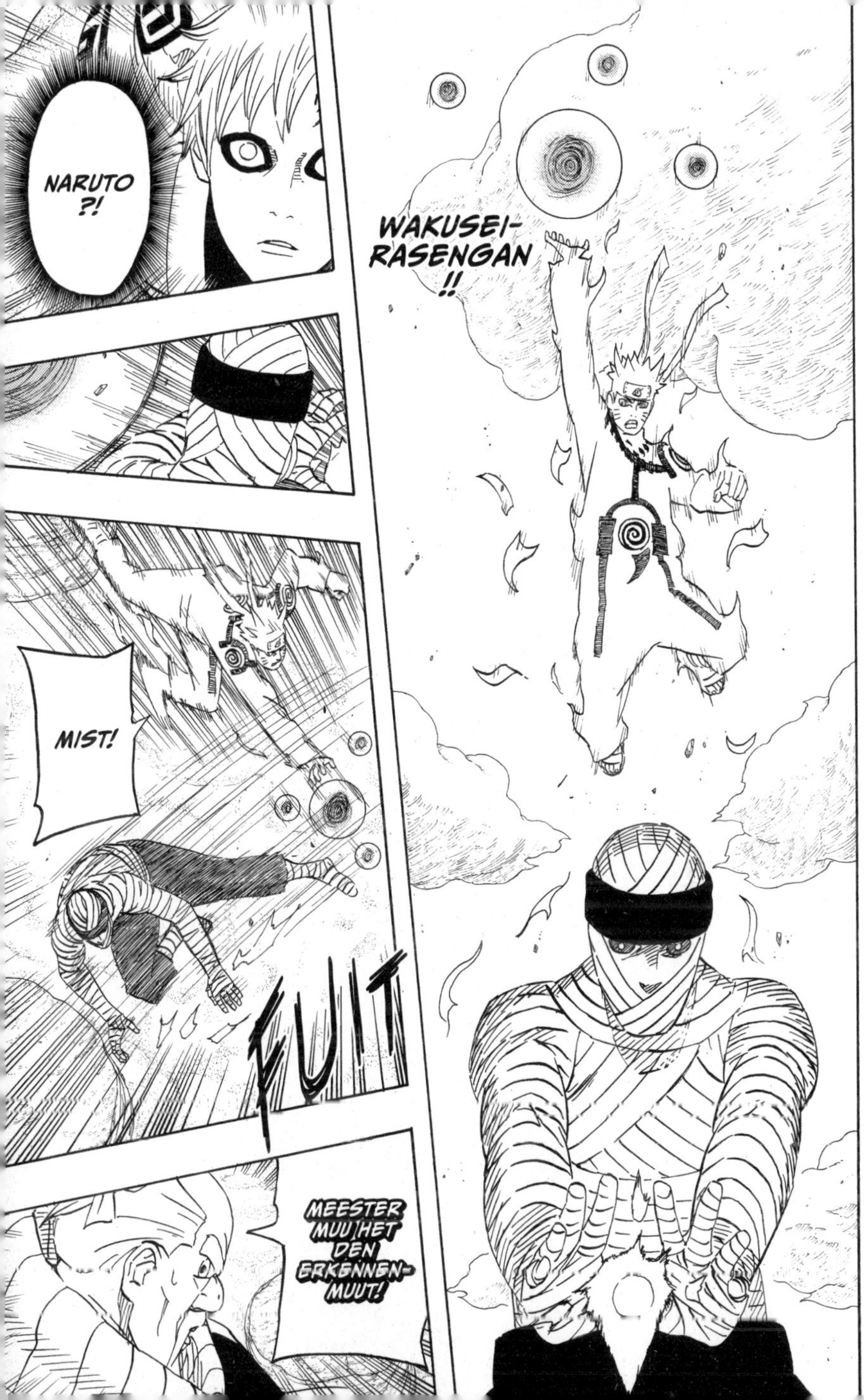
WAKUSEI-RASENGAN!!
NARUTO?!
MIST!
FUIT
MEESTER MUU HET DEN ERKENNEN-MUUT!

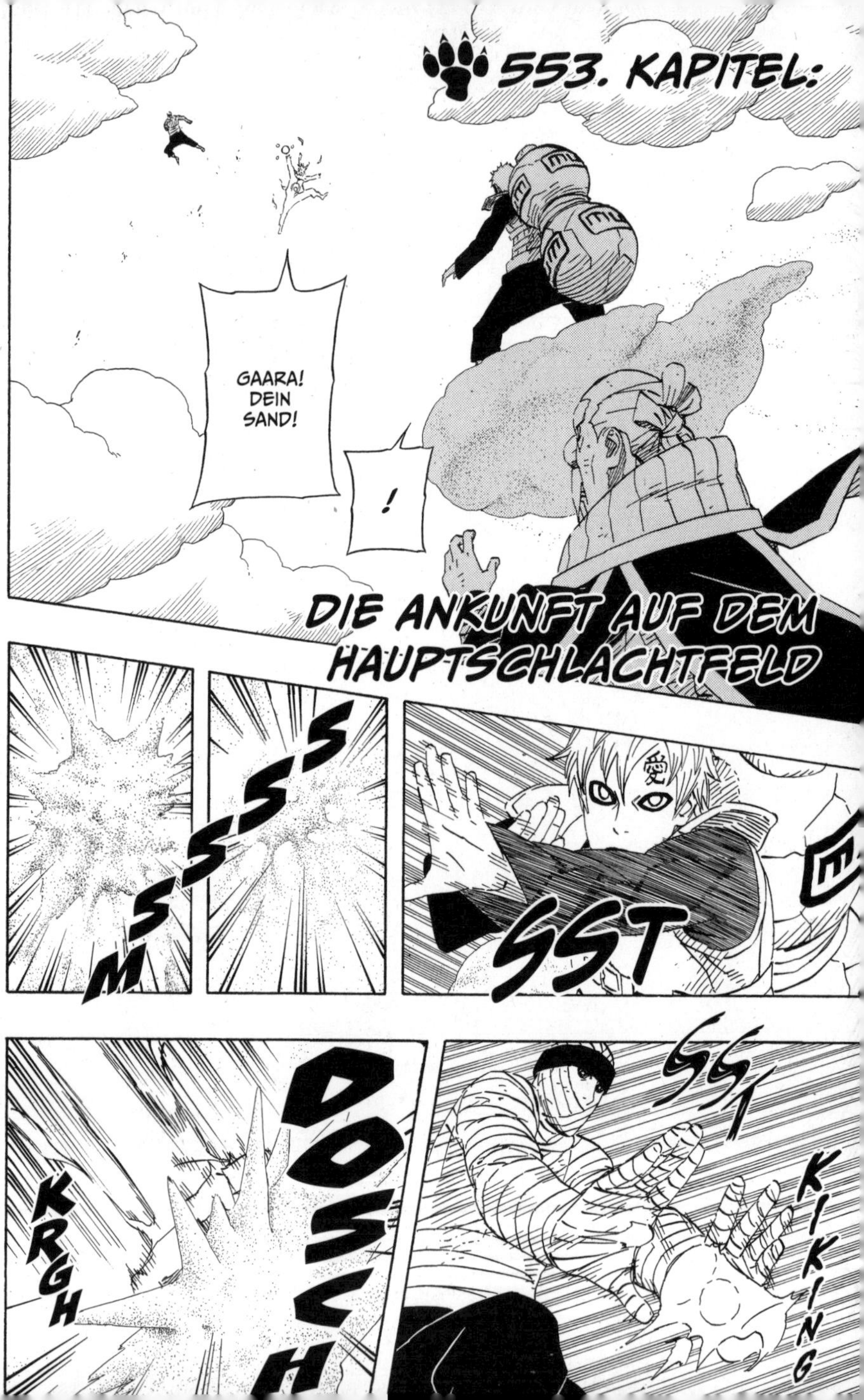
553. KAPITEL:
DIE ANKUNFT AUF DEM HAUPTSCHLACHTFELD
GAARA! DEIN SAND!
!
MSSSSS
SST
SST
KIKING
DOSCH
KRGH

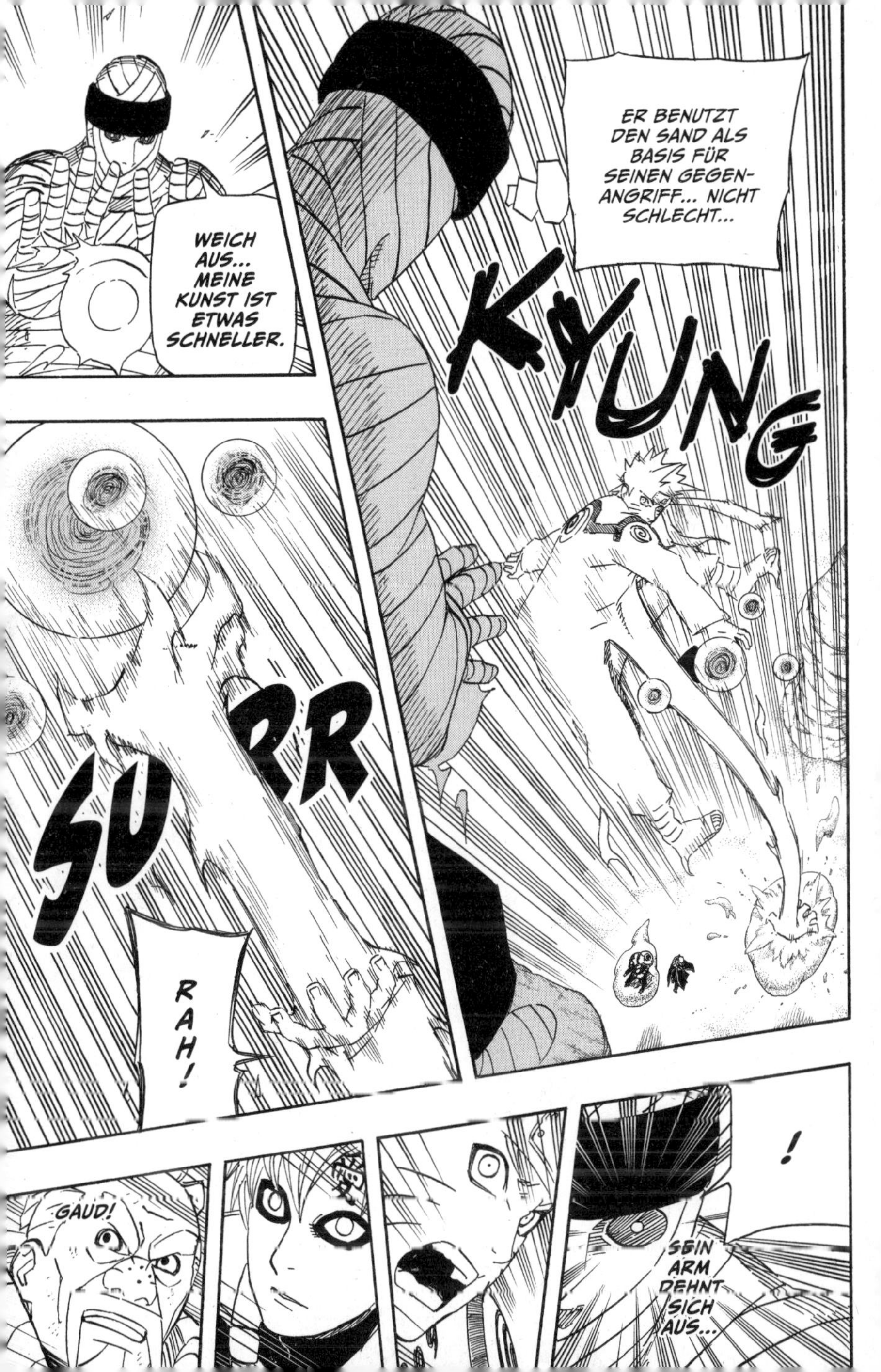
ER BENUTZT DEN SAND ALS BASIS FÜR SEINEN GEGEN-ANGRIFF... NICHT SCHLECHT...
KYUNG
WEICH AUS... MEINE KUNST IST ETWAS SCHNELLER.
SURR
RAH!
!
SEIN ARM DEHNT SICH AUS...
GAUD!

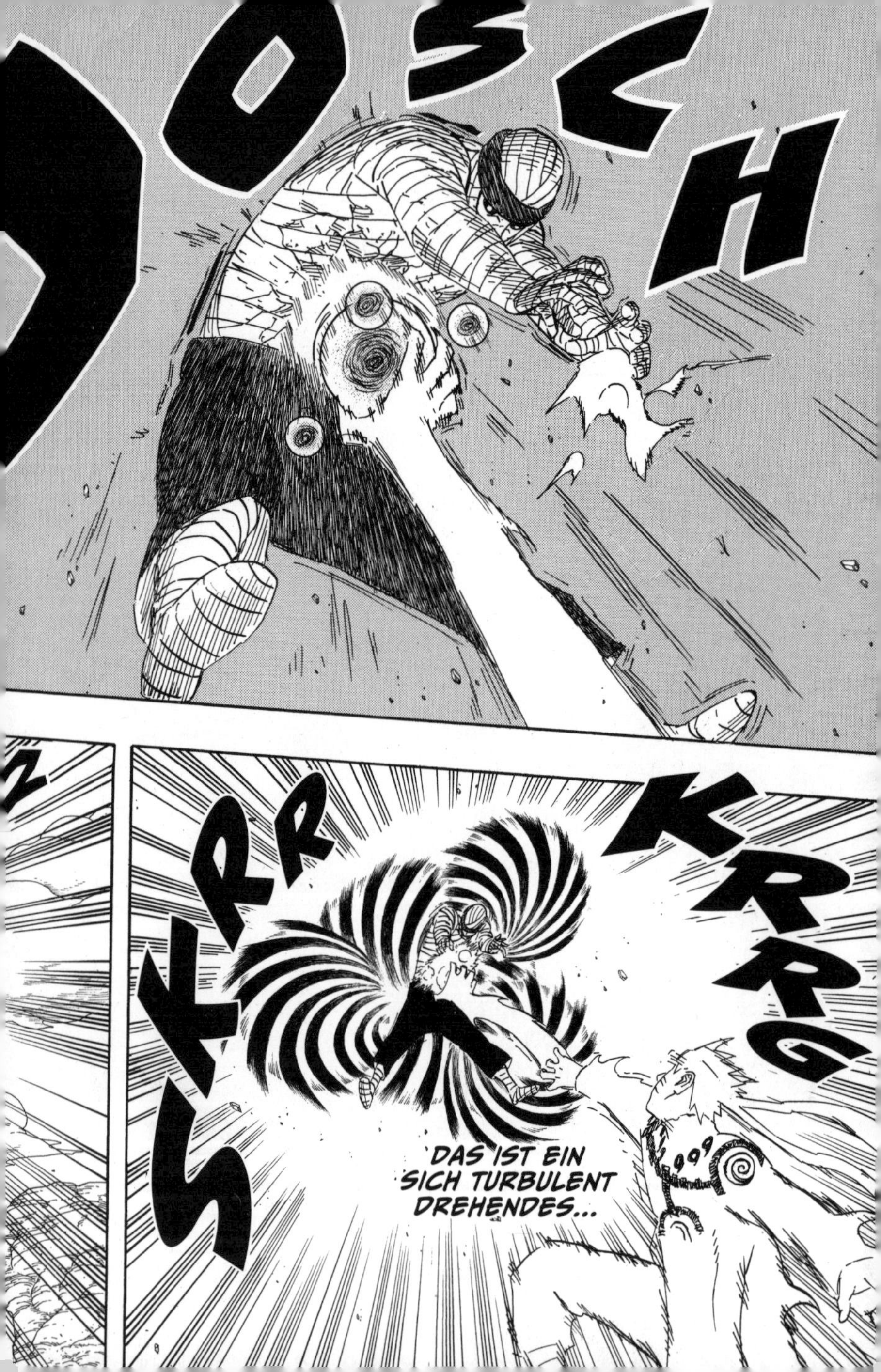
DOSCH
KRRRG
SRRR
DAS IST EIN SICH TURBULENT DREHENDES...

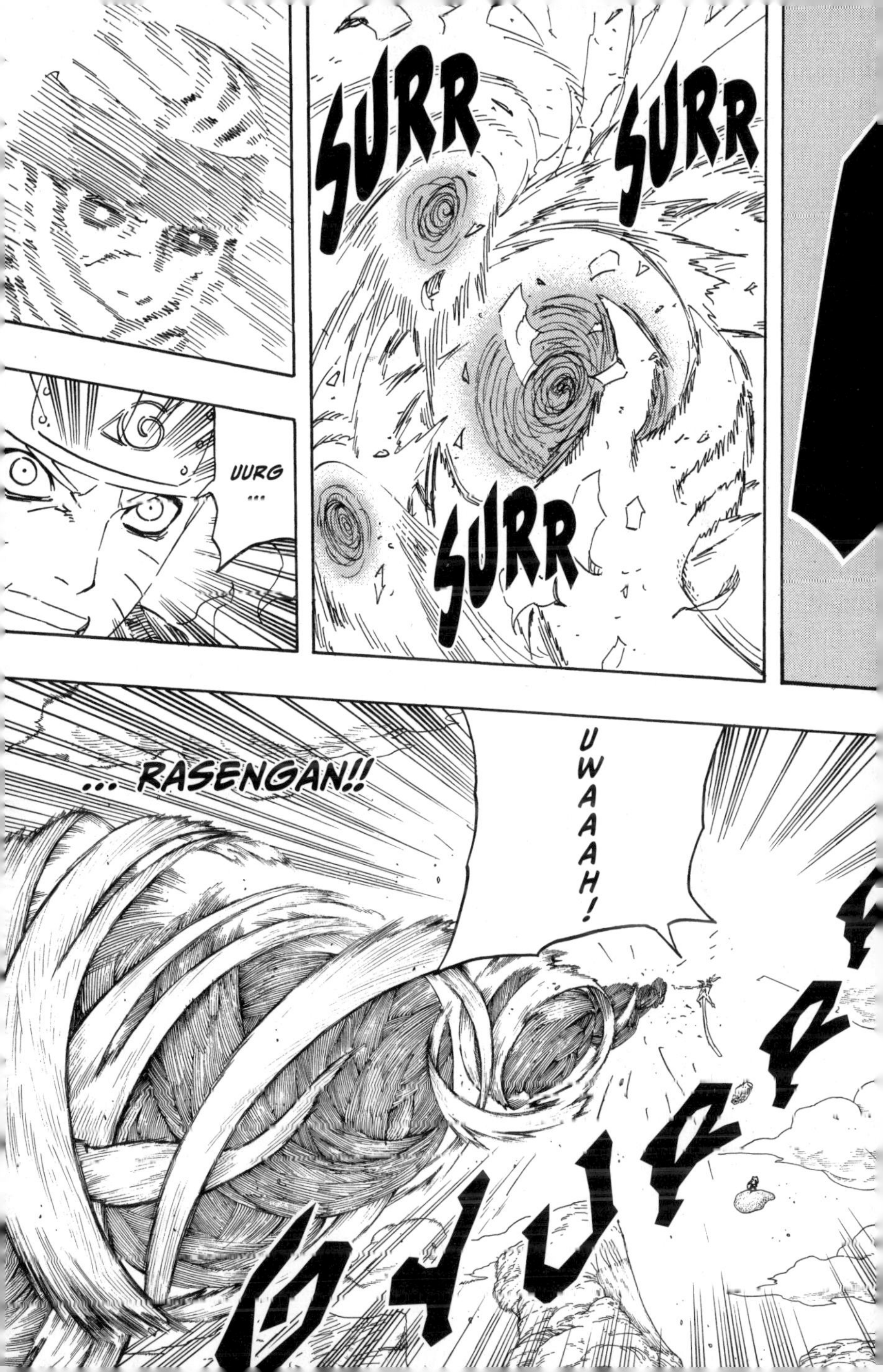
SURR
SURR
SURR
UURG ...
UWAAAAH!
... RASENGAN!!

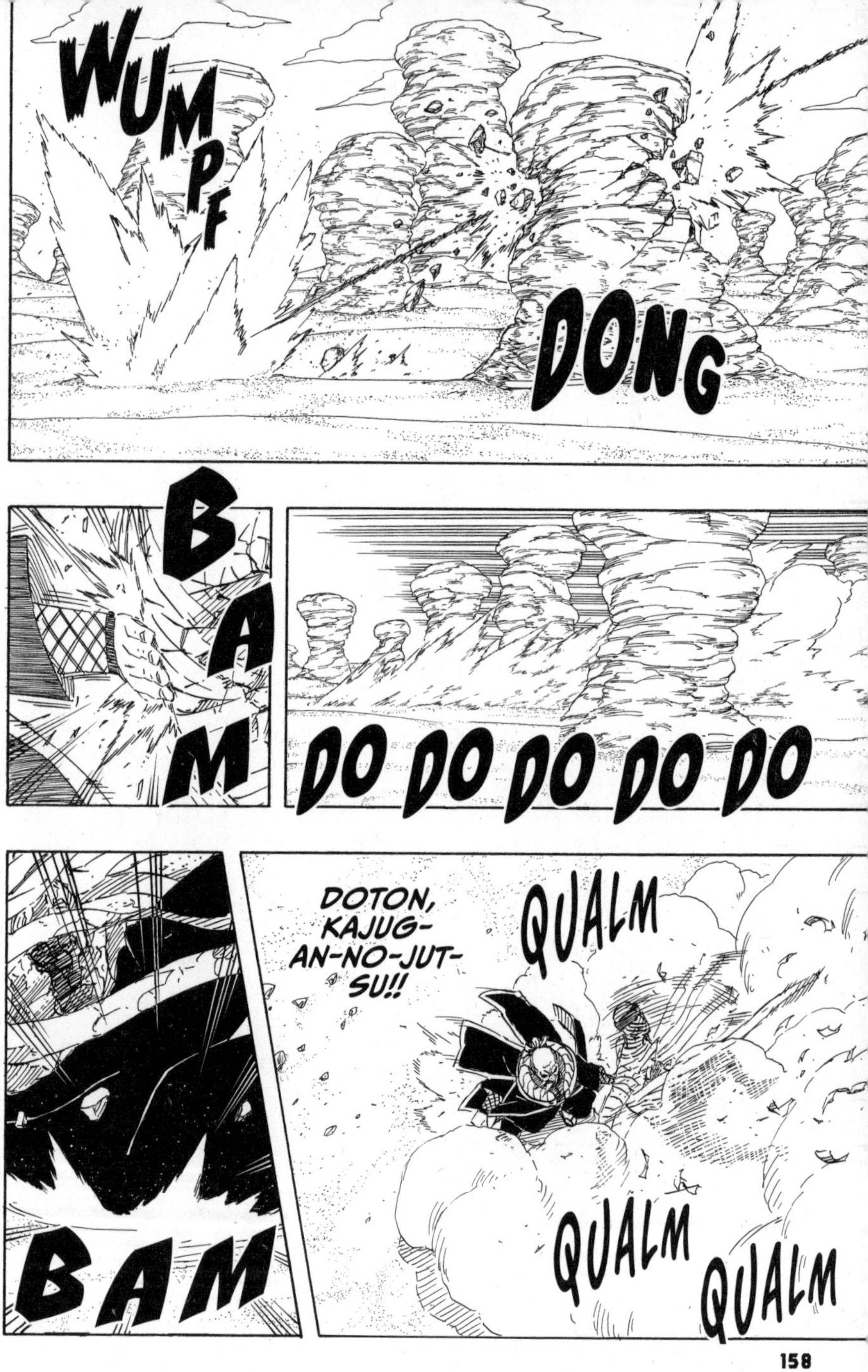
WUMPF
DONG
BAM
DO DO DO DO DO
DOTON, KAJUG-AN-NO-JUT-SU!!
QUALM
QUALM
QUALM
BAM

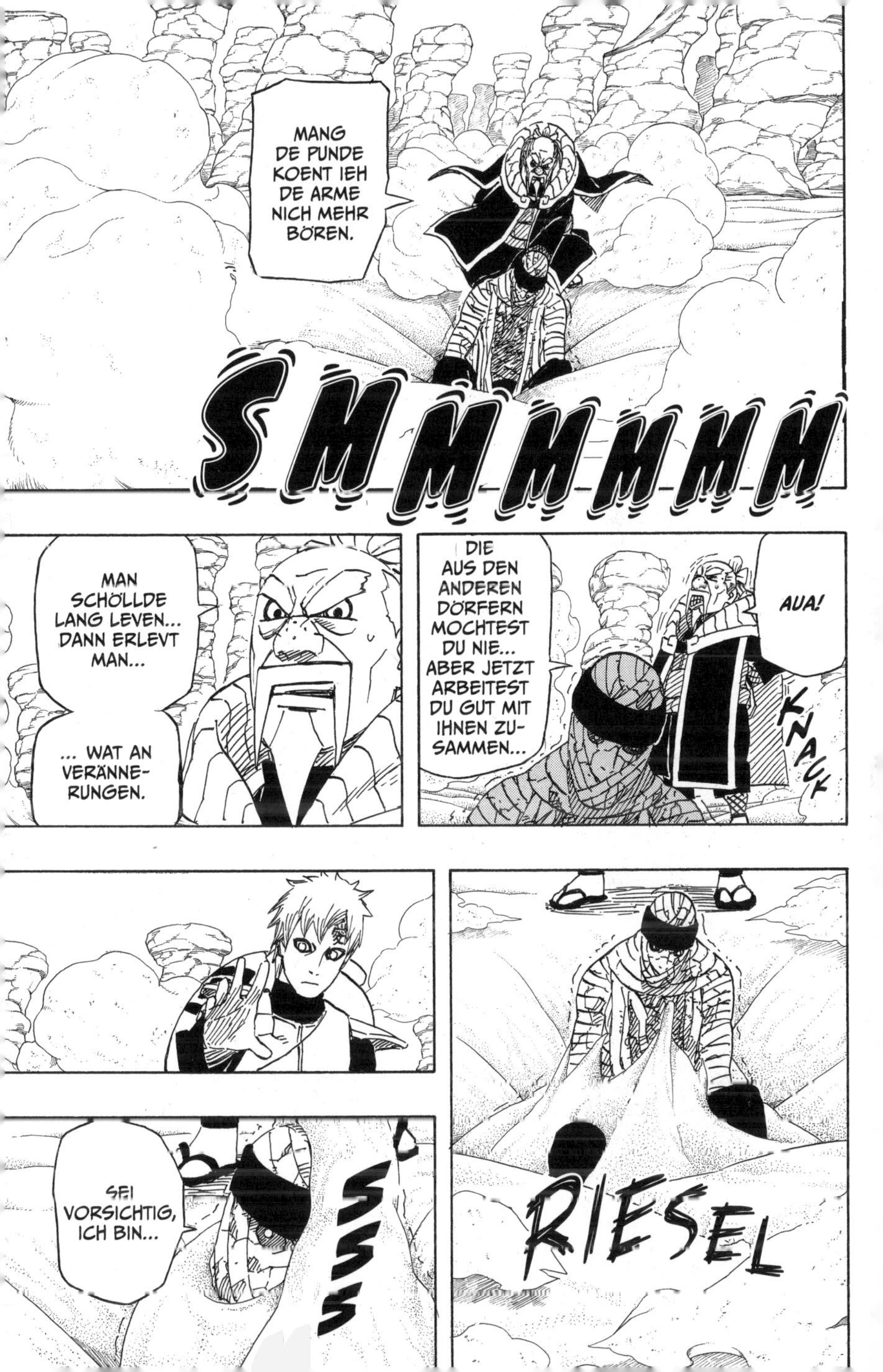

MANG DE PUNDE KOENT IEH DE ARME NICH MEHR BÖREN.
SMMMMMMM
AUA!
KNACK
DIE AUS DEN ANDEREN DÖRFERN MOCHTEST DU NIE... ABER JETZT ARBEITEST DU GUT MIT IHNEN ZU-SAMMEN...
MAN SCHÖLLDE LANG LEVEN... DANN ERLEVT MAN...
... WAT AN VERÄNNE-RUNGEN.
RIESEL
SSSS
SEI VORSICHTIG, ICH BIN...

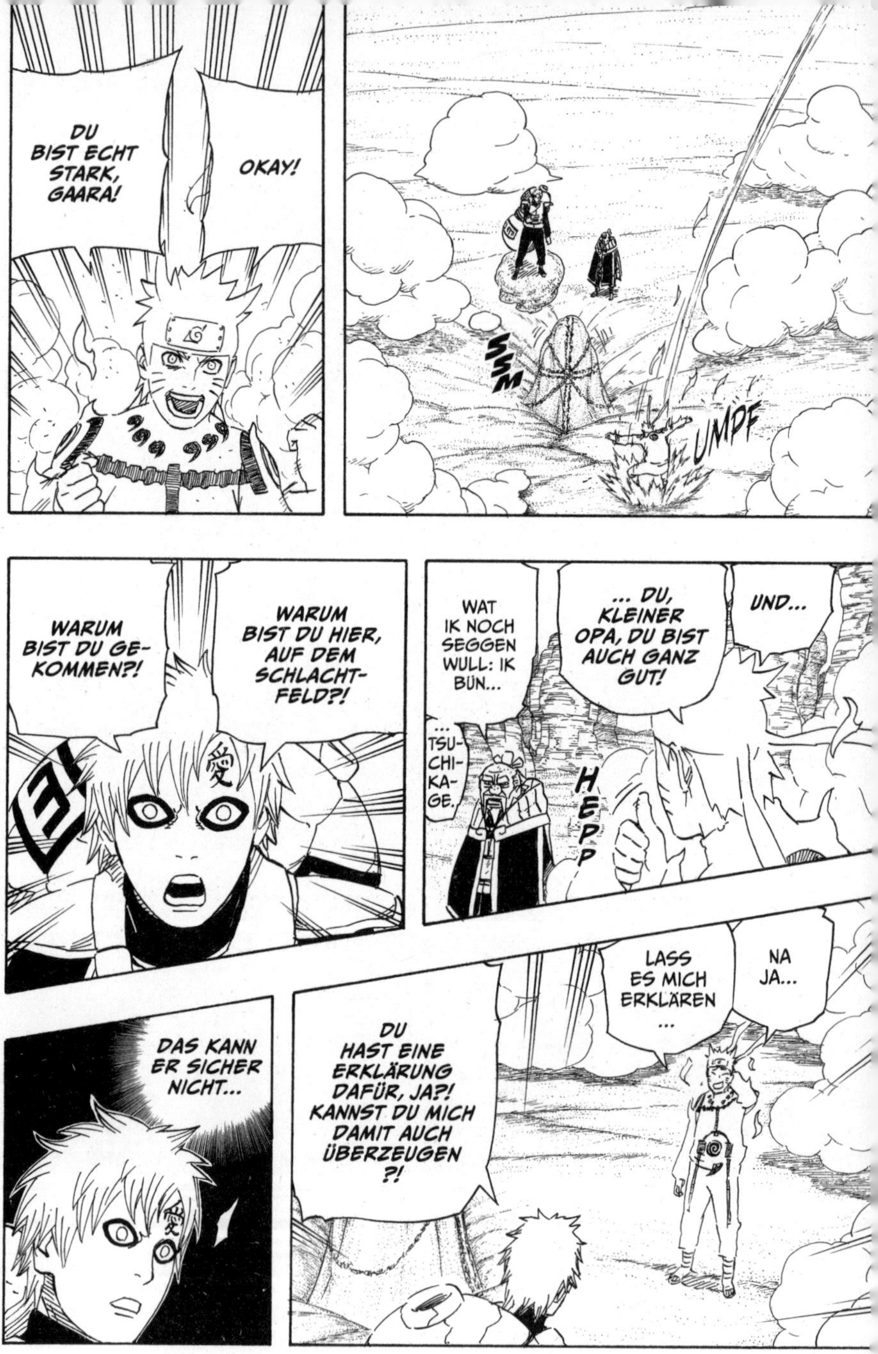
SSM
UMPF
OKAY!
DU BIST ECHT STARK, GAARA!
UND...
... DU, KLEINER OPA, DU BIST AUCH GANZ GUT!
HEPP
WAT IK NOCH SEGGEN WULL: IK BÜN...
... TSU-CHI-KA-GE.
WARUM BIST DU HIER, AUF DEM SCHLACHT-FELD?!
WARUM BIST DU GE-KOMMEN?!
NA JA...
LASS ES MICH ERKLÄREN ...
DU HAST EINE ERKLÄRUNG DAFÜR, JA?! KANNST DU MICH DAMIT AUCH ÜBERZEUGEN ?!
DAS KANN ER SICHER NICHT...

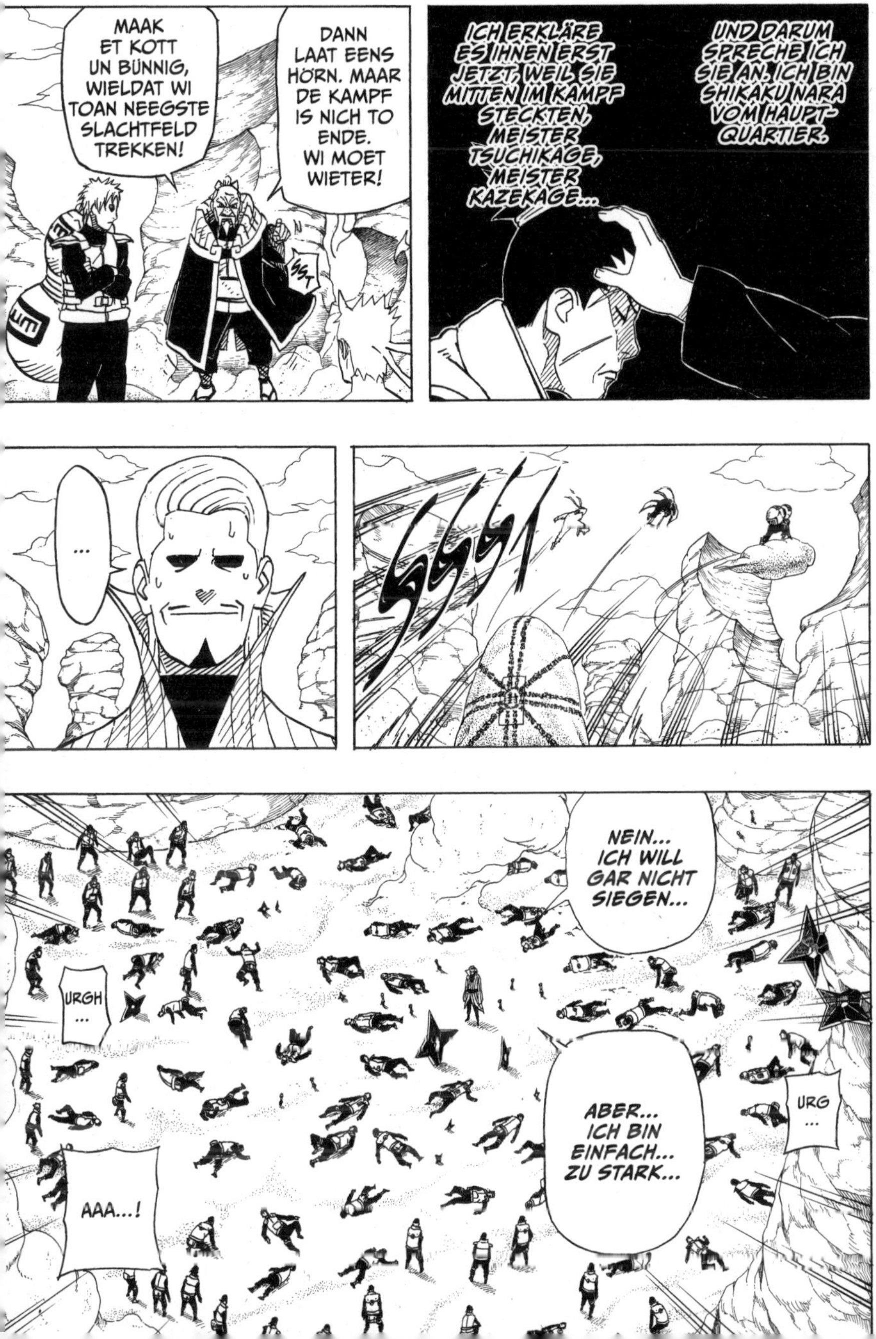
UND DARUM SPRECHE ICH SIE AN. ICH BIN SHIKAKU NARA VOM HAUPT-QUARTIER.
ICH ERKLÄRE ES IHNEN ERST JETZT, WEIL SIE MITTEN IM KAMPF STECKTEN, MEISTER TSUCHIKAGE, MEISTER KAZEKAGE...
DANN LAAT EENS HÖRN. MAAR DE KAMPF IS NICH TO ENDE. WI MOET WIETER!
SST
MAAK ET KOTT UN BÜNNIG, WIELDAT WI TOAN NEEGSTE SLACHTFELD TREKKEN!
...
NEIN... ICH WILL GAR NICHT SIEGEN...
URG...
ABER... ICH BIN EINFACH... ZU STARK...
URGH...
AAA...!

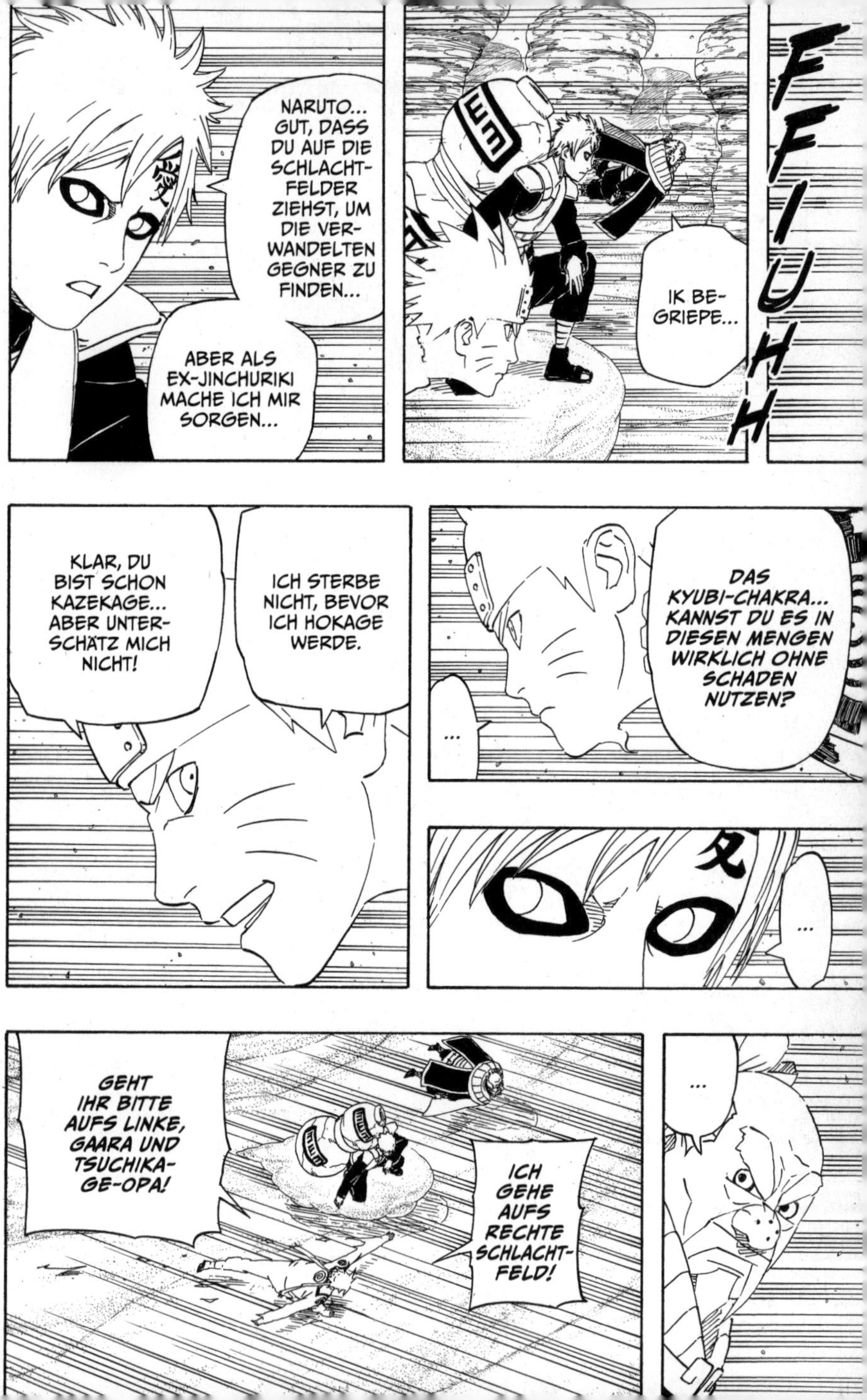
FFFIUUHHH
IK BE-GRIEPE...
NARUTO... GUT, DASS DU AUF DIE SCHLACHT-FELDER ZIEHST, UM DIE VER-WANDELTEN GEGNER ZU FINDEN...
ABER ALS EX-JINCHURIKI MACHE ICH MIR SORGEN...
DAS KYUBI-CHAKRA... KANNST DU ES IN DIESEN MENGEN WIRKLICH OHNE SCHADEN NUTZEN?
...
ICH STERBE NICHT, BEVOR ICH HOKAGE WERDE.
KLAR, DU BIST SCHON KAZEKAGE... ABER UNTER-SCHÄTZ MICH NICHT!
...
...
ICH GEHE AUFS RECHTE SCHLACHT-FELD!
GEHT IHR BITTE AUFS LINKE, GAARA UND TSUCHIKA-GE-OPA!

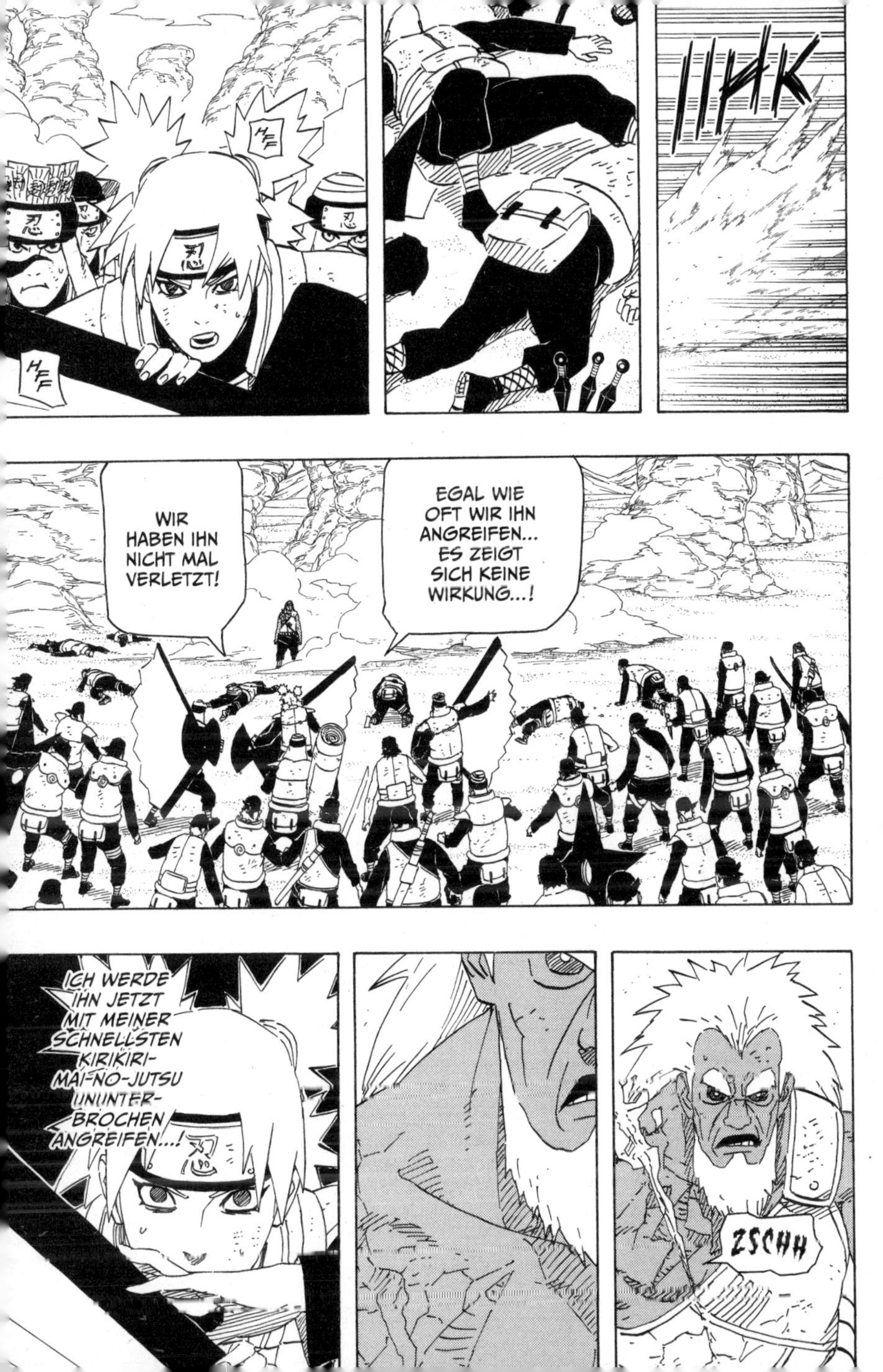
HFF
HFF
EGAL WIE OFT WIR IHN ANGREIFEN... ES ZEIGT SICH KEINE WIRKUNG...!
WIR HABEN IHN NICHT MAL VERLETZT!
ZSCHH
ICH WERDE IHN JETZT MIT MEINER SCHNELLSTEN KIRIKIRI-MAI-NO-JUTSU UNUNTER-BROCHEN ANGREIFEN...!

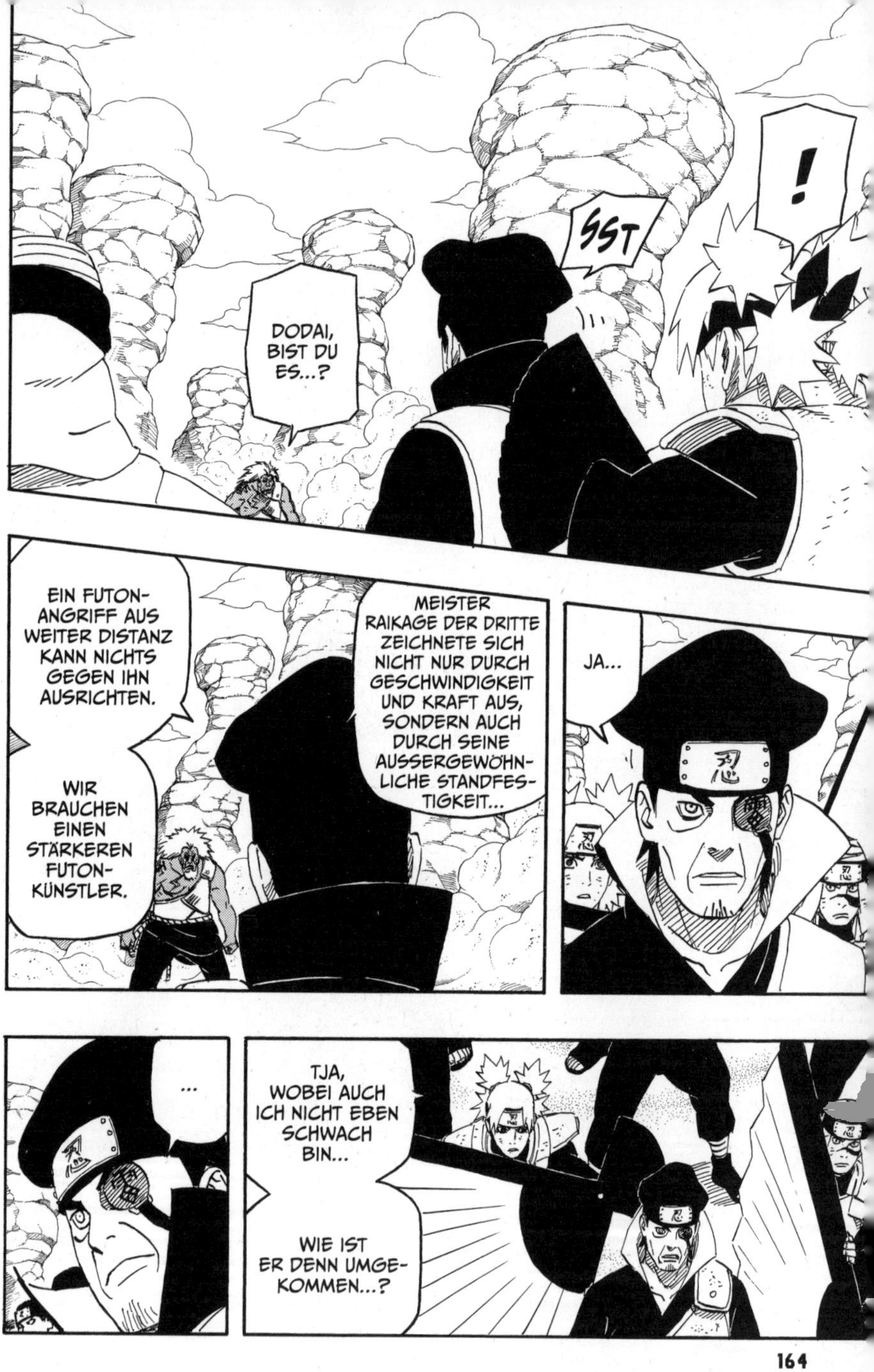
!
SST
DODAI, BIST DU ES...?
JA...
MEISTER RAIKAGE DER DRITTE ZEICHNETE SICH NICHT NUR DURCH GESCHWINDIGKEIT UND KRAFT AUS, SONDERN AUCH DURCH SEINE AUSSERGEWÖHNLICHE STANDFESTIGKEIT...
EIN FUTON-ANGRIFF AUS WEITER DISTANZ KANN NICHTS GEGEN IHN AUSRICHTEN.
WIR BRAUCHEN EINEN STÄRKEREN FUTON-KÜNSTLER.
TJA, WOBEI AUCH ICH NICHT EBEN SCHWACH BIN...
WIE IST ER DENN UMGEKOMMEN...?
...

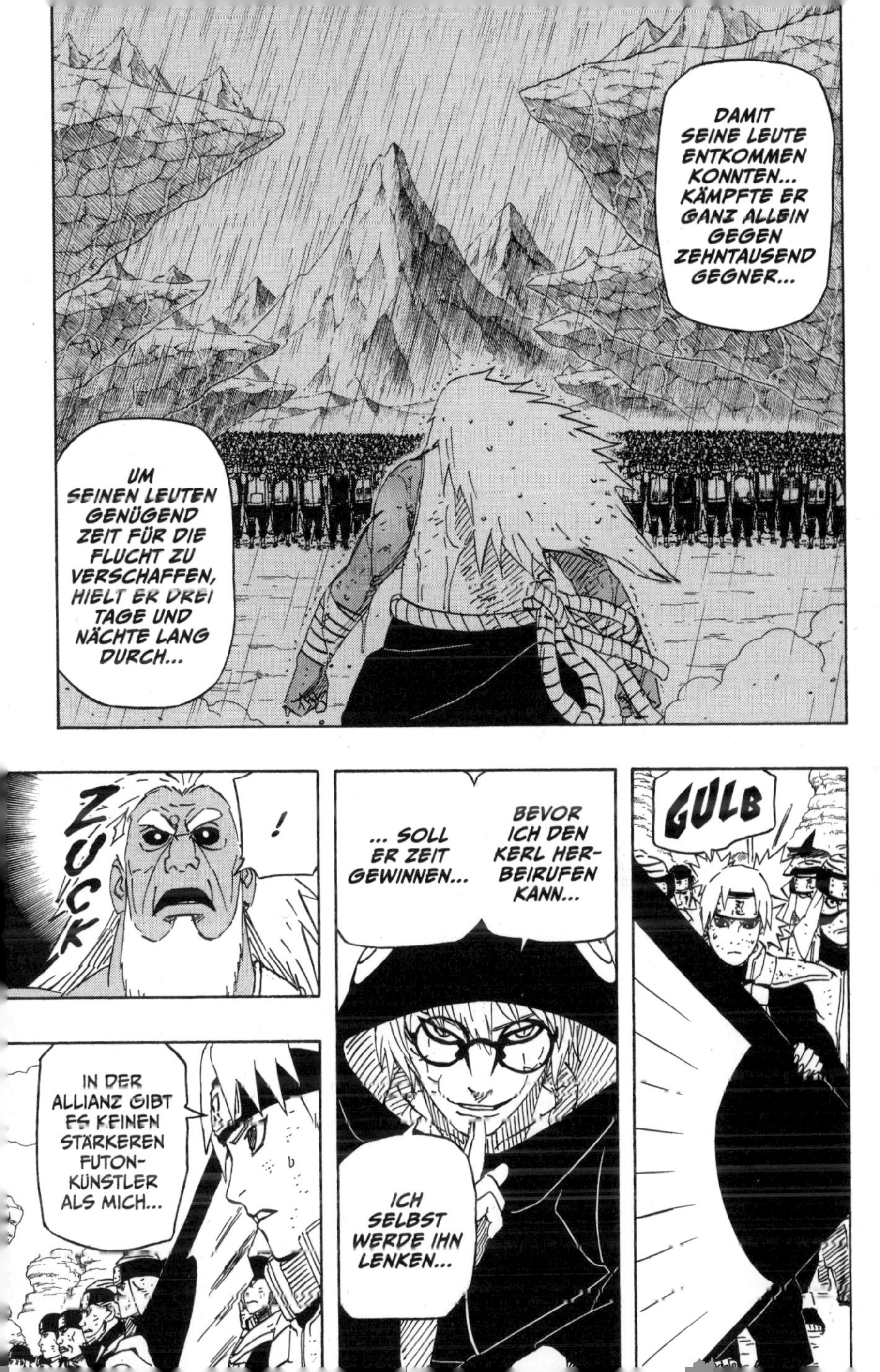
DAMIT SEINE LEUTE ENTKOMMEN KONNTEN... KÄMPFTE ER GANZ ALLEIN GEGEN ZEHNTAUSEND GEGNER...
UM SEINEN LEUTEN GENÜGEND ZEIT FÜR DIE FLUCHT ZU VERSCHAFFEN, HIELT ER DREI TAGE UND NÄCHTE LANG DURCH...
GULB
BEVOR ICH DEN KERL HERBEIRUFEN KANN...
... SOLL ER ZEIT GEWINNEN...
ZUCK
!
IN DER ALLIANZ GIBT ES KEINEN STÄRKEREN FUTON-KÜNSTLER ALS MICH...
ICH SELBST WERDE IHN LENKEN...

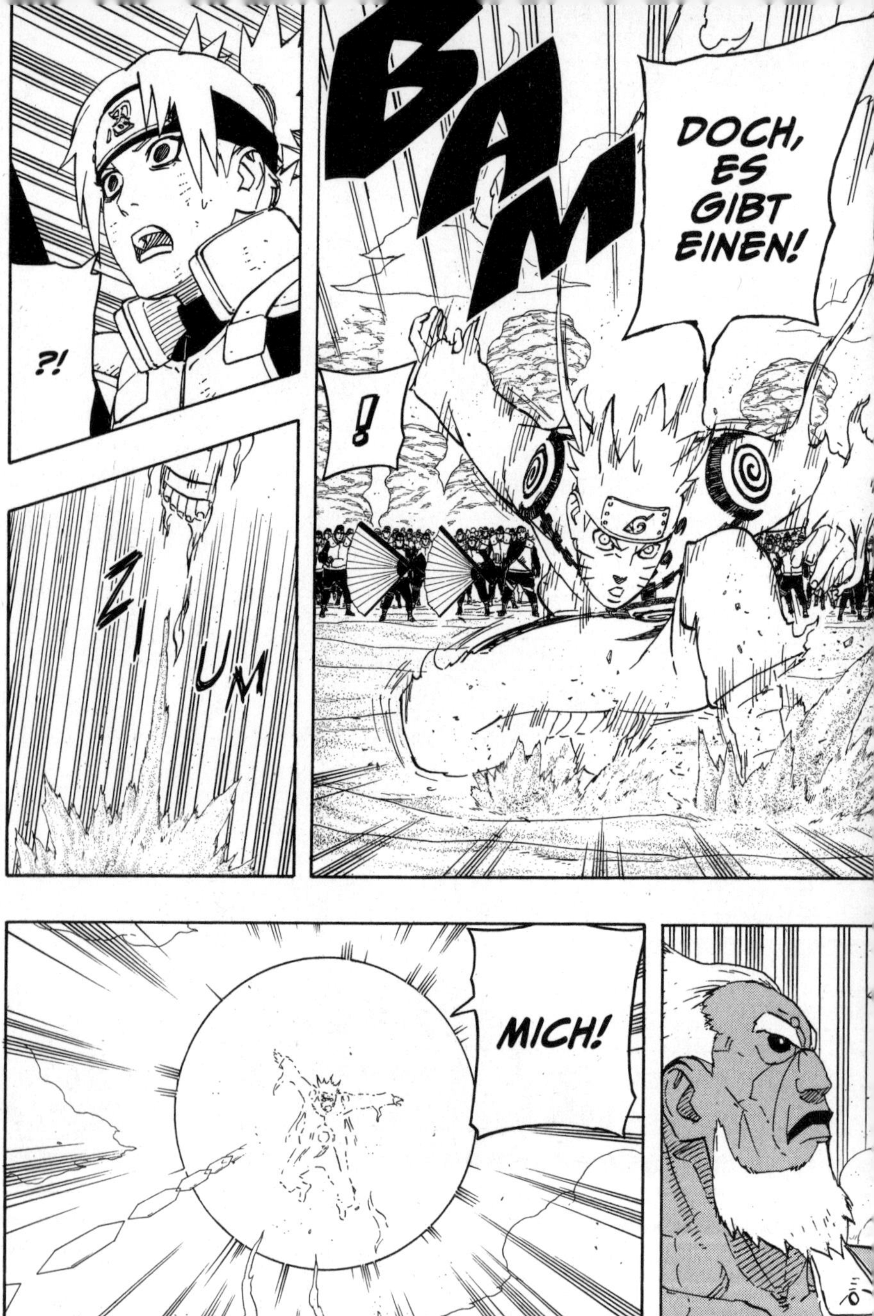
BAM
DOCH, ES GIBT EINEN!
!
?!
ZIUM
MICH!

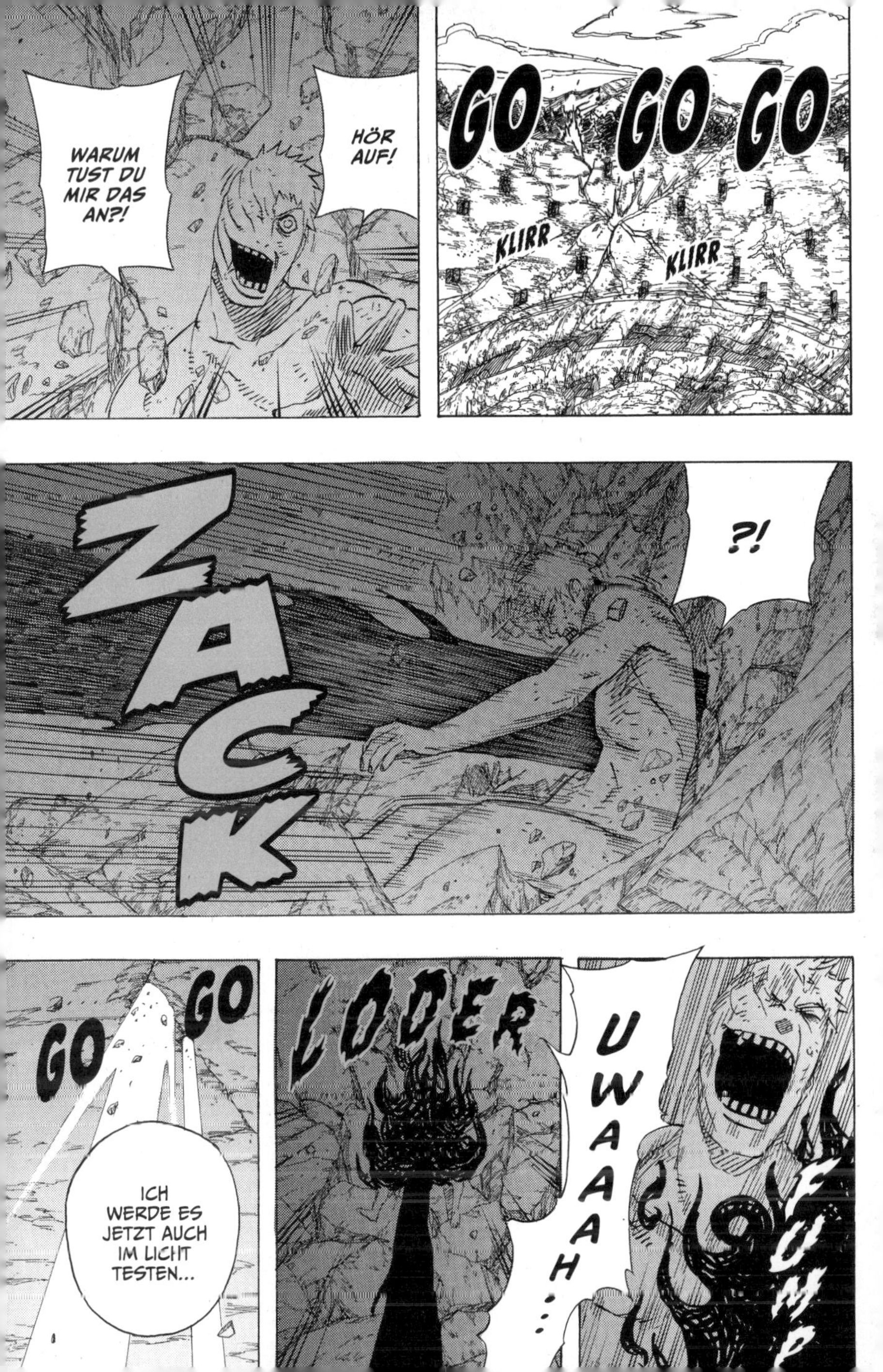
GO GO GO
KLIRR
KLIRR
HÖR AUF!
WARUM TUST DU MIR DAS AN?!
?!
ZACK
UWAAAAH...
FUMP
LODER
GO GO
ICH WERDE ES JETZT AUCH IM LICHT TESTEN...

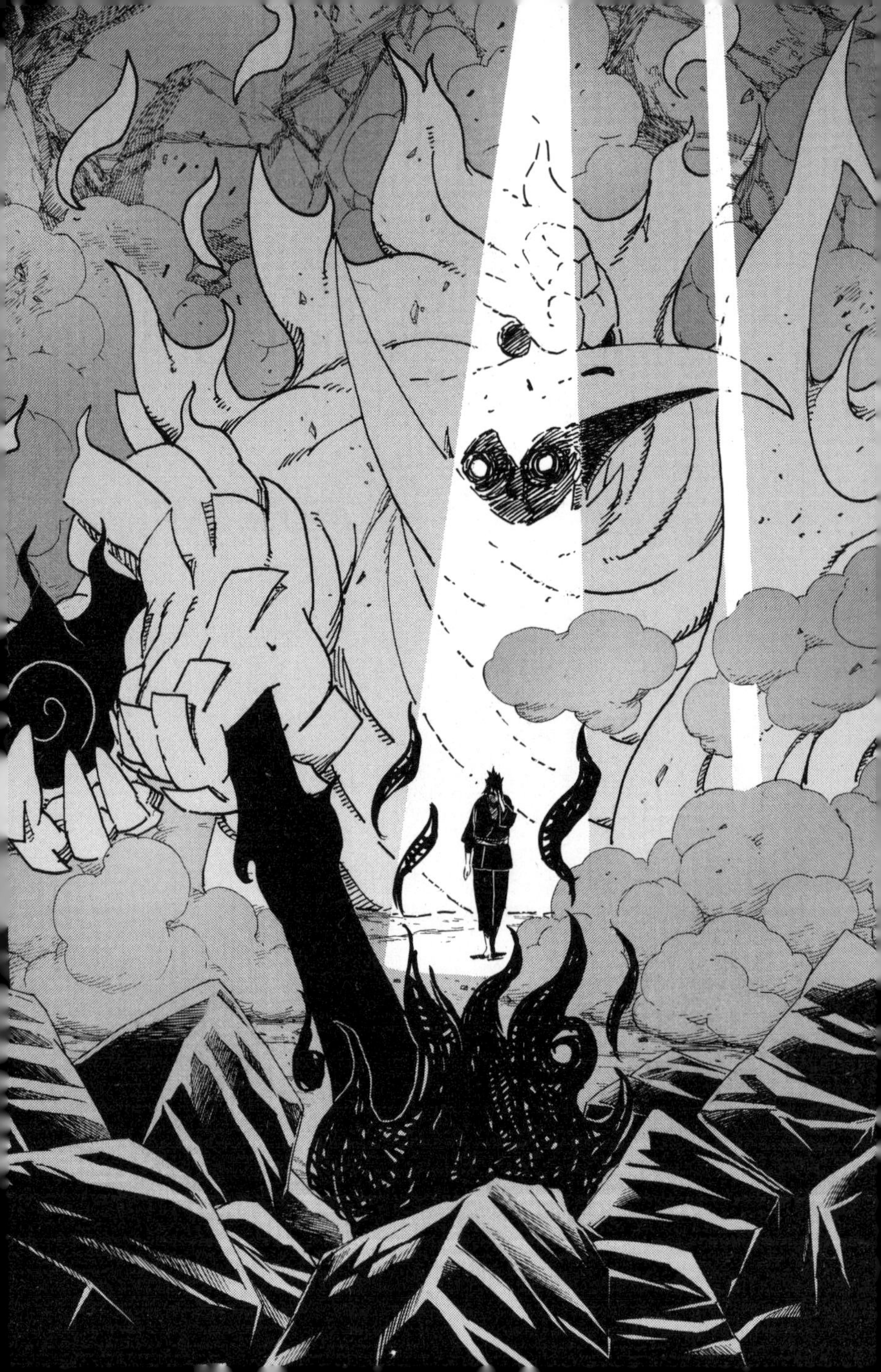

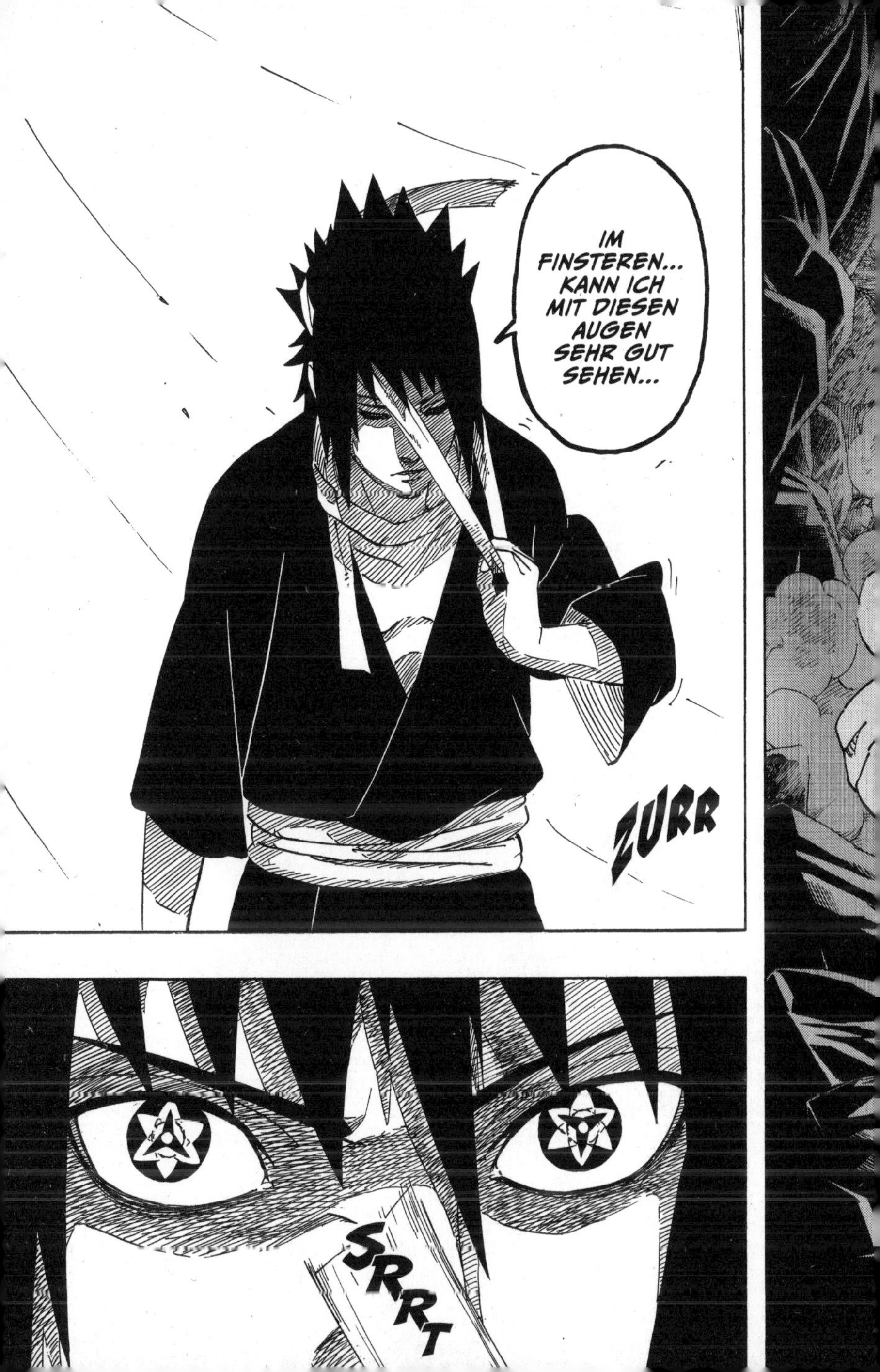
IM FINSTEREN... KANN ICH MIT DIESEN AUGEN SEHR GUT SEHEN...
ZURR
SRRT

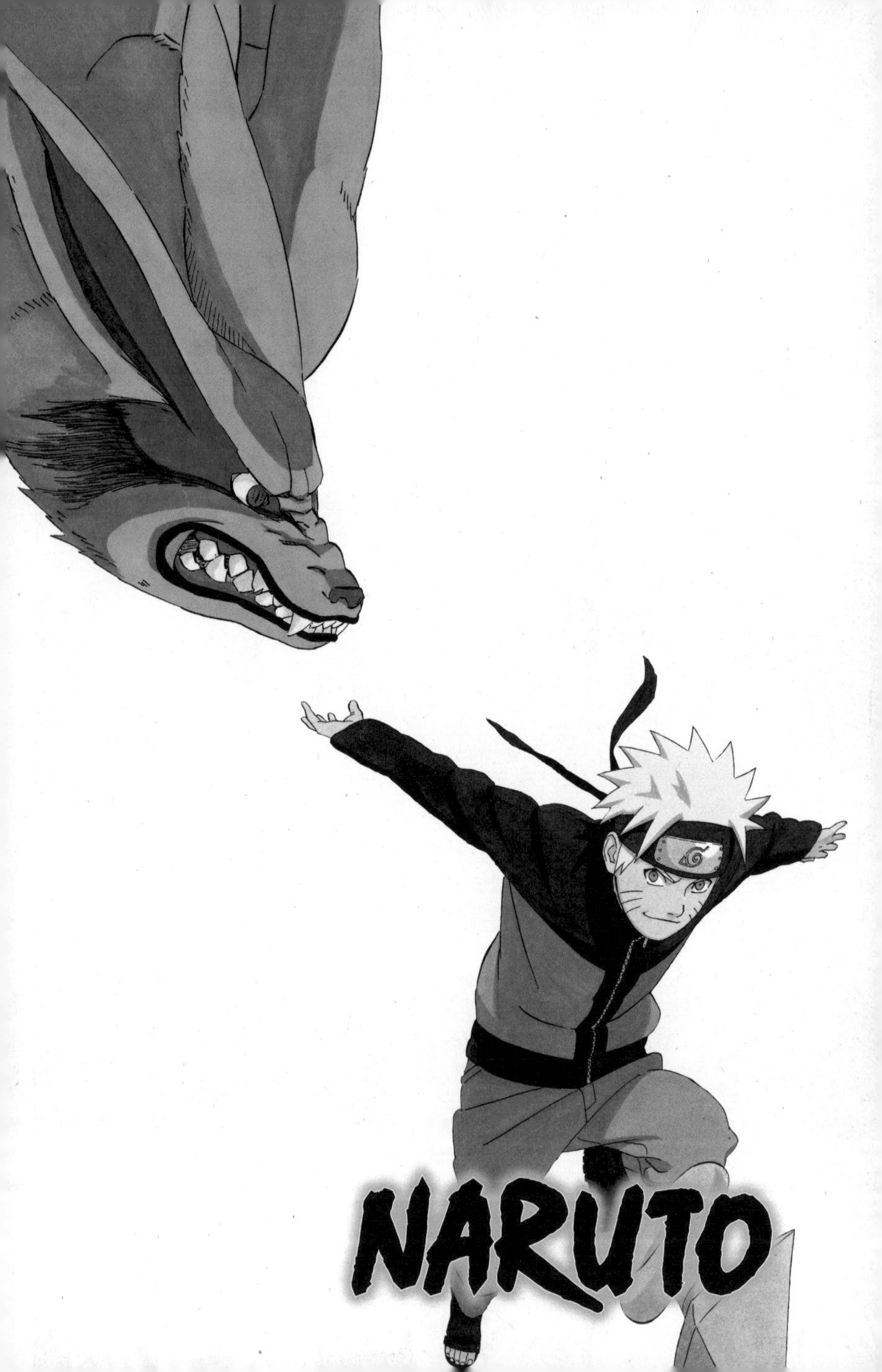
NARUTO

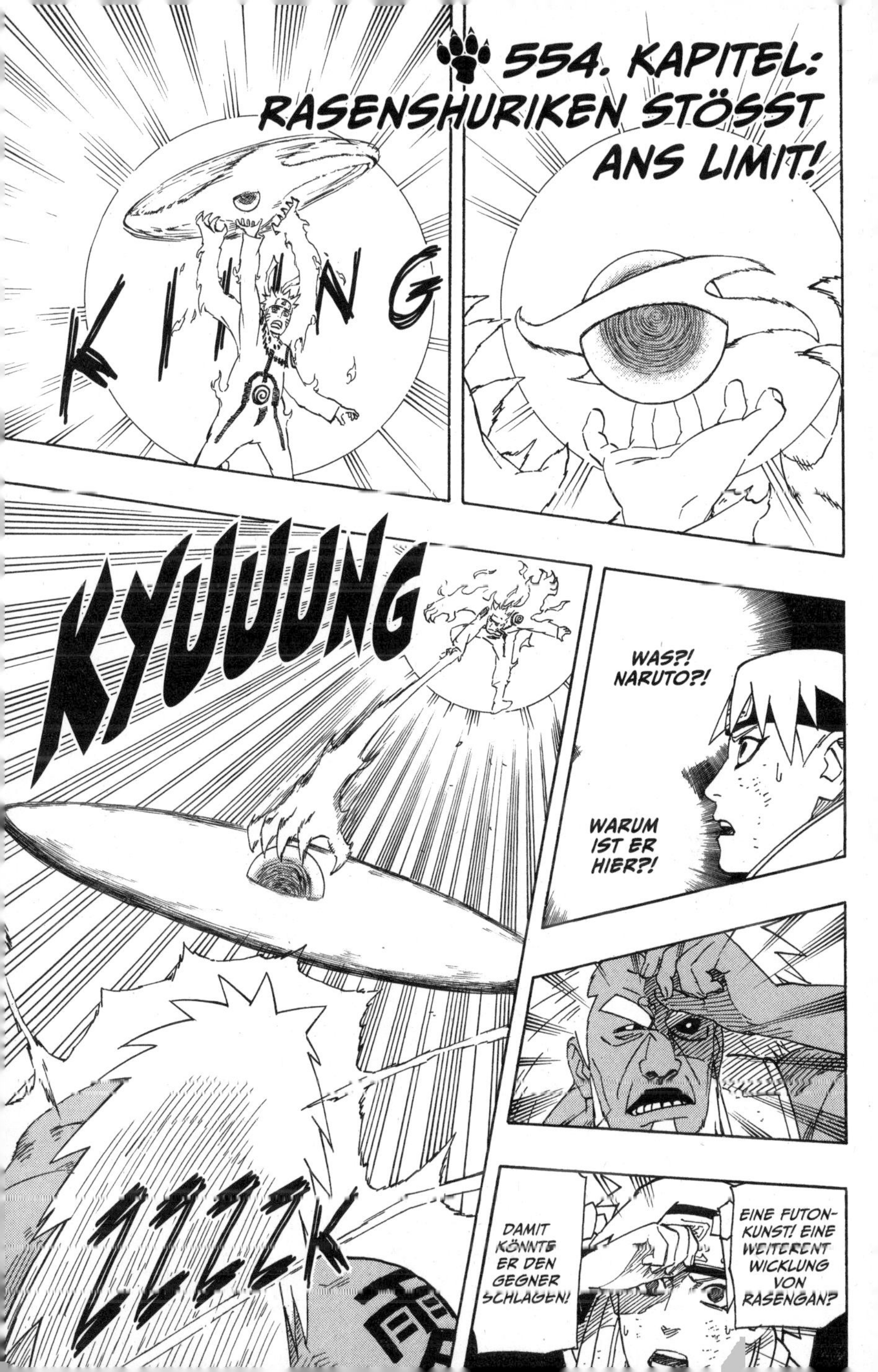
554. KAPITEL:
RASENSHURIKEN STÖSST ANS LIMIT!
KIIING
KYUUUUNG
WAS?! NARUTO?!
WARUM IST ER HIER?!
ZZZZK
EINE FUTON-KUNST! EINE WEITERENT WICKLUNG VON RASENGAN?
DAMIT KÖNNTE ER DEN GEGNER SCHLAGEN!

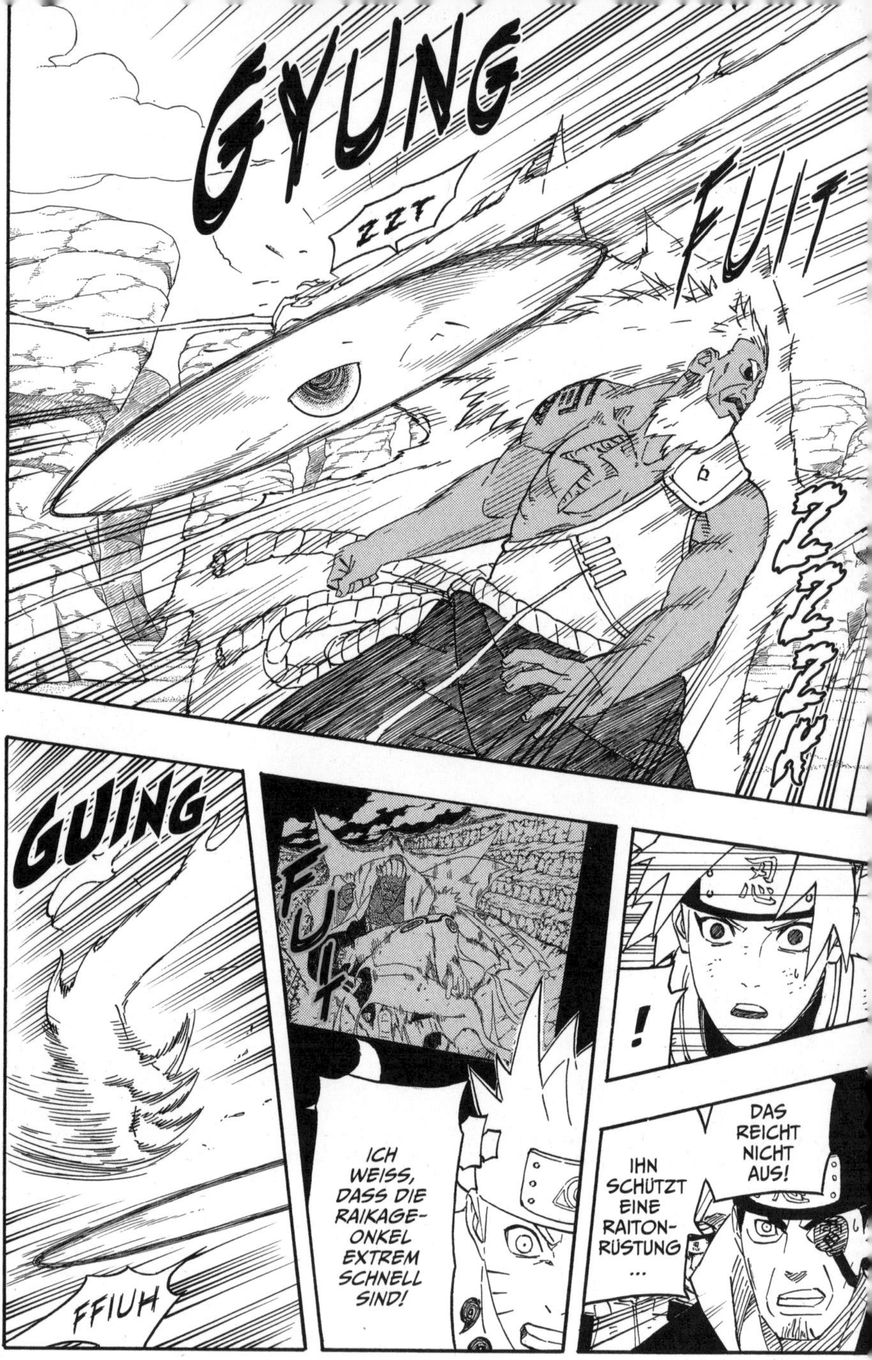
FUIT
GYUNG
ZZZT
!
DAS REICHT NICHT AUS!
IHN SCHÜTZT EINE RAITON-RÜSTUNG ...
FUIT
ICH WEISS, DASS DIE RAIKAGE-ONKEL EXTREM SCHNELL SIND!
GUING
FFIUH

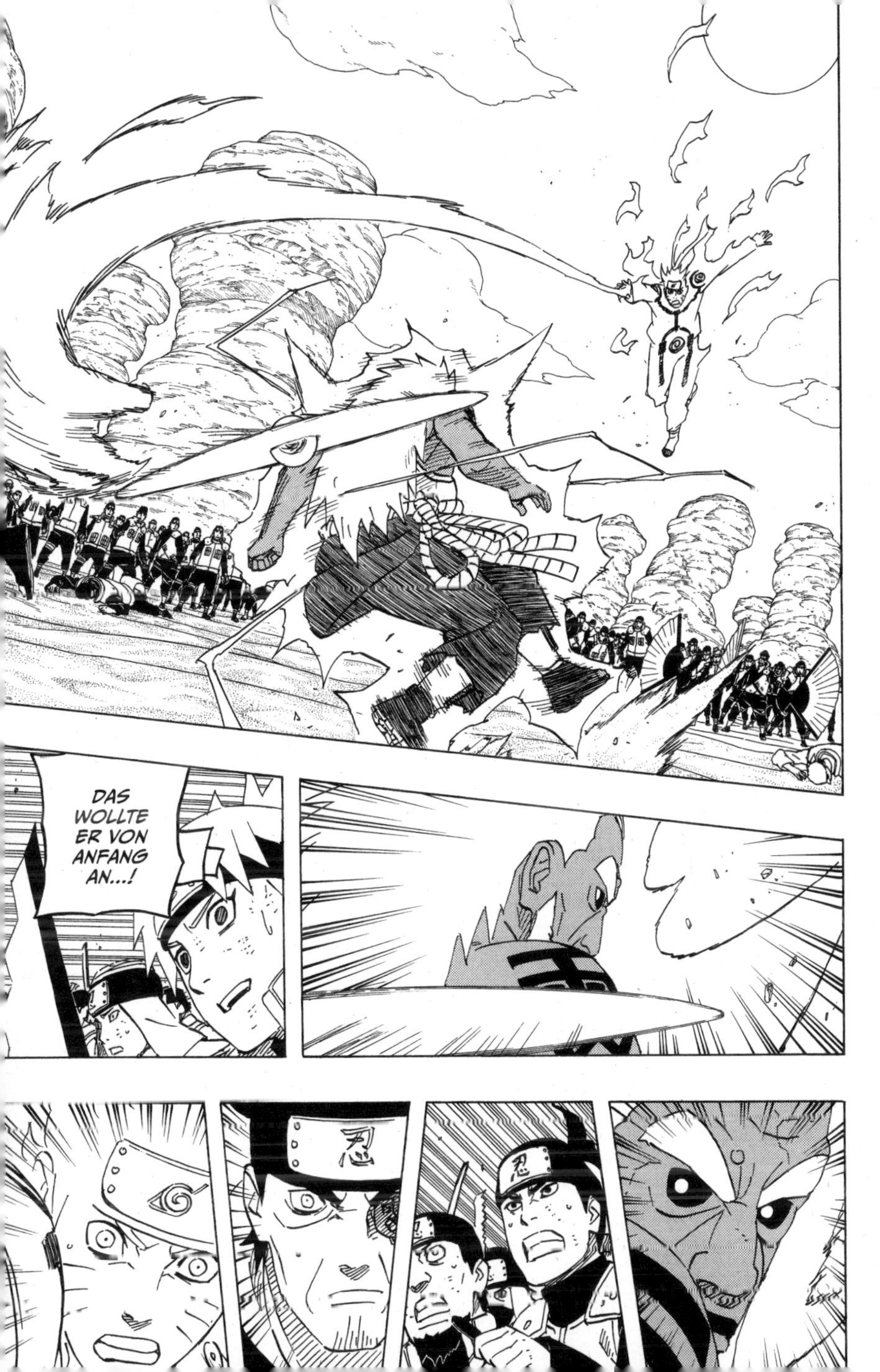
DAS WOLLTE ER VON ANFANG AN...!

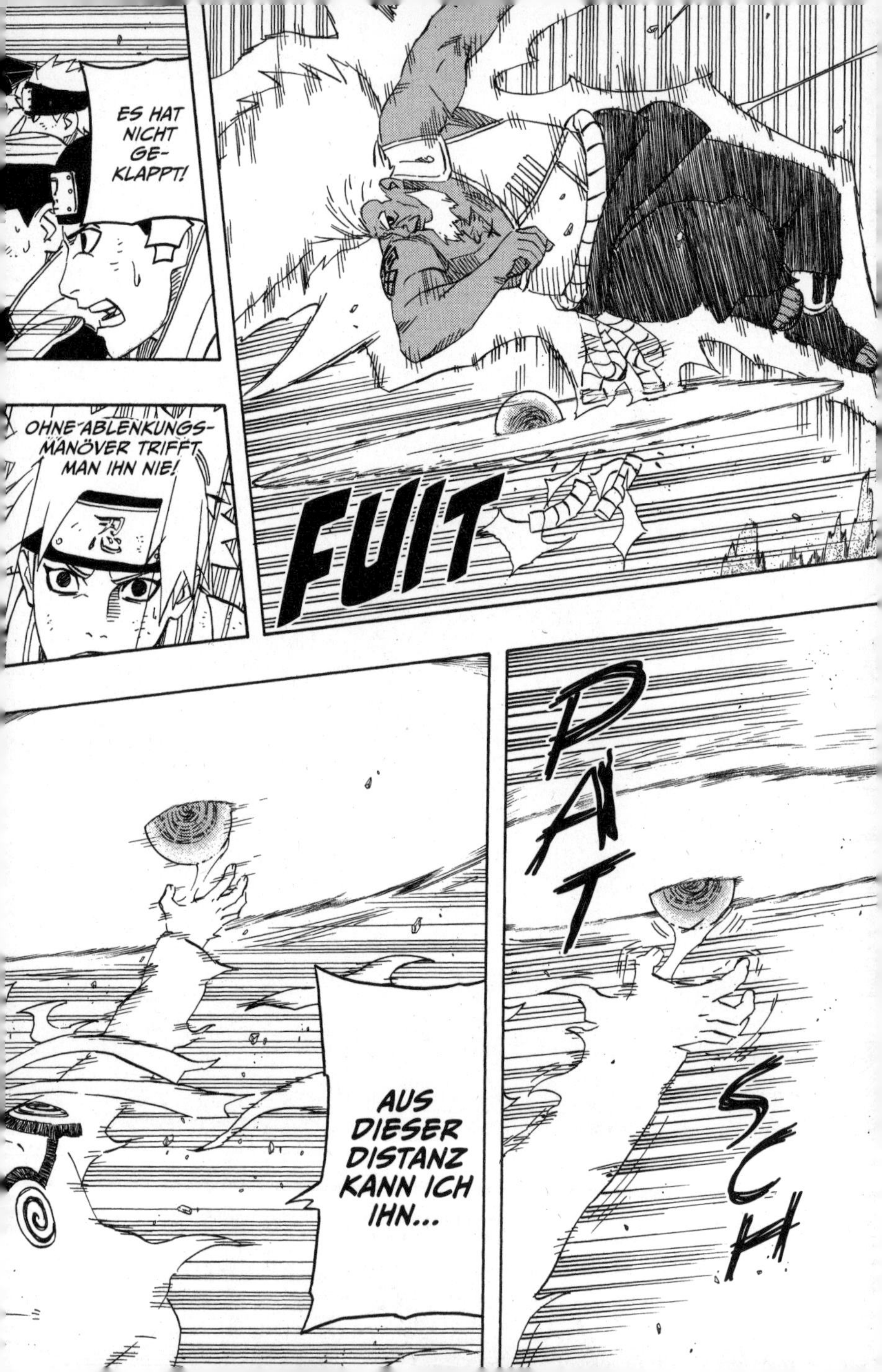
FUIT
ES HAT NICHT GE- KLAPPT!
OHNE ABLENKUNGS- MANÖVER TRIFFT MAN IHN NIE!
PATSCH
AUS DIESER DISTANZ KANN ICH IHN...

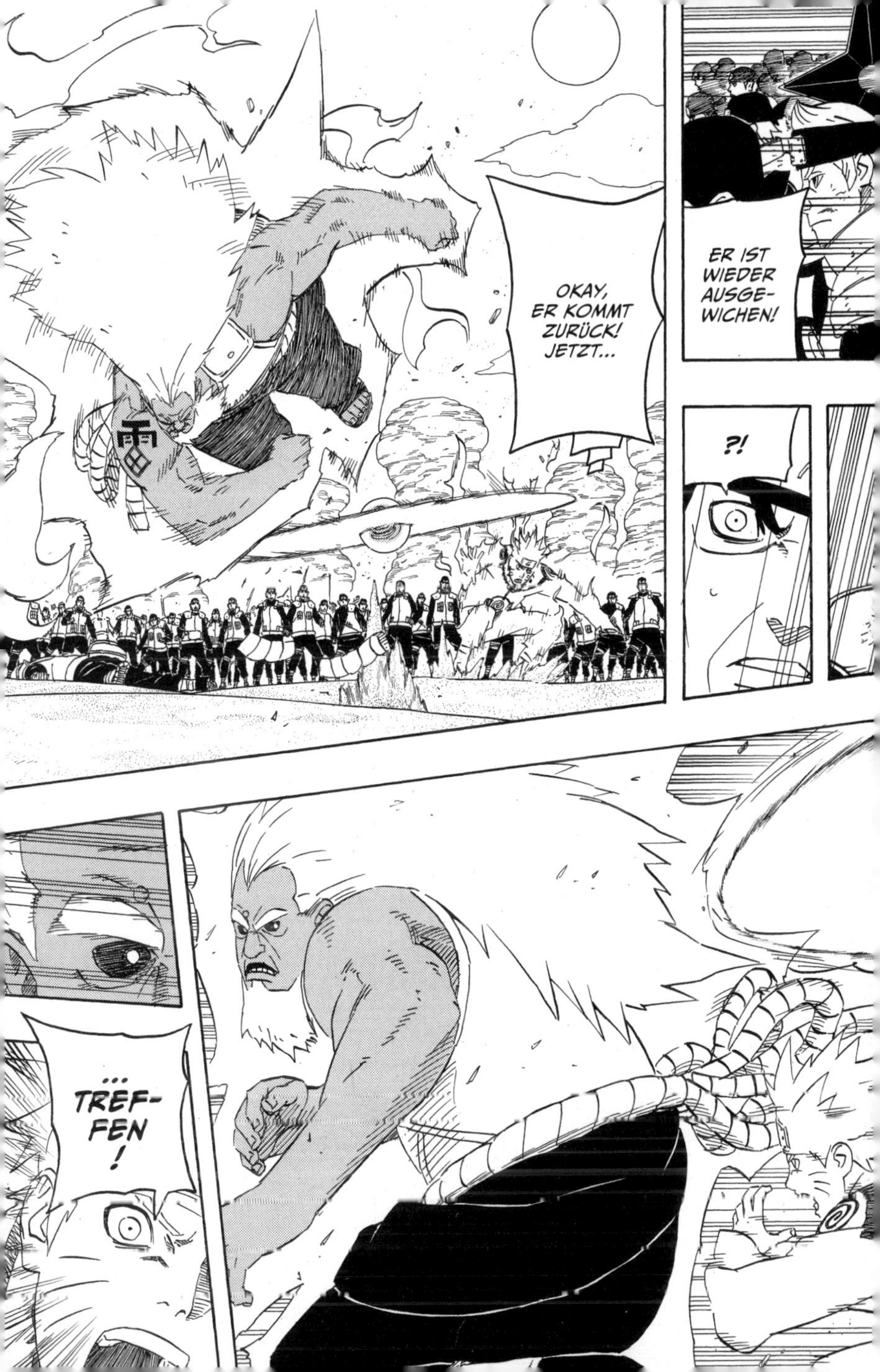

ER IST WIEDER AUSGE-WICHEN!
OKAY, ER KOMMT ZURÜCK! JETZT...
?!
... TREF-FEN !

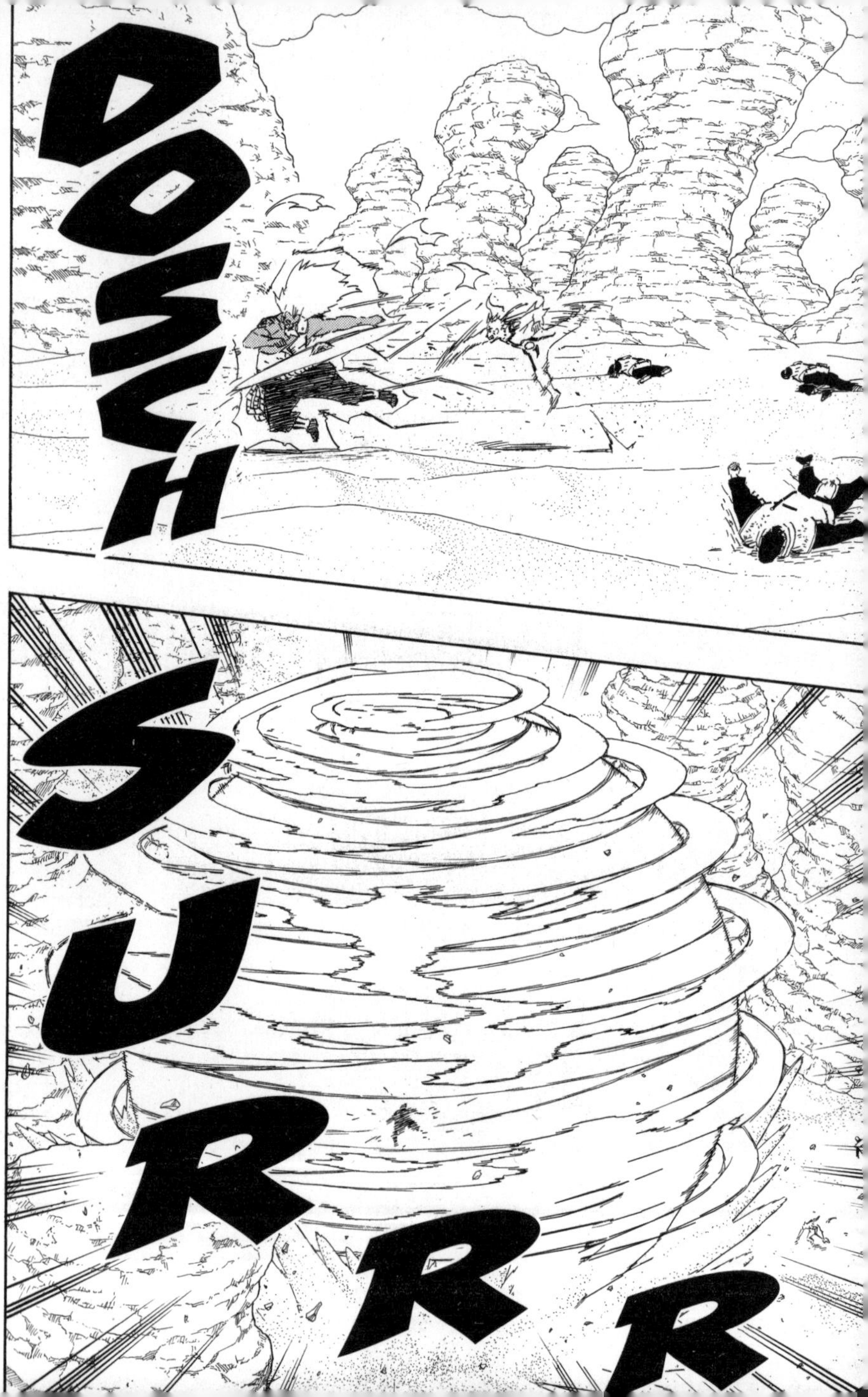
DOSCH
SURRRR

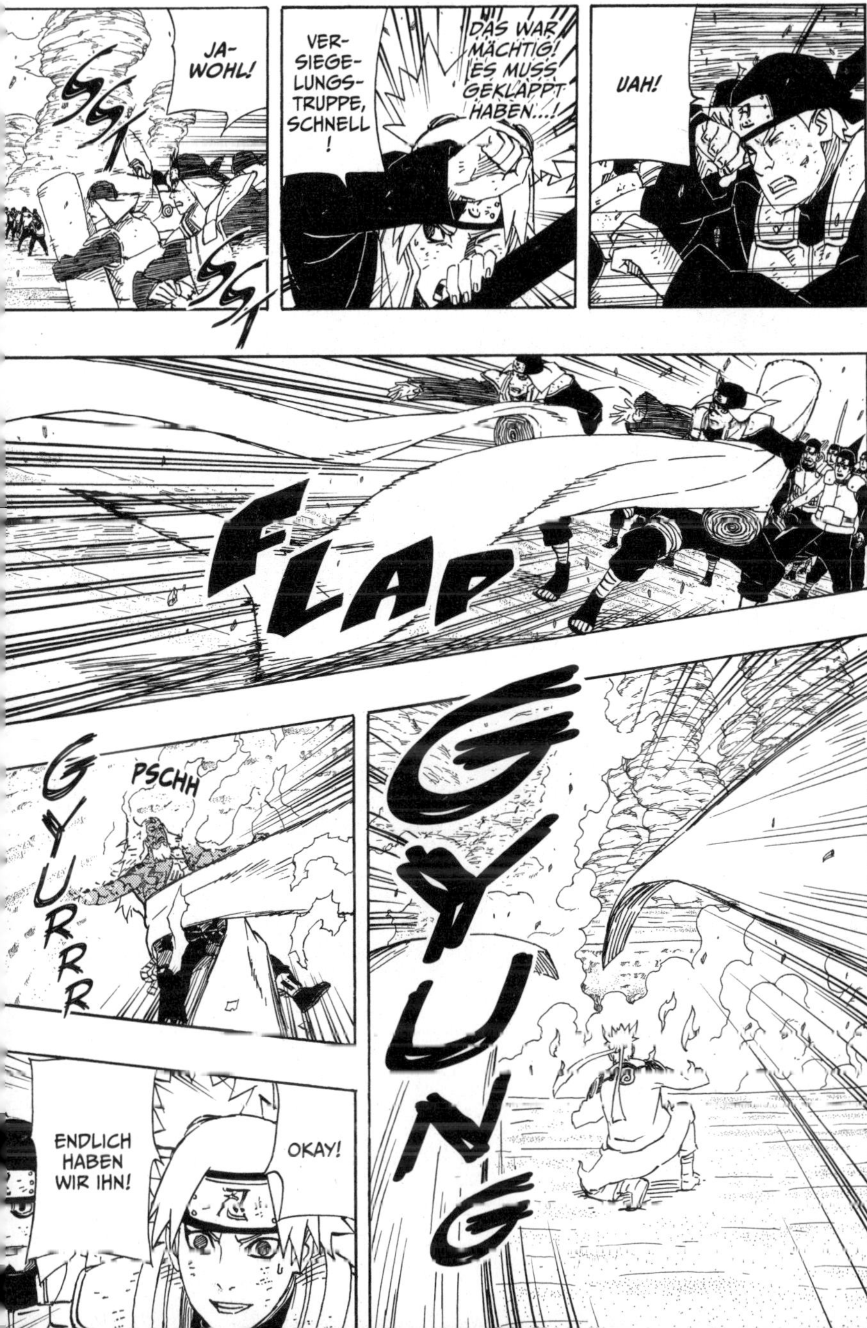

UAH!
DAS WAR MÄCHTIG! ES MUSS GEKLAPPT HABEN...!
VER-SIEGE-LUNGS-TRUPPE, SCHNELL!
JA-WOHL!
SSK
SSK
FLAP
GYUNG
PSCHH
GYURRR
OKAY!
ENDLICH HABEN WIR IHN!

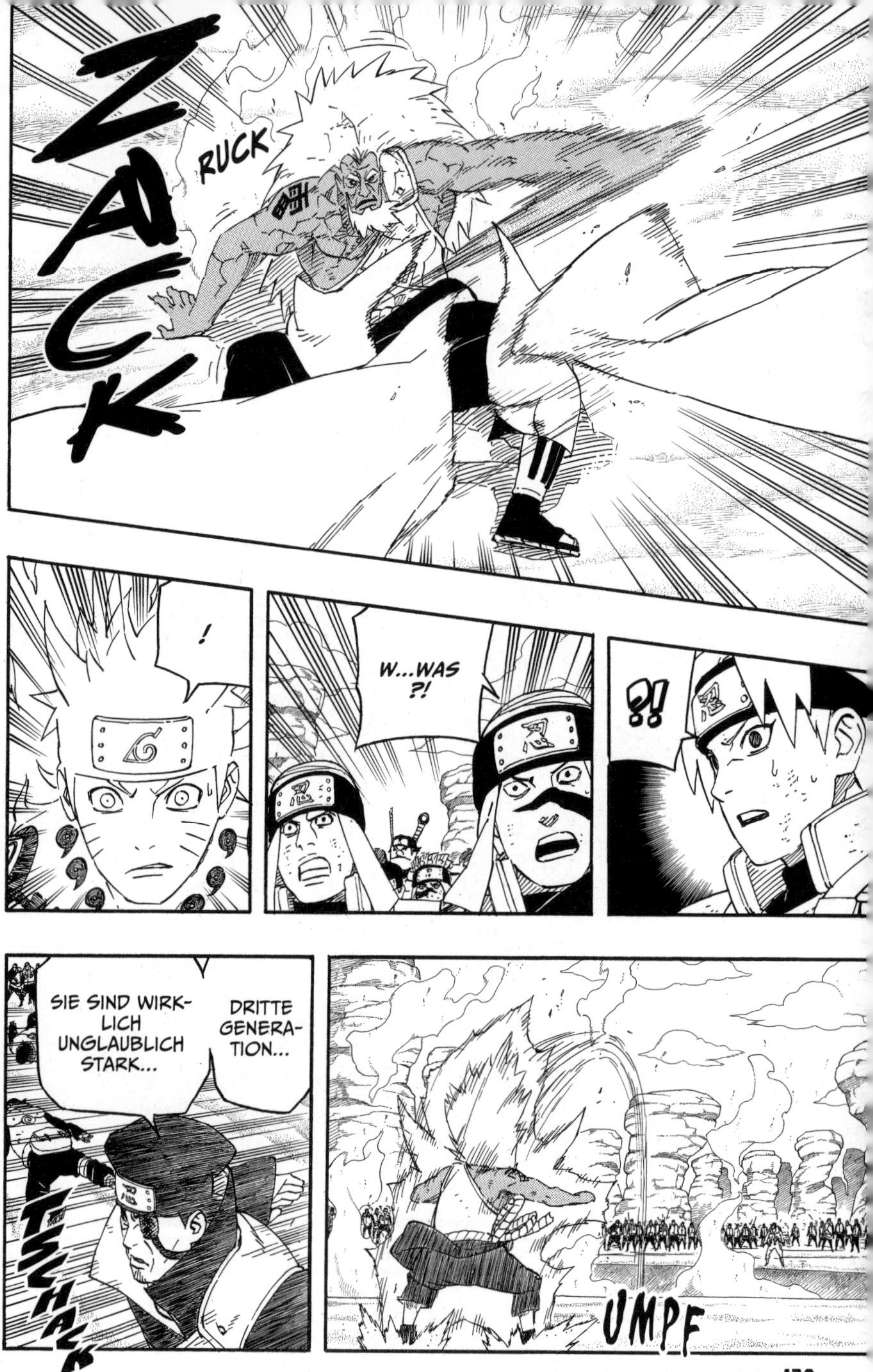
ZACK
RUCK
!
W...WAS ?!
?!!
DRITTE GENERATION...
SIE SIND WIRKLICH UNGLAUBLICH STARK...
TSCHACK
UMPF

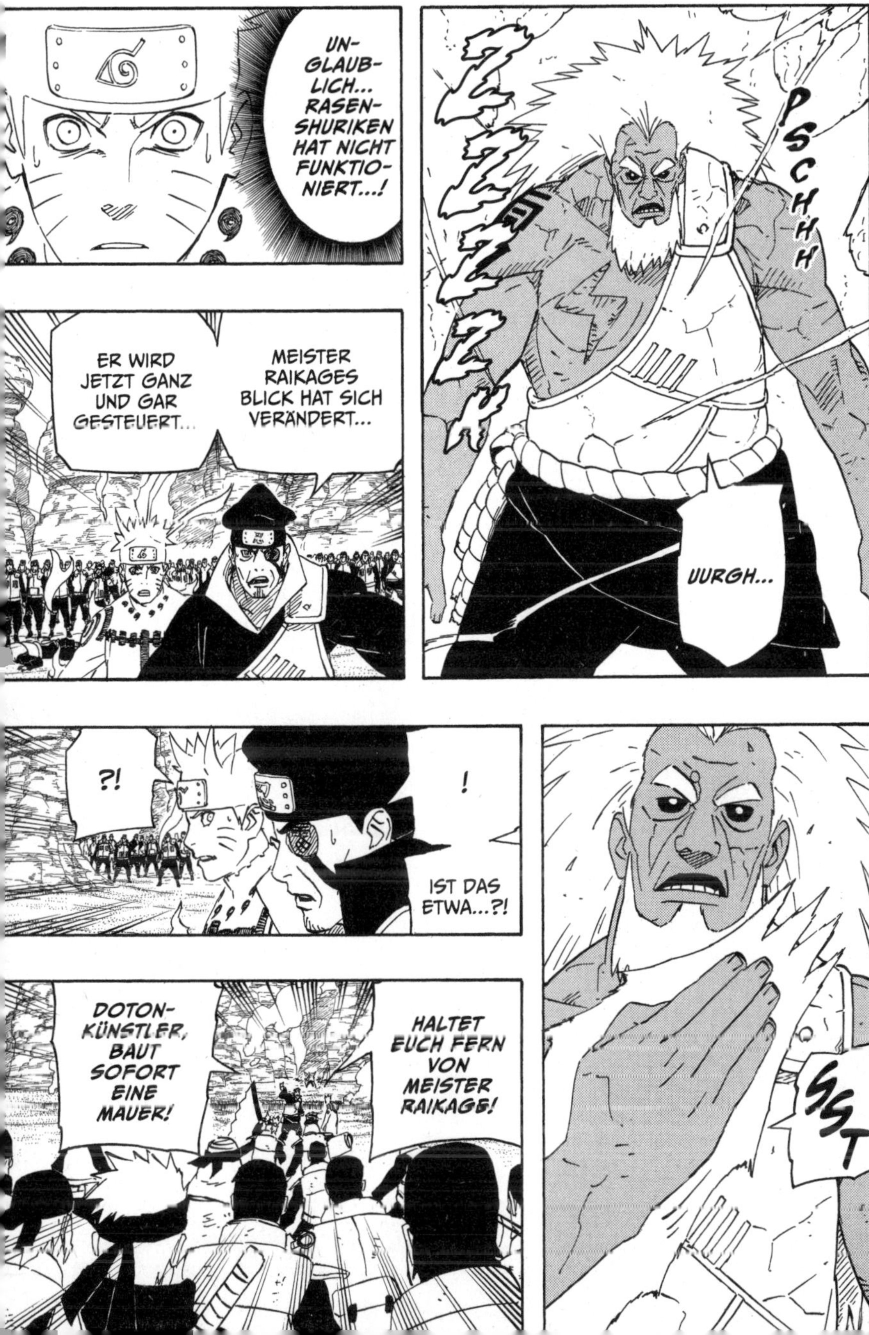
PSCHHH
UURGH...
UN-GLAUB-LICH... RASEN-SHURIKEN HAT NICHT FUNKTIO-NIERT...!
MEISTER RAIKAGES BLICK HAT SICH VERÄNDERT...
ER WIRD JETZT GANZ UND GAR GESTEUERT...
SST
!
IST DAS ETWA...?!
?!
HALTET EUCH FERN VON MEISTER RAIKAGE!
DOTON-KÜNSTLER, BAUT SOFORT EINE MAUER!

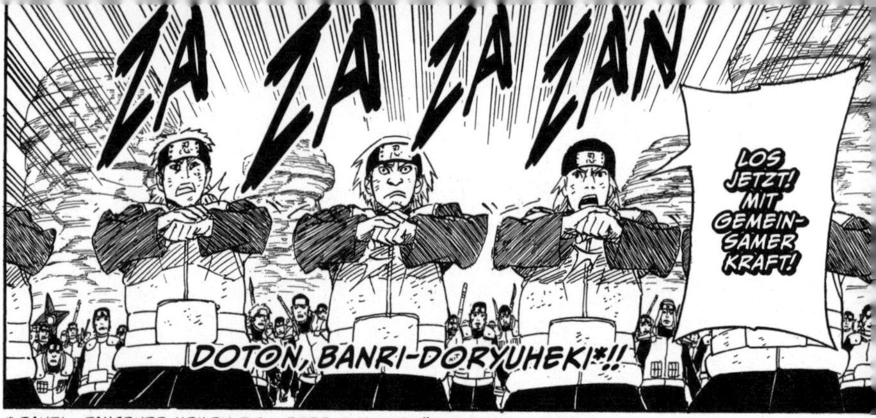

* BANRI = TAUSENDE MEILEN, DO = ERDE, RYU = STRÖMUNG, HEKI = MAUER

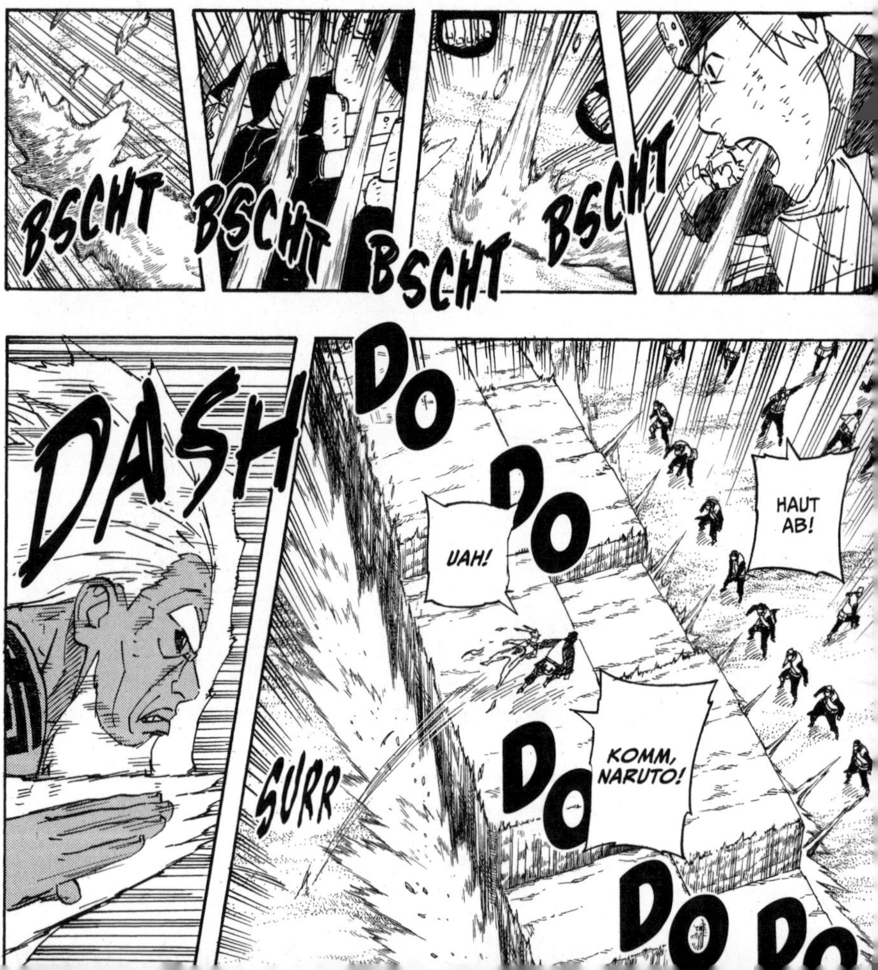

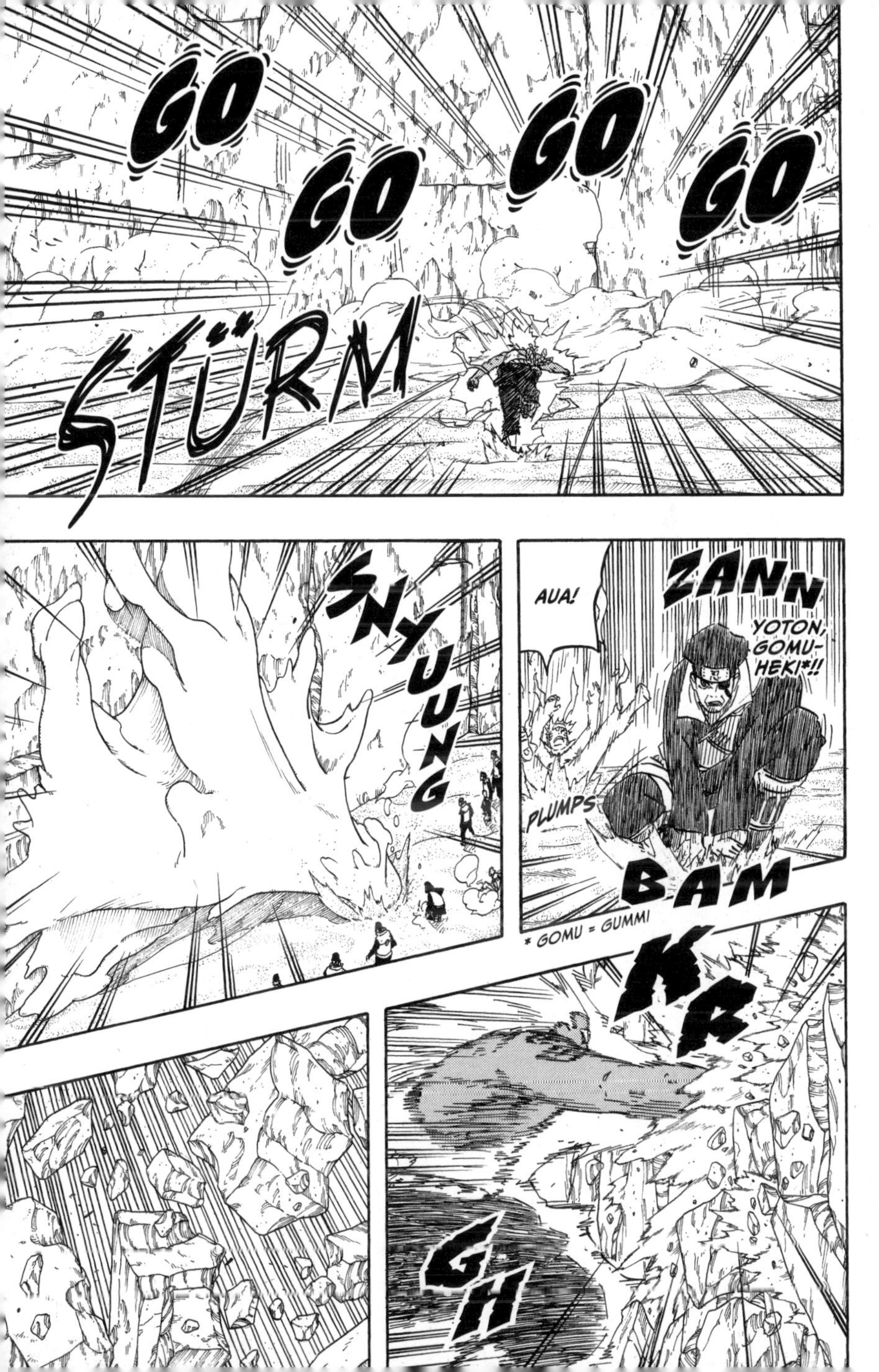
GO GO GO GO
STÜRM
SNYUUNG
ZANN
AUA!
YOTON, GOMU-HEKI*!!
PLUMPS
BAM
* GOMU = GUMMI
KR
GH

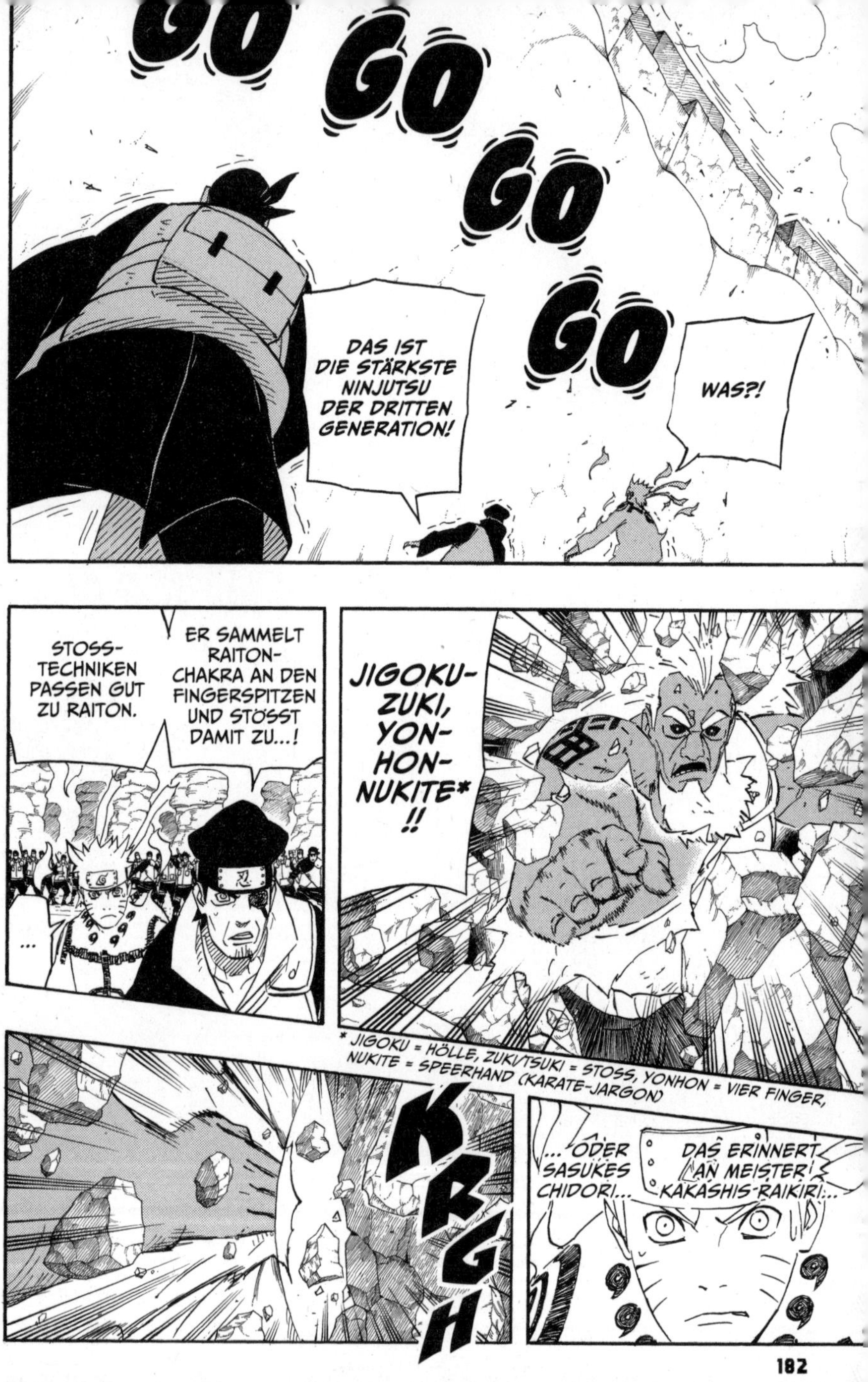
GO GO GO GO GO
WAS?!
DAS IST DIE STÄRKSTE NINJUTSU DER DRITTEN GENERATION!
JIGOKU-ZUKI, YON-HON-NUKITE* !!
ER SAMMELT RAITON-CHAKRA AN DEN FINGERSPITZEN UND STÖSST DAMIT ZU...!
STOSS-TECHNIKEN PASSEN GUT ZU RAITON.
...
* JIGOKU = HÖLLE, ZUKI/TSUKI = STOSS, YONHON = VIER FINGER, NUKITE = SPEERHAND (KARATE-JARGON)
DAS ERINNERT AN MEISTER KAKASHIS RAIKIRI...
... ODER SASUKES CHIDORI...
KRGH

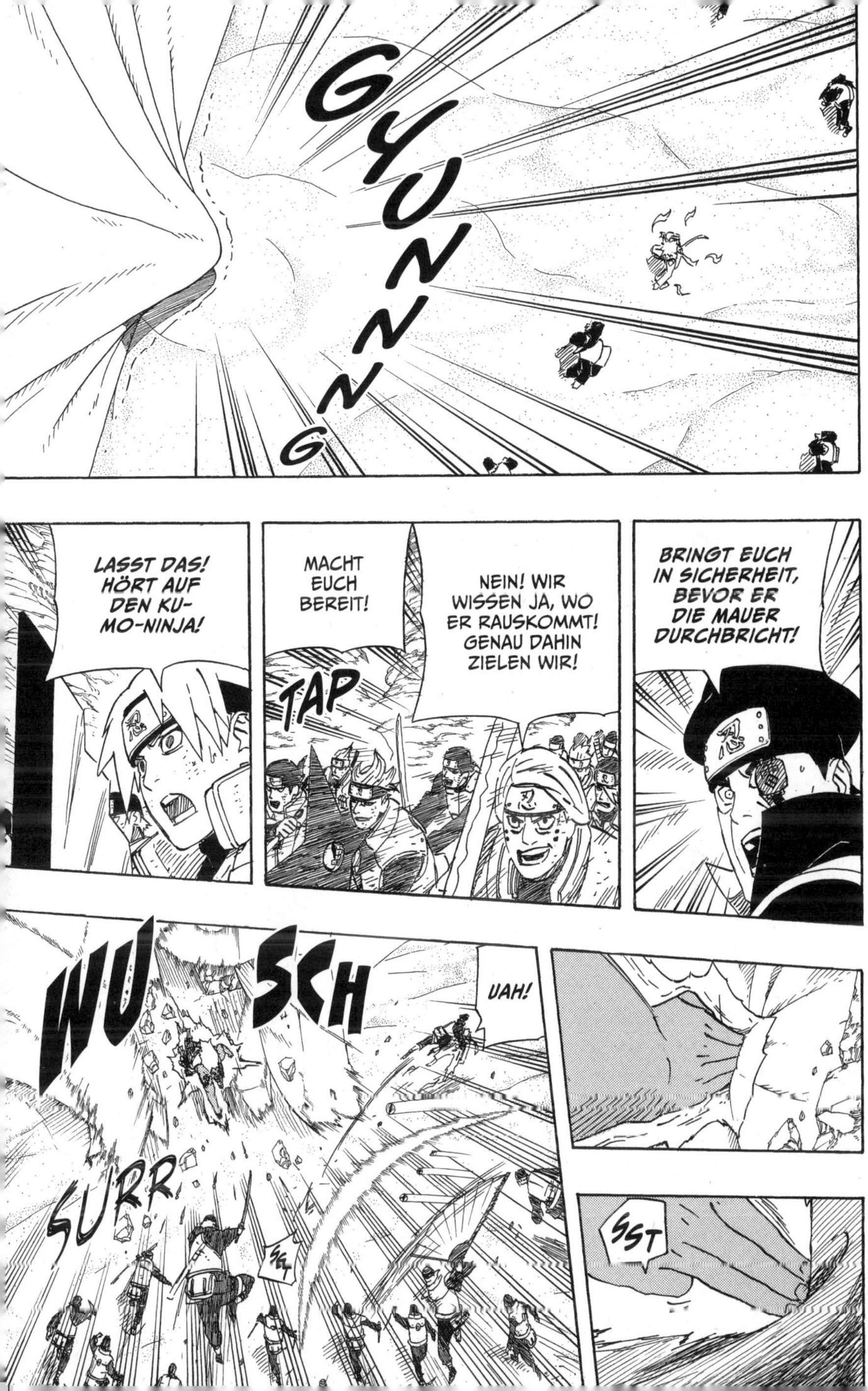
GYUNNNNG
BRINGT EUCH IN SICHERHEIT, BEVOR ER DIE MAUER DURCHBRICHT!
NEIN! WIR WISSEN JA, WO ER RAUSKOMMT! GENAU DAHIN ZIELEN WIR!
MACHT EUCH BEREIT!
TAP
LASST DAS! HÖRT AUF DEN KU-MO-NINJA!
SST
UAH!
WUSCH
SURR

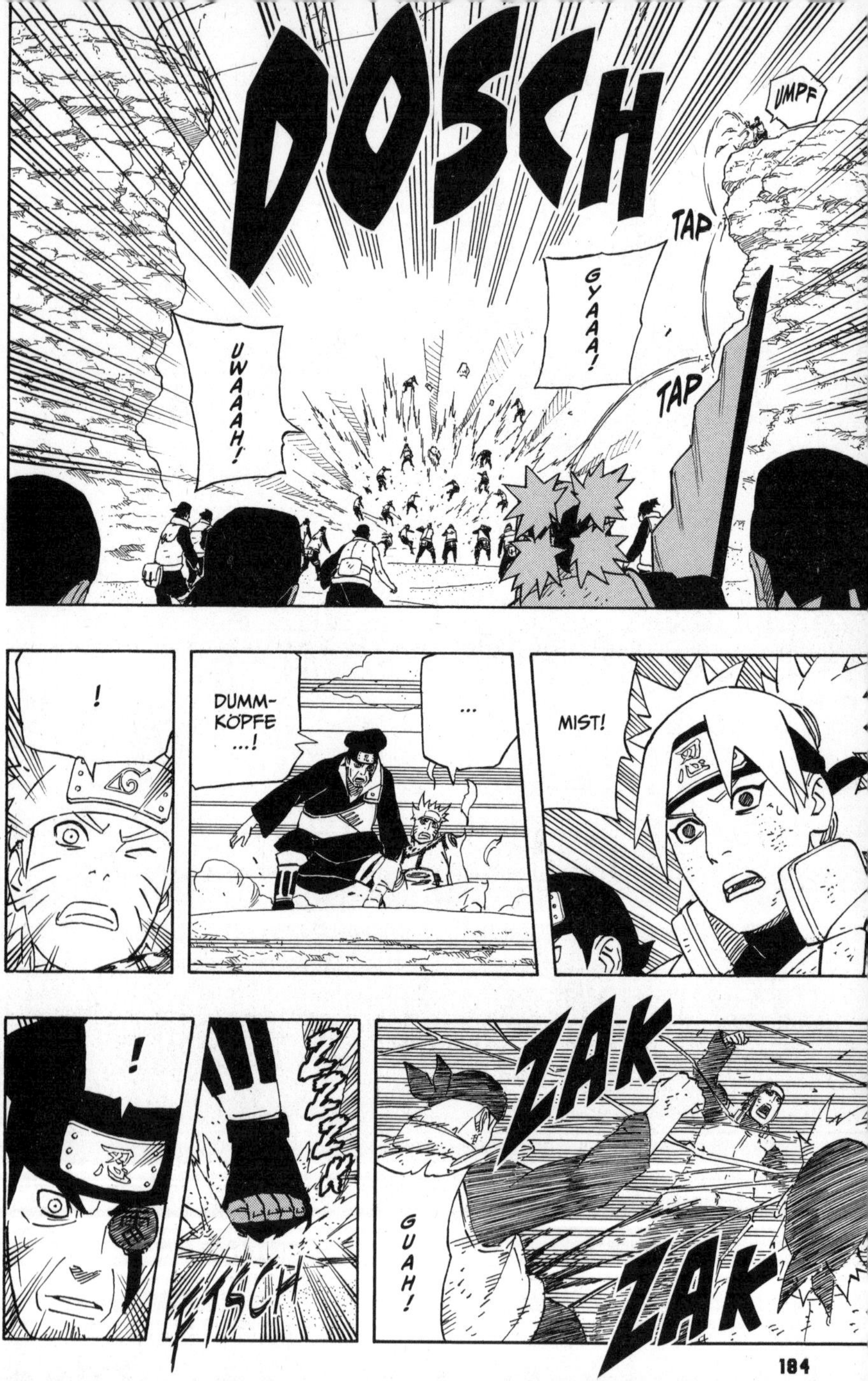
DOSCH
UMPF
TAP
TAP
GYAAAA!
UWAAAAH!
MIST!
...
DUMM-
KÖPFE
...!
!
ZAK
ZAK
GUAH!
ZZZZUK
FTSCH
!

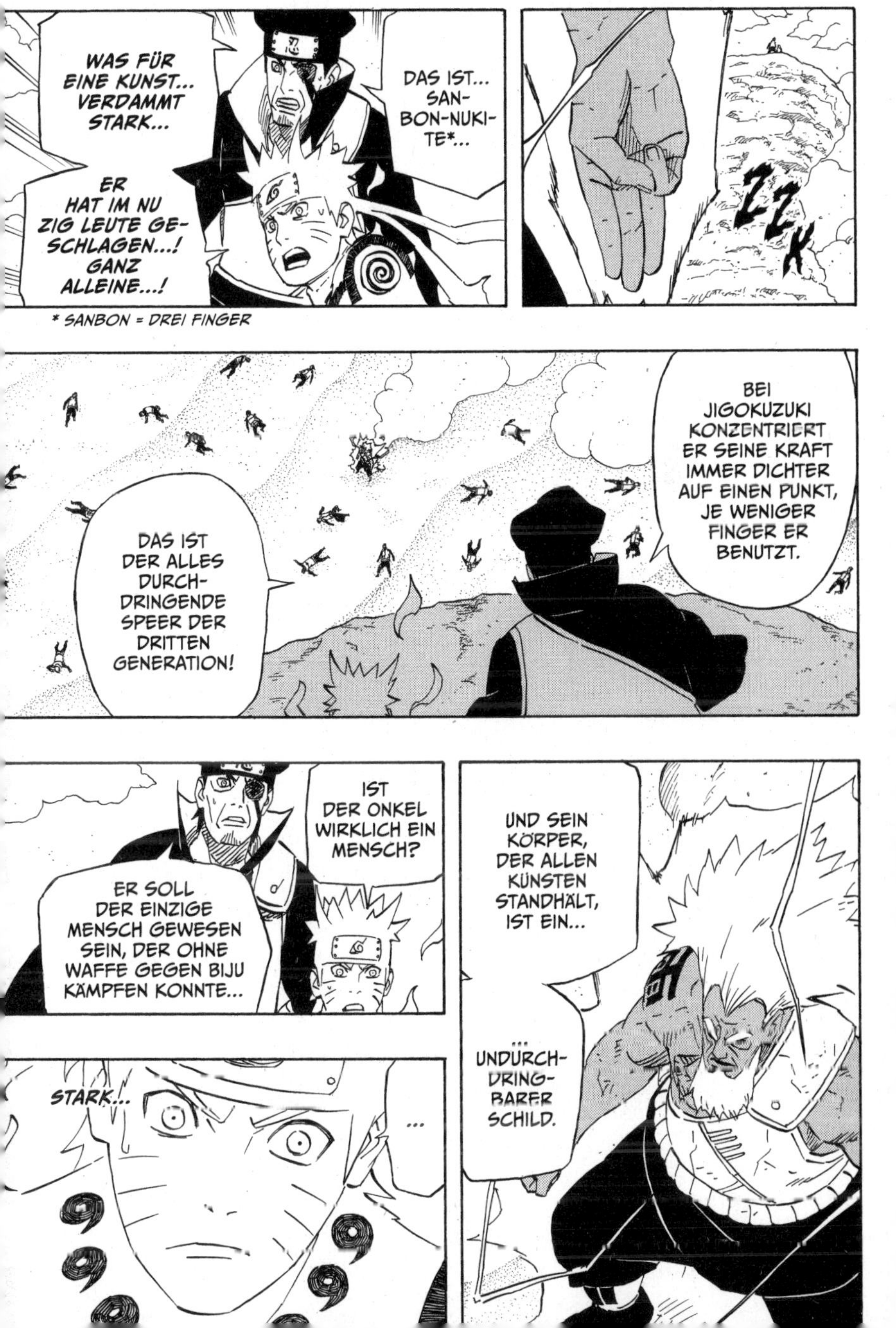

* SANBON = DREI FINGER

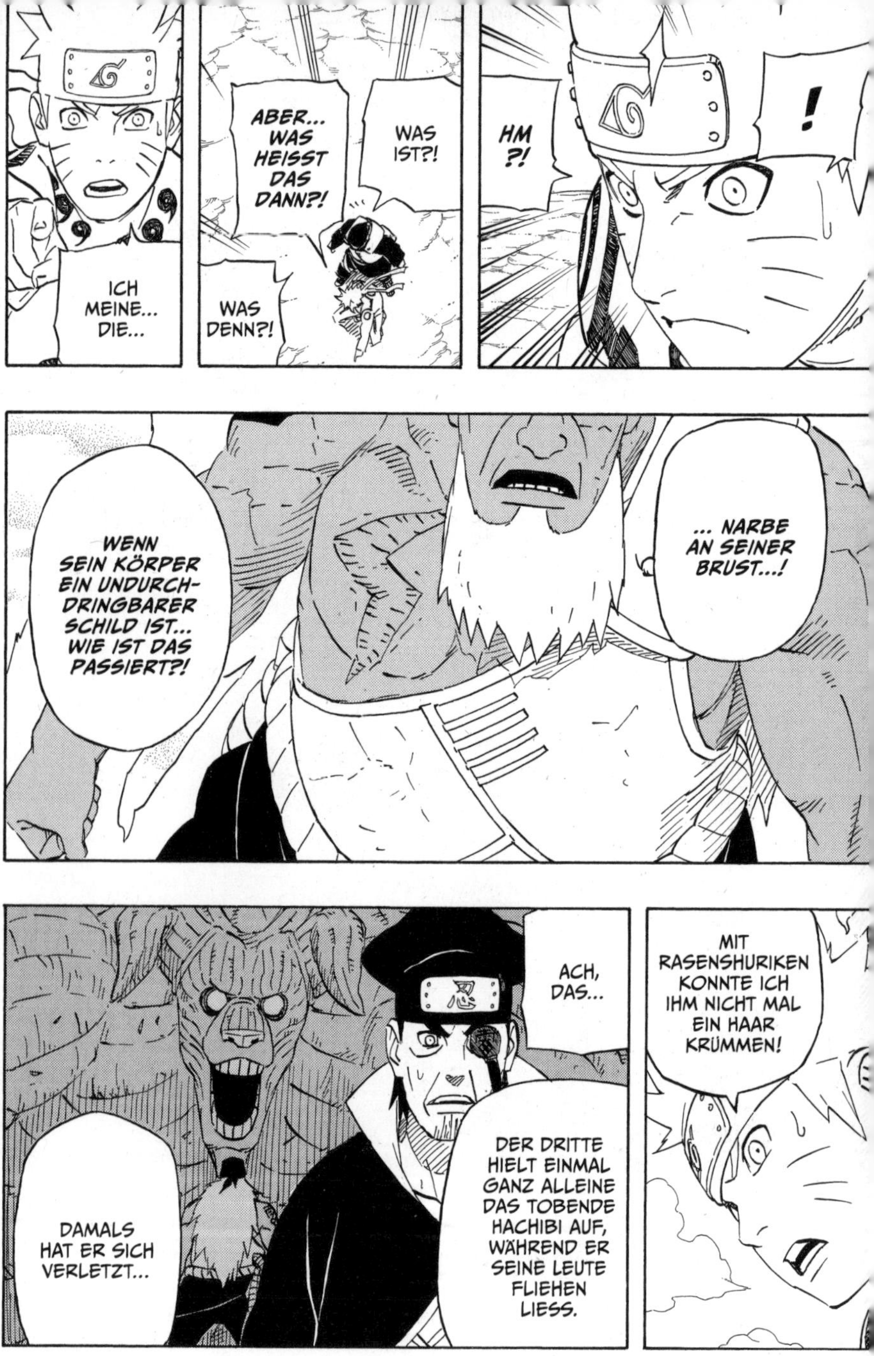
!
HM ?!
WAS IST?!
ABER... WAS HEISST DAS DANN?!
WAS DENN?!
ICH MEINE... DIE...
... NARBE AN SEINER BRUST...!
WENN SEIN KÖRPER EIN UNDURCH-DRINGBARER SCHILD IST... WIE IST DAS PASSIERT?!
MIT RASENSHURIKEN KONNTE ICH IHM NICHT MAL EIN HAAR KRÜMMEN!
ACH, DAS...
DER DRITTE HIELT EINMAL GANZ ALLEINE DAS TOBENDE HACHIBI AUF, WÄHREND ER SEINE LEUTE FLIEHEN LIESS.
DAMALS HAT ER SICH VERLETZT...

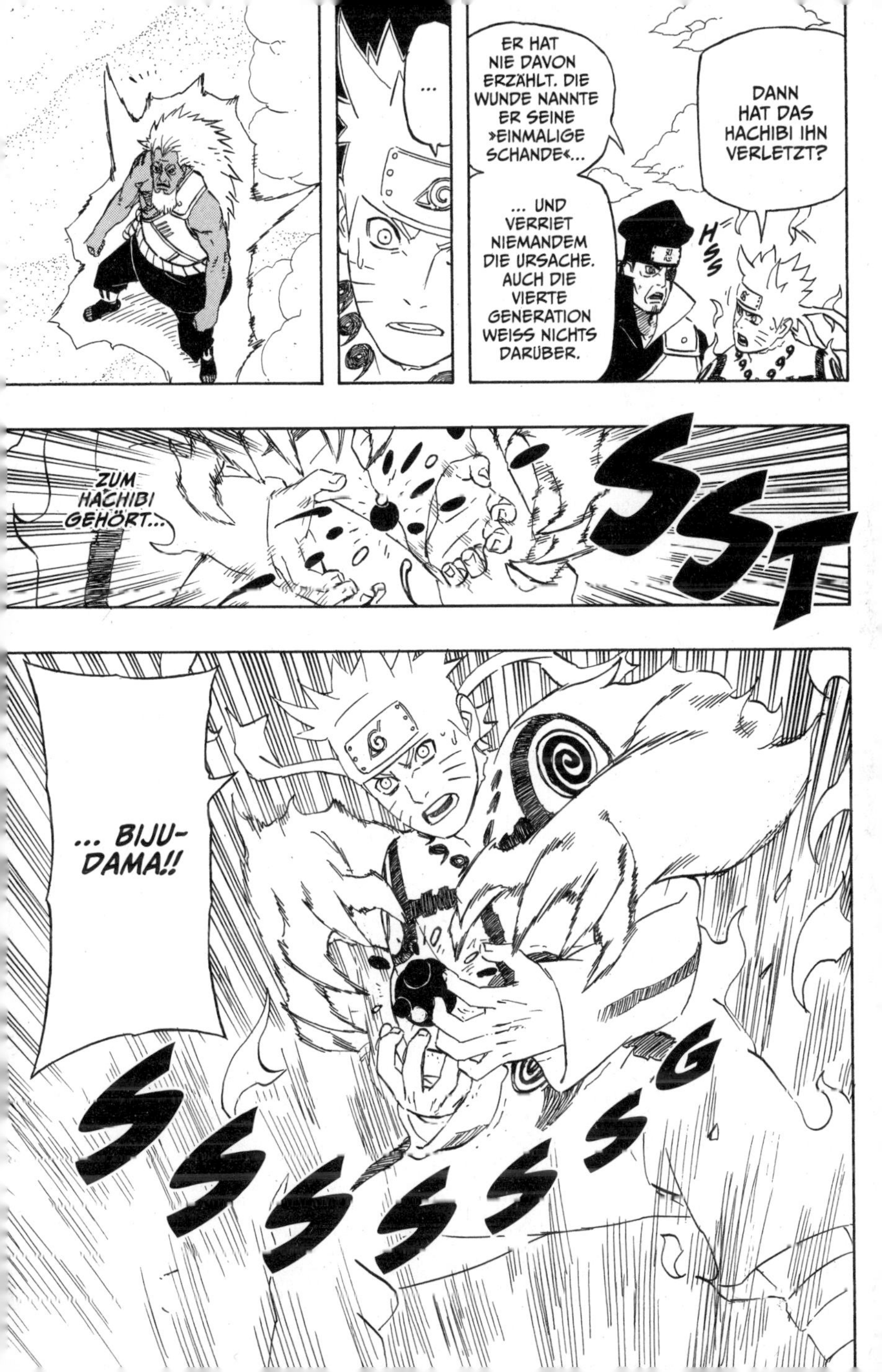

DANN HAT DAS HACHIBI IHN VERLETZT?
HSS
ER HAT NIE DAVON ERZÄHLT. DIE WUNDE NANNTE ER SEINE »EINMALIGE SCHANDE«...
... UND VERRIET NIEMANDEM DIE URSACHE. AUCH DIE VIERTE GENERATION WEISS NICHTS DARÜBER.
...
SSST
ZUM HACHIBI GEHÖRT...
... BIJU-DAMA!!
SSSSSSSSG

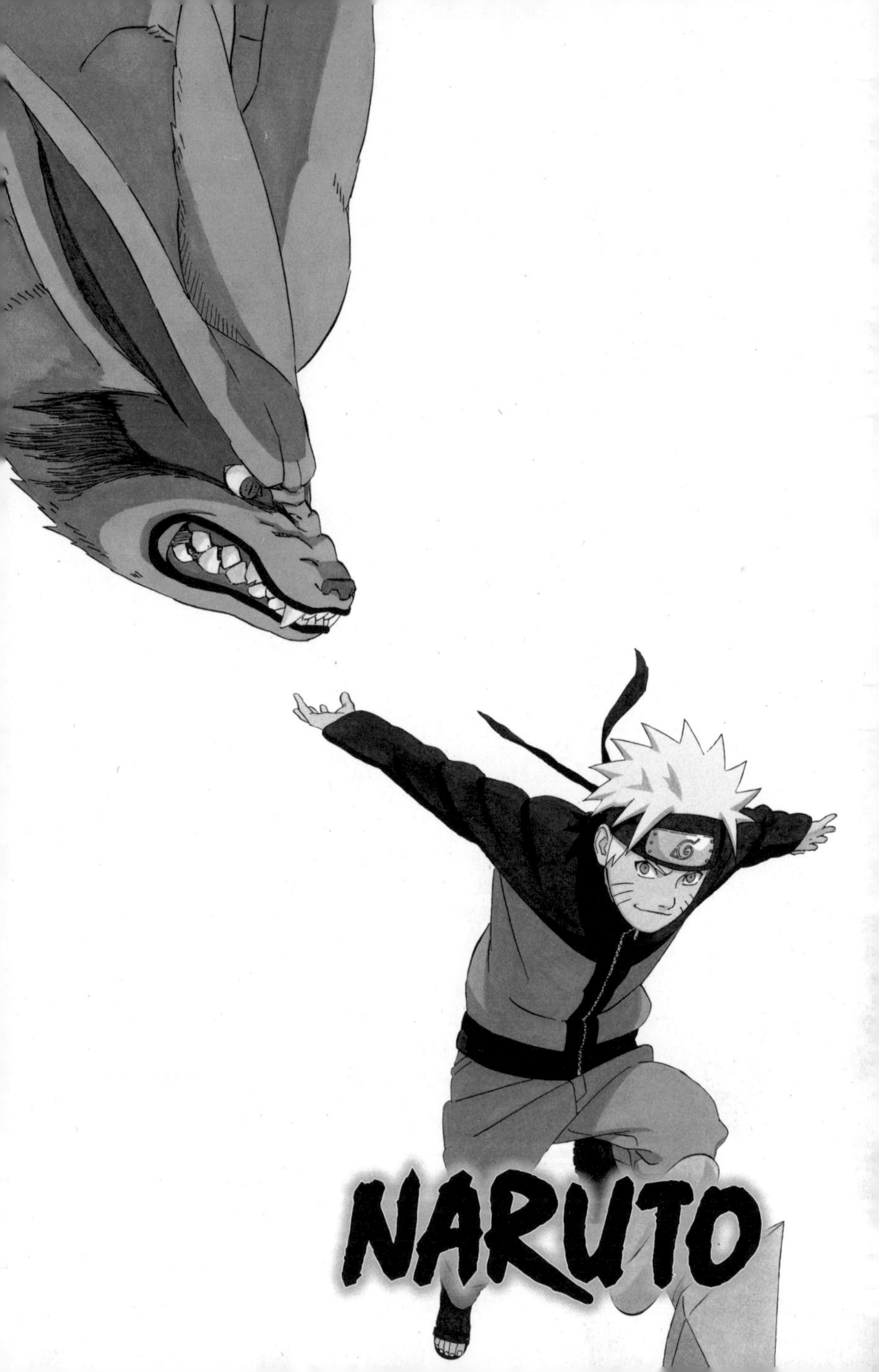
NARUTO

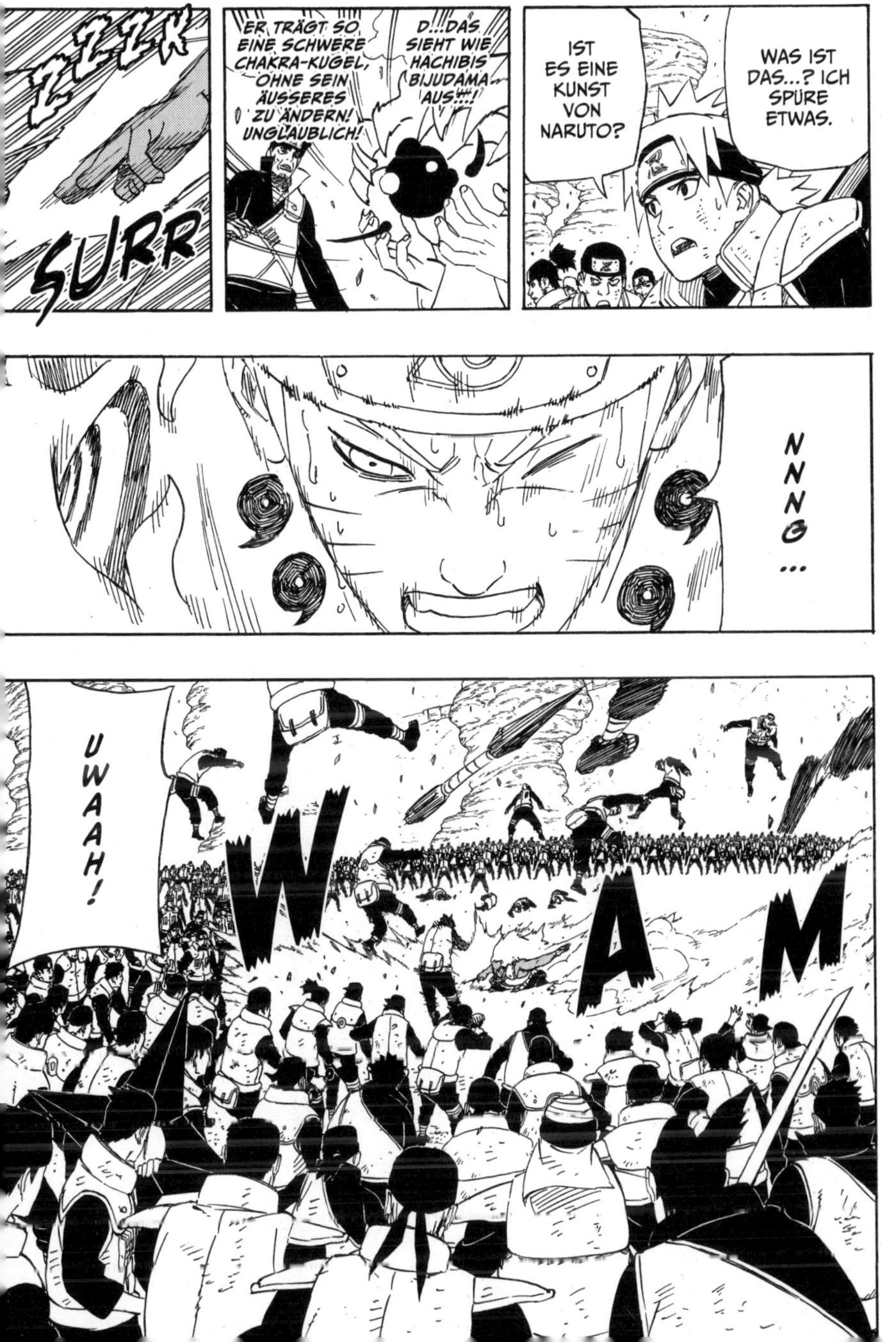

WAS IST DAS...? ICH SPÜRE ETWAS.
IST ES EINE KUNST VON NARUTO?
D...DAS SIEHT WIE HACHIBIS BIJUDAMA AUS!!!
ER TRÄGT SO EINE SCHWERE CHAKRA-KUGEL, OHNE SEIN ÄUSSERES ZU ÄNDERN! UNGLAUBLICH!
ZZZK
SURR
NNNG...
UWAAAH!
WAM

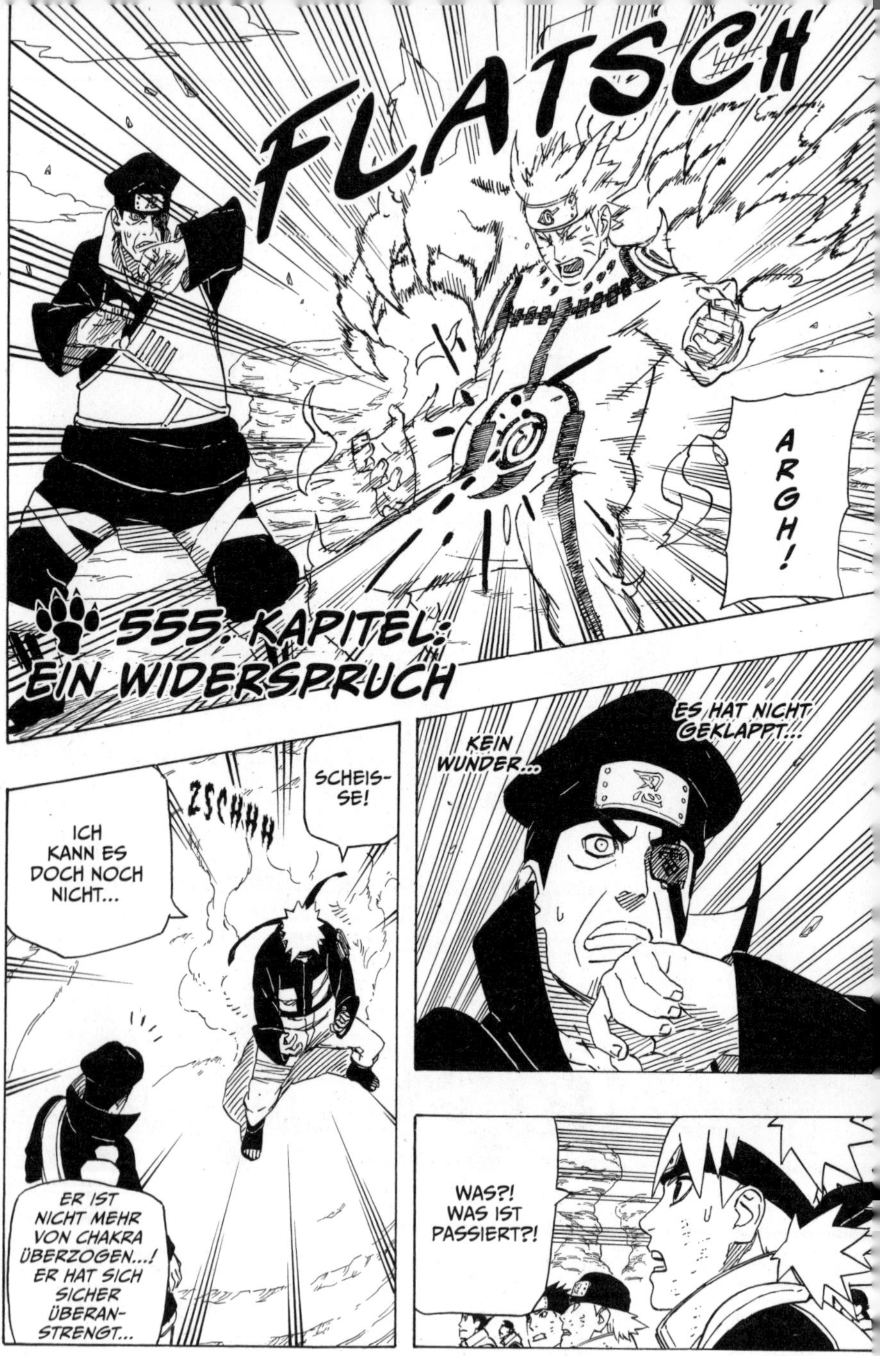
FLATSCH
ARGH!
555. KAPITEL: EIN WIDERSPRUCH
ES HAT NICHT GEKLAPPT...
KEIN WUNDER...
SCHEIS-SE!
ZSCHHH
ICH KANN ES DOCH NOCH NICHT...
ER IST NICHT MEHR VON CHAKRA ÜBERZOGEN...! ER HAT SICH SICHER ÜBERAN-STRENGT...
WAS?! WAS IST PASSIERT?!

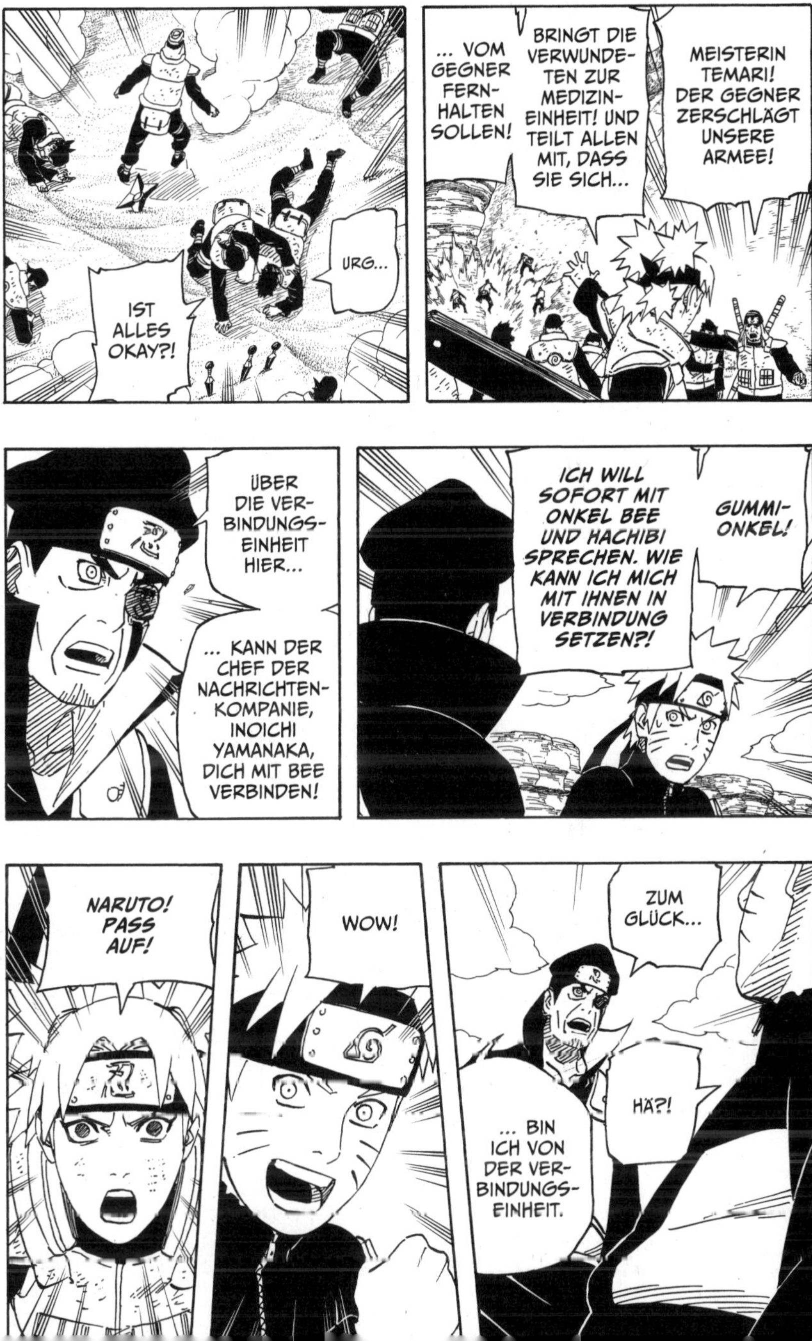
MEISTERIN TEMARI! DER GEGNER ZERSCHLÄGT UNSERE ARMEE!
BRINGT DIE VERWUNDETEN ZUR MEDIZINEINHEIT! UND TEILT ALLEN MIT, DASS SIE SICH...
... VOM GEGNER FERNHALTEN SOLLEN!
URG...
IST ALLES OKAY?!
GUMMIONKEL!
ICH WILL SOFORT MIT ONKEL BEE UND HACHIBI SPRECHEN. WIE KANN ICH MICH MIT IHNEN IN VERBINDUNG SETZEN?!
ÜBER DIE VERBINDUNGSEINHEIT HIER...
... KANN DER CHEF DER NACHRICHTENKOMPANIE, INOICHI YAMANAKA, DICH MIT BEE VERBINDEN!
ZUM GLÜCK...
HÄ?!
... BIN ICH VON DER VERBINDUNGSEINHEIT.
WOW!
NARUTO! PASS AUF!

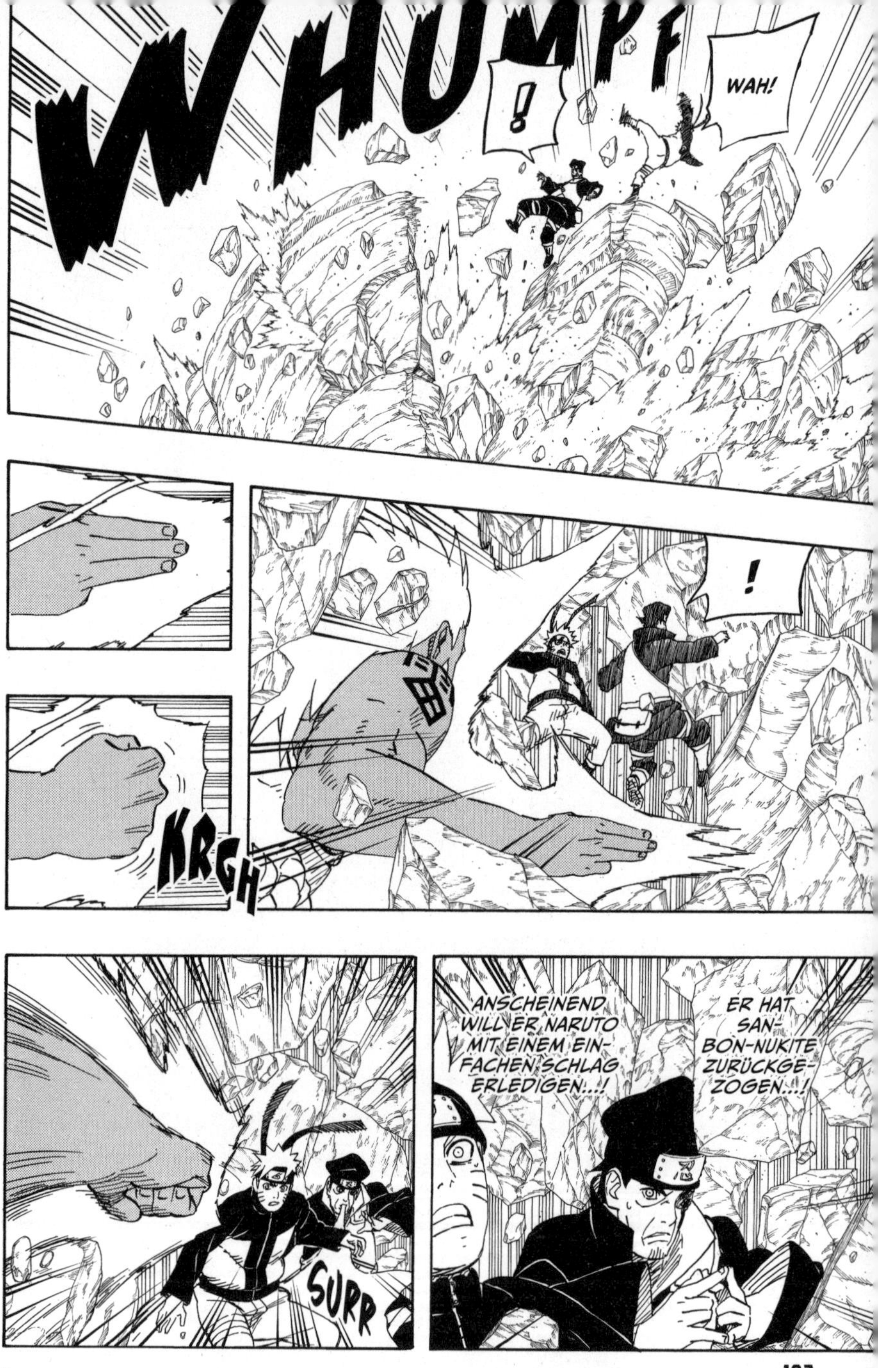
WHUMPF
WAH!
!
!
KRGH
ER HAT SAN-BON-NUKITE ZURÜCKGE-ZOGEN...!
ANSCHEINEND WILL ER NARUTO MIT EINEM EIN-FACHEN SCHLAG ERLEDIGEN...!
SURR

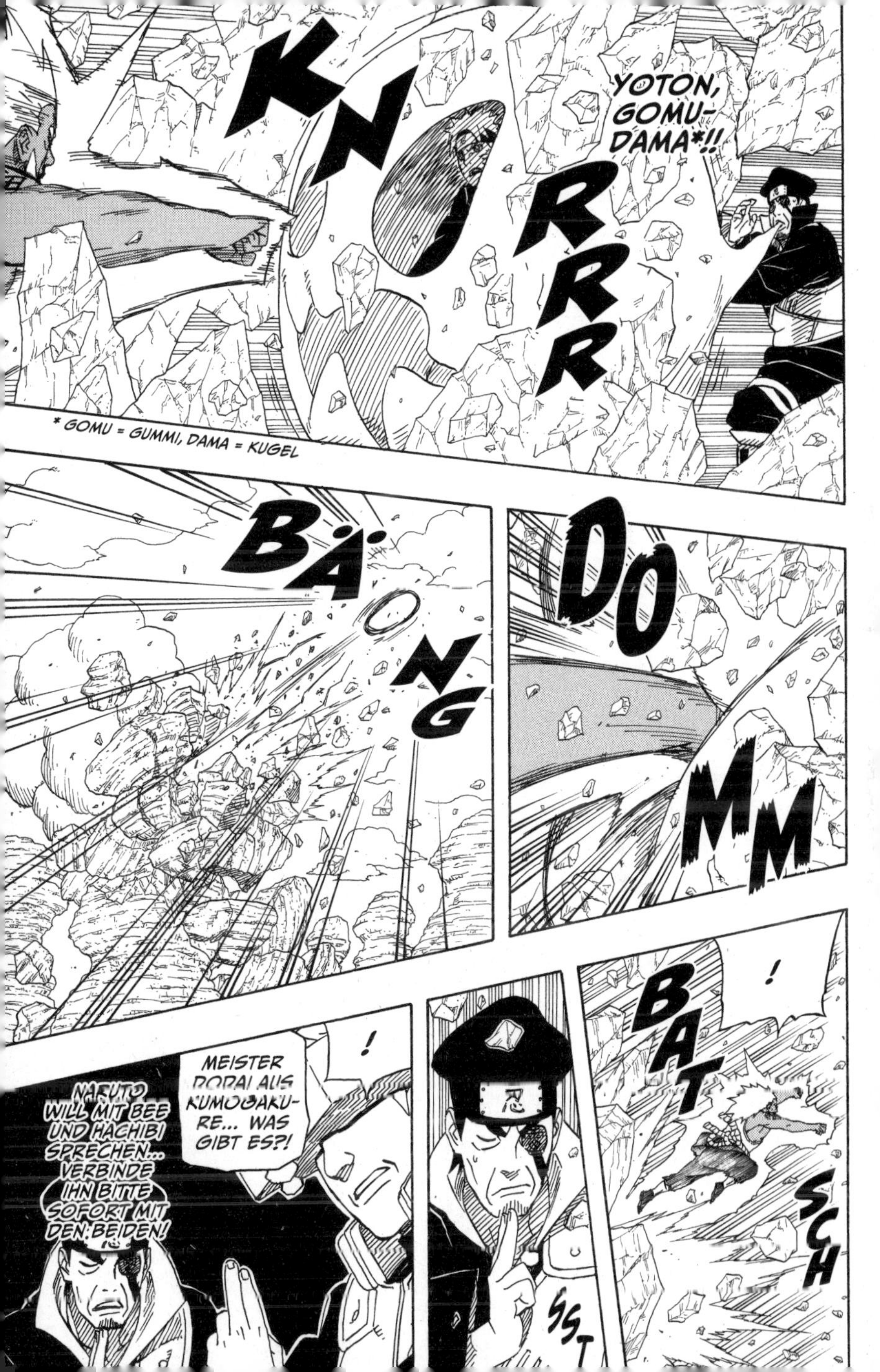
YOTON, GOMU-DAMA*!!
KNORRR
* GOMU = GUMMI, DAMA = KUGEL
DOMM
BÄNG
!
BAT
SCH
!
SST
MEISTER DODAI AUS KUMOGAKU-RE... WAS GIBT ES?!
NARUTO WILL MIT BEE UND HACHIBI SPRECHEN... VERBINDE IHN BITTE SOFORT MIT DEN BEIDEN!

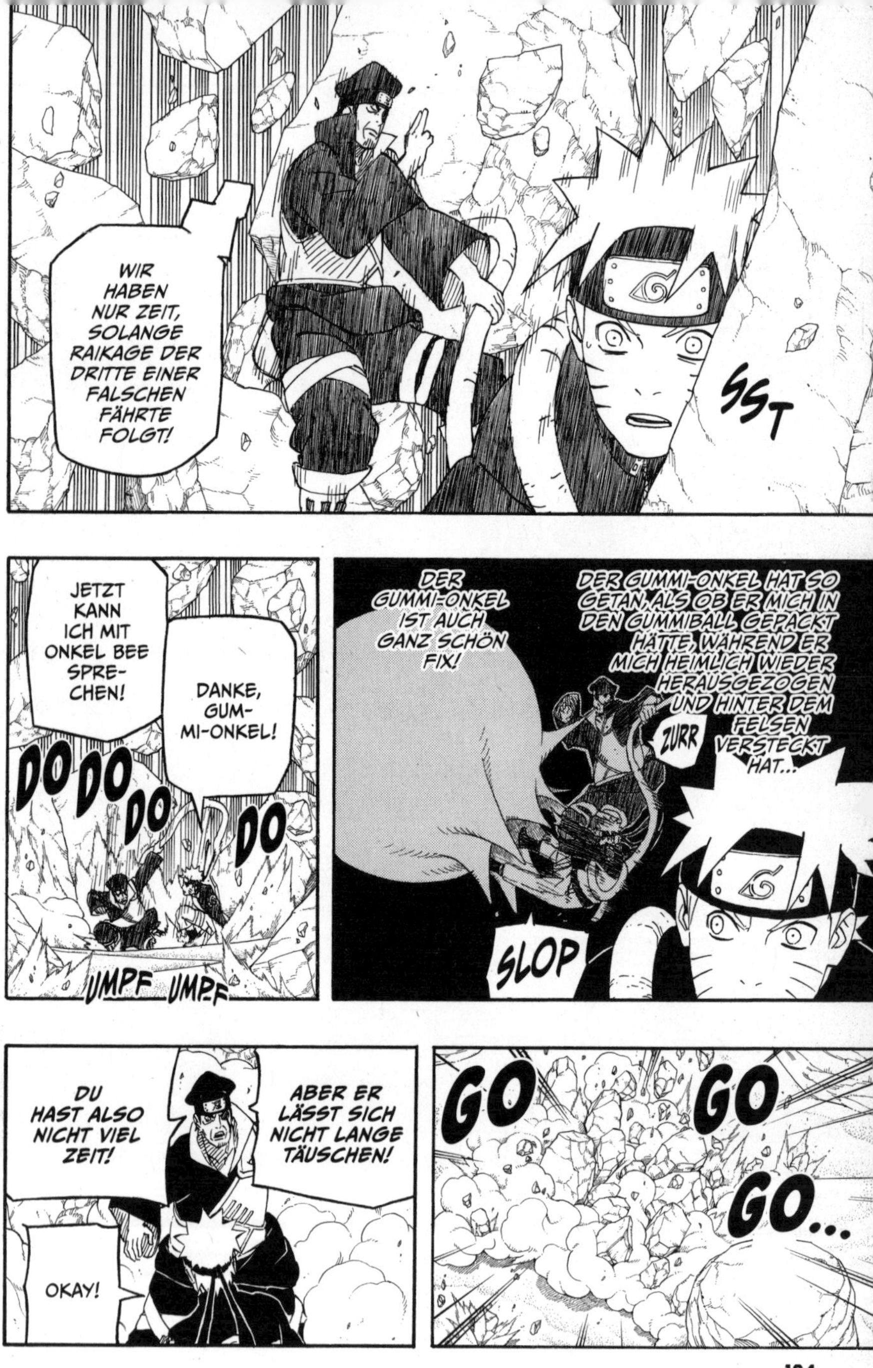

WIR HABEN NUR ZEIT, SOLANGE RAIKAGE DER DRITTE EINER FALSCHEN FÄHRTE FOLGT!
SST
DER GUMMI-ONKEL HAT SO GETAN, ALS OB ER MICH IN DEN GUMMIBALL GEPACKT HÄTTE, WÄHREND ER MICH HEIMLICH WIEDER HERAUSGEZOGEN UND HINTER DEM FELSEN VERSTECKT HAT...
DER GUMMI-ONKEL IST AUCH GANZ SCHÖN FIX!
ZURR
SLOP
DANKE, GUMMI-ONKEL!
JETZT KANN ICH MIT ONKEL BEE SPRE-CHEN!
DO DO DO DO
UMPF UMPF
GO GO GO...
ABER ER LÄSST SICH NICHT LANGE TÄUSCHEN!
DU HAST ALSO NICHT VIEL ZEIT!
OKAY!

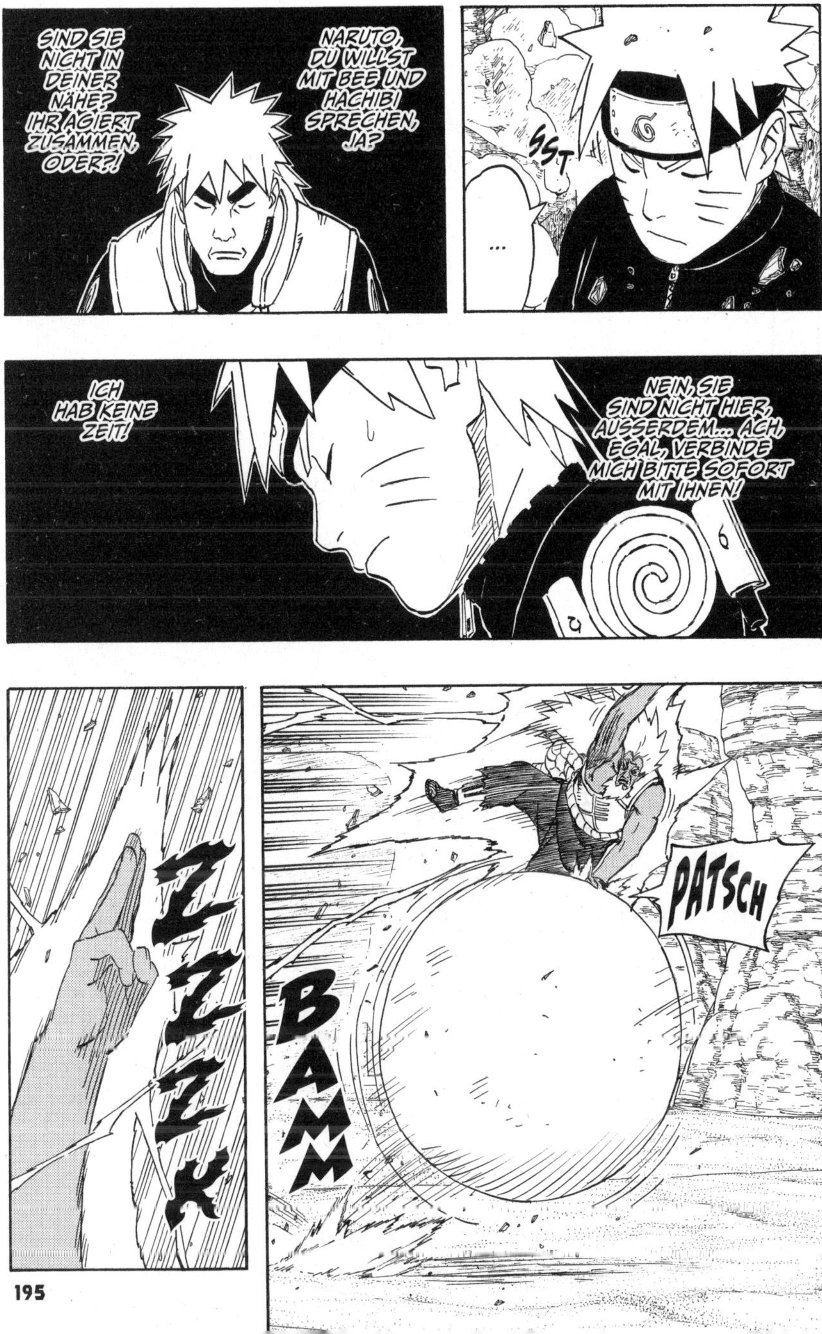
SST
...
NARUTO, DU WILLST MIT BEE UND HACHIBI SPRECHEN, JA?
SIND SIE NICHT IN DEINER NÄHE? IHR AGIERT ZUSAMMEN, ODER?!
NEIN, SIE SIND NICHT HIER, AUSSERDEM... ACH, EGAL, VERBINDE MICH BITTE SOFORT MIT IHNEN!
ICH HAB KEINE ZEIT!
PATSCH
BAMM
ZZZZK

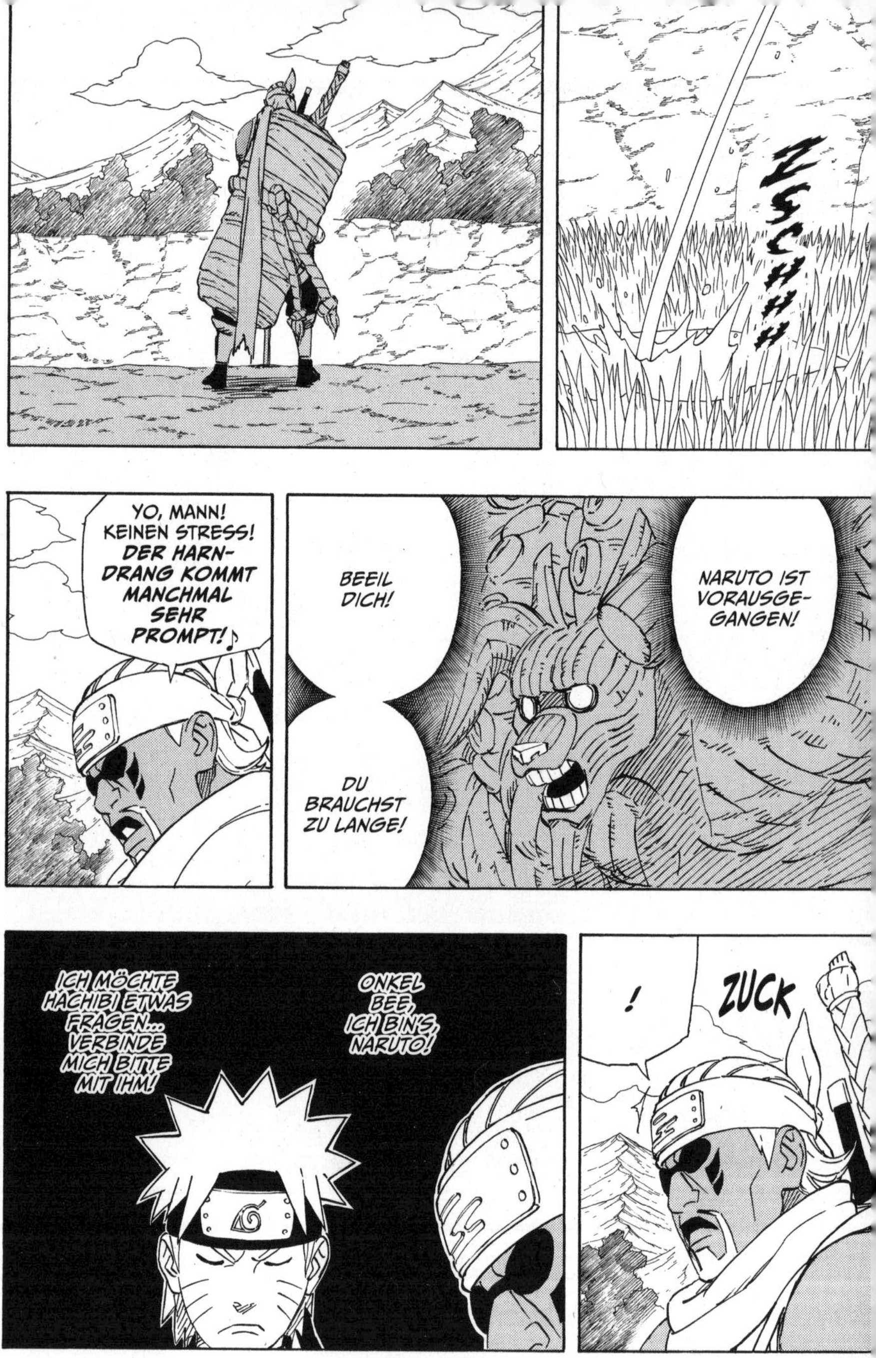
ZSCHHH
NARUTO IST VORAUSGE-GANGEN!
BEEIL DICH!
DU BRAUCHST ZU LANGE!
YO, MANN! KEINEN STRESS! DER HARN-DRANG KOMMT MANCHMAL SEHR PROMPT!♪
ZUCK
!
ONKEL BEE, ICH BIN'S, NARUTO!
ICH MÖCHTE HACHIBI ETWAS FRAGEN... VERBINDE MICH BITTE MIT IHM!

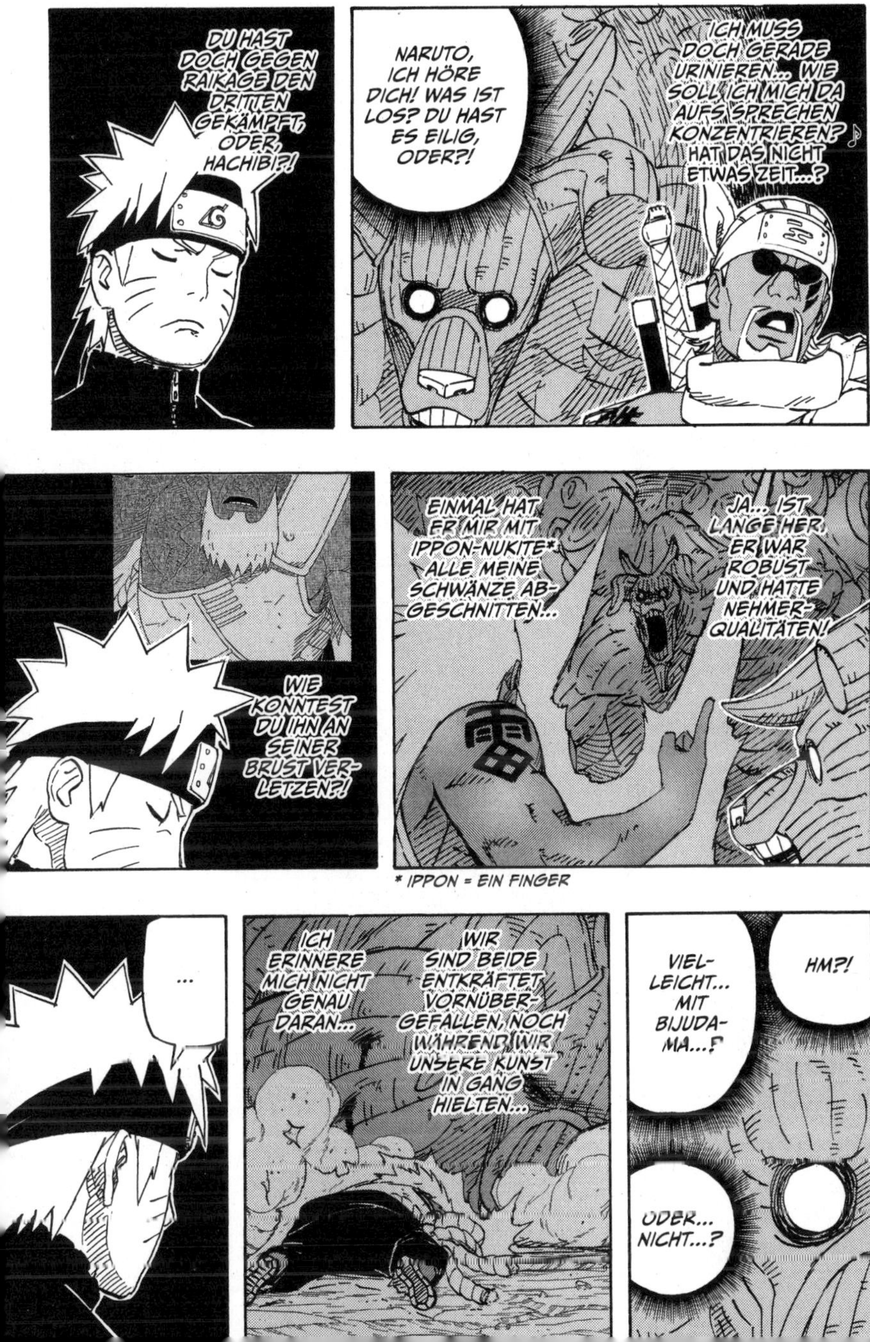

* IPPON = EIN FINGER

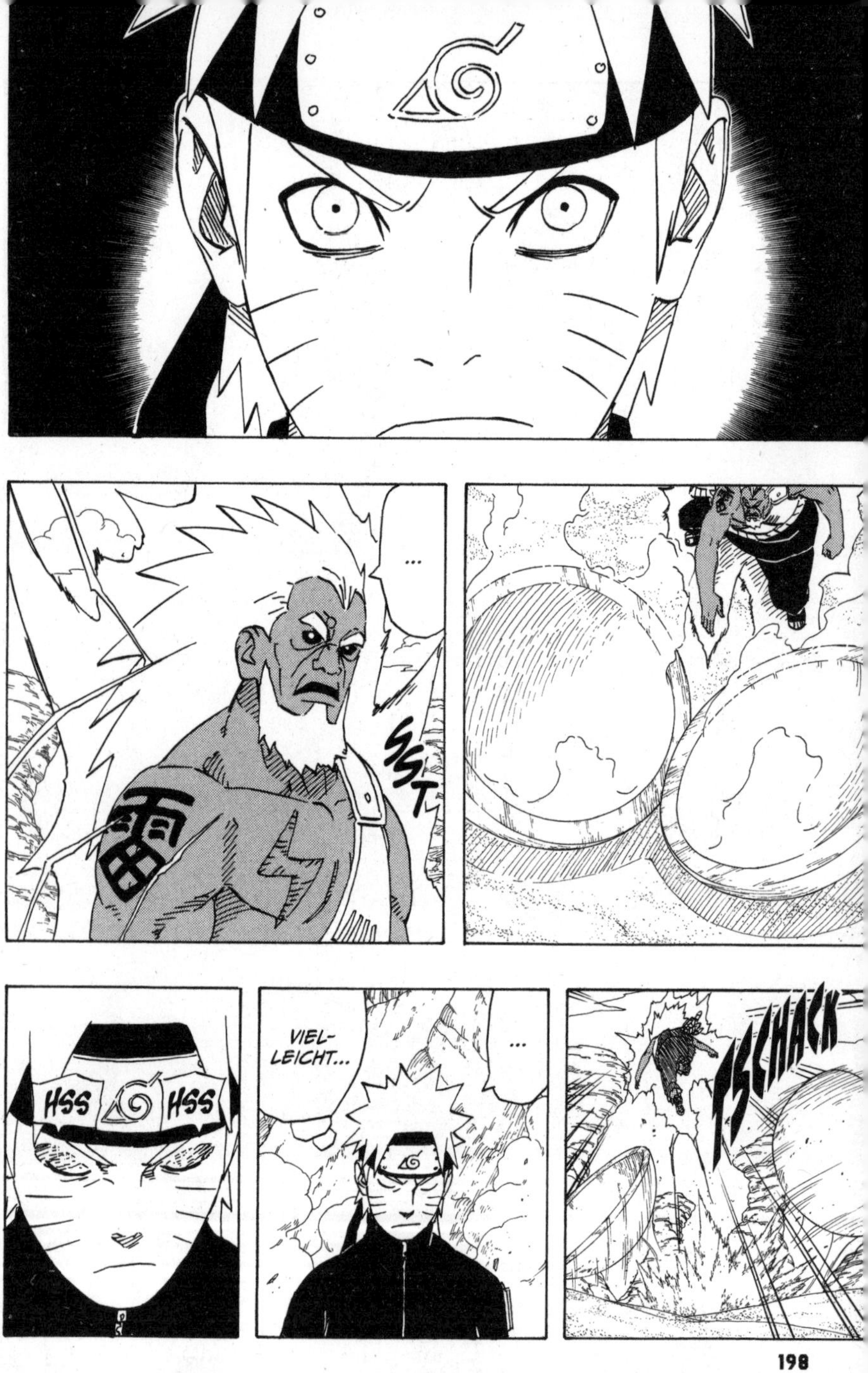
...
SST
HSS HSS
...
VIEL-
LEICHT...
TSCHACK

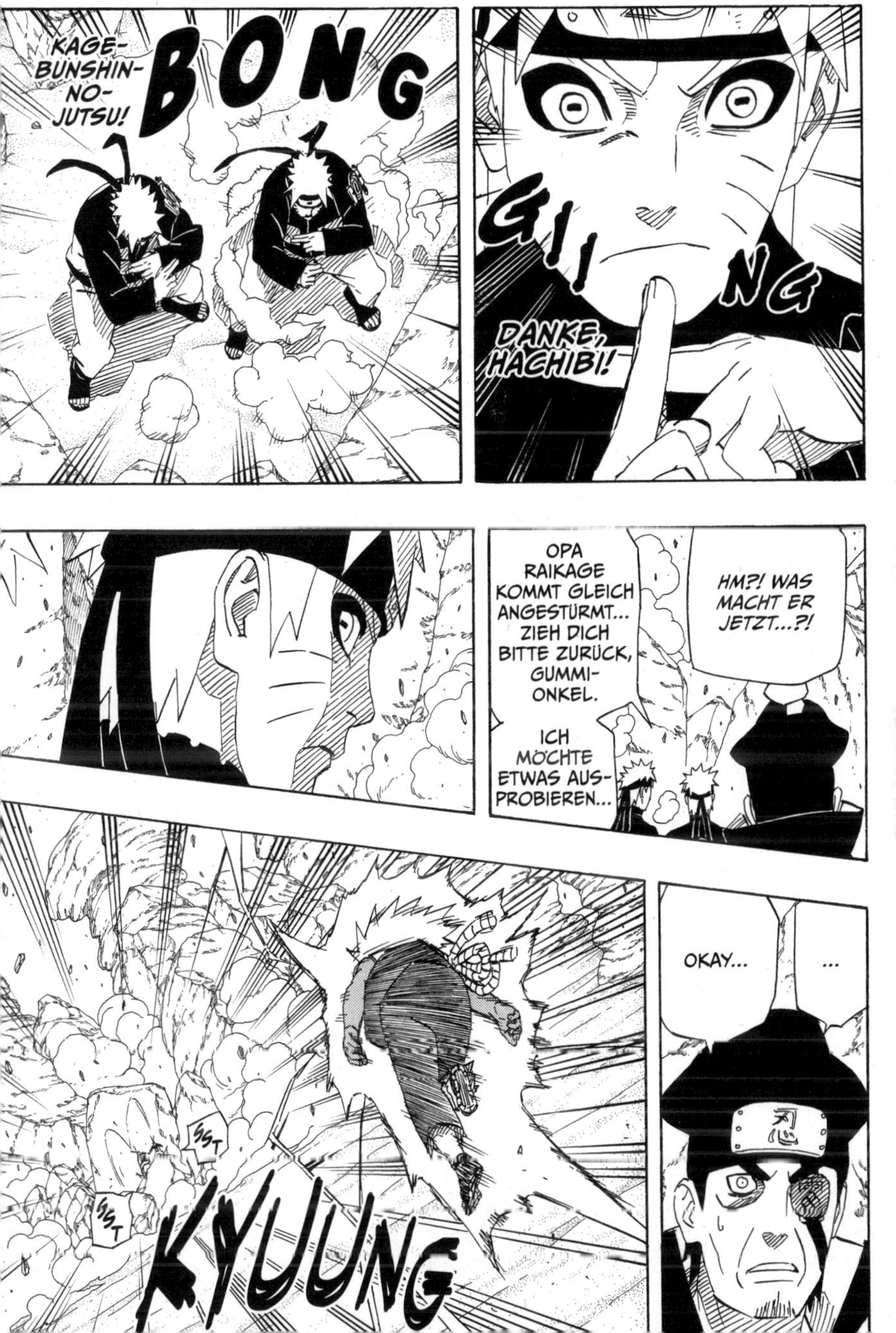
GIIING
DANKE, HACHIBI!
KAGE-BUNSHIN-NO-JUTSU!
BONG
HM?! WAS MACHT ER JETZT...?!
OPA RAIKAGE KOMMT GLEICH ANGESTÜRMT... ZIEH DICH BITTE ZURÜCK, GUMMI-ONKEL.
ICH MÖCHTE ETWAS AUS-PROBIEREN...
...
OKAY...
SST
SST
KYUUNG

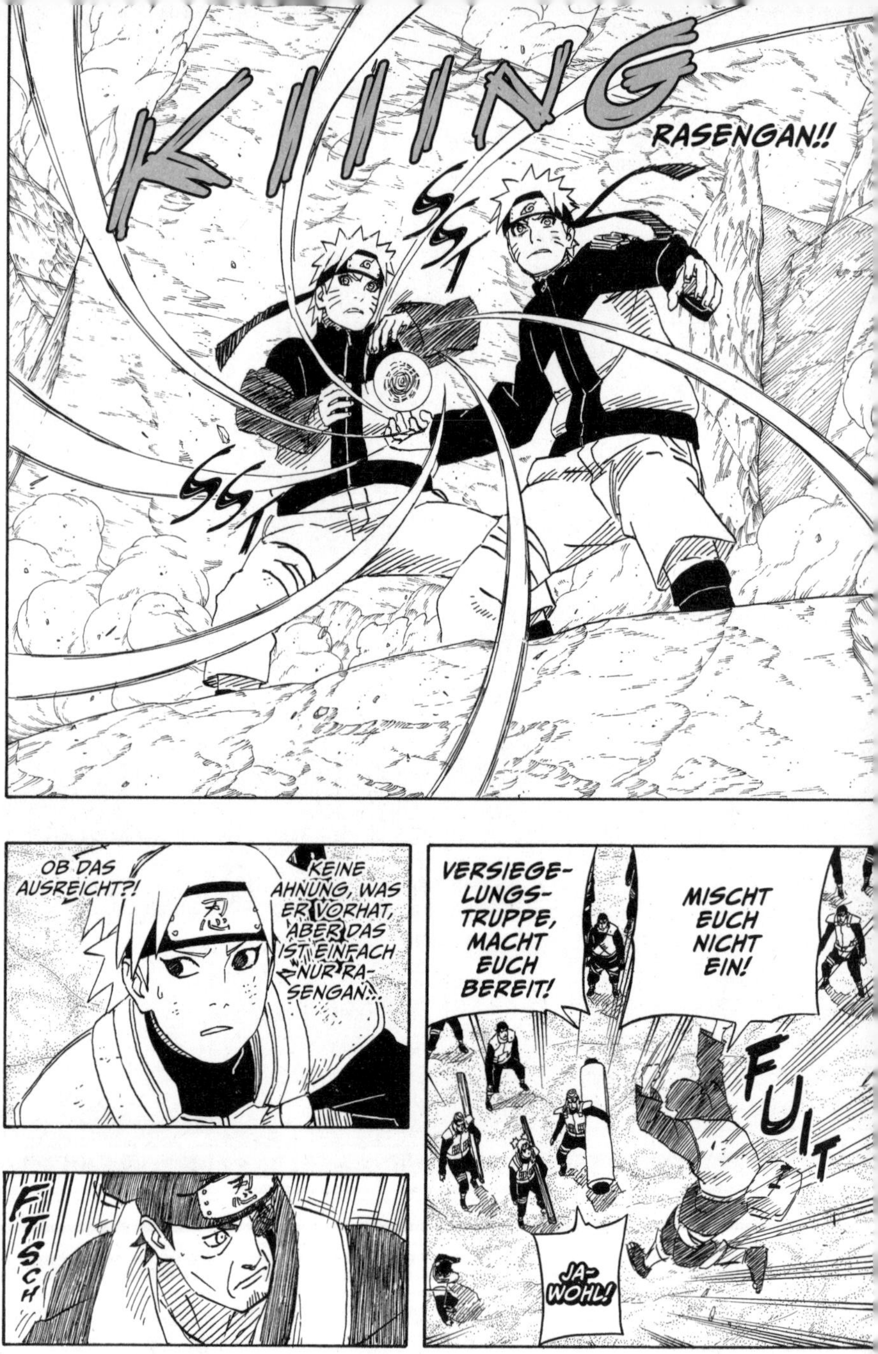
KIIING
RASENGAN!!
SSST
SSST
KEINE AHNUNG, WAS ER VORHAT, ABER DAS IST EINFACH NUR RASENGAN...
OB DAS AUSREICHT?!
MISCHT EUCH NICHT EIN!
VERSIEGELUNGSTRUPPE, MACHT EUCH BEREIT!
FUIT
JAWOHL!
FTSCH

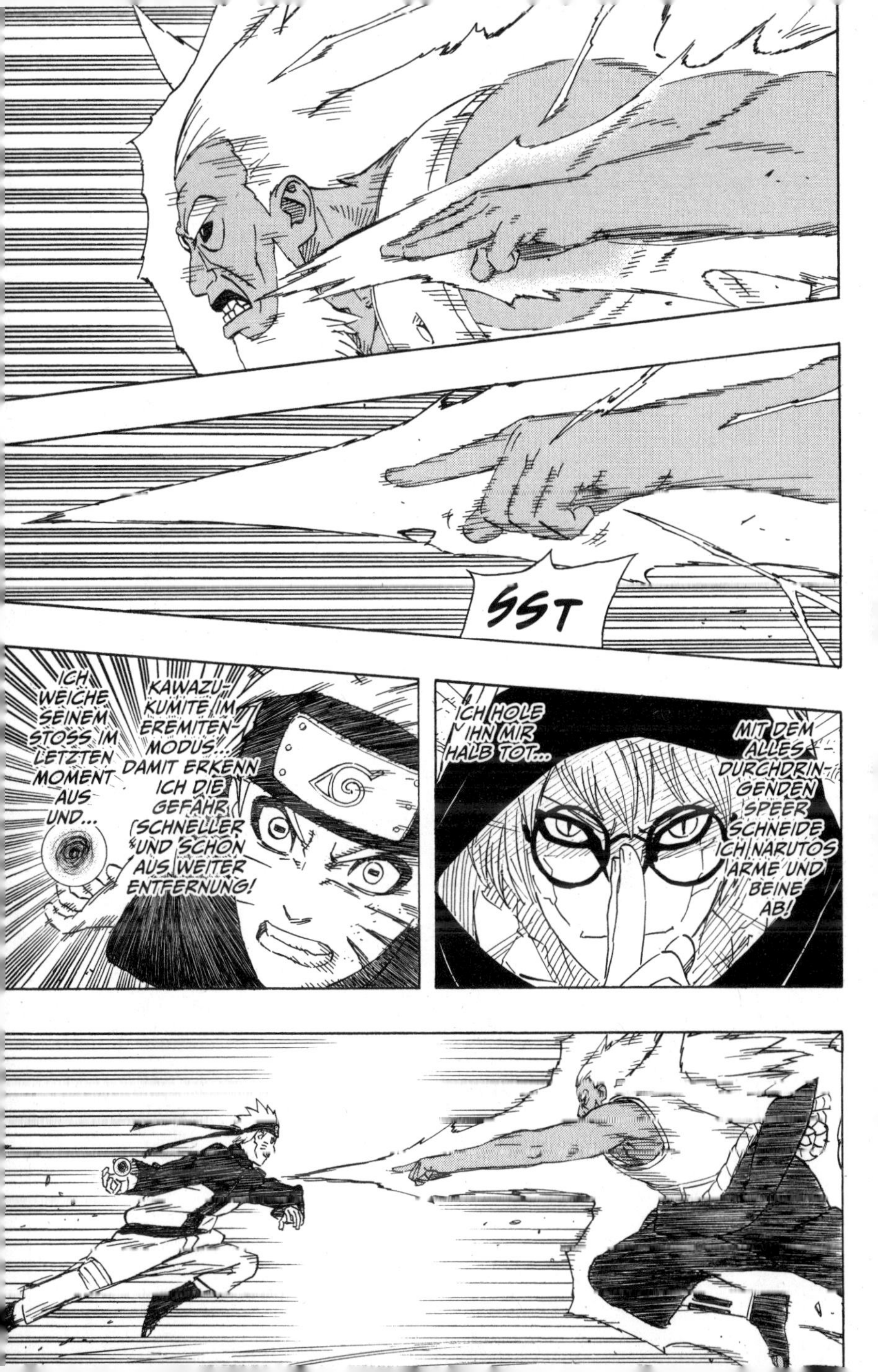
SST
MIT DEM ALLES-DURCHDRINGENDEN SPEER SCHNEIDE ICH NARUTOS ARME UND BEINE AB!
ICH HOLE IHN MIR HALB TOT...
KAWAZU-KUMITE IM EREMITEN-MODUS... DAMIT ERKENN ICH DIE GEFAHR SCHNELLER UND SCHON AUS WEITER ENTFERNUNG!
ICH WEICHE SEINEM STOSS IM LETZTEN MOMENT AUS UND...

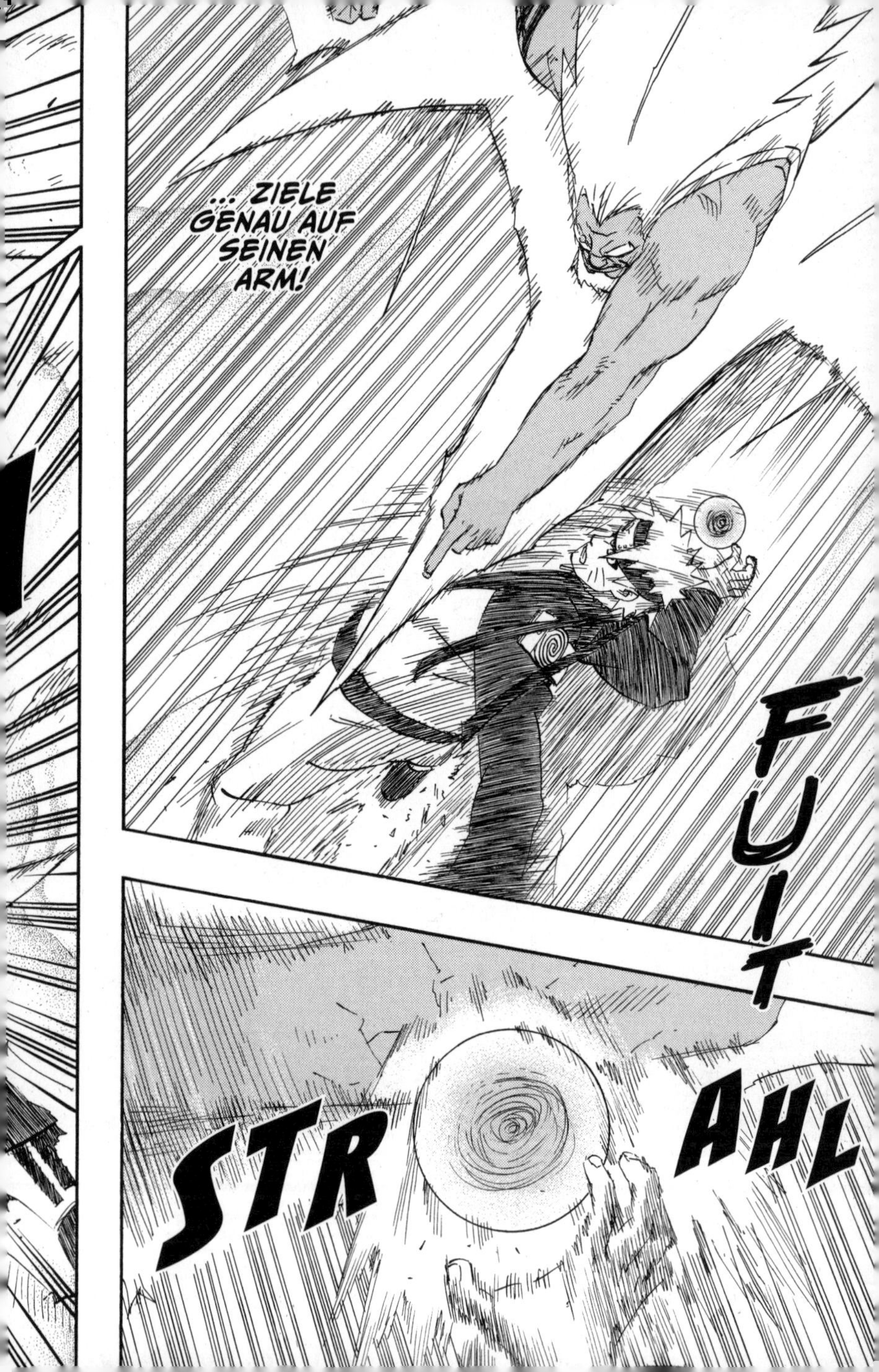
... ZIELE GENAU AUF SEINEN ARM!
FUIT
STR AHL

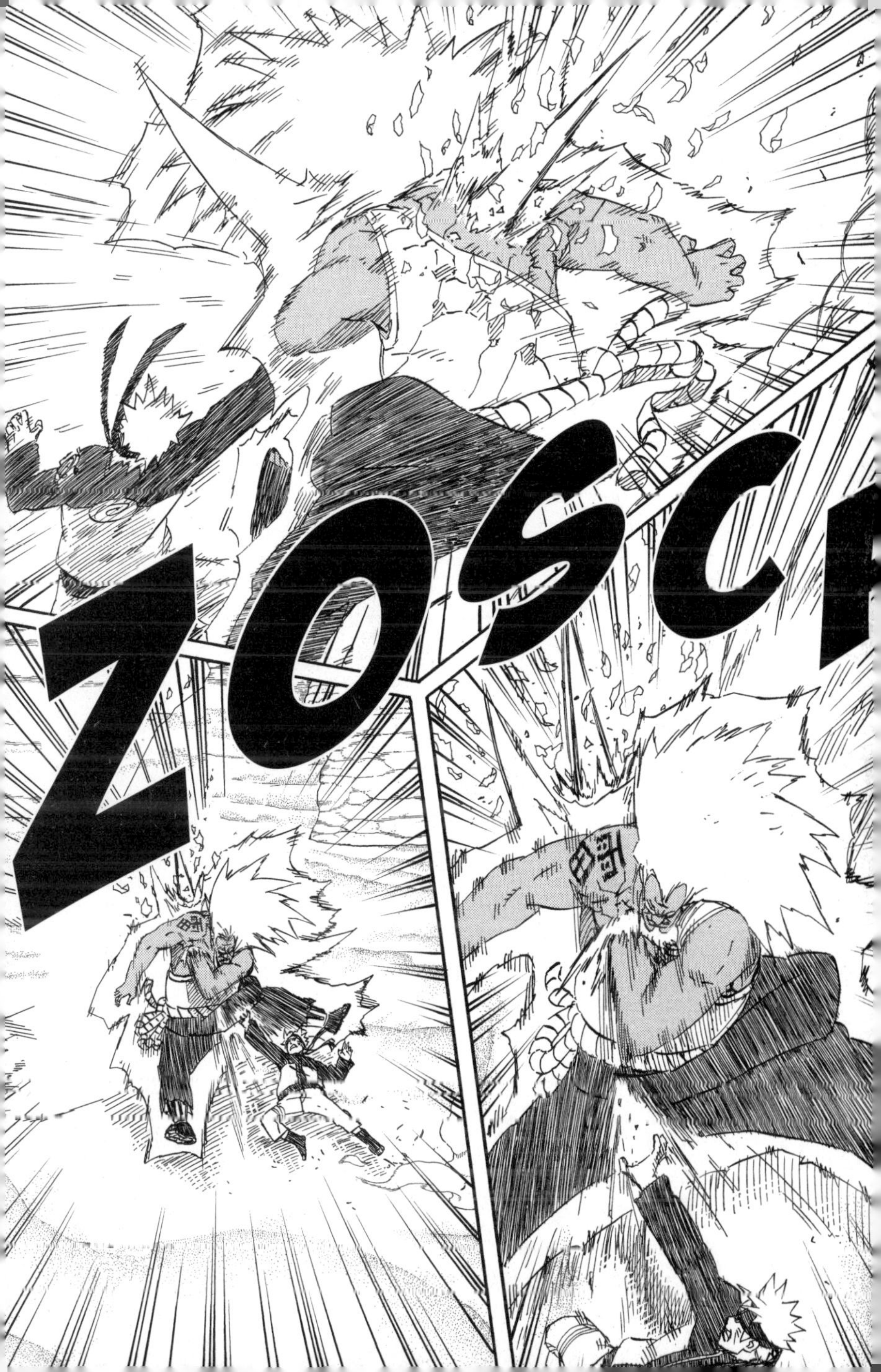
ZOSC

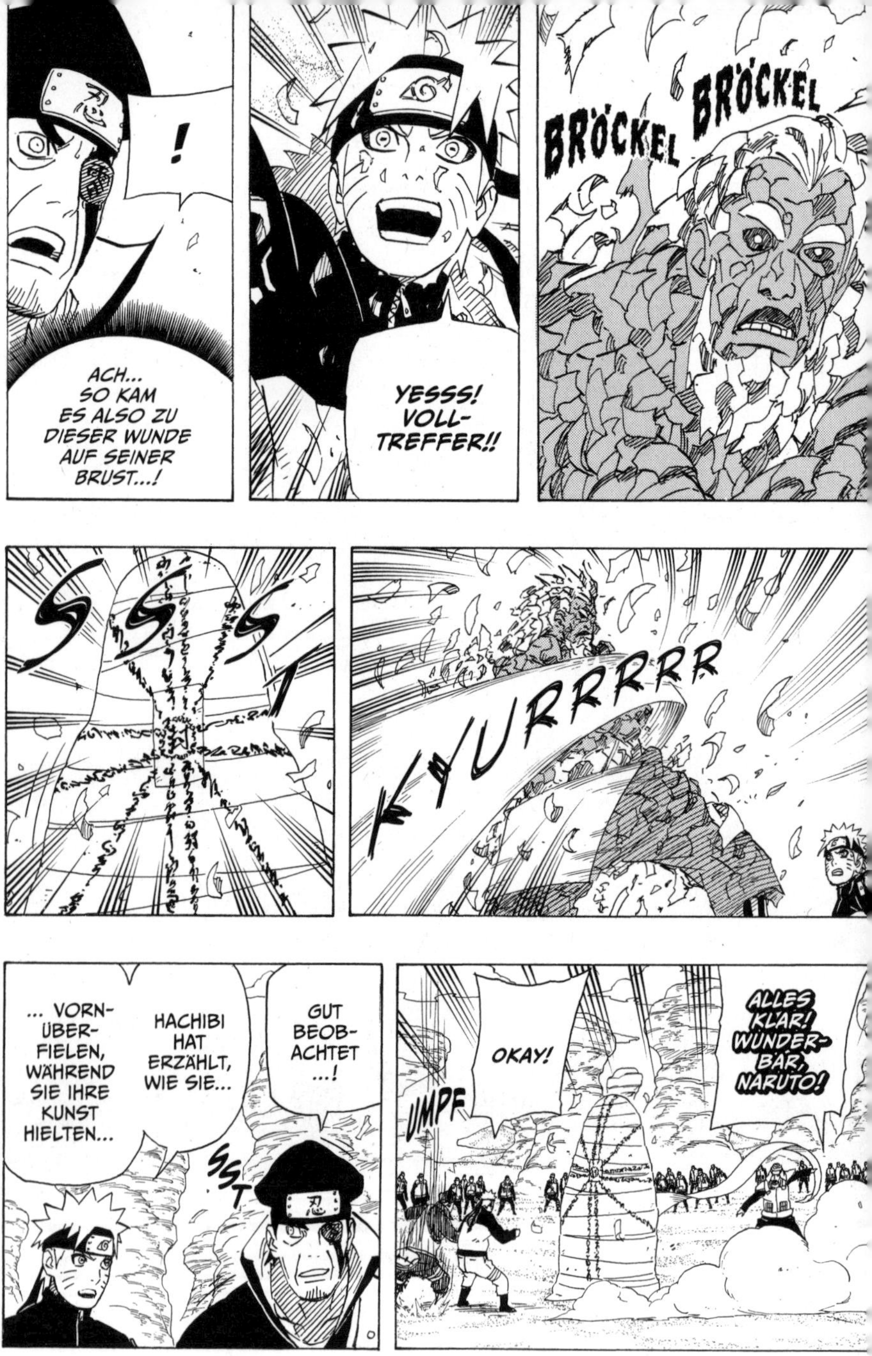
BRÖCKEL BRÖCKEL
YESSS! VOLL-TREFFER!!
!
ACH... SO KAM ES ALSO ZU DIESER WUNDE AUF SEINER BRUST...!
KYURRRRRR
SSST
ALLES KLAR! WUNDER-BAR, NARUTO!
OKAY!
UMPF
GUT BEOB-ACHTET ...!
HACHIBI HAT ERZÄHLT, WIE SIE...
... VORN-ÜBER-FIELEN, WÄHREND SIE IHRE KUNST HIELTEN...
SST

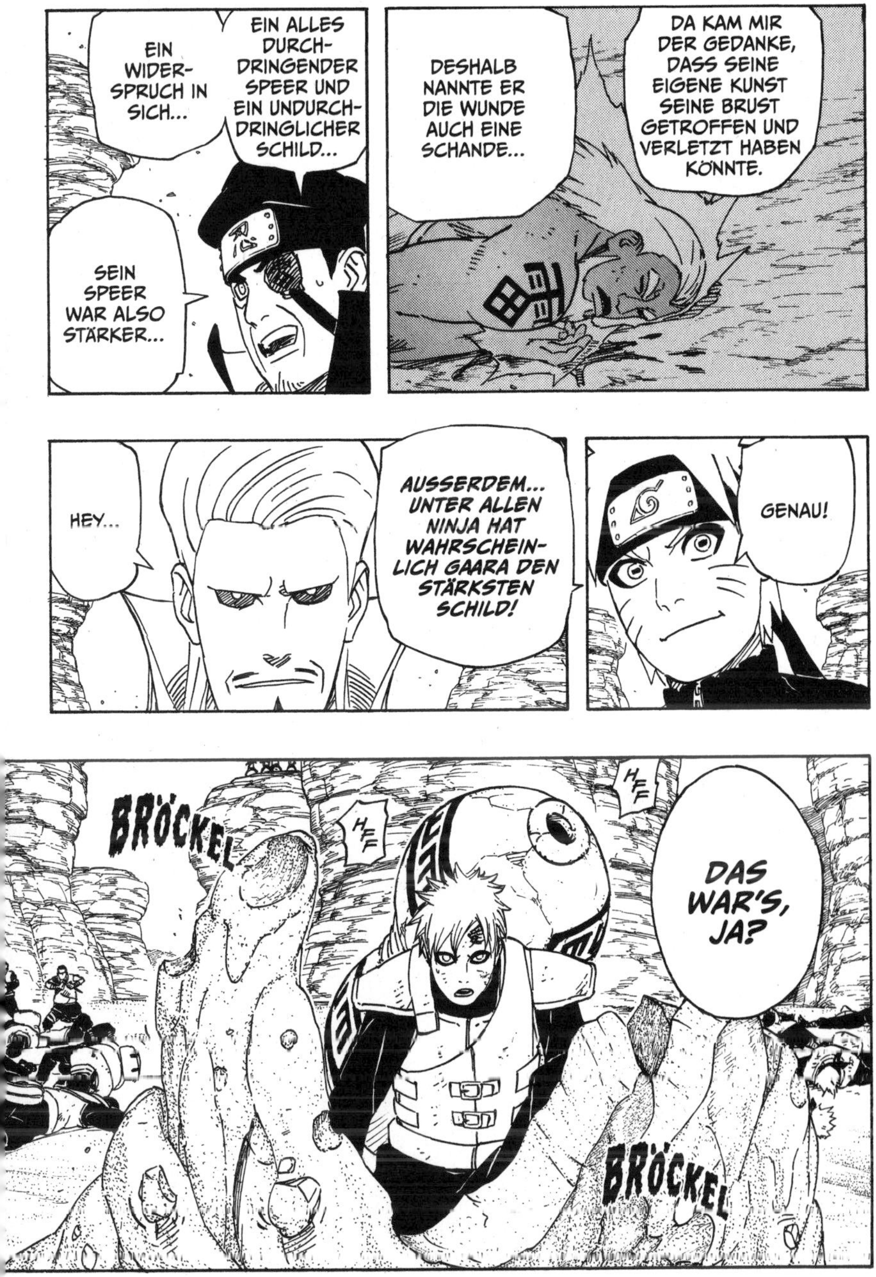
DA KAM MIR DER GEDANKE, DASS SEINE EIGENE KUNST SEINE BRUST GETROFFEN UND VERLETZT HABEN KÖNNTE.
DESHALB NANNTE ER DIE WUNDE AUCH EINE SCHANDE...
EIN ALLES DURCH-DRINGENDER SPEER UND EIN UNDURCH-DRINGLICHER SCHILD...
EIN WIDER-SPRUCH IN SICH...
SEIN SPEER WAR ALSO STÄRKER...
GENAU!
AUSSERDEM... UNTER ALLEN NINJA HAT WAHRSCHEIN-LICH GAARA DEN STÄRKSTEN SCHILD!
HEY...
DAS WAR'S, JA?
HFF
HFF
BRÖCKEL
BRÖCKEL

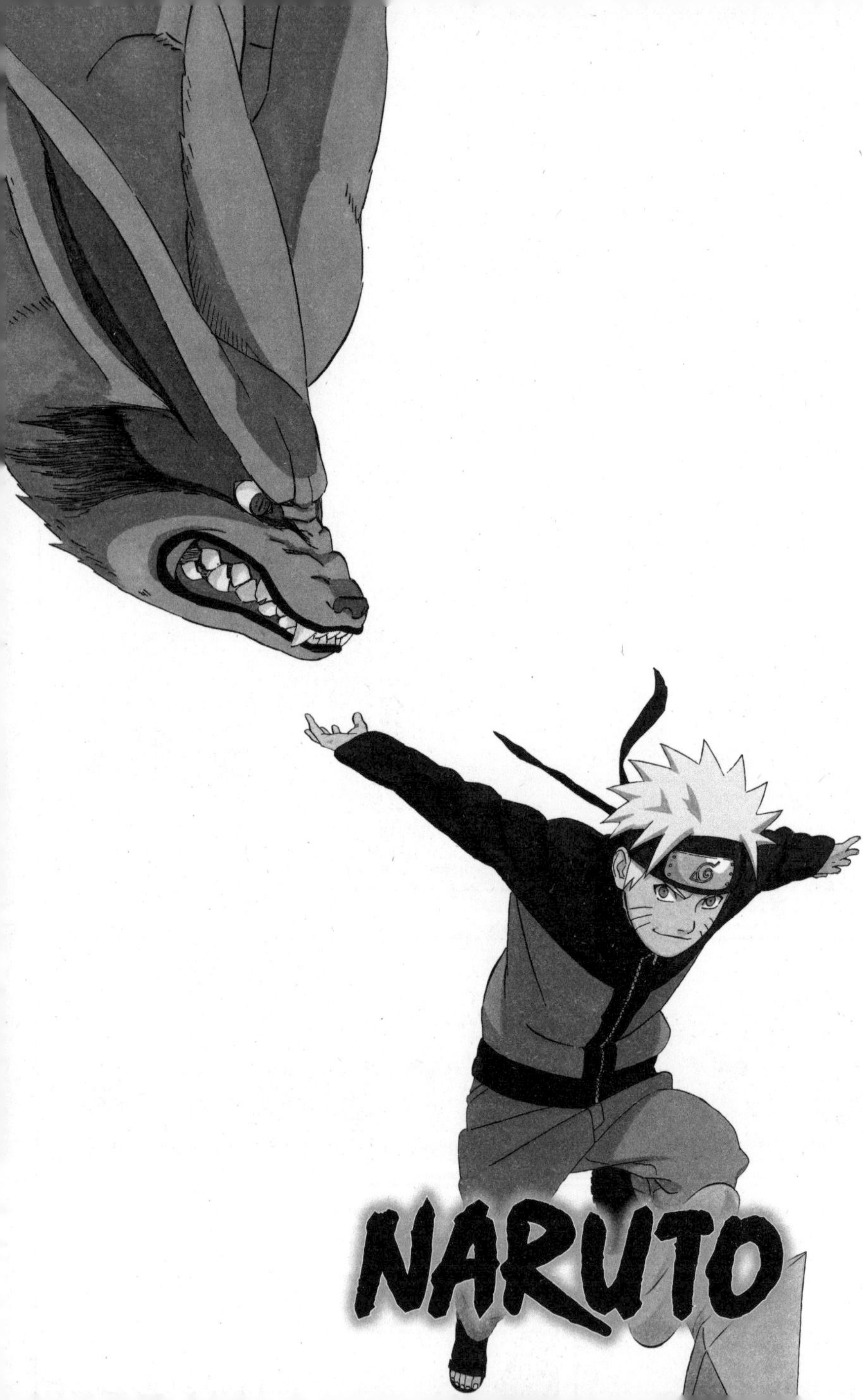
NARUTO

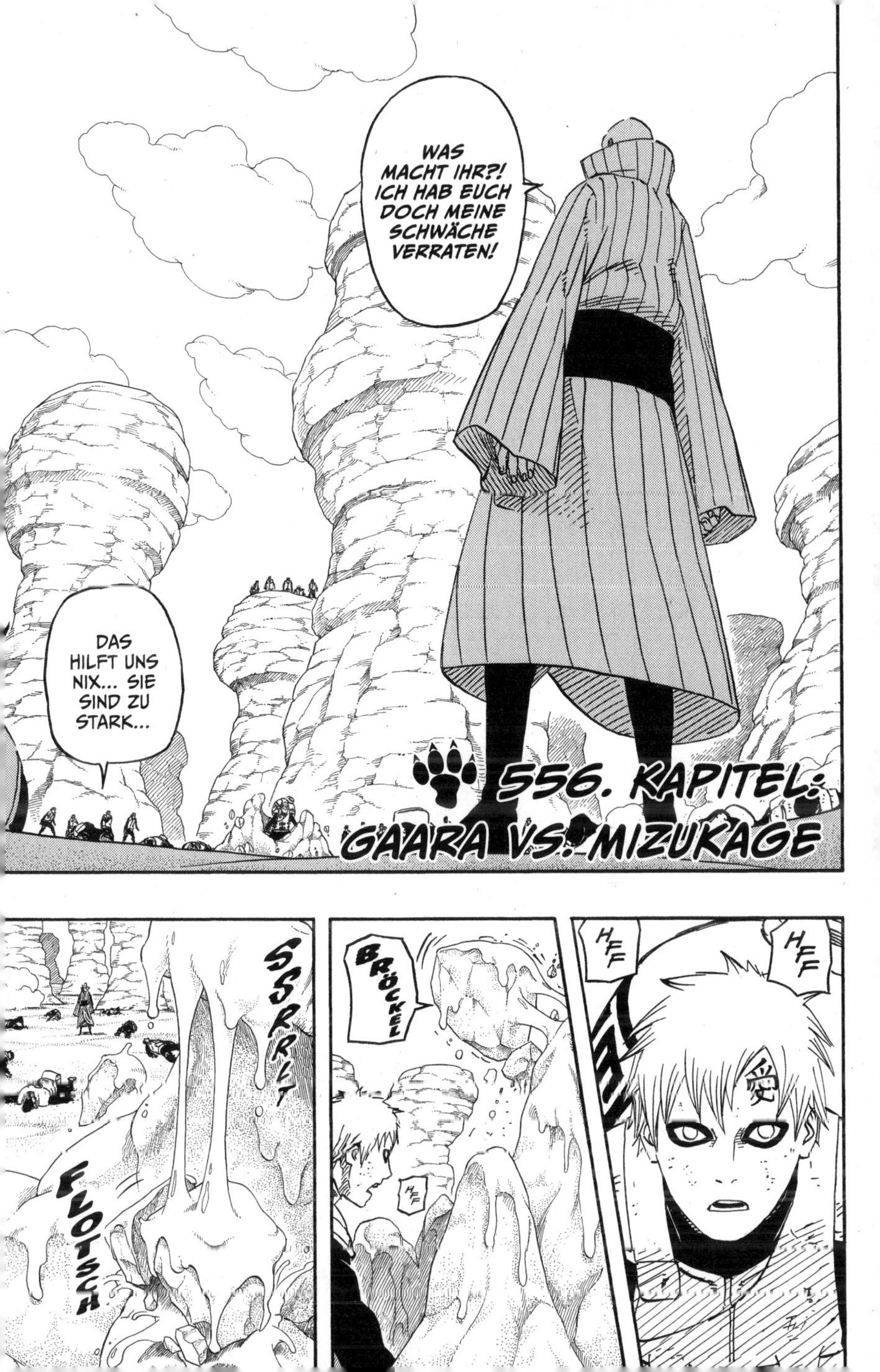
WAS MACHT IHR?! ICH HAB EUCH DOCH MEINE SCHWÄCHE VERRATEN!
DAS HILFT UNS NIX... SIE SIND ZU STARK...
556. KAPITEL: GAARA VS. MIZUKAGE
HFF
HFF
BRÖCKEL
HFF
SSRRLT
FLOTSCH

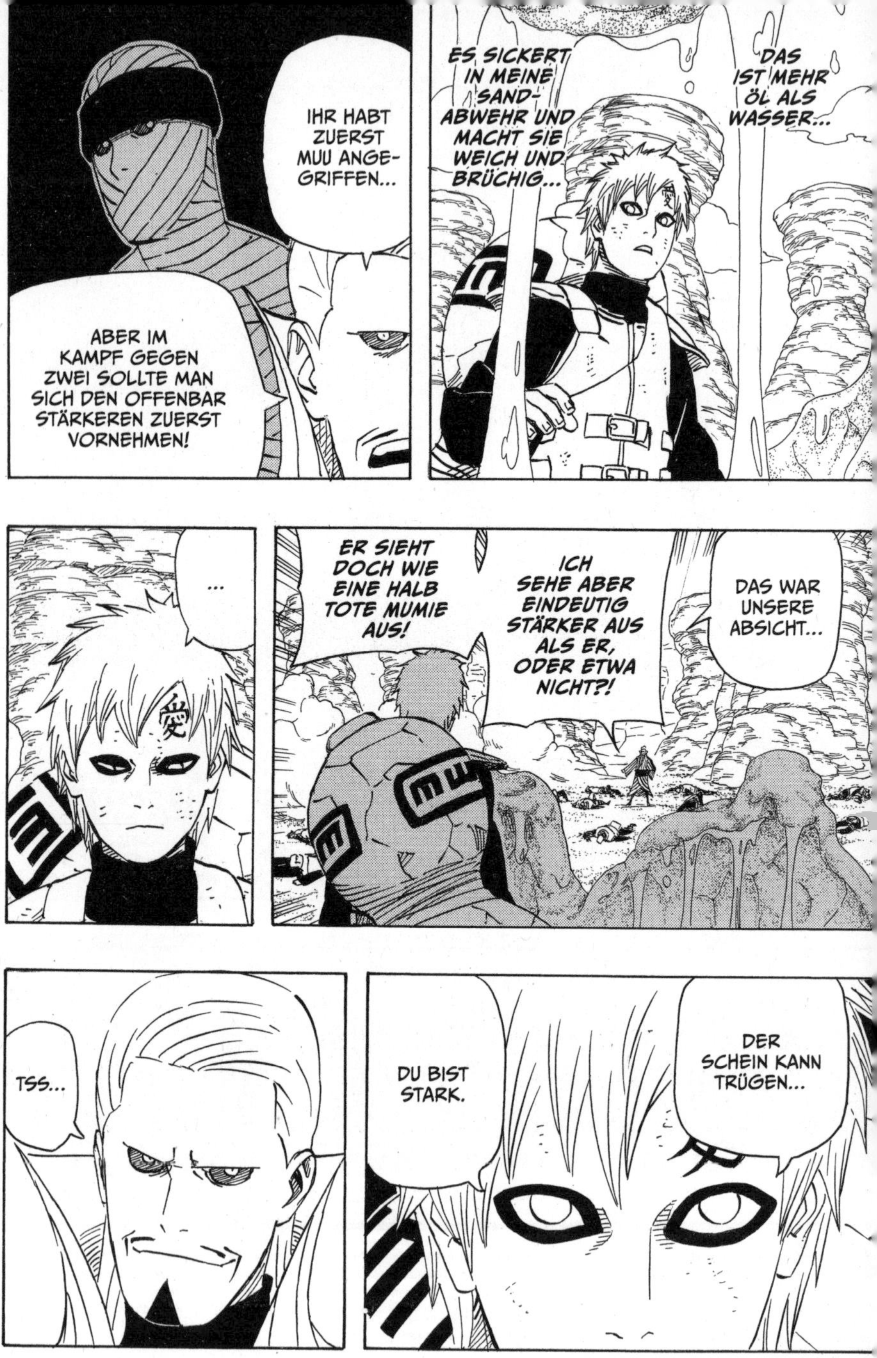
DAS IST MEHR ÖL ALS WASSER...
ES SICKERT IN MEINE SAND-ABWEHR UND MACHT SIE WEICH UND BRÜCHIG...
IHR HABT ZUERST MUU ANGE-GRIFFEN...
ABER IM KAMPF GEGEN ZWEI SOLLTE MAN SICH DEN OFFENBAR STÄRKEREN ZUERST VORNEHMEN!
DAS WAR UNSERE ABSICHT...
ICH SEHE ABER EINDEUTIG STÄRKER AUS ALS ER, ODER ETWA NICHT?!
ER SIEHT DOCH WIE EINE HALB TOTE MUMIE AUS!
...
DER SCHEIN KANN TRÜGEN...
DU BIST STARK.
TSS...

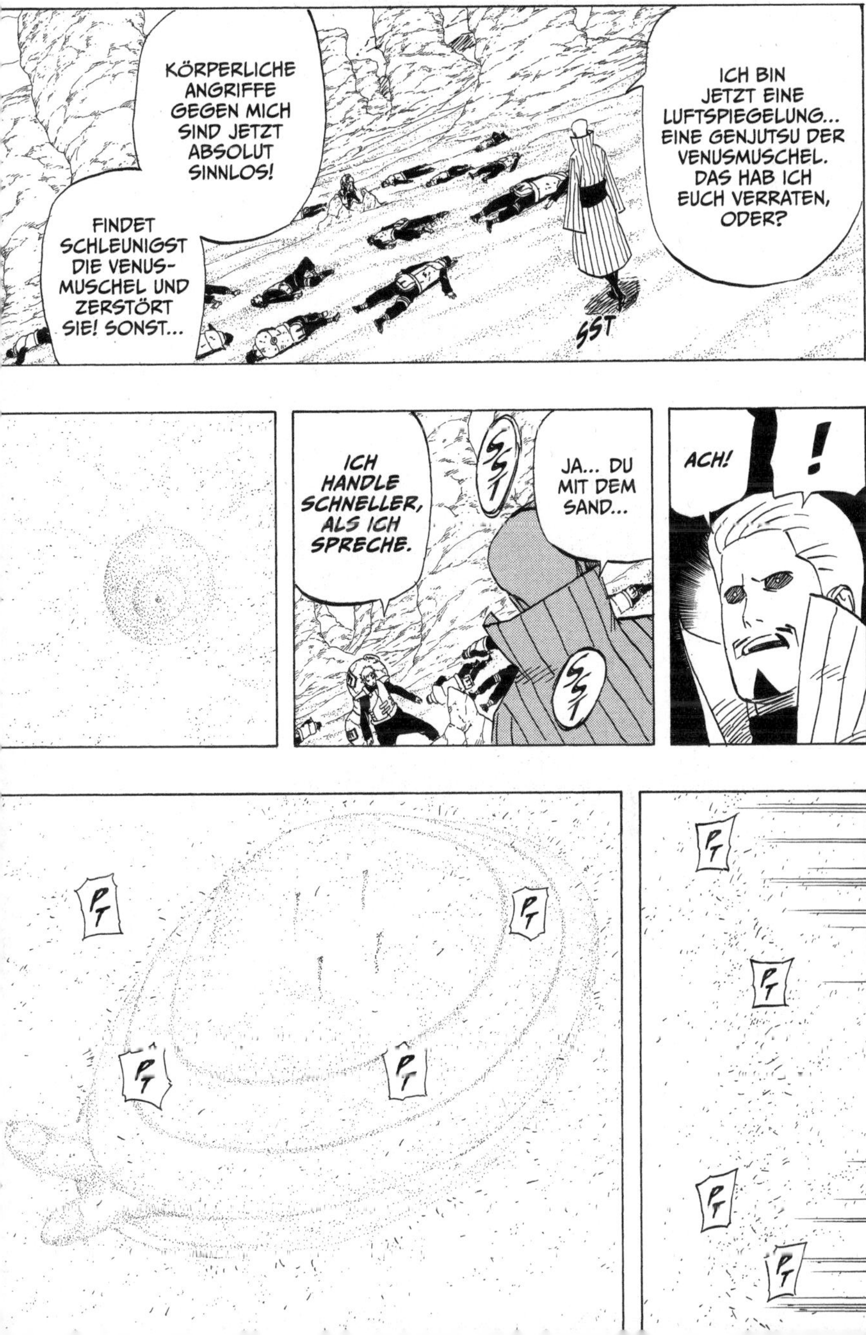
ICH BIN JETZT EINE LUFTSPIEGELUNG... EINE GENJUTSU DER VENUSMUSCHEL. DAS HAB ICH EUCH VERRATEN, ODER?
SST
KÖRPERLICHE ANGRIFFE GEGEN MICH SIND JETZT ABSOLUT SINNLOS!
FINDET SCHLEUNIGST DIE VENUS-MUSCHEL UND ZERSTÖRT SIE! SONST...
ACH!
!
JA... DU MIT DEM SAND...
SST
ICH HANDLE SCHNELLER, ALS ICH SPRECHE.
SST
PT
PT
PT
PT
PT
PT
PT
PT
PT

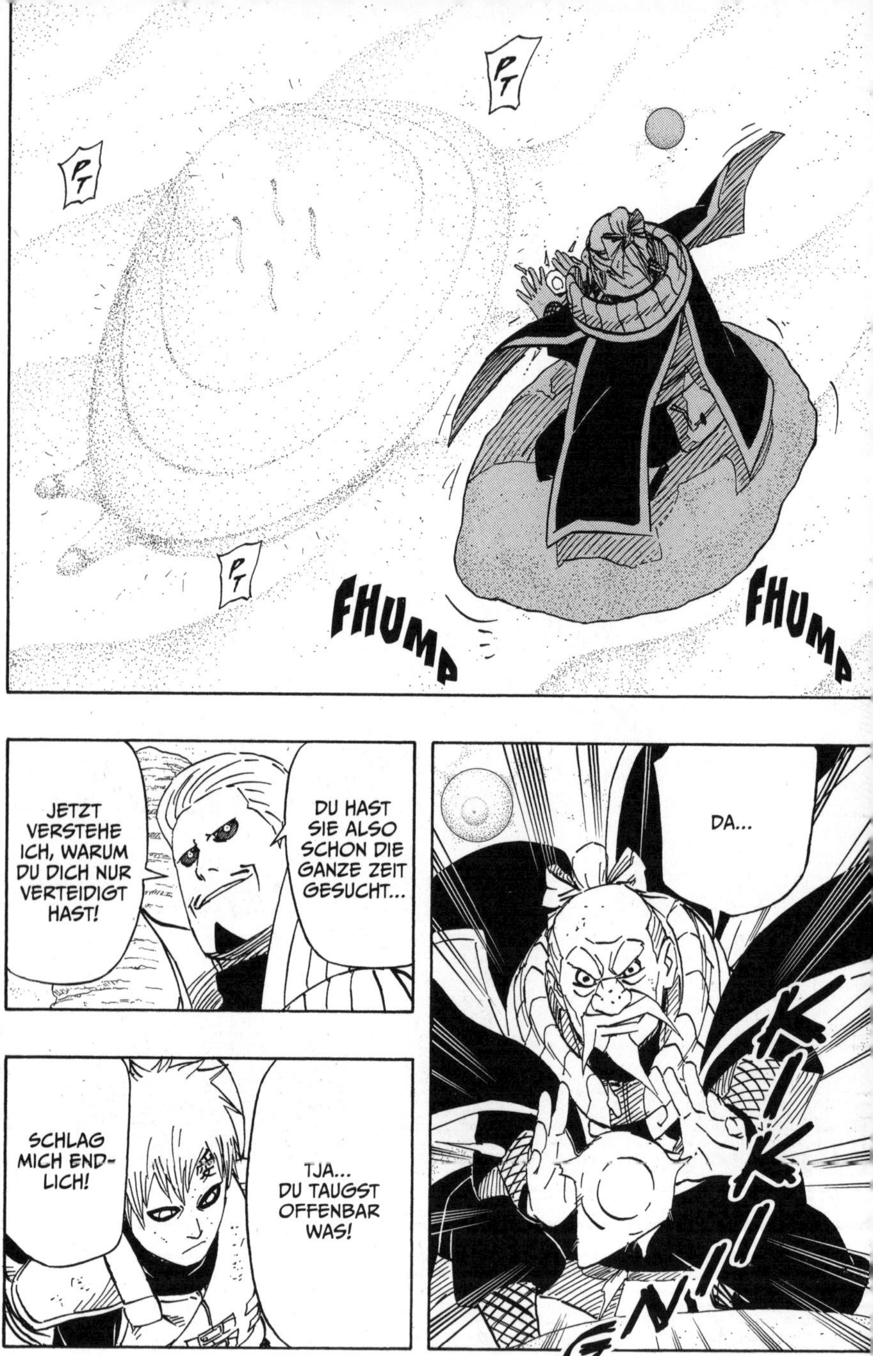
PT
PT
PT
FHUMP
FHUMP
DA...
DU HAST SIE ALSO SCHON DIE GANZE ZEIT GESUCHT...
JETZT VERSTEHE ICH, WARUM DU DICH NUR VERTEIDIGT HAST!
TJA... DU TAUGST OFFENBAR WAS!
SCHLAG MICH END-LICH!

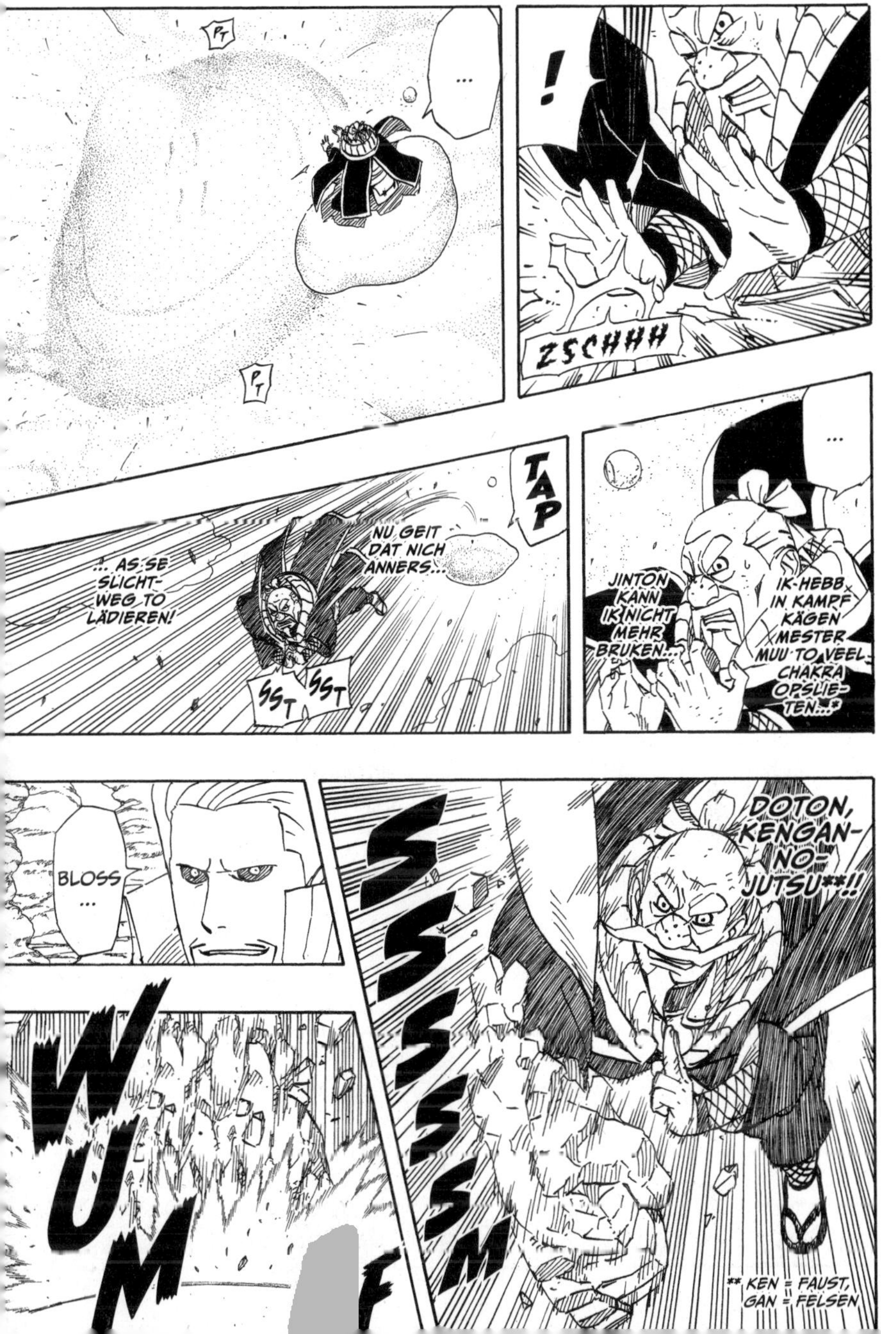
!
ZSCHHH
...
PT
PT
...
IK HEBB IN KAMPF KÄGEN MESTER MUU TO VEEL CHAKRA OPSLIETEN...*
JINTON KANN IK NICHT MEHR BRUKEN...
TAP
NU GEIT DAT NICH ANNERS...
... AS SE SLICHTWEG TO LÄDIEREN!
SST
SST
DOTON, KENGAN-NO-JUTSU**!!
BLOSS ...
SSSSSM
WUMF
** KEN = FAUST, GAN = FELSEN

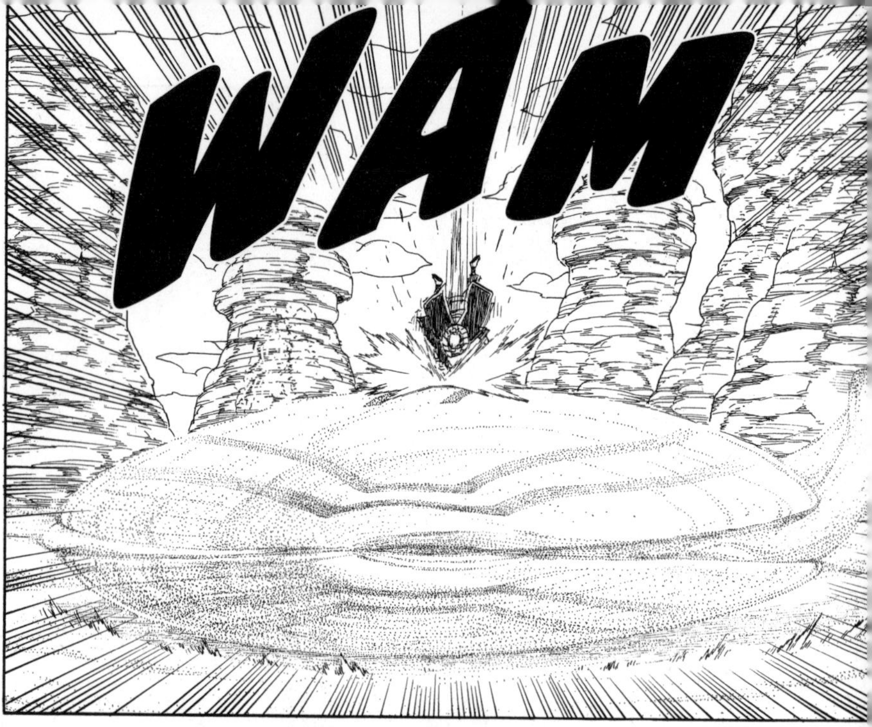
WAM
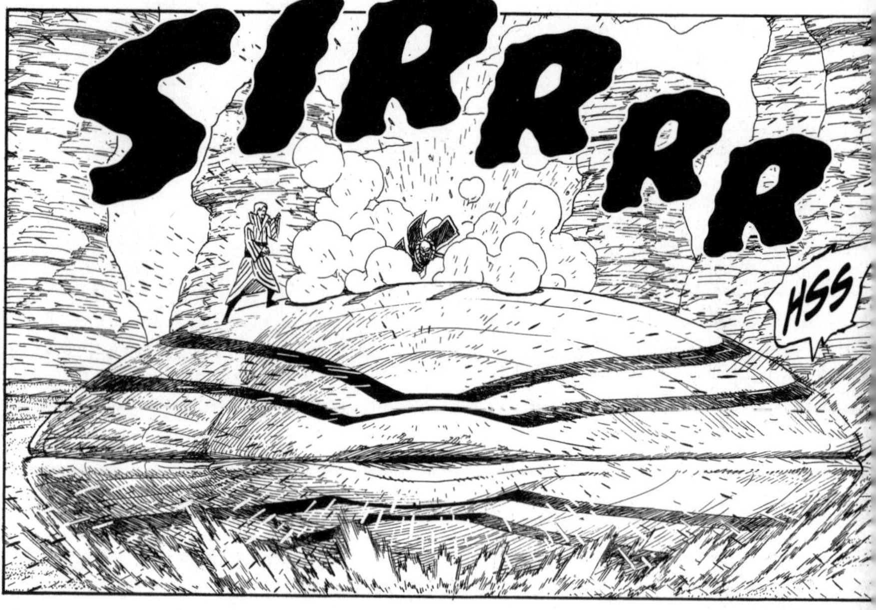
SIRRRR
HSS

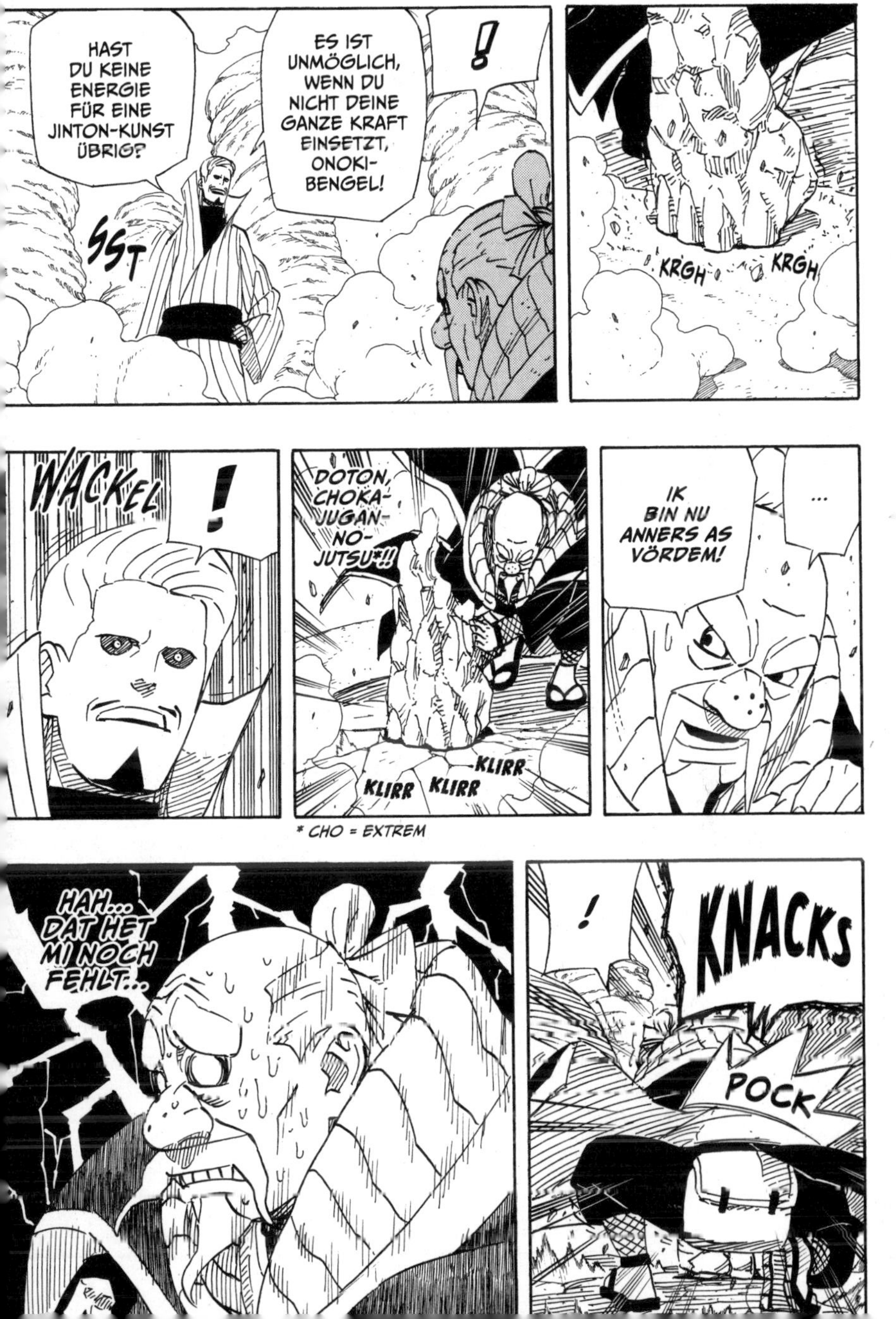
HAST DU KEINE ENERGIE FÜR EINE JINTON-KUNST ÜBRIG?
SST
ES IST UNMÖGLICH, WENN DU NICHT DEINE GANZE KRAFT EINSETZT, ONOKI-BENGEL!
!
KRGH KRGH
WACKEL
!
DOTON, CHOKA-JUGAN-NO-JUTSU*!!
KLIRR KLIRR KLIRR
IK BIN NU ANNERS AS VÖRDEM!
...
HAH... DAT HET MI NOCH FEHLT...
!
KNACKS
POCK

* CHO = EXTREM

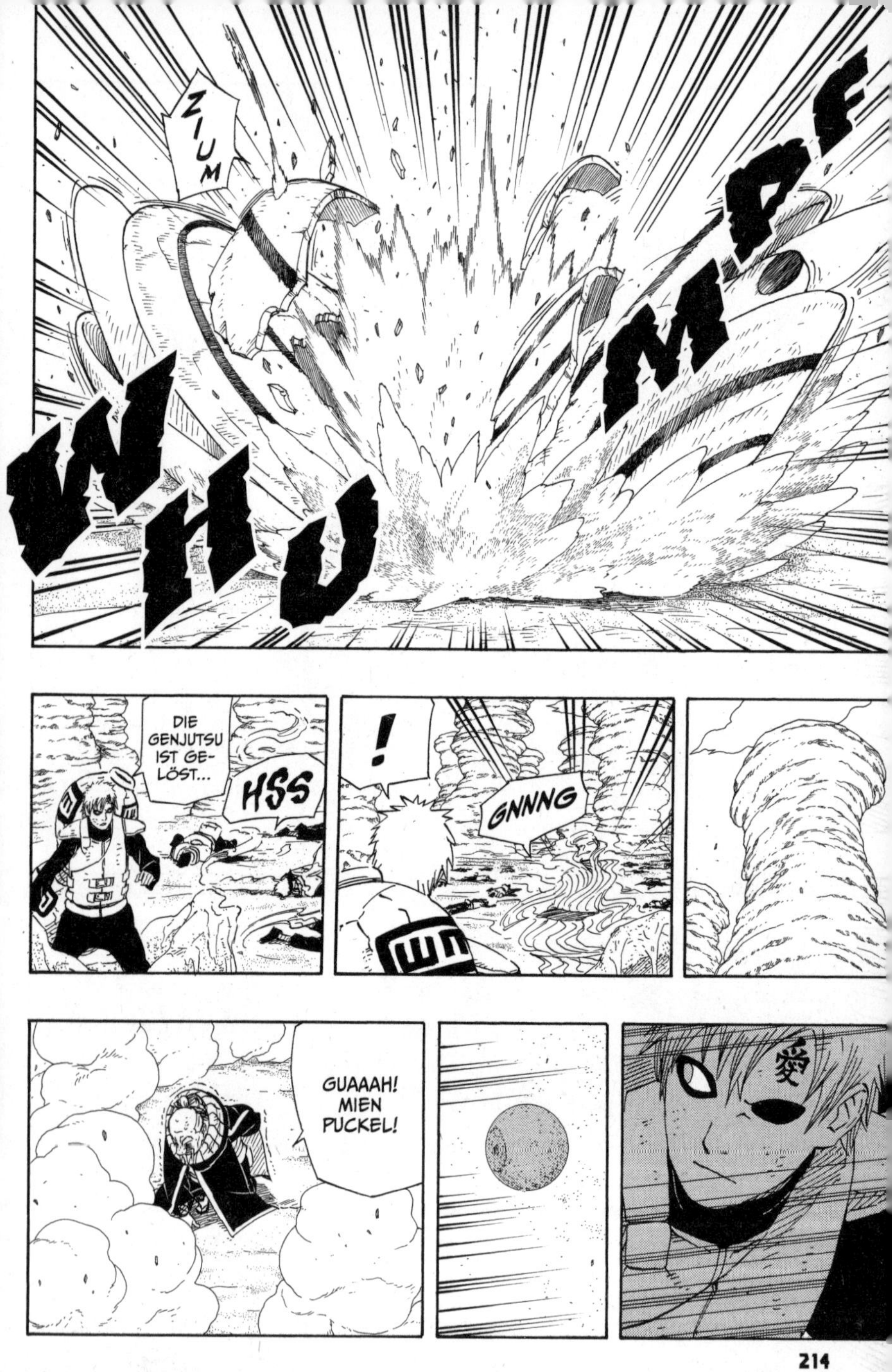
WHUMPF
ZIUM
!
GNNNG
DIE GENJUTSU IST GELÖST...
HSS
GUAAAH! MIEN PUCKEL!

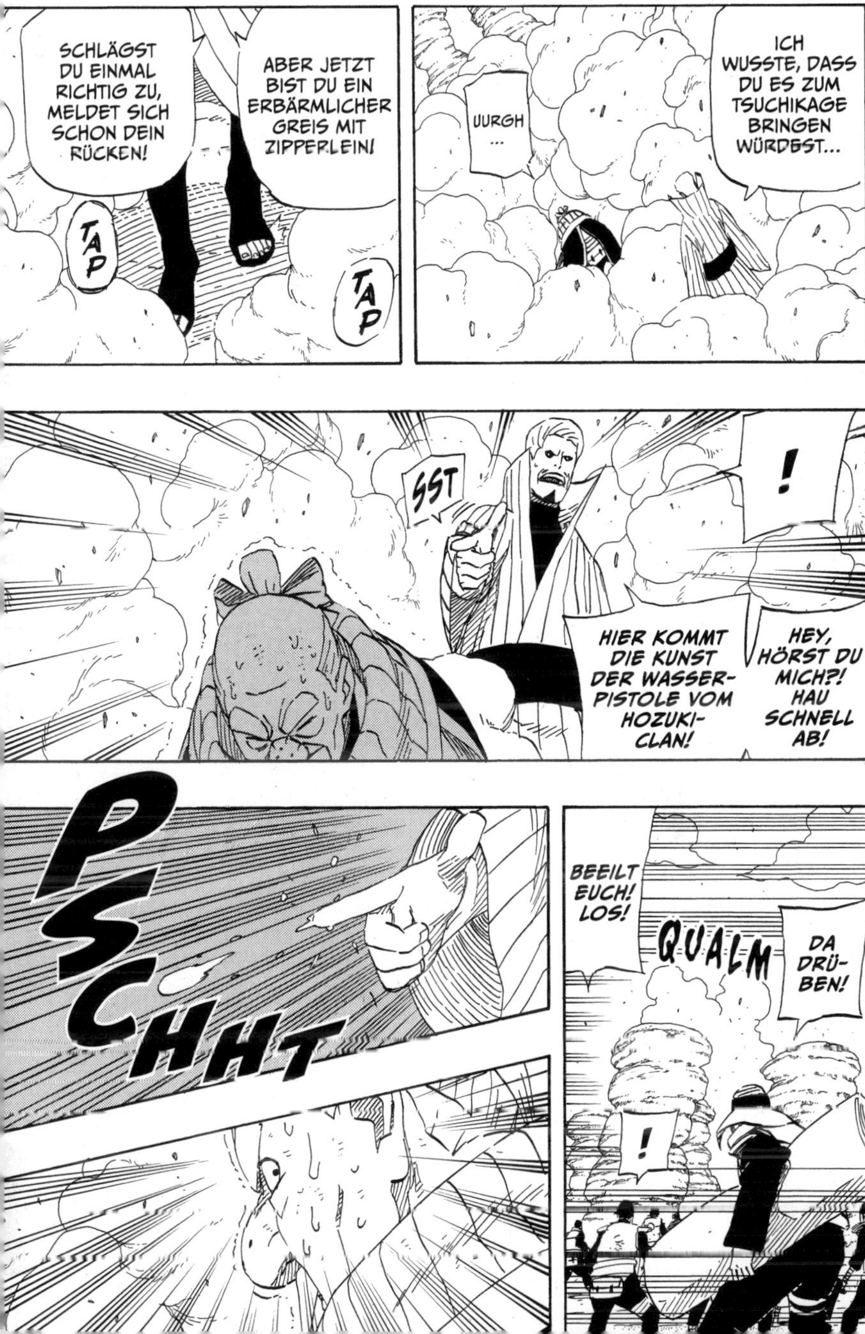
ICH WUSSTE, DASS DU ES ZUM TSUCHIKAGE BRINGEN WÜRDEST...
UURGH ...
ABER JETZT BIST DU EIN ERBÄRMLICHER GREIS MIT ZIPPERLEIN!
SCHLÄGST DU EINMAL RICHTIG ZU, MELDET SICH SCHON DEIN RÜCKEN!
TAP
TAP
!
SST
HEY, HÖRST DU MICH?! HAU SCHNELL AB!
HIER KOMMT DIE KUNST DER WASSER-PISTOLE VOM HOZUKI-CLAN!
DA DRÜBEN!
QUALM
BEEILT EUCH! LOS!
!
PSCHHT

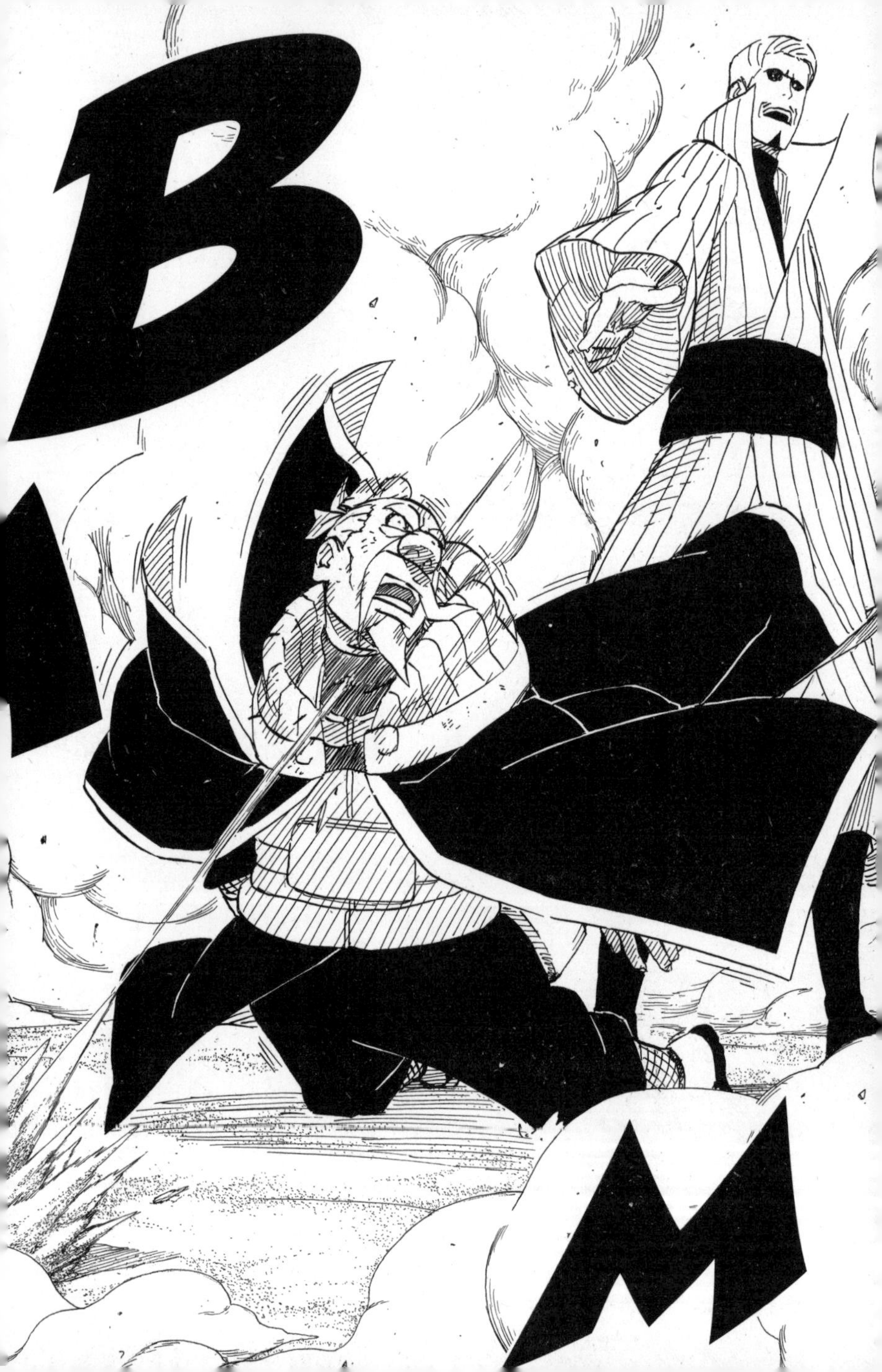
B
M

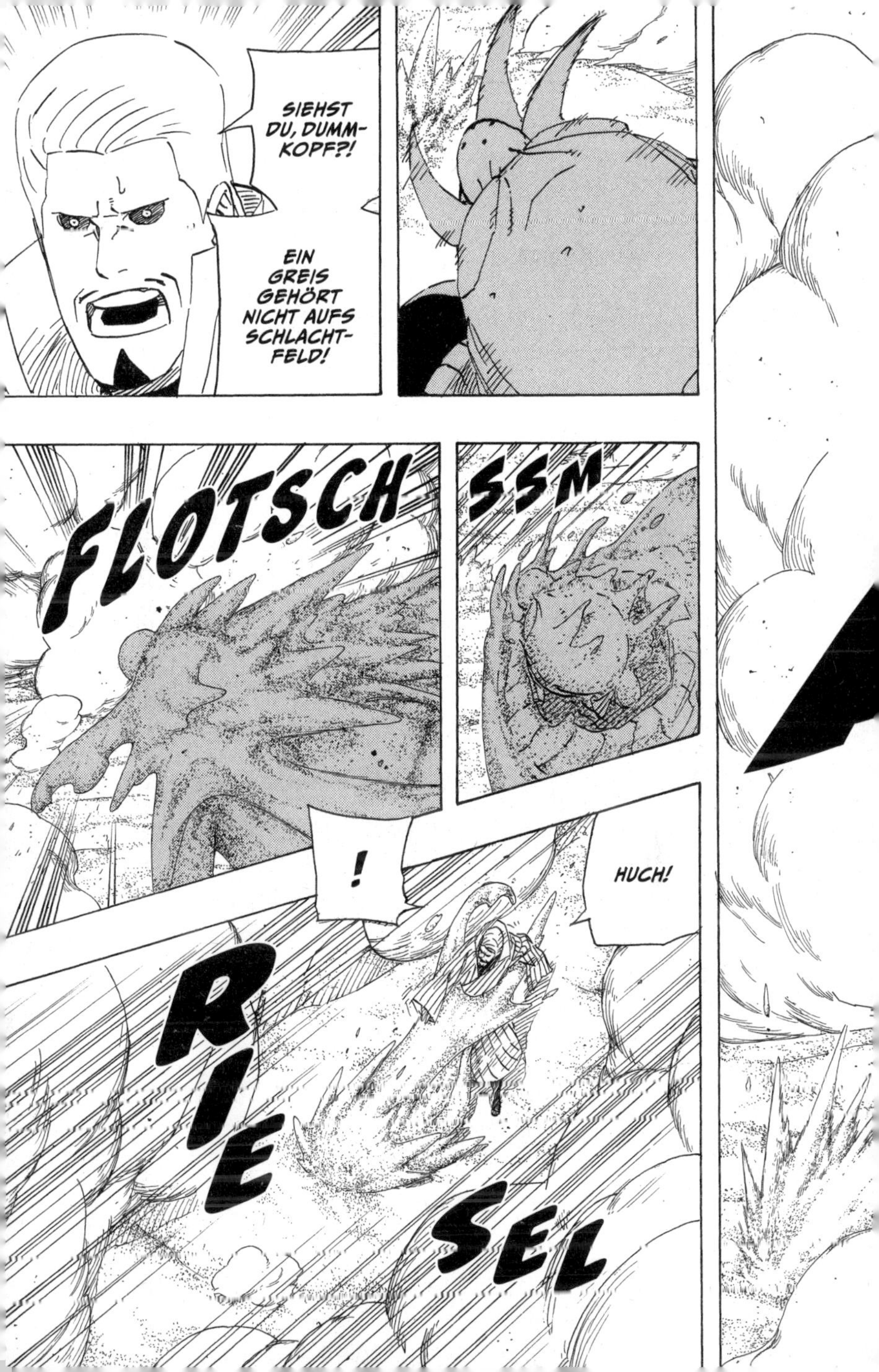
SIEHST DU, DUMMKOPF?!
EIN GREIS GEHÖRT NICHT AUFS SCHLACHTFELD!
FLOTSCH
SSM
HUCH!
!
RIESEL

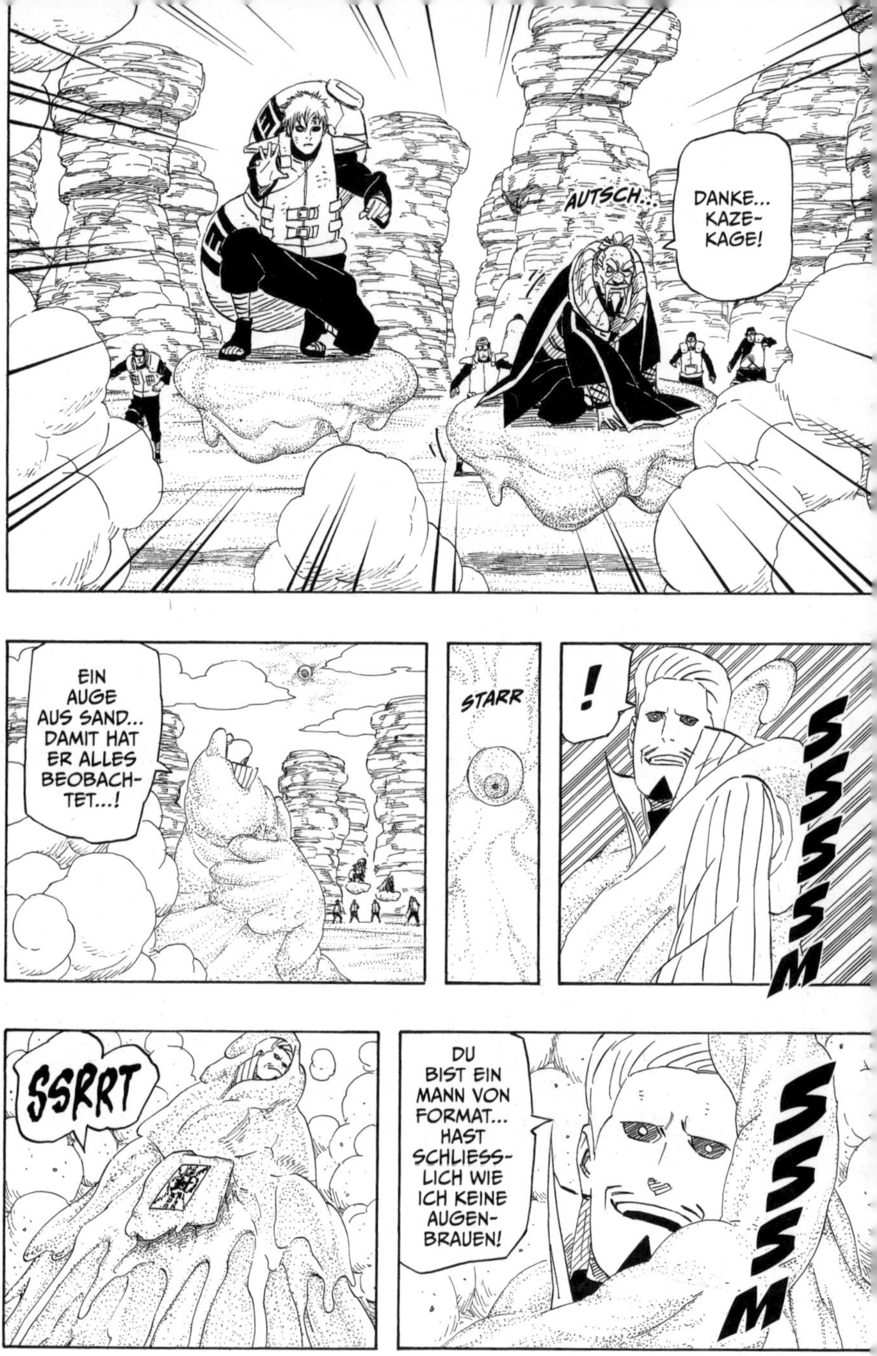

DANKE... KAZE-KAGE!
AUTSCH...
!
STARR
EIN AUGE AUS SAND... DAMIT HAT ER ALLES BEOBACH-TET...!
SSSSM
SSSSM
DU BIST EIN MANN VON FORMAT... HAST SCHLIESS-LICH WIE ICH KEINE AUGEN-BRAUEN!
SSRRT

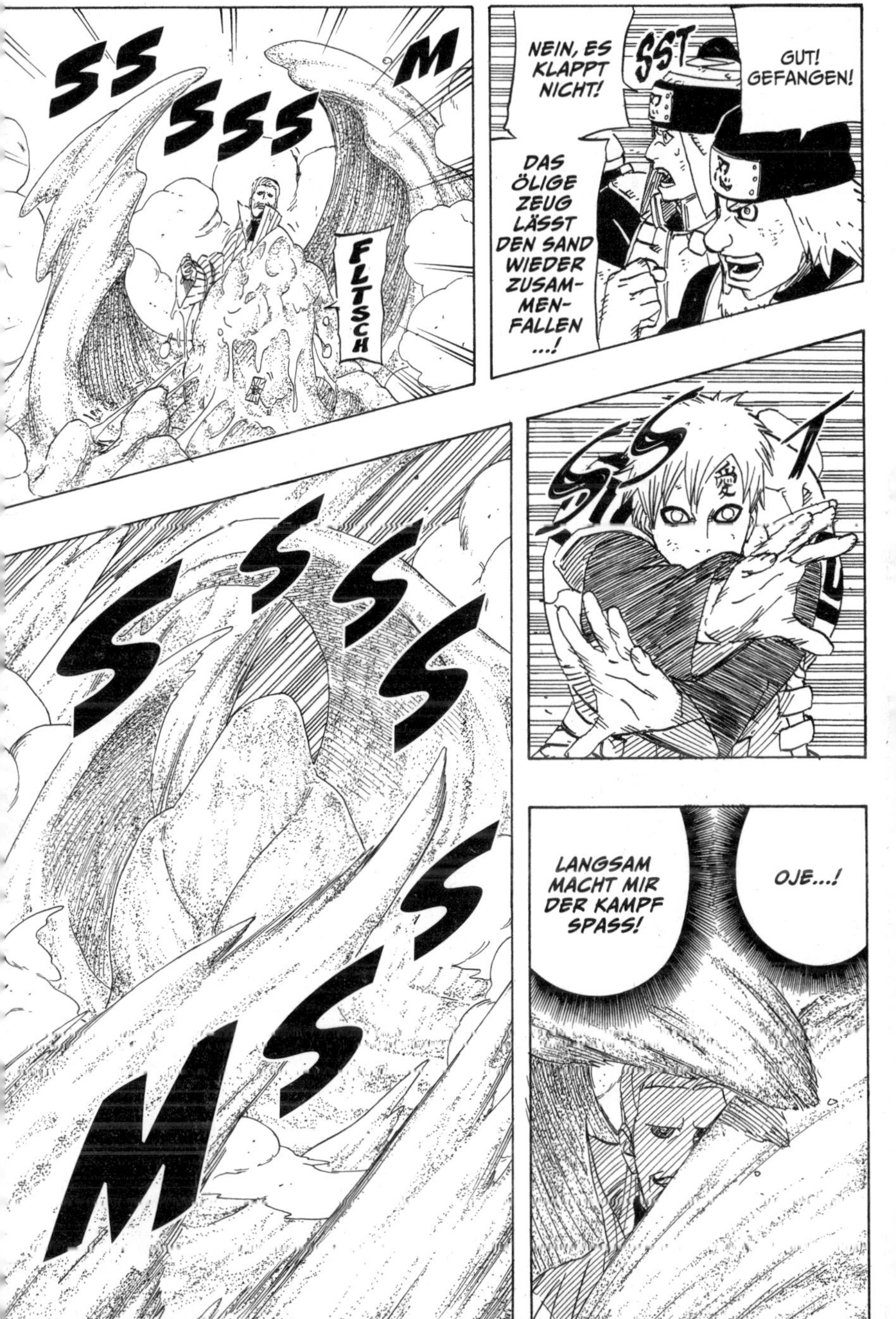
GUT! GEFANGEN!
SST
NEIN, ES KLAPPT NICHT!
DAS ÖLIGE ZEUG LÄSST DEN SAND WIEDER ZUSAMMENFALLEN ...!
SSSSSSM
FLTSCH
SS
SSSSSSSM
OJE...!
LANGSAM MACHT MIR DER KAMPF SPASS!

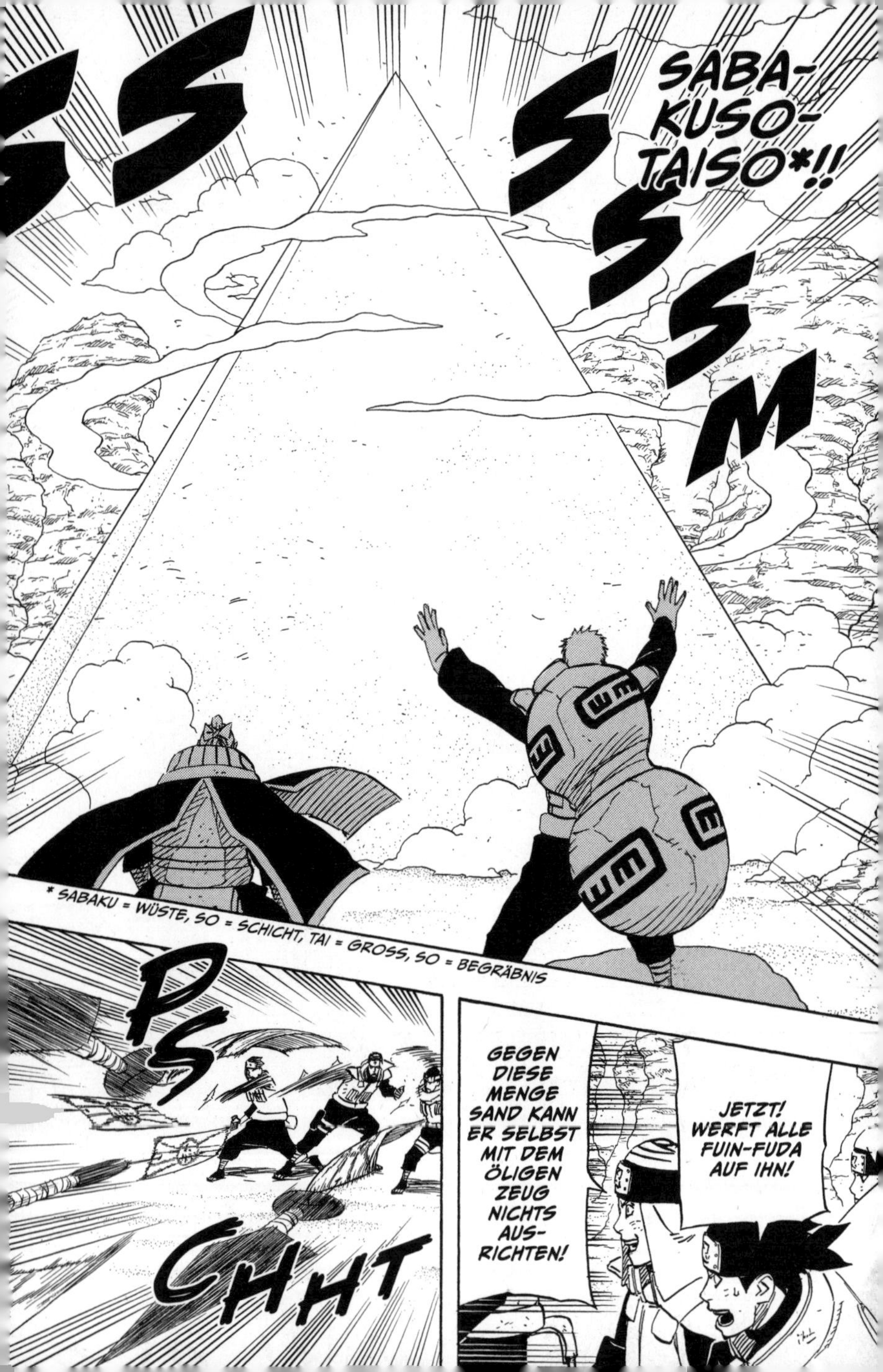
SABA-KUSO-TAISO*!!
SSSSSSM
* SABAKU = WÜSTE, SO = SCHICHT, TAI = GROSS, SO = BEGRÄBNIS
JETZT! WERFT ALLE FUIN-FUDA AUF IHN!
GEGEN DIESE MENGE SAND KANN ER SELBST MIT DEM ÖLIGEN ZEUG NICHTS AUS-RICHTEN!
PSCHHT

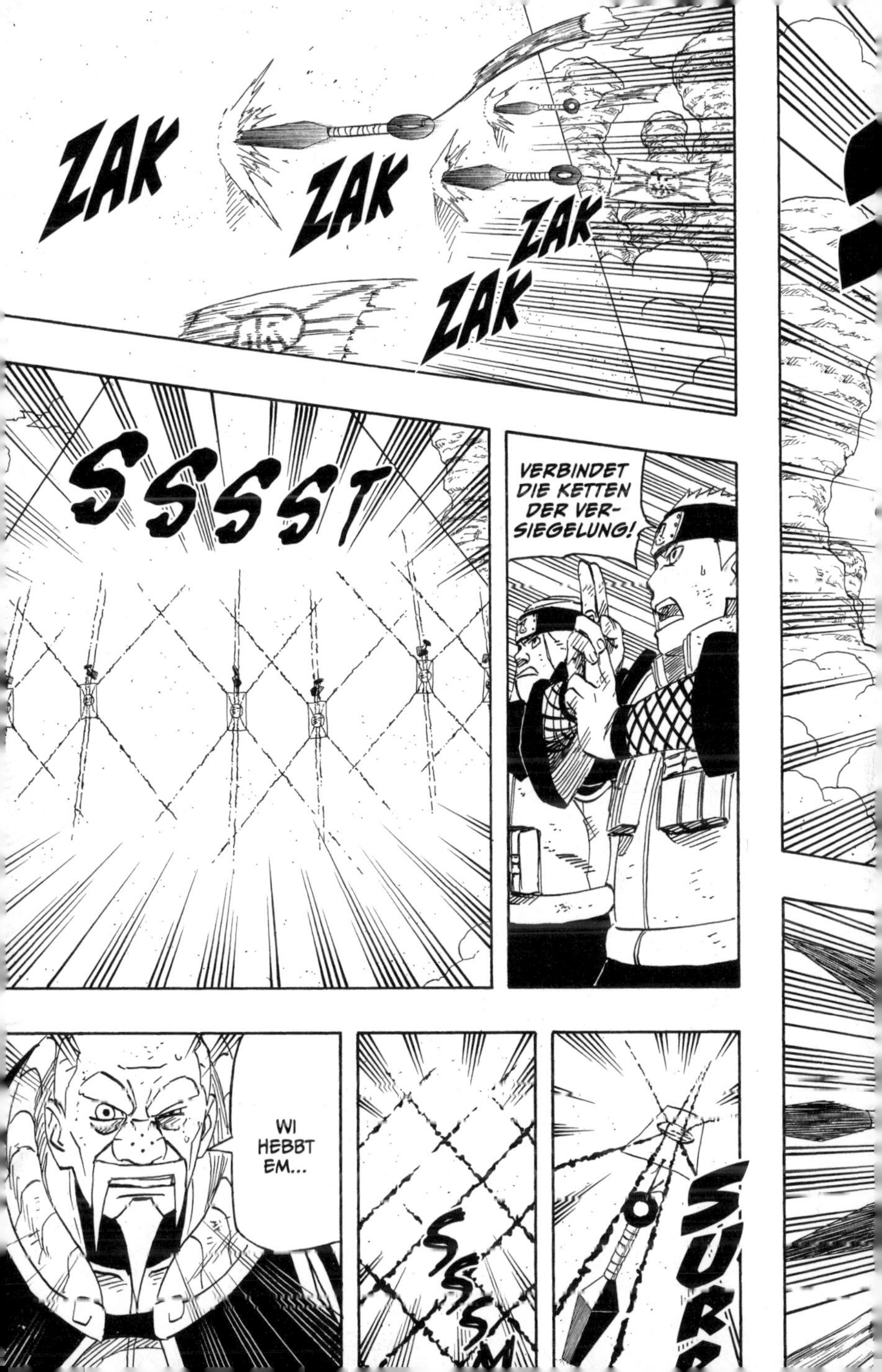

ZAK
ZAK
ZAK
ZAK
VERBINDET DIE KETTEN DER VER-SIEGELUNG!
SSSST
WI HEBBT EM...

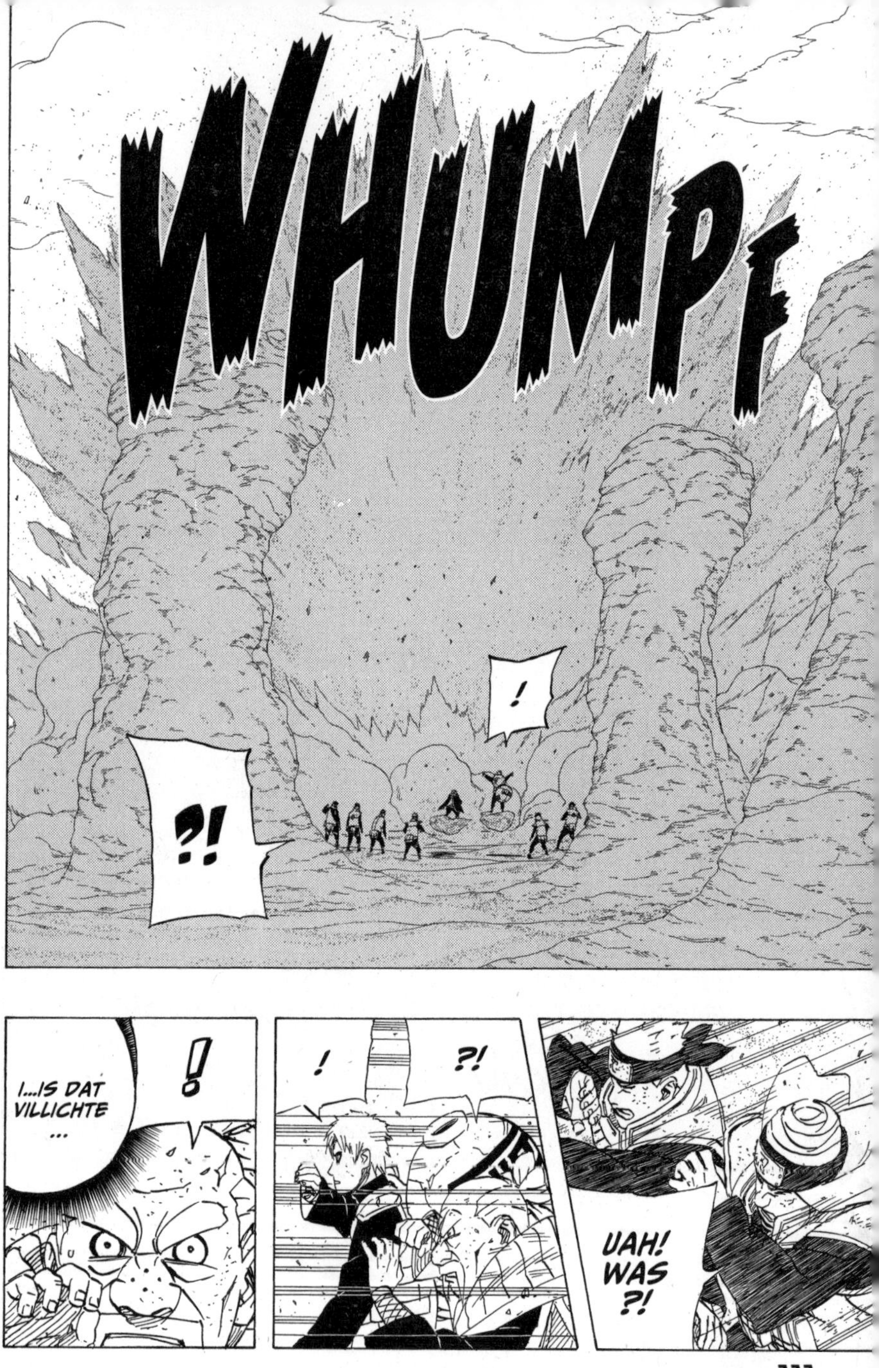
WHUMPF
!
?!
!
I...IS DAT
VILLICHTE
...
?!
!
UAH!
WAS
?!

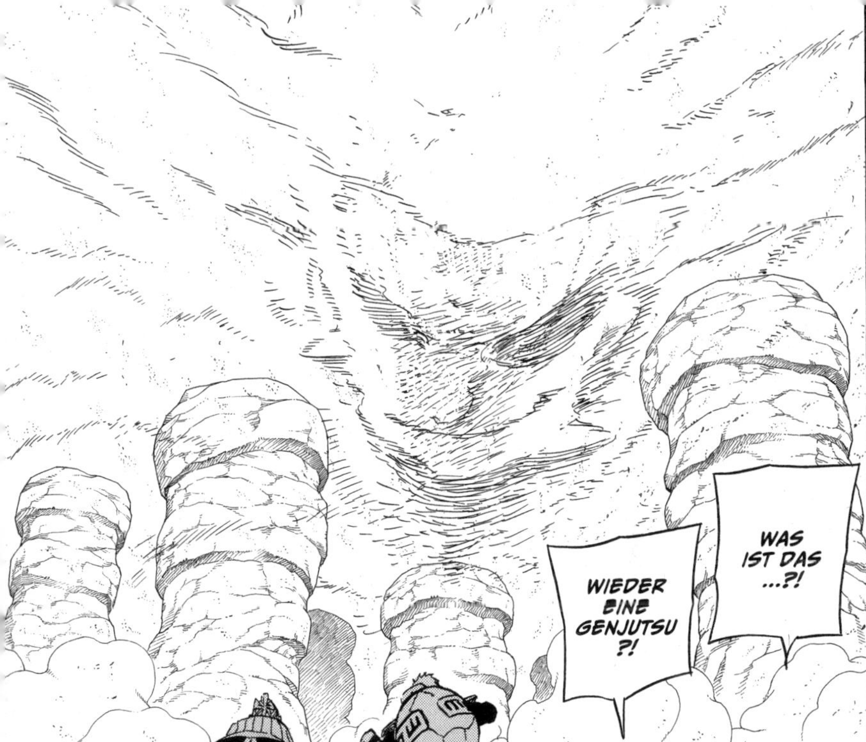

* JO = DAMPF, KI = GEFAHR, BO = TOBEN, I = WÜRDE/ABSCHRECKUNG; BOI LÄSST SICH ZUDEM ALS DAS ENGL. WORT BOY (DT.: JUNGE) LESEN

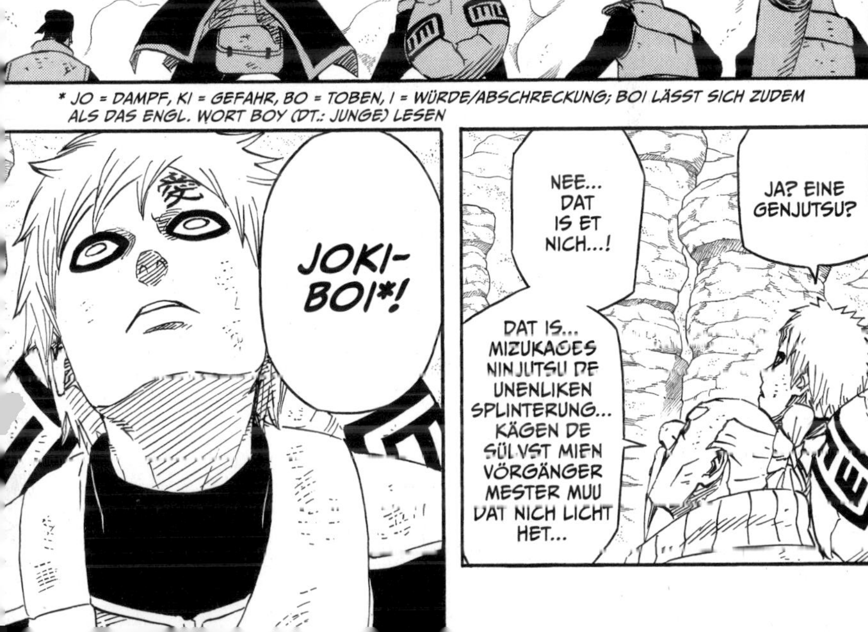

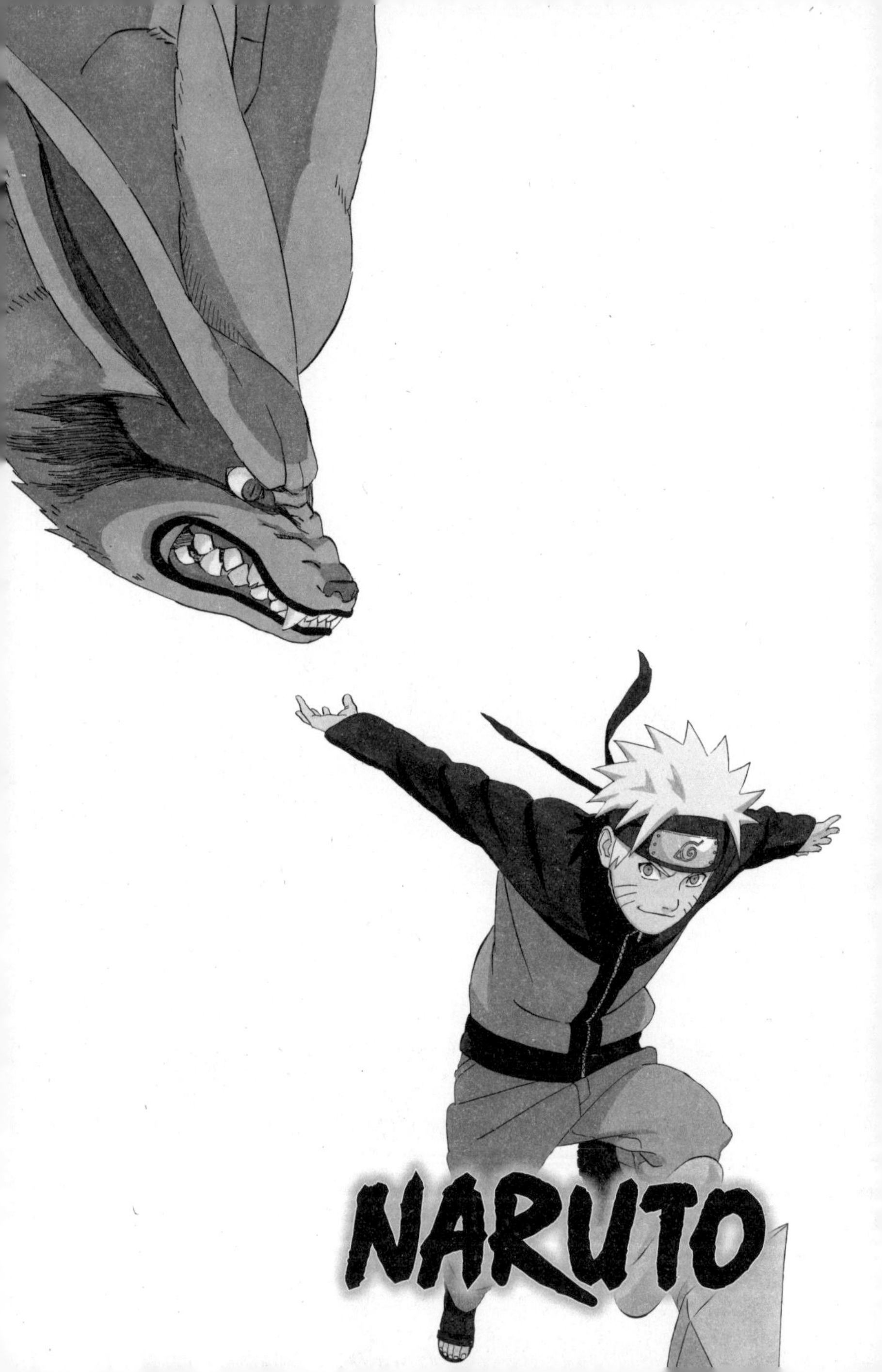
NARUTO

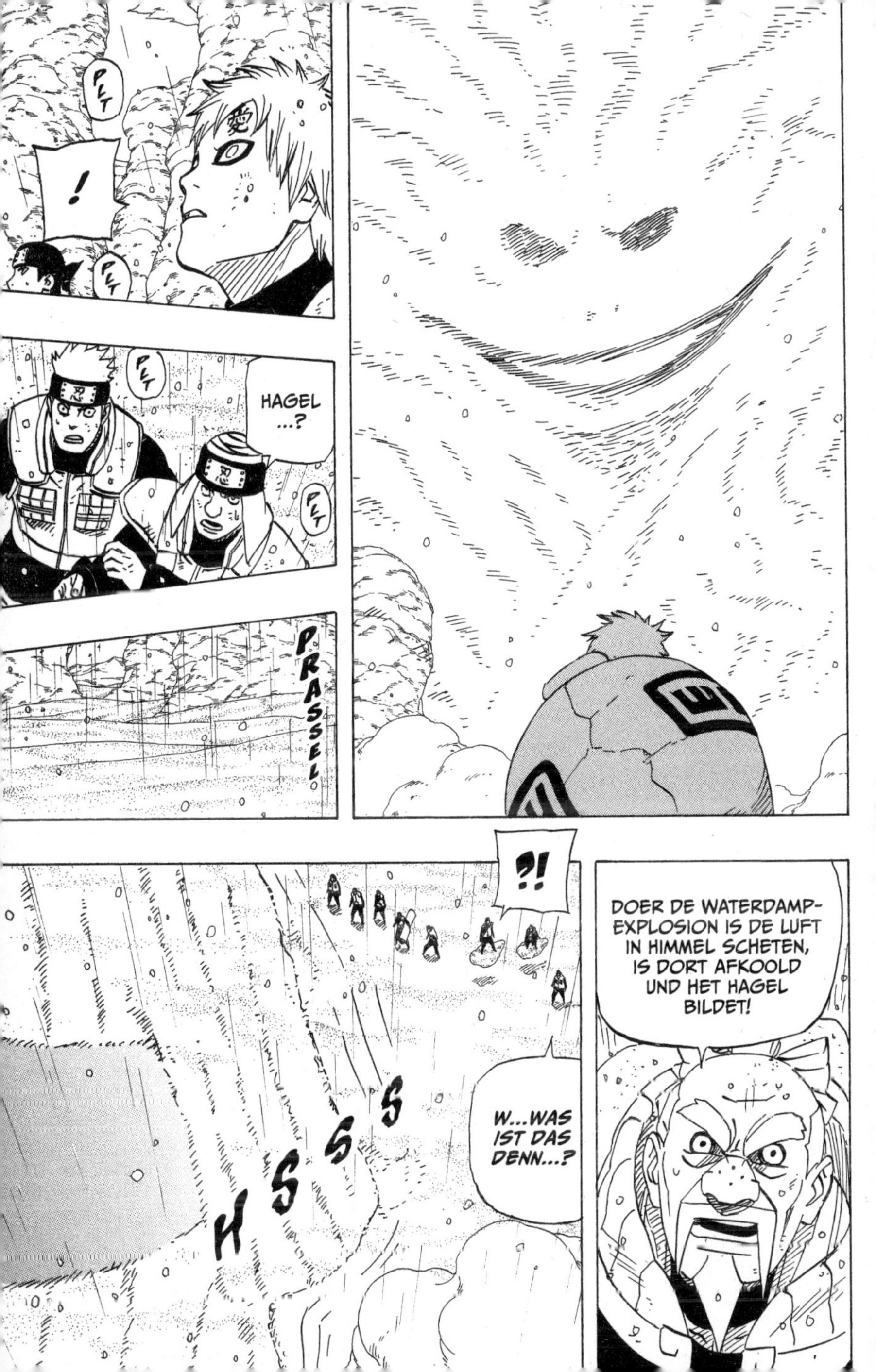
PLT
!
PLT
PLT
HAGEL ...?
PLT
PRASSEL
DOER DE WATERDAMP-EXPLOSION IS DE LUFT IN HIMMEL SCHETEN, IS DORT AFKOOLD UND HET HAGEL BILDET!
?!
W...WAS IST DAS DENN...?
HSSSS

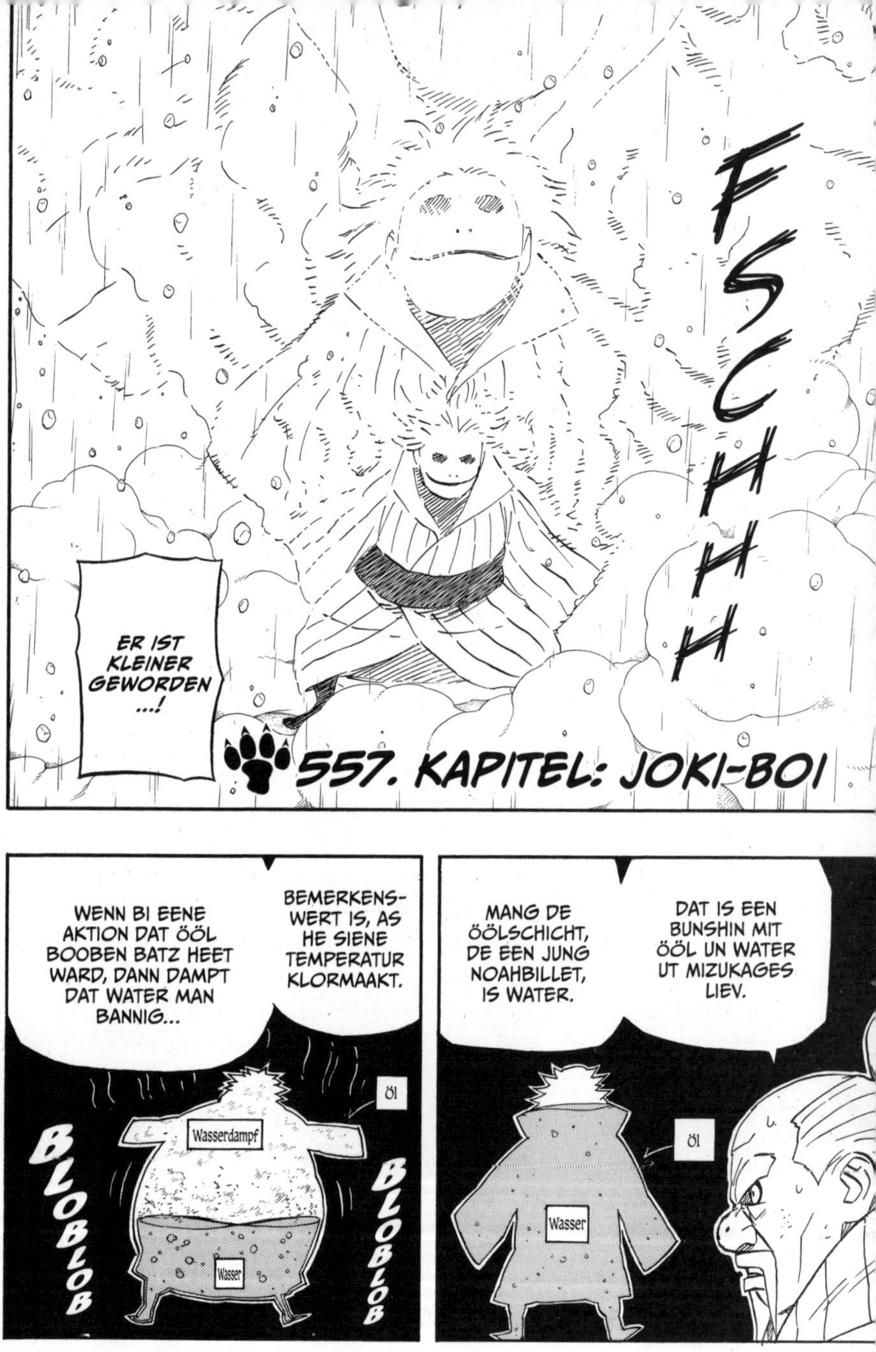
FSCHHHHH
ER IST KLEINER GEWORDEN ...!
557. KAPITEL: JOKI-BOI
DAT IS EEN BUNSHIN MIT ÖÖL UN WATER UT MIZUKAGES LIEV.
MANG DE ÖÖLSCHICHT, DE EEN JUNG NOAHBILLET, IS WATER.
Öl
Wasser
BEMERKENS-WERT IS, AS HE SIENE TEMPERATUR KLORMAAKT.
WENN BI EENE AKTION DAT ÖÖL BOOBEN BATZ HEET WARD, DANN DAMPT DAT WATER MAN BANNIG...
Öl
Wasserdampf
Wasser
BLOBLOB
BLOBLOB

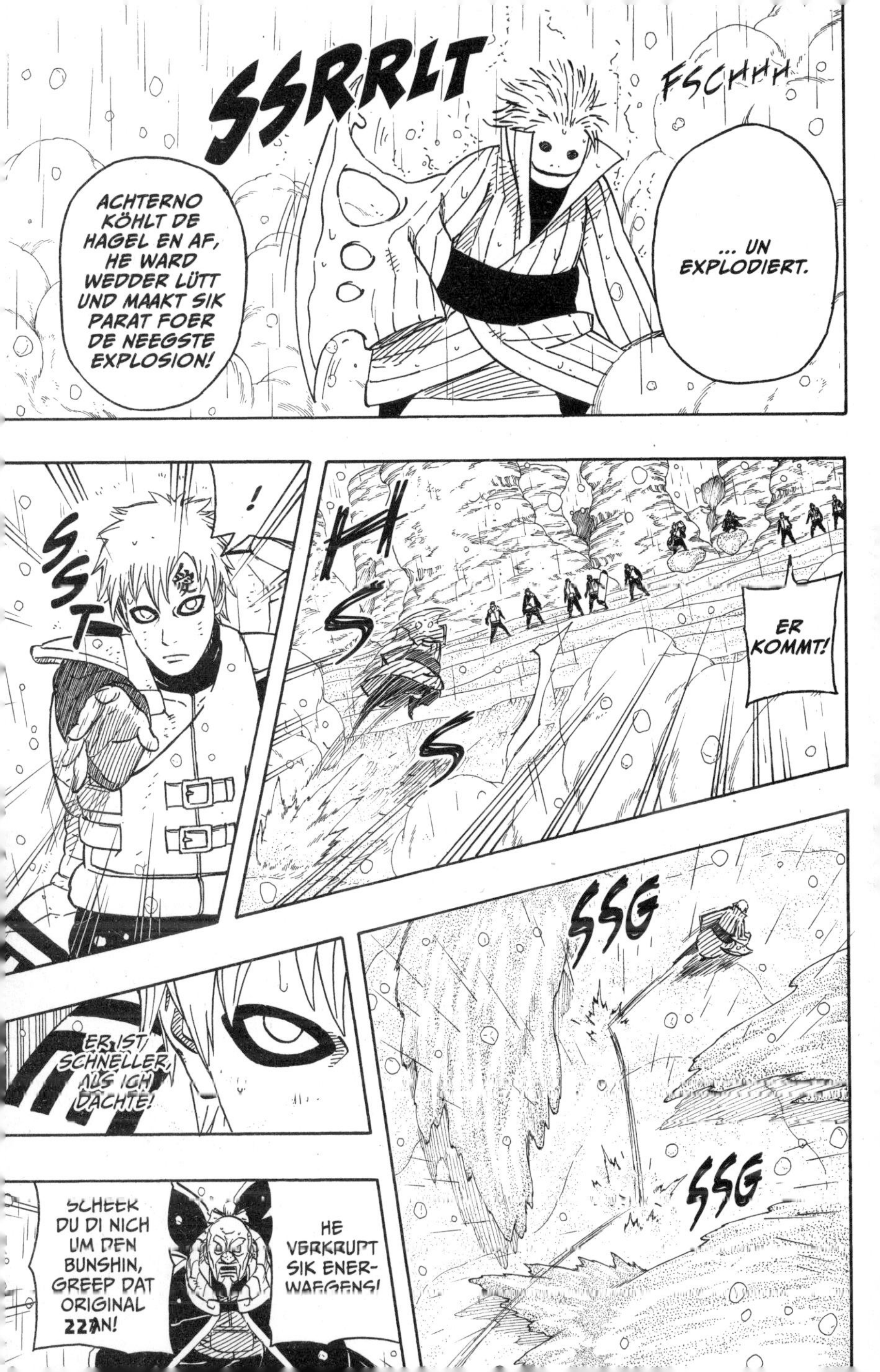
FSCHHH
... UN EXPLODIERT.
SSRRLT
ACHTERNO KÖHLT DE HAGEL EN AF, HE WARD WEDDER LÜTT UND MAAKT SIK PARAT FOER DE NEEGSTE EXPLOSION!
ER KOMMT!
HSS
!
SST
ER IST SCHNELLER, ALS ICH DACHTE!
SSG
SSG
HE VERKRUPT SIK ENER-WAFGENS!
SCHEER DU DI NICH UM DEN BUNSHIN, GREEP DAT ORIGINAL AN!

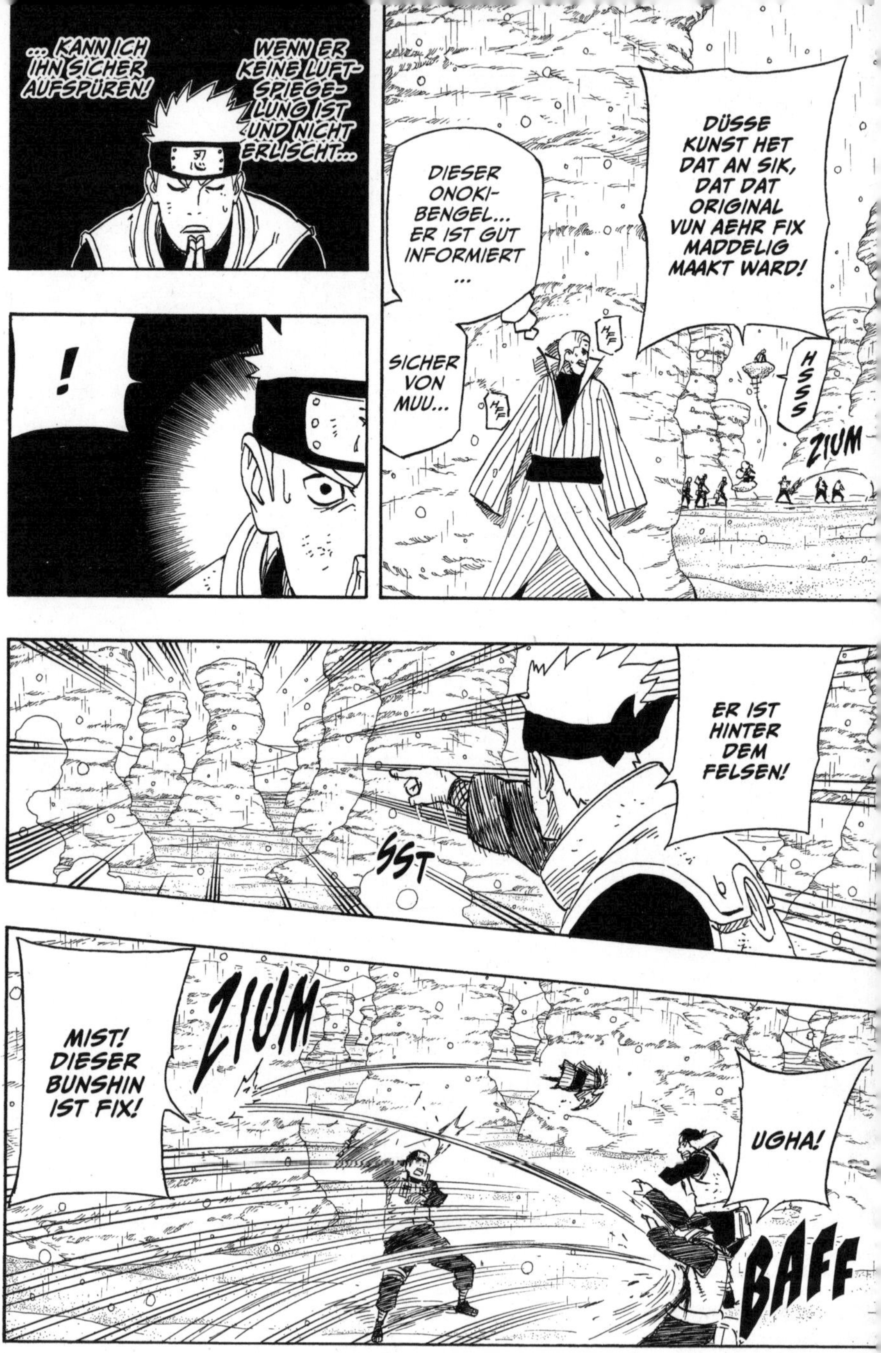
WENN ER KEINE LUFT-SPIEGE-LUNG IST UND NICHT ERLISCHT...
... KANN ICH IHN SICHER AUFSPÜREN!
DÜSSE KUNST HET DAT AN SIK, DAT DAT ORIGINAL VUN AEHR FIX MADDELIG MAAKT WARD!
HSSS
ZIUM
DIESER ONOKI-BENGEL... ER IST GUT INFORMIERT ...
HEF
SICHER VON MUU...
HEF
!
ER IST HINTER DEM FELSEN!
SST
UGHA!
BAFF
ZIUM
MIST! DIESER BUNSHIN IST FIX!

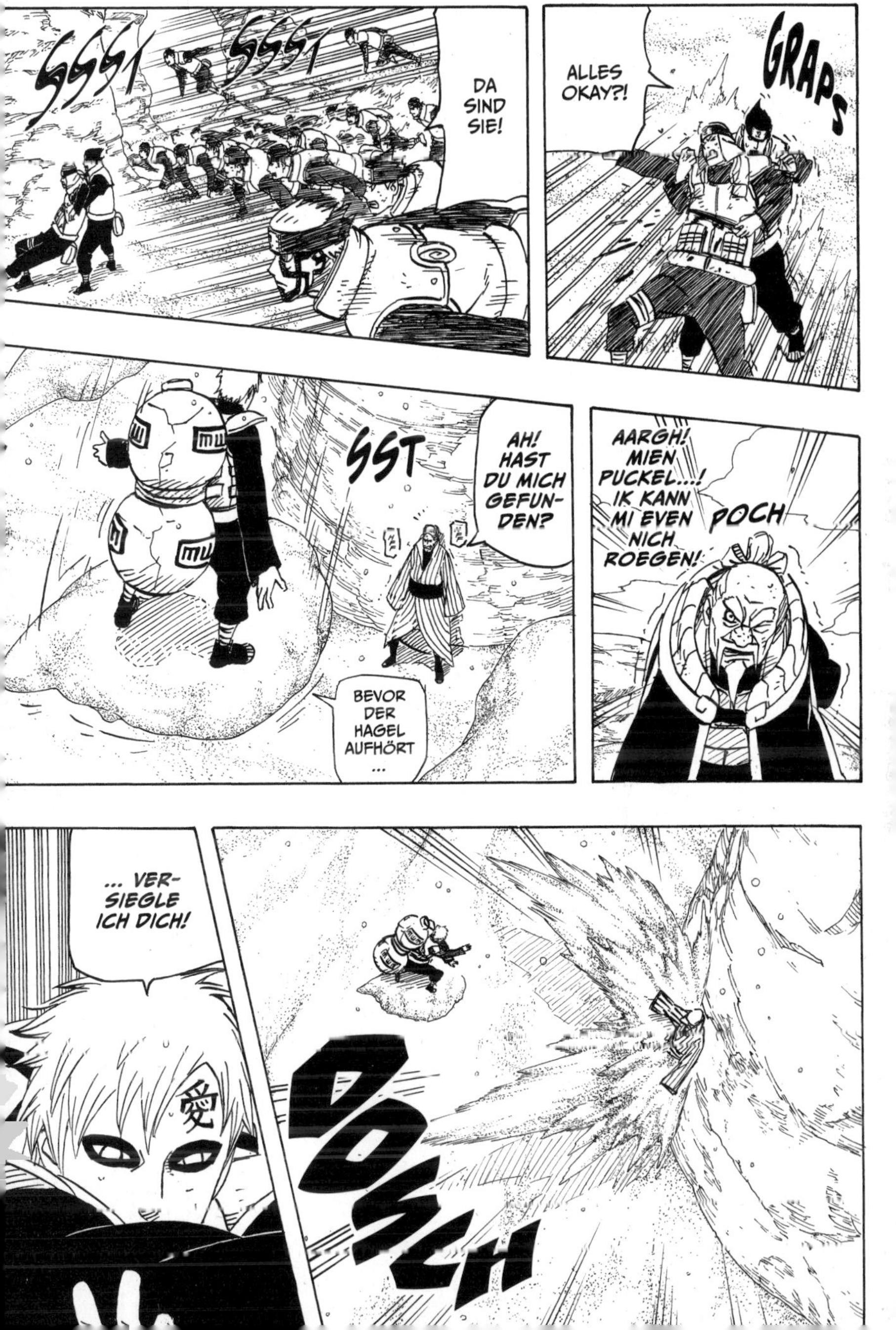
GRAPS
ALLES OKAY?!
SSST
SSST
DA SIND SIE!
AARGH! MIEN PUCKEL...! IK KANN MI EVEN NICH ROEGEN!
POCH
AH! HAST DU MICH GEFUNDEN?
SST
BEVOR DER HAGEL AUFHÖRT ...
DOMSCH
... VERSIEGLE ICH DICH!

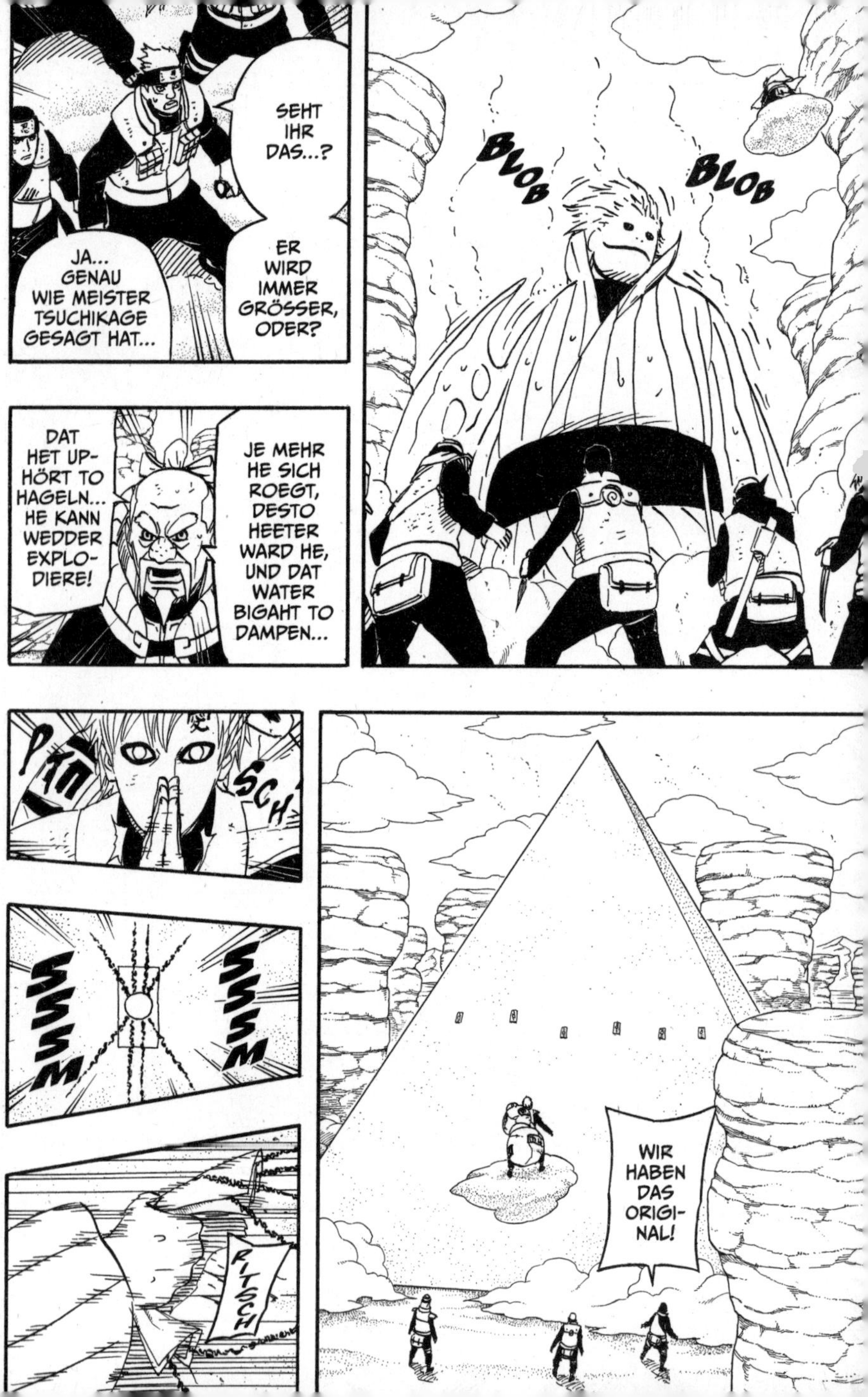
SEHT IHR DAS...?
ER WIRD IMMER GRÖSSER, ODER?
JA... GENAU WIE MEISTER TSUCHIKAGE GESAGT HAT...
BLOB
BLOB
JE MEHR HE SICH ROEGT, DESTO HEETER WARD HE, UND DAT WATER BIGAHT TO DAMPEN...
DAT HET UPHÖRT TO HAGELN... HE KANN WEDDER EXPLODIERE!
PAN
SCH
SSSM
SSSM
WIR HABEN DAS ORIGINAL!
RITSCH

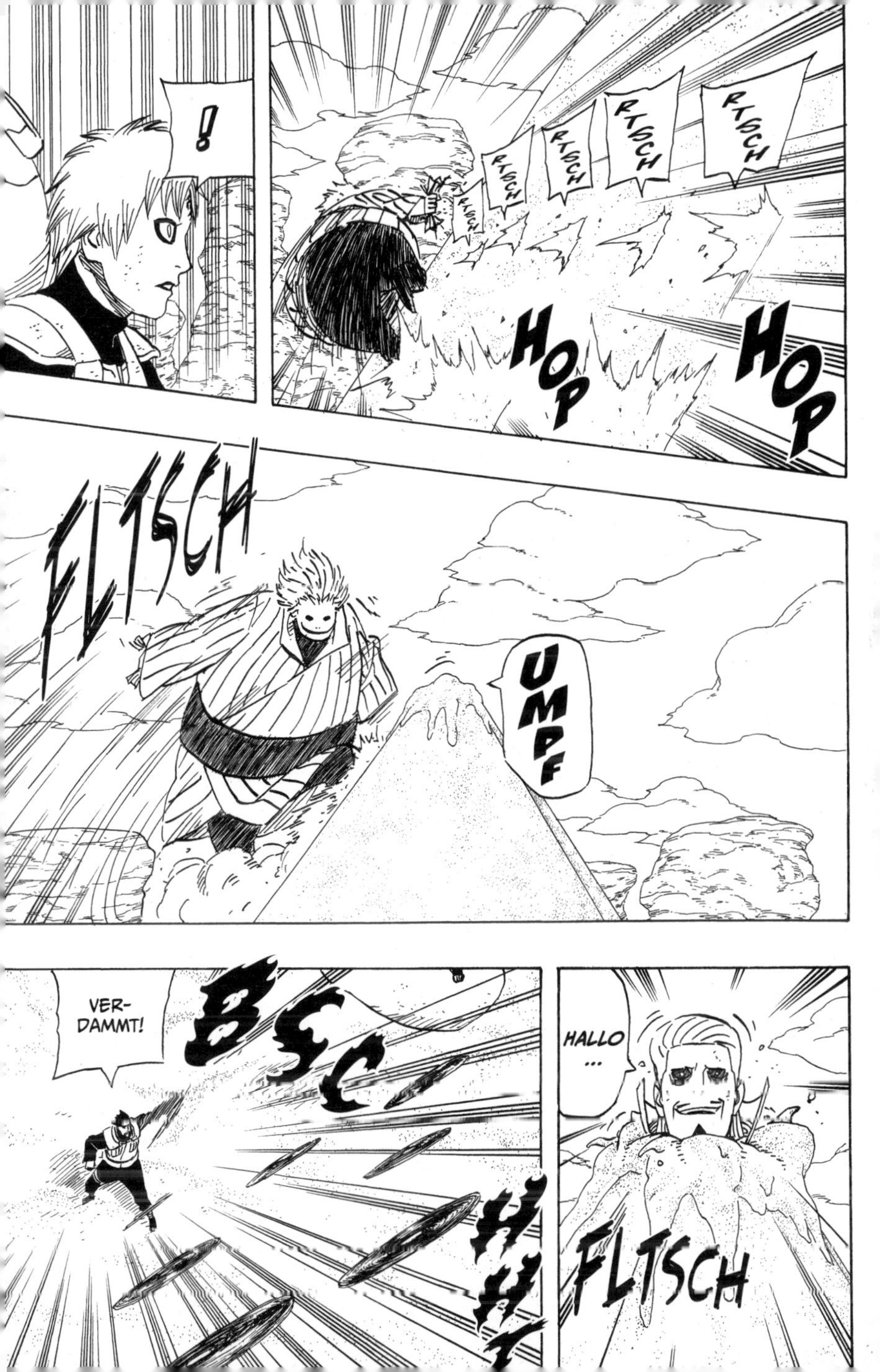
RTSCH
RTSCH
RTSCH
RTSCH
RTSCH
HOP
HOP
!
FLTSCH
UMPF
HALLO ...
FLTSCH
VER-
DAMMT!
BSC

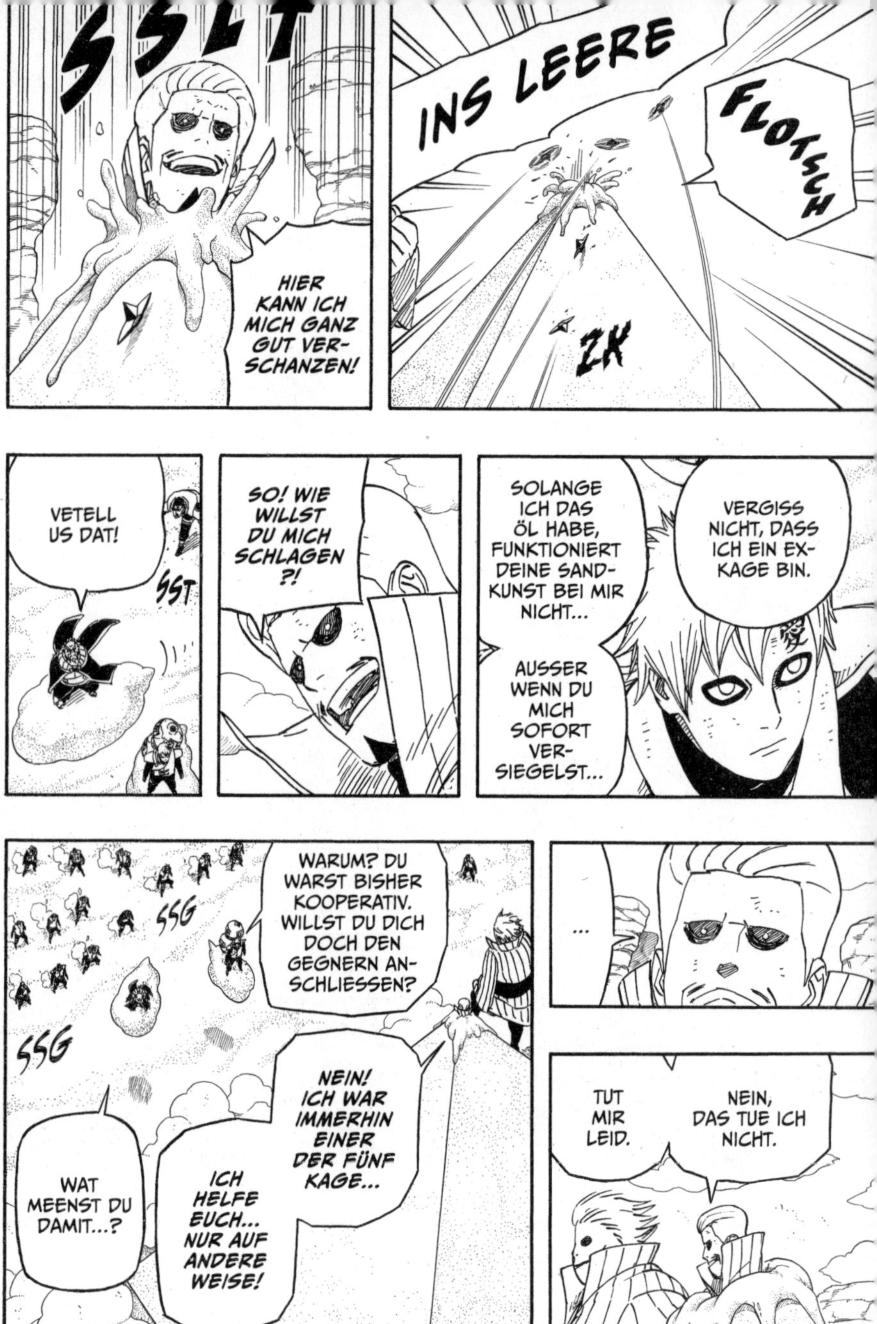
INS LEERE
FLOTSCH
ZK
SSLT
HIER KANN ICH MICH GANZ GUT VER-SCHANZEN!
VERGISS NICHT, DASS ICH EIN EX-KAGE BIN.
SOLANGE ICH DAS ÖL HABE, FUNKTIONIERT DEINE SAND-KUNST BEI MIR NICHT...
AUSSER WENN DU MICH SOFORT VER-SIEGELST...
SO! WIE WILLST DU MICH SCHLAGEN?!
VETELL US DAT!
SST
...
NEIN, DAS TUE ICH NICHT.
TUT MIR LEID.
WARUM? DU WARST BISHER KOOPERATIV. WILLST DU DICH DOCH DEN GEGNERN AN-SCHLIESSEN?
SSG
SSG
NEIN! ICH WAR IMMERHIN EINER DER FÜNF KAGE...
ICH HELFE EUCH... NUR AUF ANDERE WEISE!
WAT MEENST DU DAMIT...?

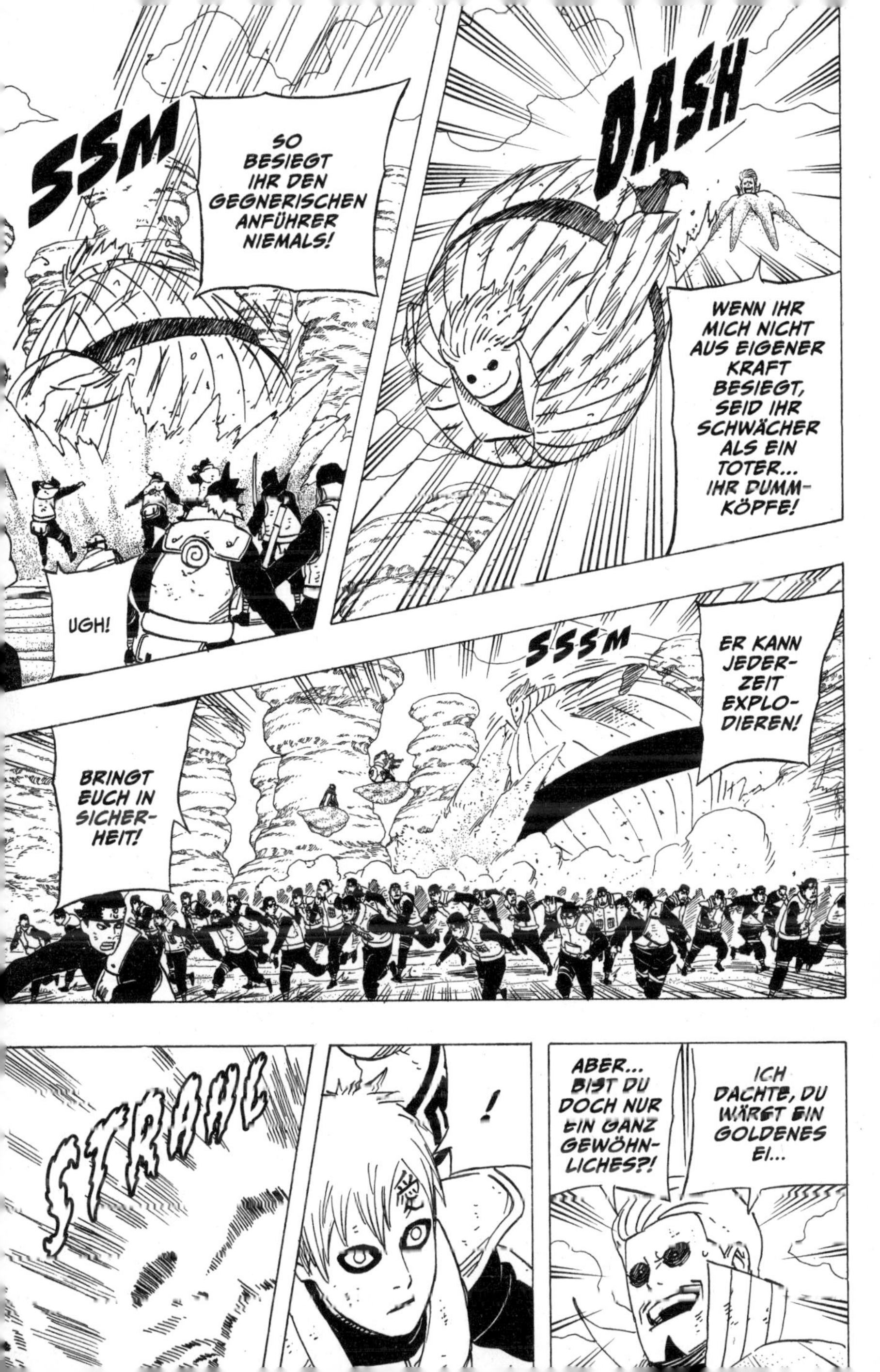
DASH
WENN IHR MICH NICHT AUS EIGENER KRAFT BESIEGT, SEID IHR SCHWÄCHER ALS EIN TOTER... IHR DUMMKÖPFE!
SSM
SO BESIEGT IHR DEN GEGNERISCHEN ANFÜHRER NIEMALS!
UGH!
SSSM
ER KANN JEDERZEIT EXPLODIEREN!
BRINGT EUCH IN SICHERHEIT!
ICH DACHTE, DU WÄRST EIN GOLDENES EI...
ABER... BIST DU DOCH NUR EIN GANZ GEWÖHNLICHES?!
!
STRAHL

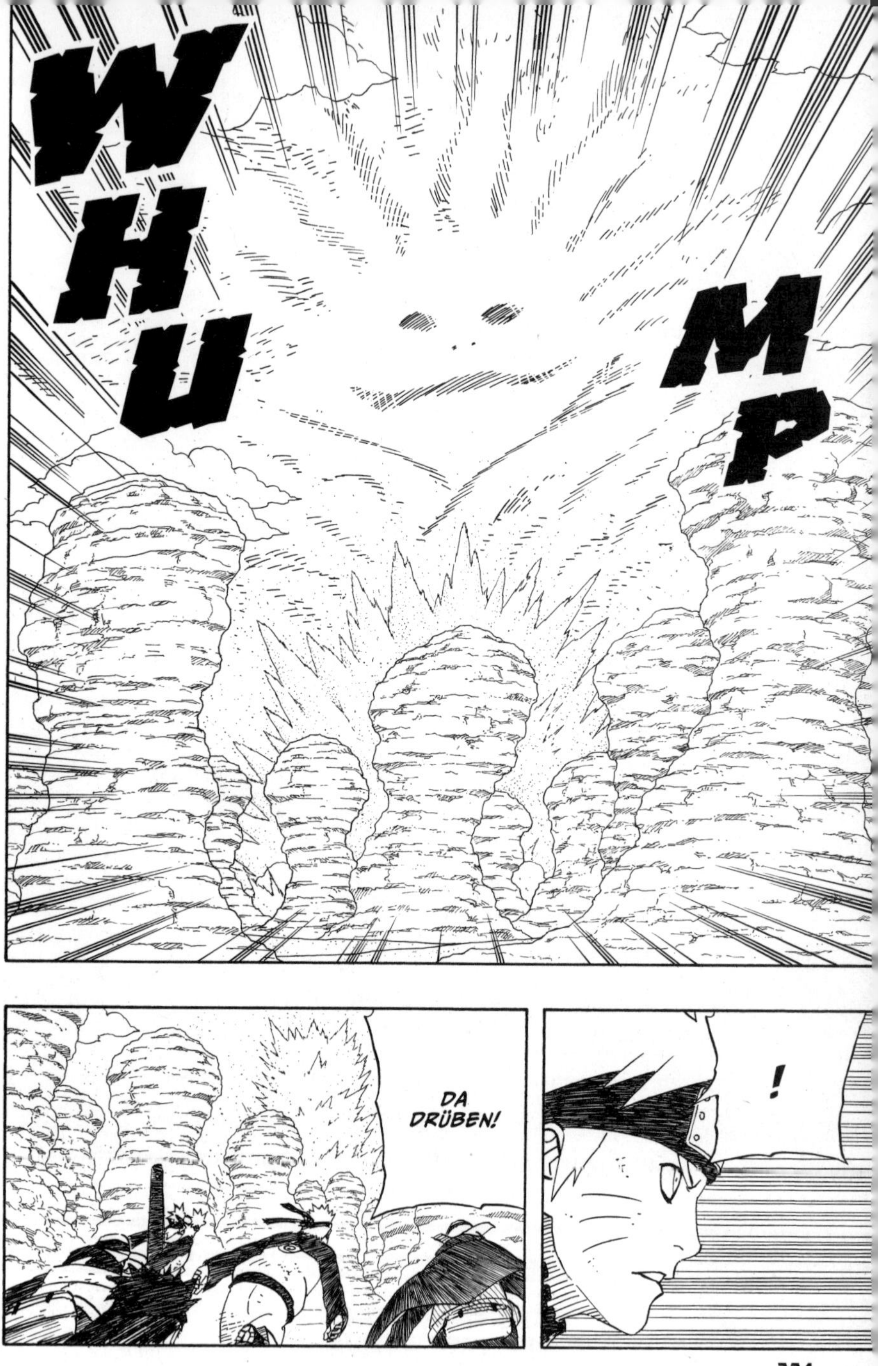
WHUMP
DA DRÜBEN!
!

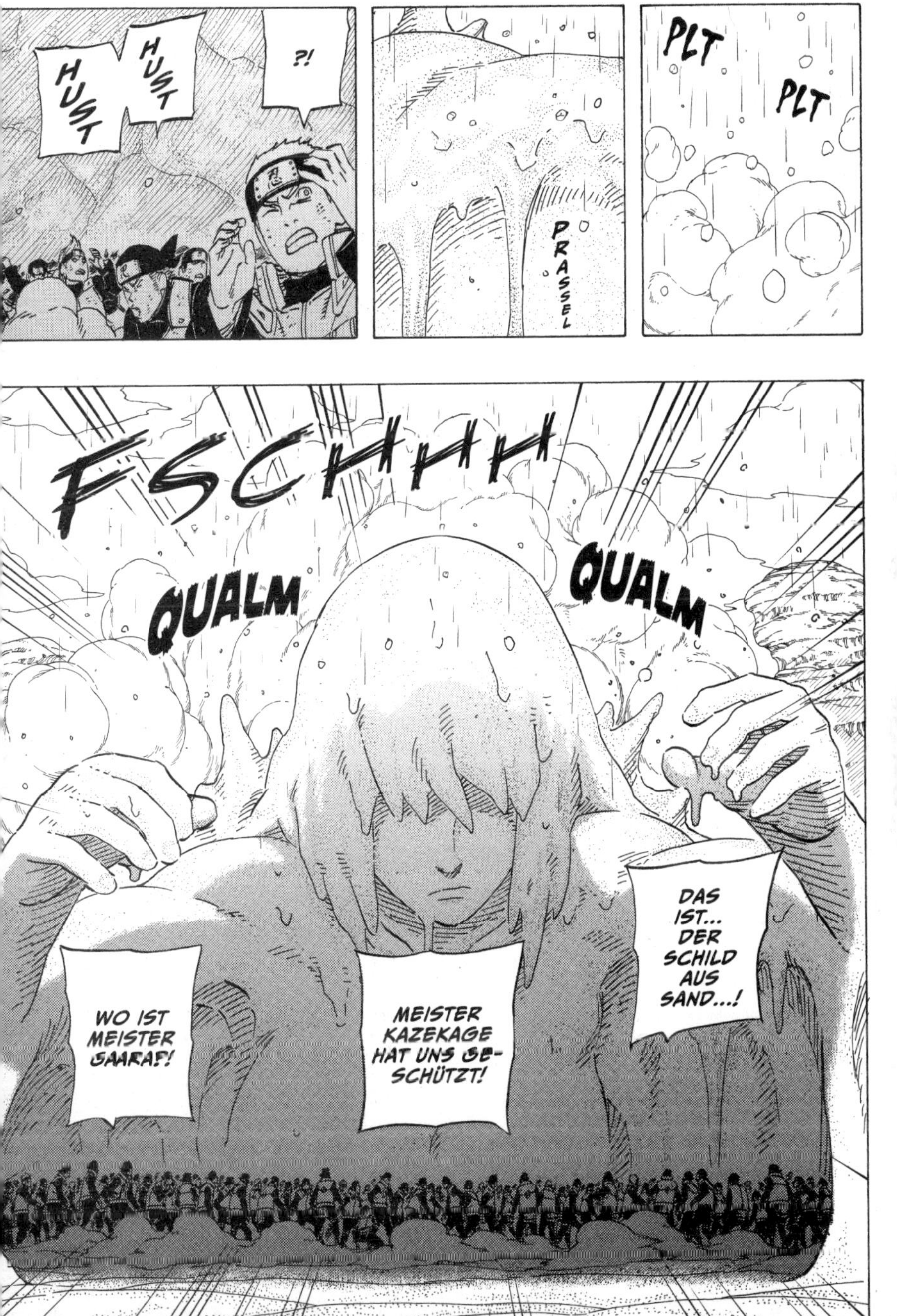
?!
HUST
HUST
PRASSEL
PLT
PLT
FSCHHH
QUALM
QUALM
DAS IST... DER SCHILD AUS SAND...!
MEISTER KAZEKAGE HAT UNS GESCHÜTZT!
WO IST MEISTER GAARA?!

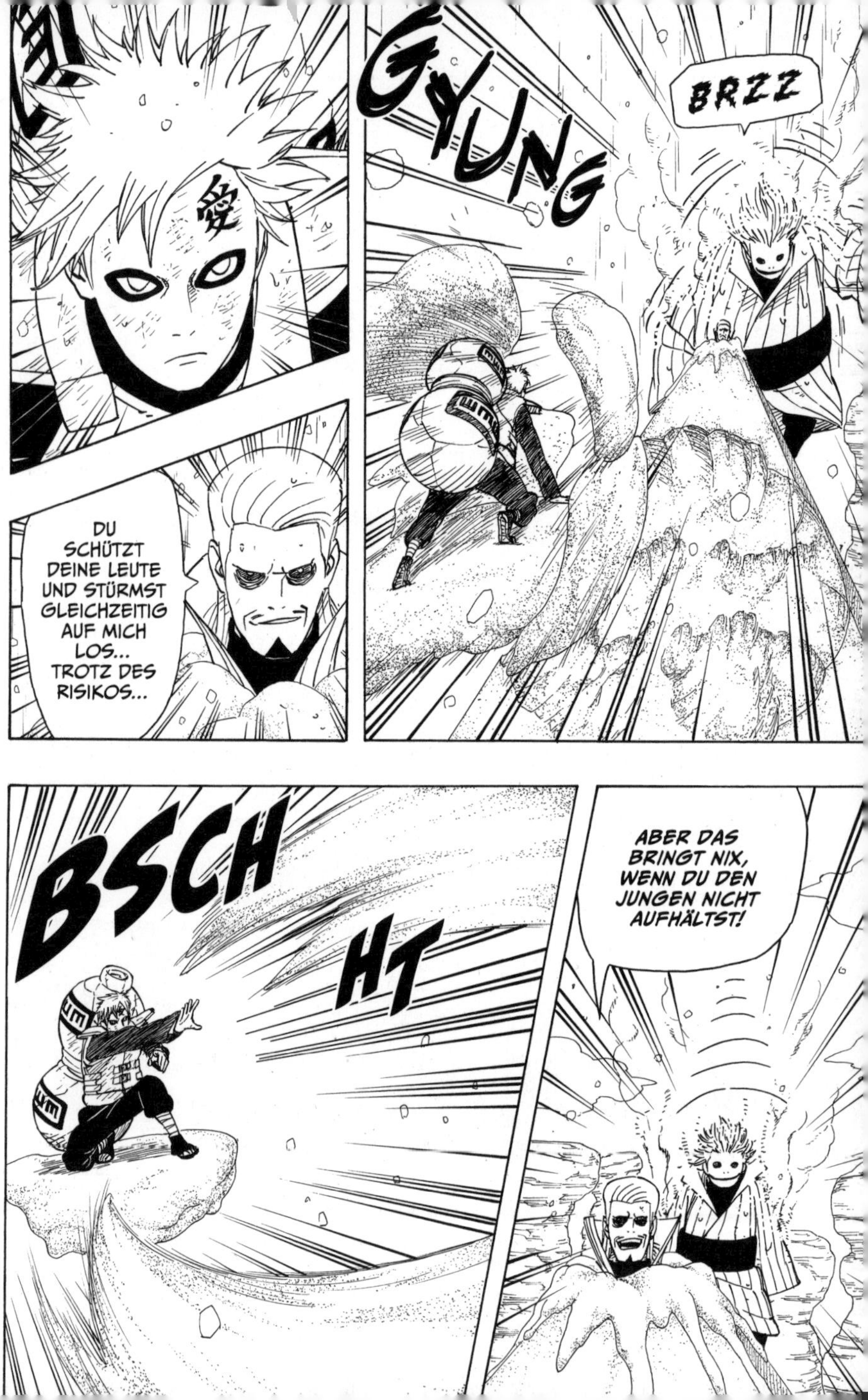

BRZZ
GYUNG
DU SCHÜTZT DEINE LEUTE UND STÜRMST GLEICHZEITIG AUF MICH LOS... TROTZ DES RISIKOS...
ABER DAS BRINGT NIX, WENN DU DEN JUNGEN NICHT AUFHÄLTST!
BSCH HT

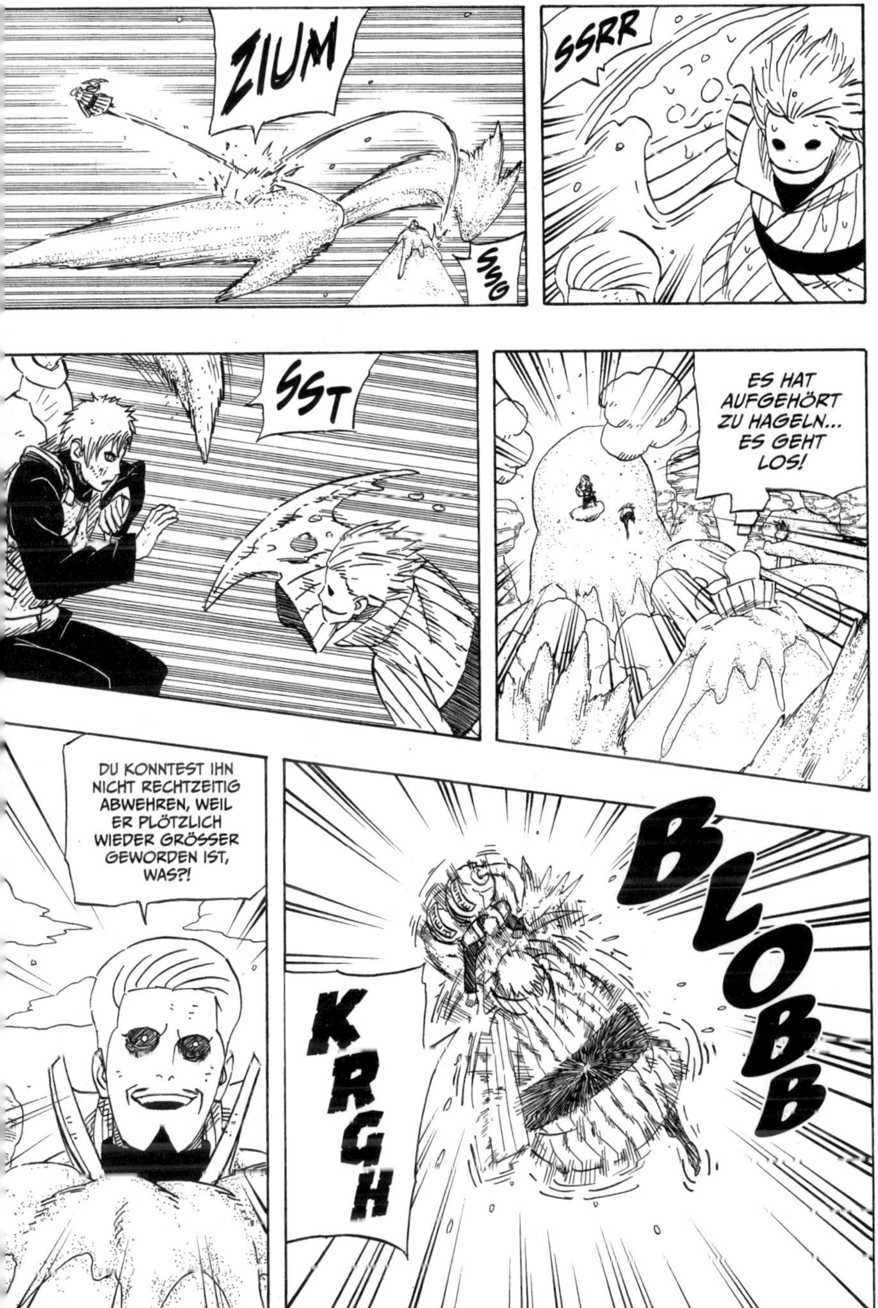
SSRR
ZIUM
SSG
ES HAT AUFGEHÖRT ZU HAGELN... ES GEHT LOS!
SST
DU KONNTEST IHN NICHT RECHTZEITIG ABWEHREN, WEIL ER PLÖTZLICH WIEDER GRÖSSER GEWORDEN IST, WAS?!
BLOBB
KRGH

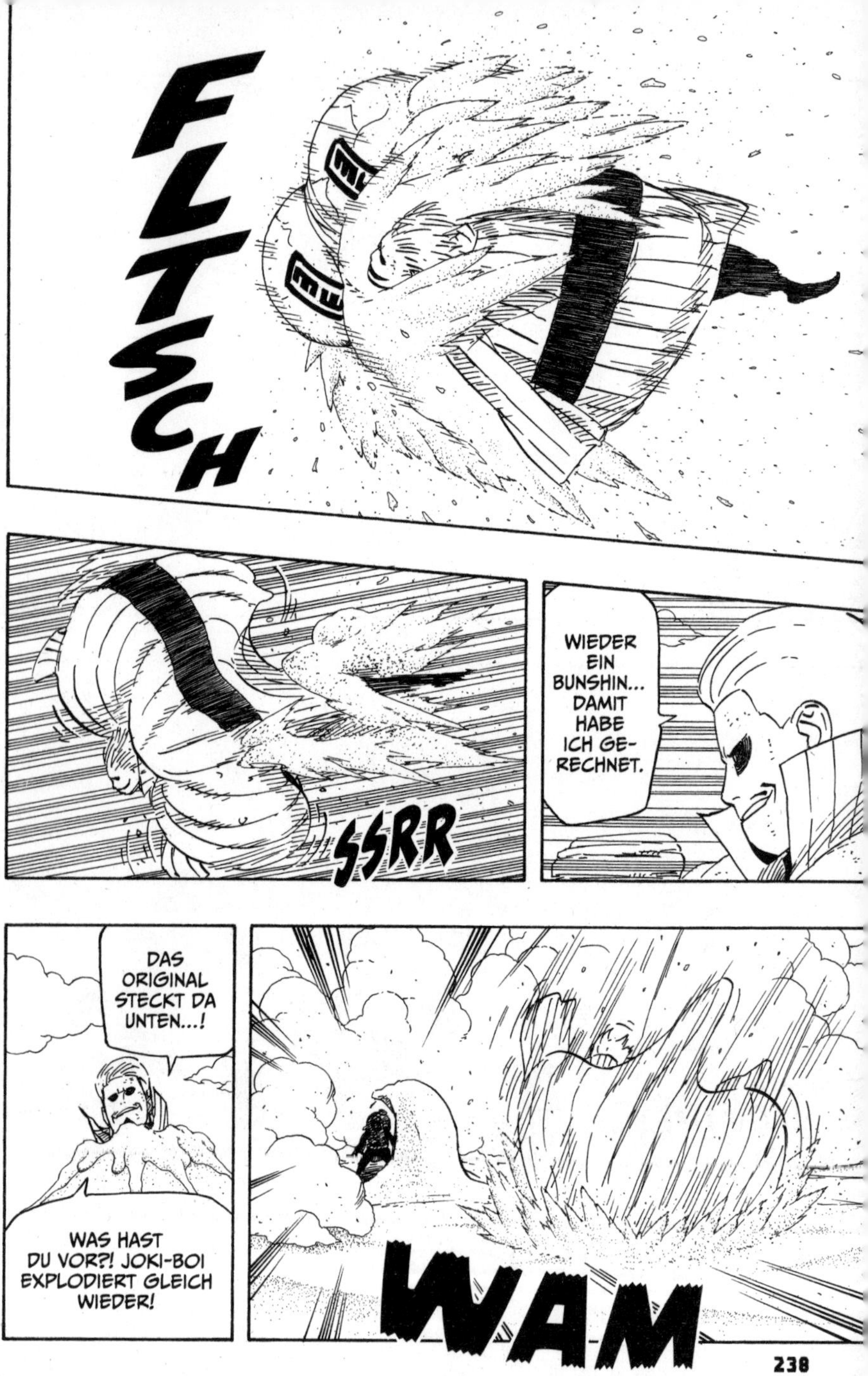
FLTSCH
WIEDER EIN BUNSHIN... DAMIT HABE ICH GE-RECHNET.
SSRR
DAS ORIGINAL STECKT DA UNTEN...!
WAM
WAS HAST DU VOR?! JOKI-BOI EXPLODIERT GLEICH WIEDER!

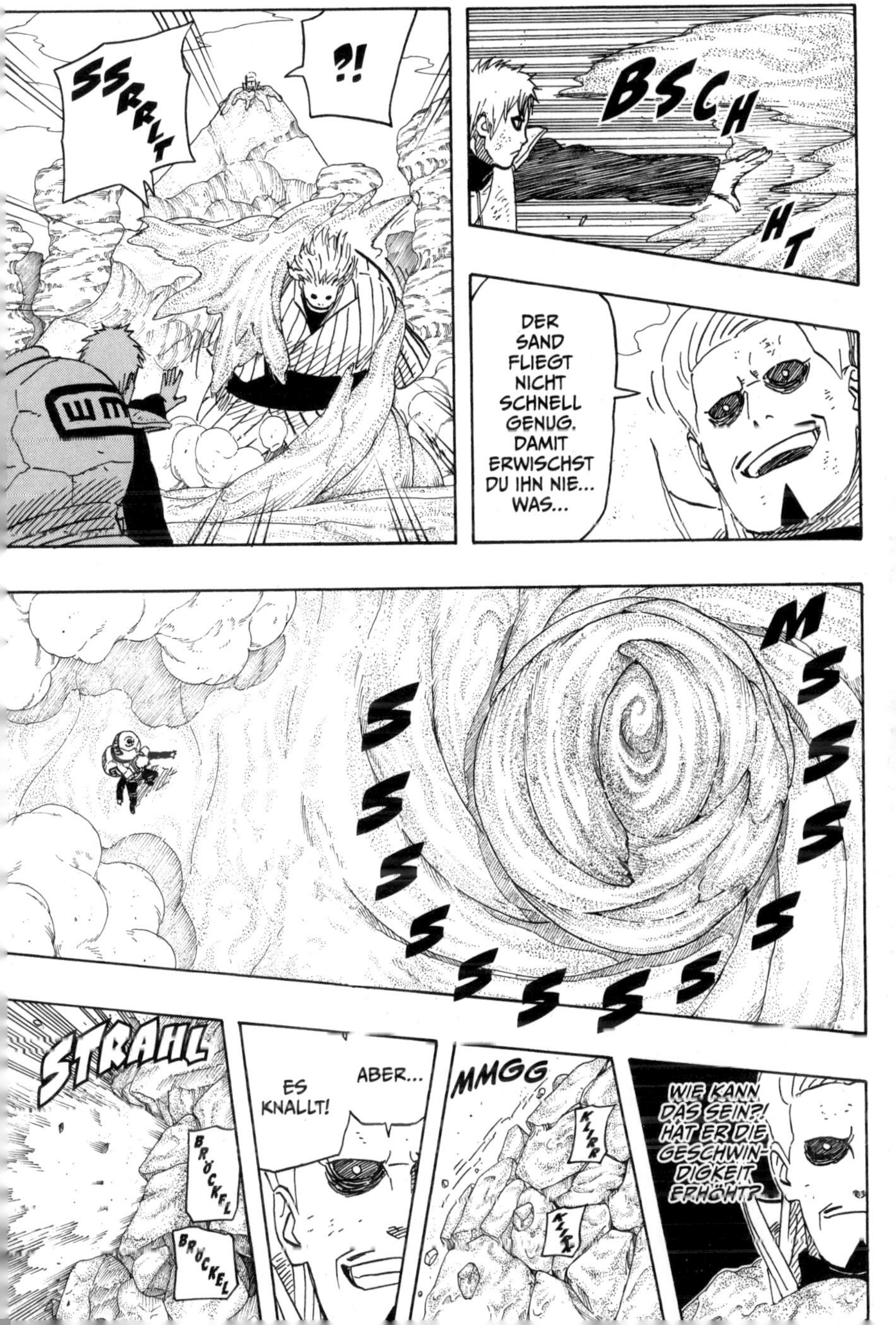
?!
SSRRLT
BSCHHT
DER SAND FLIEGT NICHT SCHNELL GENUG. DAMIT ERWISCHST DU IHN NIE... WAS...
MSSSSSSSSSSSSS
STRAHL
BRÖCKEL
BRÖCKEL
ES KNALLT!
ABER...
MMGG
KLIRR
KLIRR
WIE KANN DAS SEIN?! HAT ER DIE GESCHWINDIGKEIT ERHÖHT?

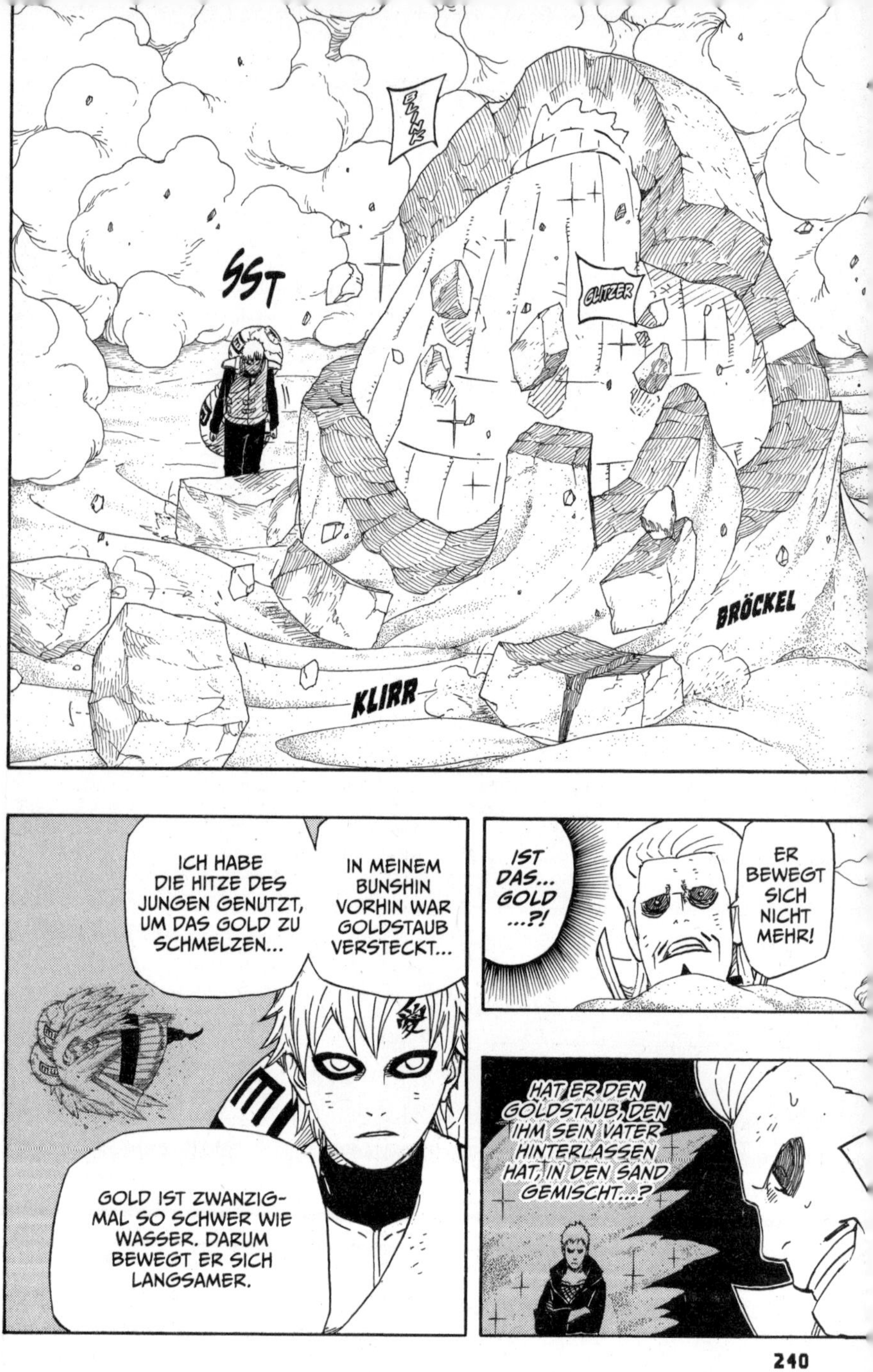
BLINK
GLITZER
SST
BRÖCKEL
KLIRR
ER BEWEGT SICH NICHT MEHR!
IST DAS... GOLD ...?!
HAT ER DEN GOLDSTAUB, DEN IHM SEIN VATER HINTERLASSEN HAT, IN DEN SAND GEMISCHT...?
IN MEINEM BUNSHIN VORHIN WAR GOLDSTAUB VERSTECKT...
ICH HABE DIE HITZE DES JUNGEN GENUTZT, UM DAS GOLD ZU SCHMELZEN...
GOLD IST ZWANZIGMAL SO SCHWER WIE WASSER. DARUM BEWEGT ER SICH LANGSAMER.

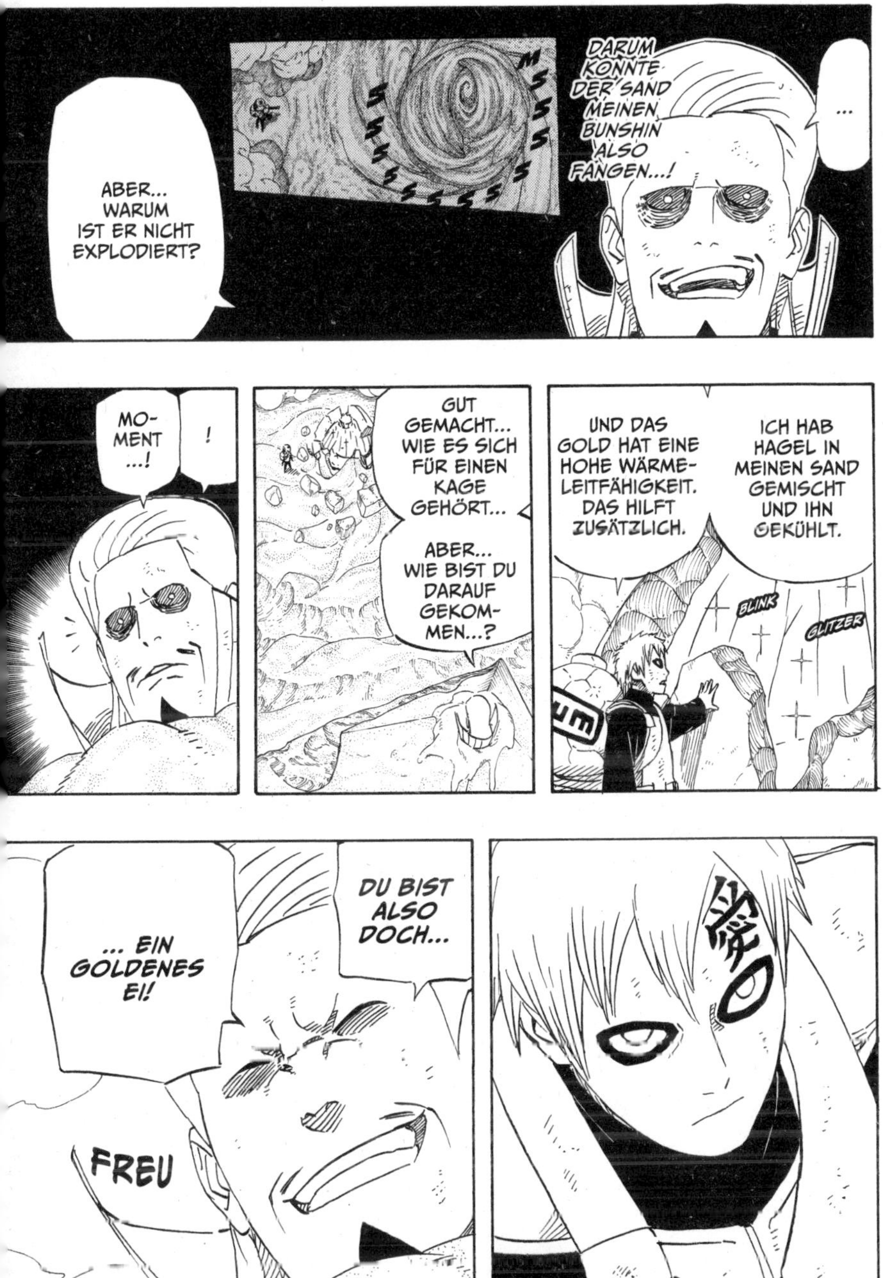
...
DARUM KONNTE DER SAND MEINEN BUNSHIN ALSO FANGEN...!
ABER... WARUM IST ER NICHT EXPLODIERT?
ICH HAB HAGEL IN MEINEN SAND GEMISCHT UND IHN GEKÜHLT.
UND DAS GOLD HAT EINE HOHE WÄRMELEITFÄHIGKEIT. DAS HILFT ZUSÄTZLICH.
GLITZER
BLINK
GUT GEMACHT... WIE ES SICH FÜR EINEN KAGE GEHÖRT...
ABER... WIE BIST DU DARAUF GEKOMMEN...?
!
MOMENT...!
DU BIST ALSO DOCH...
... EIN GOLDENES EI!
FREU

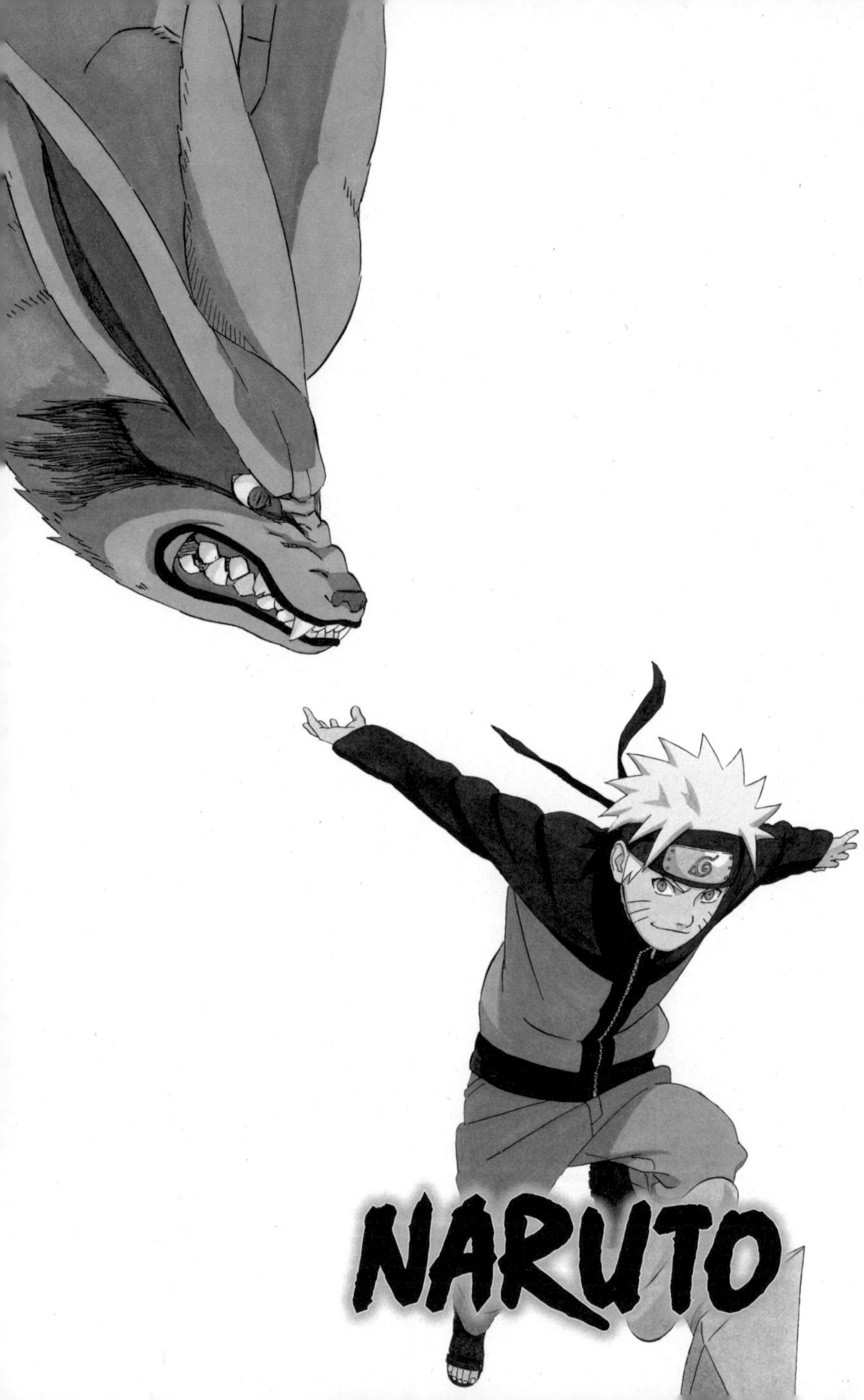
NARUTO

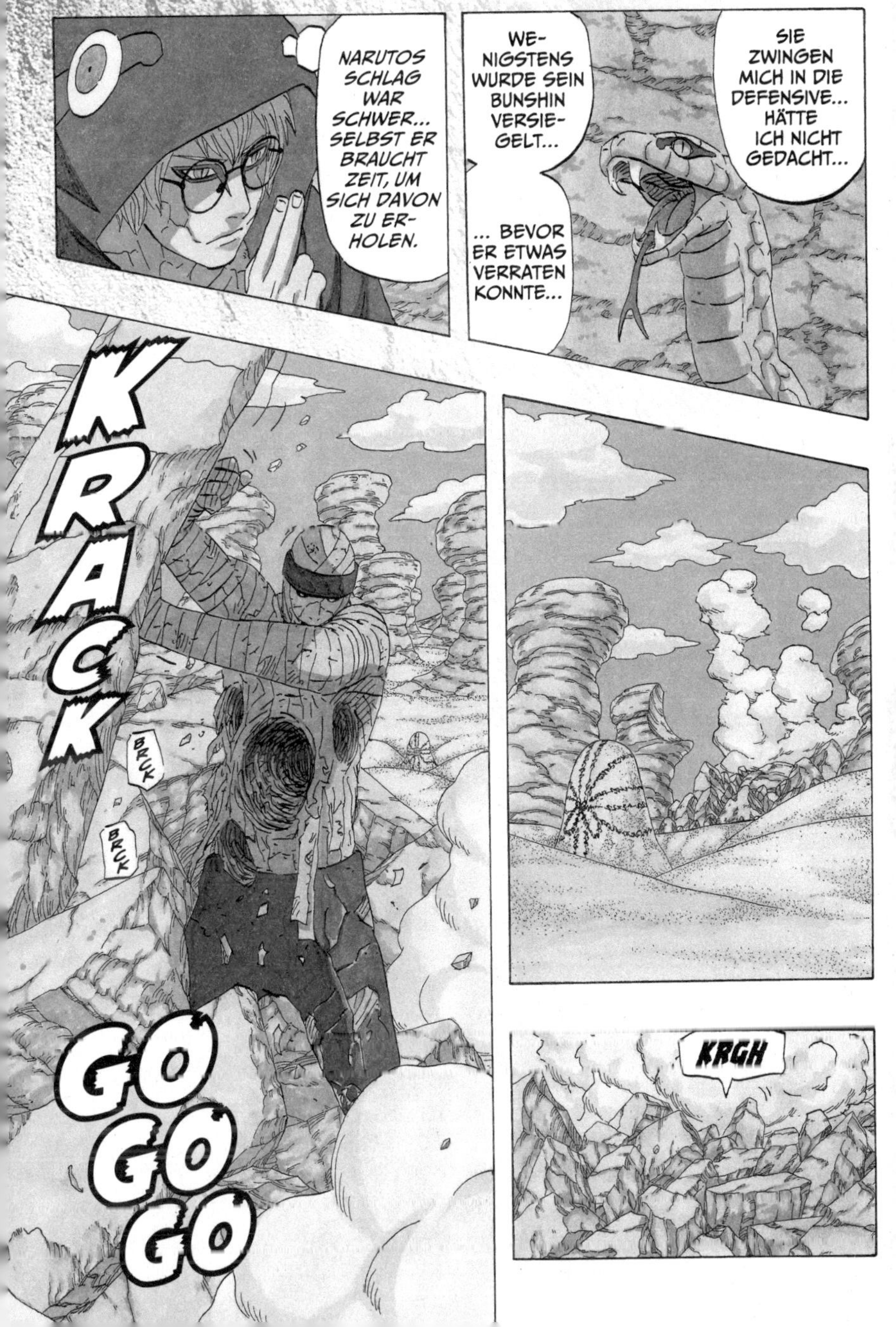
SIE ZWINGEN MICH IN DIE DEFENSIVE... HÄTTE ICH NICHT GEDACHT...
WE-NIGSTENS WURDE SEIN BUNSHIN VERSIE-GELT...
... BEVOR ER ETWAS VERRATEN KONNTE...
NARUTOS SCHLAG WAR SCHWER... SELBST ER BRAUCHT ZEIT, UM SICH DAVON ZU ER-HOLEN.
KRACK
BRCK
BRCK
GO GO GO
KRGH

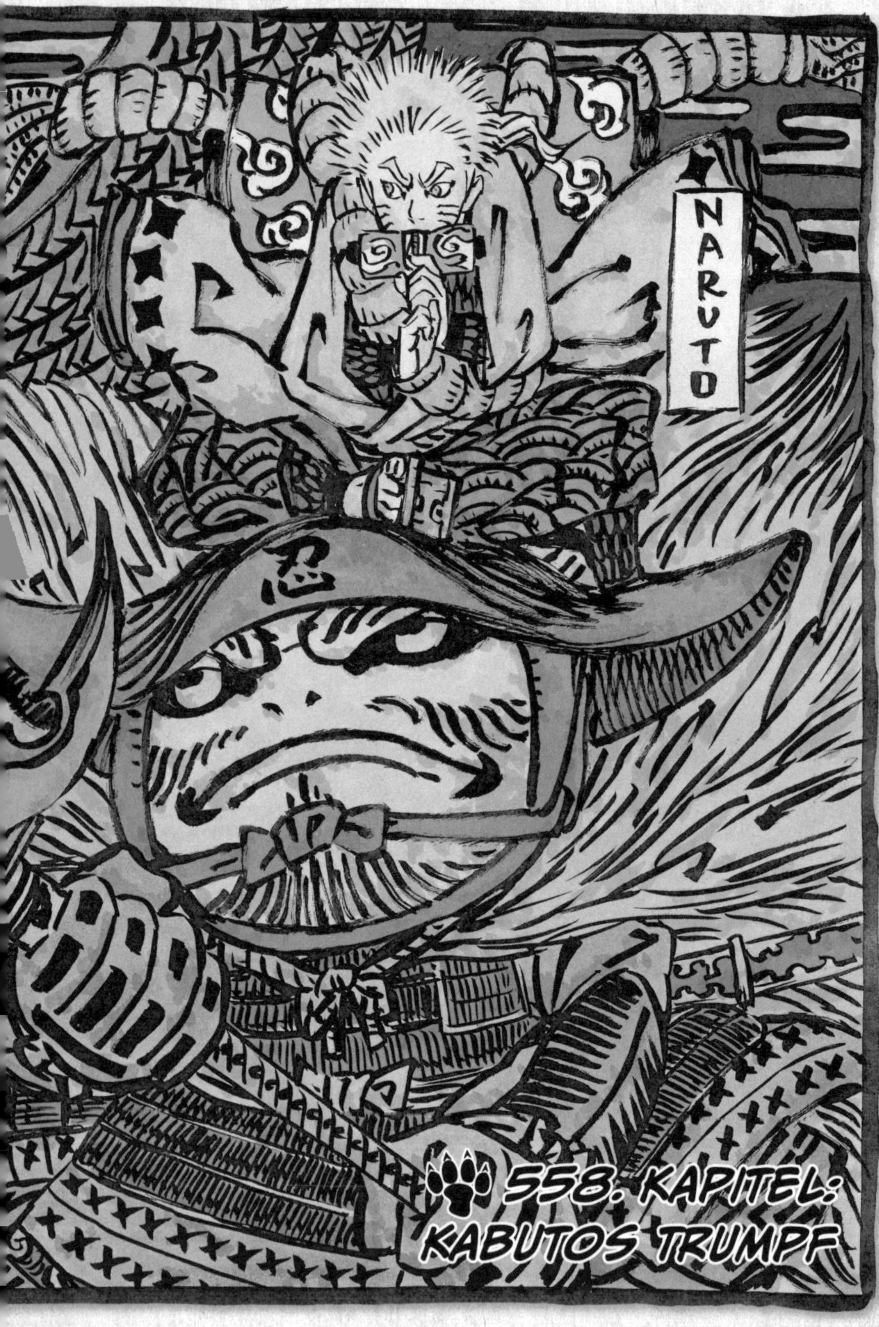
NARUTO
忍
558. KAPITEL:
KABUTOS TRUMPF

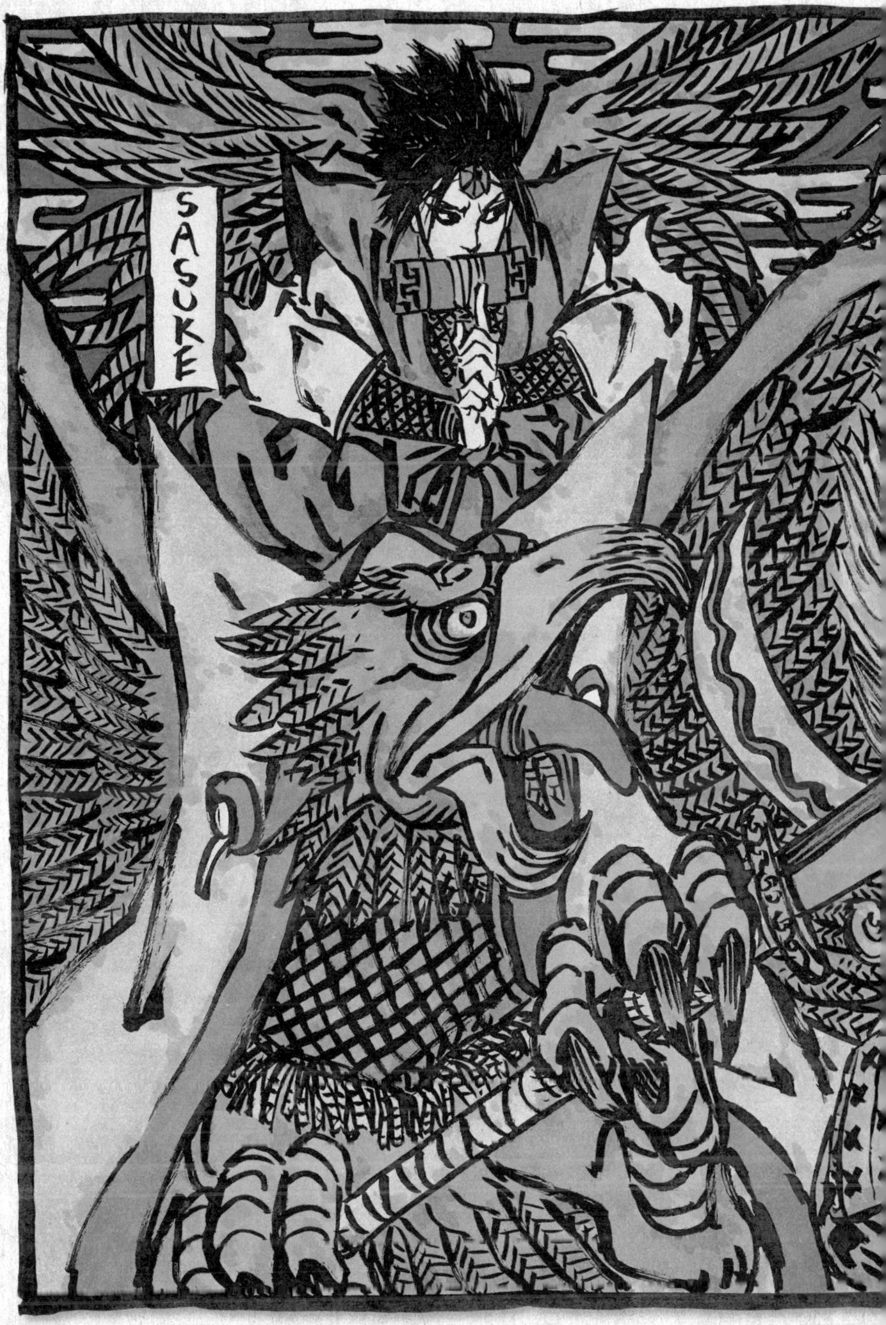
SASUKE

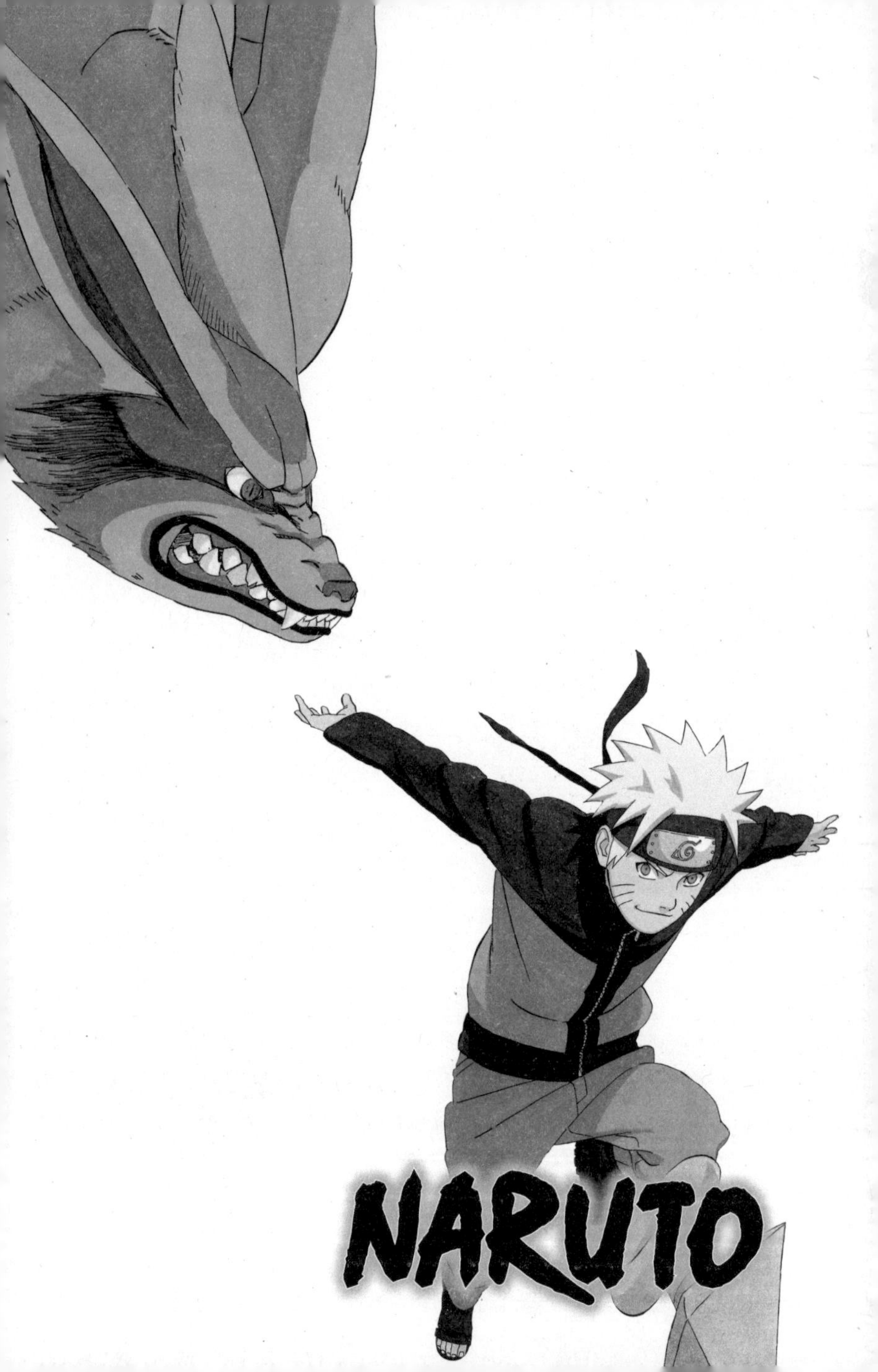
NARUTO

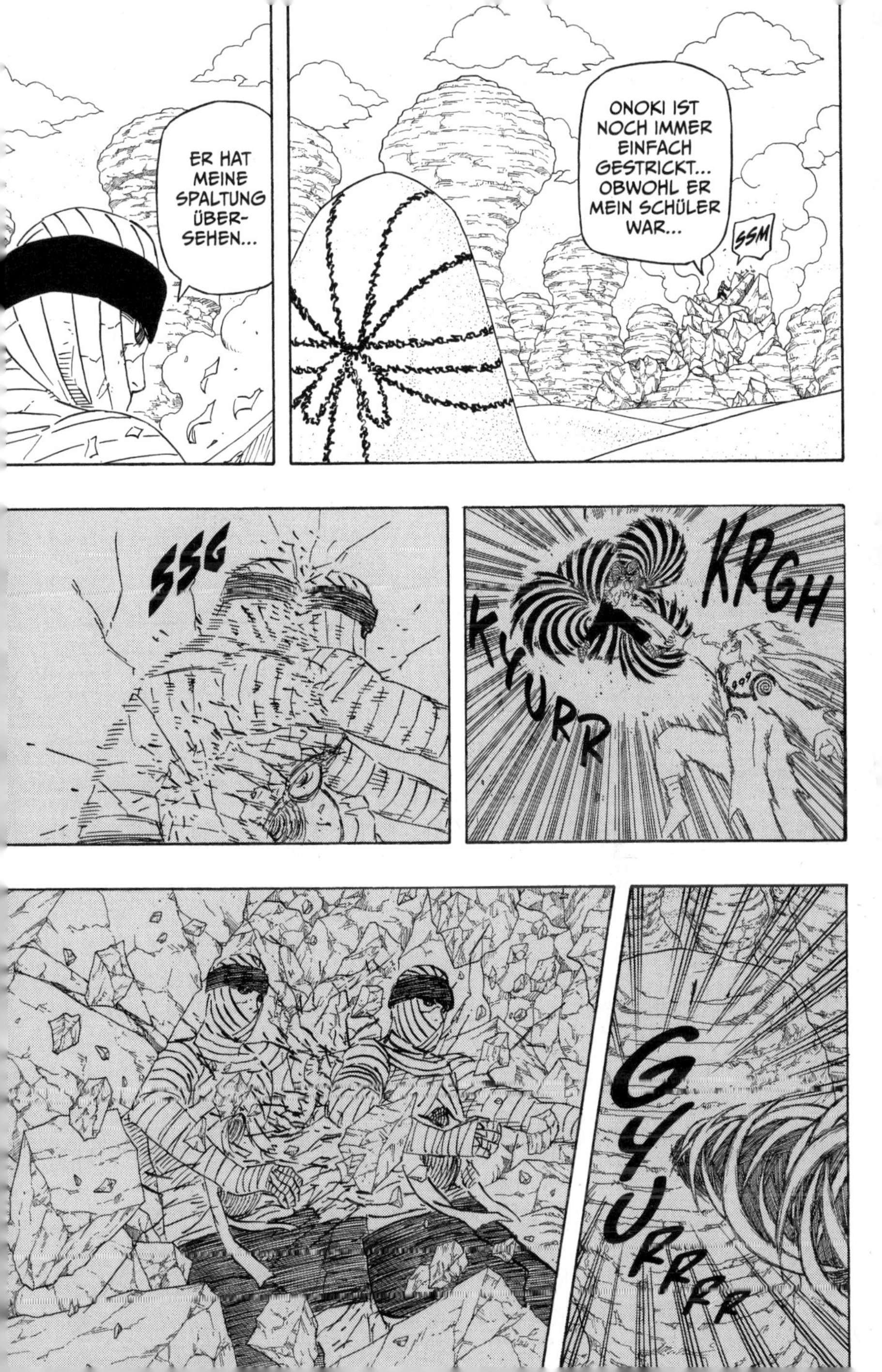
ONOKI IST NOCH IMMER EINFACH GESTRICKT... OBWOHL ER MEIN SCHÜLER WAR...
SSM
ER HAT MEINE SPALTUNG ÜBER-SEHEN...
KRGH
KYURR
SSG
GYURRRR

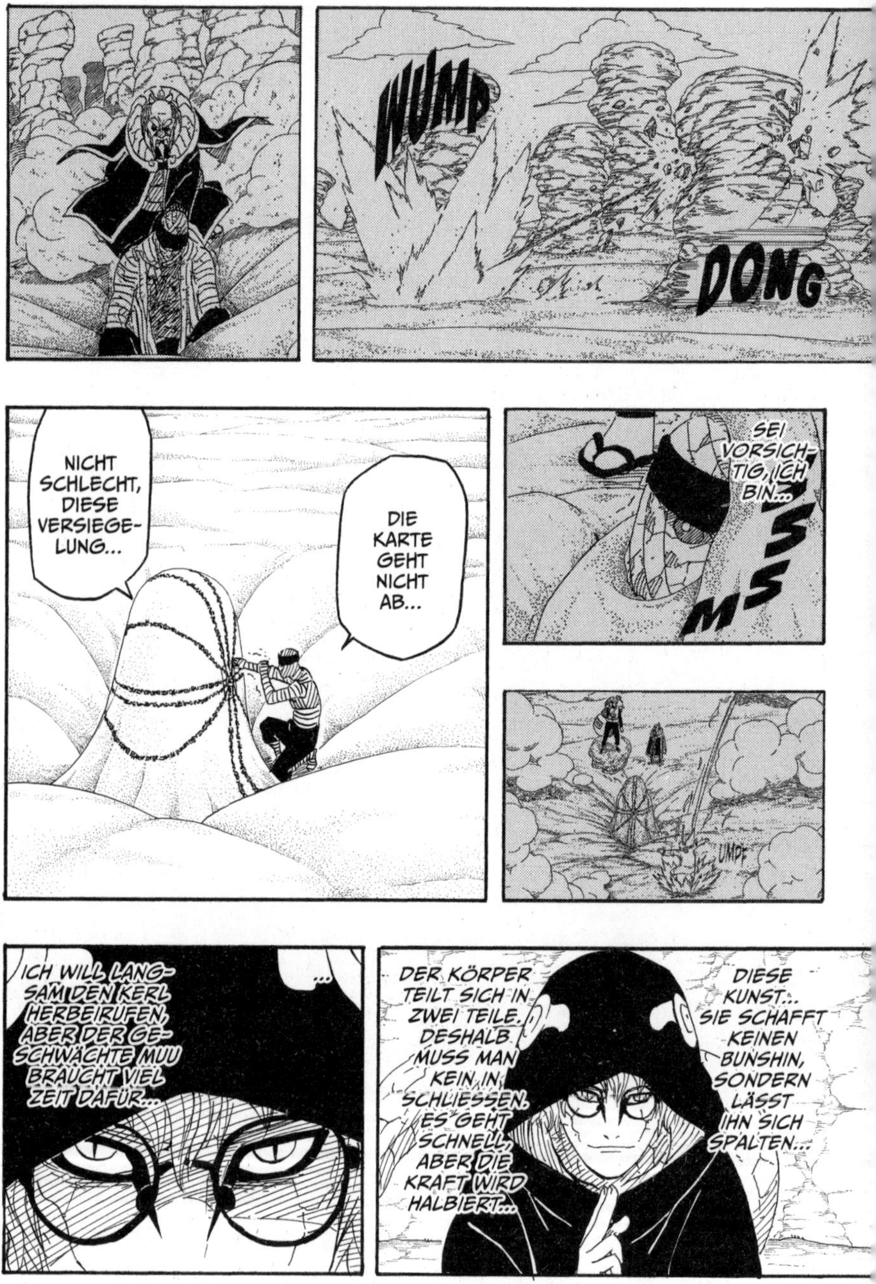
WUMP
DONG
SEI VORSICHTIG, ICH BIN...
UMPF
DIE KARTE GEHT NICHT AB...
NICHT SCHLECHT, DIESE VERSIEGELUNG...
DIESE KUNST... SIE SCHAFFT KEINEN BUNSHIN, SONDERN LÄSST IHN SICH SPALTEN...
DER KÖRPER TEILT SICH IN ZWEI TEILE. DESHALB MUSS MAN KEIN IN SCHLIESSEN. ES GEHT SCHNELL, ABER DIE KRAFT WIRD HALBIERT...
...
ICH WILL LANGSAM DEN KERL HERBEIRUFEN, ABER DER GESCHWÄCHTE MUU BRAUCHT VIEL ZEIT DAFÜR...

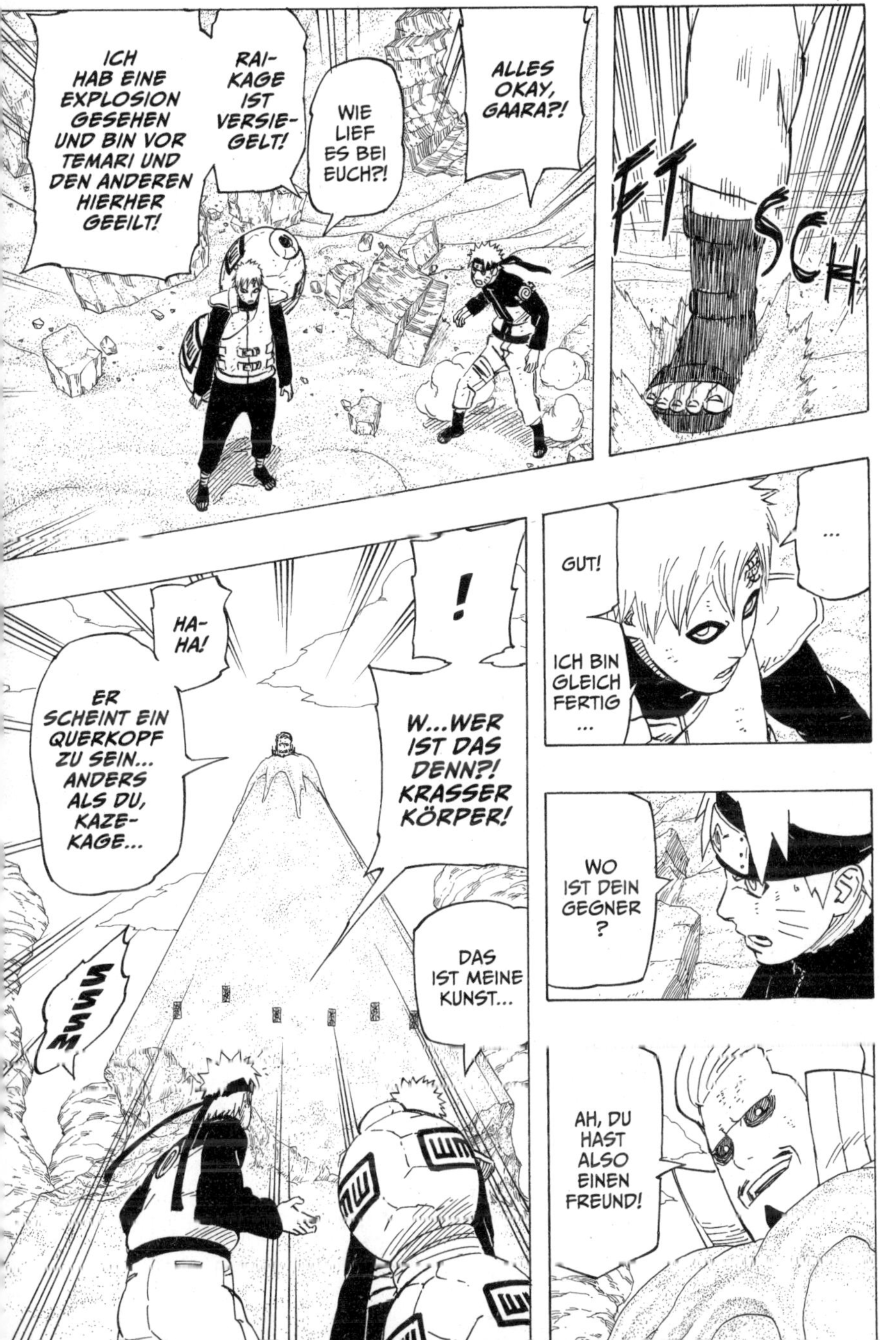
ALLES OKAY, GAARA?!
WIE LIEF ES BEI EUCH?!
RAIKAGE IST VERSIEGELT!
ICH HAB EINE EXPLOSION GESEHEN UND BIN VOR TEMARI UND DEN ANDEREN HIERHER GEEILT!
...
GUT!
ICH BIN GLEICH FERTIG ...
WO IST DEIN GEGNER ?
!
W...WER IST DAS DENN?! KRASSER KÖRPER!
HA-HA!
ER SCHEINT EIN QUERKOPF ZU SEIN... ANDERS ALS DU, KAZEKAGE...
DAS IST MEINE KUNST...
AH, DU HAST ALSO EINEN FREUND!

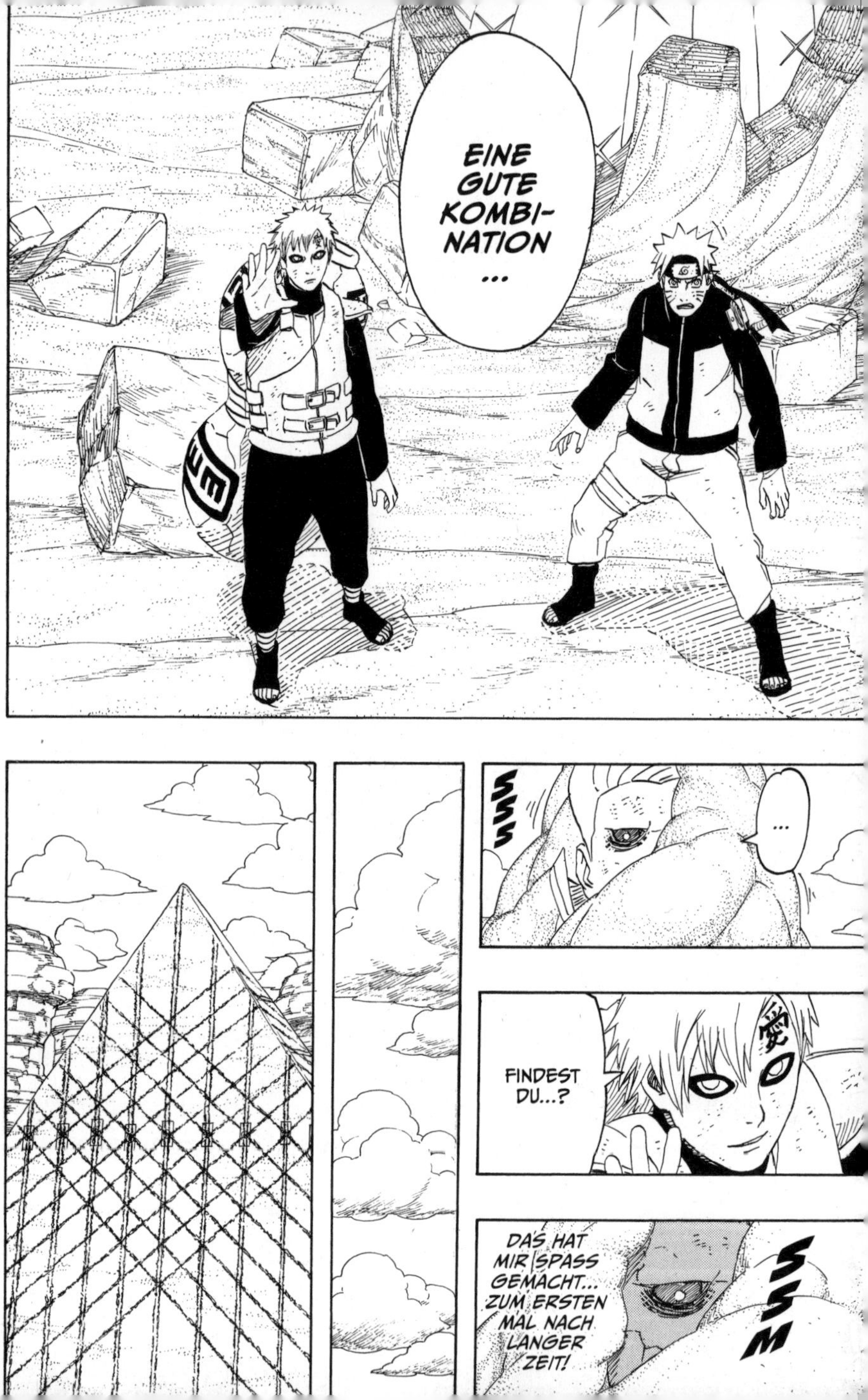
EINE GUTE KOMBI-NATION ...
SSS
...
FINDEST DU...?
DAS HAT MIR SPASS GEMACHT... ZUM ERSTEN MAL NACH LANGER ZEIT!
SSM

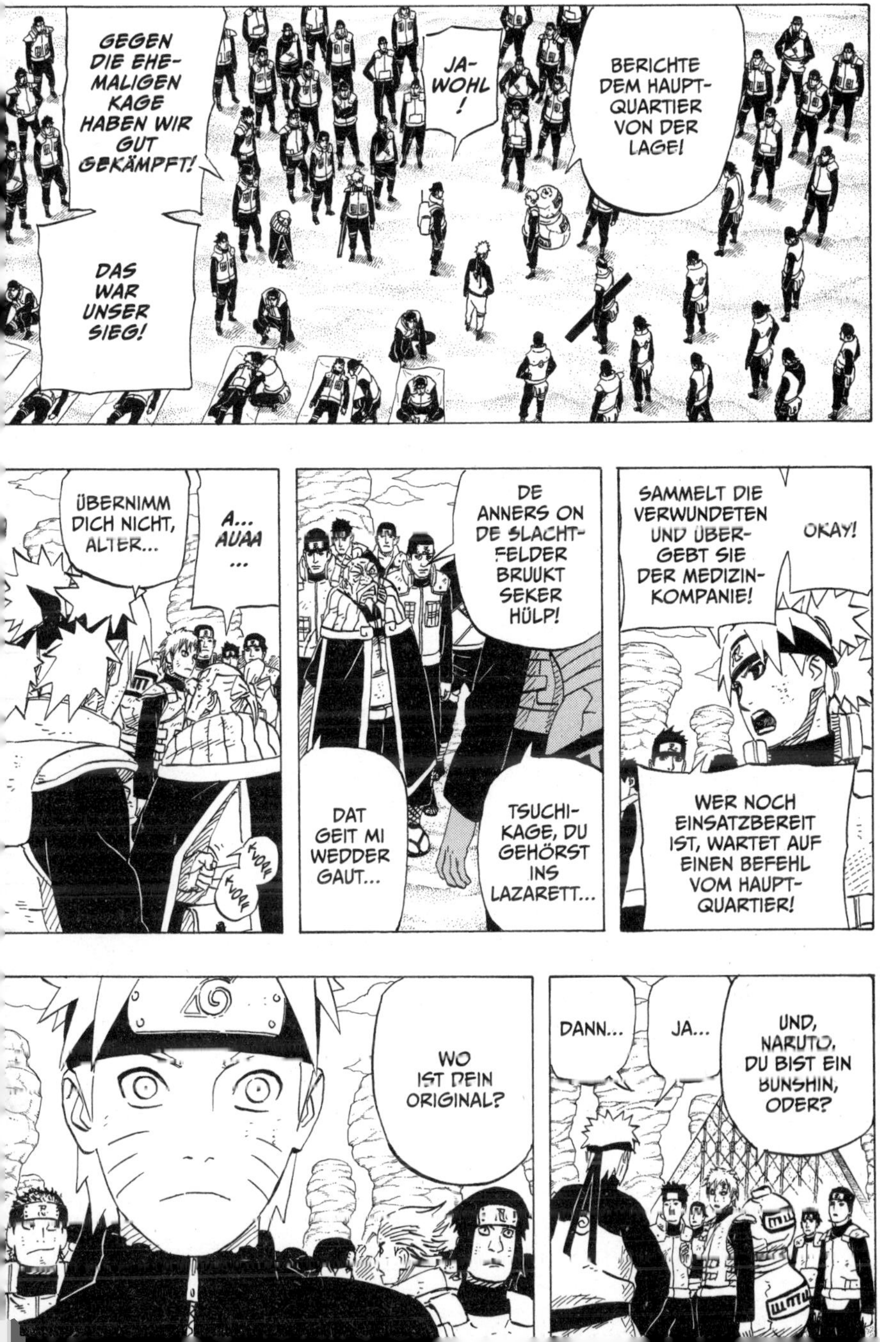
BERICHTE DEM HAUPTQUARTIER VON DER LAGE!
JAWOHL!
GEGEN DIE EHEMALIGEN KAGE HABEN WIR GUT GEKÄMPFT!
DAS WAR UNSER SIEG!
SAMMELT DIE VERWUNDETEN UND ÜBERGEBT SIE DER MEDIZINKOMPANIE!
OKAY!
WER NOCH EINSATZBEREIT IST, WARTET AUF EINEN BEFEHL VOM HAUPTQUARTIER!
DE ANNERS ON DE SLACHTFELDER BRUUKT SEKER HÜLP!
TSUCHIKAGE, DU GEHÖRST INS LAZARETT...
DAT GEIT MI WEDDER GAUT...
A... AUAA ...
ÜBERNIMM DICH NICHT, ALTER...
UND, NARUTO, DU BIST EIN BUNSHIN, ODER?
JA...
DANN...
WO IST DEIN ORIGINAL?

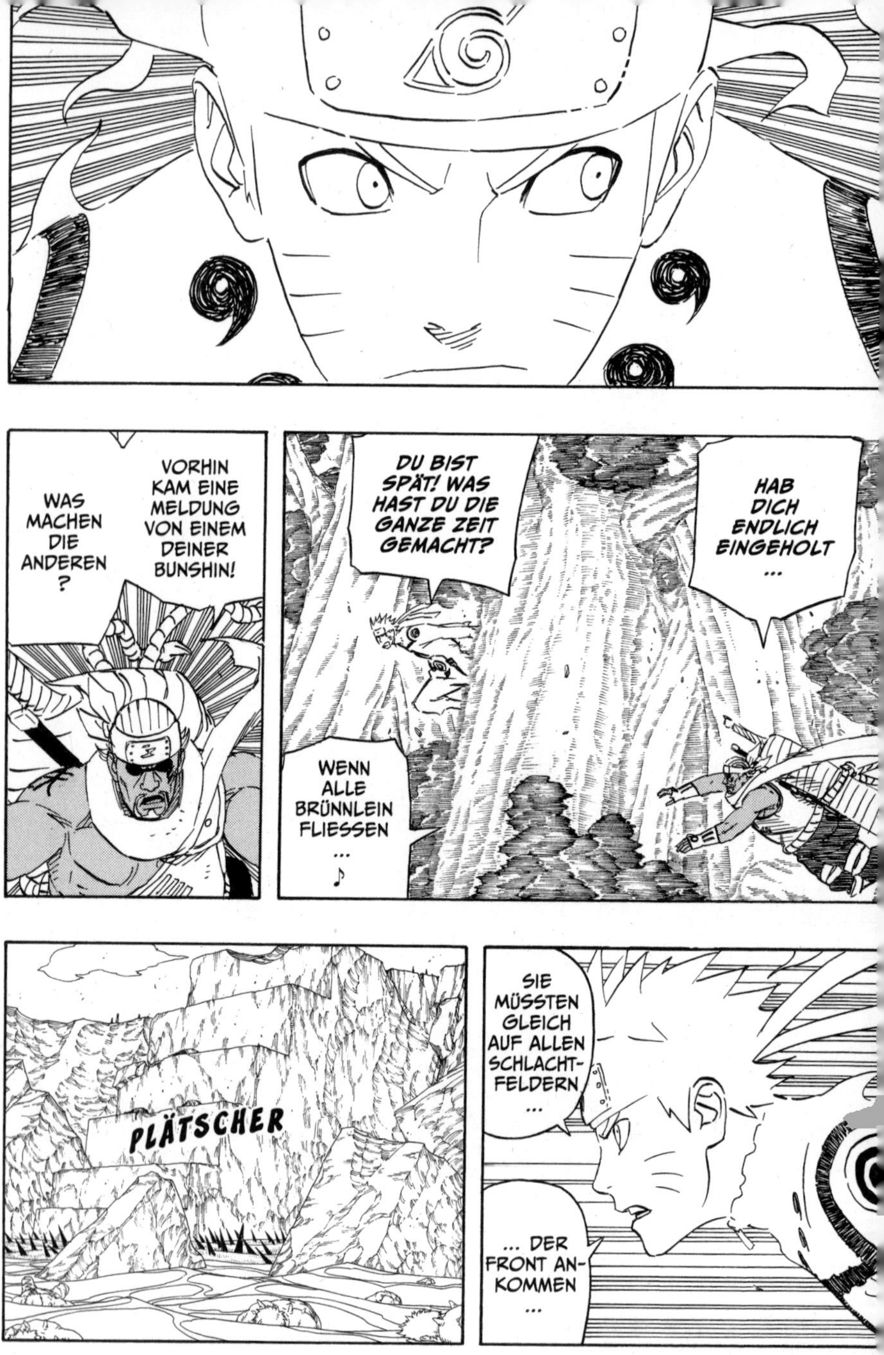
HAB DICH ENDLICH EINGEHOLT ...
DU BIST SPÄT! WAS HAST DU DIE GANZE ZEIT GEMACHT?
WENN ALLE BRÜNNLEIN FLIESSEN ... ♪
VORHIN KAM EINE MELDUNG VON EINEM DEINER BUNSHIN!
WAS MACHEN DIE ANDEREN ?
SIE MÜSSTEN GLEICH AUF ALLEN SCHLACHT-FELDERN ...
... DER FRONT AN-KOMMEN ...
PLÄTSCHER

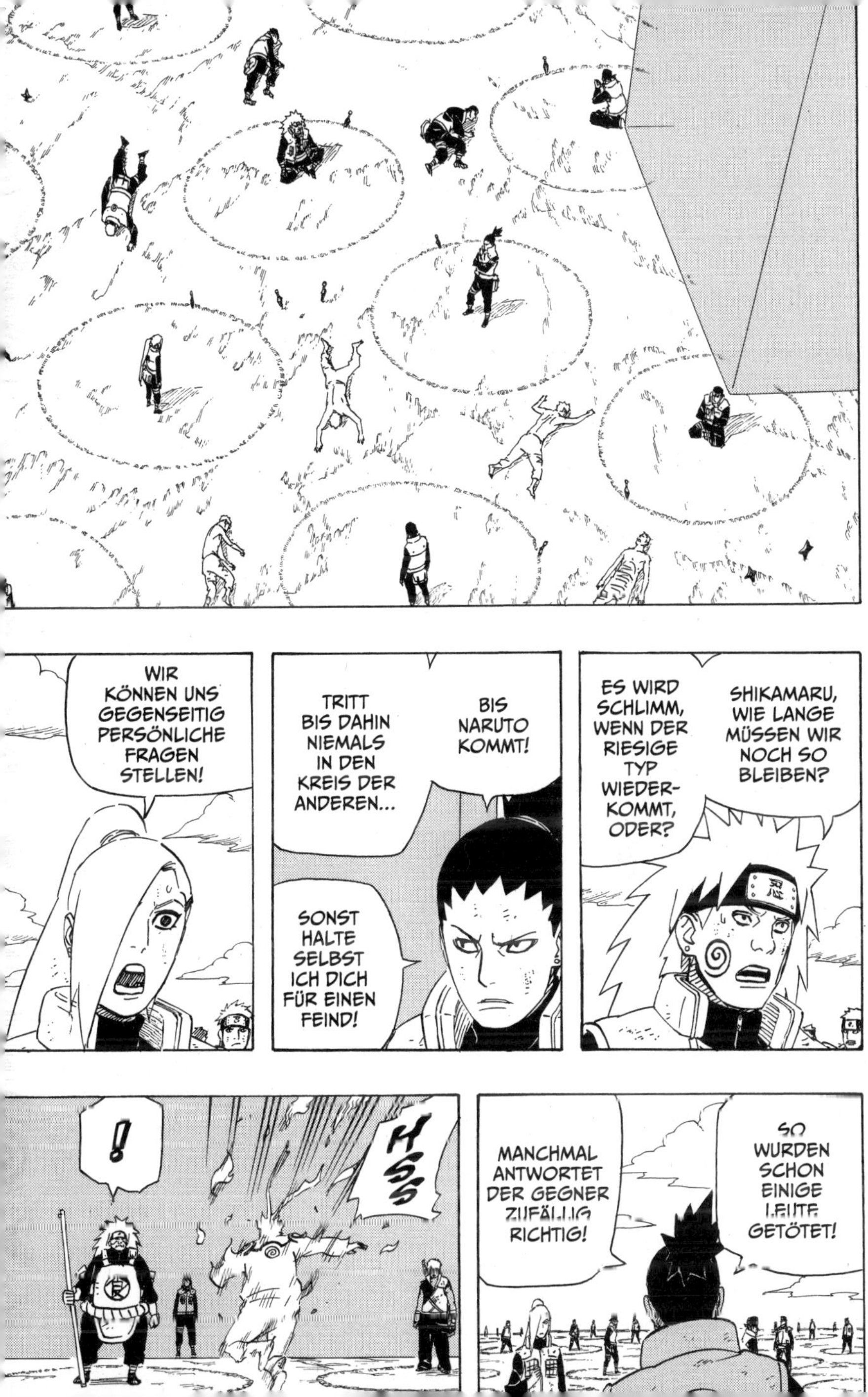
SHIKAMARU, WIE LANGE MÜSSEN WIR NOCH SO BLEIBEN?
ES WIRD SCHLIMM, WENN DER RIESIGE TYP WIEDERKOMMT, ODER?
BIS NARUTO KOMMT!
TRITT BIS DAHIN NIEMALS IN DEN KREIS DER ANDEREN...
SONST HALTE SELBST ICH DICH FÜR EINEN FEIND!
WIR KÖNNEN UNS GEGENSEITIG PERSÖNLICHE FRAGEN STELLEN!
SO WURDEN SCHON EINIGE LEUTE GETÖTET!
MANCHMAL ANTWORTET DER GEGNER ZUFÄLLIG RICHTIG!
HSS
!

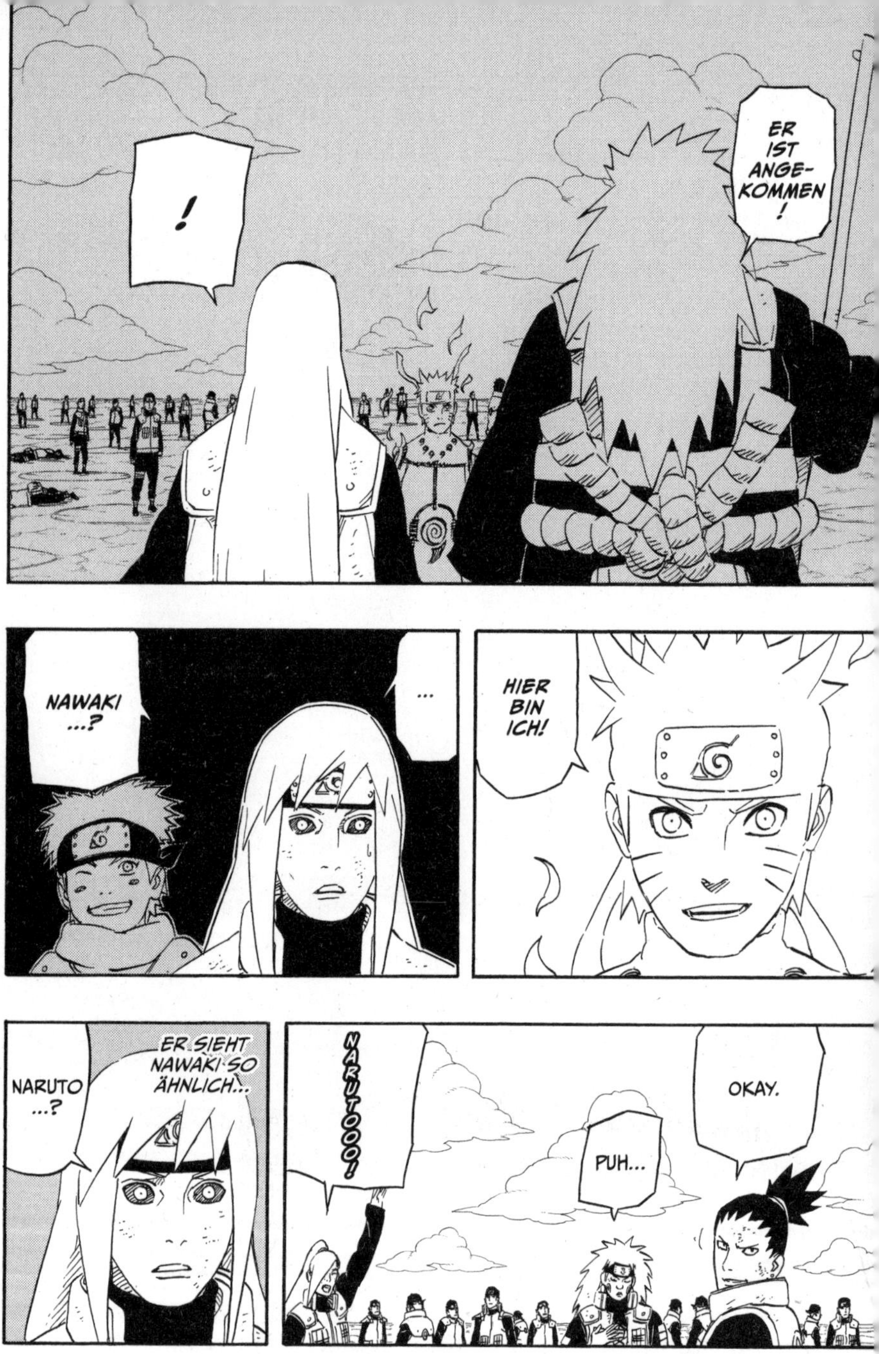
ER IST ANGE-KOMMEN!
!
HIER BIN ICH!
...
NAWAKI ...?
OKAY.
PUH...
NARUTOOOO!
ER SIEHT NAWAKI SO ÄHNLICH...
NARUTO ...?

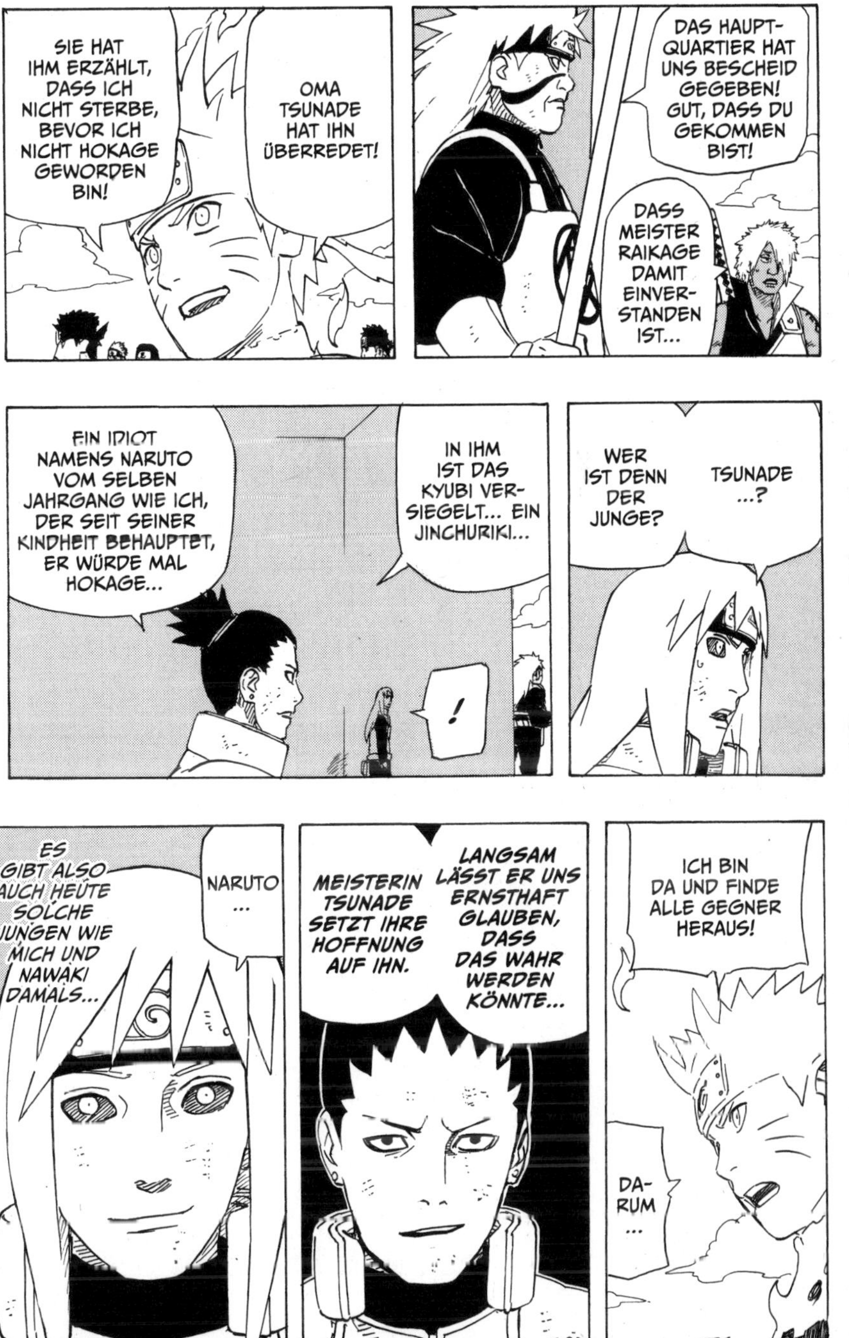
DAS HAUPT-QUARTIER HAT UNS BESCHEID GEGEBEN! GUT, DASS DU GEKOMMEN BIST!
DASS MEISTER RAIKAGE DAMIT EINVER-STANDEN IST...
OMA TSUNADE HAT IHN ÜBERREDET!
SIE HAT IHM ERZÄHLT, DASS ICH NICHT STERBE, BEVOR ICH NICHT HOKAGE GEWORDEN BIN!
TSUNADE ...?
WER IST DENN DER JUNGE?
IN IHM IST DAS KYUBI VER-SIEGELT... EIN JINCHURIKI...
!
EIN IDIOT NAMENS NARUTO VOM SELBEN JAHRGANG WIE ICH, DER SEIT SEINER KINDHEIT BEHAUPTET, ER WÜRDE MAL HOKAGE...
ICH BIN DA UND FINDE ALLE GEGNER HERAUS!
DA-RUM ...
LANGSAM LÄSST ER UNS ERNSTHAFT GLAUBEN, DASS DAS WAHR WERDEN KÖNNTE...
MEISTERIN TSUNADE SETZT IHRE HOFFNUNG AUF IHN.
NARUTO ...
ES GIBT ALSO AUCH HEUTE SOLCHE JUNGEN WIE MICH UND NAWAKI DAMALS...

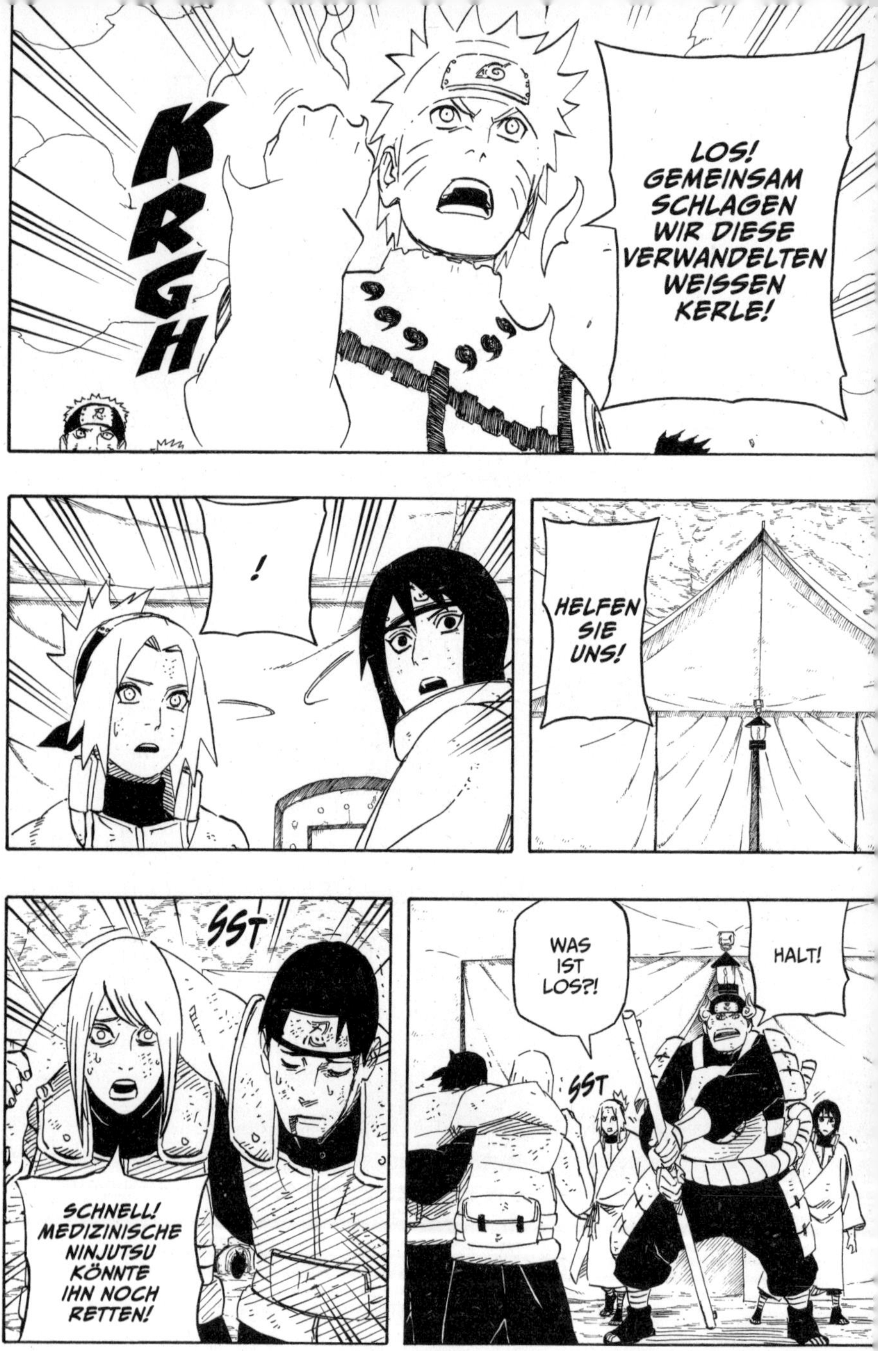
LOS! GEMEINSAM SCHLAGEN WIR DIESE VERWANDELTEN WEISSEN KERLE!
KRGH
HELFEN SIE UNS!
!
HALT!
WAS IST LOS?!
SST
SST
SCHNELL! MEDIZINISCHE NINJUTSU KÖNNTE IHN NOCH RETTEN!

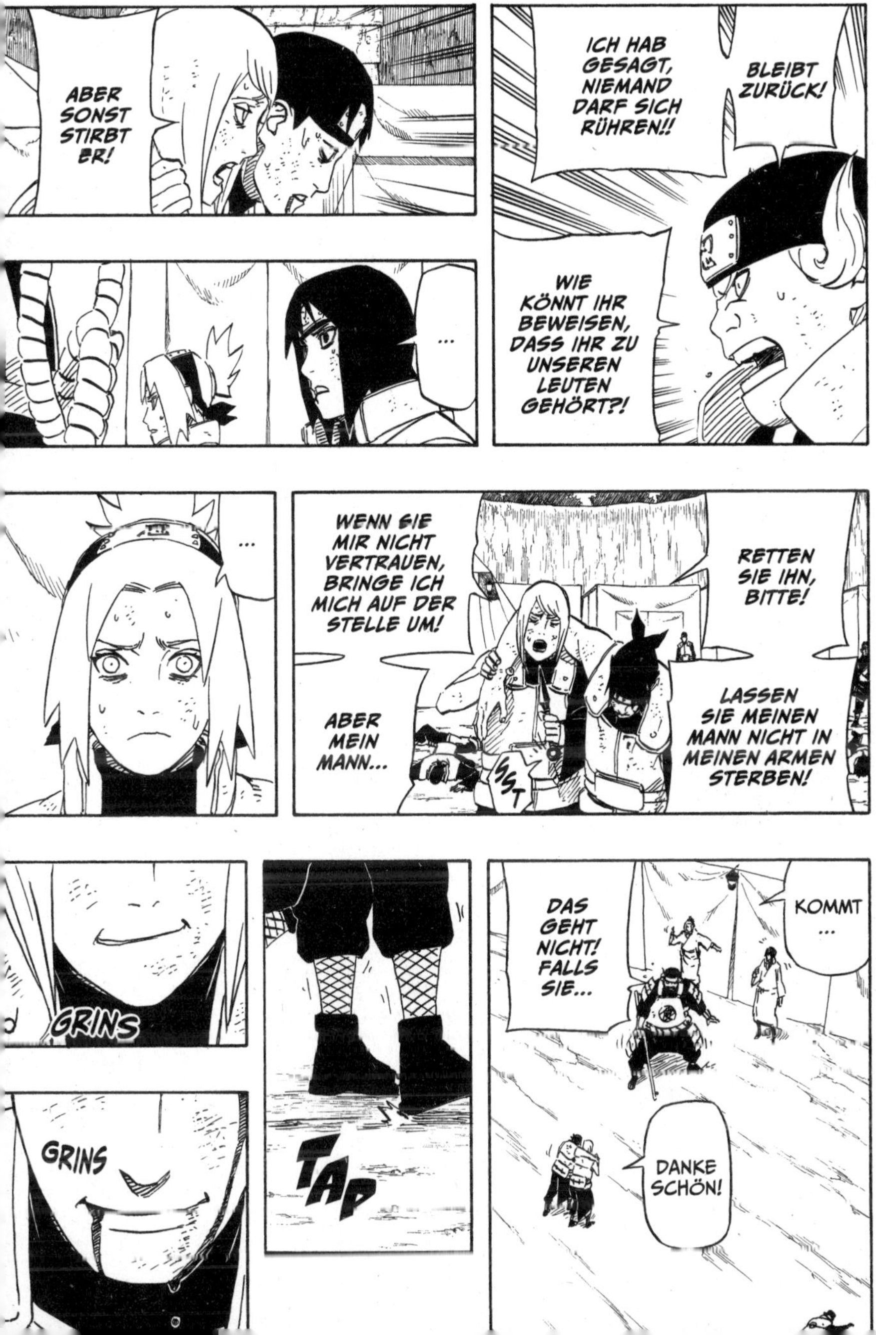
BLEIBT ZURÜCK!
ICH HAB GESAGT, NIEMAND DARF SICH RÜHREN!!
WIE KÖNNT IHR BEWEISEN, DASS IHR ZU UNSEREN LEUTEN GEHÖRT?!
ABER SONST STIRBT ER!
...
RETTEN SIE IHN, BITTE!
LASSEN SIE MEINEN MANN NICHT IN MEINEN ARMEN STERBEN!
WENN SIE MIR NICHT VERTRAUEN, BRINGE ICH MICH AUF DER STELLE UM!
ABER MEIN MANN...
SST
...
KOMMT ...
DAS GEHT NICHT! FALLS SIE...
DANKE SCHÖN!
TAP
GRINS
GRINS

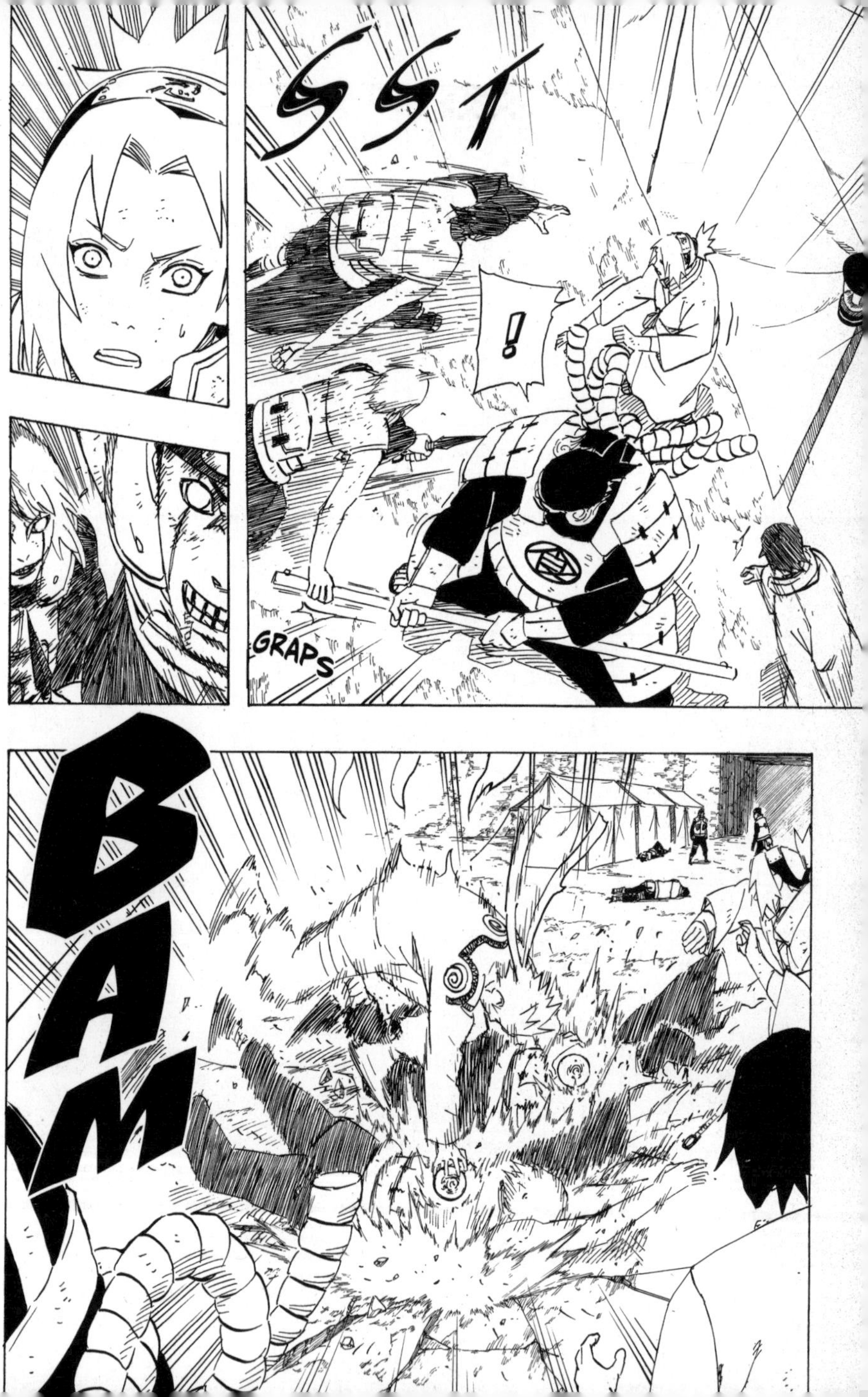
SST
!
GRAPS
BAM

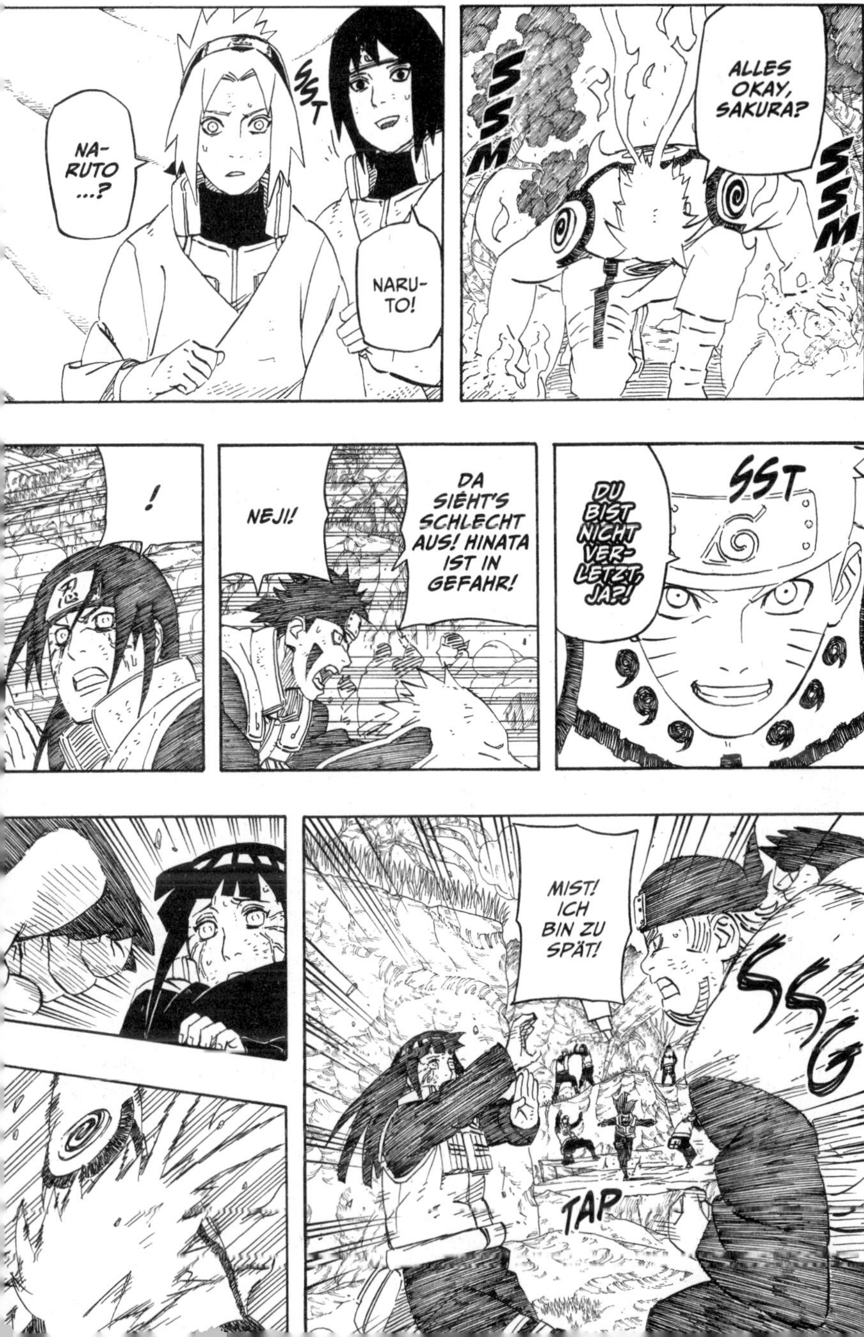
ALLES OKAY, SAKURA?
SSM
SSM
SST
NA-RUTO ...?
NARU-TO!
SST
DU BIST NICHT VER-LETZT, JA?!
DA SIEHT'S SCHLECHT AUS! HINATA IST IN GEFAHR!
NEJI!
!
MIST! ICH BIN ZU SPÄT!
SSG
TAP

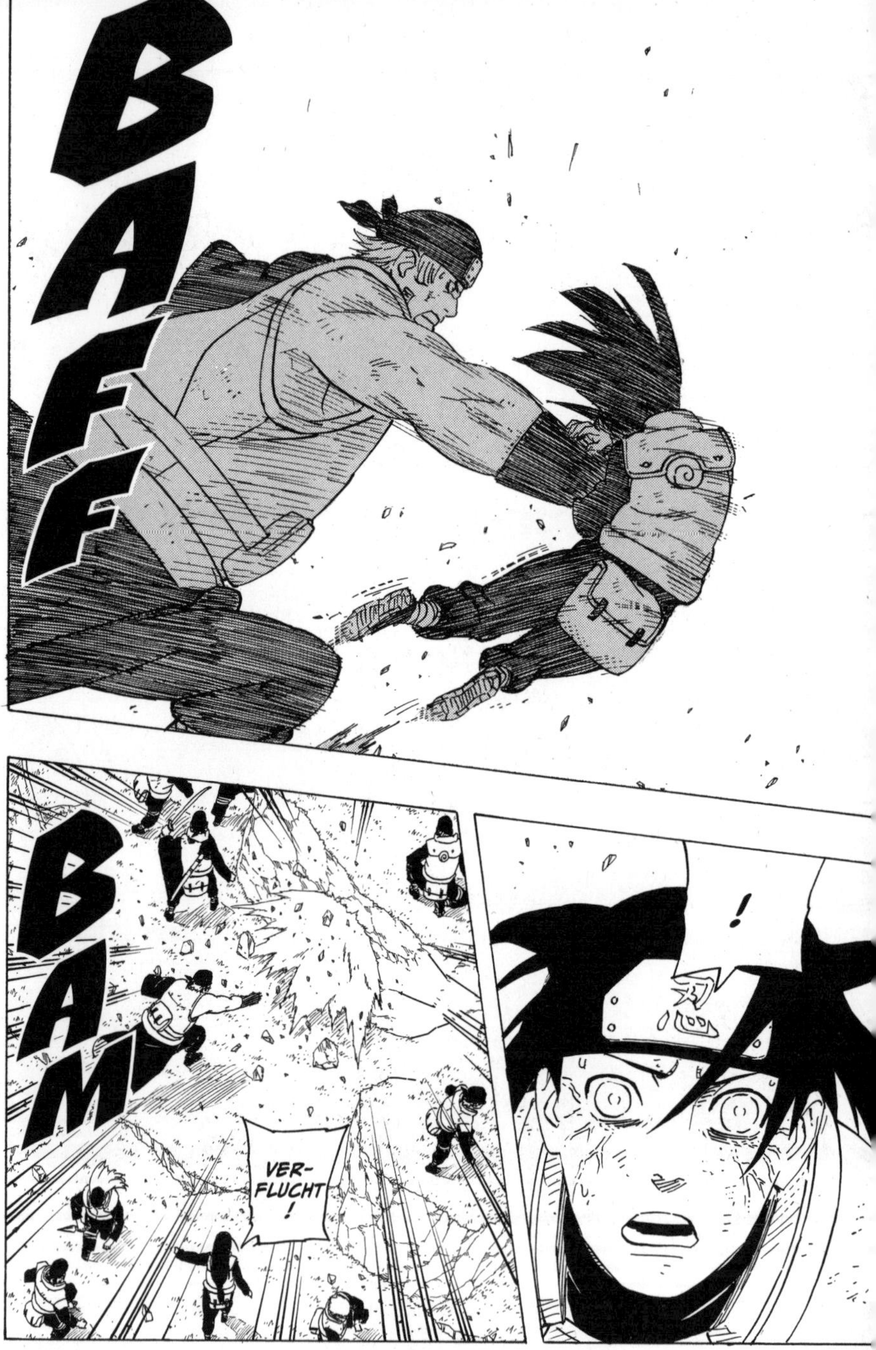
BAFFF
!
BAM
VER-
FLUCHT
!

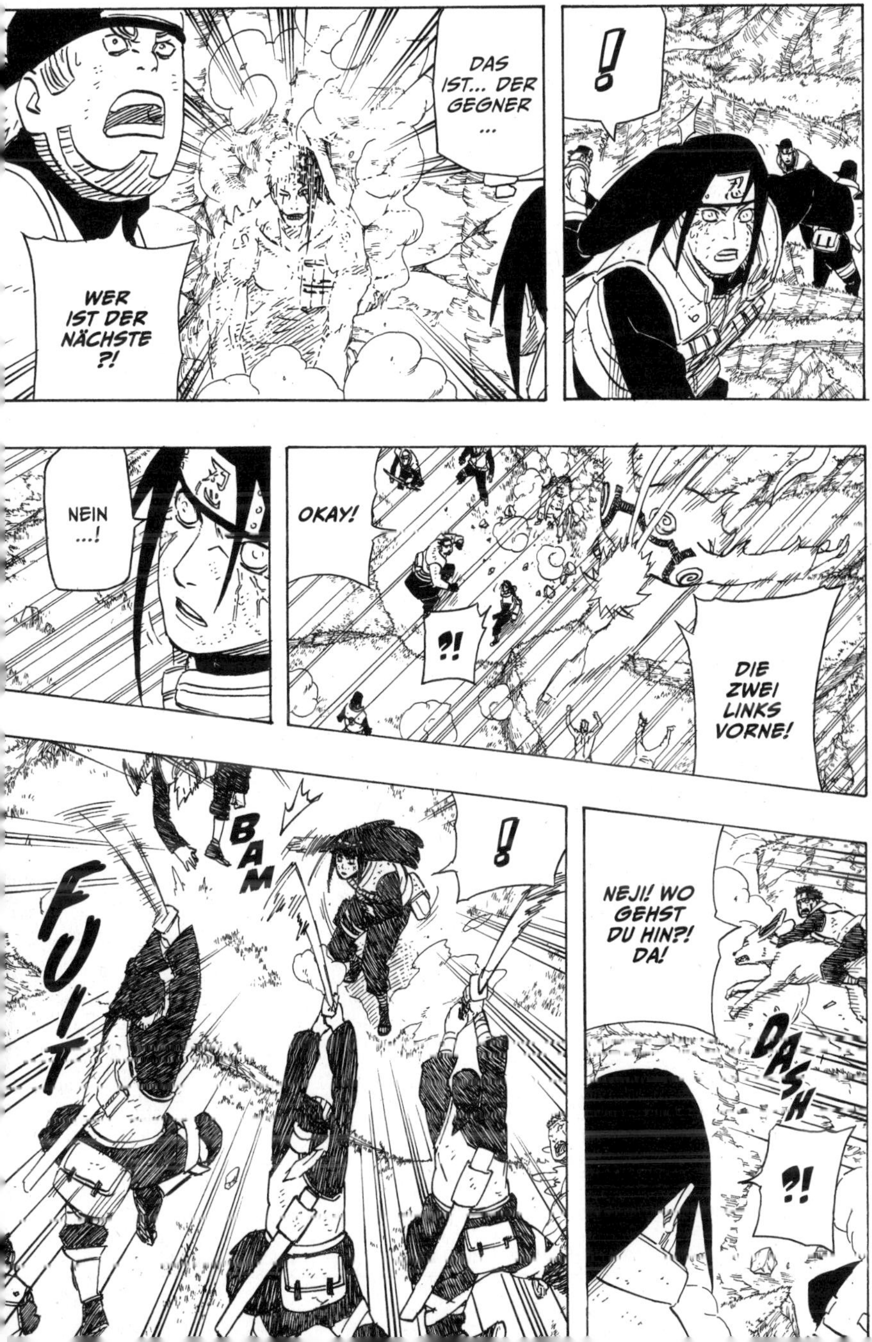
!
DAS IST... DER GEGNER ...
WER IST DER NÄCHSTE ?!
DIE ZWEI LINKS VORNE!
?!
OKAY!
NEIN ...!
NEJI! WO GEHST DU HIN?! DA!
DASH
?!
!
BAM
FUIT

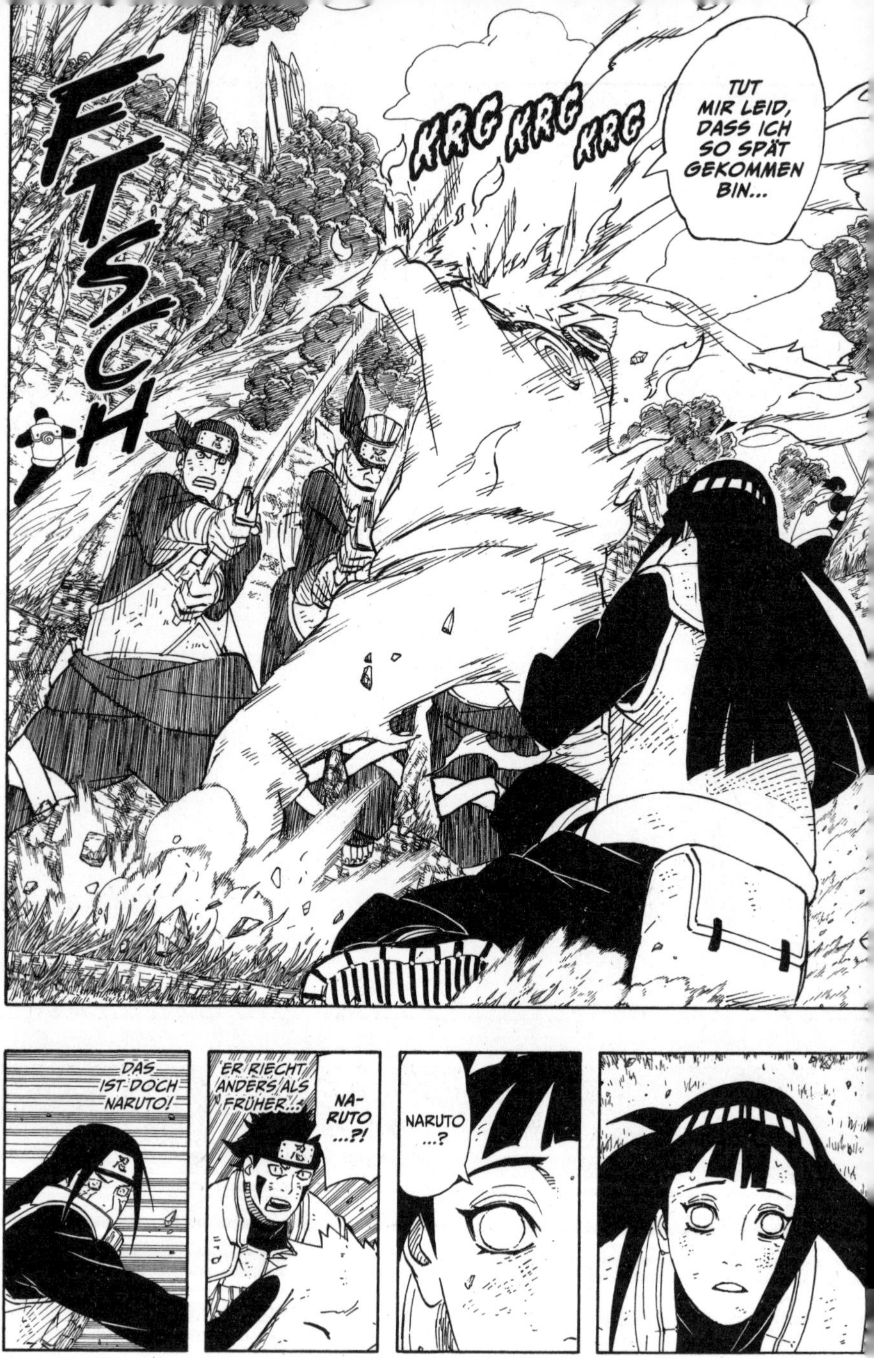
TUT MIR LEID, DASS ICH SO SPÄT GEKOMMEN BIN...
KRG KRG KRG
FFTSCH
NARUTO ...?
NA-RUTO ...?!
ER RIECHT ANDERS ALS FRÜHER...
DAS IST DOCH NARUTO!

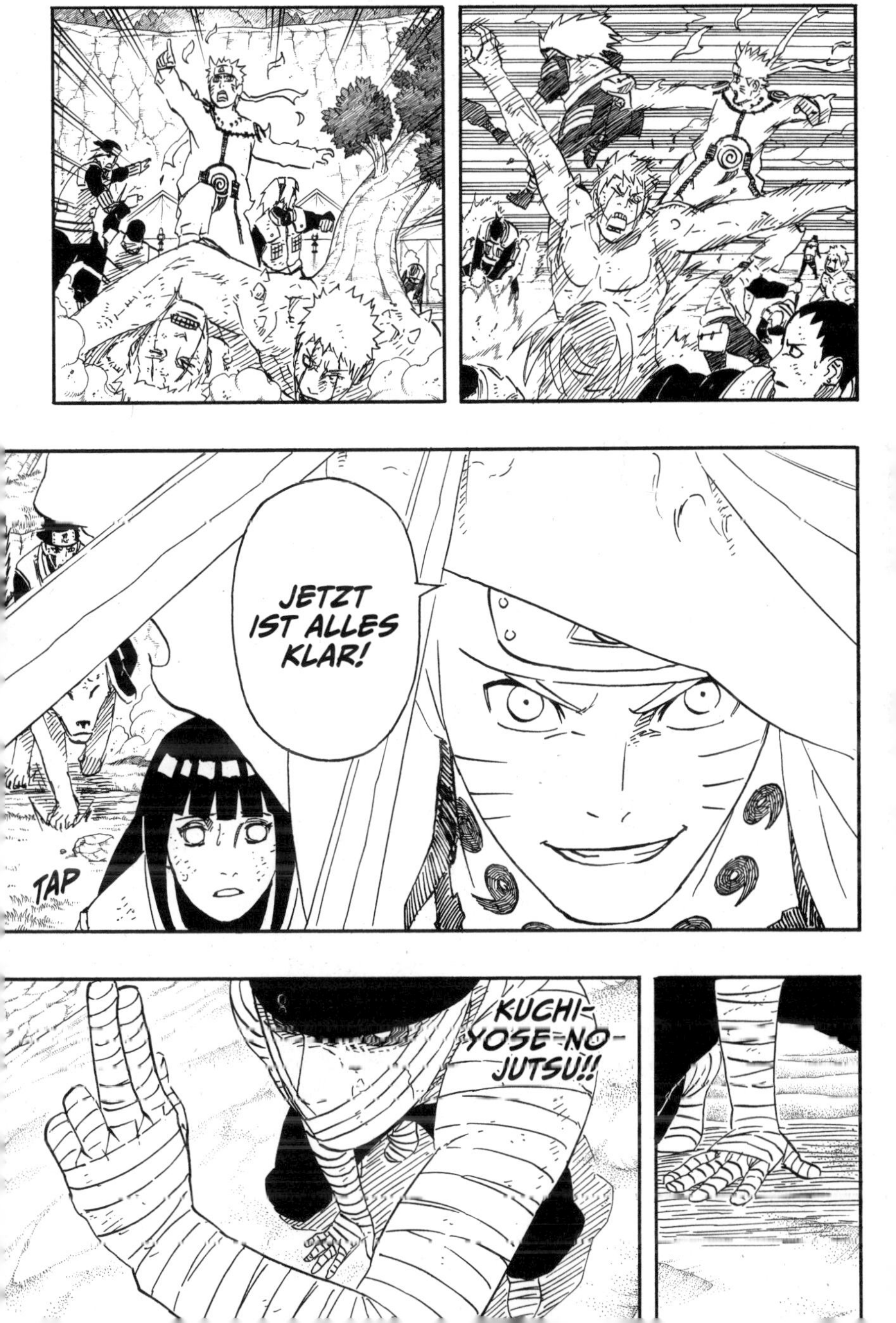
JETZT IST ALLES KLAR!
TAP
KUCHI-YOSE-NO-JUTSU!!

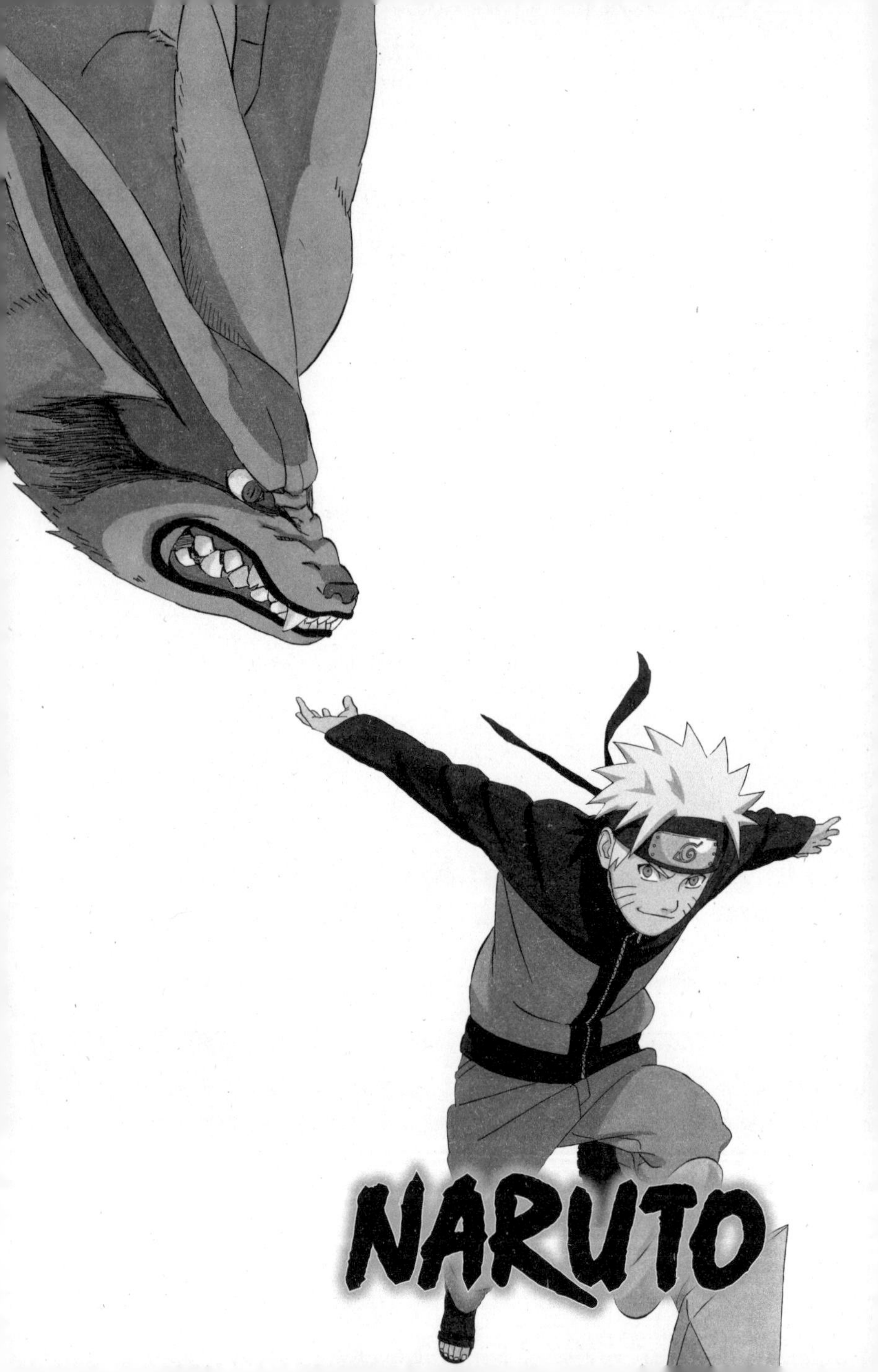
NARUTO

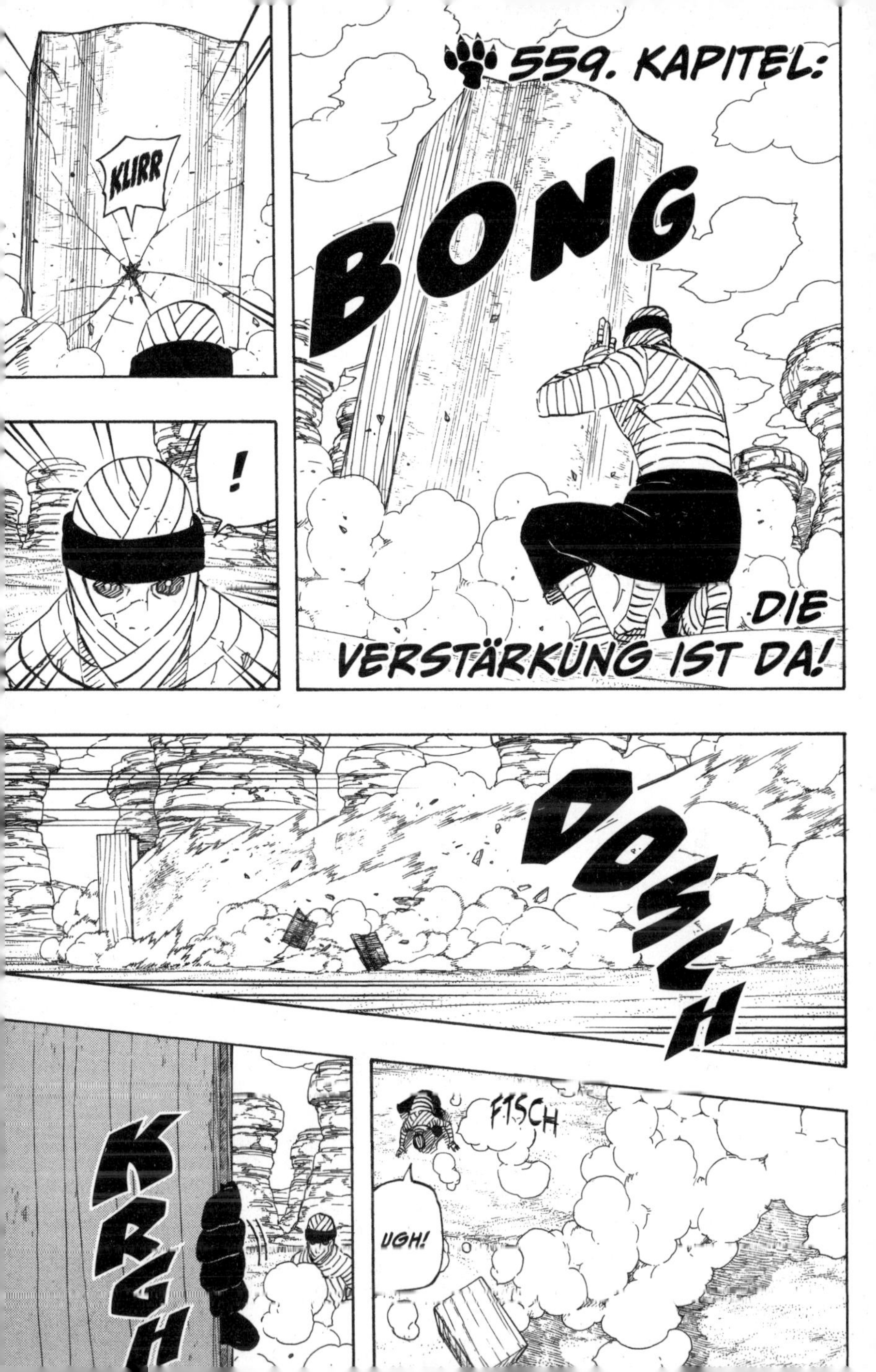
559. KAPITEL:
BONG
DIE VERSTÄRKUNG IST DA!
KLIRR
!
DOSCH
FTSCH
UGH!
KRGH

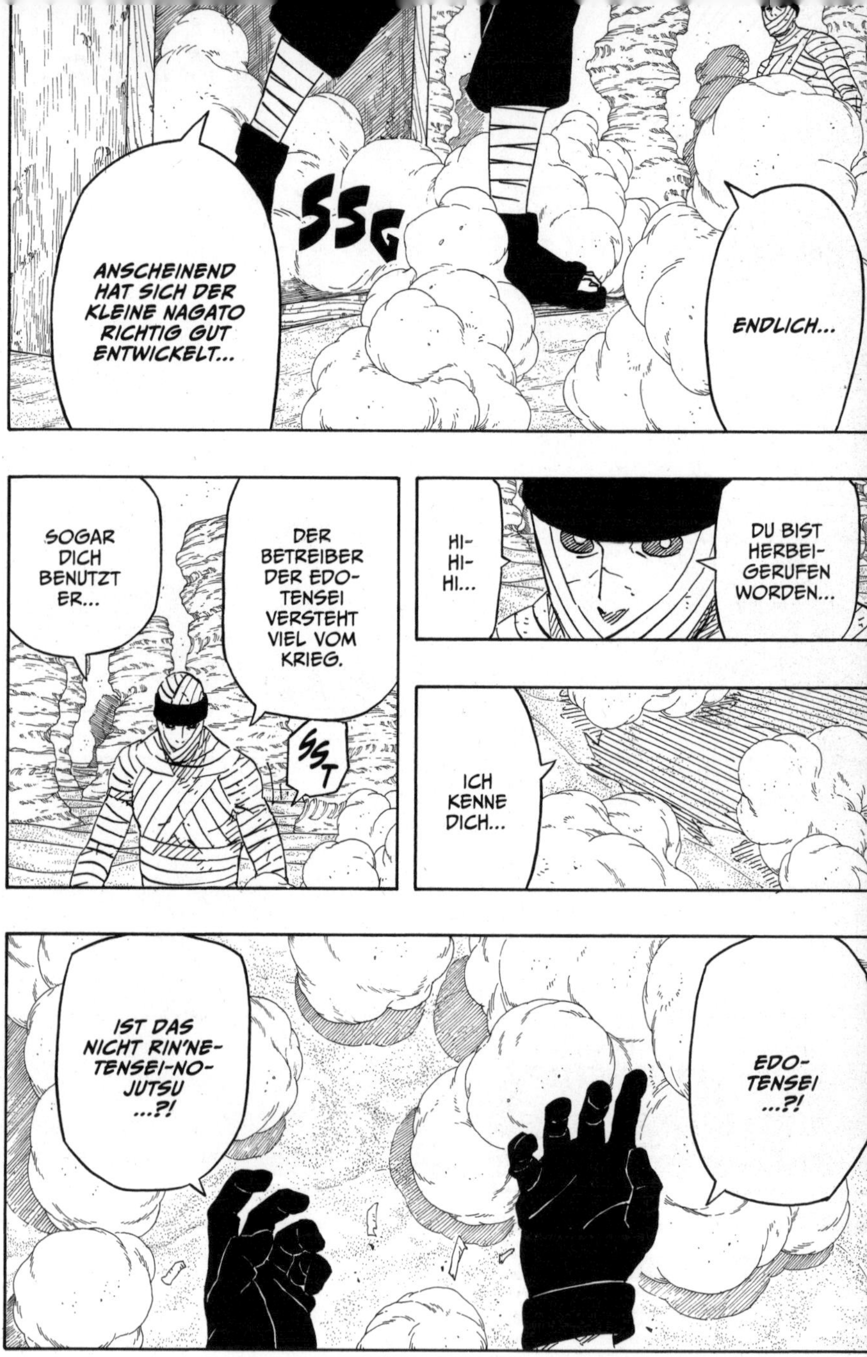
ENDLICH...
SSG
ANSCHEINEND HAT SICH DER KLEINE NAGATO RICHTIG GUT ENTWICKELT...
DU BIST HERBEIGERUFEN WORDEN...
HI-HI-HI...
ICH KENNE DICH...
DER BETREIBER DER EDO-TENSEI VERSTEHT VIEL VOM KRIEG.
SST
SOGAR DICH BENUTZT ER...
EDO-TENSEI ...?!
IST DAS NICHT RIN'NE-TENSEI-NO-JUTSU ...?!

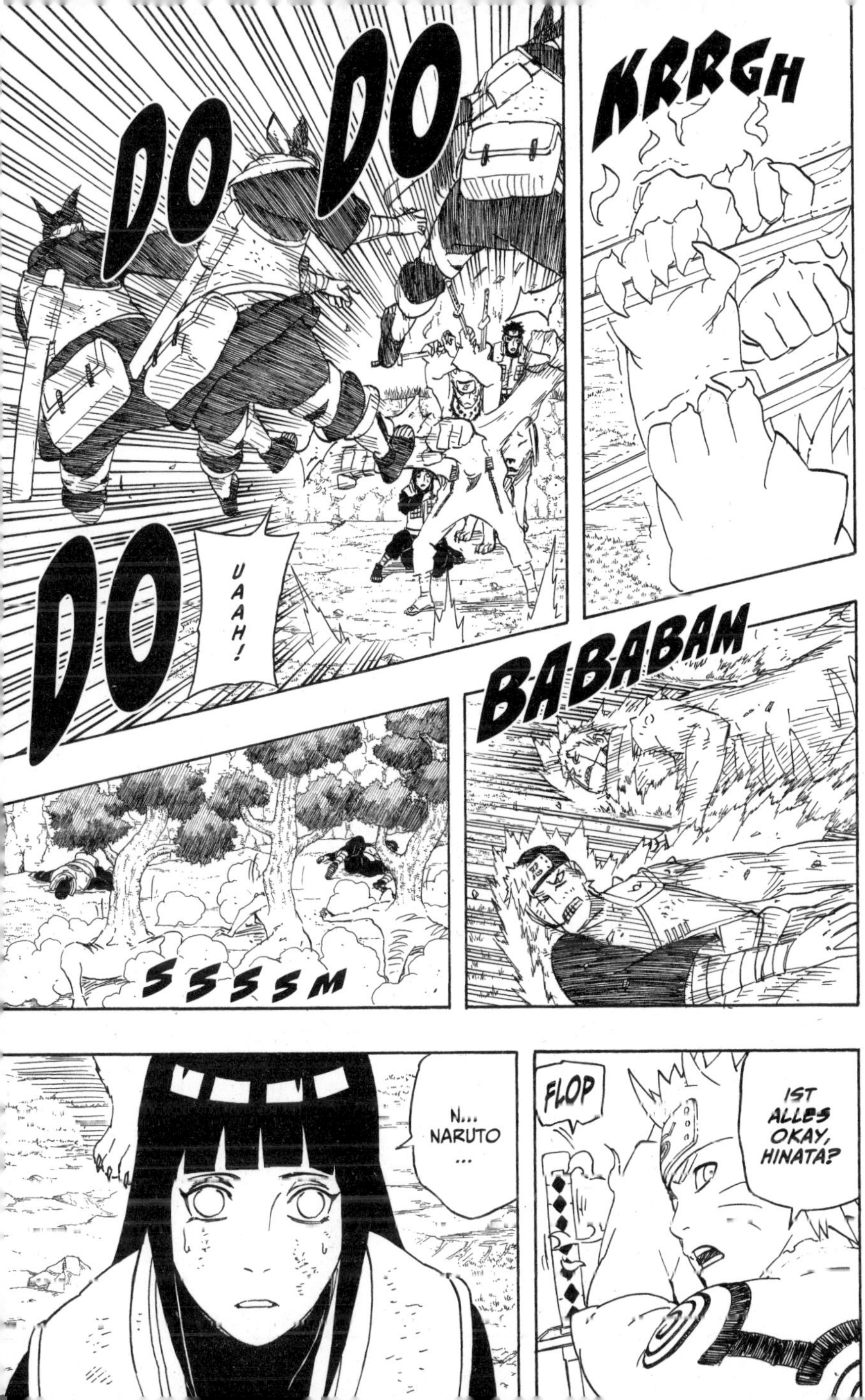
KRRGH
DO DO
DO
UAAH!
BABABAM
SSSSM
IST ALLES OKAY, HINATA?
FLOP
N... NARUTO ...

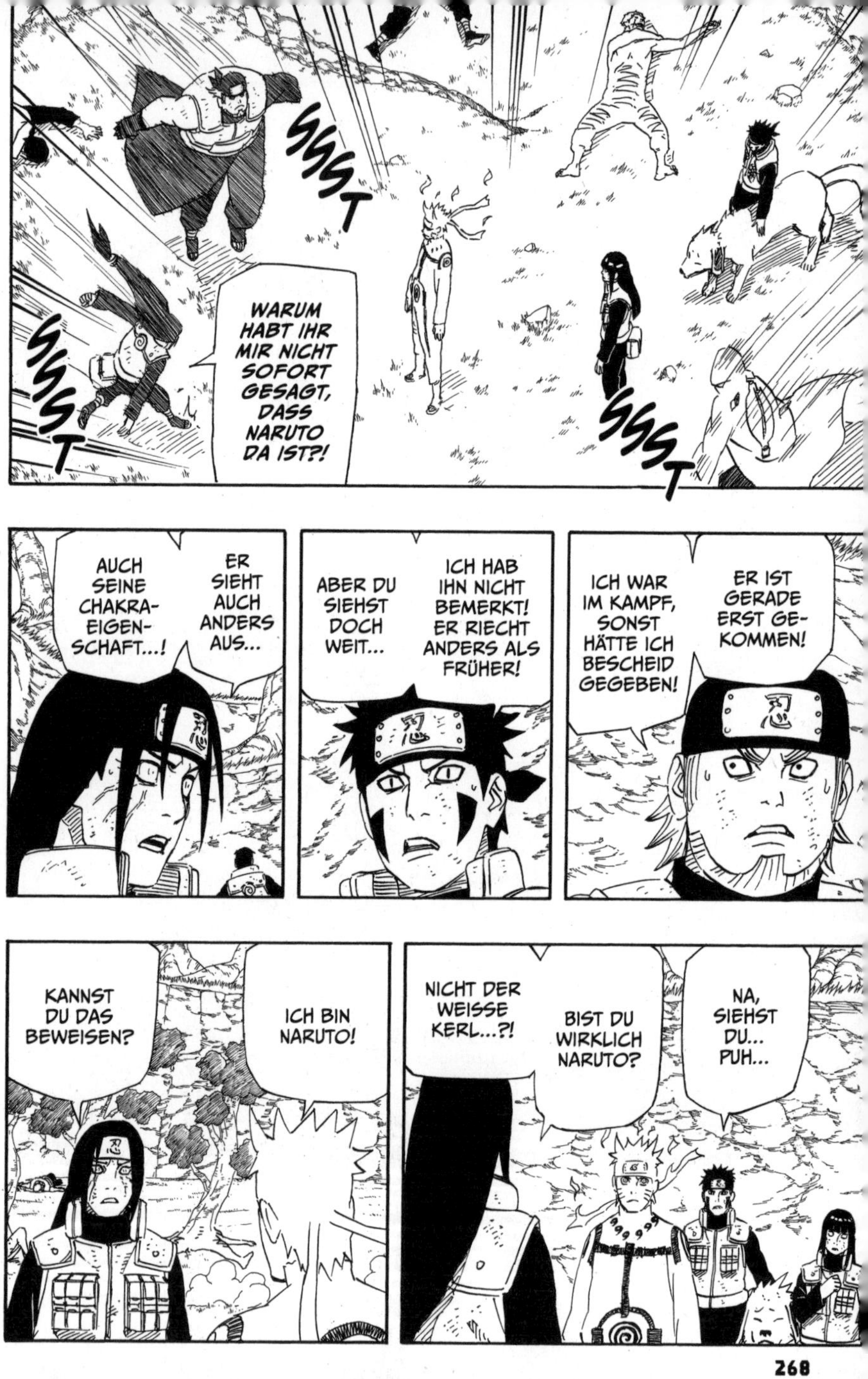
SSST
SSST
SSST
WARUM HABT IHR MIR NICHT SOFORT GESAGT, DASS NARUTO DA IST?!
ER IST GERADE ERST GE-KOMMEN!
ICH WAR IM KAMPF, SONST HÄTTE ICH BESCHEID GEGEBEN!
ICH HAB IHN NICHT BEMERKT! ER RIECHT ANDERS ALS FRÜHER!
ABER DU SIEHST DOCH WEIT...
ER SIEHT AUCH ANDERS AUS...
AUCH SEINE CHAKRA-EIGEN-SCHAFT...!
NA, SIEHST DU... PUH...
BIST DU WIRKLICH NARUTO?
NICHT DER WEISSE KERL...?!
ICH BIN NARUTO!
KANNST DU DAS BEWEISEN?

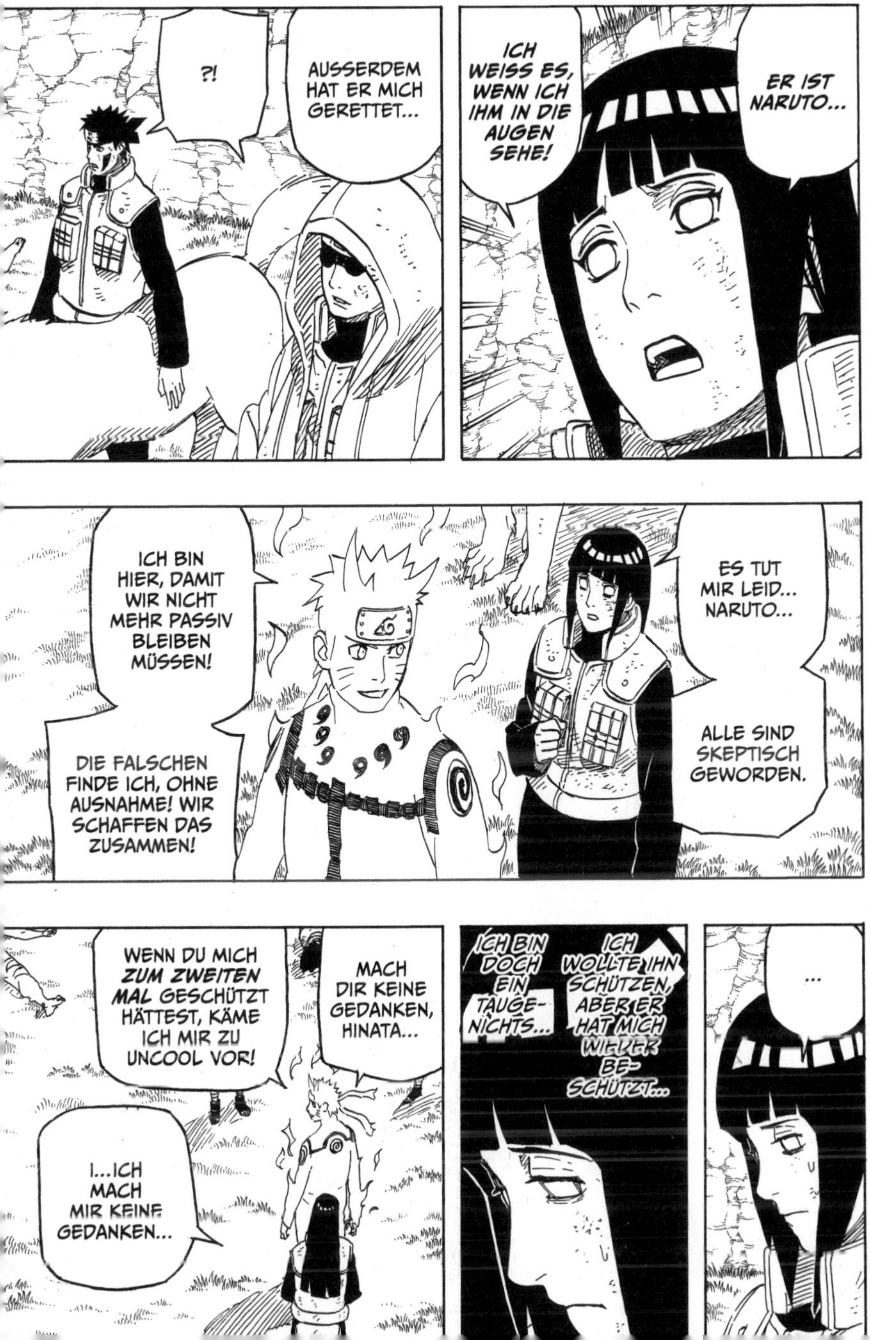

ER IST NARUTO...
ICH WEISS ES, WENN ICH IHM IN DIE AUGEN SEHE!
AUSSERDEM HAT ER MICH GERETTET...
?!
ES TUT MIR LEID... NARUTO...
ALLE SIND SKEPTISCH GEWORDEN.
ICH BIN HIER, DAMIT WIR NICHT MEHR PASSIV BLEIBEN MÜSSEN!
DIE FALSCHEN FINDE ICH, OHNE AUSNAHME! WIR SCHAFFEN DAS ZUSAMMEN!
...
ICH WOLLTE IHN SCHÜTZEN, ABER ER HAT MICH WIEDER BESCHÜTZT...
ICH BIN DOCH EIN TAUGENICHTS...
MACH DIR KEINE GEDANKEN, HINATA...
WENN DU MICH *ZUM ZWEITEN MAL* GESCHÜTZT HÄTTEST, KÄME ICH MIR ZU UNCOOL VOR!
I...ICH MACH MIR KEINE GEDANKEN...

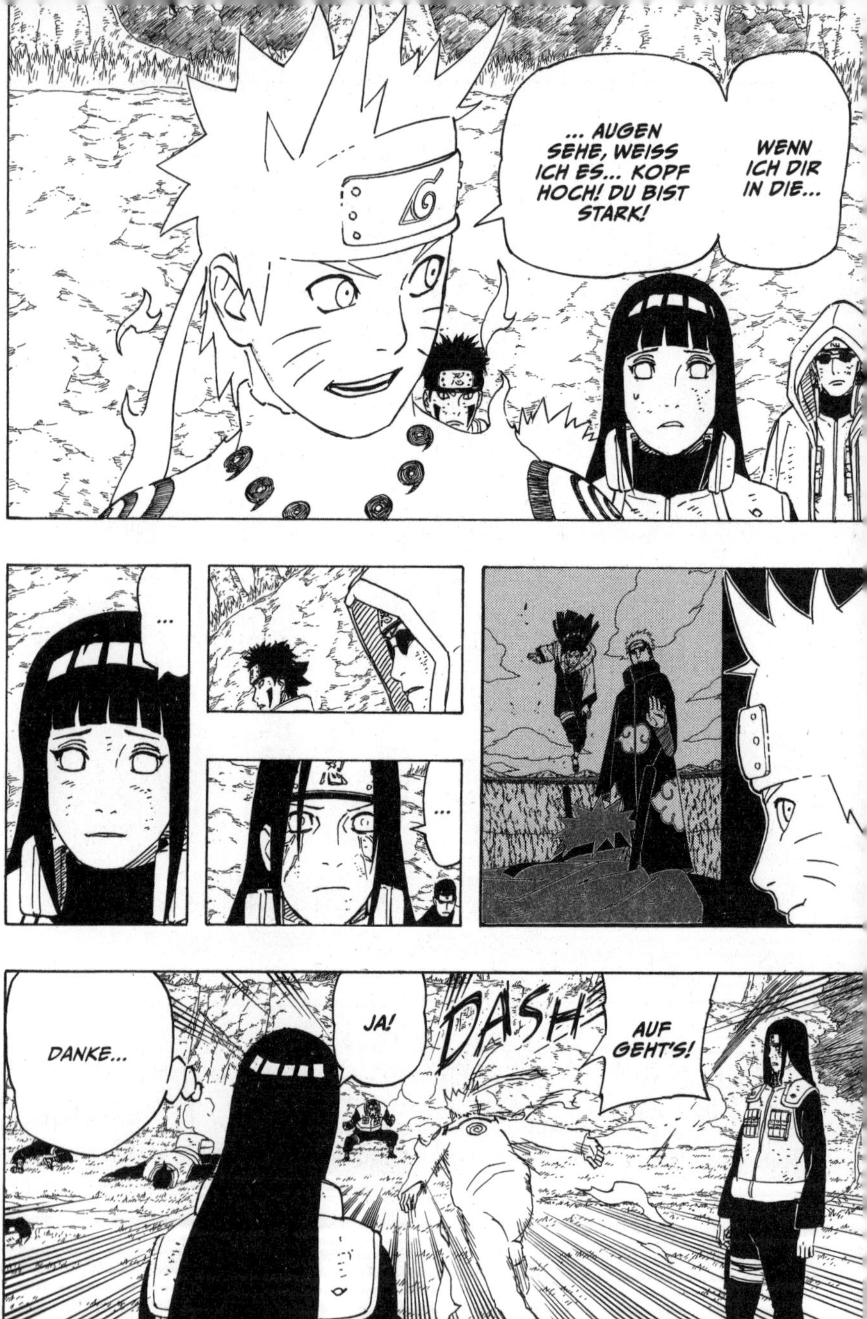
WENN ICH DIR IN DIE...
... AUGEN SEHE, WEISS ICH ES... KOPF HOCH! DU BIST STARK!
...
...
AUF GEHT'S!
DASH
JA!
DANKE...

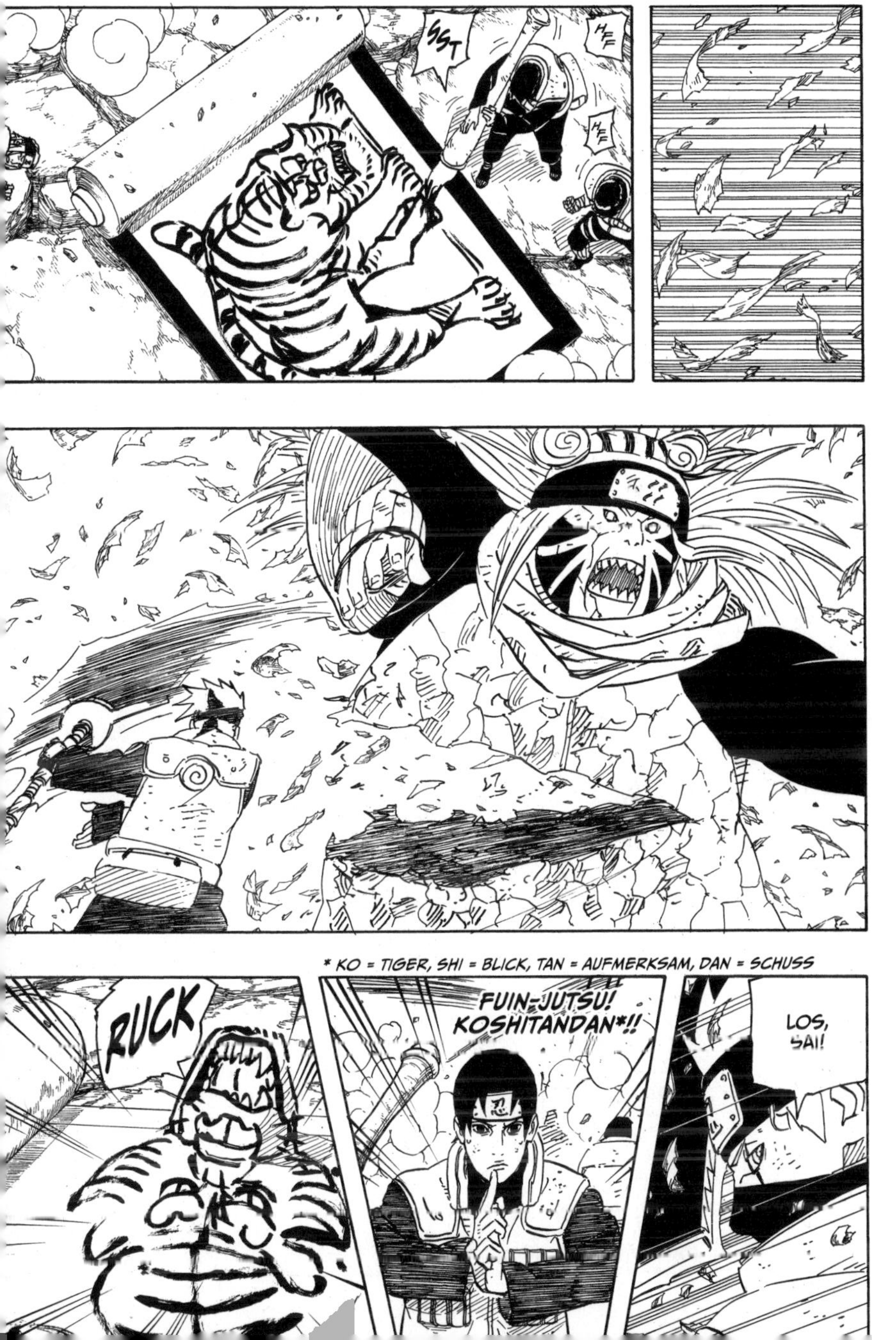
SST
HEF
HEF
LOS, SAI!
FUIN-JUTSU! KOSHITANDAN*!!
RUCK
* KO = TIGER, SHI = BLICK, TAN = AUFMERKSAM, DAN = SCHUSS

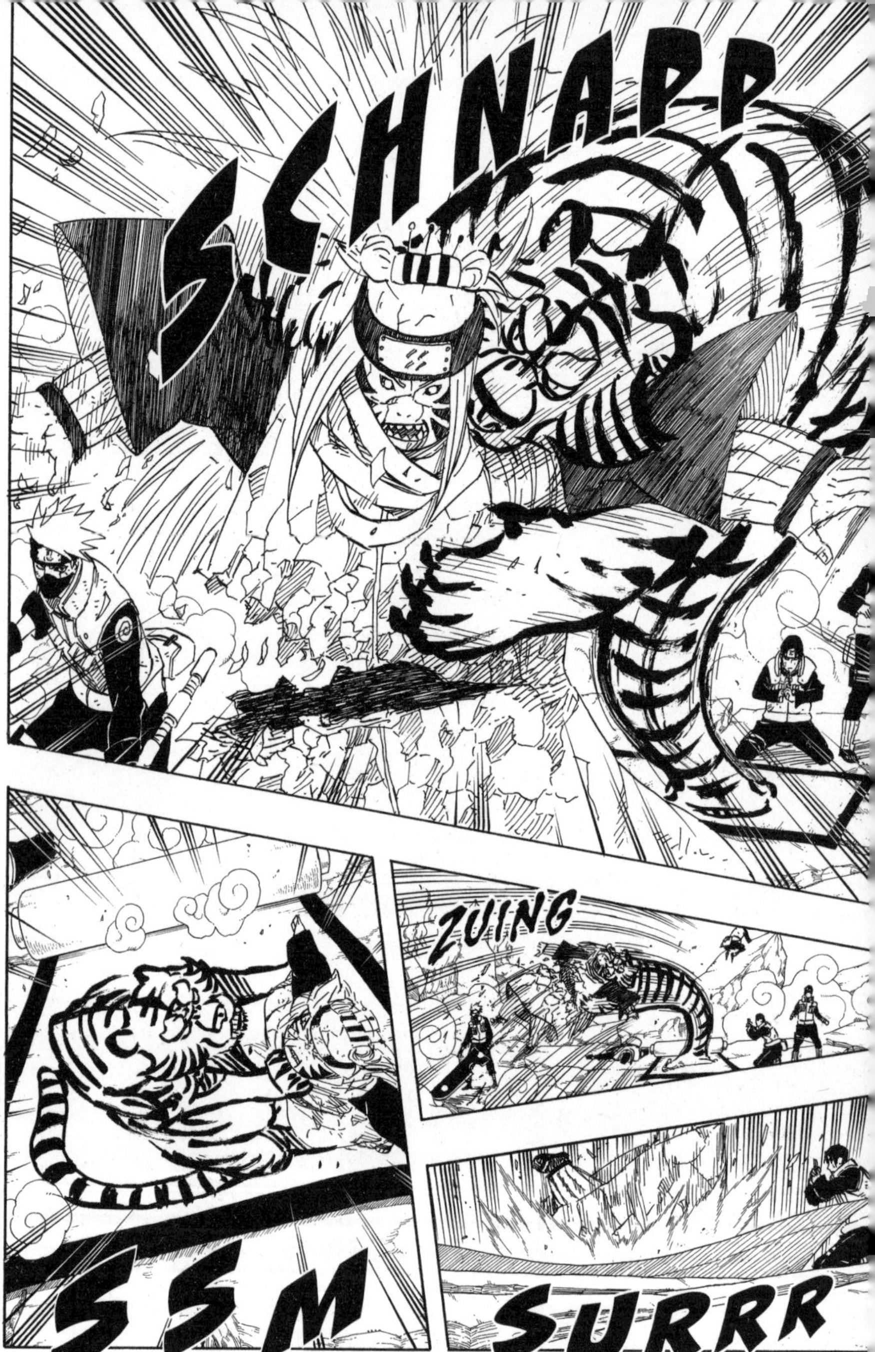
SCHNAPP
ZUING
SSM
SURRR

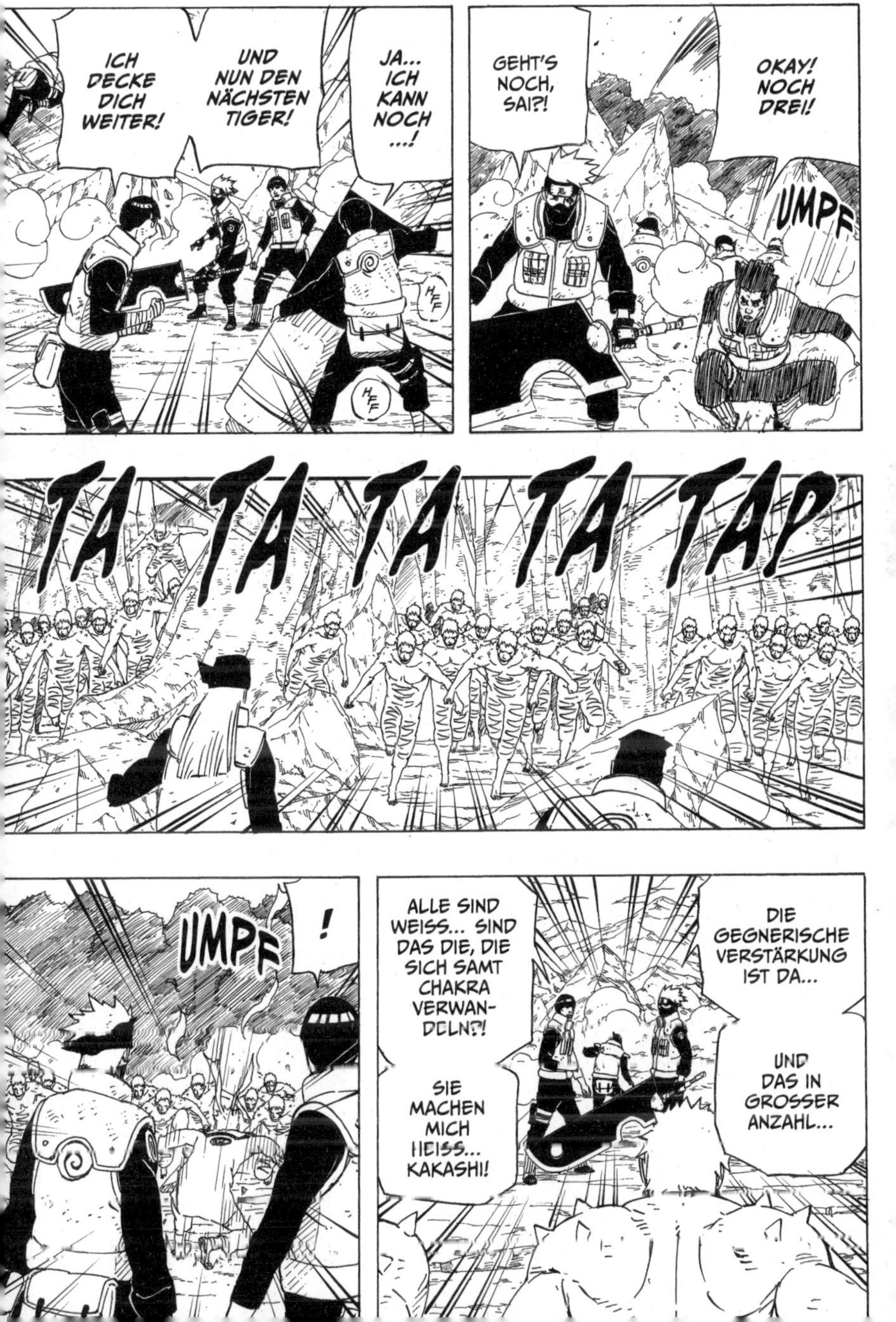
OKAY! NOCH DREI!
GEHT'S NOCH, SAI?!
UMPF
JA... ICH KANN NOCH ...!
UND NUN DEN NÄCHSTEN TIGER!
ICH DECKE DICH WEITER!
HEF
HEF
TA TA TA TA TAP
DIE GEGNERISCHE VERSTÄRKUNG IST DA...
UND DAS IN GROSSER ANZAHL...
ALLE SIND WEISS... SIND DAS DIE, DIE SICH SAMT CHAKRA VERWANDELN?!
SIE MACHEN MICH HEISS... KAKASHI!
!
UMPF

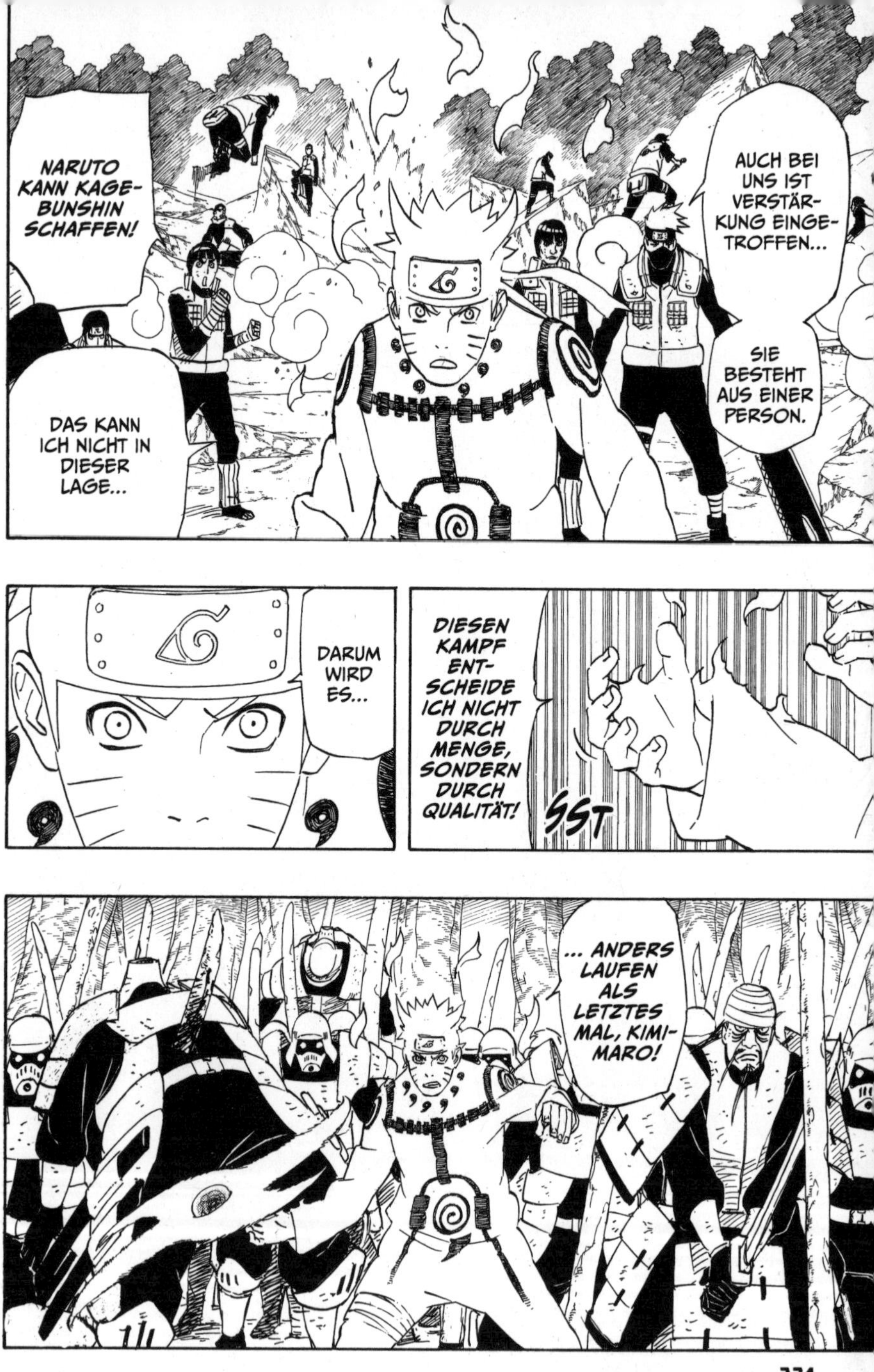
AUCH BEI UNS IST VERSTÄRKUNG EINGETROFFEN...
SIE BESTEHT AUS EINER PERSON.
NARUTO KANN KAGEBUNSHIN SCHAFFEN!
DAS KANN ICH NICHT IN DIESER LAGE...
DIESEN KAMPF ENTSCHEIDE ICH NICHT DURCH MENGE, SONDERN DURCH QUALITÄT!
SST
DARUM WIRD ES...
... ANDERS LAUFEN ALS LETZTES MAL, KIMIMARO!

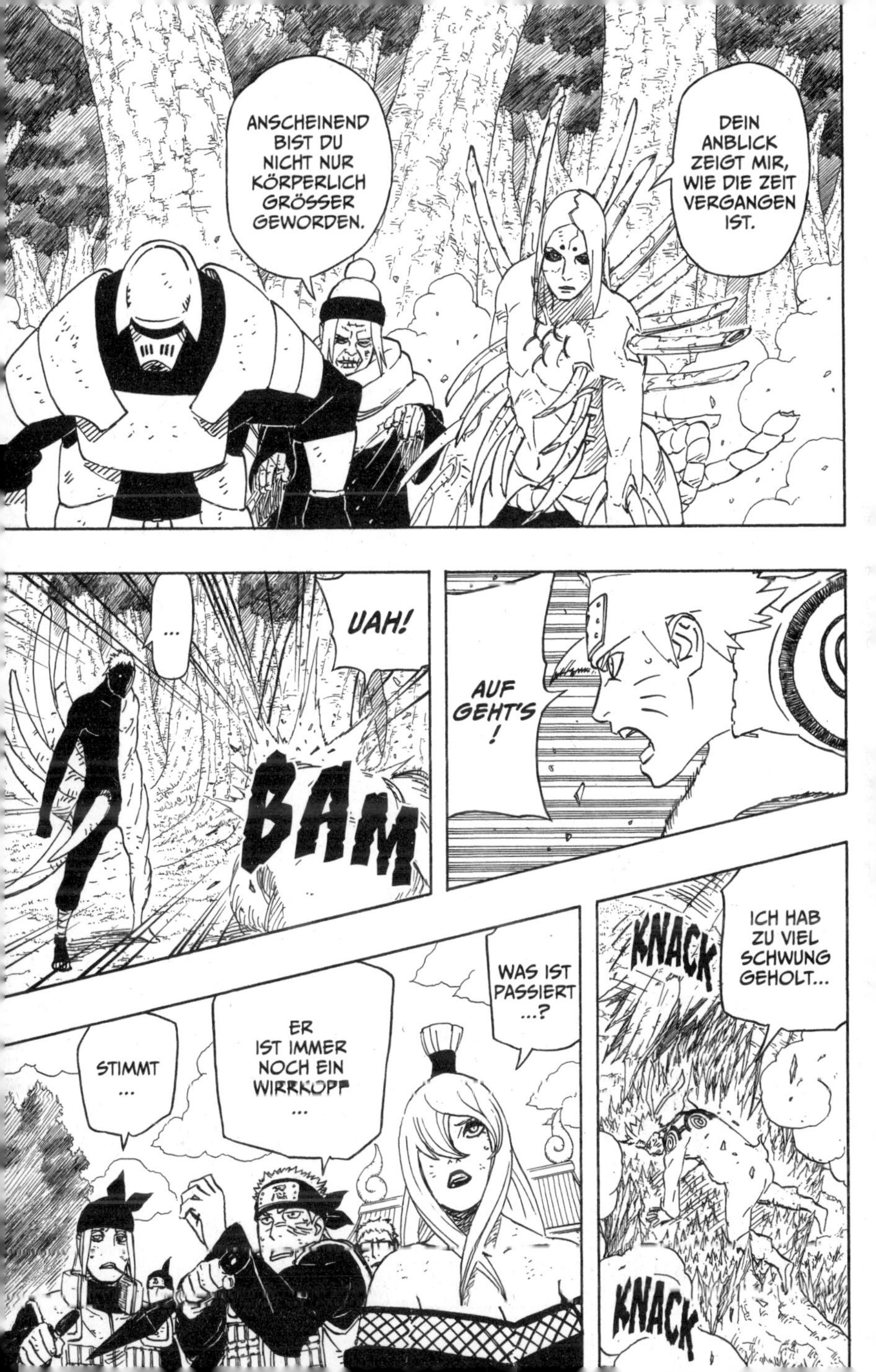
DEIN ANBLICK ZEIGT MIR, WIE DIE ZEIT VERGANGEN IST.
ANSCHEINEND BIST DU NICHT NUR KÖRPERLICH GRÖSSER GEWORDEN.
AUF GEHT'S!
UAH!
...
BAM
KNACK
ICH HAB ZU VIEL SCHWUNG GEHOLT...
KNACK
WAS IST PASSIERT ...?
ER IST IMMER NOCH EIN WIRRKOPF ...
STIMMT ...

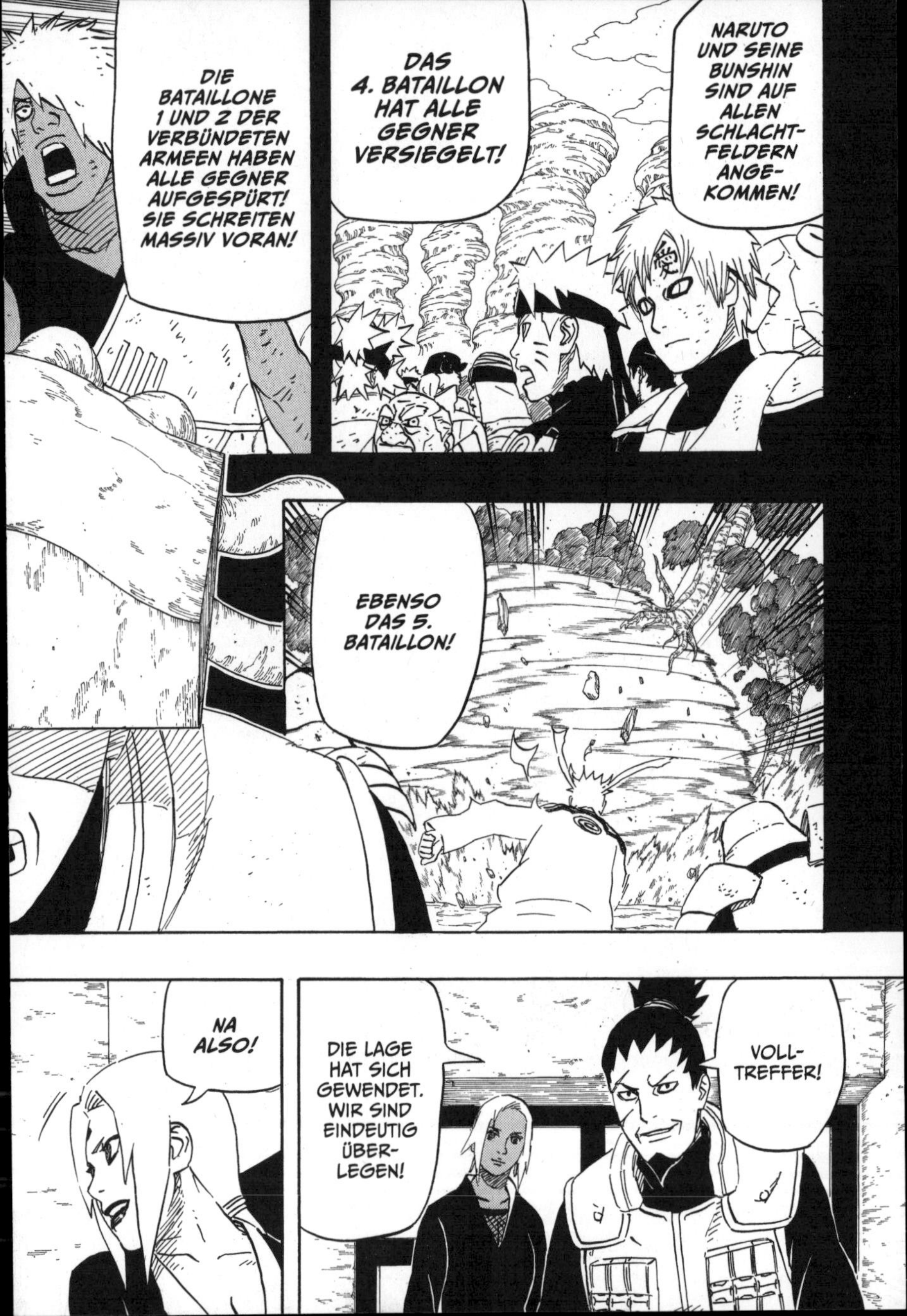
NARUTO UND SEINE BUNSHIN SIND AUF ALLEN SCHLACHT-FELDERN ANGE-KOMMEN!
DAS 4. BATAILLON HAT ALLE GEGNER VERSIEGELT!
DIE BATAILLONE 1 UND 2 DER VERBÜNDETEN ARMEEN HABEN ALLE GEGNER AUFGESPÜRT! SIE SCHREITEN MASSIV VORAN!
EBENSO DAS 5. BATAILLON!
VOLL-TREFFER!
DIE LAGE HAT SICH GEWENDET. WIR SIND EINDEUTIG ÜBER-LEGEN!
NA ALSO!

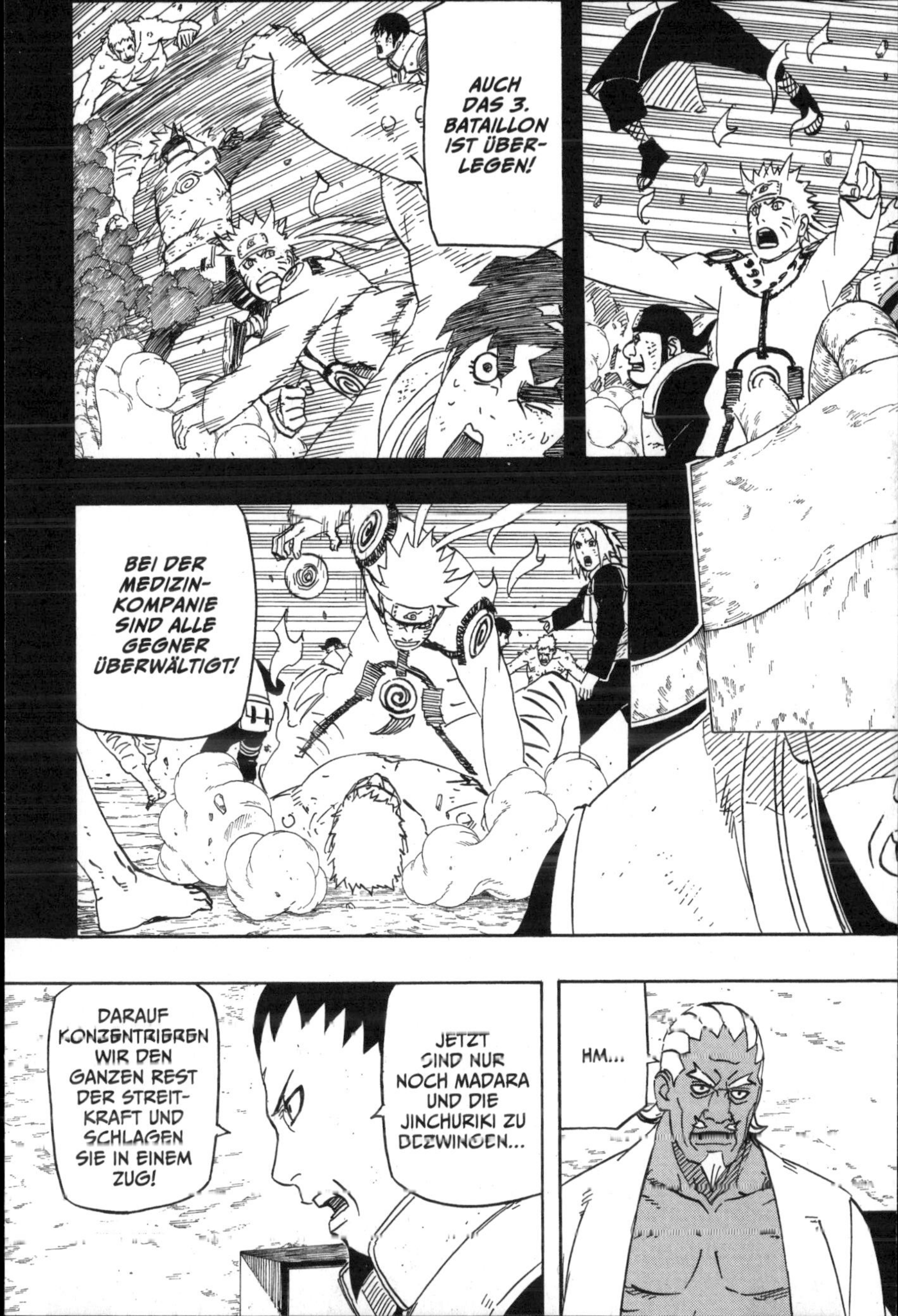
AUCH DAS 3. BATAILLON IST ÜBERLEGEN!
BEI DER MEDIZINKOMPANIE SIND ALLE GEGNER ÜBERWÄLTIGT!
HM...
JETZT SIND NUR NOCH MADARA UND DIE JINCHURIKI ZU BEZWINGEN...
DARAUF KONZENTRIEREN WIR DEN GANZEN REST DER STREITKRAFT UND SCHLAGEN SIE IN EINEM ZUG!

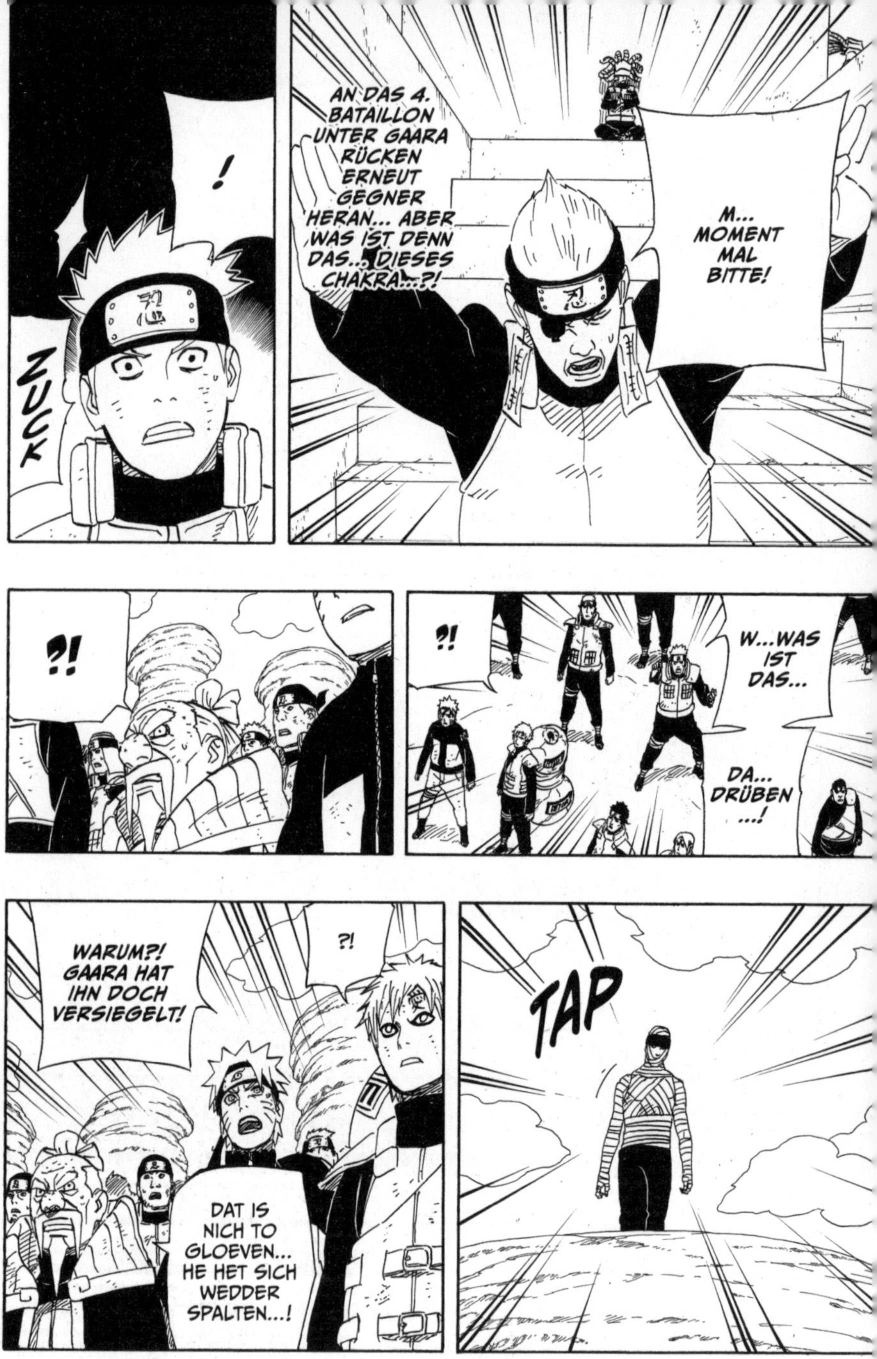
M... MOMENT MAL BITTE!
AN DAS 4. BATAILLON UNTER GAARA RÜCKEN ERNEUT GEGNER HERAN... ABER WAS IST DENN DAS... DIESES CHAKRA...?!
!
ZUCK
W...WAS IST DAS...
DA... DRÜBEN ...!
?!
?!
TAP
?!
WARUM?! GAARA HAT IHN DOCH VERSIEGELT!
DAT IS NICH TO GLOEVEN... HE HET SICH WEDDER SPALTEN...!

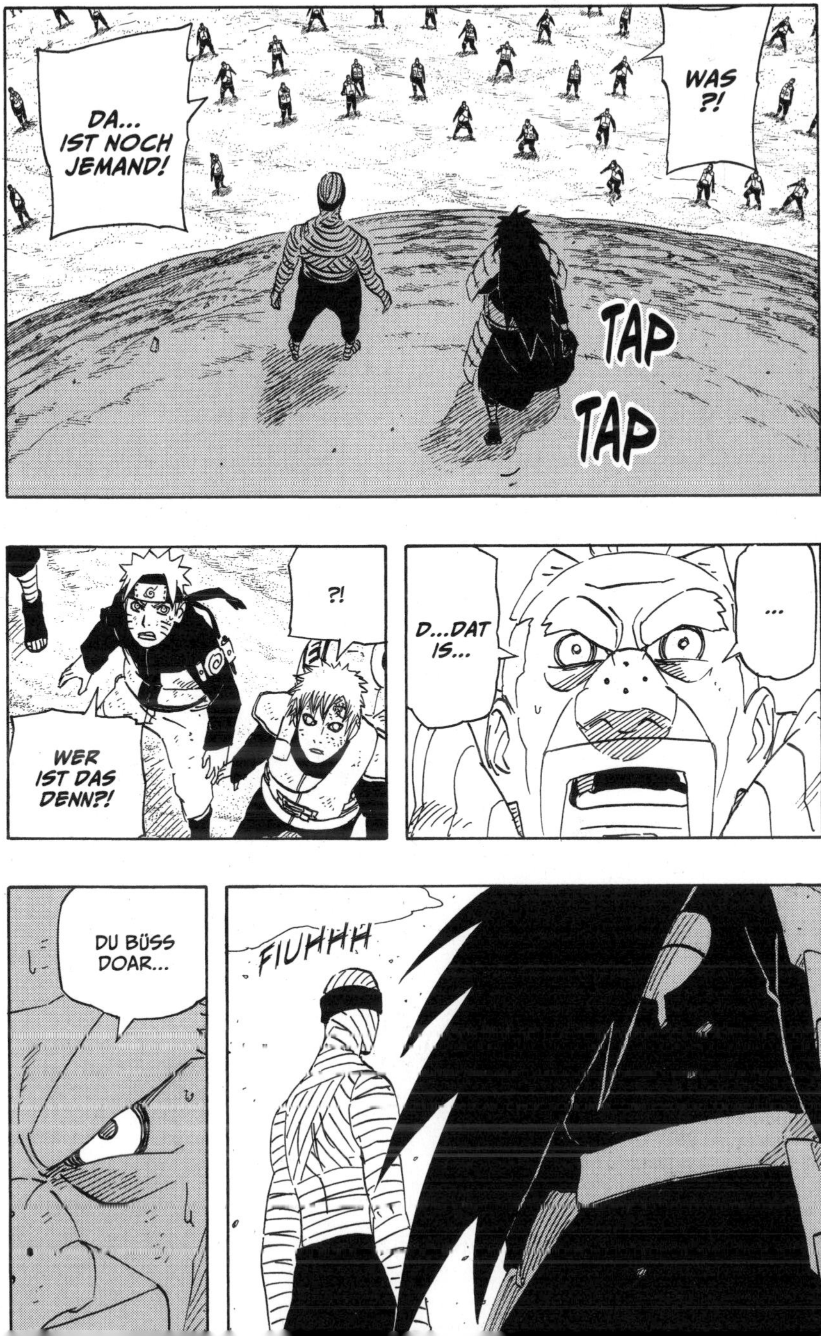
WAS ?!
DA... IST NOCH JEMAND!
TAP
TAP
...
D...DAT IS...
?!
WER IST DAS DENN?!
FIUHHH
DU BÜSS DOAR...

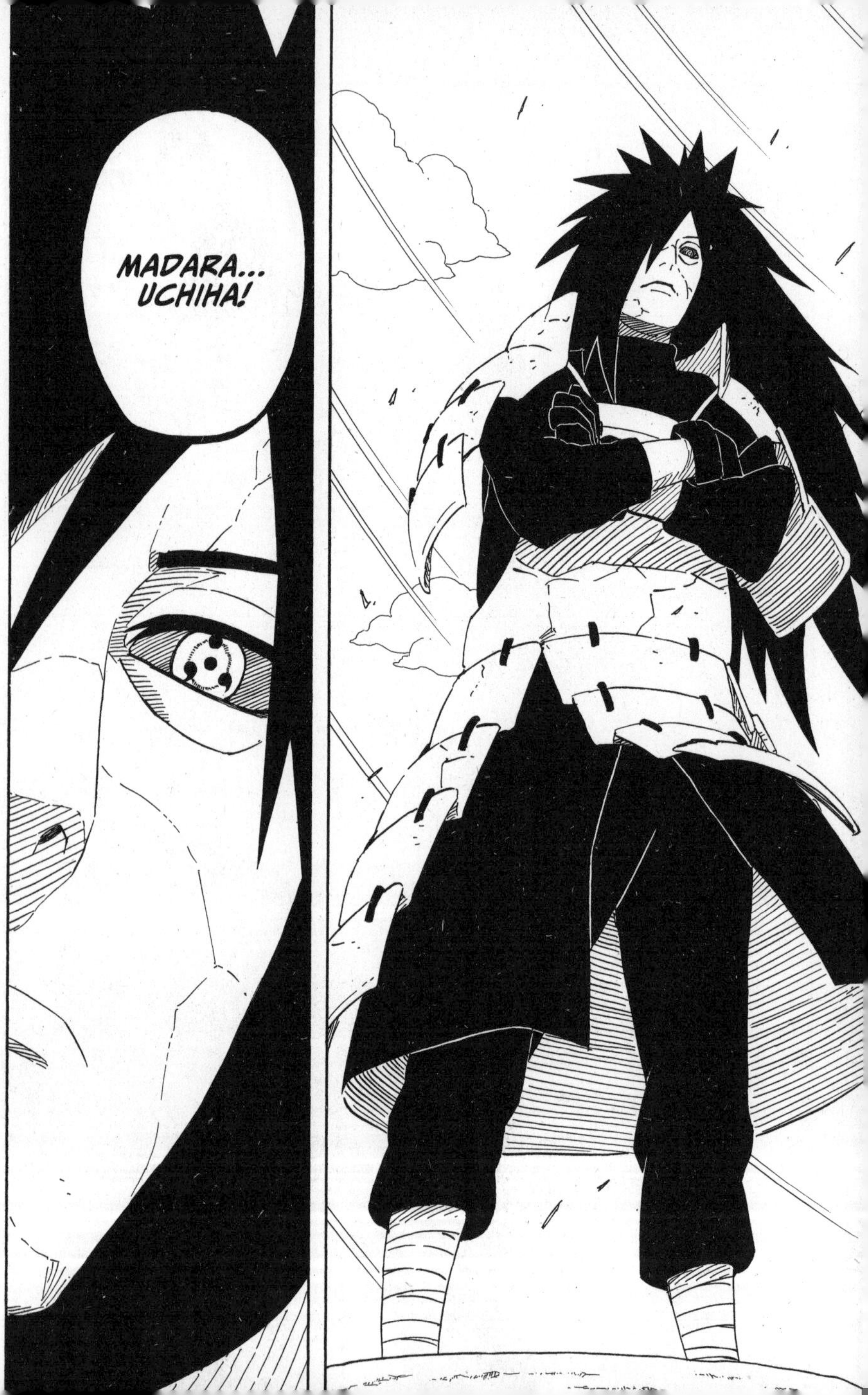
MADARA... UCHIHA!

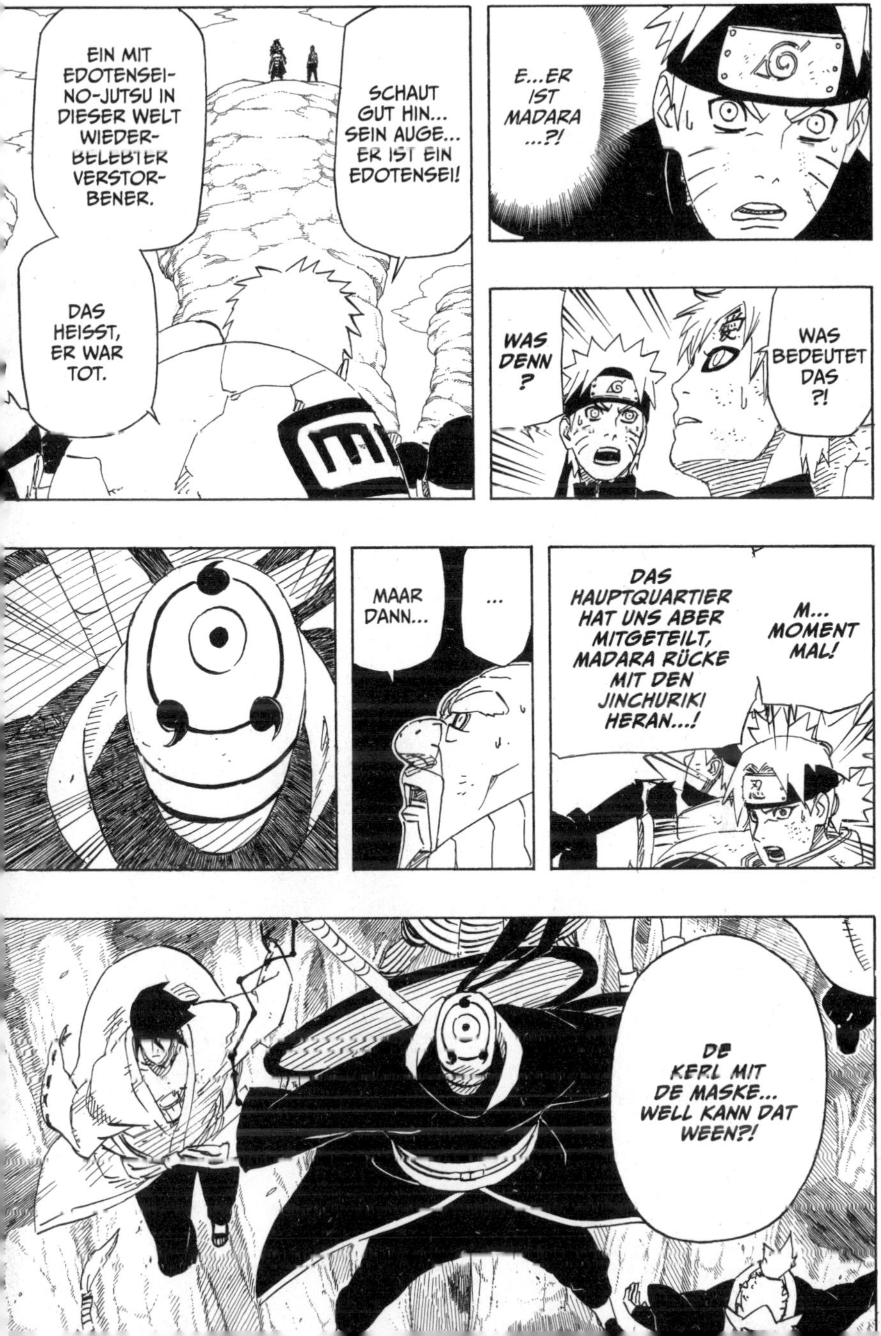
E...ER IST MADARA ...?!
WAS BEDEUTET DAS ?!
WAS DENN ?
SCHAUT GUT HIN... SEIN AUGE... ER IST EIN EDOTENSEI!
EIN MIT EDOTENSEI-NO-JUTSU IN DIESER WELT WIEDER-BELEBTER VERSTOR-BENER.
DAS HEISST, ER WAR TOT.
M... MOMENT MAL!
DAS HAUPTQUARTIER HAT UNS ABER MITGETEILT, MADARA RÜCKE MIT DEN JINCHURIKI HERAN...!
...
MAAR DANN...
DE KERL MIT DE MASKE... WELL KANN DAT WEEN?!

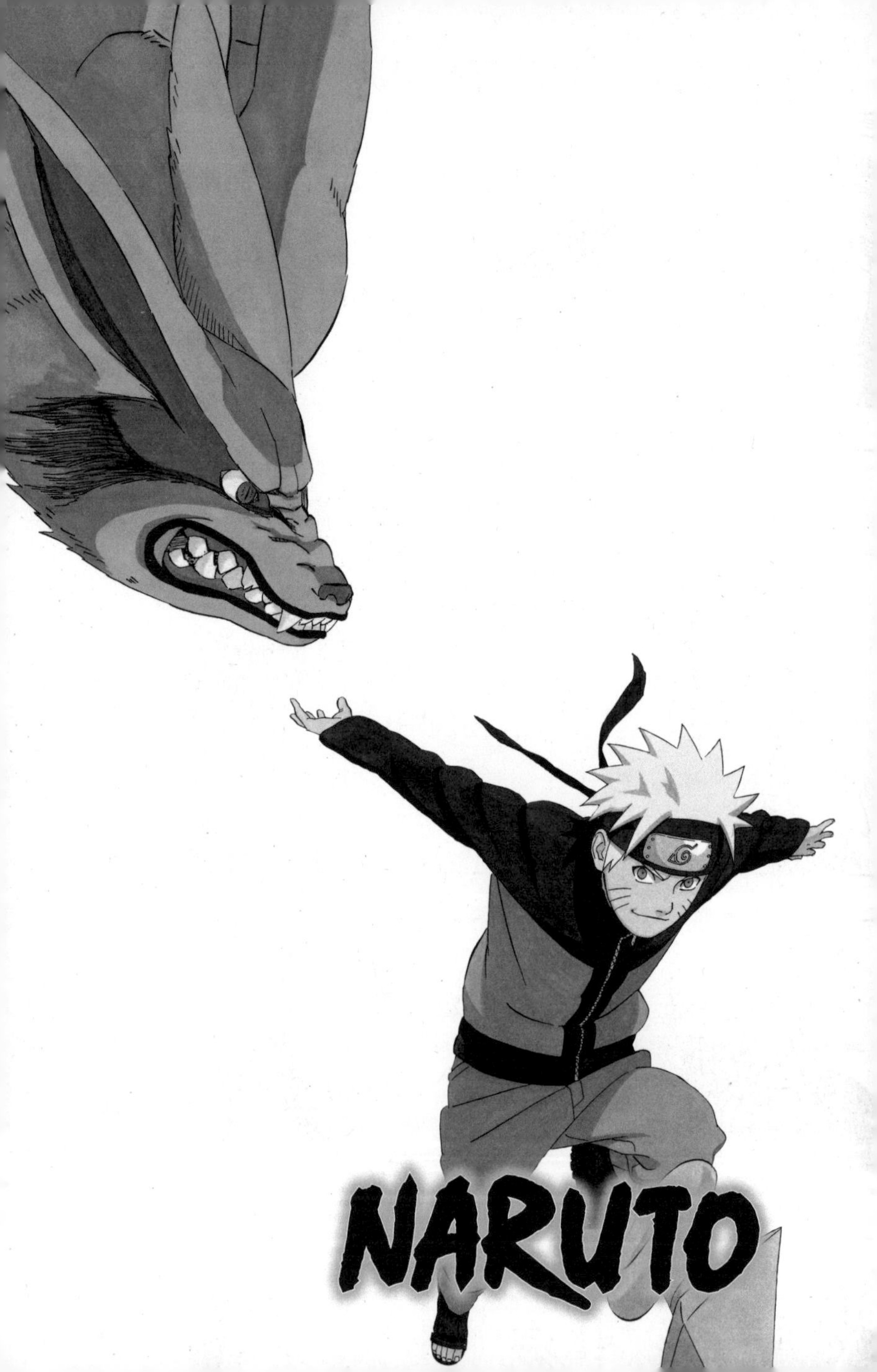
NARUTO

560. Kapitel: Madara Uchiha

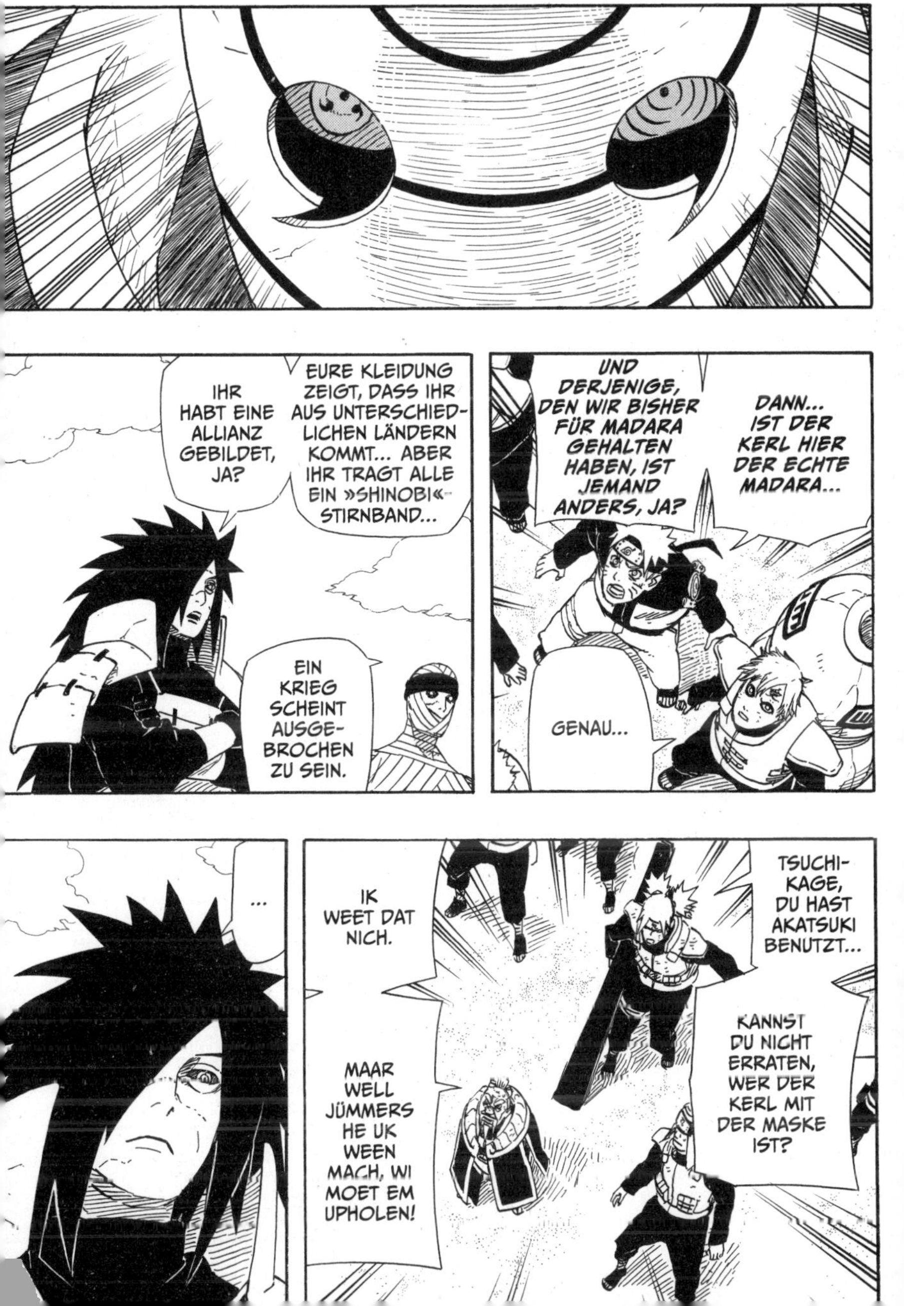

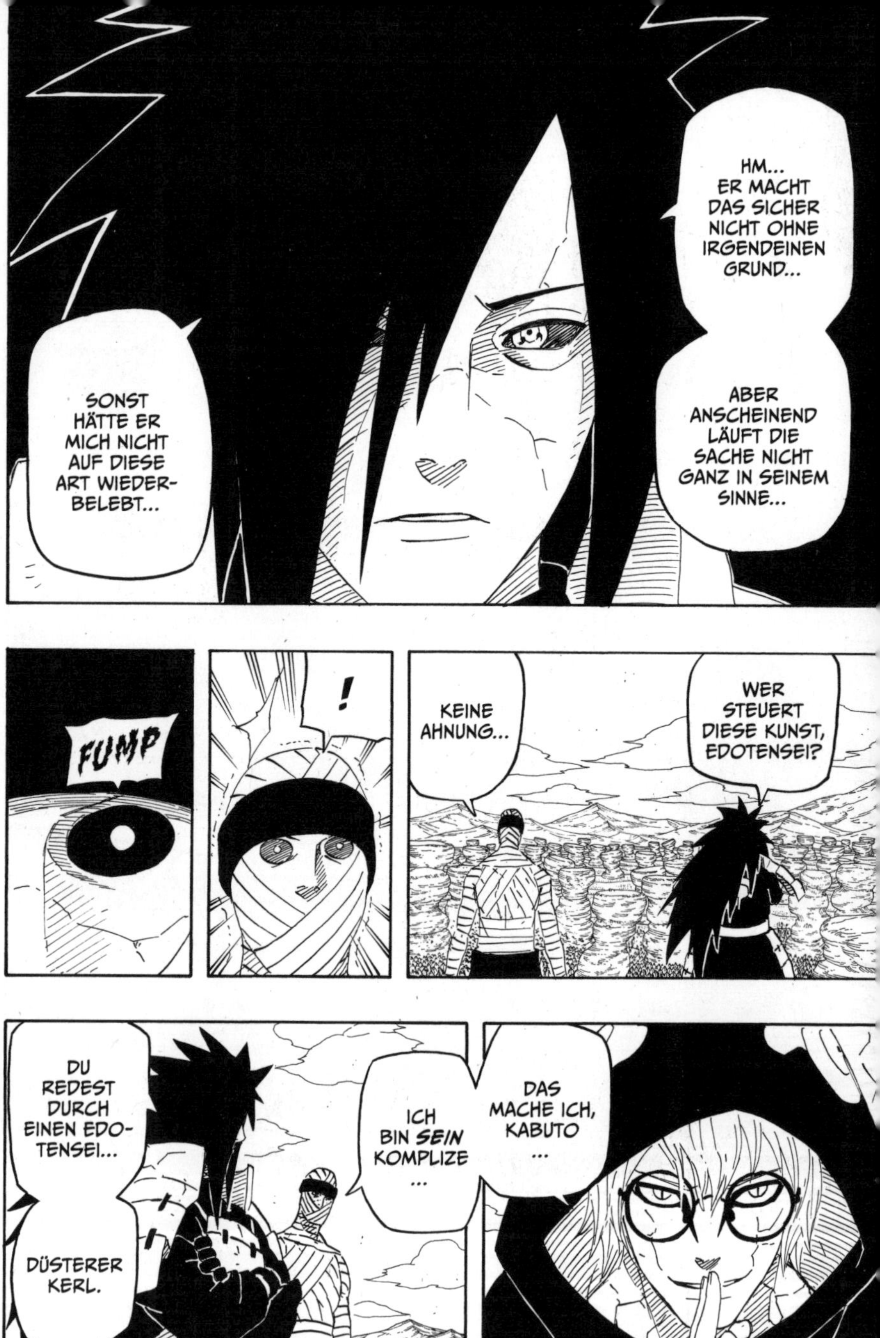
HM... ER MACHT DAS SICHER NICHT OHNE IRGENDEINEN GRUND...
ABER ANSCHEINEND LÄUFT DIE SACHE NICHT GANZ IN SEINEM SINNE...
SONST HÄTTE ER MICH NICHT AUF DIESE ART WIEDER-BELEBT...
WER STEUERT DIESE KUNST, EDOTENSEI?
KEINE AHNUNG...
!
FUMP
DAS MACHE ICH, KABUTO ...
ICH BIN *SEIN* KOMPLIZE ...
DU REDEST DURCH EINEN EDO-TENSEI...
DÜSTERER KERL.

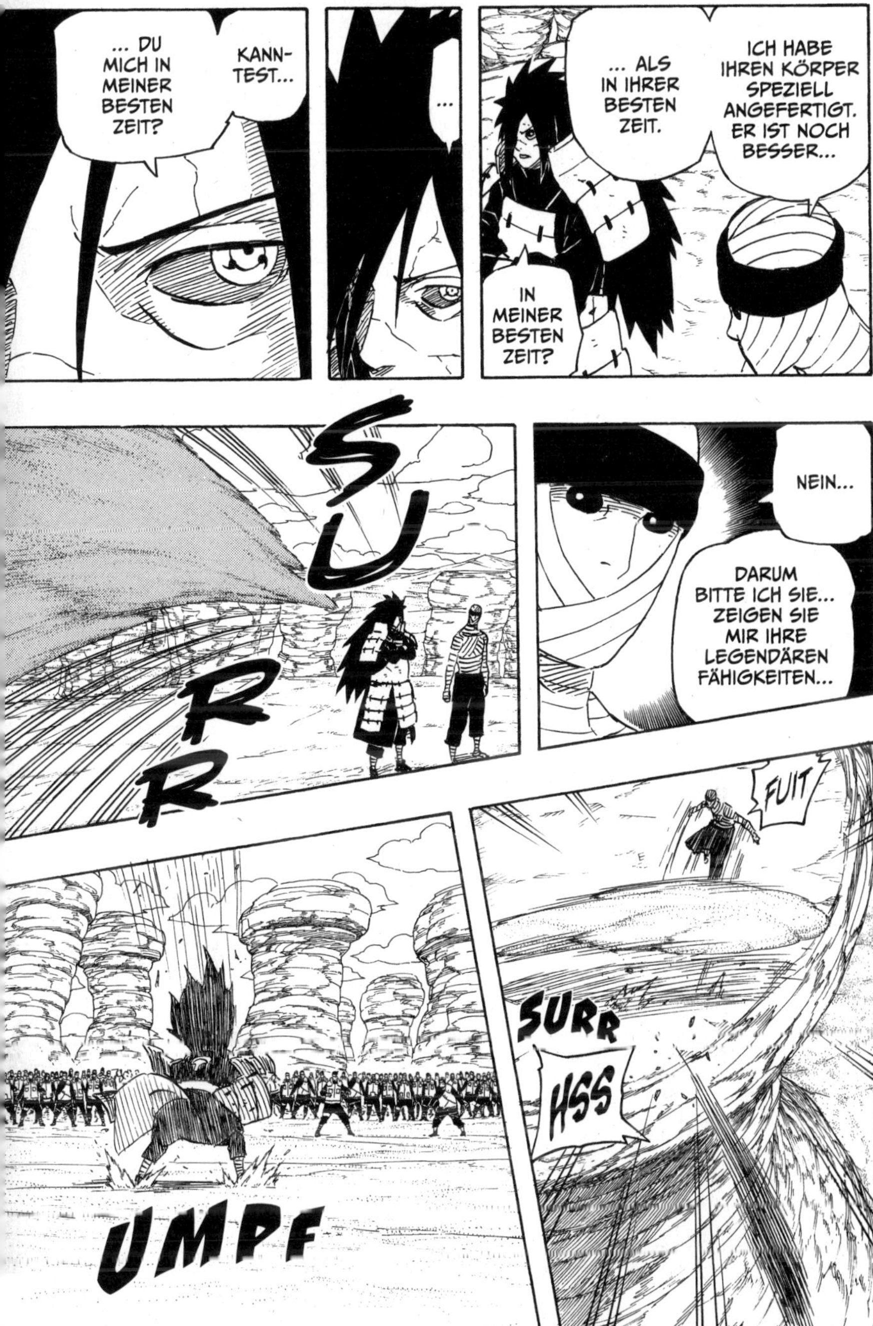
ICH HABE IHREN KÖRPER SPEZIELL ANGEFERTIGT. ER IST NOCH BESSER...
... ALS IN IHRER BESTEN ZEIT.
IN MEINER BESTEN ZEIT?
...
KANN-TEST...
... DU MICH IN MEINER BESTEN ZEIT?
NEIN...
DARUM BITTE ICH SIE... ZEIGEN SIE MIR IHRE LEGENDÄREN FÄHIGKEITEN...
SURR
FUIT
SURR
HSS
UMPF

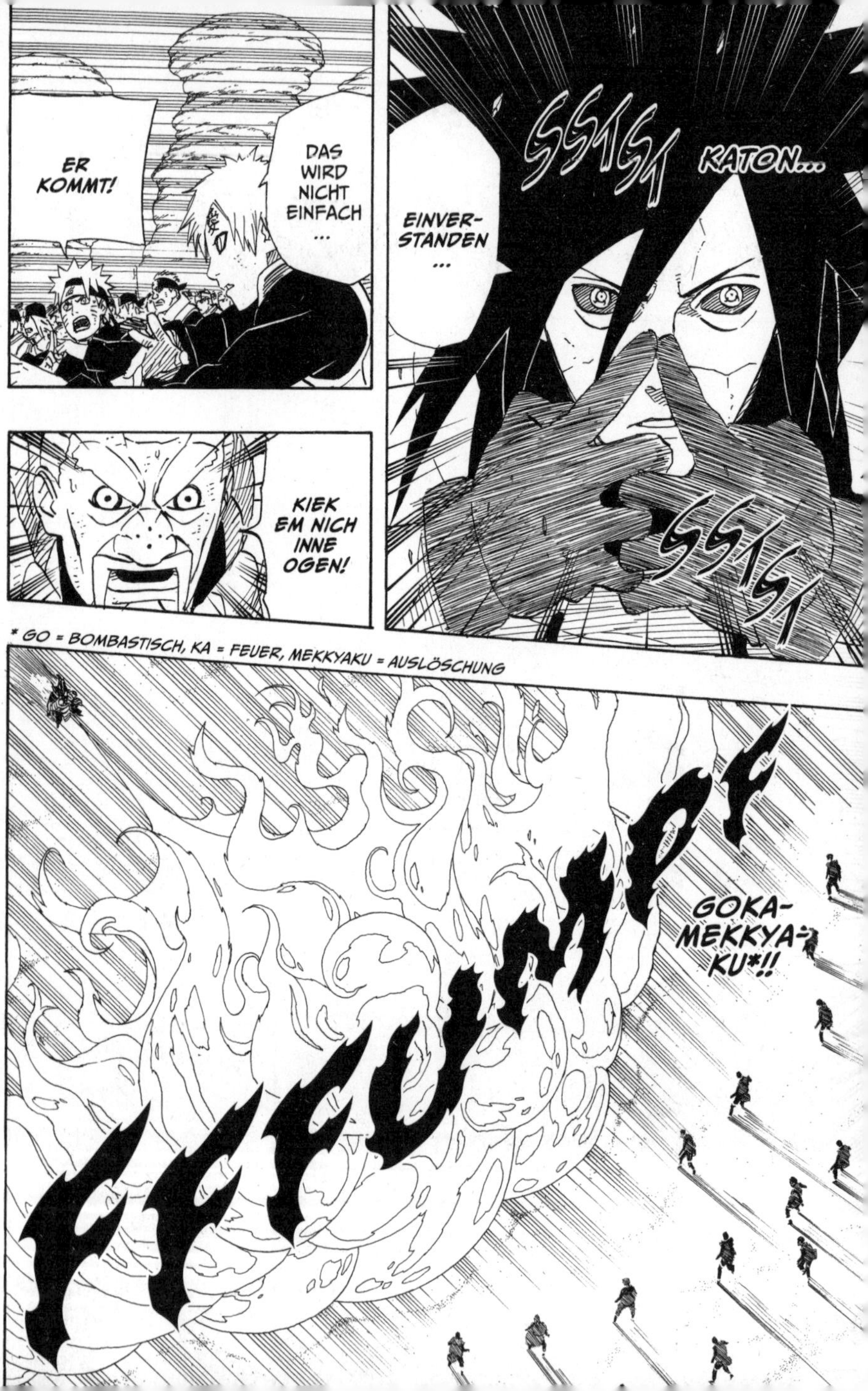
KATON...
EINVER-STANDEN ...
DAS WIRD NICHT EINFACH ...
ER KOMMT!
KIEK EM NICH INNE OGEN!
* GO = BOMBASTISCH, KA = FEUER, MEKKYAKU = AUSLÖSCHUNG
GOKA-MEKKYA-KU*!!

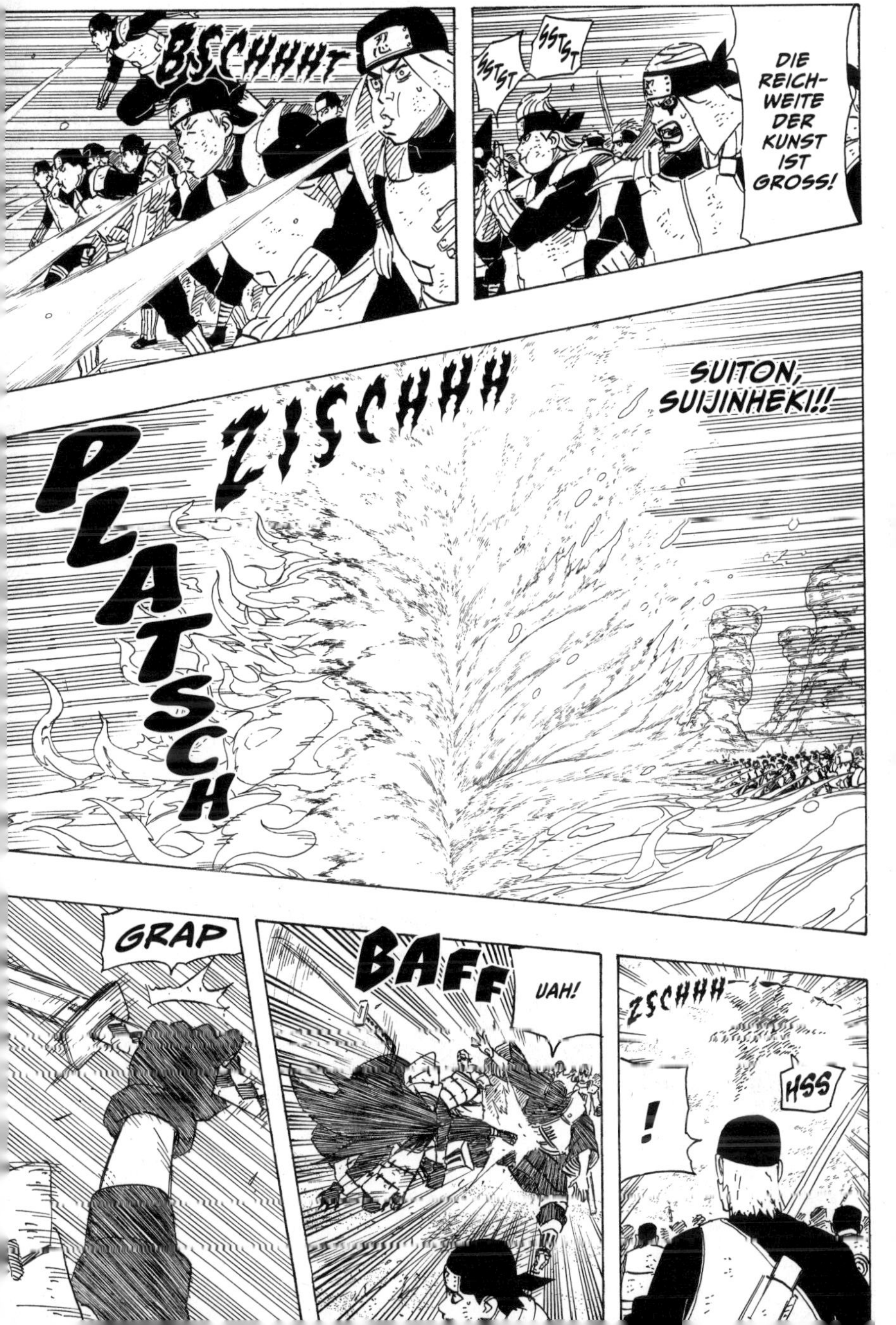
DIE REICHWEITE DER KUNST IST GROSS!
SSTST
SSTST
BSCHHHT
SUITON, SUIJINHEKI!!
ZISCHHH
PLATSCH
UAH!
BAFF
GRAP
ZSCHHH
HSS
!

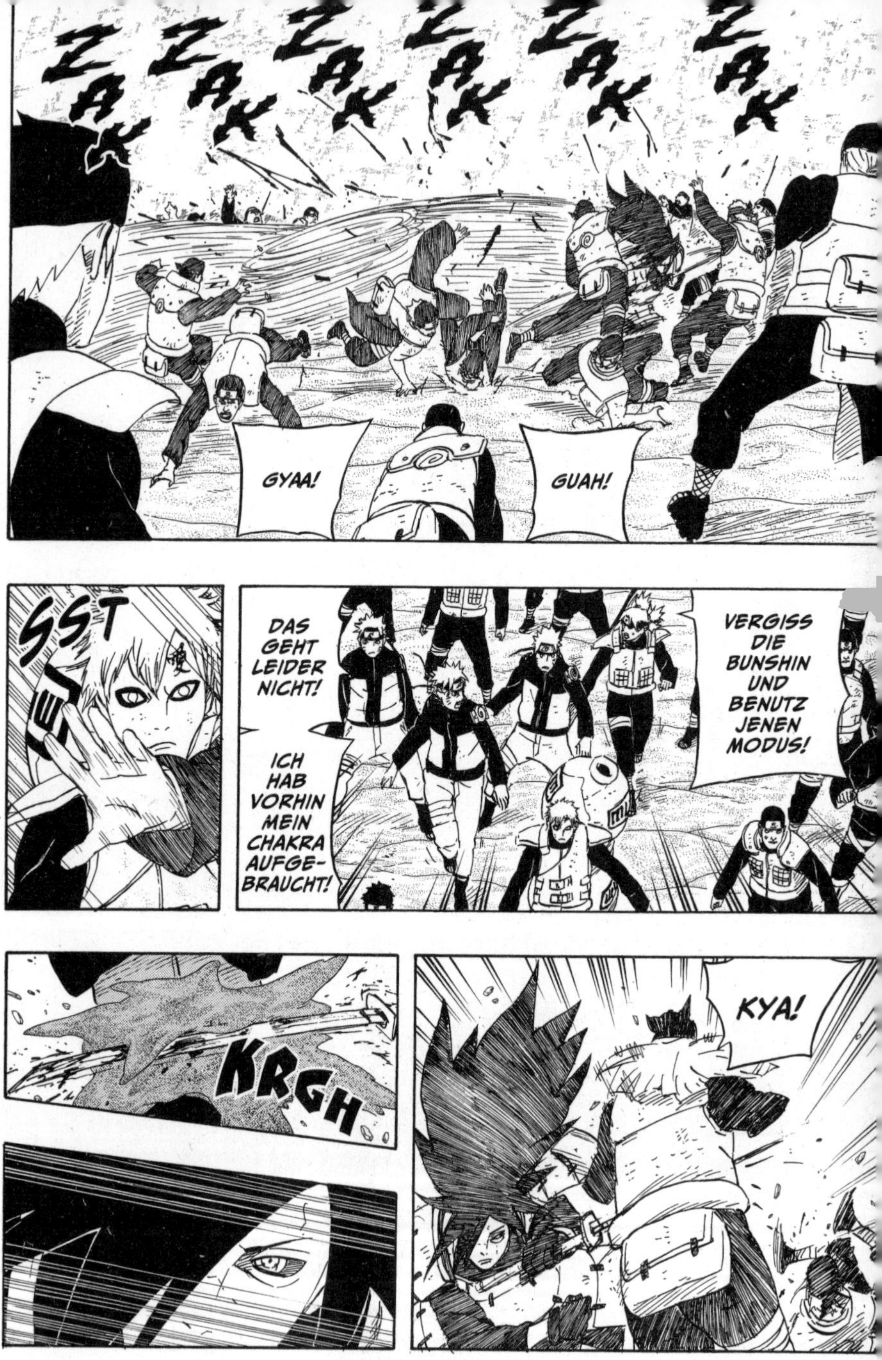
ZAK ZAK ZAK ZAK ZAK ZAK
GYAA!
GUAH!
SST
VERGISS DIE BUNSHIN UND BENUTZ JENEN MODUS!
DAS GEHT LEIDER NICHT!
ICH HAB VORHIN MEIN CHAKRA AUFGE-BRAUCHT!
KYA!
KRGH

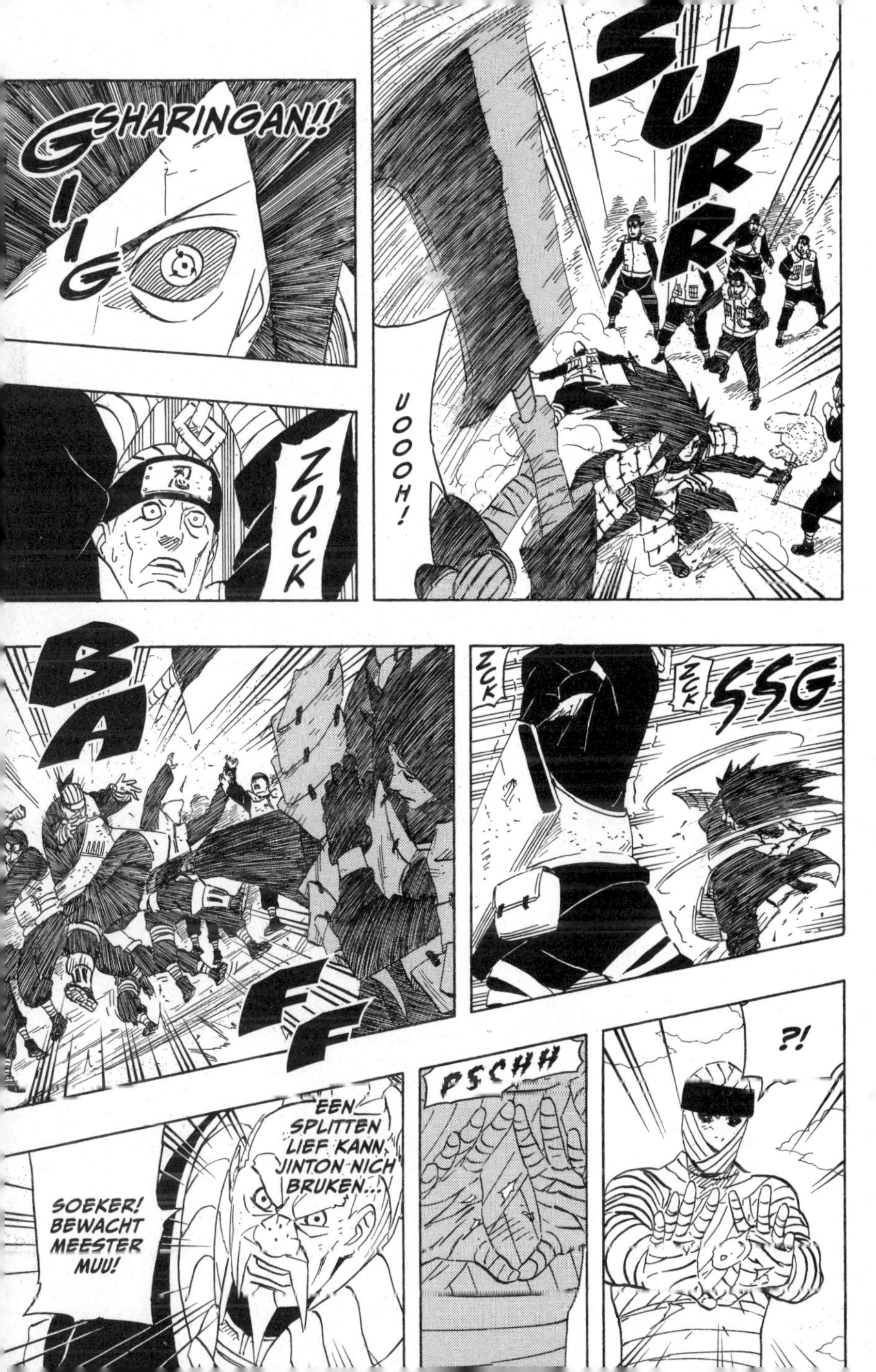

SURR
UOOOOH!
GIIG
SHARINGAN!!
ZUCK
SSG
ZCK
ZCK
BA
FF
?!
PSCHH
EEN SPLITTEN LIEF KANN JINTON NICH BRUKEN...
SOEKER! BEWACHT MEESTER MUU!

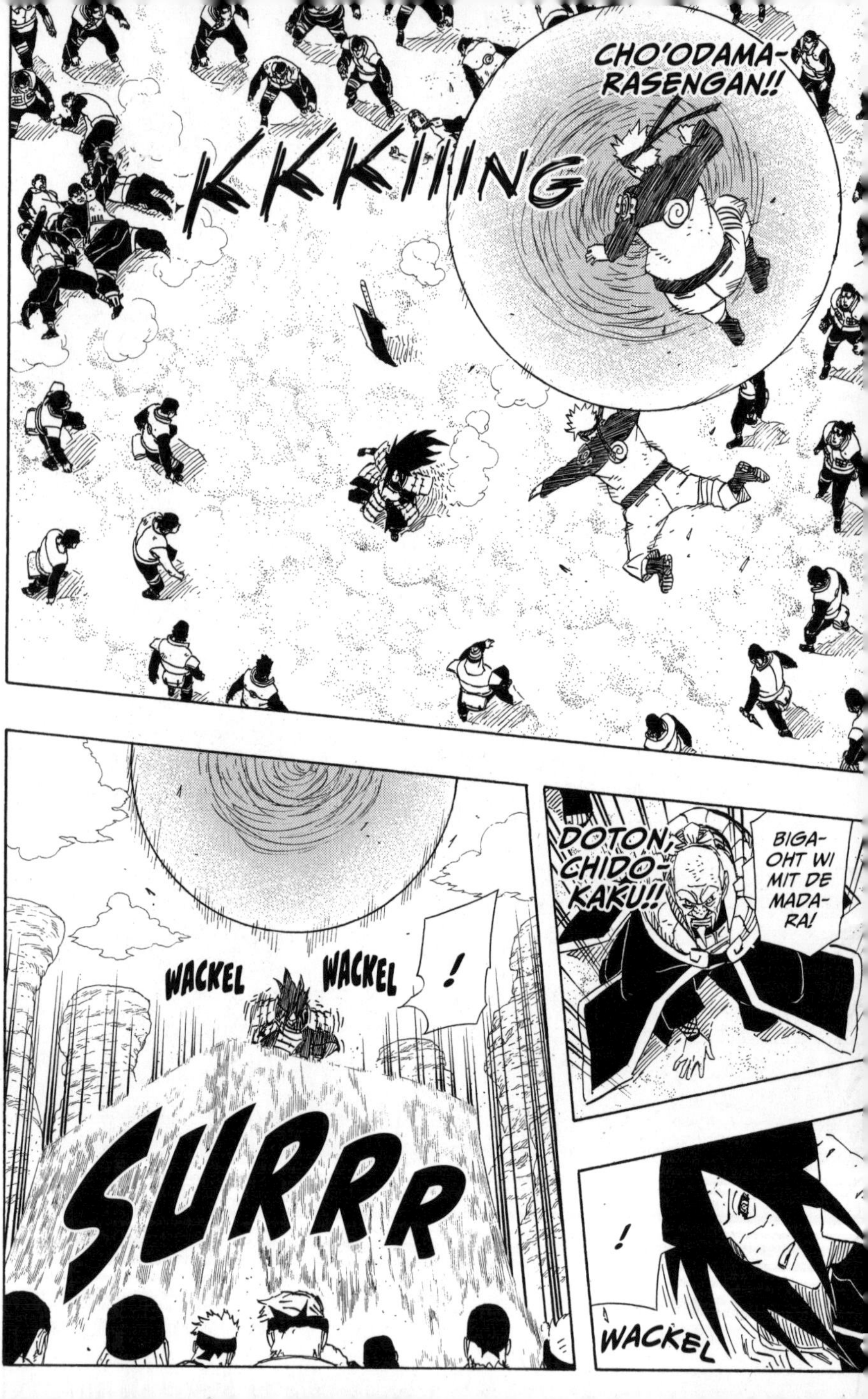
CHO'ODAMA-
RASENGAN!!
KKKIIING
BIGA-
OHT WI
MIT DE
MADA-
RA!
DOTON,
CHIDO-
KAKU!!
WACKEL
WACKEL
!
SURRR
!
WACKEL

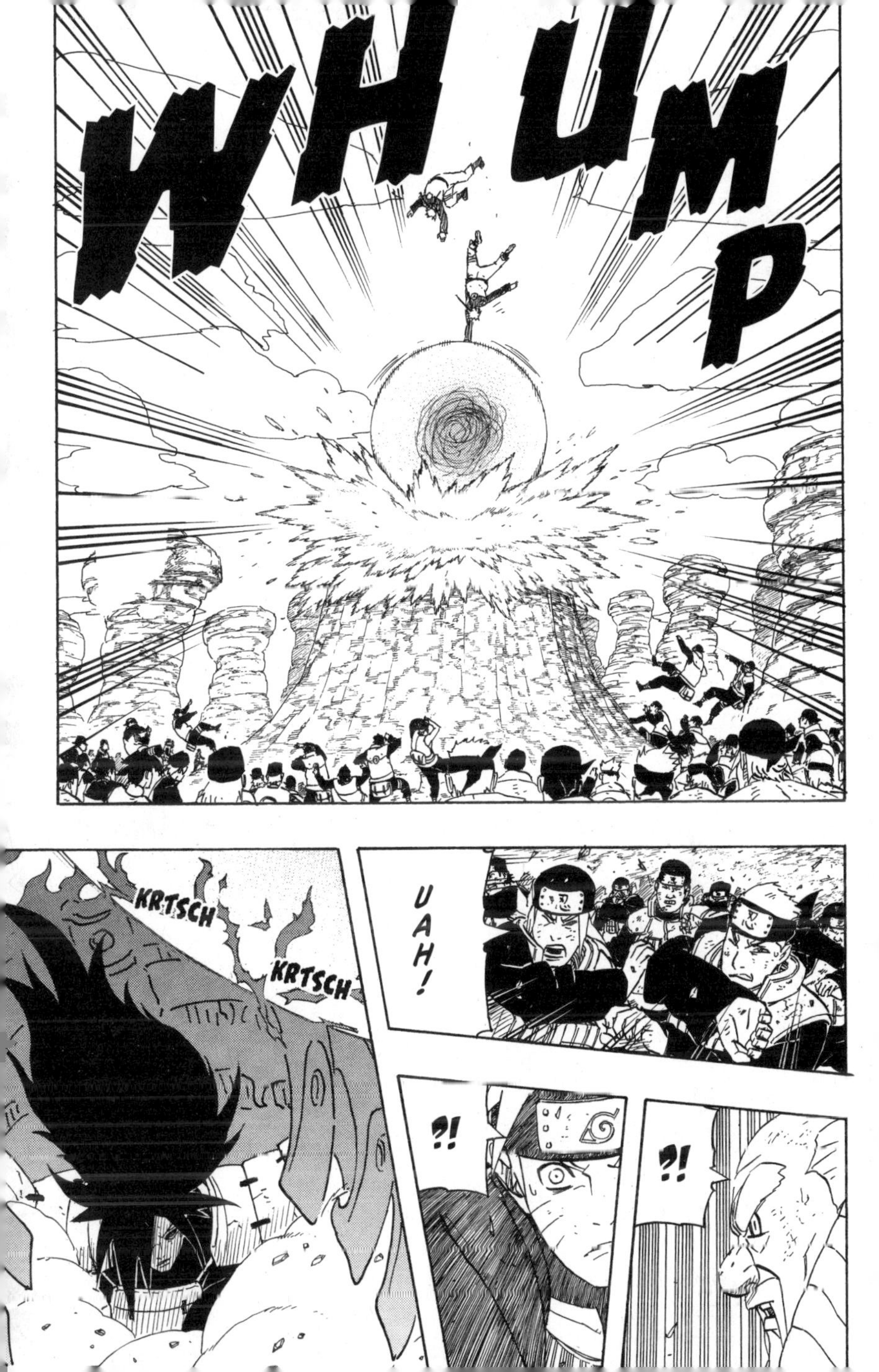
WHUMP
KRTSCH
KRTSCH
UAH!
?!
?!

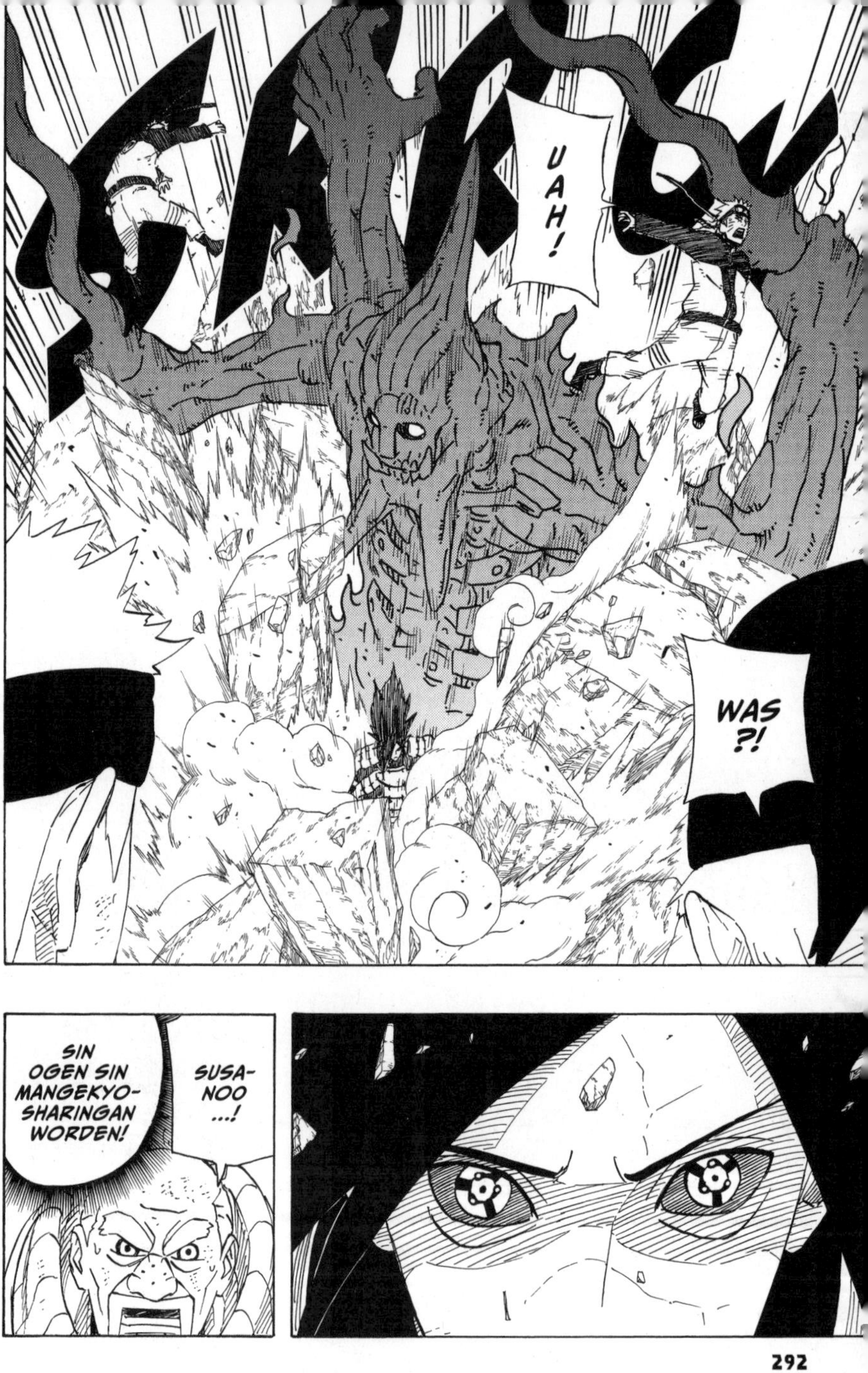
UAH!
WAS ?!
SUSA-NOO ...!
SIN OGEN SIN MANGEKYO-SHARINGAN WORDEN!

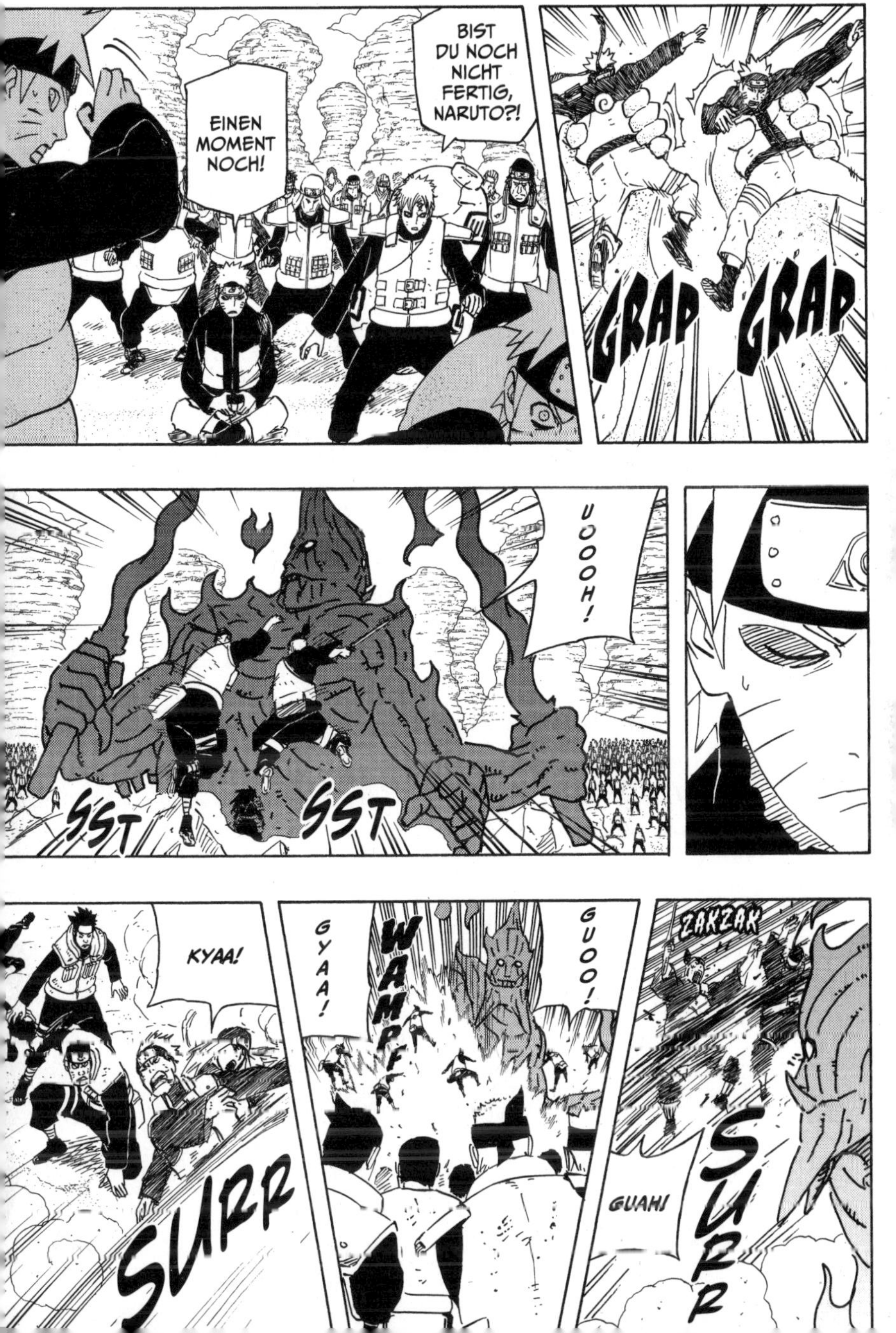

BIST DU NOCH NICHT FERTIG, NARUTO?!
EINEN MOMENT NOCH!
GRAP
GRAP
UOOOH!
SST
SST
ZAKZAK
SURR
GUAH!
GUOO!
GYAA!
WAMPF
KYAA!
SURR

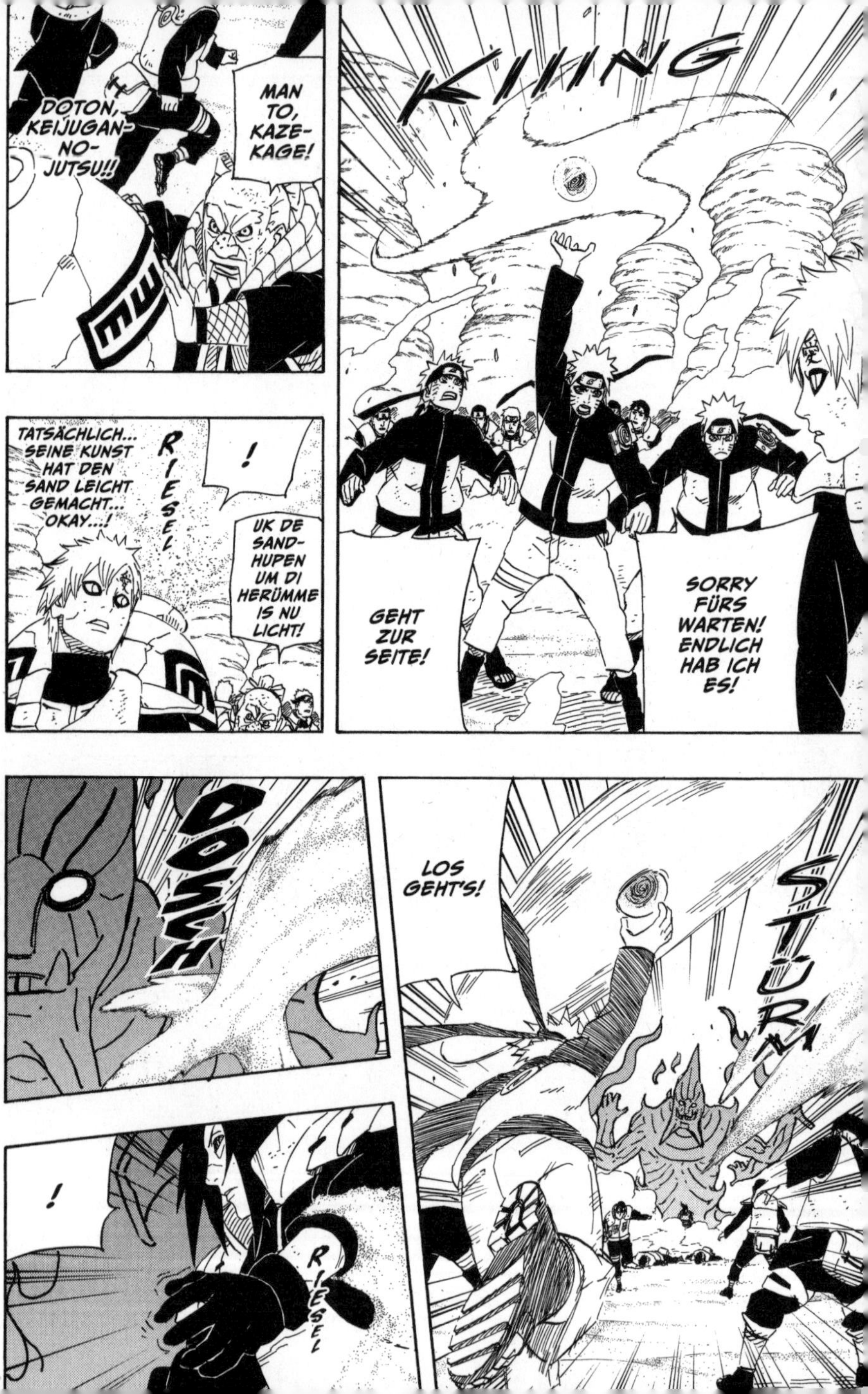
KIIING
MAN TO, KAZE-KAGE!
DOTON, KEIJUGAN-NO-JUTSU!!
SORRY FÜRS WARTEN! ENDLICH HAB ICH ES!
GEHT ZUR SEITE!
!
RIESEL
TATSÄCHLICH... SEINE KUNST HAT DEN SAND LEICHT GEMACHT... OKAY...!
UK DE SANDHUPEN UM DI HERÜMME IS NU LICHT!
STURM
LOS GEHT'S!
DOSCH
!
RIESEL

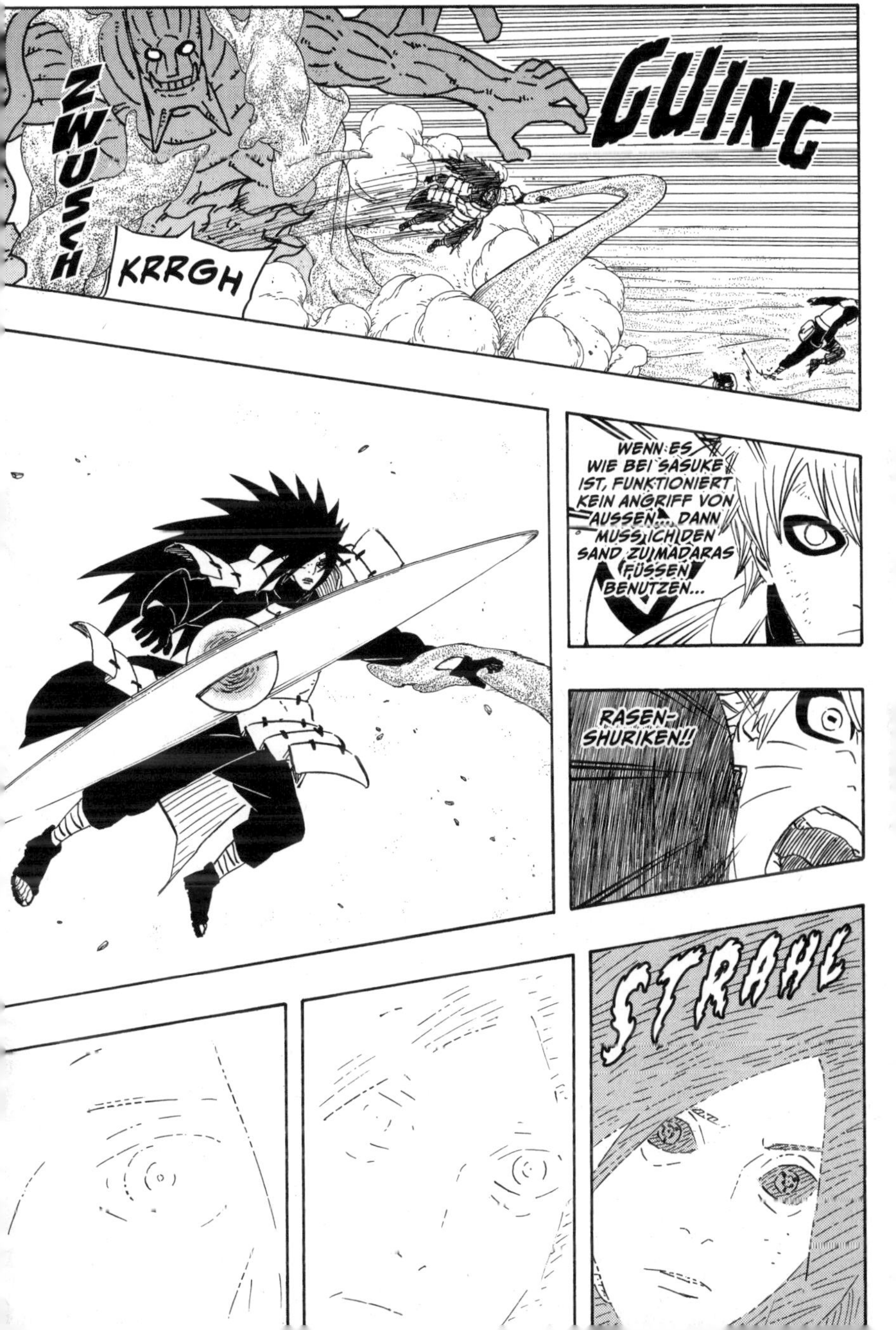

GUING
ZWUSCH
KRRGH
WENN ES WIE BEI SASUKE IST, FUNKTIONIERT KEIN ANGRIFF VON AUSSEN... DANN MUSS ICH DEN SAND ZU MADARAS FÜSSEN BENUTZEN...
RASEN-SHURIKEN!!
STRAHL

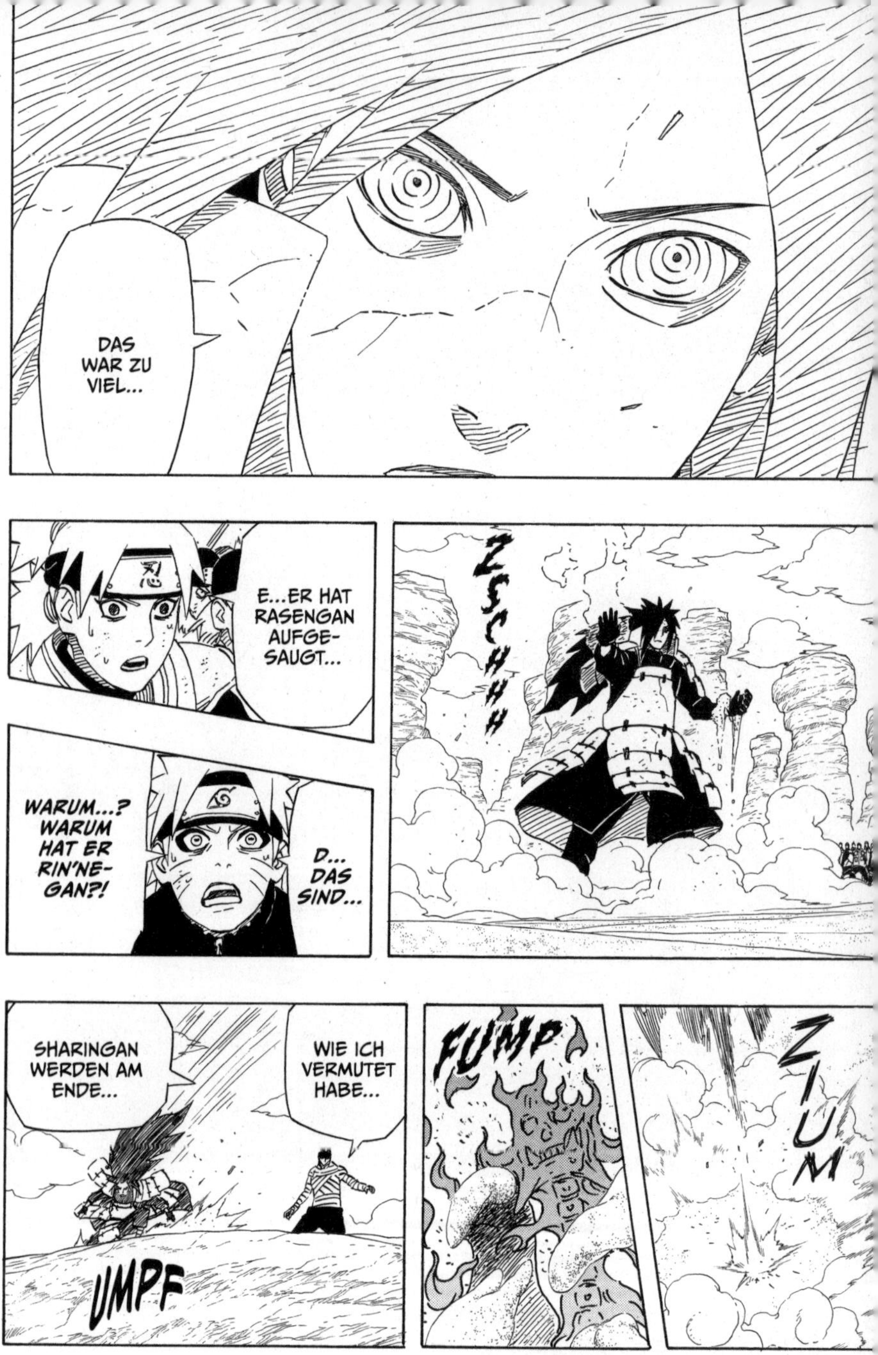
DAS WAR ZU VIEL...
ZSCHHH
E...ER HAT RASENGAN AUFGE-SAUGT...
D... DAS SIND...
WARUM...? WARUM HAT ER RIN'NE-GAN?!
ZIUM
FUMP
WIE ICH VERMUTET HABE...
SHARINGAN WERDEN AM ENDE...
UMPF

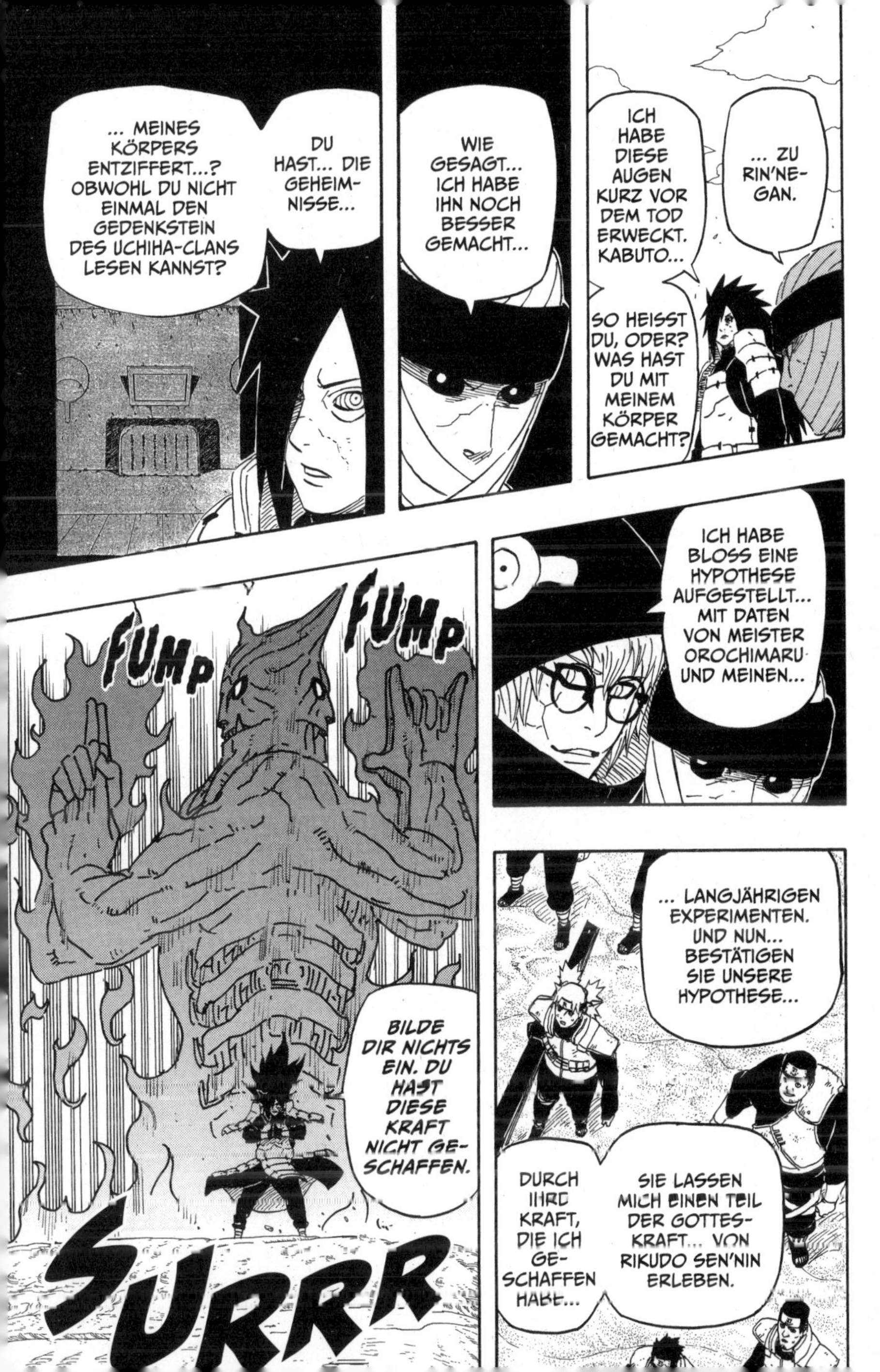
... ZU RIN'NE-GAN.
ICH HABE DIESE AUGEN KURZ VOR DEM TOD ERWECKT. KABUTO...
SO HEISST DU, ODER? WAS HAST DU MIT MEINEM KÖRPER GEMACHT?
WIE GESAGT... ICH HABE IHN NOCH BESSER GEMACHT...
DU HAST... DIE GEHEIMNISSE...
... MEINES KÖRPERS ENTZIFFERT...? OBWOHL DU NICHT EINMAL DEN GEDENKSTEIN DES UCHIHA-CLANS LESEN KANNST?
ICH HABE BLOSS EINE HYPOTHESE AUFGESTELLT... MIT DATEN VON MEISTER OROCHIMARU UND MEINEN...
... LANGJÄHRIGEN EXPERIMENTEN. UND NUN... BESTÄTIGEN SIE UNSERE HYPOTHESE...
SIE LASSEN MICH EINEN TEIL DER GOTTES-KRAFT... VON RIKUDO SEN'NIN ERLEBEN.
DURCH IHRE KRAFT, DIE ICH GE-SCHAFFEN HABE...
FUMP
FUMP
BILDE DIR NICHTS EIN. DU HAST DIESE KRAFT NICHT GE-SCHAFFEN.
SURRR

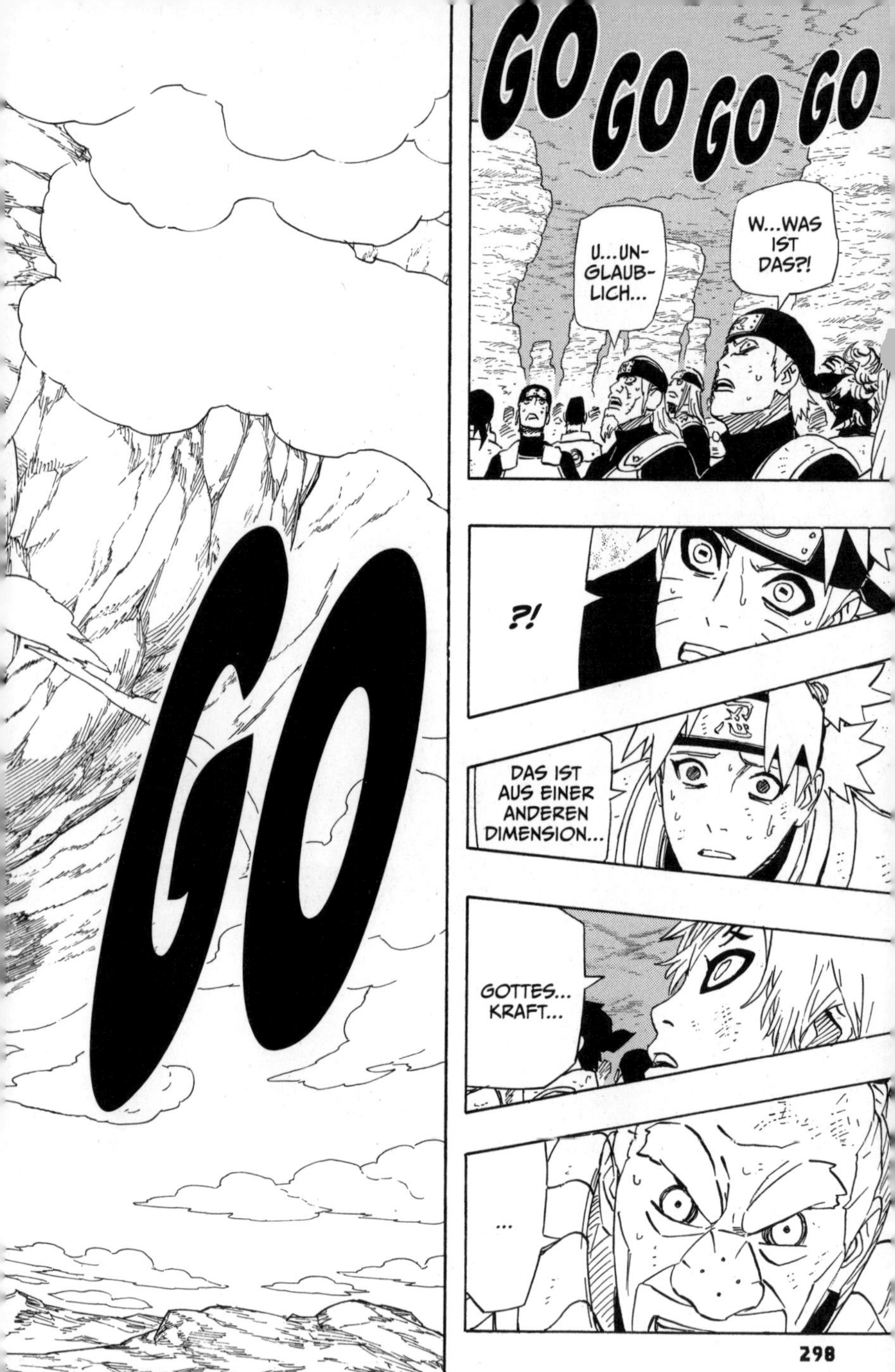
GO GO GO GO GO
W...WAS IST DAS?!
U...UN-GLAUB-LICH...
?!
DAS IST AUS EINER ANDEREN DIMENSION...
GOTTES... KRAFT...
...
GO

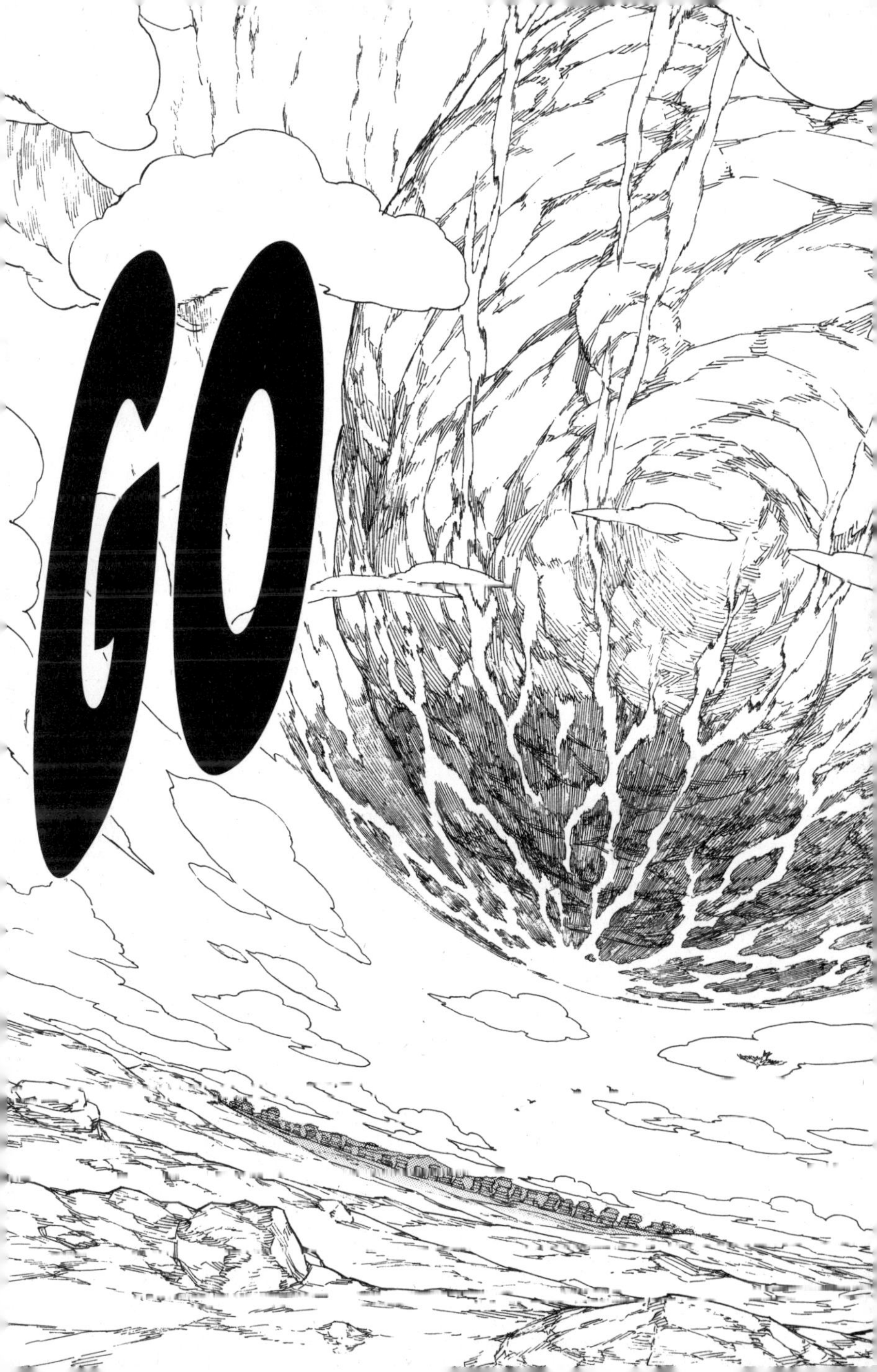
GO

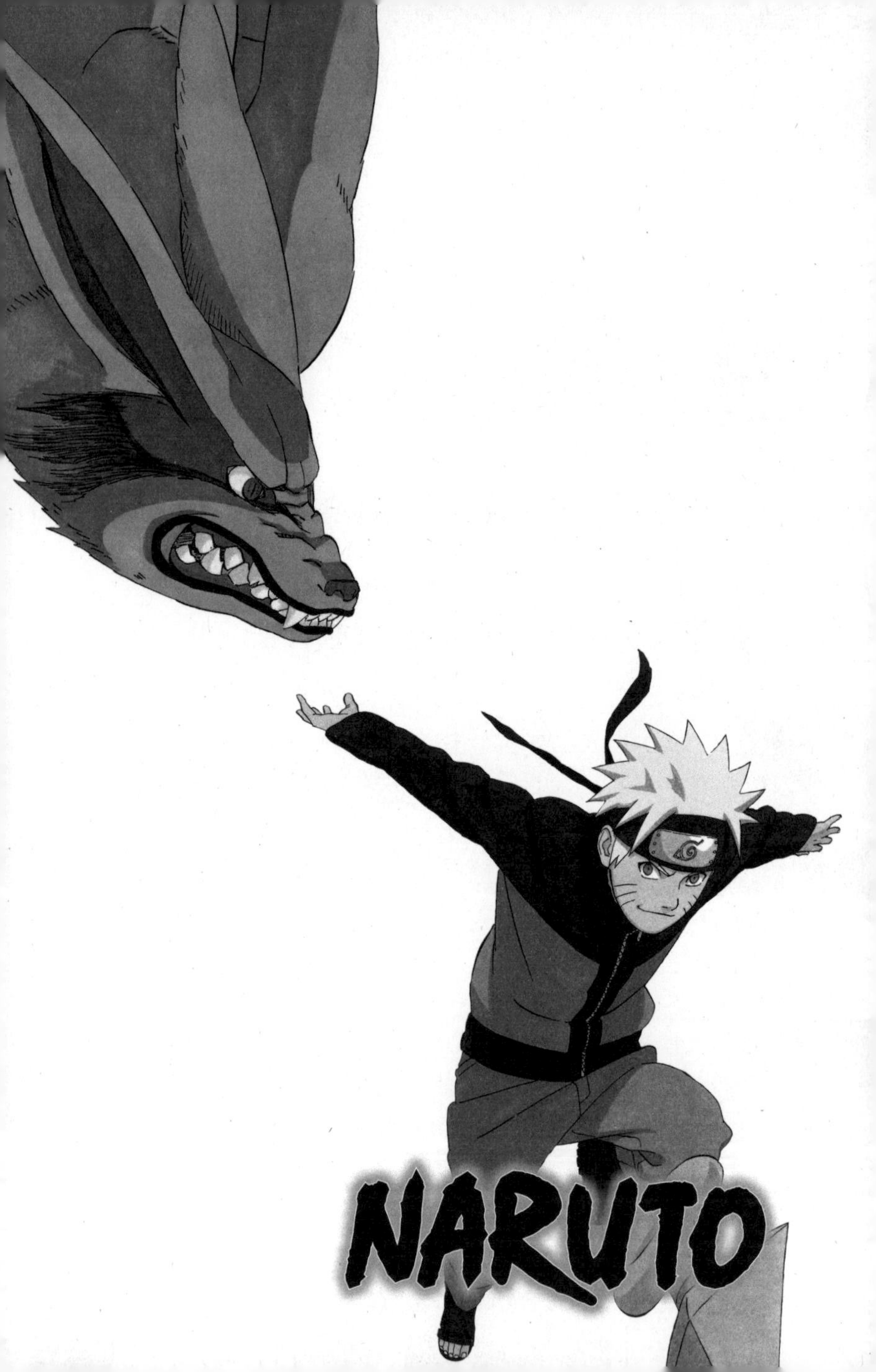
NARUTO

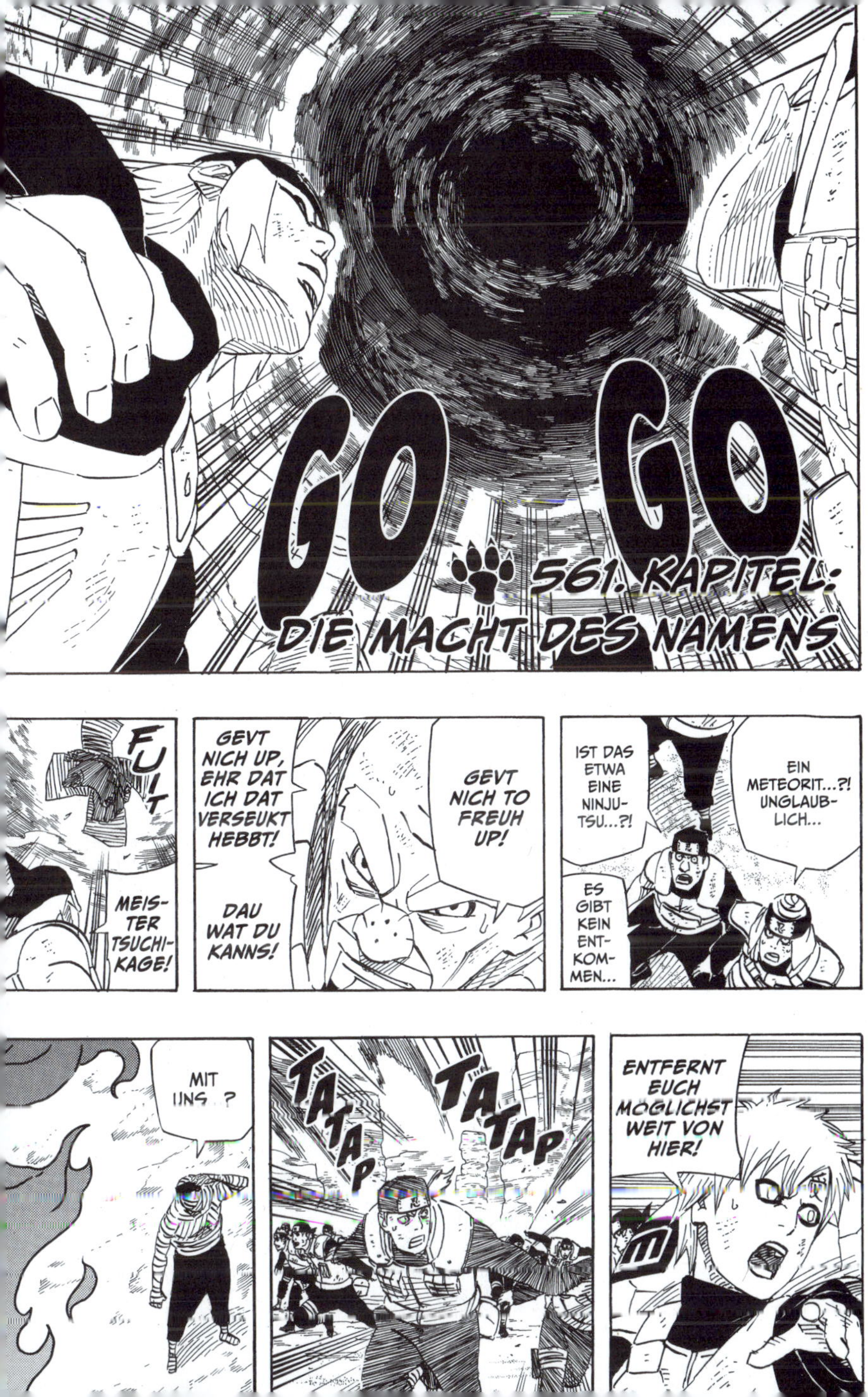
GO GO
561. KAPITEL:
DIE MACHT DES NAMENS
EIN METEORIT...?! UNGLAUB-LICH...
IST DAS ETWA EINE NINJU-TSU...?!
ES GIBT KEIN ENT-KOM-MEN...
GEVT NICH TO FREUH UP!
GEVT NICH UP, EHR DAT ICH DAT VERSEUKT HEBBT!
DAU WAT DU KANNS!
FUIT
MEIS-TER TSUCHI-KAGE!
ENTFERNT EUCH MÖGLICHST WEIT VON HIER!
TATAP
TATAP
MIT UNS...?

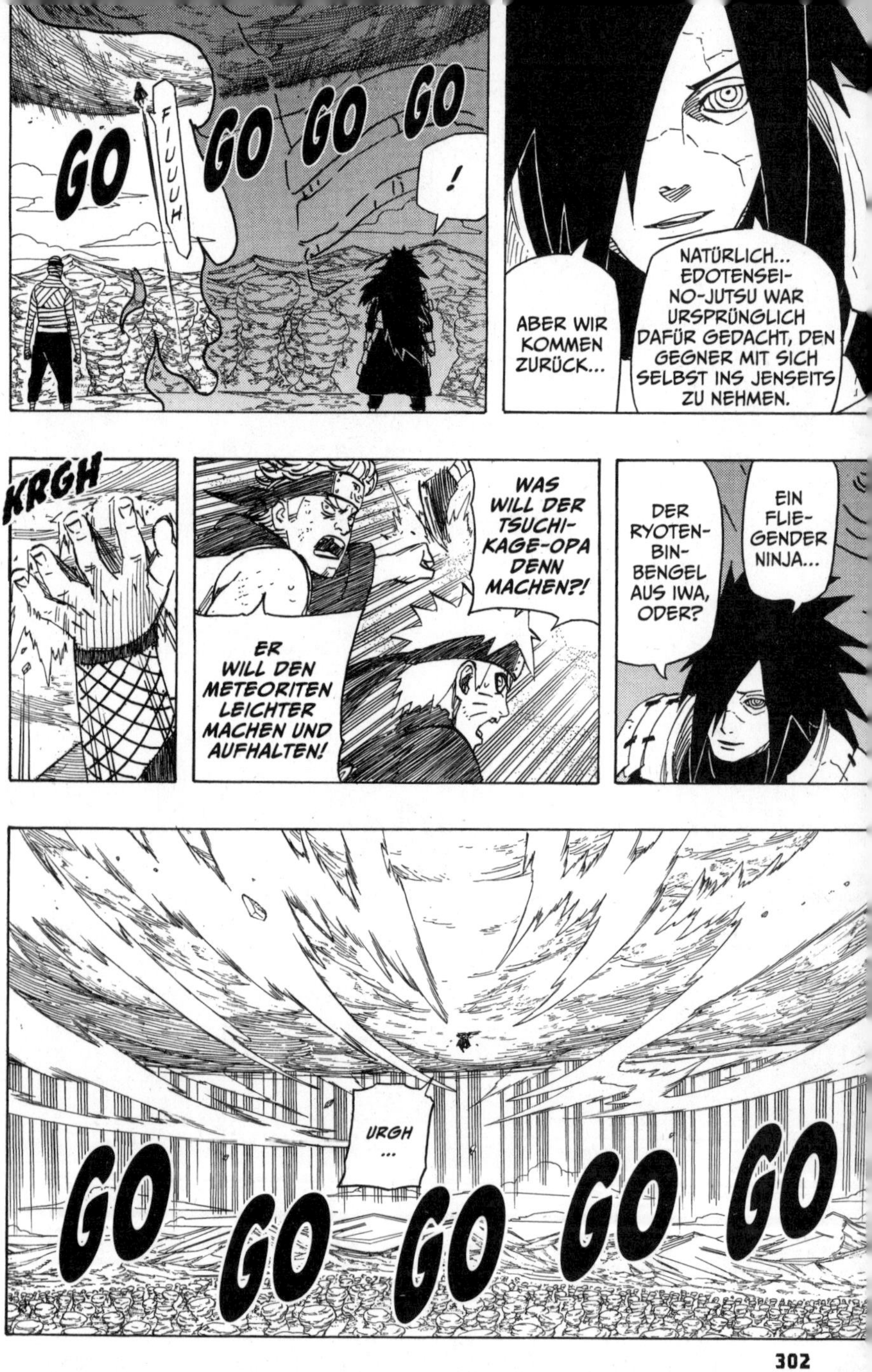

NATÜRLICH... EDOTENSEI-NO-JUTSU WAR URSPRÜNGLICH DAFÜR GEDACHT, DEN GEGNER MIT SICH SELBST INS JENSEITS ZU NEHMEN.
ABER WIR KOMMEN ZURÜCK...
!
GO GO GO GO
FIUUUH
GO
EIN FLIE-GENDER NINJA...
DER RYOTEN-BIN-BENGEL AUS IWA, ODER?
WAS WILL DER TSUCHI-KAGE-OPA DENN MACHEN?!
ER WILL DEN METEORITEN LEICHTER MACHEN UND AUFHALTEN!
KRGH
URGH ...
GO GO GO GO GO GO

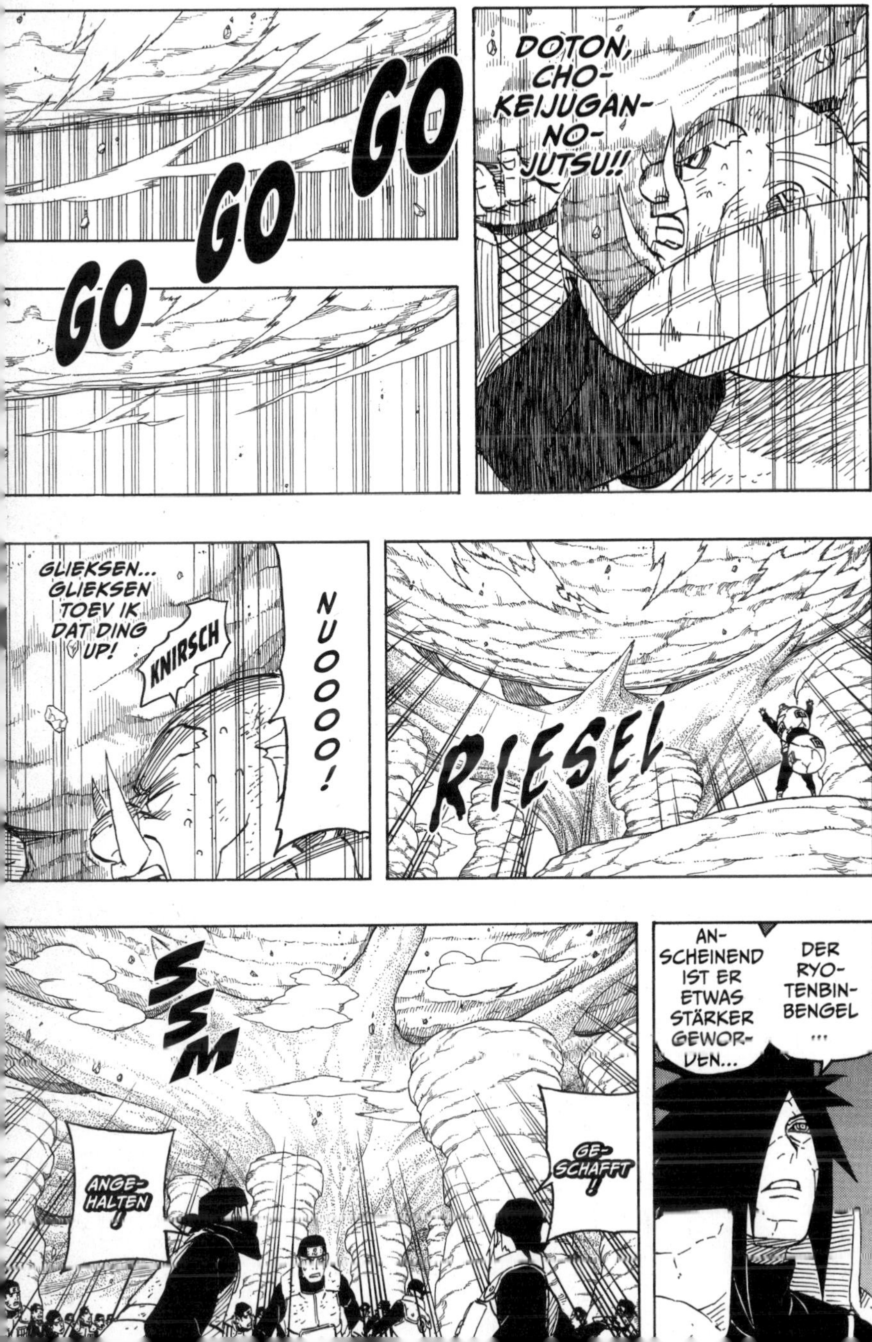
DOTON, CHO-KEIJUGAN-NO-JUTSU!!
GO
GO
GO
RIESEL
NUOOOOO!
KNIRSCH
GLIEKSEN... GLIEKSEN TOEV IK DAT DING UP!
DER RYO-TENBIN-BENGEL ...
AN-SCHEINEND IST ER ETWAS STÄRKER GEWOR-DEN...
SSM
GE-SCHAFFT!
ANGE-HALTEN!

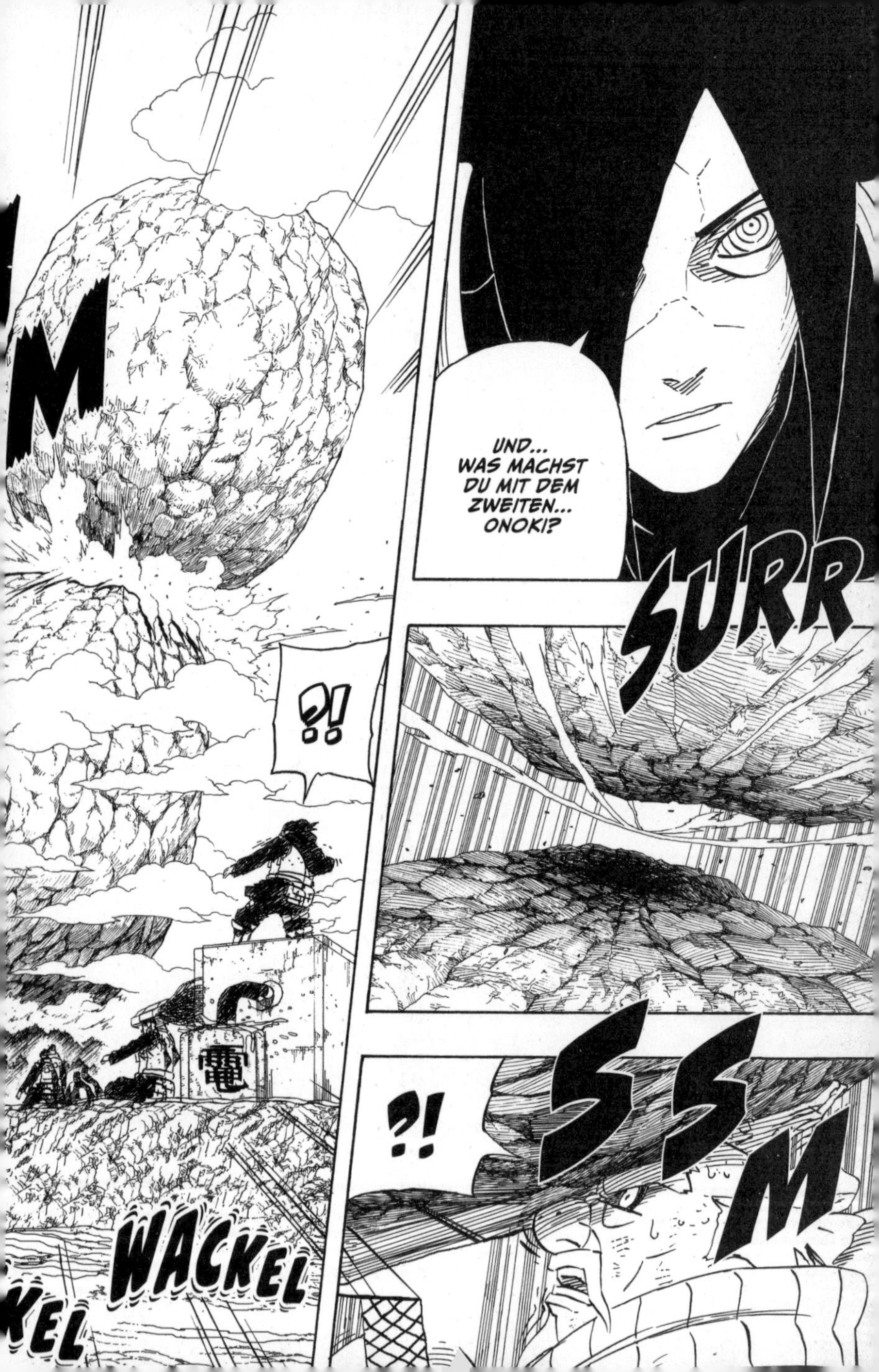
UND...
WAS MACHST
DU MIT DEM
ZWEITEN...
ONOKI?
SURR
SSM
?!
M
?!
WACKEL
KEL

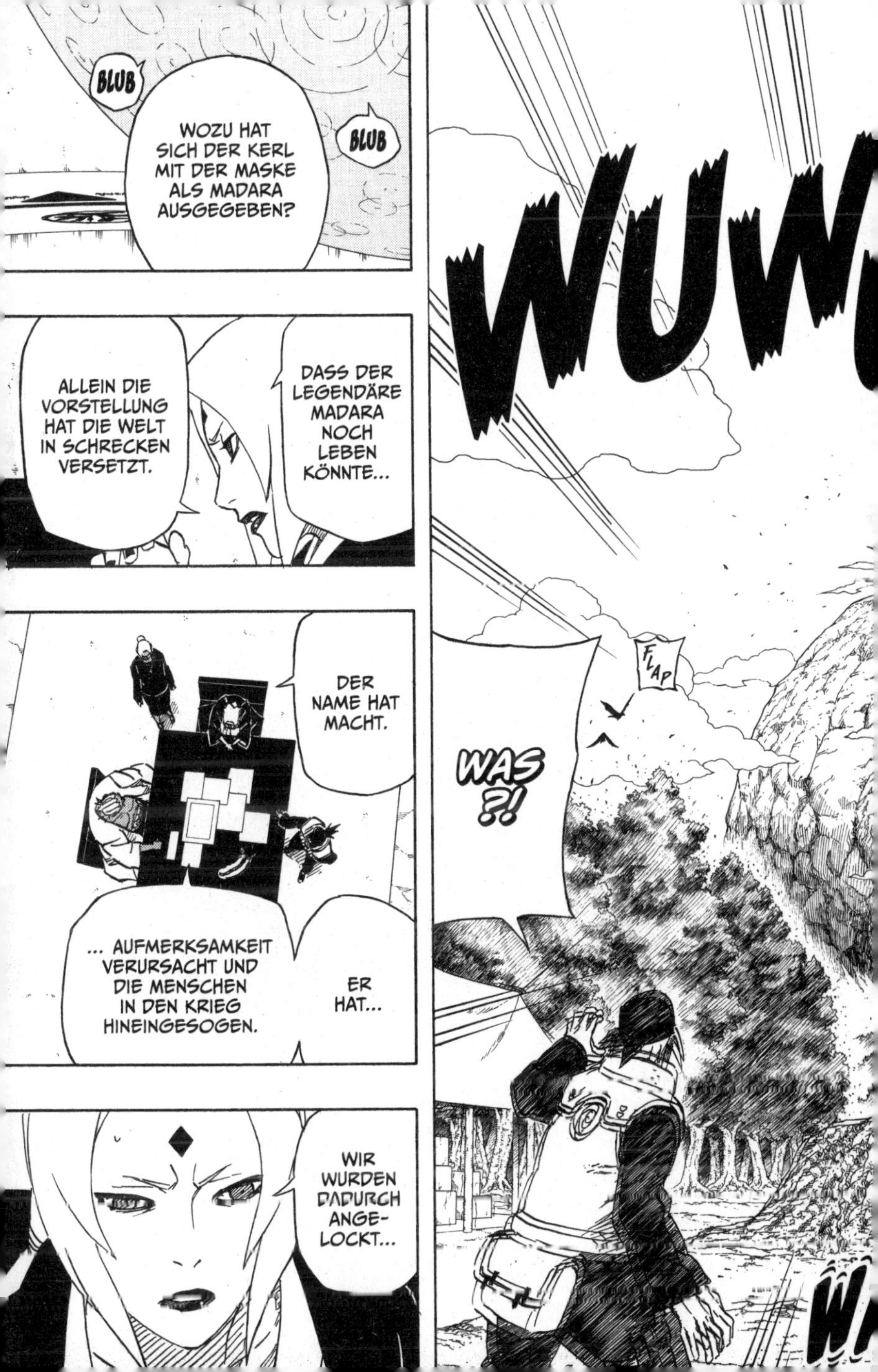
WUWU
FLAP
WAS ?!
WA
BLUB
WOZU HAT SICH DER KERL MIT DER MASKE ALS MADARA AUSGEGEBEN?
BLUB
DASS DER LEGENDÄRE MADARA NOCH LEBEN KÖNNTE…
ALLEIN DIE VORSTELLUNG HAT DIE WELT IN SCHRECKEN VERSETZT.
DER NAME HAT MACHT.
ER HAT…
… AUFMERKSAMKEIT VERURSACHT UND DIE MENSCHEN IN DEN KRIEG HINEINGESOGEN.
WIR WURDEN DADURCH ANGE-LOCKT…

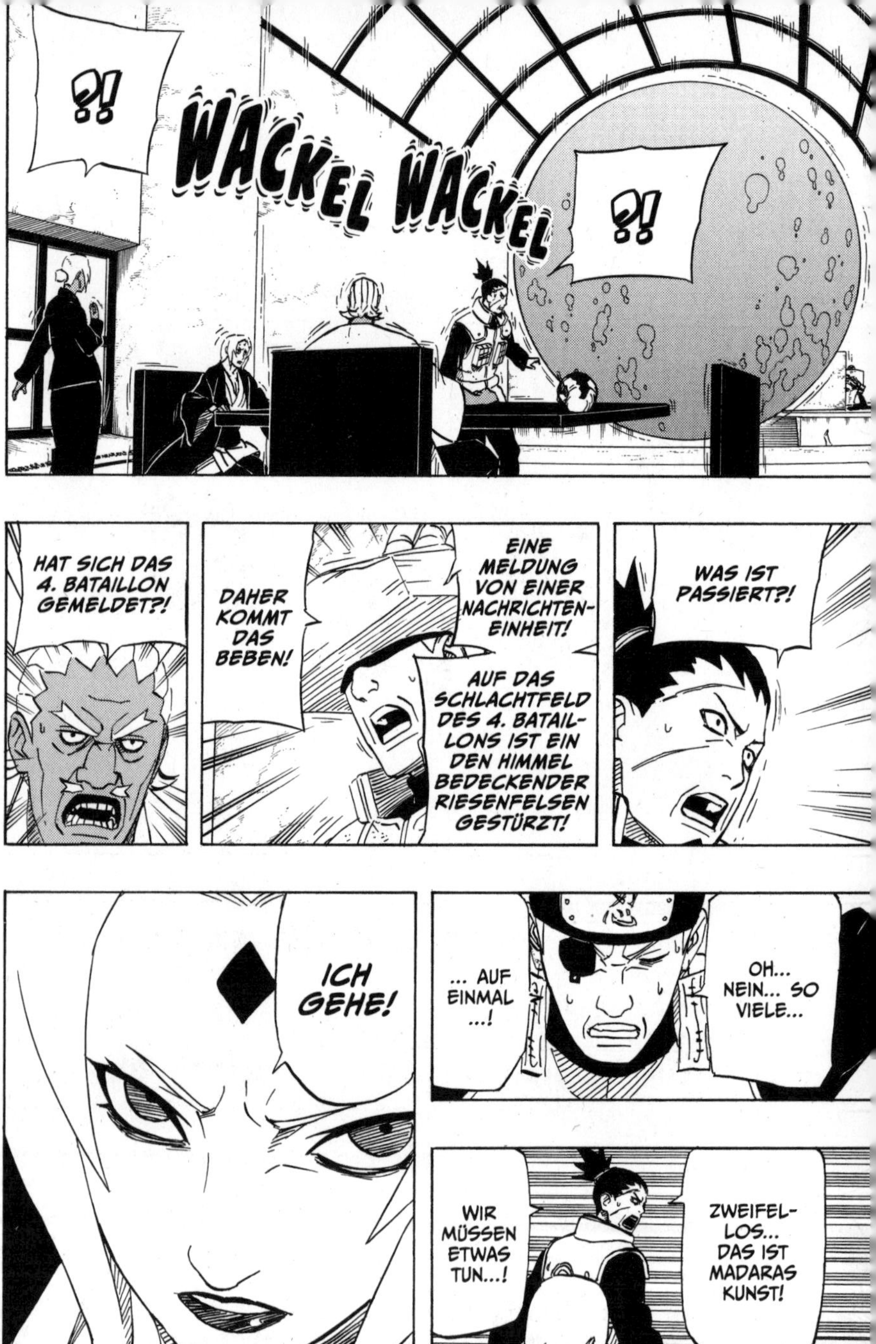

?!
WACKEL WACKEL
?!
WAS IST PASSIERT?!
EINE MELDUNG VON EINER NACHRICHTEN-EINHEIT!
AUF DAS SCHLACHTFELD DES 4. BATAILLONS IST EIN DEN HIMMEL BEDECKENDER RIESENFELSEN GESTÜRZT!
DAHER KOMMT DAS BEBEN!
HAT SICH DAS 4. BATAILLON GEMELDET?!
OH... NEIN... SO VIELE...
... AUF EINMAL ...!
ZWEIFEL-LOS... DAS IST MADARAS KUNST!
WIR MÜSSEN ETWAS TUN...!
ICH GEHE!

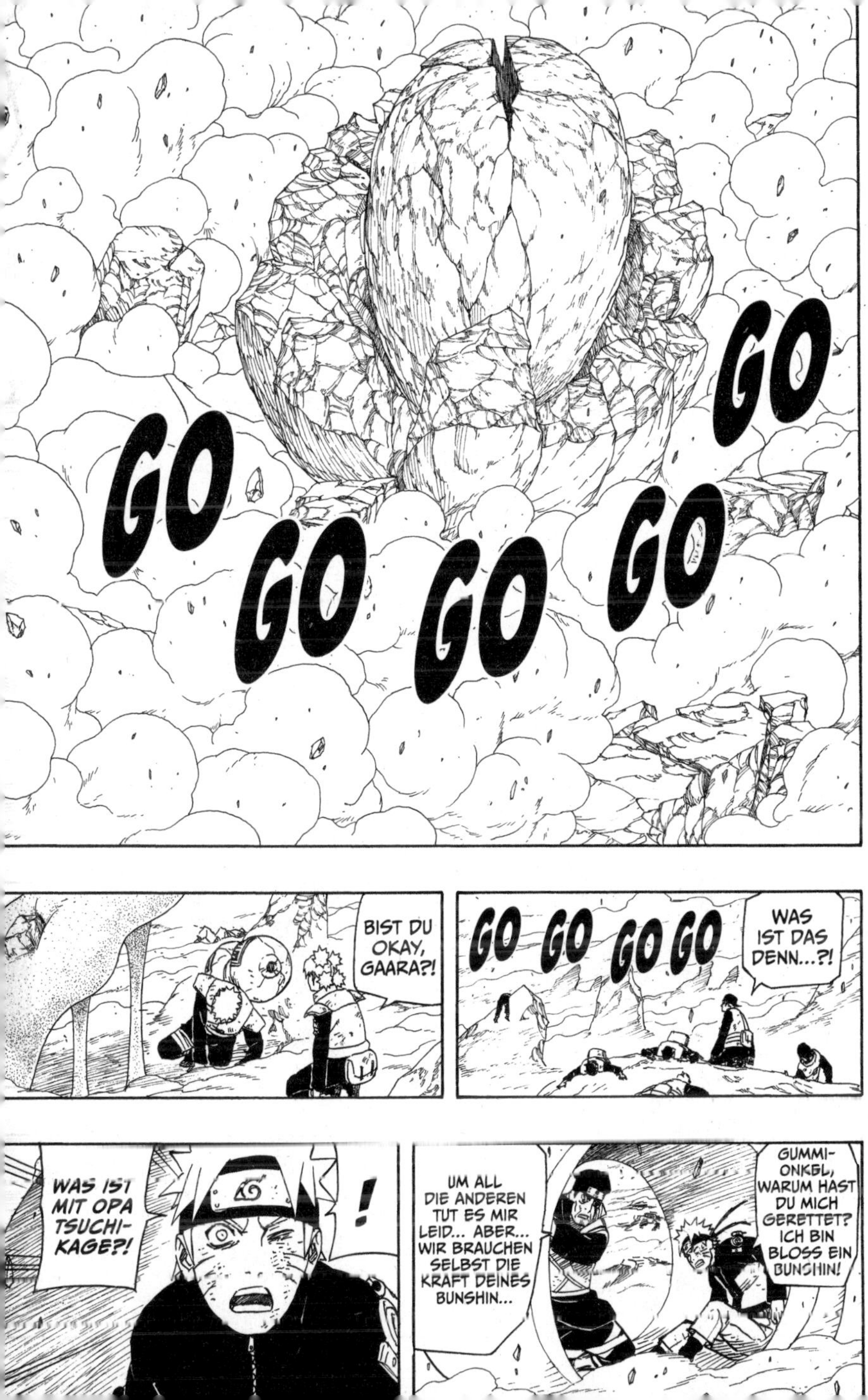
GO GO GO GO GO GO
WAS IST DAS DENN...?!
GO GO GO GO
BIST DU OKAY, GAARA?!
GUMMI-ONKEL, WARUM HAST DU MICH GERETTET? ICH BIN BLOSS EIN BUNSHIN!
UM ALL DIE ANDEREN TUT ES MIR LEID... ABER... WIR BRAUCHEN SELBST DIE KRAFT DEINES BUNSHIN...
!
WAS IST MIT OPA TSUCHI-KAGE?!

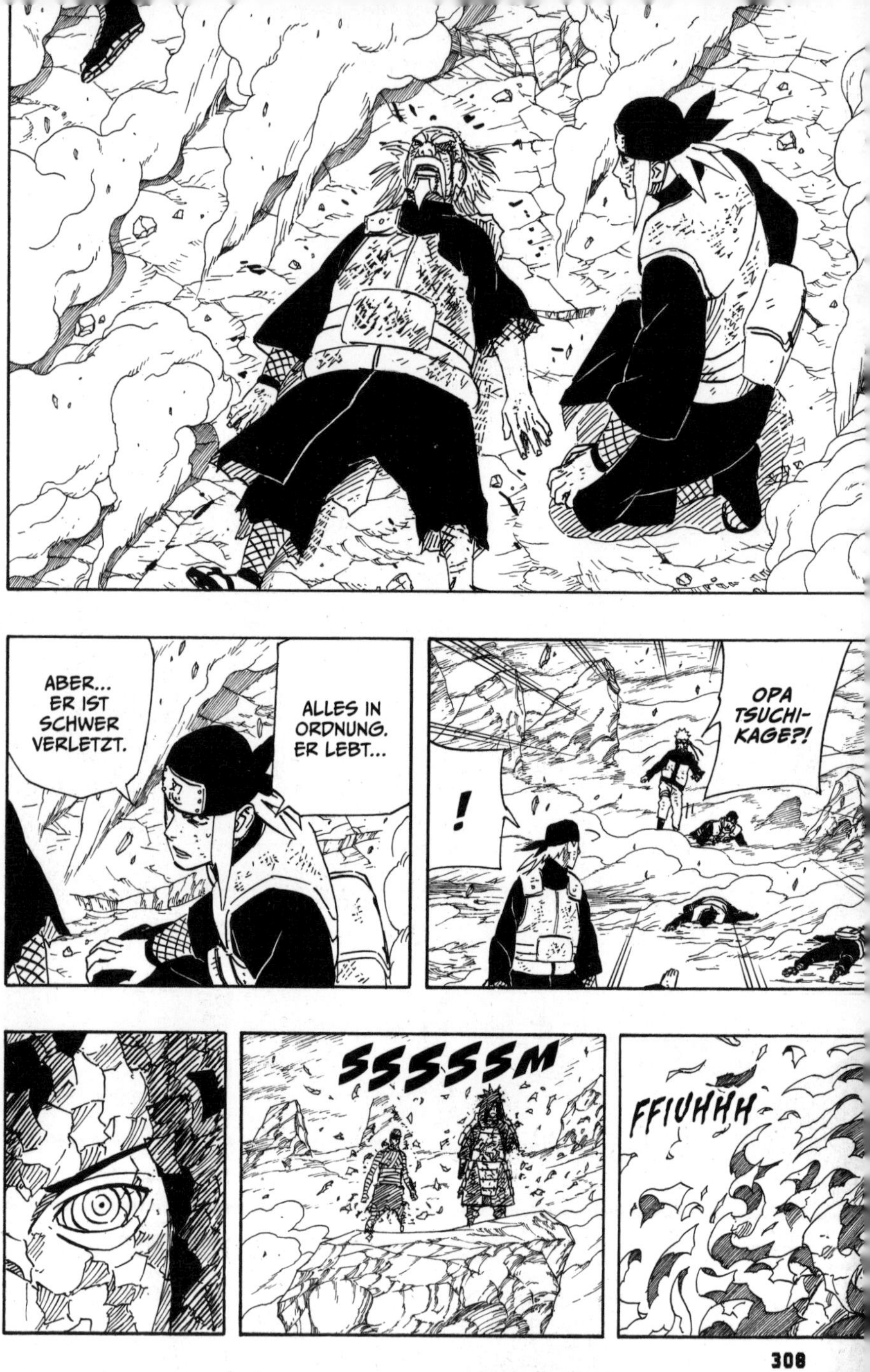
OPA TSUCHI-KAGE?!
!
ALLES IN ORDNUNG. ER LEBT...
ABER... ER IST SCHWER VERLETZT.
FFIUHHH
SSSSSM

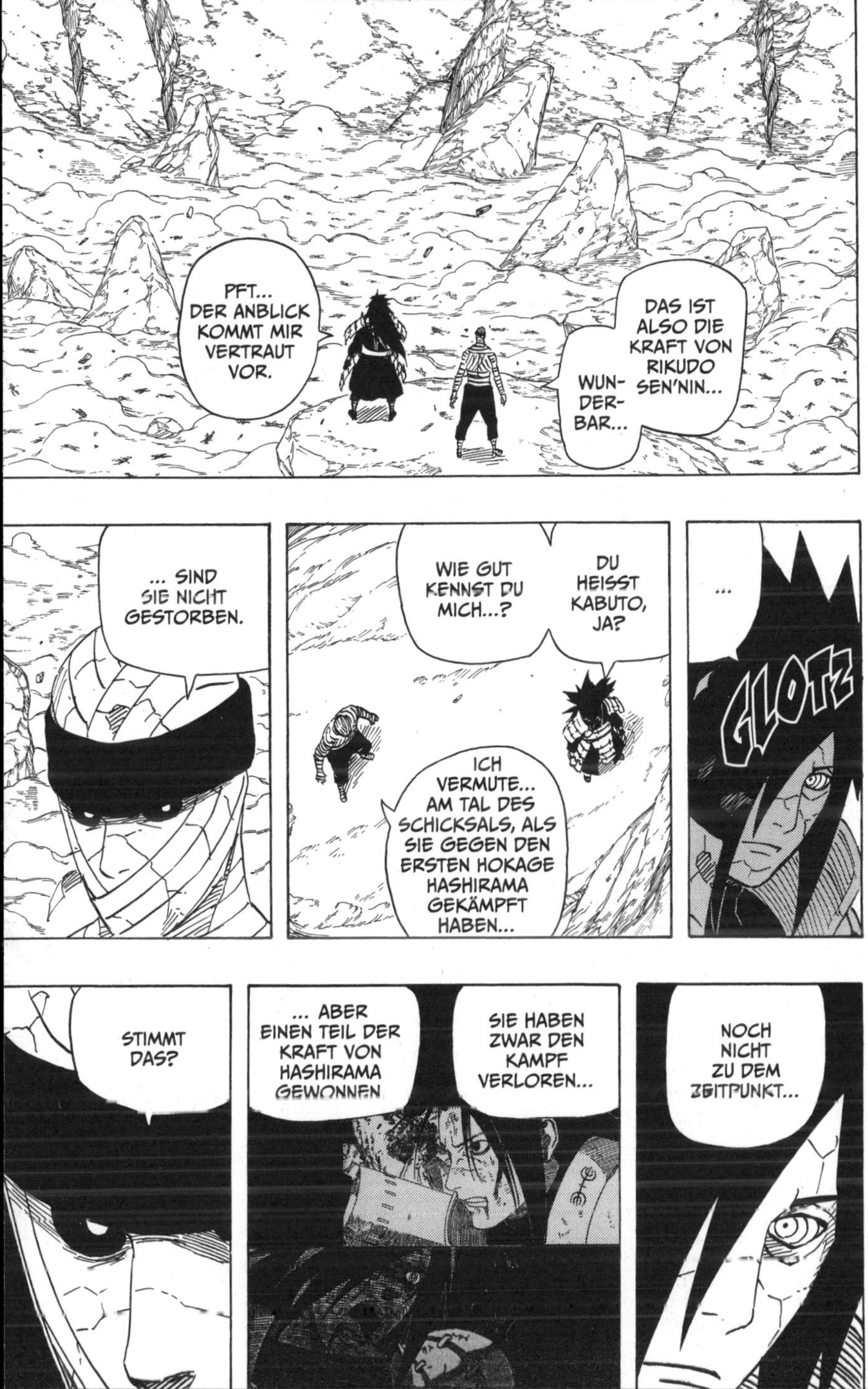
DAS IST ALSO DIE KRAFT VON RIKUDO SEN'NIN...
WUN-DER-BAR...
PFT... DER ANBLICK KOMMT MIR VERTRAUT VOR.
...
GLOTZ
DU HEISST KABUTO, JA?
WIE GUT KENNST DU MICH...?
ICH VERMUTE... AM TAL DES SCHICKSALS, ALS SIE GEGEN DEN ERSTEN HOKAGE HASHIRAMA GEKÄMPFT HABEN...
... SIND SIE NICHT GESTORBEN.
NOCH NICHT ZU DEM ZEITPUNKT...
SIE HABEN ZWAR DEN KAMPF VERLOREN...
... ABER EINEN TEIL DER KRAFT VON HASHIRAMA GEWONNEN
STIMMT DAS?

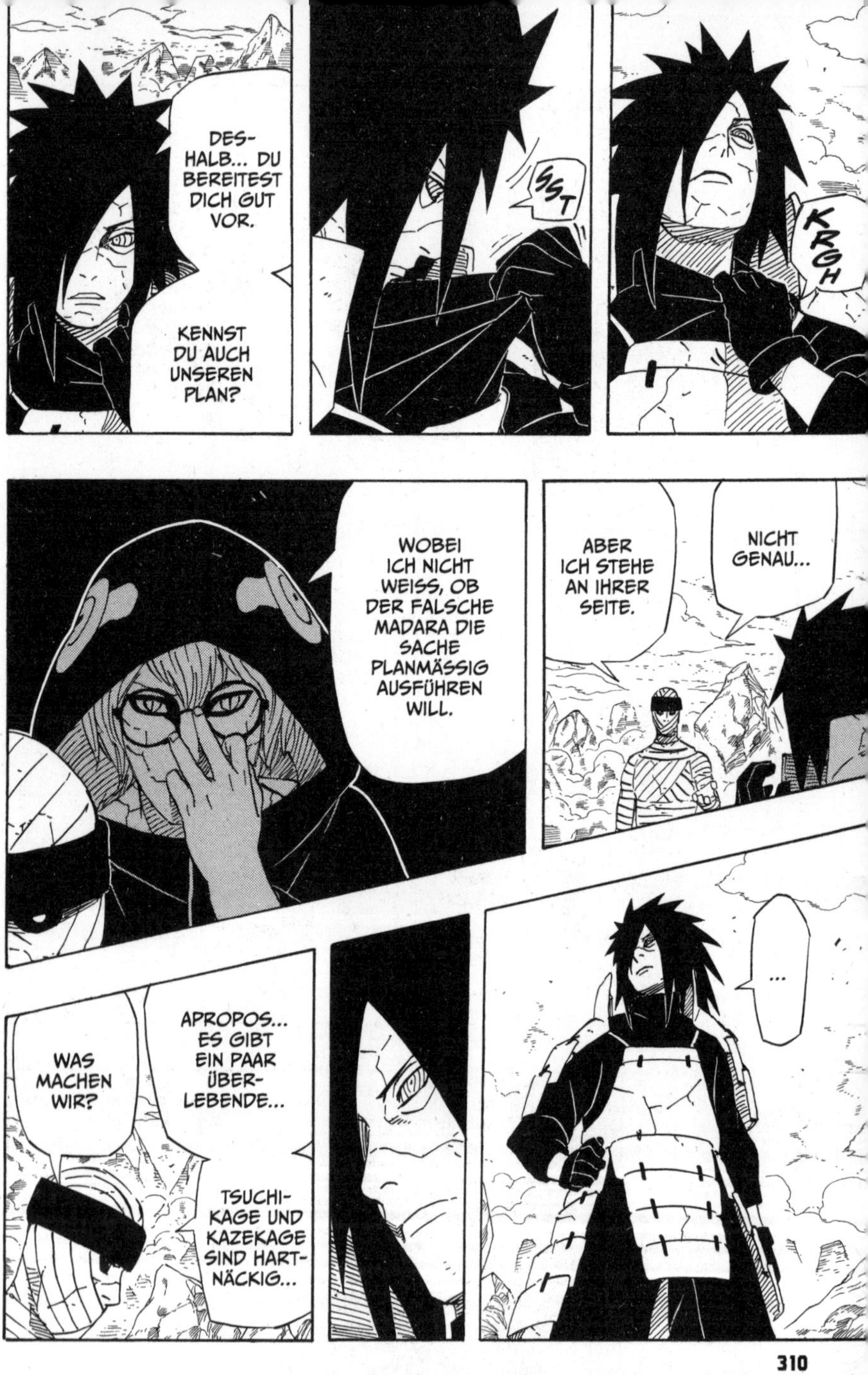
KRGH
SST
DES-HALB... DU BEREITEST DICH GUT VOR.
KENNST DU AUCH UNSEREN PLAN?
NICHT GENAU...
ABER ICH STEHE AN IHRER SEITE.
WOBEI ICH NICHT WEISS, OB DER FALSCHE MADARA DIE SACHE PLANMÄSSIG AUSFÜHREN WILL.
...
APROPOS... ES GIBT EIN PAAR ÜBER-LEBENDE...
TSUCHI-KAGE UND KAZEKAGE SIND HART-NÄCKIG...
WAS MACHEN WIR?

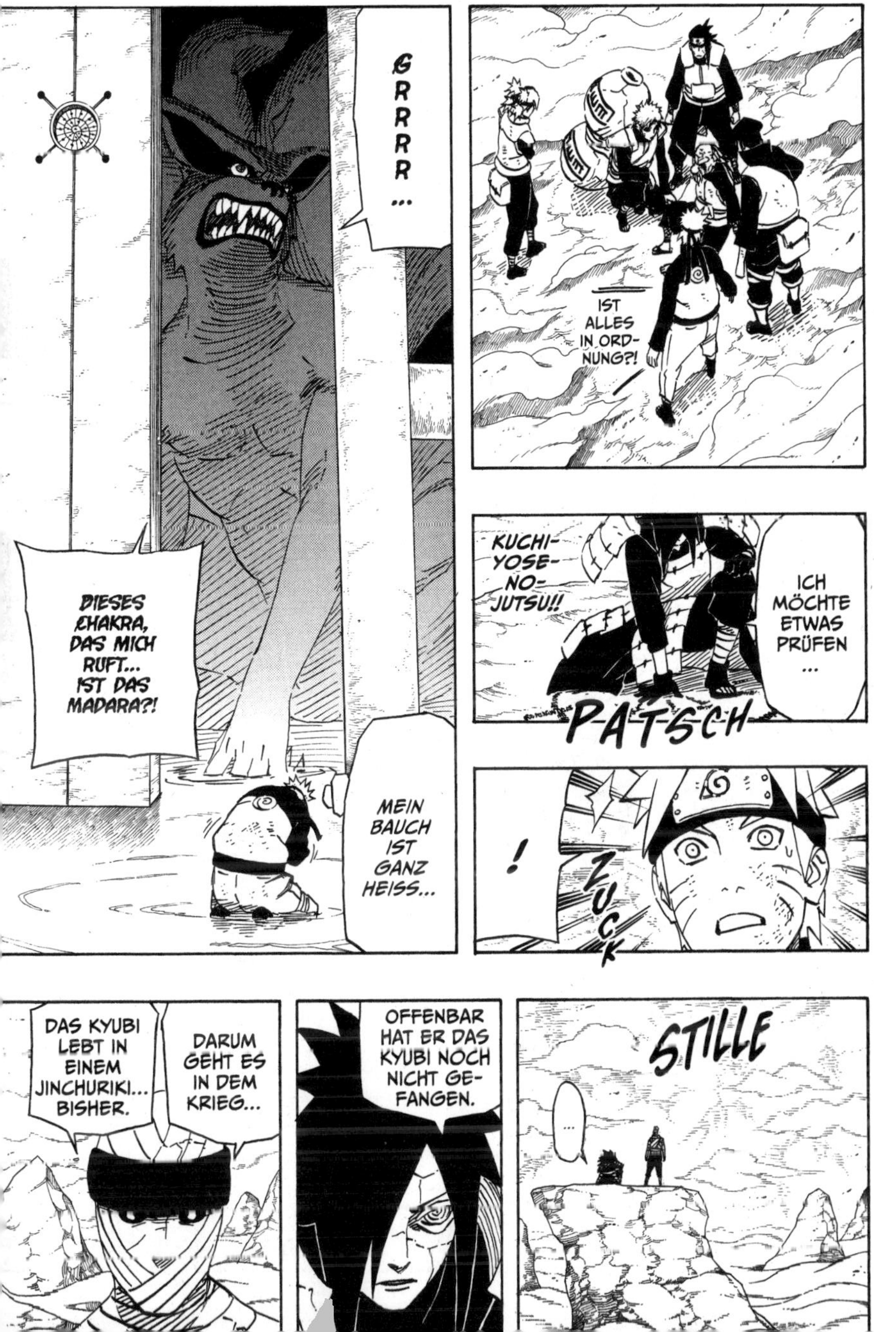
IST ALLES IN ORDNUNG?!
KUCHIYOSE-NO-JUTSU!!
ICH MÖCHTE ETWAS PRÜFEN ...
PATSCH
!
ZUCK
GRRRR ...
DIESES CHAKRA, DAS MICH RUFT... IST DAS MADARA?!
MEIN BAUCH IST GANZ HEISS...
STILLE
...
OFFENBAR HAT ER DAS KYUBI NOCH NICHT GEFANGEN.
DARUM GEHT ES IN DEM KRIEG...
DAS KYUBI LEBT IN EINEM JINCHURIKI... BISHER.

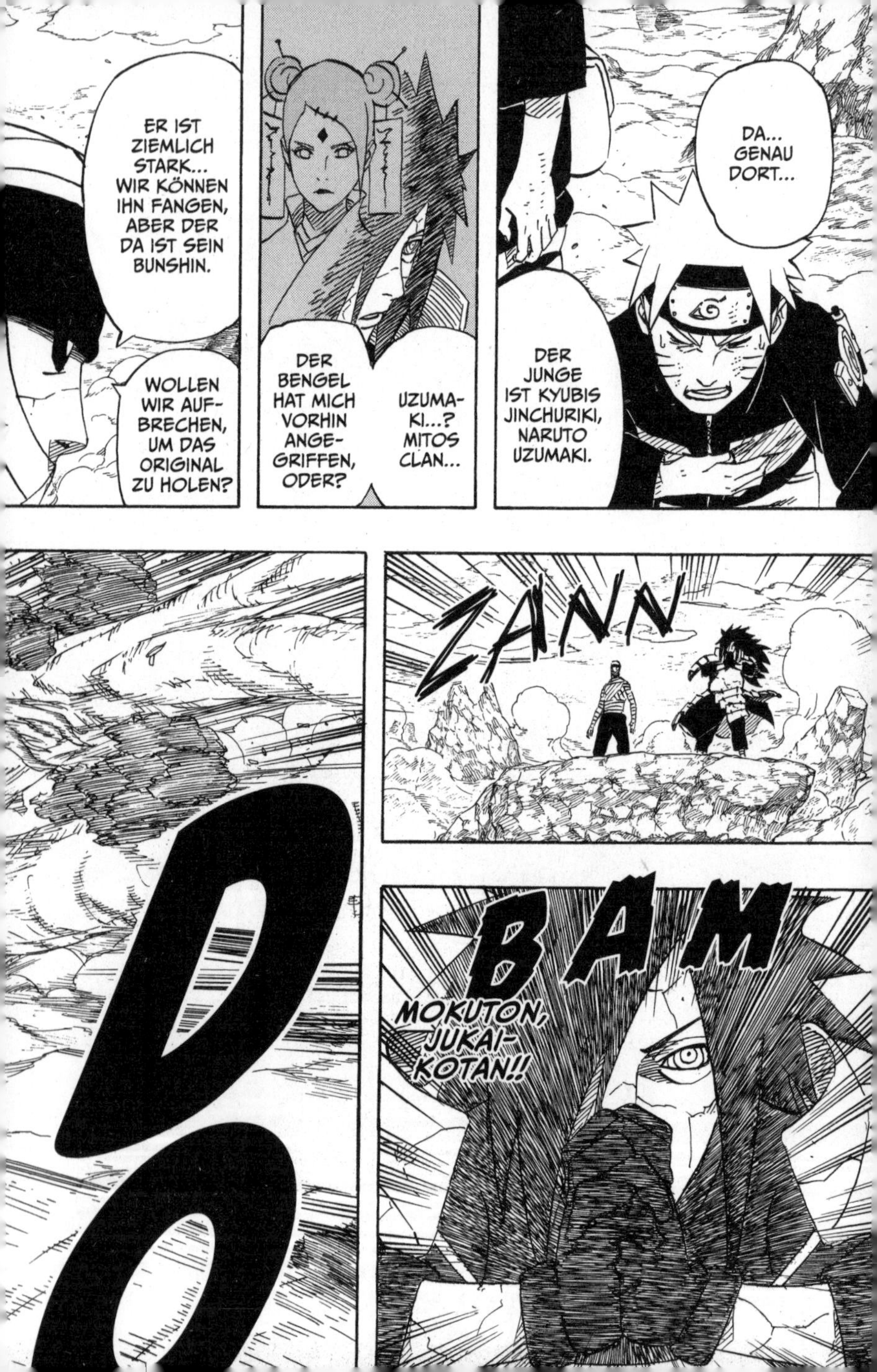
DA... GENAU DORT...
DER JUNGE IST KYUBIS JINCHURIKI, NARUTO UZUMAKI.
UZUMAKI...? MITOS CLAN...
DER BENGEL HAT MICH VORHIN ANGEGRIFFEN, ODER?
ER IST ZIEMLICH STARK... WIR KÖNNEN IHN FANGEN, ABER DER DA IST SEIN BUNSHIN.
WOLLEN WIR AUFBRECHEN, UM DAS ORIGINAL ZU HOLEN?
ZANN
BAM
MOKUTON, JUKAI-KOTAN!!
DO

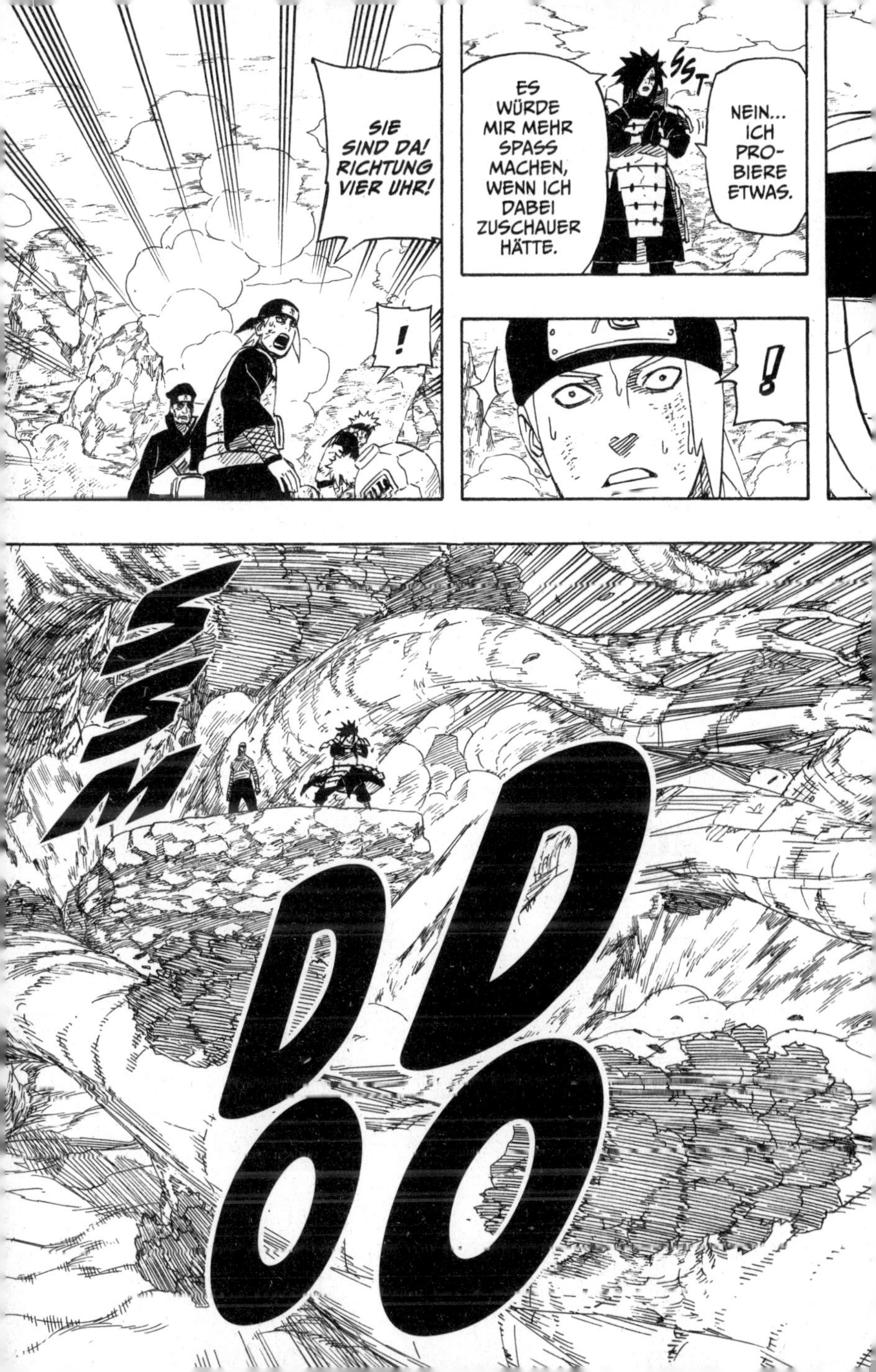

SST
NEIN... ICH PRO-BIERE ETWAS.
ES WÜRDE MIR MEHR SPASS MACHEN, WENN ICH DABEI ZUSCHAUER HÄTTE.
SIE SIND DA! RICHTUNG VIER UHR!
!
!
SSM
DDOO

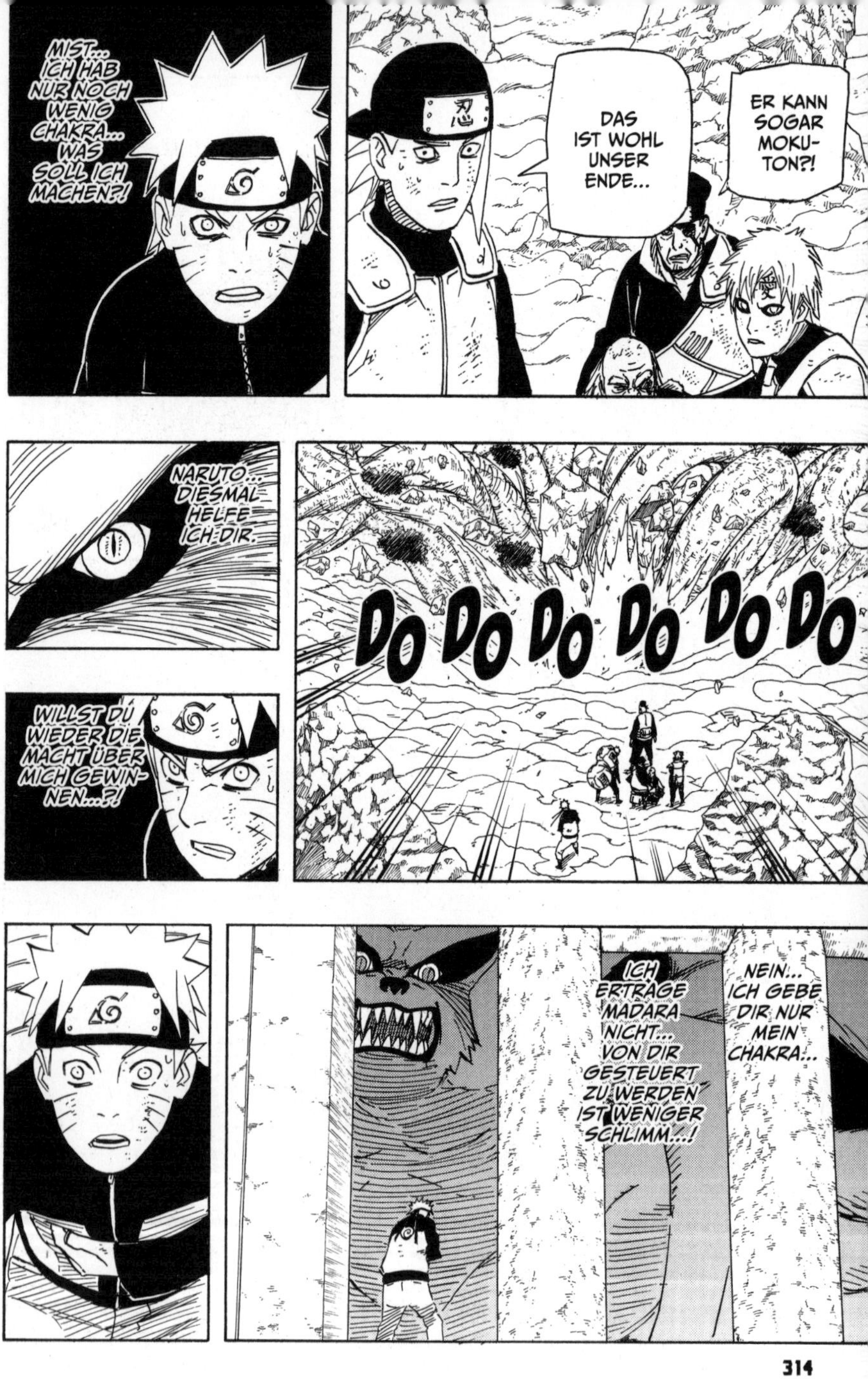
ER KANN SOGAR MOKU-TON?!
DAS IST WOHL UNSER ENDE...
MIST... ICH HAB NUR NOCH WENIG CHAKRA... WAS SOLL ICH MACHEN?!
DO DO DO DO DO DO
NARUTO... DIESMAL HELFE ICH DIR.
WILLST DU WIEDER DIE MACHT ÜBER MICH GEWIN-NEN...?!
NEIN... ICH GEBE DIR NUR MEIN CHAKRA...
ICH ERTRAGE MADARA NICHT... VON DIR GESTEUERT ZU WERDEN IST WENIGER SCHLIMM...!

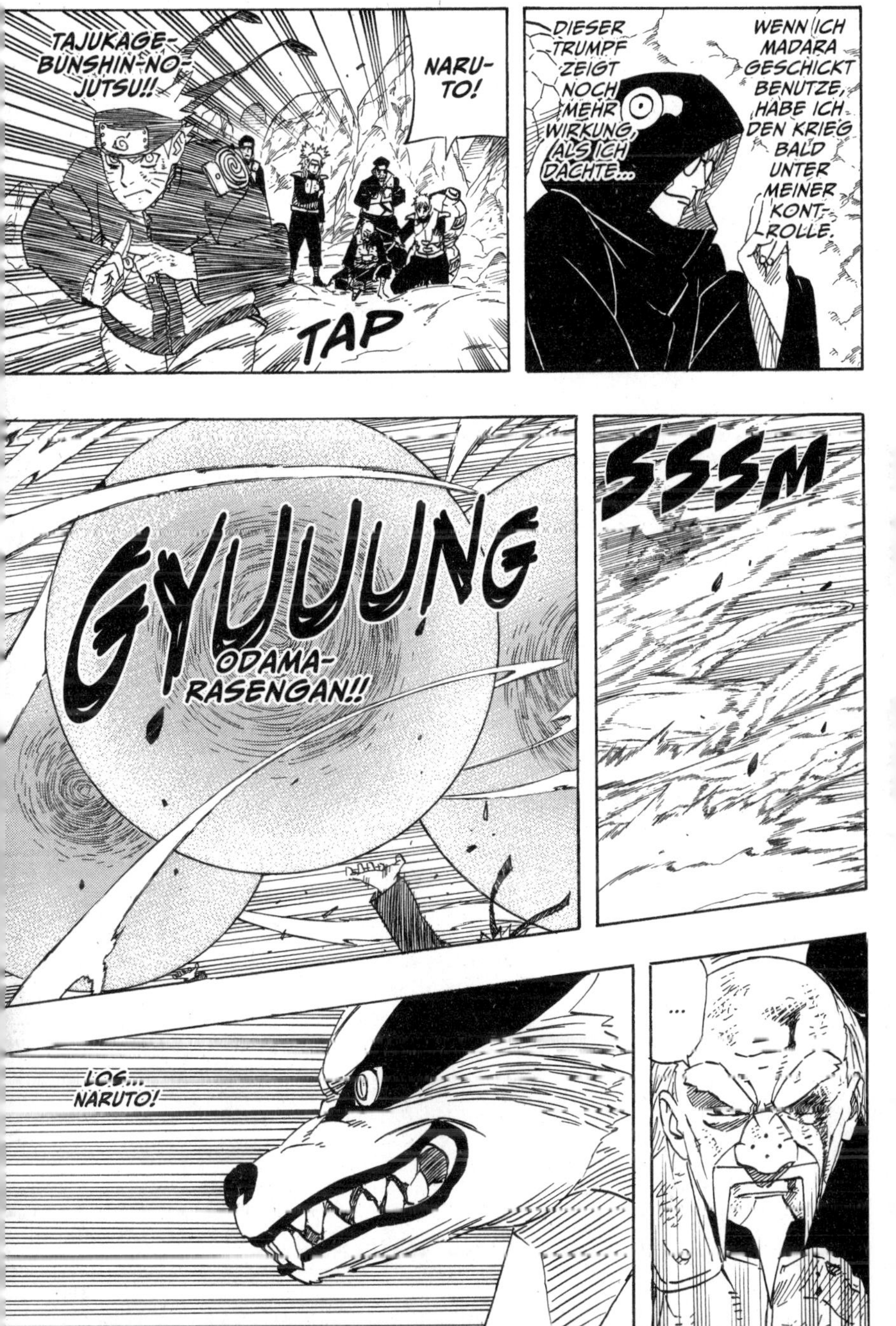

WENN ICH MADARA GESCHICKT BENUTZE, HABE ICH DEN KRIEG BALD UNTER MEINER KONTROLLE.
DIESER TRUMPF ZEIGT NOCH MEHR WIRKUNG, ALS ICH DACHTE...
NARUTO!
TAJUKAGE-BUNSHIN-NO-JUTSU!!
TAP
SSSM
GYUUUNG
ODAMA-RASENGAN!!
...
LOS... NARUTO!

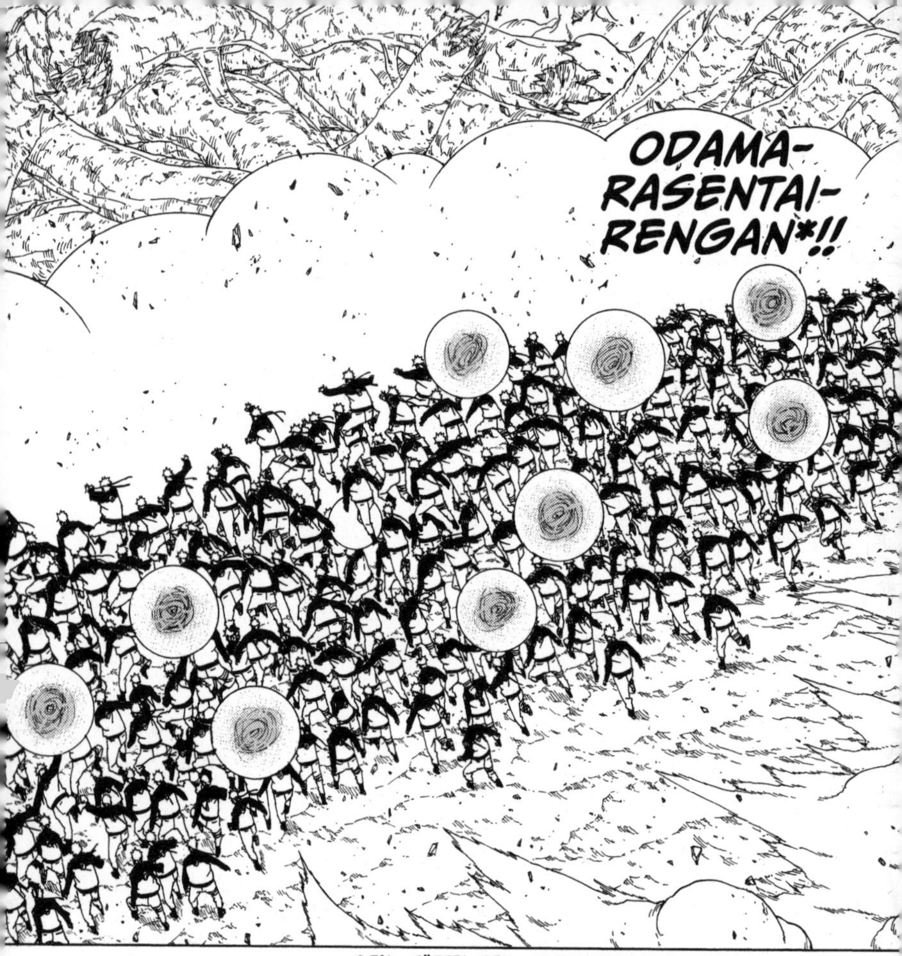

* TAI = GÜRTEL, REN = MITEINANDER VERBUNDEN, GAN = KUGEL

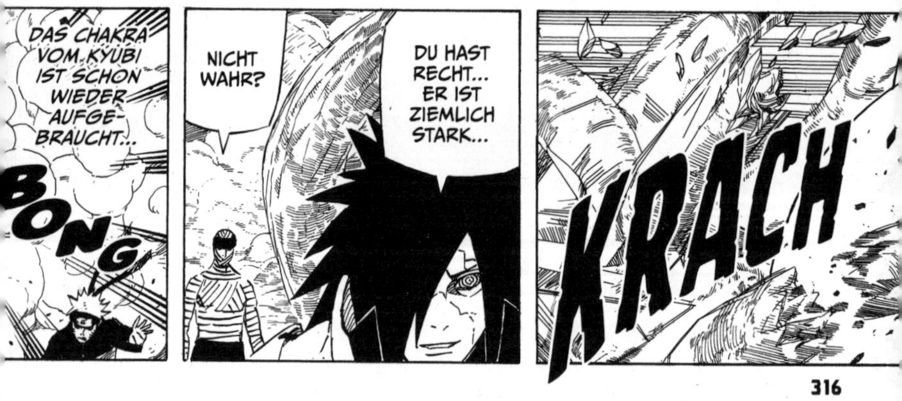

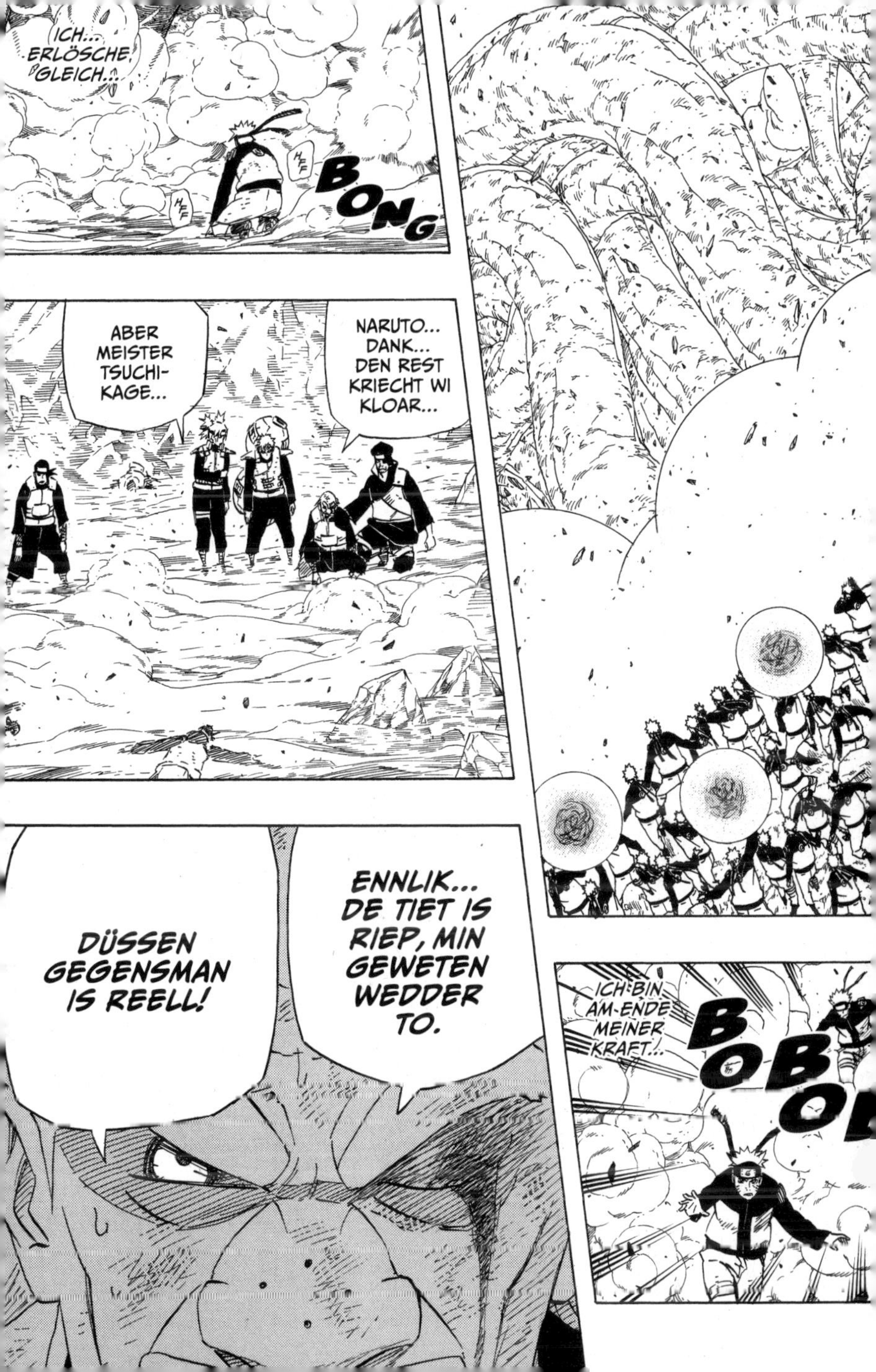

ICH... ERLÖSCHE GLEICH...
HEF
HEF
BONG
NARUTO... DANK... DEN REST KRIECHT WI KLOAR...
ABER MEISTER TSUCHI-KAGE...
ICH BIN AM ENDE MEINER KRAFT...
ENNLIK... DE TIET IS RIEP, MIN GEWETEN WEDDER TO.
DÜSSEN GEGENSMAN IS REELL!

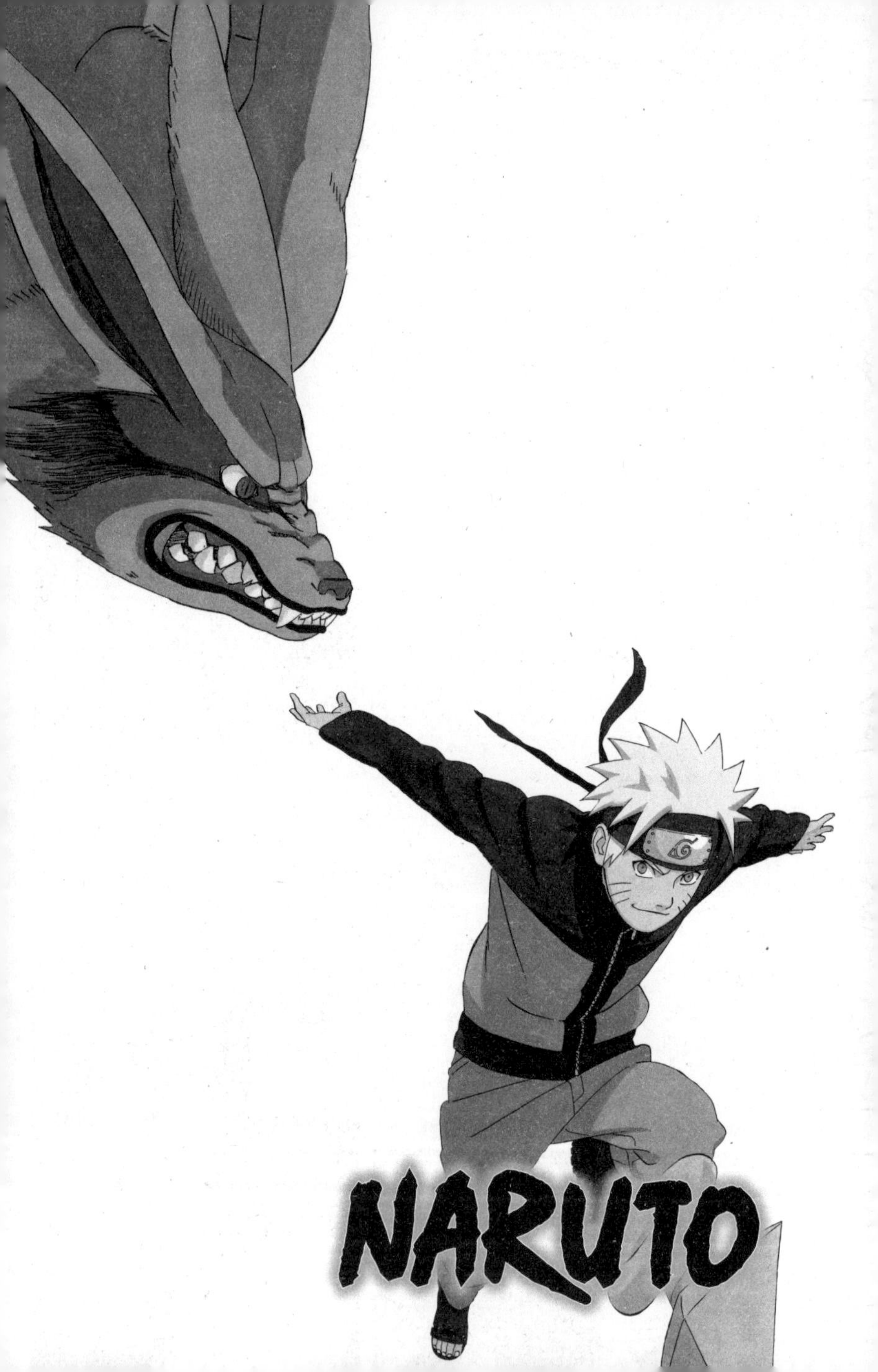
NARUTO

562. Kapitel: Zeit, das Gewissen wiederzufinden!

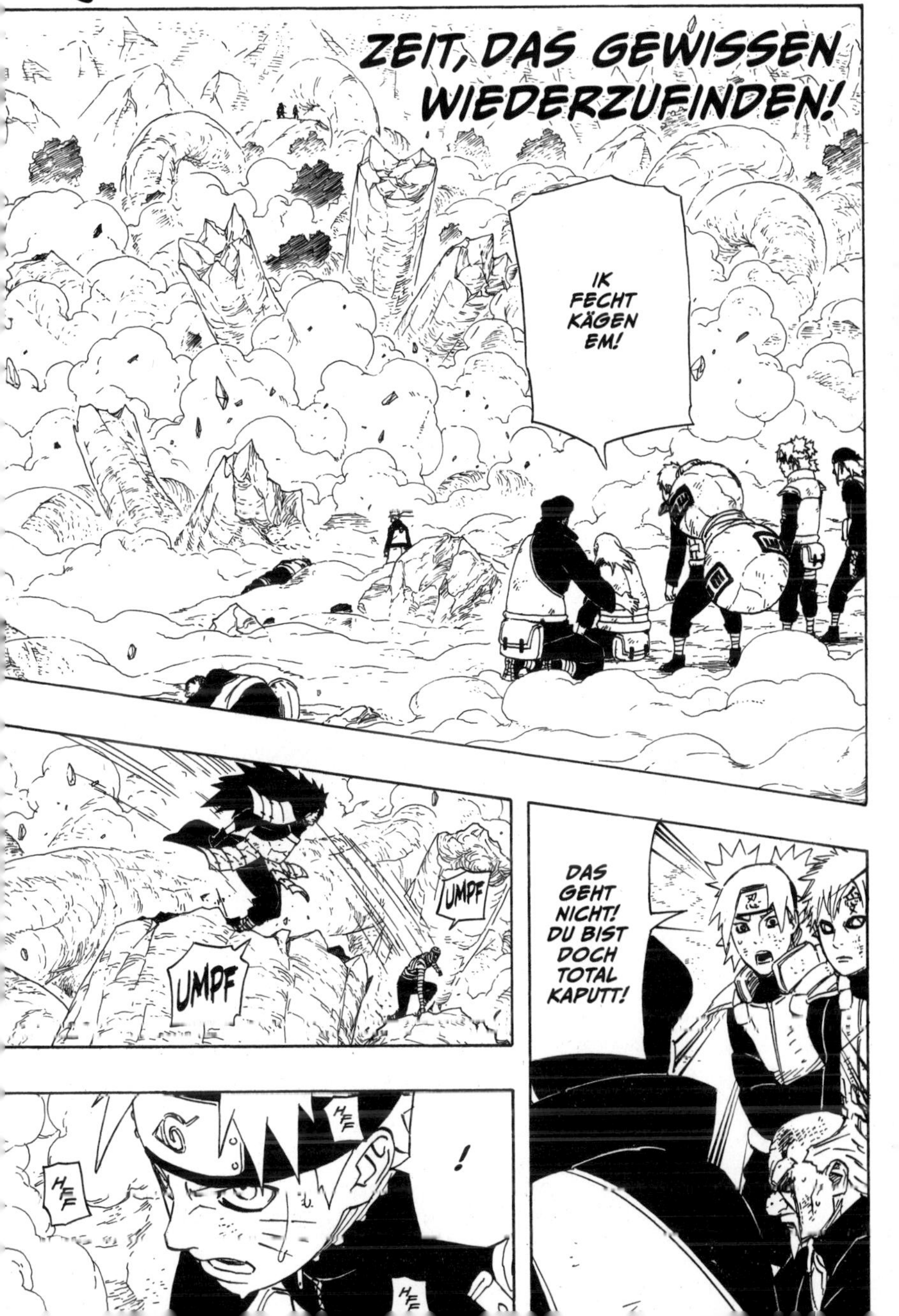

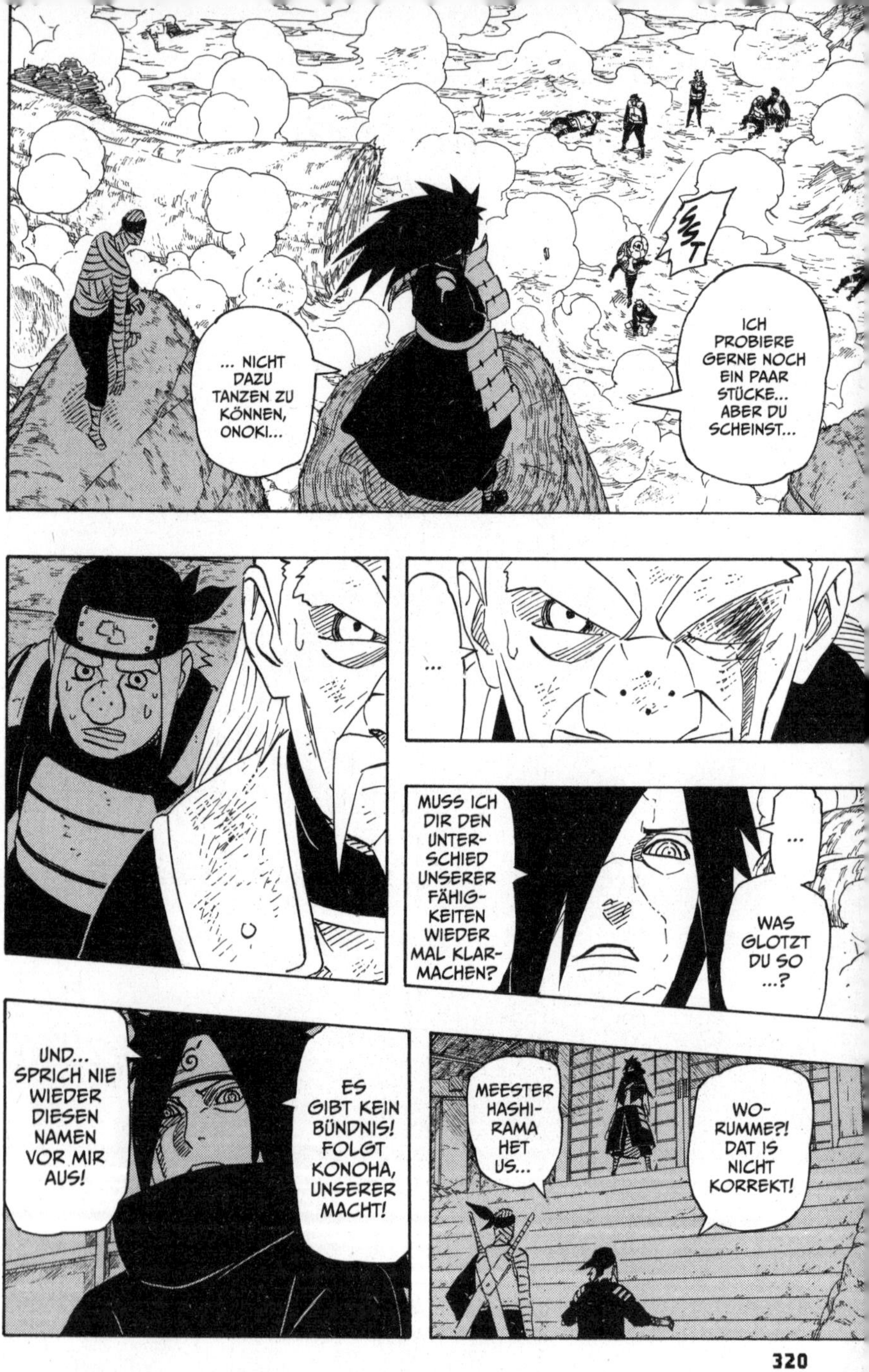
ICH PROBIERE GERNE NOCH EIN PAAR STÜCKE... ABER DU SCHEINST...
... NICHT DAZU TANZEN ZU KÖNNEN, ONOKI...
...
...
WAS GLOTZT DU SO ...?
MUSS ICH DIR DEN UNTERSCHIED UNSERER FÄHIGKEITEN WIEDER MAL KLARMACHEN?
WORUMME?! DAT IS NICHT KORREKT!
MEESTER HASHIRAMA HET US...
ES GIBT KEIN BÜNDNIS! FOLGT KONOHA, UNSERER MACHT!
UND... SPRICH NIE WIEDER DIESEN NAMEN VOR MIR AUS!

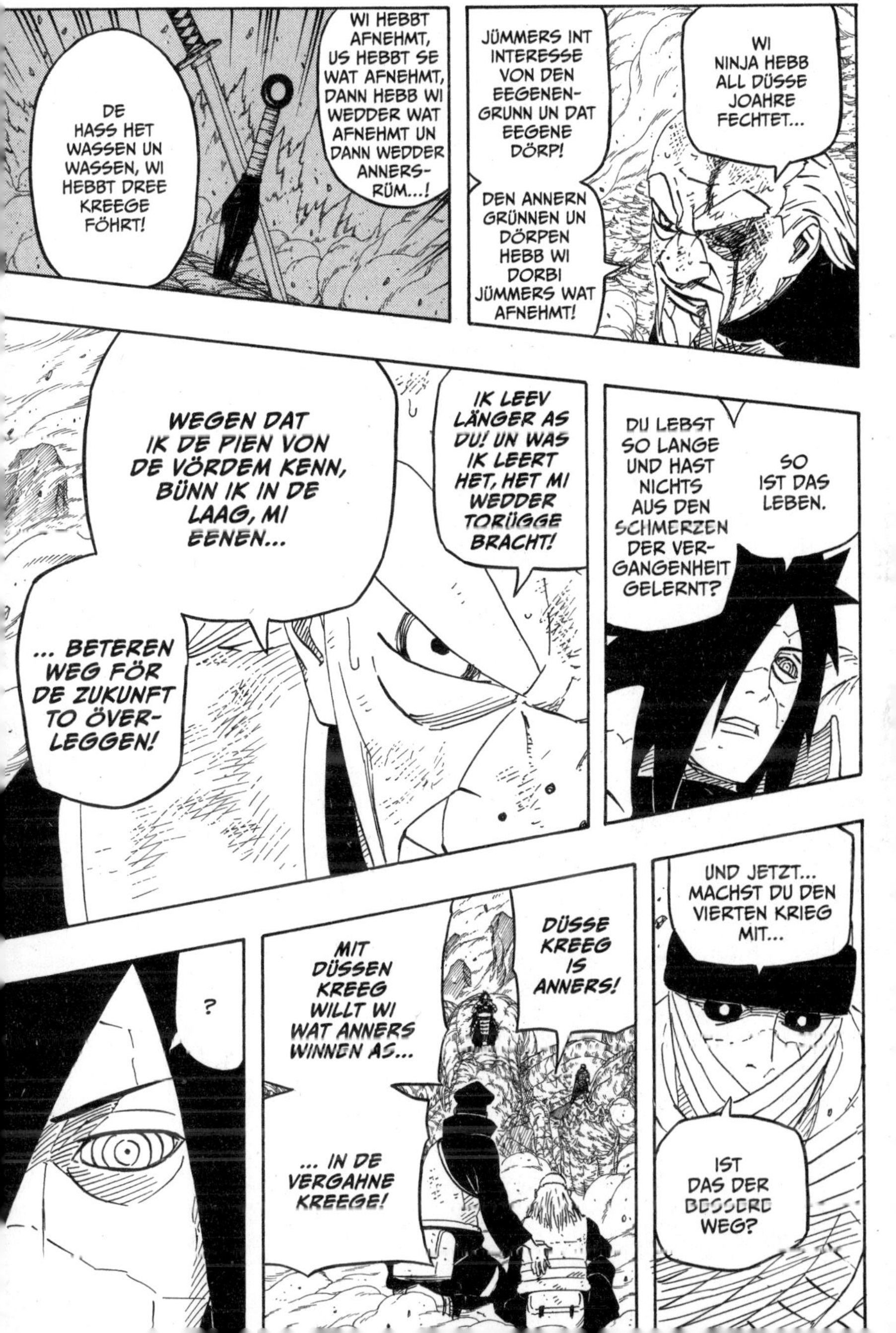
WI NINJA HEBB ALL DÜSSE JOAHRE FECHTET...
JÜMMERS INT INTERESSE VON DEN EEGENEN-GRUNN UN DAT EEGENE DÖRP!
DEN ANNERN GRÜNNEN UN DÖRPEN HEBB WI DORBI JÜMMERS WAT AFNEHMT!
WI HEBBT AFNEHMT, US HEBBT SE WAT AFNEHMT, DANN HEBB WI WEDDER WAT AFNEHMT UN DANN WEDDER ANNERS-RÜM...!
DE HASS HET WASSEN UN WASSEN, WI HEBBT DREE KREEGE FÖHRT!
SO IST DAS LEBEN.
DU LEBST SO LANGE UND HAST NICHTS AUS DEN SCHMERZEN DER VERGANGENHEIT GELERNT?
IK LEEV LÄNGER AS DU! UN WAS IK LEERT HET, HET MI WEDDER TORÜGGE BRACHT!
WEGEN DAT IK DE PIEN VON DE VÖRDEM KENN, BÜNN IK IN DE LAAG, MI EENEN...
... BETEREN WEG FÖR DE ZUKUNFT TO ÖVER-LEGGEN!
UND JETZT... MACHST DU DEN VIERTEN KRIEG MIT...
IST DAS DER BESSERE WEG?
DÜSSE KREEG IS ANNERS!
MIT DÜSSEN KREEG WILLT WI WAT ANNERS WINNEN AS...
... IN DE VERGAHNE KREEGE!
?

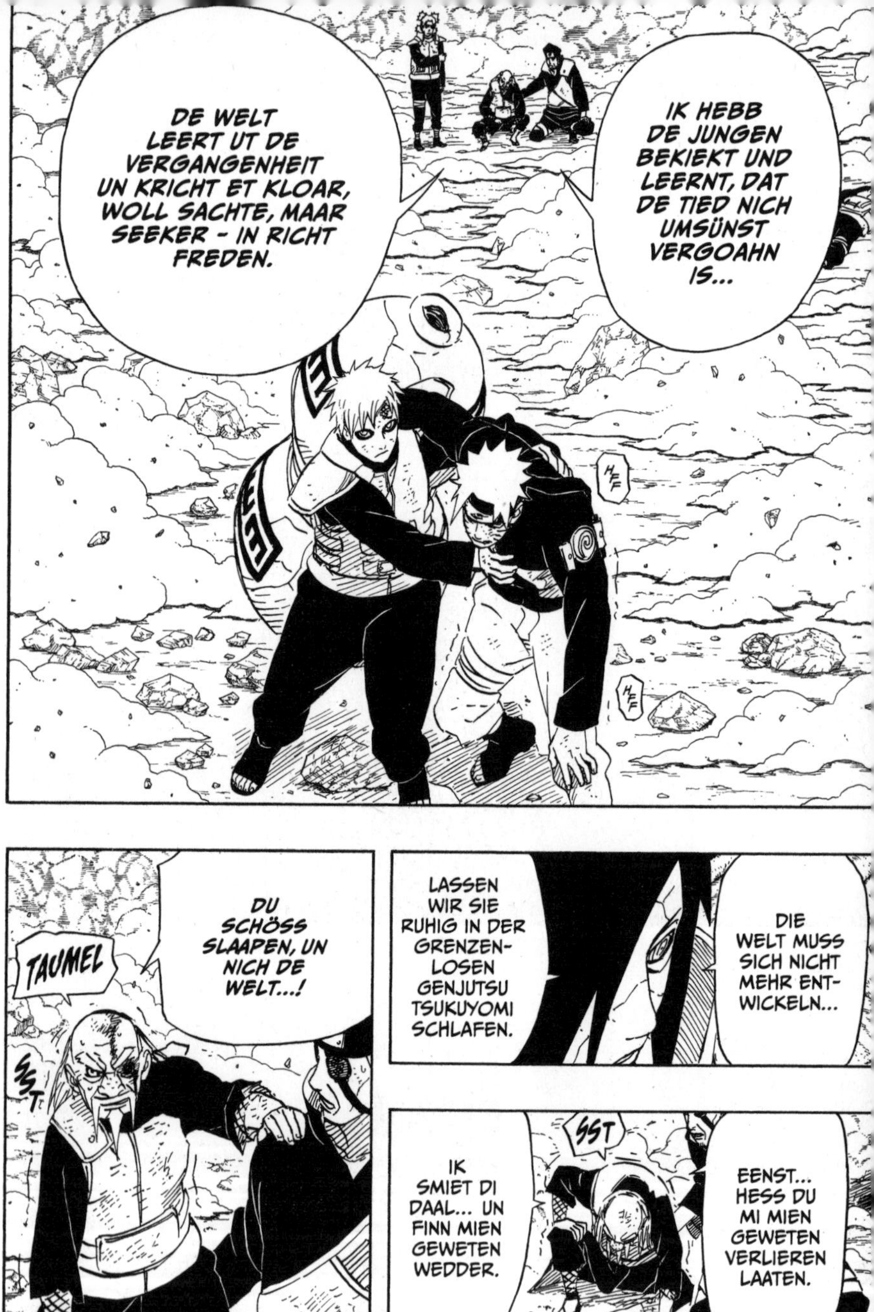
IK HEBB DE JUNGEN BEKIEKT UND LEERNT, DAT DE TIED NICH UMSÜNST VERGOAHN IS...
DE WELT LEERT UT DE VERGANGENHEIT UN KRICHT ET KLOAR, WOLL SACHTE, MAAR SEEKER - IN RICHT FREDEN.
HEF
HEF
DIE WELT MUSS SICH NICHT MEHR ENT-WICKELN...
LASSEN WIR SIE RUHIG IN DER GRENZEN-LOSEN GENJUTSU TSUKUYOMI SCHLAFEN.
EENST... HESS DU MI MIEN GEWETEN VERLIEREN LAATEN.
IK SMIET DI DAAL... UN FINN MIEN GEWETEN WEDDER.
SST
DU SCHÖSS SLAAPEN, UN NICH DE WELT...!
TAUMEL
SST

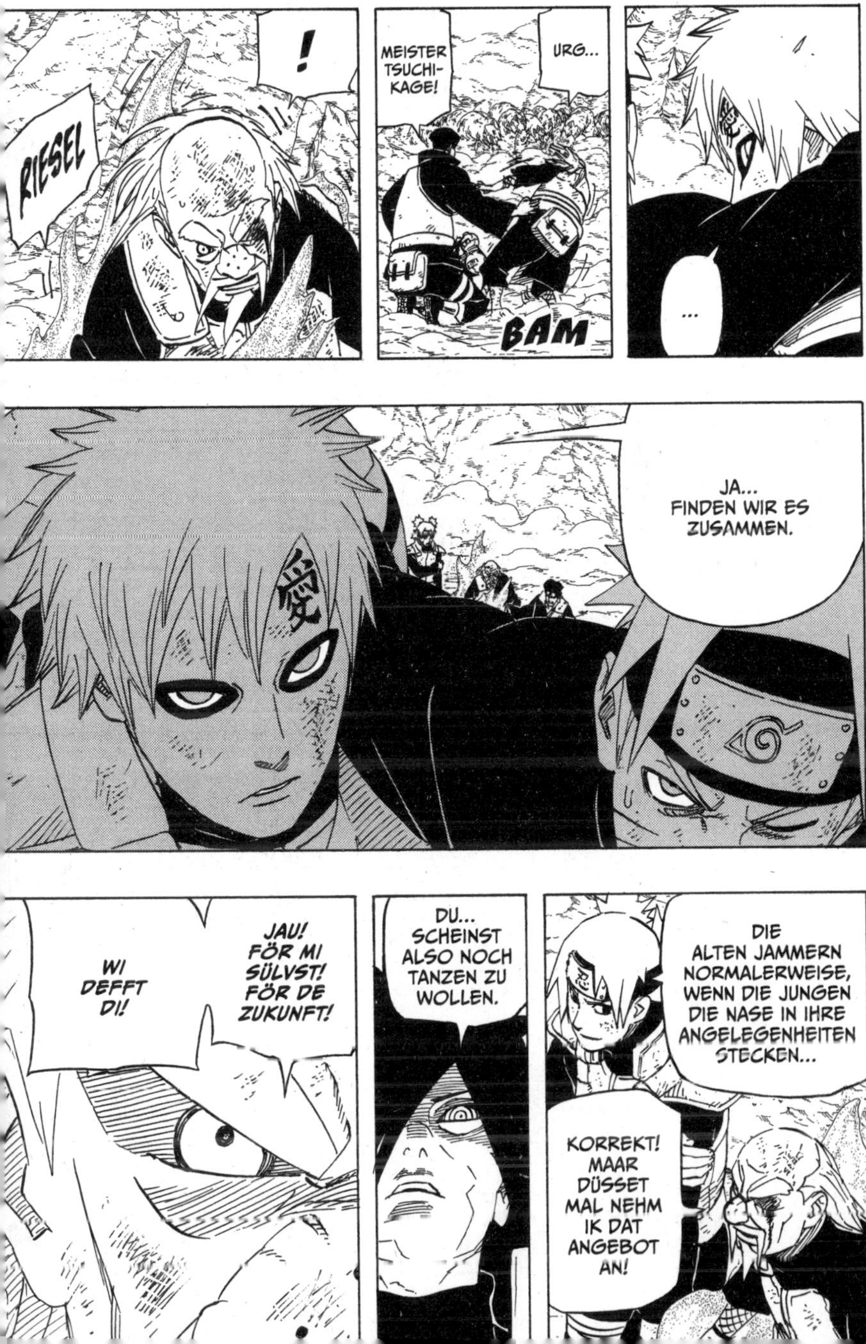
...
URG...
MEISTER TSUCHIKAGE!
BAM
!
RIESEL
JA... FINDEN WIR ES ZUSAMMEN.
DIE ALTEN JAMMERN NORMALERWEISE, WENN DIE JUNGEN DIE NASE IN IHRE ANGELEGENHEITEN STECKEN...
KORREKT! MAAR DÜSSET MAL NEHM IK DAT ANGEBOT AN!
DU... SCHEINST ALSO NOCH TANZEN ZU WOLLEN.
JAU! FÖR MI SÜLVST! FÖR DE ZUKUNFT!
WI DEFFT DI!

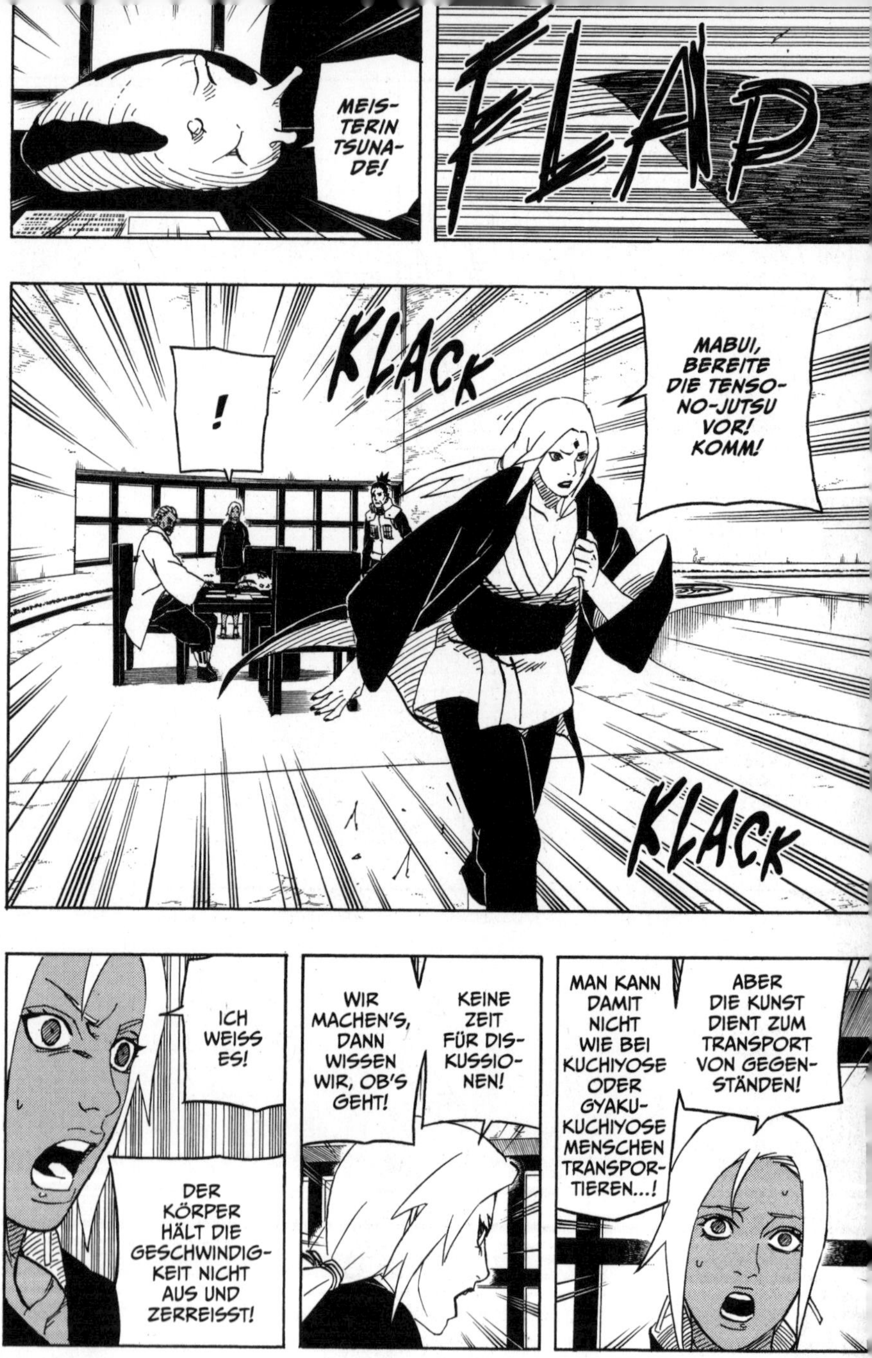
FLAP
MEISTERIN TSUNADE!
KLACK
MABUI, BEREITE DIE TENSO-NO-JUTSU VOR! KOMM!
!
KLACK
ABER DIE KUNST DIENT ZUM TRANSPORT VON GEGENSTÄNDEN!
MAN KANN DAMIT NICHT WIE BEI KUCHIYOSE ODER GYAKU-KUCHIYOSE MENSCHEN TRANSPORTIEREN...!
KEINE ZEIT FÜR DISKUSSIONEN!
WIR MACHEN'S, DANN WISSEN WIR, OB'S GEHT!
ICH WEISS ES!
DER KÖRPER HÄLT DIE GESCHWINDIGKEIT NICHT AUS UND ZERREISST!

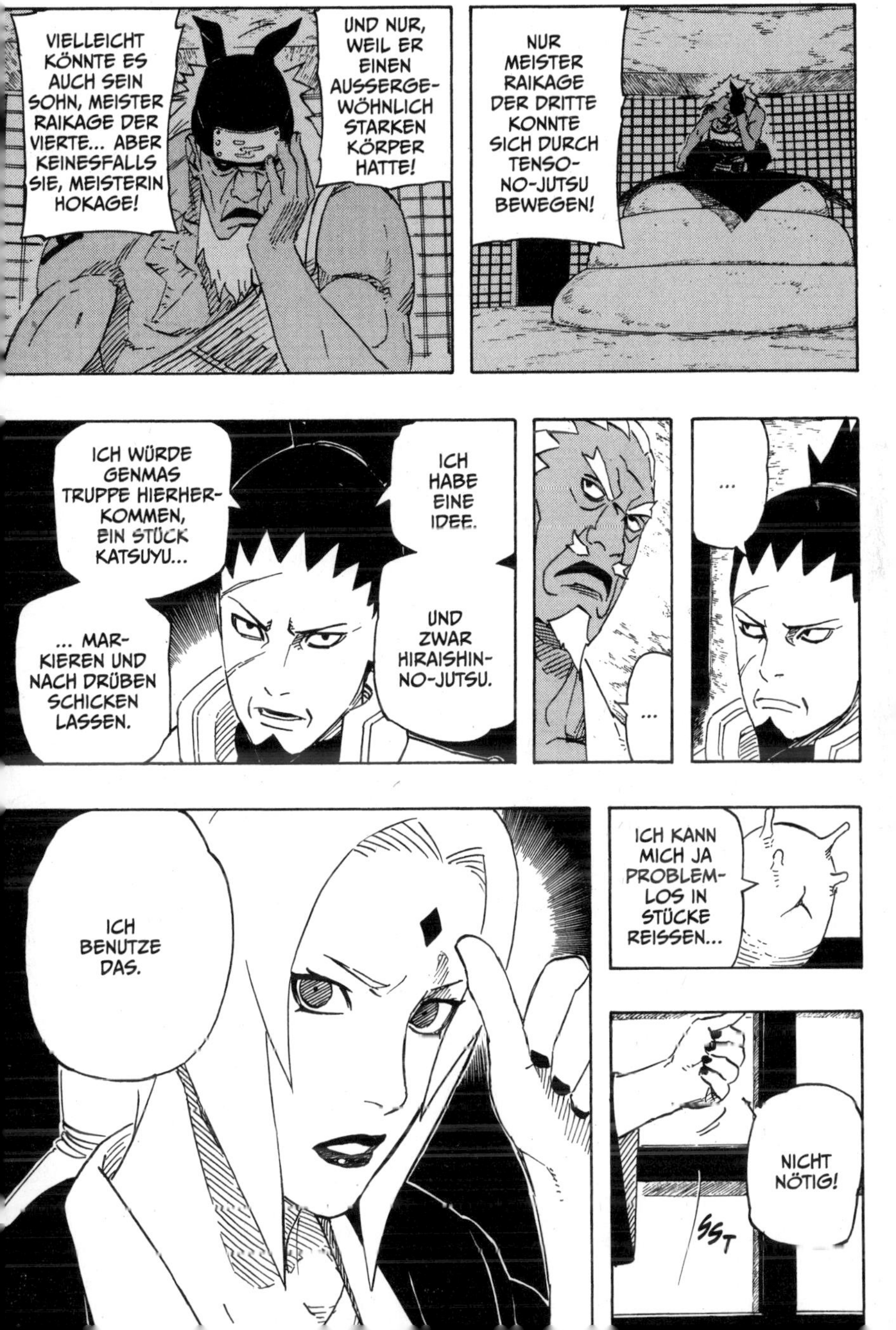
NUR MEISTER RAIKAGE DER DRITTE KONNTE SICH DURCH TENSO-NO-JUTSU BEWEGEN!
UND NUR, WEIL ER EINEN AUSSERGE-WÖHNLICH STARKEN KÖRPER HATTE!
VIELLEICHT KÖNNTE ES AUCH SEIN SOHN, MEISTER RAIKAGE DER VIERTE… ABER KEINESFALLS SIE, MEISTERIN HOKAGE!
…
…
ICH HABE EINE IDEE.
UND ZWAR HIRAISHIN-NO-JUTSU.
ICH WÜRDE GENMAS TRUPPE HIERHER-KOMMEN, EIN STÜCK KATSUYU…
… MAR-KIEREN UND NACH DRÜBEN SCHICKEN LASSEN.
ICH KANN MICH JA PROBLEM-LOS IN STÜCKE REISSEN…
NICHT NÖTIG!
SST
ICH BENUTZE DAS.

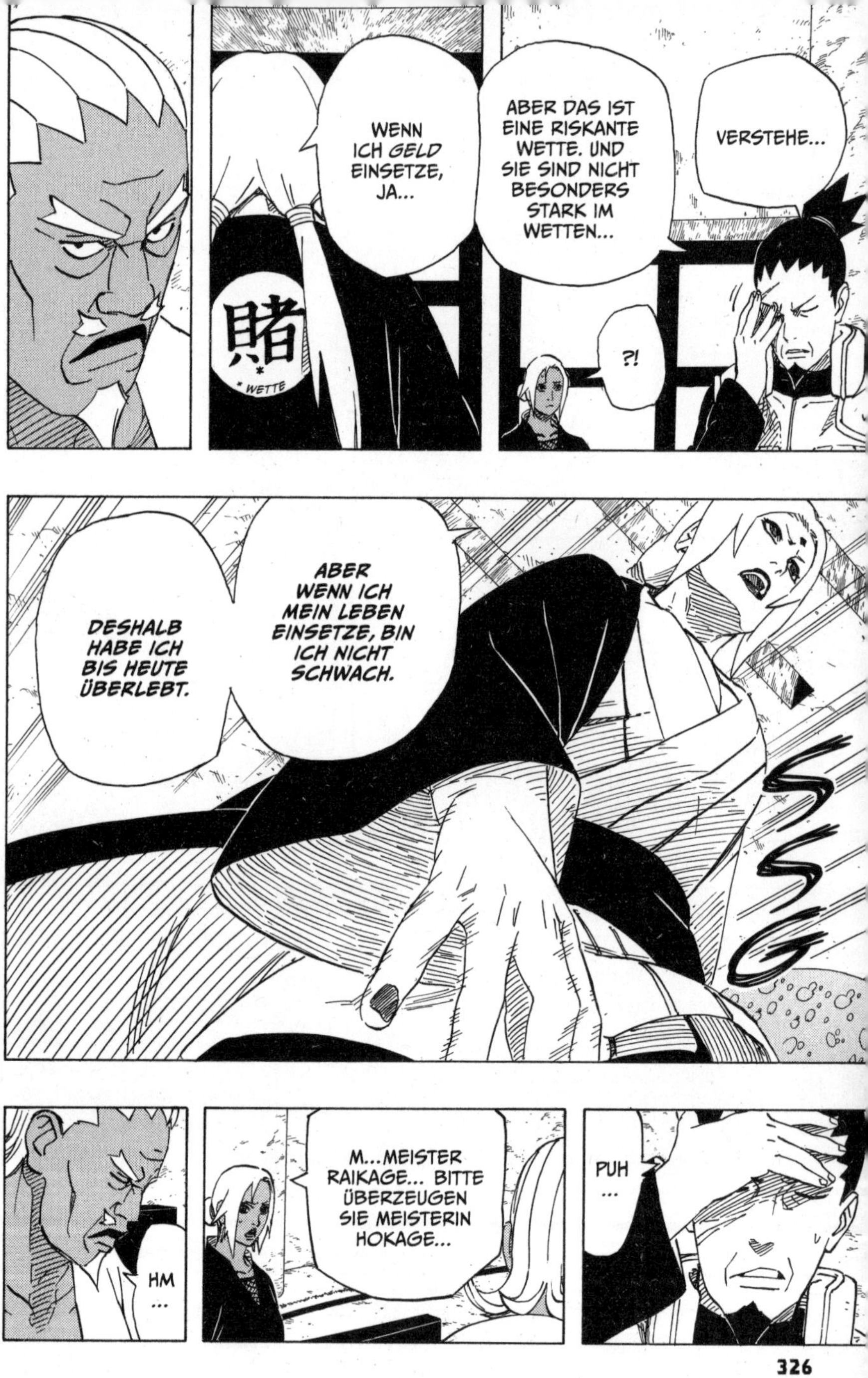
VERSTEHE...
ABER DAS IST EINE RISKANTE WETTE. UND SIE SIND NICHT BESONDERS STARK IM WETTEN...
?!
WENN ICH GELD EINSETZE, JA...
賭*
* WETTE
ABER WENN ICH MEIN LEBEN EINSETZE, BIN ICH NICHT SCHWACH.
DESHALB HABE ICH BIS HEUTE ÜBERLEBT.
SSSG
PUH ...
M...MEISTER RAIKAGE... BITTE ÜBERZEUGEN SIE MEISTERIN HOKAGE...
HM ...

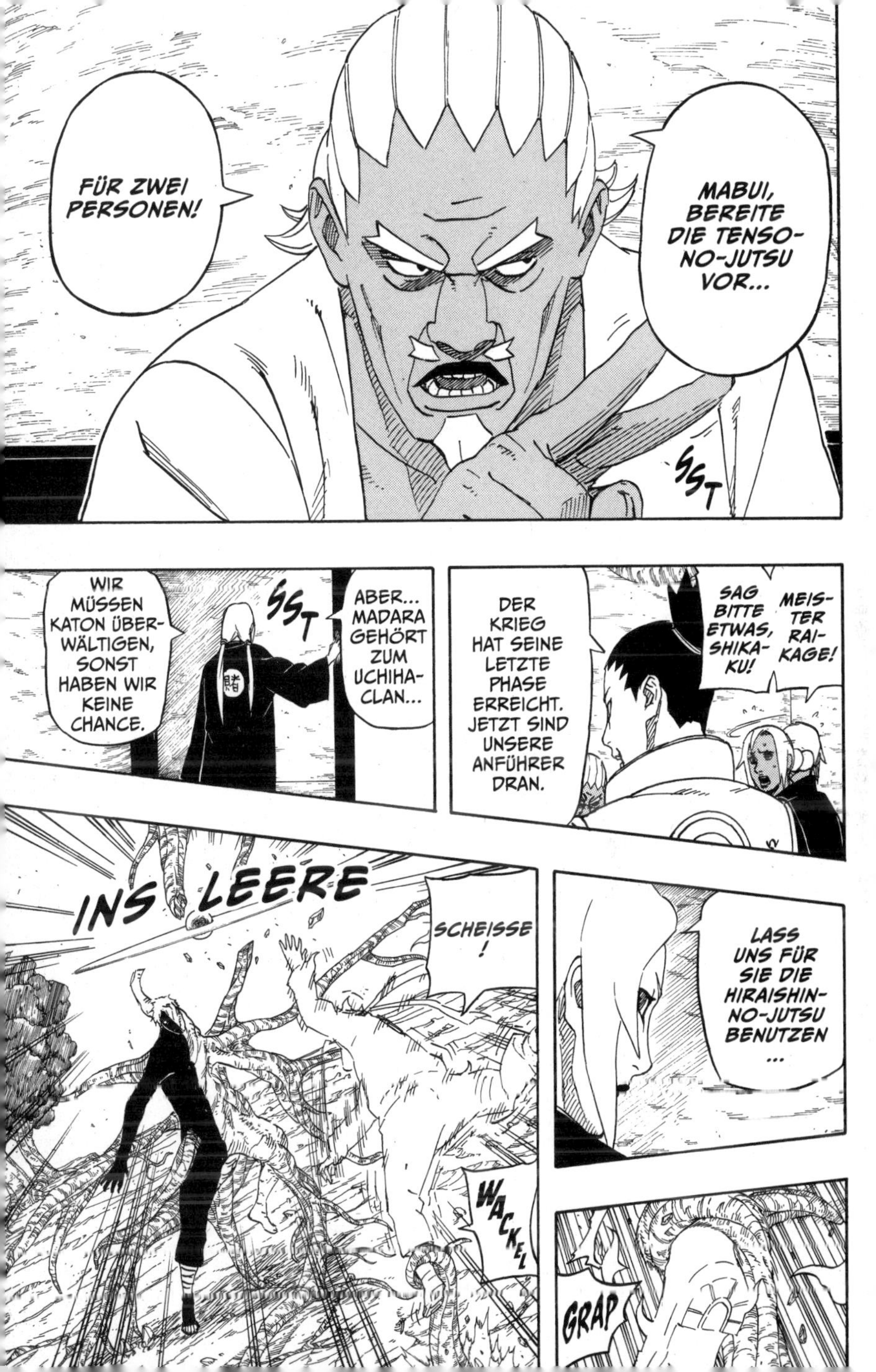
MABUI, BEREITE DIE TENSO-NO-JUTSU VOR...
FÜR ZWEI PERSONEN!
SST
MEISTER RAIKAGE!
SAG BITTE ETWAS, SHIKAKU!
DER KRIEG HAT SEINE LETZTE PHASE ERREICHT. JETZT SIND UNSERE ANFÜHRER DRAN.
ABER... MADARA GEHÖRT ZUM UCHIHA-CLAN...
SST
WIR MÜSSEN KATON ÜBERWÄLTIGEN, SONST HABEN WIR KEINE CHANCE.
LASS UNS FÜR SIE DIE HIRAISHIN-NO-JUTSU BENUTZEN...
INS LEERE
SCHEISSE!
WACKEL
GRAP

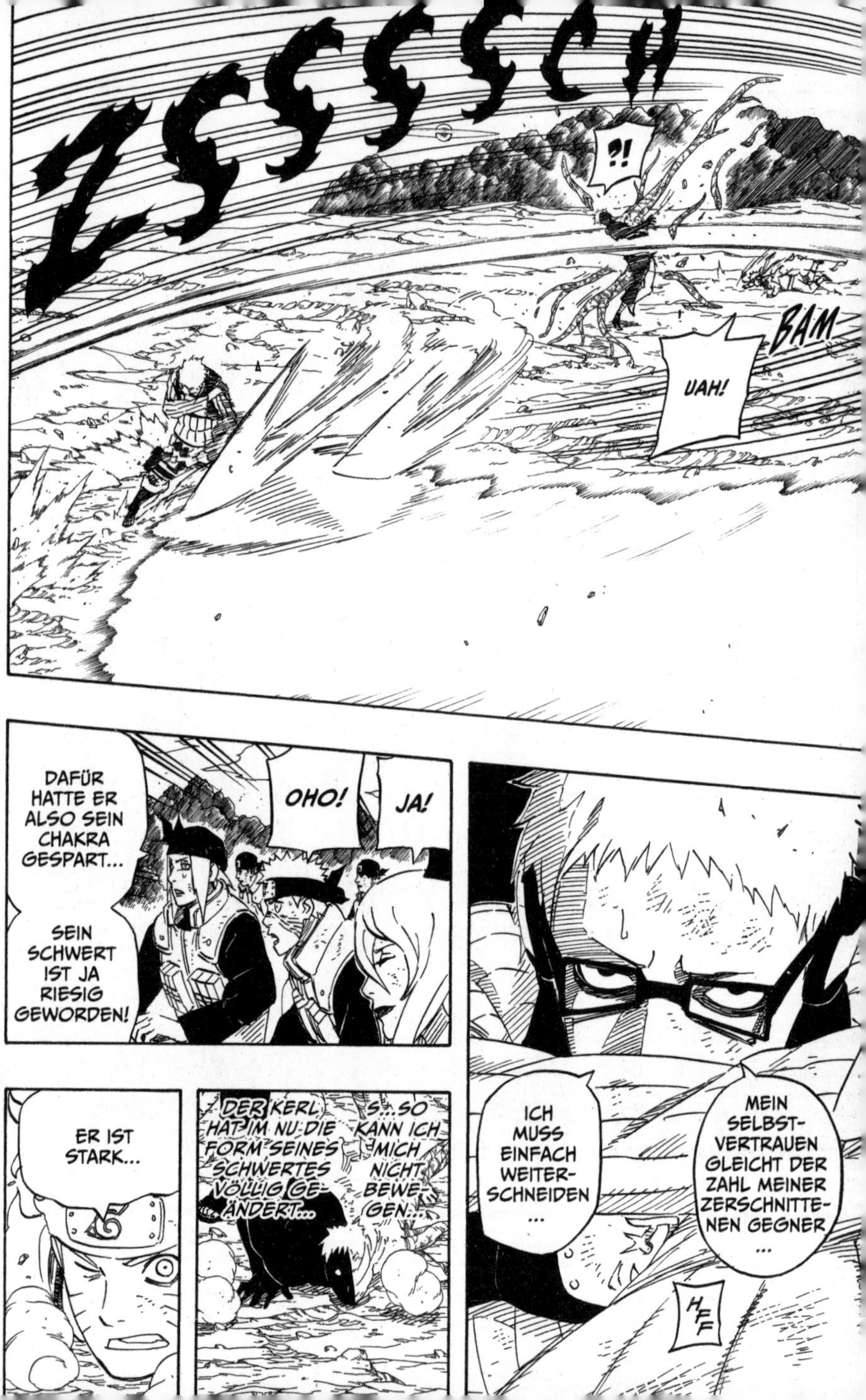
ZSSSSCH
?!
BAM
UAH!
MEIN SELBST-VERTRAUEN GLEICHT DER ZAHL MEINER ZERSCHNITTENEN GEGNER ...
ICH MUSS EINFACH WEITER-SCHNEIDEN ...
HFF
JA!
OHO!
DAFÜR HATTE ER ALSO SEIN CHAKRA GESPART...
SEIN SCHWERT IST JA RIESIG GEWORDEN!
S...SO KANN ICH MICH NICHT BEWEGEN...
DER KERL HAT IM NU DIE FORM SEINES SCHWERTES VÖLLIG GEÄNDERT...
ER IST STARK...

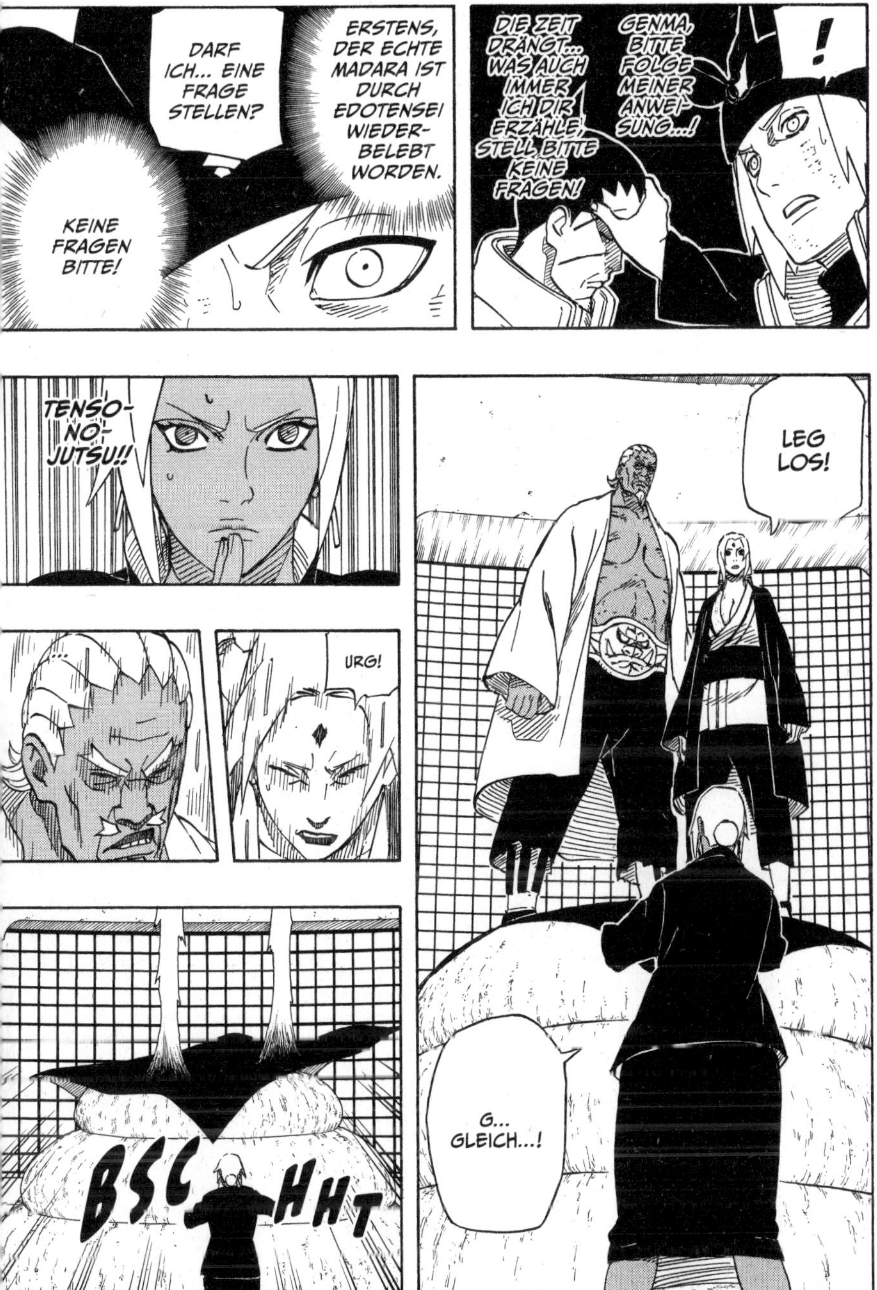
!
GENMA, BITTE FOLGE MEINER ANWEI-SUNG...!
DIE ZEIT DRÄNGT... WAS AUCH IMMER ICH DIR ERZÄHLE, STELL BITTE KEINE FRAGEN!
ERSTENS, DER ECHTE MADARA IST DURCH EDOTENSEI WIEDER-BELEBT WORDEN.
DARF ICH... EINE FRAGE STELLEN?
KEINE FRAGEN BITTE!
LEG LOS!
G... GLEICH...!
TENSO-NO-JUTSU!!
URG!
...
BSCHHT

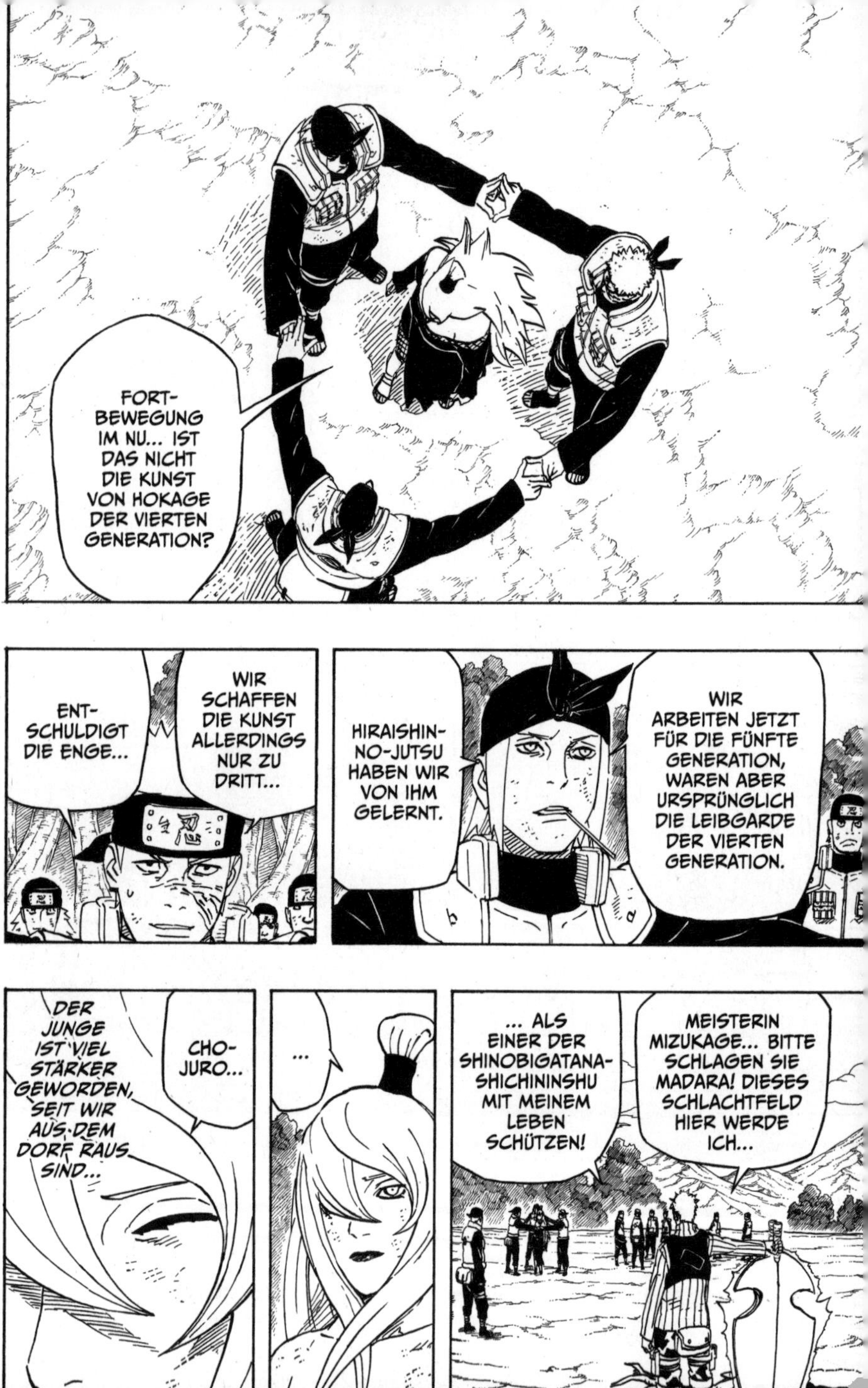
FORT-BEWEGUNG IM NU... IST DAS NICHT DIE KUNST VON HOKAGE DER VIERTEN GENERATION?
WIR ARBEITEN JETZT FÜR DIE FÜNFTE GENERATION, WAREN ABER URSPRÜNGLICH DIE LEIBGARDE DER VIERTEN GENERATION.
HIRAISHIN-NO-JUTSU HABEN WIR VON IHM GELERNT.
WIR SCHAFFEN DIE KUNST ALLERDINGS NUR ZU DRITT...
ENT-SCHULDIGT DIE ENGE...
MEISTERIN MIZUKAGE... BITTE SCHLAGEN SIE MADARA! DIESES SCHLACHTFELD HIER WERDE ICH...
... ALS EINER DER SHINOBIGATANA-SHICHININSHU MIT MEINEM LEBEN SCHÜTZEN!
...
CHO-JURO...
DER JUNGE IST VIEL STÄRKER GEWORDEN, SEIT WIR AUS DEM DORF RAUS SIND...

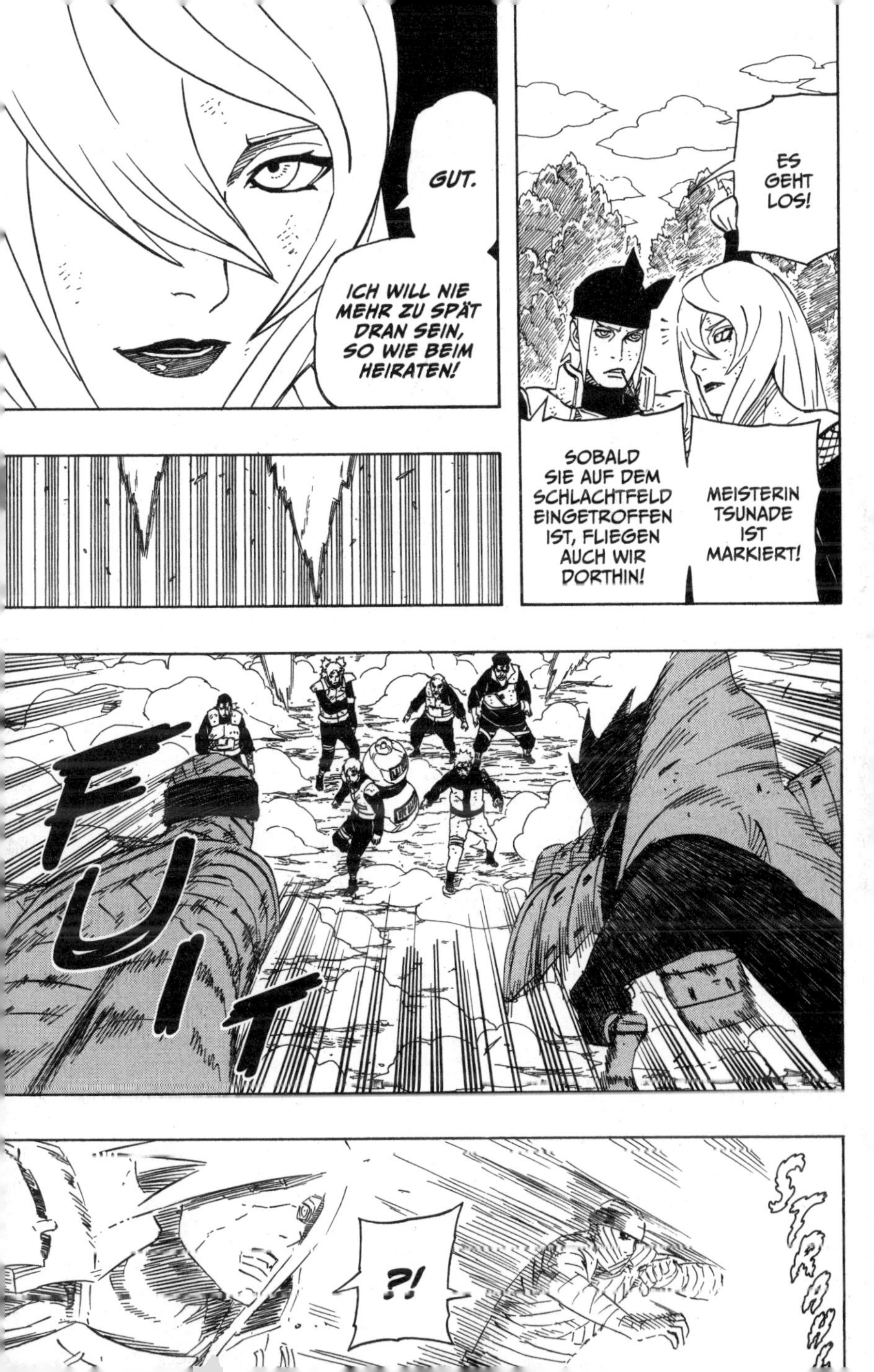
ES GEHT LOS!
MEISTERIN TSUNADE IST MARKIERT!
SOBALD SIE AUF DEM SCHLACHTFELD EINGETROFFEN IST, FLIEGEN AUCH WIR DORTHIN!
GUT.
ICH WILL NIE MEHR ZU SPÄT DRAN SEIN, SO WIE BEIM HEIRATEN!
?!

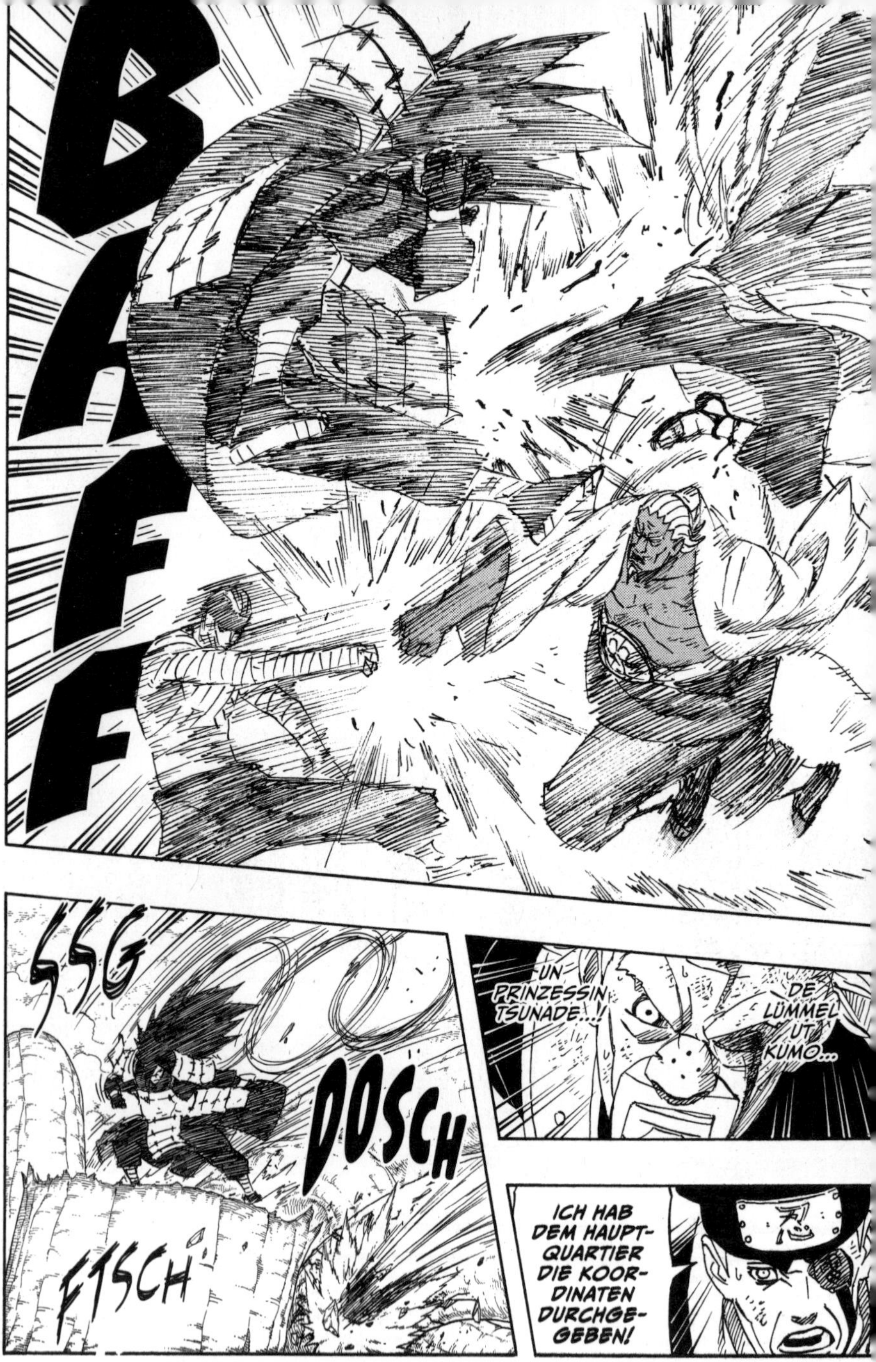
BAFFF
DE LÜMMEL UT KUMO...
UN PRINZESSIN TSUNADE...!
ICH HAB DEM HAUPT-QUARTIER DIE KOOR-DINATEN DURCHGE-GEBEN!
SSG
DOSCH
FTSCH

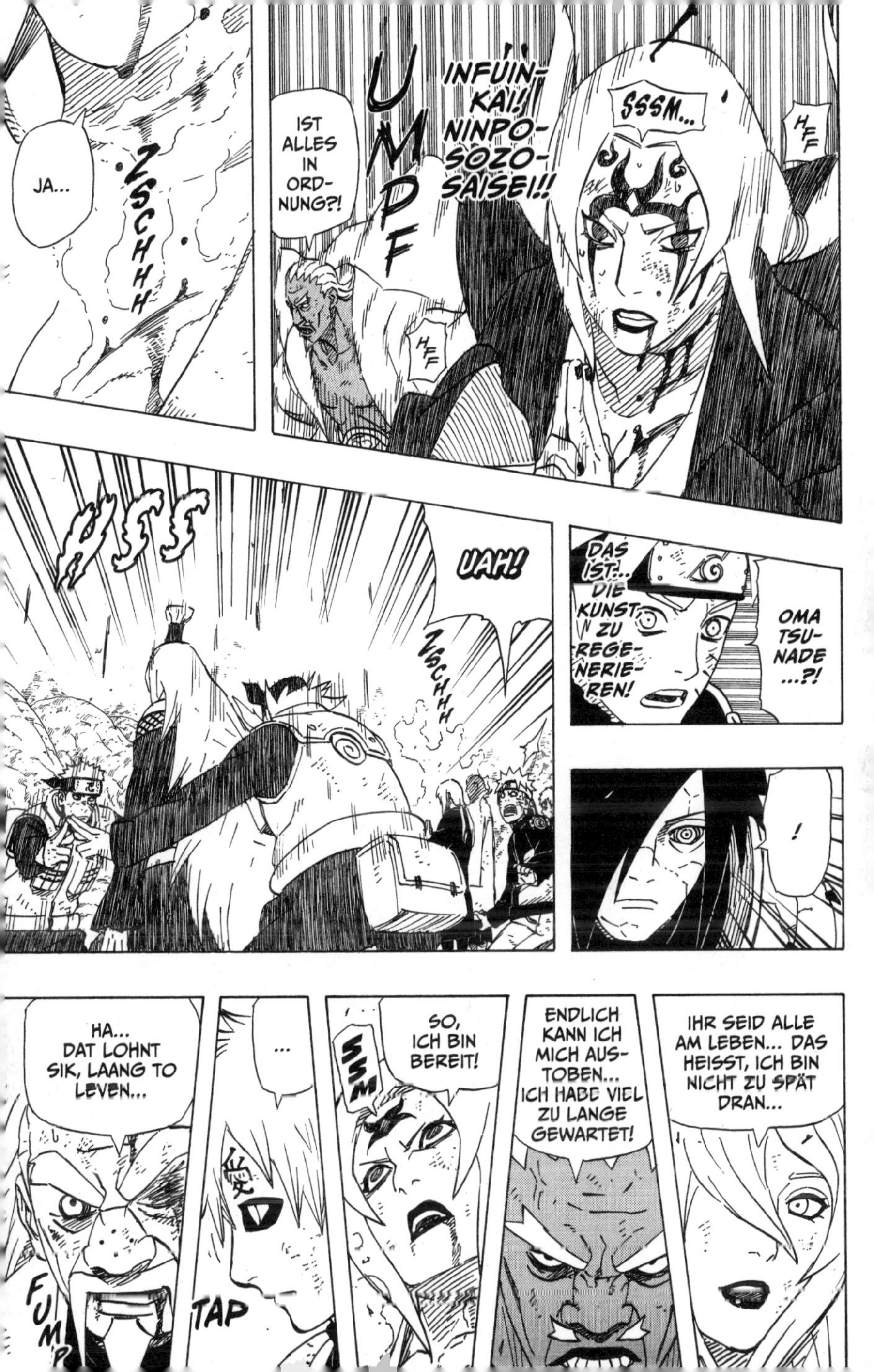
SSSM...
HFF
INFUIN-KAI! NINPO-SOZO-SAISEI!!
UMPF
IST ALLES IN ORDNUNG?!
HFF
ZSCHHH
JA...
OMA TSUNADE ...?!
DAS IST... DIE KUNST ZU REGENERIEREN!
!
UAH!
ZSCHHH
IHR SEID ALLE AM LEBEN... DAS HEISST, ICH BIN NICHT ZU SPÄT DRAN...
ENDLICH KANN ICH MICH AUSTOBEN... ICH HABE VIEL ZU LANGE GEWARTET!
SO, ICH BIN BEREIT!
SSM
...
TAP
HA... DAT LOHNT SIK, LAANG TO LEVEN...
FUMP

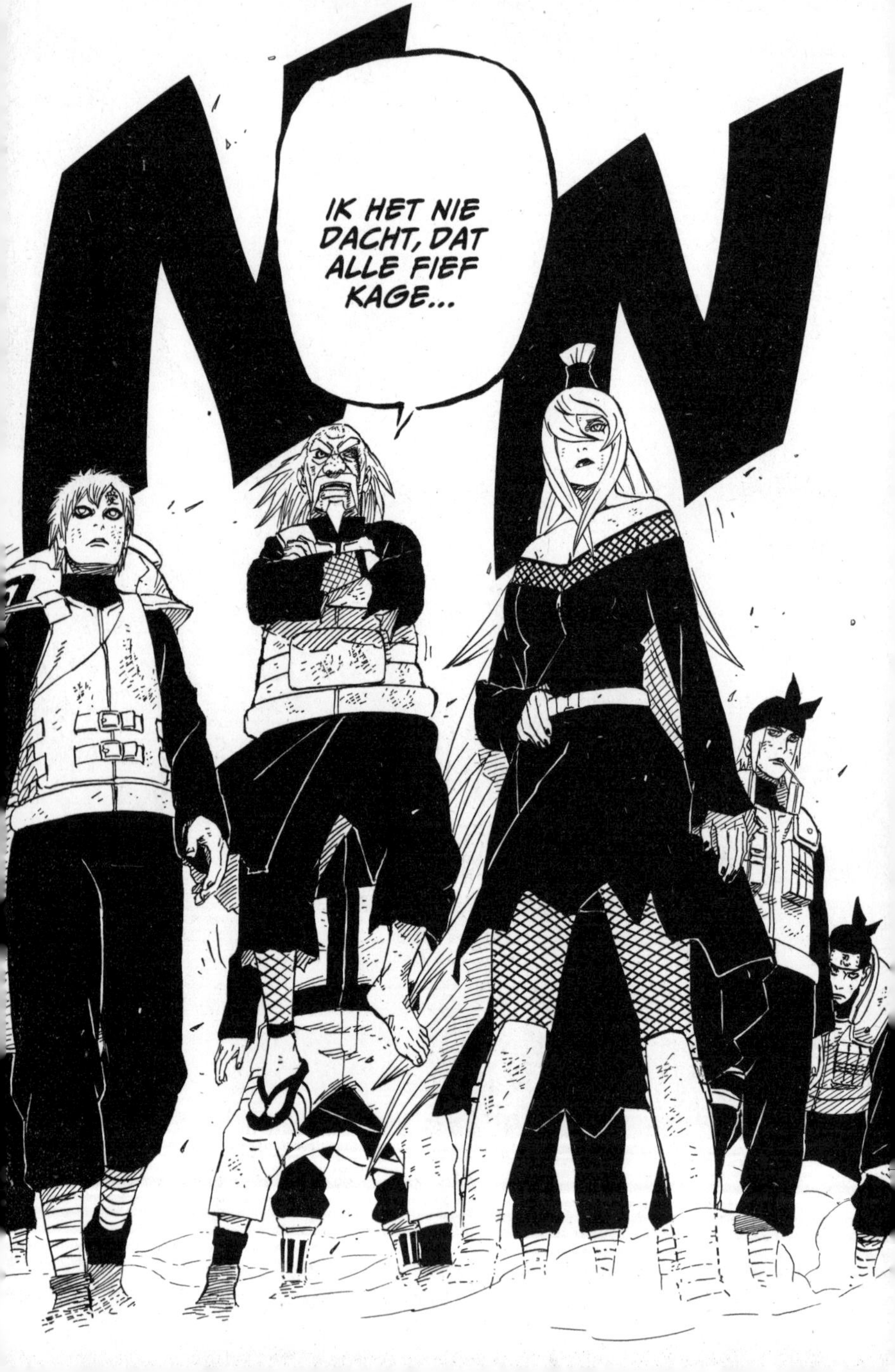
IK HET NIE DACHT, DAT ALLE FIEF KAGE...

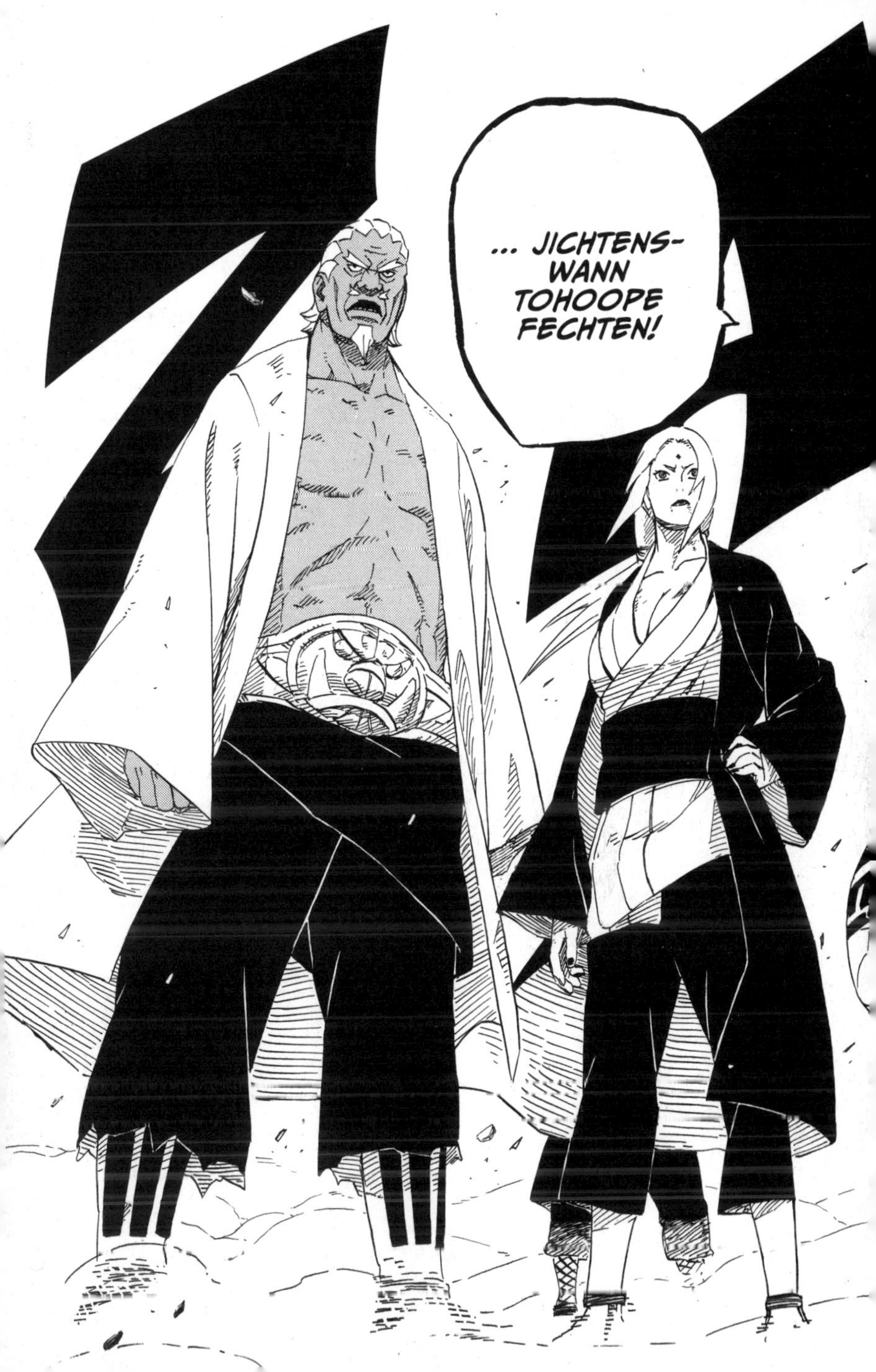
... JICHTENS-WANN TOHOOPE FECHTEN!

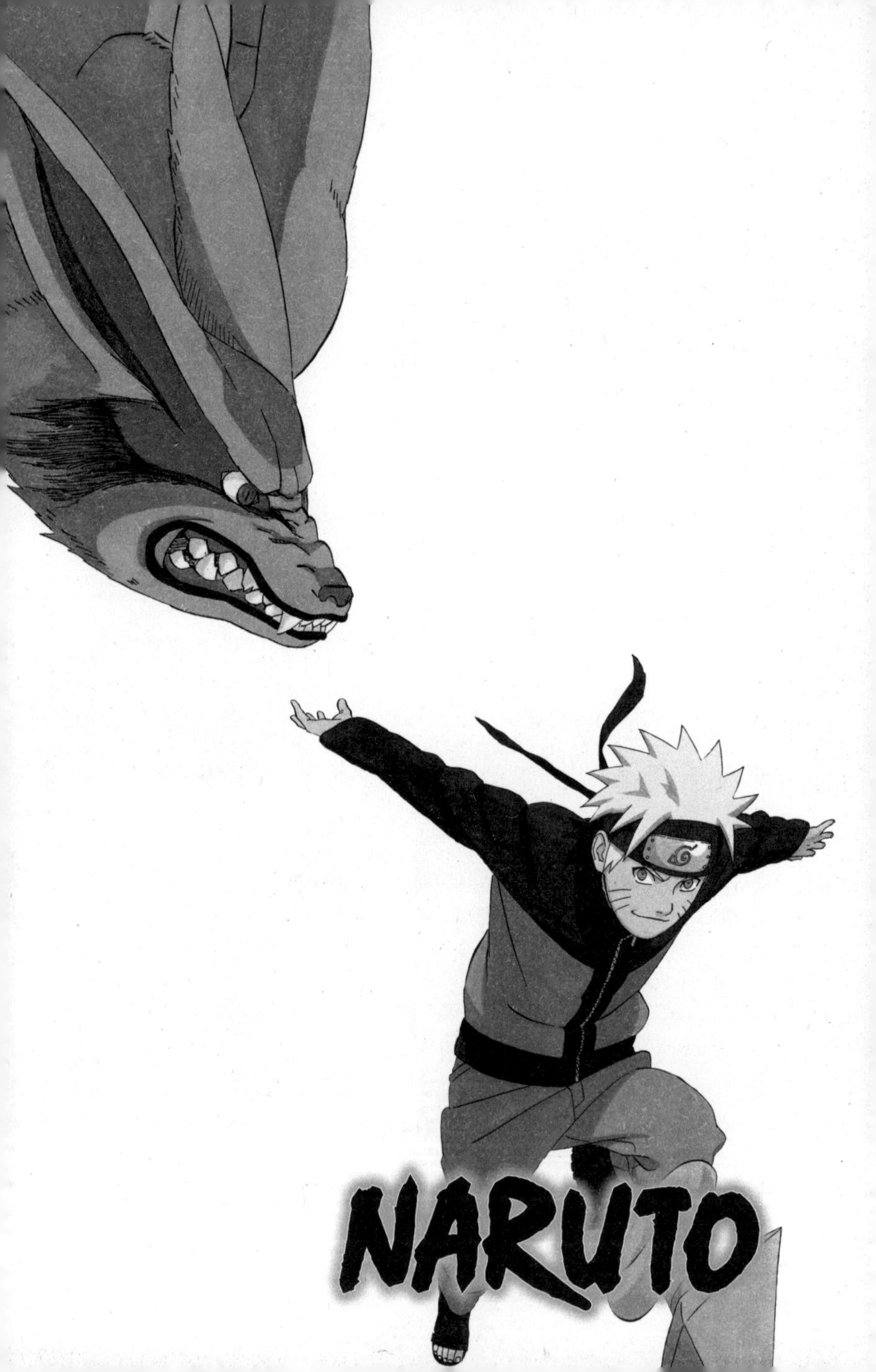
NARUTO

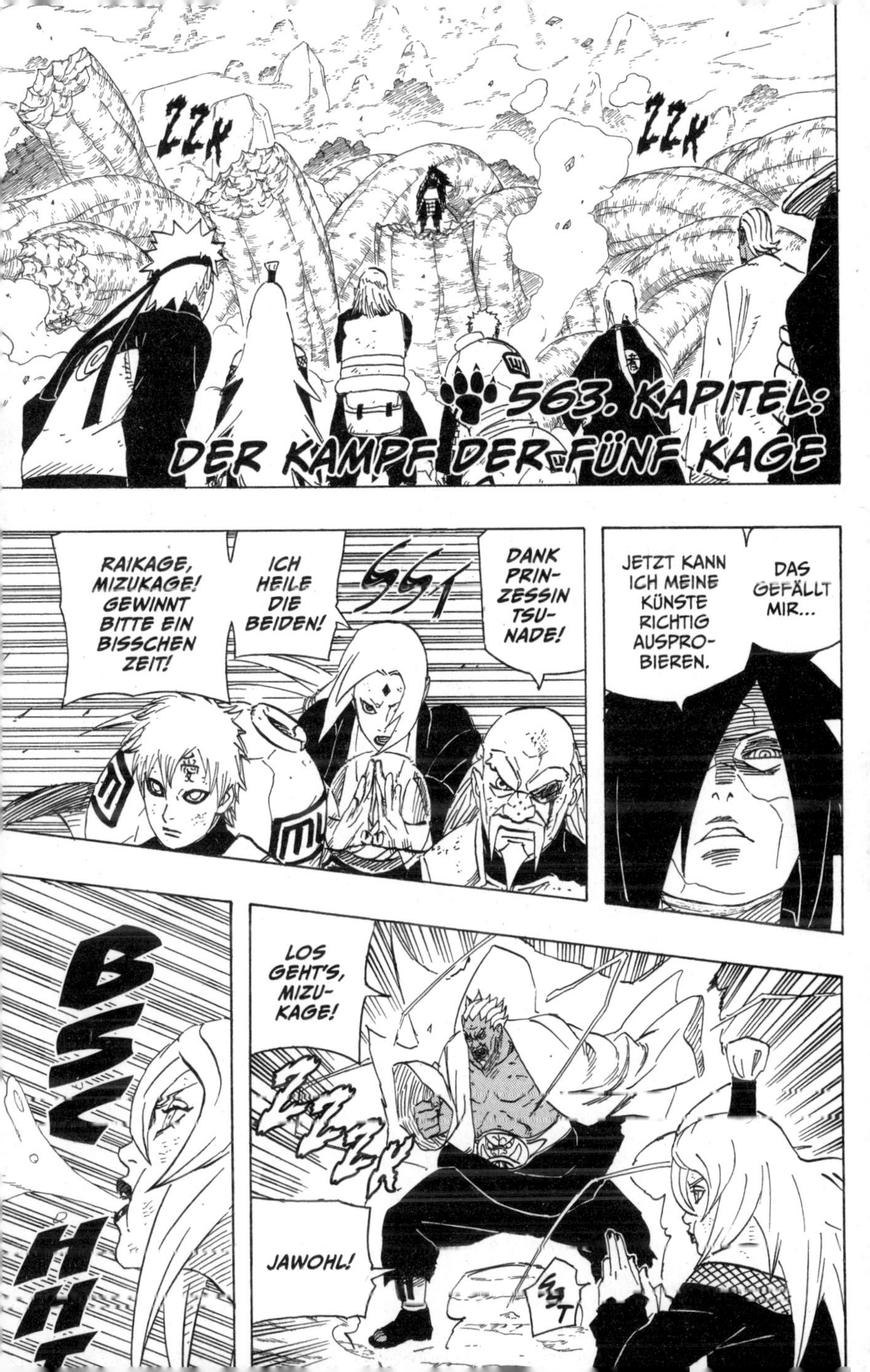

ZZK
ZZK
563. KAPITEL: DER KAMPF DER FÜNF KAGE
DAS GEFÄLLT MIR...
JETZT KANN ICH MEINE KÜNSTE RICHTIG AUSPROBIEREN.
DANK PRINZESSIN TSUNADE!
ICH HEILE DIE BEIDEN!
RAIKAGE, MIZUKAGE! GEWINNT BITTE EIN BISSCHEN ZEIT!
LOS GEHT'S, MIZUKAGE!
JAWOHL!
BSSHHH

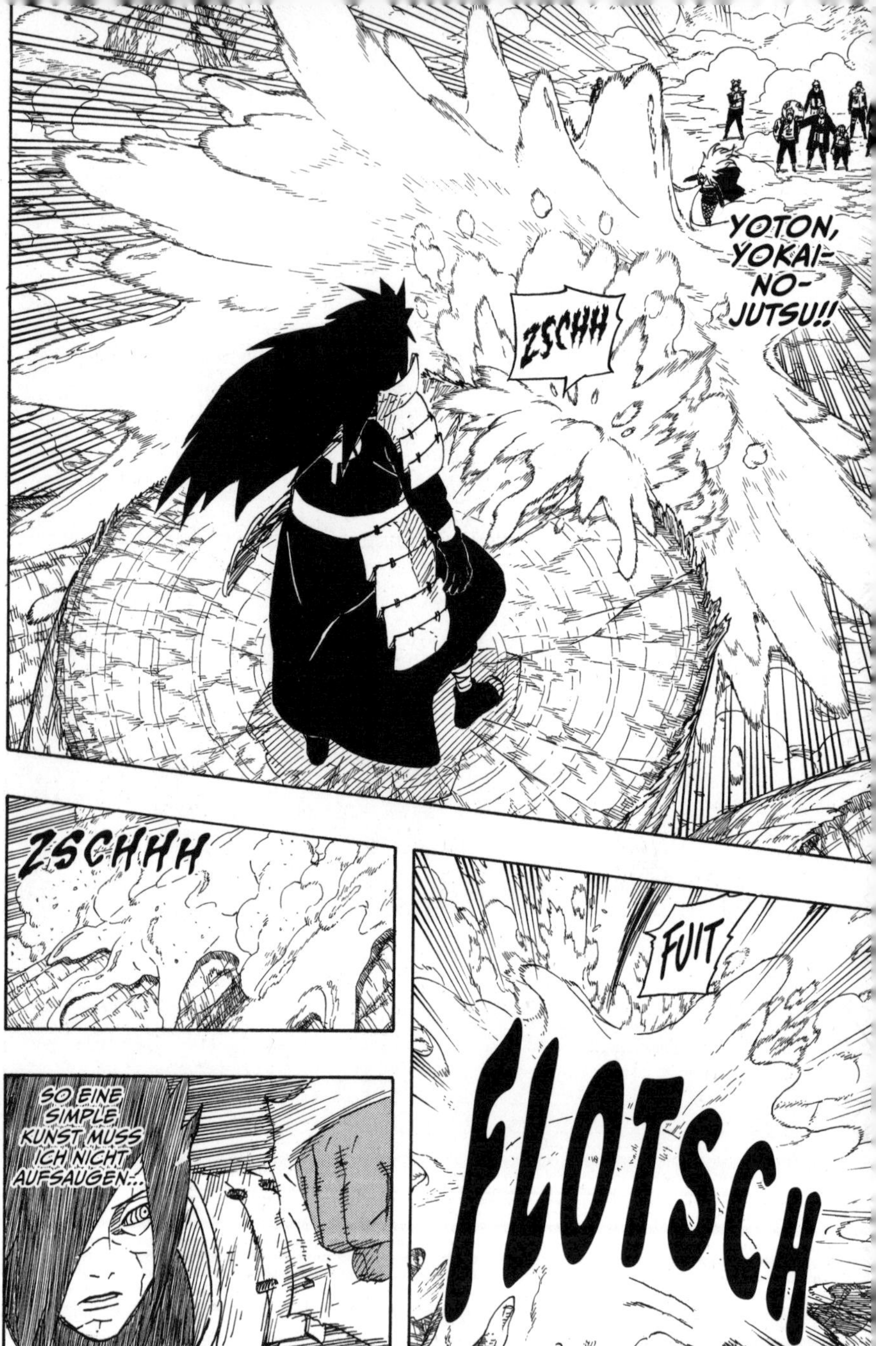
YOTON, YOKAI-NO-JUTSU!!
ZSCHH
ZSCHHH
FUIT
FLOTSCH
SO EINE SIMPLE KUNST MUSS ICH NICHT AUFSAUGEN...

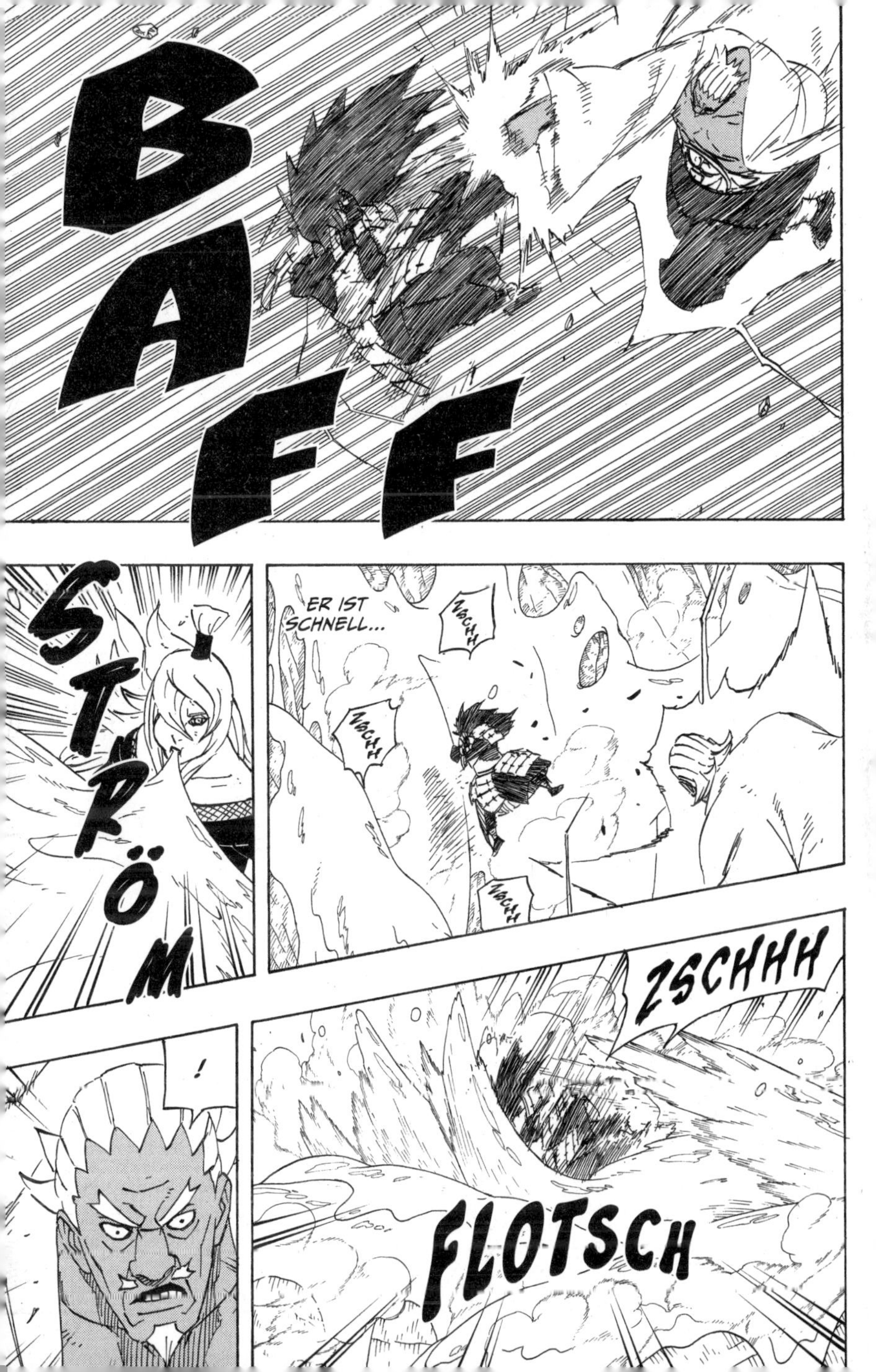
BAFF
ER IST SCHNELL...
ZSCHH
ZSCHH
ZSCHH
STRÖM
!
ZSCHHH
FLOTSCH

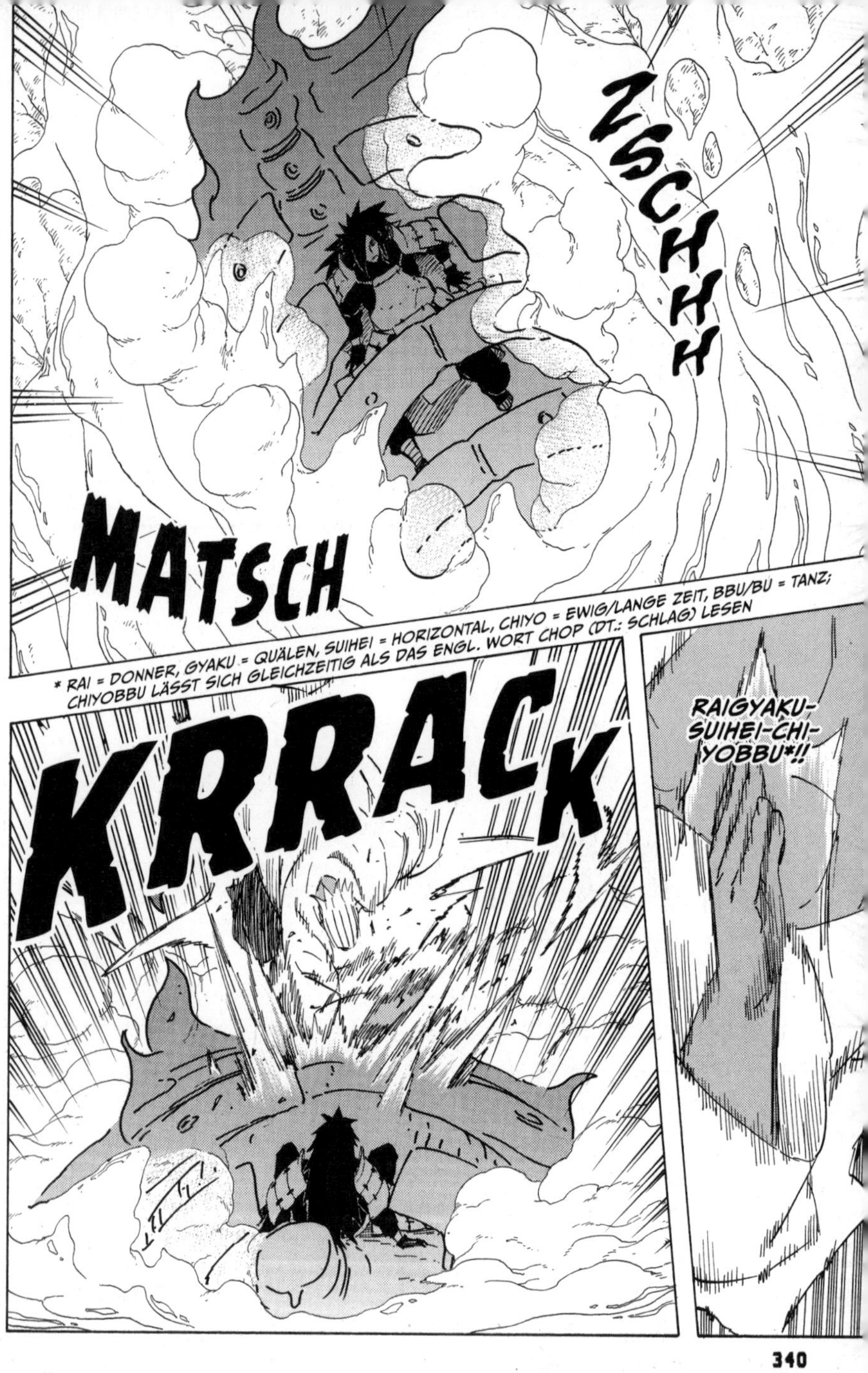

* RAI = DONNER, GYAKU = QUÄLEN, SUIHEI = HORIZONTAL, CHIYO = EWIG/LANGE ZEIT, BBU/BU = TANZ; CHIYOBBU LÄSST SICH GLEICHZEITIG ALS DAS ENGL. WORT CHOP (DT.: SCHLAG) LESEN

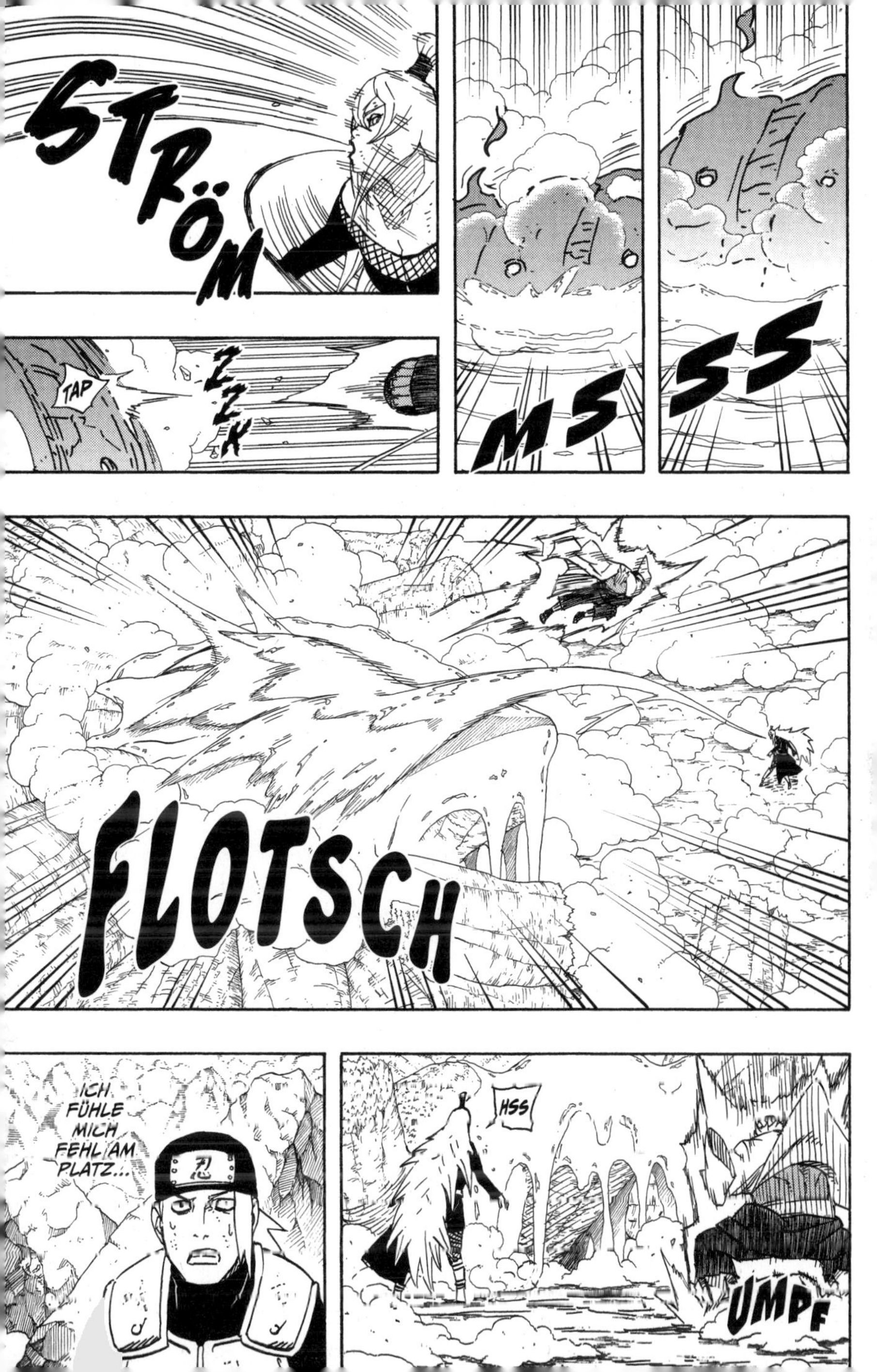

SSS
MS
STRÖM
ZZK
TAP
FLOTSCH
UMPF
HSS
ICH FÜHLE MICH FEHL AM PLATZ...

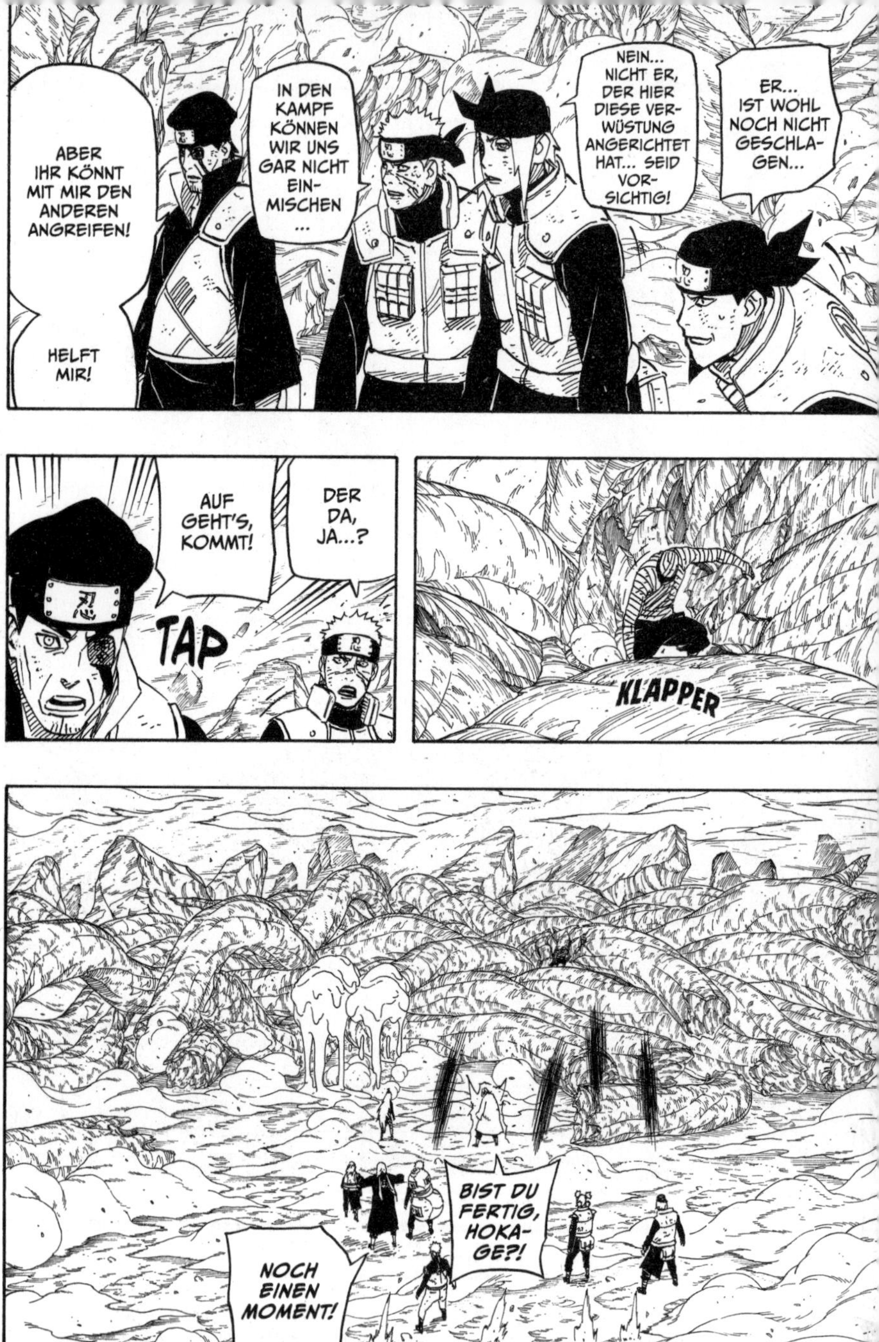
ER... IST WOHL NOCH NICHT GESCHLAGEN...
NEIN... NICHT ER, DER HIER DIESE VERWÜSTUNG ANGERICHTET HAT... SEID VORSICHTIG!
IN DEN KAMPF KÖNNEN WIR UNS GAR NICHT EINMISCHEN ...
ABER IHR KÖNNT MIT MIR DEN ANDEREN ANGREIFEN!
HELFT MIR!
KLAPPER
DER DA, JA...?
AUF GEHT'S, KOMMT!
TAP
BIST DU FERTIG, HOKAGE?!
NOCH EINEN MOMENT!

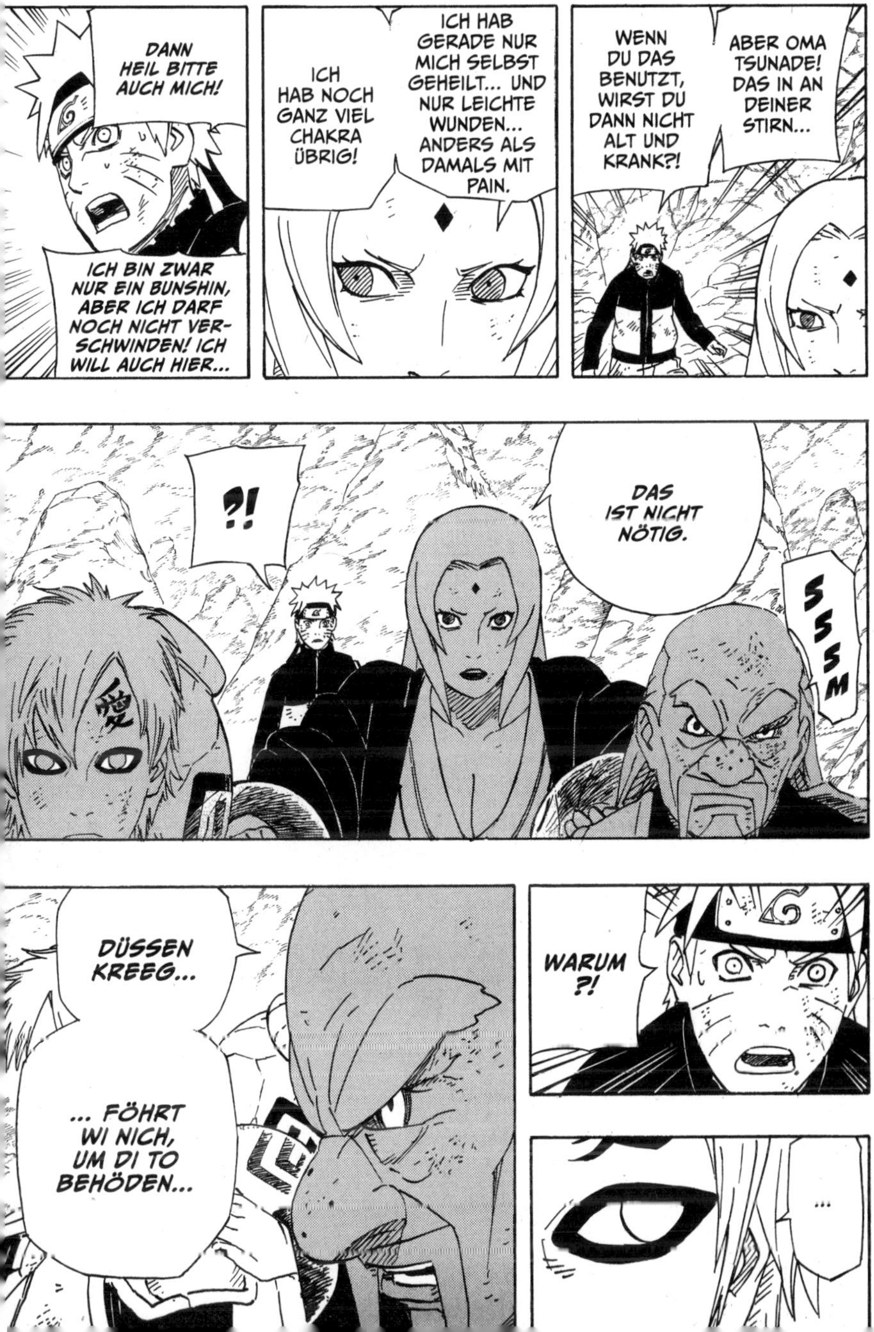
ABER OMA TSUNADE! DAS IN AN DEINER STIRN...
WENN DU DAS BENUTZT, WIRST DU DANN NICHT ALT UND KRANK?!
ICH HAB GERADE NUR MICH SELBST GEHEILT... UND NUR LEICHTE WUNDEN... ANDERS ALS DAMALS MIT PAIN.
ICH HAB NOCH GANZ VIEL CHAKRA ÜBRIG!
DANN HEIL BITTE AUCH MICH!
ICH BIN ZWAR NUR EIN BUNSHIN, ABER ICH DARF NOCH NICHT VERSCHWINDEN! ICH WILL AUCH HIER...
SSSSM
DAS IST NICHT NÖTIG.
?!
WARUM ?!
...
DÜSSEN KREEG...
... FÖHRT WI NICH, UM DI TO BEHÖDEN...

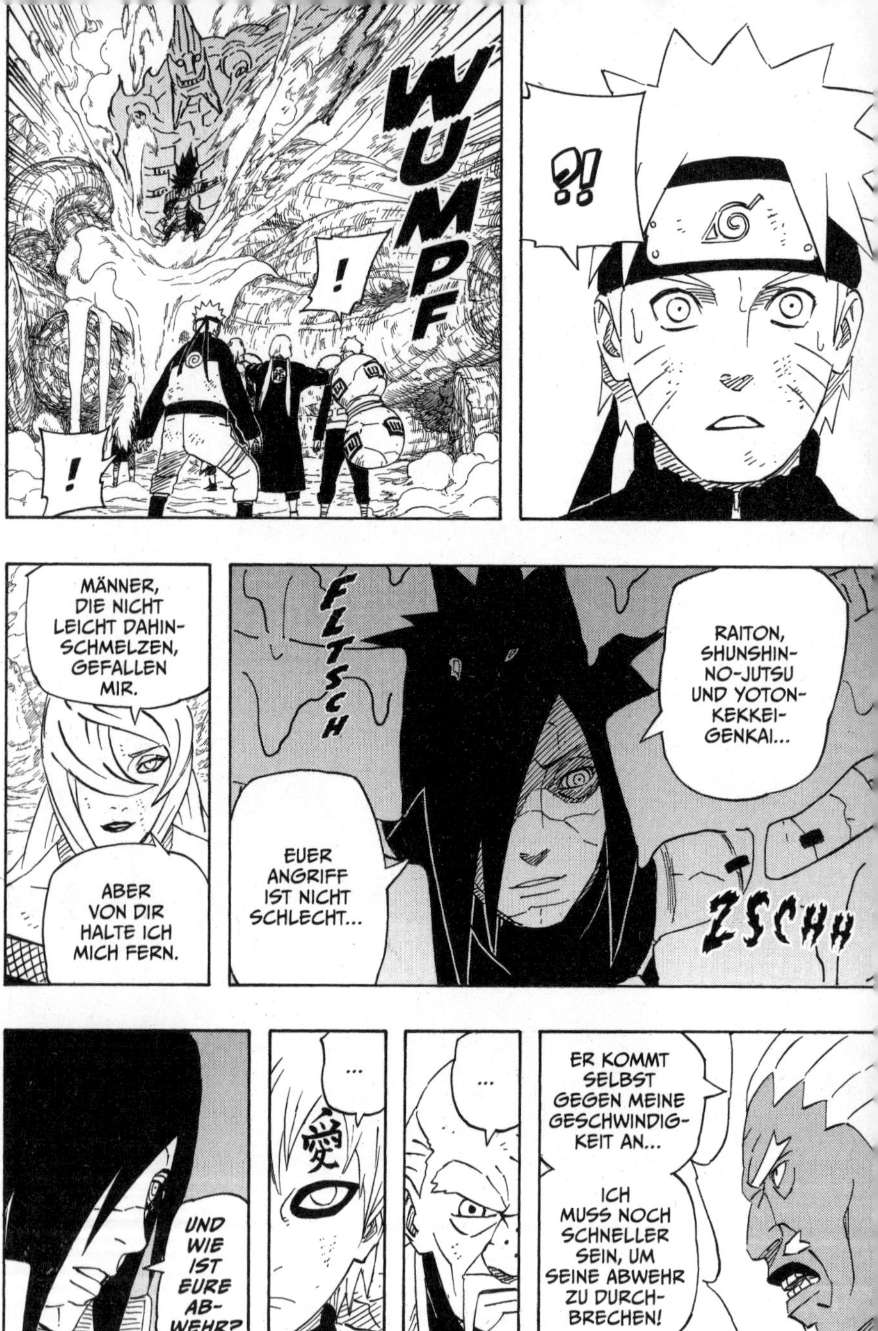
?!
WUMPF
!
!
RAITON, SHUNSHIN-NO-JUTSU UND YOTON-KEKKEI-GENKAI...
FLTSCH
ZSCHH
EUER ANGRIFF IST NICHT SCHLECHT...
MÄNNER, DIE NICHT LEICHT DAHIN-SCHMELZEN, GEFALLEN MIR.
ABER VON DIR HALTE ICH MICH FERN.
ER KOMMT SELBST GEGEN MEINE GESCHWINDIG-KEIT AN...
ICH MUSS NOCH SCHNELLER SEIN, UM SEINE ABWEHR ZU DURCH-BRECHEN!
...
...
愛
UND WIE IST EURE AB-WEHR?

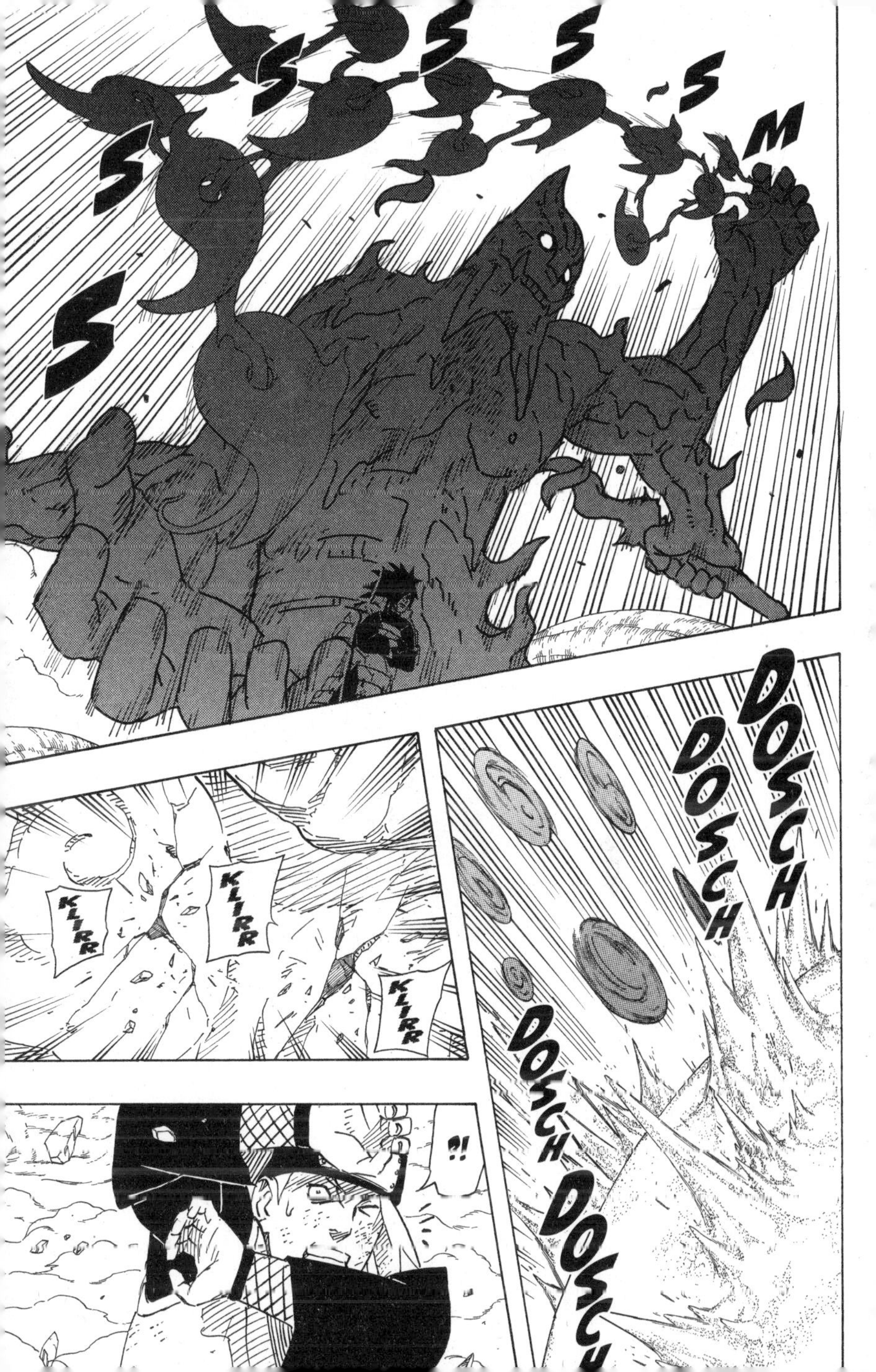
SSSSSSM
DOSCH
DOSCH
KLIRR
KLIRR
KLIRR
DOSCH
DOSCH
?!

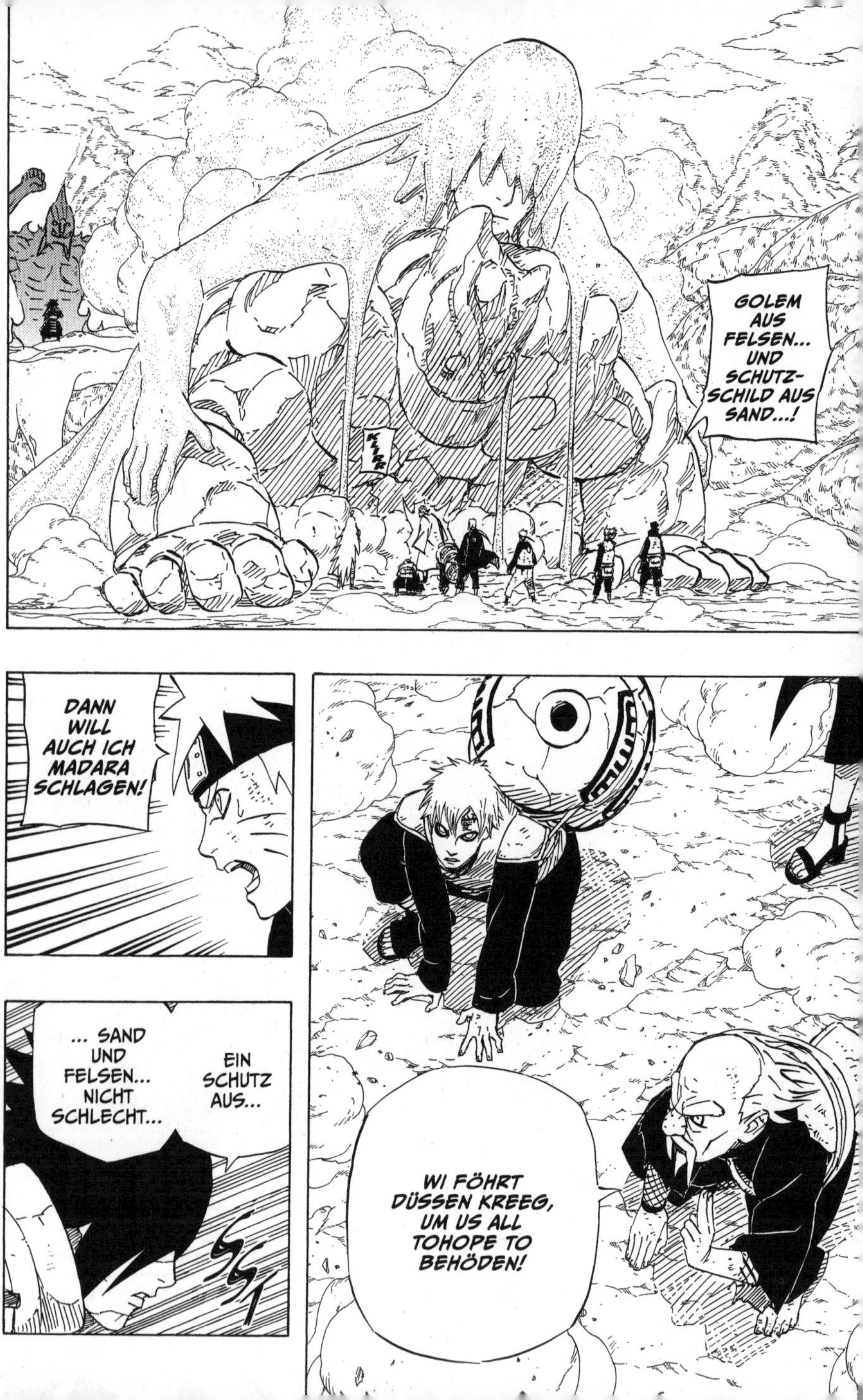

GOLEM AUS FELSEN... UND SCHUTZSCHILD AUS SAND...!
KLIRR
WI FÖHRT DÜSSEN KREEG, UM US ALL TOHOPE TO BEHÖDEN!
DANN WILL AUCH ICH MADARA SCHLAGEN!
EIN SCHUTZ AUS...
... SAND UND FELSEN... NICHT SCHLECHT...

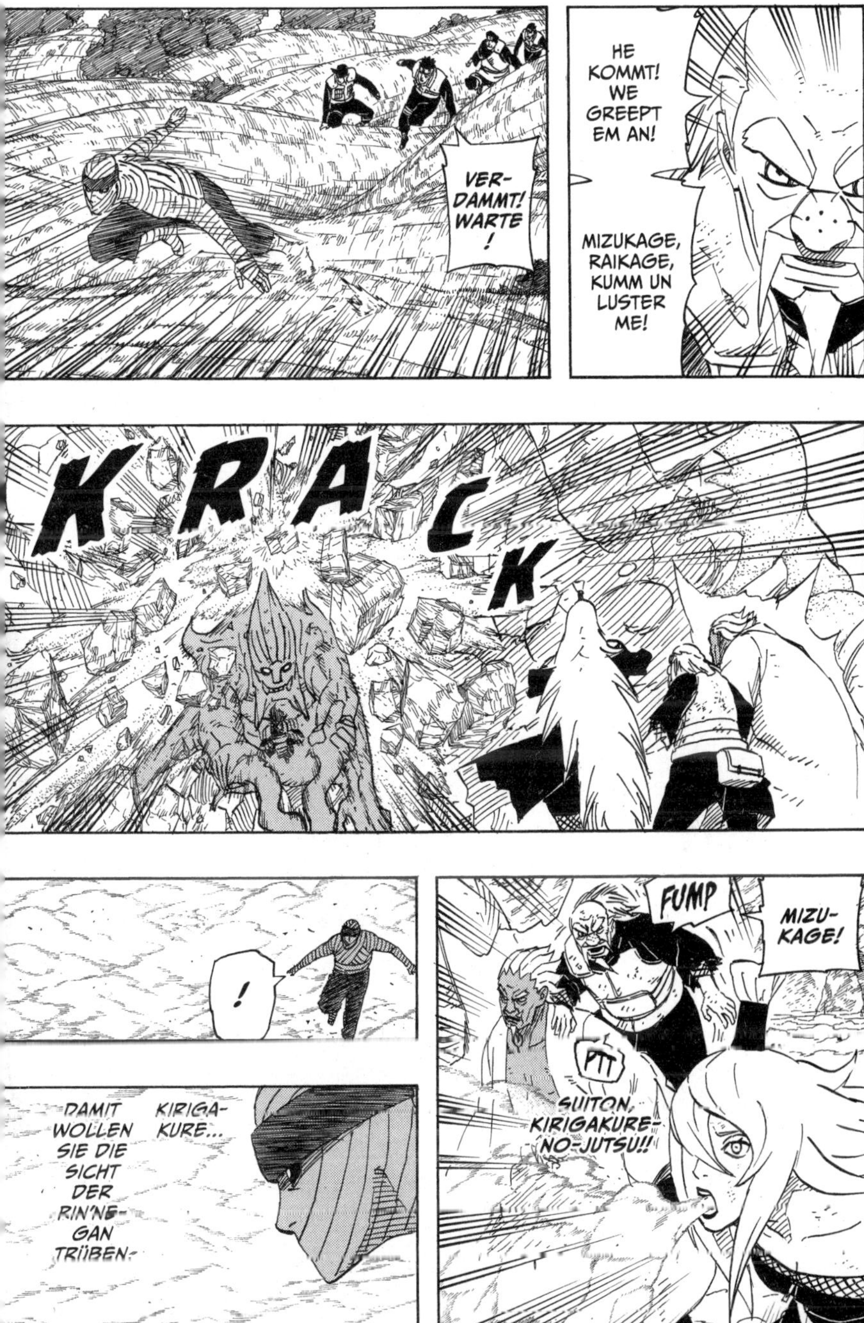

HE KOMMT! WE GREEPT EM AN!
MIZUKAGE, RAIKAGE, KUMM UN LUSTER ME!
VERDAMMT! WARTE!
KRACK
MIZUKAGE!
FUMP
PTT
SUITON, KIRIGAKURE-NO-JUTSU!!
!
KIRIGAKURE...
DAMIT WOLLEN SIE DIE SICHT DER RIN'NEGAN TRÜBEN-

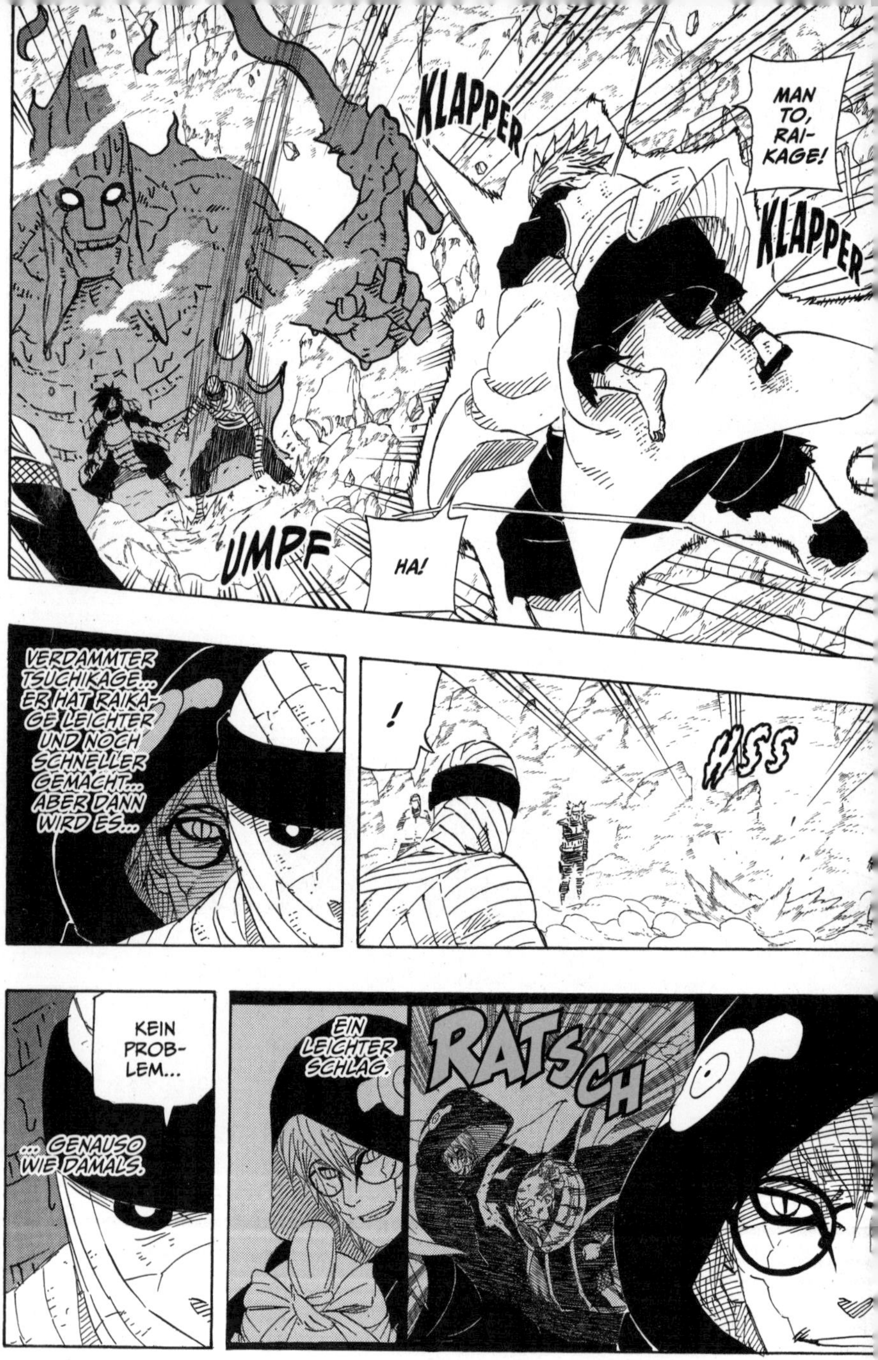
MAN TO, RAI-KAGE!
KLAPPER
KLAPPER
HA!
UMPF
HSS
!
VERDAMMTER TSUCHIKAGE... ER HAT RAIKAGE LEICHTER UND NOCH SCHNELLER GEMACHT... ABER DANN WIRD ES...
RATSCH
EIN LEICHTER SCHLAG.
KEIN PROB-LEM...
... GENAUSO WIE DAMALS.

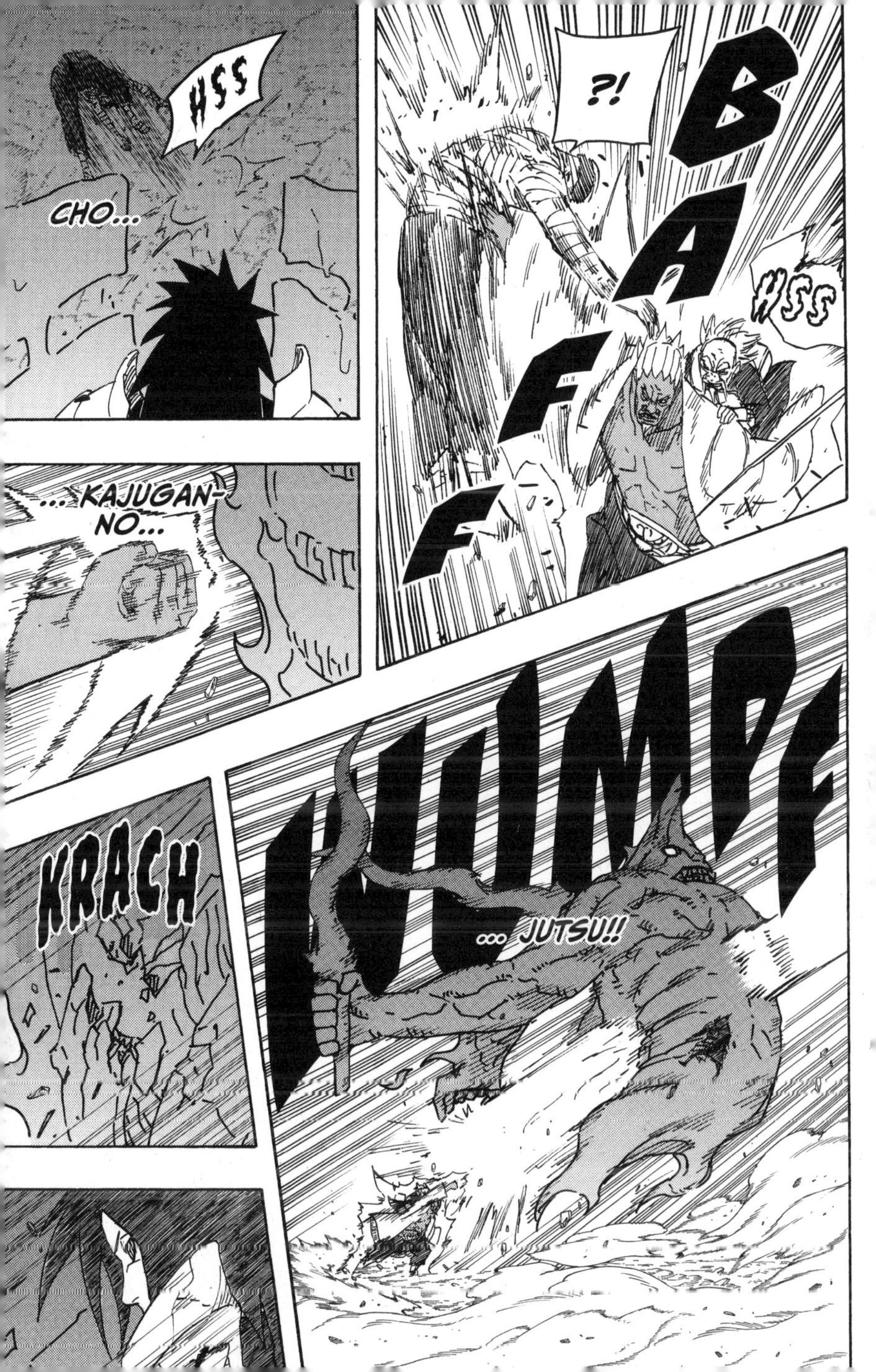

?!
BAFF
HSS
HSS
CHO...
... KAJUGAN-NO...
WUMPF
... JUTSU!!
KRACH

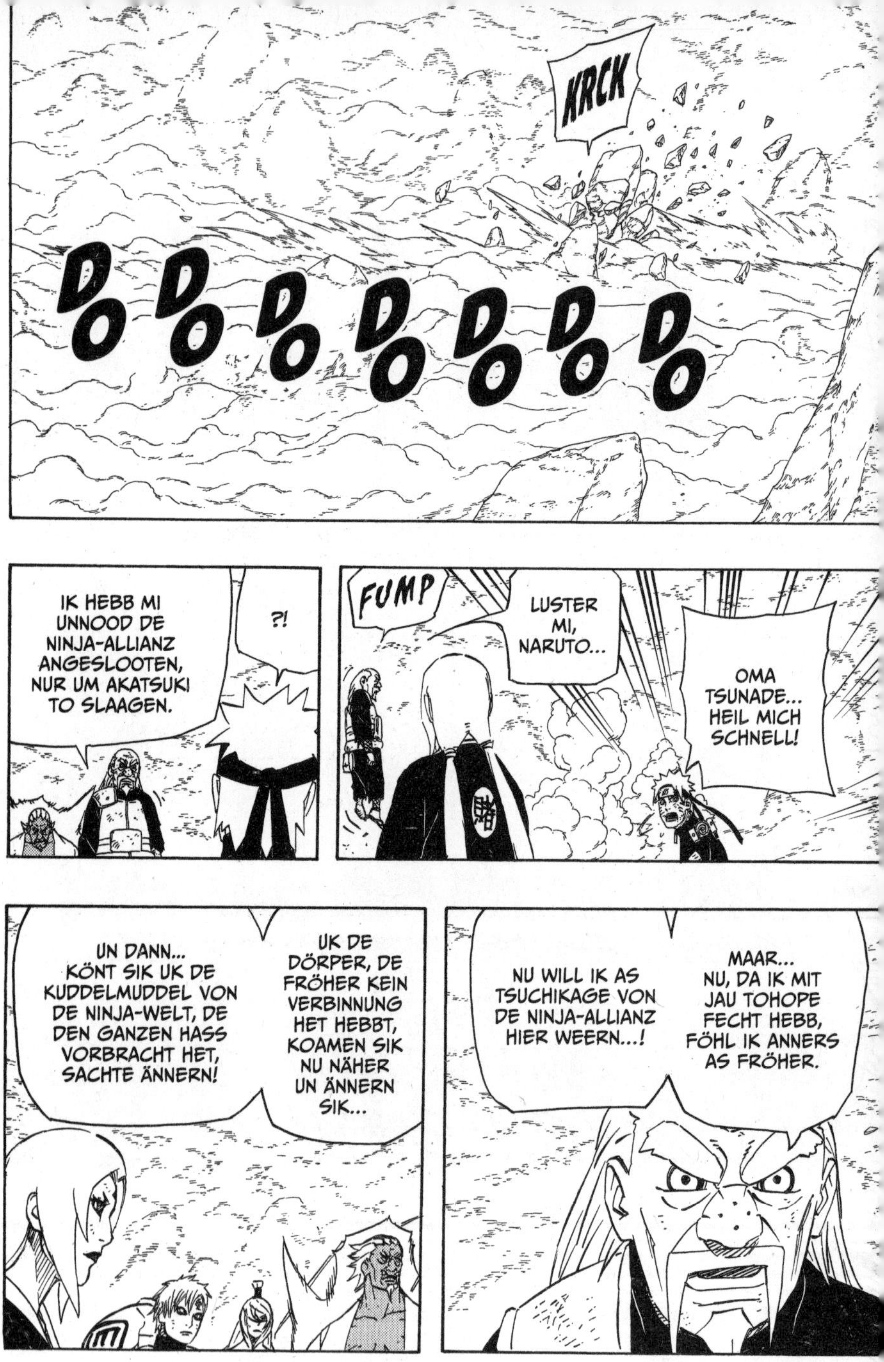
KRCK
DODODODODODODO
?!
IK HEBB MI UNNOOD DE NINJA-ALLIANZ ANGESLOOTEN, NUR UM AKATSUKI TO SLAAGEN.
OMA TSUNADE… HEIL MICH SCHNELL!
LUSTER MI, NARUTO…
FUMP
MAAR… NU, DA IK MIT JAU TOHOPE FECHT HEBB, FÖHL IK ANNERS AS FRÖHER.
NU WILL IK AS TSUCHIKAGE VON DE NINJA-ALLIANZ HIER WEERN…!
UK DE DÖRPER, DE FRÖHER KEIN VERBINNUNG HET HEBBT, KOAMEN SIK NU NÄHER UN ÄNNERN SIK…
UN DANN… KÖNT SIK UK DE KUDDELMUDDEL VON DE NINJA-WELT, DE DEN GANZEN HASS VORBRACHT HET, SACHTE ÄNNERN!

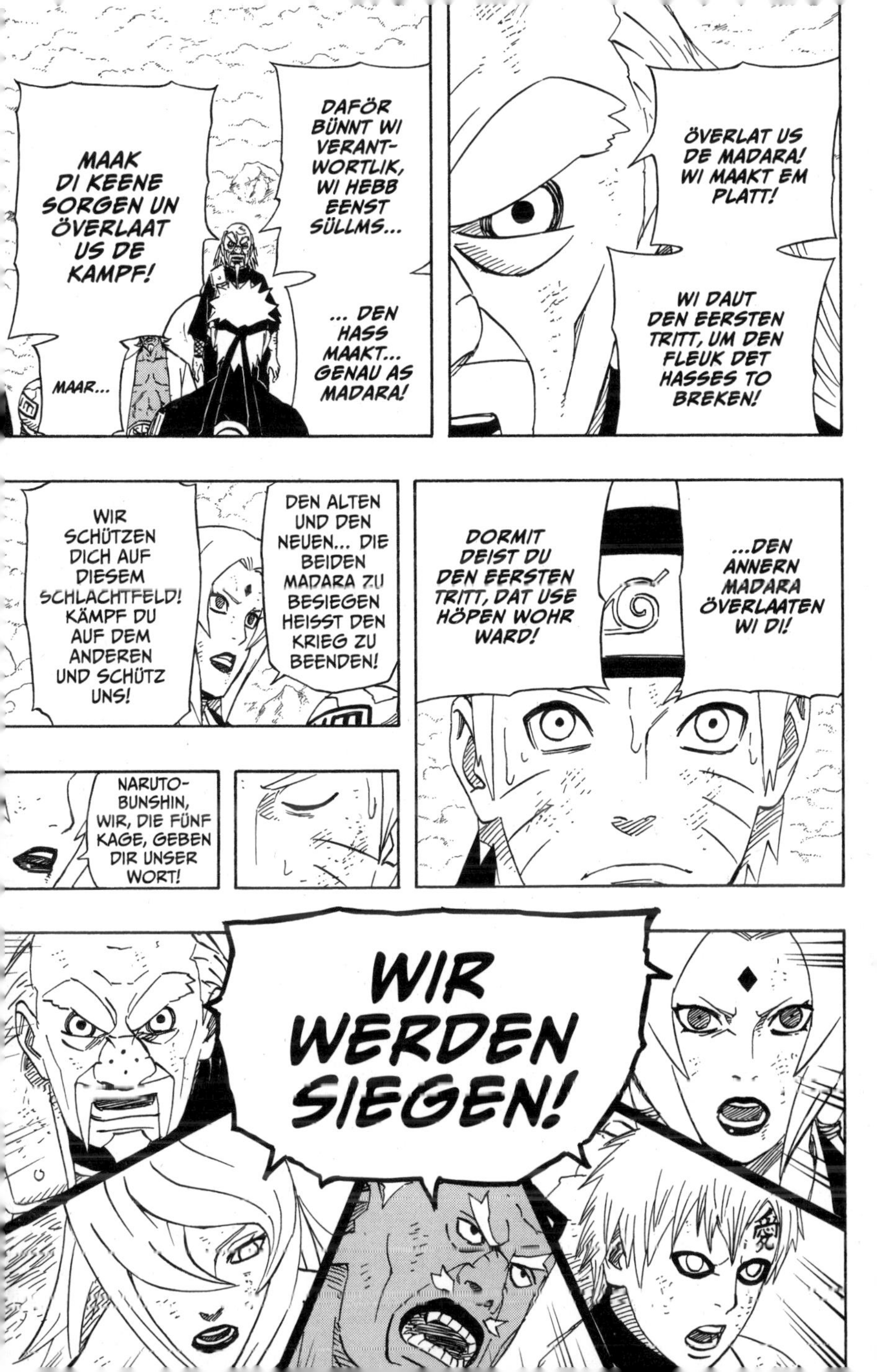
ÖVERLAT US DE MADARA! WI MAAKT EM PLATT!
WI DAUT DEN EERSTEN TRITT, UM DEN FLEUK DET HASSES TO BREKEN!
DAFÖR BÜNNT WI VERANT-WORTLIK, WI HEBB EENST SÜLLMS...
... DEN HASS MAAKT... GENAU AS MADARA!
MAAK DI KEENE SORGEN UN ÖVERLAAT US DE KAMPF!
MAAR...
DORMIT DEIST DU DEN EERSTEN TRITT, DAT USE HÖPEN WOHR WARD!
...DEN ANNERN MADARA ÖVERLAATEN WI DI!
DEN ALTEN UND DEN NEUEN... DIE BEIDEN MADARA ZU BESIEGEN HEISST DEN KRIEG ZU BEENDEN!
WIR SCHÜTZEN DICH AUF DIESEM SCHLACHTFELD! KÄMPF DU AUF DEM ANDEREN UND SCHÜTZ UNS!
NARUTO-BUNSHIN, WIR, DIE FÜNF KAGE, GEBEN DIR UNSER WORT!
WIR WERDEN SIEGEN!

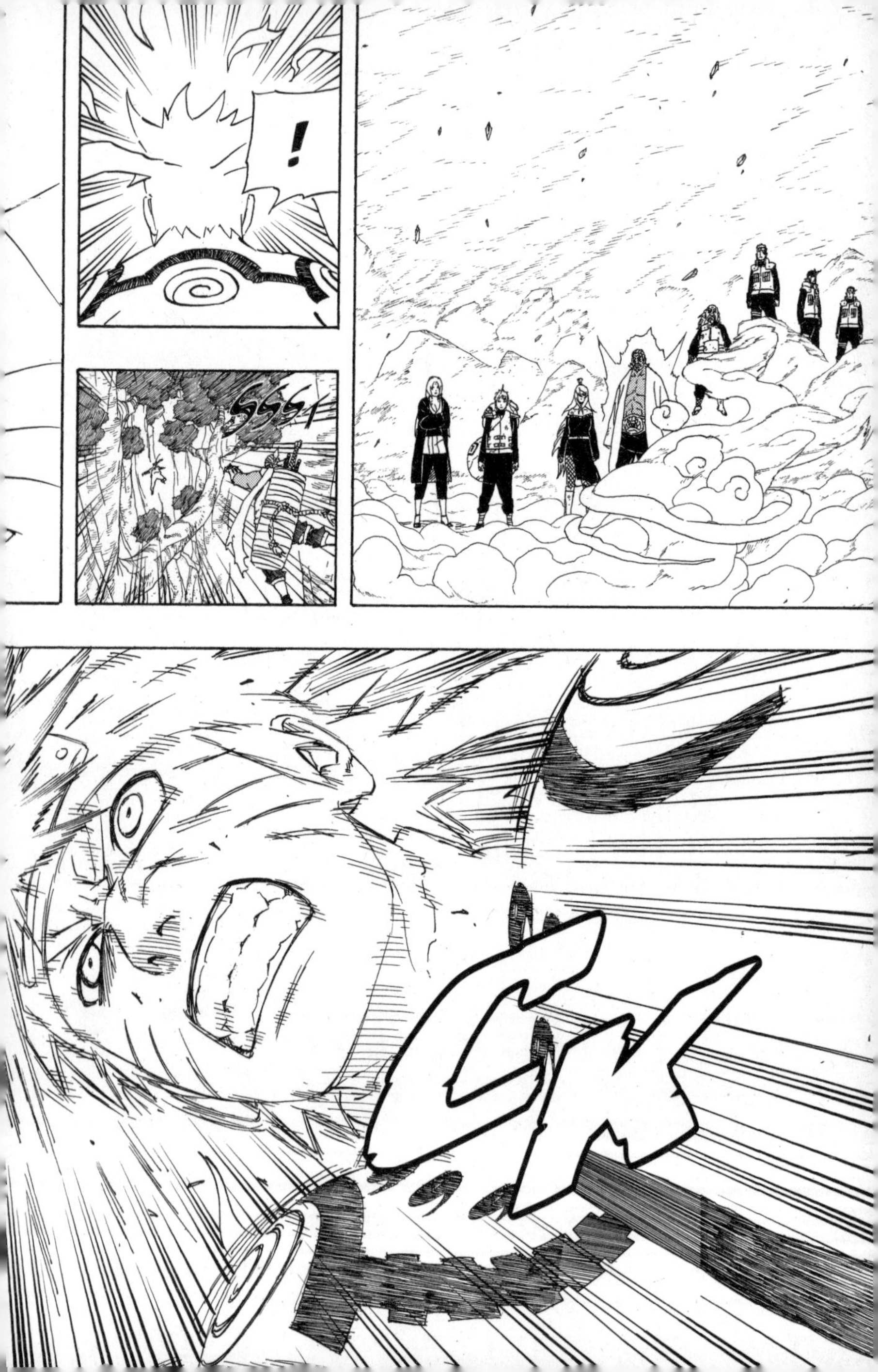
!
SSS!
CK

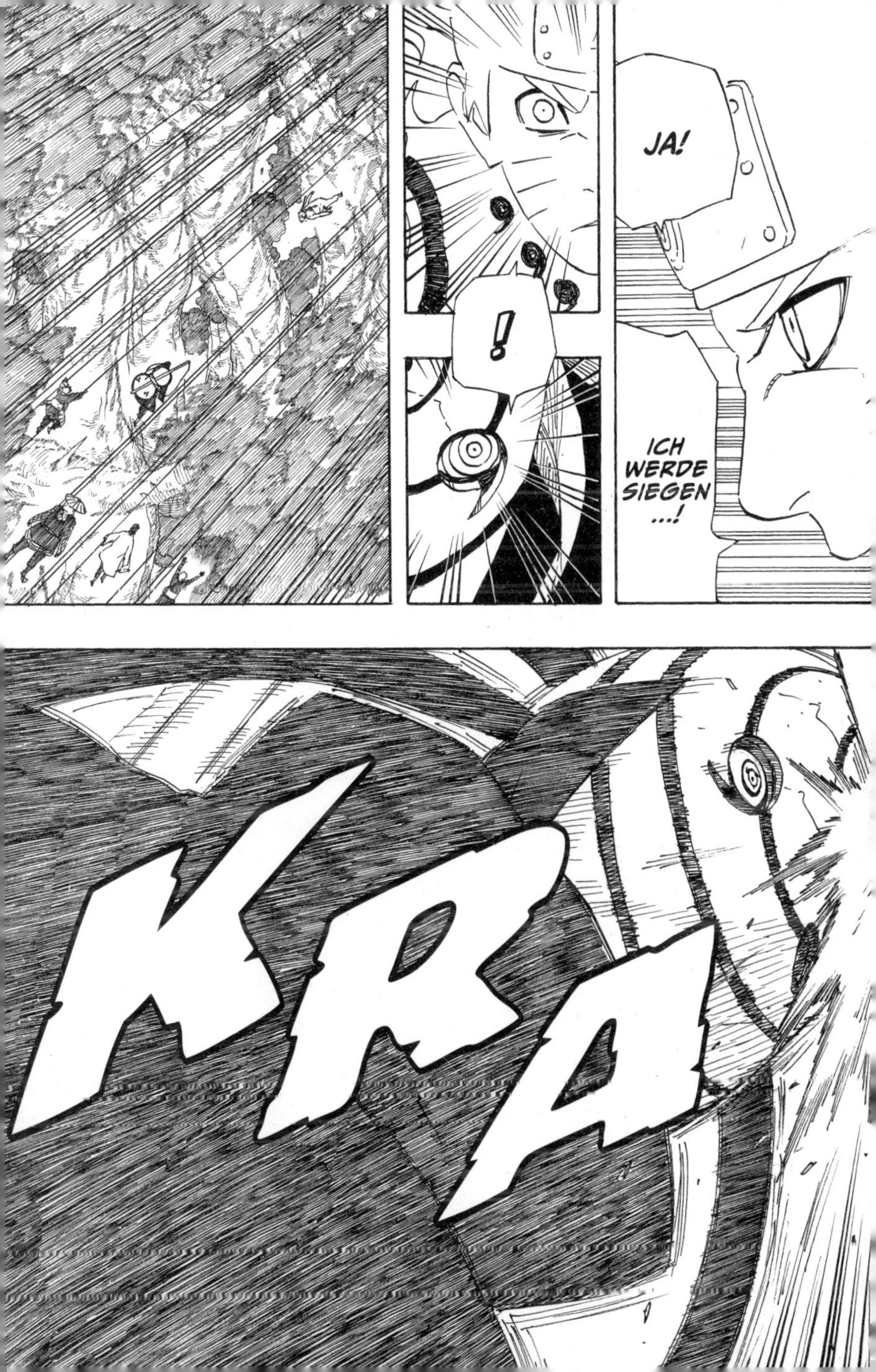
JA!
ICH WERDE SIEGEN ...!
!
KRA

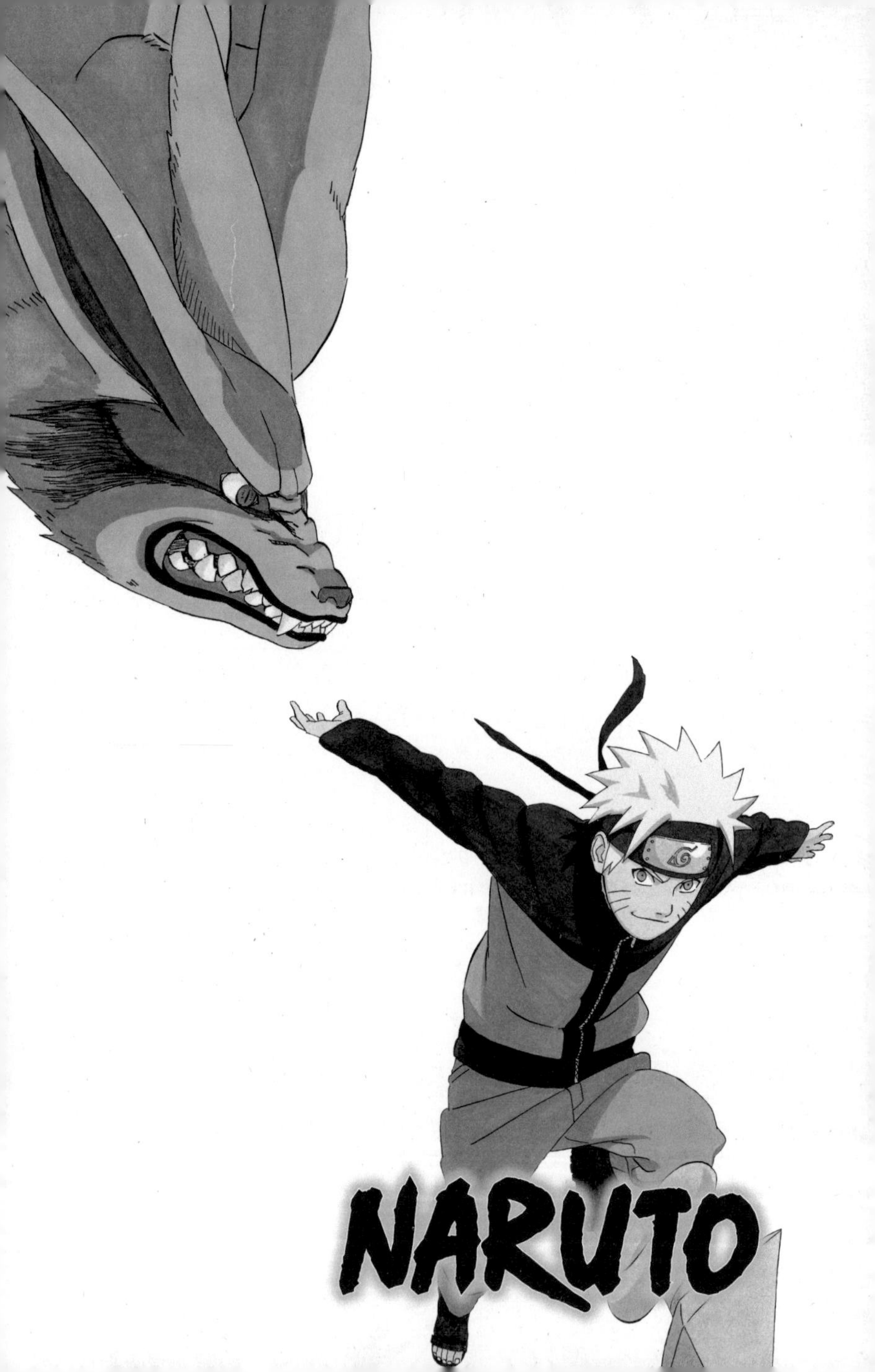
NARUTO

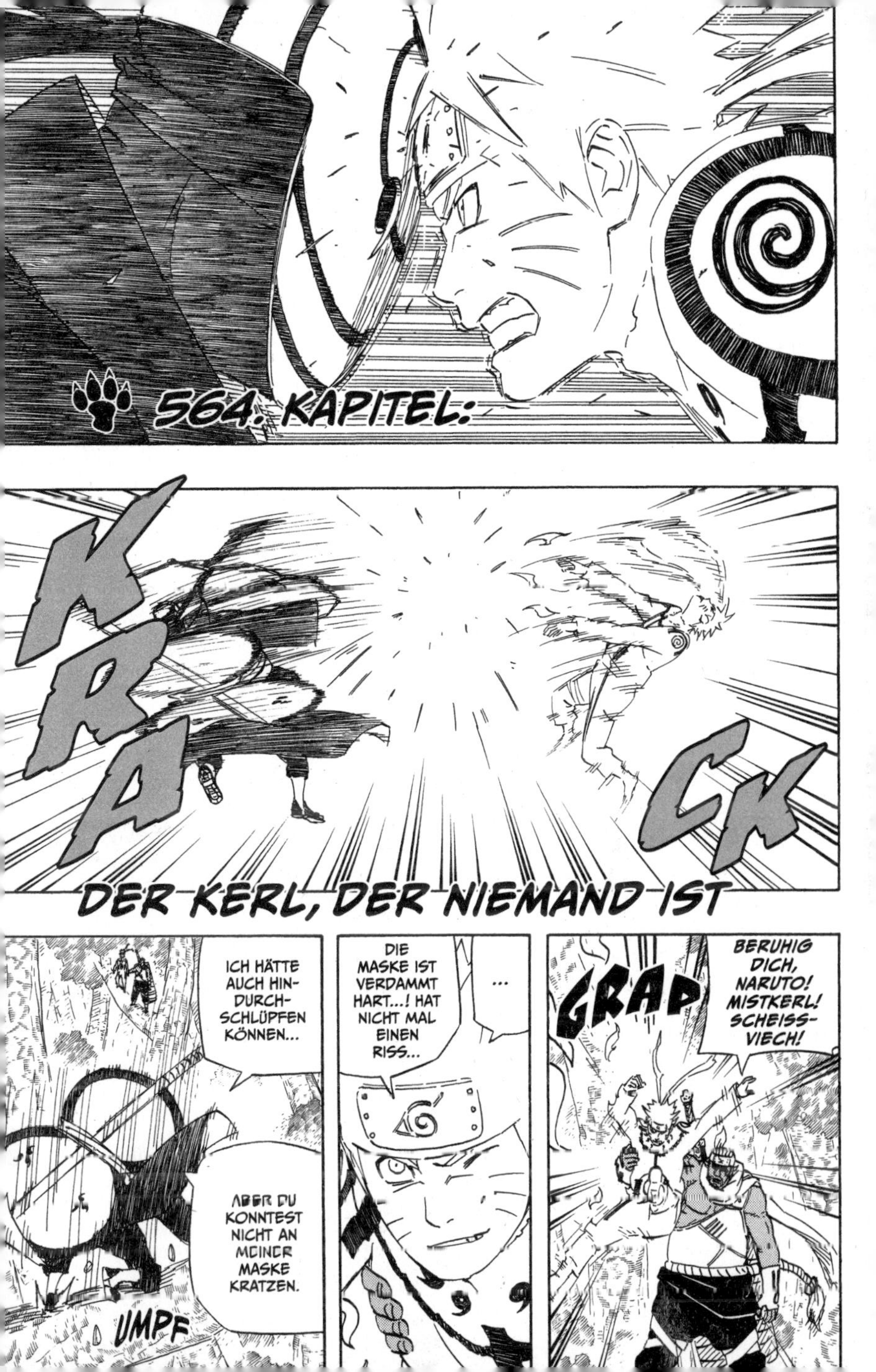
564. KAPITEL:
KRA
CK
DER KERL, DER NIEMAND IST
GRAP
BERUHIG DICH, NARUTO! MISTKERL! SCHEISS-VIECH!
...
DIE MASKE IST VERDAMMT HART...! HAT NICHT MAL EINEN RISS...
ICH HÄTTE AUCH HINDURCHSCHLÜPFEN KÖNNEN...
ABER DU KONNTEST NICHT AN MEINER MASKE KRATZEN.
UMPF

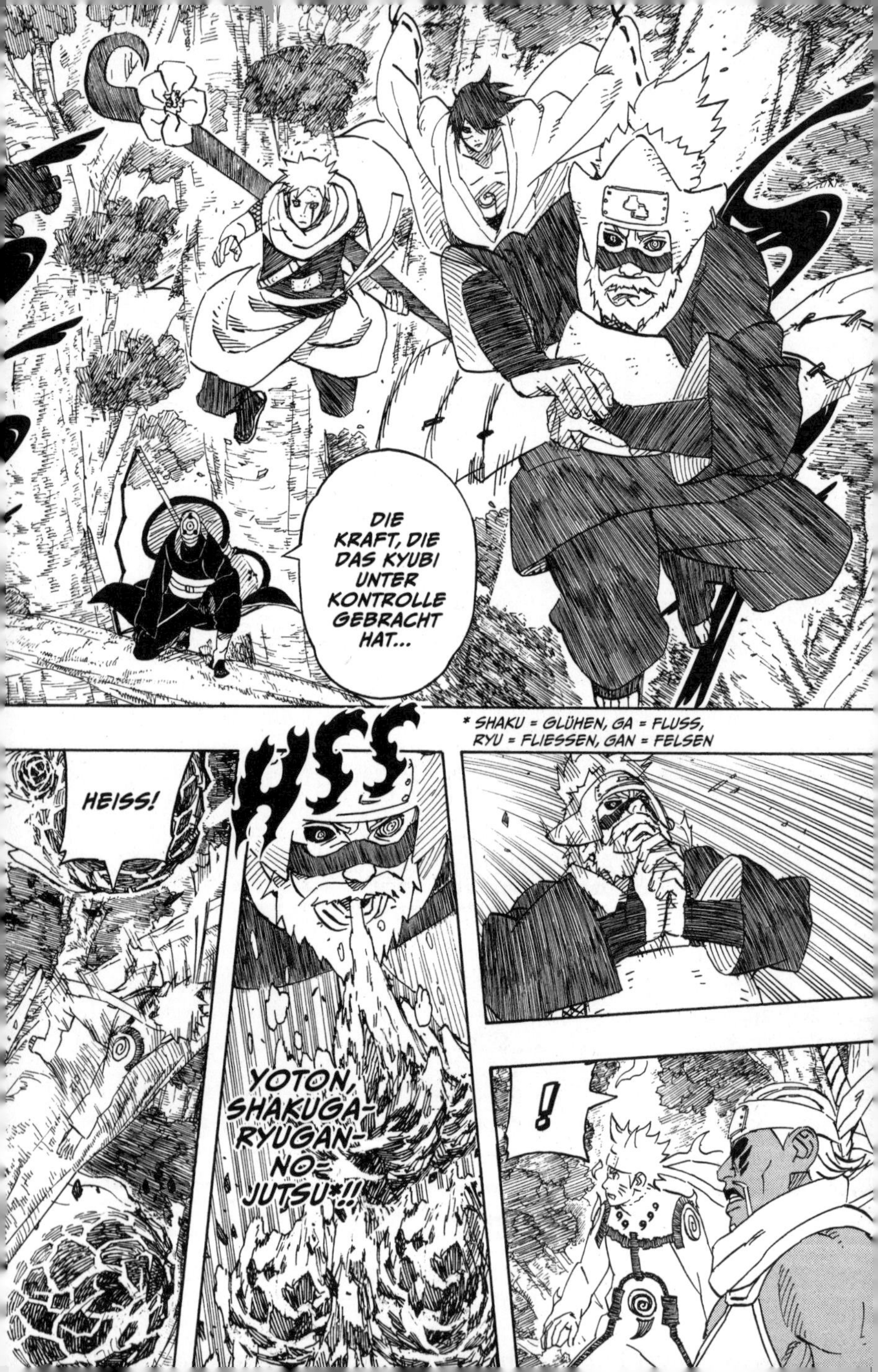
DIE KRAFT, DIE DAS KYUBI UNTER KONTROLLE GEBRACHT HAT...
HISS
HEISS!
YOTON, SHAKUGA-RYUGAN-NO-JUTSU*!!
!
* SHAKU = GLÜHEN, GA = FLUSS, RYU = FLIESSEN, GAN = FELSEN

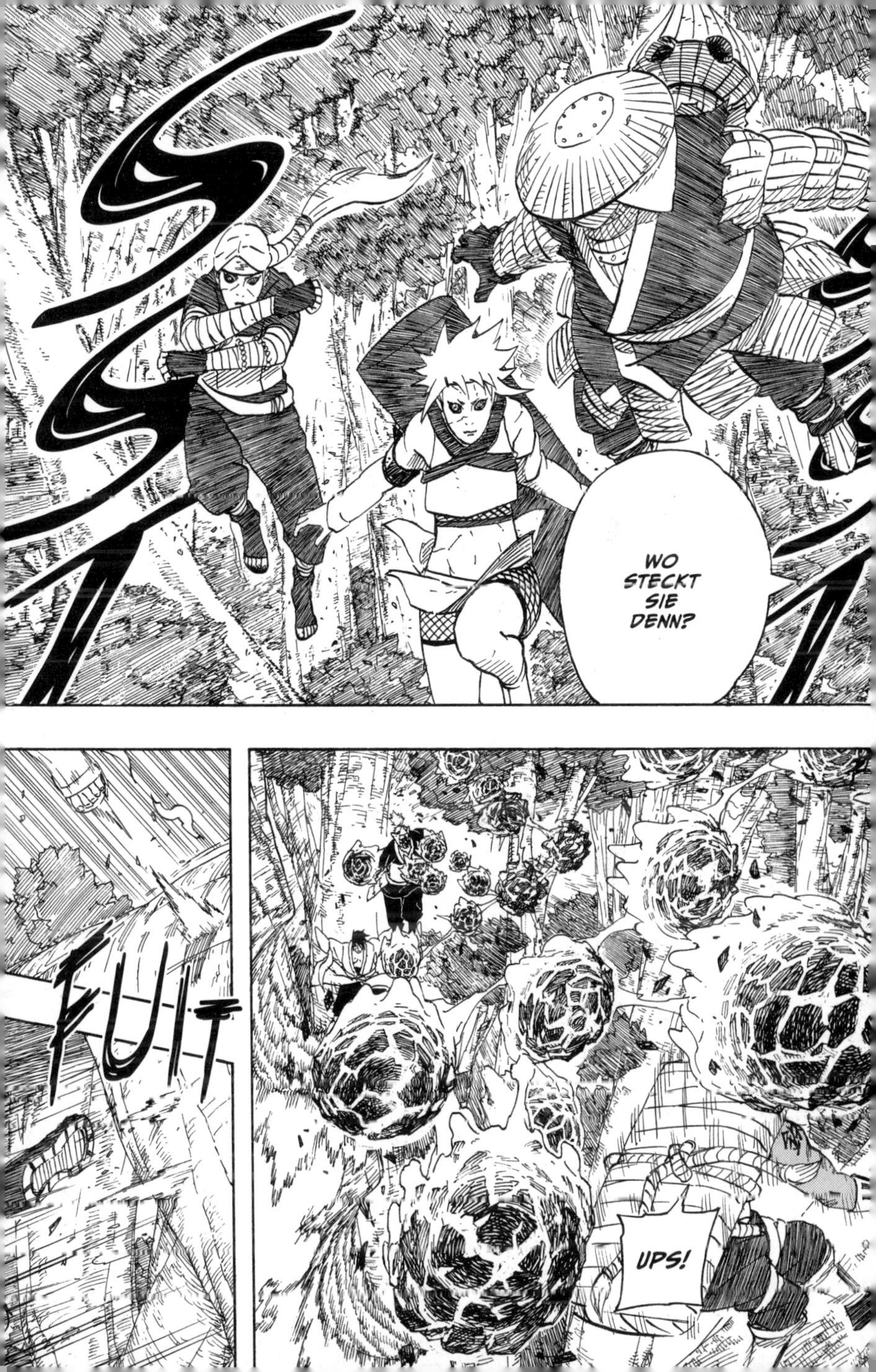
WO STECKT SIE DENN?
FUIT
UPS!

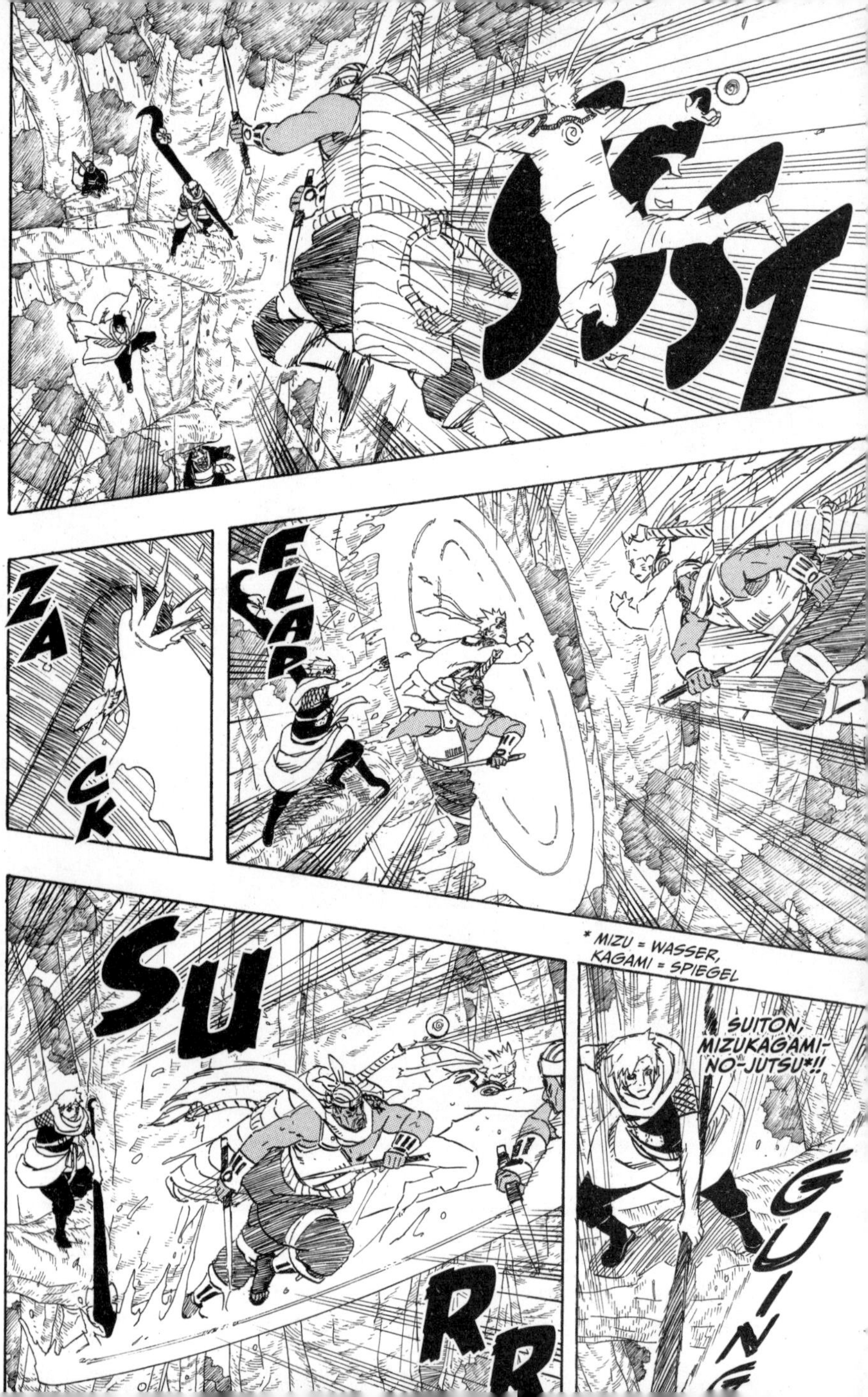SSST
FLAP
ZACK
* MIZU = WASSER,
KAGAMI = SPIEGEL
SUITON,
MIZUKAGAMI-
NO-JUTSU*!!
GUIN
SU
RR

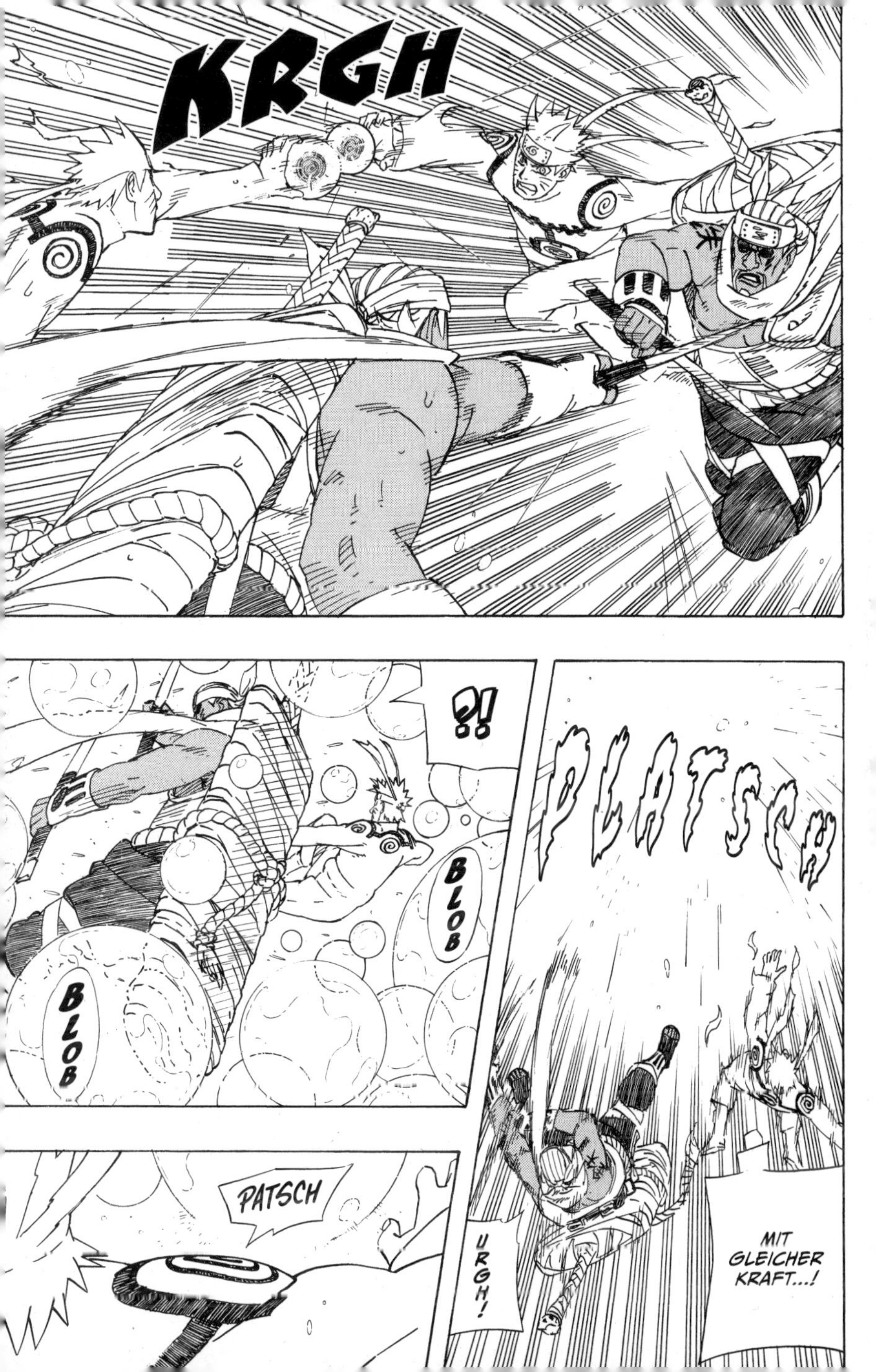
KRGH
PLATSCH
URGH!
MIT GLEICHER KRAFT…!
?!
BLOB
BLOB
PATSCH

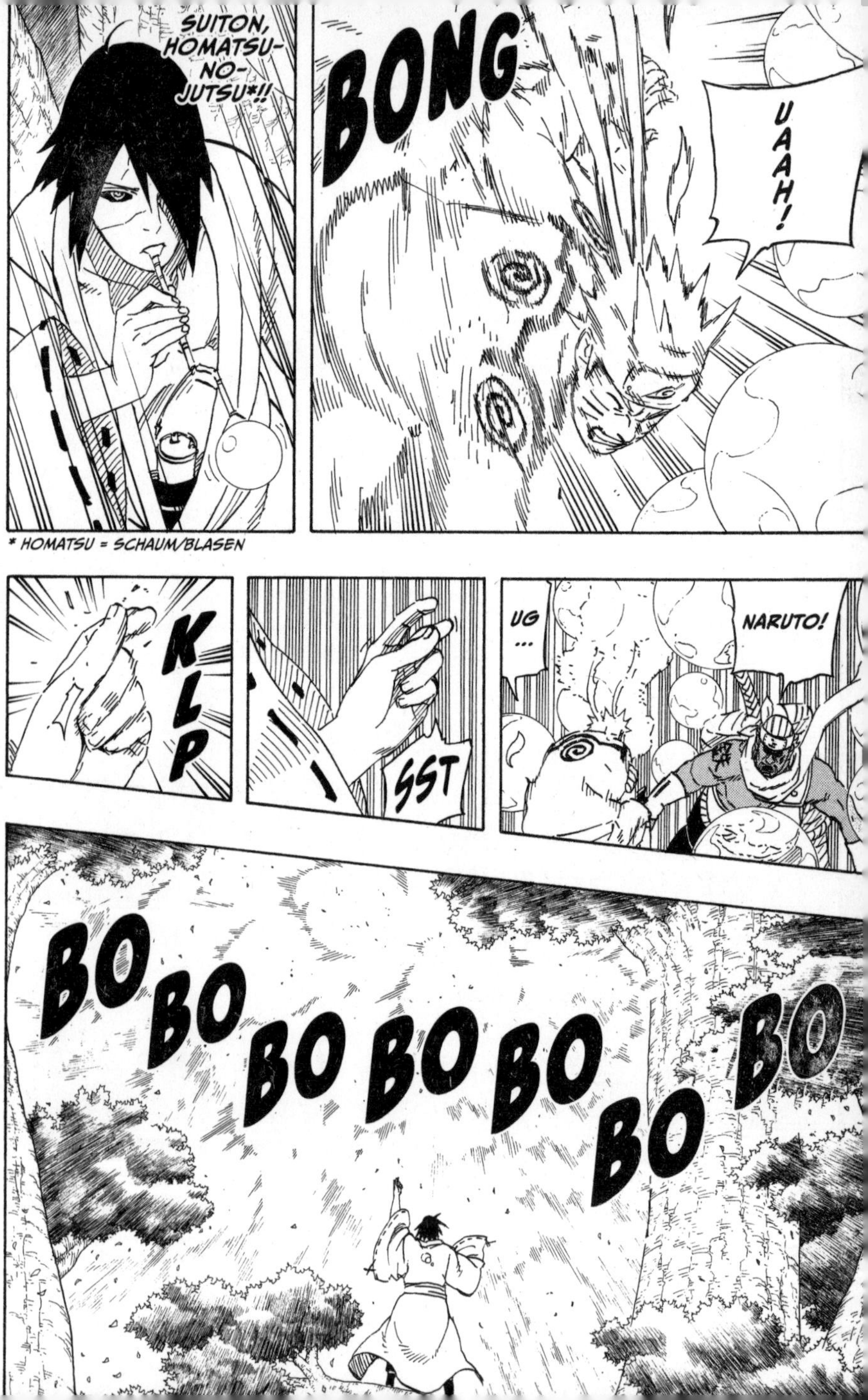

* HOMATSU = SCHAUM/BLASEN

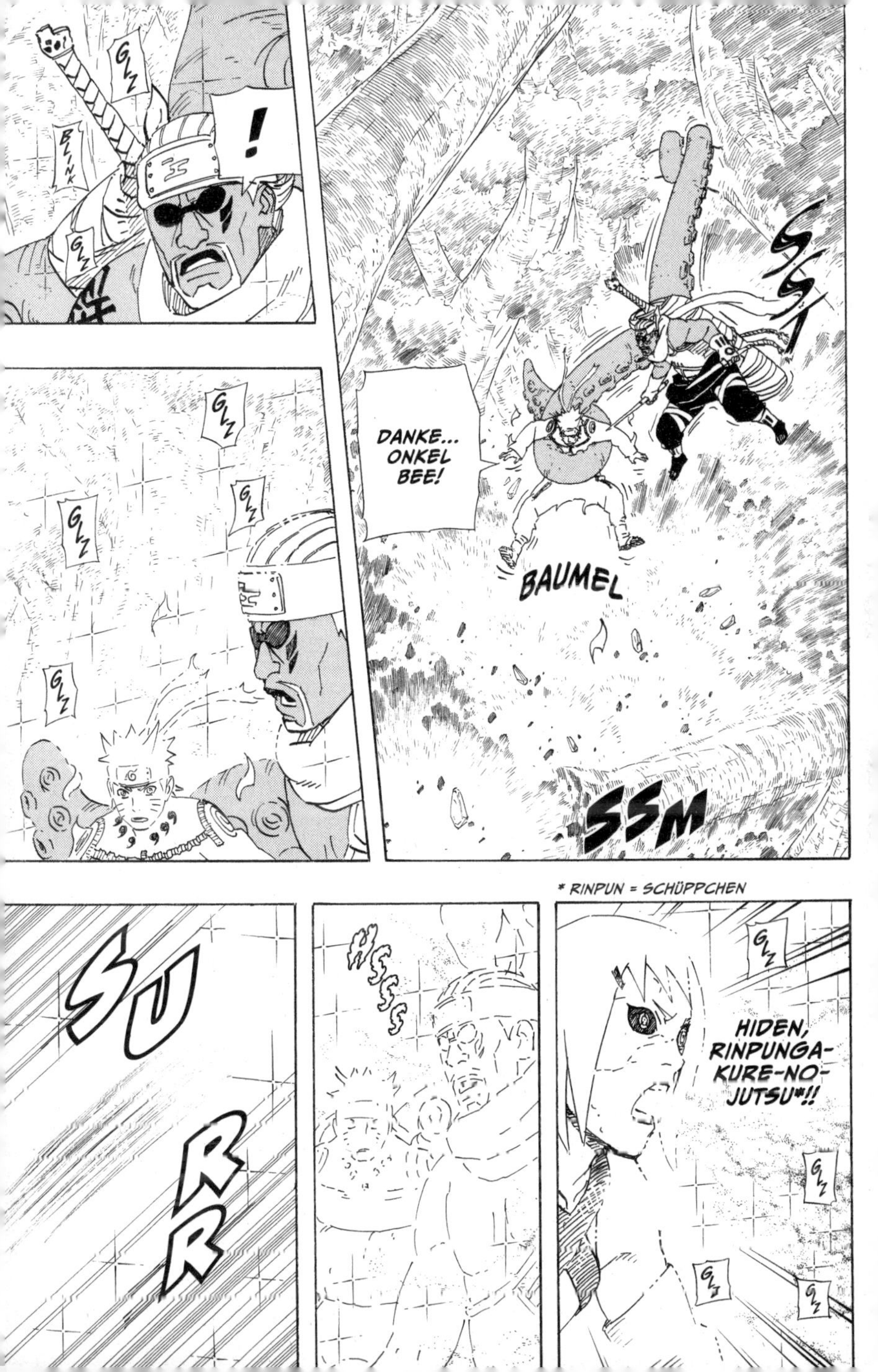

* RINPUN = SCHÜPPCHEN

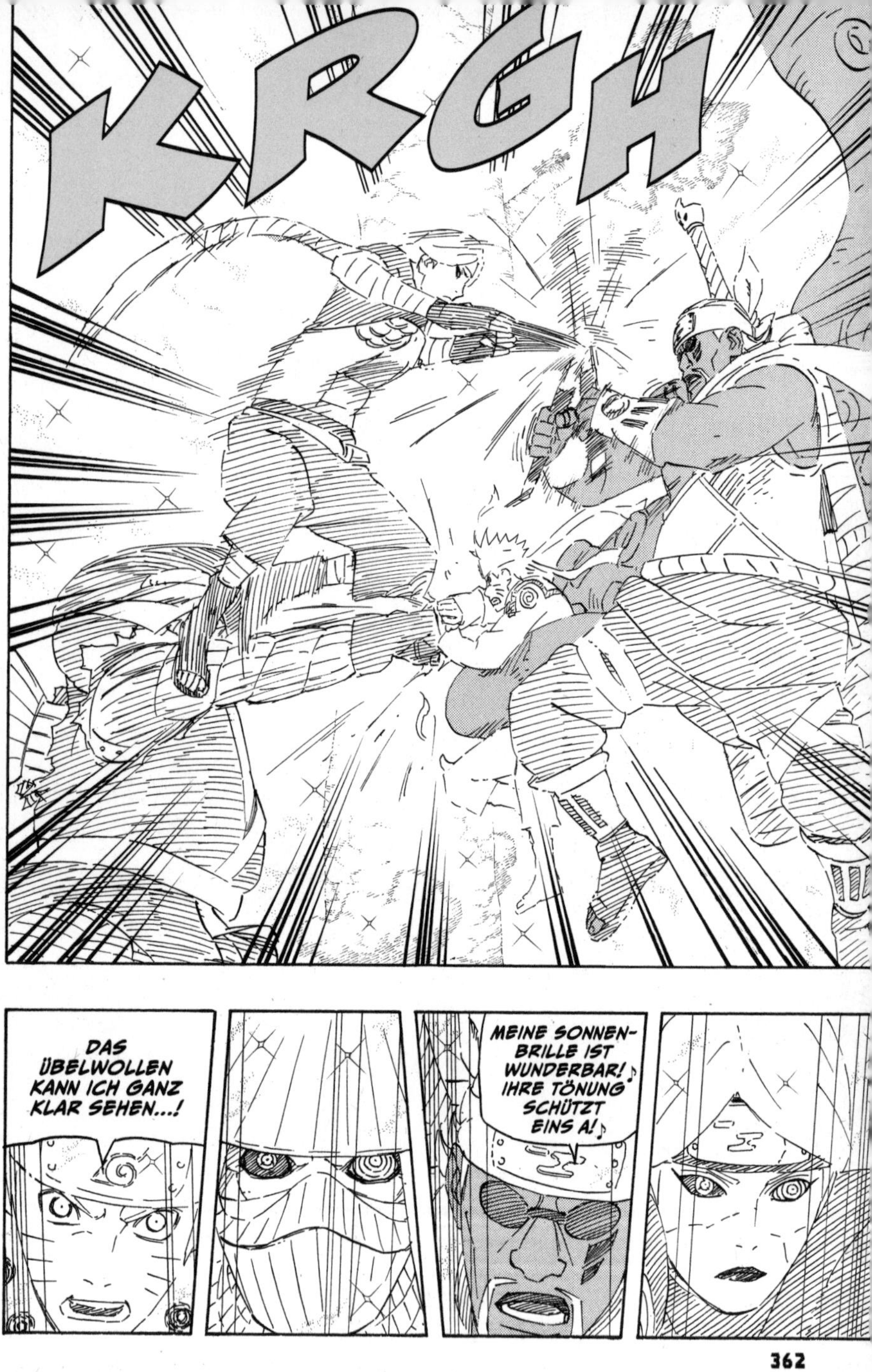
KRGH
MEINE SONNEN-BRILLE IST WUNDERBAR!♪ IHRE TÖNUNG SCHÜTZT EINS A!♪
DAS ÜBELWOLLEN KANN ICH GANZ KLAR SEHEN...!

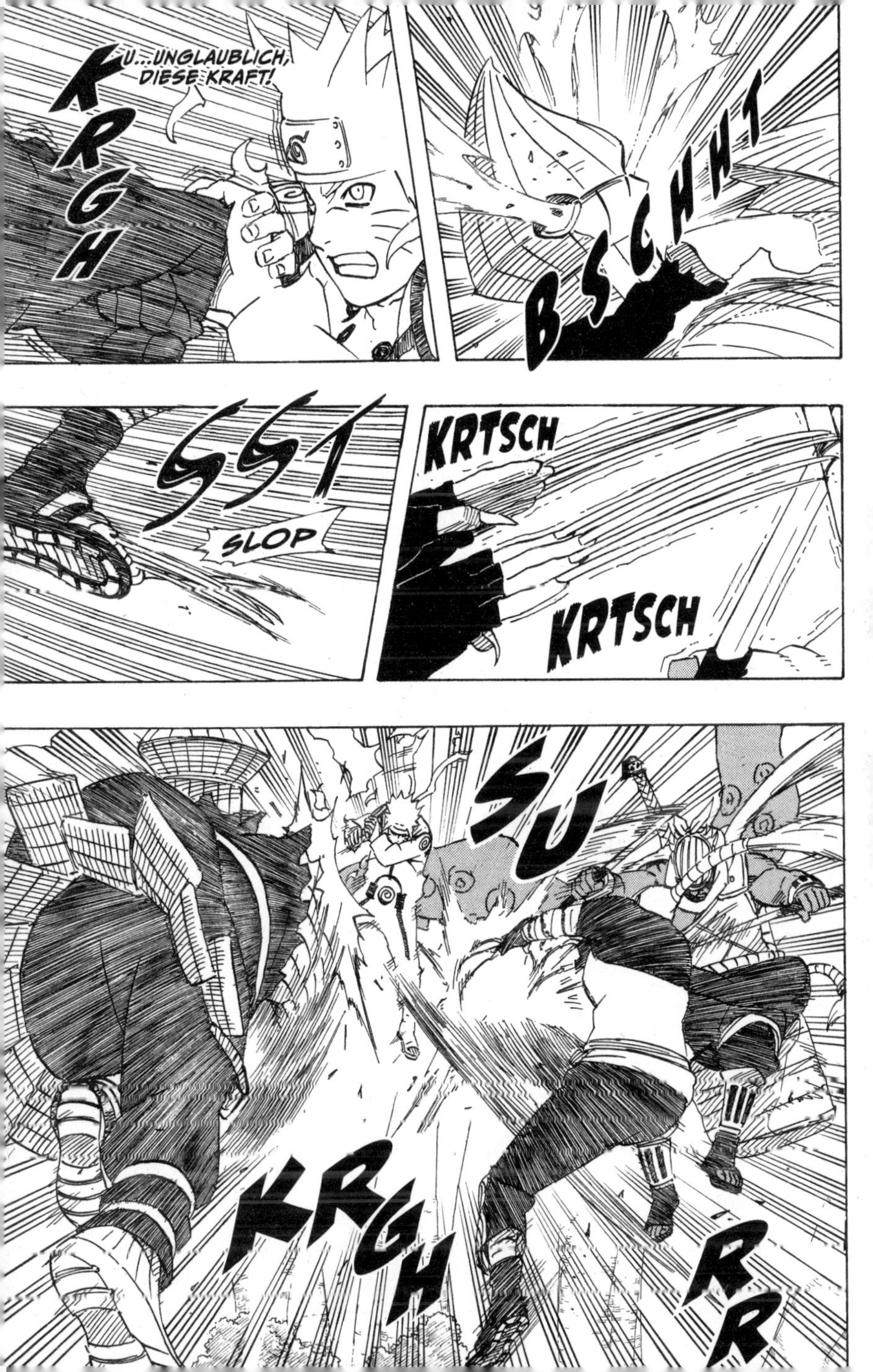
BSCHHT
U... UNGLAUBLICH, DIESE KRAFT!
KRGH
KRTSCH
KRTSCH
SSST
SLOP
SU
RRR
KRGH

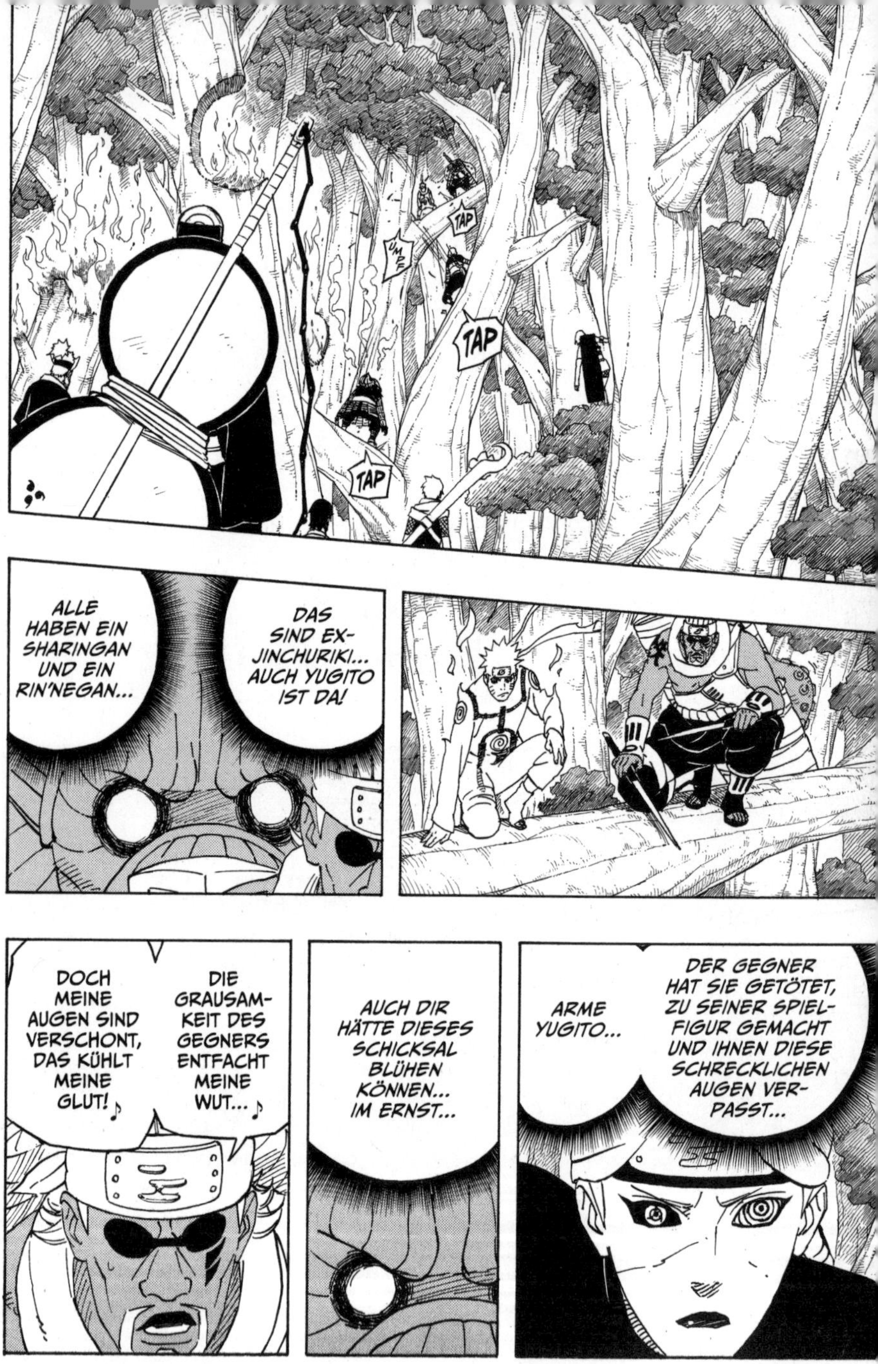
TAP
UMPF
TAP
TAP
DAS SIND EX-JINCHURIKI... AUCH YUGITO IST DA!
ALLE HABEN EIN SHARINGAN UND EIN RIN'NEGAN...
DER GEGNER HAT SIE GETÖTET, ZU SEINER SPIELFIGUR GEMACHT UND IHNEN DIESE SCHRECKLICHEN AUGEN VERPASST...
ARME YUGITO...
AUCH DIR HÄTTE DIESES SCHICKSAL BLÜHEN KÖNNEN... IM ERNST...
DIE GRAUSAMKEIT DES GEGNERS ENTFACHT MEINE WUT... ♪
DOCH MEINE AUGEN SIND VERSCHONT, DAS KÜHLT MEINE GLUT! ♪

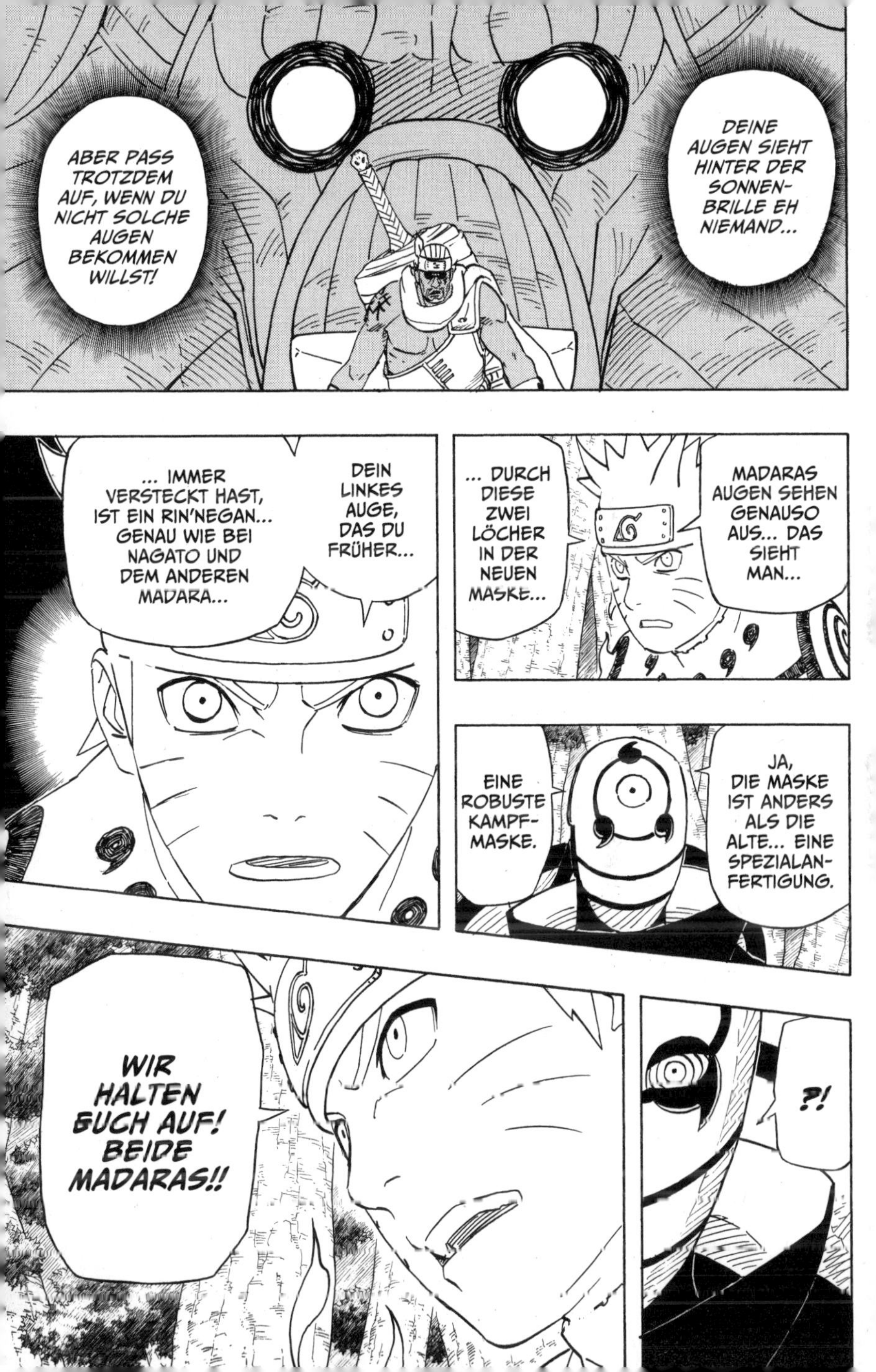
DEINE AUGEN SIEHT HINTER DER SONNEN-BRILLE EH NIEMAND...
ABER PASS TROTZDEM AUF, WENN DU NICHT SOLCHE AUGEN BEKOMMEN WILLST!
MADARAS AUGEN SEHEN GENAUSO AUS... DAS SIEHT MAN...
... DURCH DIESE ZWEI LÖCHER IN DER NEUEN MASKE...
JA, DIE MASKE IST ANDERS ALS DIE ALTE... EINE SPEZIALAN-FERTIGUNG.
EINE ROBUSTE KAMPF-MASKE.
DEIN LINKES AUGE, DAS DU FRÜHER...
... IMMER VERSTECKT HAST, IST EIN RIN'NEGAN... GENAU WIE BEI NAGATO UND DEM ANDEREN MADARA...
?!
WIR HALTEN EUCH AUF! BEIDE MADARAS!!

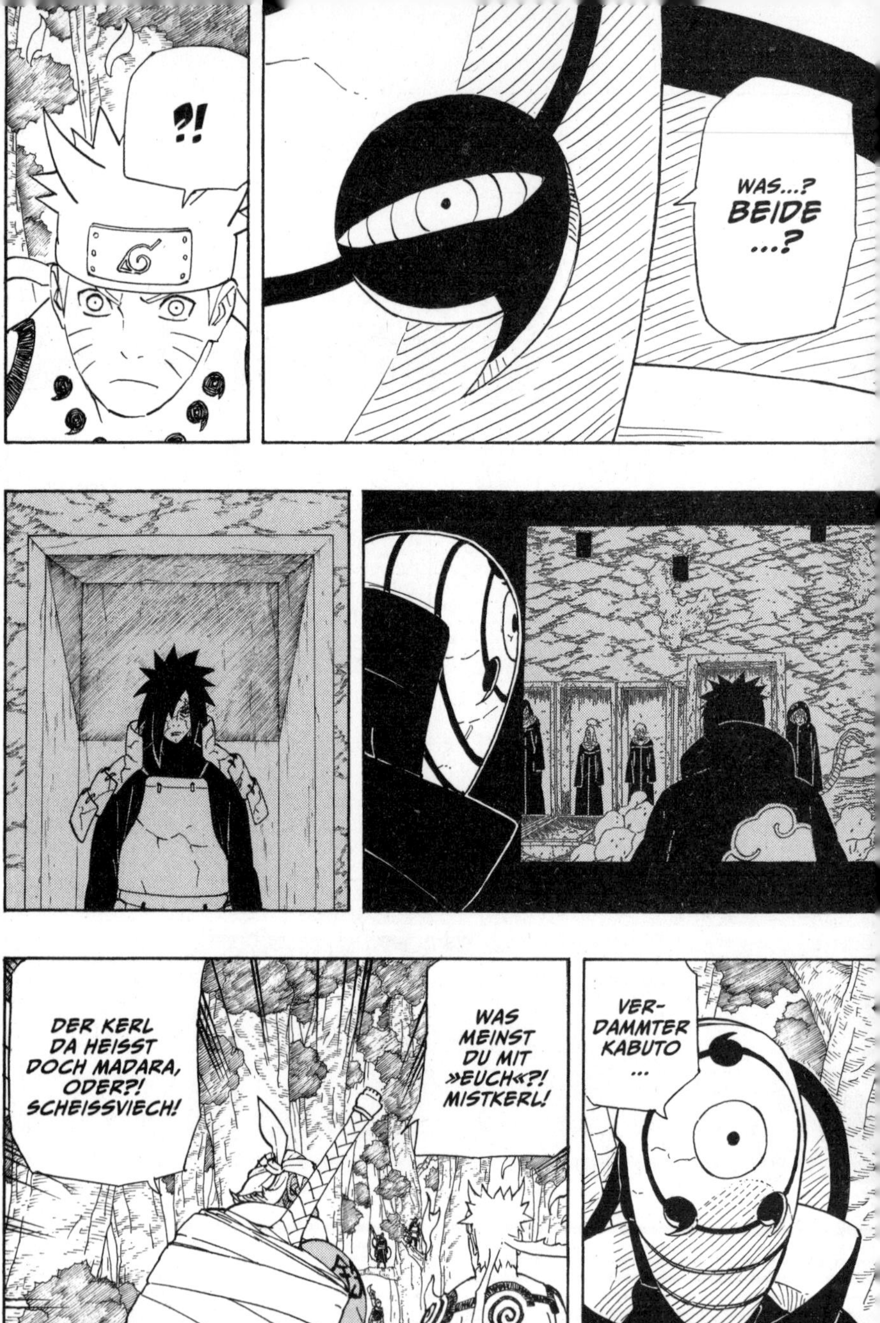
WAS...? BEIDE ...?
?!
DER KERL DA HEISST DOCH MADARA, ODER?! SCHEISSVIECH!
WAS MEINST DU MIT »EUCH«?! MISTKERL!
VER-DAMMTER KABUTO ...

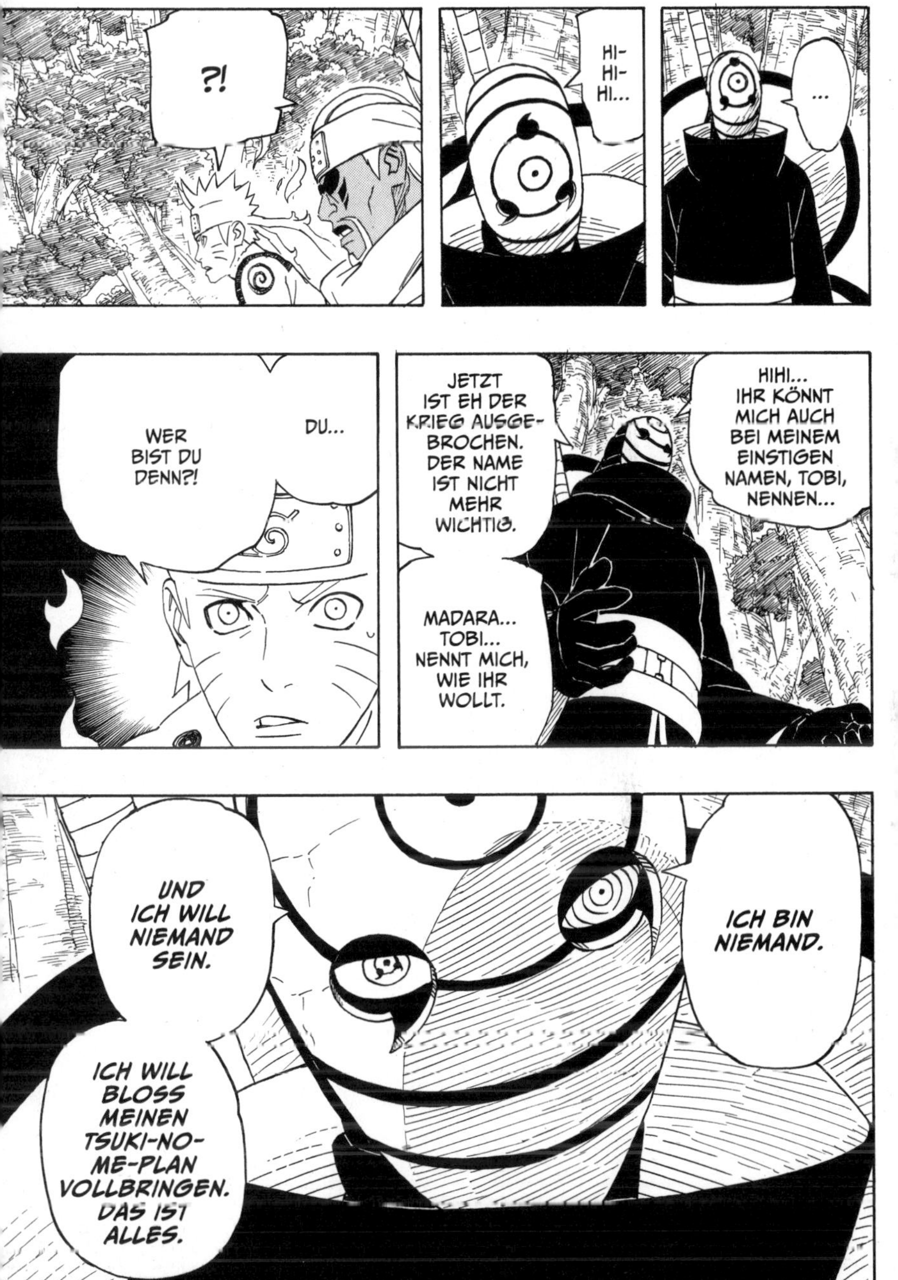
…
HI-HI-HI…
?!
HIHI… IHR KÖNNT MICH AUCH BEI MEINEM EINSTIGEN NAMEN, TOBI, NENNEN…
JETZT IST EH DER KRIEG AUSGE-BROCHEN. DER NAME IST NICHT MEHR WICHTIG.
MADARA… TOBI… NENNT MICH, WIE IHR WOLLT.
DU…
WER BIST DU DENN?!
ICH BIN NIEMAND.
UND ICH WILL NIEMAND SEIN.
ICH WILL BLOSS MEINEN TSUKI-NO-ME-PLAN VOLLBRINGEN. DAS IST ALLES.

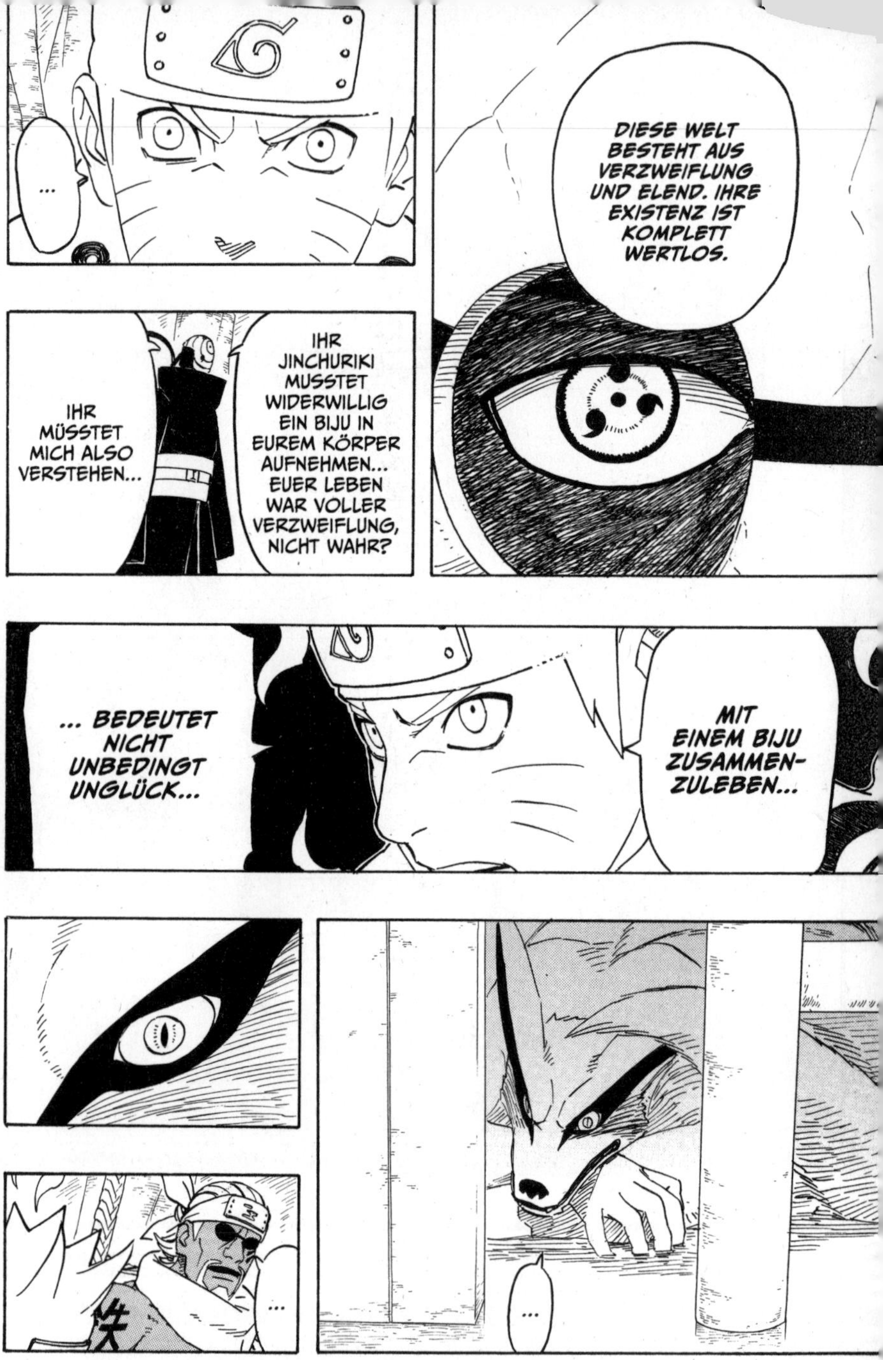
DIESE WELT BESTEHT AUS VERZWEIFLUNG UND ELEND. IHRE EXISTENZ IST KOMPLETT WERTLOS.
...
IHR JINCHURIKI MUSSTET WIDERWILLIG EIN BIJU IN EUREM KÖRPER AUFNEHMEN... EUER LEBEN WAR VOLLER VERZWEIFLUNG, NICHT WAHR?
IHR MÜSSTET MICH ALSO VERSTEHEN...
MIT EINEM BIJU ZUSAMMEN-ZULEBEN...
... BEDEUTET NICHT UNBEDINGT UNGLÜCK...
...
...

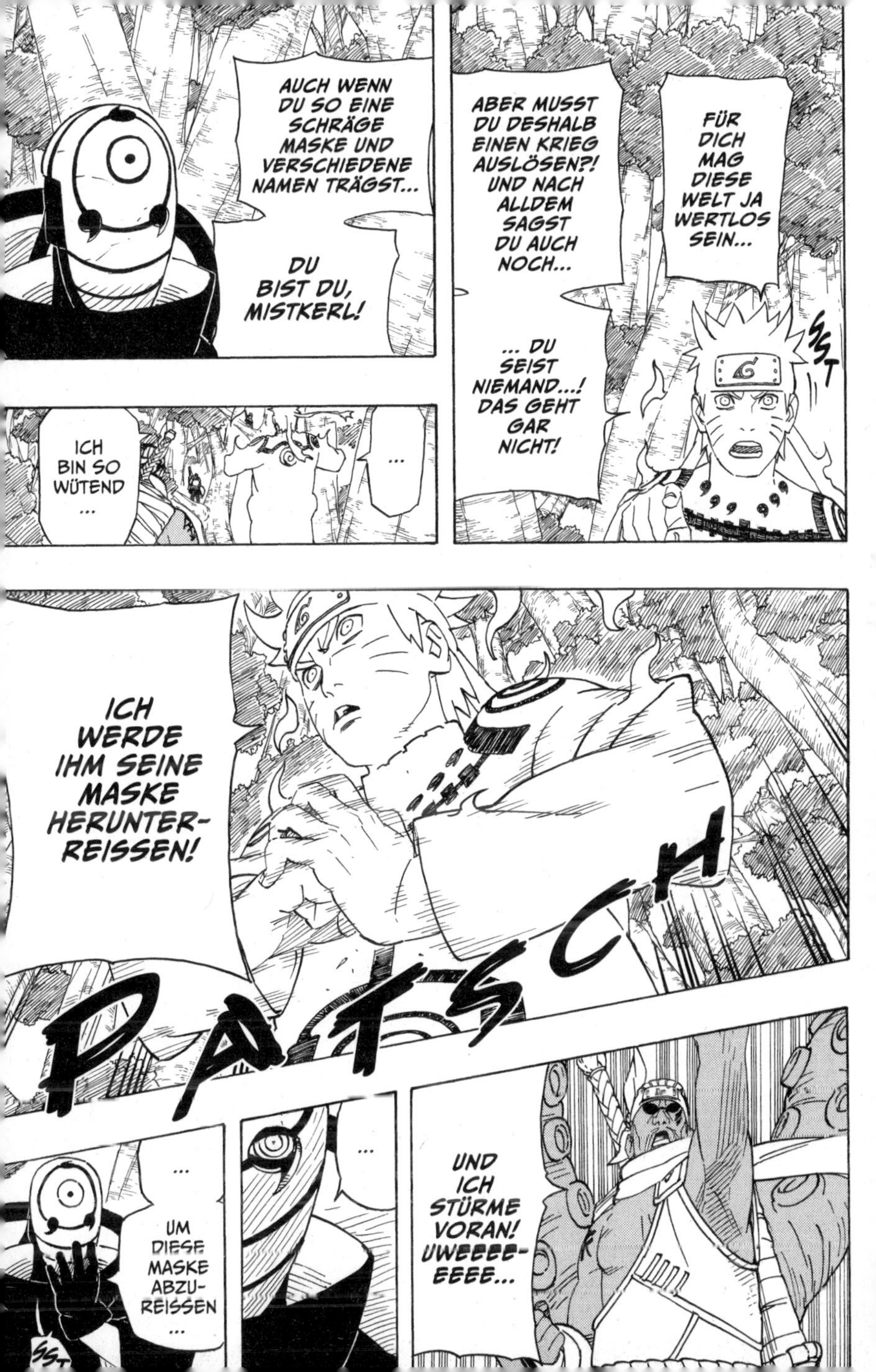
FÜR DICH MAG DIESE WELT JA WERTLOS SEIN...
ABER MUSST DU DESHALB EINEN KRIEG AUSLÖSEN?! UND NACH ALLDEM SAGST DU AUCH NOCH...
... DU SEIST NIEMAND...! DAS GEHT GAR NICHT!
SST
AUCH WENN DU SO EINE SCHRÄGE MASKE UND VERSCHIEDENE NAMEN TRÄGST...
DU BIST DU, MISTKERL!
...
ICH BIN SO WÜTEND ...
ICH WERDE IHM SEINE MASKE HERUNTER-REISSEN!
PATSCH
UND ICH STÜRME VORAN! UWEEEEE-EEEE...
...
...
UM DIESE MASKE ABZU-REISSEN ...
SST

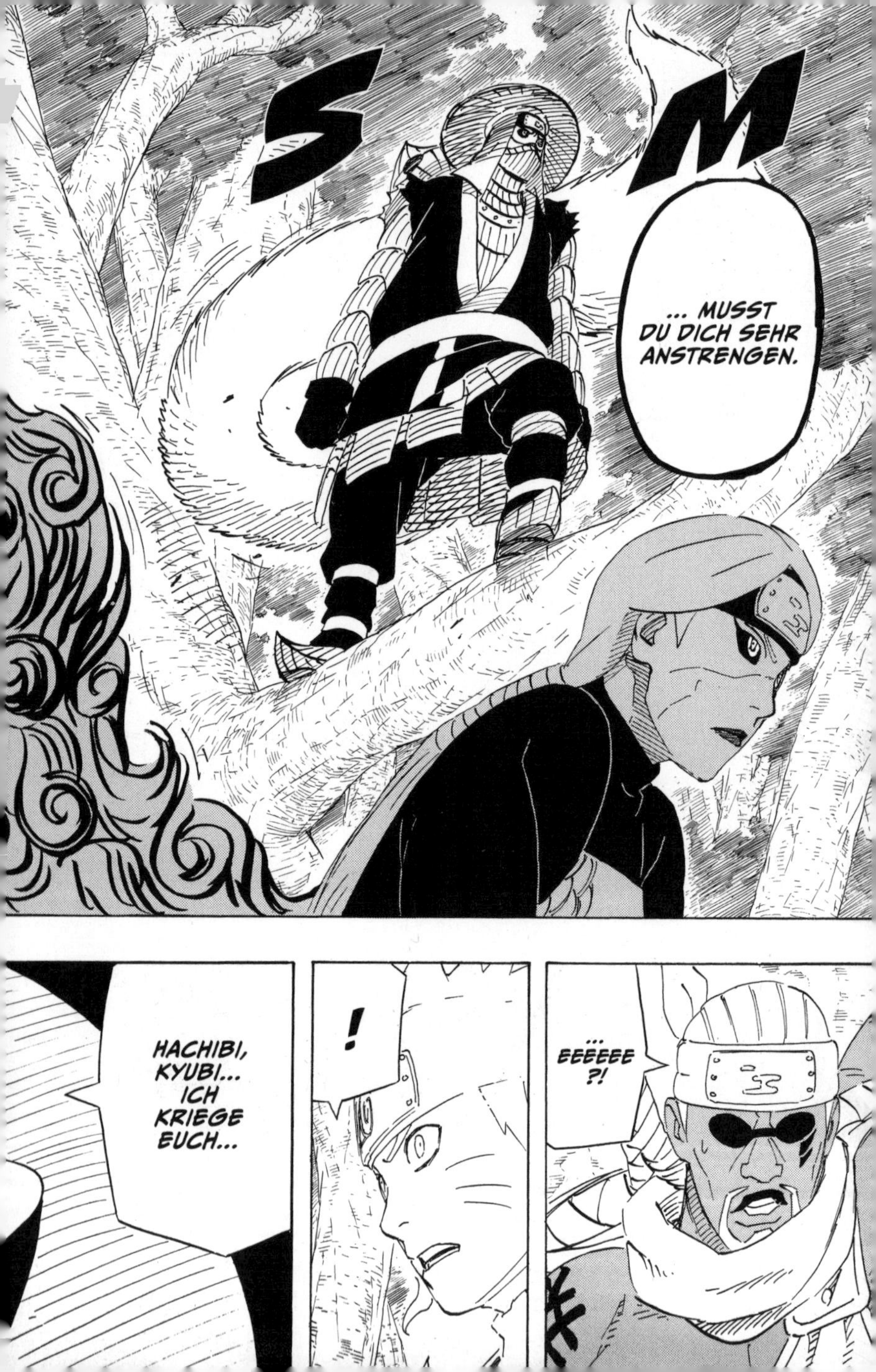
S
M
... MUSST DU DICH SEHR ANSTRENGEN.
HACHIBI, KYUBI... ICH KRIEGE EUCH...
!
... EEEEEE ?!

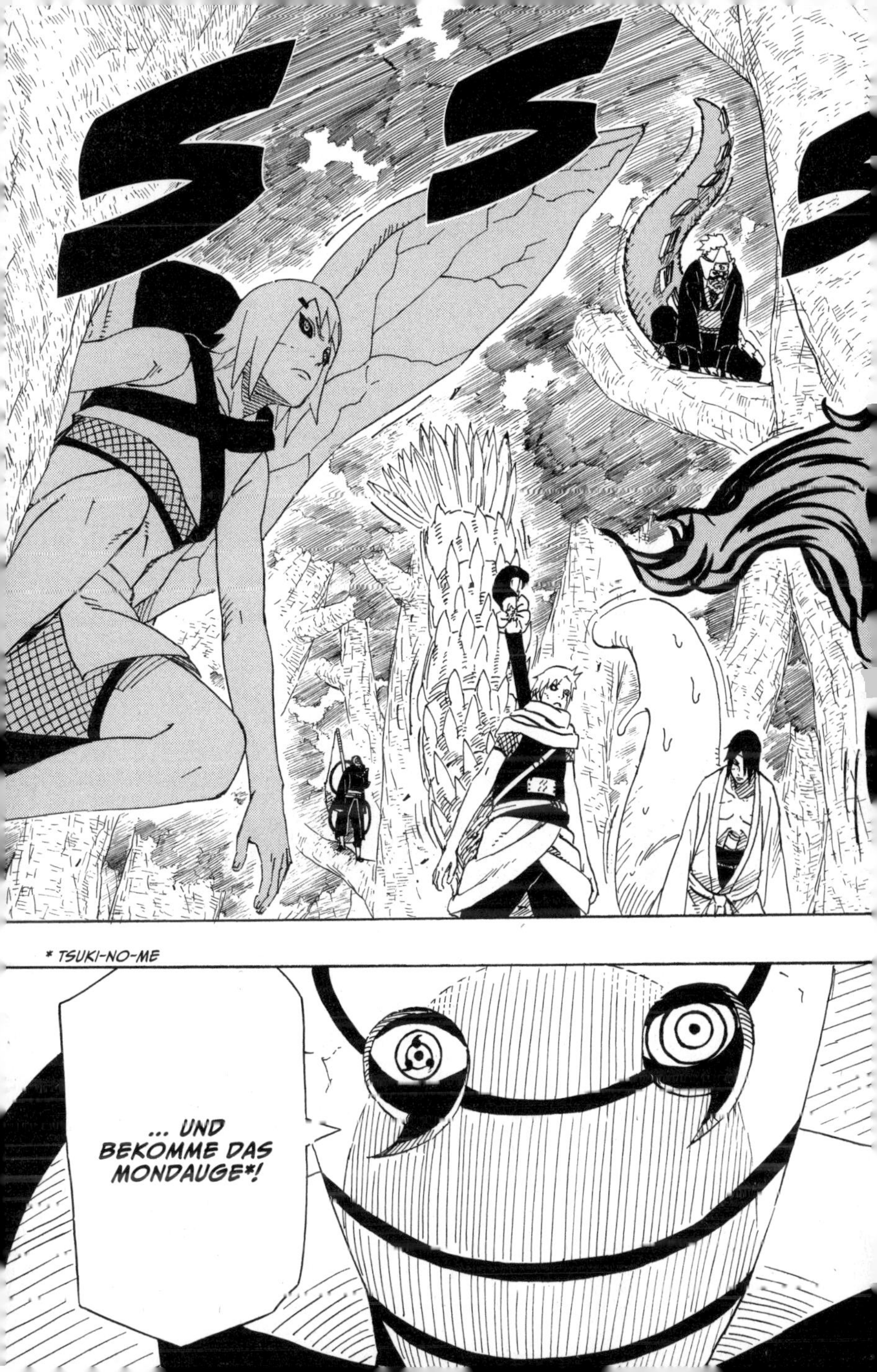

* TSUKI-NO-ME

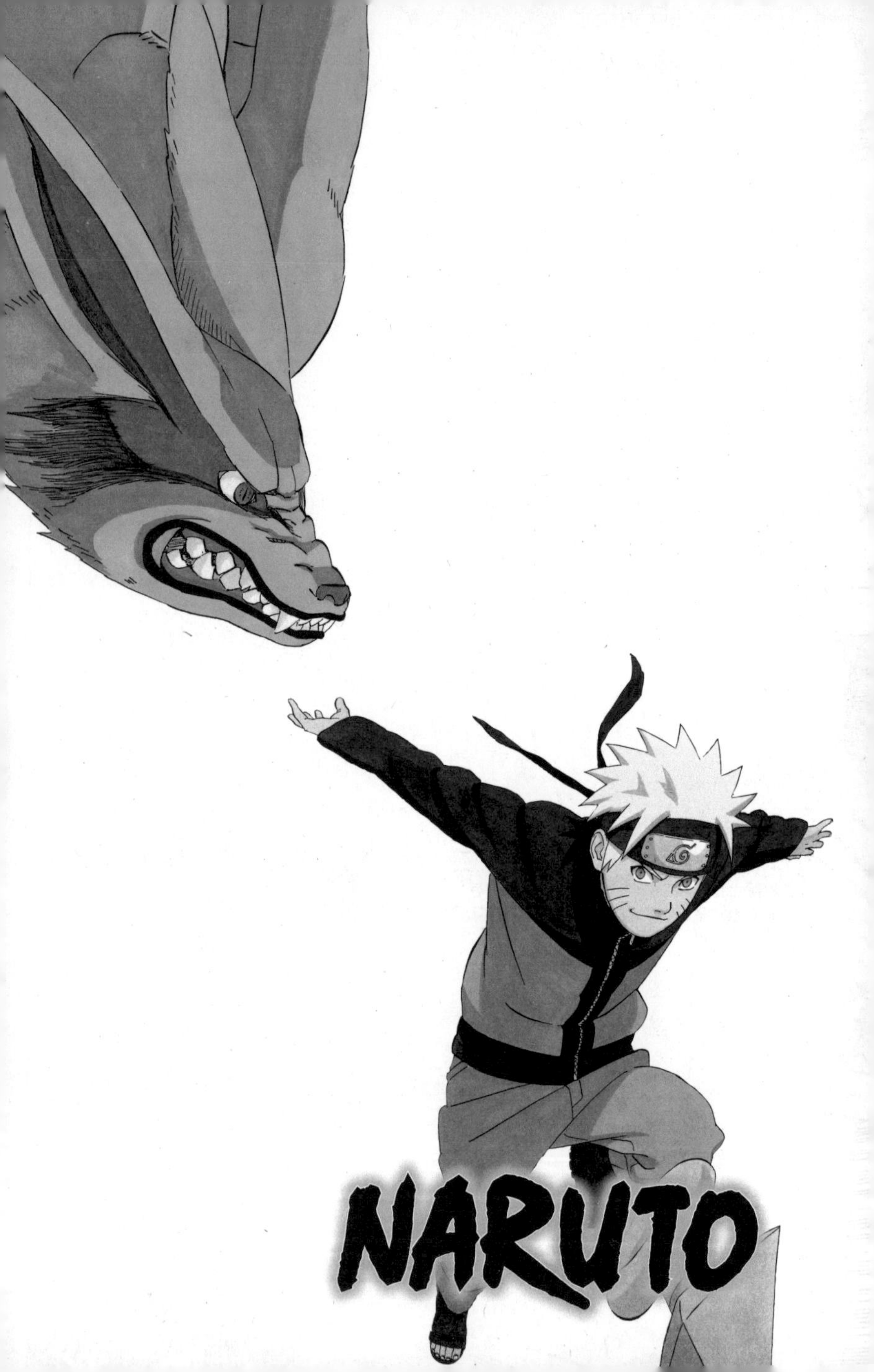
NARUTO

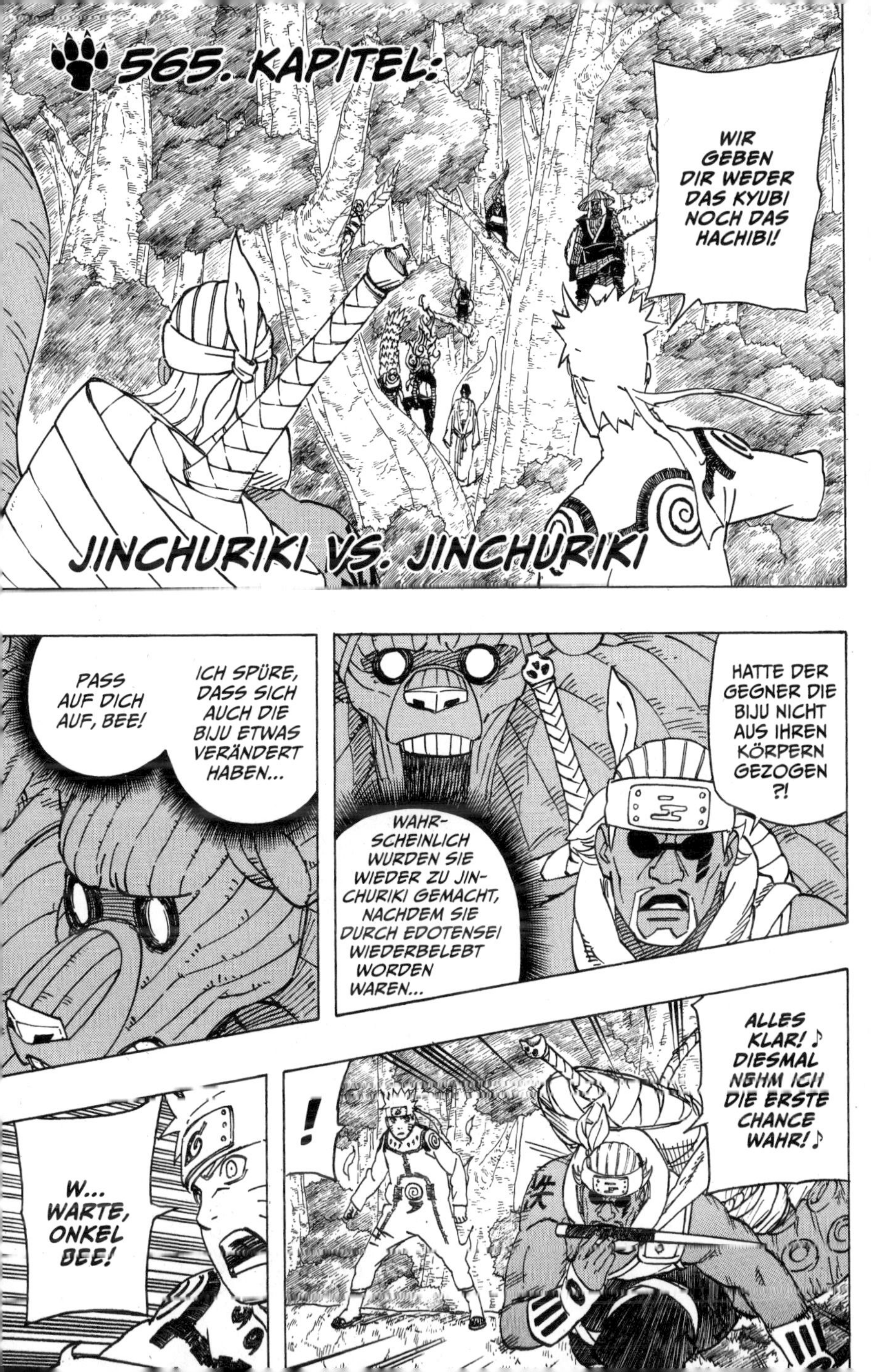
565. KAPITEL:
JINCHURIKI VS. JINCHURIKI
WIR GEBEN DIR WEDER DAS KYUBI NOCH DAS HACHIBI!
HATTE DER GEGNER DIE BIJU NICHT AUS IHREN KÖRPERN GEZOGEN ?!
WAHRSCHEINLICH WURDEN SIE WIEDER ZU JINCHURIKI GEMACHT, NACHDEM SIE DURCH EDOTENSEI WIEDERBELEBT WORDEN WAREN...
ICH SPÜRE, DASS SICH AUCH DIE BIJU ETWAS VERÄNDERT HABEN...
PASS AUF DICH AUF, BEE!
ALLES KLAR! ♪ DIESMAL NEHM ICH DIE ERSTE CHANCE WAHR! ♪
!
W... WARTE, ONKEL BEE!

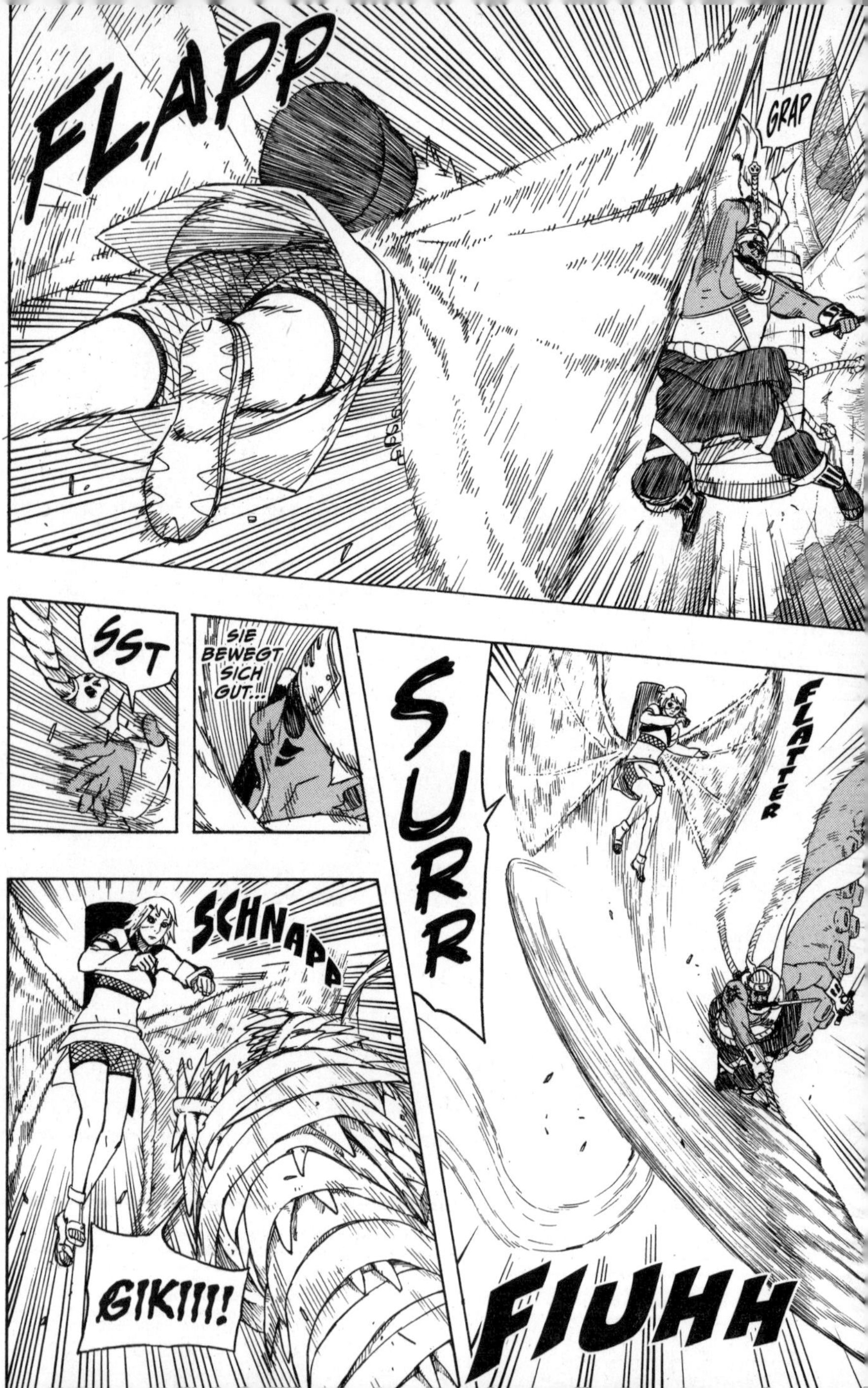
FLAPP
GRAP
SURR
FLATTER
SIE BEWEGT SICH GUT...
SST
FIUHH
SCHNAPP
GIKIII!

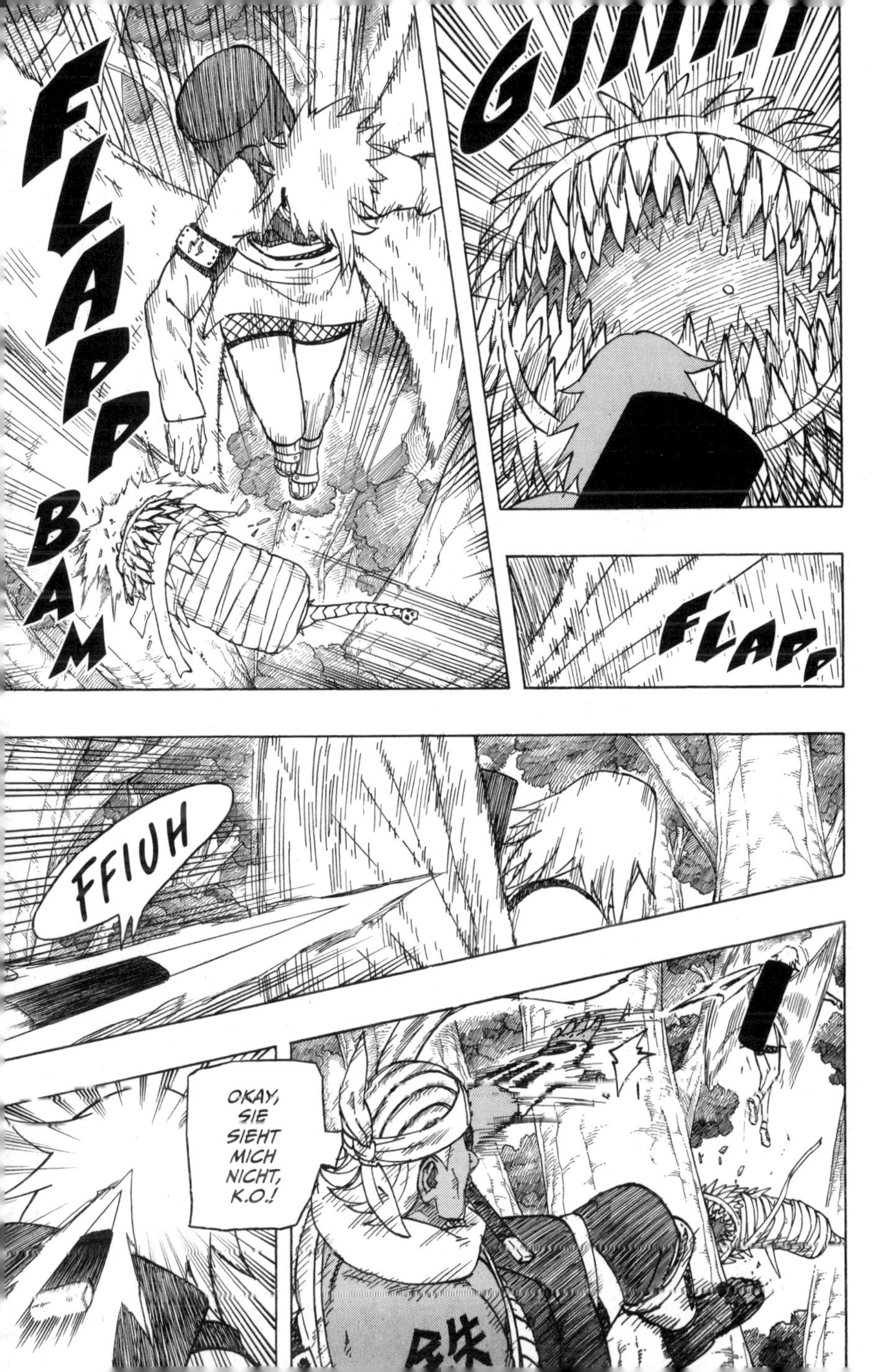
GIIIIII
FLAPP
BAM
FLAPP
FFIUH
OKAY, SIE SIEHT MICH NICHT, K.O.!

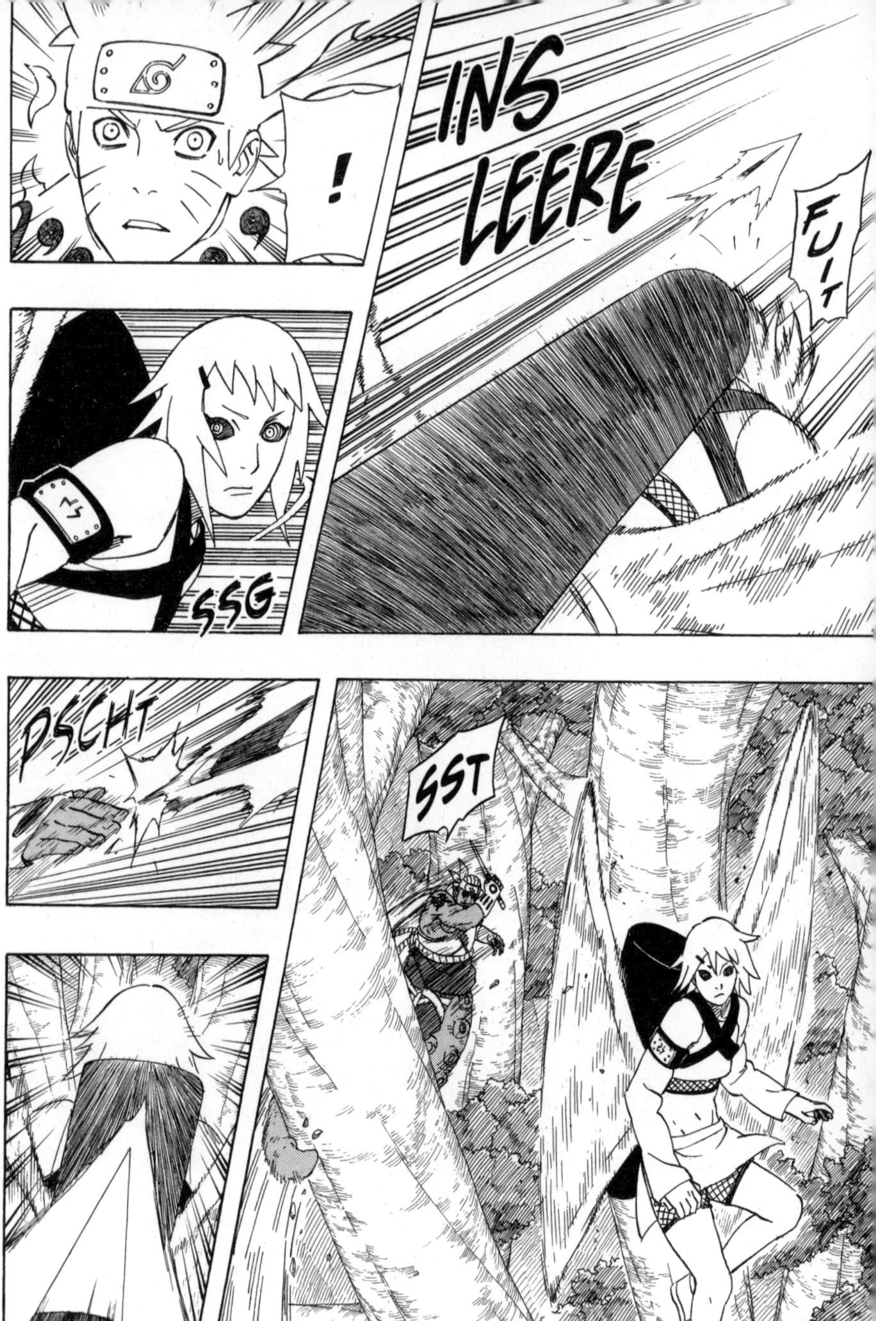
!
INS LEERE
FUIT
SSG
PSCHT
SST

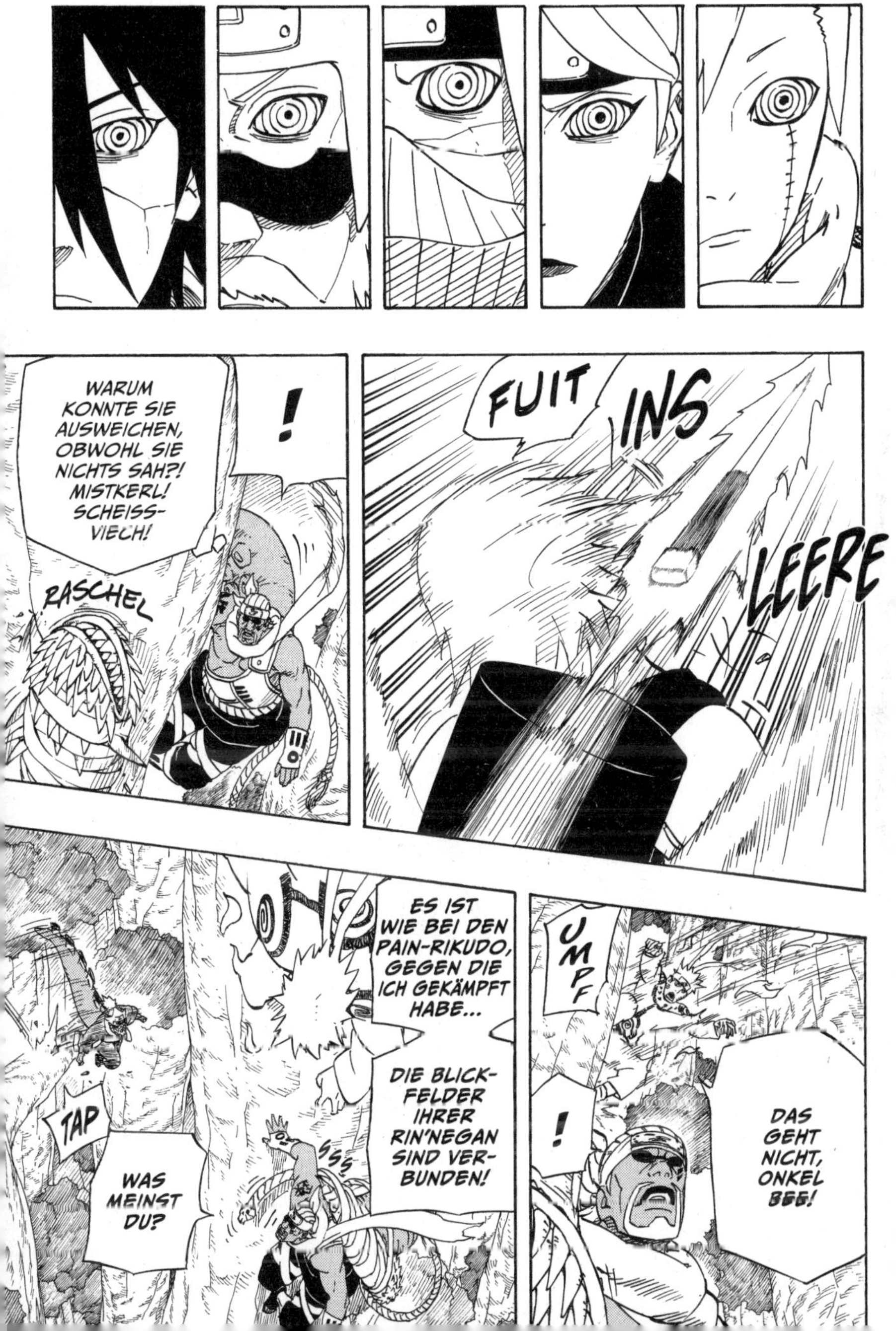
INS LEERE
FUIT
!
WARUM KONNTE SIE AUSWEICHEN, OBWOHL SIE NICHTS SAH?! MISTKERL! SCHEISS-VIECH!
RASCHEL
UMPF
!
DAS GEHT NICHT, ONKEL BEE!
ES IST WIE BEI DEN PAIN-RIKUDO, GEGEN DIE ICH GEKÄMPFT HABE...
DIE BLICK-FELDER IHRER RIN'NEGAN SIND VER-BUNDEN!
SSS
TAP
WAS MEINST DU?

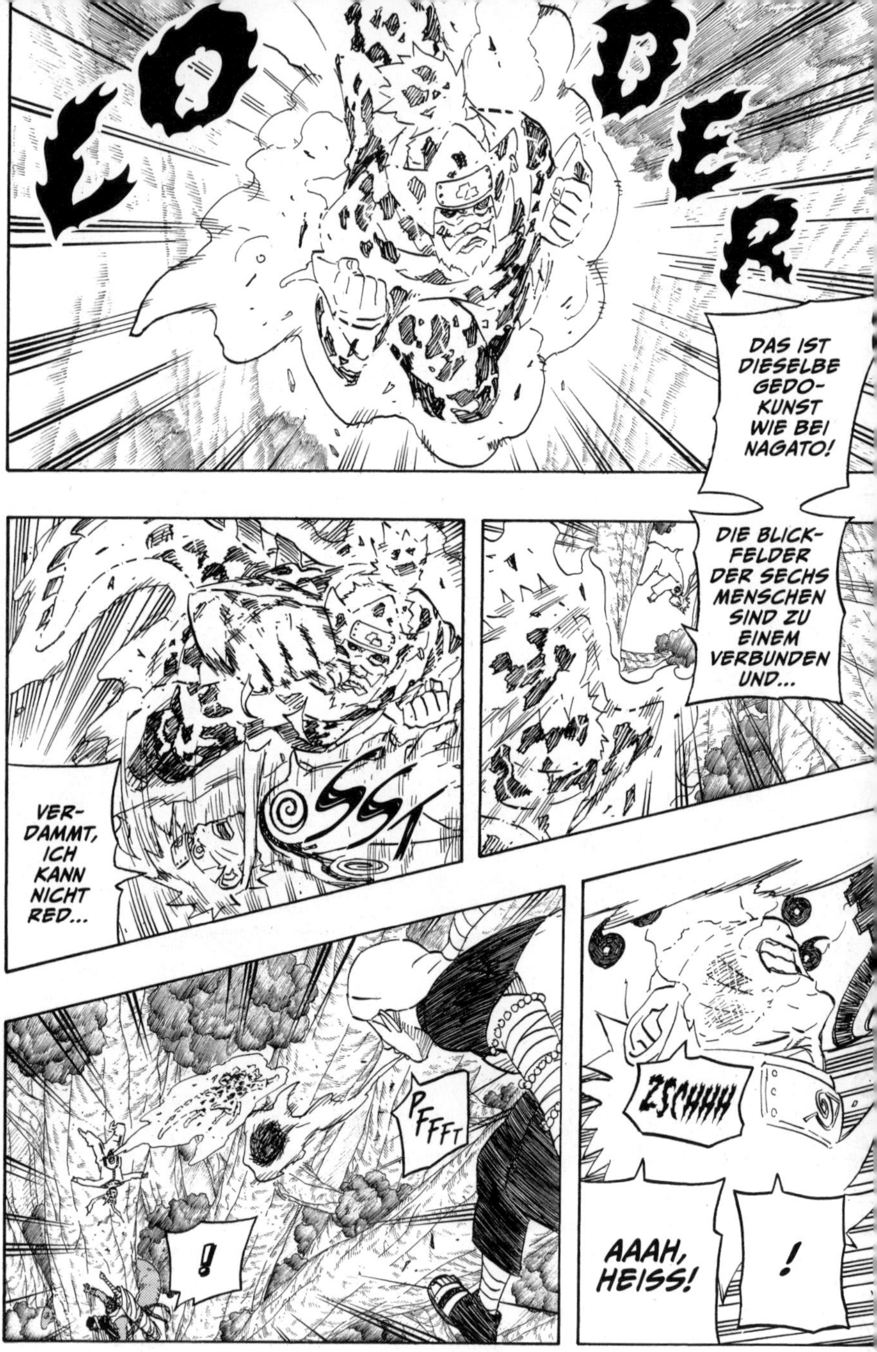

LODER
DAS IST DIESELBE GEDO-KUNST WIE BEI NAGATO!
DIE BLICK-FELDER DER SECHS MENSCHEN SIND ZU EINEM VERBUNDEN UND...
VER-DAMMT, ICH KANN NICHT RED...
SST
ZSCHHH
!
AAAH, HEISS!
PFFFT
!

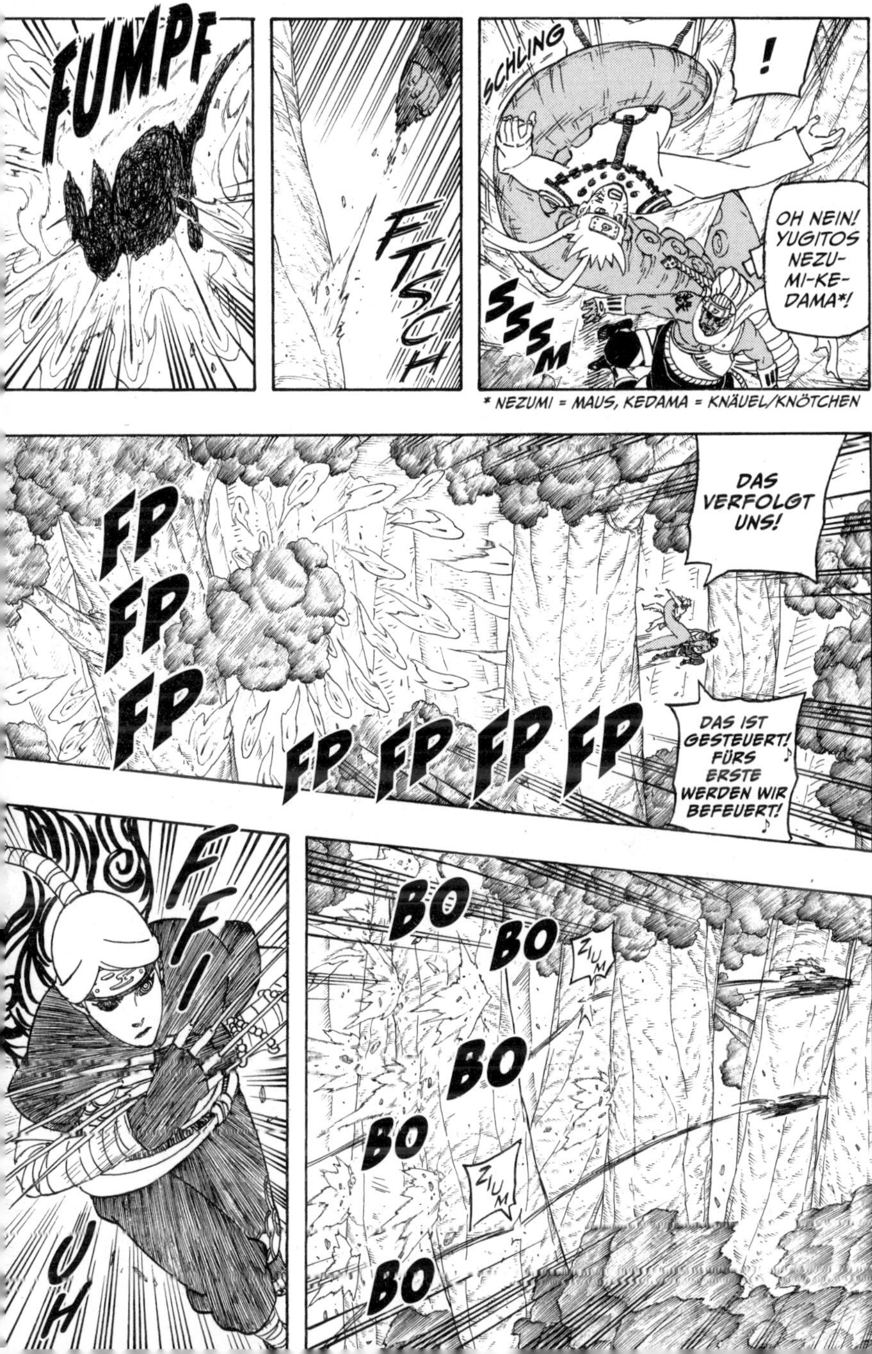

* NEZUMI = MAUS, KEDAMA = KNÄUEL/KNÖTCHEN

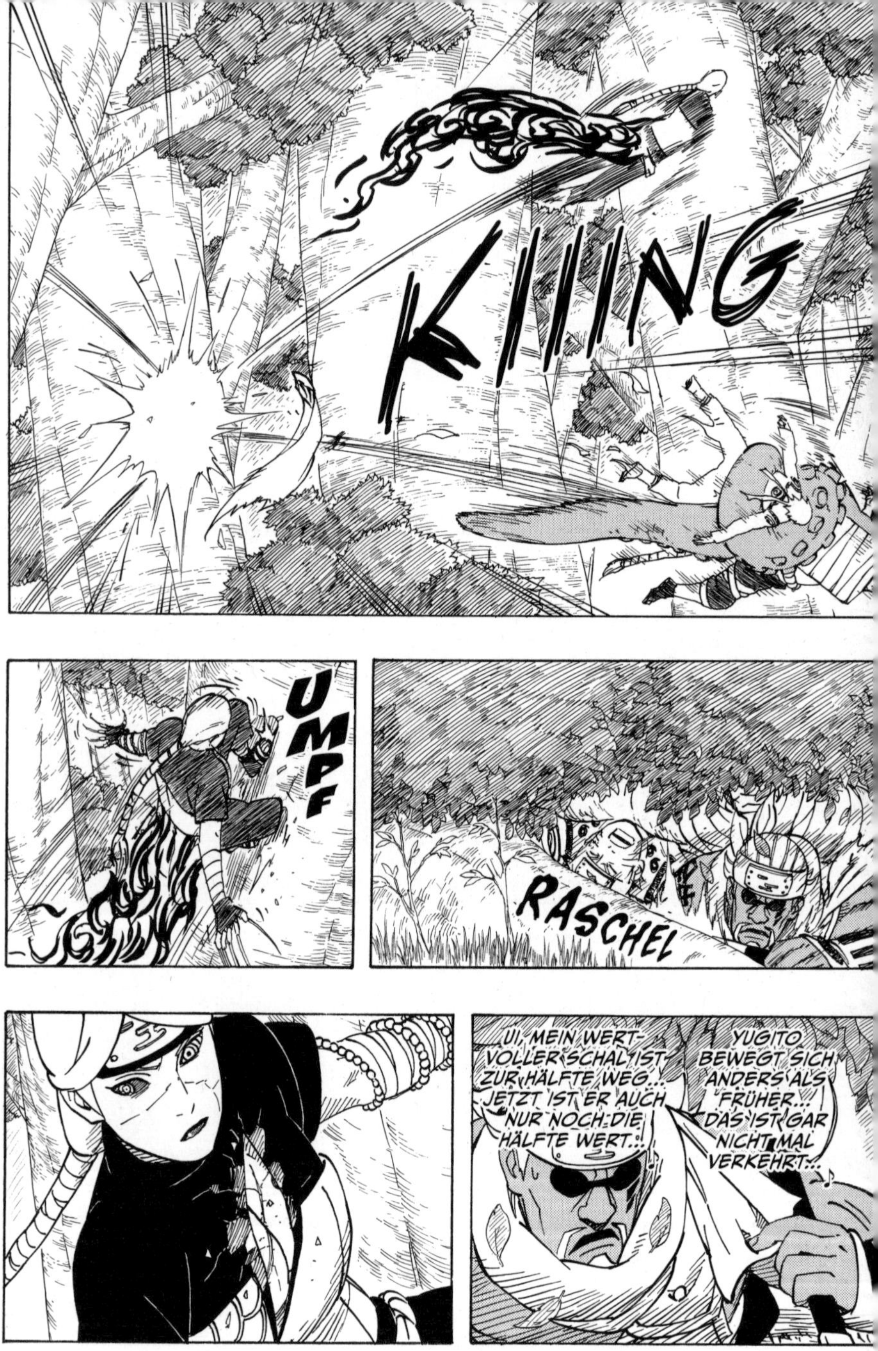
KIIING
RASCHEL
UMPF
YUGITO BEWEGT SICH ANDERS ALS FRÜHER... DAS IST GAR NICHT MAL VERKEHRT...♪
UI, MEIN WERTVOLLER SCHAL IST ZUR HÄLFTE WEG... JETZT IST ER AUCH NUR NOCH DIE HÄLFTE WERT...

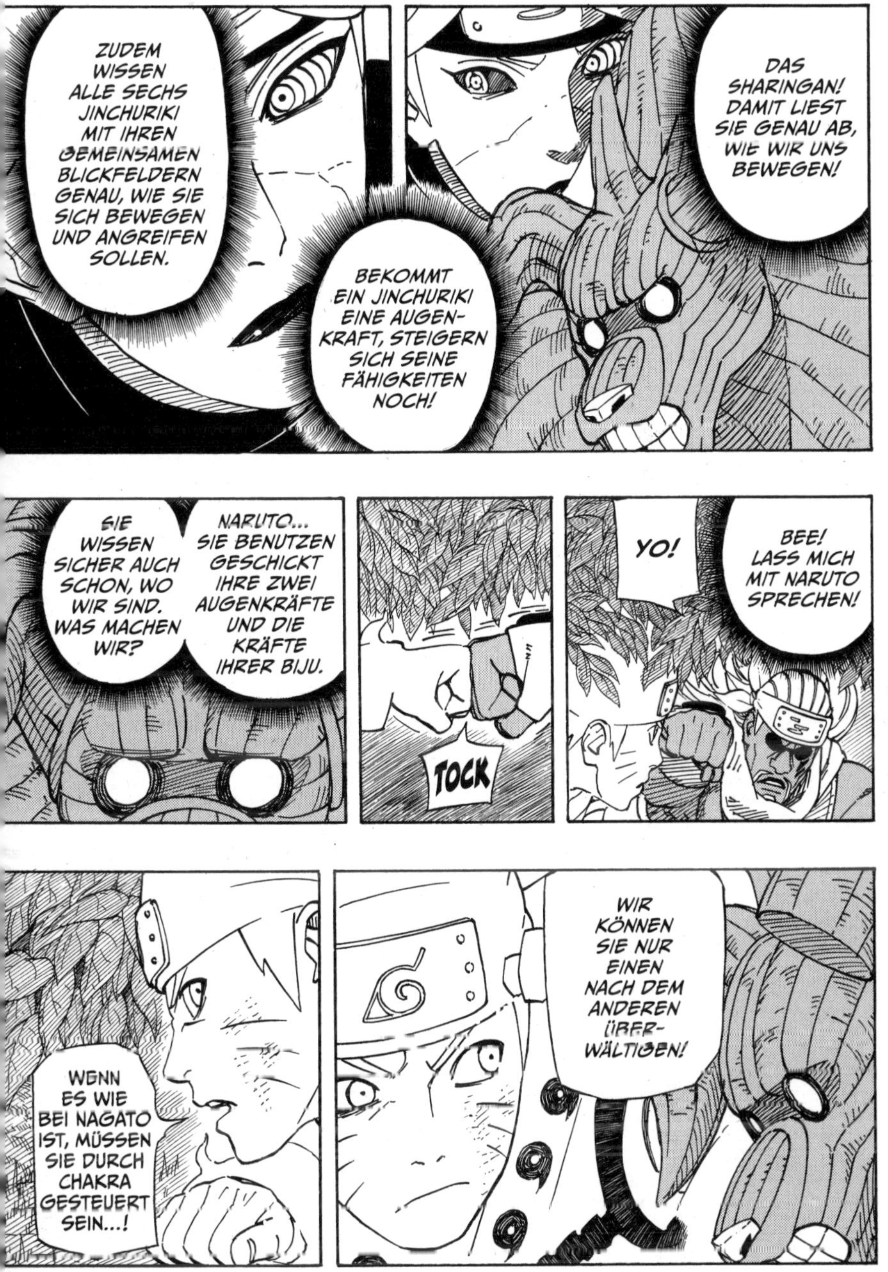

DAS SHARINGAN! DAMIT LIEST SIE GENAU AB, WIE WIR UNS BEWEGEN!
ZUDEM WISSEN ALLE SECHS JINCHURIKI MIT IHREN GEMEINSAMEN BLICKFELDERN GENAU, WIE SIE SICH BEWEGEN UND ANGREIFEN SOLLEN.
BEKOMMT EIN JINCHURIKI EINE AUGEN-KRAFT, STEIGERN SICH SEINE FÄHIGKEITEN NOCH!
BEE! LASS MICH MIT NARUTO SPRECHEN!
YO!
TOCK
NARUTO... SIE BENUTZEN GESCHICKT IHRE ZWEI AUGENKRÄFTE UND DIE KRÄFTE IHRER BIJU.
SIE WISSEN SICHER AUCH SCHON, WO WIR SIND. WAS MACHEN WIR?
WIR KÖNNEN SIE NUR EINEN NACH DEM ANDEREN ÜBER-WÄLTIGEN!
WENN ES WIE BEI NAGATO IST, MÜSSEN SIE DURCH CHAKRA GESTEUERT SEIN...!

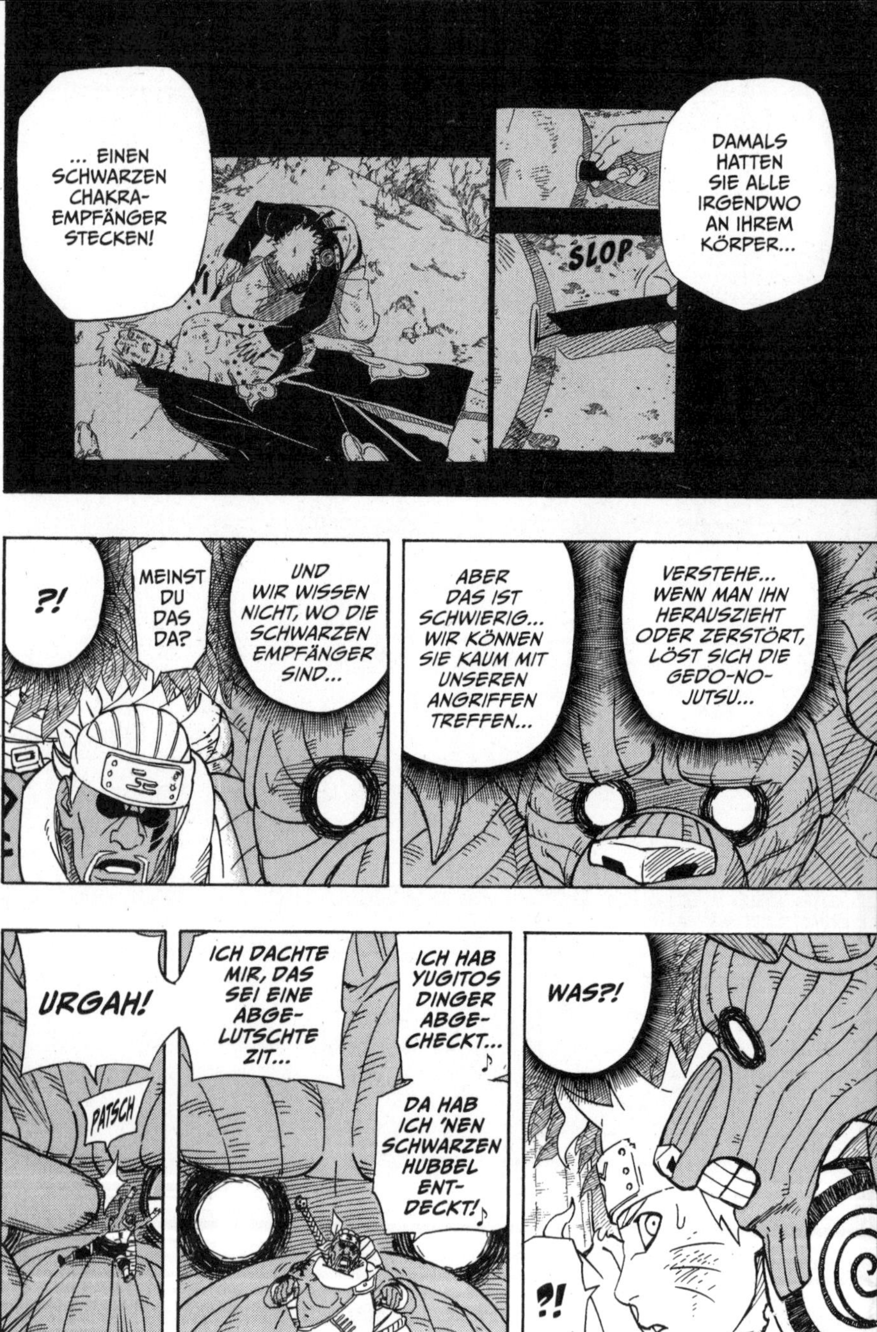
DAMALS HATTEN SIE ALLE IRGENDWO AN IHREM KÖRPER...
SLOP
... EINEN SCHWARZEN CHAKRA-EMPFÄNGER STECKEN!
VERSTEHE... WENN MAN IHN HERAUSZIEHT ODER ZERSTÖRT, LÖST SICH DIE GEDO-NO-JUTSU...
ABER DAS IST SCHWIERIG... WIR KÖNNEN SIE KAUM MIT UNSEREN ANGRIFFEN TREFFEN...
UND WIR WISSEN NICHT, WO DIE SCHWARZEN EMPFÄNGER SIND...
MEINST DU DAS DA?
?!
WAS?!
?!
ICH HAB YUGITOS DINGER ABGE-CHECKT...♪
DA HAB ICH 'NEN SCHWARZEN HUBBEL ENT-DECKT!♪
ICH DACHTE MIR, DAS SEI EINE ABGE-LUTSCHTE ZIT...
URGAH!
PATSCH

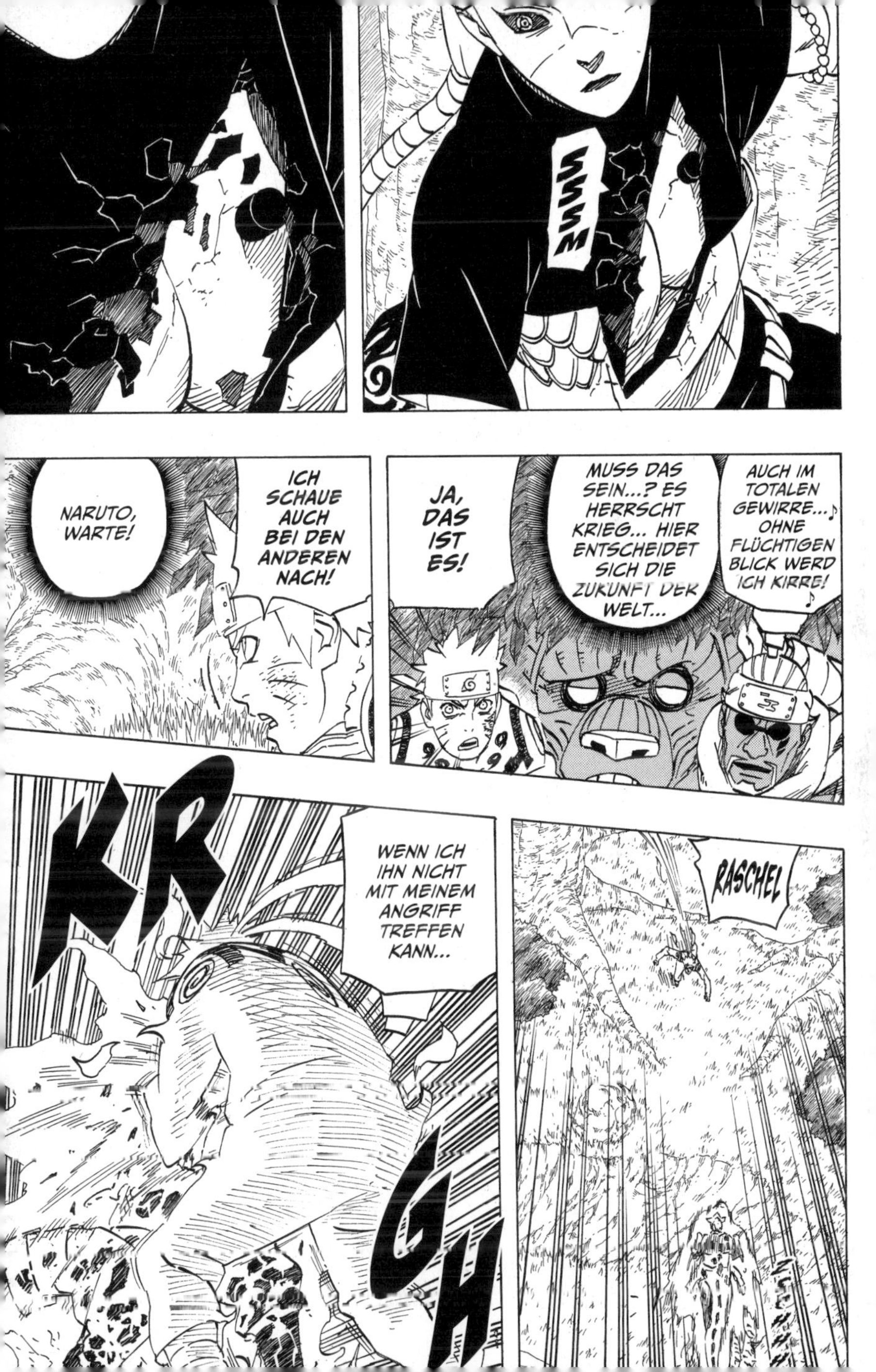
SSSM
AUCH IM TOTALEN GEWIRRE...♪ OHNE FLÜCHTIGEN BLICK WERD ICH KIRRE! ♪
MUSS DAS SEIN...? ES HERRSCHT KRIEG... HIER ENTSCHEIDET SICH DIE ZUKUNFT DER WELT...
JA, DAS IST ES!
ICH SCHAUE AUCH BEI DEN ANDEREN NACH!
NARUTO, WARTE!
RASCHEL
WENN ICH IHN NICHT MIT MEINEM ANGRIFF TREFFEN KANN...
KRGH

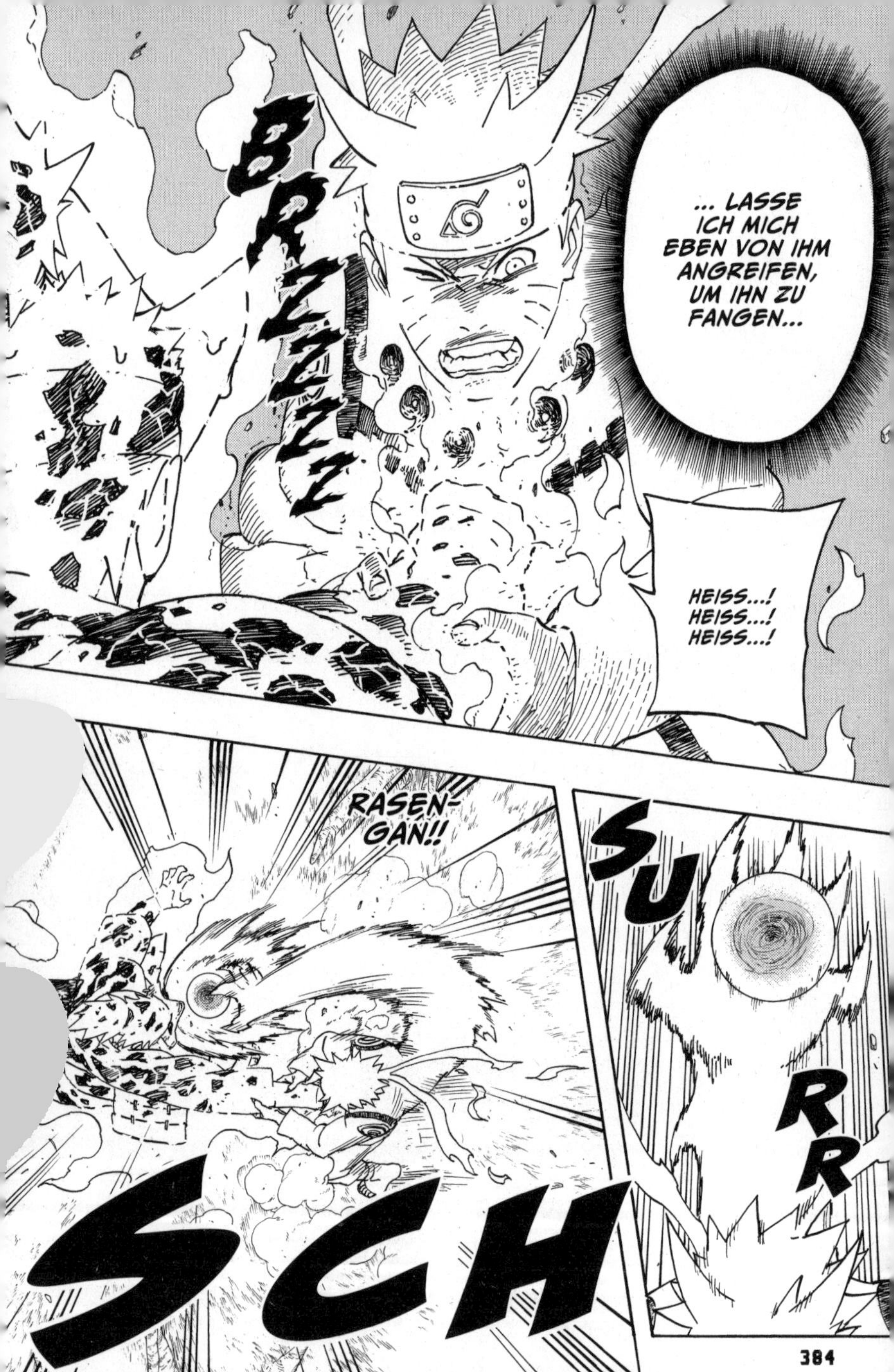

BRZZZZZ
... LASSE ICH MICH EBEN VON IHM ANGREIFEN, UM IHN ZU FANGEN...
HEISS...! HEISS...! HEISS...!
SURR
RASEN-GAN!!
SCH

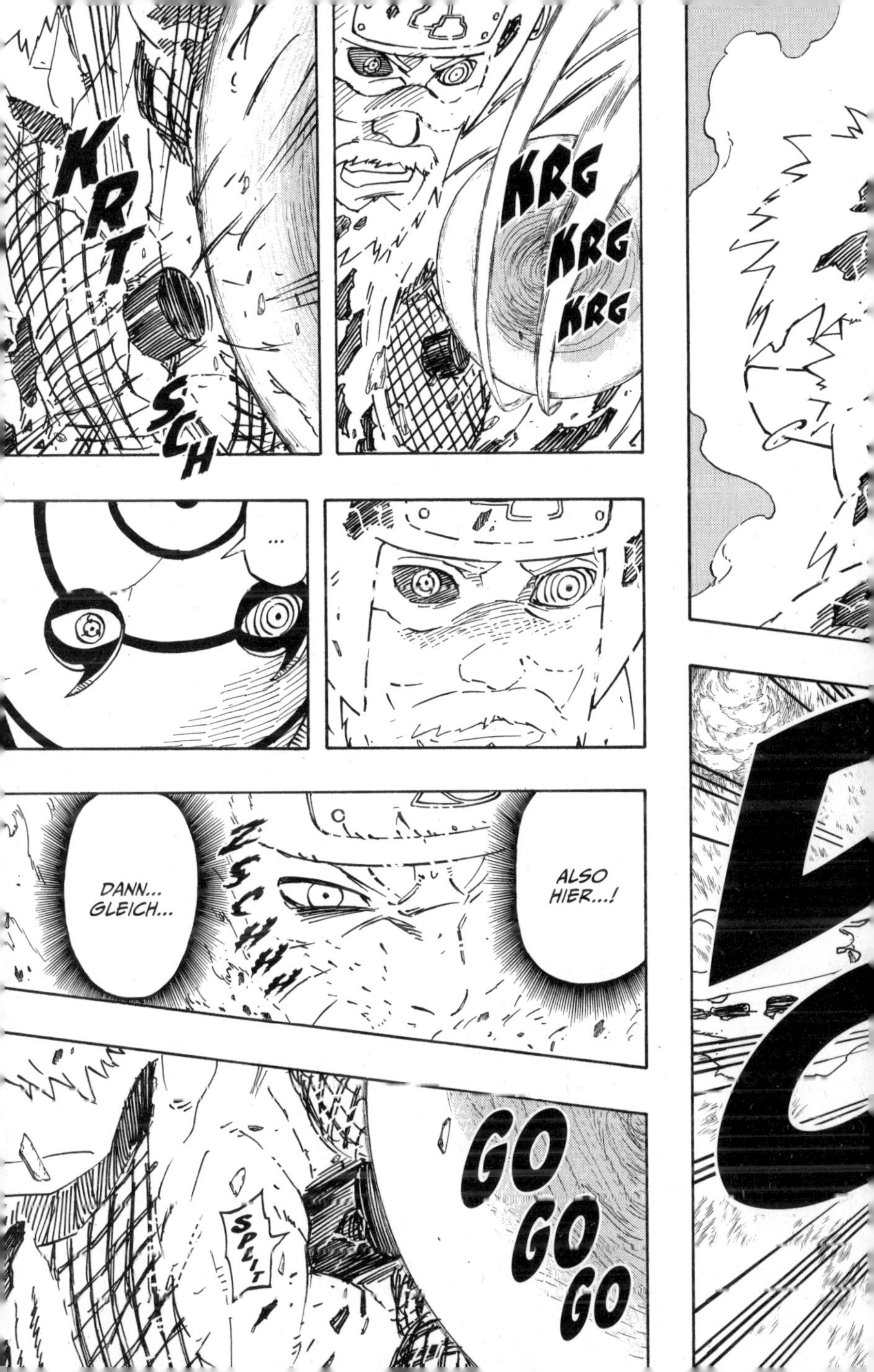
KRG KRG KRG
KRT
SCH
...
ALSO HIER...!
DANN... GLEICH...
ZSCHHH
GO GO GO GO
SPLIT

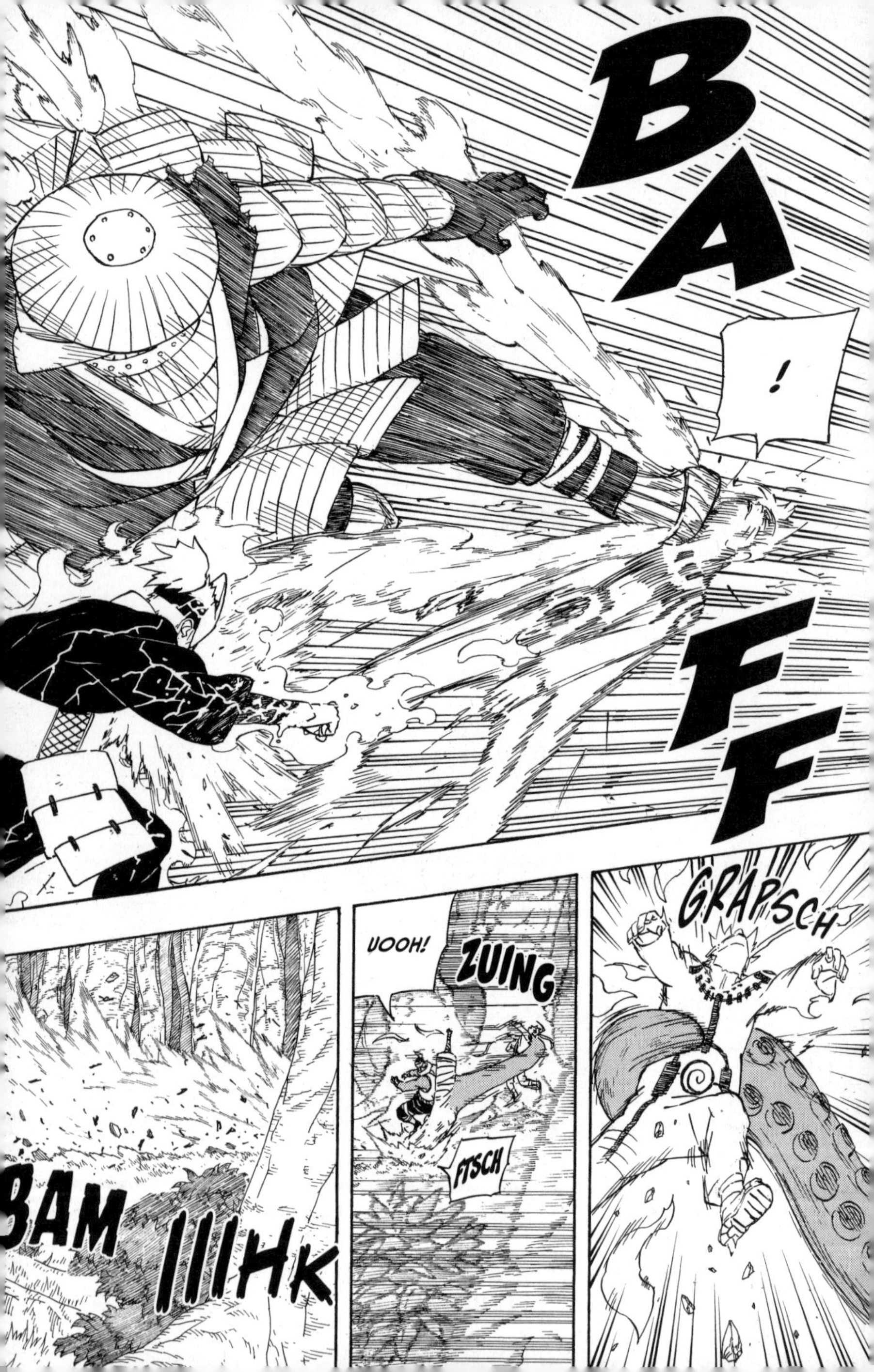
BAFFF
!
GRAPSCH
UOOH!
ZUING
FTSCH
BAM
IIIHK

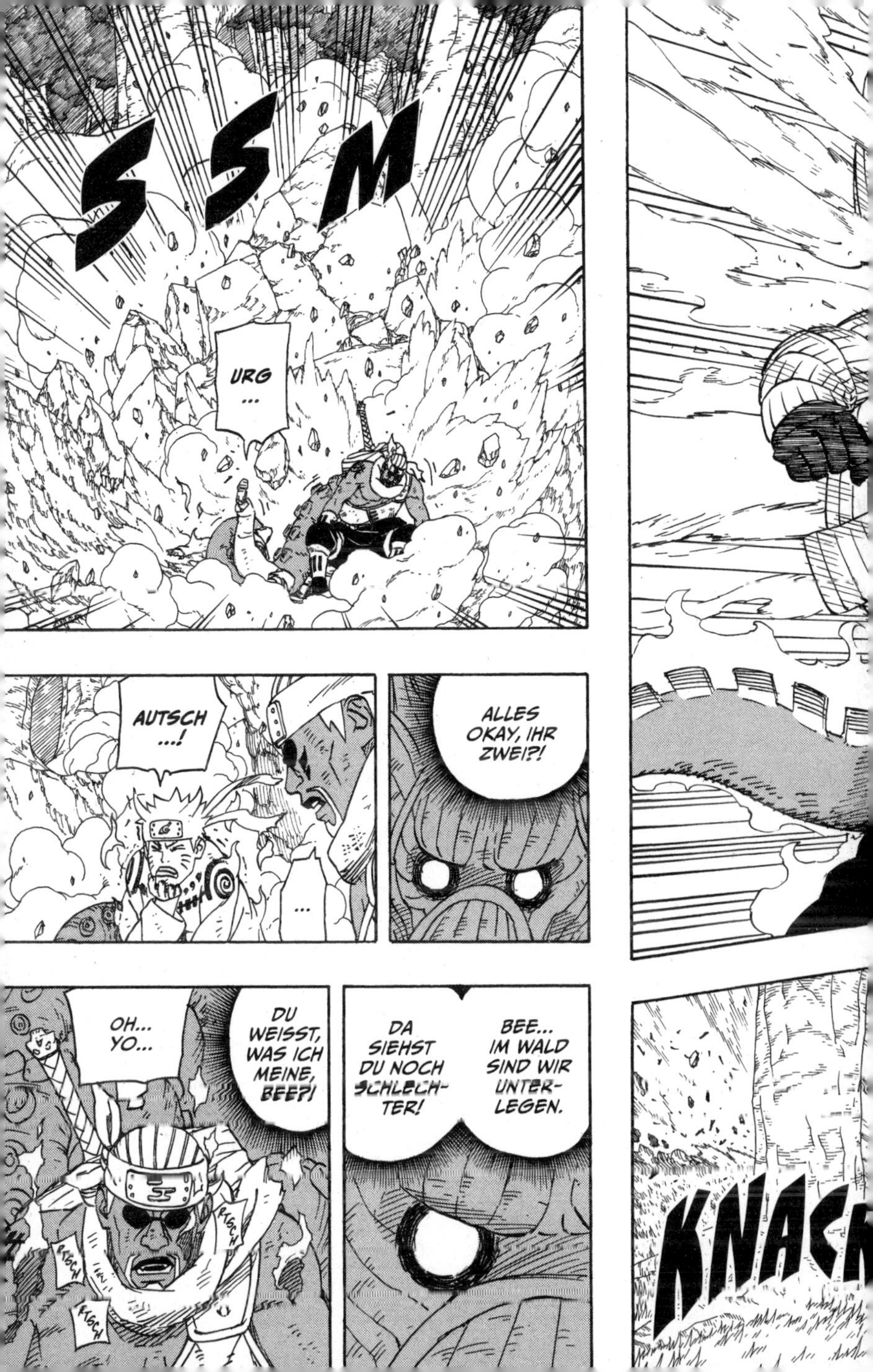
SSM
URG ...
ALLES OKAY, IHR ZWEI?!
AUTSCH ...!
...
BEE... IM WALD SIND WIR UNTERLEGEN.
DA SIEHST DU NOCH SCHLECHTER!
DU WEISST, WAS ICH MEINE, BEE?!
OH... YO...
RISCH
RISCH
RISCH
KNACK

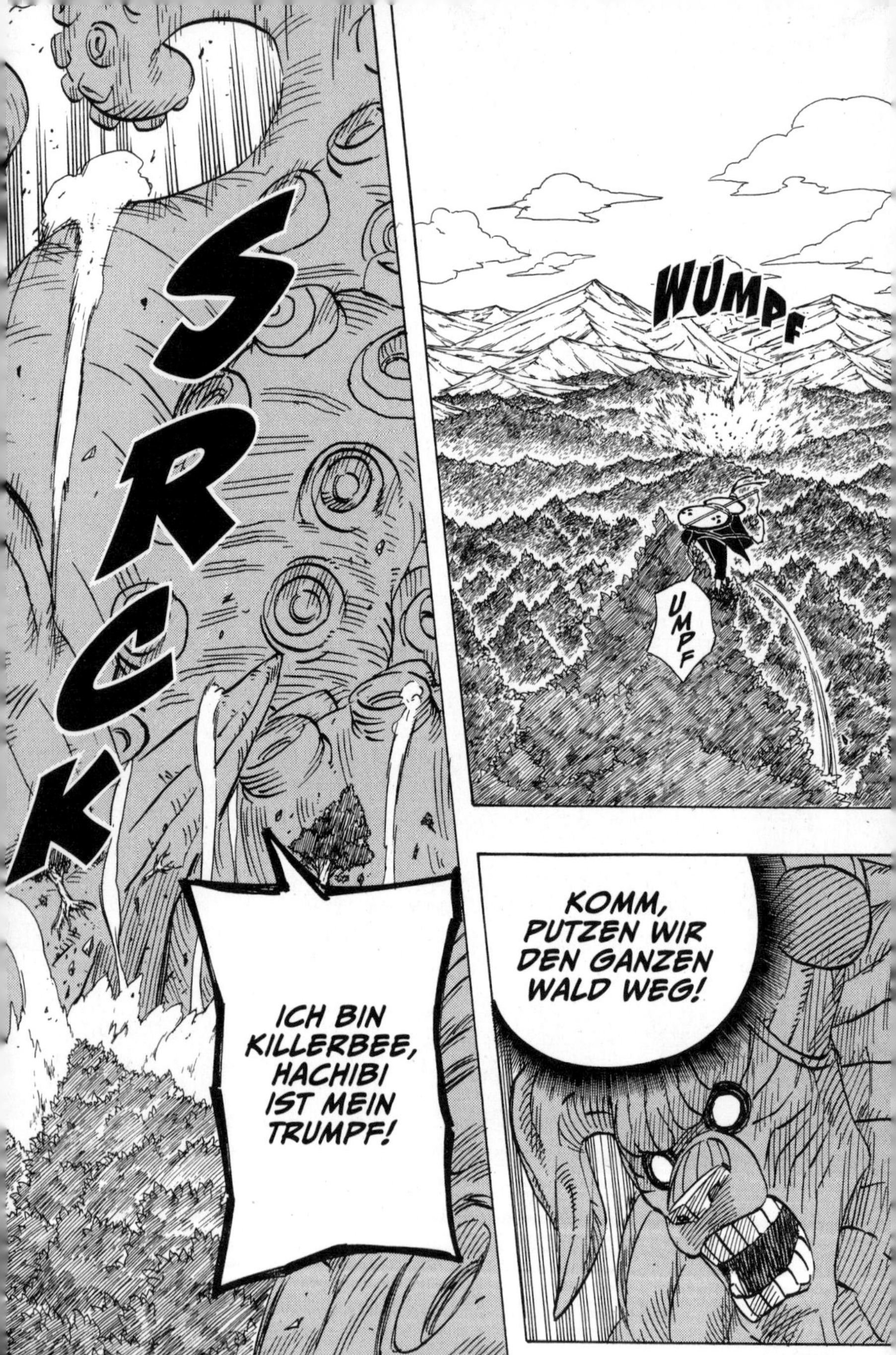
WUMPF
UMPF
SRCK
KOMM, PUTZEN WIR DEN GANZEN WALD WEG!
ICH BIN KILLERBEE, HACHIBI IST MEIN TRUMPF!

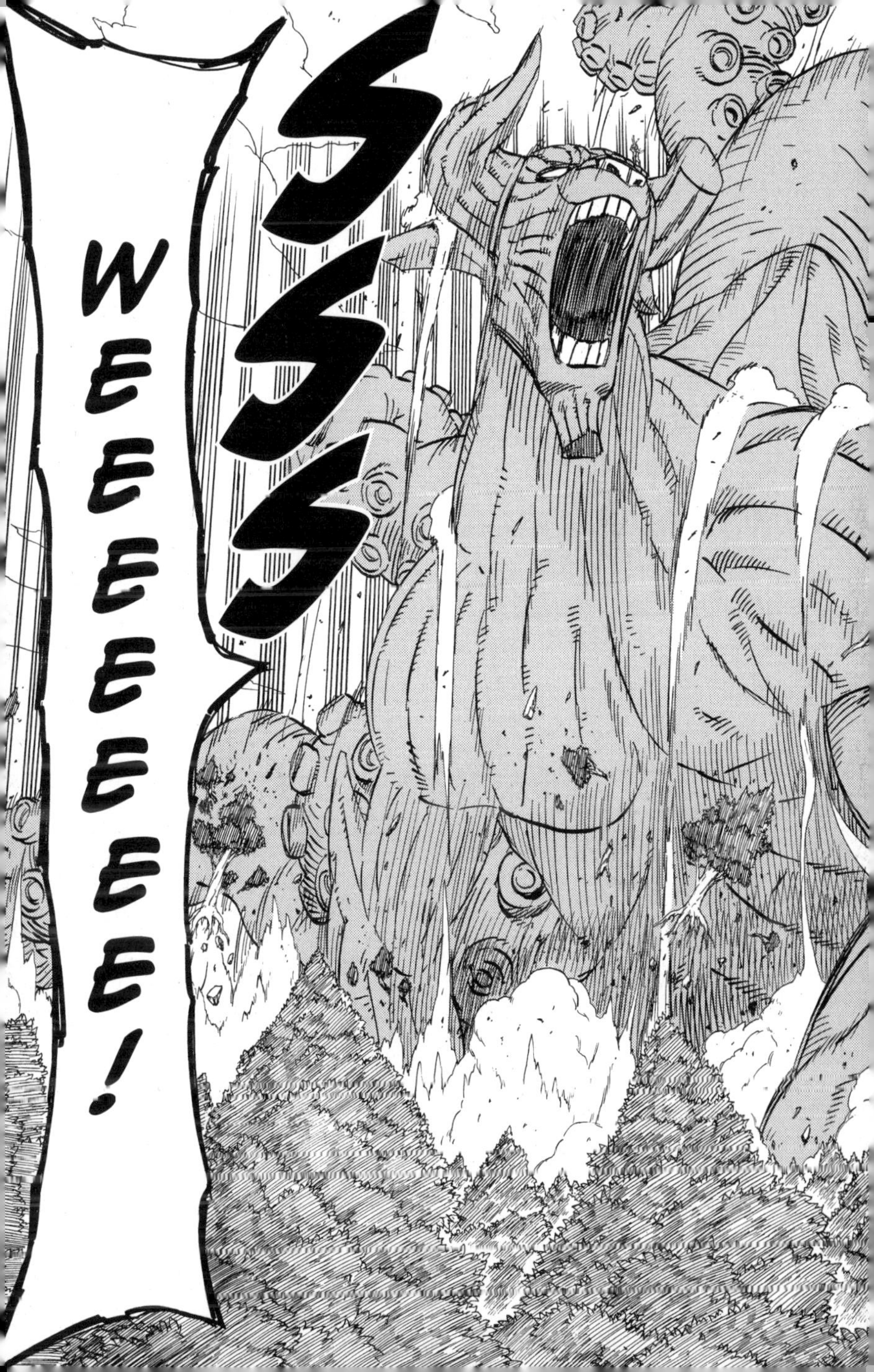
SSSWEEEEEEE!

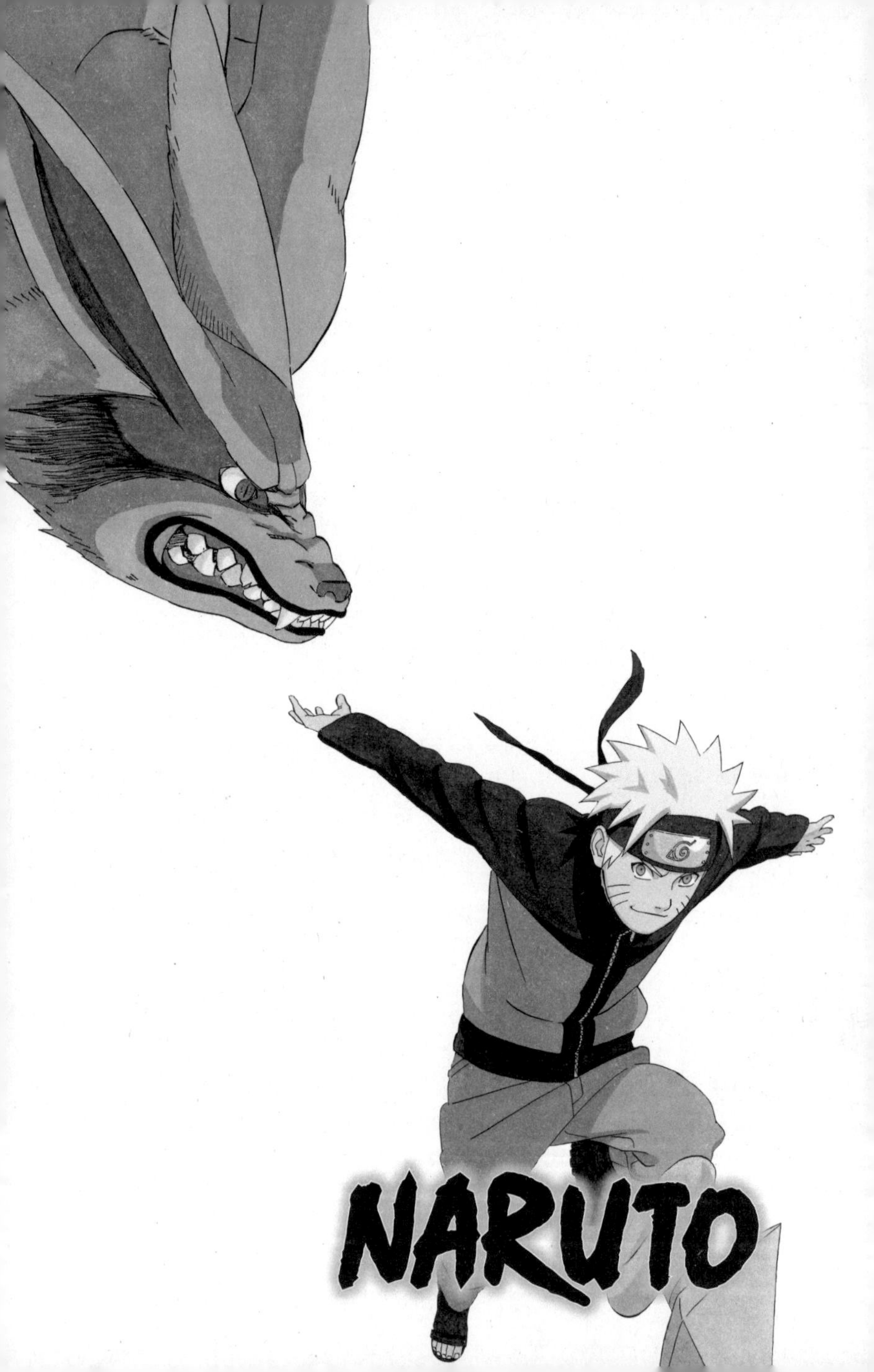
NARUTO

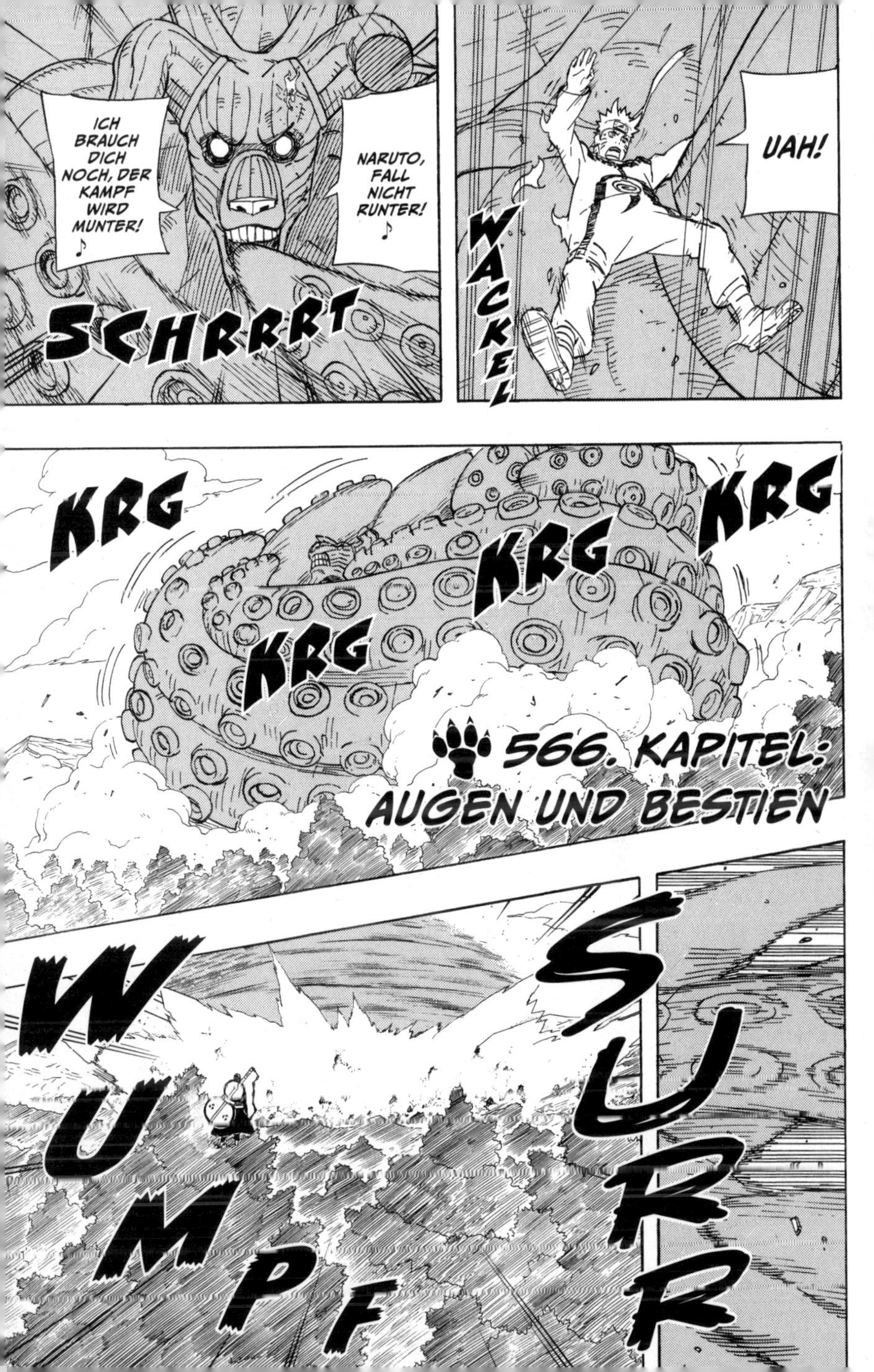
UAH!
WACKEL
NARUTO, FALL NICHT RUNTER! ♪
ICH BRAUCH DICH NOCH, DER KAMPF WIRD MUNTER! ♪
SCHRRRT
KRG
KRG
KRG
KRG
566. KAPITEL: AUGEN UND BESTIEN
SURR
WUMPF

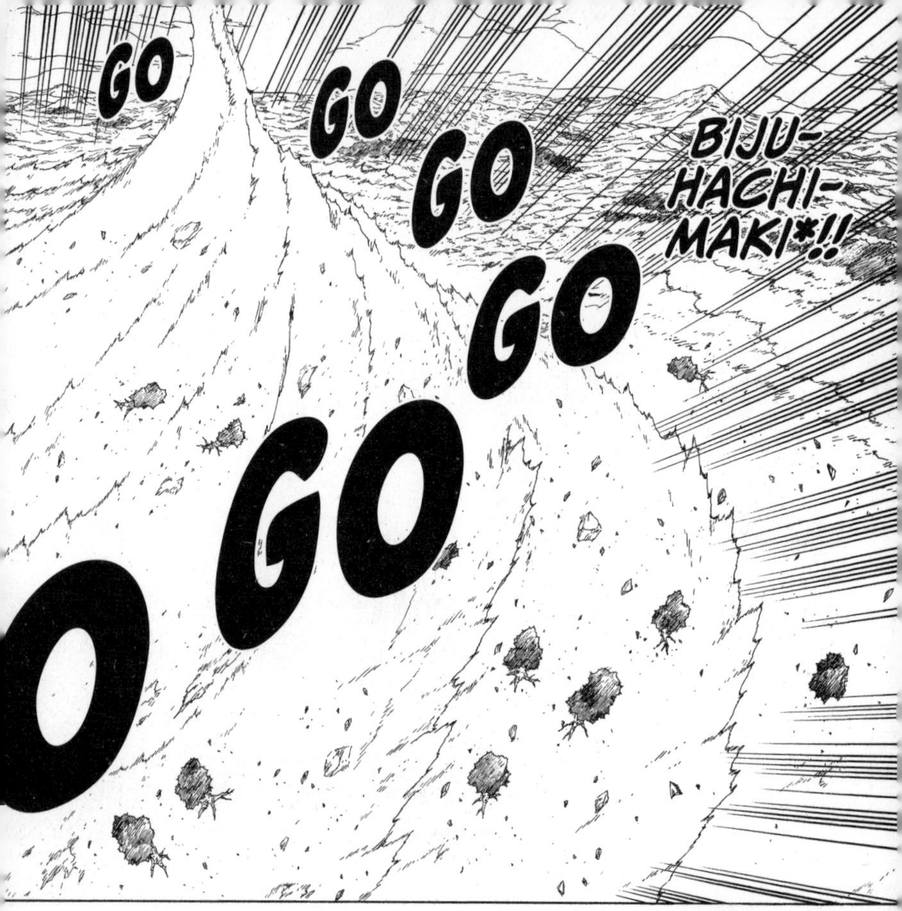

* HACHI = ACHT, MAKI = ROLLEN

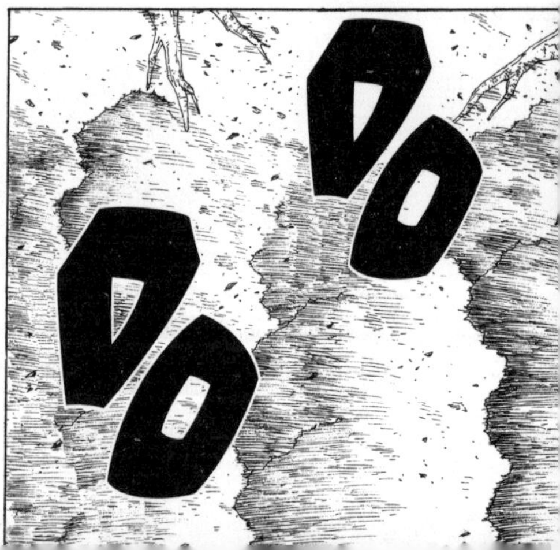

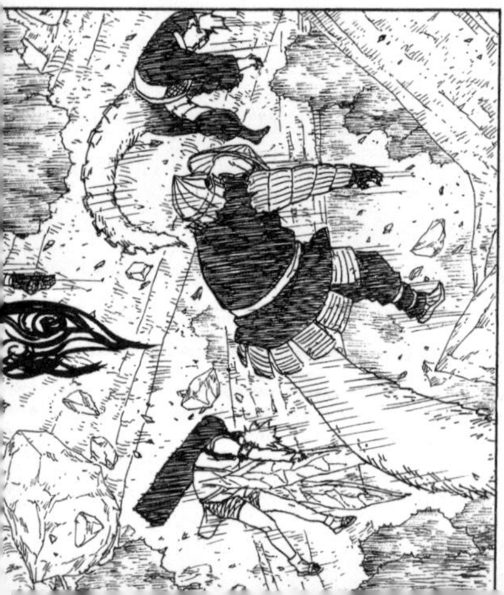

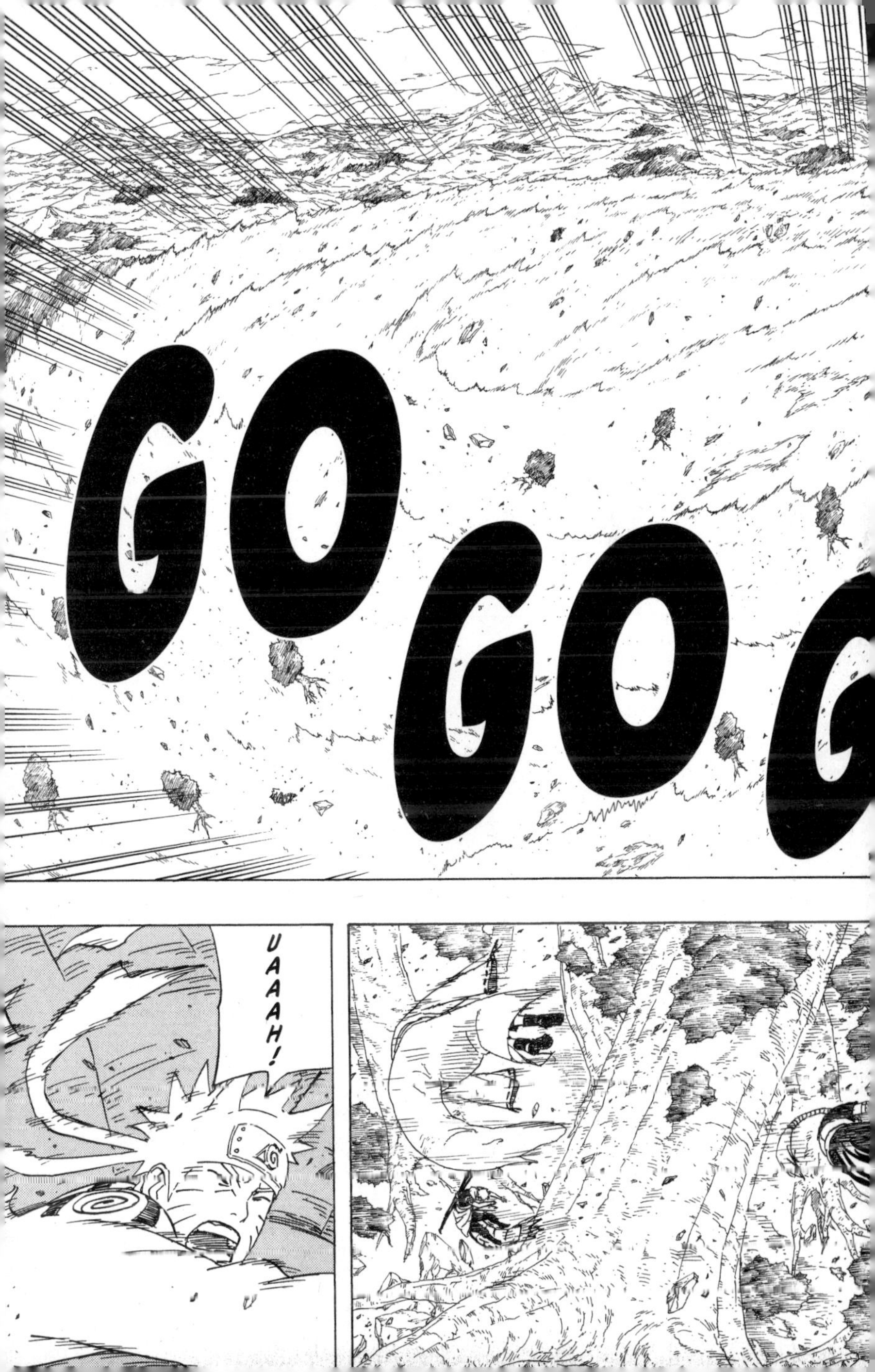
GO GO G
UAAAAH!

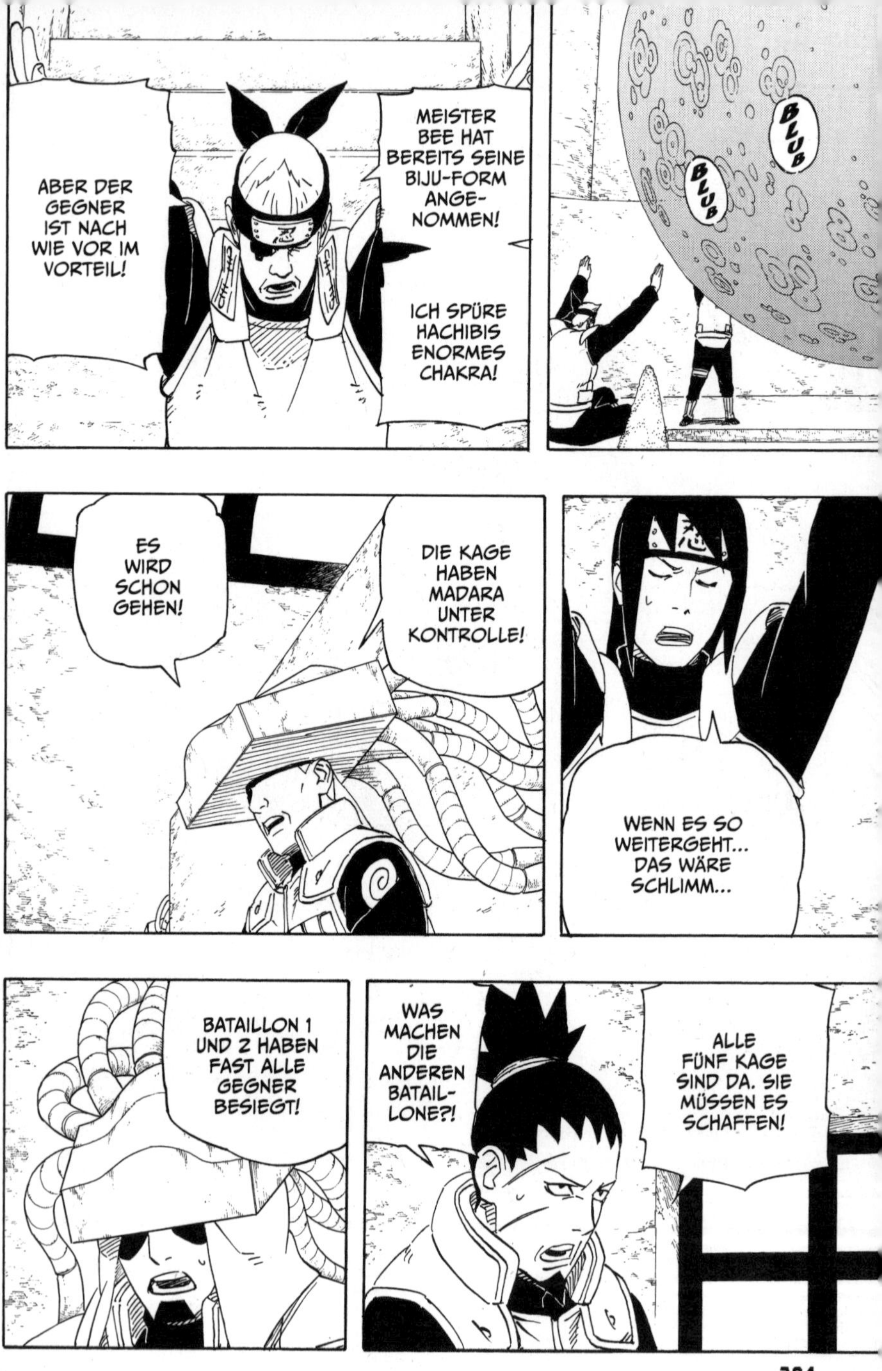
BLUB
BLUB
MEISTER BEE HAT BEREITS SEINE BIJU-FORM ANGE-NOMMEN!
ICH SPÜRE HACHIBIS ENORMES CHAKRA!
ABER DER GEGNER IST NACH WIE VOR IM VORTEIL!
WENN ES SO WEITERGEHT... DAS WÄRE SCHLIMM...
DIE KAGE HABEN MADARA UNTER KONTROLLE!
ES WIRD SCHON GEHEN!
ALLE FÜNF KAGE SIND DA. SIE MÜSSEN ES SCHAFFEN!
WAS MACHEN DIE ANDEREN BATAIL-LONE?!
BATAILLON 1 UND 2 HABEN FAST ALLE GEGNER BESIEGT!

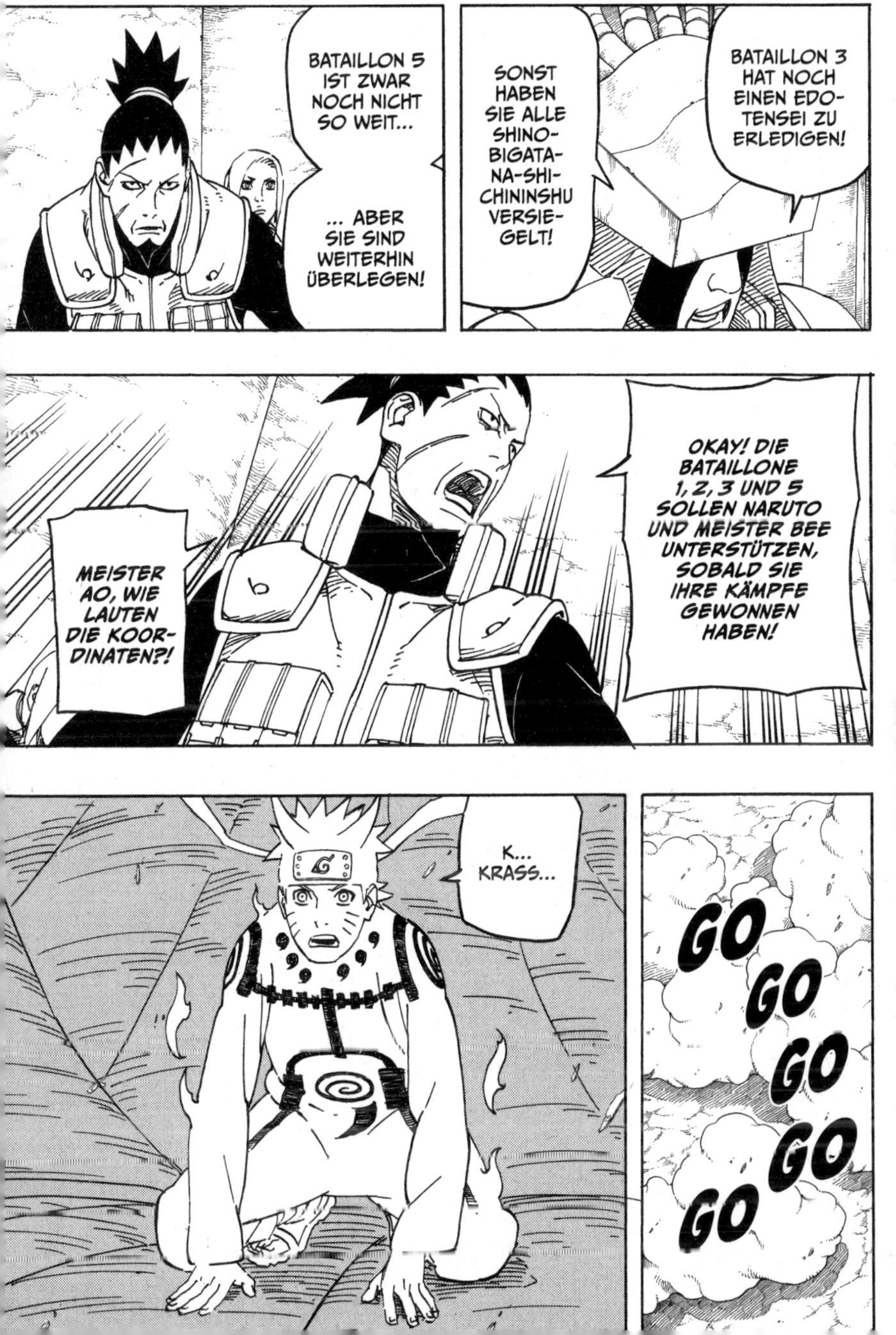
BATAILLON 3 HAT NOCH EINEN EDO-TENSEI ZU ERLEDIGEN!
SONST HABEN SIE ALLE SHINOBIGATANA-SHICHININSHU VERSIEGELT!
BATAILLON 5 IST ZWAR NOCH NICHT SO WEIT...
... ABER SIE SIND WEITERHIN ÜBERLEGEN!
OKAY! DIE BATAILLONE 1, 2, 3 UND 5 SOLLEN NARUTO UND MEISTER BEE UNTERSTÜTZEN, SOBALD SIE IHRE KÄMPFE GEWONNEN HABEN!
MEISTER AO, WIE LAUTEN DIE KOORDINATEN?!
GO GO GO GO GO GO
K... KRASS...

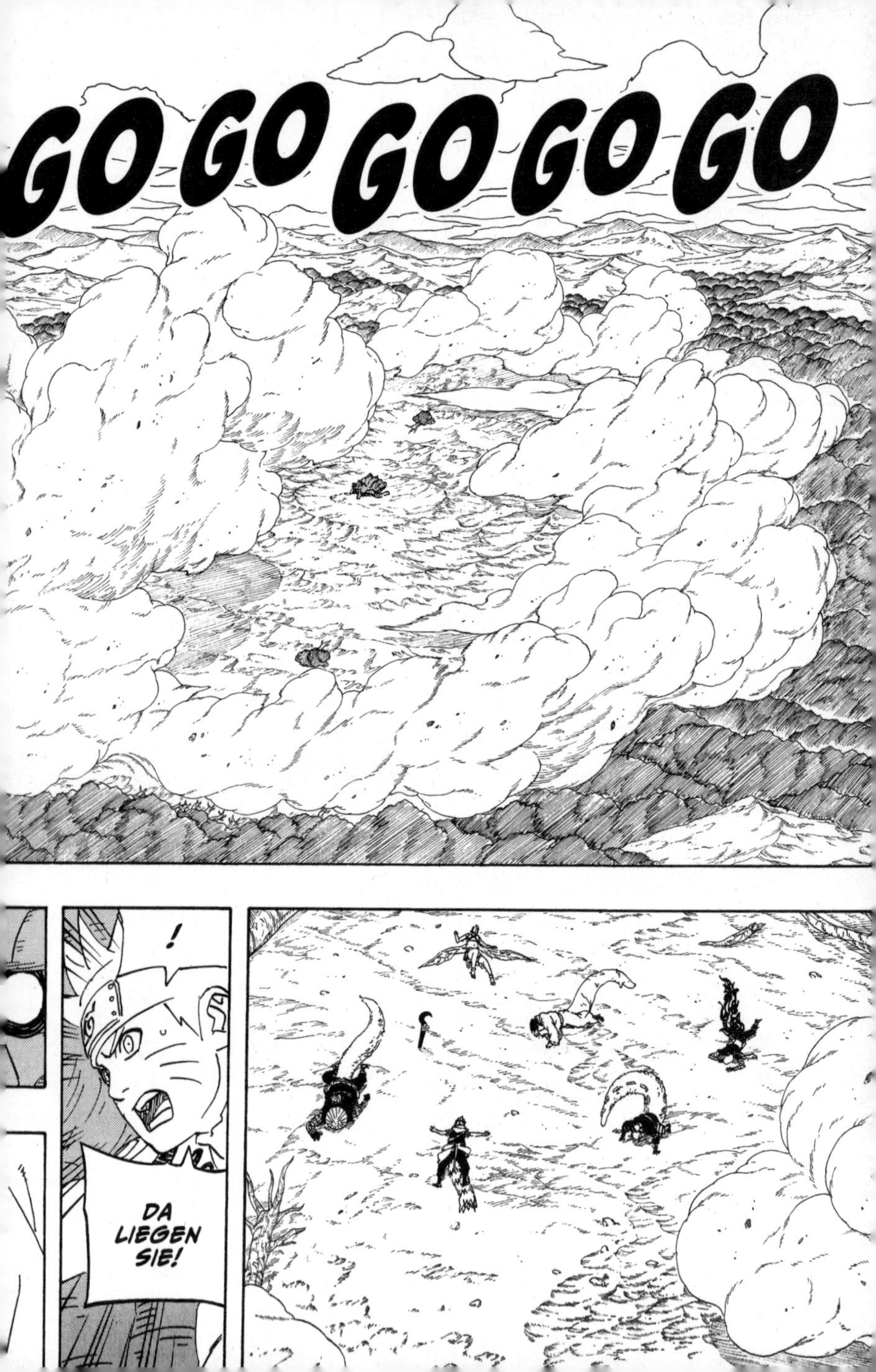
GO GO GO GO GO GO
!
DA LIEGEN SIE!

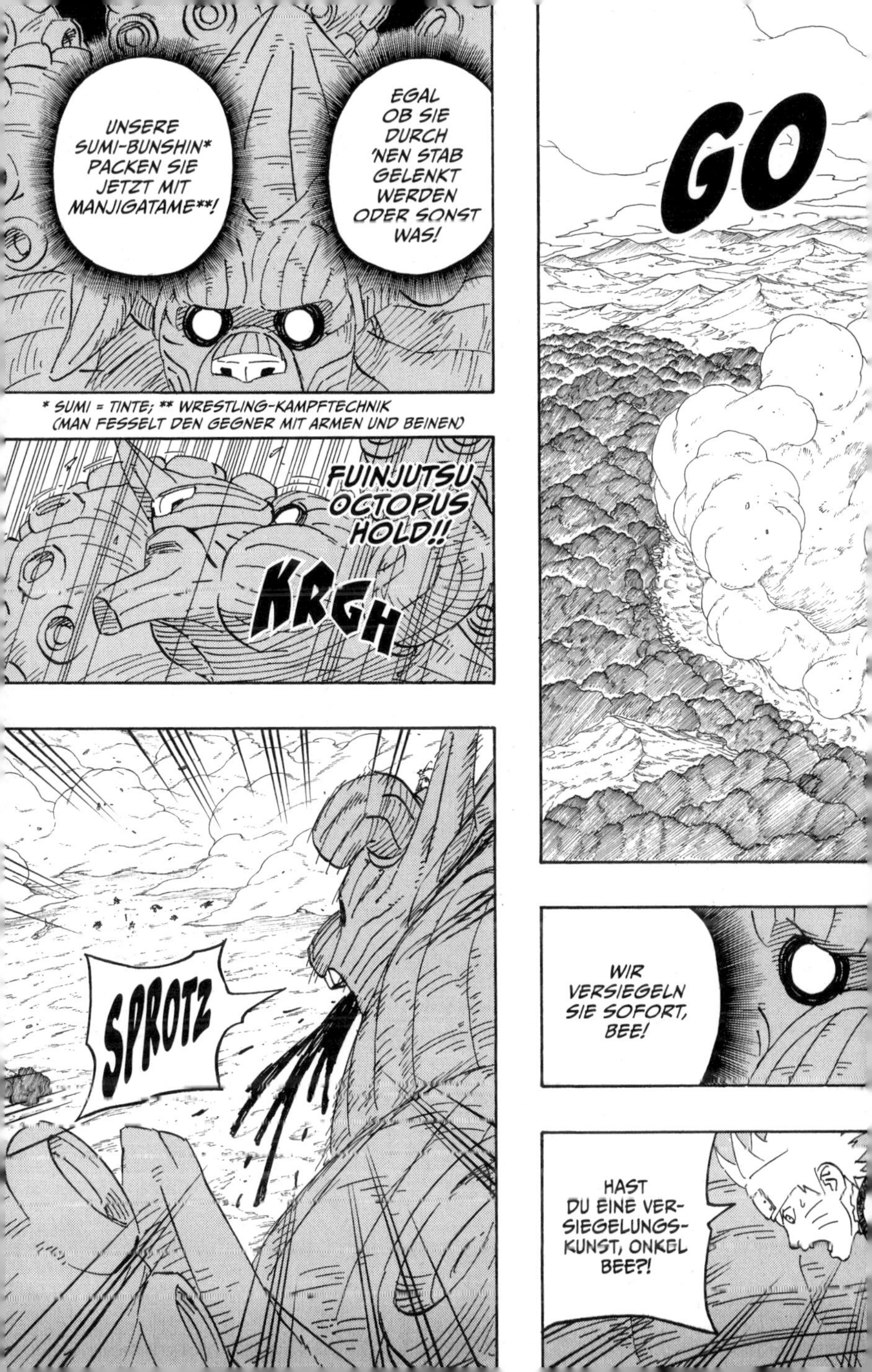

EGAL OB SIE DURCH 'NEN STAB GELENKT WERDEN ODER SONST WAS!
UNSERE SUMI-BUNSHIN* PACKEN SIE JETZT MIT MANJIGATAME**!
* SUMI = TINTE; ** WRESTLING-KAMPFTECHNIK (MAN FESSELT DEN GEGNER MIT ARMEN UND BEINEN)
FUINJUTSU OCTOPUS HOLD!!
KRGH
SPROTZ
GO
WIR VERSIEGELN SIE SOFORT, BEE!
HAST DU EINE VERSIEGELUNGSKUNST, ONKEL BEE?!

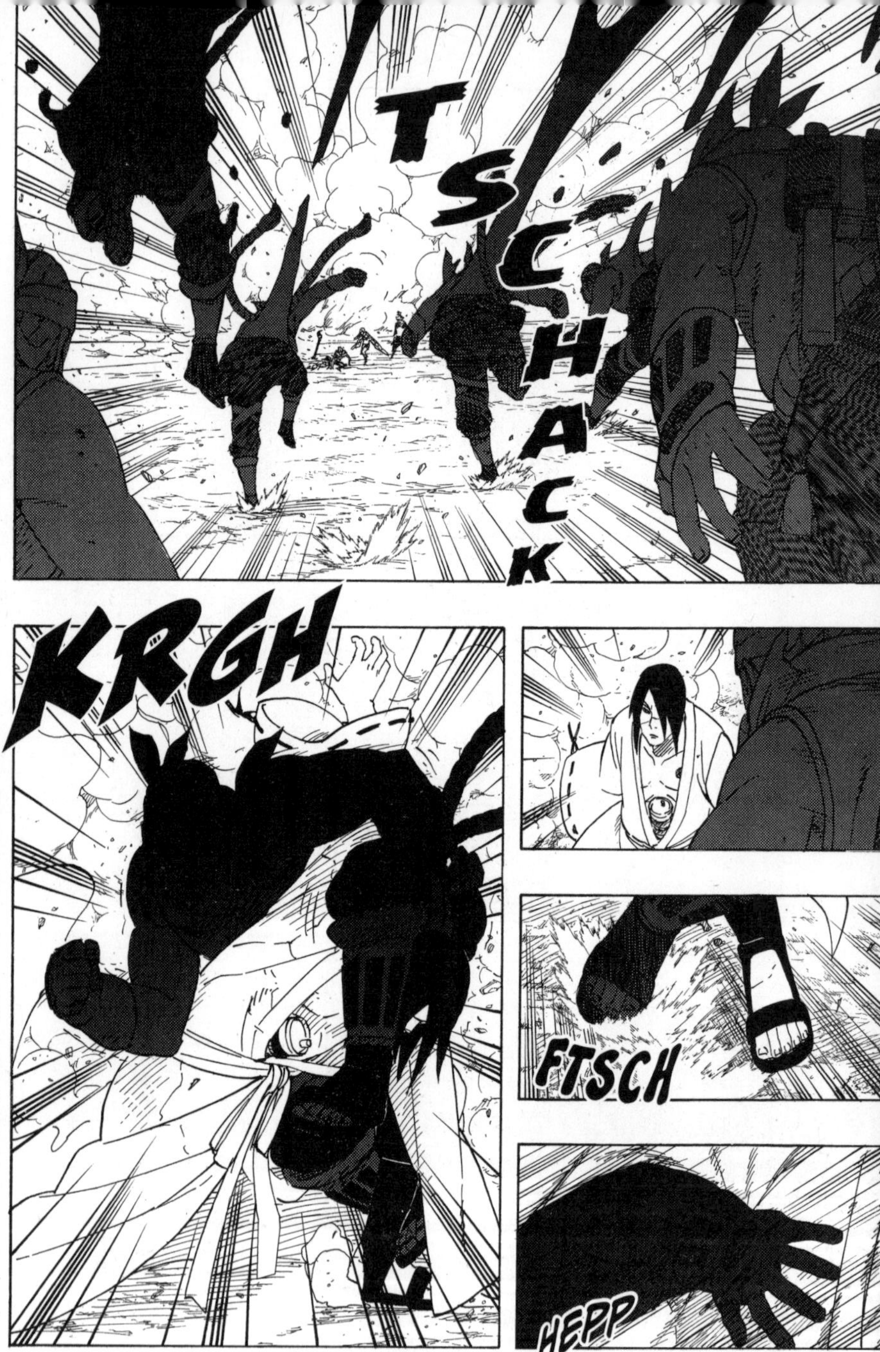
TSCHACK
KRGH
FTSCH
HEPP

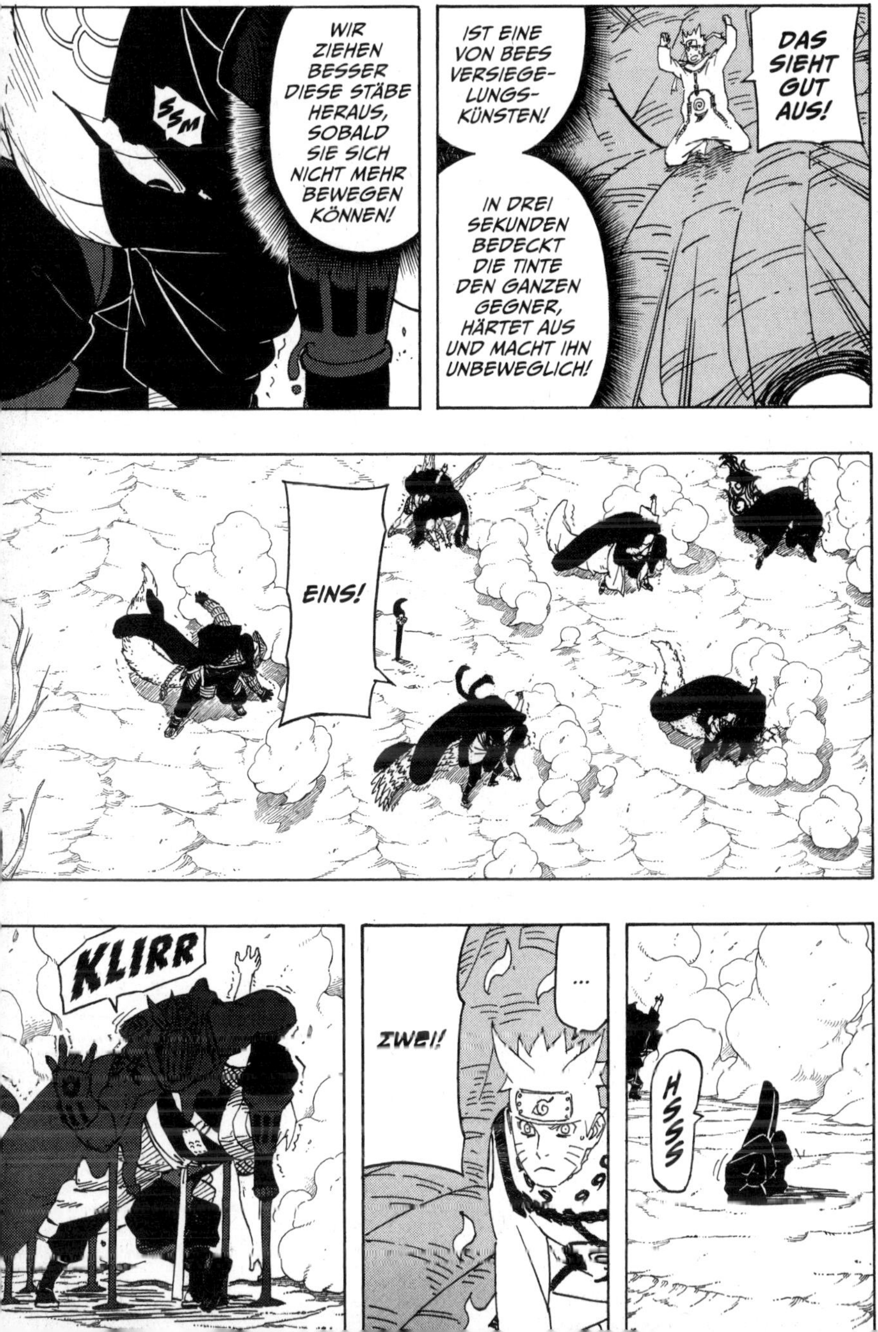
DAS SIEHT GUT AUS!
IST EINE VON BEES VERSIEGE-LUNGS-KÜNSTEN!
IN DREI SEKUNDEN BEDECKT DIE TINTE DEN GANZEN GEGNER, HÄRTET AUS UND MACHT IHN UNBEWEGLICH!
WIR ZIEHEN BESSER DIESE STÄBE HERAUS, SOBALD SIE SICH NICHT MEHR BEWEGEN KÖNNEN!
SSM
EINS!
HSSS
...
ZWEI!
KLIRR

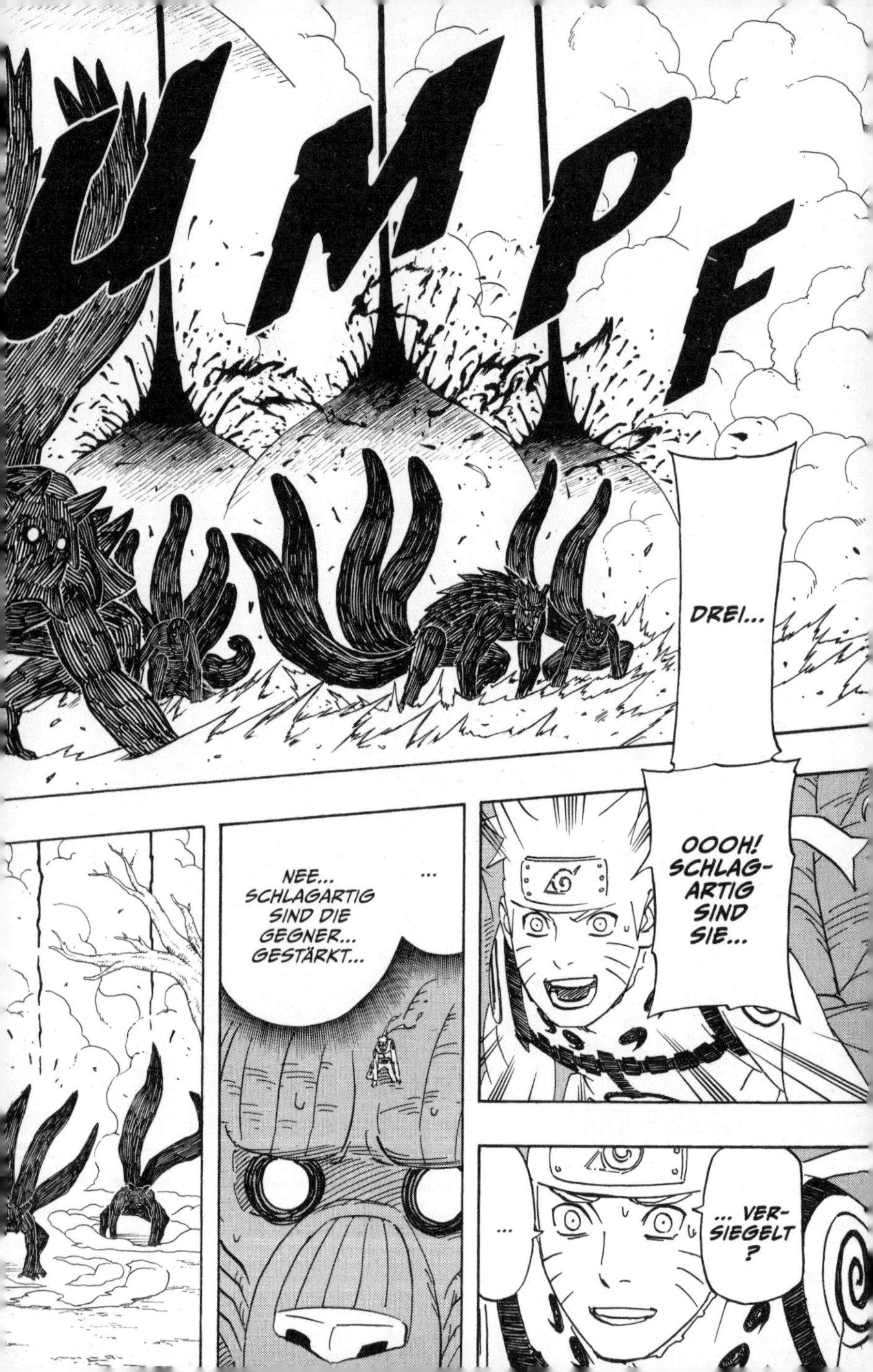
UMPF
DREI...
OOOH! SCHLAG-ARTIG SIND SIE...
...
NEE... SCHLAGARTIG SIND DIE GEGNER... GESTÄRKT...
... VER-SIEGELT?
...

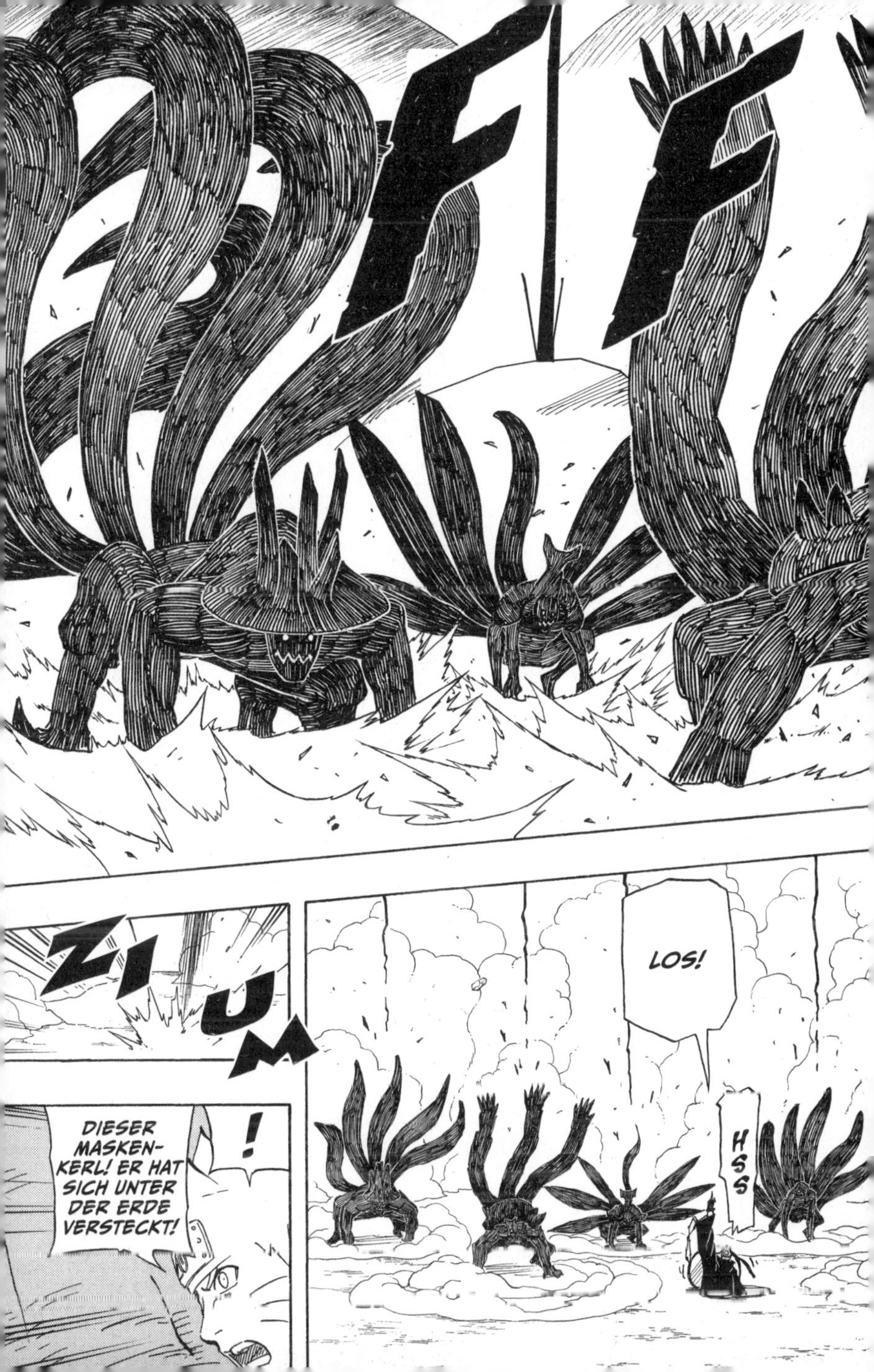

LOS!
HSS
ZIUM
!
DIESER MASKEN-KERL! ER HAT SICH UNTER DER ERDE VERSTECKT!

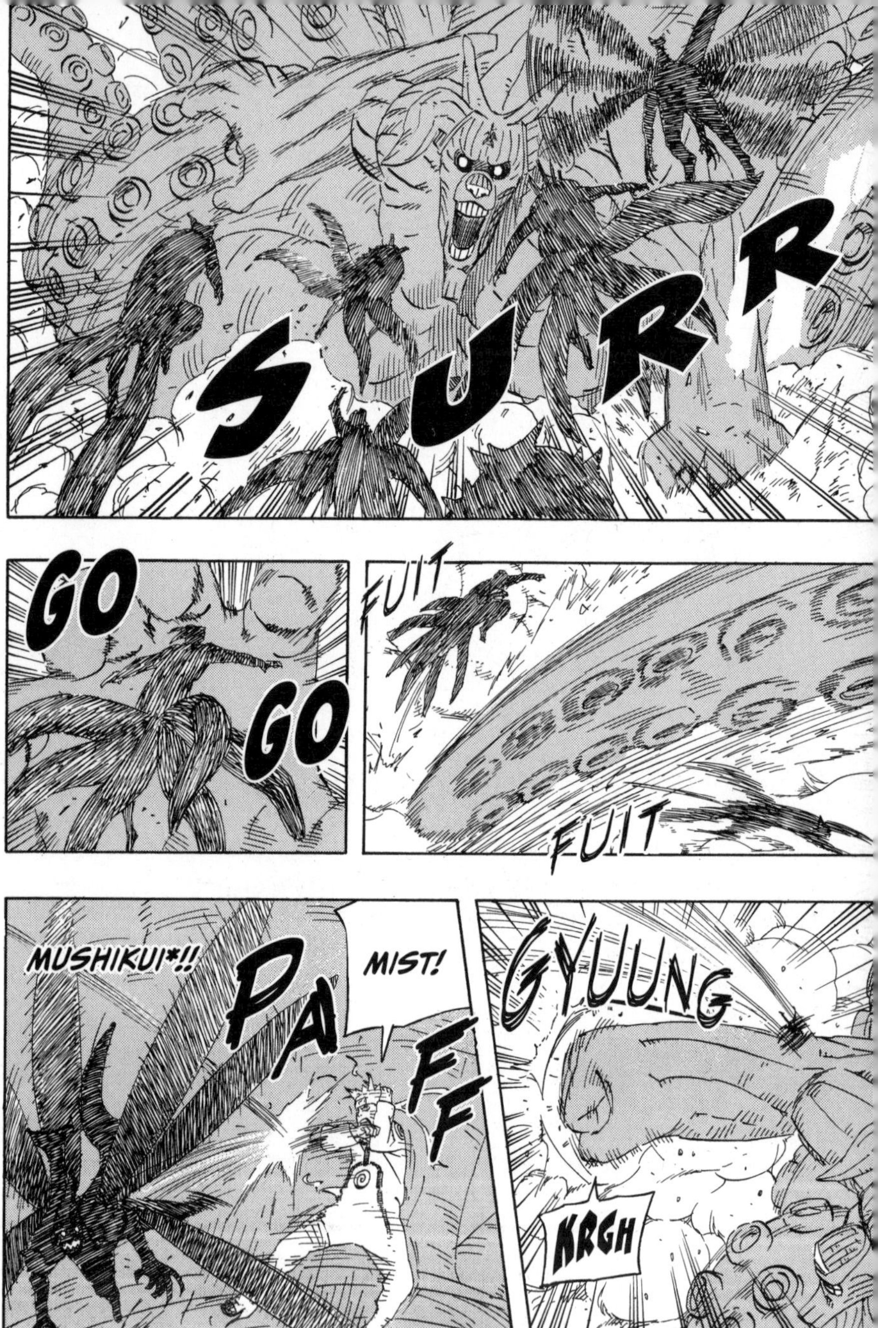

* INSEKTENBISS/-STICH

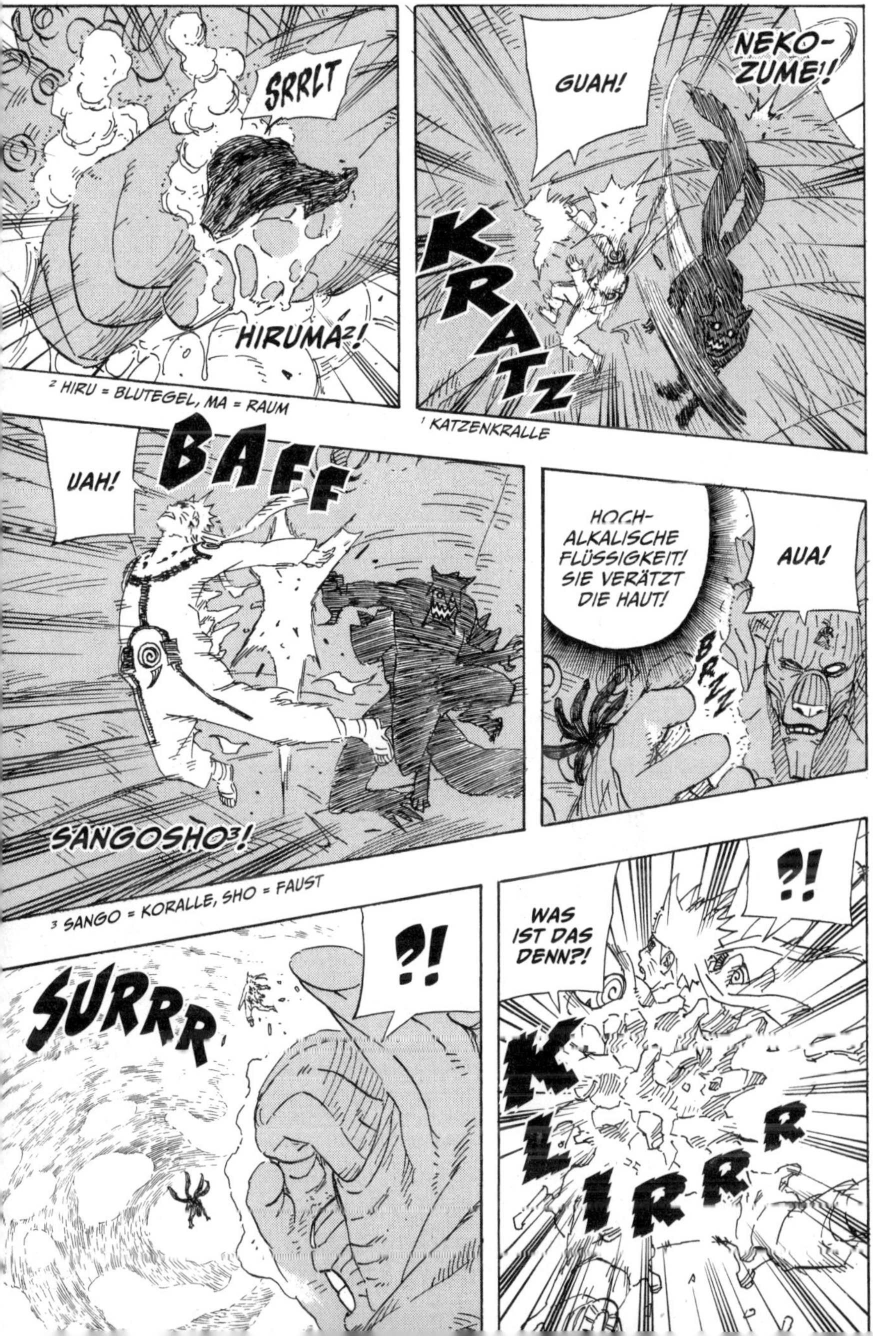
NEKO-ZUME¹!!
GUAH!
KRATZ
¹ KATZENKRALLE
SRRLT
HIRUMA²!
² HIRU = BLUTEGEL, MA = RAUM
HOCH-ALKALISCHE FLÜSSIGKEIT! SIE VERÄTZT DIE HAUT!
AUA!
UAH!
BAFF
SANGOSHO³!
³ SANGO = KORALLE, SHO = FAUST
?!
WAS IST DAS DENN?!
KLIRRR
?!
SURRR

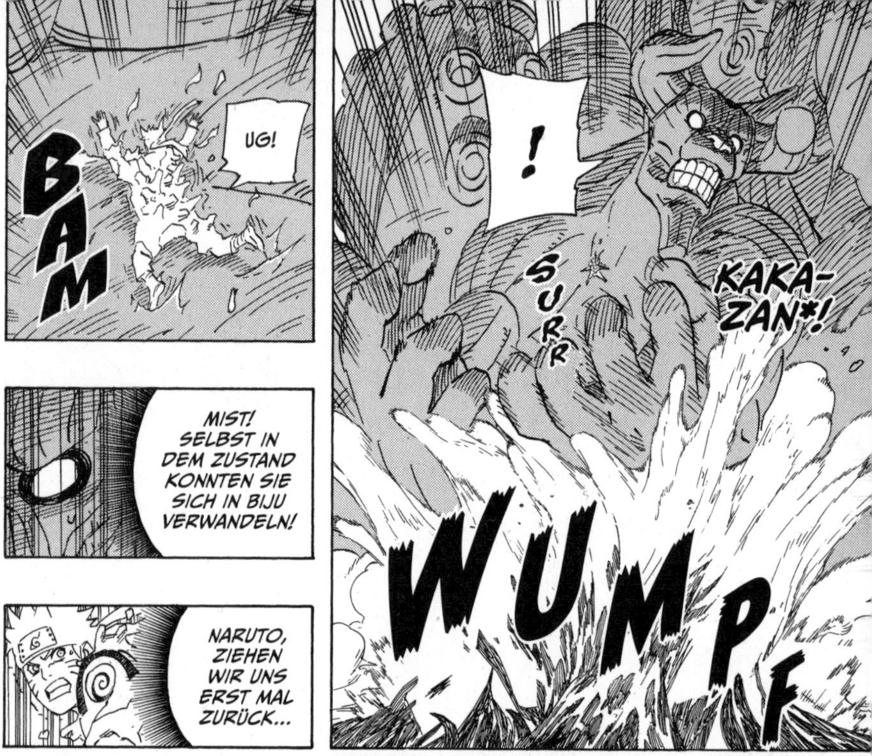

* DER BERG DER BLUMEN UND FRÜCHTE; HEILIGER BERG AUS DER CHINESISCHEN SAGE »DIE REISE NACH WESTEN«

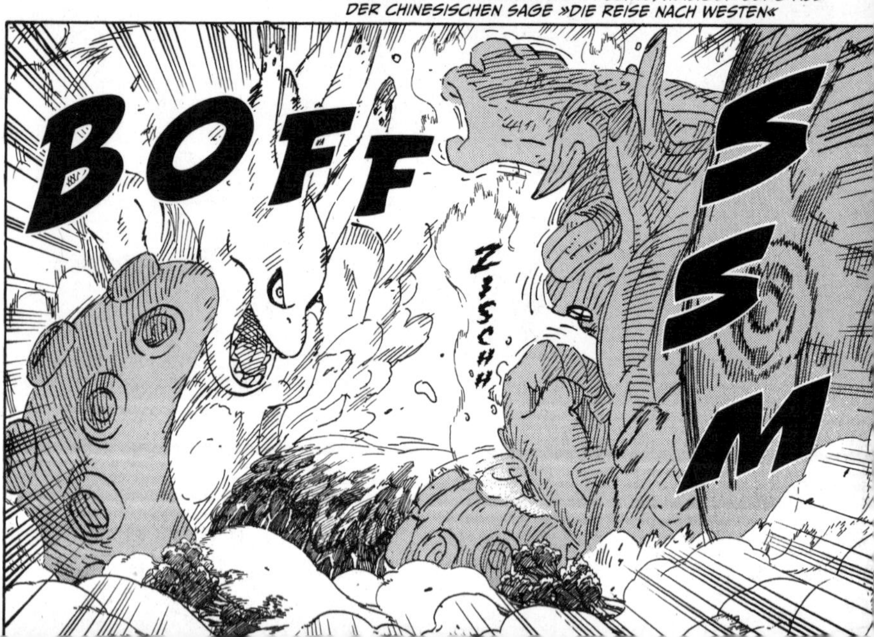

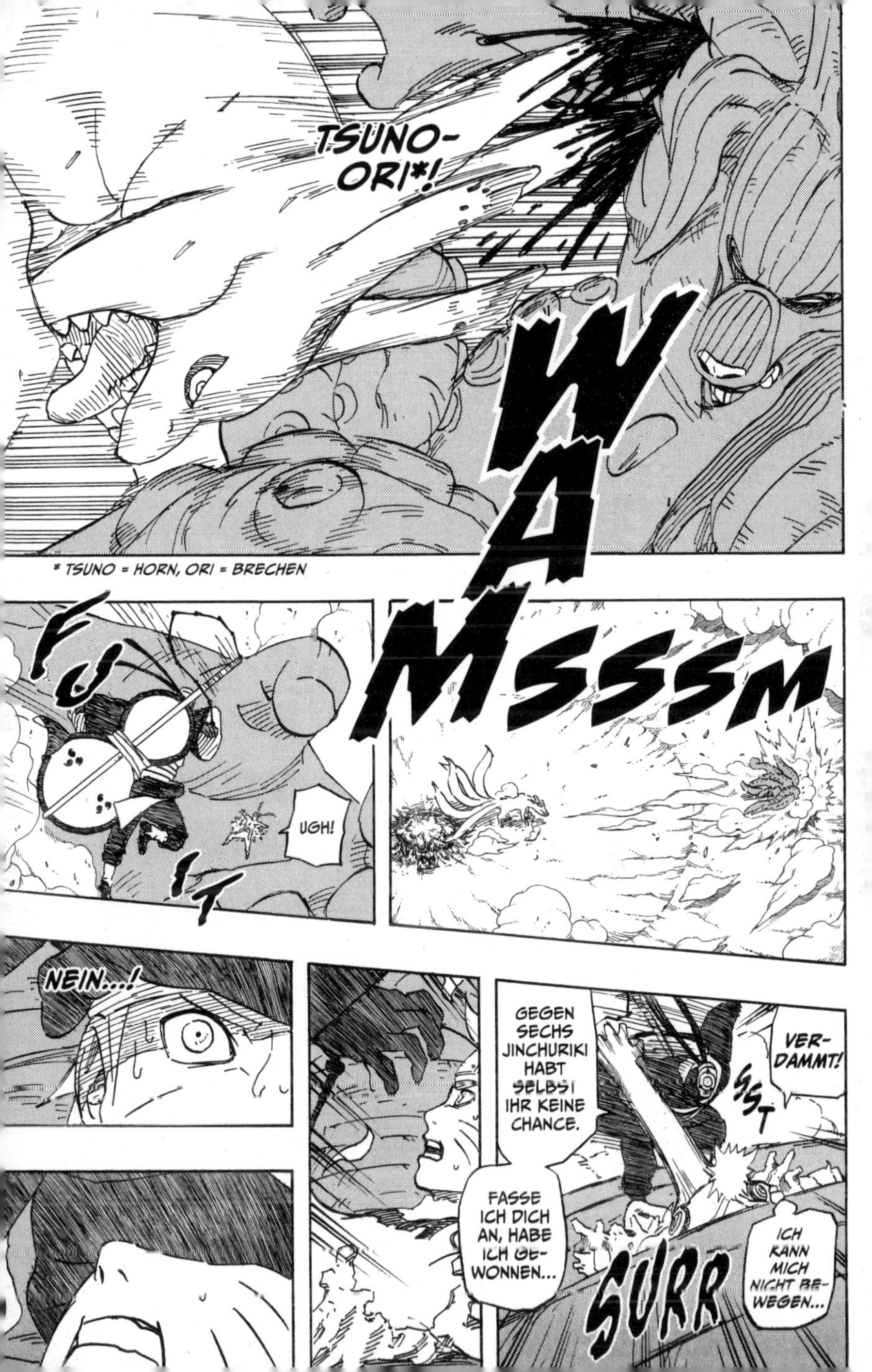

* TSUNO = HORN, ORI = BRECHEN

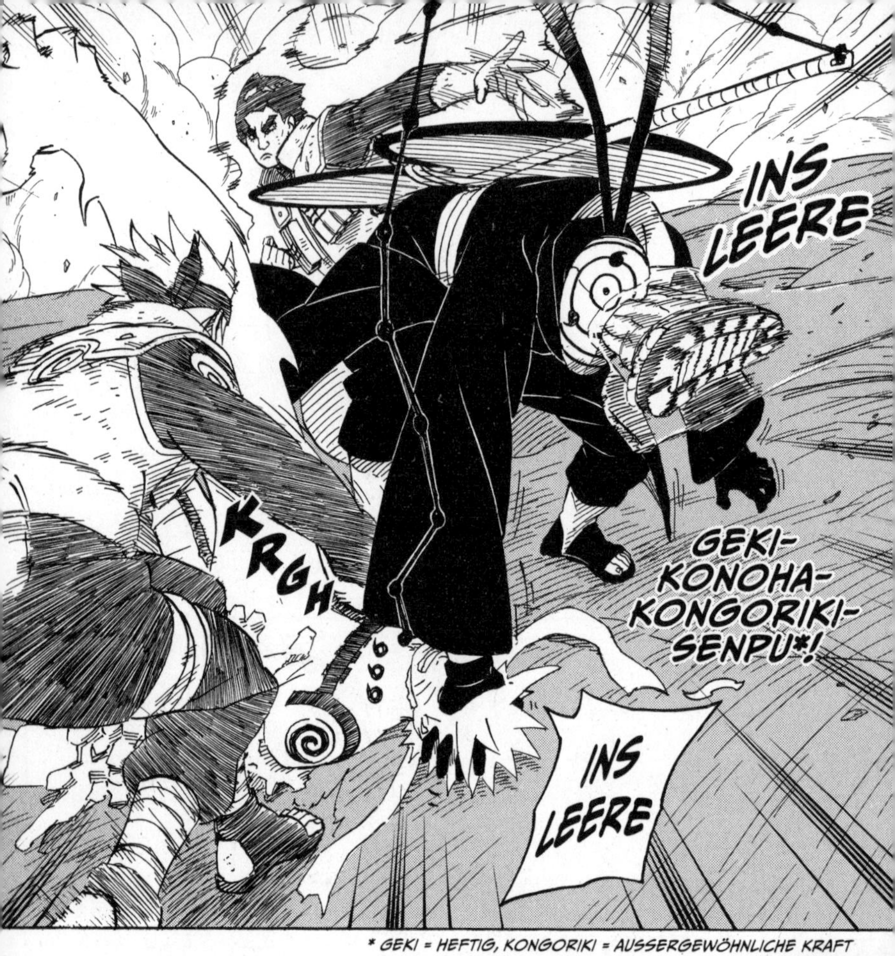

* GEKI = HEFTIG, KONGORIKI = AUSSERGEWÖHNLICHE KRAFT

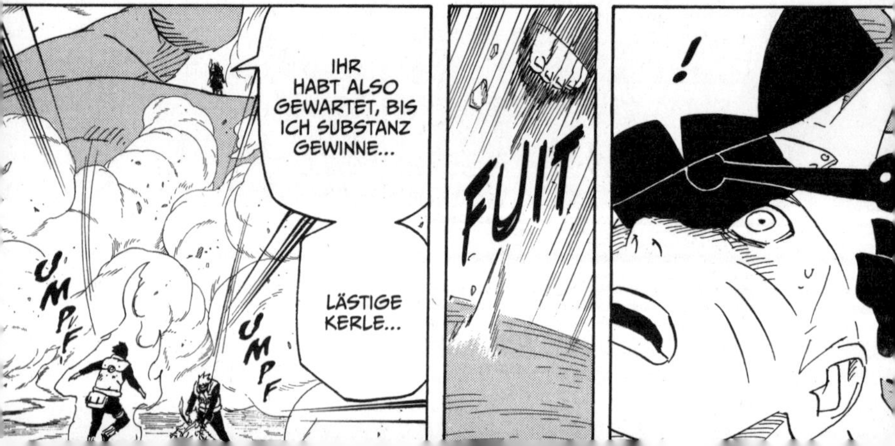

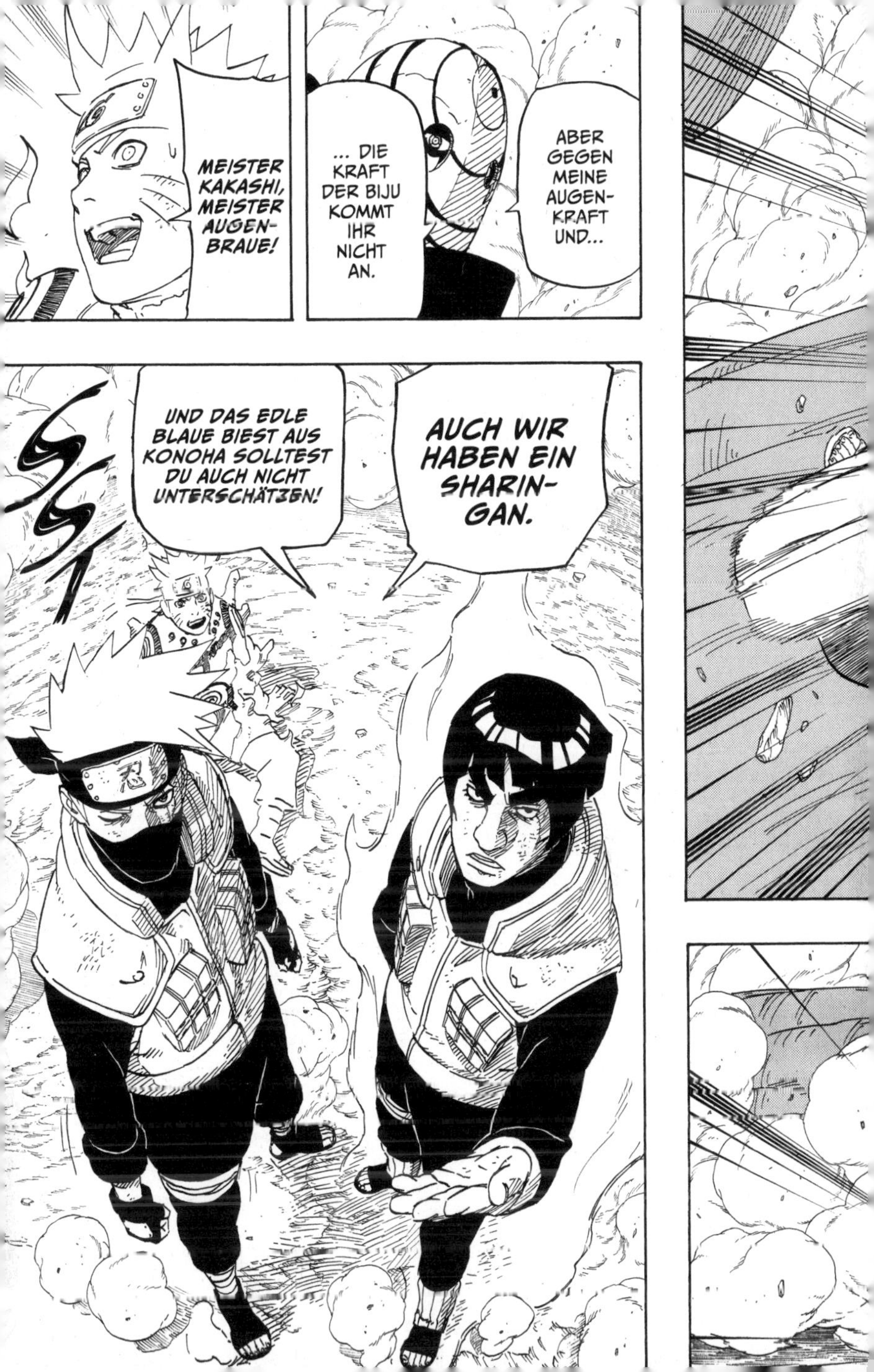
ABER GEGEN MEINE AUGEN-KRAFT UND...
... DIE KRAFT DER BIJU KOMMT IHR NICHT AN.
MEISTER KAKASHI, MEISTER AUGEN-BRAUE!
AUCH WIR HABEN EIN SHARIN-GAN.
UND DAS EDLE BLAUE BIEST AUS KONOHA SOLLTEST DU AUCH NICHT UNTERSCHÄTZEN!

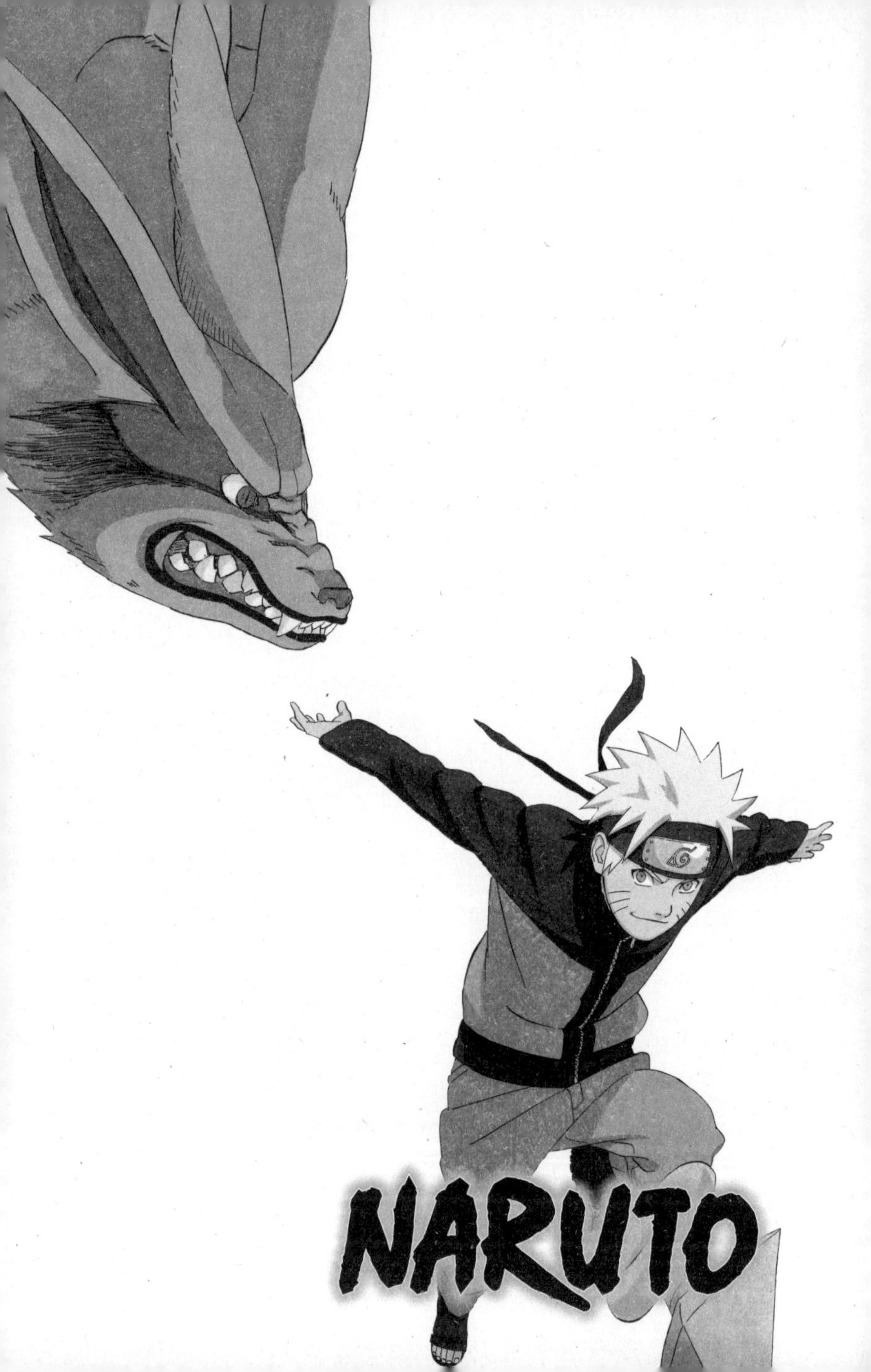
NARUTO

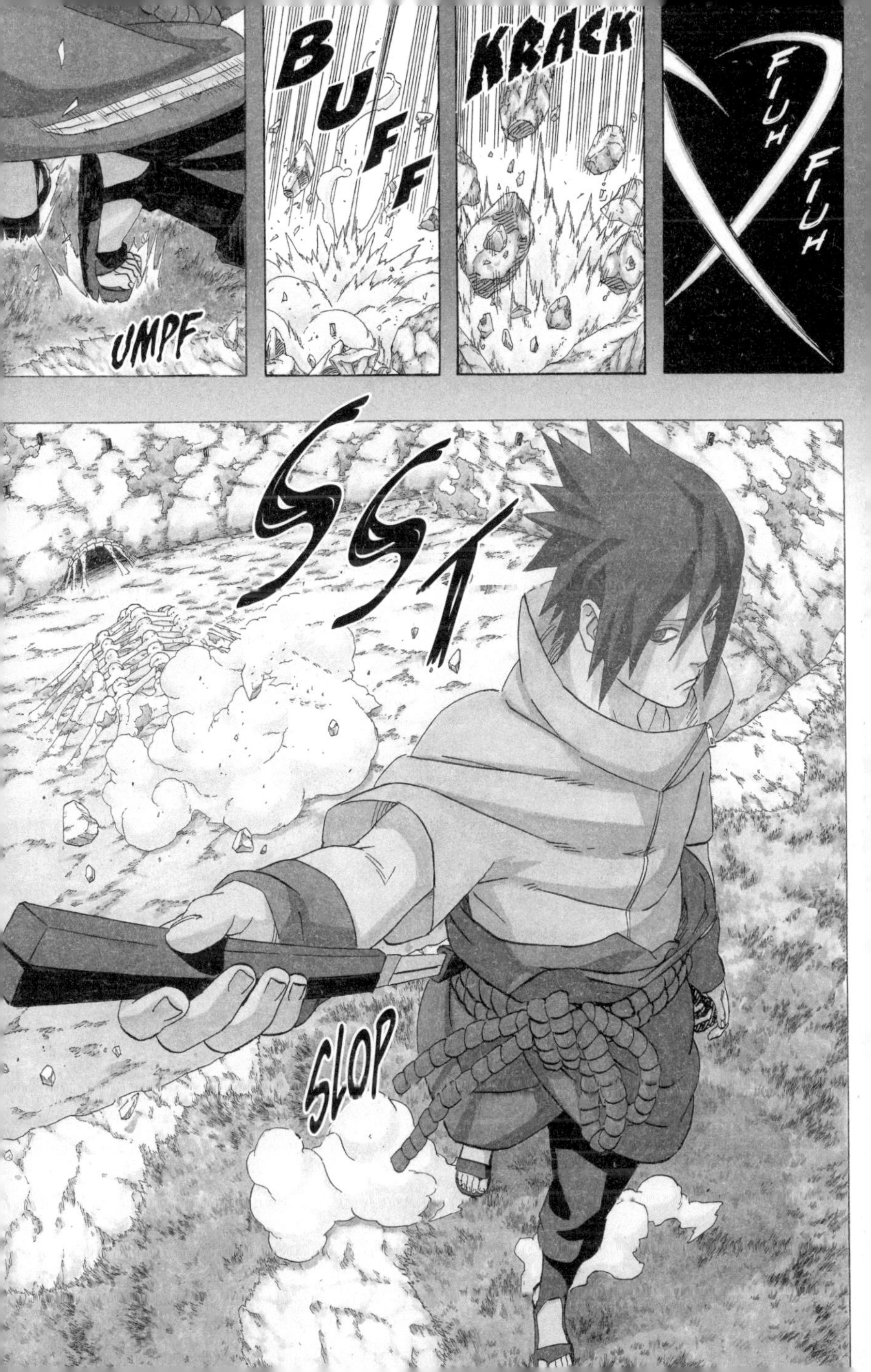
UMPF
BUFF
KRACK
FIUH
FIUH
SST
SLOP

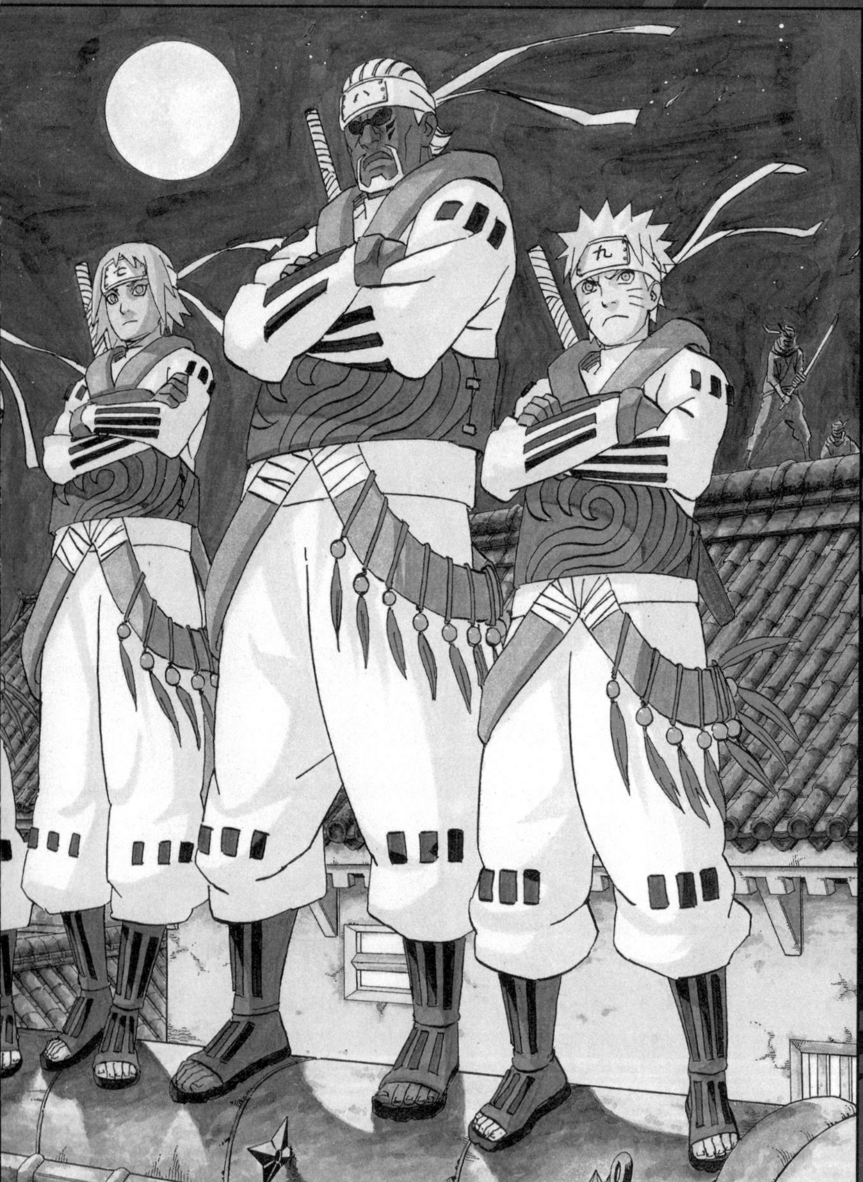

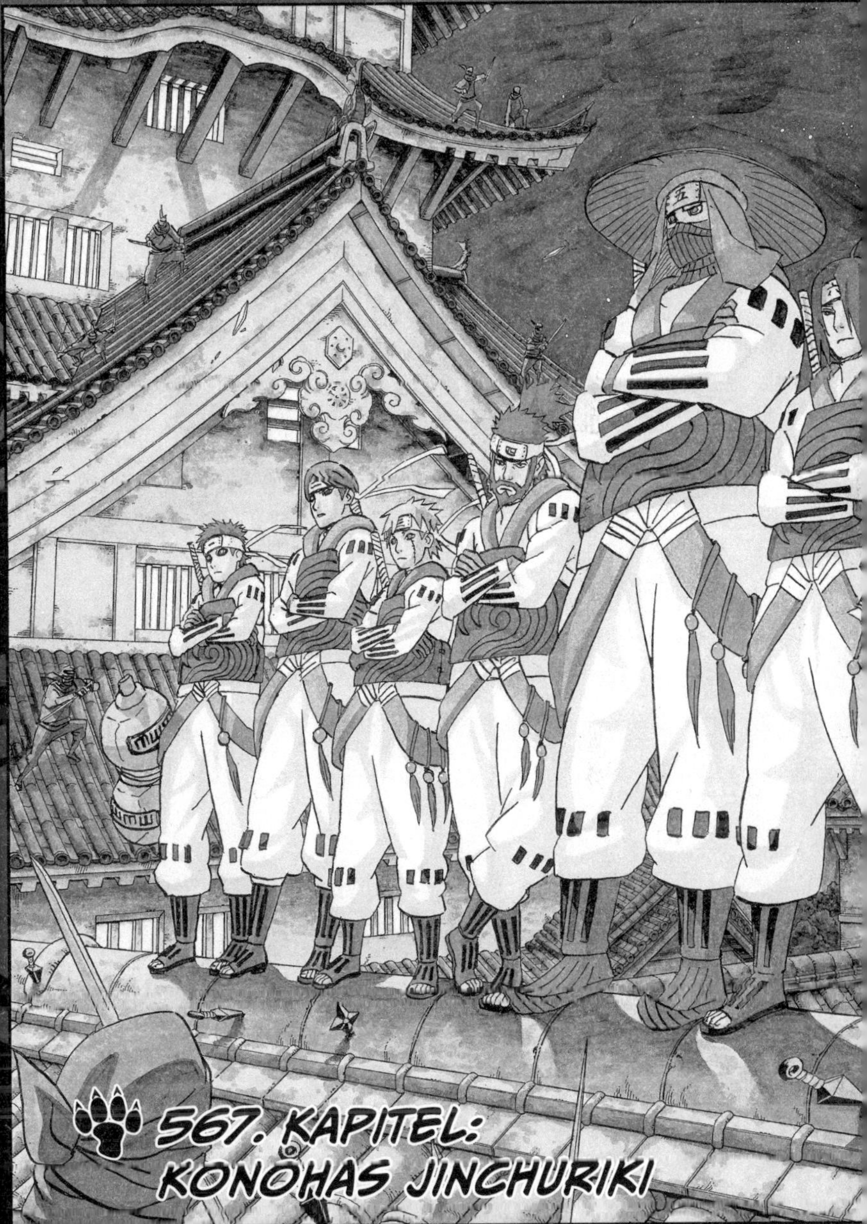
567. KAPITEL:
KONOHAS JINCHURIKI

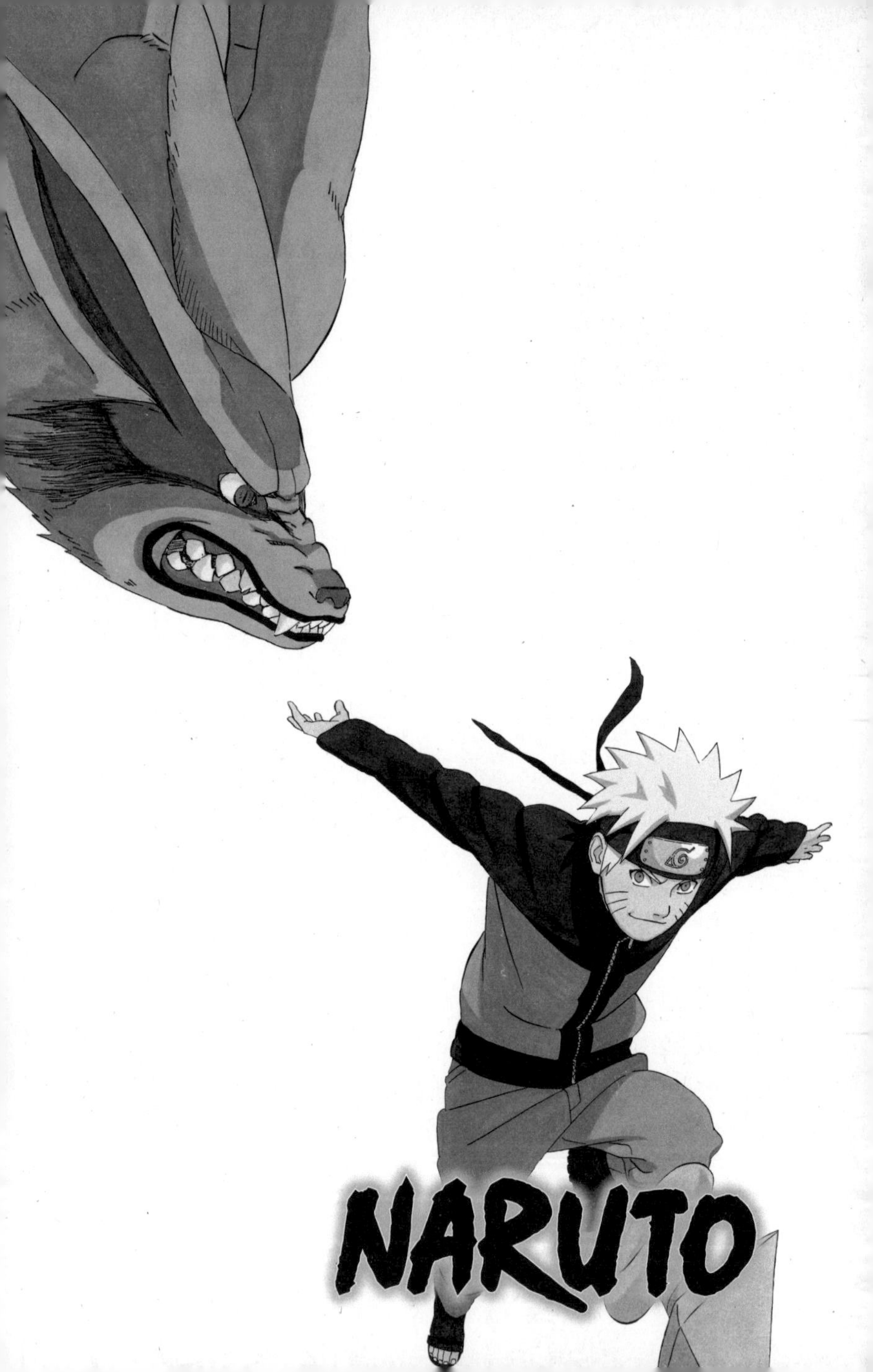
NARUTO

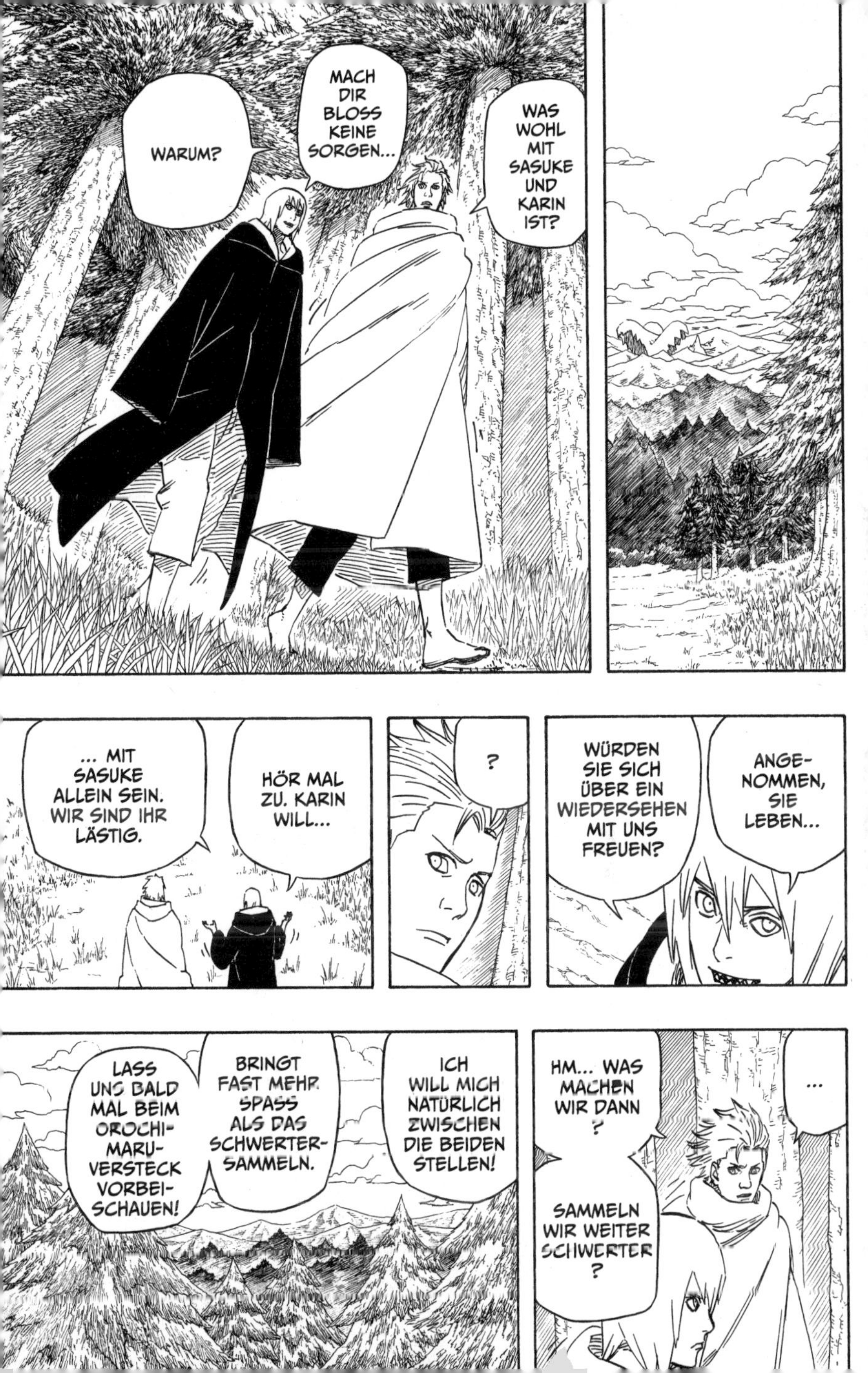
WAS WOHL MIT SASUKE UND KARIN IST?
MACH DIR BLOSS KEINE SORGEN...
WARUM?
ANGE-NOMMEN, SIE LEBEN...
WÜRDEN SIE SICH ÜBER EIN WIEDERSEHEN MIT UNS FREUEN?
?
HÖR MAL ZU. KARIN WILL...
... MIT SASUKE ALLEIN SEIN. WIR SIND IHR LÄSTIG.
...
HM... WAS MACHEN WIR DANN?
SAMMELN WIR WEITER SCHWERTER?
ICH WILL MICH NATÜRLICH ZWISCHEN DIE BEIDEN STELLEN!
BRINGT FAST MEHR SPASS ALS DAS SCHWERTER-SAMMELN.
LASS UNS BALD MAL BEIM OROCHIMARU-VERSTECK VORBEISCHAUEN!

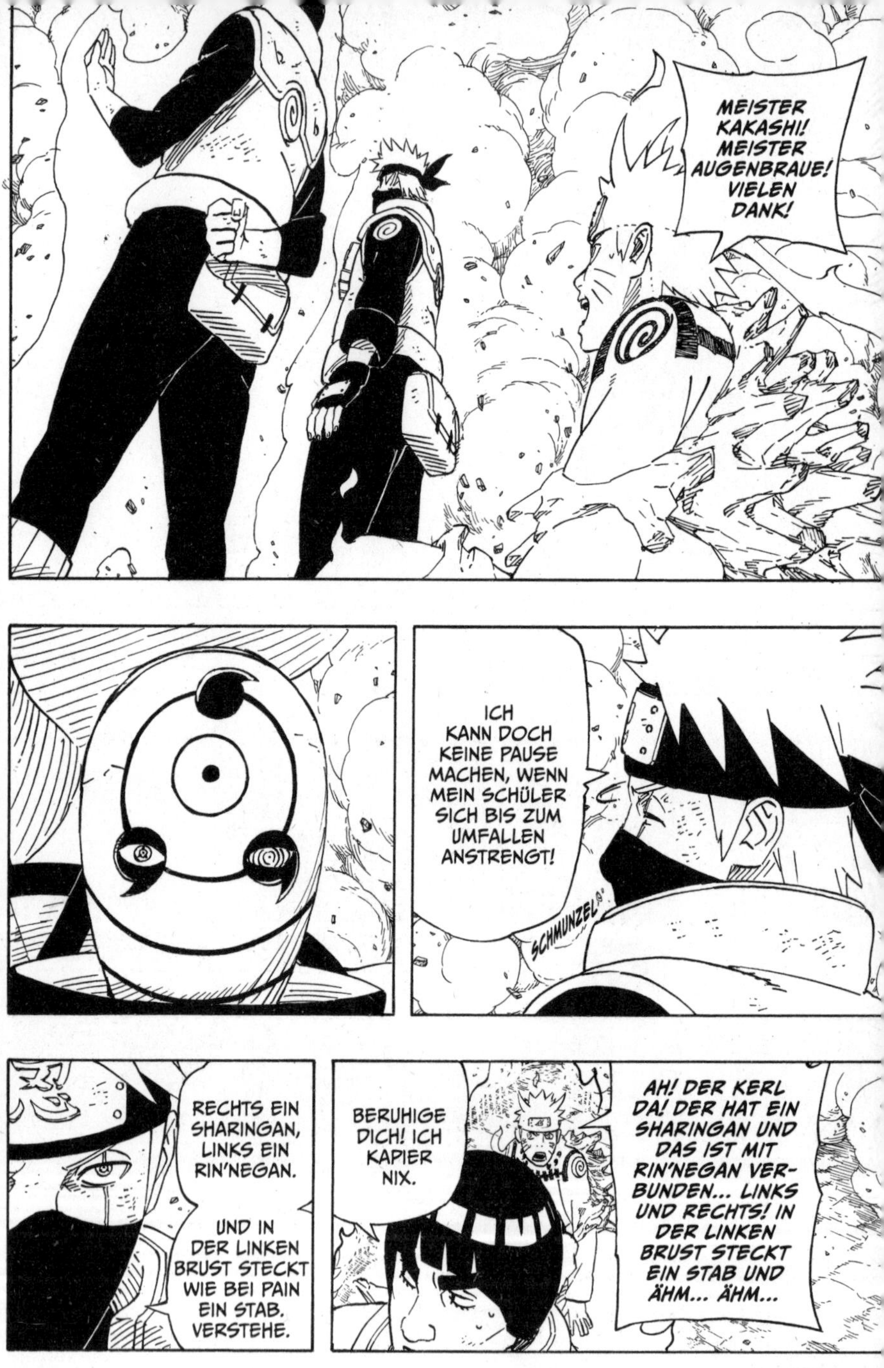
MEISTER KAKASHI! MEISTER AUGENBRAUE! VIELEN DANK!
ICH KANN DOCH KEINE PAUSE MACHEN, WENN MEIN SCHÜLER SICH BIS ZUM UMFALLEN ANSTRENGT!
SCHMUNZEL
AH! DER KERL DA! DER HAT EIN SHARINGAN UND DAS IST MIT RIN'NEGAN VERBUNDEN... LINKS UND RECHTS! IN DER LINKEN BRUST STECKT EIN STAB UND ÄHM... ÄHM...
BERUHIGE DICH! ICH KAPIER NIX.
RECHTS EIN SHARINGAN, LINKS EIN RIN'NEGAN.
UND IN DER LINKEN BRUST STECKT WIE BEI PAIN EIN STAB. VERSTEHE.

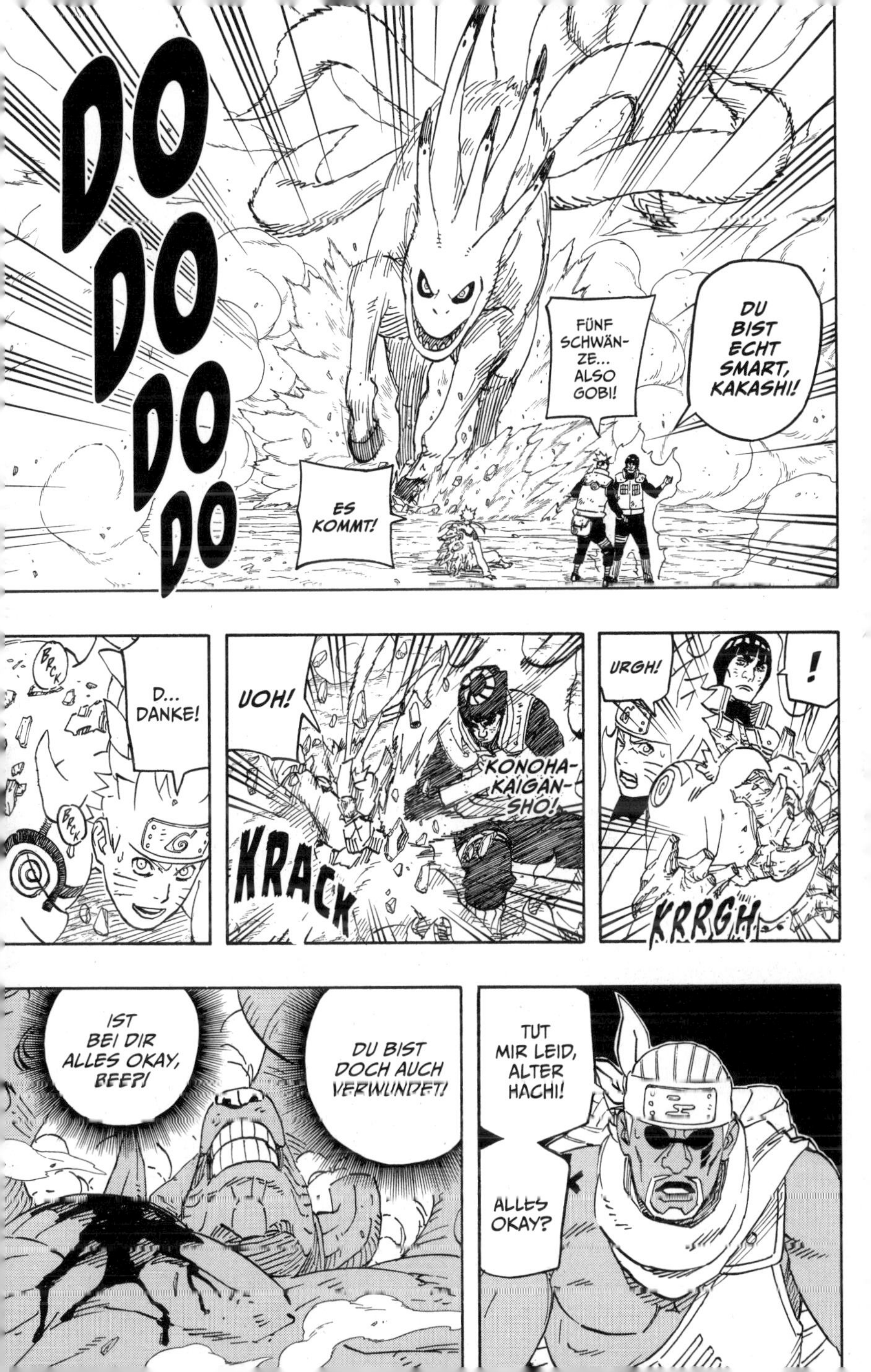
DU BIST ECHT SMART, KAKASHI!
FÜNF SCHWÄNZE... ALSO GOBI!
ES KOMMT!
DODODODODO
!
URGH!
KRRGH
UOH!
KONOHA-KAIGAN-SHO!
KRACK
D... DANKE!
BRCK
BRCK
TUT MIR LEID, ALTER HACHI!
ALLES OKAY?
DU BIST DOCH AUCH VERWUNDET!
IST BEI DIR ALLES OKAY, BEE?!

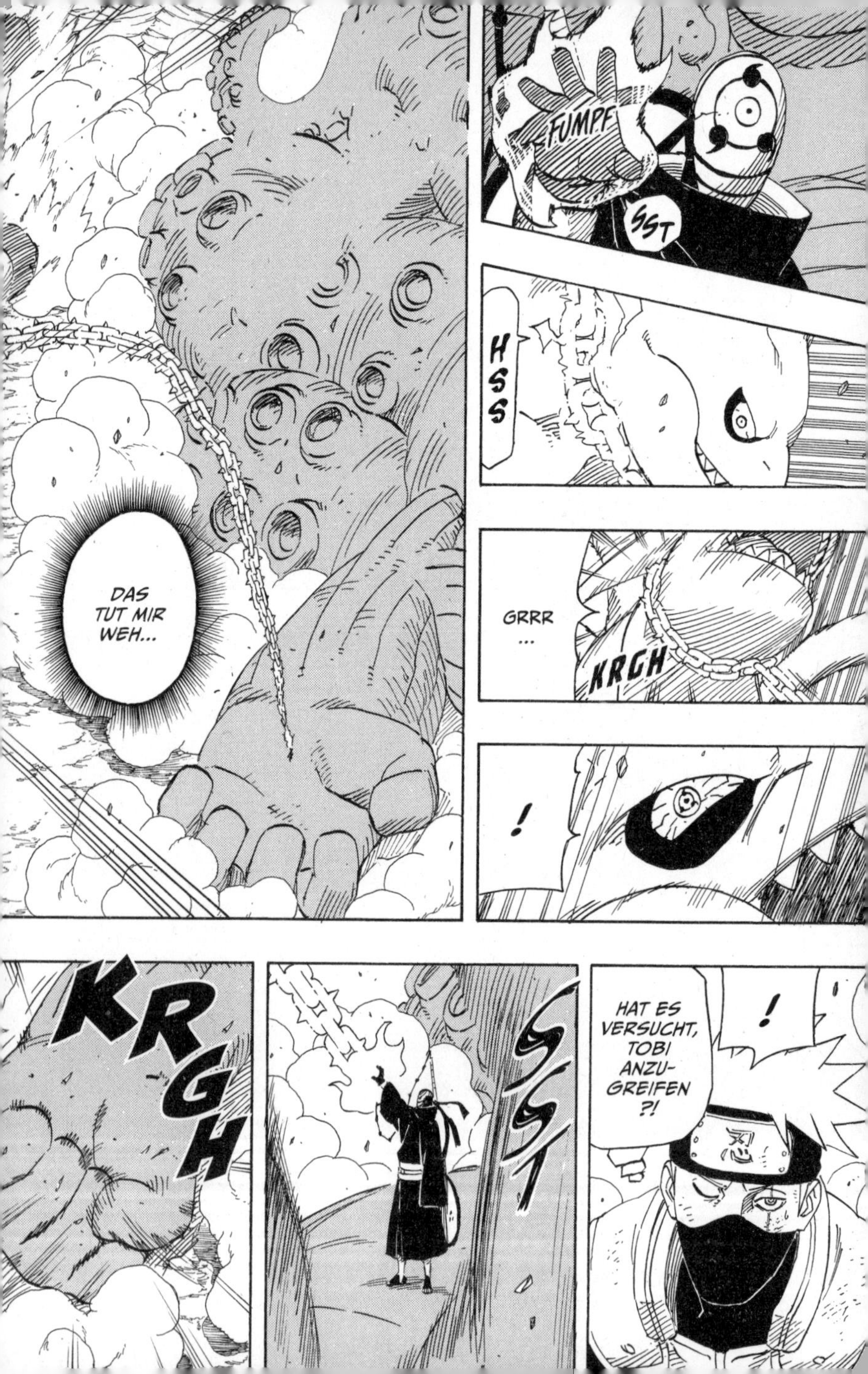
FUMPF
SST
HSS
GRRR
...
KRGH
!
DAS TUT MIR WEH...
HAT ES VERSUCHT, TOBI ANZU-GREIFEN ?!
!
SST
KRGH

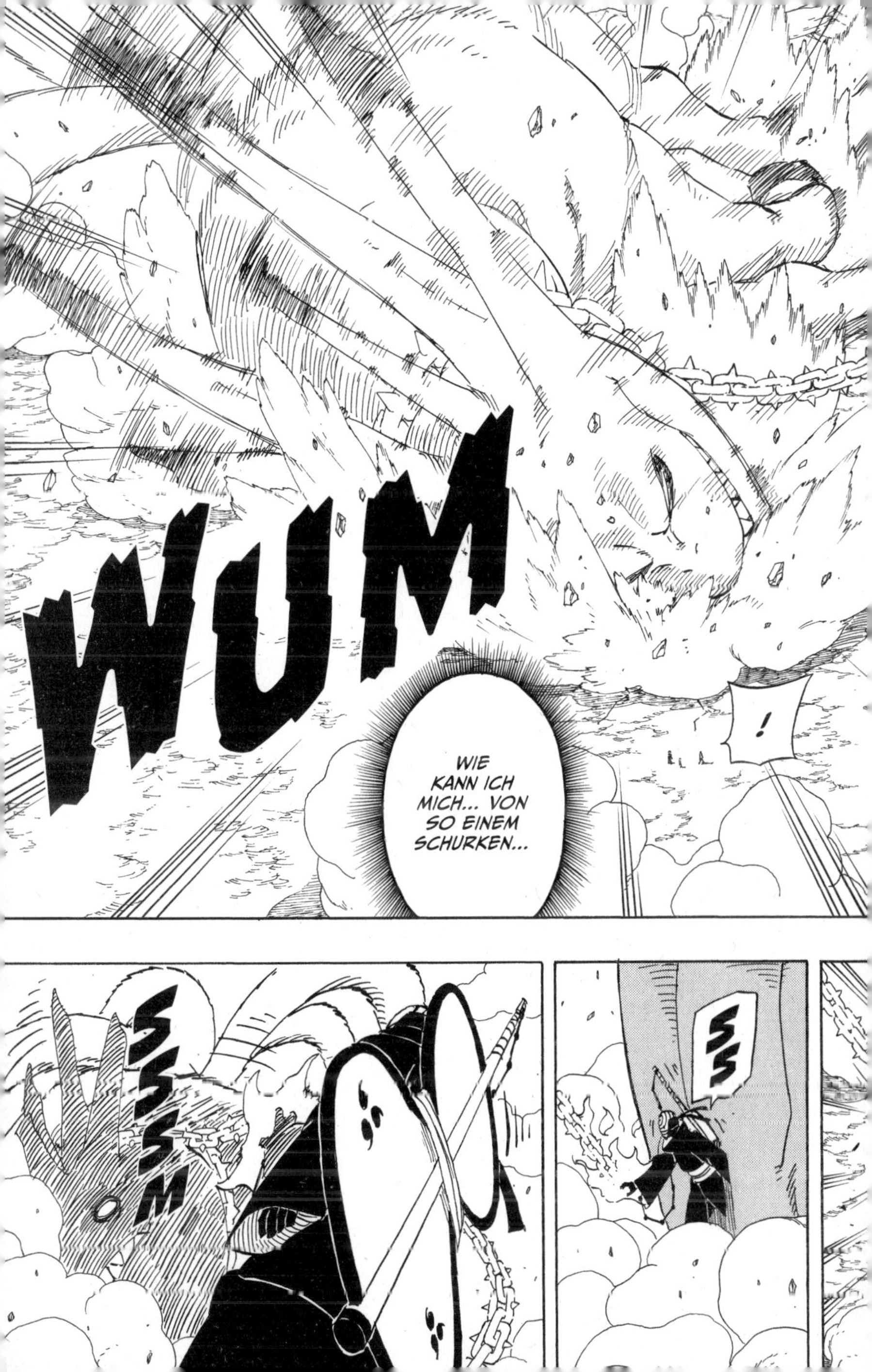
!
WIE KANN ICH MICH... VON SO EINEM SCHURKEN...
WUM
SS
SSSSM

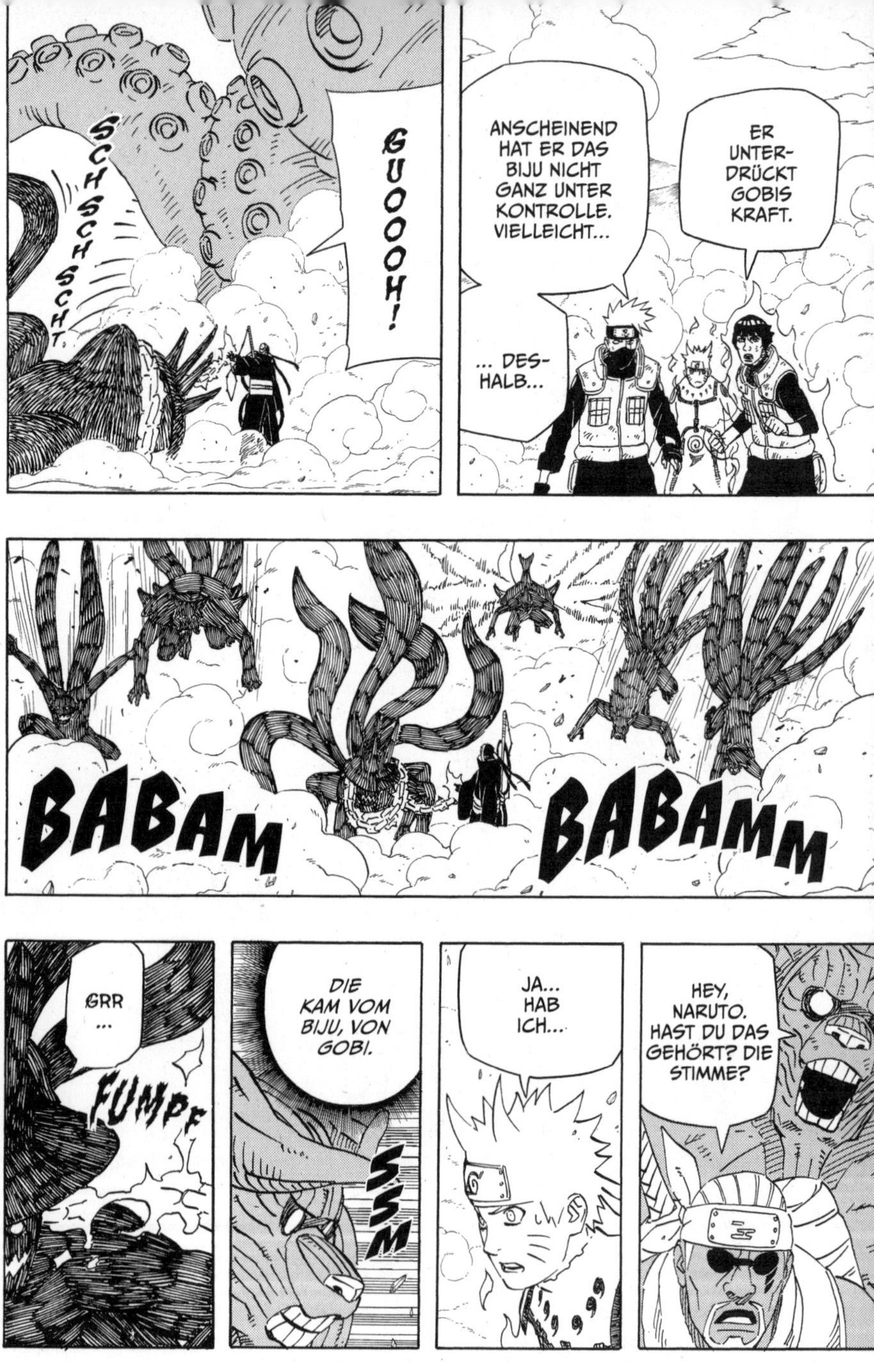
ER UNTER-DRÜCKT GOBIS KRAFT.
ANSCHEINEND HAT ER DAS BIJU NICHT GANZ UNTER KONTROLLE. VIELLEICHT...
... DES-HALB...
GUOOOOH!
SCHSCHSCHT
BABAMM
BABAM
HEY, NARUTO. HAST DU DAS GEHÖRT? DIE STIMME?
JA... HAB ICH...
DIE KAM VOM BIJU, VON GOBI.
SSM
GRR ...
FUMPF

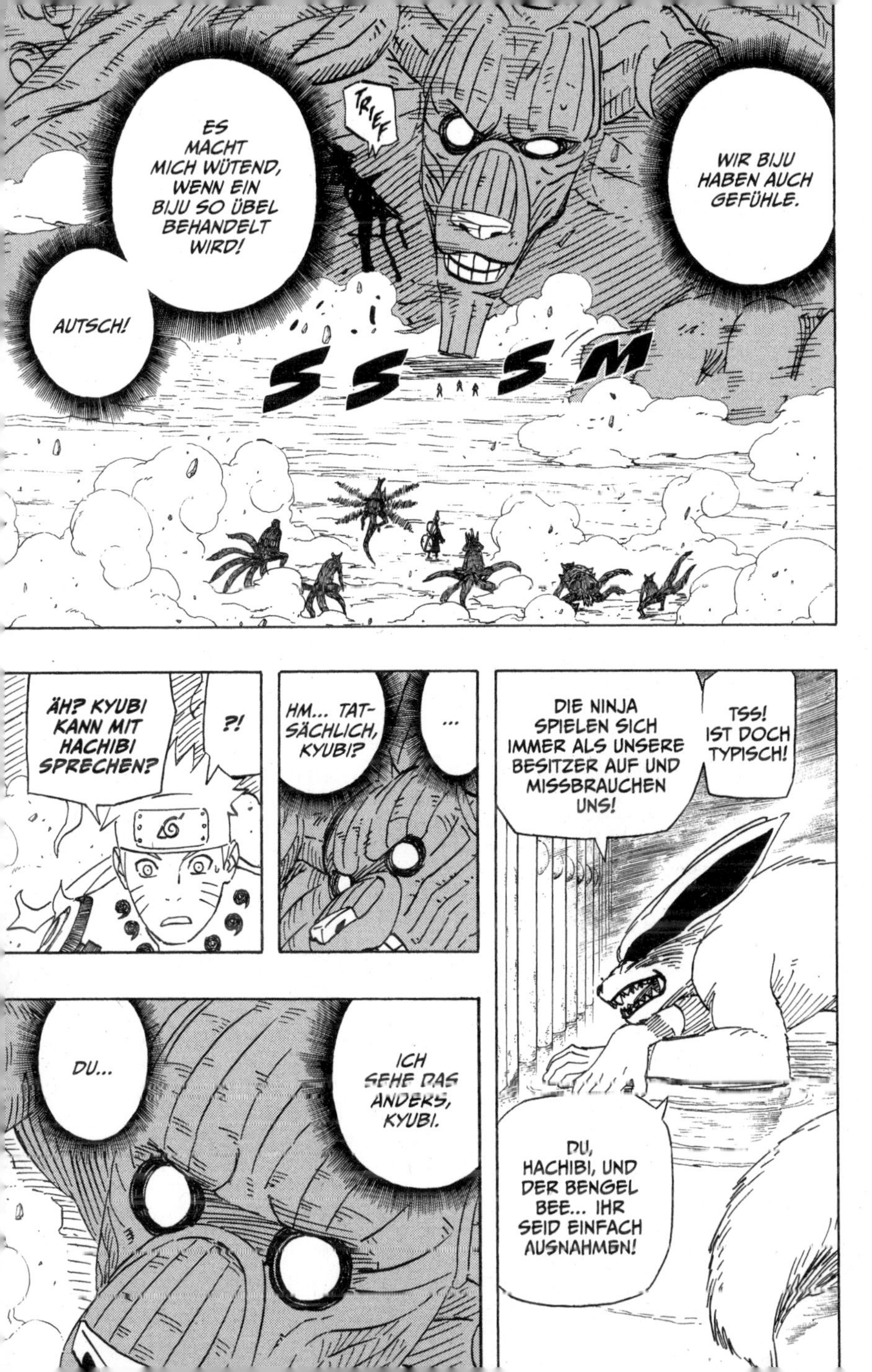
WIR BIJU HABEN AUCH GEFÜHLE.
ES MACHT MICH WÜTEND, WENN EIN BIJU SO ÜBEL BEHANDELT WIRD!
TRIEF
AUTSCH!
SSSSM
TSS! IST DOCH TYPISCH!
DIE NINJA SPIELEN SICH IMMER ALS UNSERE BESITZER AUF UND MISSBRAUCHEN UNS!
...
HM... TAT-SÄCHLICH, KYUBI?
?!
ÄH? KYUBI KANN MIT HACHIBI SPRECHEN?
DU, HACHIBI, UND DER BENGEL BEE... IHR SEID EINFACH AUSNAHMEN!
ICH SEHE DAS ANDERS, KYUBI.
DU...

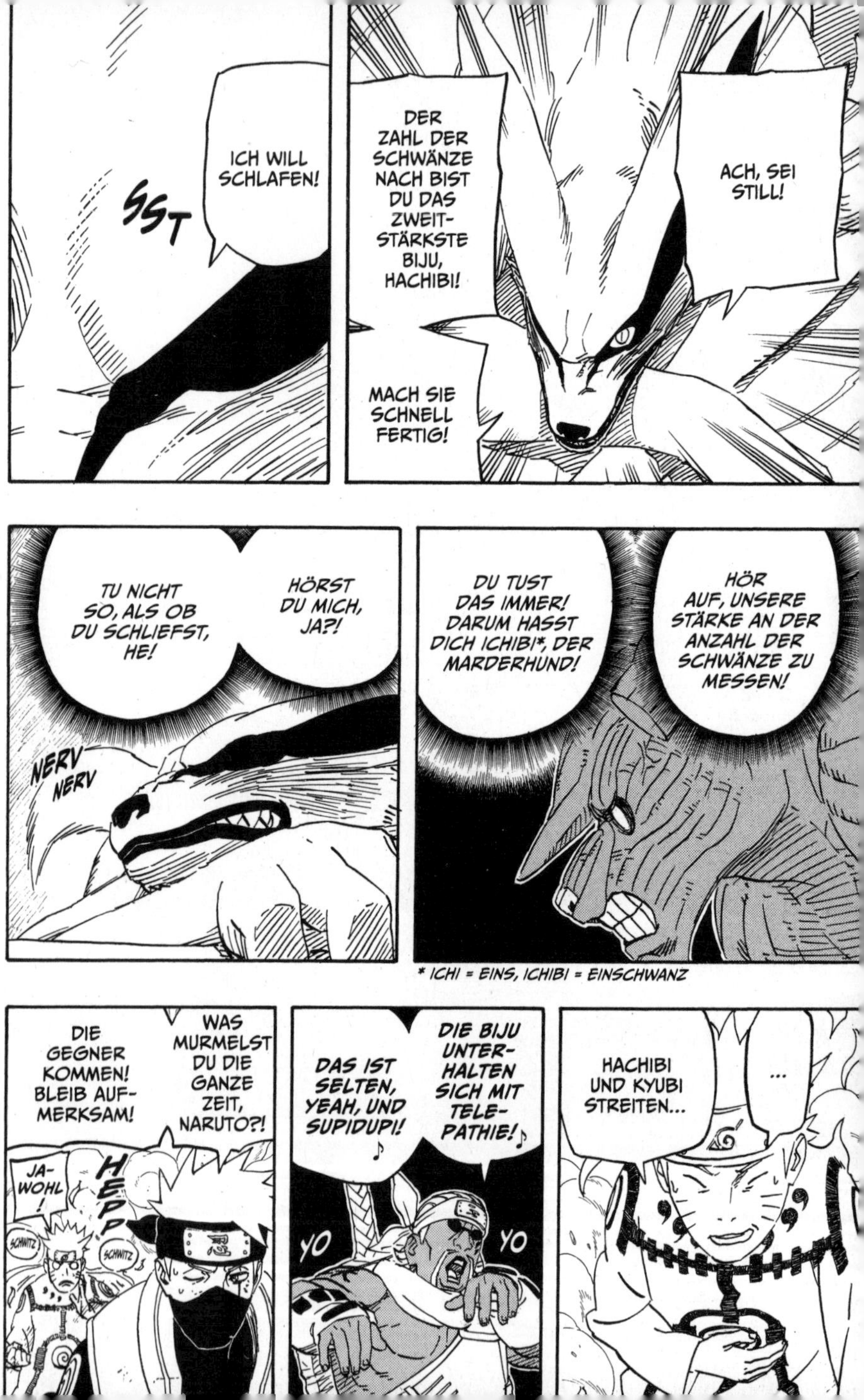
ACH, SEI STILL!
DER ZAHL DER SCHWÄNZE NACH BIST DU DAS ZWEITSTÄRKSTE BIJU, HACHIBI!
MACH SIE SCHNELL FERTIG!
ICH WILL SCHLAFEN!
SST
HÖR AUF, UNSERE STÄRKE AN DER ANZAHL DER SCHWÄNZE ZU MESSEN!
DU TUST DAS IMMER! DARUM HASST DICH ICHIBI*, DER MARDERHUND!
HÖRST DU MICH, JA?!
TU NICHT SO, ALS OB DU SCHLIEFST, HE!
NERV NERV
* ICHI = EINS, ICHIBI = EINSCHWANZ
...
HACHIBI UND KYUBI STREITEN...
DIE BIJU UNTERHALTEN SICH MIT TELEPATHIE! ♪
DAS IST SELTEN, YEAH, UND SUPIDUPI! ♪
YO YO
WAS MURMELST DU DIE GANZE ZEIT, NARUTO?!
DIE GEGNER KOMMEN! BLEIB AUFMERKSAM!
HEPP
JAWOHL!
SCHWITZ SCHWITZ

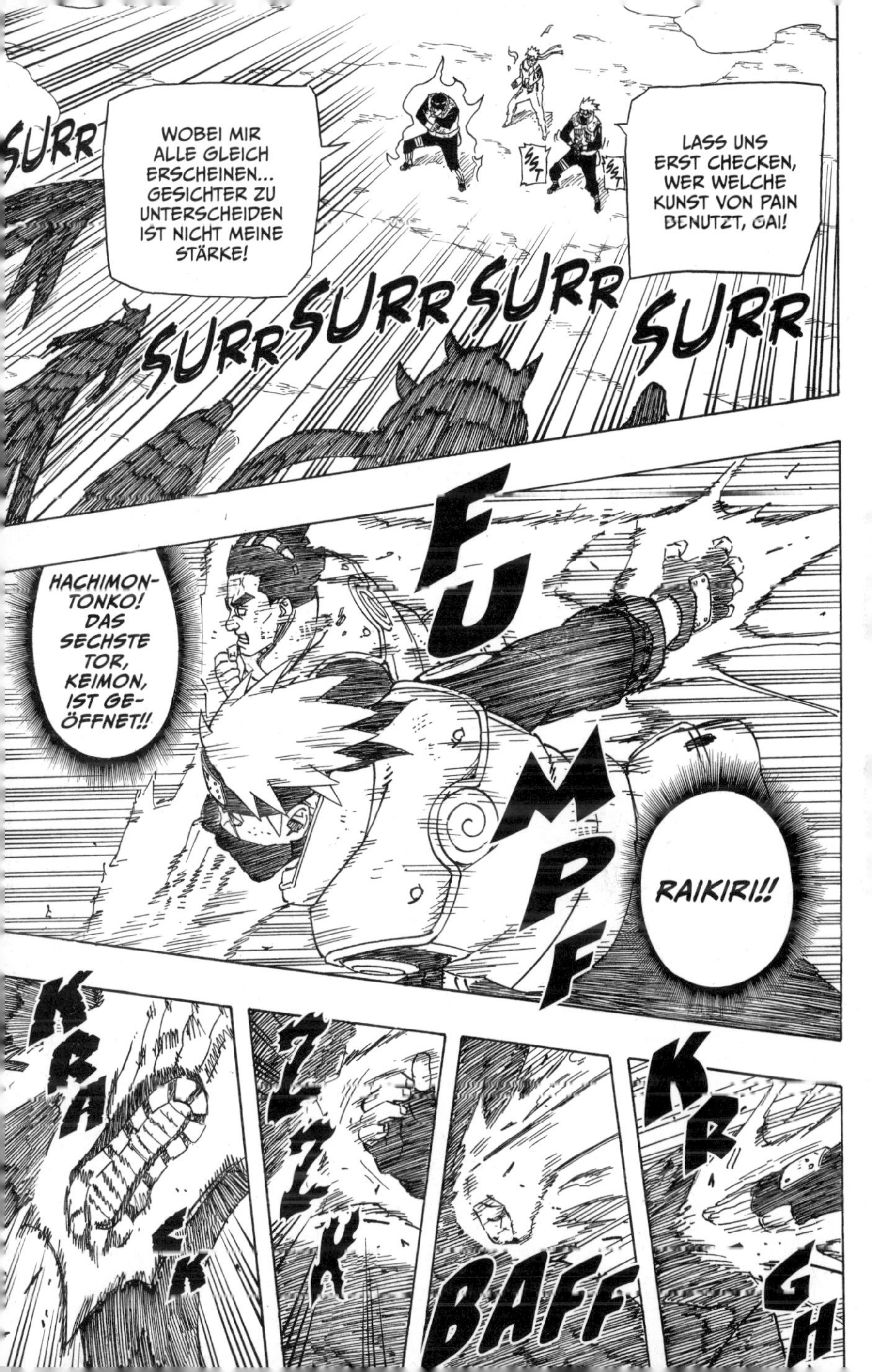
LASS UNS ERST CHECKEN, WER WELCHE KUNST VON PAIN BENUTZT, GAI!
WOBEI MIR ALLE GLEICH ERSCHEINEN... GESICHTER ZU UNTERSCHEIDEN IST NICHT MEINE STÄRKE!
SURR SURR SURR SURR SURR
RAIKIRI!!
HACHIMON-TONKO! DAS SECHSTE TOR, KEIMON, IST GE-ÖFFNET!!
FUMPF
GH
BAFF
KRACK

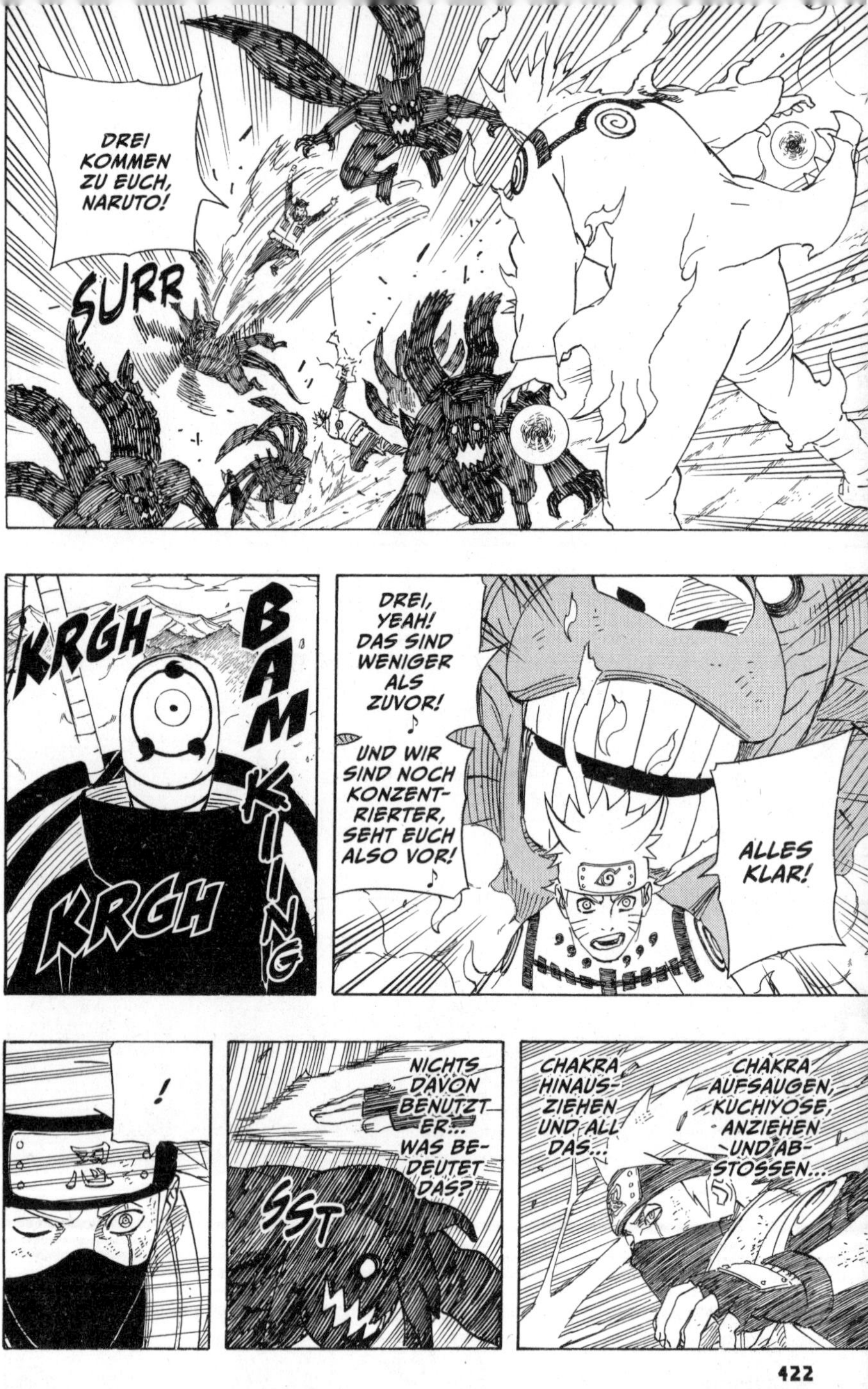
DREI KOMMEN ZU EUCH, NARUTO!
SURR
DREI, YEAH! DAS SIND WENIGER ALS ZUVOR! ♪
UND WIR SIND NOCH KONZENT-RIERTER, SEHT EUCH ALSO VOR! ♪
ALLES KLAR!
KRGH
BAM
KIIING
KRGH
CHAKRA AUFSAUGEN, KUCHIYOSE, ANZIEHEN UND AB-STOSSEN...
CHAKRA HINAUS-ZIEHEN UND ALL DAS...
NICHTS DAVON BENUTZT ER... WAS BE-DEUTET DAS?
SST
!

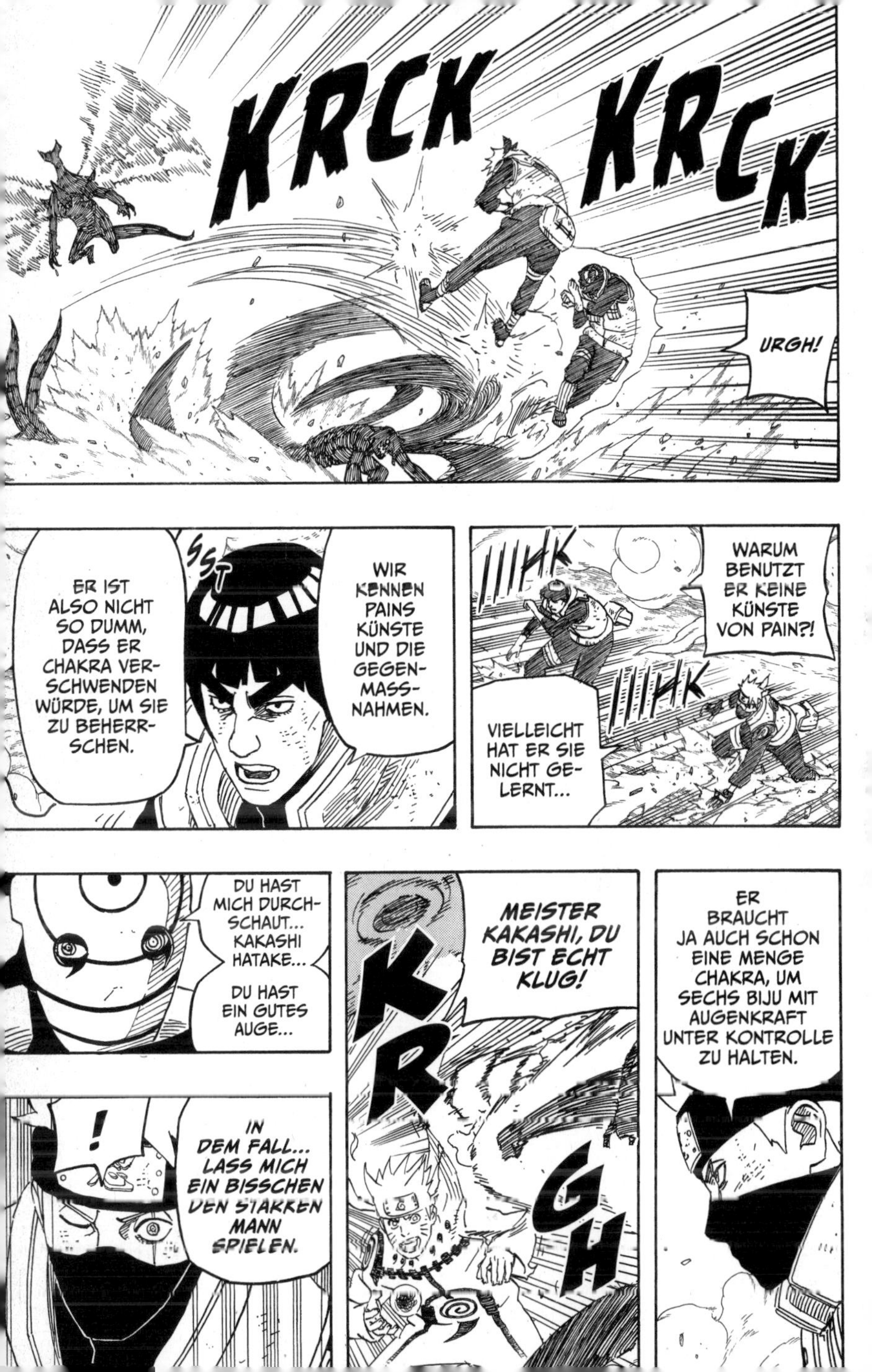
KRCK
KRCK
URGH!
WARUM BENUTZT ER KEINE KÜNSTE VON PAIN?!
HK
HK
VIELLEICHT HAT ER SIE NICHT GELERNT...
WIR KENNEN PAINS KÜNSTE UND DIE GEGENMASSNAHMEN.
SST
ER IST ALSO NICHT SO DUMM, DASS ER CHAKRA VERSCHWENDEN WÜRDE, UM SIE ZU BEHERRSCHEN.
ER BRAUCHT JA AUCH SCHON EINE MENGE CHAKRA, UM SECHS BIJU MIT AUGENKRAFT UNTER KONTROLLE ZU HALTEN.
MEISTER KAKASHI, DU BIST ECHT KLUG!
KRGH
DU HAST MICH DURCHSCHAUT... KAKASHI HATAKE...
DU HAST EIN GUTES AUGE...
!
IN DEM FALL... LASS MICH EIN BISSCHEN DEN STARKEN MANN SPIELEN.

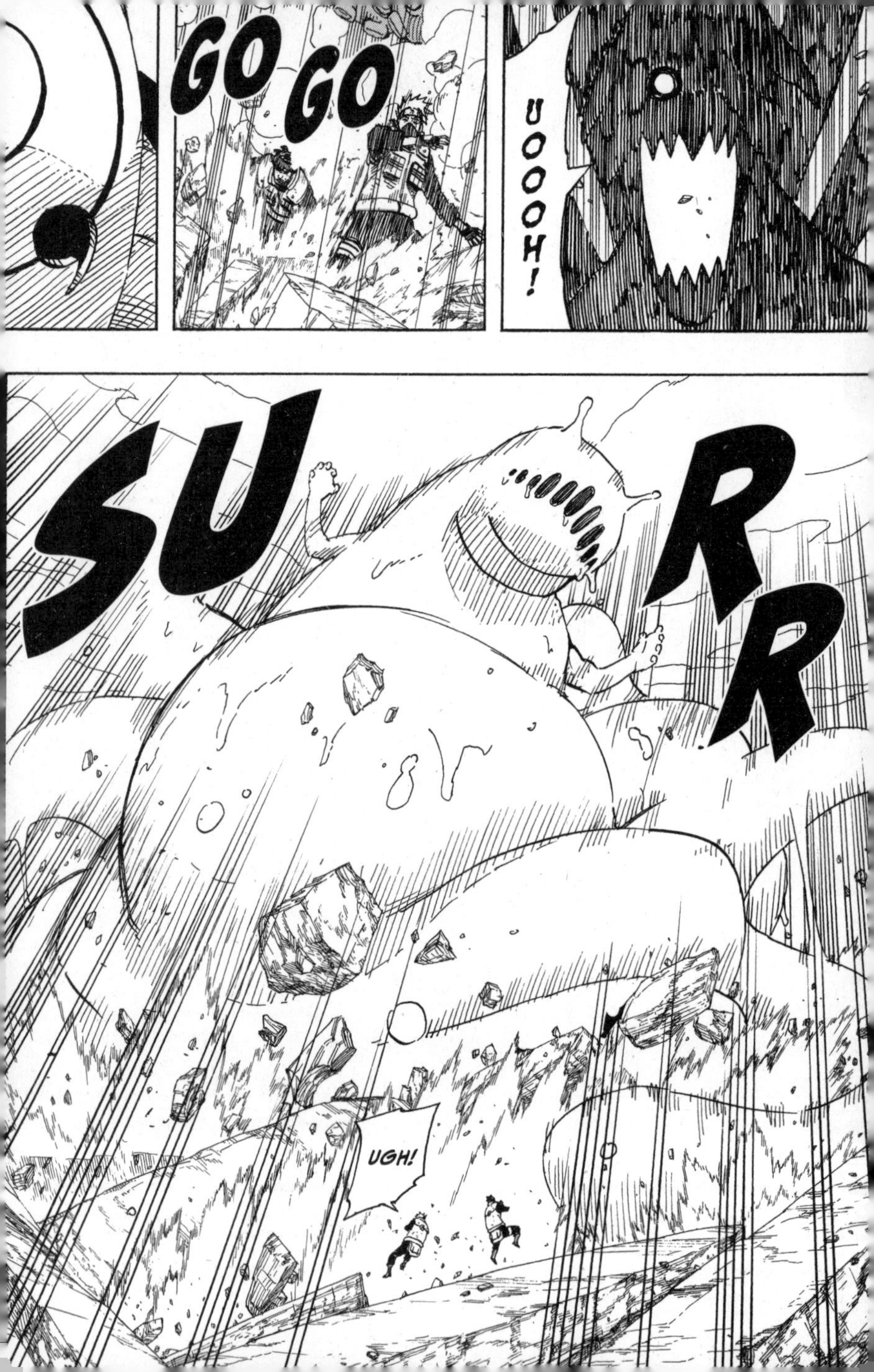
UOOOOH!
GO GO
SURR
UGH!

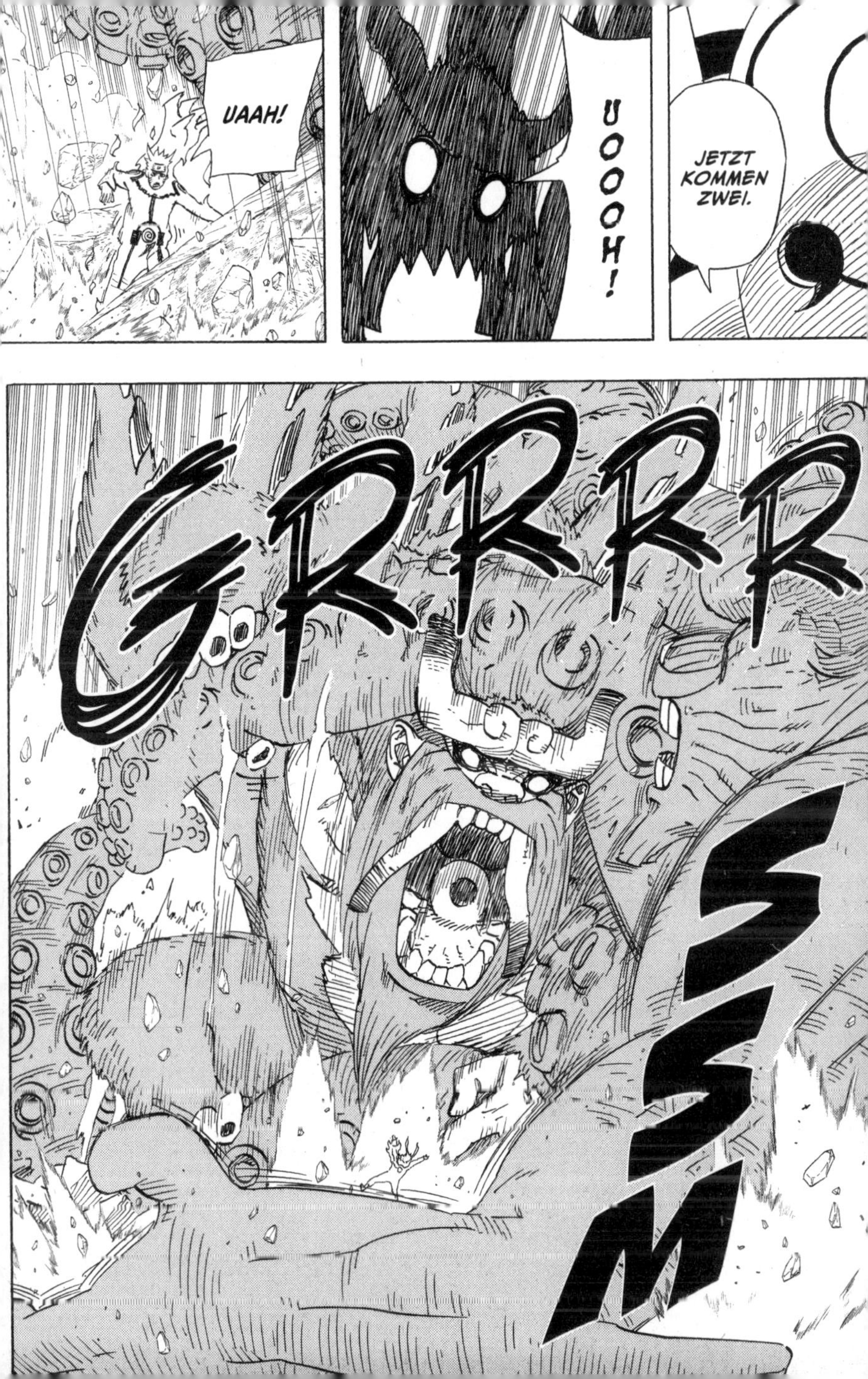
JETZT KOMMEN ZWEI.
ÜOOOOH!
UAAH!
GRRRR
SSM

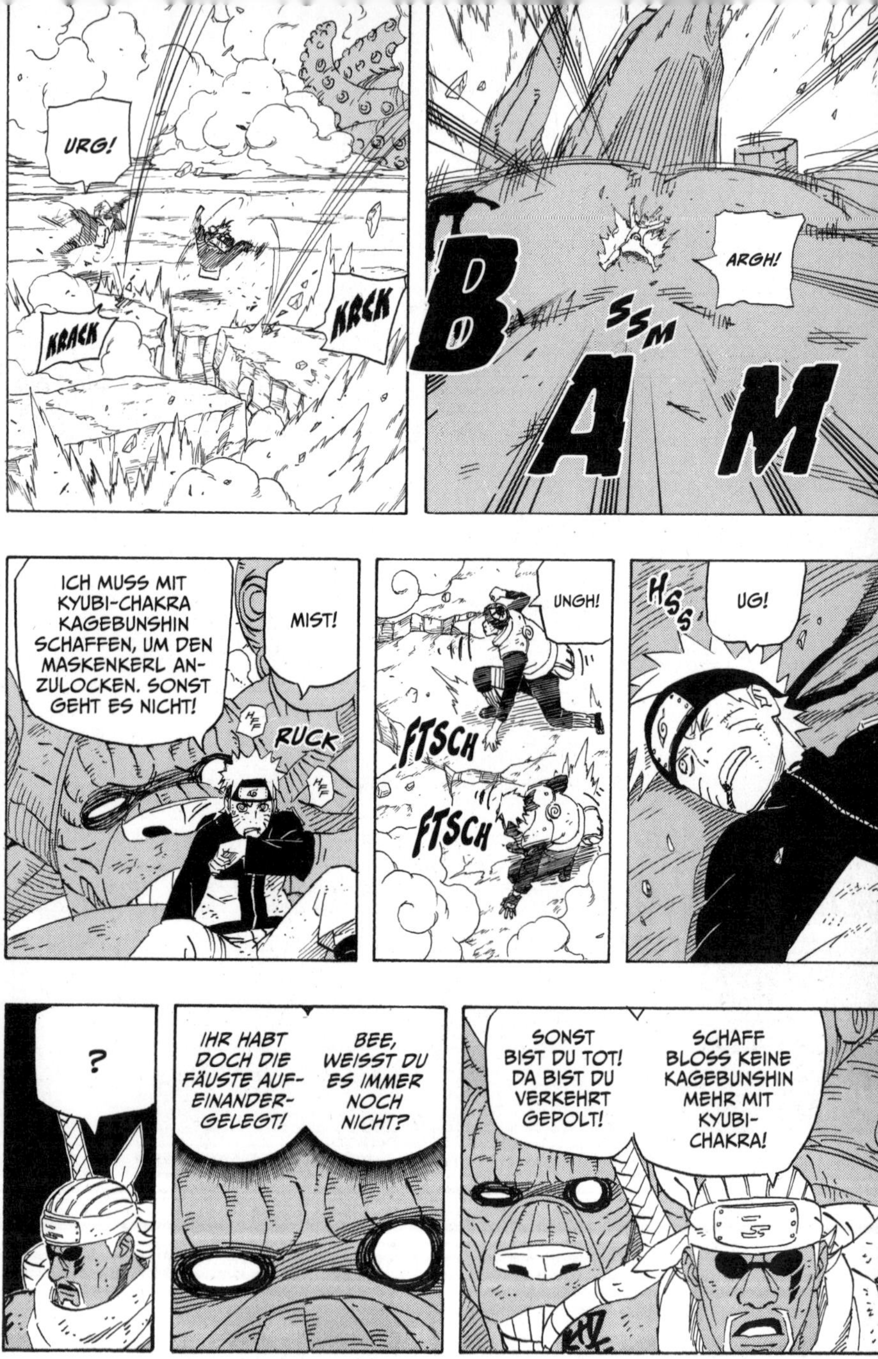
ARGH!
BAM
SSM
URG!
KRCK
KRACK
UG!
HSS
UNGH!
FTSCH
FTSCH
MIST!
ICH MUSS MIT KYUBI-CHAKRA KAGEBUNSHIN SCHAFFEN, UM DEN MASKENKERL ANZULOCKEN. SONST GEHT ES NICHT!
RUCK
SCHAFF BLOSS KEINE KAGEBUNSHIN MEHR MIT KYUBI-CHAKRA!
SONST BIST DU TOT! DA BIST DU VERKEHRT GEPOLT!
BEE, WEISST DU ES IMMER NOCH NICHT?
IHR HABT DOCH DIE FÄUSTE AUFEINANDERGELEGT!
?

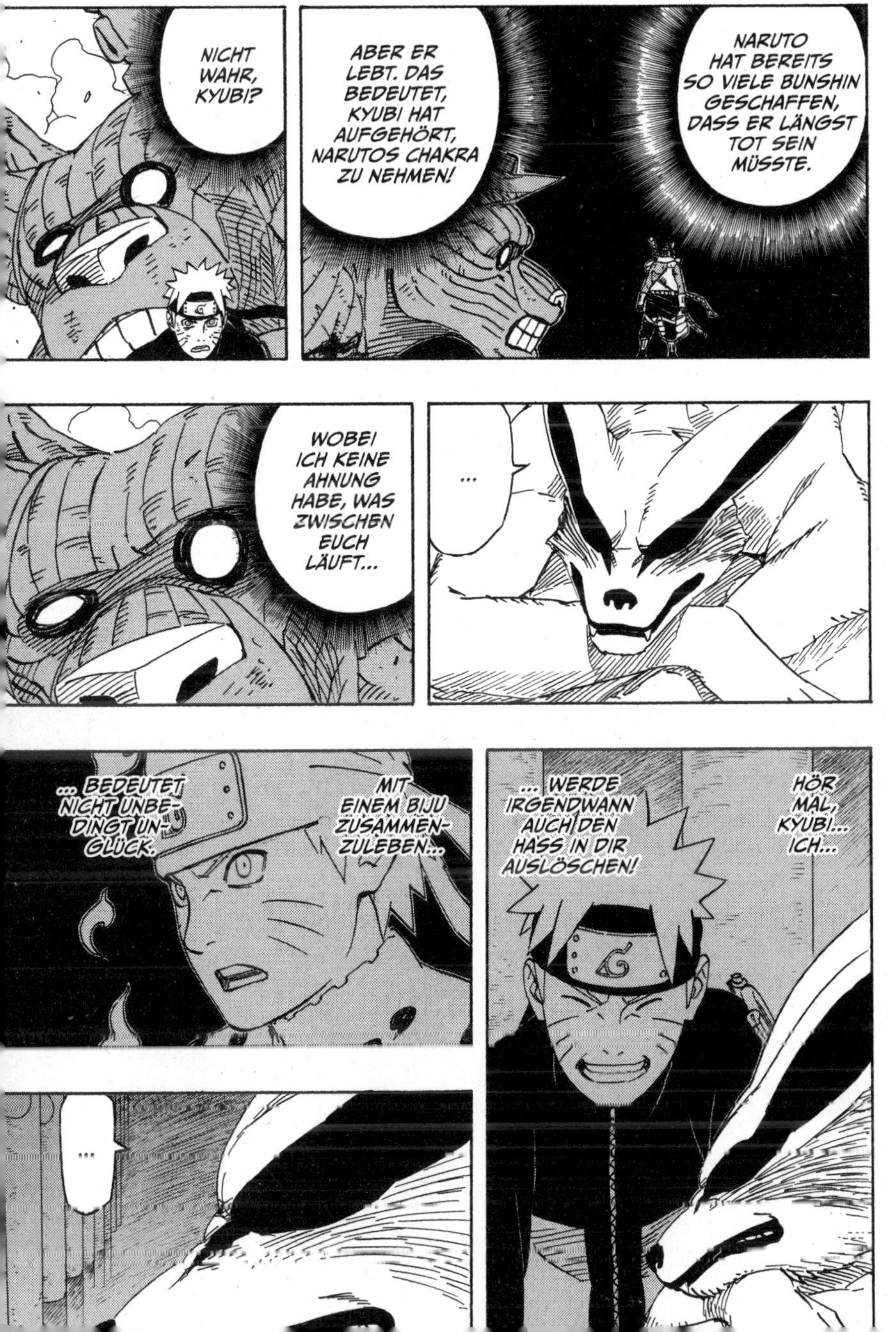
NARUTO HAT BEREITS SO VIELE BUNSHIN GESCHAFFEN, DASS ER LÄNGST TOT SEIN MÜSSTE.
ABER ER LEBT. DAS BEDEUTET, KYUBI HAT AUFGEHÖRT, NARUTOS CHAKRA ZU NEHMEN!
NICHT WAHR, KYUBI?
...
WOBEI ICH KEINE AHNUNG HABE, WAS ZWISCHEN EUCH LÄUFT...
HÖR MAL, KYUBI... ICH...
... WERDE IRGENDWANN AUCH DEN HASS IN DIR AUSLÖSCHEN!
MIT EINEM BIJU ZUSAMMEN-ZULEBEN...
... BEDEUTET NICHT UNBE-DINGT UN-GLÜCK.
...

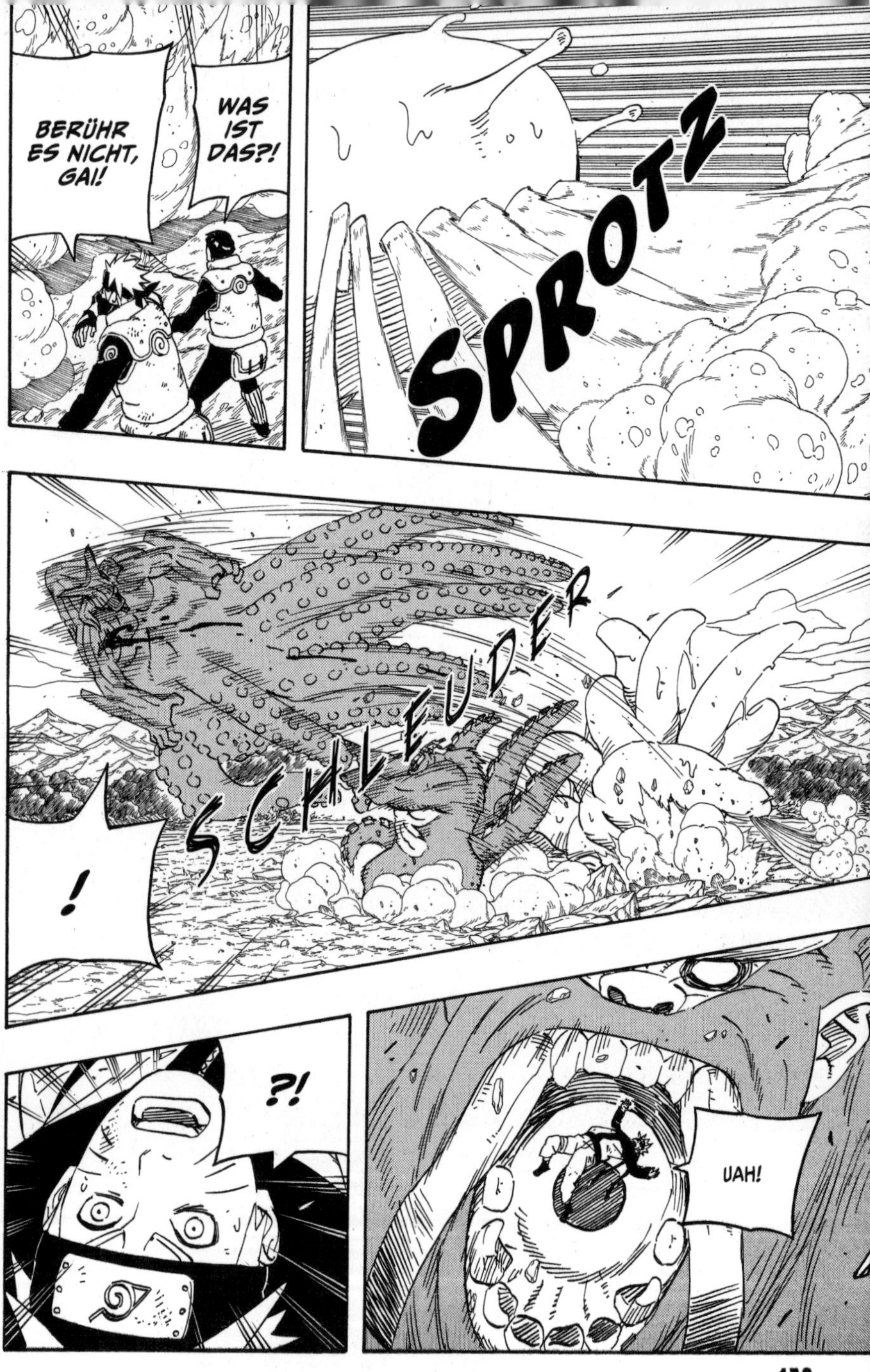
WAS IST DAS?!
BERÜHR ES NICHT, GAI!
SPROTZ
SCHLEUDER
!
UAH!
?!

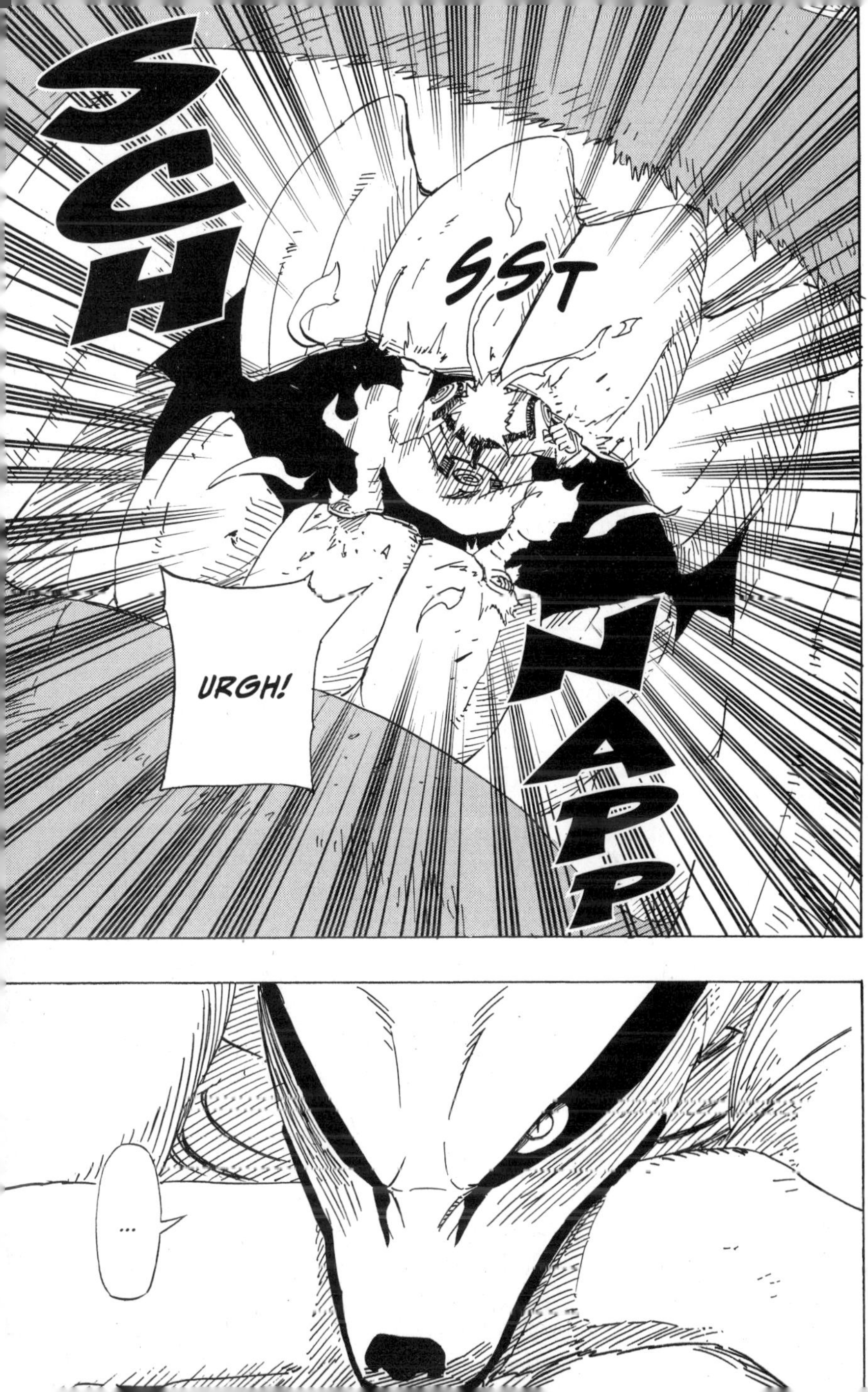
SCH
SST
NAPP
URGH!
...

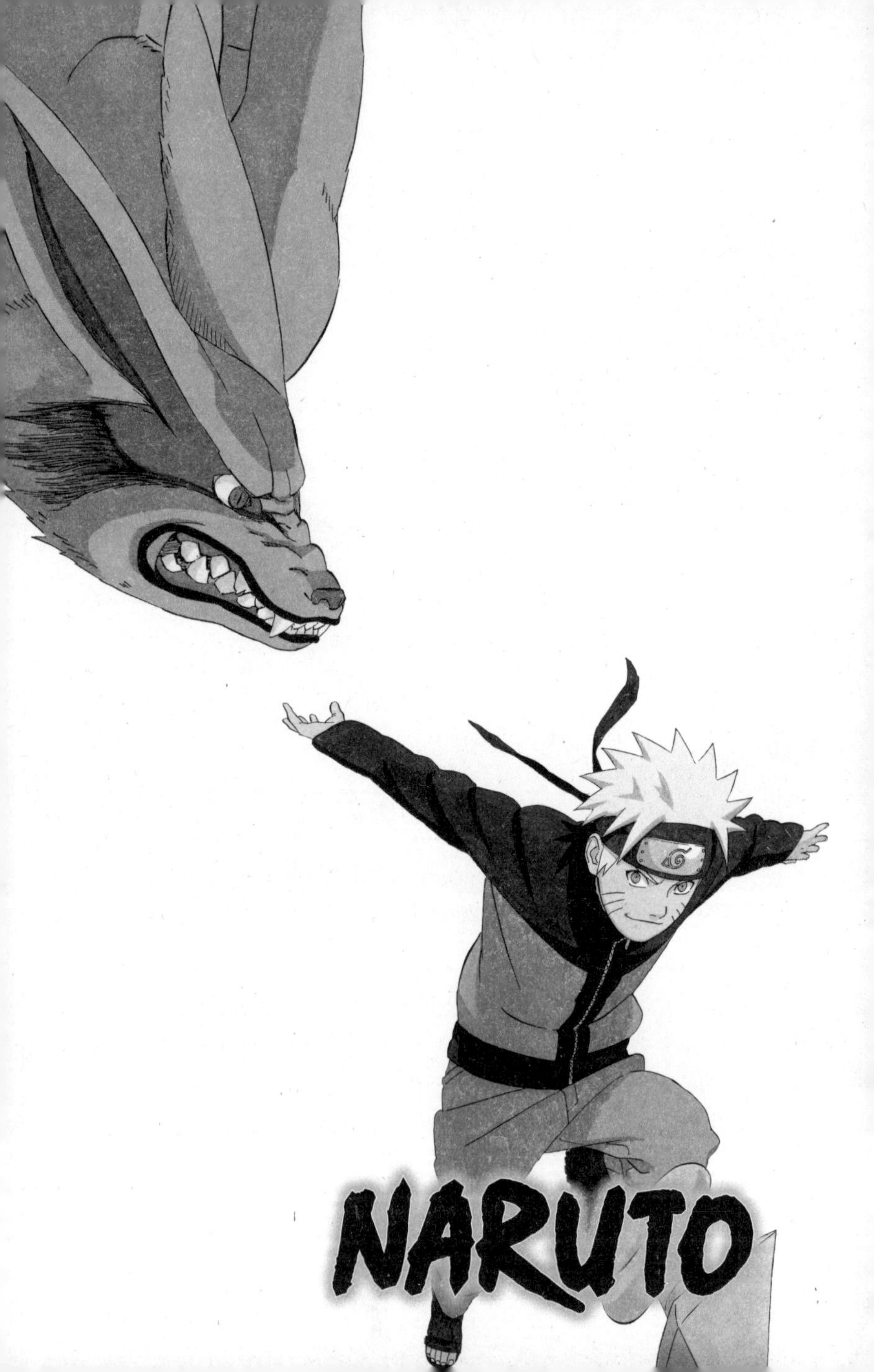
NARUTO

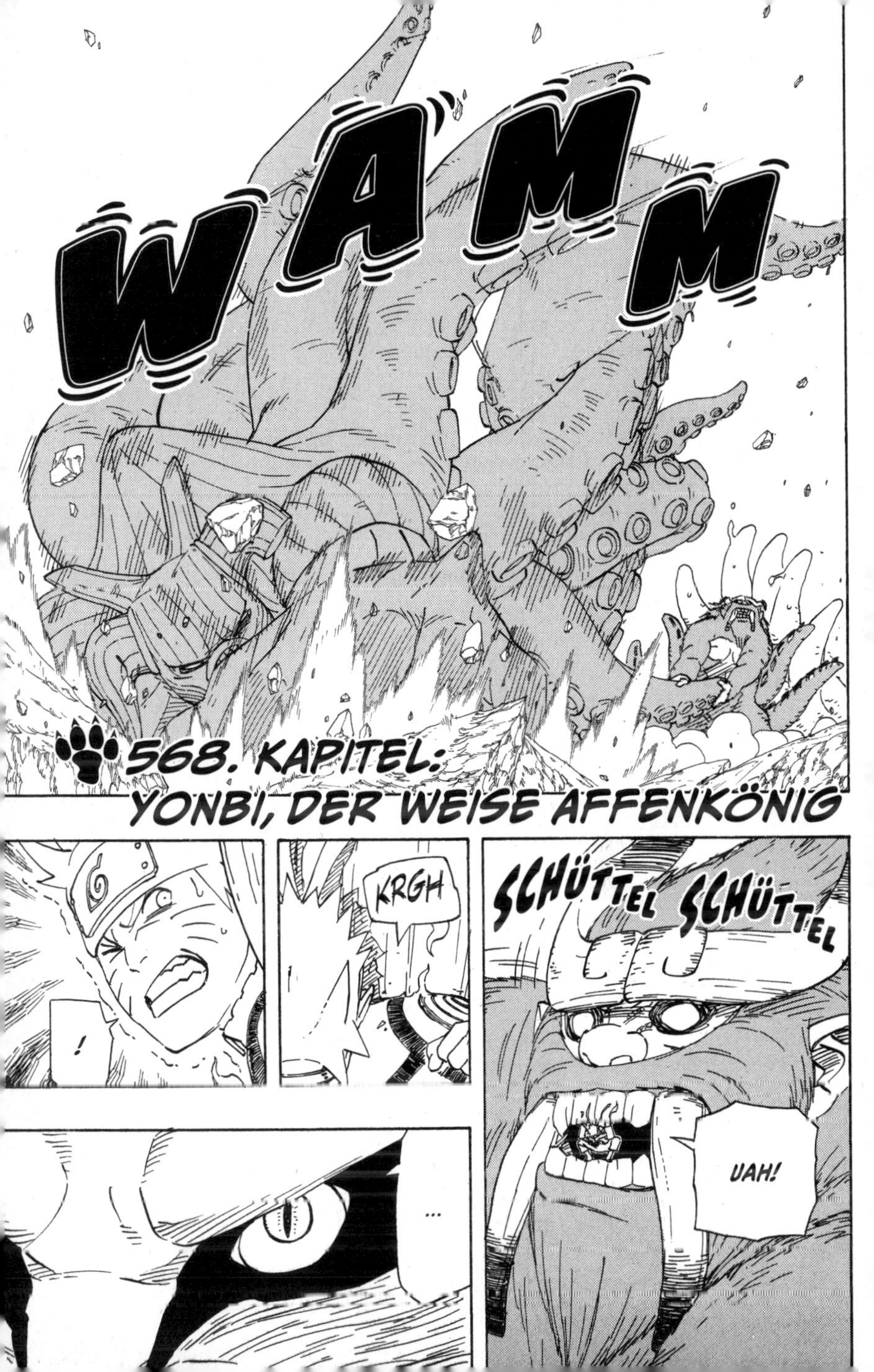
WAMM
568. KAPITEL:
YONBI, DER WEISE AFFENKÖNIG
!
KRGH
SCHÜTTEL SCHÜTTEL
...
UAH!

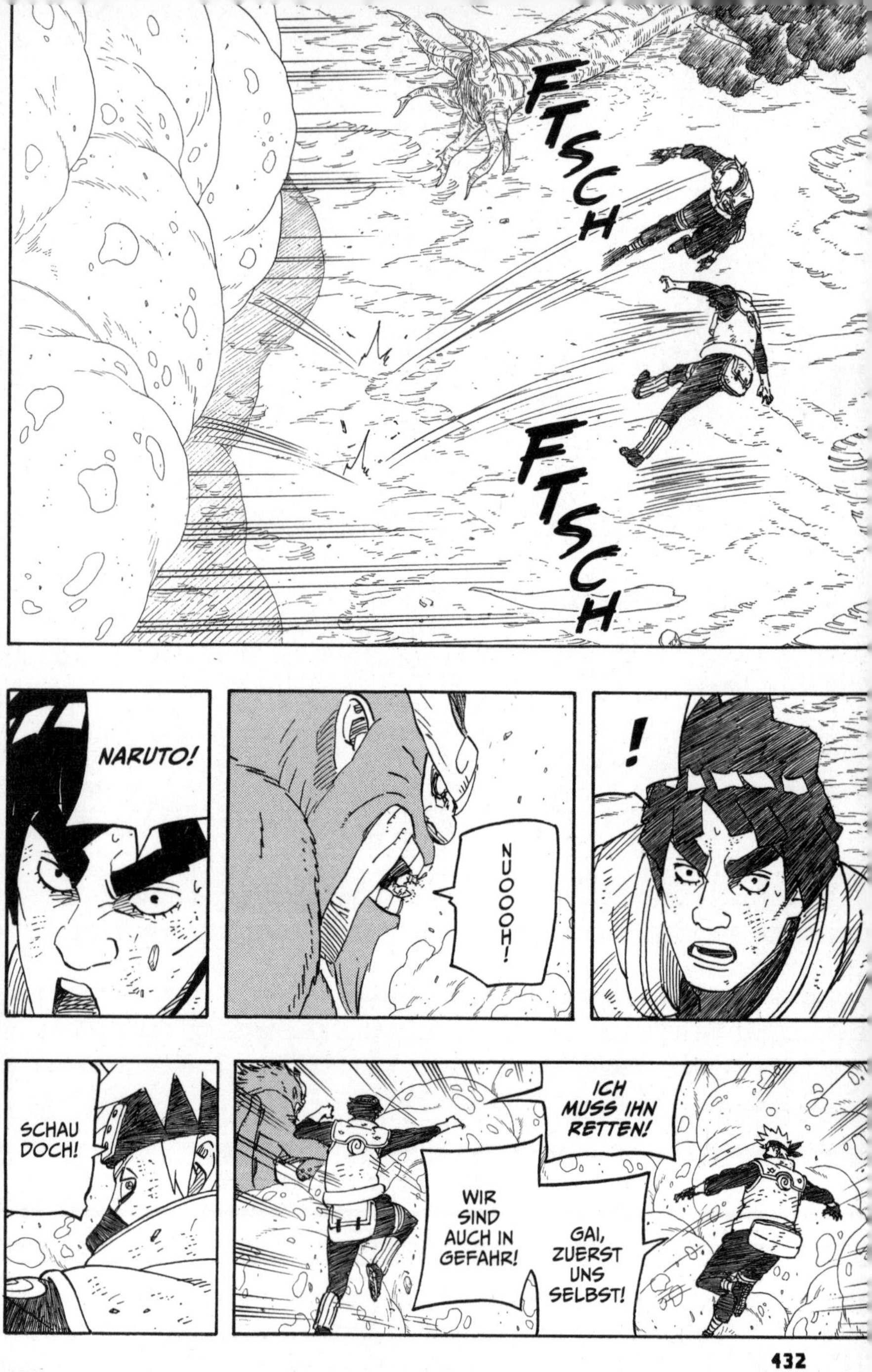
FTSCH
FTSCH
!
NUOOOOH!
NARUTO!
ICH MUSS IHN RETTEN!
GAI, ZUERST UNS SELBST!
WIR SIND AUCH IN GEFAHR!
SCHAU DOCH!

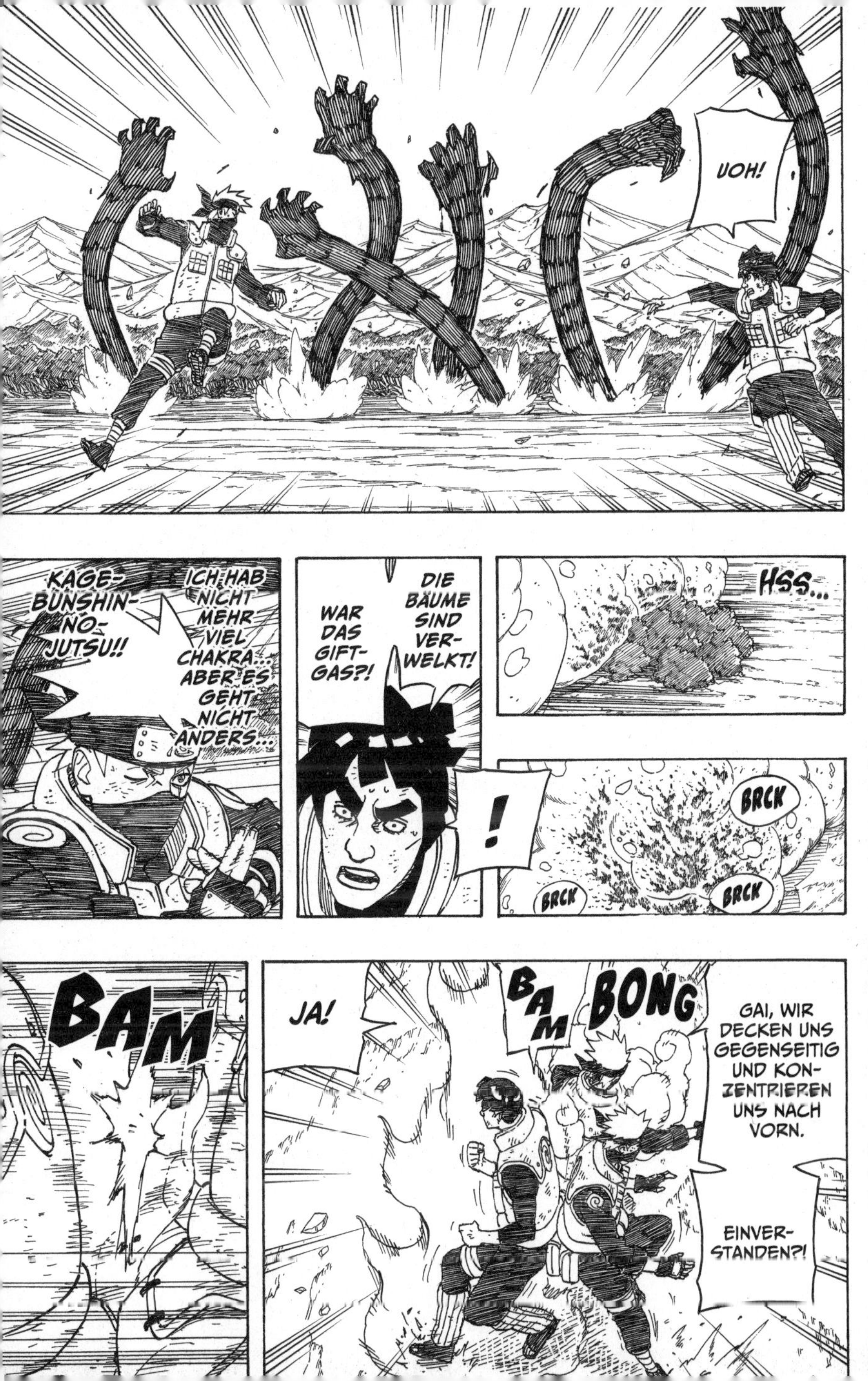

UOH!
HSS...
BRCK
BRCK
BRCK
DIE BÄUME SIND VERWELKT!
WAR DAS GIFTGAS?!
!
ICH HAB NICHT MEHR VIEL CHAKRA... ABER ES GEHT NICHT ANDERS...
KAGE-BUNSHIN-NO-JUTSU!!
GAI, WIR DECKEN UNS GEGENSEITIG UND KONZENTRIEREN UNS NACH VORN.
EINVERSTANDEN?!
BONG
BAM
JA!
BAM

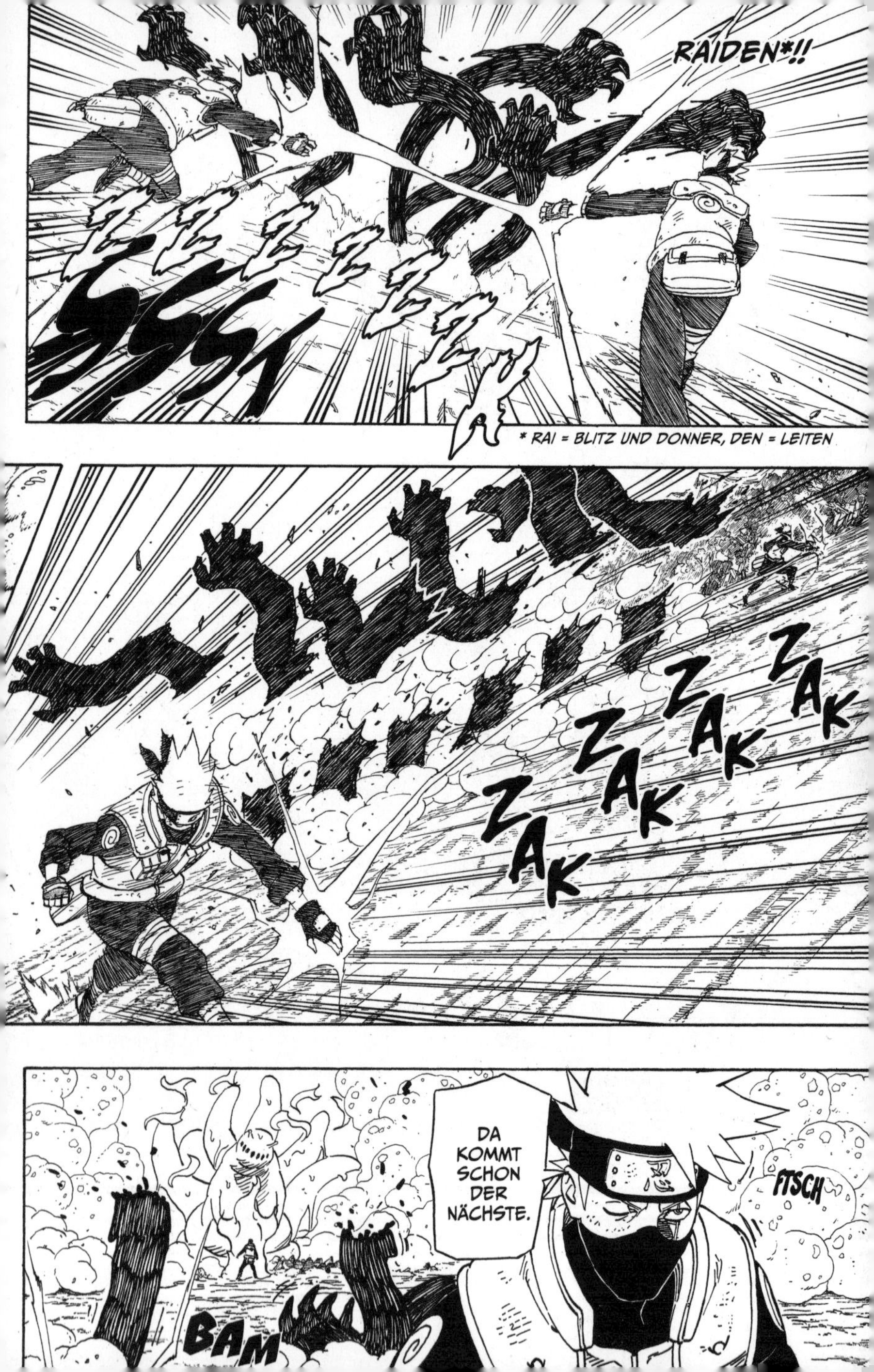
RAIDEN*!!
SSST
* RAI = BLITZ UND DONNER, DEN = LEITEN
ZAK ZAK ZAK ZAK
DA KOMMT SCHON DER NÄCHSTE.
FTSCH
BAM

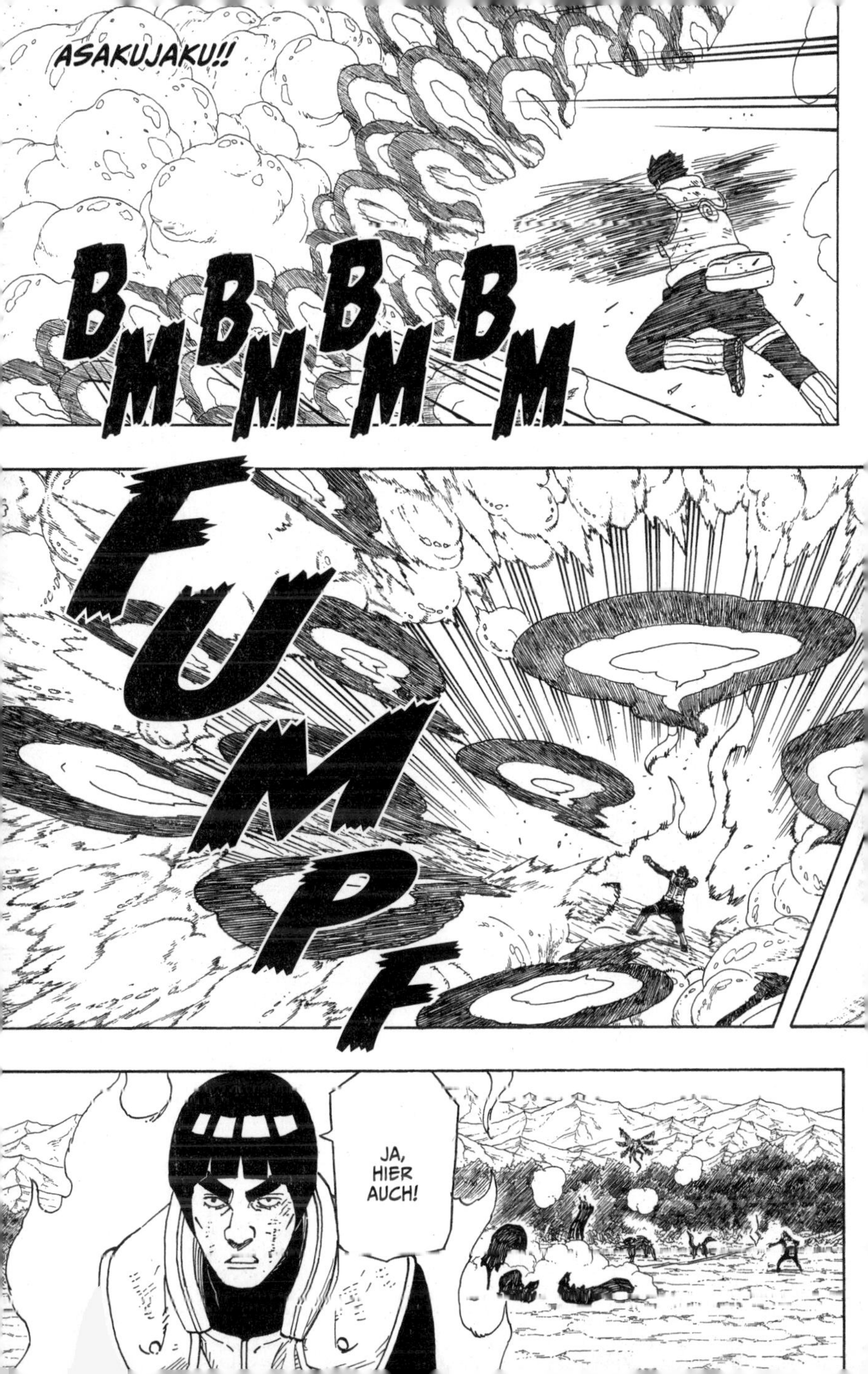

ASAKUJAKU!!
BMBMBMBM
FUMPF
JA, HIER AUCH!

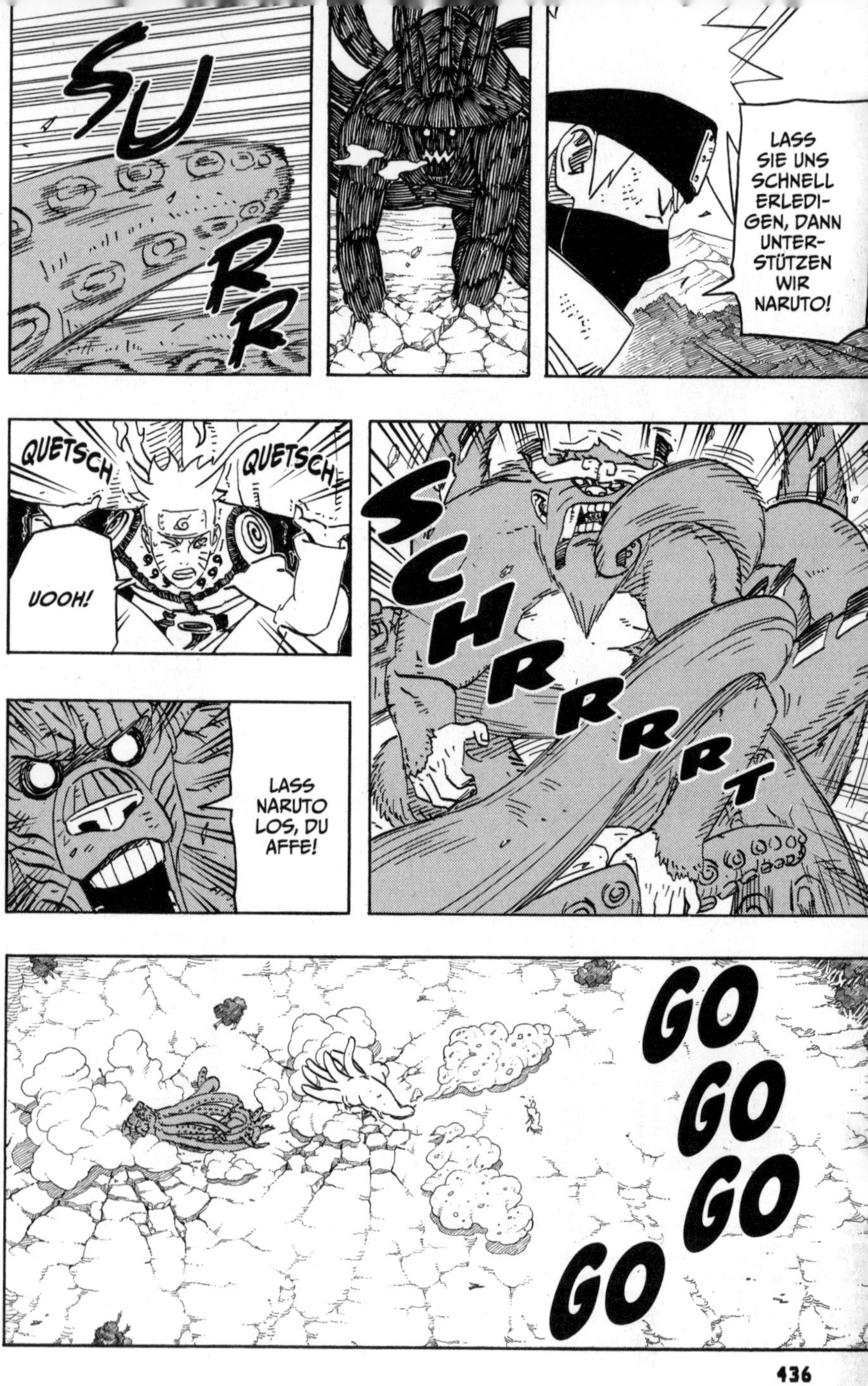
LASS SIE UNS SCHNELL ERLEDIGEN, DANN UNTERSTÜTZEN WIR NARUTO!
SURR
SCHRRRRT
QUETSCH
QUETSCH
UOOH!
LASS NARUTO LOS, DU AFFE!
GO GO GO GO

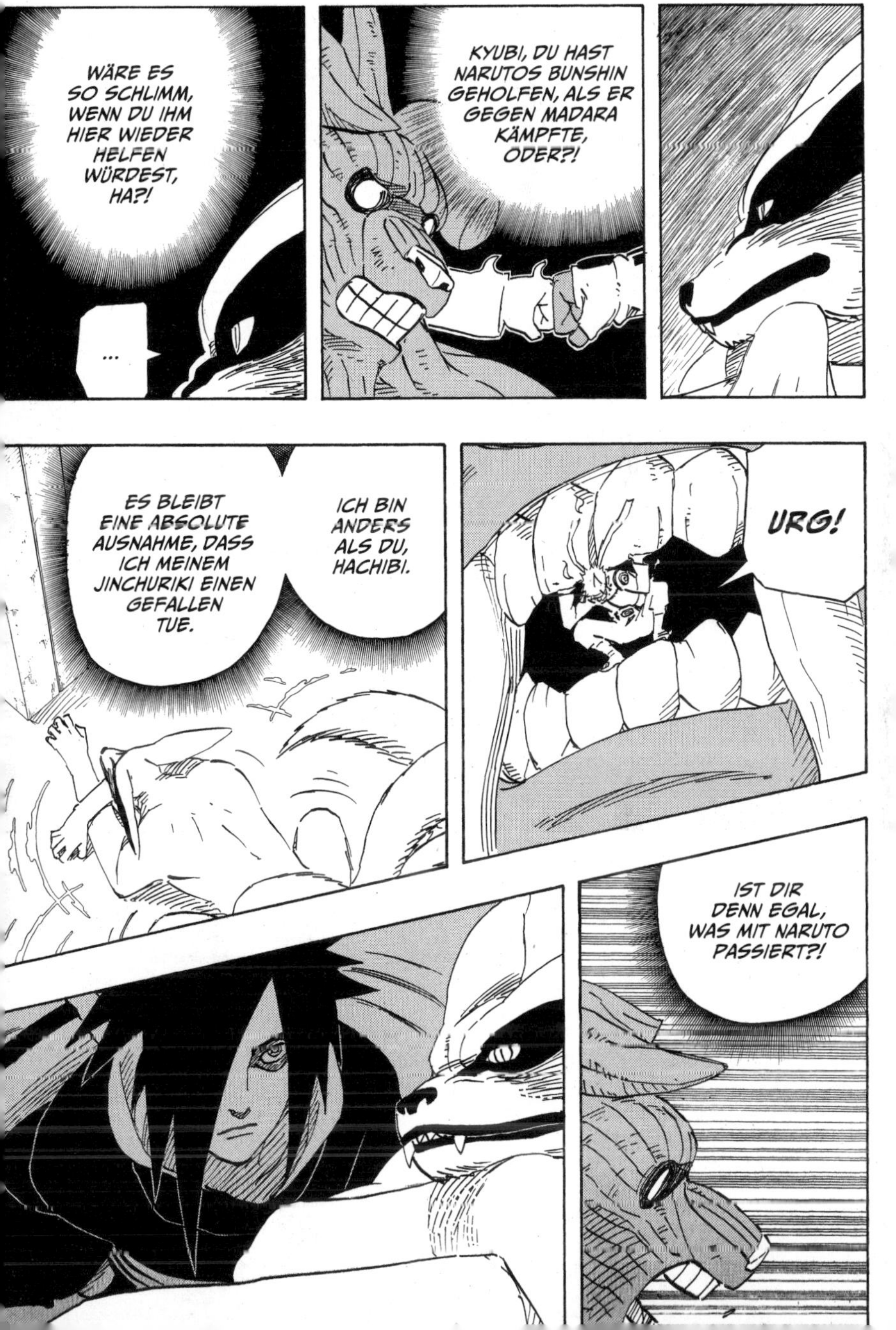
KYUBI, DU HAST NARUTOS BUNSHIN GEHOLFEN, ALS ER GEGEN MADARA KÄMPFTE, ODER?!
WÄRE ES SO SCHLIMM, WENN DU IHM HIER WIEDER HELFEN WÜRDEST, HA?!
...
URG!
ICH BIN ANDERS ALS DU, HACHIBI.
ES BLEIBT EINE ABSOLUTE AUSNAHME, DASS ICH MEINEM JINCHURIKI EINEN GEFALLEN TUE.
IST DIR DENN EGAL, WAS MIT NARUTO PASSIERT?!

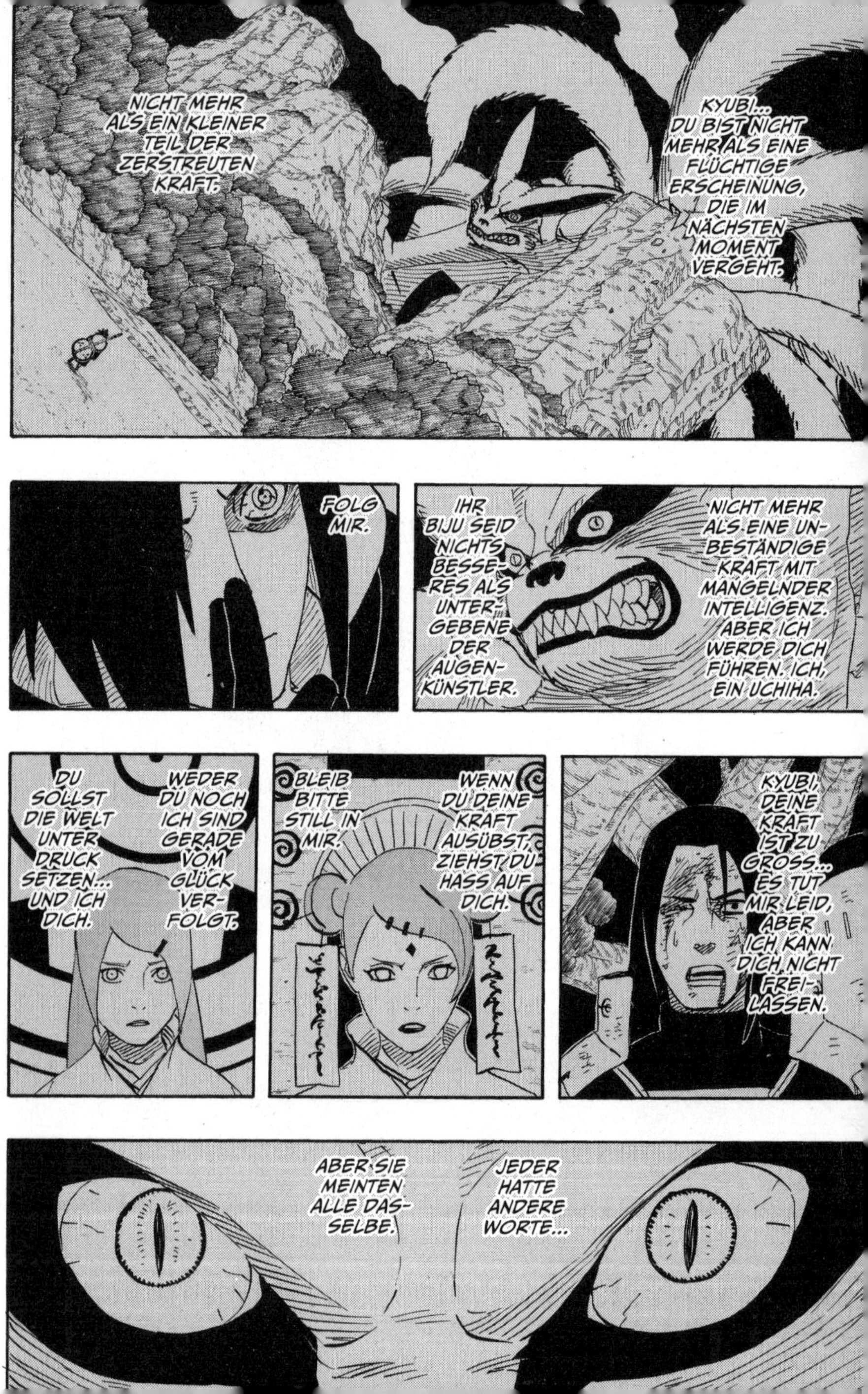

KYUBI... DU BIST NICHT MEHR ALS EINE FLÜCHTIGE ERSCHEINUNG, DIE IM NÄCHSTEN MOMENT VERGEHT.
NICHT MEHR ALS EIN KLEINER TEIL DER ZERSTREUTEN KRAFT.
NICHT MEHR ALS EINE UNBESTÄNDIGE KRAFT MIT MANGELNDER INTELLIGENZ. ABER ICH WERDE DICH FÜHREN. ICH, EIN UCHIHA.
IHR BIJU SEID NICHTS BESSERES ALS UNTERGEBENE DER AUGENKÜNSTLER.
FOLG MIR.
KYUBI, DEINE KRAFT IST ZU GROSS... ES TUT MIR LEID, ABER ICH KANN DICH NICHT FREILASSEN.
WENN DU DEINE KRAFT AUSÜBST, ZIEHST DU HASS AUF DICH.
BLEIB BITTE STILL IN MIR.
WEDER DU NOCH ICH SIND GERADE VOM GLÜCK VERFOLGT.
DU SOLLST DIE WELT UNTER DRUCK SETZEN... UND ICH DICH.
JEDER HATTE ANDERE WORTE...
ABER SIE MEINTEN ALLE DASSELBE.

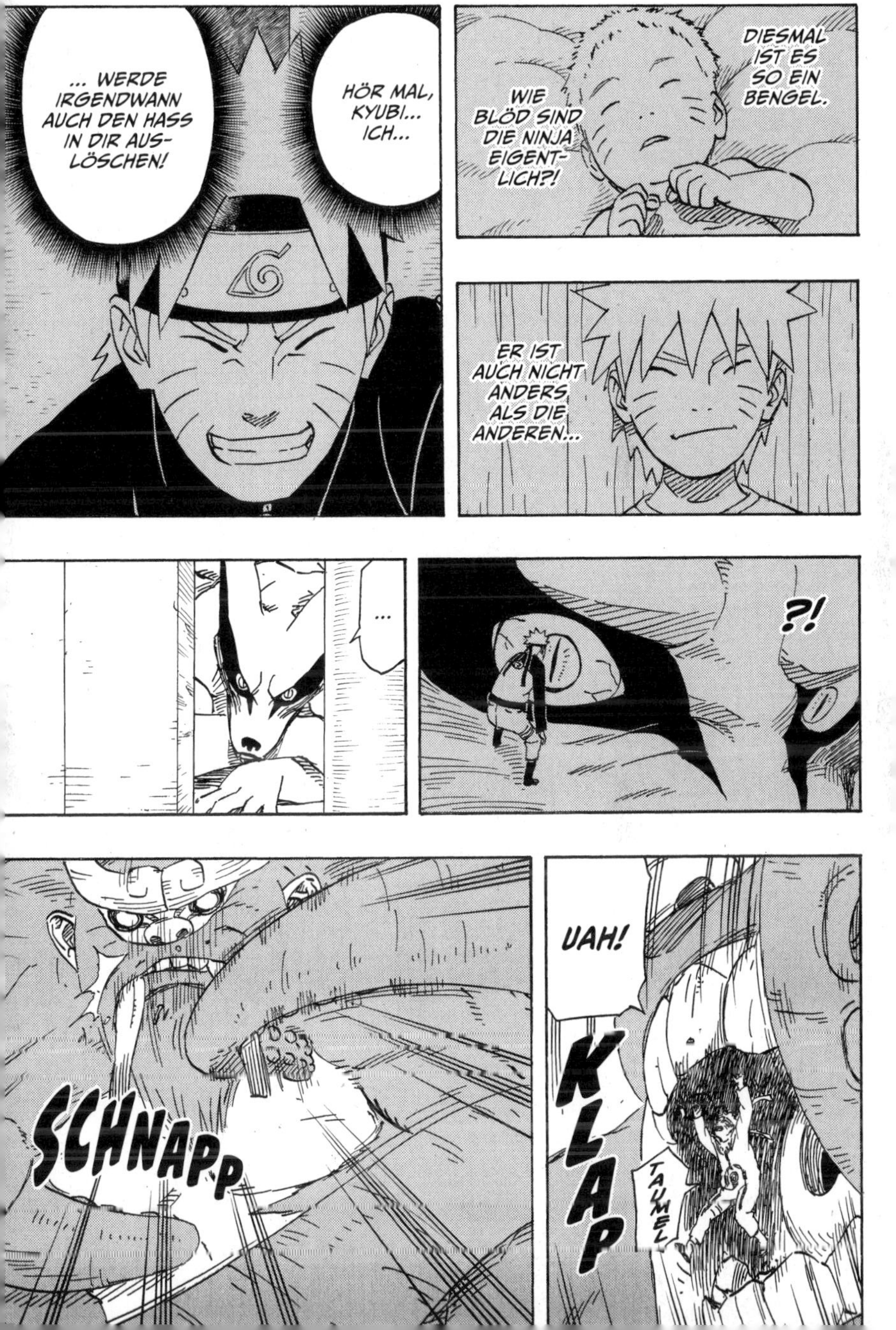
DIESMAL IST ES SO EIN BENGEL.
WIE BLÖD SIND DIE NINJA EIGENTLICH?!
ER IST AUCH NICHT ANDERS ALS DIE ANDEREN...
HÖR MAL, KYUBI... ICH...
... WERDE IRGENDWANN AUCH DEN HASS IN DIR AUSLÖSCHEN!
?!
...
UAH!
KLAP
TAUMEL
SCHNAPP

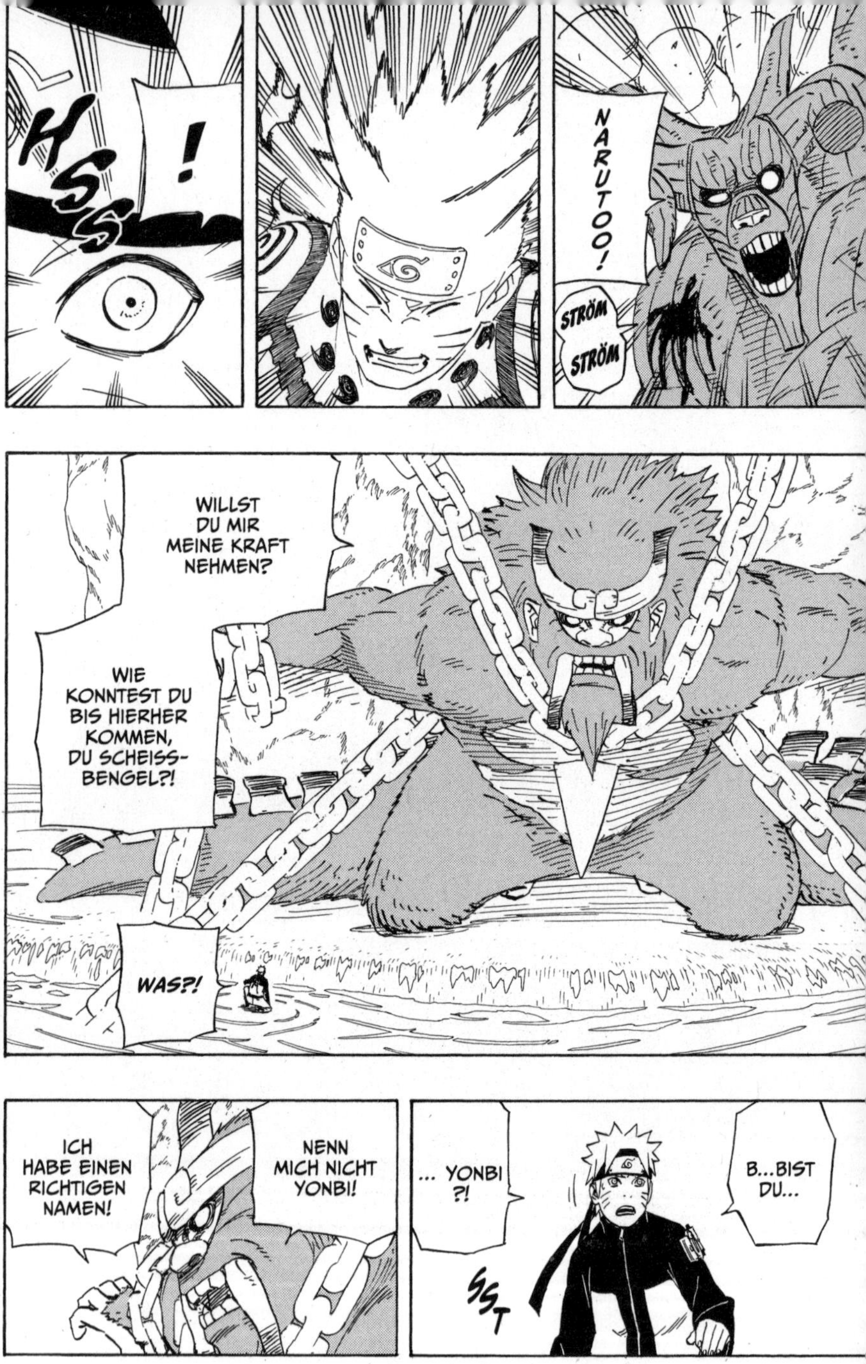
NARUTOO!
STRÖM
STRÖM
HSS
!
WILLST DU MIR MEINE KRAFT NEHMEN?
WIE KONNTEST DU BIS HIERHER KOMMEN, DU SCHEISS-BENGEL?!
WAS?!
B...BIST DU...
... YONBI ?!
SST
NENN MICH NICHT YONBI!
ICH HABE EINEN RICHTIGEN NAMEN!

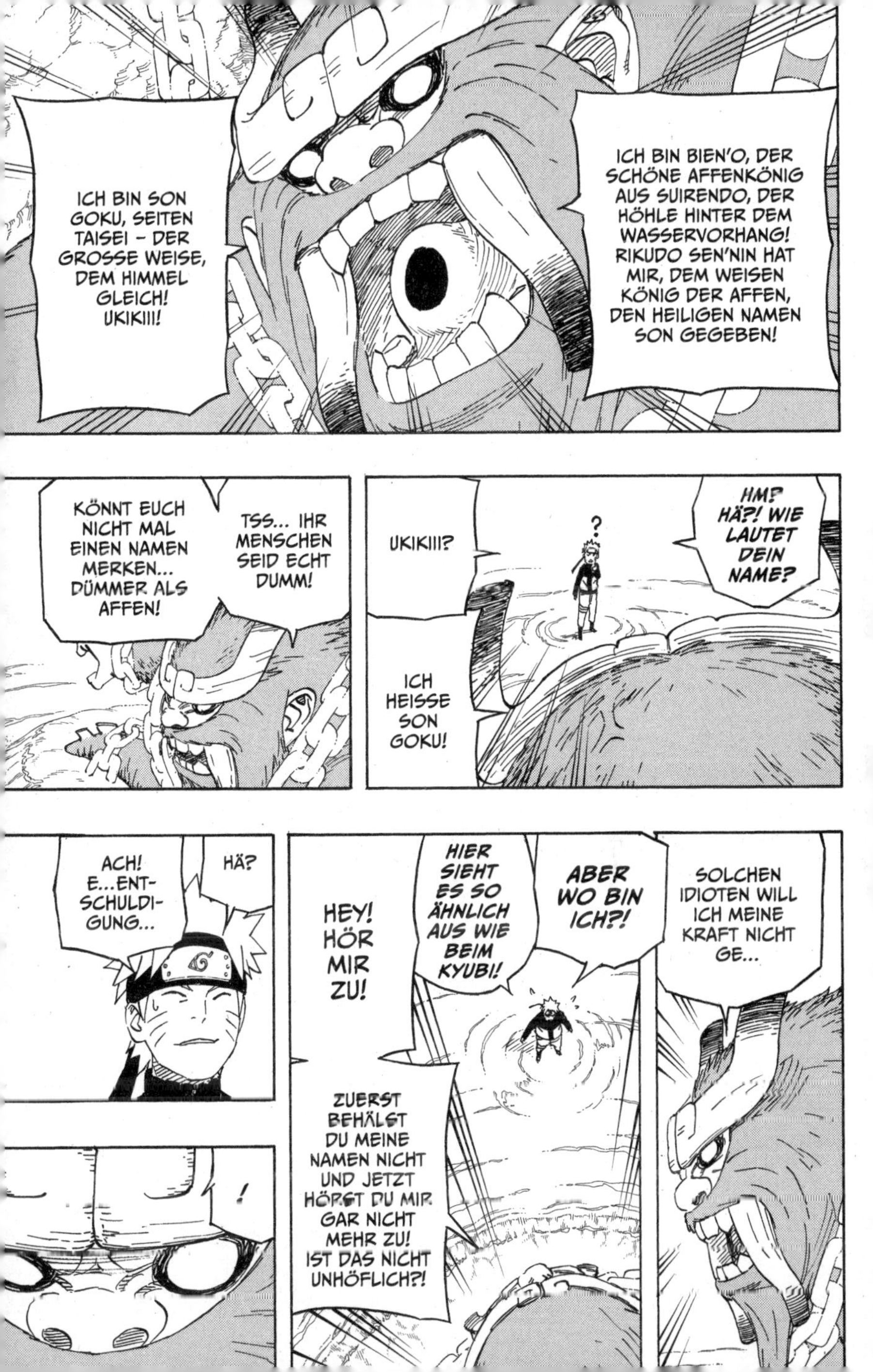
ICH BIN BIEN'O, DER SCHÖNE AFFENKÖNIG AUS SUIRENDO, DER HÖHLE HINTER DEM WASSERVORHANG! RIKUDO SEN'NIN HAT MIR, DEM WEISEN KÖNIG DER AFFEN, DEN HEILIGEN NAMEN SON GEGEBEN!
ICH BIN SON GOKU, SEITEN TAISEI – DER GROSSE WEISE, DEM HIMMEL GLEICH! UKIKIII!
HM? HÄ?! WIE LAUTET DEIN NAME?
?
UKIKIII?
ICH HEISSE SON GOKU!
TSS... IHR MENSCHEN SEID ECHT DUMM!
KÖNNT EUCH NICHT MAL EINEN NAMEN MERKEN... DÜMMER ALS AFFEN!
SOLCHEN IDIOTEN WILL ICH MEINE KRAFT NICHT GE...
ABER WO BIN ICH?!
HIER SIEHT ES SO ÄHNLICH AUS WIE BEIM KYUBI!
HEY! HÖR MIR ZU!
ZUERST BEHÄLST DU MEINE NAMEN NICHT UND JETZT HÖRST DU MIR GAR NICHT MEHR ZU! IST DAS NICHT UNHÖFLICH?!
HÄ?
ACH! E...ENT-SCHULDI-GUNG...
!

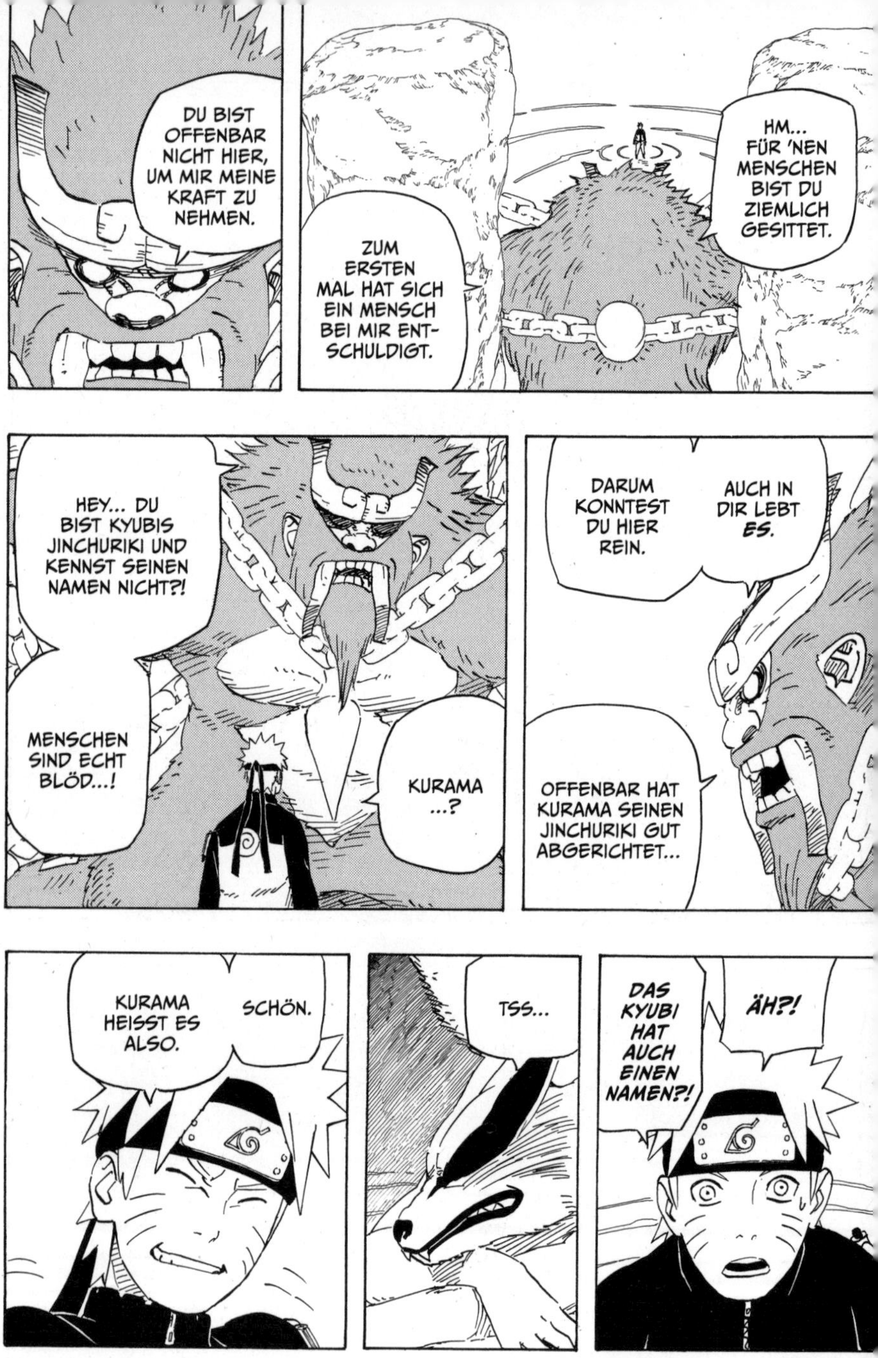
HM... FÜR 'NEN MENSCHEN BIST DU ZIEMLICH GESITTET.
ZUM ERSTEN MAL HAT SICH EIN MENSCH BEI MIR ENT-SCHULDIGT.
DU BIST OFFENBAR NICHT HIER, UM MIR MEINE KRAFT ZU NEHMEN.
AUCH IN DIR LEBT *ES.*
DARUM KONNTEST DU HIER REIN.
OFFENBAR HAT KURAMA SEINEN JINCHURIKI GUT ABGERICHTET...
KURAMA ...?
HEY... DU BIST KYUBIS JINCHURIKI UND KENNST SEINEN NAMEN NICHT?!
MENSCHEN SIND ECHT BLÖD...!
ÄH?!
DAS KYUBI HAT AUCH EINEN NAMEN?!
TSS...
SCHÖN.
KURAMA HEISST ES ALSO.

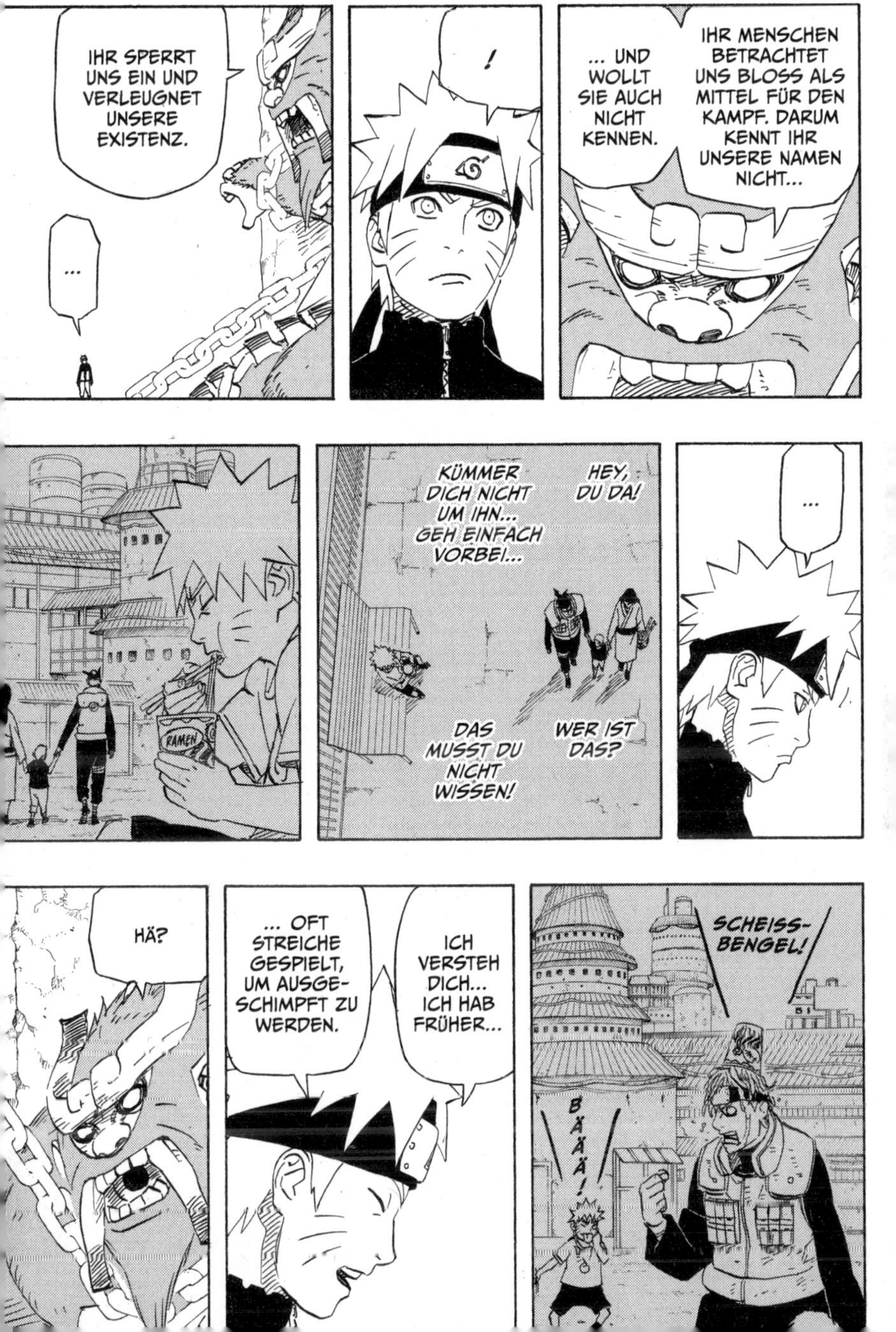

IHR MENSCHEN BETRACHTET UNS BLOSS ALS MITTEL FÜR DEN KAMPF. DARUM KENNT IHR UNSERE NAMEN NICHT...
... UND WOLLT SIE AUCH NICHT KENNEN.
!
IHR SPERRT UNS EIN UND VERLEUGNET UNSERE EXISTENZ.
...
...
HEY, DU DA!
KÜMMER DICH NICHT UM IHN... GEH EINFACH VORBEI...
WER IST DAS?
DAS MUSST DU NICHT WISSEN!
RAMEN
SCHEISS-BENGEL!
BÄÄÄ!
ICH VERSTEH DICH... ICH HAB FRÜHER...
... OFT STREICHE GESPIELT, UM AUSGE-SCHIMPFT ZU WERDEN.
HÄ?

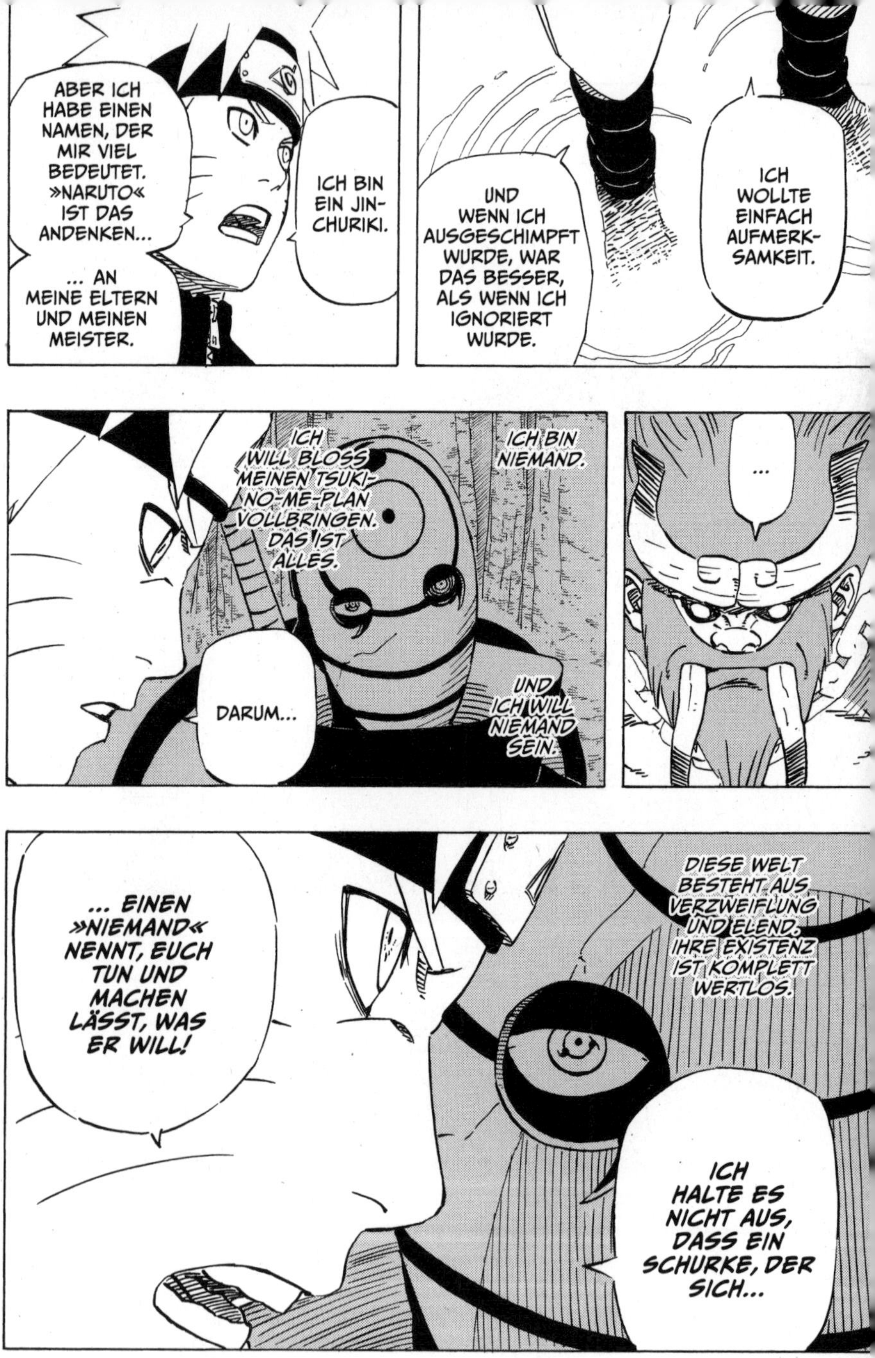
ICH WOLLTE EINFACH AUFMERKSAMKEIT.
UND WENN ICH AUSGESCHIMPFT WURDE, WAR DAS BESSER, ALS WENN ICH IGNORIERT WURDE.
ICH BIN EIN JINCHURIKI.
ABER ICH HABE EINEN NAMEN, DER MIR VIEL BEDEUTET. »NARUTO« IST DAS ANDENKEN...
... AN MEINE ELTERN UND MEINEN MEISTER.
...
ICH BIN NIEMAND.
UND ICH WILL NIEMAND SEIN.
ICH WILL BLOSS MEINEN TSUKI-NO-ME-PLAN VOLLBRINGEN. DAS IST ALLES.
DARUM...
DIESE WELT BESTEHT AUS VERZWEIFLUNG UND ELEND. IHRE EXISTENZ IST KOMPLETT WERTLOS.
ICH HALTE ES NICHT AUS, DASS EIN SCHURKE, DER SICH...
... EINEN »NIEMAND« NENNT, EUCH TUN UND MACHEN LÄSST, WAS ER WILL!

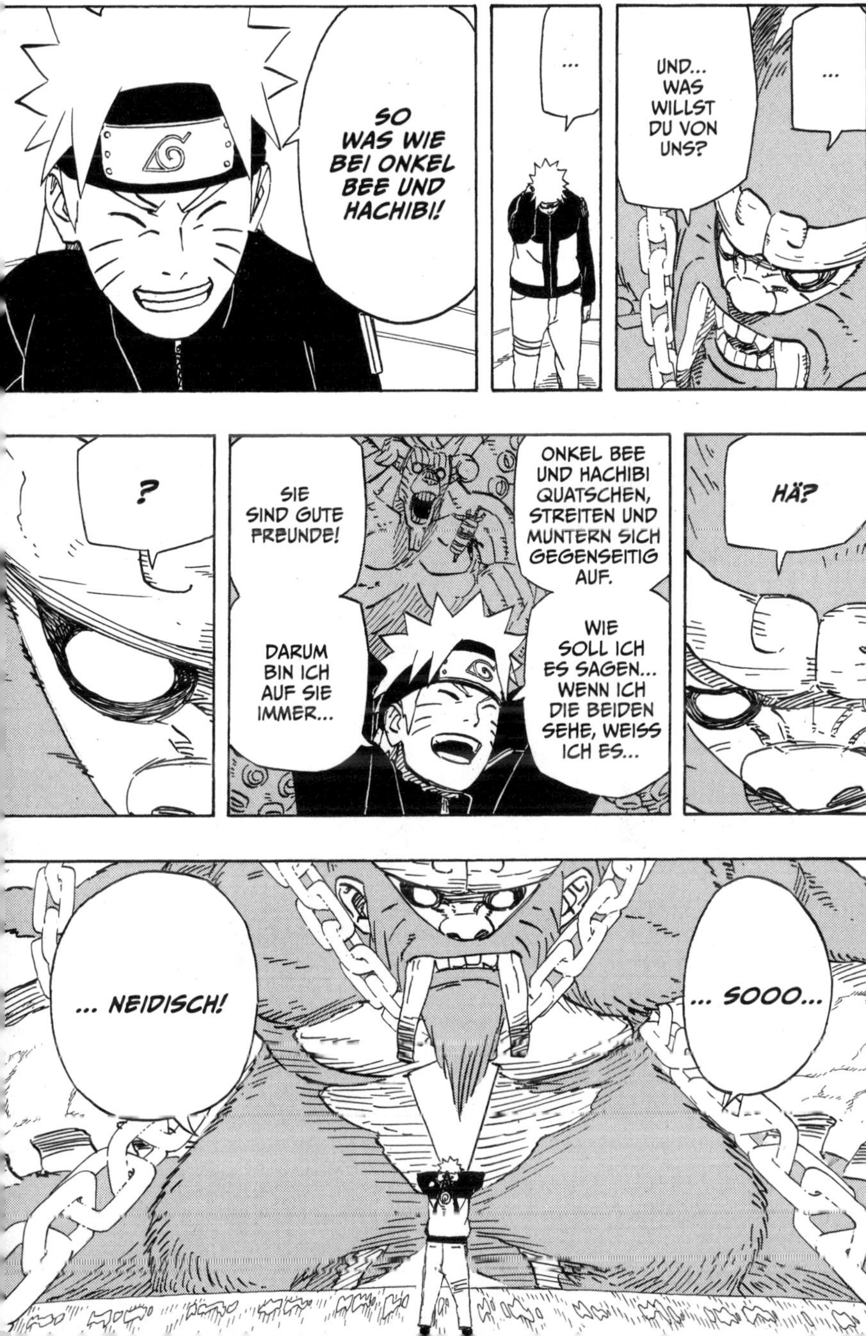
...
UND... WAS WILLST DU VON UNS?
...
SO WAS WIE BEI ONKEL BEE UND HACHIBI!
HÄ?
ONKEL BEE UND HACHIBI QUATSCHEN, STREITEN UND MUNTERN SICH GEGENSEITIG AUF.
SIE SIND GUTE FREUNDE!
WIE SOLL ICH ES SAGEN... WENN ICH DIE BEIDEN SEHE, WEISS ICH ES...
DARUM BIN ICH AUF SIE IMMER...
?
... SOOO...
... NEIDISCH!

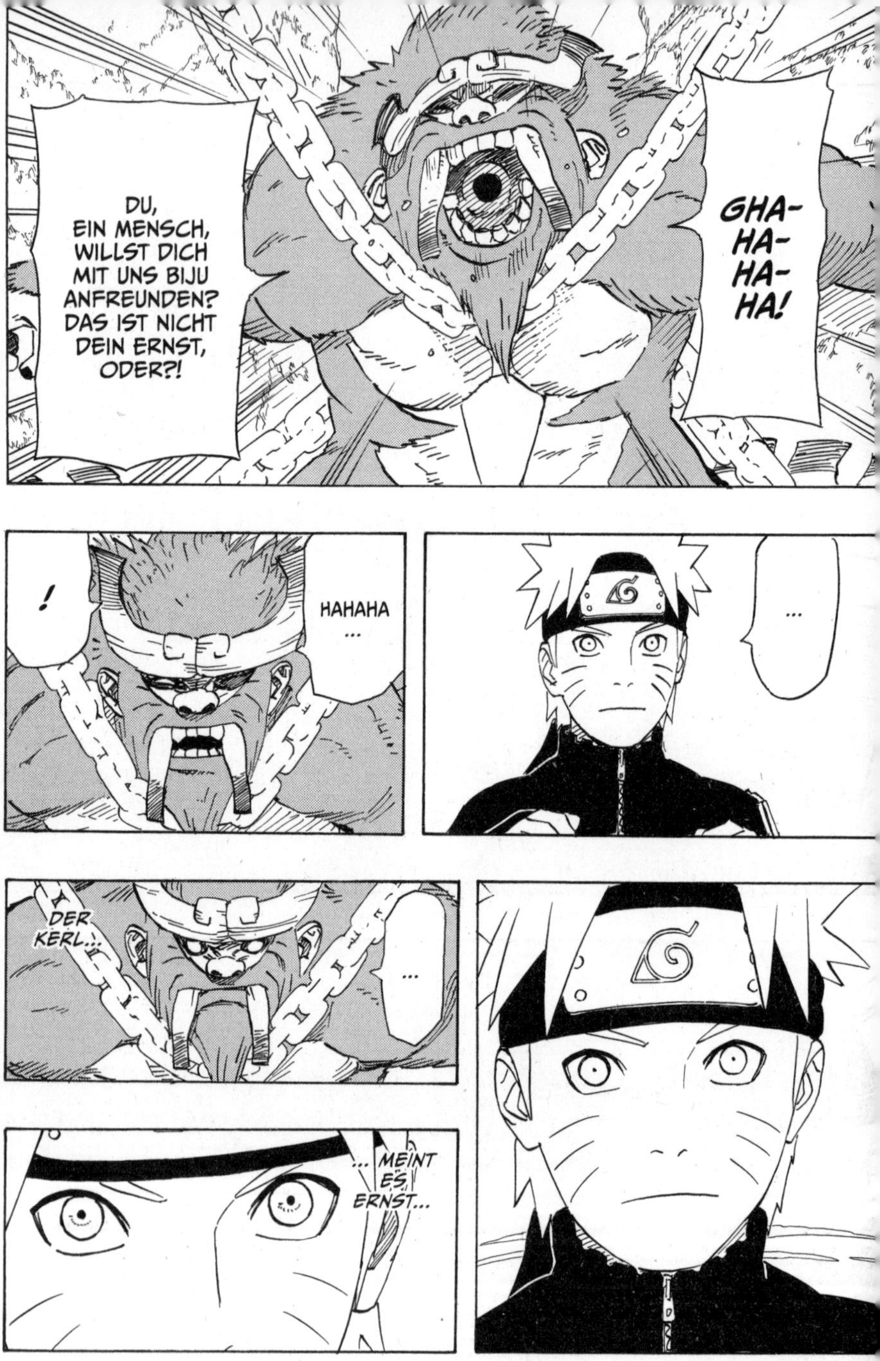
GHA-HA-HA-HA!
DU, EIN MENSCH, WILLST DICH MIT UNS BIJU ANFREUNDEN? DAS IST NICHT DEIN ERNST, ODER?!
...
HAHAHA ...
!
...
DER KERL...
... MEINT ES ERNST...

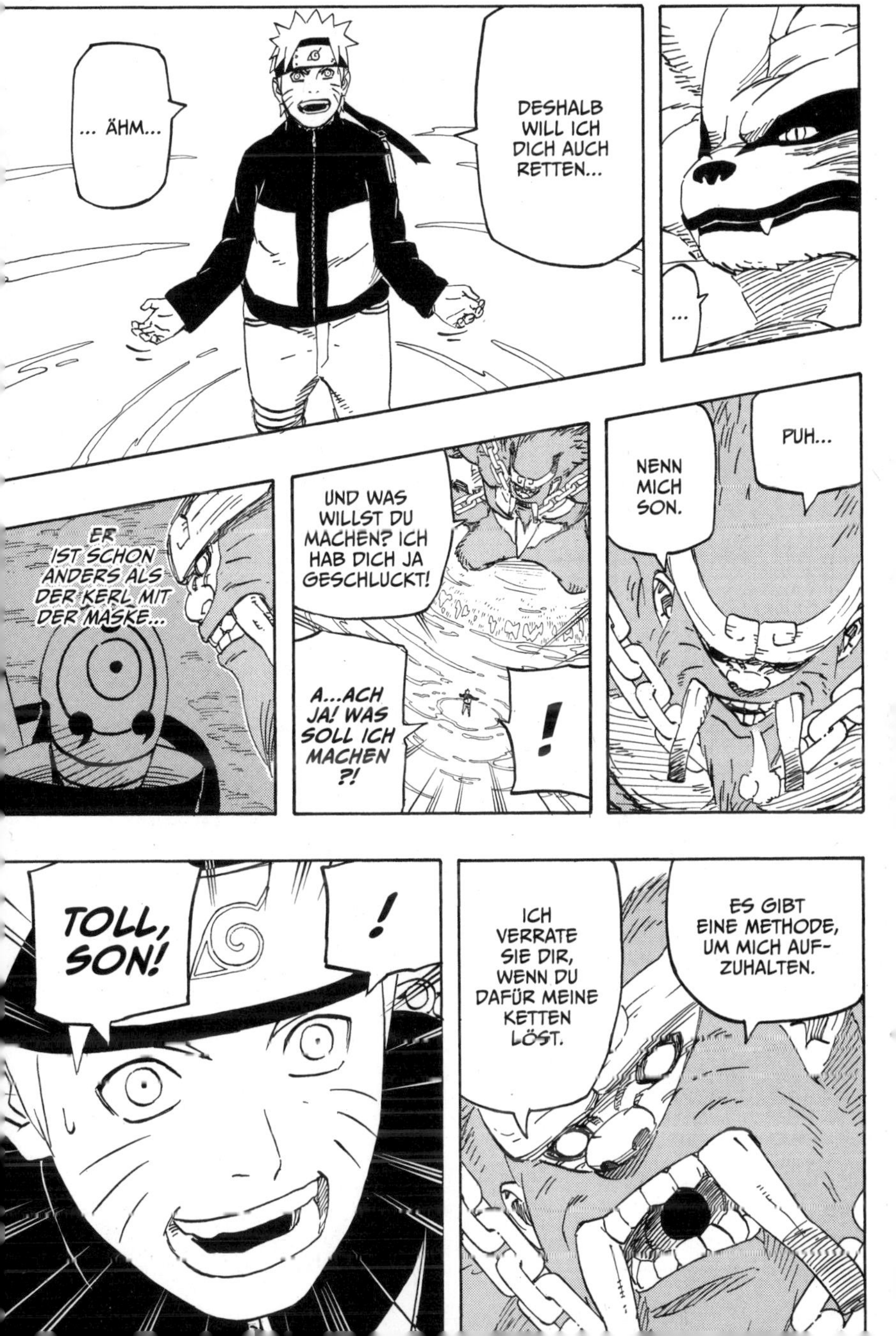
...
DESHALB WILL ICH DICH AUCH RETTEN...
... ÄHM...
PUH...
NENN MICH SON.
!
UND WAS WILLST DU MACHEN? ICH HAB DICH JA GESCHLUCKT!
A...ACH JA! WAS SOLL ICH MACHEN ?!
ER IST SCHON ANDERS ALS DER KERL MIT DER MASKE...
ES GIBT EINE METHODE, UM MICH AUF-ZUHALTEN.
ICH VERRATE SIE DIR, WENN DU DAFÜR MEINE KETTEN LÖST.
!
TOLL, SON!

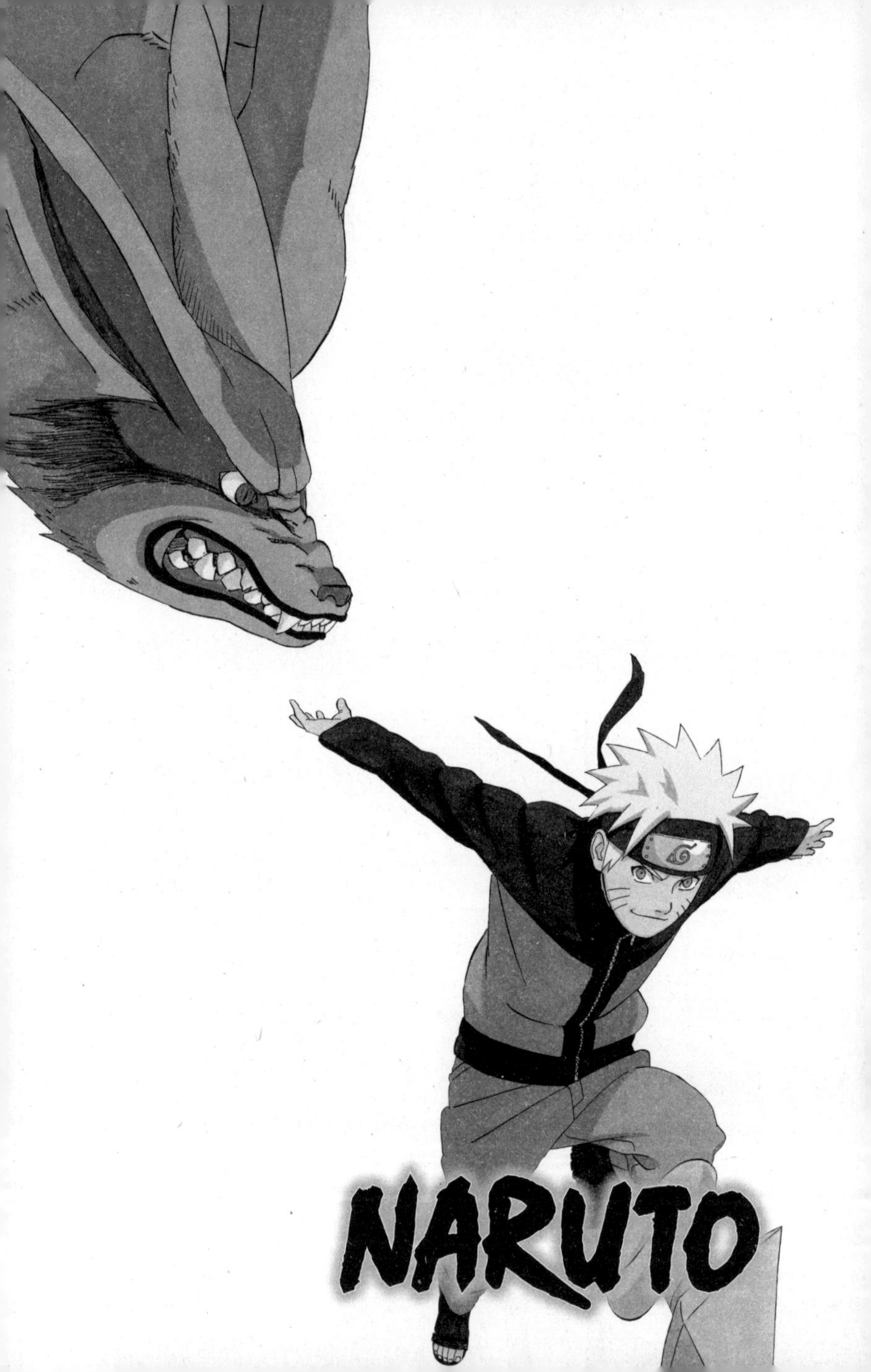
NARUTO

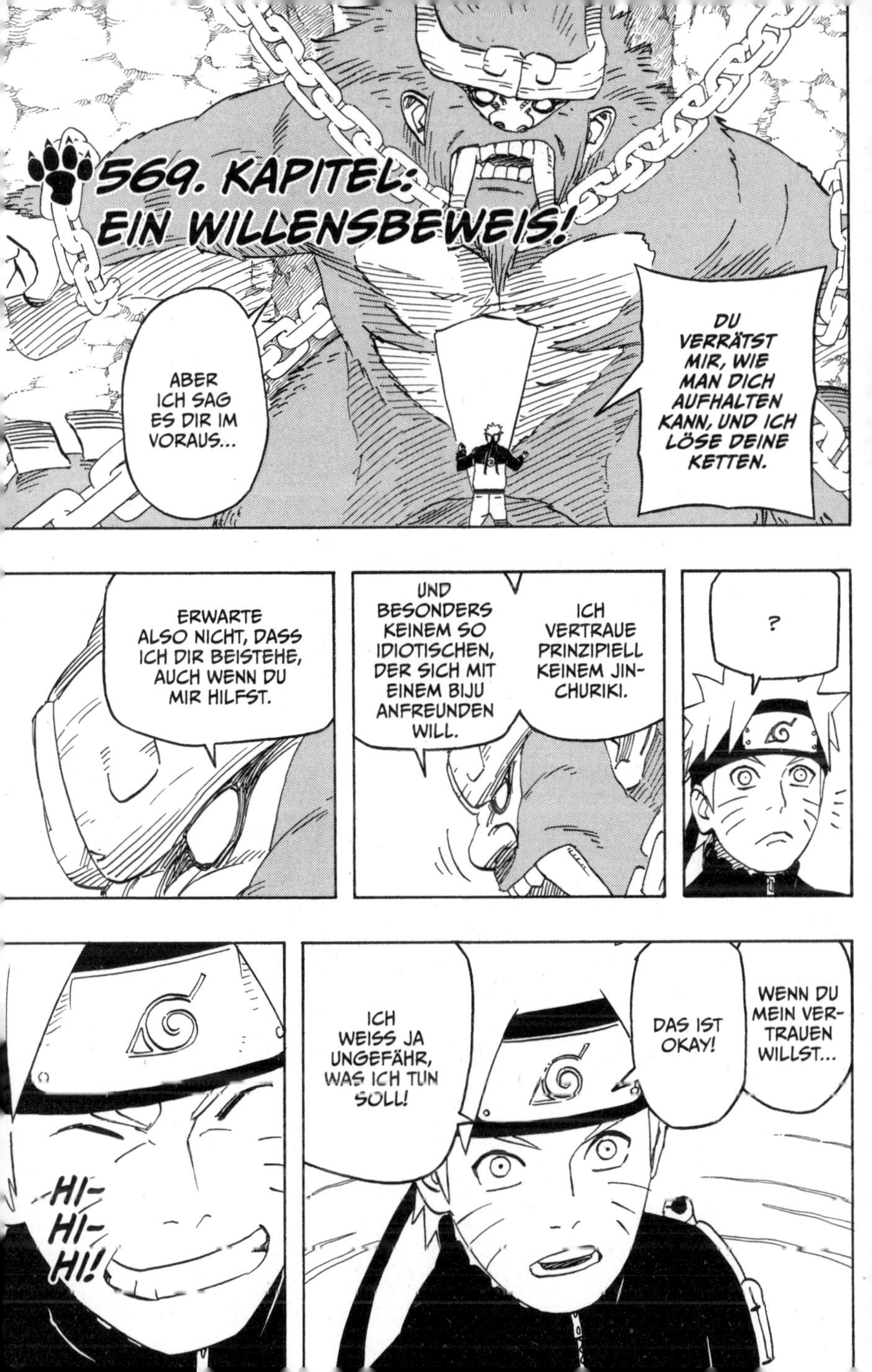
569. KAPITEL: EIN WILLENSBEWEIS!
DU VERRÄTST MIR, WIE MAN DICH AUFHALTEN KANN, UND ICH LÖSE DEINE KETTEN.
ABER ICH SAG ES DIR IM VORAUS...
?
ICH VERTRAUE PRINZIPIELL KEINEM JIN-CHURIKI.
UND BESONDERS KEINEM SO IDIOTISCHEN, DER SICH MIT EINEM BIJU ANFREUNDEN WILL.
ERWARTE ALSO NICHT, DASS ICH DIR BEISTEHE, AUCH WENN DU MIR HILFST.
WENN DU MEIN VER-TRAUEN WILLST...
DAS IST OKAY!
ICH WEISS JA UNGEFÄHR, WAS ICH TUN SOLL!
HI-HI-HI!

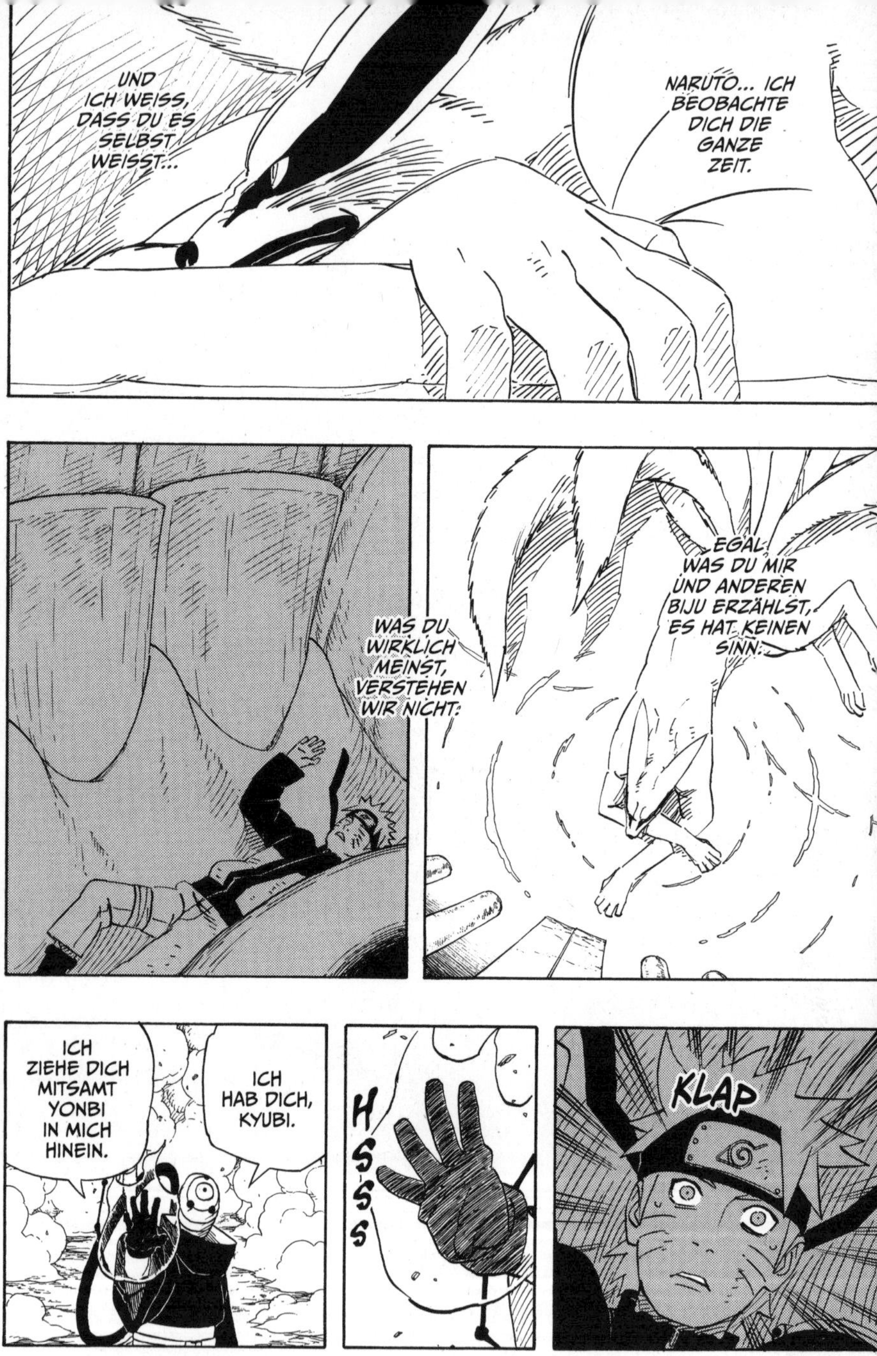
NARUTO... ICH BEOBACHTE DICH DIE GANZE ZEIT.
UND ICH WEISS, DASS DU ES SELBST WEISST...
EGAL WAS DU MIR UND ANDEREN BIJU ERZÄHLST, ES HAT KEINEN SINN.
WAS DU WIRKLICH MEINST, VERSTEHEN WIR NICHT.
KLAP
HSSS
ICH HAB DICH, KYUBI.
ICH ZIEHE DICH MITSAMT YONBI IN MICH HINEIN.

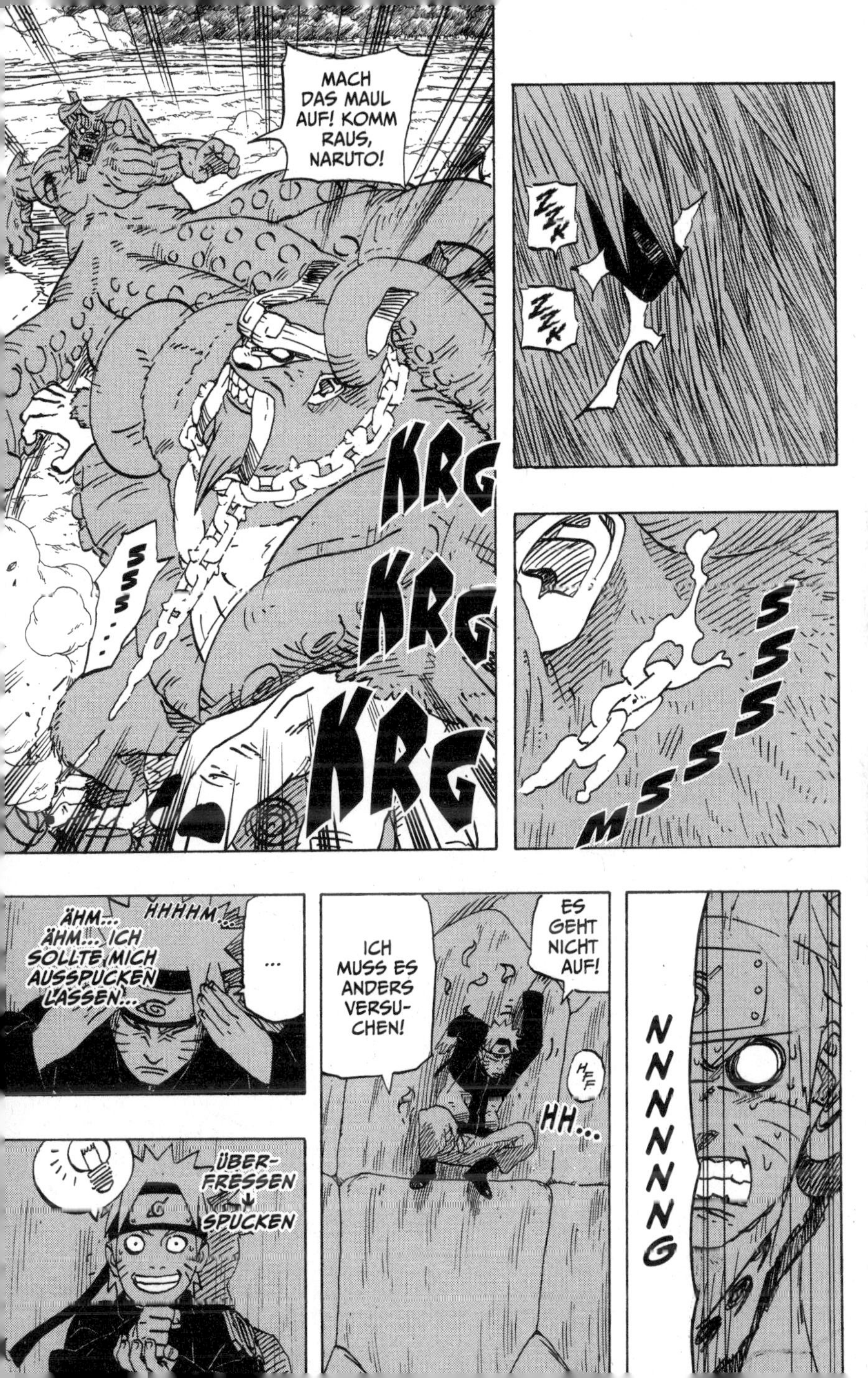

ZZZK
ZZZK
MSSSSSS
SSS...
MACH DAS MAUL AUF! KOMM RAUS, NARUTO!
KRG
KRG
KRG
NNNNNNG
ES GEHT NICHT AUF!
HEF
HH...
ICH MUSS ES ANDERS VERSUCHEN!
HHHHM...
...
ÄHM... ÄHM... ICH SOLLTE MICH AUSSPUCKEN LASSEN...
ÜBER-FRESSEN
SPUCKEN

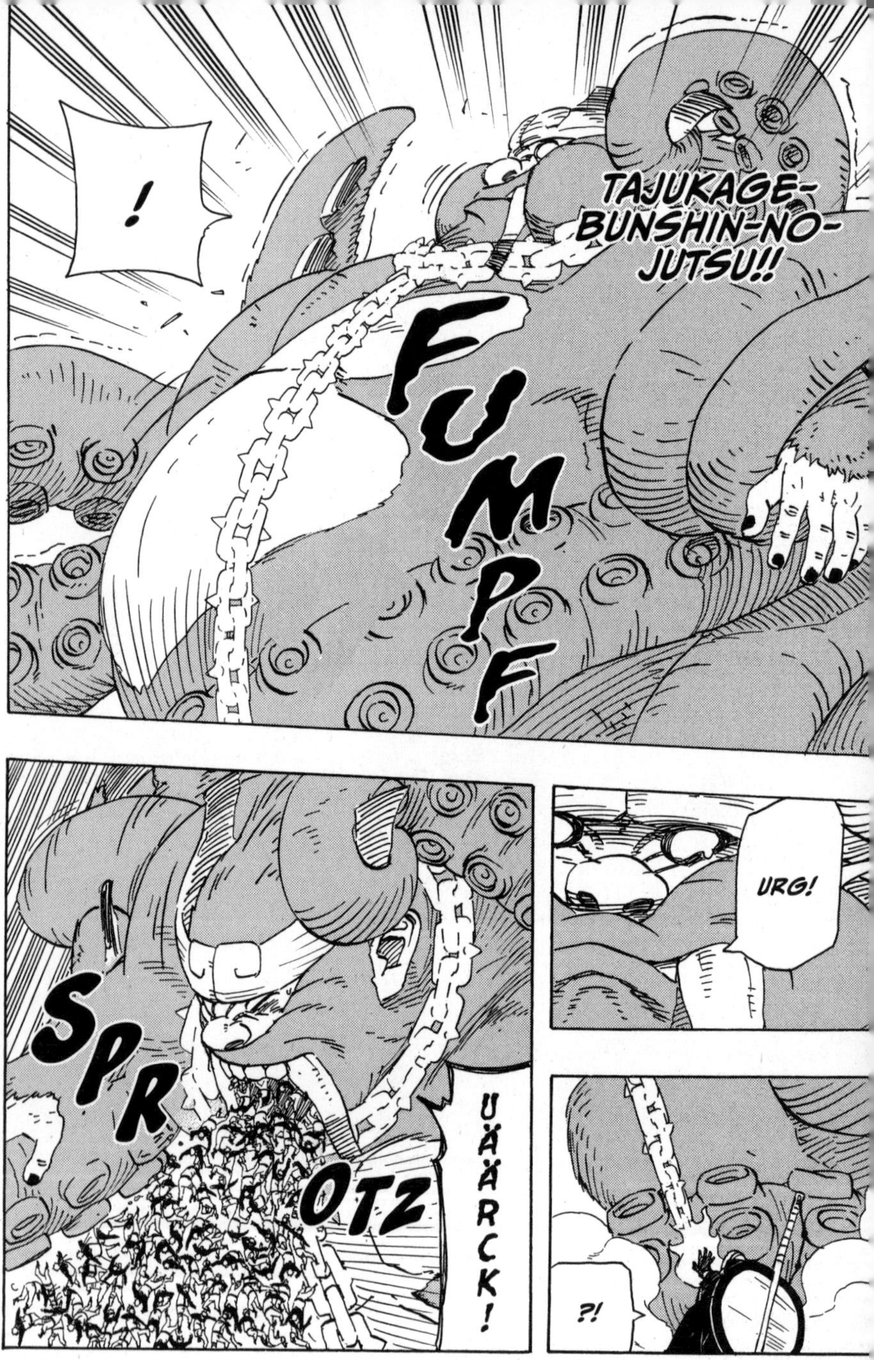
!
TAJUKAGE-BUNSHIN-NO-JUTSU!!
FUMPF
URG!
SPROTZ
ÜÄÄRCK!
?!

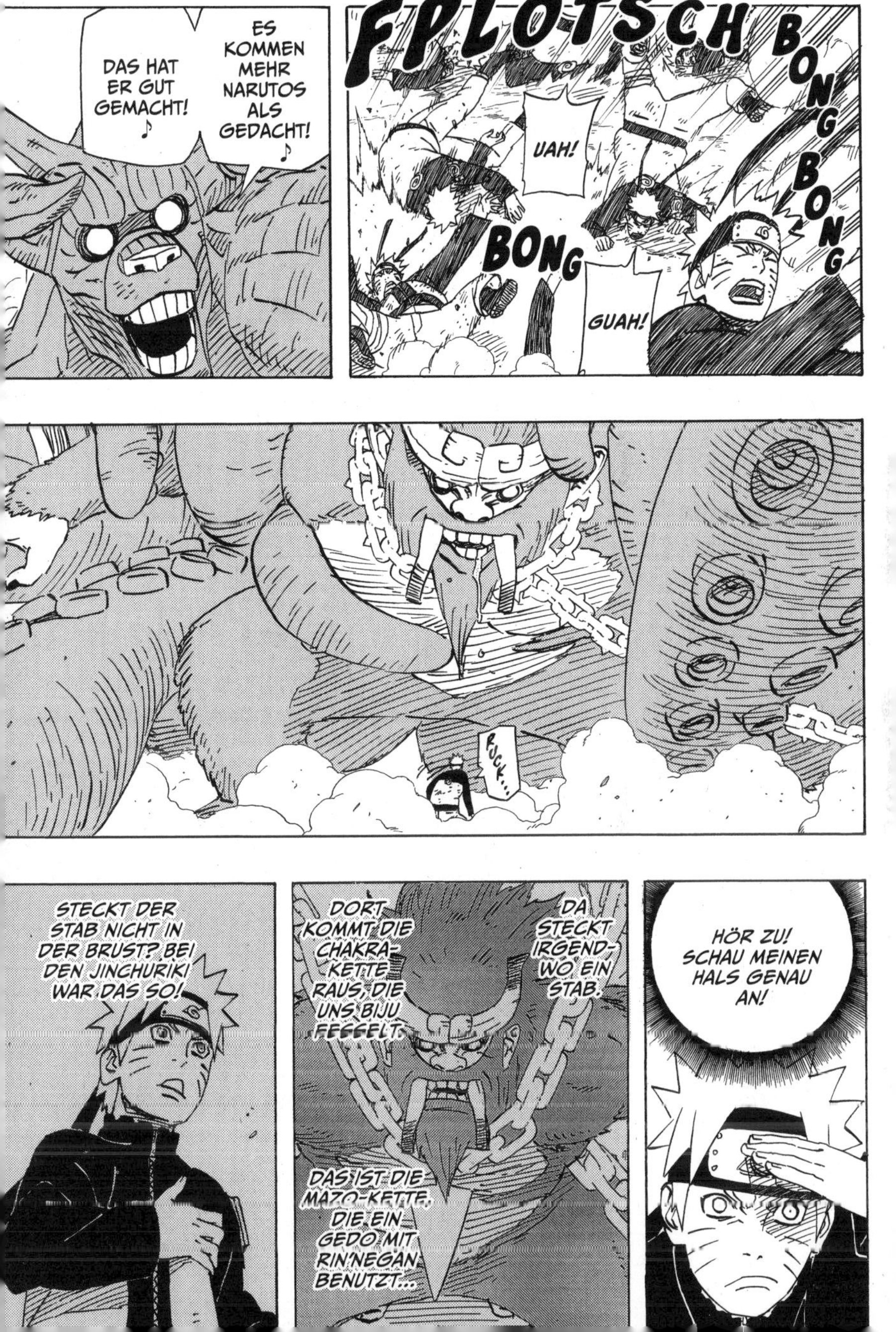
FPLOTSCH
BONG
BONG
BONG
UAH!
BONG
GUAH!
ES KOMMEN MEHR NARUTOS ALS GEDACHT! ♪
DAS HAT ER GUT GEMACHT! ♪
RUCK...
HÖR ZU! SCHAU MEINEN HALS GENAU AN!
DA STECKT IRGENDWO EIN STAB.
DORT KOMMT DIE CHAKRA-KETTE RAUS, DIE UNS BIJU FESSELT.
DAS IST DIE MAZO-KETTE, DIE EIN GEDO MIT RIN'NEGAN BENUTZT...
STECKT DER STAB NICHT IN DER BRUST? BEI DEN JINCHURIKI WAR DAS SO!

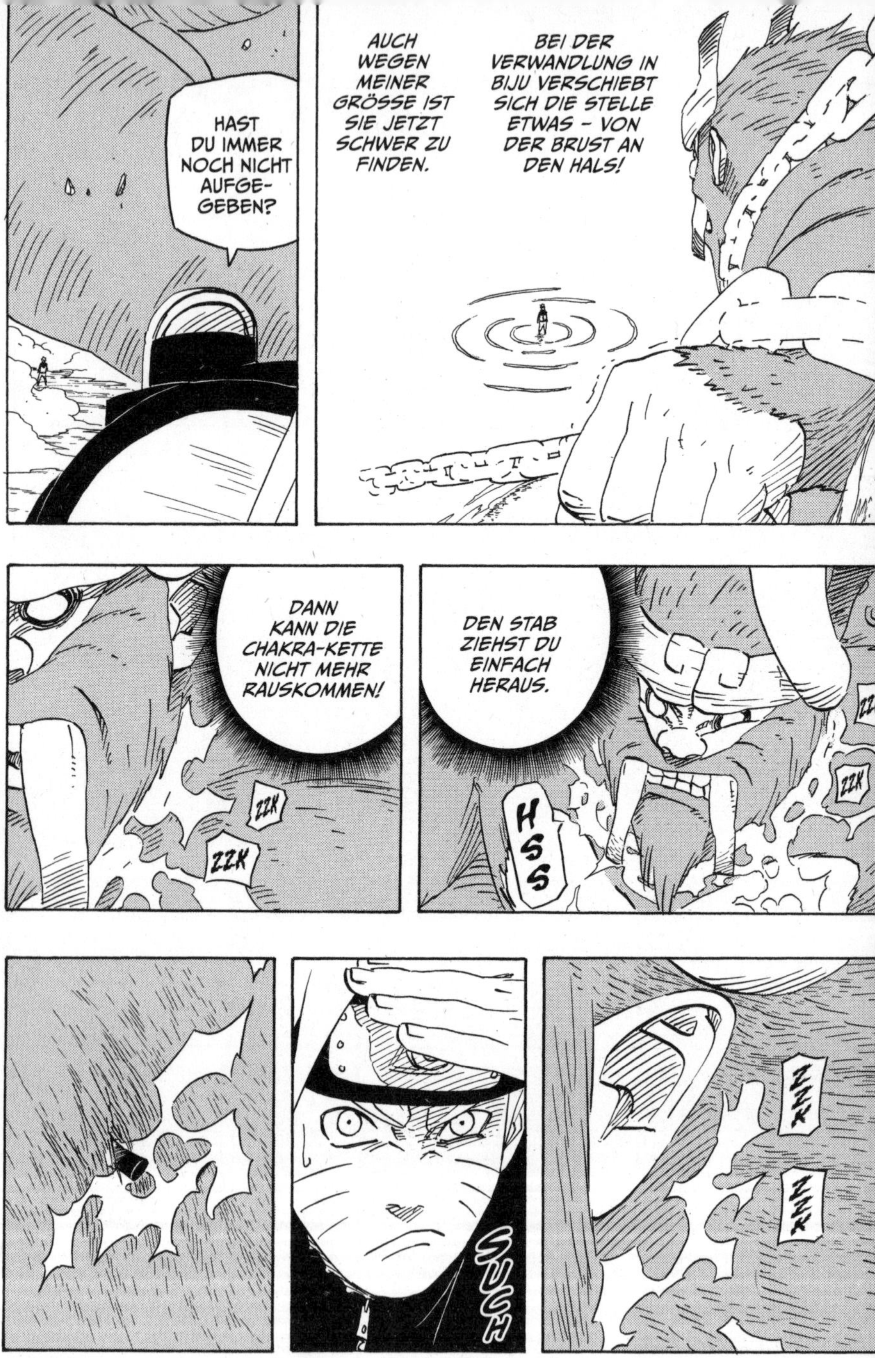
BEI DER VERWANDLUNG IN BIJU VERSCHIEBT SICH DIE STELLE ETWAS – VON DER BRUST AN DEN HALS!
AUCH WEGEN MEINER GRÖSSE IST SIE JETZT SCHWER ZU FINDEN.
HAST DU IMMER NOCH NICHT AUFGE-GEBEN?
DEN STAB ZIEHST DU EINFACH HERAUS.
ZZK
ZZK
HSS
DANN KANN DIE CHAKRA-KETTE NICHT MEHR RAUSKOMMEN!
ZZK
ZZK
ZZK
ZZK
SUCH

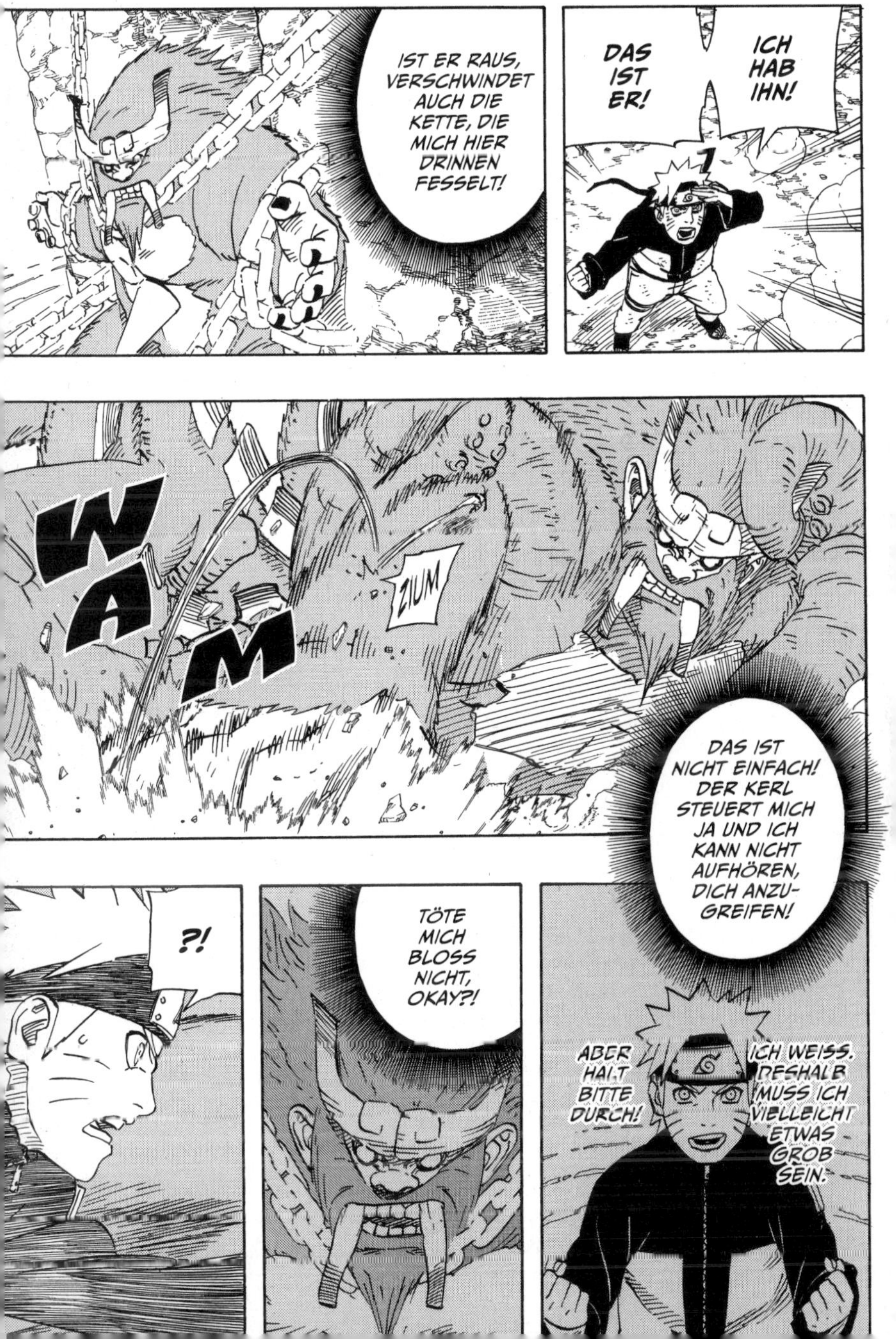

ICH HAB IHN!
DAS IST ER!
IST ER RAUS, VERSCHWINDET AUCH DIE KETTE, DIE MICH HIER DRINNEN FESSELT!
WAM
ZIUM
DAS IST NICHT EINFACH! DER KERL STEUERT MICH JA UND ICH KANN NICHT AUFHÖREN, DICH ANZU-GREIFEN!
ICH WEISS. DESHALB MUSS ICH VIELLEICHT ETWAS GROB SEIN.
ABER HALT BITTE DURCH!
TÖTE MICH BLOSS NICHT, OKAY?!
?!

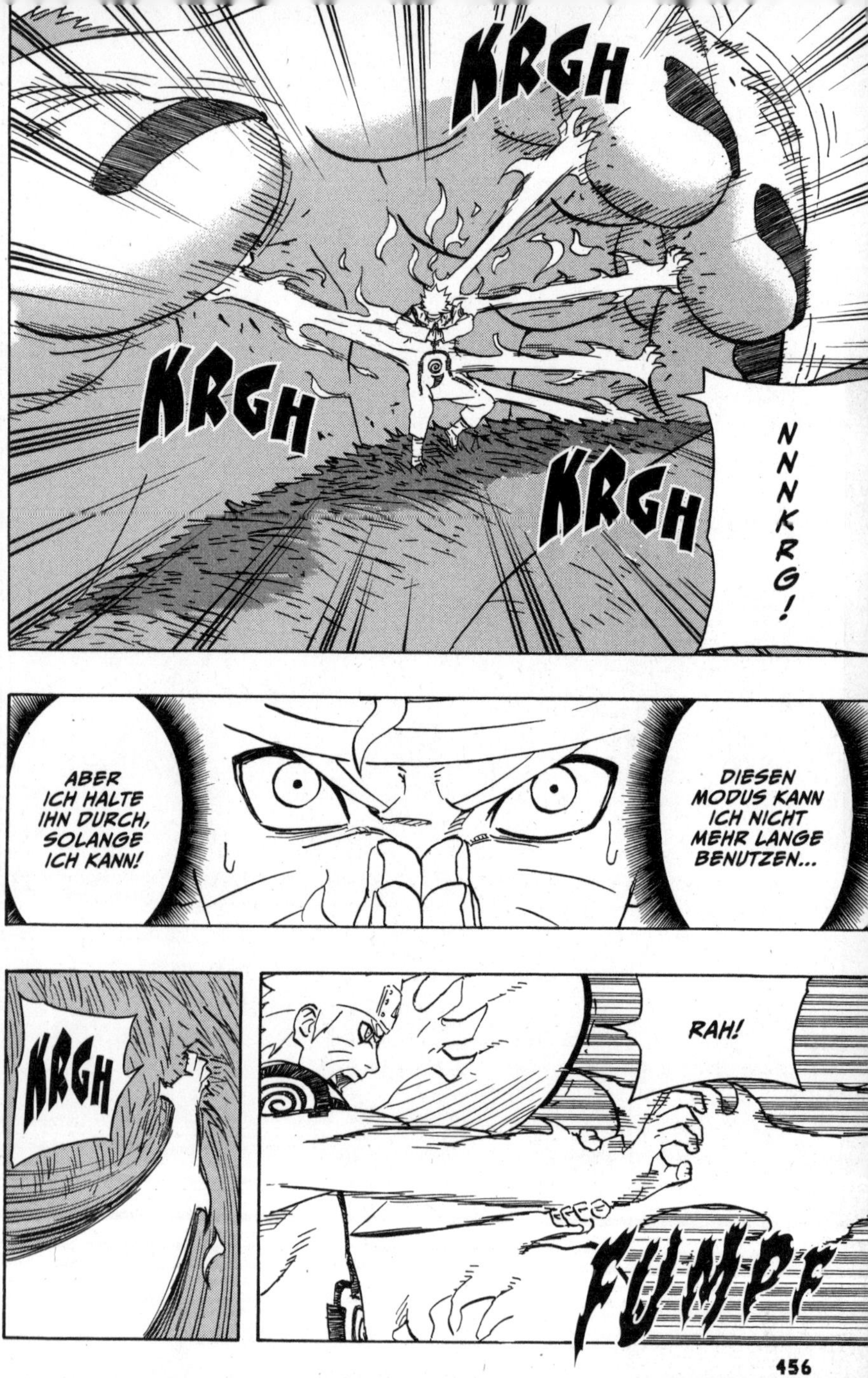
KRGH
KRGH
KRGH
NNNKRG!
DIESEN MODUS KANN ICH NICHT MEHR LANGE BENUTZEN...
ABER ICH HALTE IHN DURCH, SOLANGE ICH KANN!
RAH!
FUMPF
KRGH

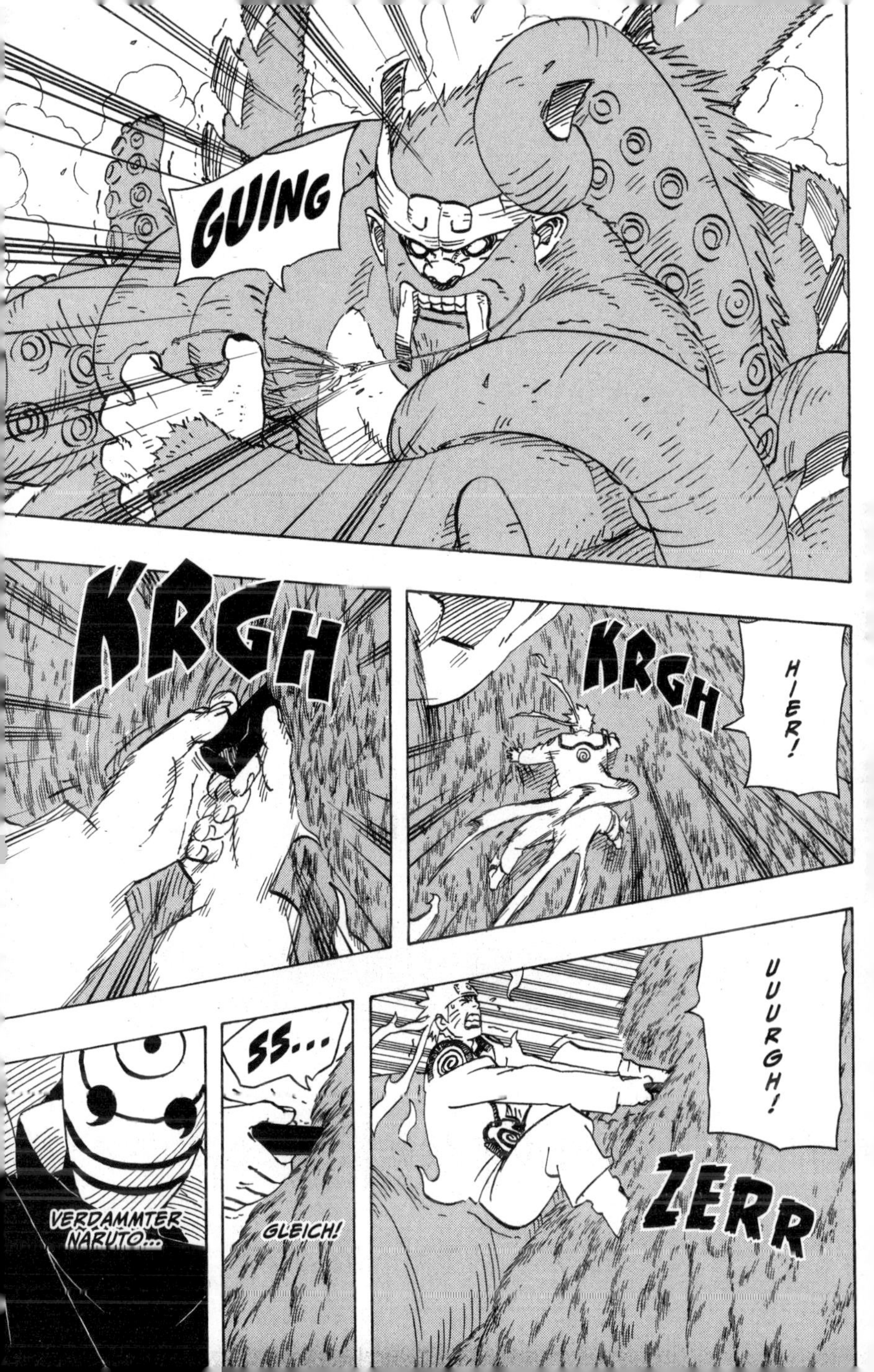
GUING
KRGH
KRGH
HIER!
UUURGH!
ZERR
SS...
GLEICH!
VERDAMMTER NARUTO...

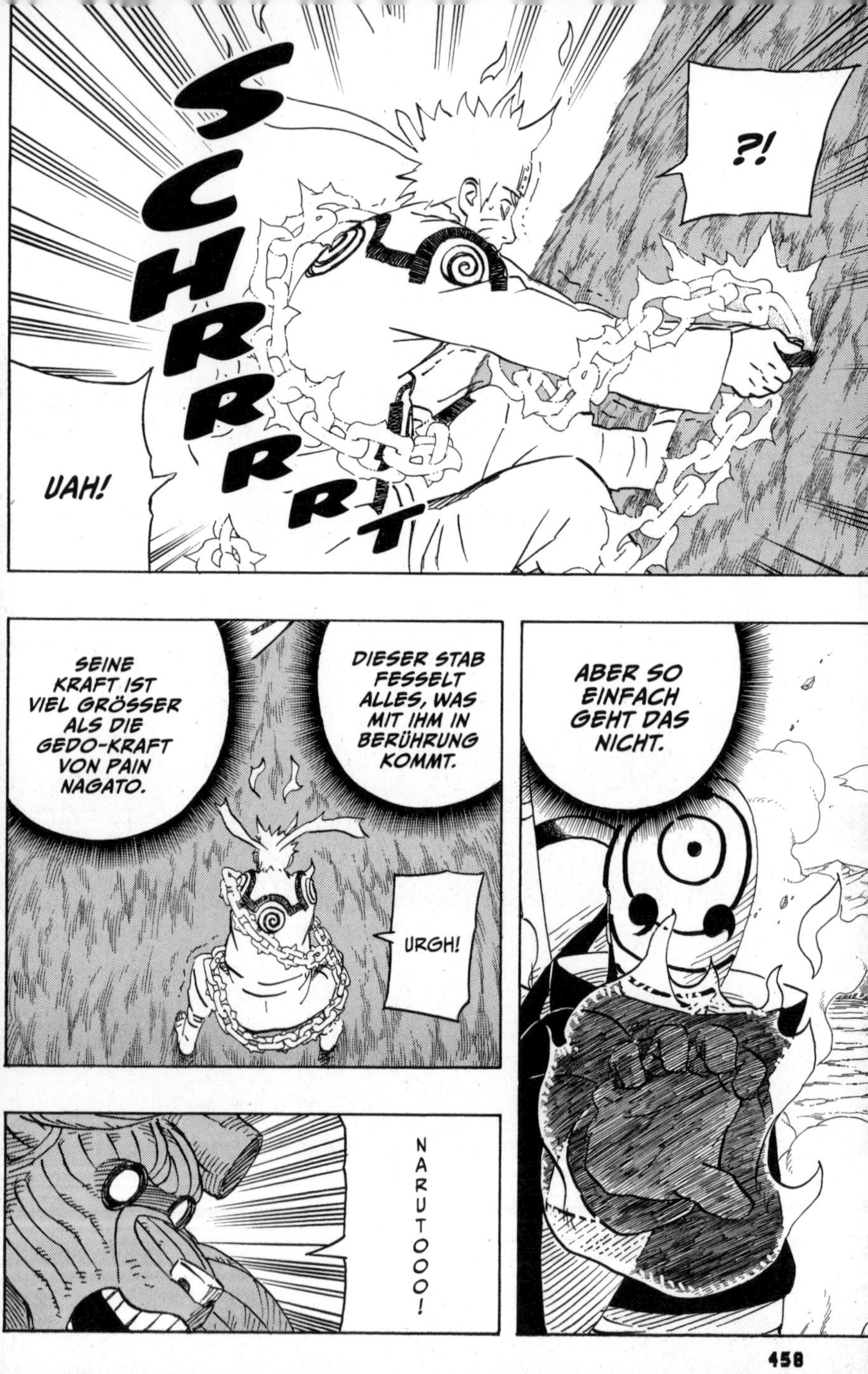
?!
SCHRRRRT
UAH!
ABER SO EINFACH GEHT DAS NICHT.
DIESER STAB FESSELT ALLES, WAS MIT IHM IN BERÜHRUNG KOMMT.
SEINE KRAFT IST VIEL GRÖSSER ALS DIE GEDO-KRAFT VON PAIN NAGATO.
URGH!
NARUTOOO!

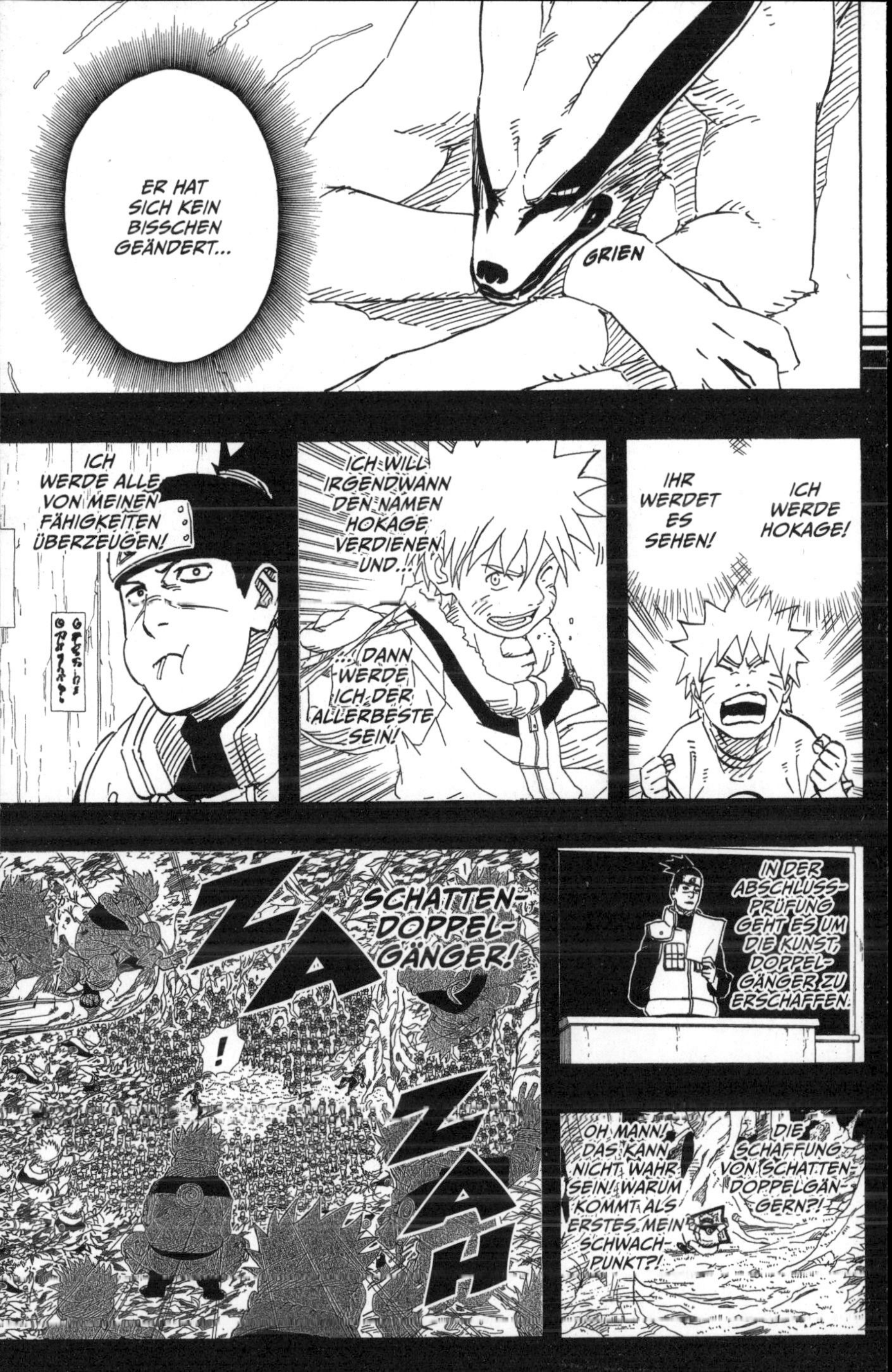
ER HAT SICH KEIN BISSCHEN GEÄNDERT...
GRIEN
ICH WERDE HOKAGE!
IHR WERDET ES SEHEN!
ICH WILL IRGENDWANN DEN NAMEN HOKAGE VERDIENEN UND...
... DANN WERDE ICH DER ALLERBESTE SEIN!
ICH WERDE ALLE VON MEINEN FÄHIGKEITEN ÜBERZEUGEN!
IN DER ABSCHLUSS-PRÜFUNG GEHT ES UM DIE KUNST, DOPPEL-GÄNGER ZU ERSCHAFFEN.
DIE SCHAFFUNG VON SCHATTEN-DOPPELGÄN-GERN?!
OH MANN! DAS KANN NICHT WAHR SEIN! WARUM KOMMT ALS ERSTES MEIN SCHWACH-PUNKT?!
SCHATTEN-DOPPEL-GÄNGER!
ZA
ZAH

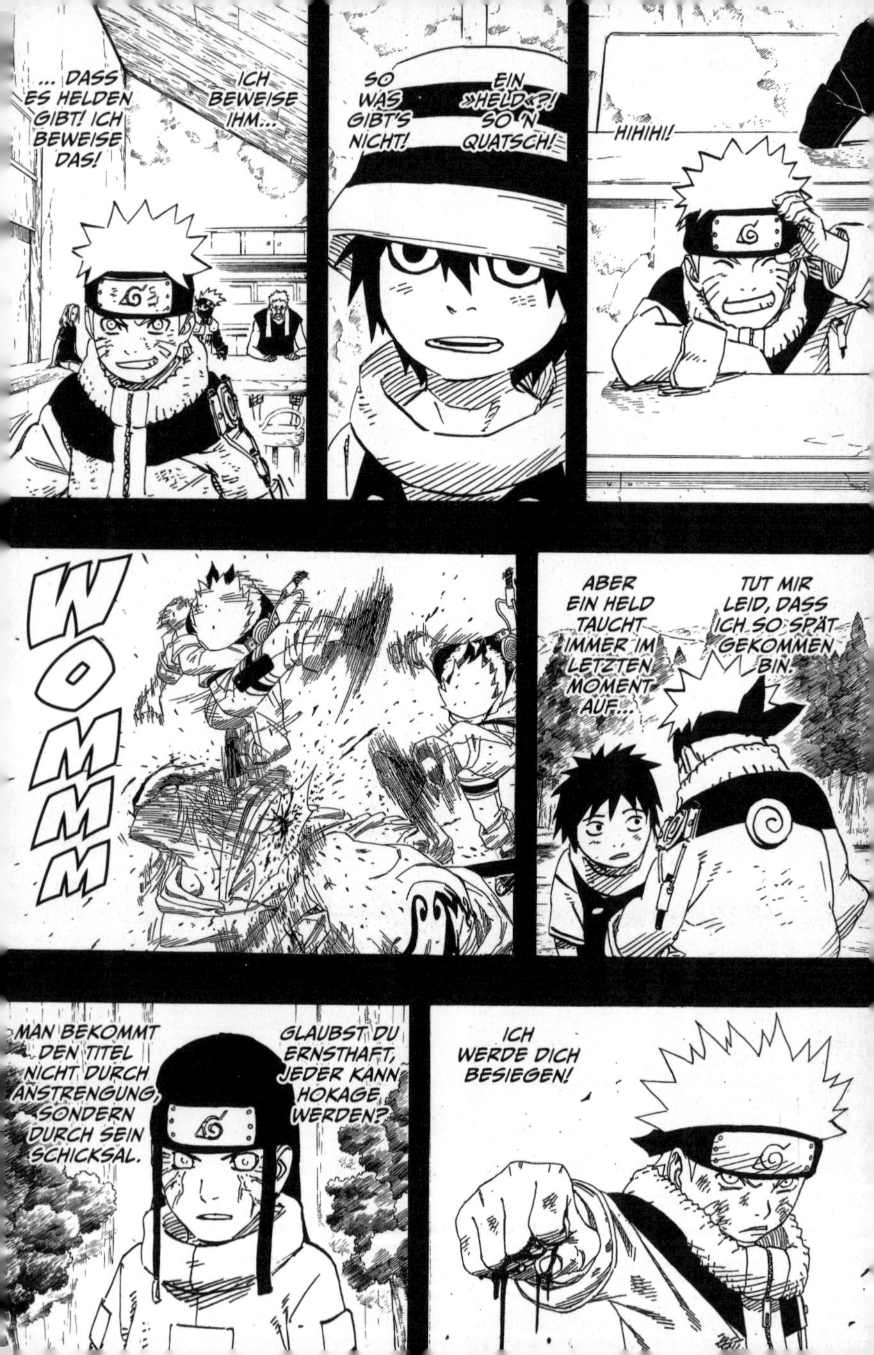
HIHIHI!
EIN »HELD«?! SO 'N QUATSCH!
SO WAS GIBT'S NICHT!
ICH BEWEISE IHM...
... DASS ES HELDEN GIBT! ICH BEWEISE DAS!
TUT MIR LEID, DASS ICH SO SPÄT GEKOMMEN BIN.
ABER EIN HELD TAUCHT IMMER IM LETZTEN MOMENT AUF...
WOMMMM
ICH WERDE DICH BESIEGEN!
GLAUBST DU ERNSTHAFT, JEDER KANN HOKAGE WERDEN?
MAN BEKOMMT DEN TITEL NICHT DURCH ANSTRENGUNG, SONDERN DURCH SEIN SCHICKSAL.

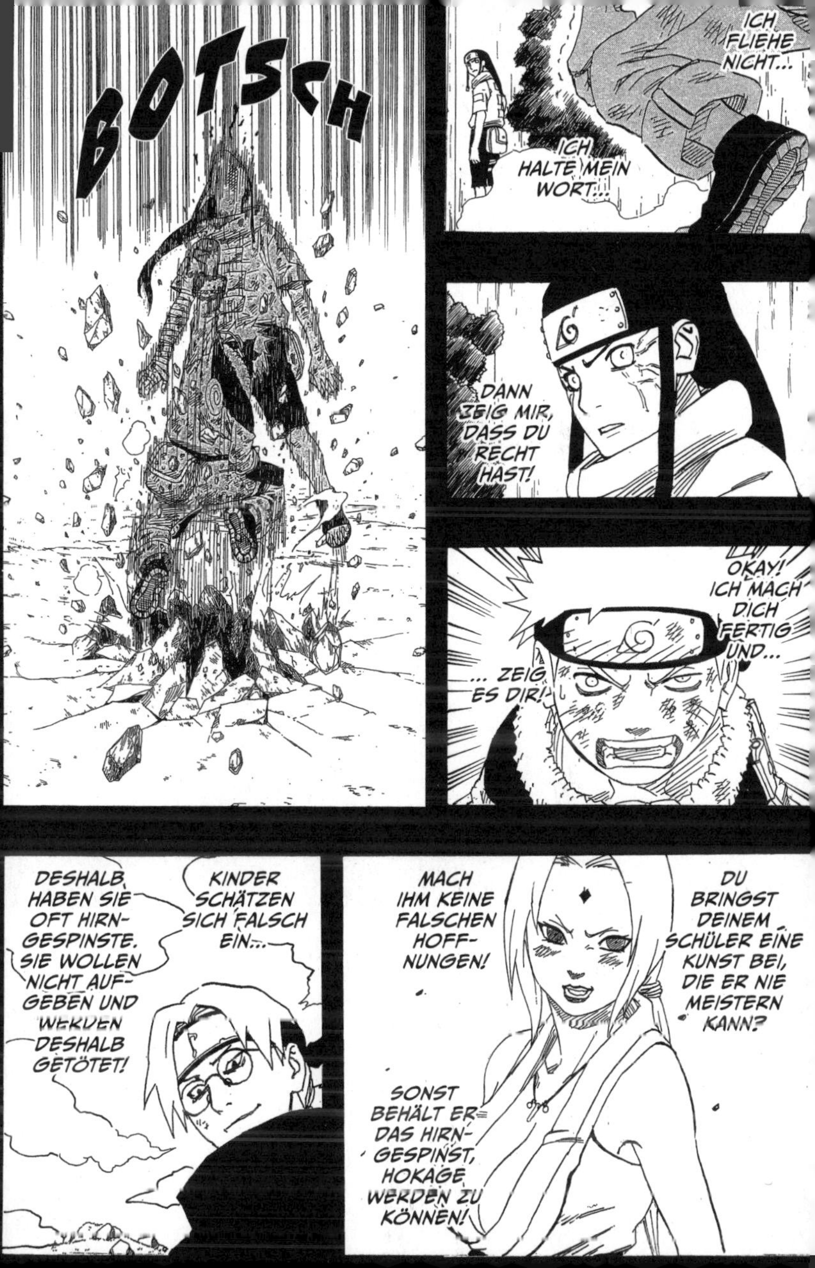
ICH FLIEHE NICHT...
ICH HALTE MEIN WORT...
BOTSCH
DANN ZEIG MIR, DASS DU RECHT HAST!
OKAY! ICH MACH DICH FERTIG UND...
... ZEIG ES DIR!
DU BRINGST DEINEM SCHÜLER EINE KUNST BEI, DIE ER NIE MEISTERN KANN?
MACH IHM KEINE FALSCHEN HOFF-NUNGEN!
SONST BEHÄLT ER DAS HIRN-GESPINST, HOKAGE WERDEN ZU KÖNNEN!
KINDER SCHÄTZEN SICH FALSCH EIN...
DESHALB HABEN SIE OFT HIRN-GESPINSTE. SIE WOLLEN NICHT AUF-GEBEN UND WERDEN DESHALB GETÖTET!

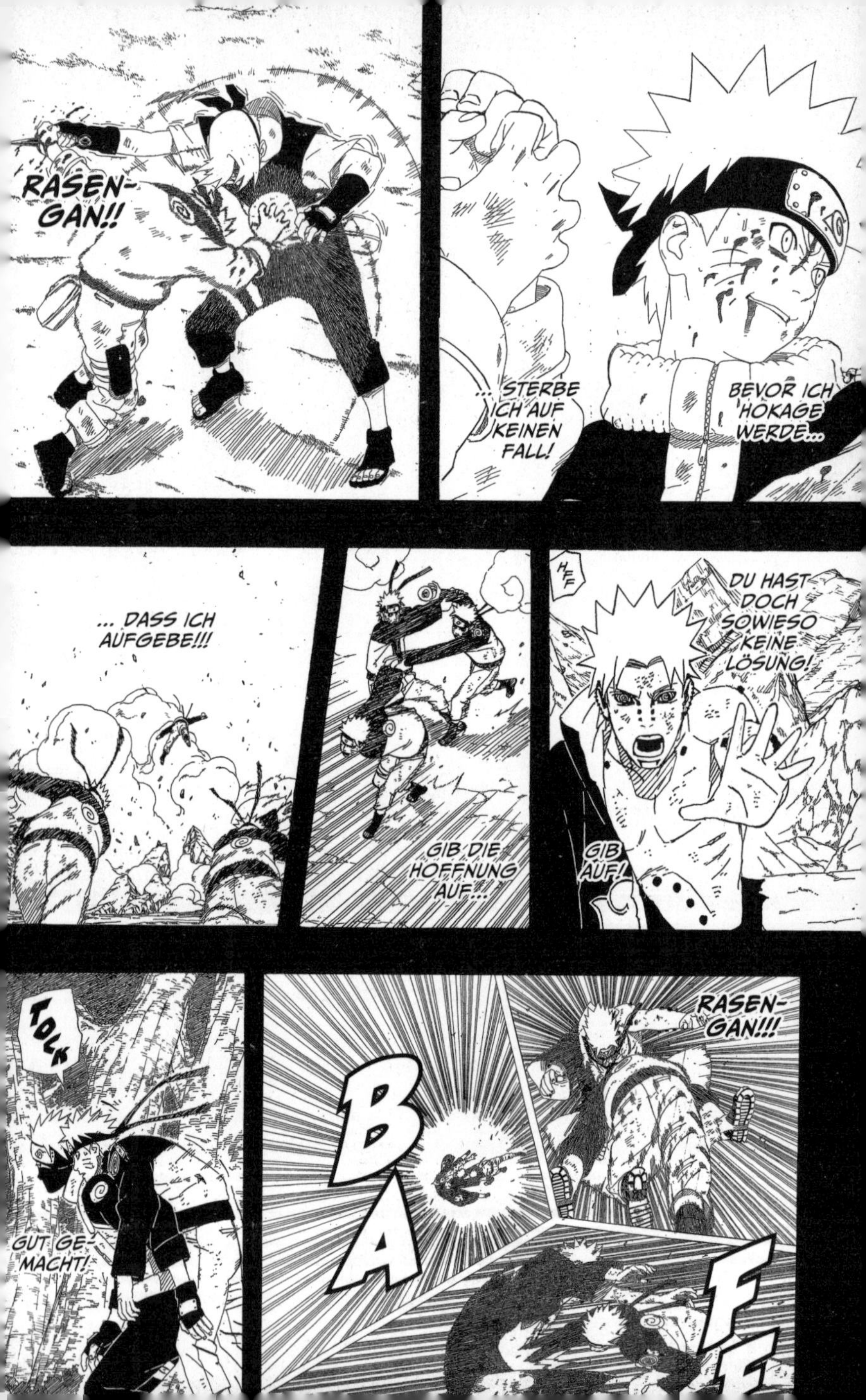

BEVOR ICH HOKAGE WERDE...
... STERBE ICH AUF KEINEN FALL!
RASEN-GAN!!
HEF
DU HAST DOCH SOWIESO KEINE LÖSUNG!
GIB AUF!
GIB DIE HOFFNUNG AUF...
... DASS ICH AUFGEBE!!!
RASEN-GAN!!!
BA
F
TOCK
GUT GE-MACHT!

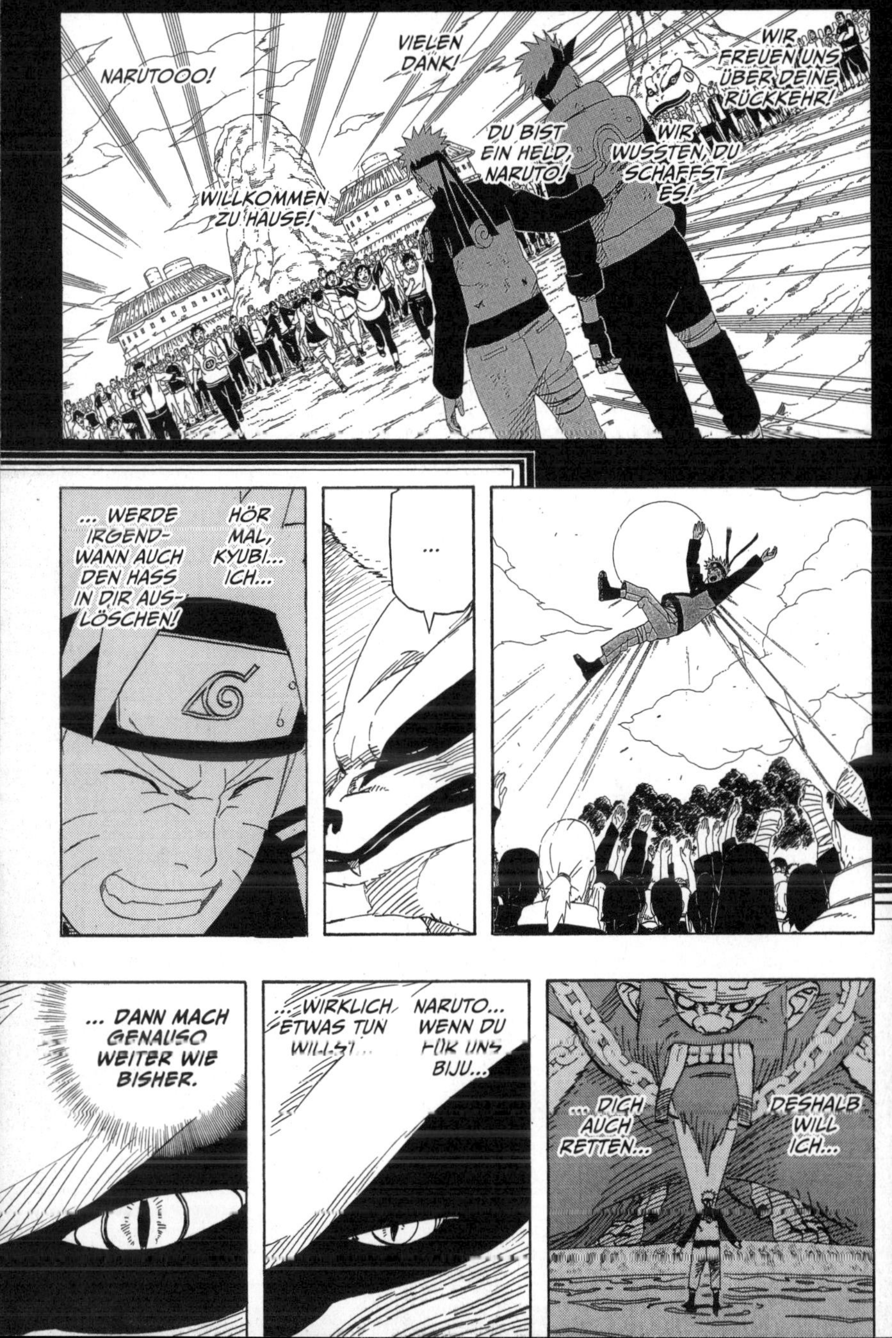
WIR FREUEN UNS ÜBER DEINE RÜCKKEHR!
WIR WUSSTEN, DU SCHAFFST ES!
DU BIST EIN HELD, NARUTO!
VIELEN DANK!
NARUTOOO!
WILLKOMMEN ZU HAUSE!
...
HÖR MAL, KYUBI... ICH...
... WERDE IRGENDWANN AUCH DEN HASS IN DIR AUSLÖSCHEN!
DESHALB WILL ICH...
... DICH AUCH RETTEN...
NARUTO... WENN DU FÜR UNS BIJU...
... WIRKLICH ETWAS TUN WILLST...
... DANN MACH GENAUSO WEITER WIE BISHER.

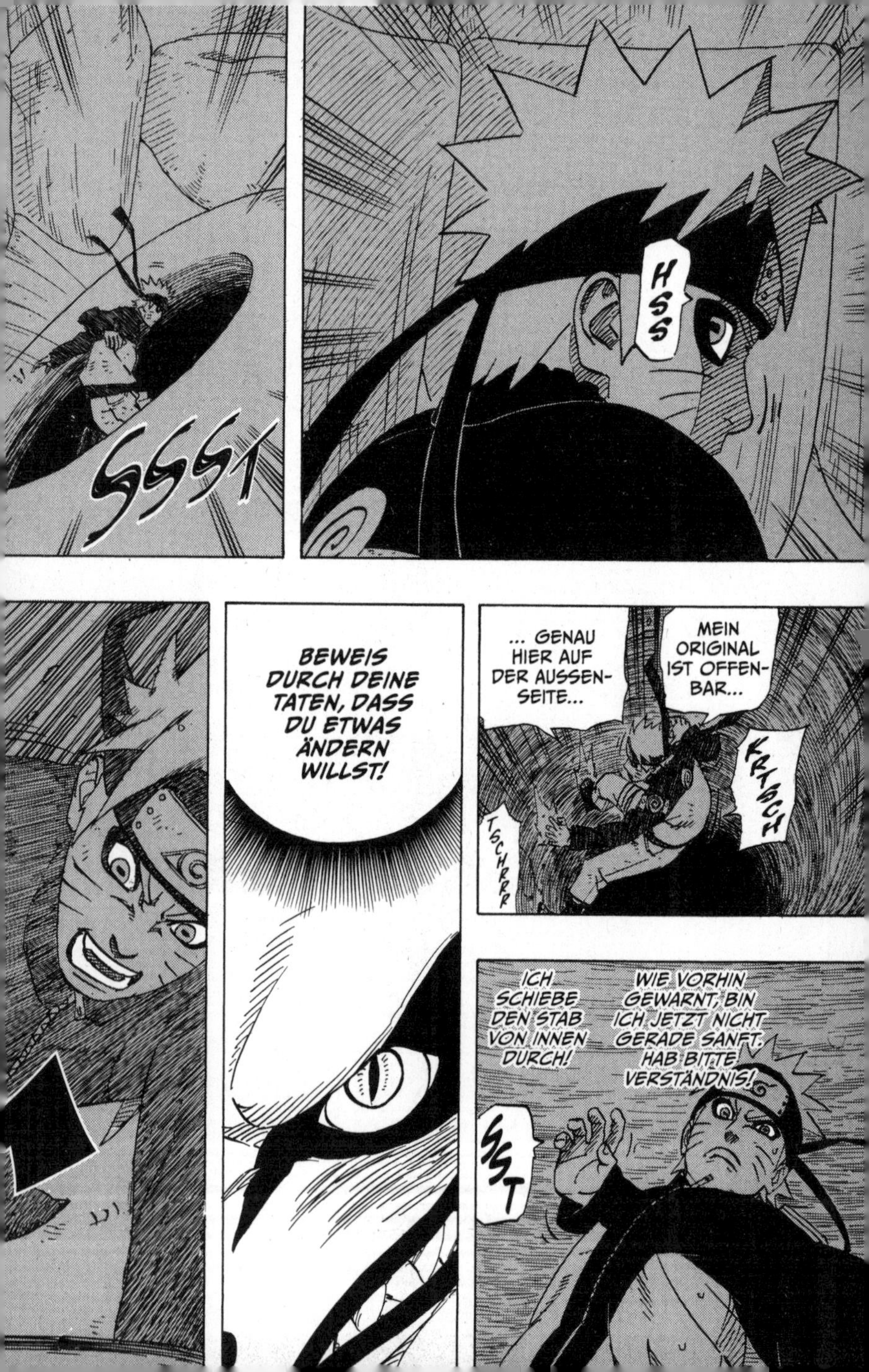
HSS
SSST
MEIN ORIGINAL IST OFFEN-BAR...
... GENAU HIER AUF DER AUSSEN-SEITE...
KRTSCH
TSCHRRR
WIE VORHIN GEWARNT, BIN ICH JETZT NICHT GERADE SANFT. HAB BITTE VERSTÄNDNIS!
ICH SCHIEBE DEN STAB VON INNEN DURCH!
SST
BEWEIS DURCH DEINE TATEN, DASS DU ETWAS ÄNDERN WILLST!

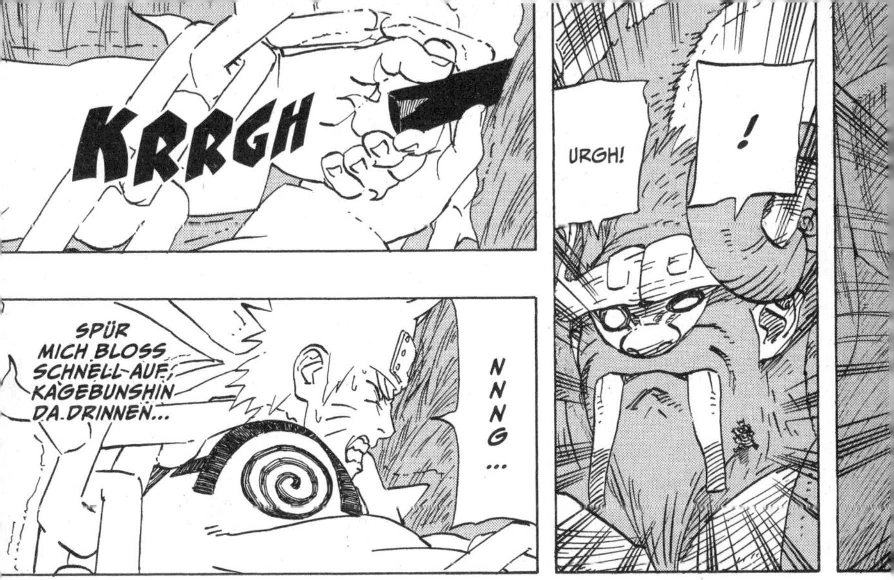

* KAWAZU = FROSCH, TATAKI = SCHLAG

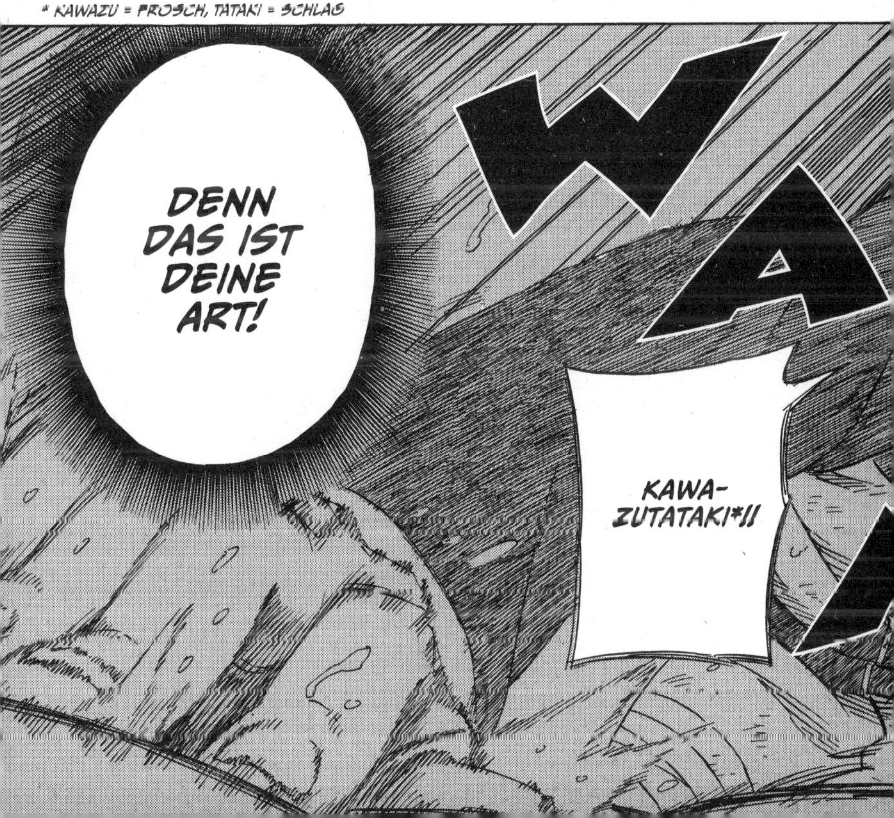

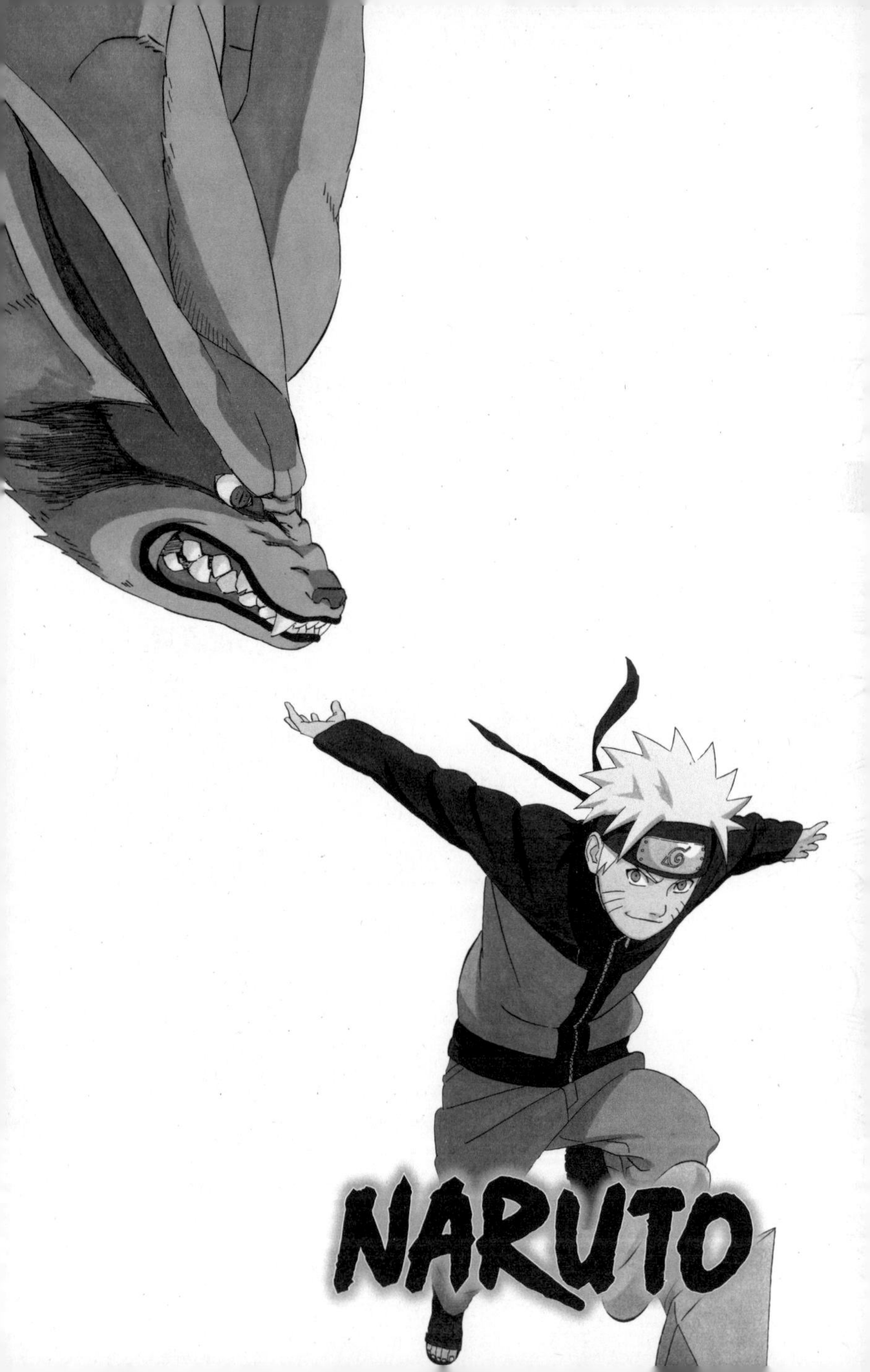
NARUTO

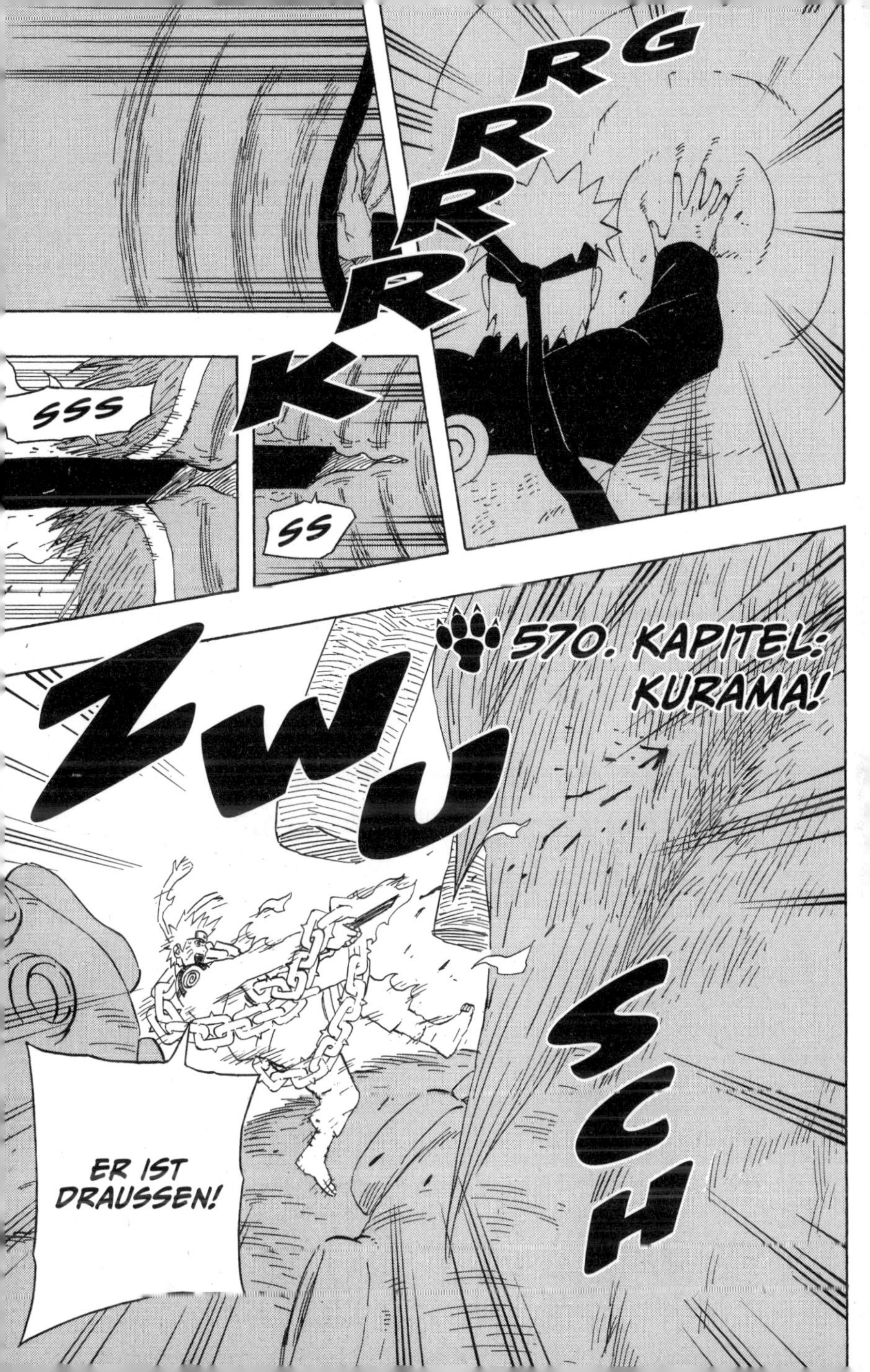
RG
R
R
R
K
SSS
SS
570. KAPITEL: KURAMA!
ZWU
SCH
ER IST DRAUSSEN!

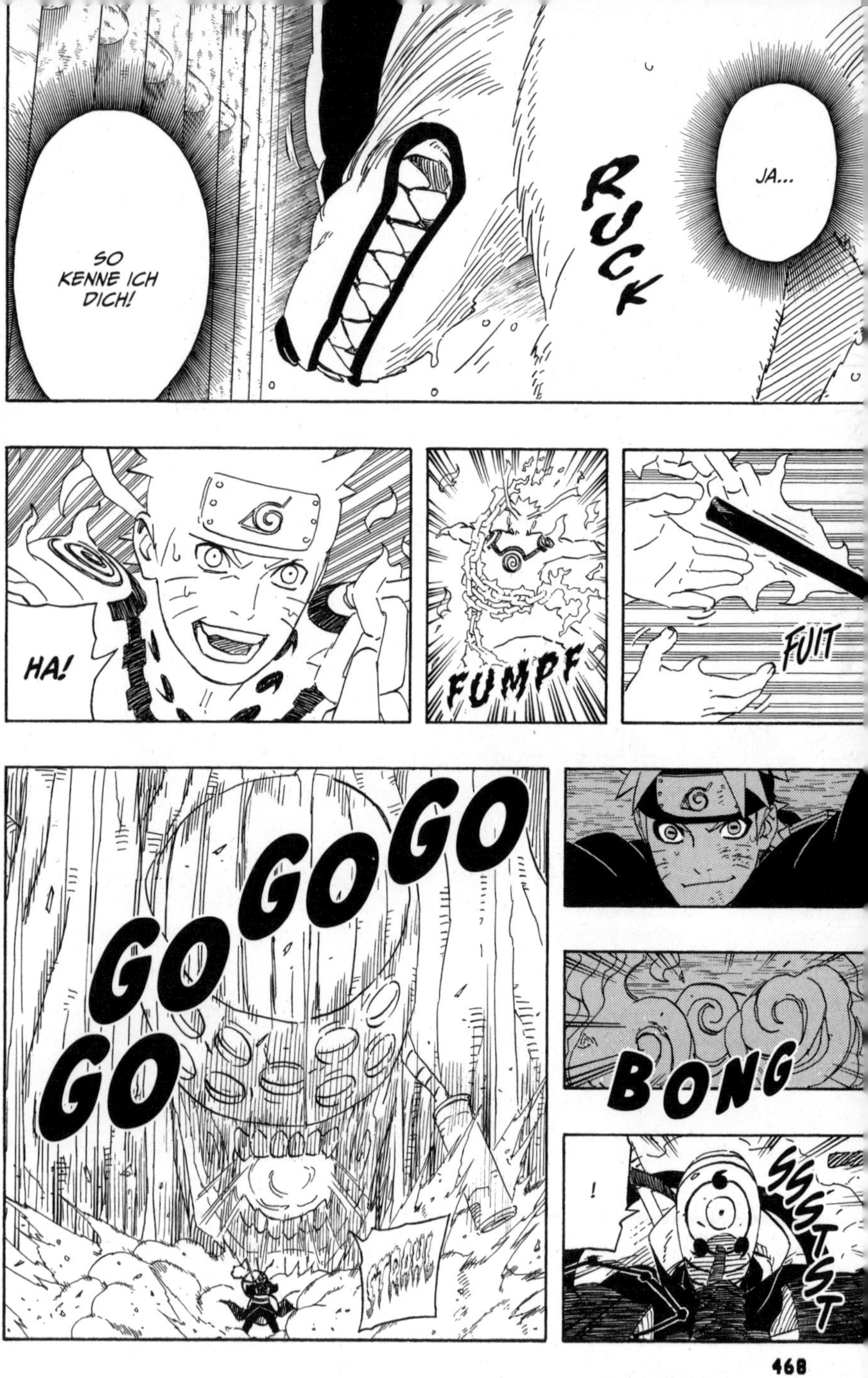

JA...
RUCK
SO KENNE ICH DICH!
FUIT
FUMPF
HA!
BONG
!
SSSTST
GO GO GO GO
STRAHL

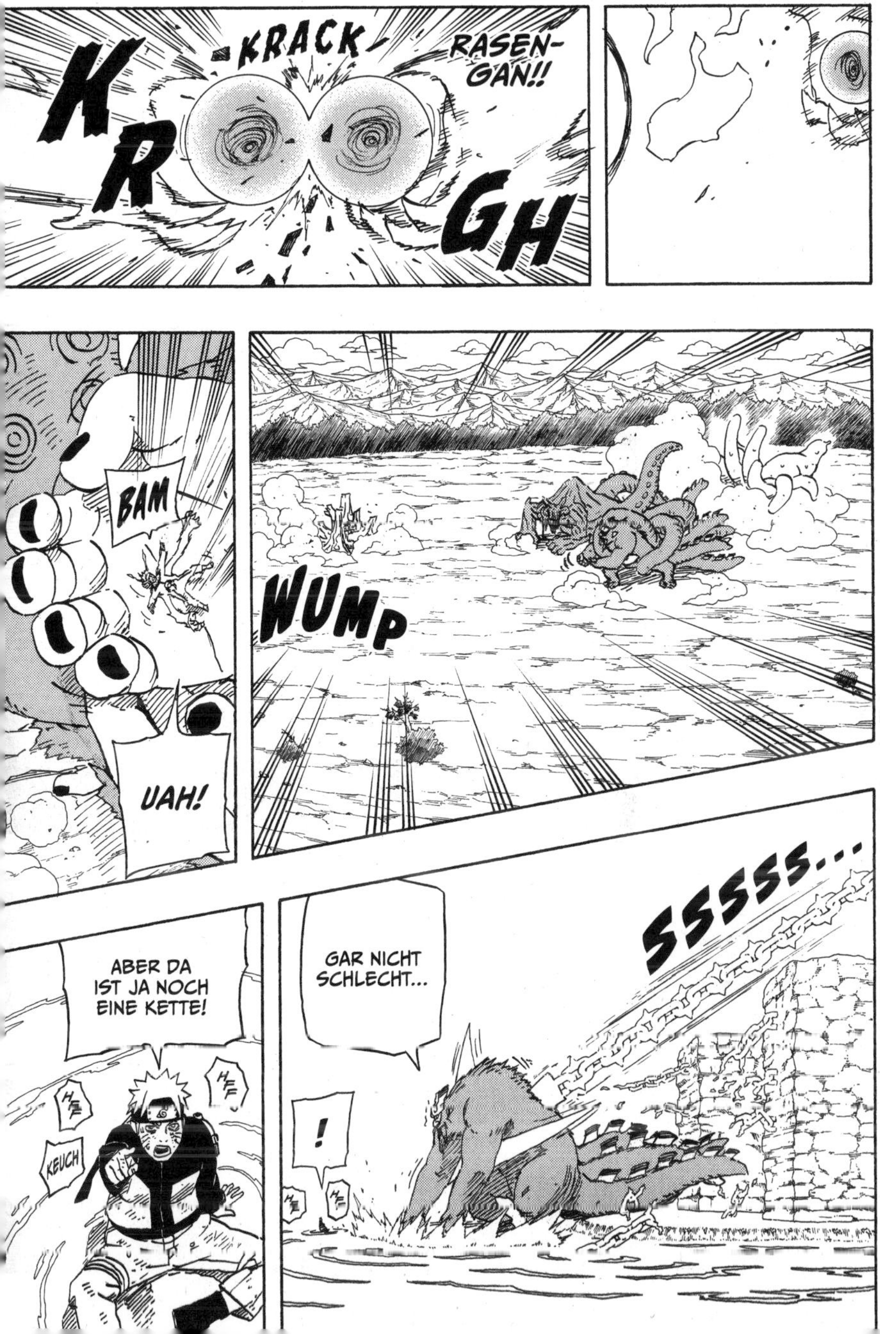
RASEN-GAN!!
KRACK
KROOGH
BAM
UAH!
WUMP
SSSSS...
GAR NICHT SCHLECHT...
!
HEF
HEF
ABER DA IST JA NOCH EINE KETTE!
HEF
HEF
KEUCH

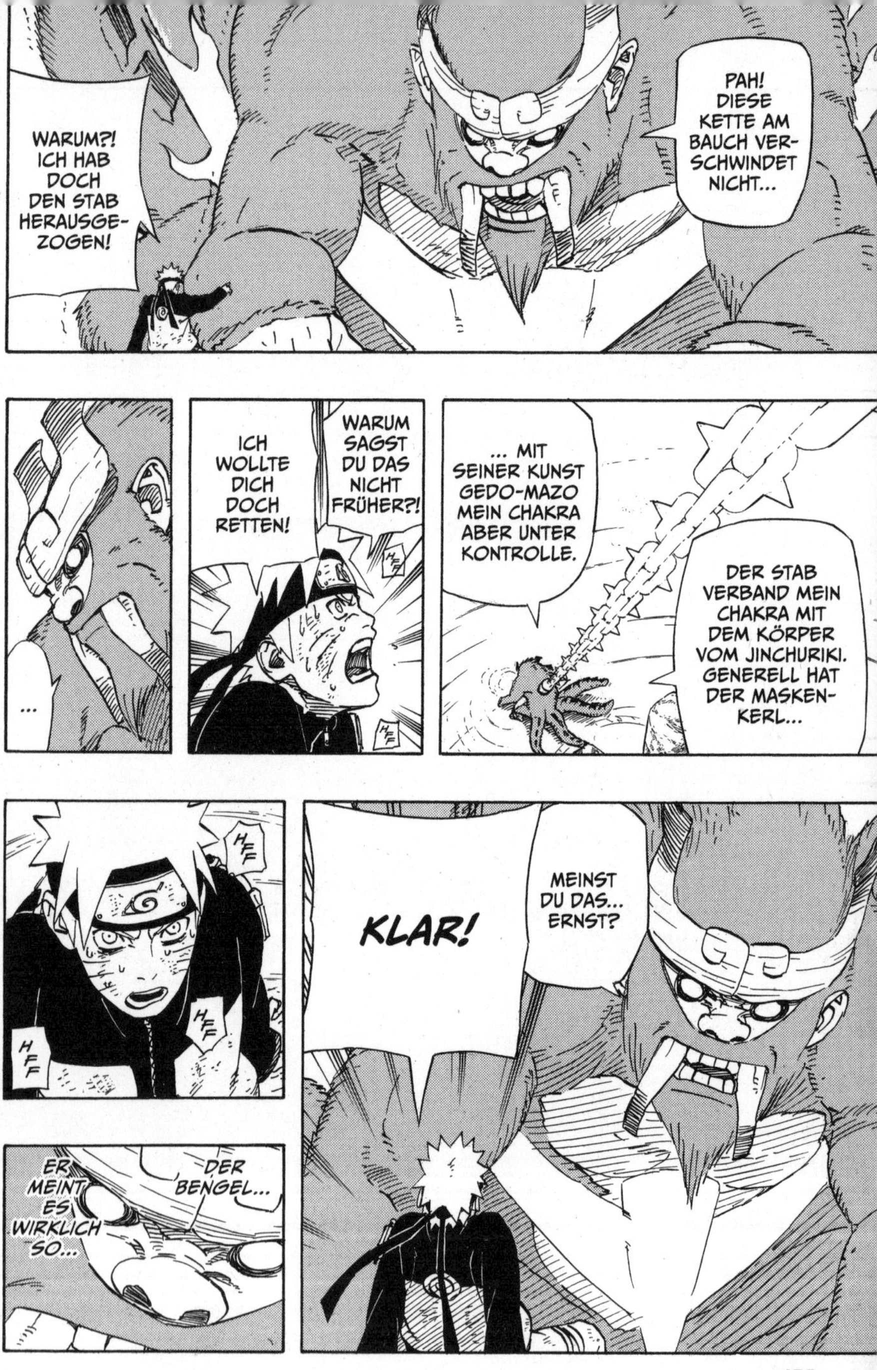

PAH! DIESE KETTE AM BAUCH VERSCHWINDET NICHT...
WARUM?! ICH HAB DOCH DEN STAB HERAUSGEZOGEN!
DER STAB VERBAND MEIN CHAKRA MIT DEM KÖRPER VOM JINCHURIKI. GENERELL HAT DER MASKENKERL...
... MIT SEINER KUNST GEDO-MAZO MEIN CHAKRA ABER UNTER KONTROLLE.
HFF
HFF
WARUM SAGST DU DAS NICHT FRÜHER?!
ICH WOLLTE DICH DOCH RETTEN!
...
MEINST DU DAS... ERNST?
KLAR!
HFF
HFF
HFF
DER BENGEL...
ER MEINT ES WIRKLICH SO...

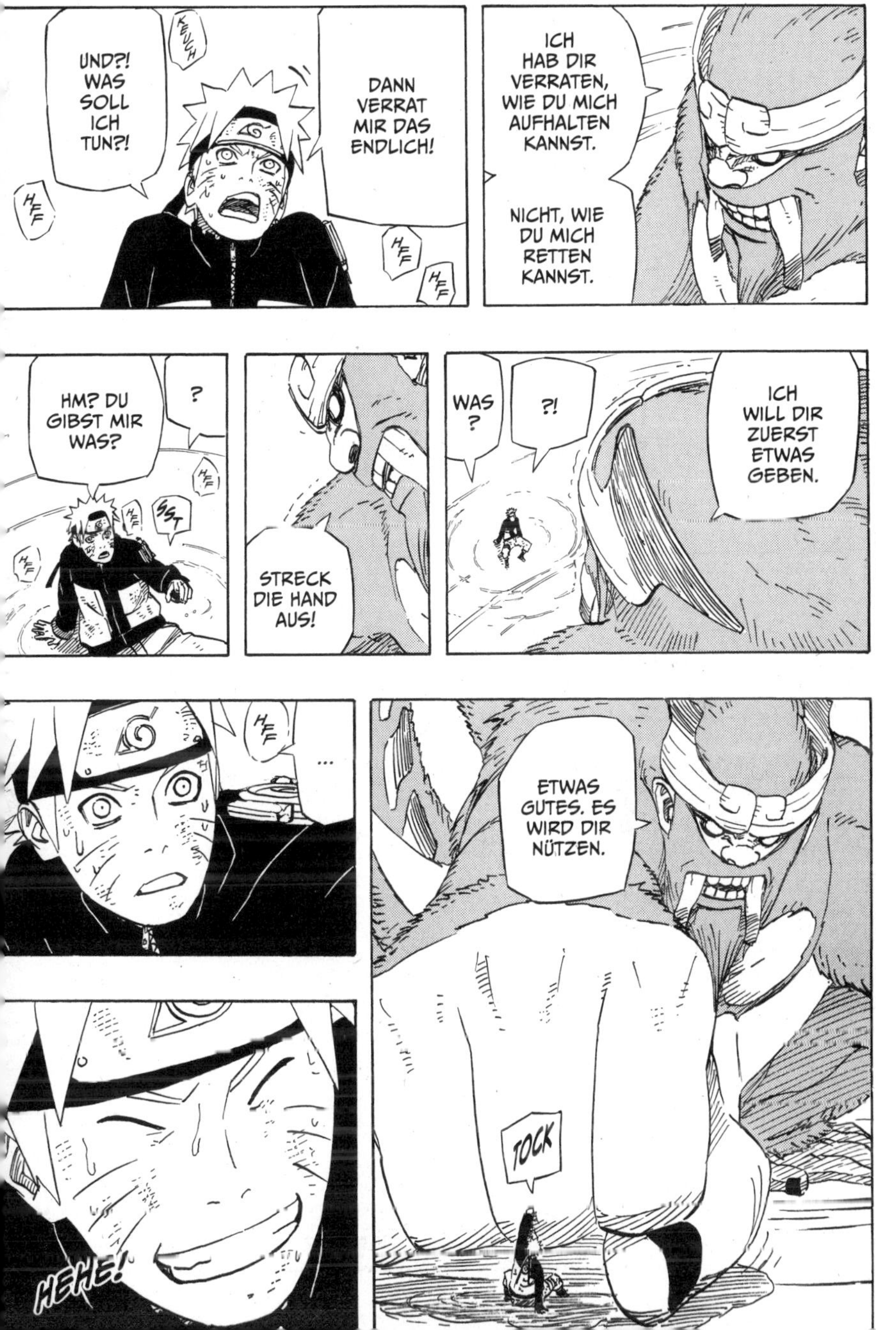
ICH HAB DIR VERRATEN, WIE DU MICH AUFHALTEN KANNST.
NICHT, WIE DU MICH RETTEN KANNST.
DANN VERRAT MIR DAS ENDLICH!
KEUCH
UND?! WAS SOLL ICH TUN?!
HFF
HFF
HFF
ICH WILL DIR ZUERST ETWAS GEBEN.
?!
WAS?
STRECK DIE HAND AUS!
?
HM? DU GIBST MIR WAS?
HFF
SST
HFF
HFF
ETWAS GUTES. ES WIRD DIR NÜTZEN.
TOCK
HFF
...
HEHE!

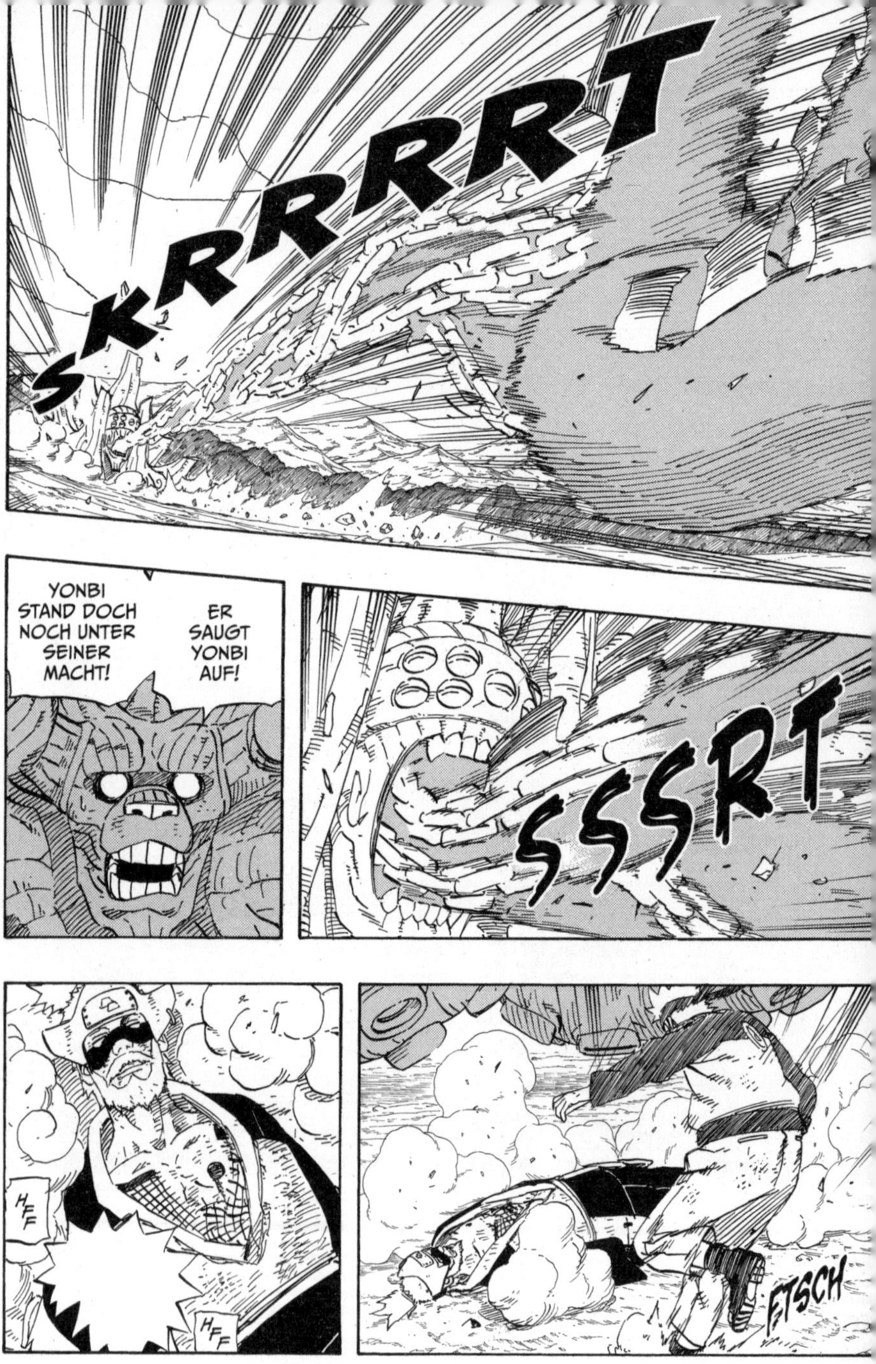
SKRRRRRT
ER SAUGT YONBI AUF!
YONBI STAND DOCH NOCH UNTER SEINER MACHT!
SSSRT
FTSCH
HFF
HFF

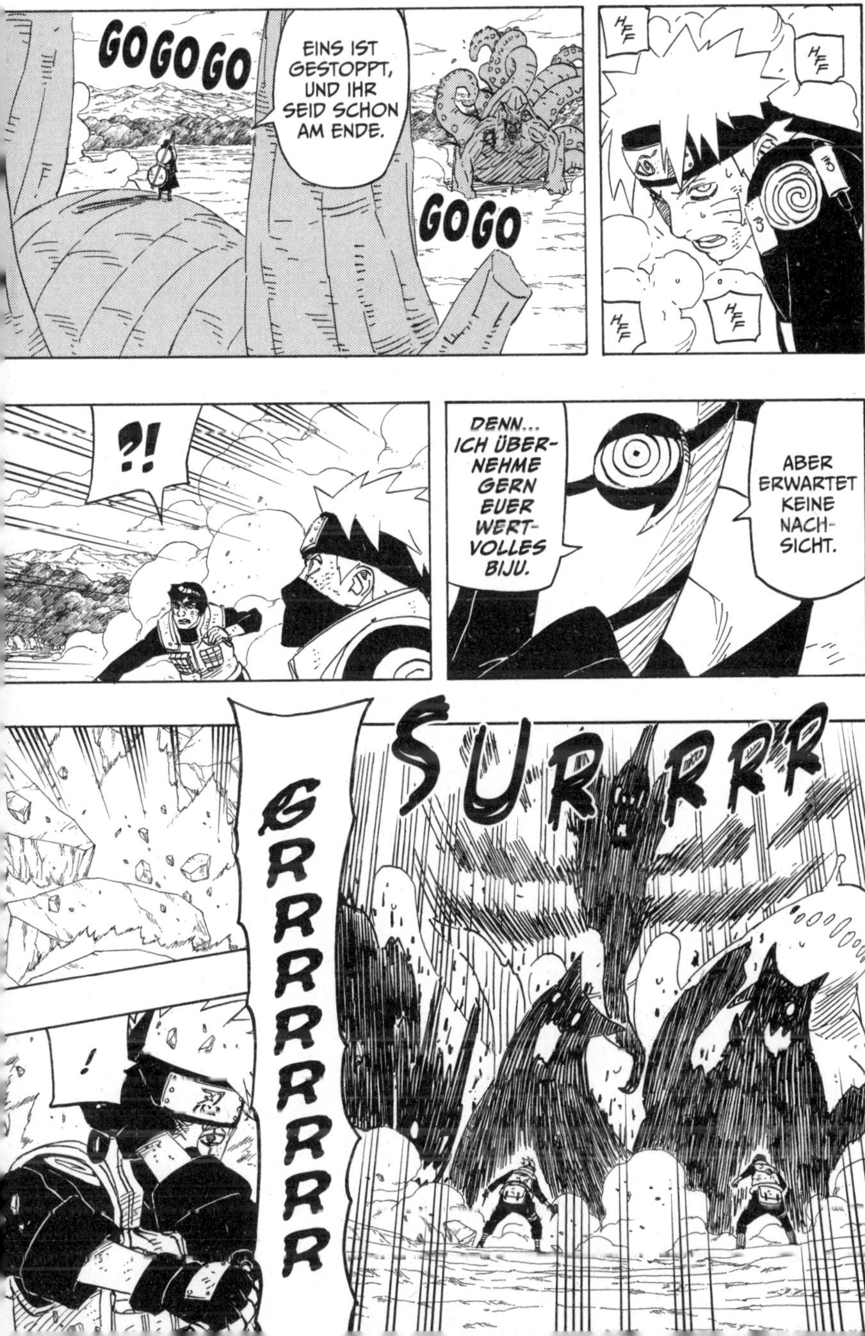
HFF
HFF
HFF
HFF
GOGOGO
EINS IST GESTOPPT, UND IHR SEID SCHON AM ENDE.
GOGO
ABER ERWARTET KEINE NACHSICHT.
DENN... ICH ÜBERNEHME GERN EUER WERTVOLLES BIJU.
?!
SURRRRR
GRRRRRRRRR
!

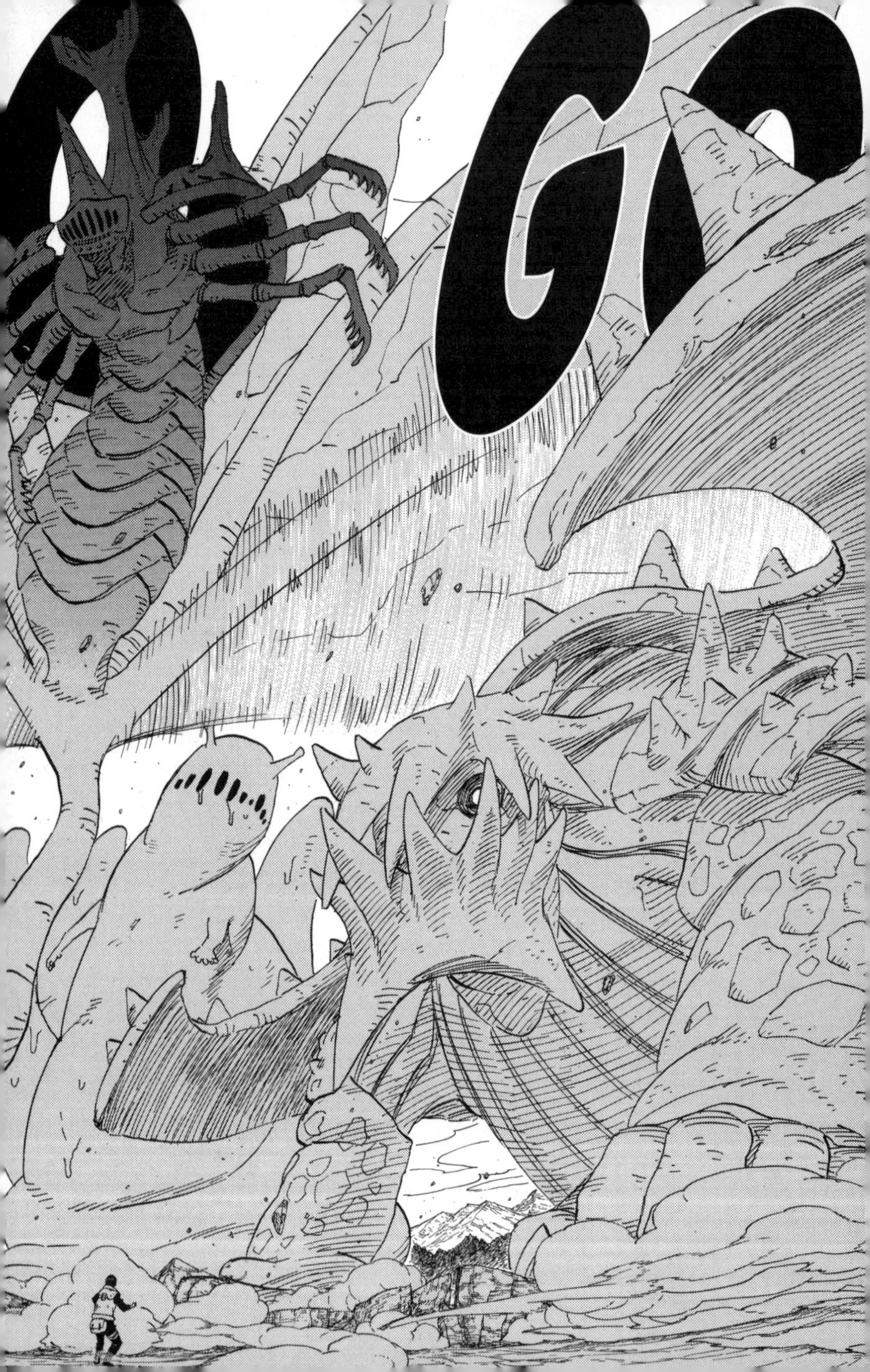
GO

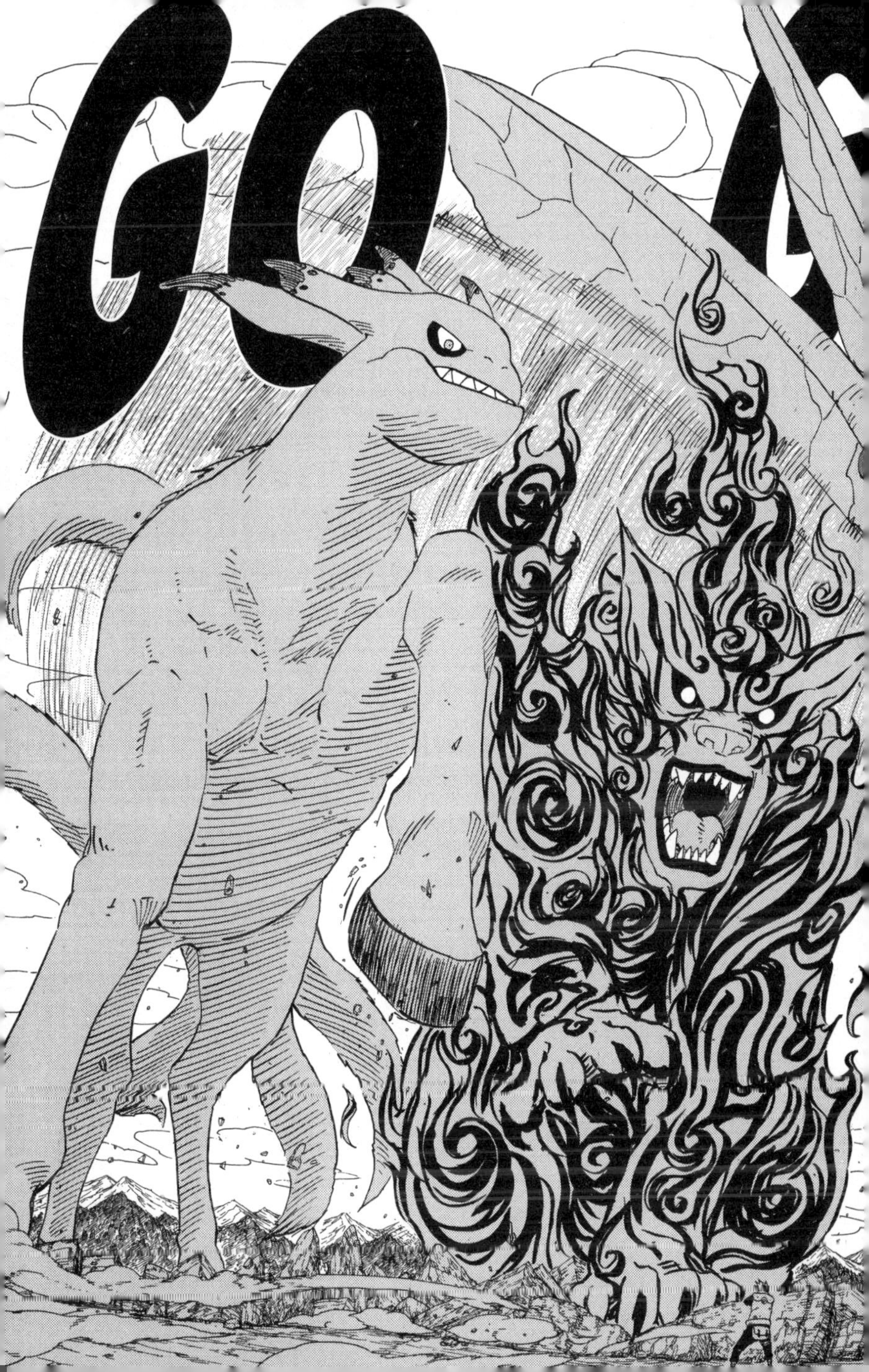
GO

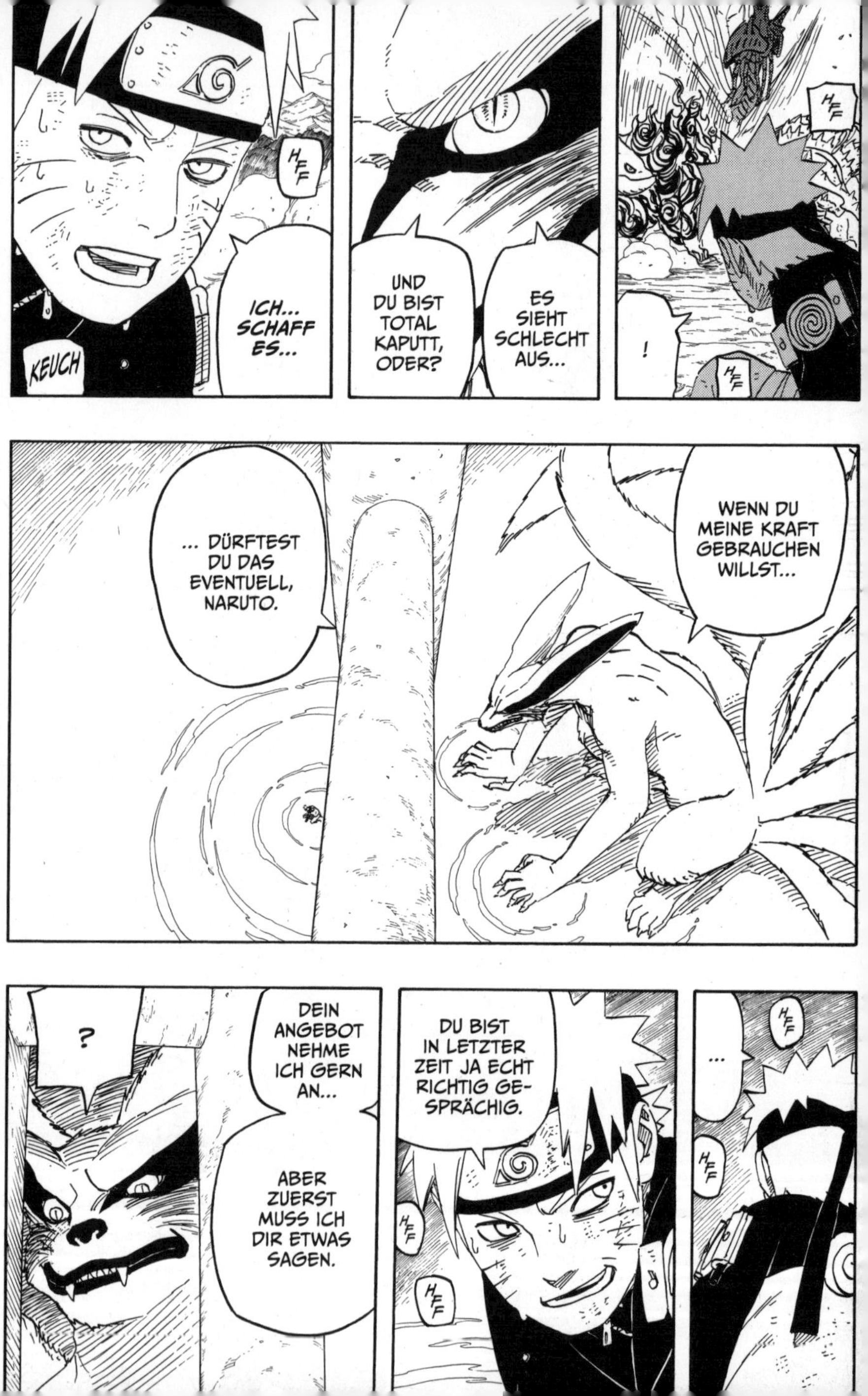
HEF
!
HEF
ES SIEHT SCHLECHT AUS...
UND DU BIST TOTAL KAPUTT, ODER?
HEF
ICH... SCHAFF ES...
KEUCH
WENN DU MEINE KRAFT GEBRAUCHEN WILLST...
... DÜRFTEST DU DAS EVENTUELL, NARUTO.
HEF
...
HEF
DU BIST IN LETZTER ZEIT JA ECHT RICHTIG GESPRÄCHIG.
HEF
HEF
DEIN ANGEBOT NEHME ICH GERN AN...
ABER ZUERST MUSS ICH DIR ETWAS SAGEN.
?

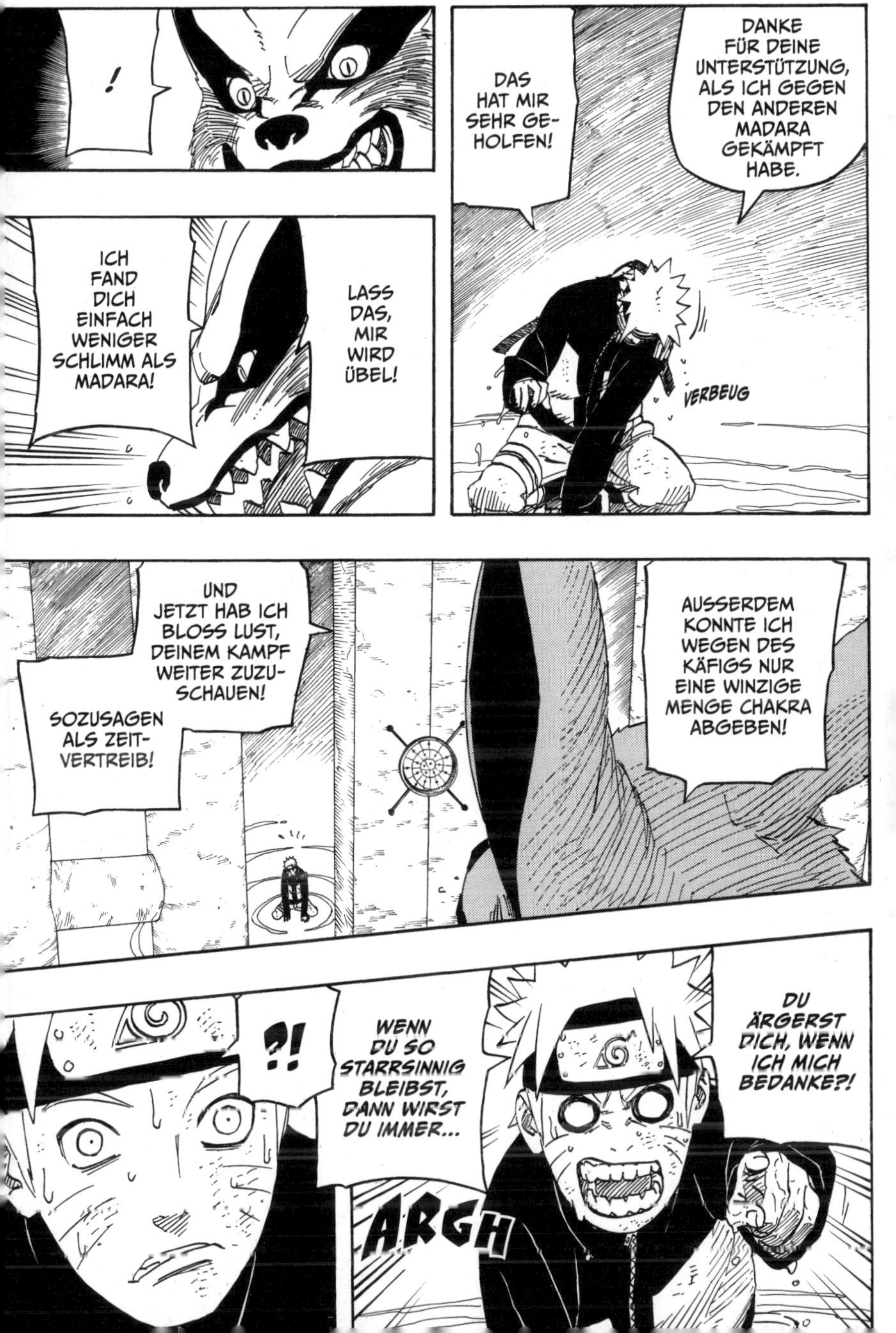
DANKE FÜR DEINE UNTERSTÜTZUNG, ALS ICH GEGEN DEN ANDEREN MADARA GEKÄMPFT HABE.
DAS HAT MIR SEHR GE-HOLFEN!
VERBEUG
!
LASS DAS, MIR WIRD ÜBEL!
ICH FAND DICH EINFACH WENIGER SCHLIMM ALS MADARA!
AUSSERDEM KONNTE ICH WEGEN DES KÄFIGS NUR EINE WINZIGE MENGE CHAKRA ABGEBEN!
UND JETZT HAB ICH BLOSS LUST, DEINEM KAMPF WEITER ZUZU-SCHAUEN!
SOZUSAGEN ALS ZEIT-VERTREIB!
DU ÄRGERST DICH, WENN ICH MICH BEDANKE?!
ARGH
WENN DU SO STARRSINNIG BLEIBST, DANN WIRST DU IMMER...
?!

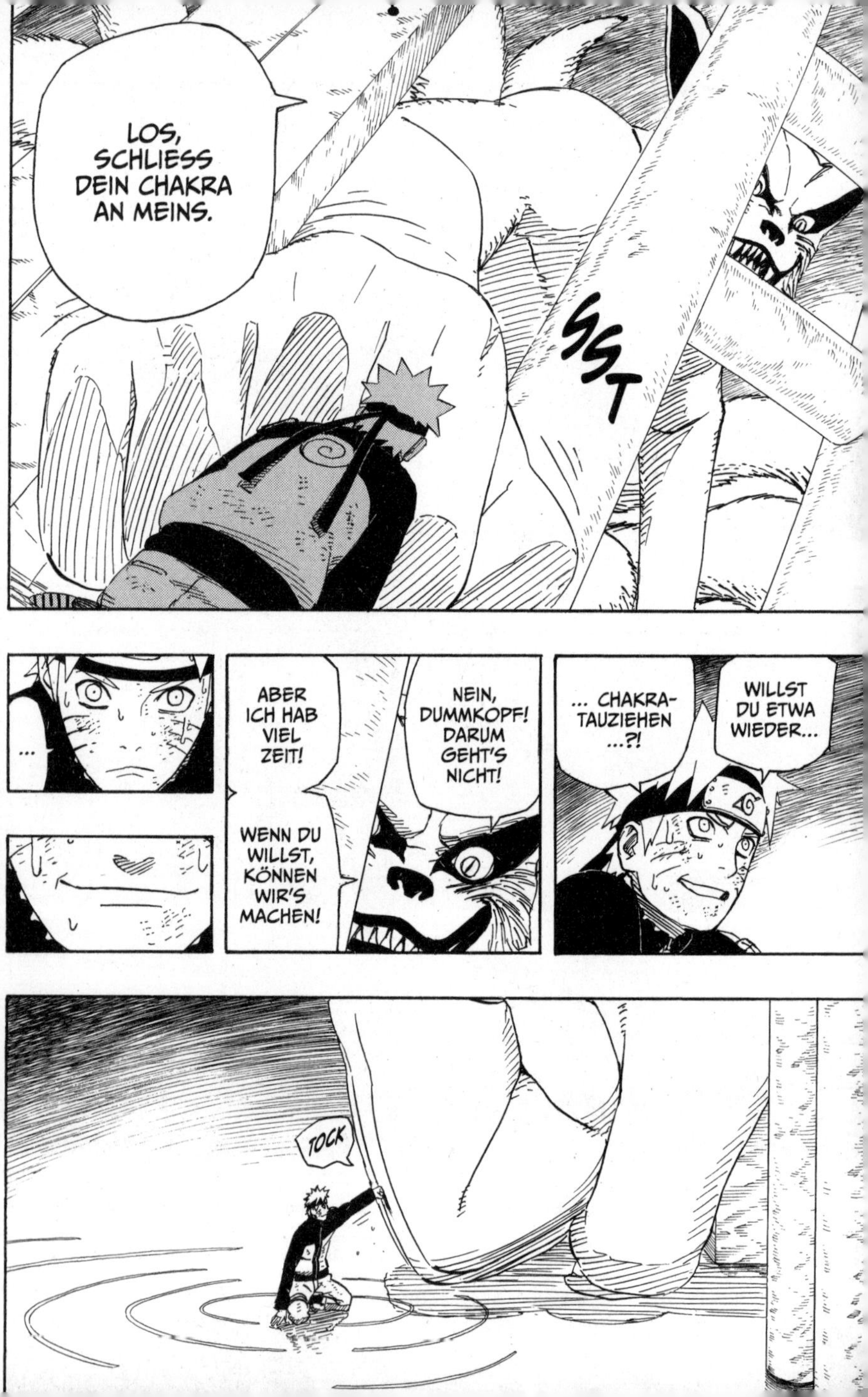
LOS, SCHLIESS DEIN CHAKRA AN MEINS.
SST
WILLST DU ETWA WIEDER...
... CHAKRA-TAUZIEHEN ...?!
NEIN, DUMMKOPF! DARUM GEHT'S NICHT!
ABER ICH HAB VIEL ZEIT!
WENN DU WILLST, KÖNNEN WIR'S MACHEN!
...
TOCK

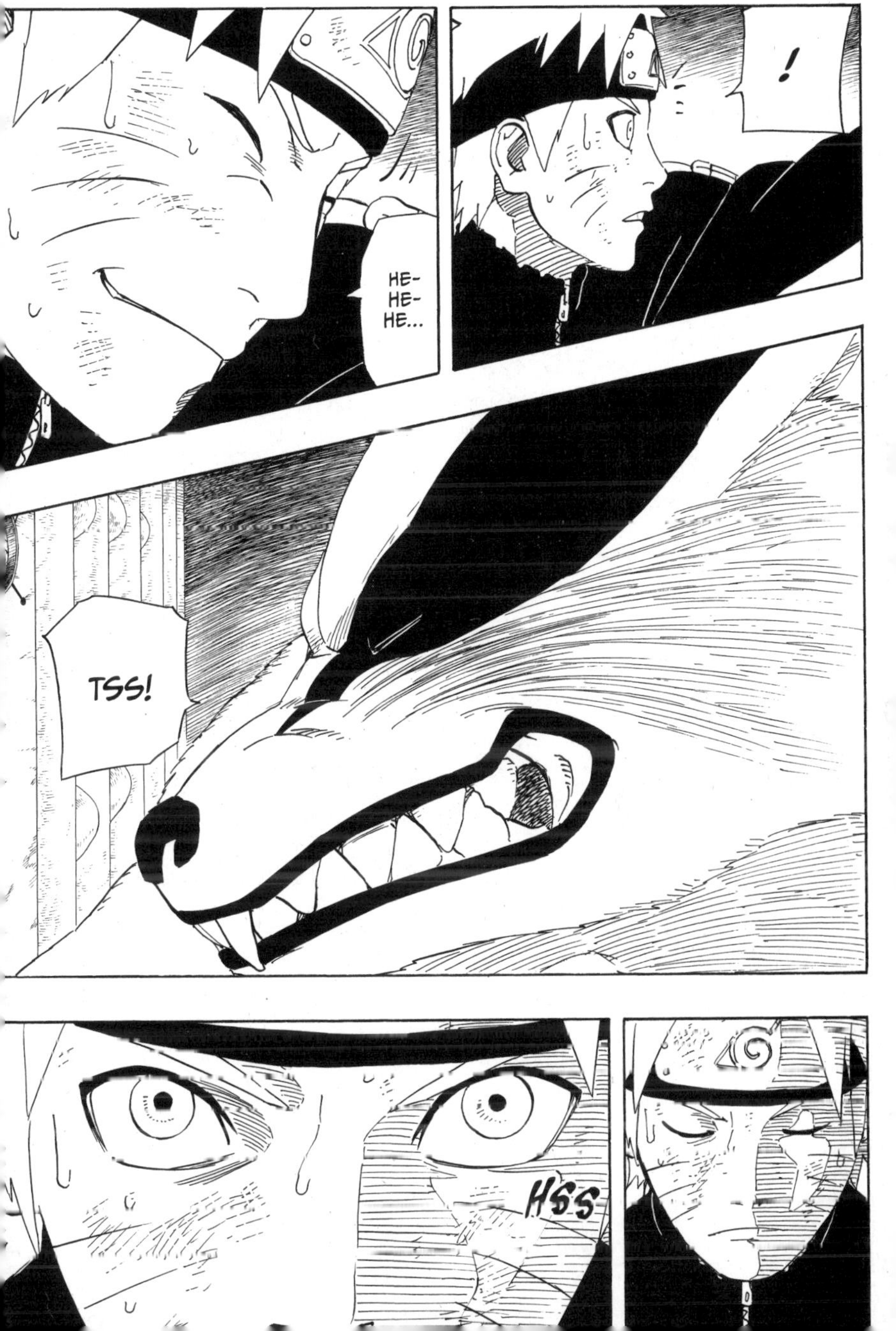

!
HE-
HE-
HE...
TSS!
HSS

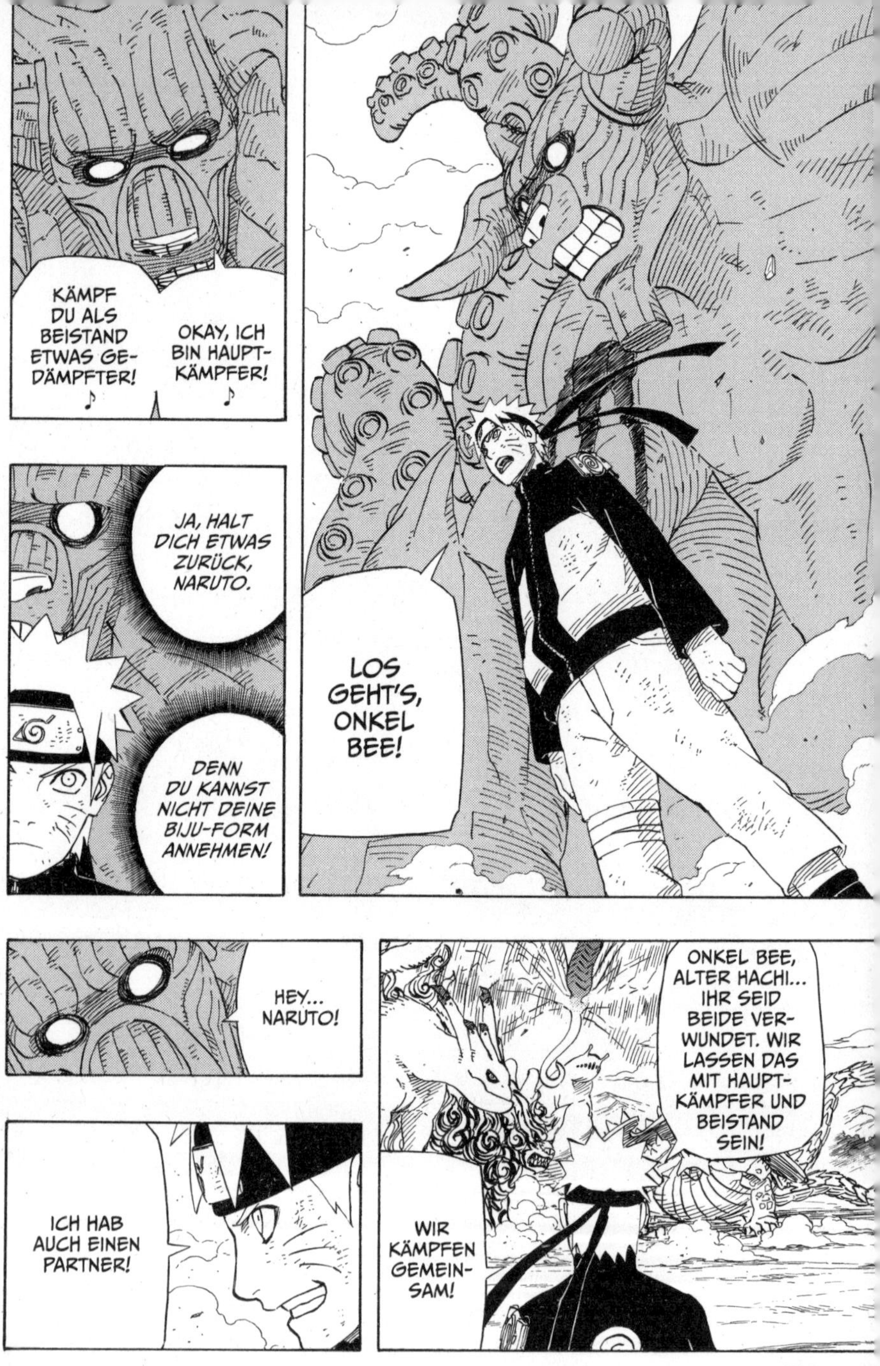

LOS GEHT'S, ONKEL BEE!
OKAY, ICH BIN HAUPT-KÄMPFER! ♪
KÄMPF DU ALS BEISTAND ETWAS GE-DÄMPFTER! ♪
JA, HALT DICH ETWAS ZURÜCK, NARUTO.
DENN DU KANNST NICHT DEINE BIJU-FORM ANNEHMEN!
ONKEL BEE, ALTER HACHI... IHR SEID BEIDE VER-WUNDET. WIR LASSEN DAS MIT HAUPT-KÄMPFER UND BEISTAND SEIN!
WIR KÄMPFEN GEMEIN-SAM!
HEY... NARUTO!
ICH HAB AUCH EINEN PARTNER!

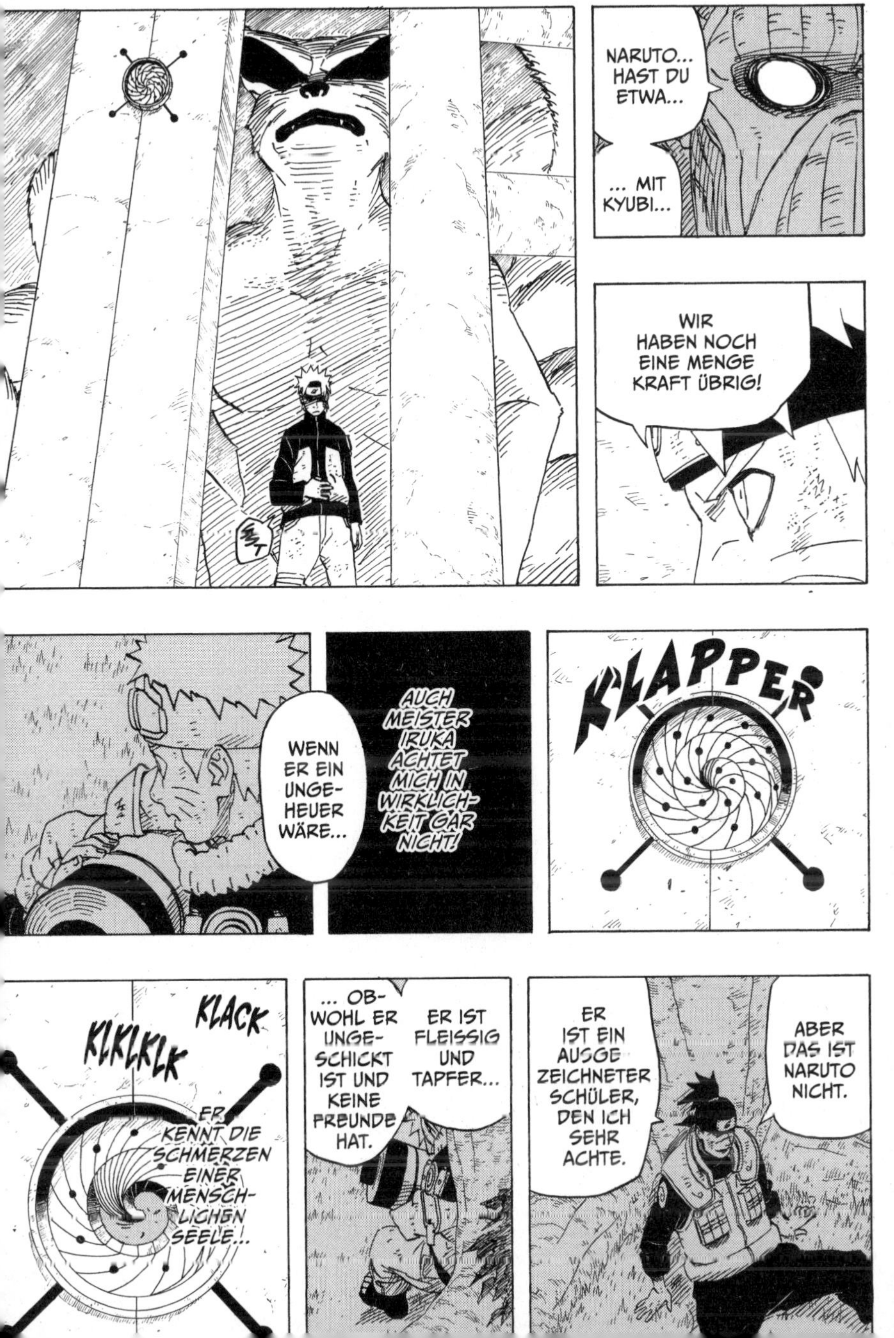
NARUTO... HAST DU ETWA...
... MIT KYUBI...
WIR HABEN NOCH EINE MENGE KRAFT ÜBRIG!
KLAPPER
AUCH MEISTER IRUKA ACHTET MICH IN WIRKLICH-KEIT GAR NICHT!
WENN ER EIN UNGE-HEUER WÄRE...
ABER DAS IST NARUTO NICHT.
ER IST EIN AUSGE-ZEICHNETER SCHÜLER, DEN ICH SEHR ACHTE.
ER IST FLEISSIG UND TAPFER...
... OB-WOHL ER UNGE-SCHICKT IST UND KEINE FREUNDE HAT.
KLACK
KLKLKLK
ER KENNT DIE SCHMERZEN EINER MENSCH-LICHEN SEELE...

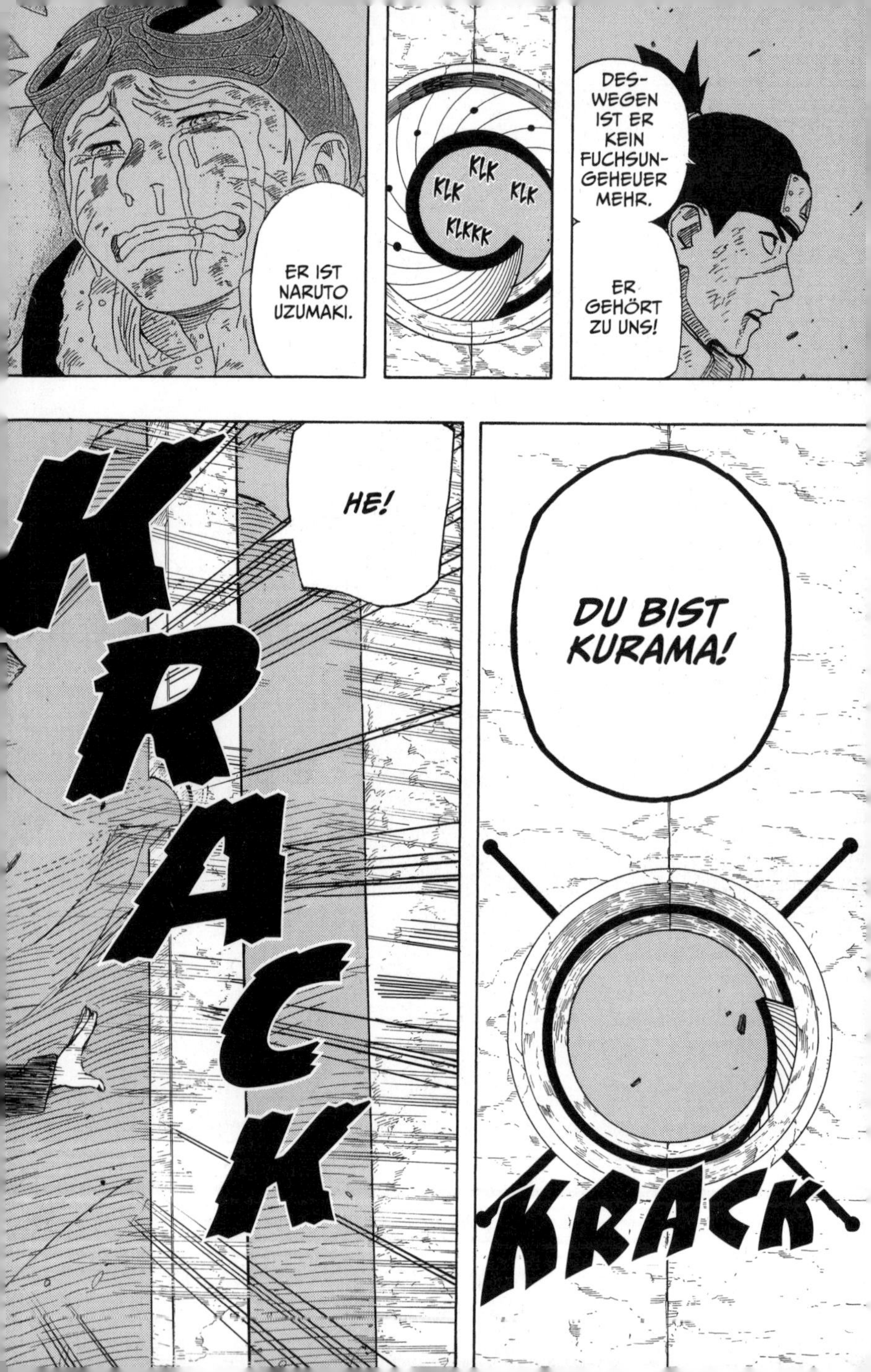
DES-WEGEN IST ER KEIN FUCHSUN-GEHEUER MEHR.
ER GEHÖRT ZU UNS!
KLK KLK KLK KLKKK
ER IST NARUTO UZUMAKI.
DU BIST KURAMA!
KRACK
HE!
KRACK

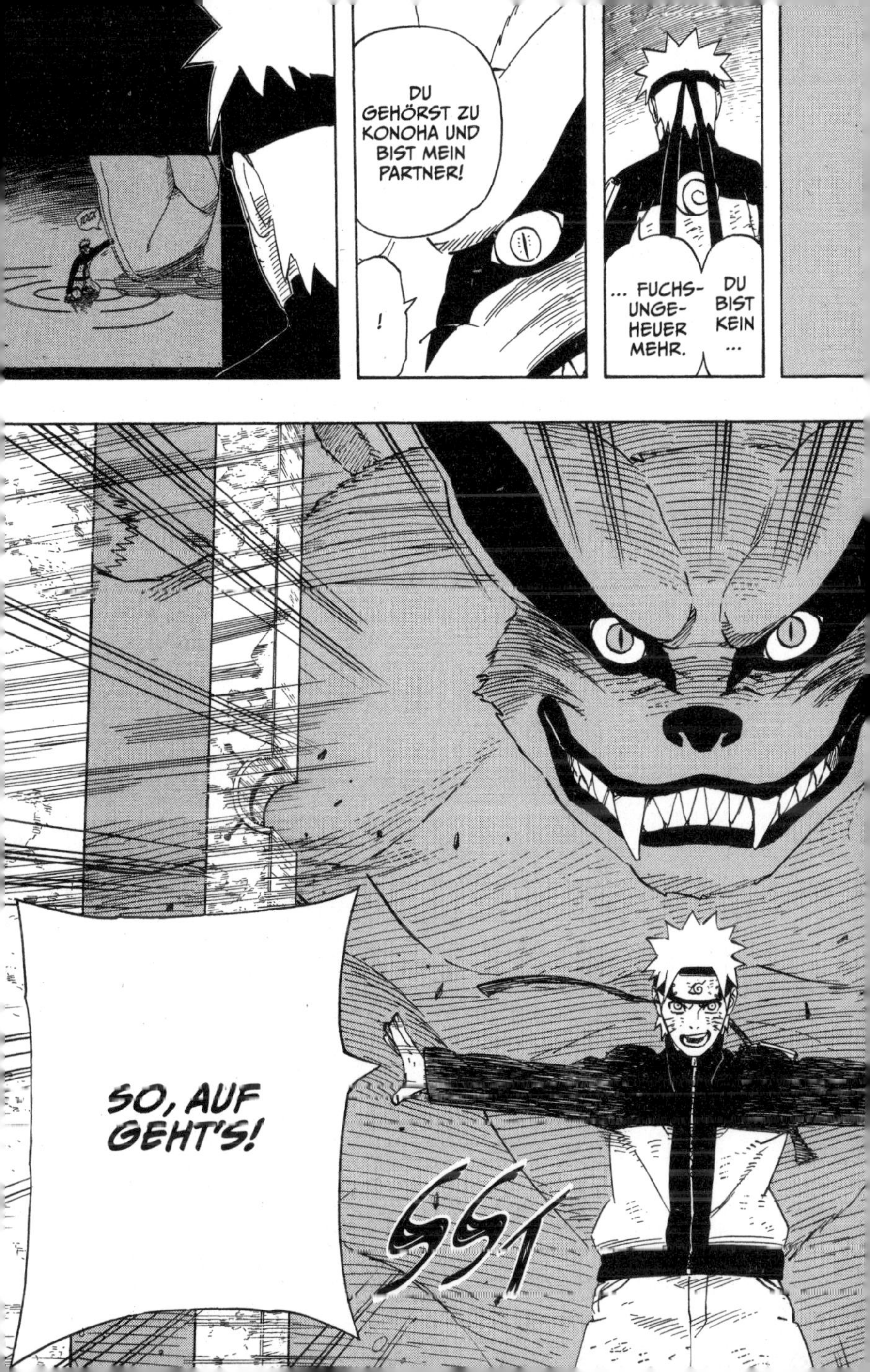

DU BIST KEIN ...
... FUCHS-UNGEHEUER MEHR.
DU GEHÖRST ZU KONOHA UND BIST MEIN PARTNER!
!
SO, AUF GEHT'S!

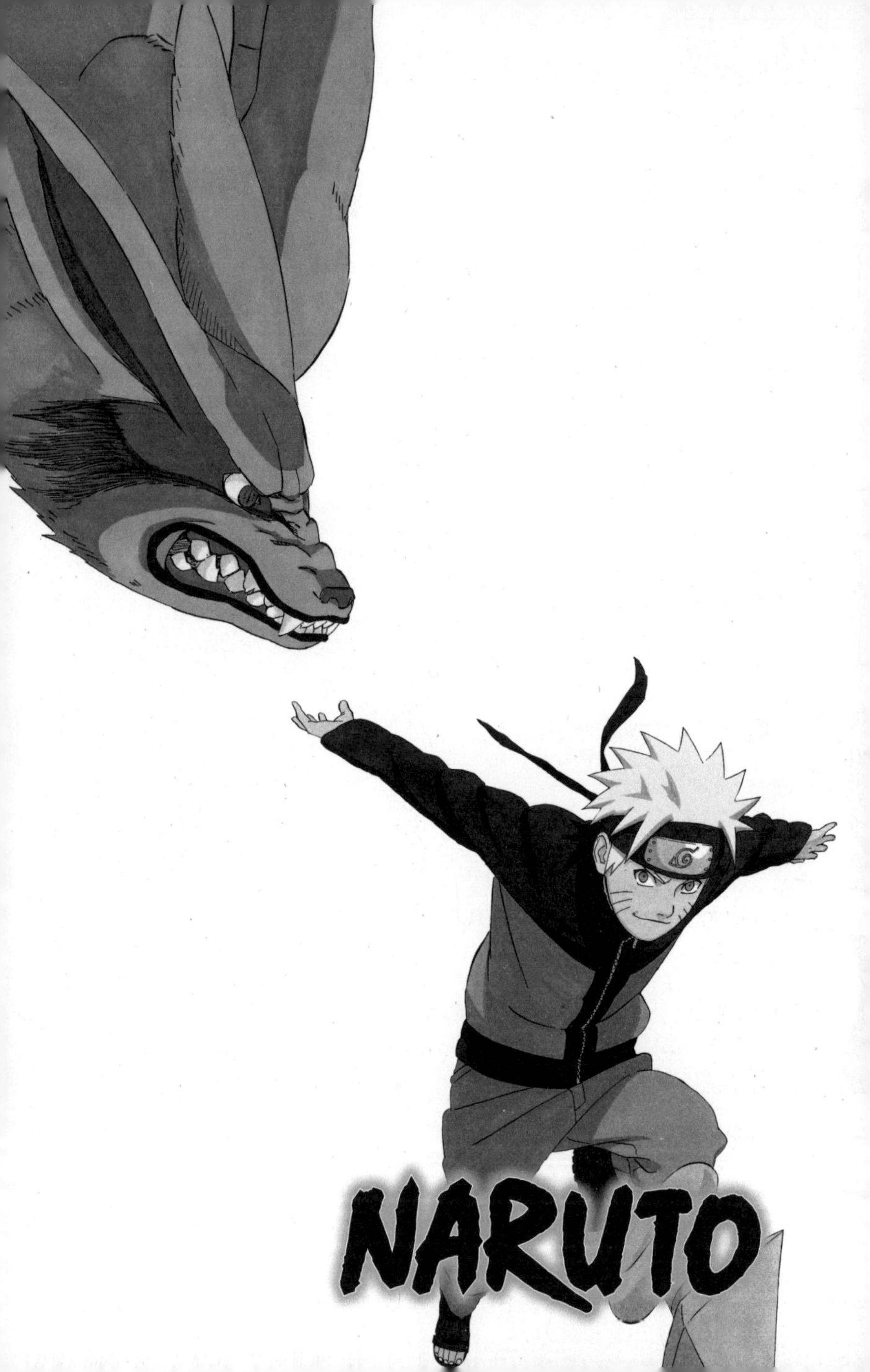
NARUTO

571. KAPITEL: BIJU-MODUS!

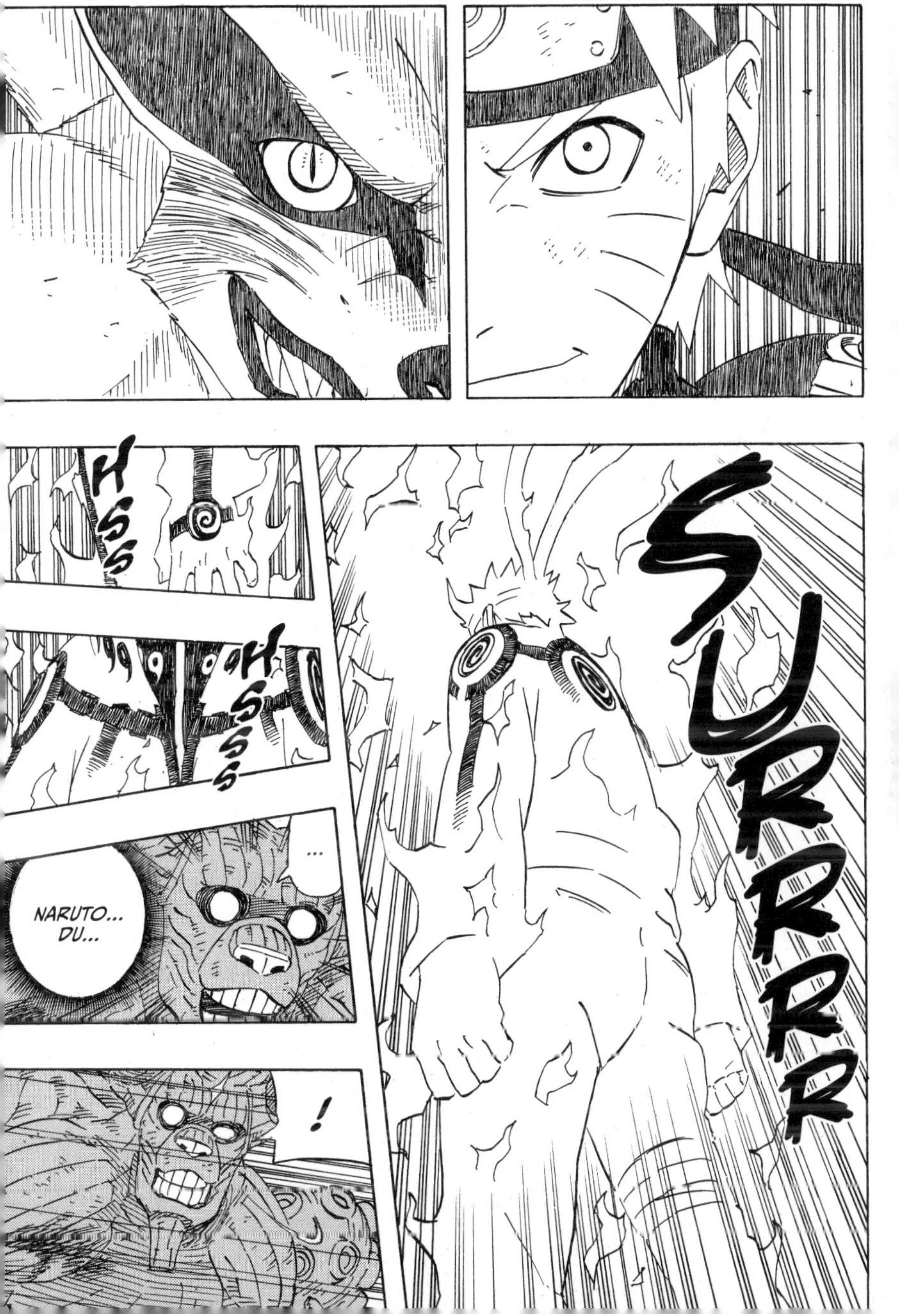

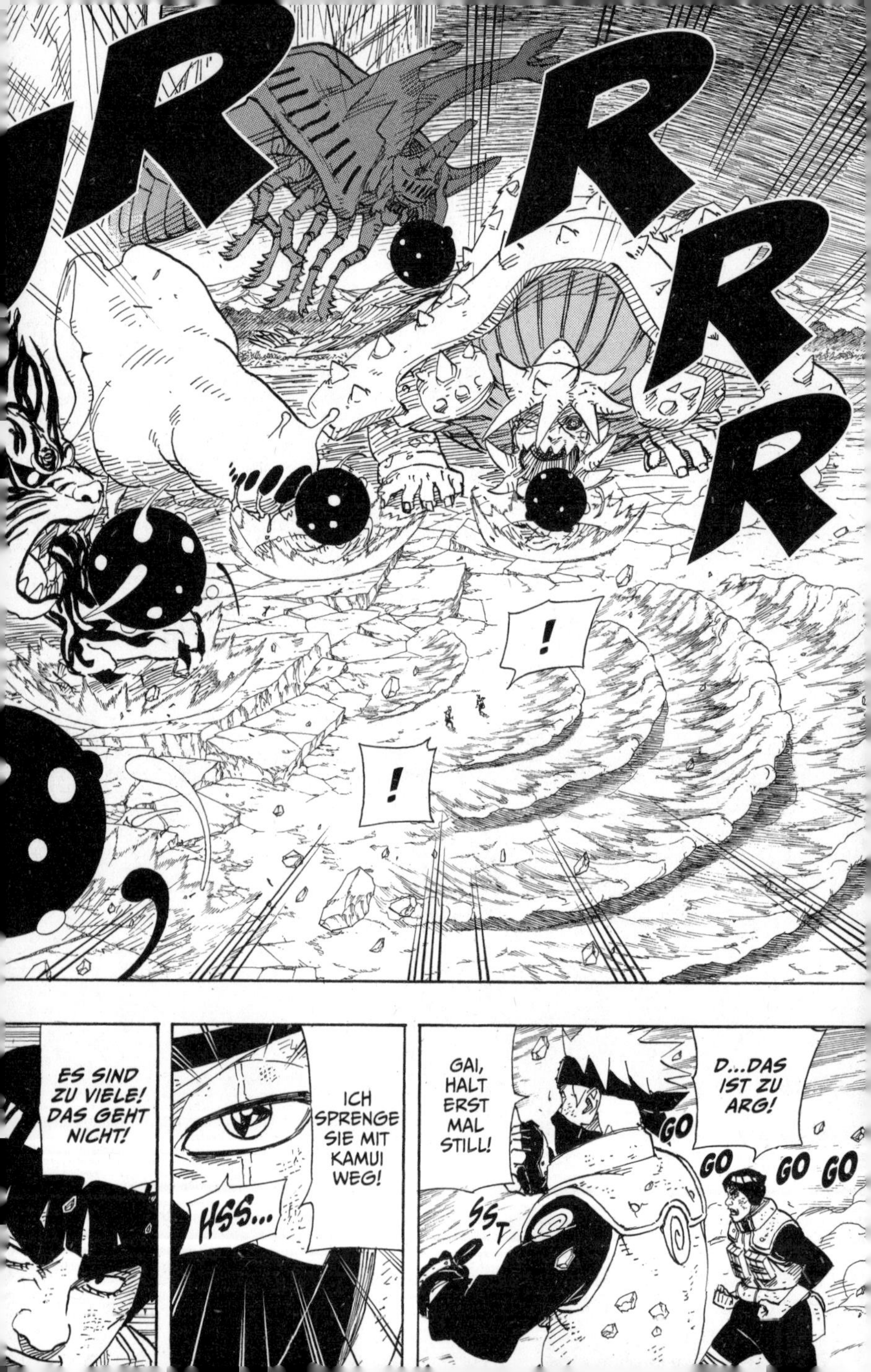
RRRRR
!
!
GO GO GO GO
D...DAS IST ZU ARG!
GAI, HALT ERST MAL STILL!
SST
ICH SPRENGE SIE MIT KAMUI WEG!
HSS...
ES SIND ZU VIELE! DAS GEHT NICHT!

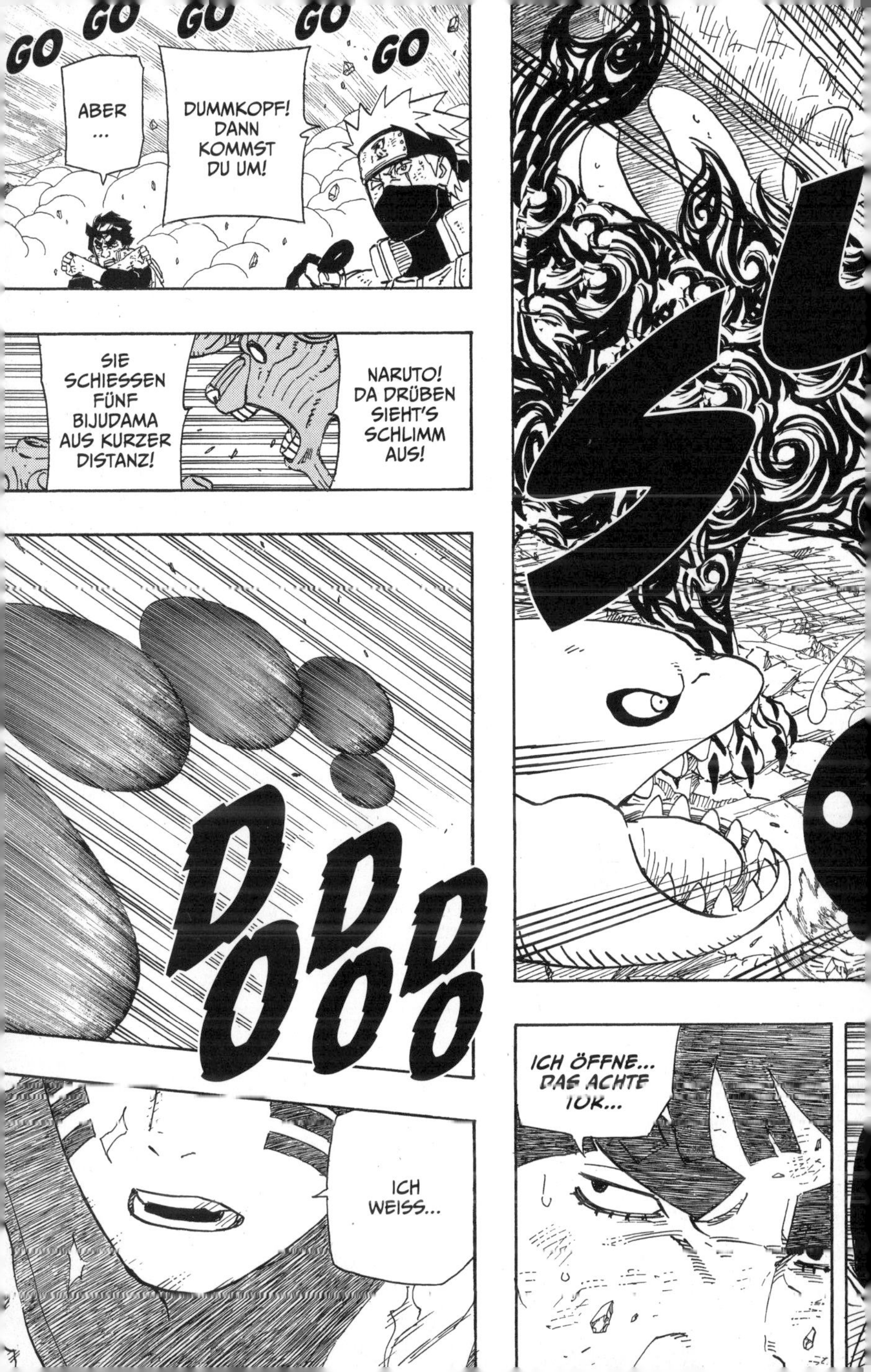
GO GO GO GO GO
DUMMKOPF! DANN KOMMST DU UM!
ABER ...
NARUTO! DA DRÜBEN SIEHT'S SCHLIMM AUS!
SIE SCHIESSEN FÜNF BIJUDAMA AUS KURZER DISTANZ!
DOOOO
ICH ÖFFNE... DAS ACHTE TOR...
ICH WEISS...

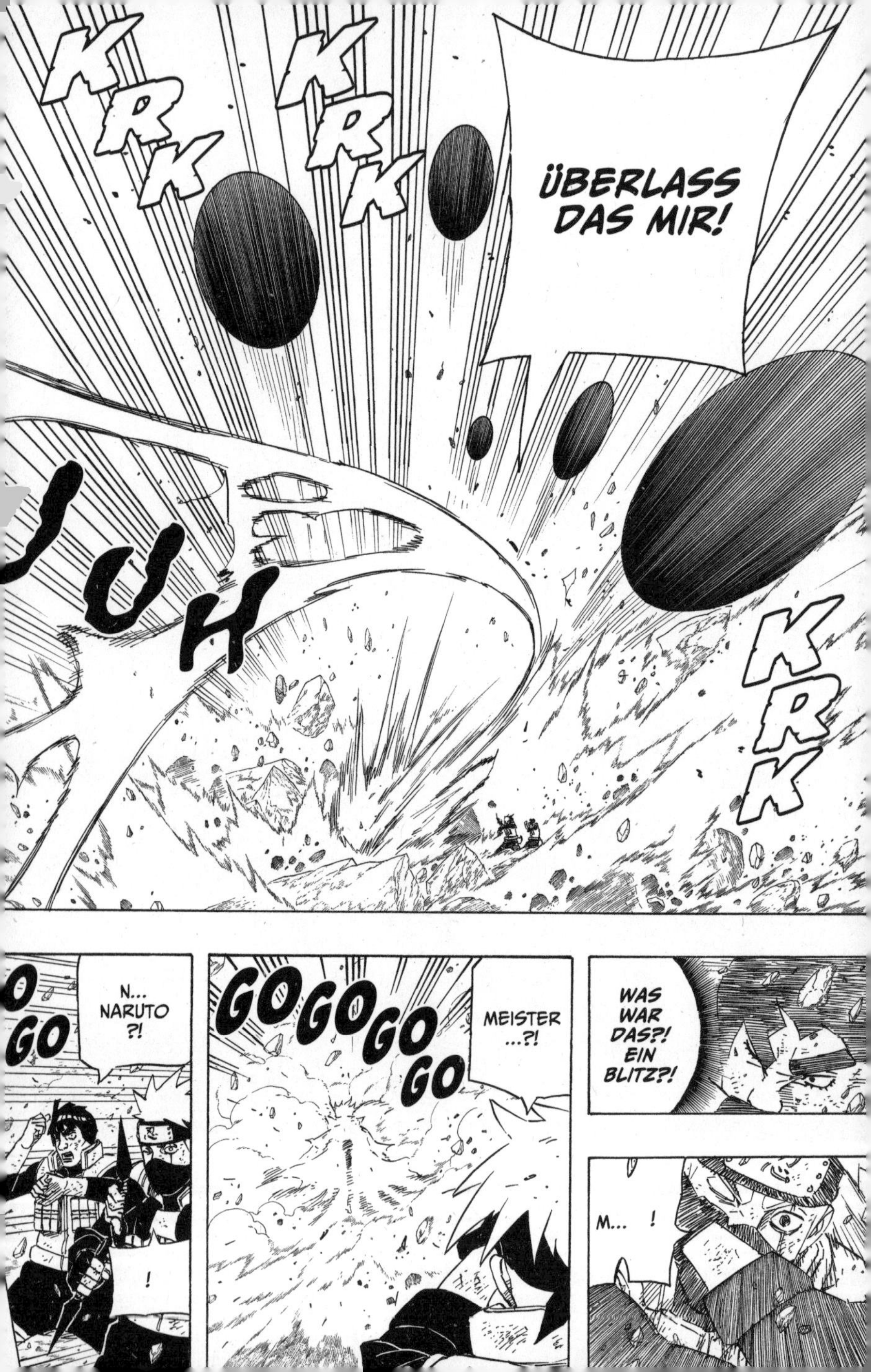

KRK
KRK
ÜBERLASS DAS MIR!
KRK
WAS WAR DAS?! EIN BLITZ?!
M... !
MEISTER ...?!
GOGOGOGOGO
N... NARUTO ?!
!
GO GO

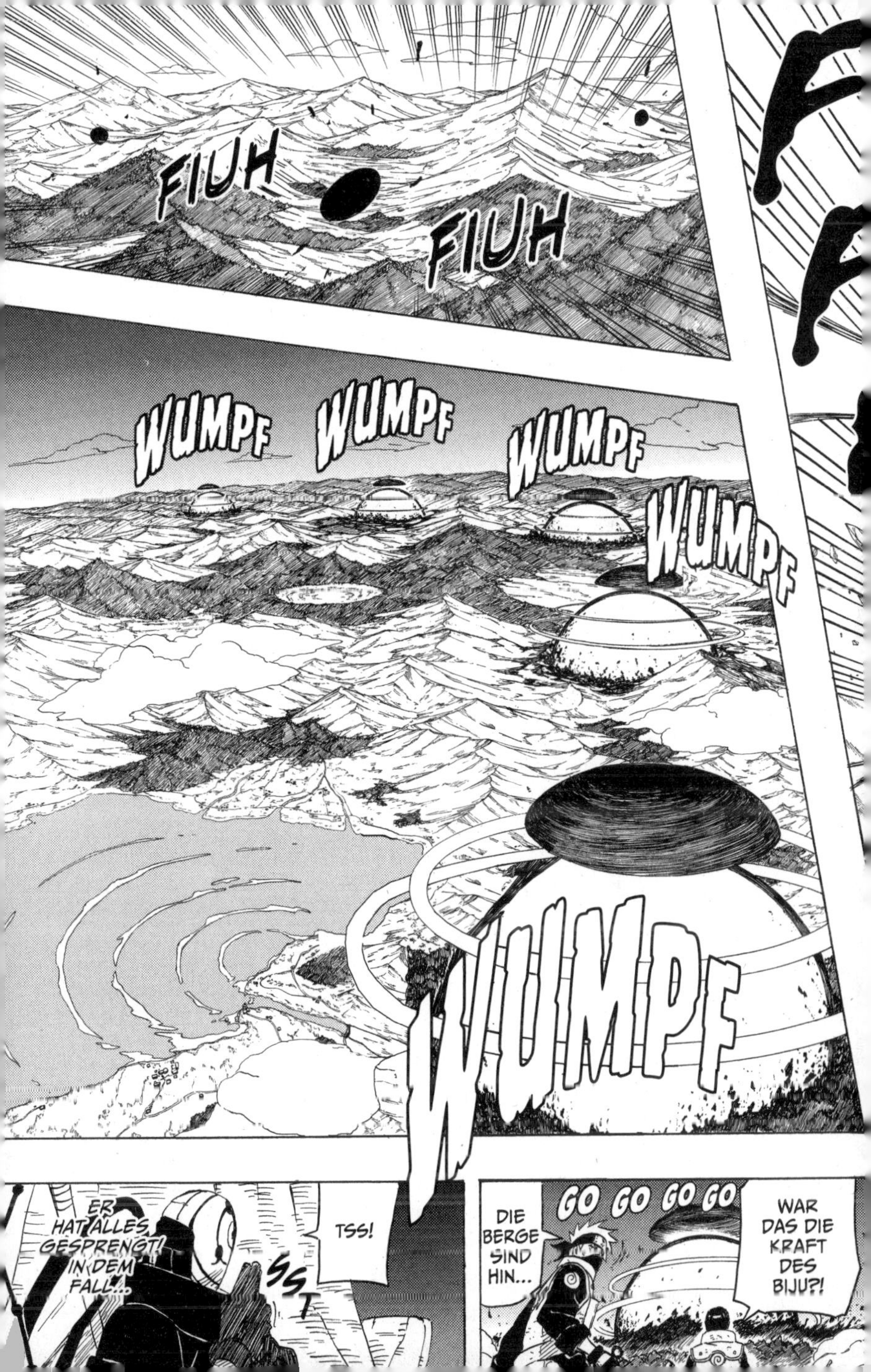
FIUH
FIUH
WUMPF
WUMPF
WUMPF
WUMPF
WUMPF
GO GO GO GO
WAR DAS DIE KRAFT DES BIJU?!
DIE BERGE SIND HIN...
TSS!
ER HAT ALLES GESPRENGT! IN DEM FALL...

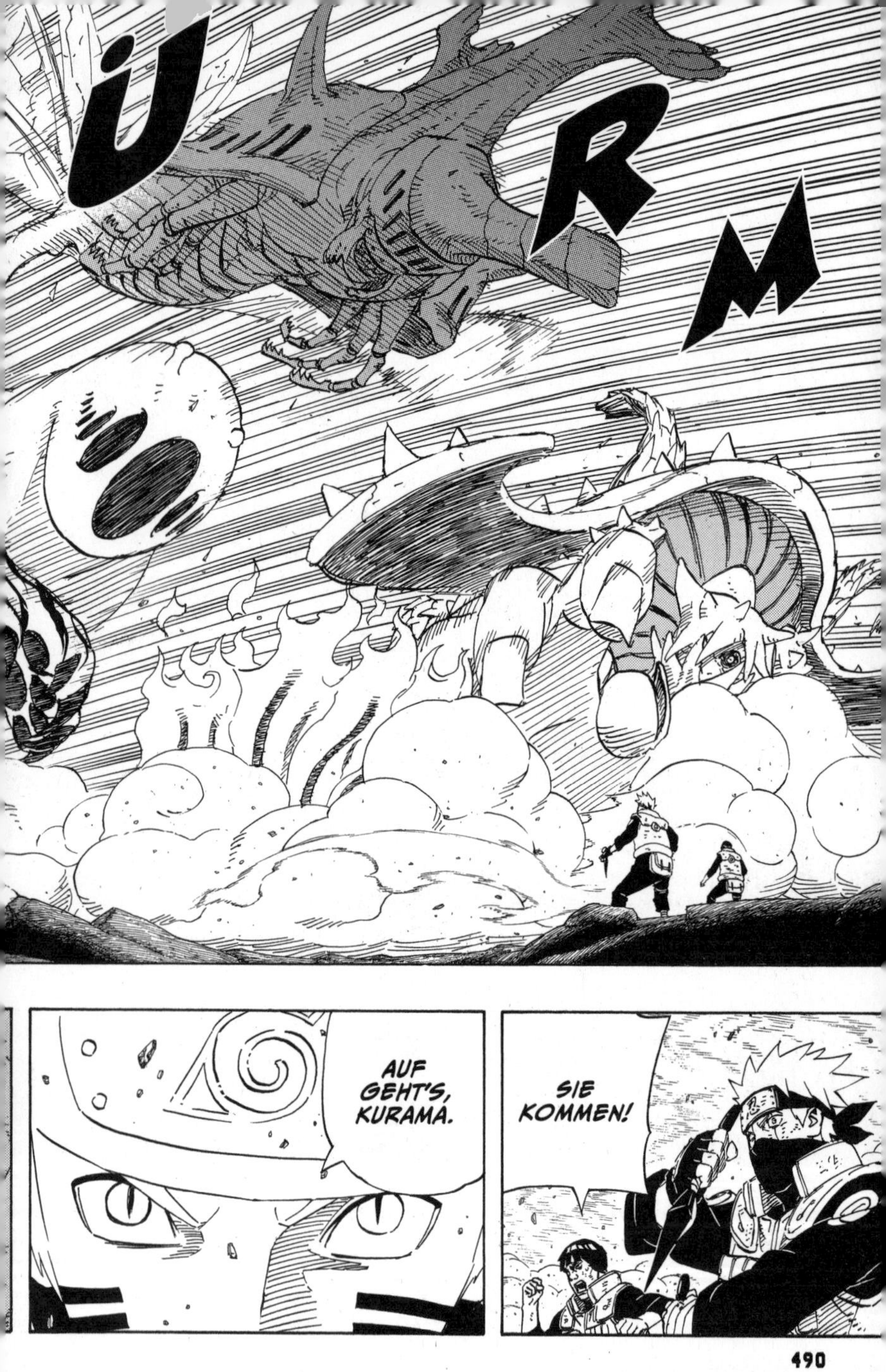
ÜRM
AUF GEHT'S, KURAMA.
SIE KOMMEN!

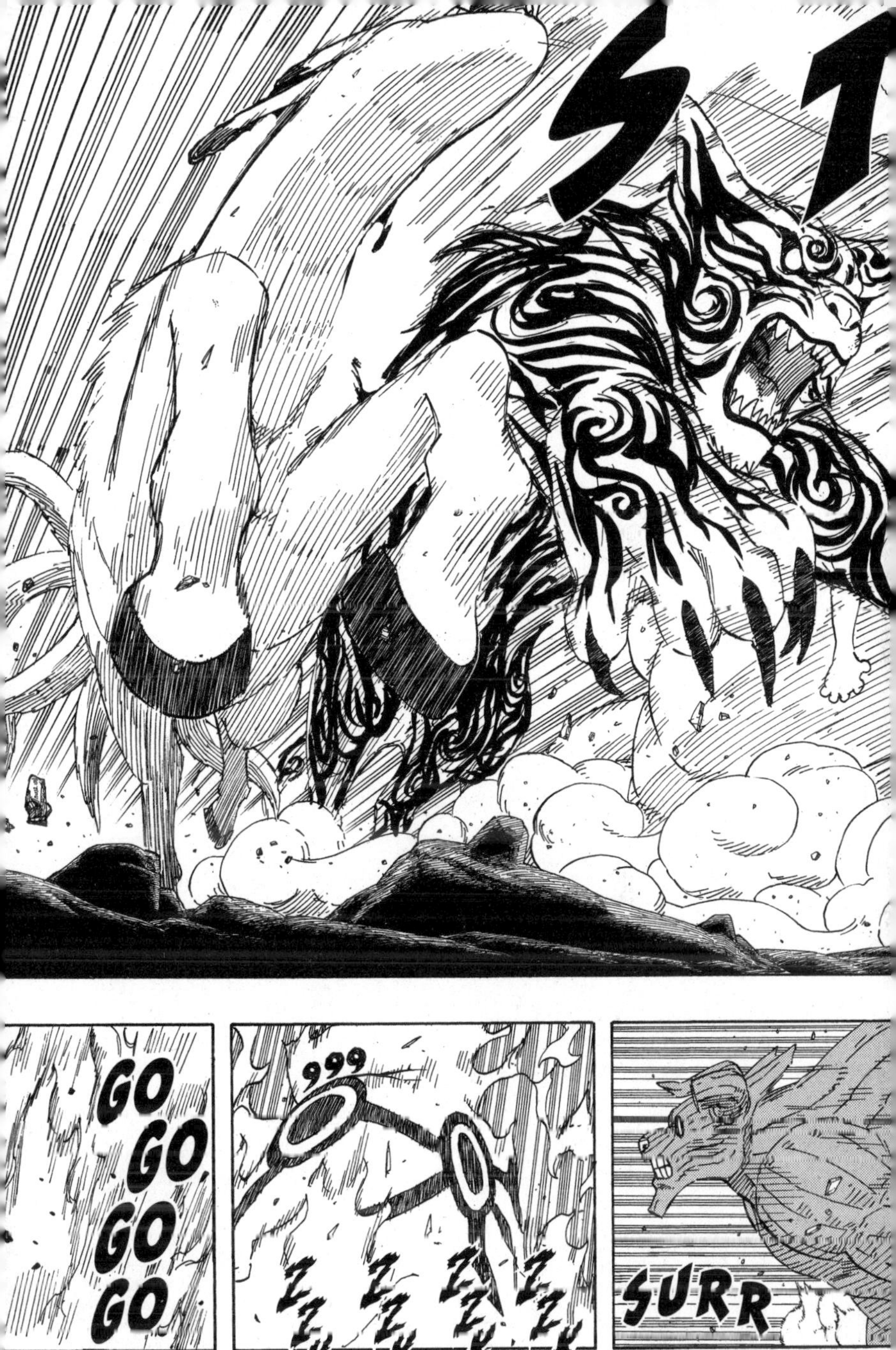
SURR
999
ZZK
ZZK
ZZK
ZZK
GO GO GO GO

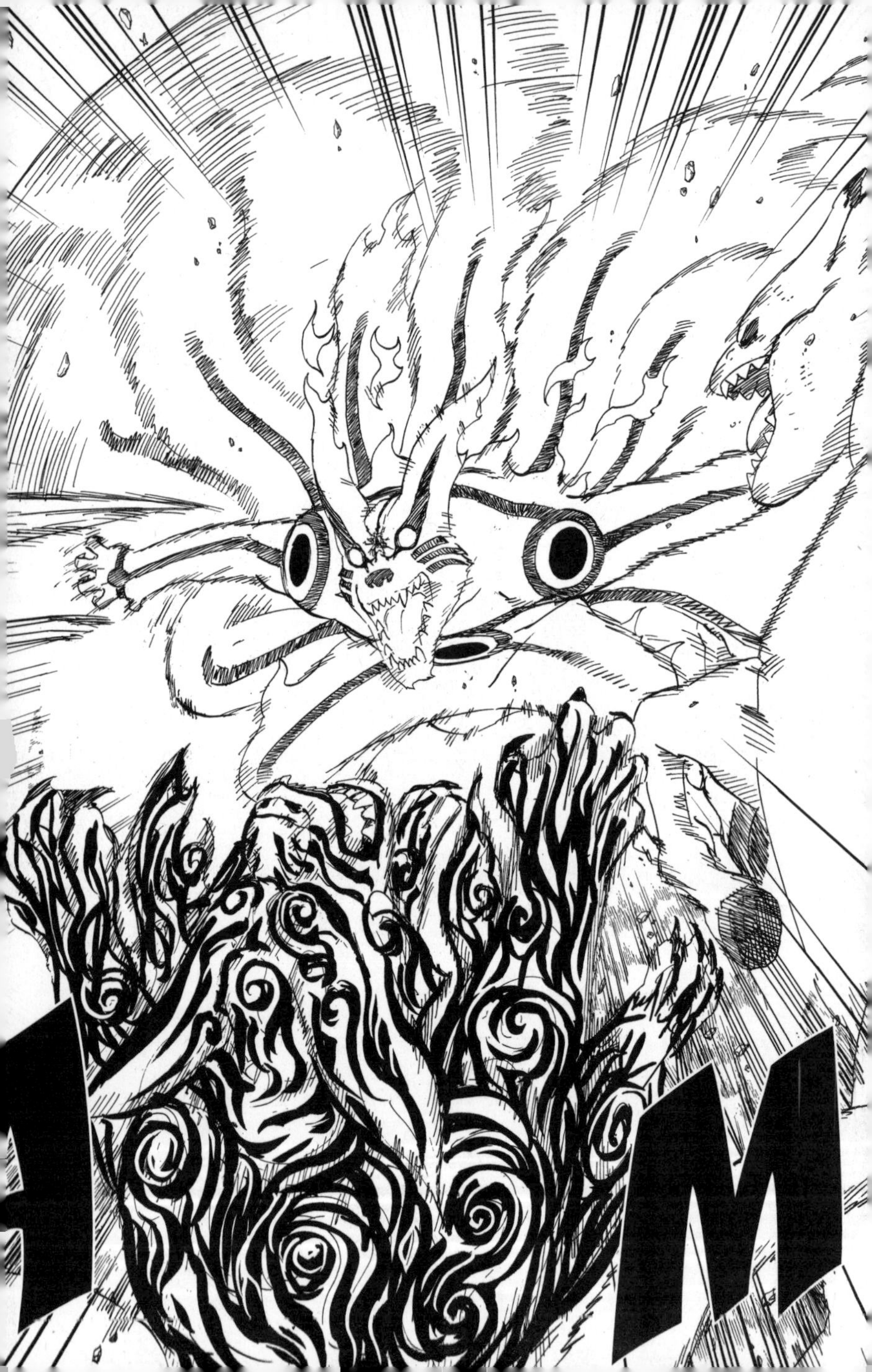

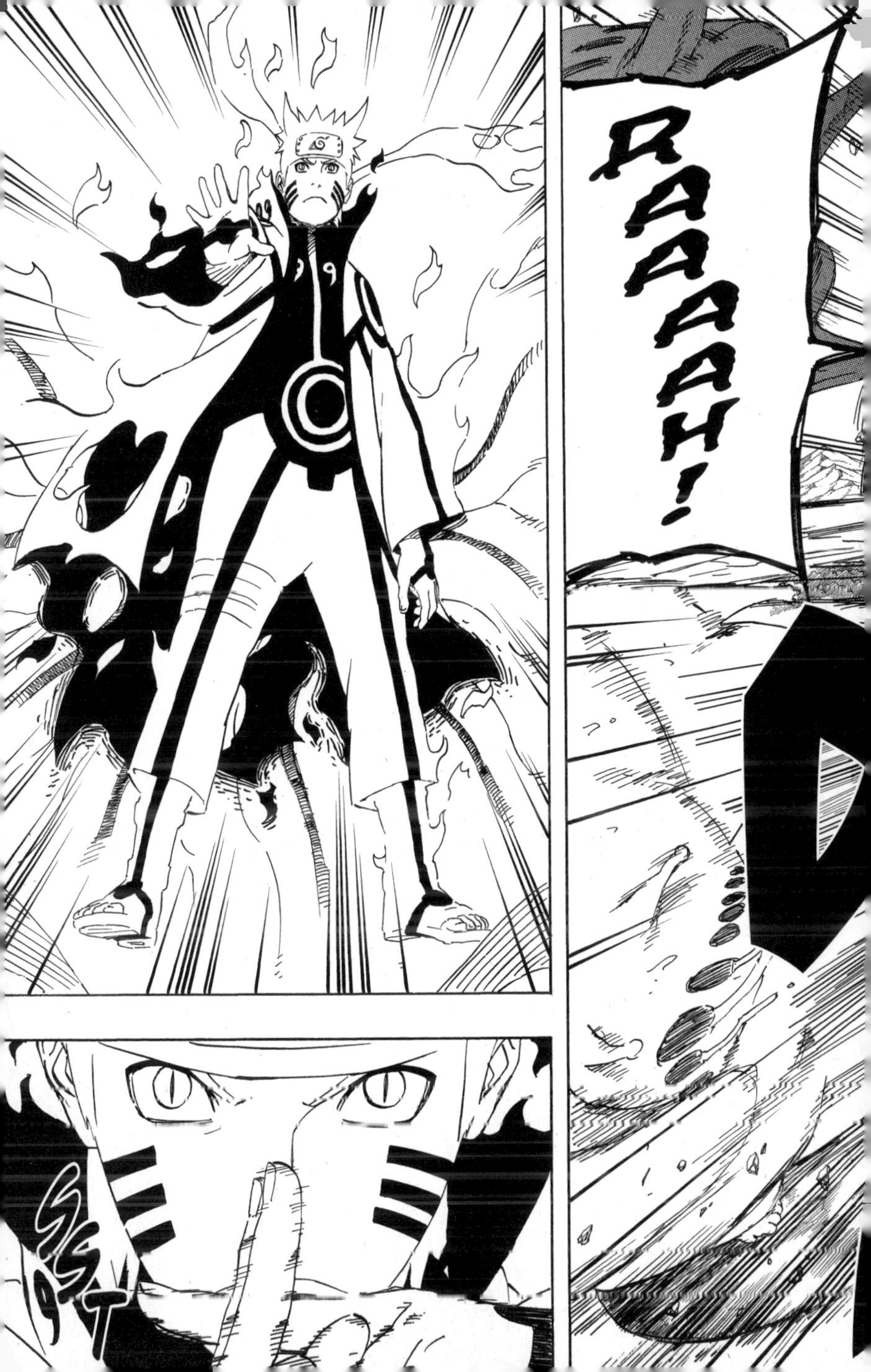
RAAAAAH!
SSST

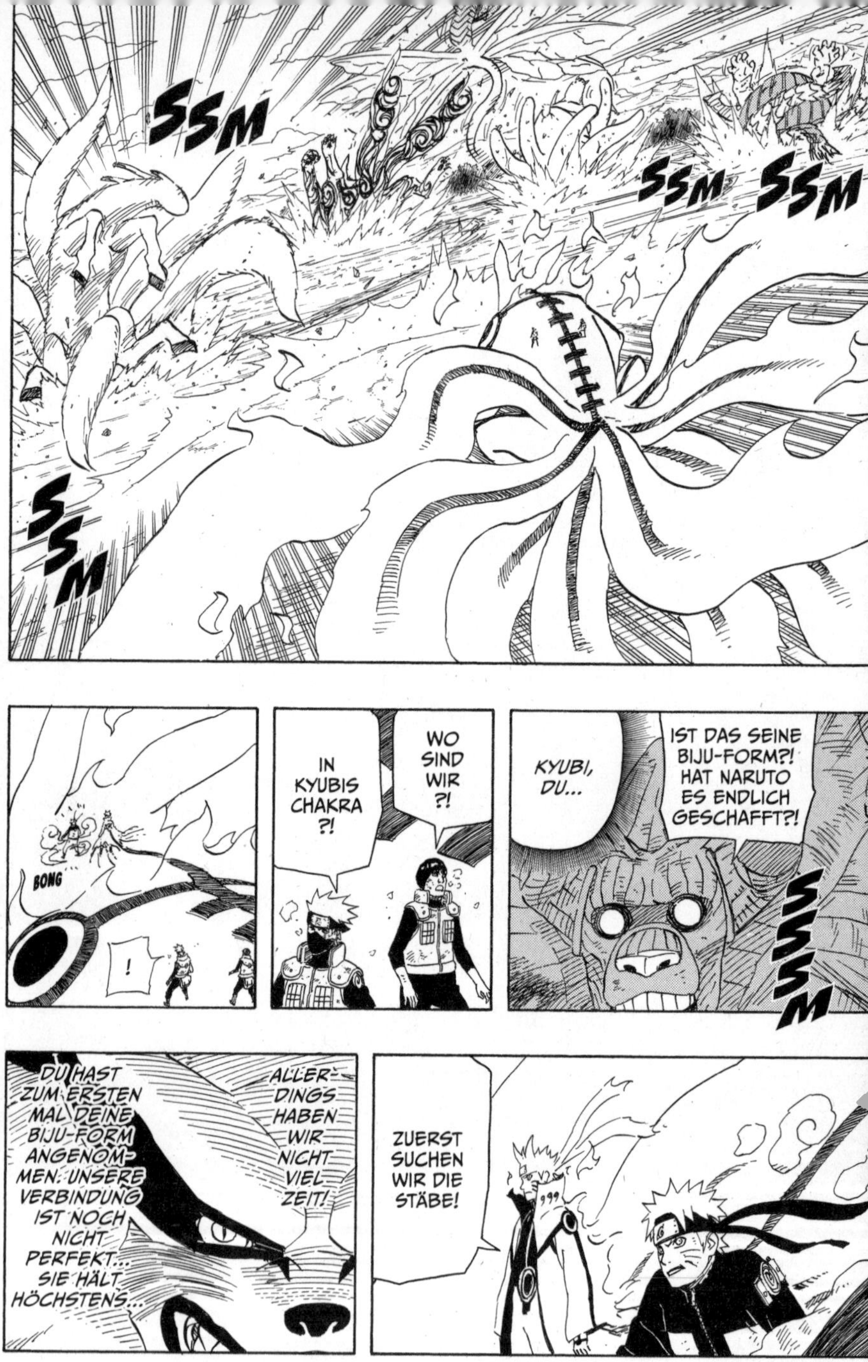
SSM
SSM
SSM
SSM
KYUBI, DU...
IST DAS SEINE BIJU-FORM?! HAT NARUTO ES ENDLICH GESCHAFFT?!
SSSM
WO SIND WIR?!
IN KYUBIS CHAKRA?!
BONG
!
ZUERST SUCHEN WIR DIE STÄBE!
ALLERDINGS HABEN WIR NICHT VIEL ZEIT!
DU HAST ZUM ERSTEN MAL DEINE BIJU-FORM ANGENOMMEN. UNSERE VERBINDUNG IST NOCH NICHT PERFEKT... SIE HÄLT HÖCHSTENS...

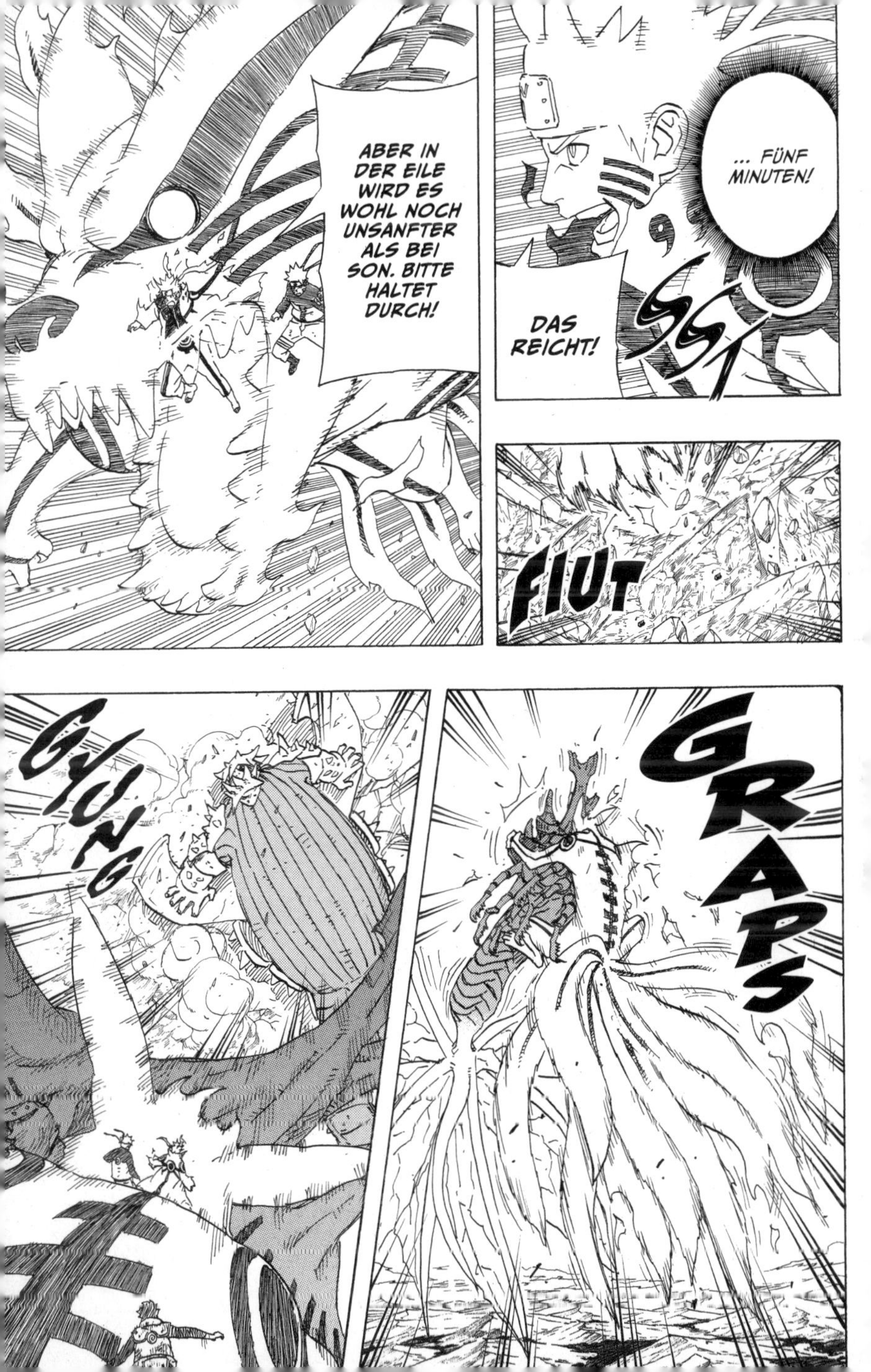

... FÜNF MINUTEN!
DAS REICHT!
SSST
ABER IN DER EILE WIRD ES WOHL NOCH UNSANFTER ALS BEI SON. BITTE HALTET DURCH!
FLUT
GRAPS
GYUNG

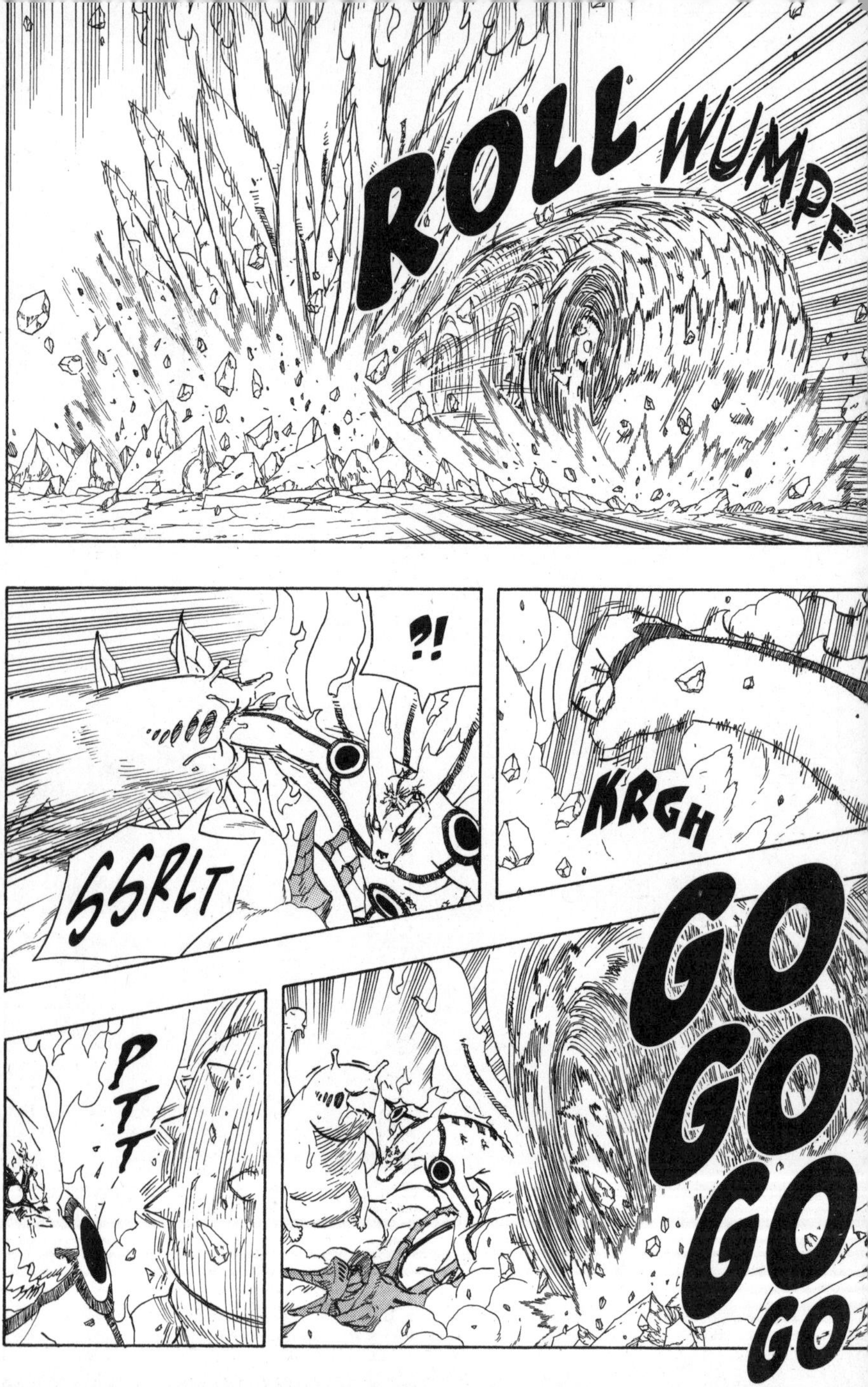
ROLL
WUMPF
?!
SSRLT
KRGH
GO GO GO GO
PTT

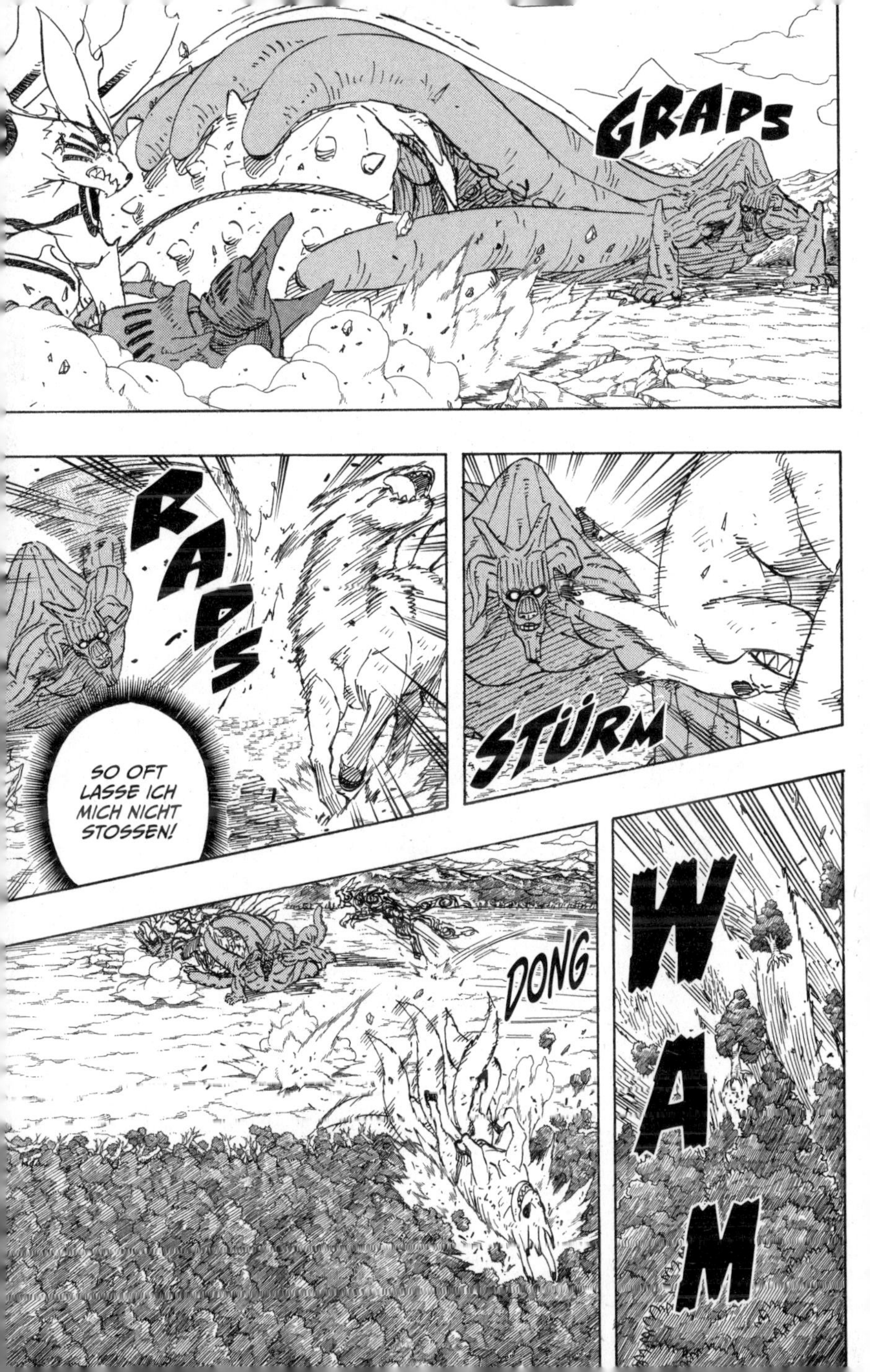
GRAPS
RAPS
STÜRM
SO OFT LASSE ICH MICH NICHT STOSSEN!
WAM
DONG

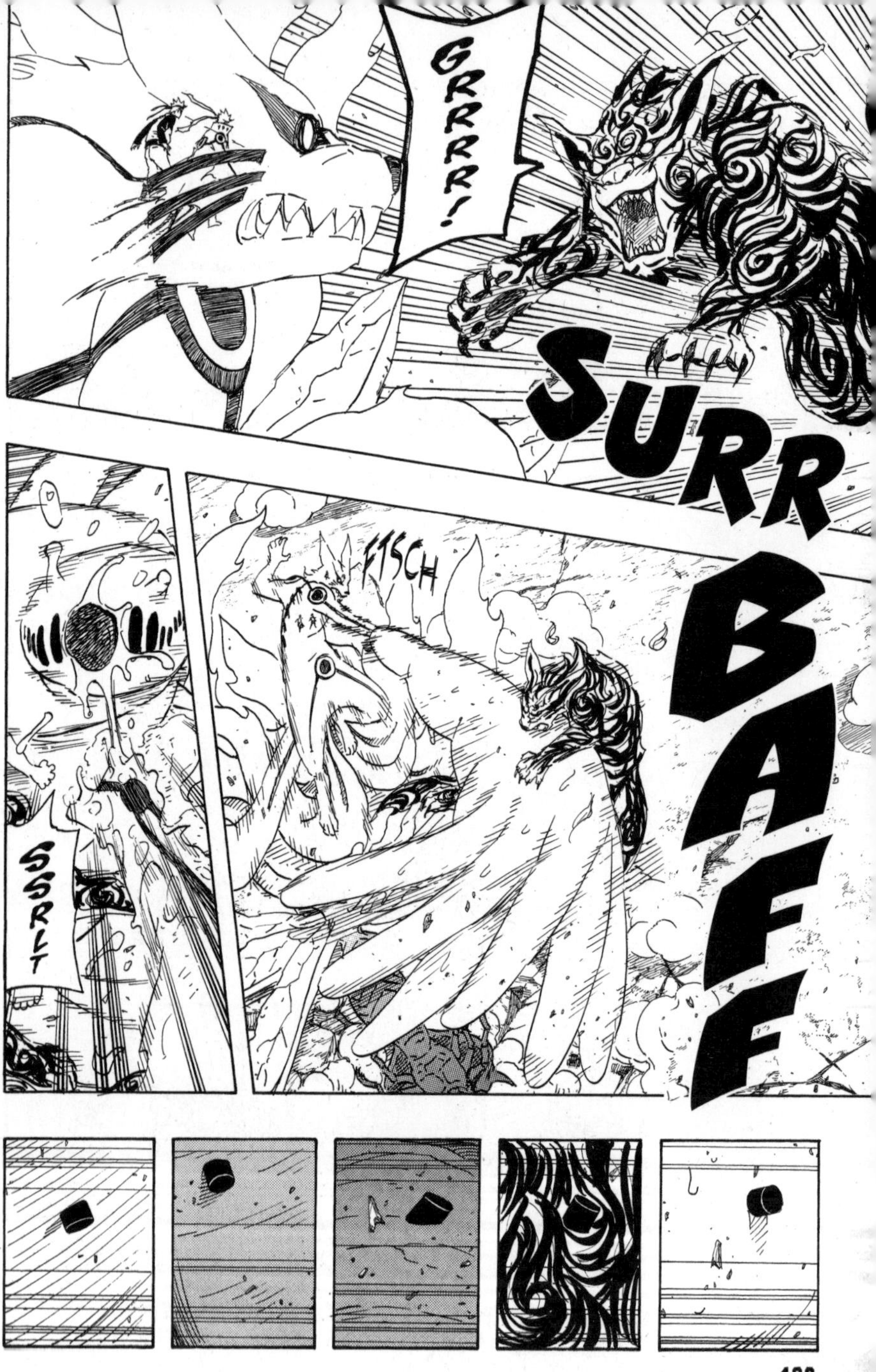
GRRRRR!
SURR
BAFF
FTSCH
SSRLT

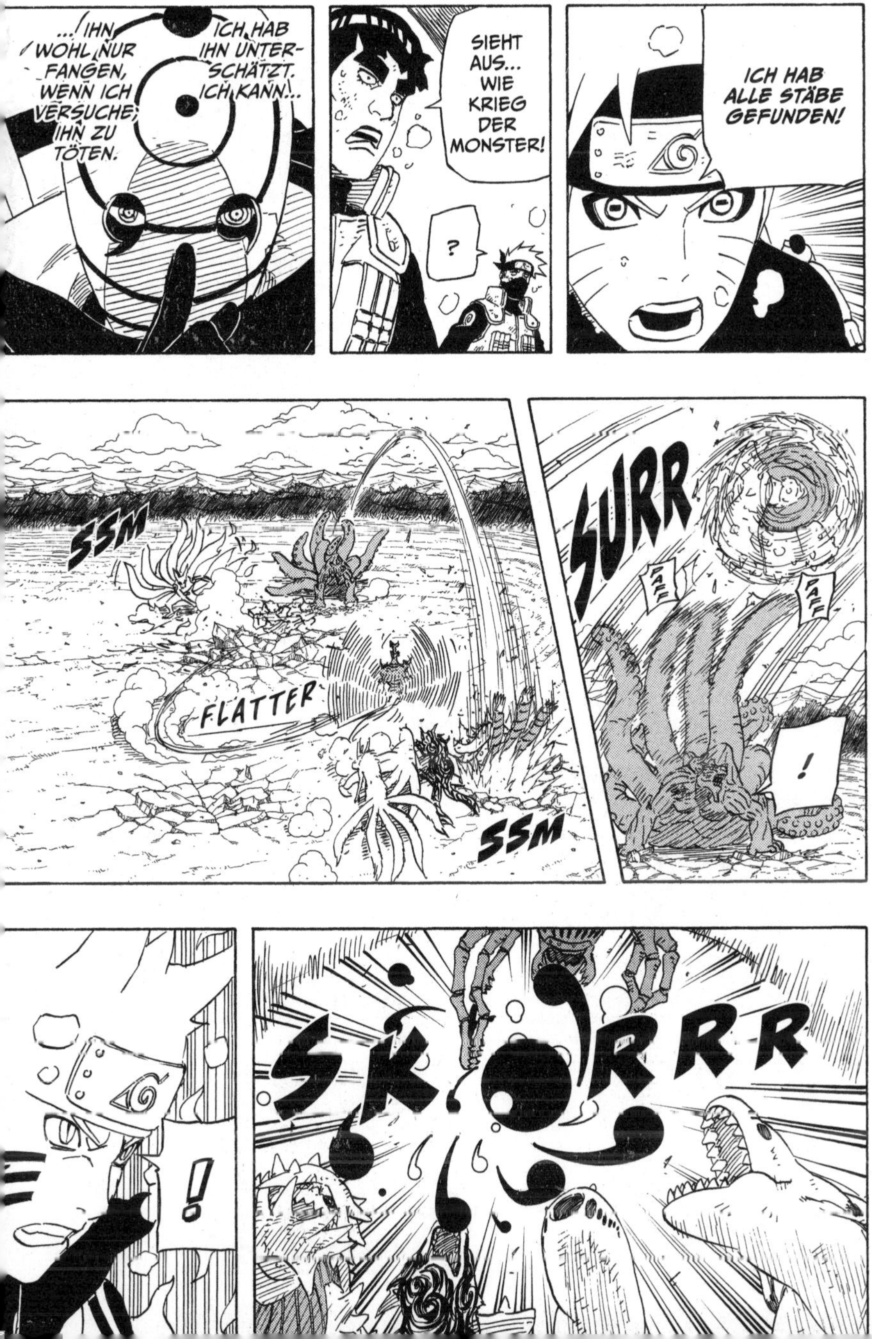
ICH HAB ALLE STÄBE GEFUNDEN!
SIEHT AUS... WIE KRIEG DER MONSTER!
?
ICH HAB IHN UNTERSCHÄTZT. ICH KANN...
...IHN WOHL NUR FANGEN, WENN ICH VERSUCHE, IHN ZU TÖTEN.
SURR
!
SSM
FLATTER
SSM
SKRRRR
!

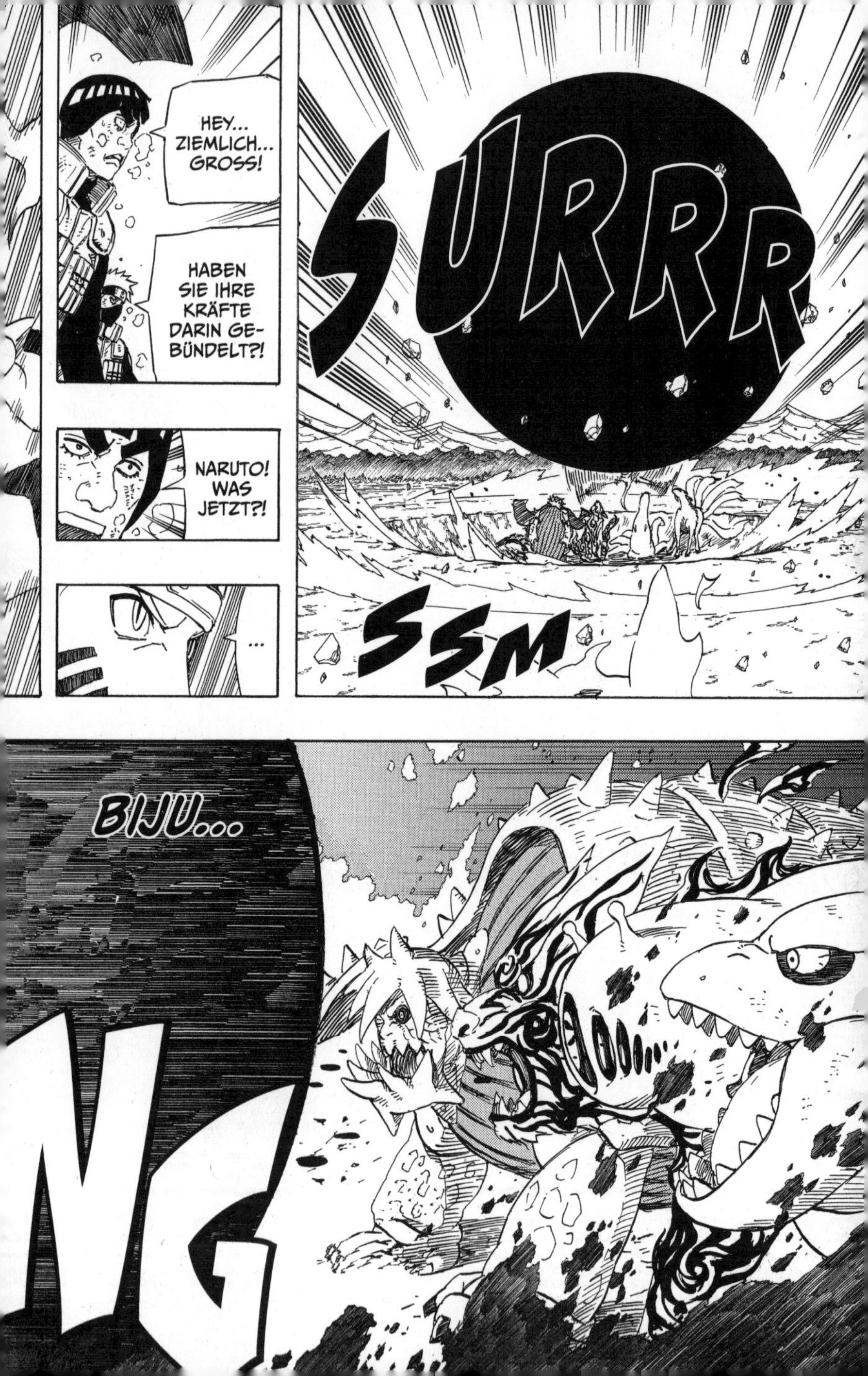
SURRR
SSM
HEY... ZIEMLICH... GROSS!
HABEN SIE IHRE KRÄFTE DARIN GEBÜNDELT?!
NARUTO! WAS JETZT?!
...
BIJU...
NG

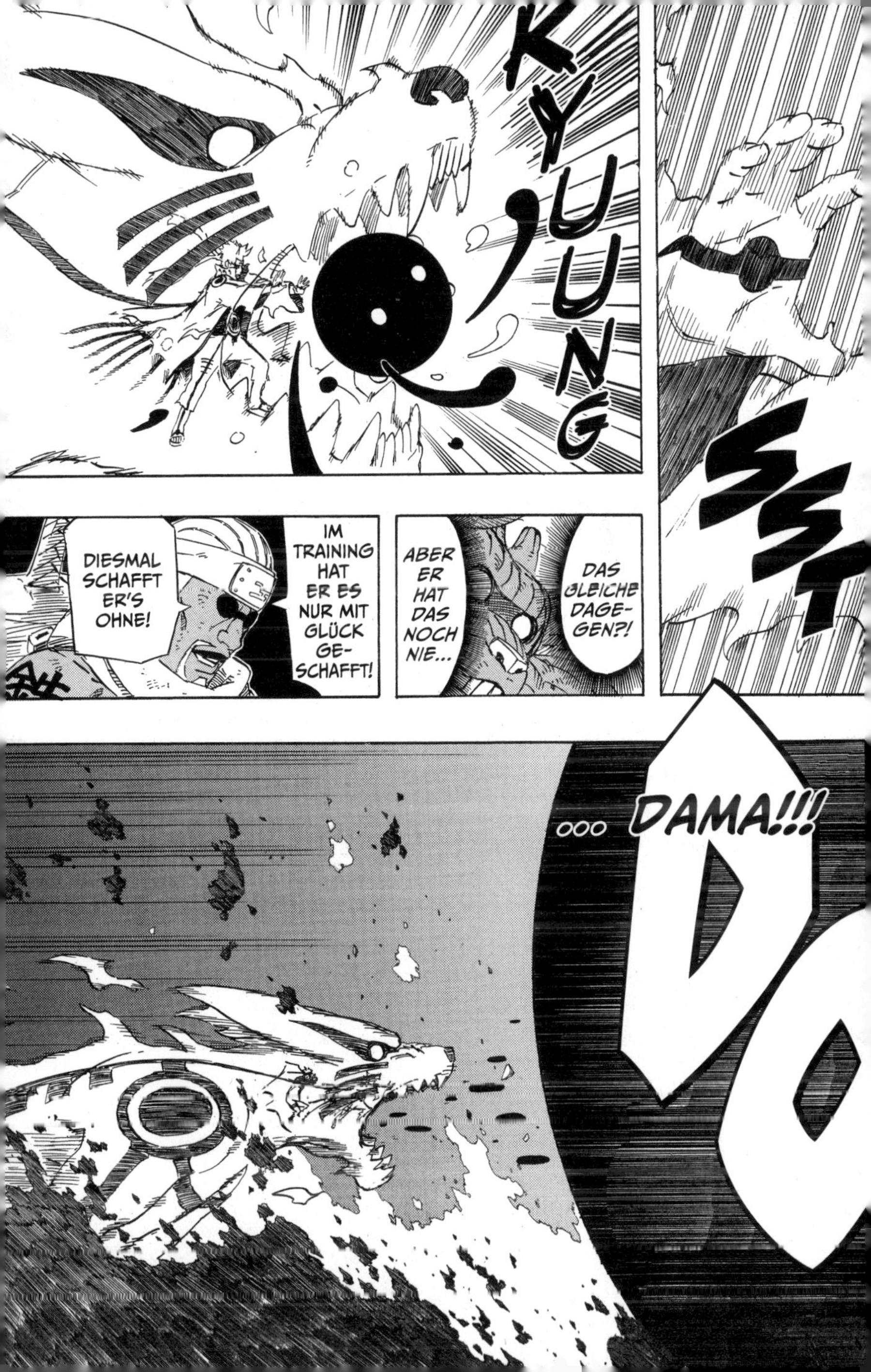

KYUUNG
SSST
DAS GLEICHE DAGEGEN?!
ABER ER HAT DAS NOCH NIE…
IM TRAINING HAT ER ES NUR MIT GLÜCK GESCHAFFT!
DIESMAL SCHAFFT ER'S OHNE!
…DAMA!!!
OOO
DO

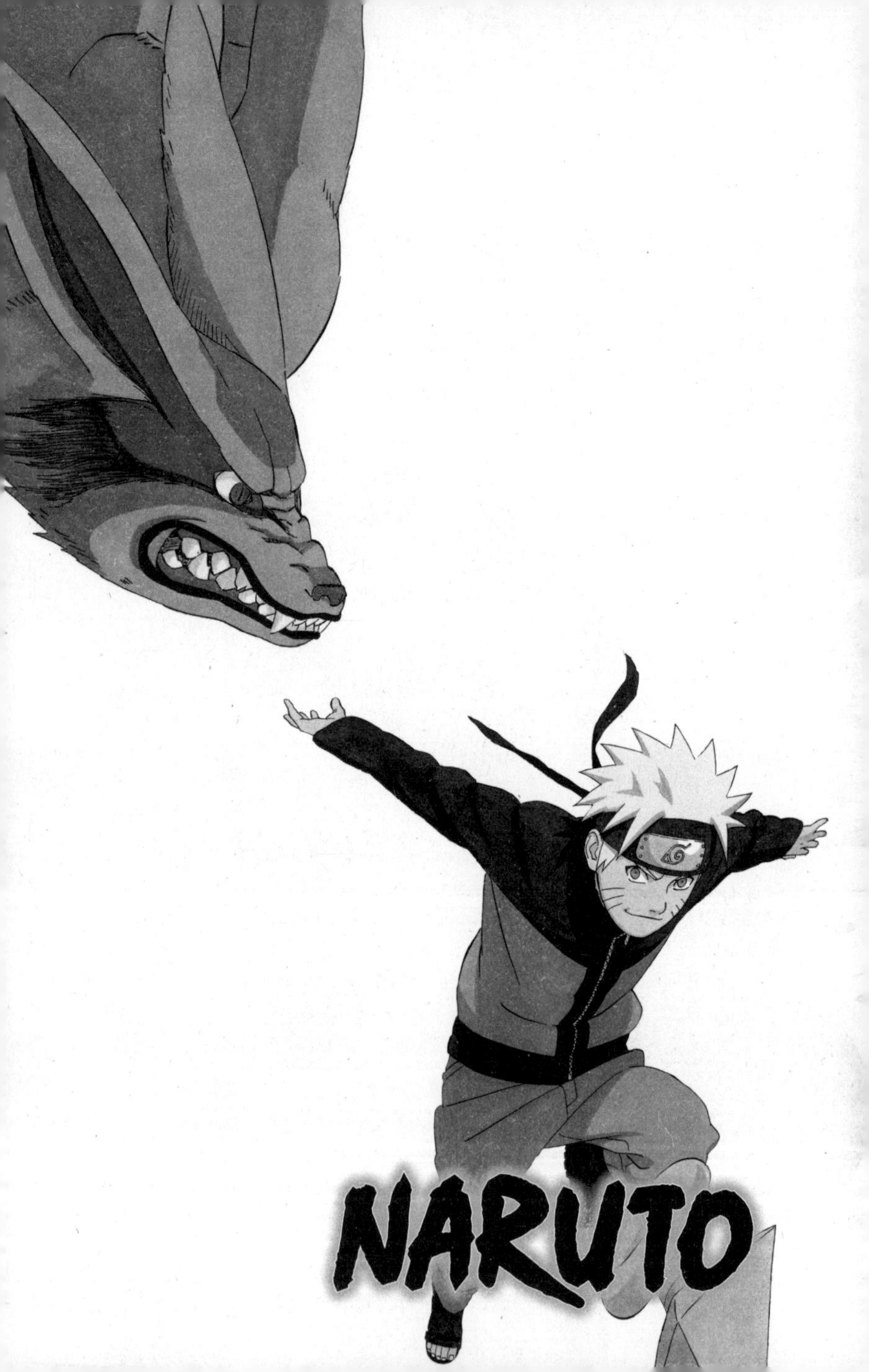
NARUTO

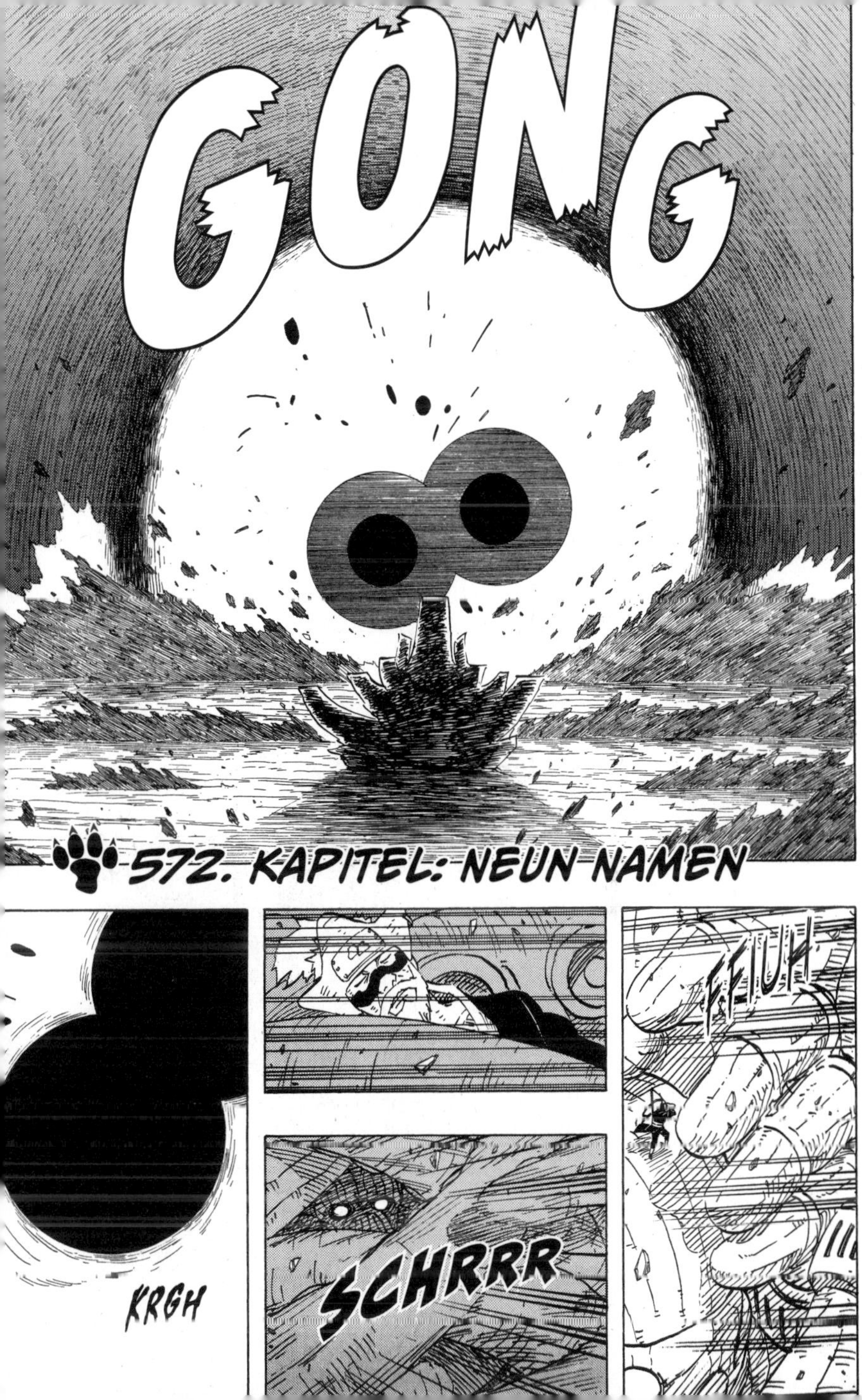
GONG
572. KAPITEL: NEUN NAMEN
FEIUH
KRGH
SCHRRR

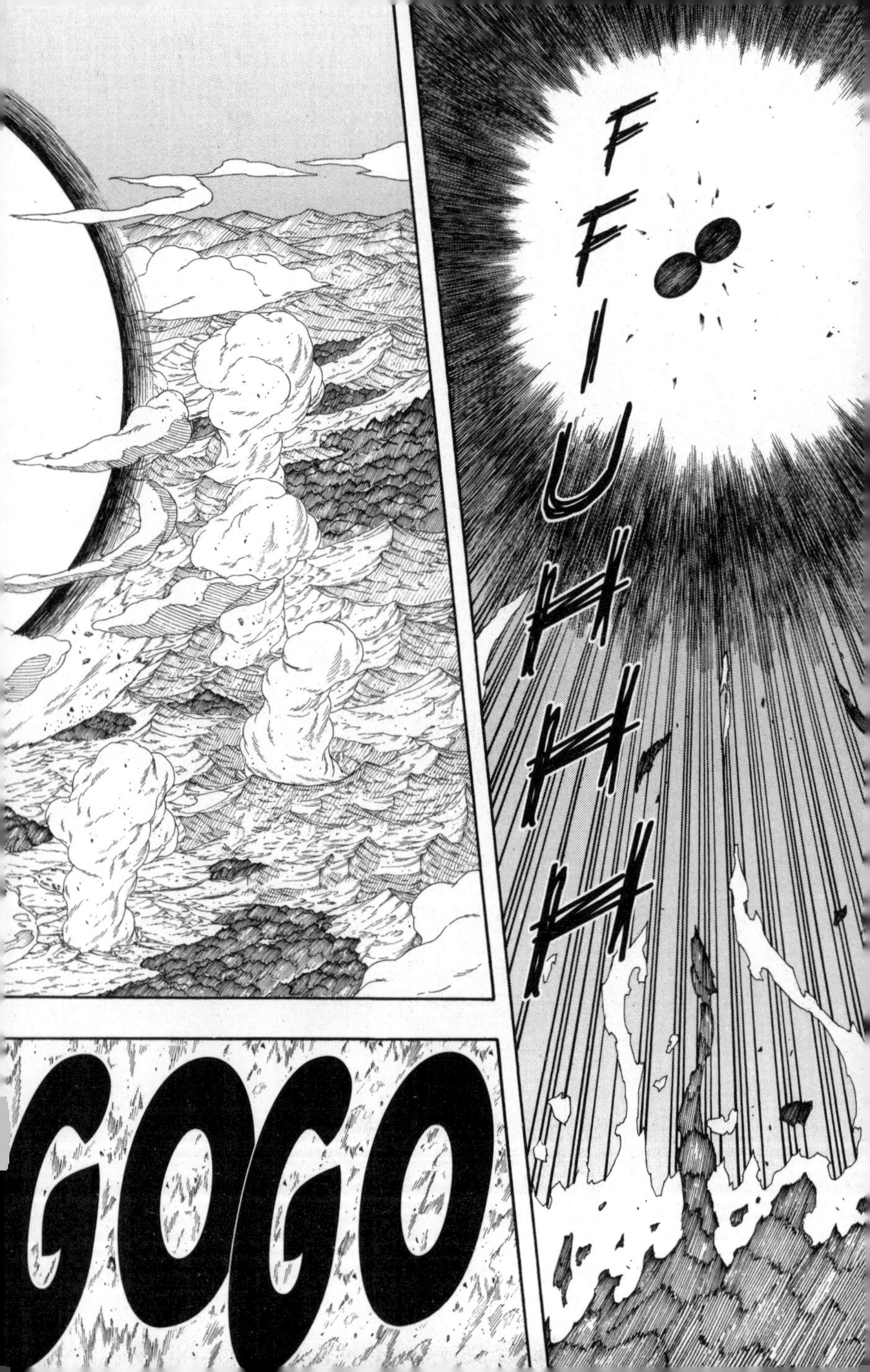
FFFUHHHH
GOGO

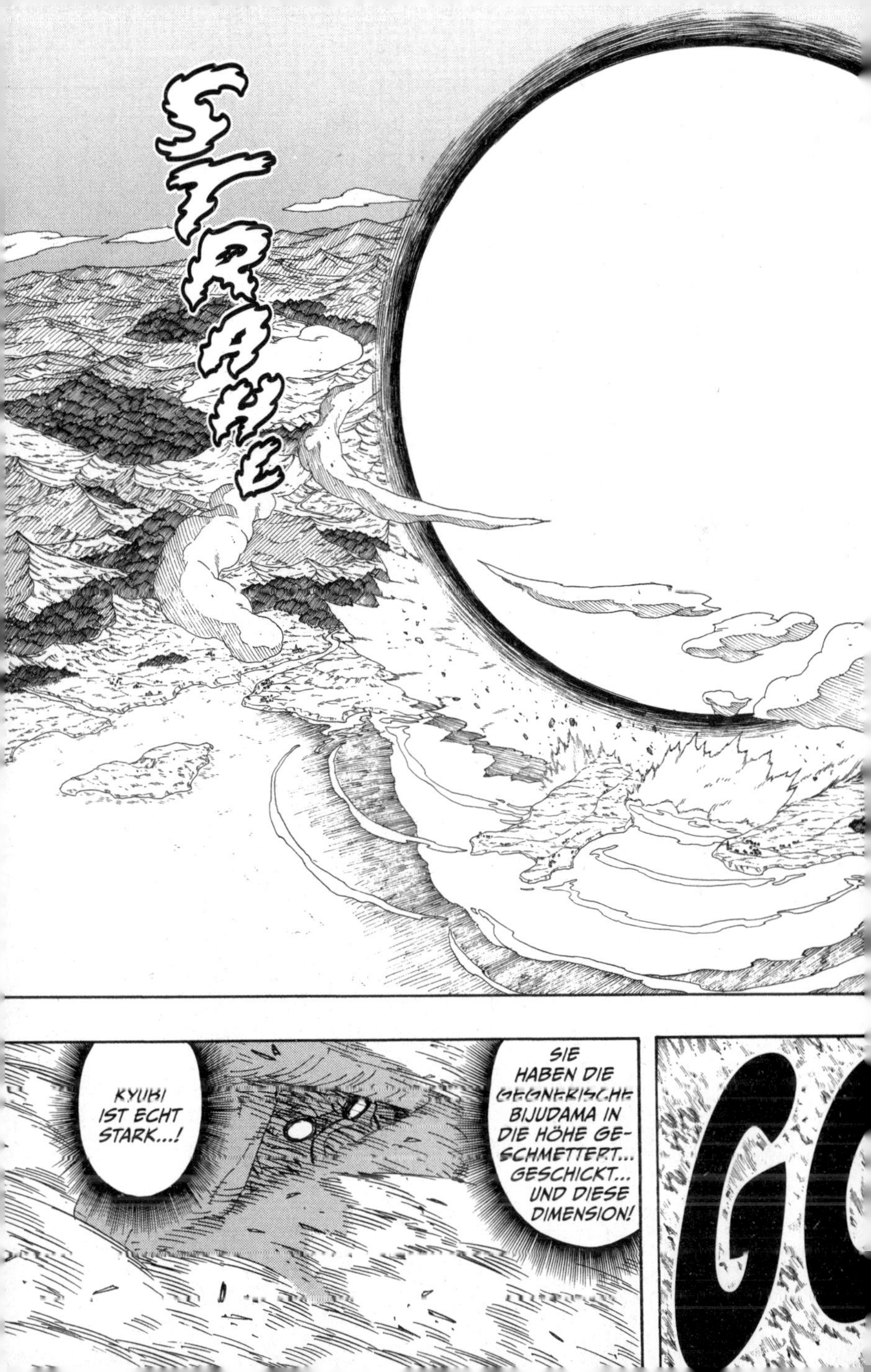
STRAHL
GO
SIE HABEN DIE GEGNERISCHE BIJUDAMA IN DIE HÖHE GESCHMETTERT... GESCHICKT... UND DIESE DIMENSION!
KYUBI IST ECHT STARK...!

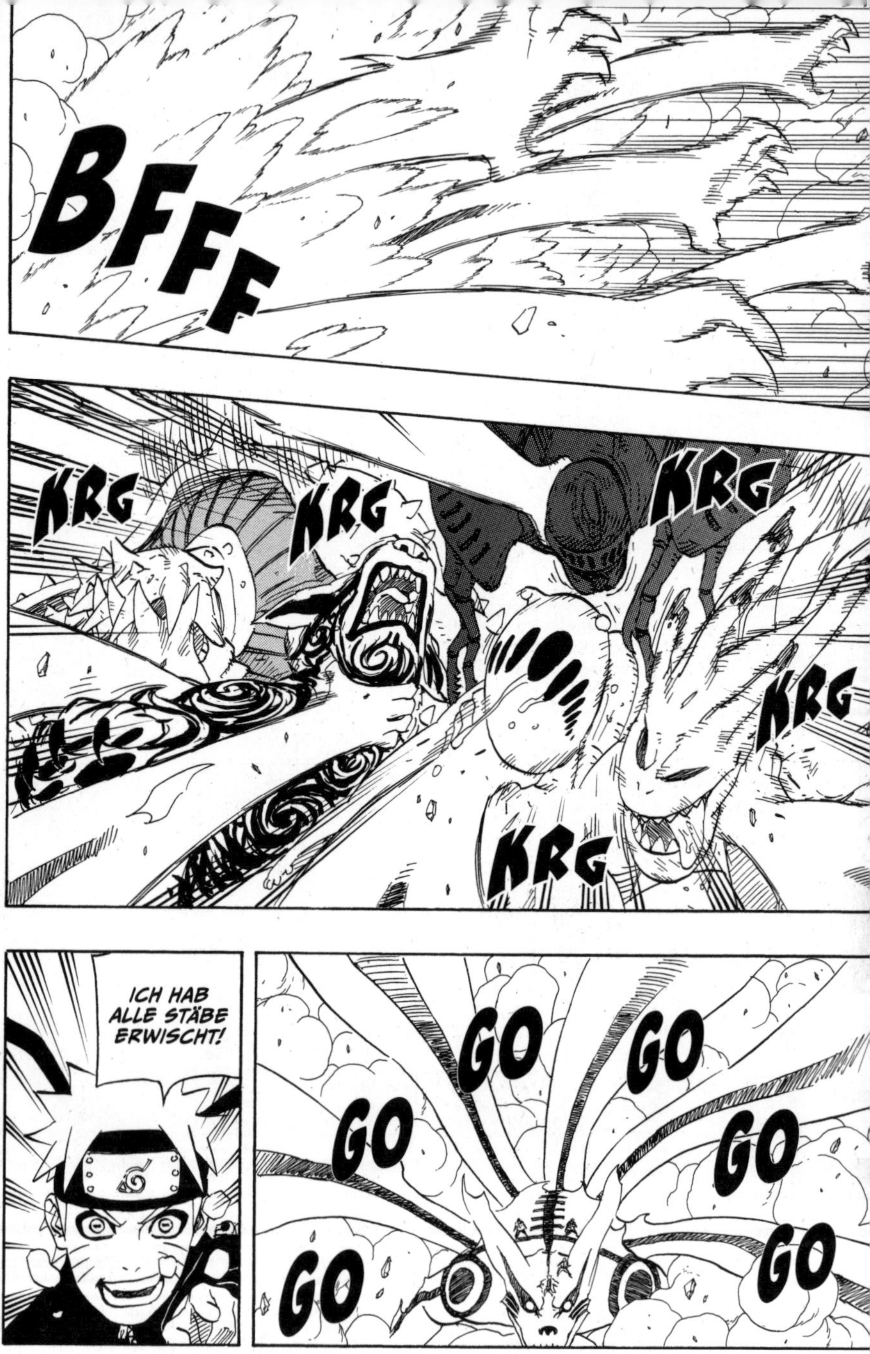
BFFF
KRG
KRG
KRG
KRG
KRG
GO
GO
GO
GO
GO
GO
GO
ICH HAB ALLE STÄBE ERWISCHT!

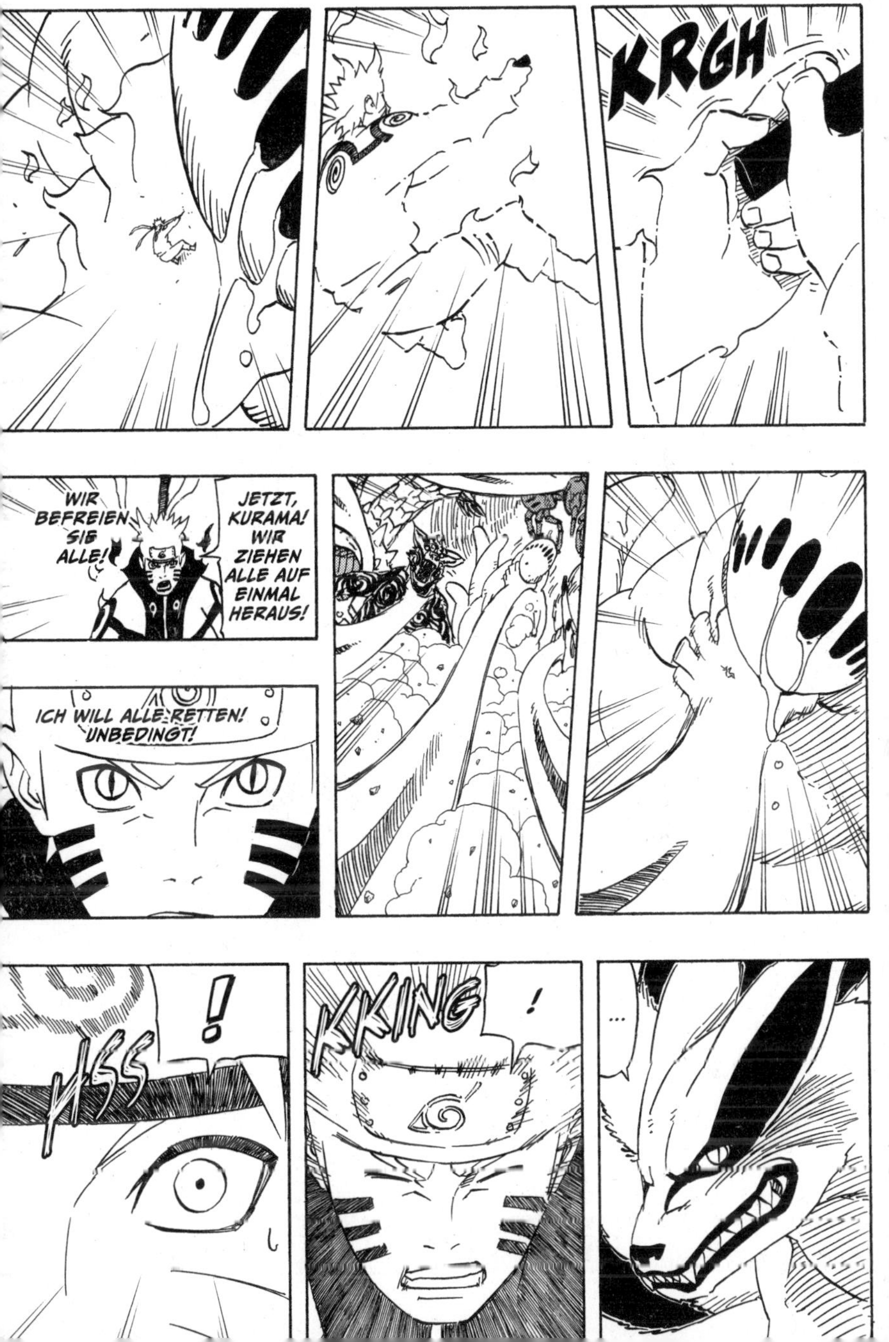
KRGH
JETZT, KURAMA! WIR ZIEHEN ALLE AUF EINMAL HERAUS!
WIR BEFREIEN SIE ALLE!
ICH WILL ALLE RETTEN! UNBEDINGT!
...
KKING
!
!
HSS

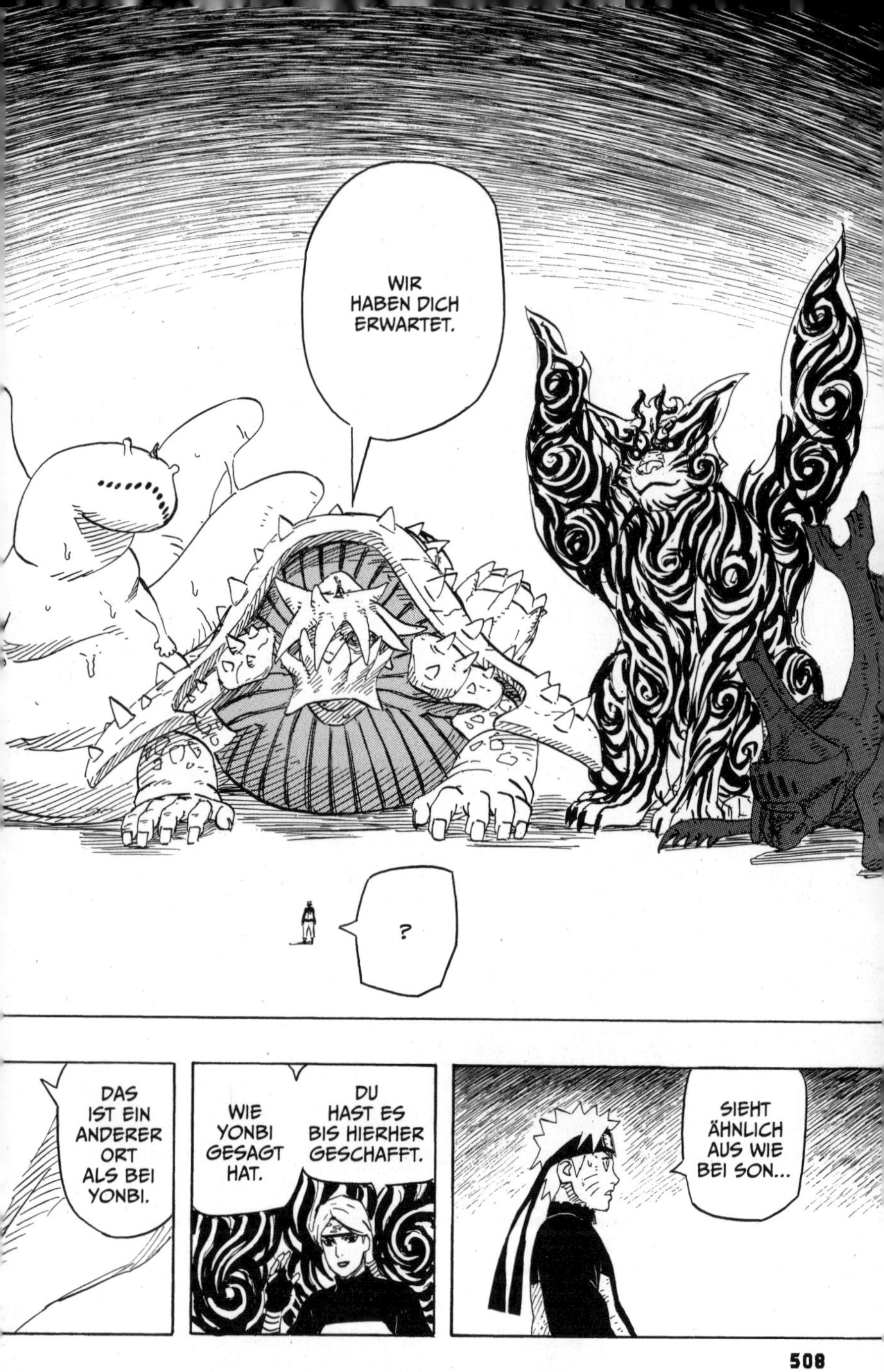
WIR HABEN DICH ERWARTET.
?
SIEHT ÄHNLICH AUS WIE BEI SON...
DU HAST ES BIS HIERHER GESCHAFFT.
WIE YONBI GESAGT HAT.
DAS IST EIN ANDERER ORT ALS BEI YONBI.

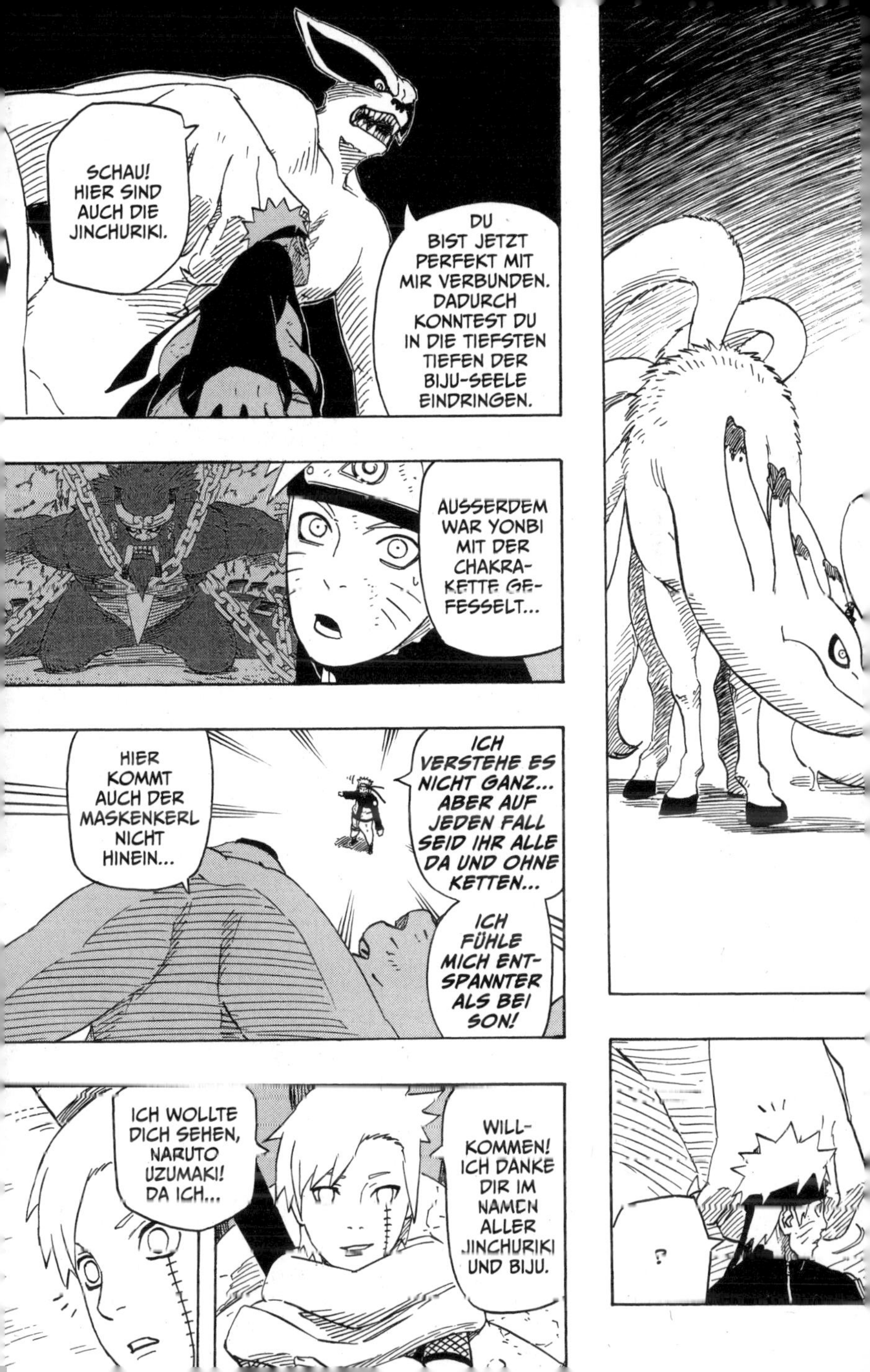
DU BIST JETZT PERFEKT MIT MIR VERBUNDEN. DADURCH KONNTEST DU IN DIE TIEFSTEN TIEFEN DER BIJU-SEELE EINDRINGEN.
SCHAU! HIER SIND AUCH DIE JINCHURIKI.
AUSSERDEM WAR YONBI MIT DER CHAKRA-KETTE GE-FESSELT...
ICH VERSTEHE ES NICHT GANZ... ABER AUF JEDEN FALL SEID IHR ALLE DA UND OHNE KETTEN...
ICH FÜHLE MICH ENT-SPANNTER ALS BEI SON!
HIER KOMMT AUCH DER MASKENKERL NICHT HINEIN...
WILL-KOMMEN! ICH DANKE DIR IM NAMEN ALLER JINCHURIKI UND BIJU.
ICH WOLLTE DICH SEHEN, NARUTO UZUMAKI! DA ICH...
?

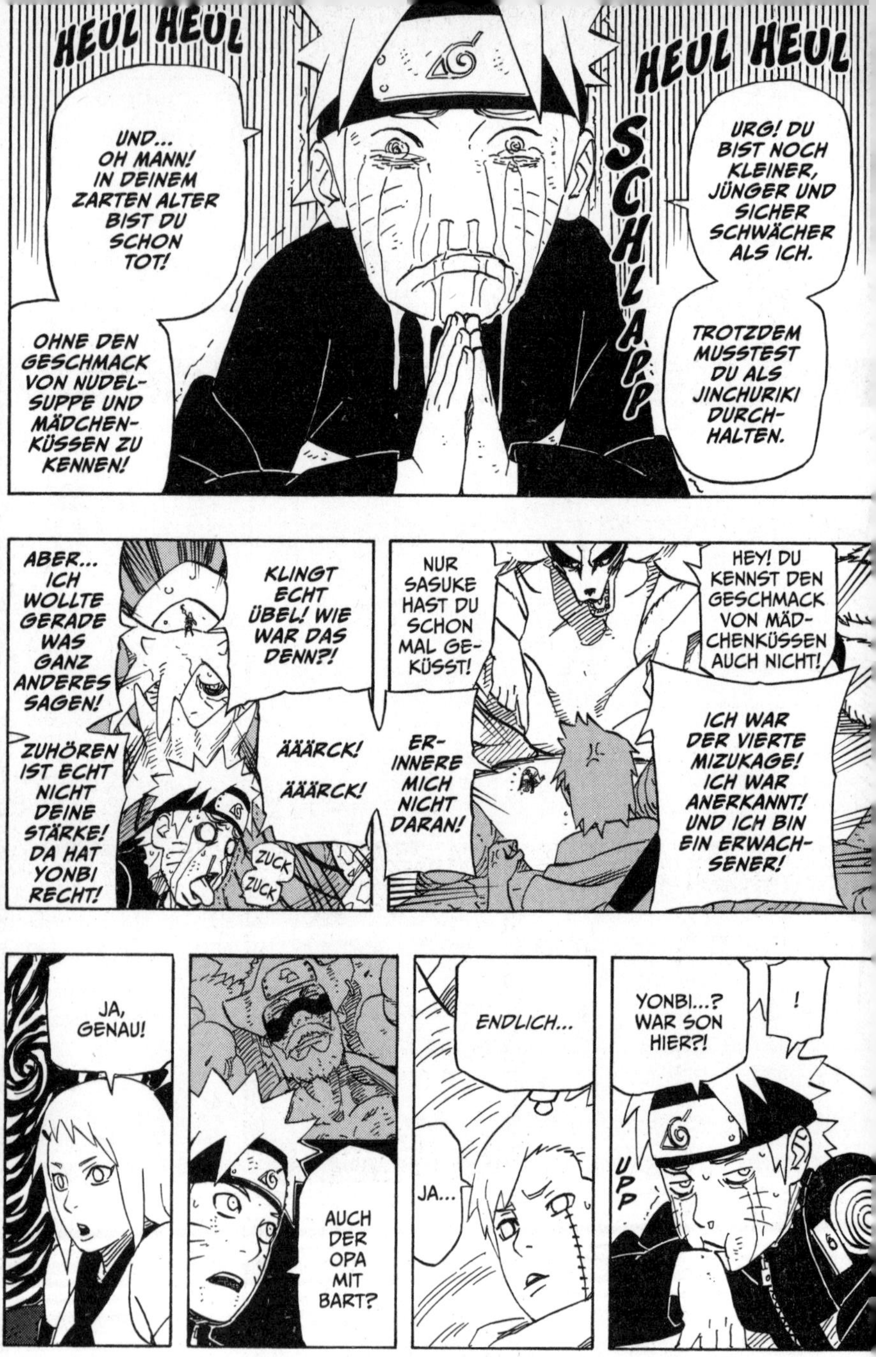
HEUL HEUL
HEUL HEUL
SCHLAPP
URG! DU BIST NOCH KLEINER, JÜNGER UND SICHER SCHWÄCHER ALS ICH.
TROTZDEM MUSSTEST DU ALS JINCHURIKI DURCHHALTEN.
UND... OH MANN! IN DEINEM ZARTEN ALTER BIST DU SCHON TOT!
OHNE DEN GESCHMACK VON NUDELSUPPE UND MÄDCHENKÜSSEN ZU KENNEN!
HEY! DU KENNST DEN GESCHMACK VON MÄDCHENKÜSSEN AUCH NICHT!
ICH WAR DER VIERTE MIZUKAGE! ICH WAR ANERKANNT! UND ICH BIN EIN ERWACHSENER!
NUR SASUKE HAST DU SCHON MAL GEKÜSST!
ERINNERE MICH NICHT DARAN!
KLINGT ECHT ÜBEL! WIE WAR DAS DENN?!
ÄÄÄRCK! ÄÄÄRCK!
ZUCK ZUCK
ABER... ICH WOLLTE GERADE WAS GANZ ANDERES SAGEN!
ZUHÖREN IST ECHT NICHT DEINE STÄRKE! DA HAT YONBI RECHT!
!
YONBI...? WAR SON HIER?!
UPP
ENDLICH...
JA...
AUCH DER OPA MIT BART?
JA, GENAU!

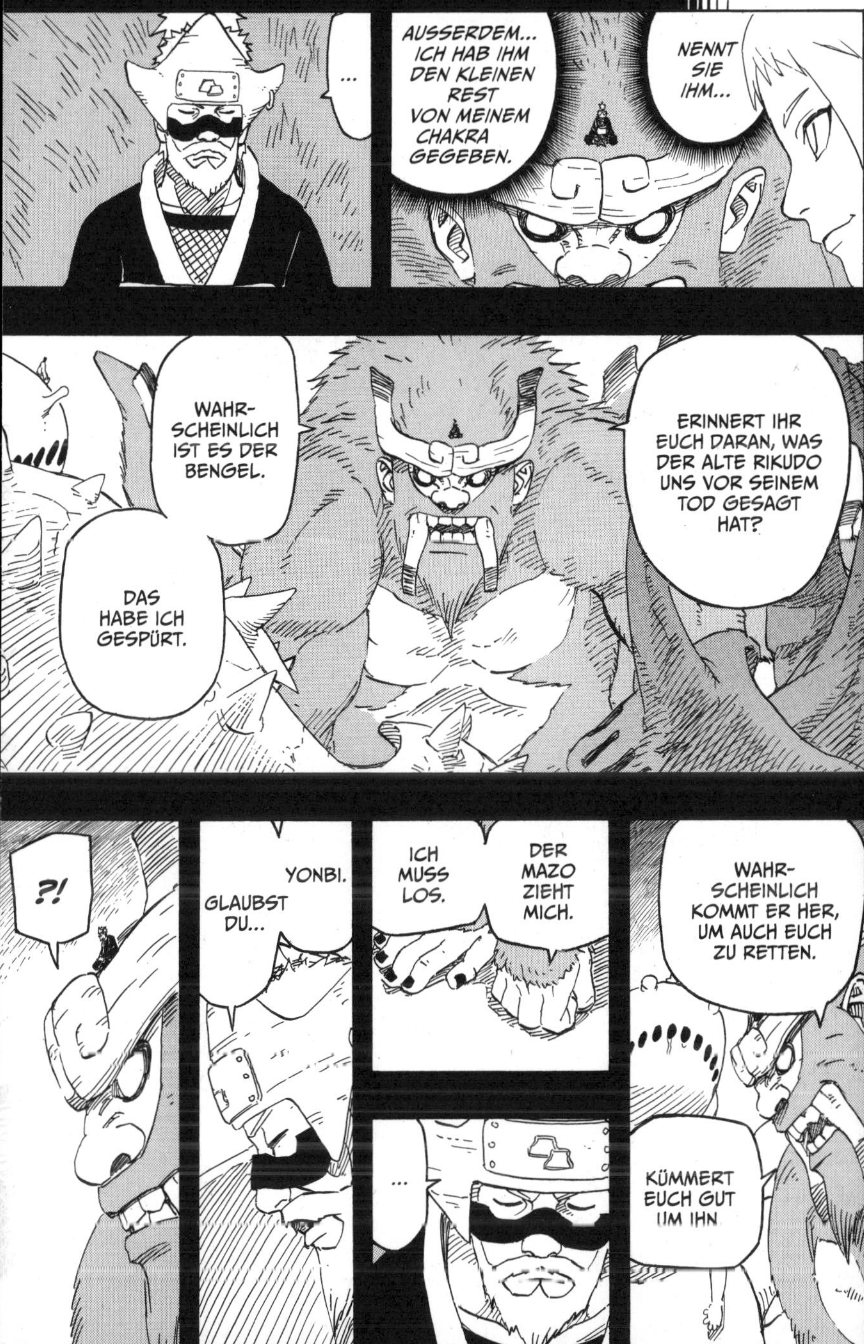
NENNT SIE IHM...
AUSSERDEM... ICH HAB IHM DEN KLEINEN REST VON MEINEM CHAKRA GEGEBEN.
...
ERINNERT IHR EUCH DARAN, WAS DER ALTE RIKUDO UNS VOR SEINEM TOD GESAGT HAT?
WAHR-SCHEINLICH IST ES DER BENGEL.
DAS HABE ICH GESPÜRT.
WAHR-SCHEINLICH KOMMT ER HER, UM AUCH EUCH ZU RETTEN.
KÜMMERT EUCH GUT UM IHN
DER MAZO ZIEHT MICH.
ICH MUSS LOS.
...
YONBI.
GLAUBST DU...
?!

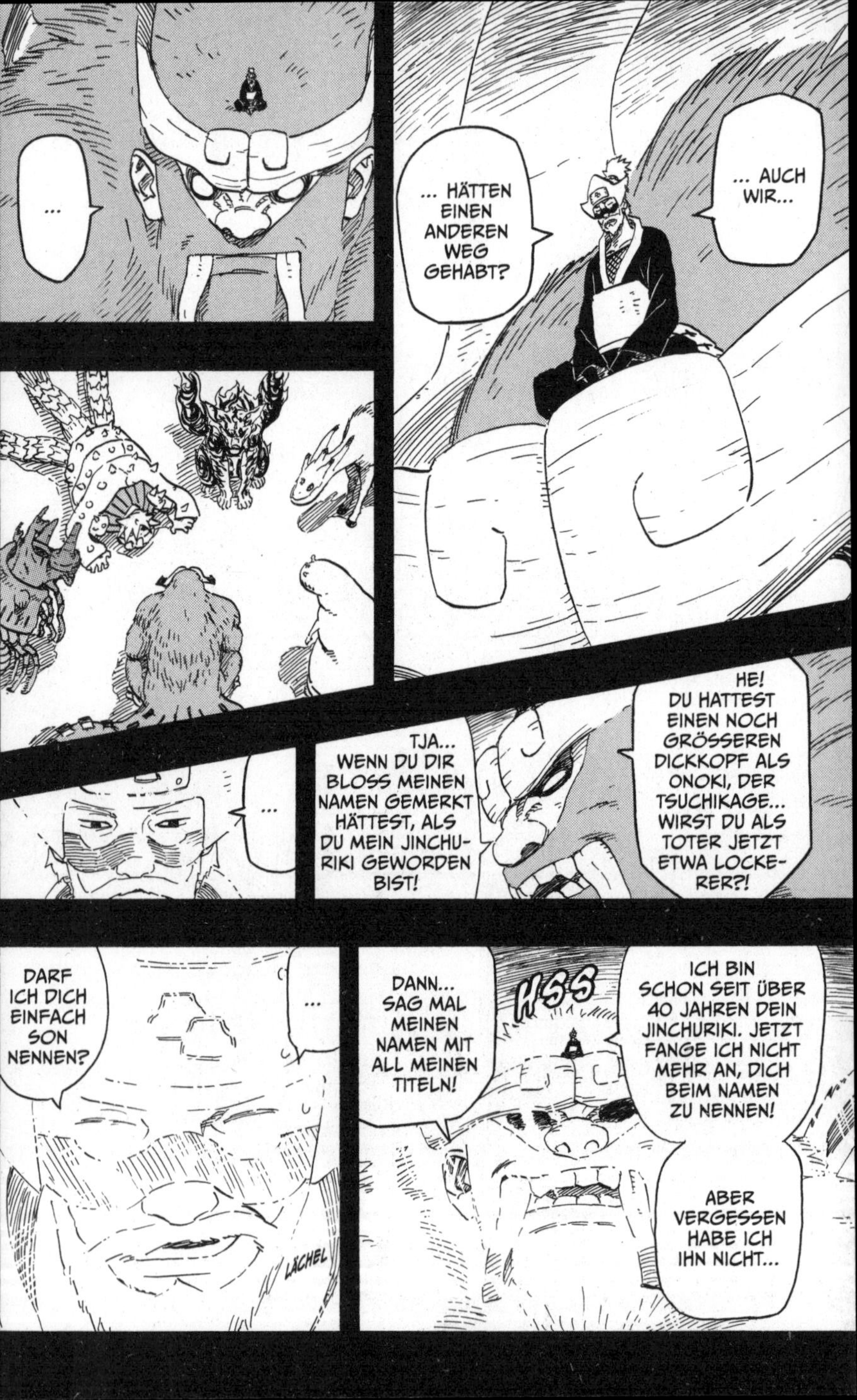
... AUCH WIR...
... HÄTTEN EINEN ANDEREN WEG GEHABT?
...
HE! DU HATTEST EINEN NOCH GRÖSSEREN DICKKOPF ALS ONOKI, DER TSUCHIKAGE... WIRST DU ALS TOTER JETZT ETWA LOCKERER?!
TJA... WENN DU DIR BLOSS MEINEN NAMEN GEMERKT HÄTTEST, ALS DU MEIN JINCHURIKI GEWORDEN BIST!
...
ICH BIN SCHON SEIT ÜBER 40 JAHREN DEIN JINCHURIKI. JETZT FANGE ICH NICHT MEHR AN, DICH BEIM NAMEN ZU NENNEN!
ABER VERGESSEN HABE ICH IHN NICHT...
HSS
DANN... SAG MAL MEINEN NAMEN MIT ALL MEINEN TITELN!
...
DARF ICH DICH EINFACH SON NENNEN?
LÄCHEL

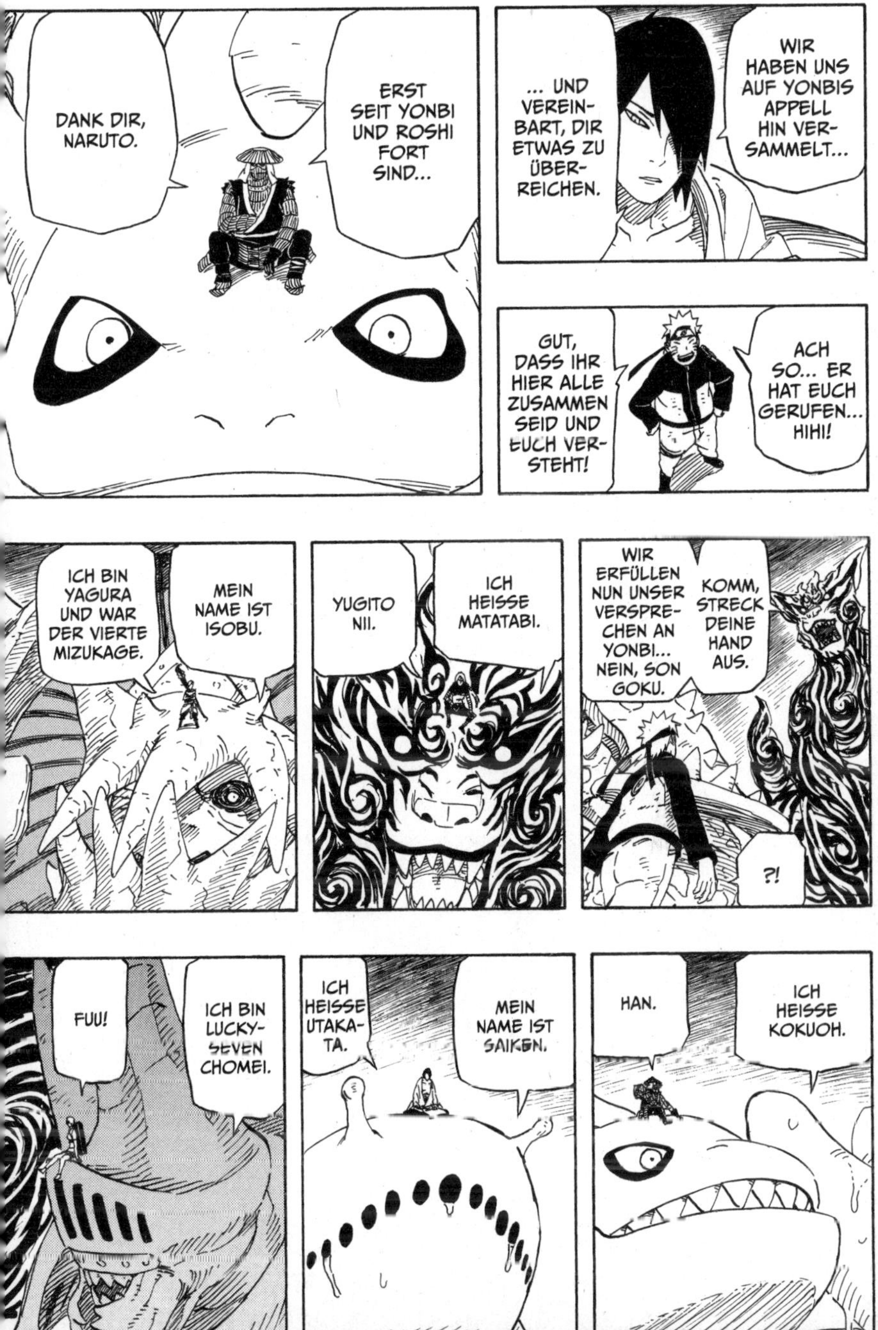
WIR HABEN UNS AUF YONBIS APPELL HIN VERSAMMELT...
... UND VEREINBART, DIR ETWAS ZU ÜBERREICHEN.
ACH SO... ER HAT EUCH GERUFEN... HIHI!
GUT, DASS IHR HIER ALLE ZUSAMMEN SEID UND EUCH VERSTEHT!
ERST SEIT YONBI UND ROSHI FORT SIND...
DANK DIR, NARUTO.
KOMM, STRECK DEINE HAND AUS.
WIR ERFÜLLEN NUN UNSER VERSPRECHEN AN YONBI... NEIN, SON GOKU.
?!
ICH HEISSE MATATABI.
YUGITO NII.
MEIN NAME IST ISOBU.
ICH BIN YAGURA UND WAR DER VIERTE MIZUKAGE.
ICH HEISSE KOKUOH.
HAN.
MEIN NAME IST SAIKEN.
ICH HEISSE UTAKATA.
ICH BIN LUCKY-SEVEN CHOMEI.
FUU!

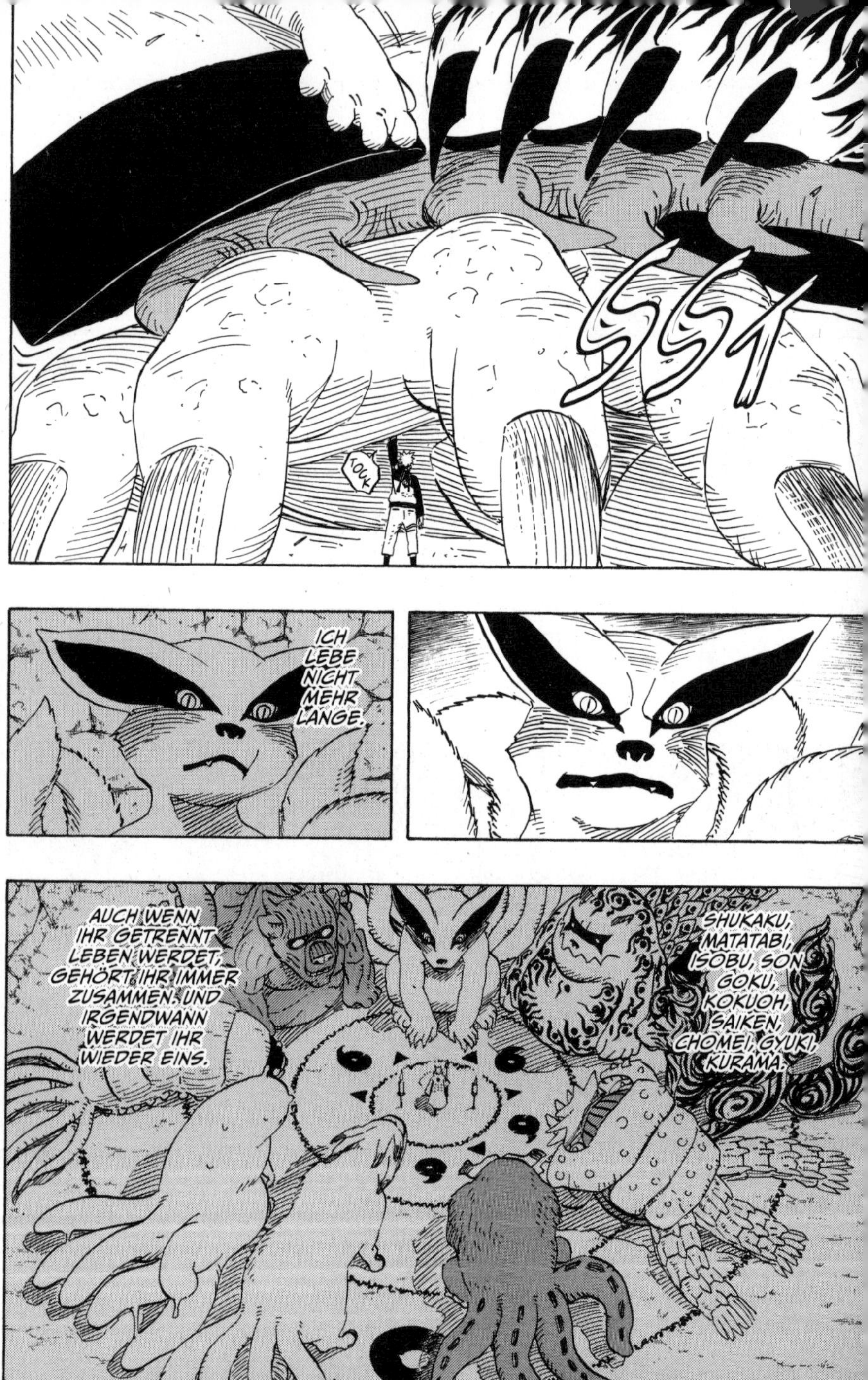
TOCK
ICH LEBE NICHT MEHR LANGE.
SHUKAKU, MATATABI, ISOBU, SON GOKU, KOKUOH, SAIKEN, CHOMEI, GYUKI, KURAMA.
AUCH WENN IHR GETRENNT LEBEN WERDET, GEHÖRT IHR IMMER ZUSAMMEN. UND IRGENDWANN WERDET IHR WIEDER EINS.

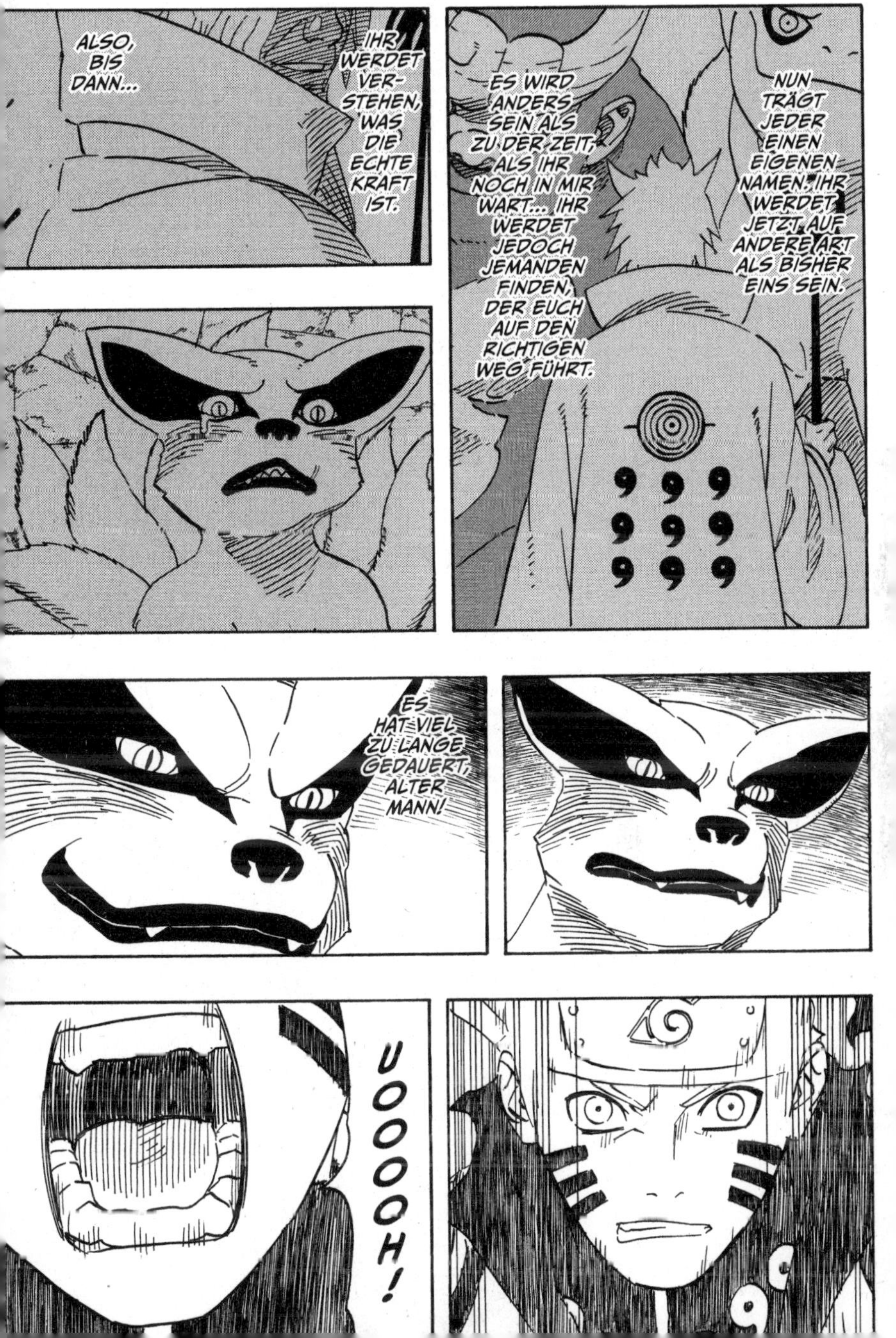

NUN TRÄGT JEDER EINEN EIGENEN NAMEN. IHR WERDET JETZT AUF ANDERE ART ALS BISHER EINS SEIN.
ES WIRD ANDERS SEIN ALS ZU DER ZEIT, ALS IHR NOCH IN MIR WART... IHR WERDET JEDOCH JEMANDEN FINDEN, DER EUCH AUF DEN RICHTIGEN WEG FÜHRT.
IHR WERDET VERSTEHEN, WAS DIE ECHTE KRAFT IST.
ALSO, BIS DANN...
ES HAT VIEL ZU LANGE GEDAUERT, ALTER MANN!
UOOOOOH!

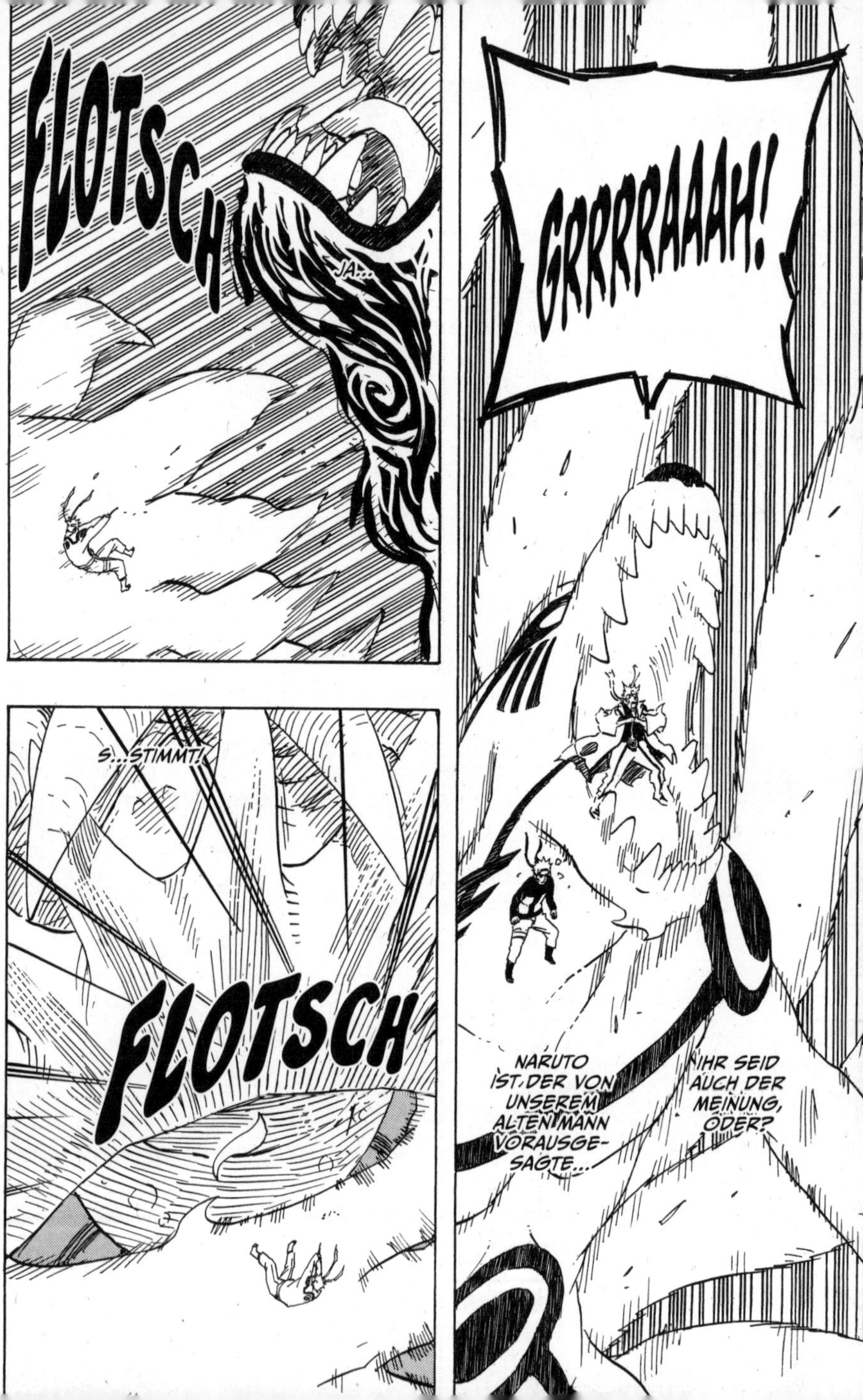
GRRRAAAH!
IHR SEID AUCH DER MEINUNG, ODER?
NARUTO IST DER VON UNSEREM ALTEN MANN VORAUSGE-SAGTE...
FLOTSCH
JA...
S... STIMMT!
FLOTSCH

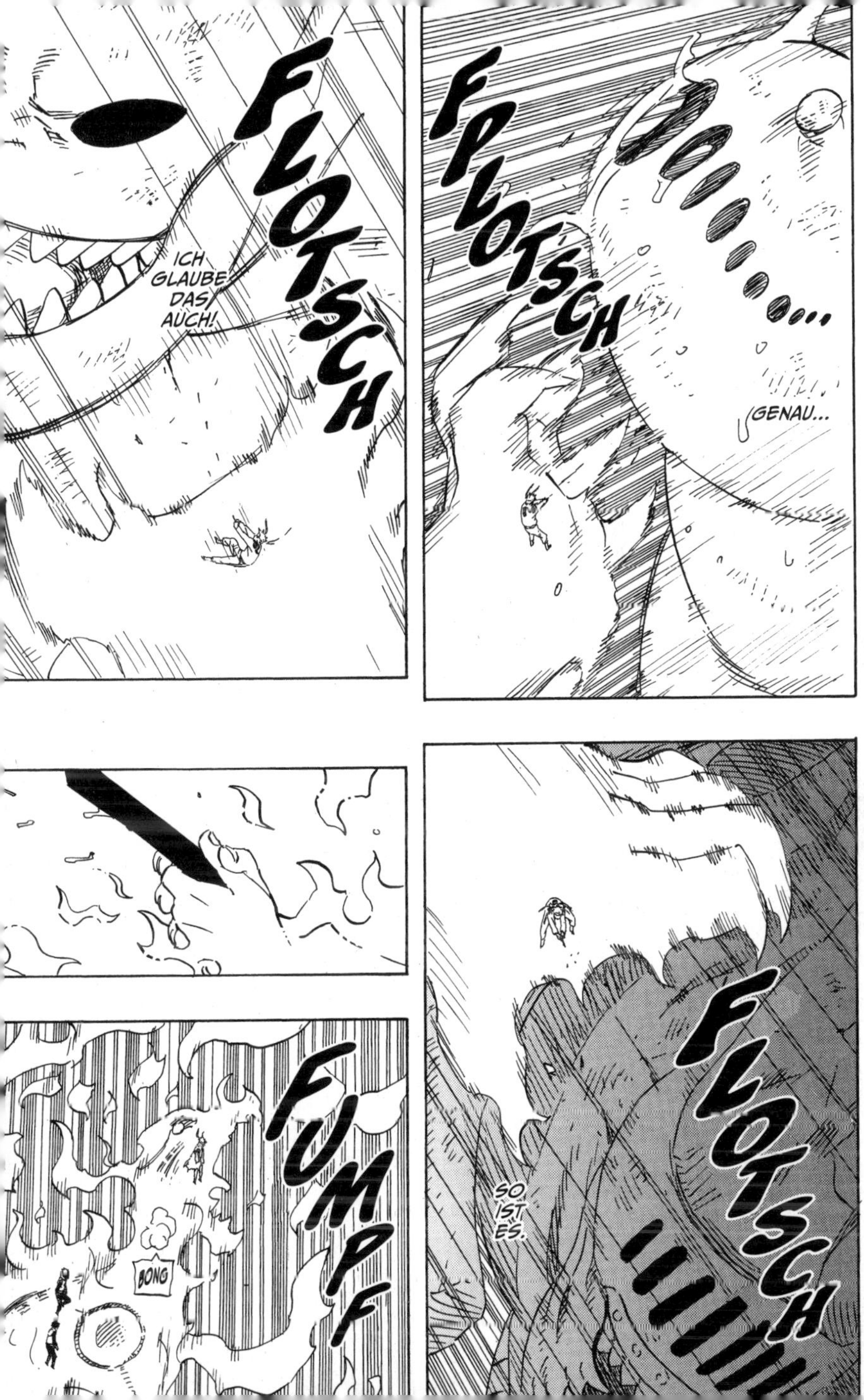

FFLOTSCH
GENAU...
FLOTSCH
ICH GLAUBE DAS AUCH!
FLOTSCH
SO IST ES.
FUMPF
BONG

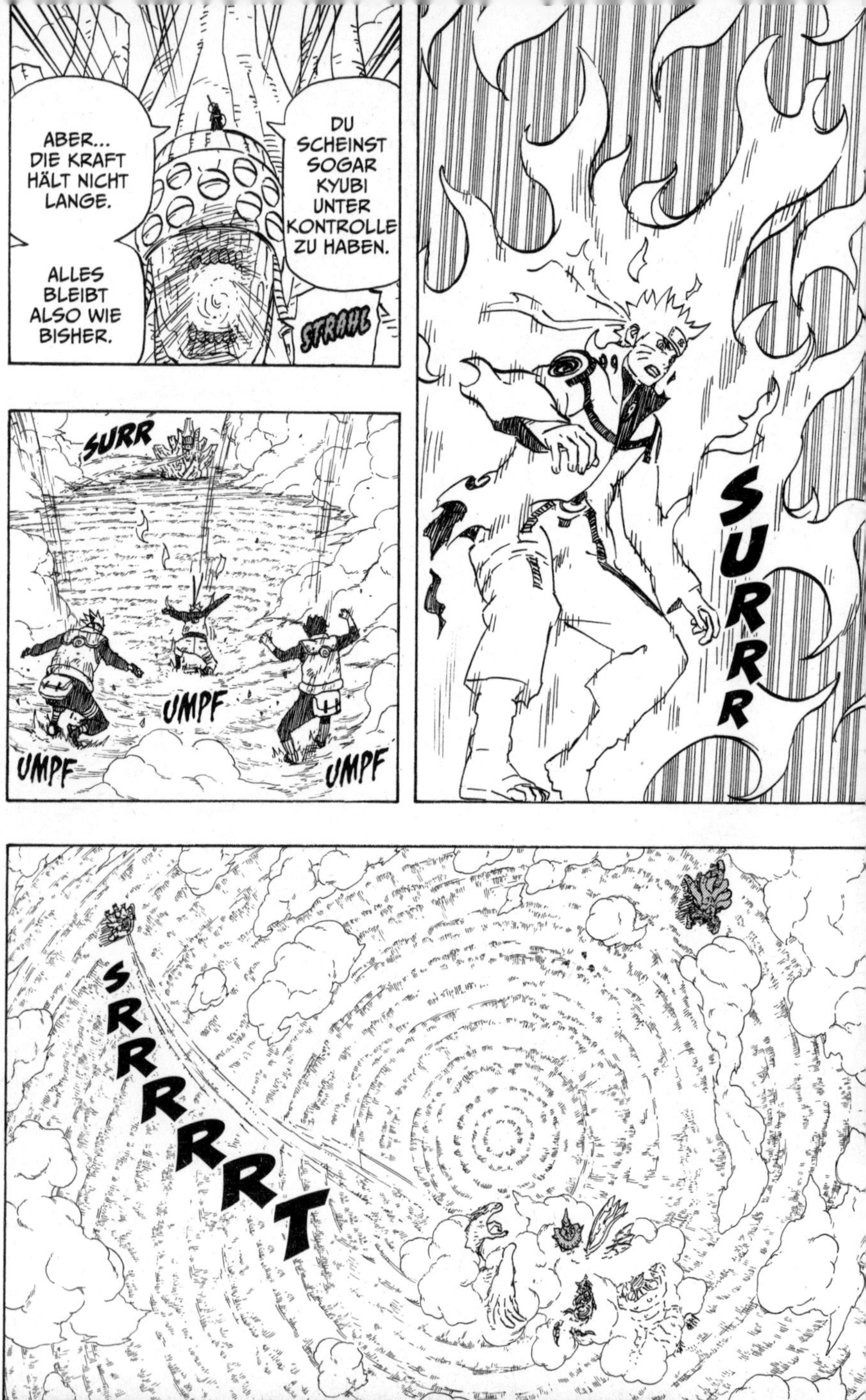
DU SCHEINST SOGAR KYUBI UNTER KONTROLLE ZU HABEN.
ABER... DIE KRAFT HÄLT NICHT LANGE.
ALLES BLEIBT ALSO WIE BISHER.
STRAHL
SURRR
SURR
UMPF
UMPF
UMPF
SRRRRRT

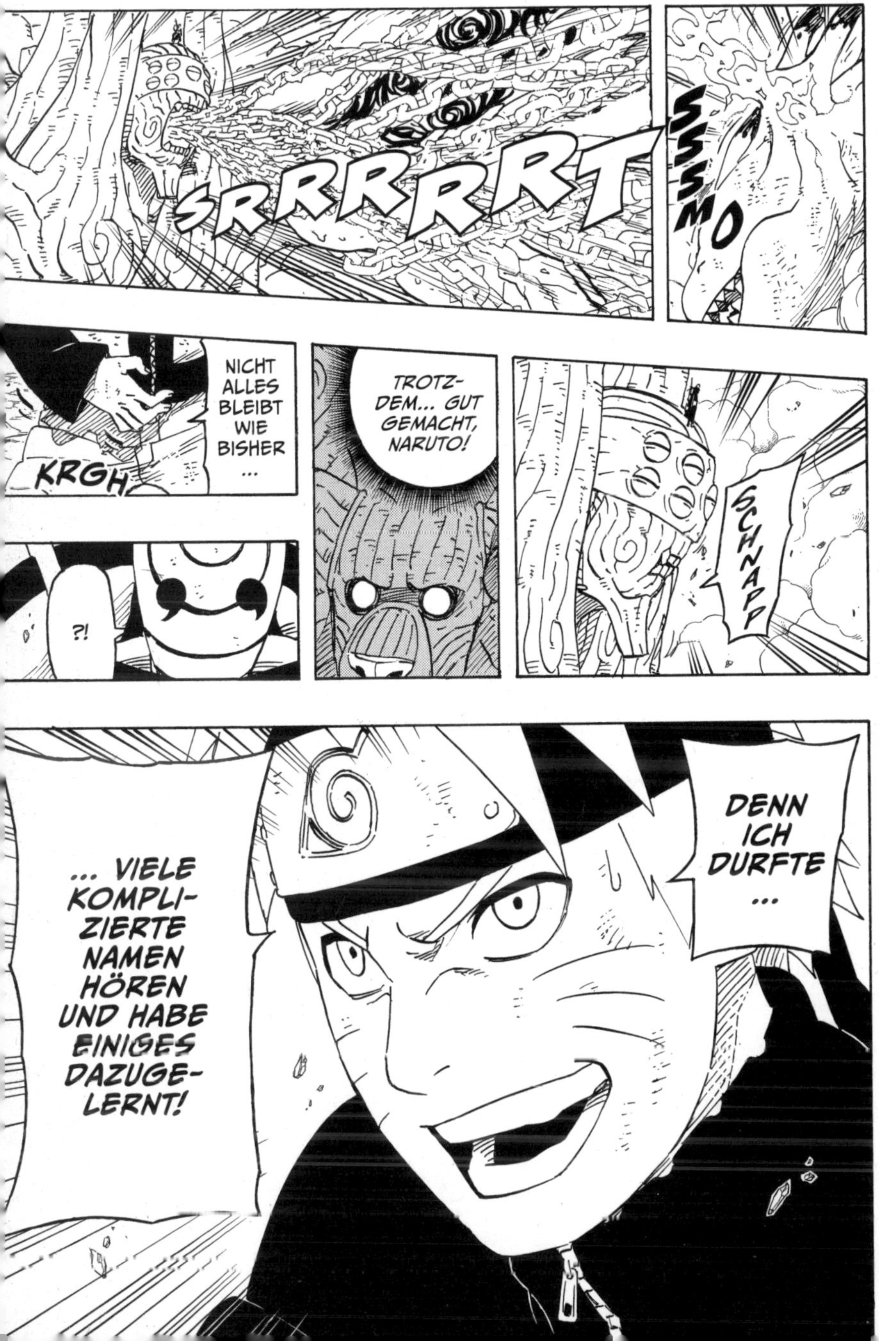
SSSMO
SRRRRRT
NICHT ALLES BLEIBT WIE BISHER ...
KRGH
TROTZ-DEM... GUT GEMACHT, NARUTO!
?!
SCHNAPP
DENN ICH DURFTE ...
... VIELE KOMPLI-ZIERTE NAMEN HÖREN UND HABE EINIGES DAZUGE-LERNT!

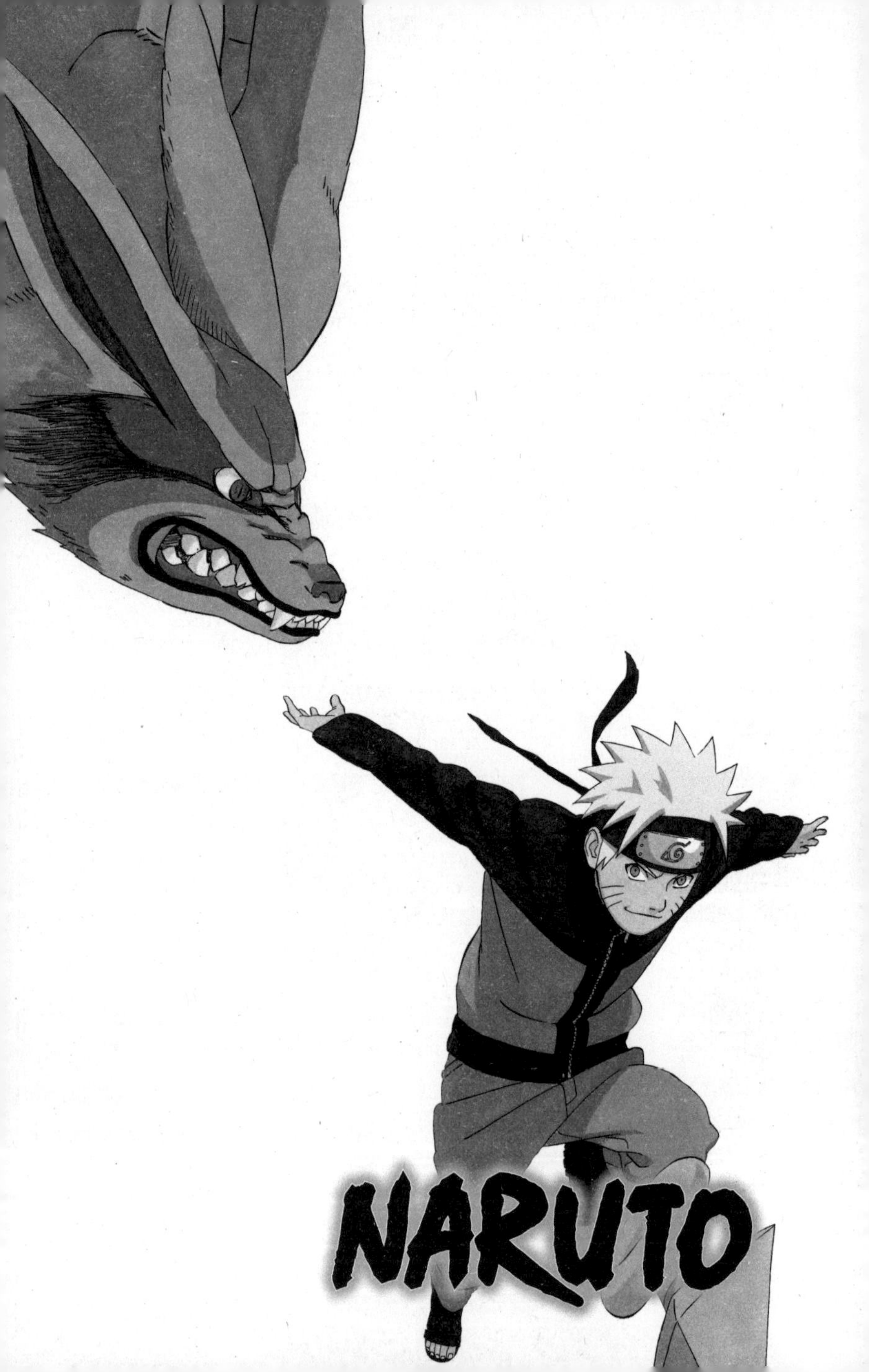
NARUTO

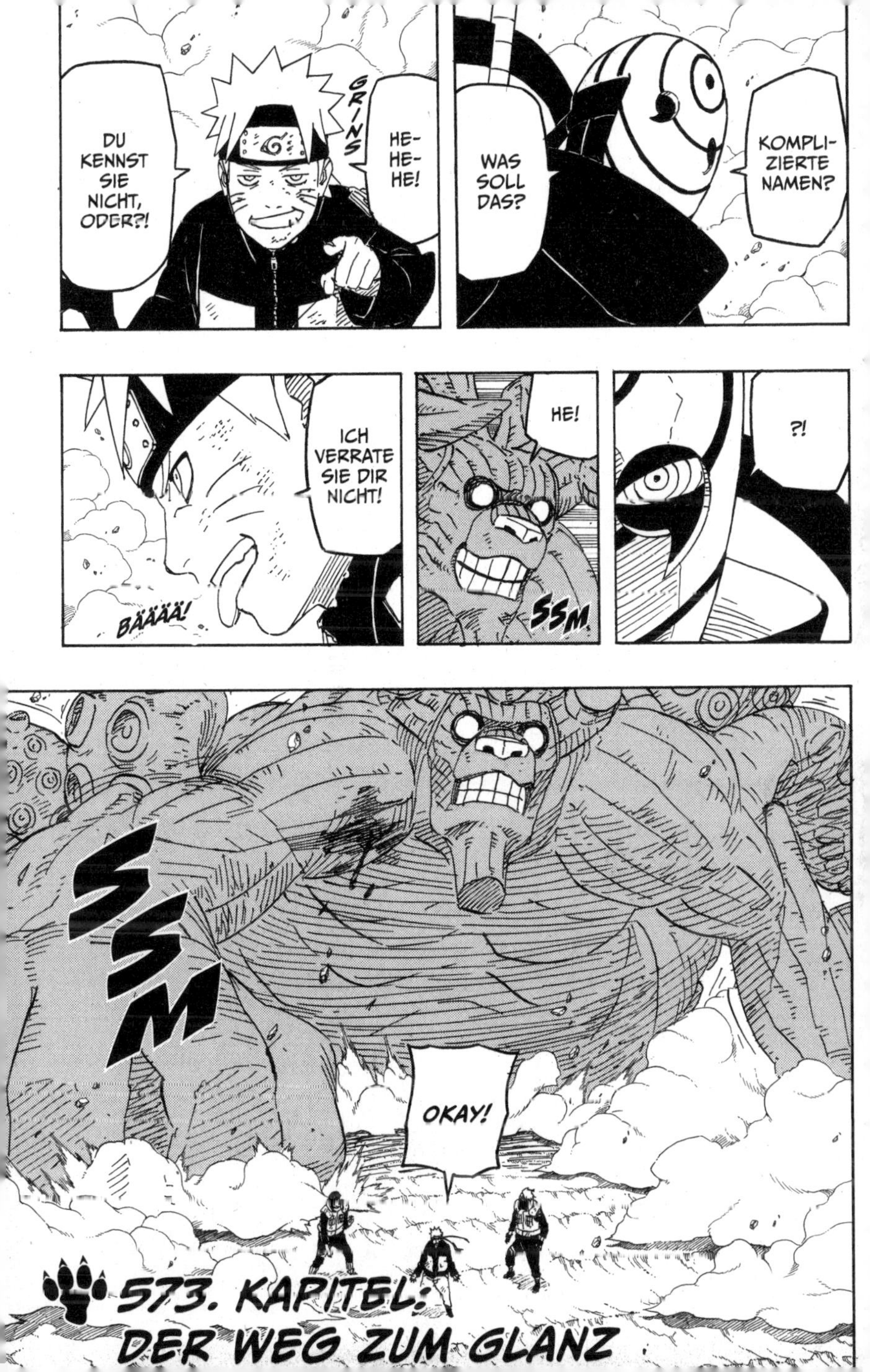
KOMPLI-
ZIERTE
NAMEN?
WAS
SOLL
DAS?
HE-
HE-
HE!
GRINS
DU
KENNST
SIE
NICHT,
ODER?!
?!
HE!
SSM
ICH
VERRATE
SIE DIR
NICHT!
BÄÄÄÄ!
SSM
OKAY!
573. KAPITEL:
DER WEG ZUM GLANZ

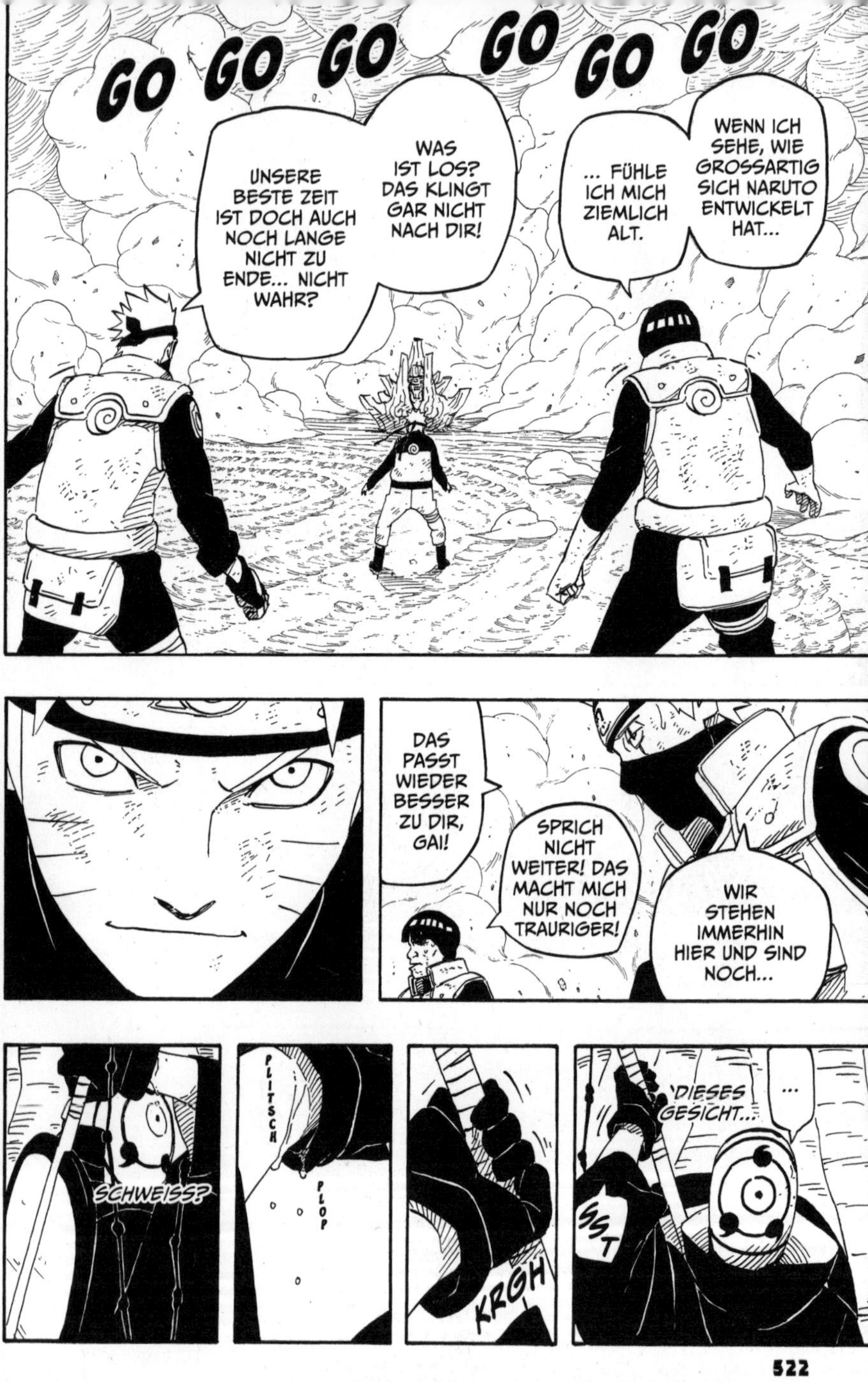
GO GO GO GO GO GO
WENN ICH SEHE, WIE GROSSARTIG SICH NARUTO ENTWICKELT HAT...
... FÜHLE ICH MICH ZIEMLICH ALT.
WAS IST LOS? DAS KLINGT GAR NICHT NACH DIR!
UNSERE BESTE ZEIT IST DOCH AUCH NOCH LANGE NICHT ZU ENDE... NICHT WAHR?
WIR STEHEN IMMERHIN HIER UND SIND NOCH...
SPRICH NICHT WEITER! DAS MACHT MICH NUR NOCH TRAURIGER!
DAS PASST WIEDER BESSER ZU DIR, GAI!
...
DIESES GESICHT...
SST
KRGH
PLITSCH
PLOP
SCHWEISS?

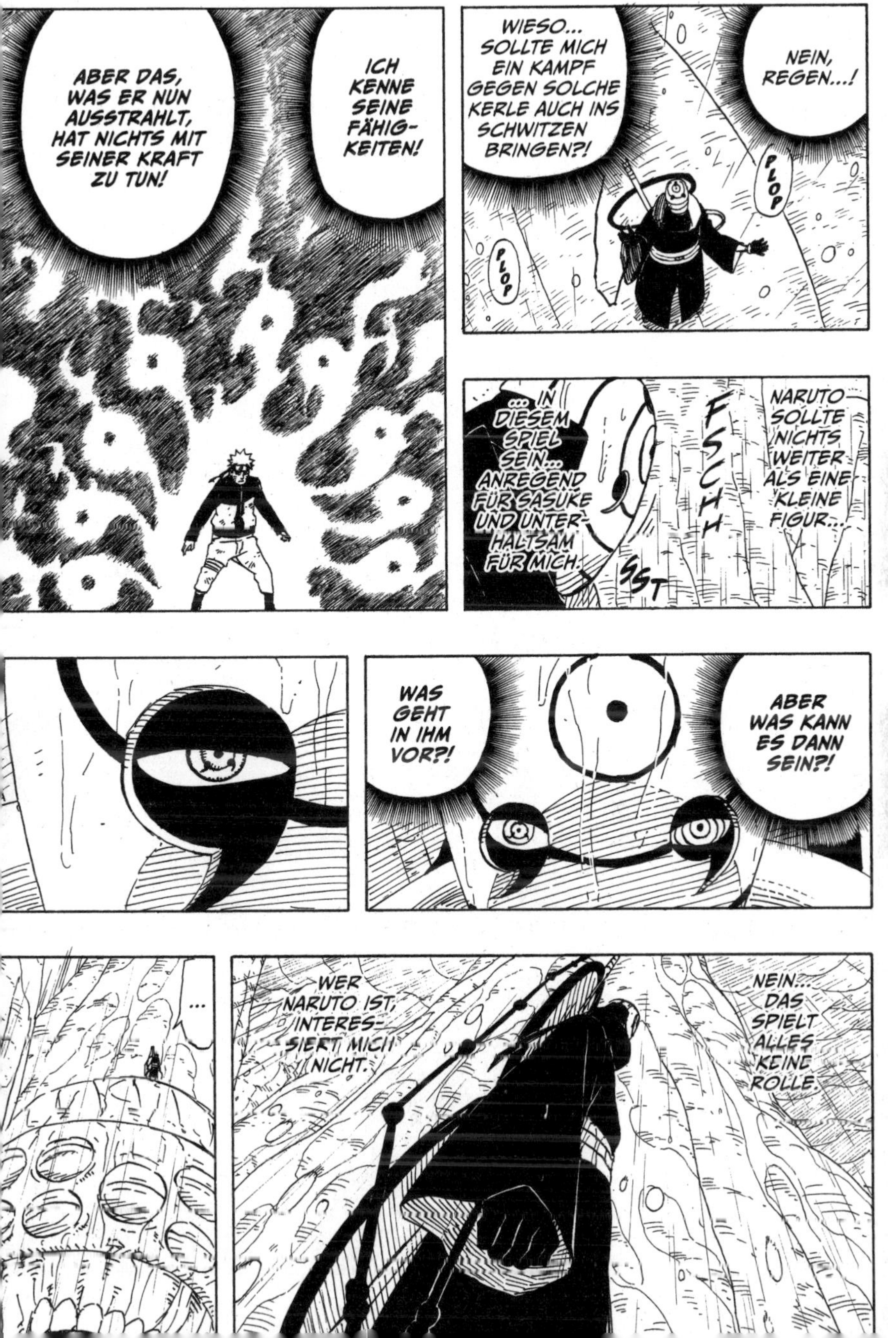
NEIN, REGEN...!
WIESO... SOLLTE MICH EIN KAMPF GEGEN SOLCHE KERLE AUCH INS SCHWITZEN BRINGEN?!
PLOP
PLOP
ICH KENNE SEINE FÄHIG-KEITEN!
ABER DAS, WAS ER NUN AUSSTRAHLT, HAT NICHTS MIT SEINER KRAFT ZU TUN!
NARUTO SOLLTE NICHTS WEITER ALS EINE KLEINE FIGUR...
FSCHH
... IN DIESEM SPIEL SEIN... ANREGEND FÜR SASUKE UND UNTER-HALTSAM FÜR MICH.
SST
ABER WAS KANN ES DANN SEIN?!
WAS GEHT IN IHM VOR?!
NEIN... DAS SPIELT ALLES KEINE ROLLE.
WER NARUTO IST, INTERES-SIERT MICH NICHT.
...

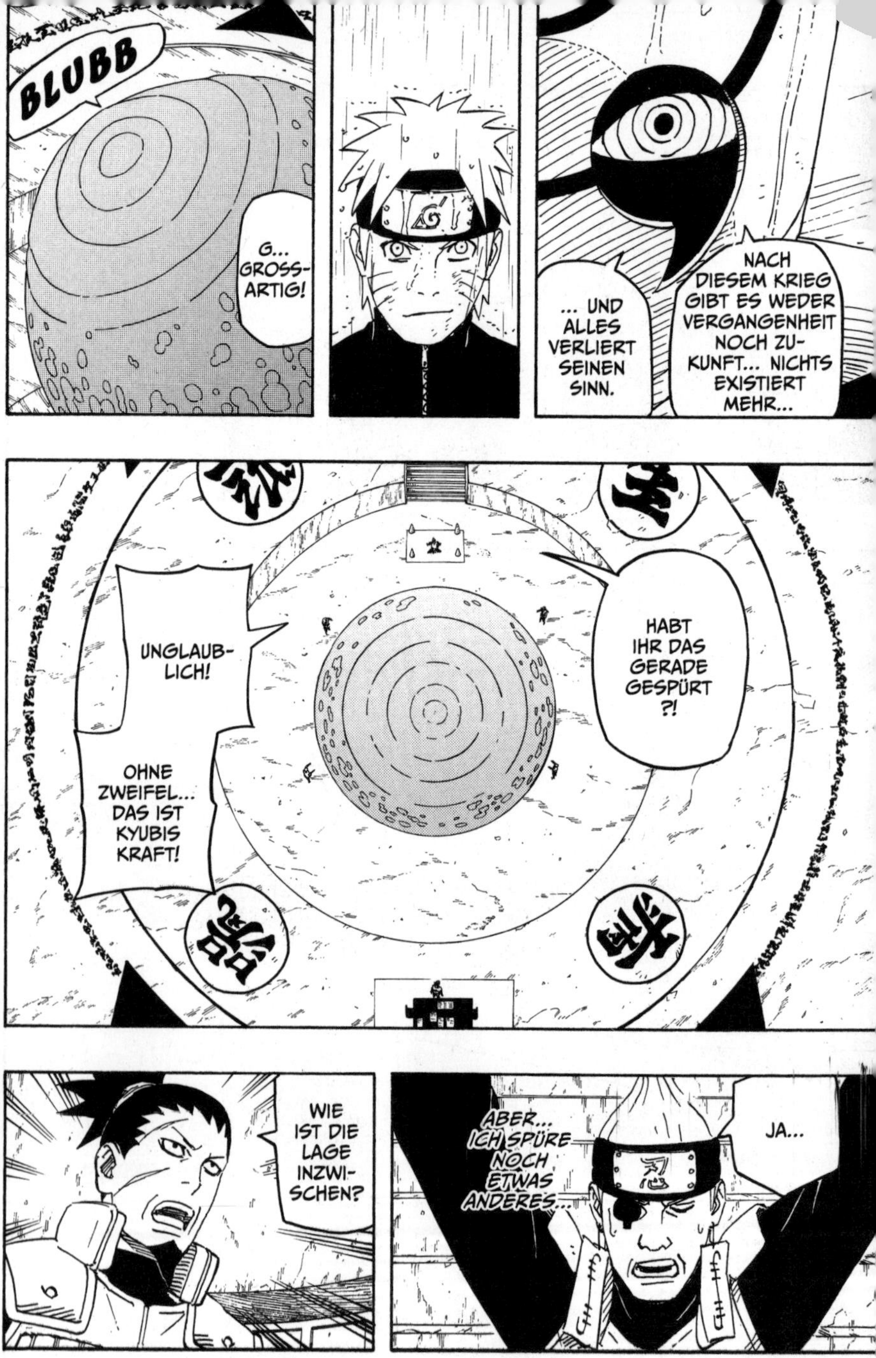
NACH DIESEM KRIEG GIBT ES WEDER VERGANGENHEIT NOCH ZUKUNFT... NICHTS EXISTIERT MEHR...
... UND ALLES VERLIERT SEINEN SINN.
G... GROSSARTIG!
BLUBB
HABT IHR DAS GERADE GESPÜRT ?!
UNGLAUBLICH!
OHNE ZWEIFEL... DAS IST KYUBIS KRAFT!
JA...
ABER... ICH SPÜRE NOCH ETWAS ANDERES...
WIE IST DIE LAGE INZWISCHEN?

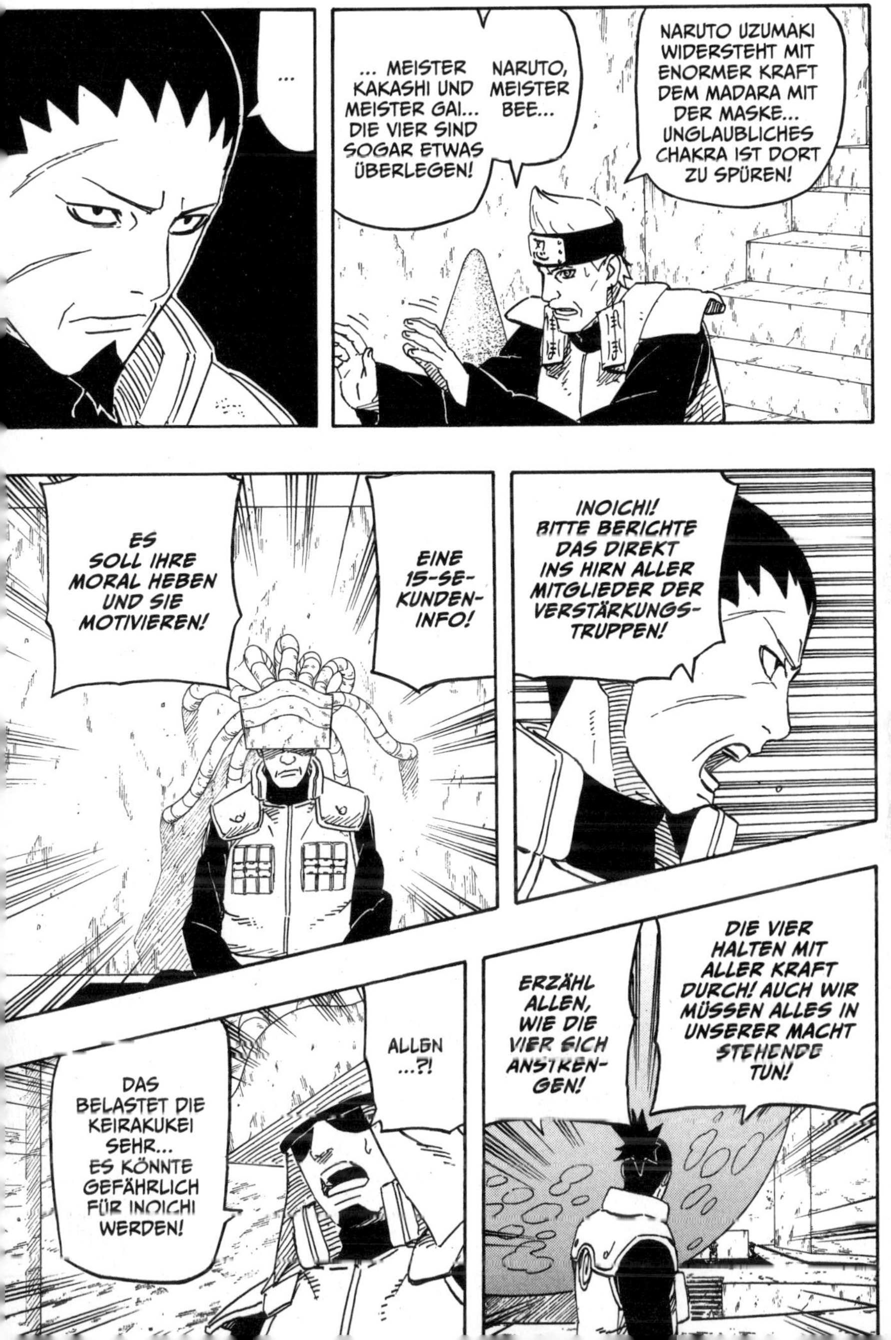
NARUTO UZUMAKI WIDERSTEHT MIT ENORMER KRAFT DEM MADARA MIT DER MASKE... UNGLAUBLICHES CHAKRA IST DORT ZU SPÜREN!
NARUTO, MEISTER BEE...
... MEISTER KAKASHI UND MEISTER GAI... DIE VIER SIND SOGAR ETWAS ÜBERLEGEN!
...
INOICHI! BITTE BERICHTE DAS DIREKT INS HIRN ALLER MITGLIEDER DER VERSTÄRKUNGS-TRUPPEN!
EINE 15-SE-KUNDEN-INFO!
ES SOLL IHRE MORAL HEBEN UND SIE MOTIVIEREN!
DIE VIER HALTEN MIT ALLER KRAFT DURCH! AUCH WIR MÜSSEN ALLES IN UNSERER MACHT STEHENDE TUN!
ERZÄHL ALLEN, WIE DIE VIER SICH ANSTREN-GEN!
ALLEN ...?!
DAS BELASTET DIE KEIRAKUKEI SEHR... ES KÖNNTE GEFÄHRLICH FÜR INOICHI WERDEN!

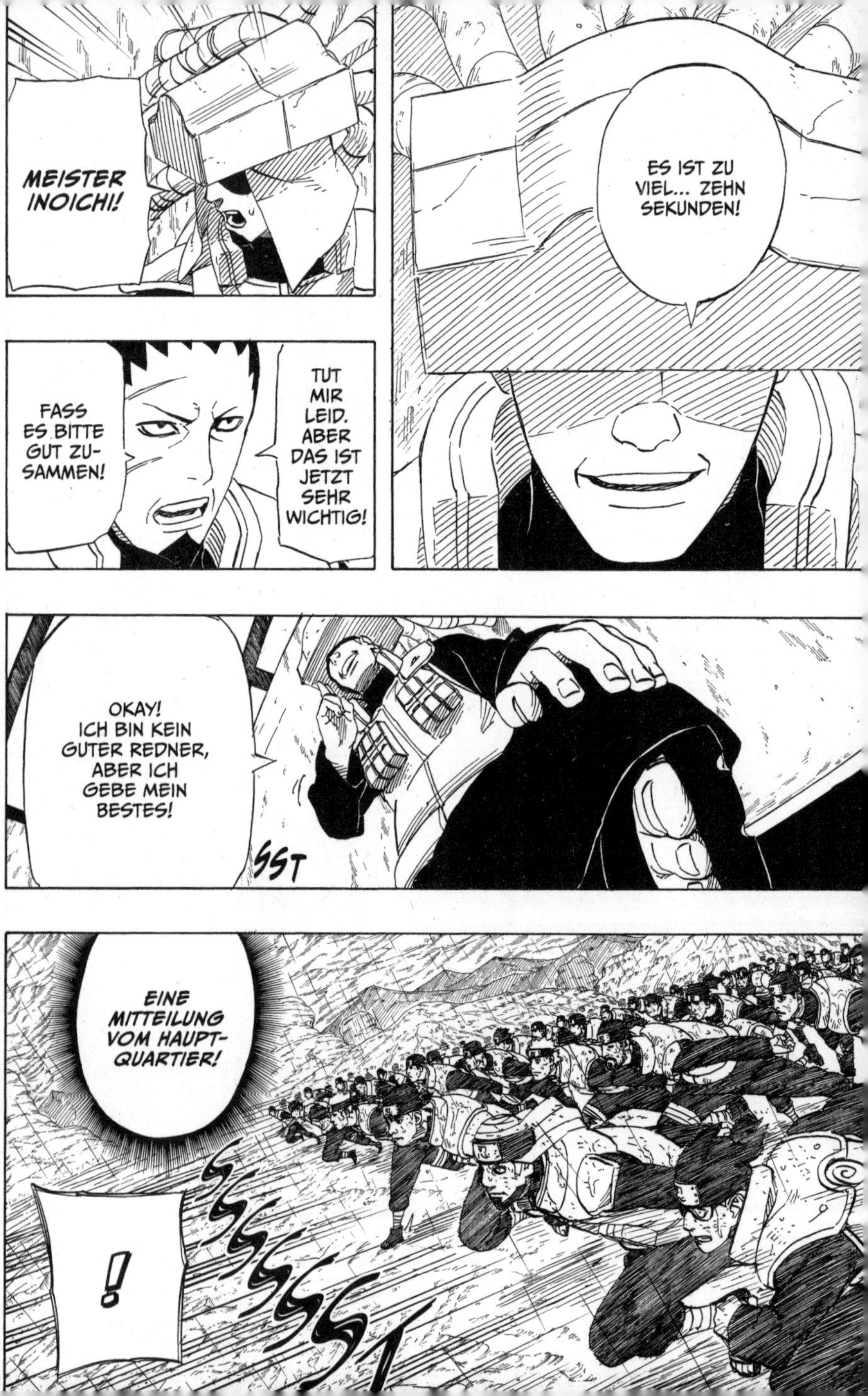
ES IST ZU VIEL... ZEHN SEKUNDEN!
MEISTER INOICHI!
TUT MIR LEID. ABER DAS IST JETZT SEHR WICHTIG!
FASS ES BITTE GUT ZUSAMMEN!
OKAY! ICH BIN KEIN GUTER REDNER, ABER ICH GEBE MEIN BESTES!
SST
EINE MITTEILUNG VOM HAUPTQUARTIER!
SSSSSST
!

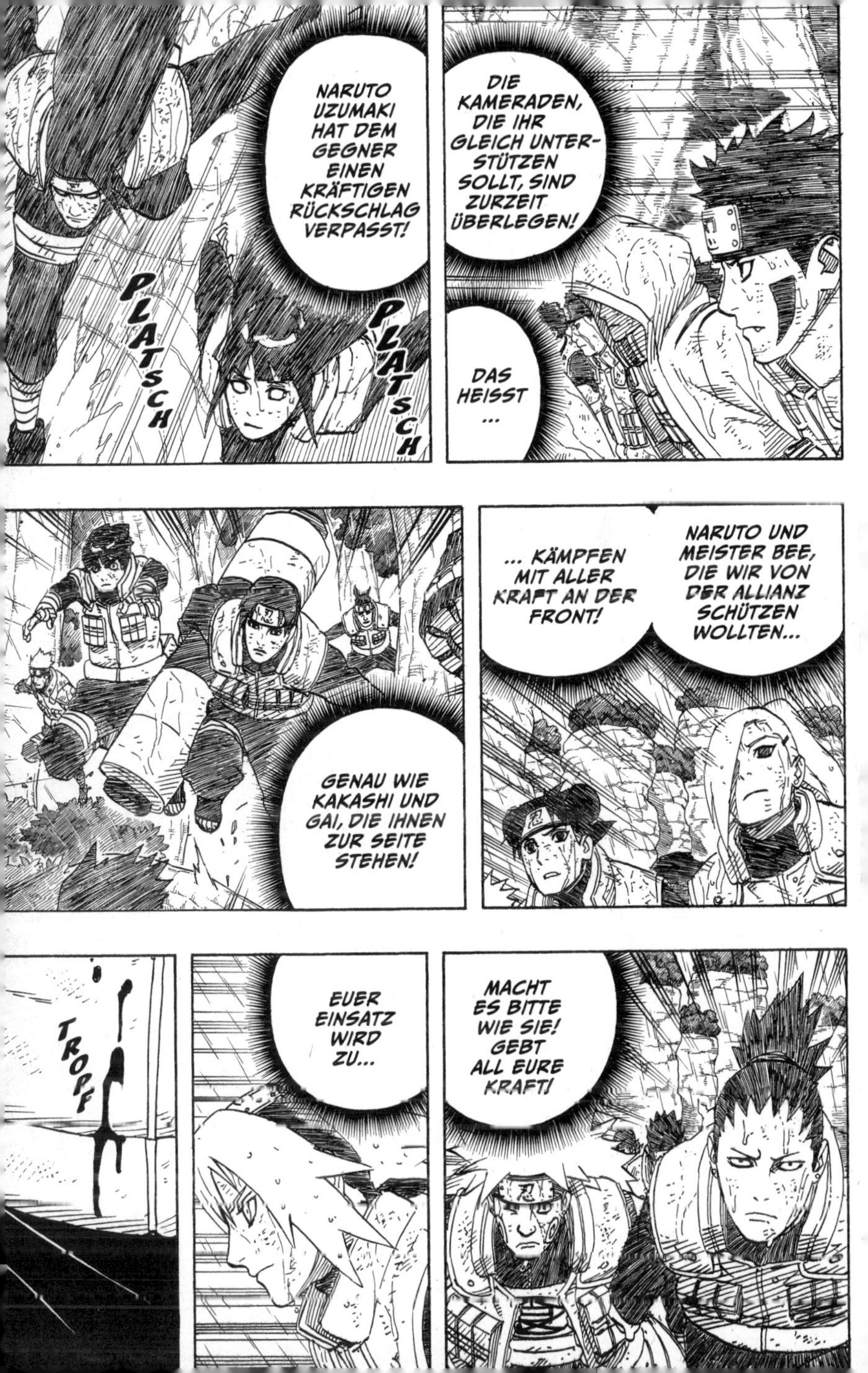
DIE KAMERADEN, DIE IHR GLEICH UNTERSTÜTZEN SOLLT, SIND ZURZEIT ÜBERLEGEN!
DAS HEISST ...
NARUTO UZUMAKI HAT DEM GEGNER EINEN KRÄFTIGEN RÜCKSCHLAG VERPASST!
PLATSCH
PLATSCH
NARUTO UND MEISTER BEE, DIE WIR VON DER ALLIANZ SCHÜTZEN WOLLTEN...
... KÄMPFEN MIT ALLER KRAFT AN DER FRONT!
GENAU WIE KAKASHI UND GAI, DIE IHNEN ZUR SEITE STEHEN!
MACHT ES BITTE WIE SIE! GEBT ALL EURE KRAFT!
EUER EINSATZ WIRD ZU...
TROPF

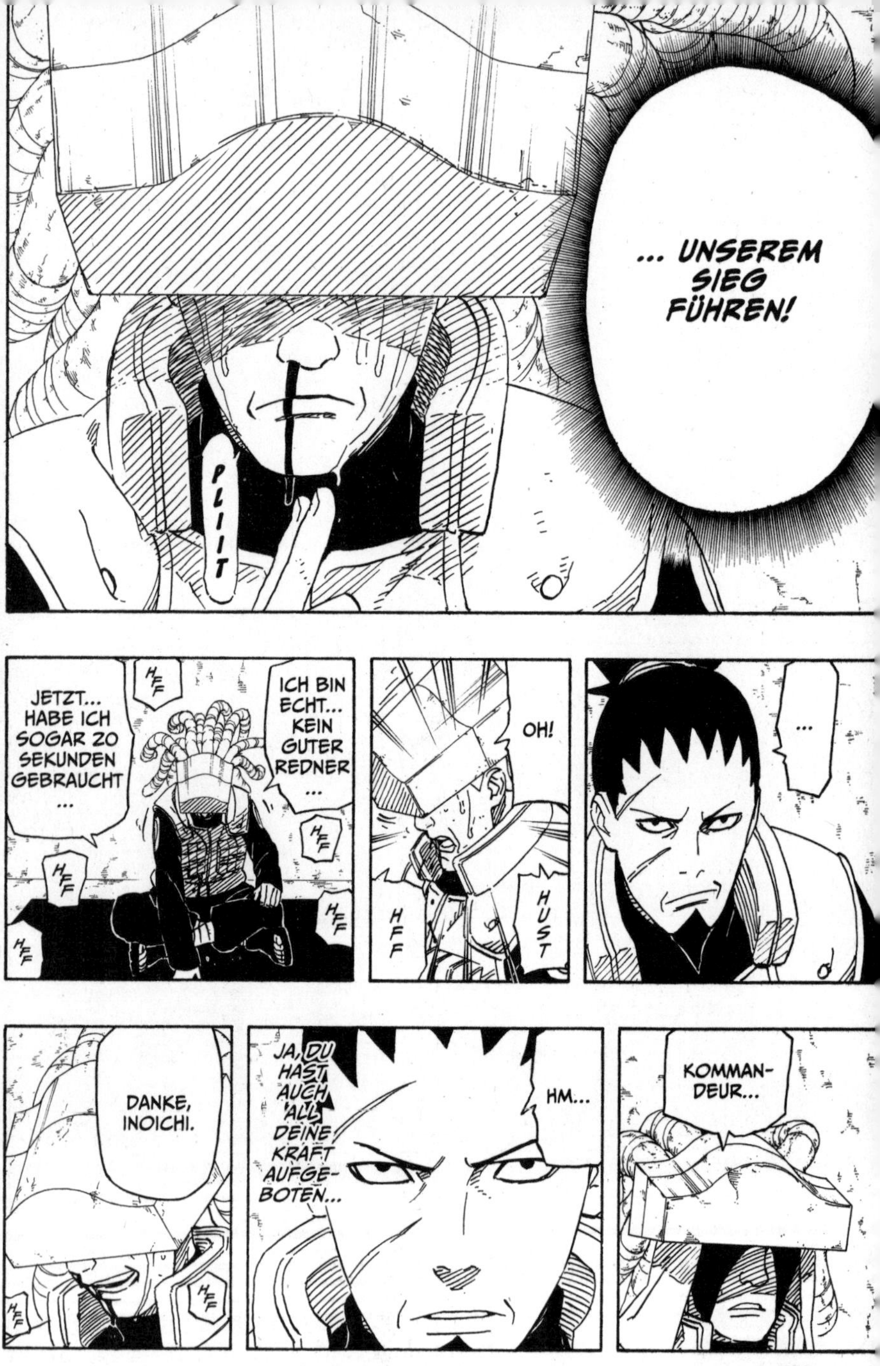

... UNSEREM SIEG FÜHREN!
PLIIT
...
OH!
HUST
HFF
ICH BIN ECHT... KEIN GUTER REDNER ...
HFF
JETZT... HABE ICH SOGAR 20 SEKUNDEN GEBRAUCHT ...
HFF
HFF
HFF
HFF
KOMMANDEUR...
HM...
JA, DU HAST AUCH ALL DEINE KRAFT AUFGEBOTEN...
DANKE, INOICHI.
HFF
HFF

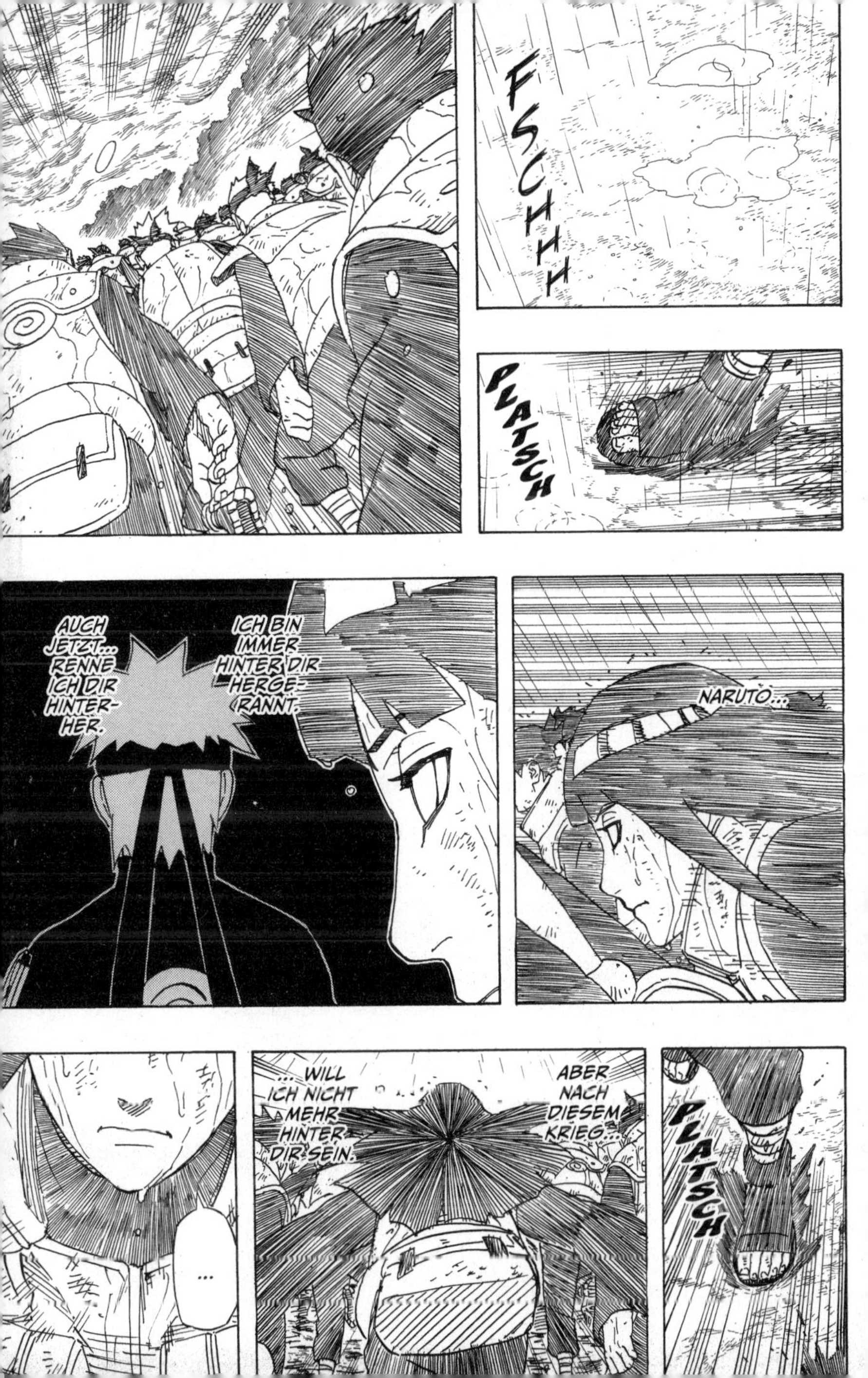
FSCHHH
PLATSCH
NARUTO...
ICH BIN IMMER HINTER DIR HERGERANNT.
AUCH JETZT... RENNE ICH DIR HINTERHER.
PLATSCH
ABER NACH DIESEM KRIEG...
... WILL ICH NICHT MEHR HINTER DIR SEIN.
...

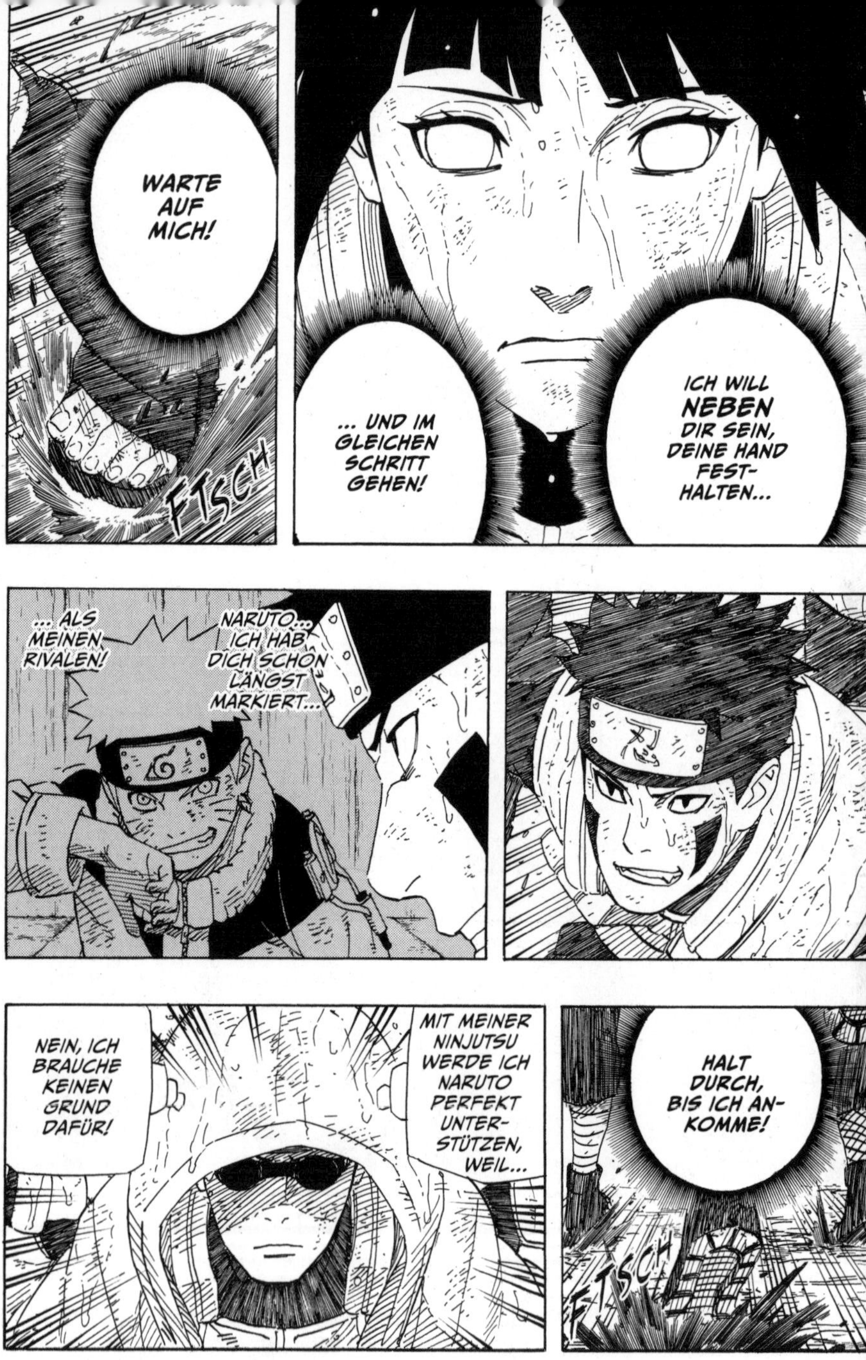
ICH WILL NEBEN DIR SEIN, DEINE HAND FEST-HALTEN...
... UND IM GLEICHEN SCHRITT GEHEN!
WARTE AUF MICH!
FTSCH
NARUTO... ICH HAB DICH SCHON LÄNGST MARKIERT...
... ALS MEINEN RIVALEN!
HALT DURCH, BIS ICH AN-KOMME!
FTSCH
MIT MEINER NINJUTSU WERDE ICH NARUTO PERFEKT UNTER-STÜTZEN, WEIL...
NEIN, ICH BRAUCHE KEINEN GRUND DAFÜR!

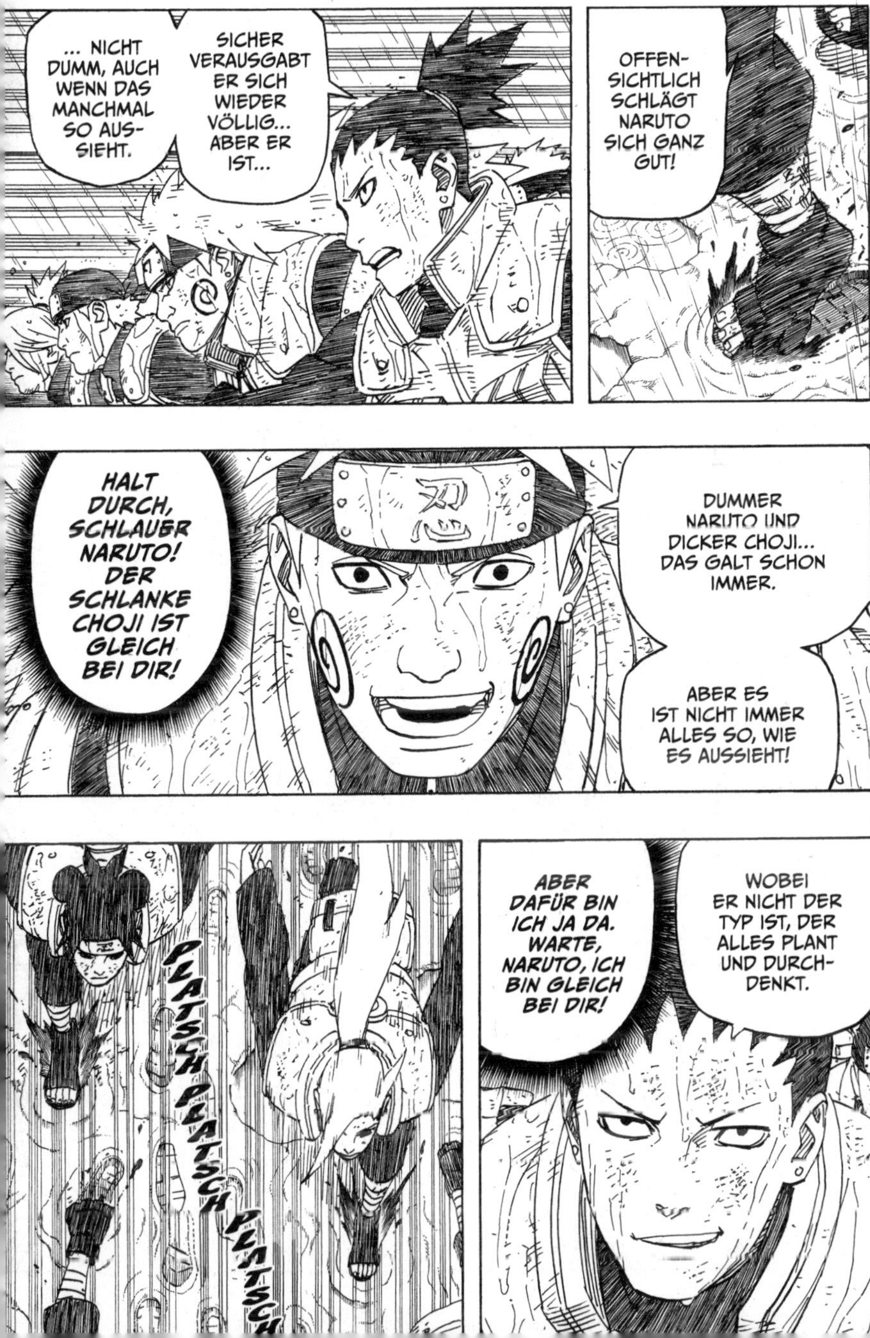
... NICHT DUMM, AUCH WENN DAS MANCHMAL SO AUS-SIEHT.
SICHER VERAUSGABT ER SICH WIEDER VÖLLIG... ABER ER IST...
OFFEN-SICHTLICH SCHLÄGT NARUTO SICH GANZ GUT!
HALT DURCH, SCHLAUER NARUTO! DER SCHLANKE CHOJI IST GLEICH BEI DIR!
DUMMER NARUTO UND DICKER CHOJI... DAS GALT SCHON IMMER.
ABER ES IST NICHT IMMER ALLES SO, WIE ES AUSSIEHT!
PLATSCH PLATSCH PLATSCH
ABER DAFÜR BIN ICH JA DA. WARTE, NARUTO, ICH BIN GLEICH BEI DIR!
WOBEI ER NICHT DER TYP IST, DER ALLES PLANT UND DURCH-DENKT.

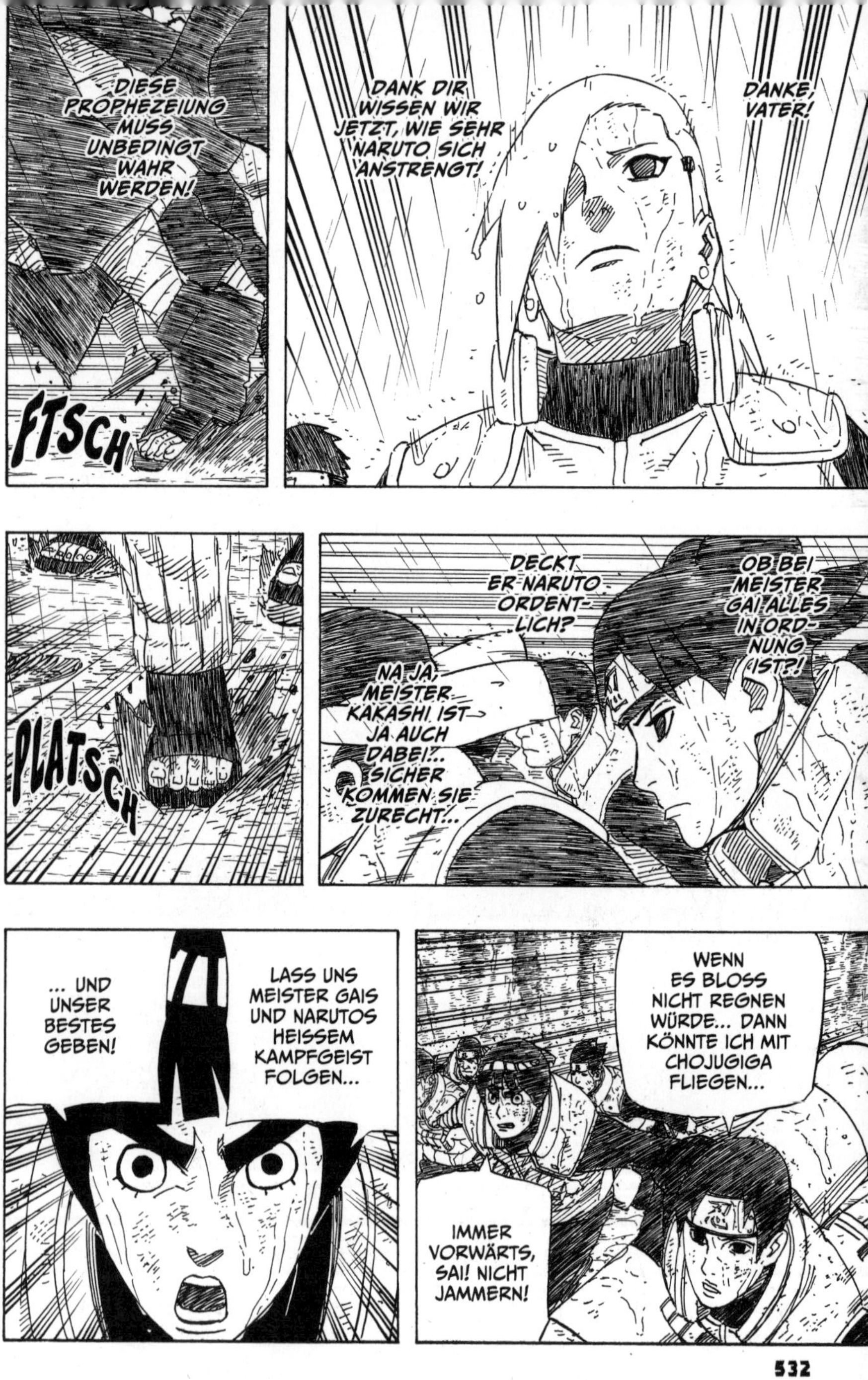
DANKE, VATER!
DANK DIR WISSEN WIR JETZT, WIE SEHR NARUTO SICH ANSTRENGT!
DIESE PROPHEZEIUNG MUSS UNBEDINGT WAHR WERDEN!
FTSCH
OB BEI MEISTER GAI ALLES IN ORD-NUNG IST?!
DECKT ER NARUTO ORDENT-LICH?
NA JA, MEISTER KAKASHI IST JA AUCH DABEI!.. SICHER KOMMEN SIE ZURECHT...
PLATSCH
WENN ES BLOSS NICHT REGNEN WÜRDE... DANN KÖNNTE ICH MIT CHOJUGIGA FLIEGEN...
IMMER VORWÄRTS, SAI! NICHT JAMMERN!
LASS UNS MEISTER GAIS UND NARUTOS HEISSEM KAMPFGEIST FOLGEN...
... UND UNSER BESTES GEBEN!

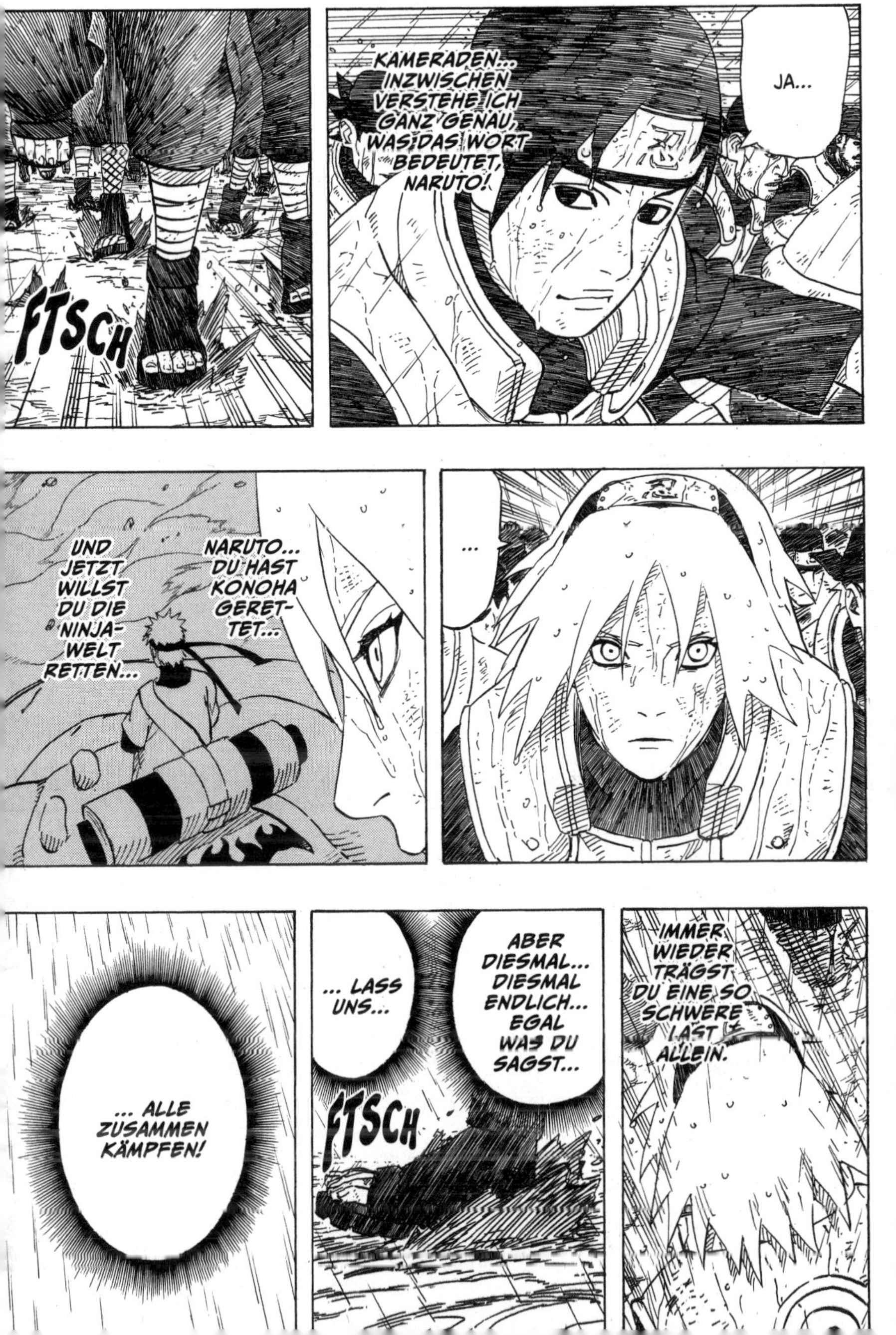
JA...
KAMERADEN... INZWISCHEN VERSTEHE ICH GANZ GENAU, WAS DAS WORT BEDEUTET, NARUTO!
FTSCH
...
NARUTO... DU HAST KONOHA GERET-TET...
UND JETZT WILLST DU DIE NINJA-WELT RETTEN...
IMMER WIEDER TRÄGST DU EINE SO SCHWERE LAST ALLEIN.
ABER DIESMAL... DIESMAL ENDLICH... EGAL WAS DU SAGST...
... LASS UNS...
FTSCH
... ALLE ZUSAMMEN KÄMPFEN!

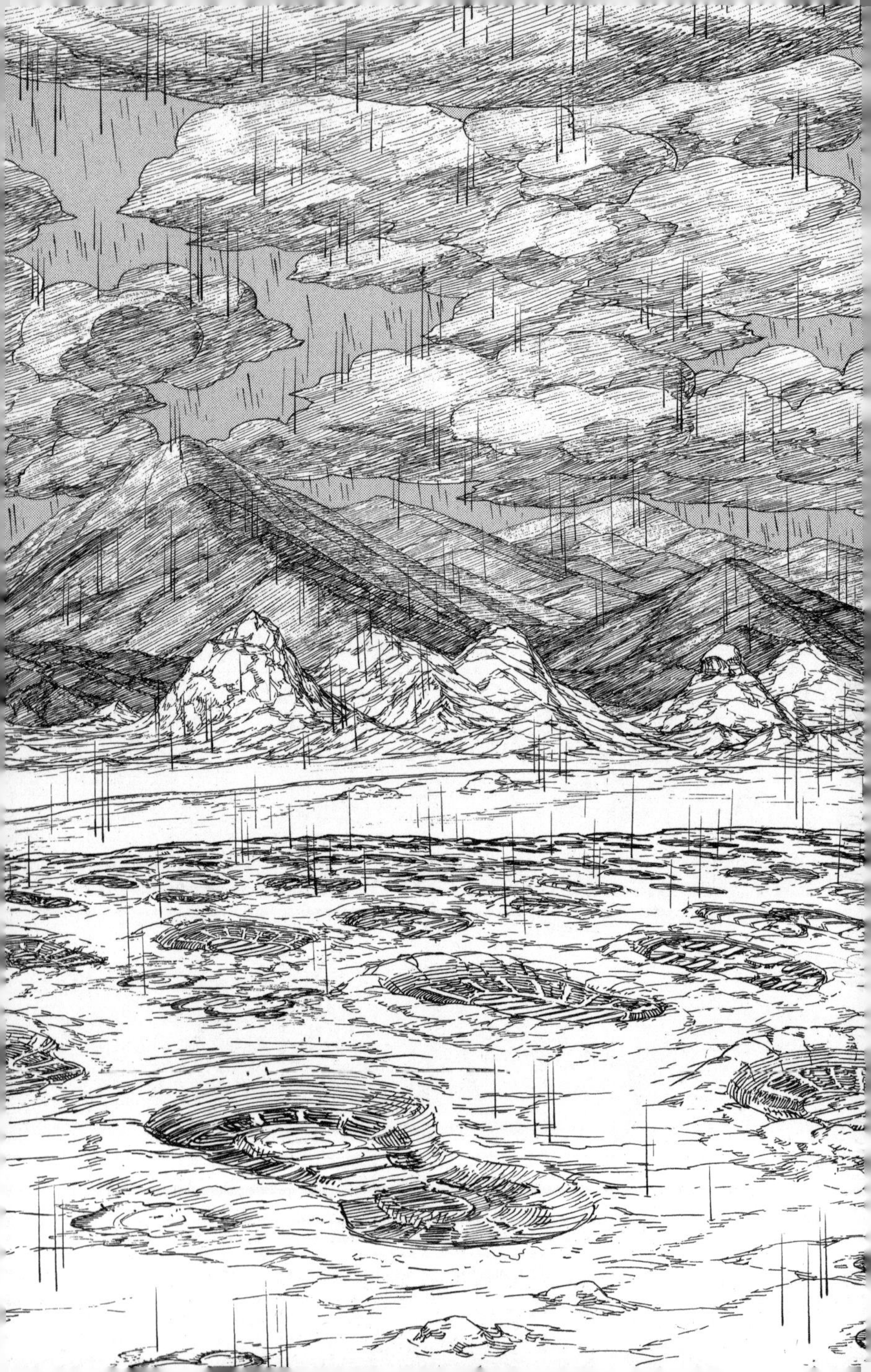

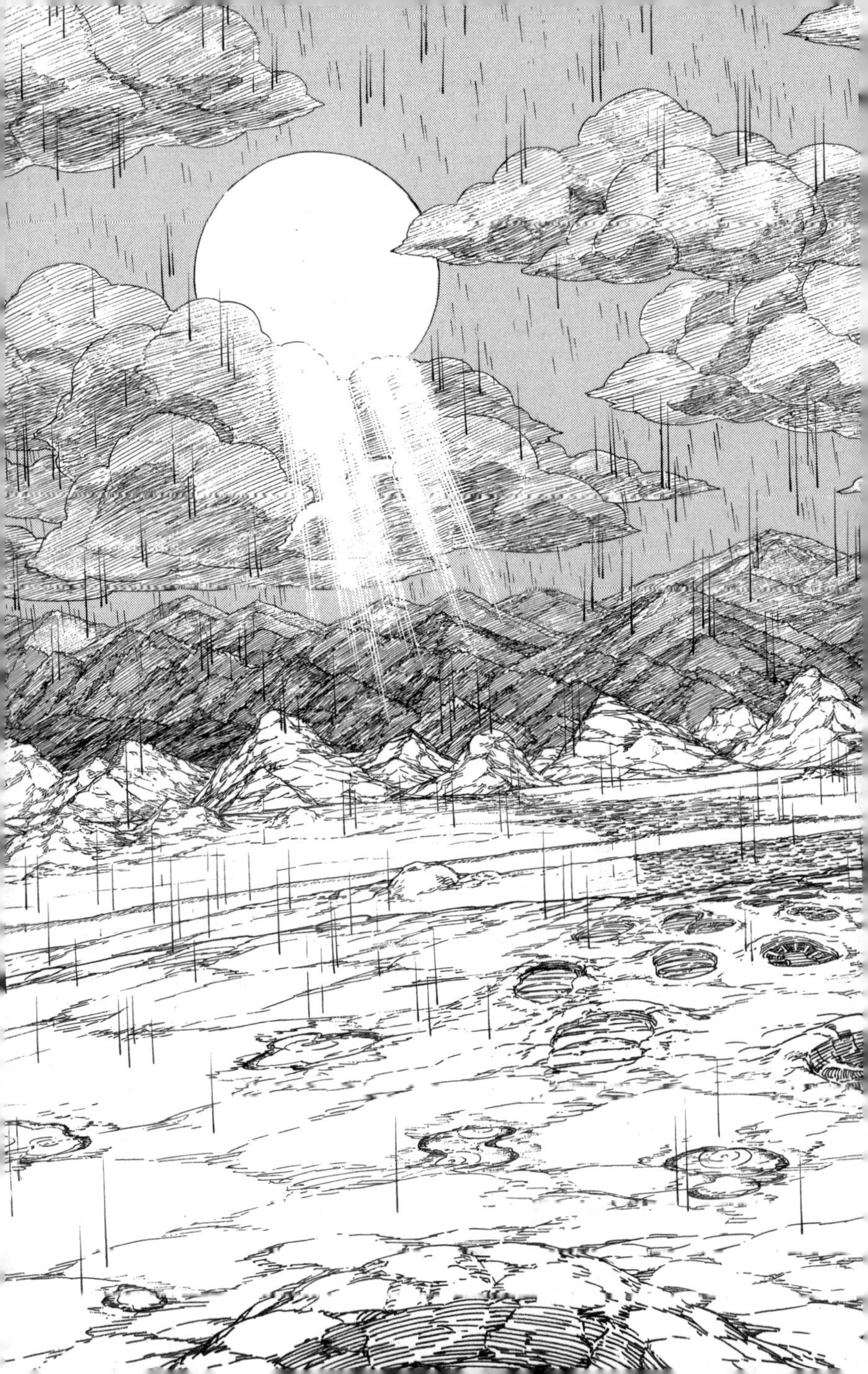

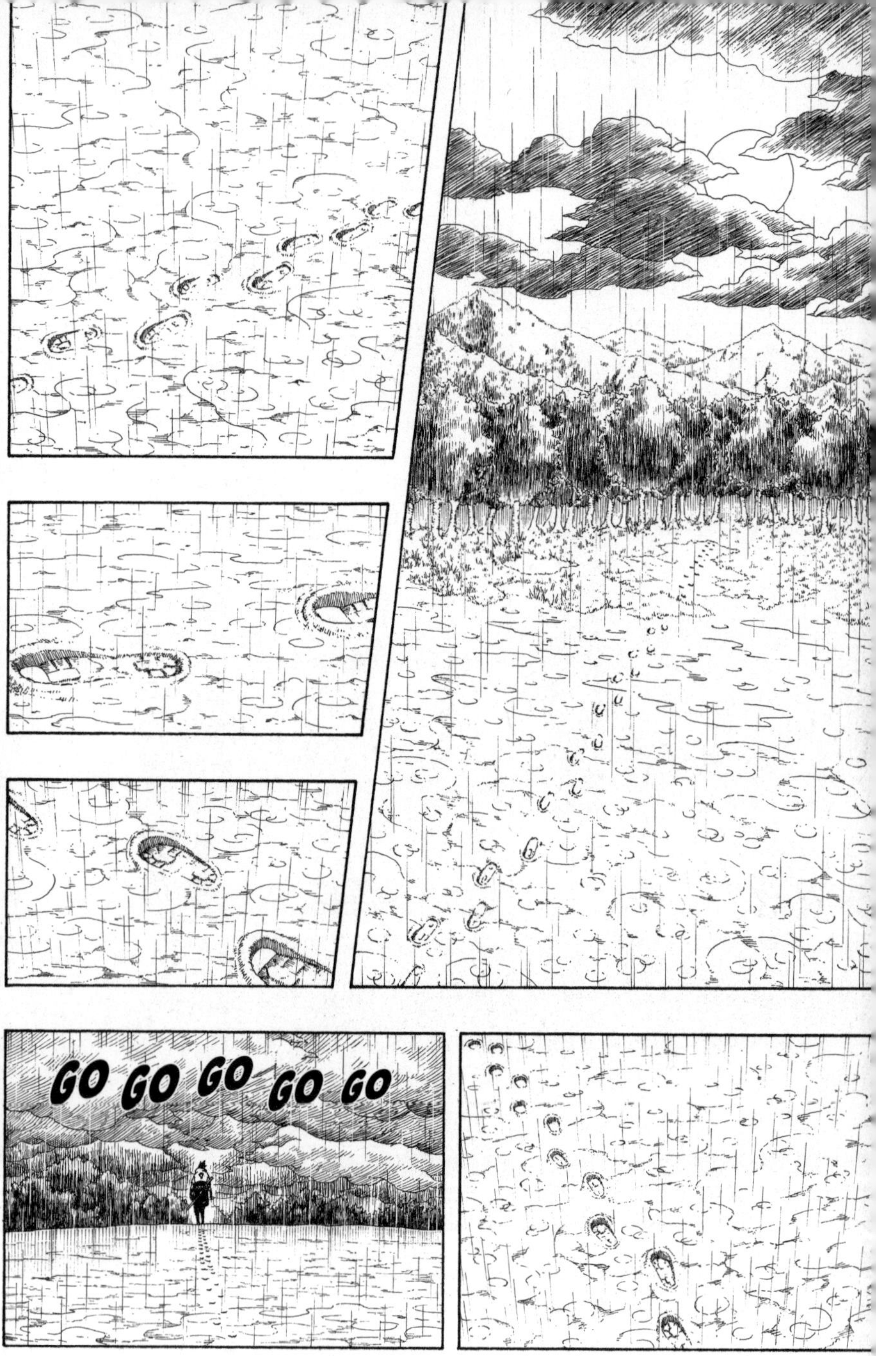
GO GO GO GO GO

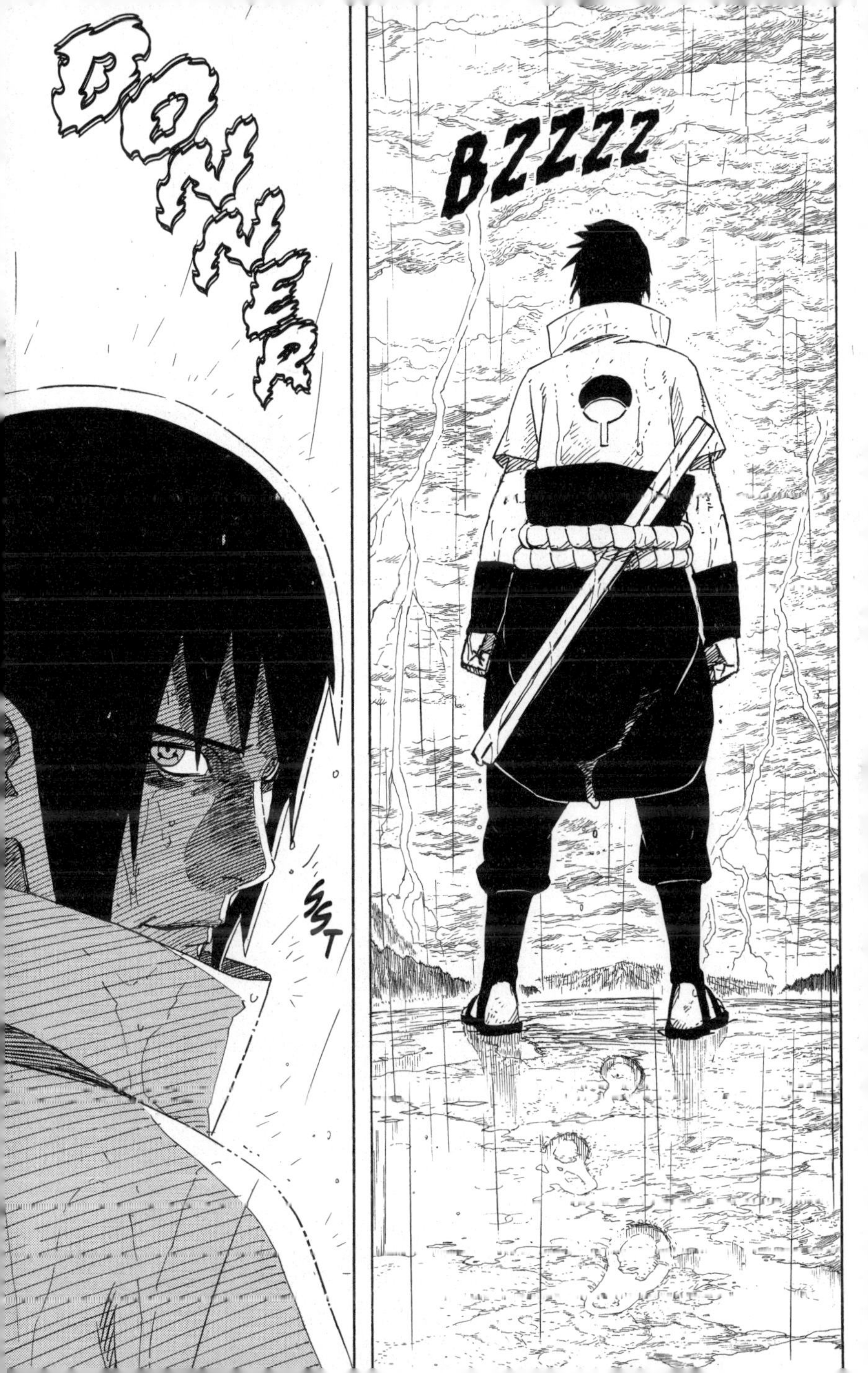
BZZZZ
DONNER
SST

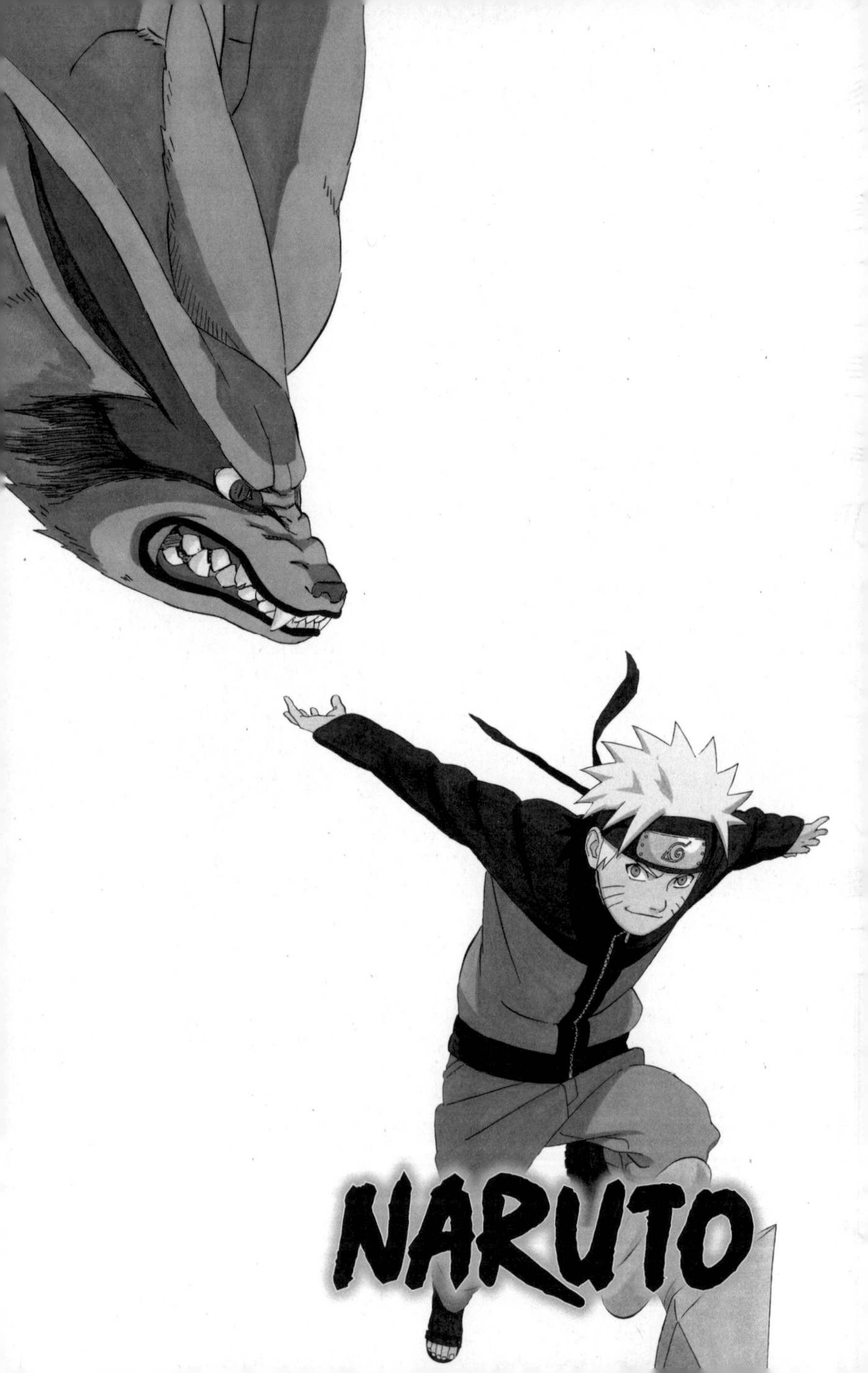
NARUTO

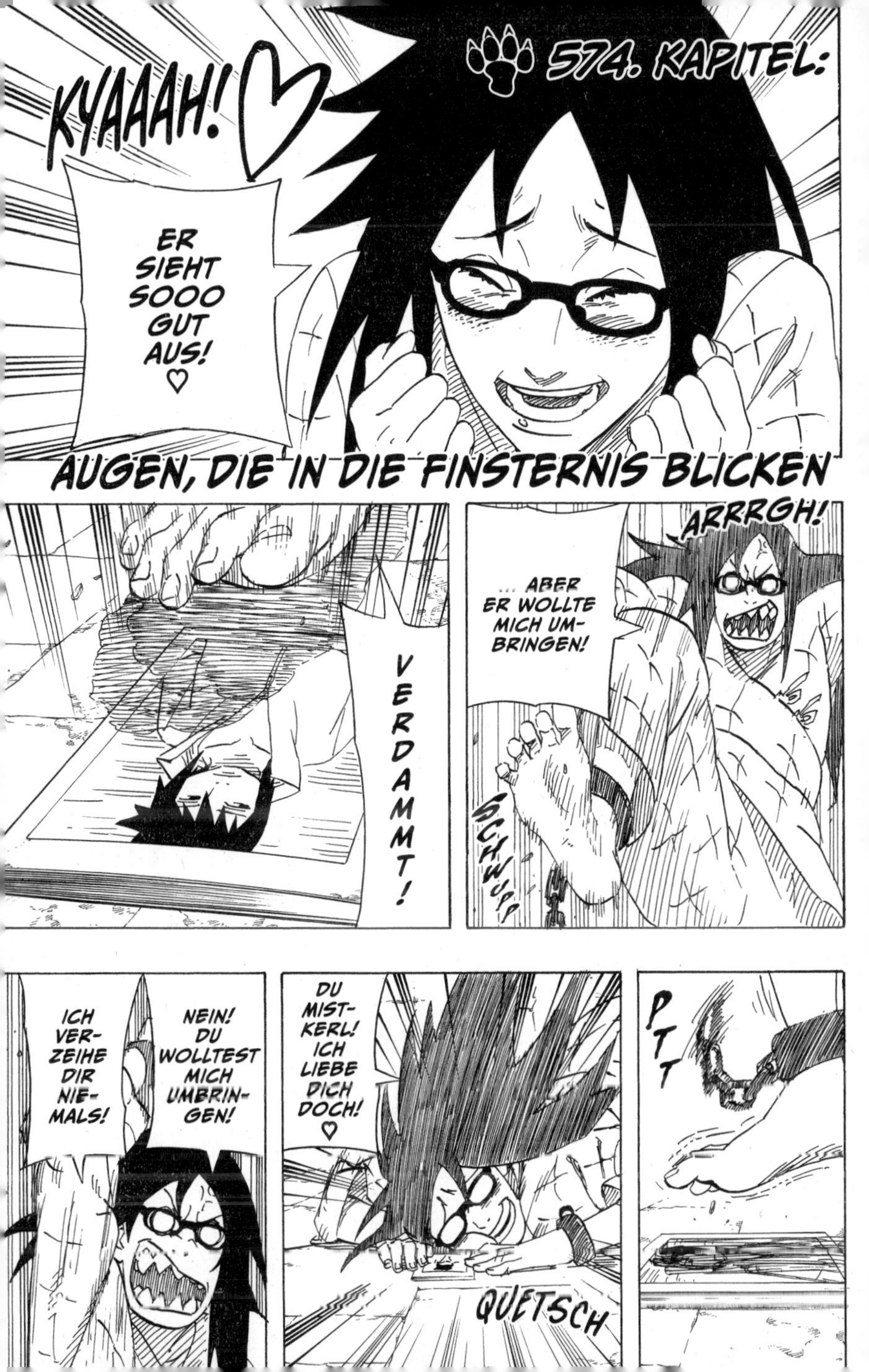
574. KAPITEL:
AUGEN, DIE IN DIE FINSTERNIS BLICKEN
KYAAAH! ♡
ER SIEHT SOOO GUT AUS! ♡
ARRRGH!
... ABER ER WOLLTE MICH UMBRINGEN!
SCHWUPP
VERDAMMT!
PTT
DU MISTKERL! ICH LIEBE DICH DOCH! ♡
QUETSCH
NEIN! DU WOLLTEST MICH UMBRINGEN!
ICH VERZEIHE DIR NIEMALS!

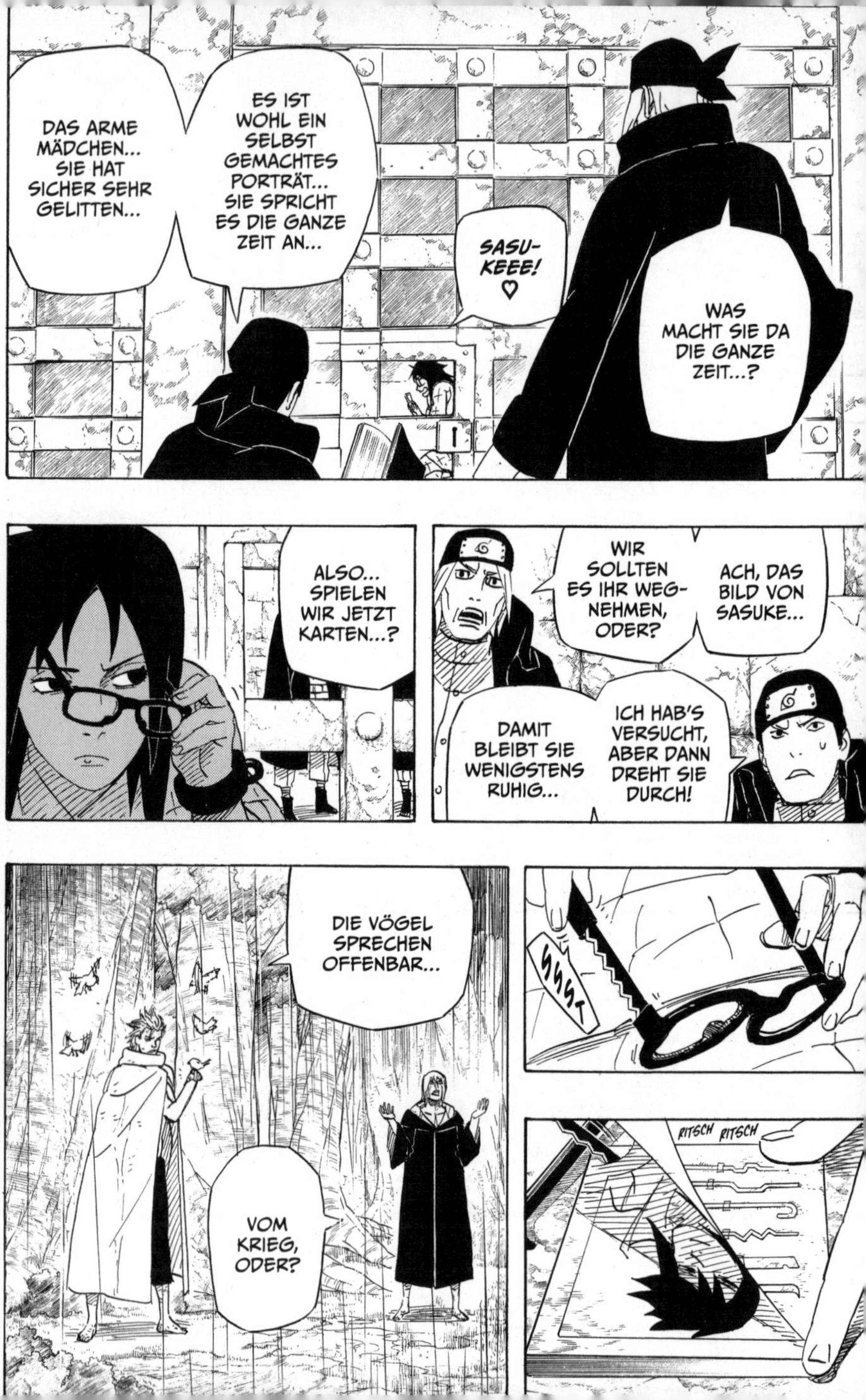
WAS MACHT SIE DA DIE GANZE ZEIT...?
SASU-KEEE! ♡
ES IST WOHL EIN SELBST GEMACHTES PORTRÄT... SIE SPRICHT ES DIE GANZE ZEIT AN...
DAS ARME MÄDCHEN... SIE HAT SICHER SEHR GELITTEN...
ACH, DAS BILD VON SASUKE...
WIR SOLLTEN ES IHR WEG-NEHMEN, ODER?
ICH HAB'S VERSUCHT, ABER DANN DREHT SIE DURCH!
DAMIT BLEIBT SIE WENIGSTENS RUHIG...
ALSO... SPIELEN WIR JETZT KARTEN...?
SSST
RITSCH RITSCH
DIE VÖGEL SPRECHEN OFFENBAR...
VOM KRIEG, ODER?

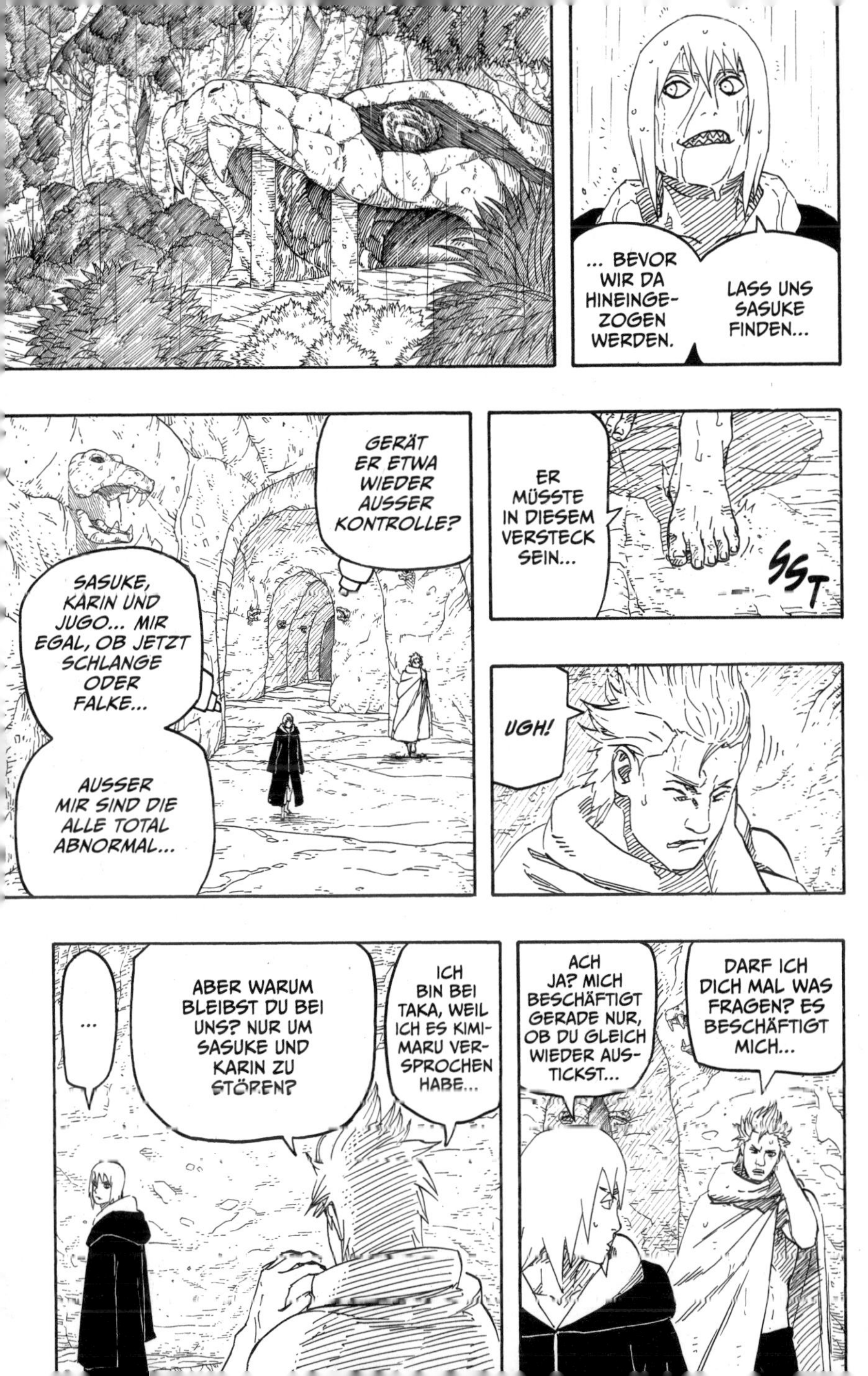

LASS UNS SASUKE FINDEN...
... BEVOR WIR DA HINEINGEZOGEN WERDEN.
ER MÜSSTE IN DIESEM VERSTECK SEIN...
SST
UGH!
GERÄT ER ETWA WIEDER AUSSER KONTROLLE?
SASUKE, KARIN UND JUGO... MIR EGAL, OB JETZT SCHLANGE ODER FALKE...
AUSSER MIR SIND DIE ALLE TOTAL ABNORMAL...
DARF ICH DICH MAL WAS FRAGEN? ES BESCHÄFTIGT MICH...
ACH JA? MICH BESCHÄFTIGT GERADE NUR, OB DU GLEICH WIEDER AUSTICKST...
ICH BIN BEI TAKA, WEIL ICH ES KIMIMARU VERSPROCHEN HABE...
ABER WARUM BLEIBST DU BEI UNS? NUR UM SASUKE UND KARIN ZU STÖREN?
...

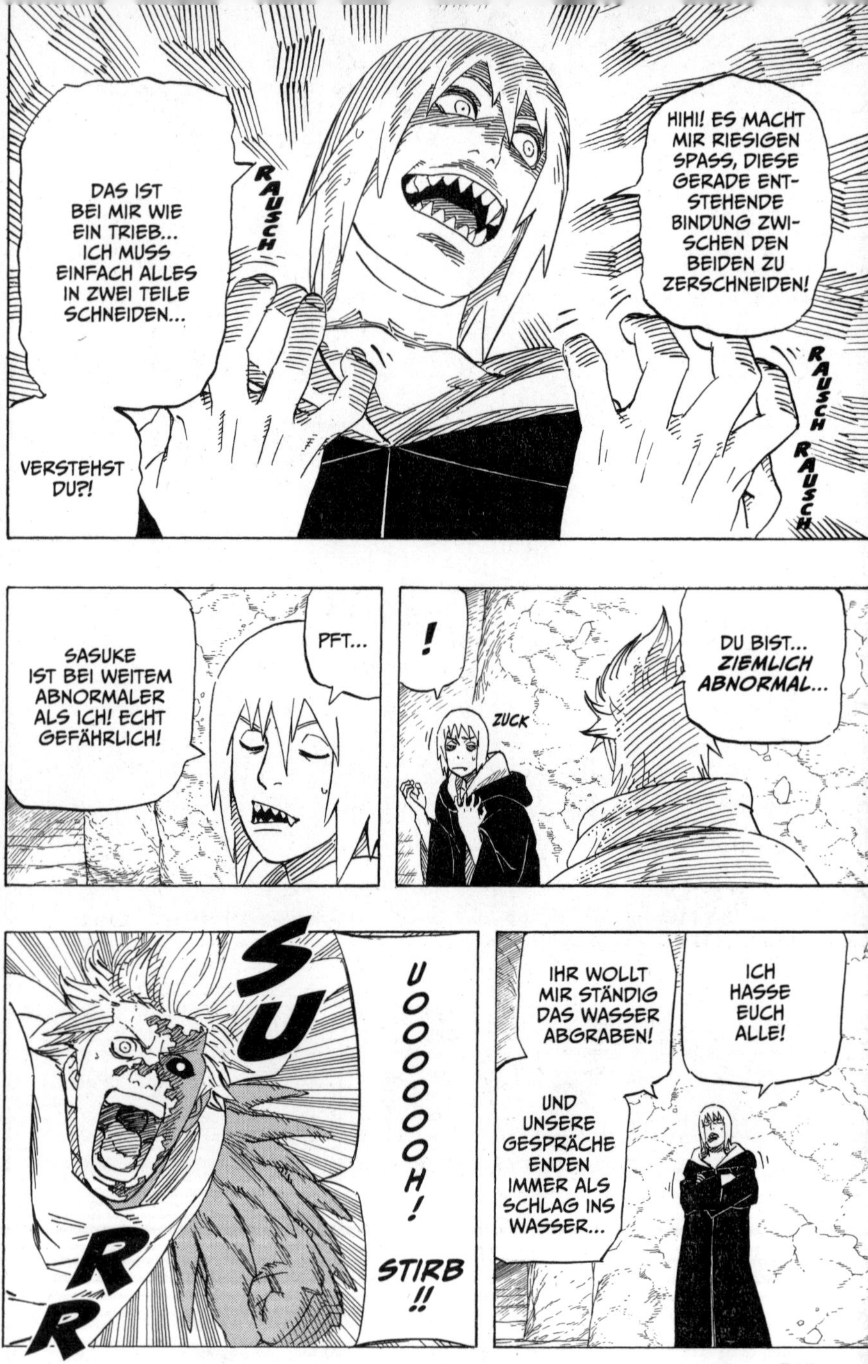
HIHI! ES MACHT MIR RIESIGEN SPASS, DIESE GERADE ENTSTEHENDE BINDUNG ZWISCHEN DEN BEIDEN ZU ZERSCHNEIDEN!
RAUSCH RAUSCH
DAS IST BEI MIR WIE EIN TRIEB... ICH MUSS EINFACH ALLES IN ZWEI TEILE SCHNEIDEN...
RAUSCH
VERSTEHST DU?!
DU BIST... ZIEMLICH ABNORMAL...
!
ZUCK
PFT...
SASUKE IST BEI WEITEM ABNORMALER ALS ICH! ECHT GEFÄHRLICH!
ICH HASSE EUCH ALLE!
IHR WOLLT MIR STÄNDIG DAS WASSER ABGRABEN!
UND UNSERE GESPRÄCHE ENDEN IMMER ALS SCHLAG INS WASSER...
UOOOOOOOH!
STIRB!!
SU
RR

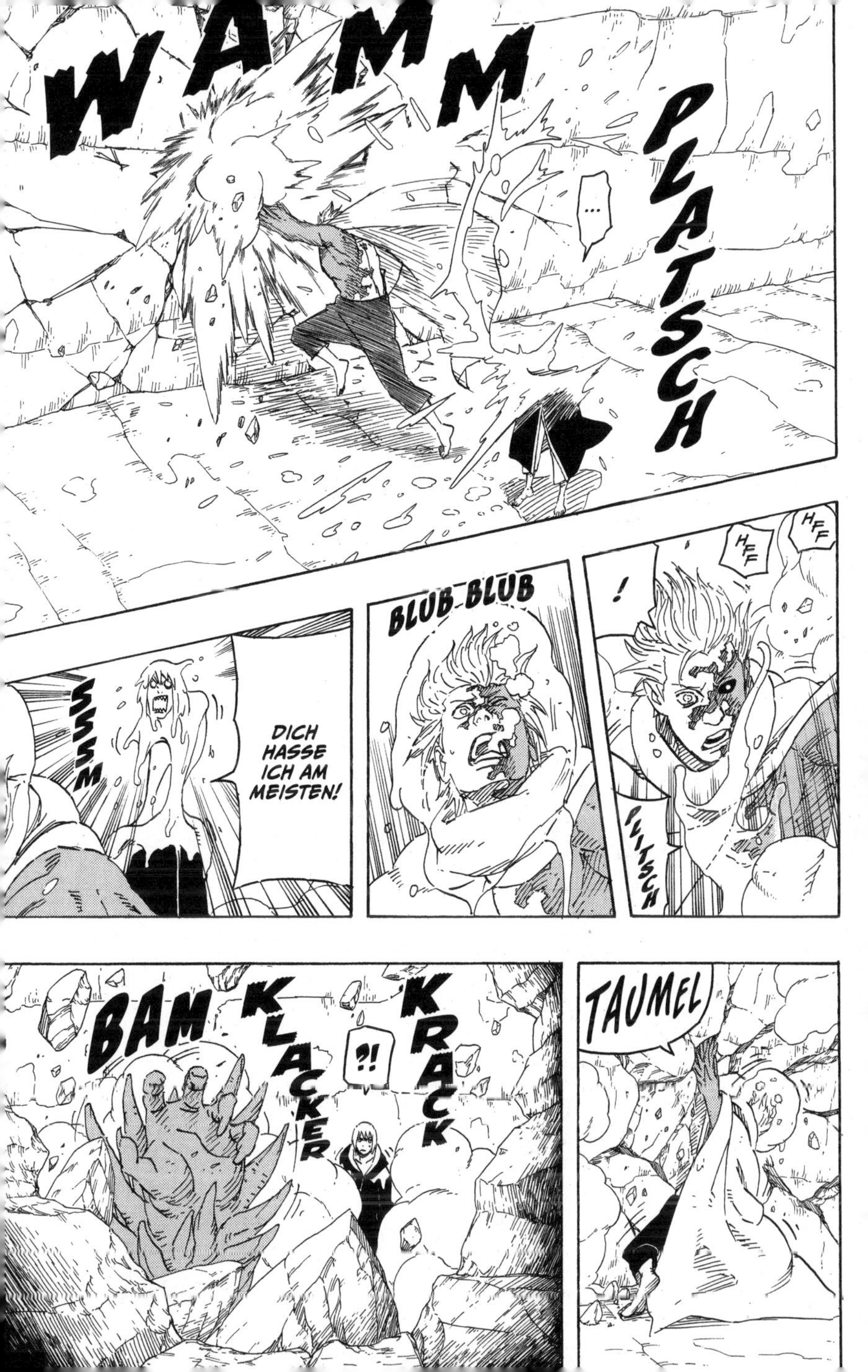
WAMM
PLATSCH
...
HFF
HFF
!
BLUB BLUB
DICH HASSE ICH AM MEISTEN!
SSSM
PLITSCH
TAUMEL
KRACK
?!
KLACKER
BAM

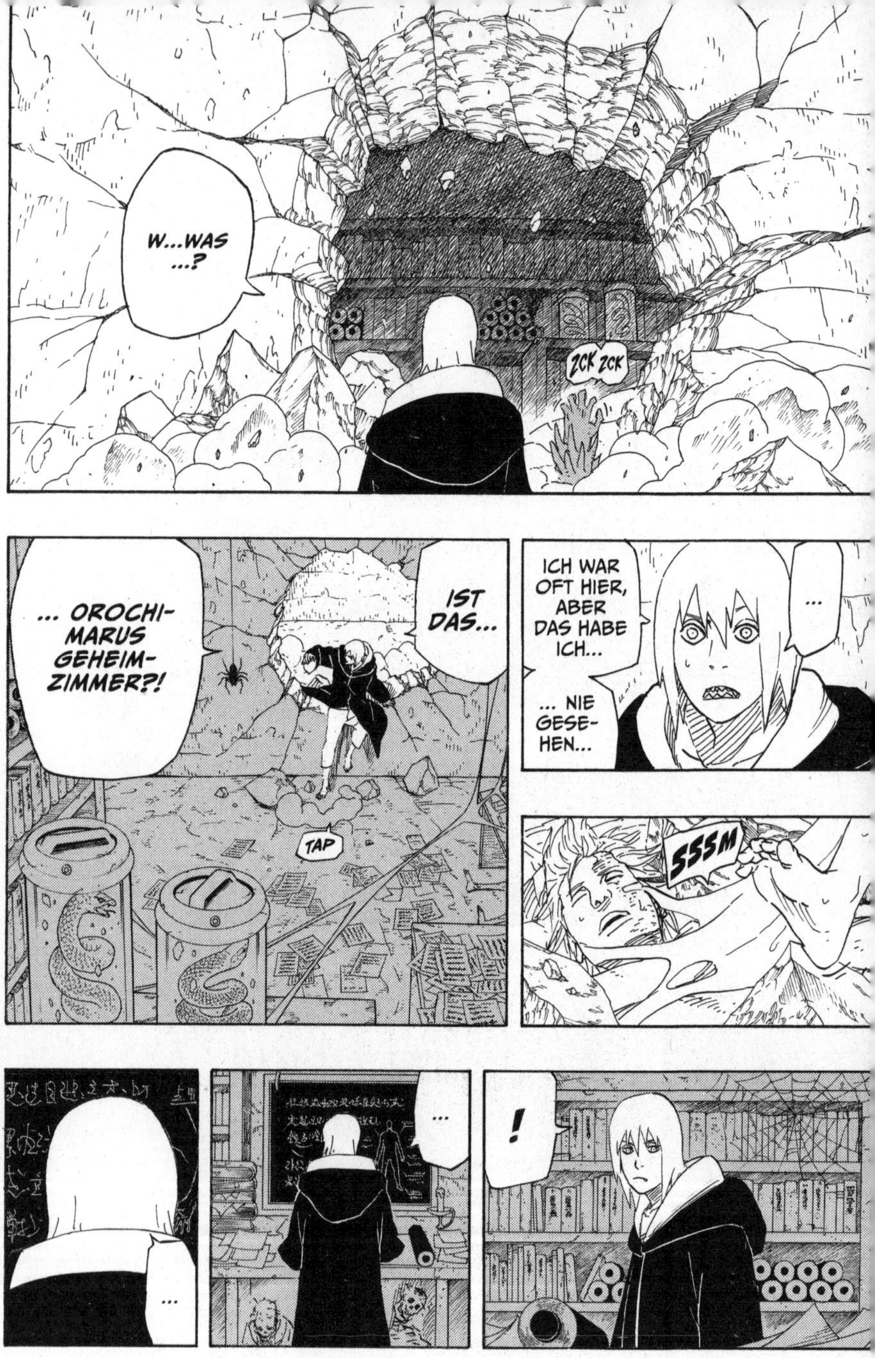
W...WAS ...?
ZCK ZCK
ICH WAR OFT HIER, ABER DAS HABE ICH...
... NIE GESE-HEN...
...
SSSM
IST DAS...
... OROCHI-MARUS GEHEIM-ZIMMER?!
TAP
!
...
...

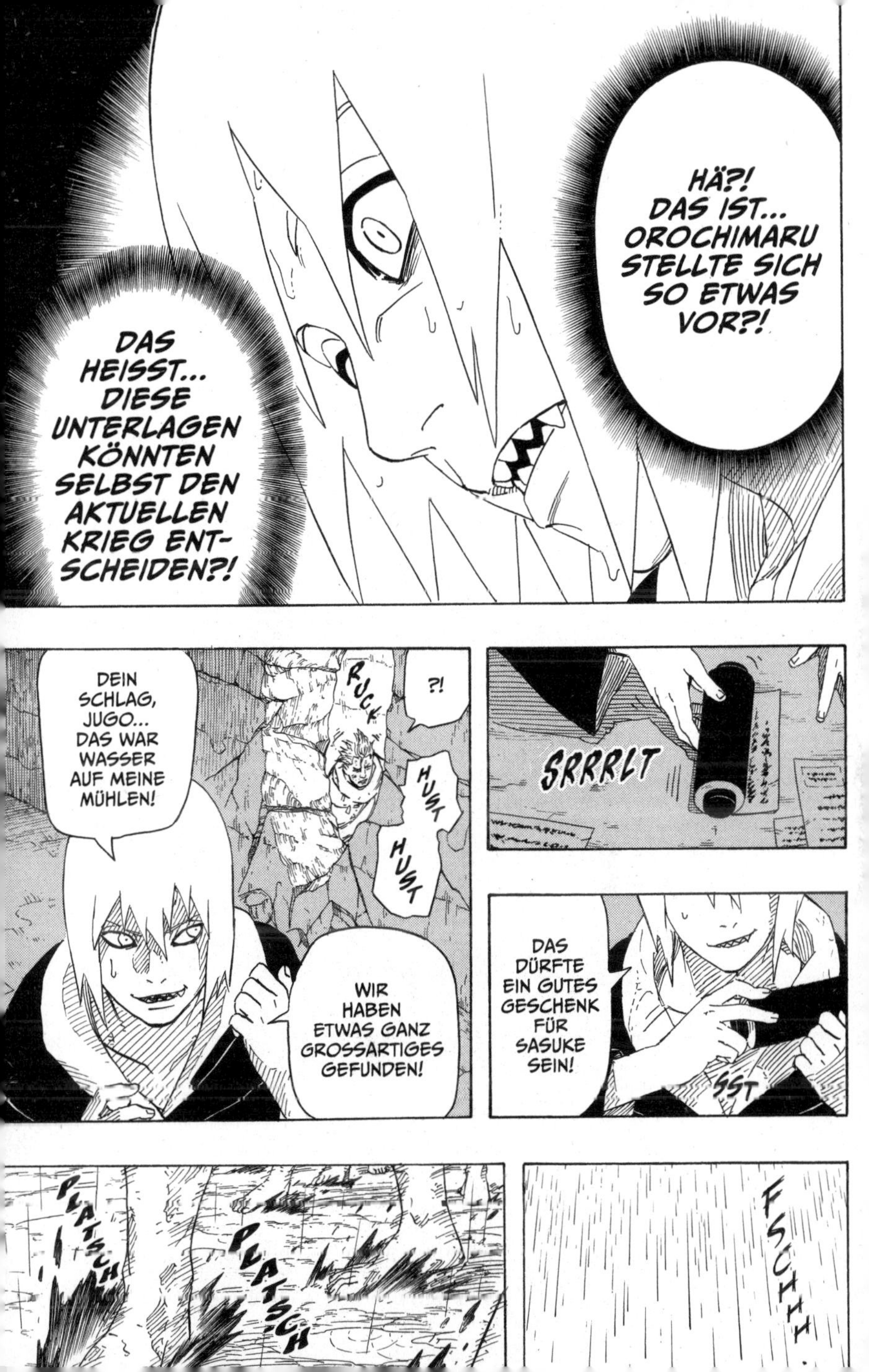
HÄ?!
DAS IST...
OROCHIMARU
STELLTE SICH
SO ETWAS
VOR?!
DAS HEISST... DIESE UNTERLAGEN KÖNNTEN SELBST DEN AKTUELLEN KRIEG ENT-SCHEIDEN?!
SRRRLT
?!
RUCK
DEIN SCHLAG, JUGO... DAS WAR WASSER AUF MEINE MÜHLEN!
HUST HUST
DAS DÜRFTE EIN GUTES GESCHENK FÜR SASUKE SEIN!
SST
WIR HABEN ETWAS GANZ GROSSARTIGES GEFUNDEN!
FSCHHH
PLATSCH PLATSCH

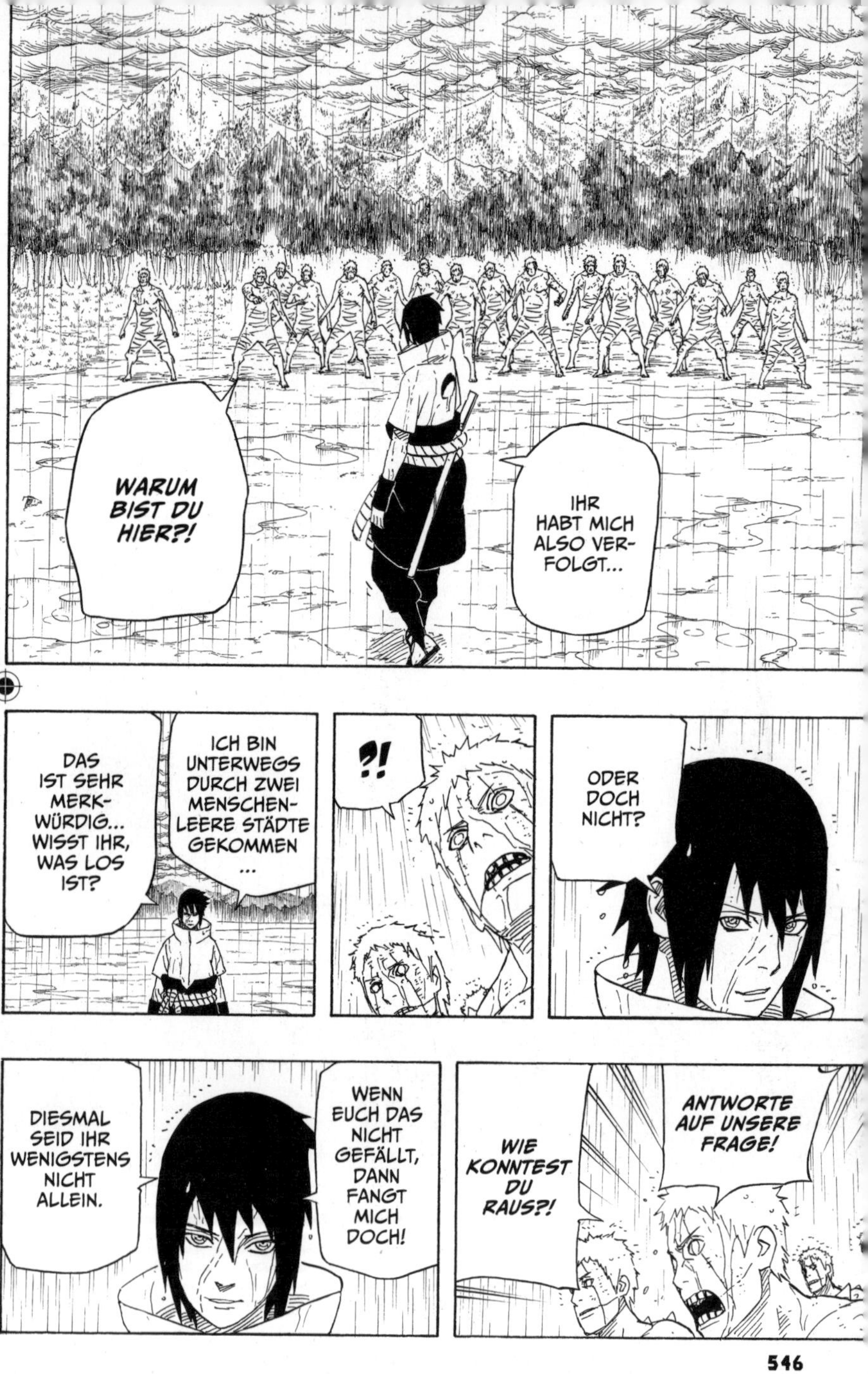

WARUM BIST DU HIER?!
IHR HABT MICH ALSO VERFOLGT...
ICH BIN UNTERWEGS DURCH ZWEI MENSCHENLEERE STÄDTE GEKOMMEN ...
DAS IST SEHR MERKWÜRDIG... WISST IHR, WAS LOS IST?
?!
ODER DOCH NICHT?
DIESMAL SEID IHR WENIGSTENS NICHT ALLEIN.
WENN EUCH DAS NICHT GEFÄLLT, DANN FANGT MICH DOCH!
WIE KONNTEST DU RAUS?!
ANTWORTE AUF UNSERE FRAGE!

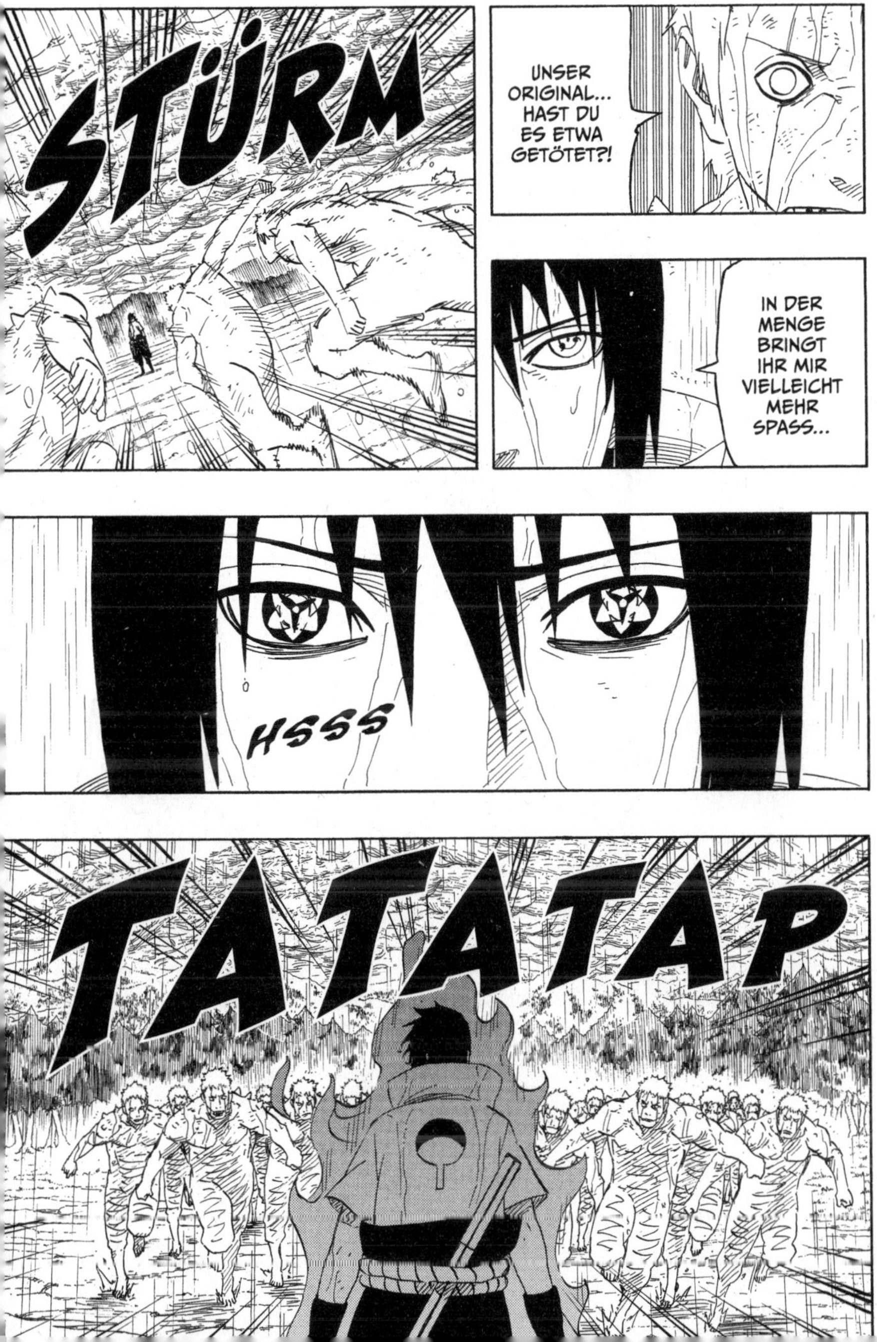
UNSER ORIGINAL... HAST DU ES ETWA GETÖTET?!
STÜRM
IN DER MENGE BRINGT IHR MIR VIELLEICHT MEHR SPASS...
HSSS
TATATAP

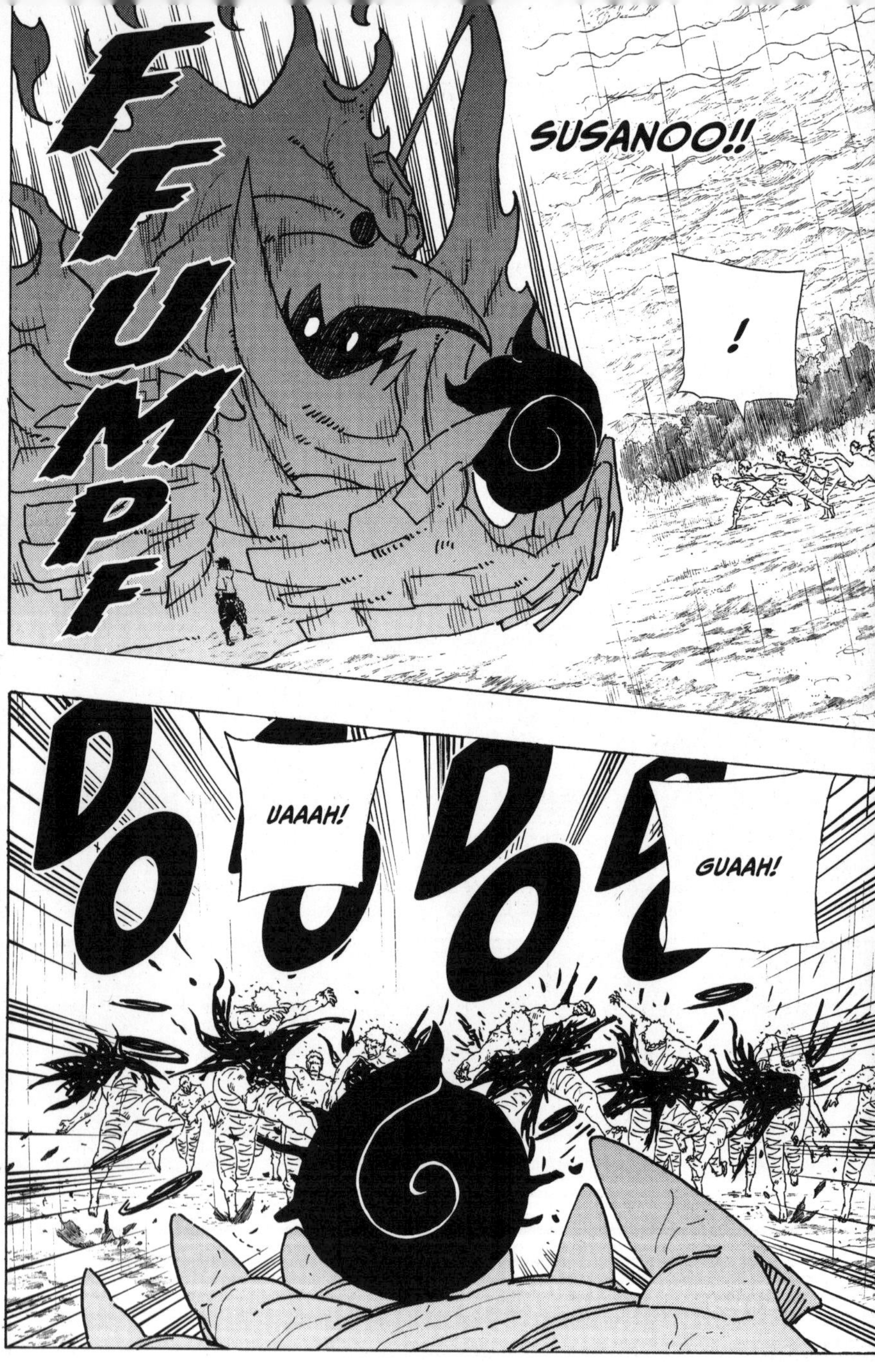
SUSANOO!!
!
FFUMPF
GUAAH!
UAAAH!
DOOOO

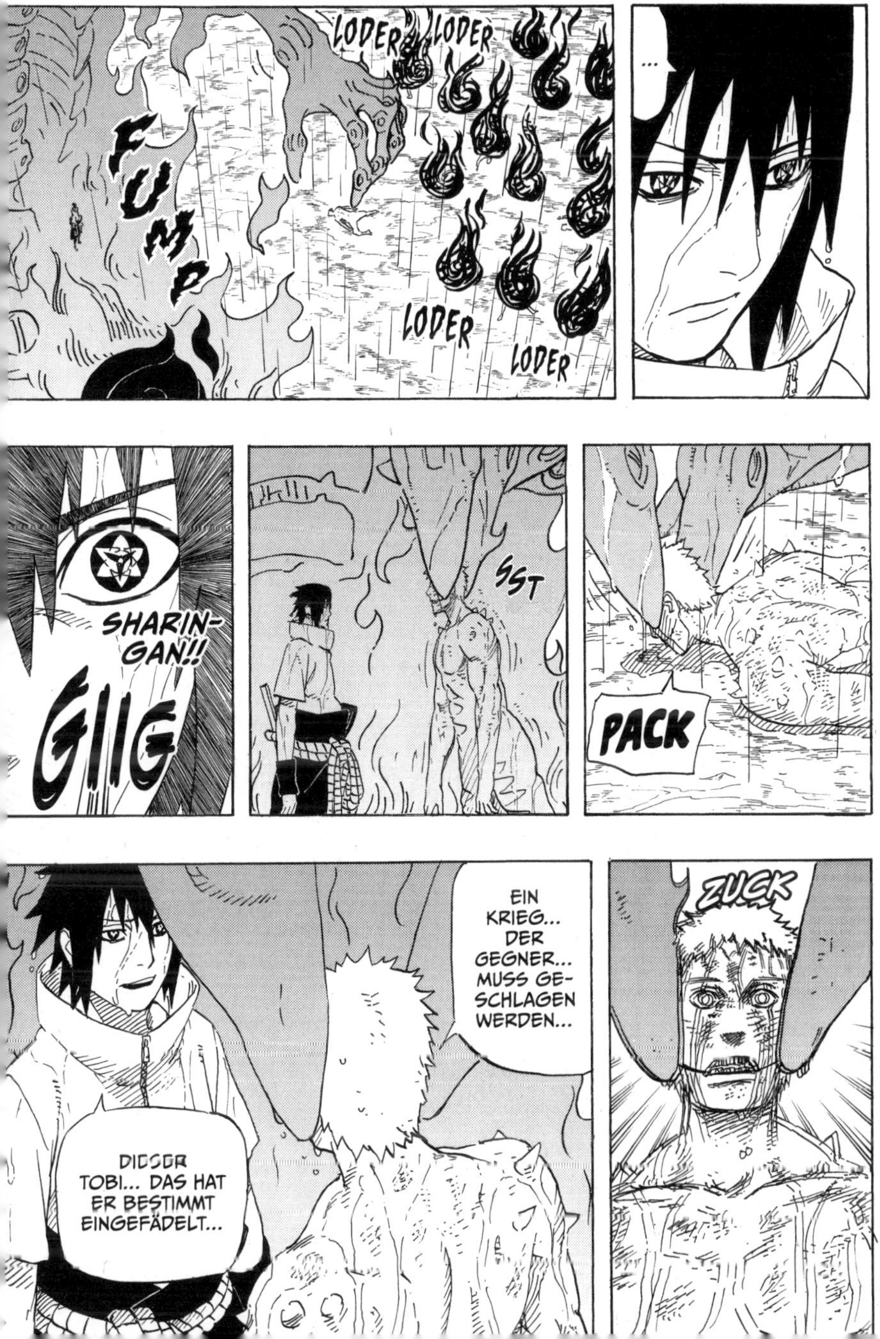
...
LODER LODER
FUMP
LODER
LODER
PACK
SST
SHARIN-GAN!!
GIIG
ZUCK
EIN KRIEG... DER GEGNER... MUSS GE-SCHLAGEN WERDEN...
DIESER TOBI... DAS HAT ER BESTIMMT EINGEFÄDELT...

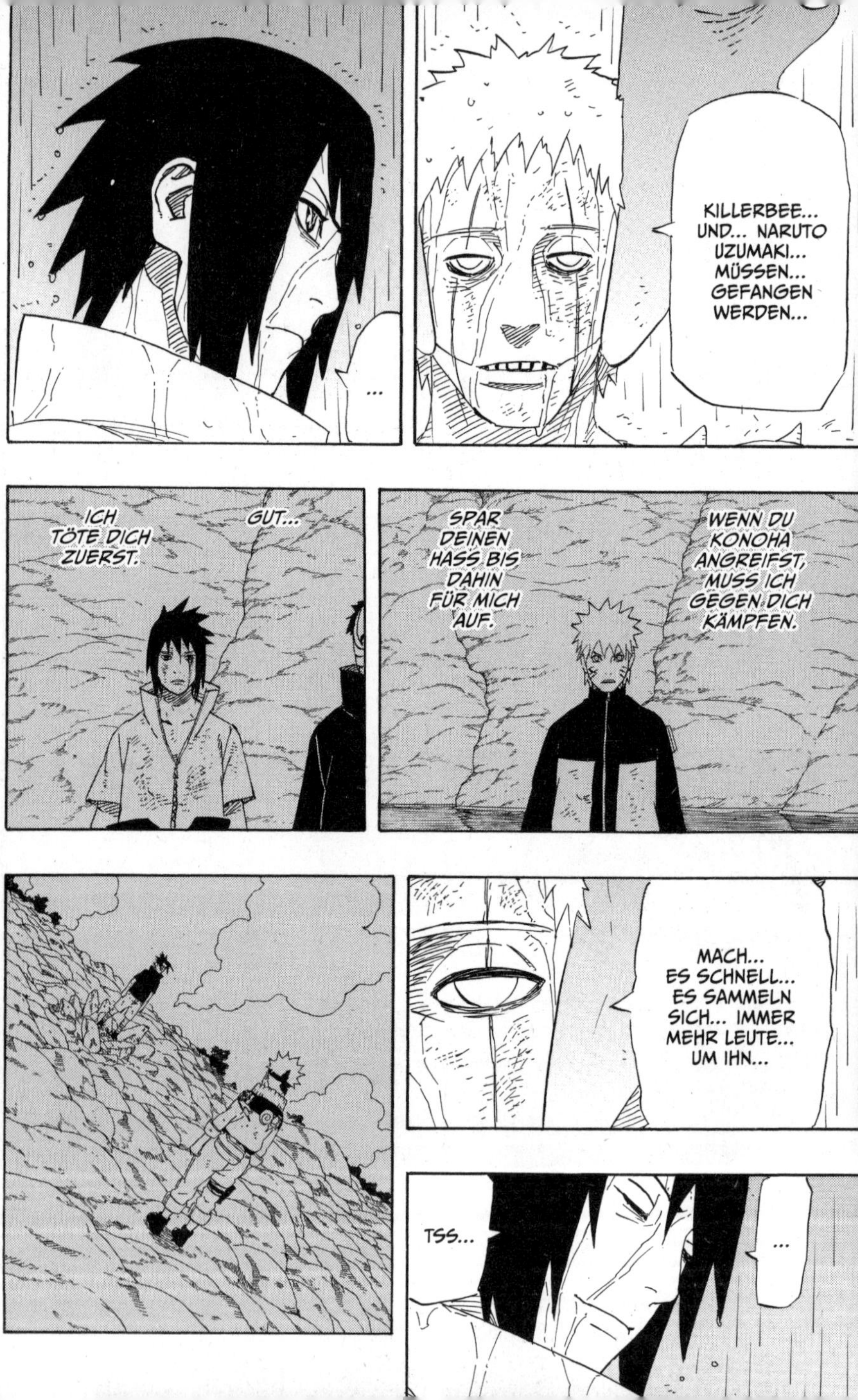
KILLERBEE... UND... NARUTO UZUMAKI... MÜSSEN... GEFANGEN WERDEN...
...
WENN DU KONOHA ANGREIFST, MUSS ICH GEGEN DICH KÄMPFEN.
SPAR DEINEN HASS BIS DAHIN FÜR MICH AUF.
GUT...
ICH TÖTE DICH ZUERST.
MACH... ES SCHNELL... ES SAMMELN SICH... IMMER MEHR LEUTE... UM IHN...
...
TSS...

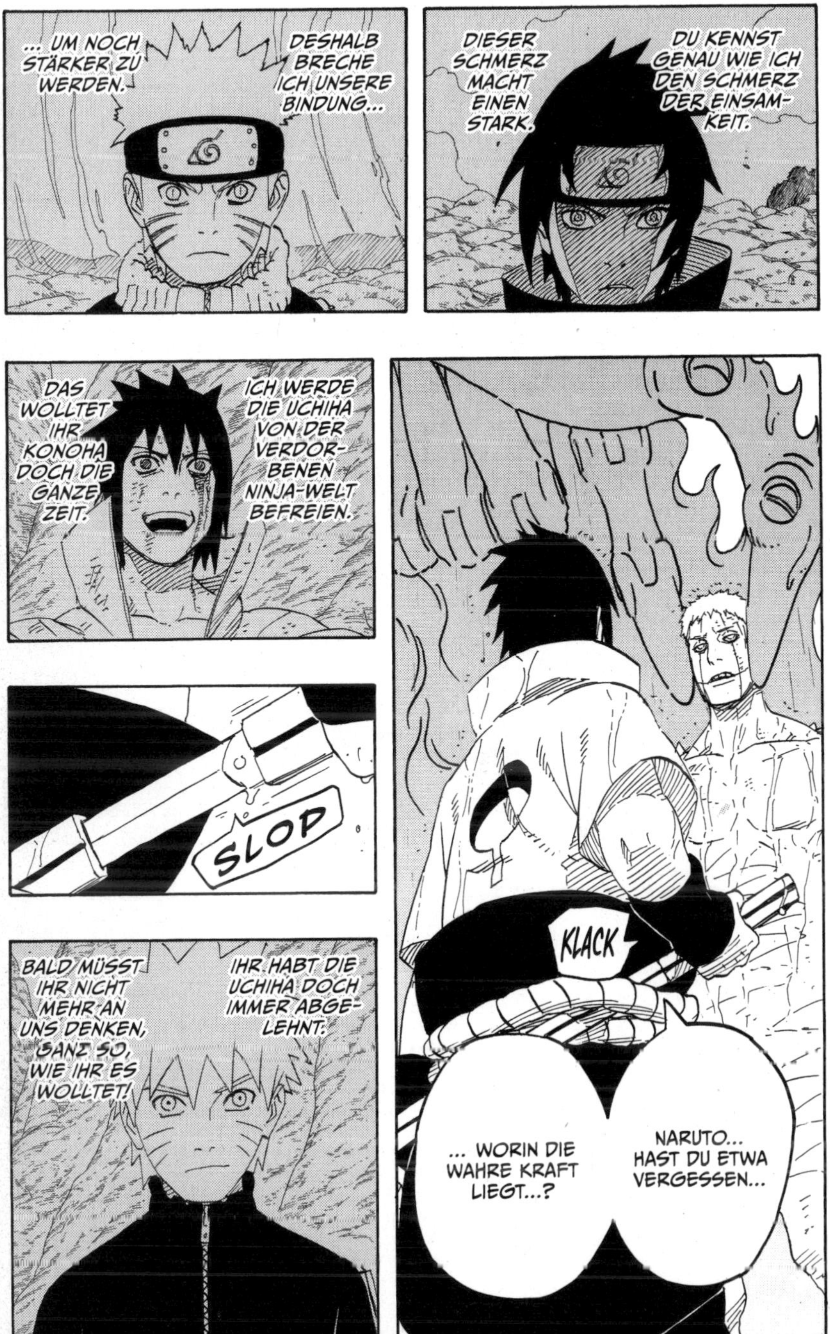
DU KENNST GENAU WIE ICH DEN SCHMERZ DER EINSAMKEIT.
DIESER SCHMERZ MACHT EINEN STARK.
DESHALB BRECHE ICH UNSERE BINDUNG...
... UM NOCH STÄRKER ZU WERDEN.
ICH WERDE DIE UCHIHA VON DER VERDORBENEN NINJA-WELT BEFREIEN.
DAS WOLLTET IHR KONOHA DOCH DIE GANZE ZEIT.
SLOP
IHR HABT DIE UCHIHA DOCH IMMER ABGELEHNT.
BALD MÜSST IHR NICHT MEHR AN UNS DENKEN, GANZ SO, WIE IHR ES WOLLTET!
KLACK
NARUTO... HAST DU ETWA VERGESSEN...
... WORIN DIE WAHRE KRAFT LIEGT...?

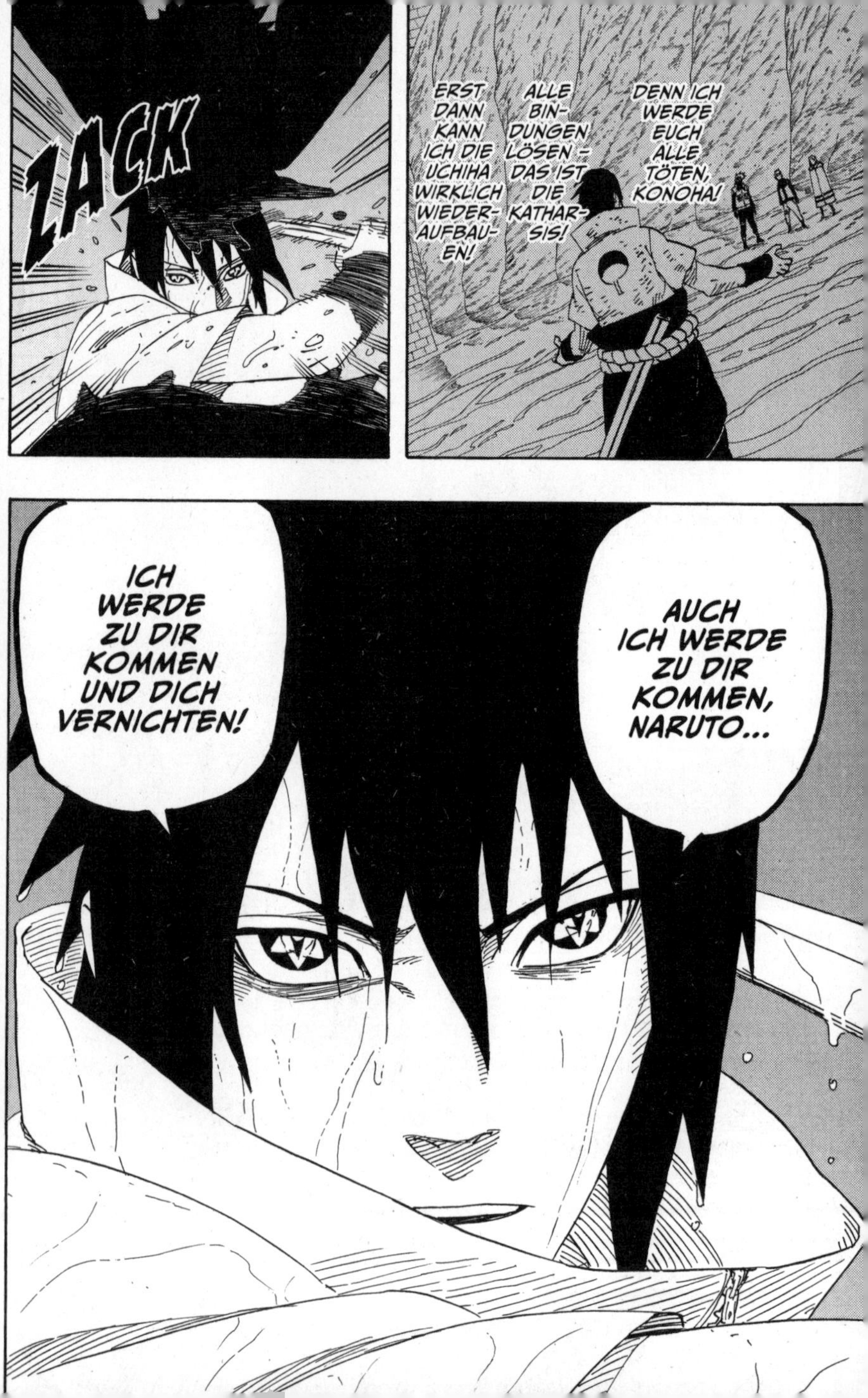
DENN ICH WERDE EUCH ALLE TÖTEN, KONOHA!
ALLE BINDUNGEN LÖSEN – DAS IST DIE KATHARSIS!
ERST DANN KANN ICH DIE UCHIHA WIRKLICH WIEDERAUFBAUEN!
ZACK
AUCH ICH WERDE ZU DIR KOMMEN, NARUTO...
ICH WERDE ZU DIR KOMMEN UND DICH VERNICHTEN!

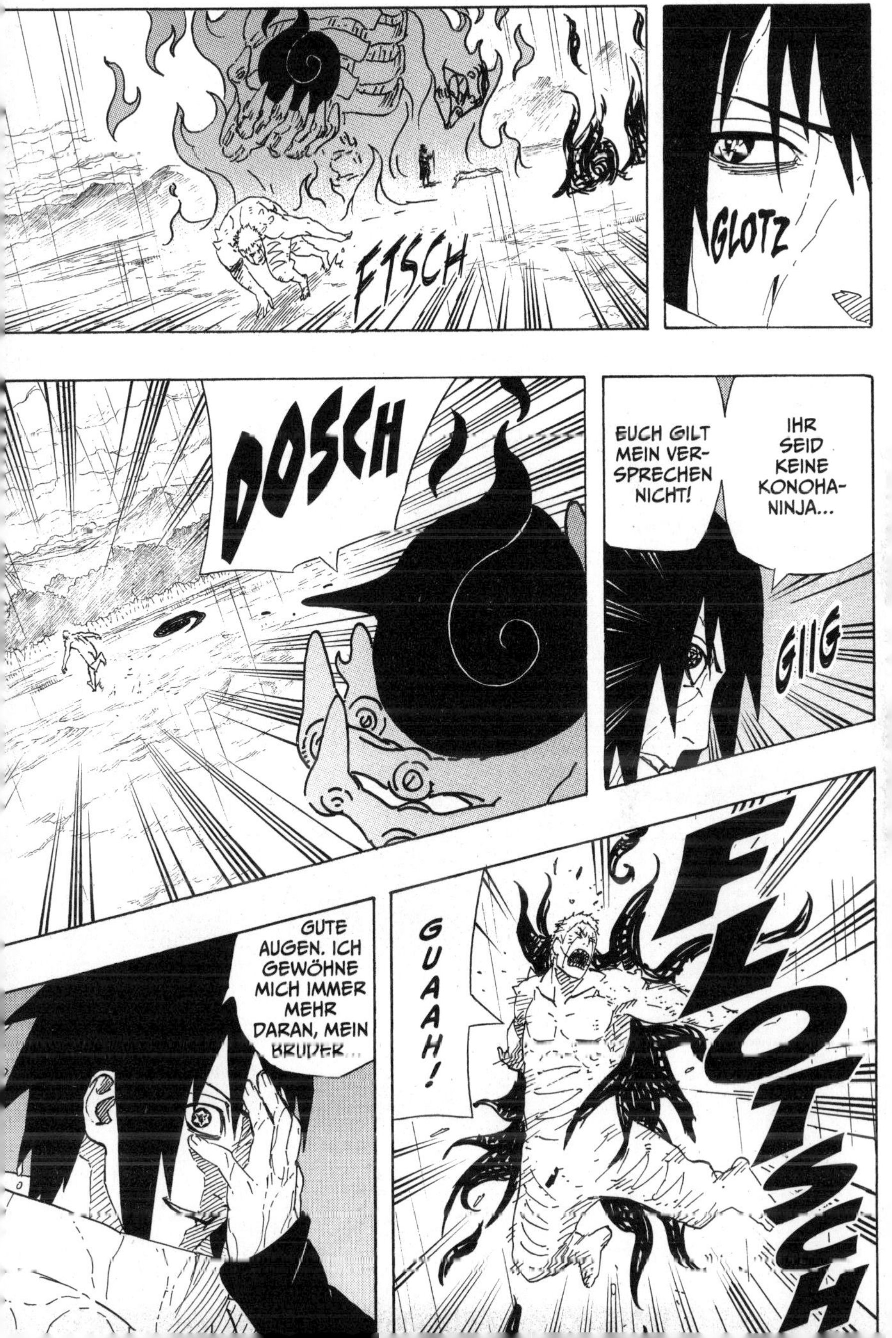
GLOTZ
FTSCH
IHR SEID KEINE KONOHA-NINJA...
EUCH GILT MEIN VER-SPRECHEN NICHT!
GIIG
DOSCH
FLOTSCH
GUAAAH!
GUTE AUGEN. ICH GEWÖHNE MICH IMMER MEHR DARAN, MEIN BRUDER...

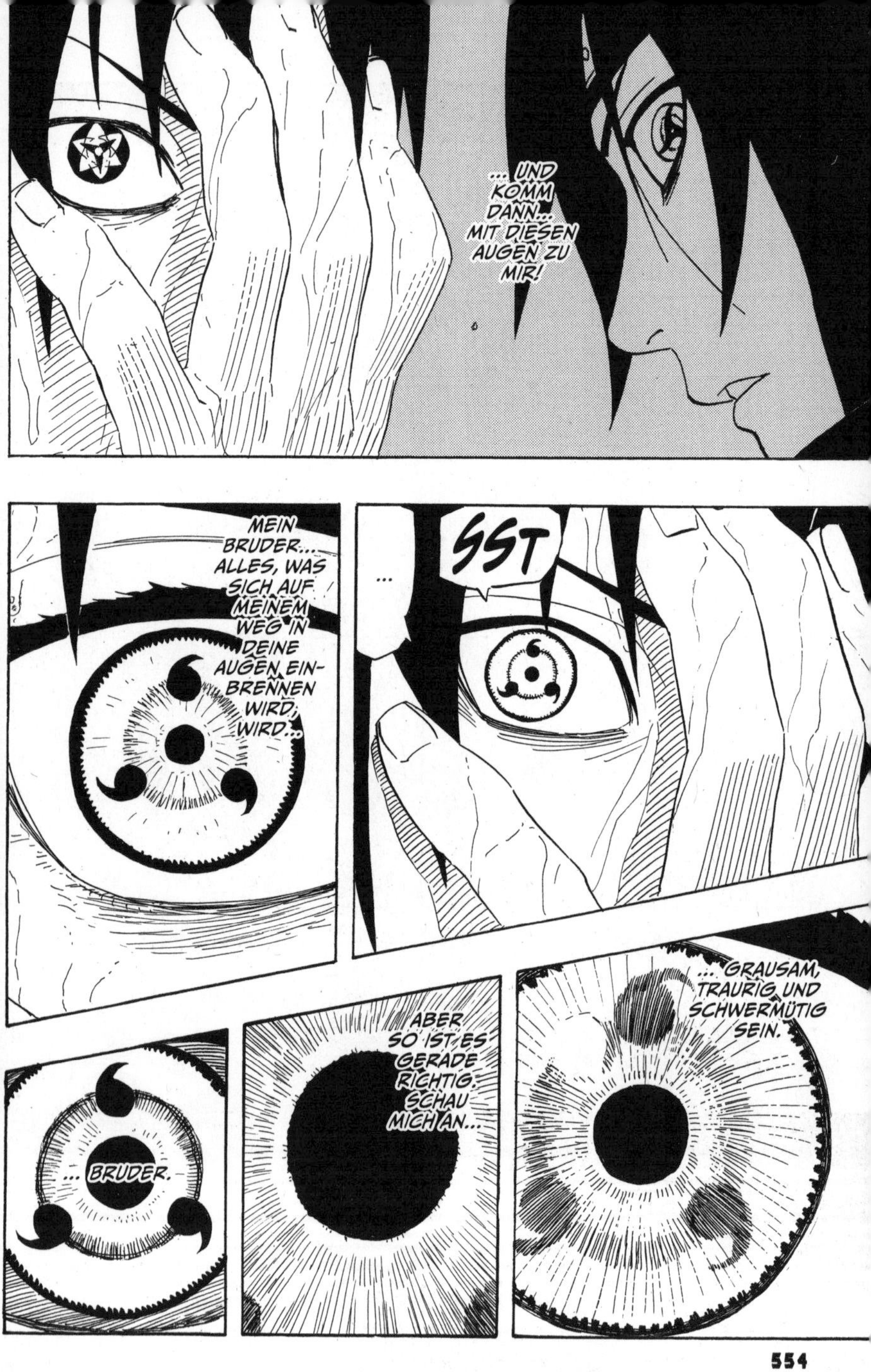
... UND KOMM DANN... MIT DIESEN AUGEN ZU MIR!
SST
...
MEIN BRUDER... ALLES, WAS SICH AUF MEINEM WEG IN DEINE AUGEN EIN-BRENNEN WIRD, WIRD...
... GRAUSAM, TRAURIG UND SCHWERMÜTIG SEIN.
ABER SO IST ES GERADE RICHTIG. SCHAU MICH AN...
... BRUDER.

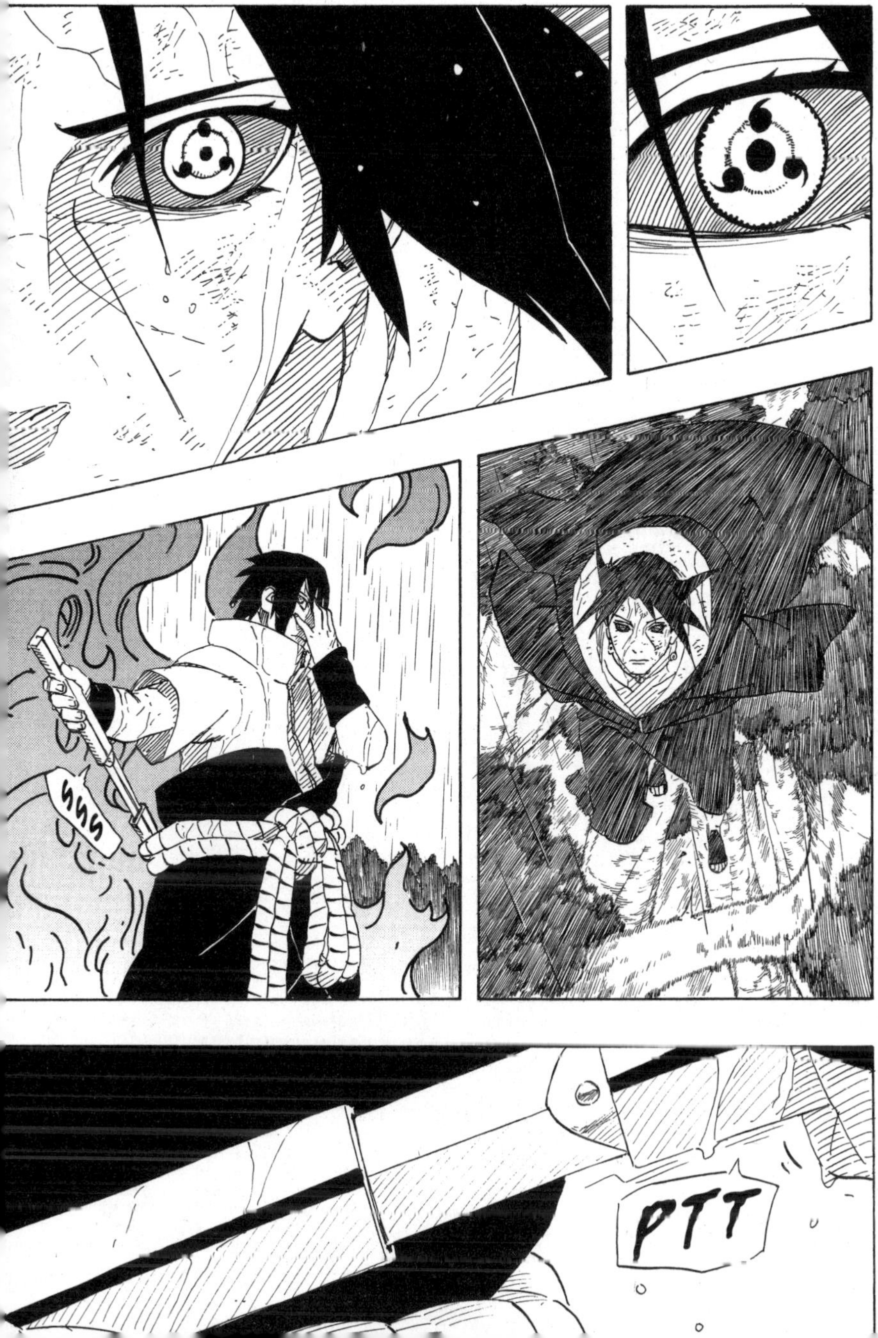

SSS
PTT

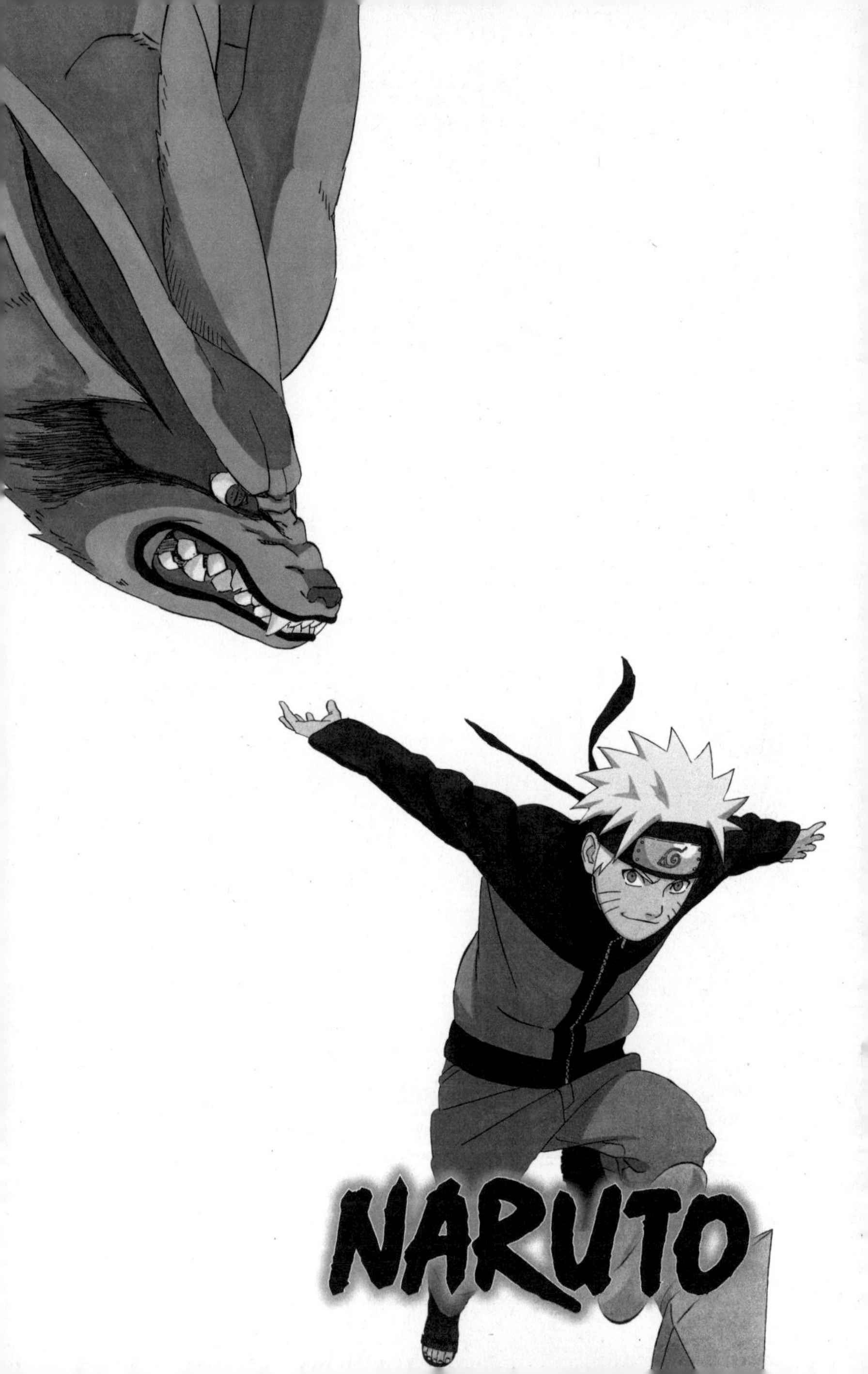
NARUTO

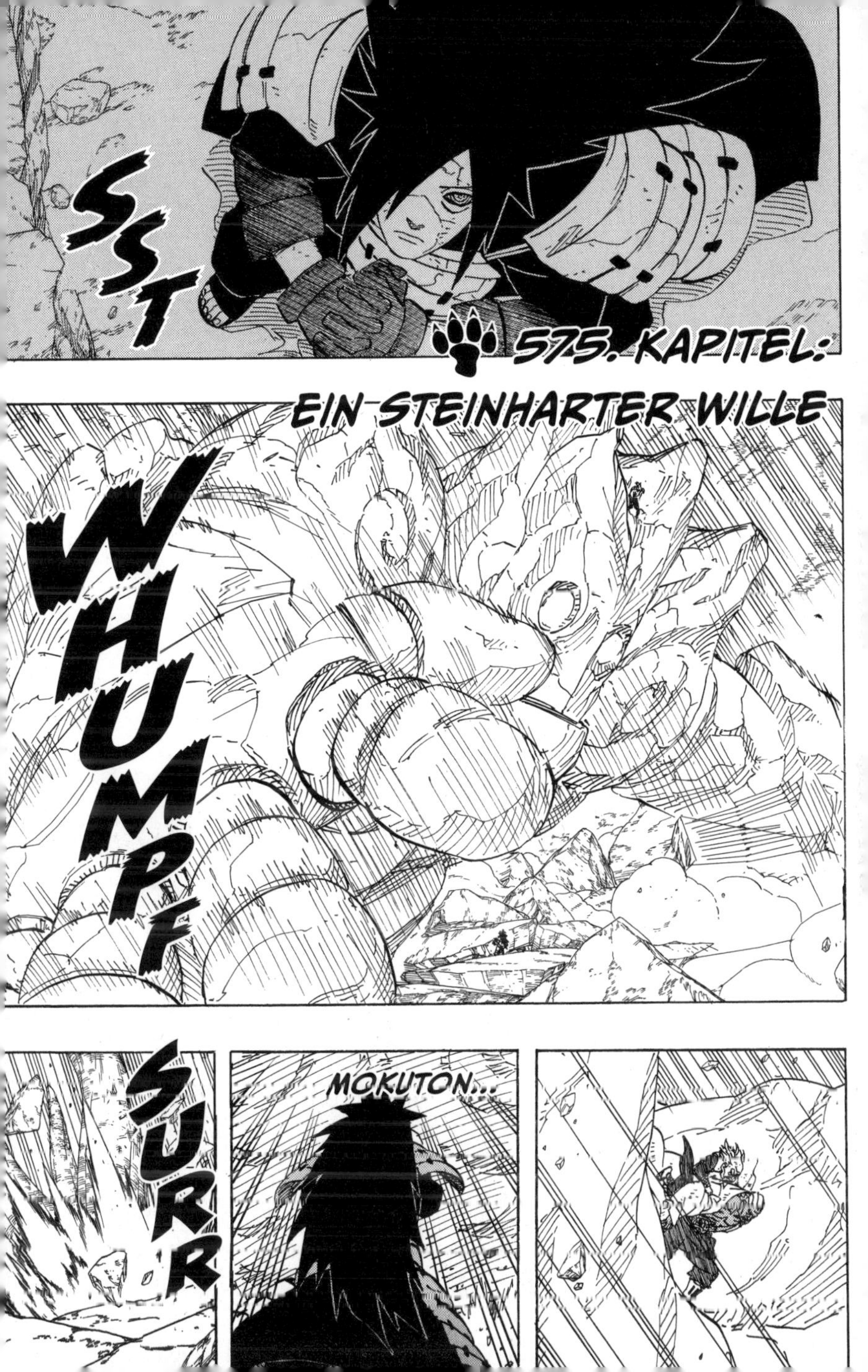
SST
575. Kapitel:
Ein steinharter Wille
WHUMPF
SURR
Mokuton...

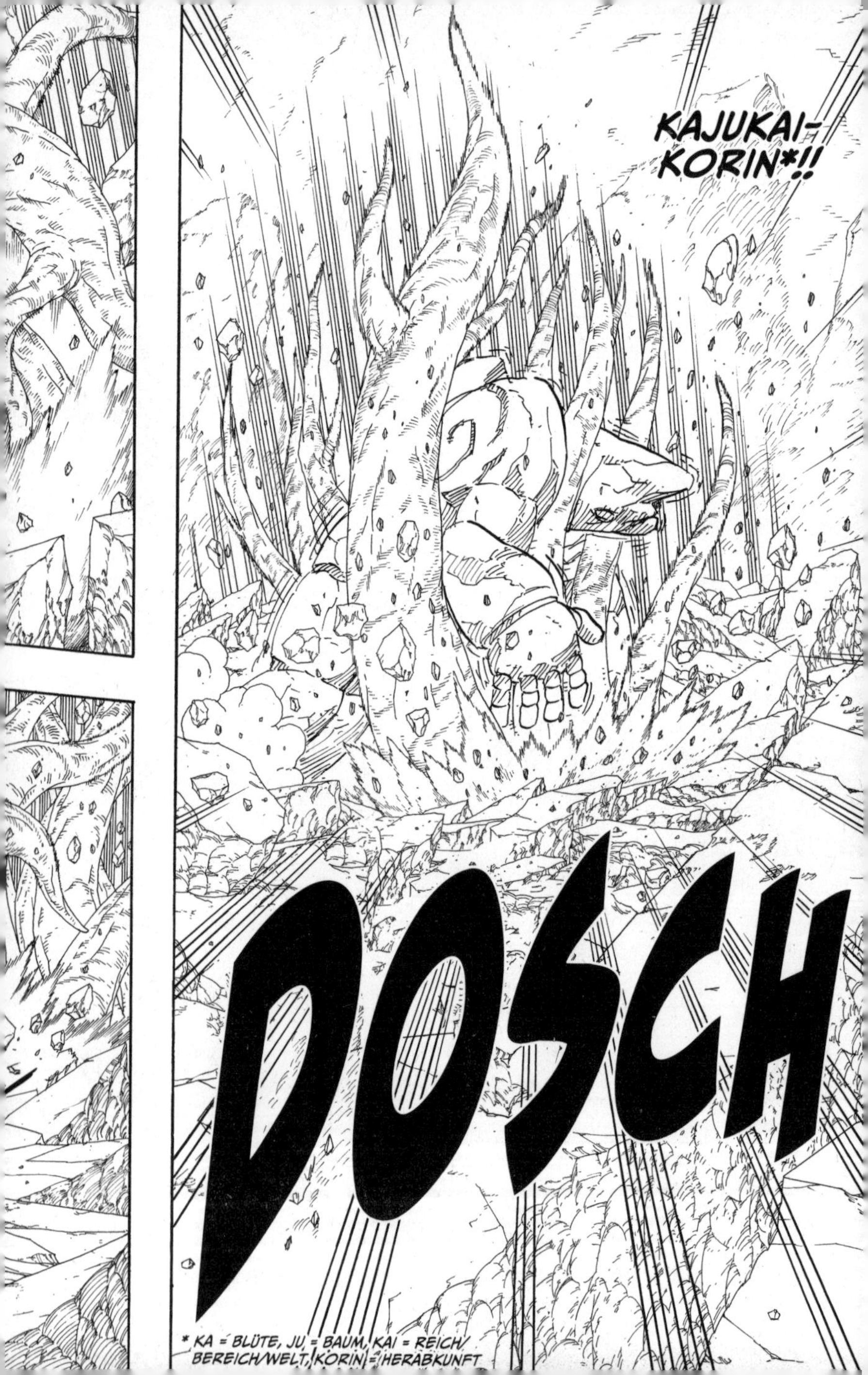
KAJUKAI-KORIN*!!
DOSCH
* KA = BLÜTE, JU = BAUM, KAI = REICH/BEREICH/WELT, KORIN = HERABKUNFT

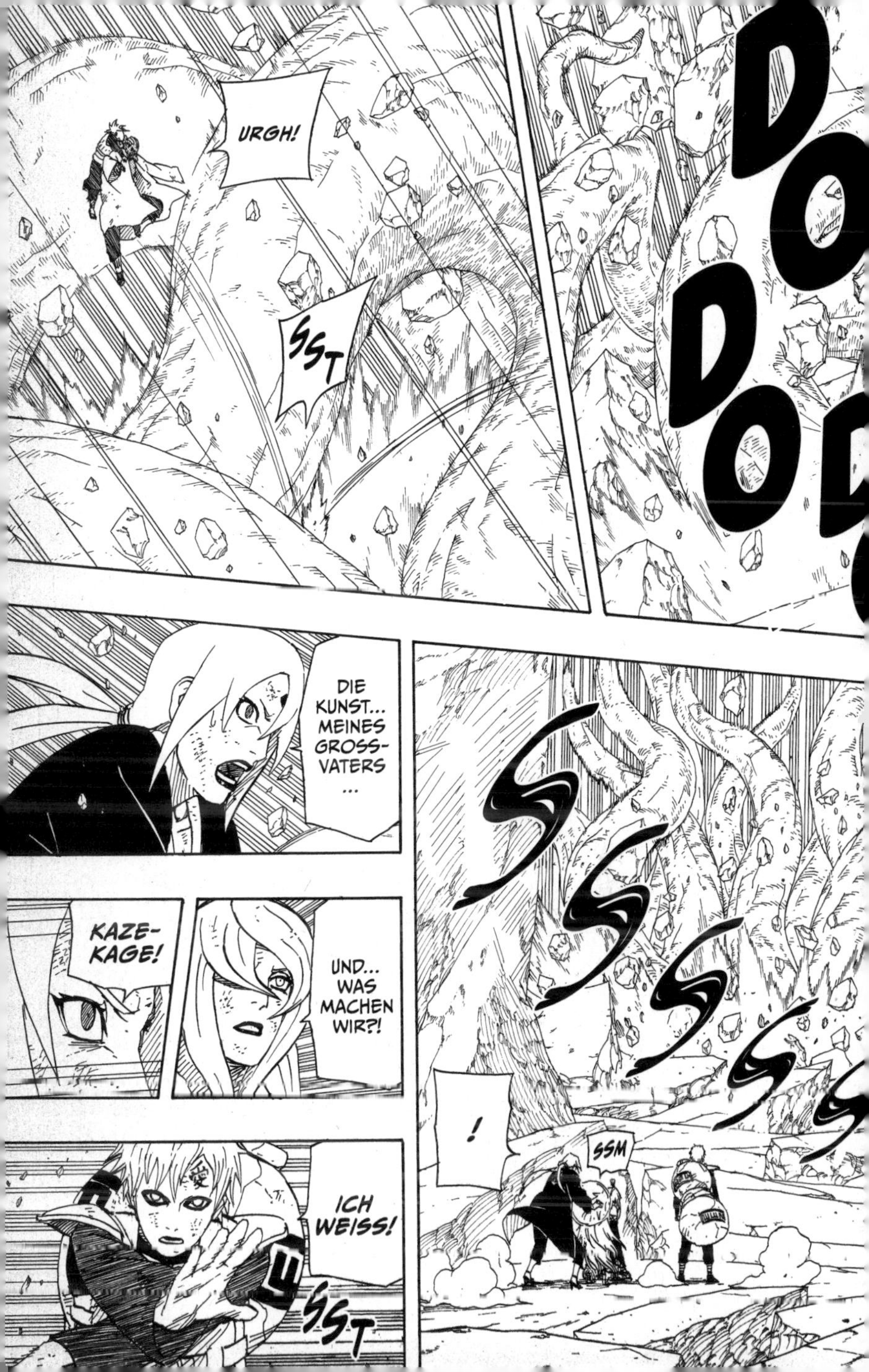
DODODO
URGH!
SST
SSSSSS
DIE KUNST... MEINES GROSS-VATERS ...
!
SSM
KAZE-KAGE!
UND... WAS MACHEN WIR?!
ICH WEISS!
SST

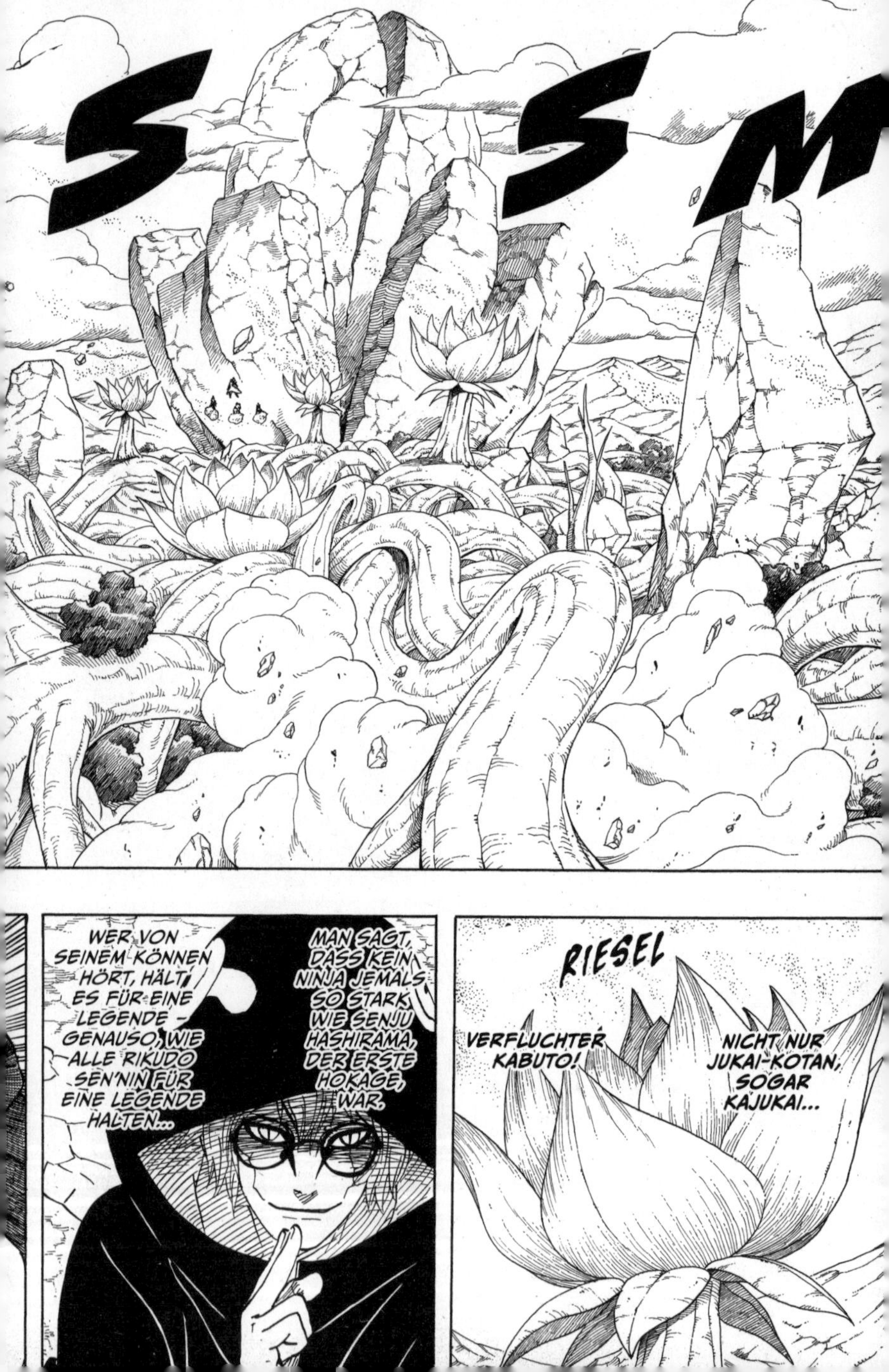
SSM
RIESEL
NICHT NUR JUKAI-KOTAN, SOGAR KAJUKAI...
VERFLUCHTER KABUTO!
MAN SAGT, DASS KEIN NINJA JEMALS SO STARK WIE SENJU HASHIRAMA, DER ERSTE HOKAGE, WAR.
WER VON SEINEM KÖNNEN HÖRT, HÄLT ES FÜR EINE LEGENDE – GENAUSO, WIE ALLE RIKUDO SEN'NIN FÜR EINE LEGENDE HALTEN...

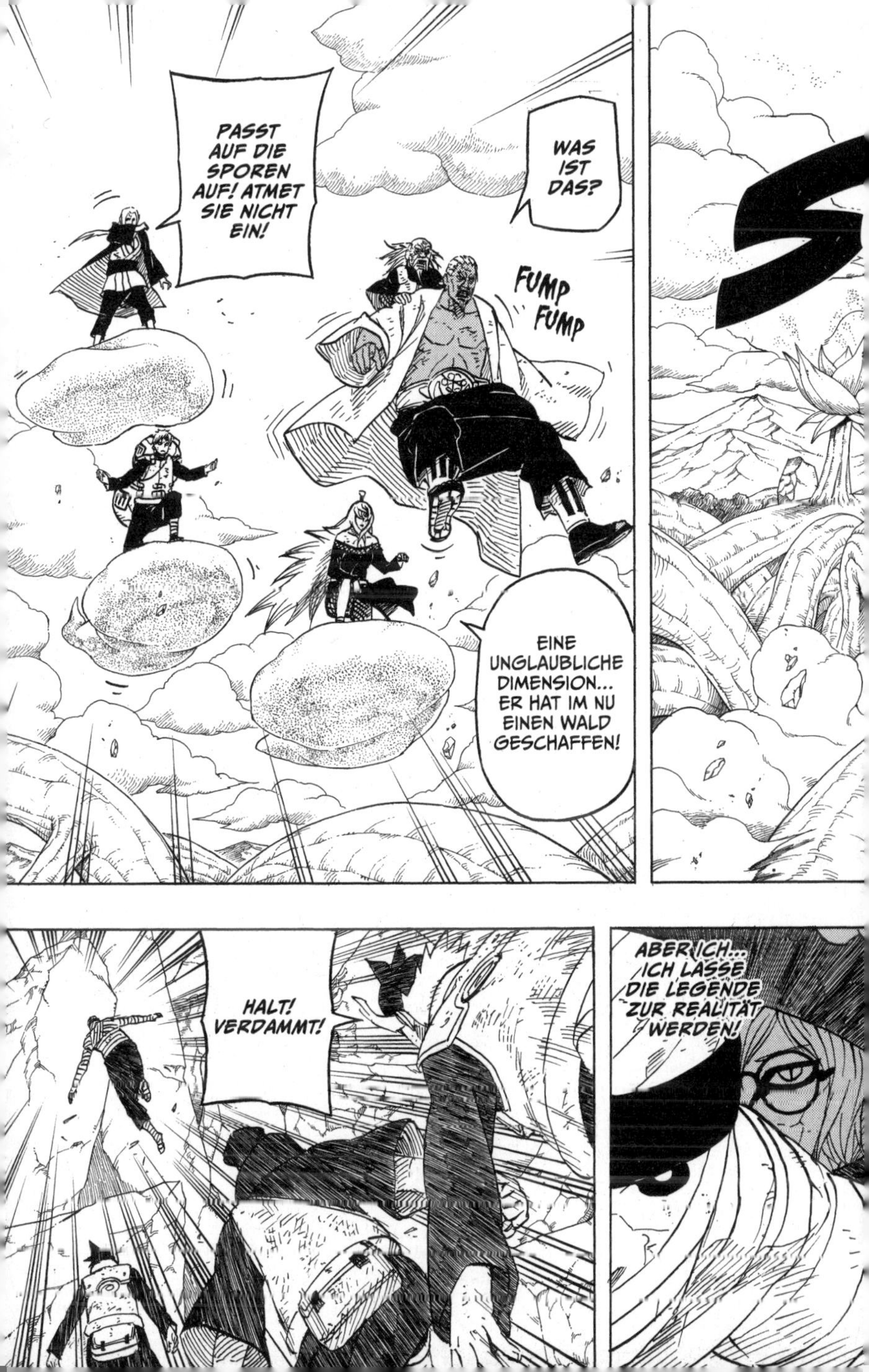
S
WAS IST DAS?
FUMP FUMP
PASST AUF DIE SPOREN AUF! ATMET SIE NICHT EIN!
EINE UNGLAUBLICHE DIMENSION... ER HAT IM NU EINEN WALD GESCHAFFEN!
ABER ICH... ICH LASSE DIE LEGENDE ZUR REALITÄT WERDEN!
HALT! VERDAMMT!

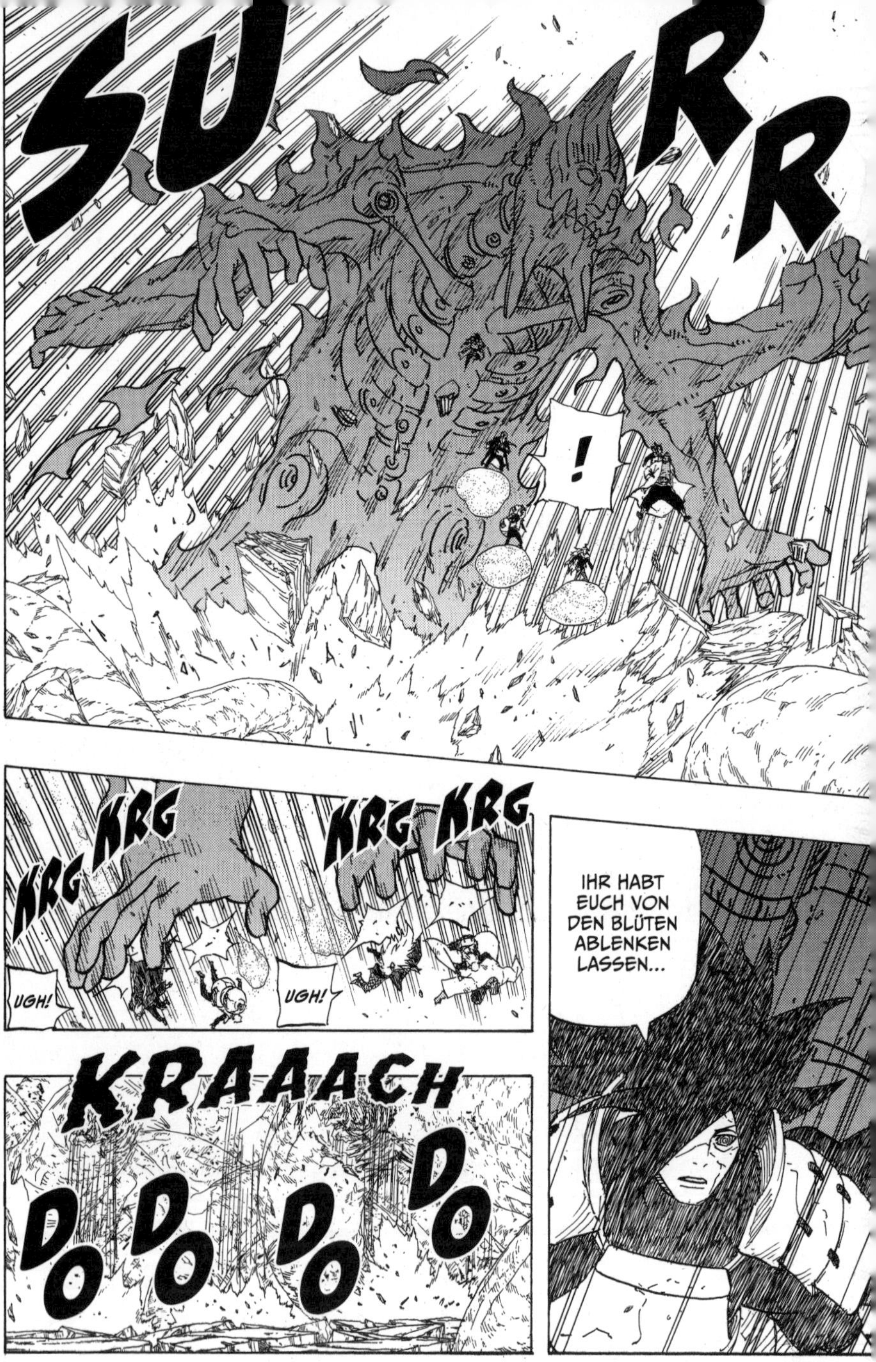
SU-RR
!
KRG KRG
KRG KRG
UGH!
UGH!
IHR HABT EUCH VON DEN BLÜTEN ABLENKEN LASSEN...
KRAAACH
DO DO DO DO

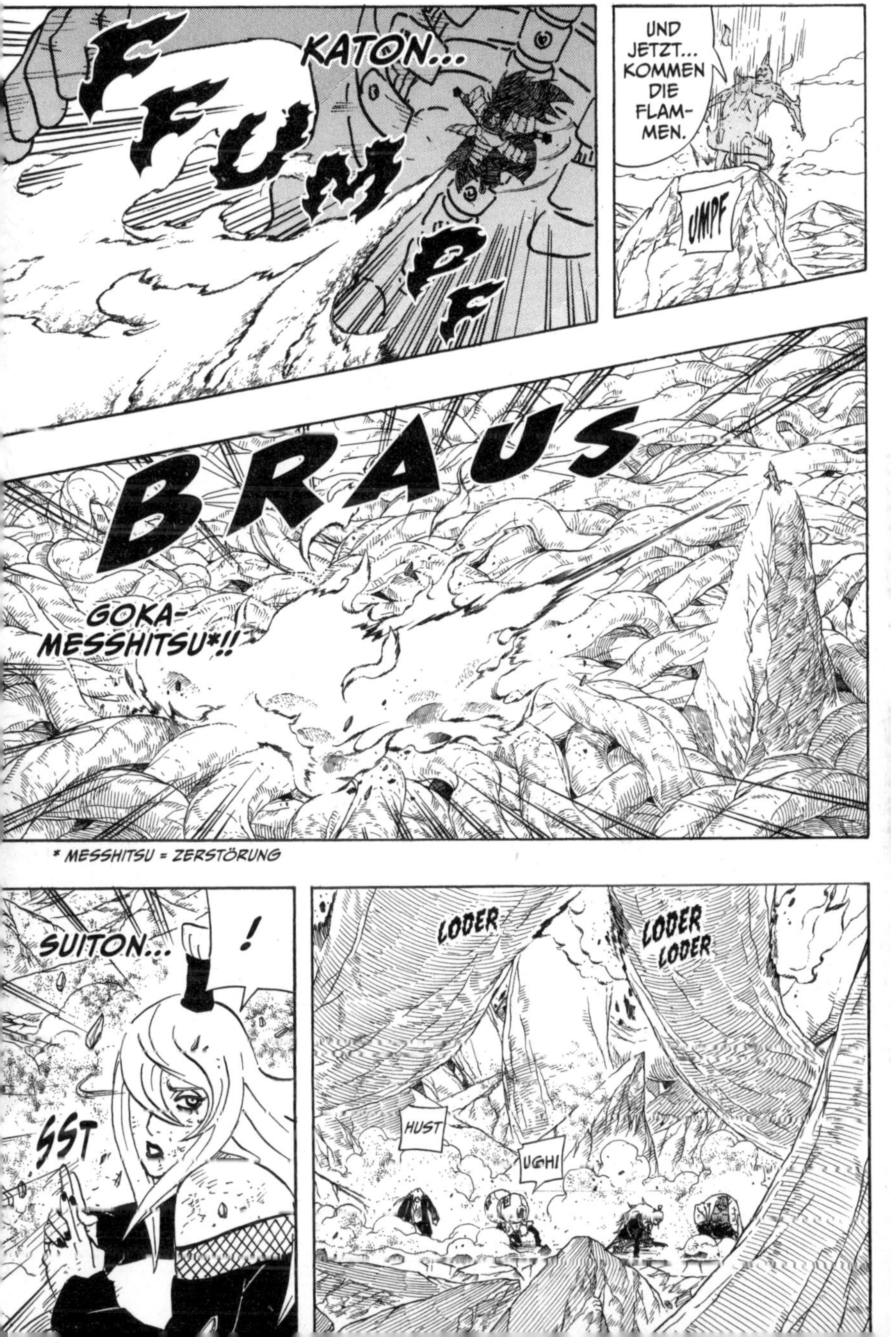
UND JETZT... KOMMEN DIE FLAM-MEN.
UMPF
KATON...
FFUMPF
BRAUS
GOKA-MESSHITSU*!!
* MESSHITSU = ZERSTÖRUNG
LODER LODER
LODER
HUST
UGHI
!
SUITON...
SST

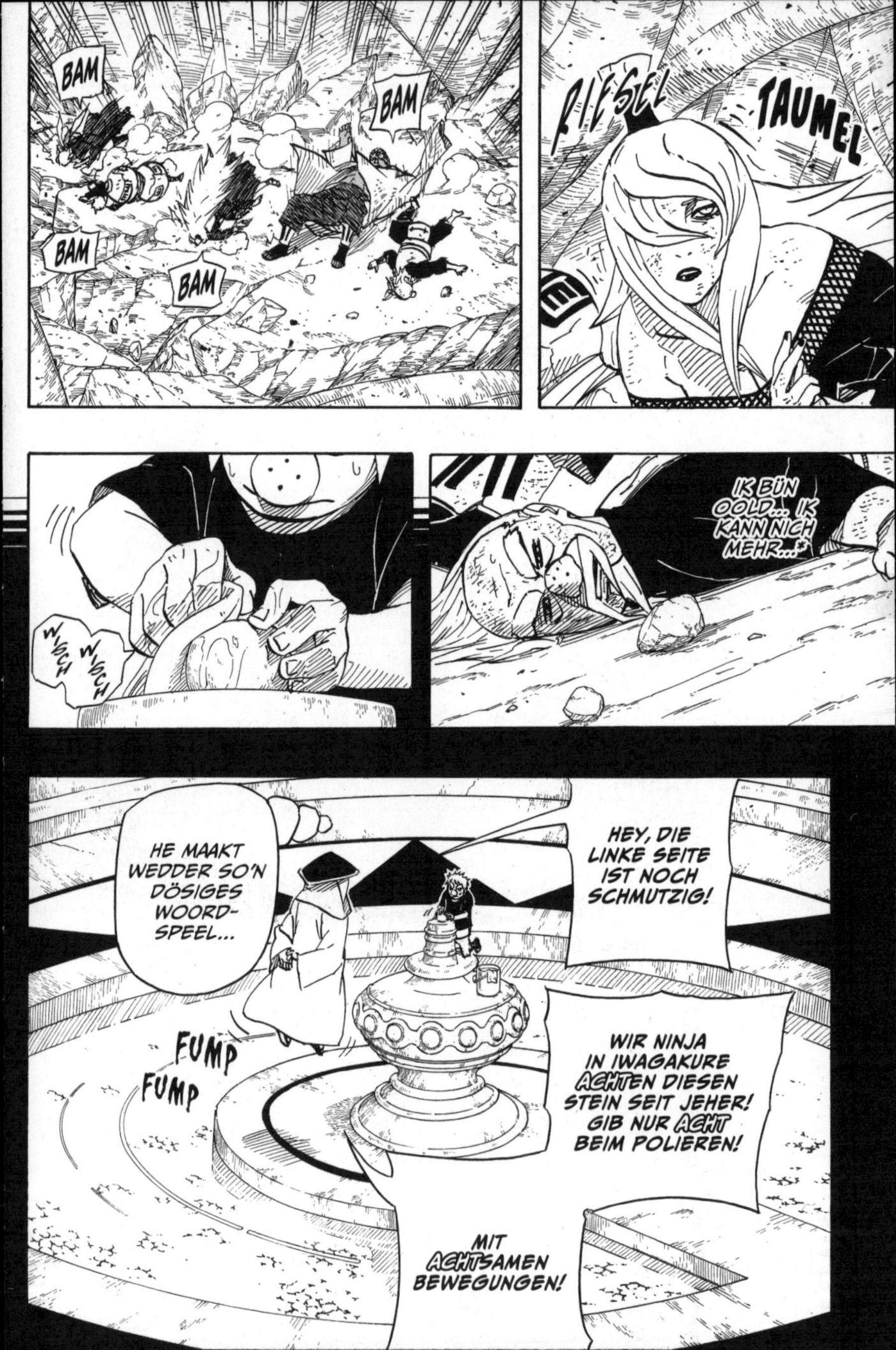
RIESEL
TAUMEL
BAM
BAM
BAM
BAM
IK BÜN OOLD... IK KANN NICH MEHR...*
WISCH WISCH
HEY, DIE LINKE SEITE IST NOCH SCHMUTZIG!
WIR NINJA IN IWAGAKURE ACHTEN DIESEN STEIN SEIT JEHER! GIB NUR ACHT BEIM POLIEREN!
MIT ACHTSAMEN BEWEGUNGEN!
HE MAAKT WEDDER SO'N DÖSIGES WOORD-SPEEL...
FUMP
FUMP

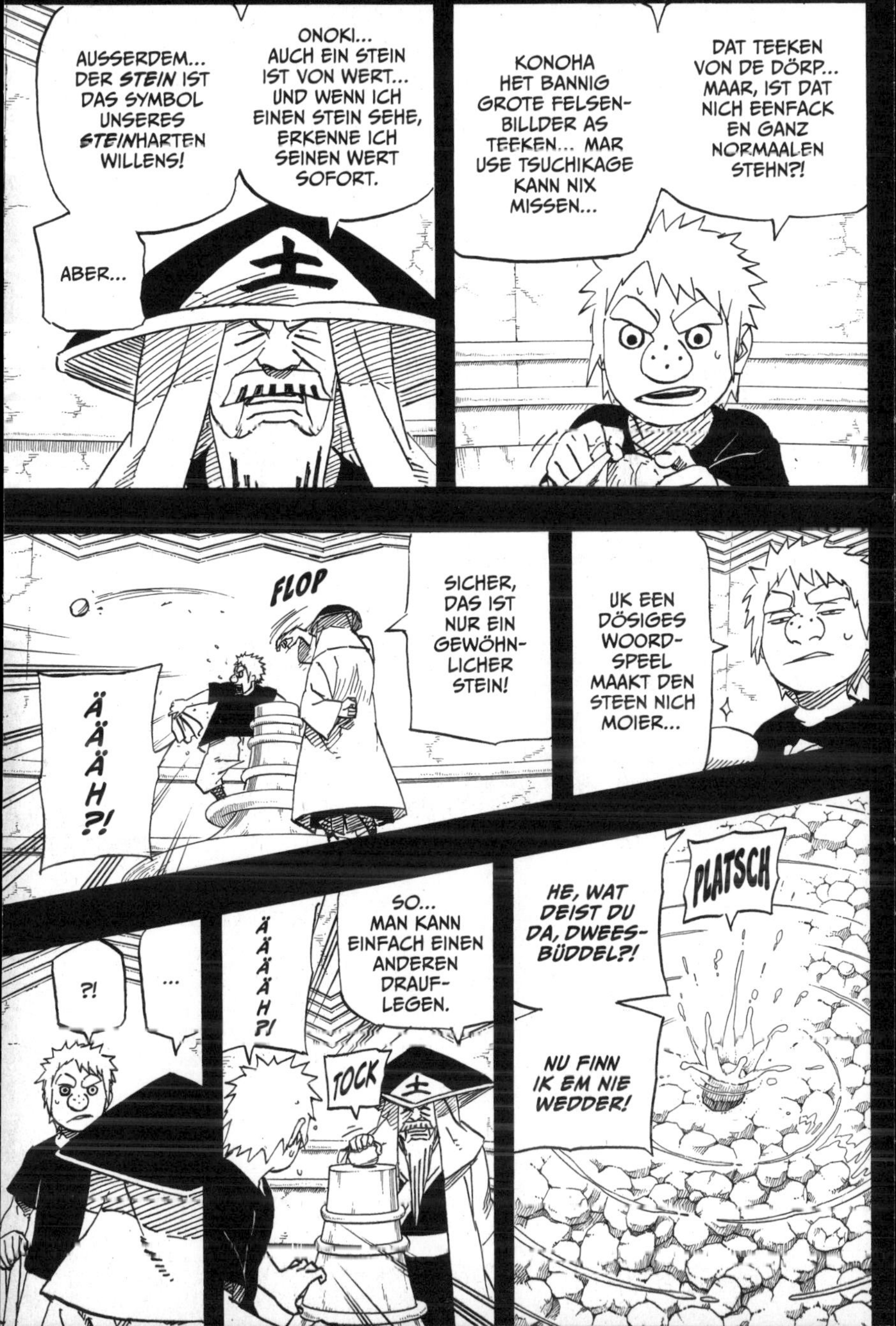

DAT TEEKEN VON DE DÖRP... MAAR, IST DAT NICH EENFACK EN GANZ NORMAALEN STEHN?!
KONOHA HET BANNIG GROTE FELSEN-BILLDER AS TEEKEN... MAR USE TSUCHIKAGE KANN NIX MISSEN...
ONOKI... AUCH EIN STEIN IST VON WERT... UND WENN ICH EINEN STEIN SEHE, ERKENNE ICH SEINEN WERT SOFORT.
AUSSERDEM... DER STEIN IST DAS SYMBOL UNSERES STEINHARTEN WILLENS!
ABER...
UK EEN DÖSIGES WOORD-SPEEL MAAKT DEN STEEN NICH MOIER...
SICHER, DAS IST NUR EIN GEWÖHN-LICHER STEIN!
FLOP
ÄÄÄH?!
HE, WAT DEIST DU DA, DWEES-BÜDDEL?!
PLATSCH
NU FINN IK EM NIE WEDDER!
SO... MAN KANN EINFACH EINEN ANDEREN DRAUF-LEGEN.
ÄÄÄÄH?!
TOCK
...
?!

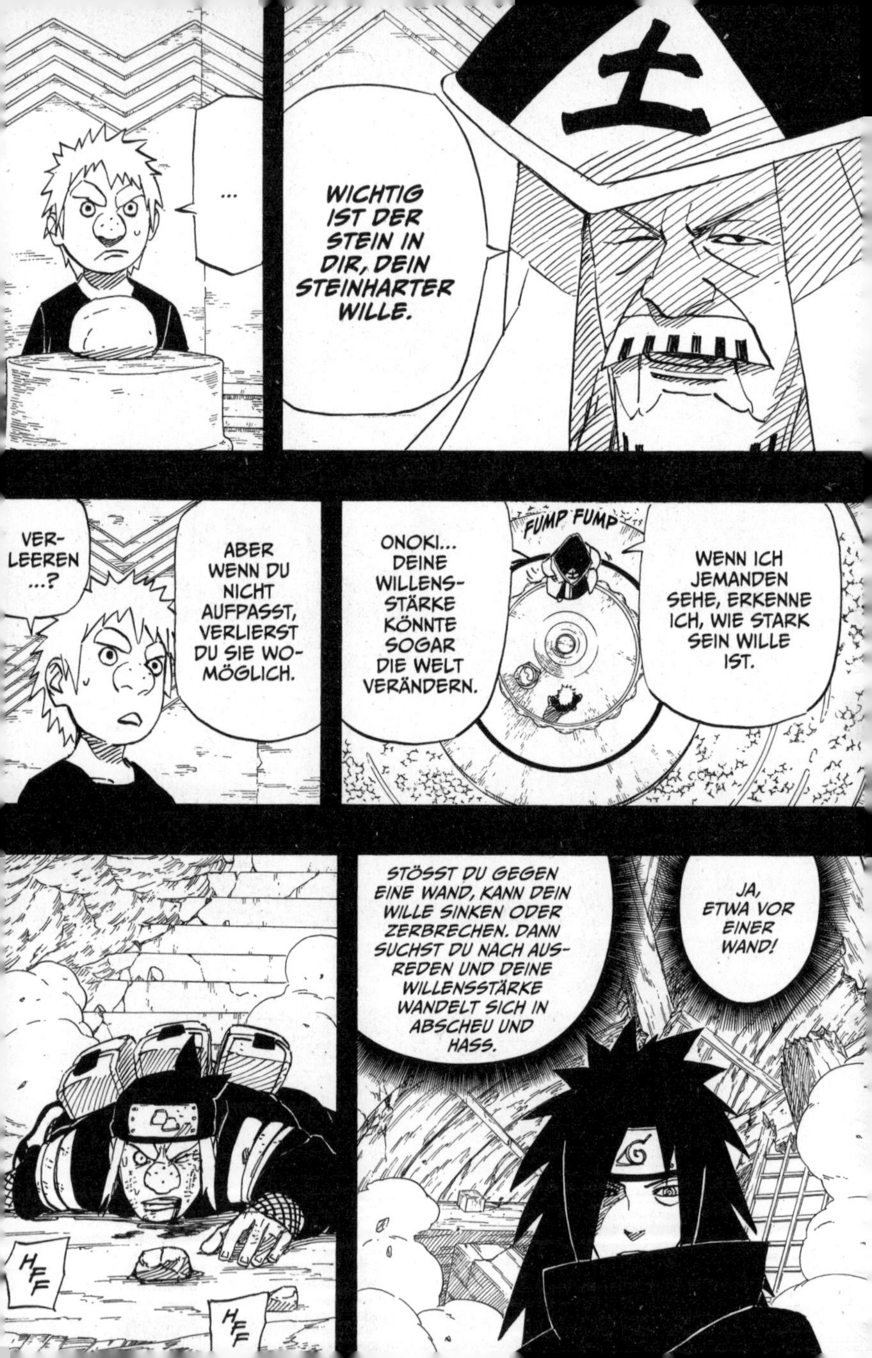
WICHTIG IST DER STEIN IN DIR, DEIN STEINHARTER WILLE.
...
WENN ICH JEMANDEN SEHE, ERKENNE ICH, WIE STARK SEIN WILLE IST.
FUMP FUMP
ONOKI... DEINE WILLENS-STÄRKE KÖNNTE SOGAR DIE WELT VERÄNDERN.
ABER WENN DU NICHT AUFPASST, VERLIERST DU SIE WO-MÖGLICH.
VER-LEEREN ...?
JA, ETWA VOR EINER WAND!
STÖSST DU GEGEN EINE WAND, KANN DEIN WILLE SINKEN ODER ZERBRECHEN. DANN SUCHST DU NACH AUS-REDEN UND DEINE WILLENSSTÄRKE WANDELT SICH IN ABSCHEU UND HASS.
HFF
HFF

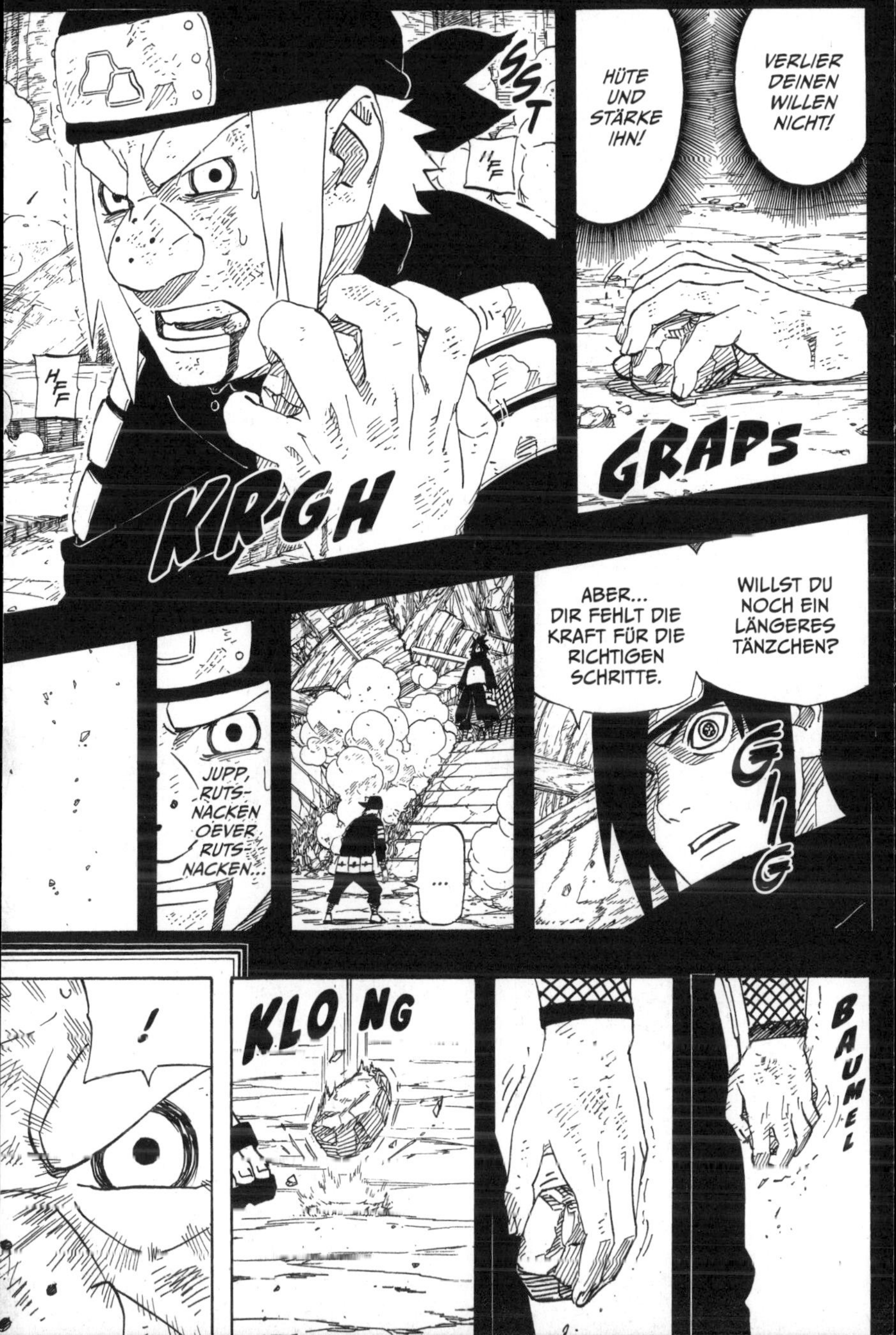
VERLIER DEINEN WILLEN NICHT!
HÜTE UND STÄRKE IHN!
GRAPS
SST
HFF
HFF
KRGH
WILLST DU NOCH EIN LÄNGERES TÄNZCHEN?
ABER... DIR FEHLT DIE KRAFT FÜR DIE RICHTIGEN SCHRITTE.
...
JUPP, RUTS-NACKEN OEVER RUTS-NACKEN...
BAUMEL
KLONG
!

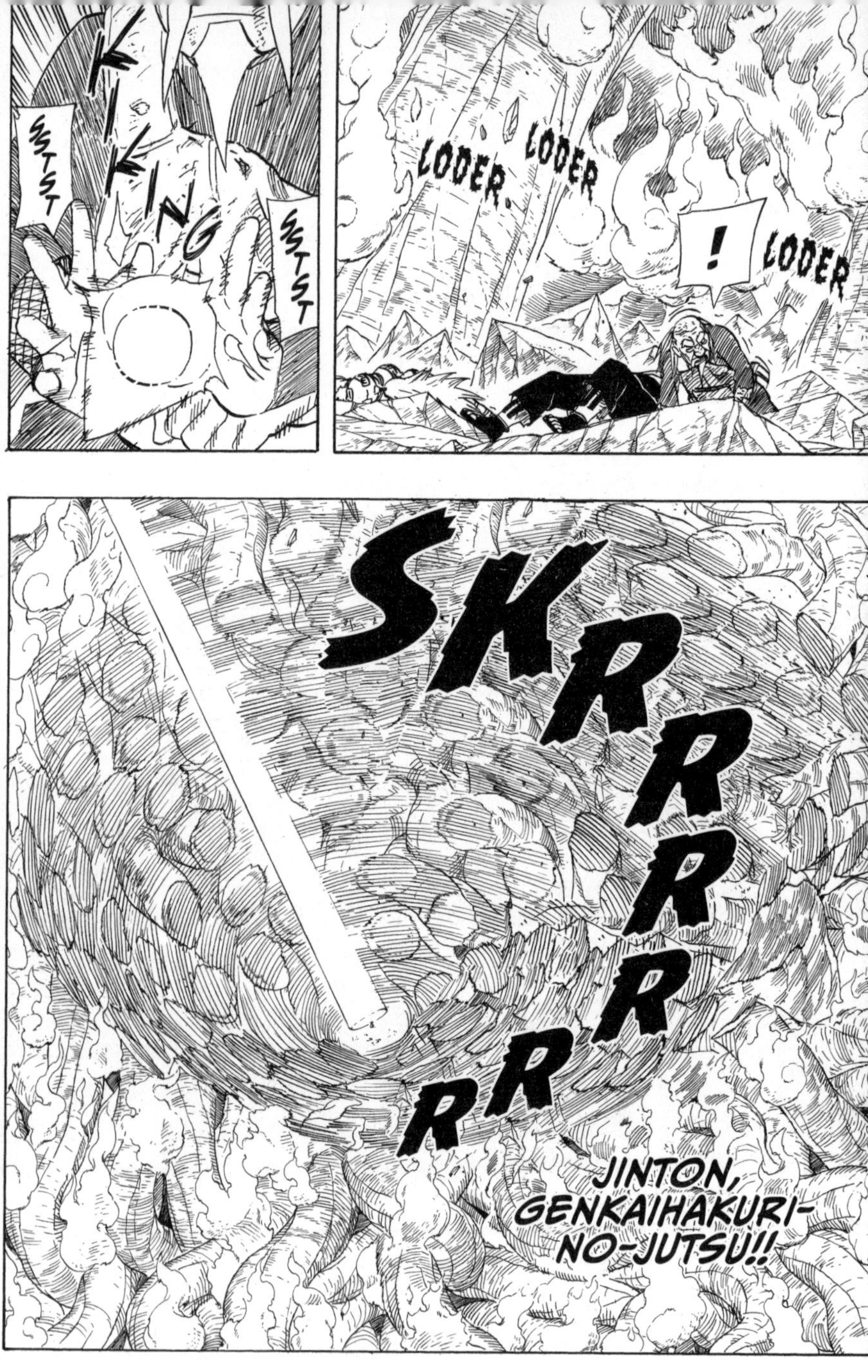

LODER
LODER
LODER
!
LODER
SSTST
SSTST
KIKING
SKRRRRRR
JINTON, GENKAIHAKURI-NO-JUTSU!!

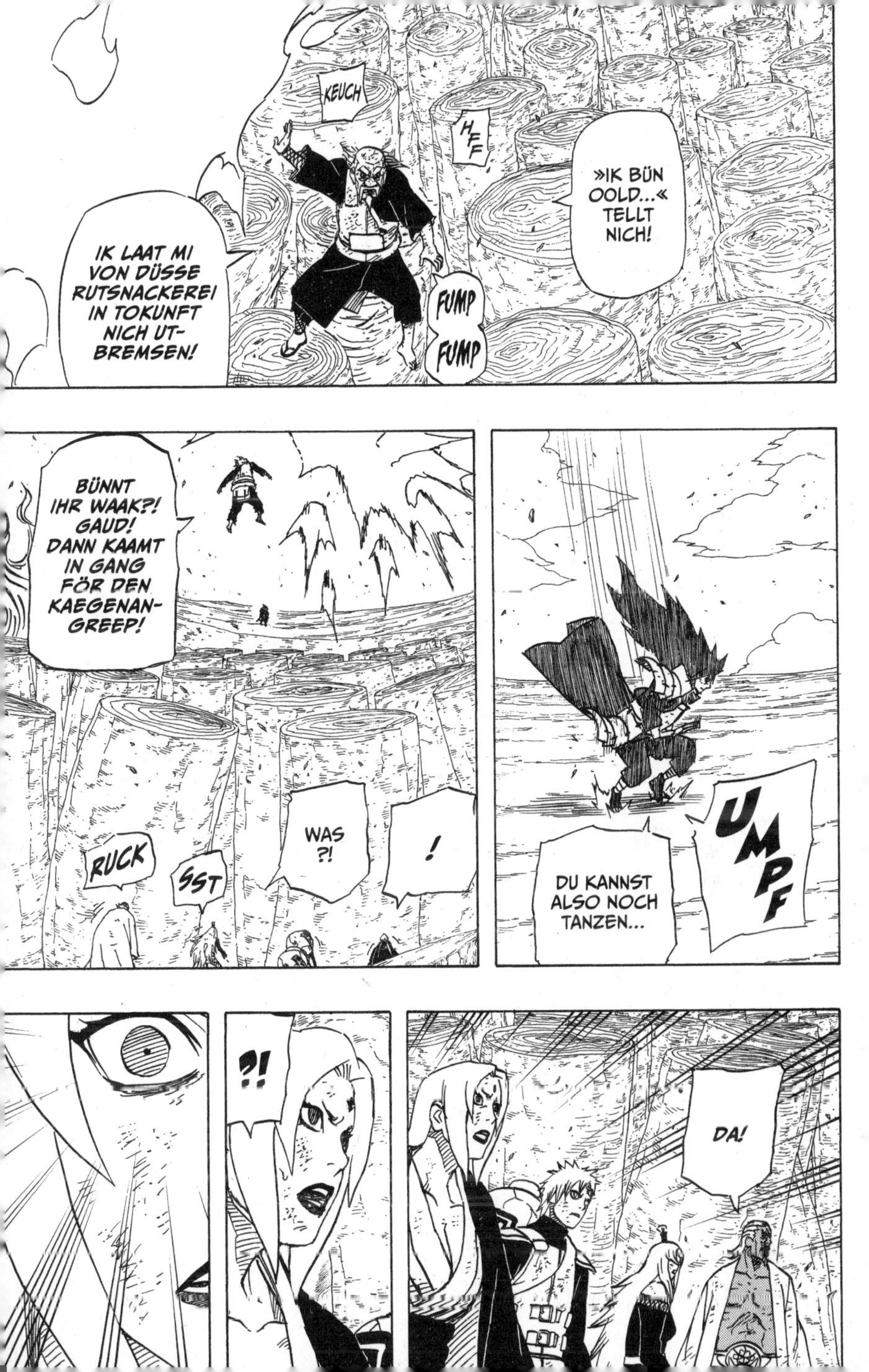
KEUCH
HFF
»IK BÜN OOLD...« TELLT NICH!
FUMP
FUMP
IK LAAT MI VON DÜSSE RUTSNACKEREI IN TOKUNFT NICH UT-BREMSEN!
UMPF
DU KANNST ALSO NOCH TANZEN...
BÜNNT IHR WAAK?! GAUD! DANN KAAMT IN GANG FÖR DEN KAEGENAN-GREEP!
!
WAS ?!
SST
RUCK
DA!
?!

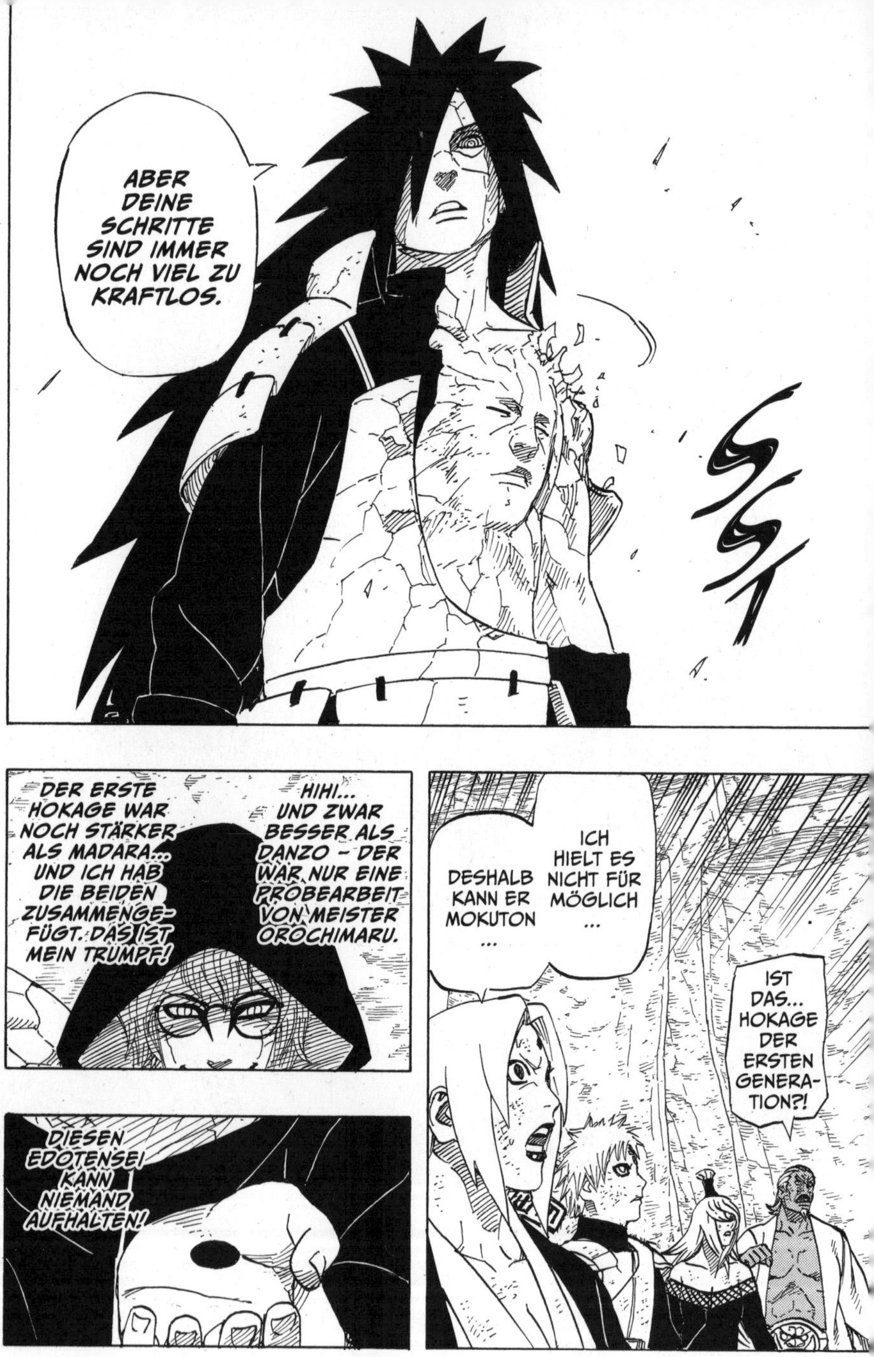

ABER DEINE SCHRITTE SIND IMMER NOCH VIEL ZU KRAFTLOS.
HIHI... UND ZWAR BESSER ALS DANZO – DER WAR NUR EINE PROBEARBEIT VON MEISTER OROCHIMARU.
DER ERSTE HOKAGE WAR NOCH STÄRKER ALS MADARA... UND ICH HAB DIE BEIDEN ZUSAMMENGE-FÜGT. DAS IST MEIN TRUMPF!
DIESEN EDOTENSEI KANN NIEMAND AUFHALTEN!
ICH HIELT ES NICHT FÜR MÖGLICH ...
DESHALB KANN ER MOKUTON ...
IST DAS... HOKAGE DER ERSTEN GENERA-TION?!

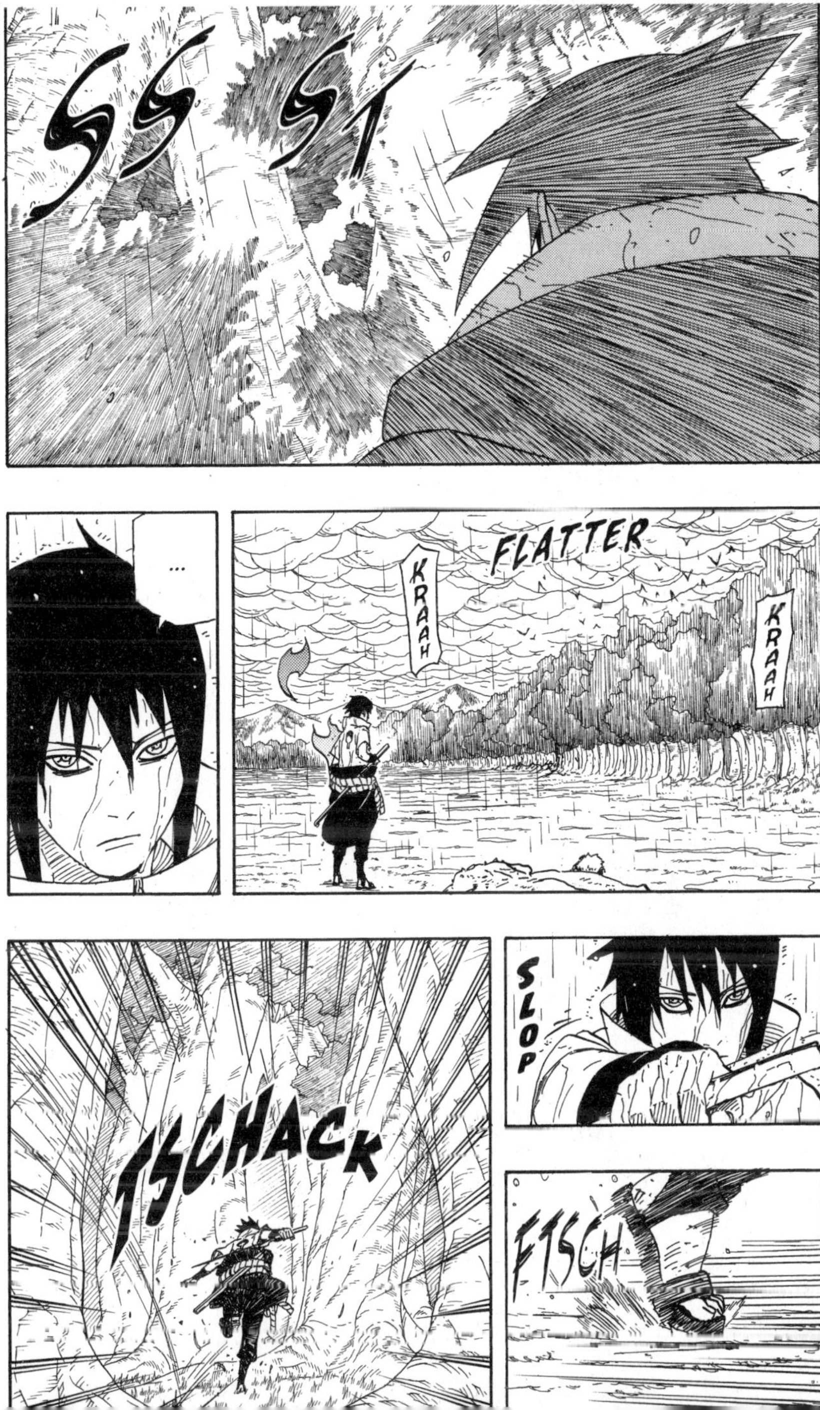
SSST
FLATTER
KRAAH
KRAAH
...
SLOP
TSCHACK
FTSCH

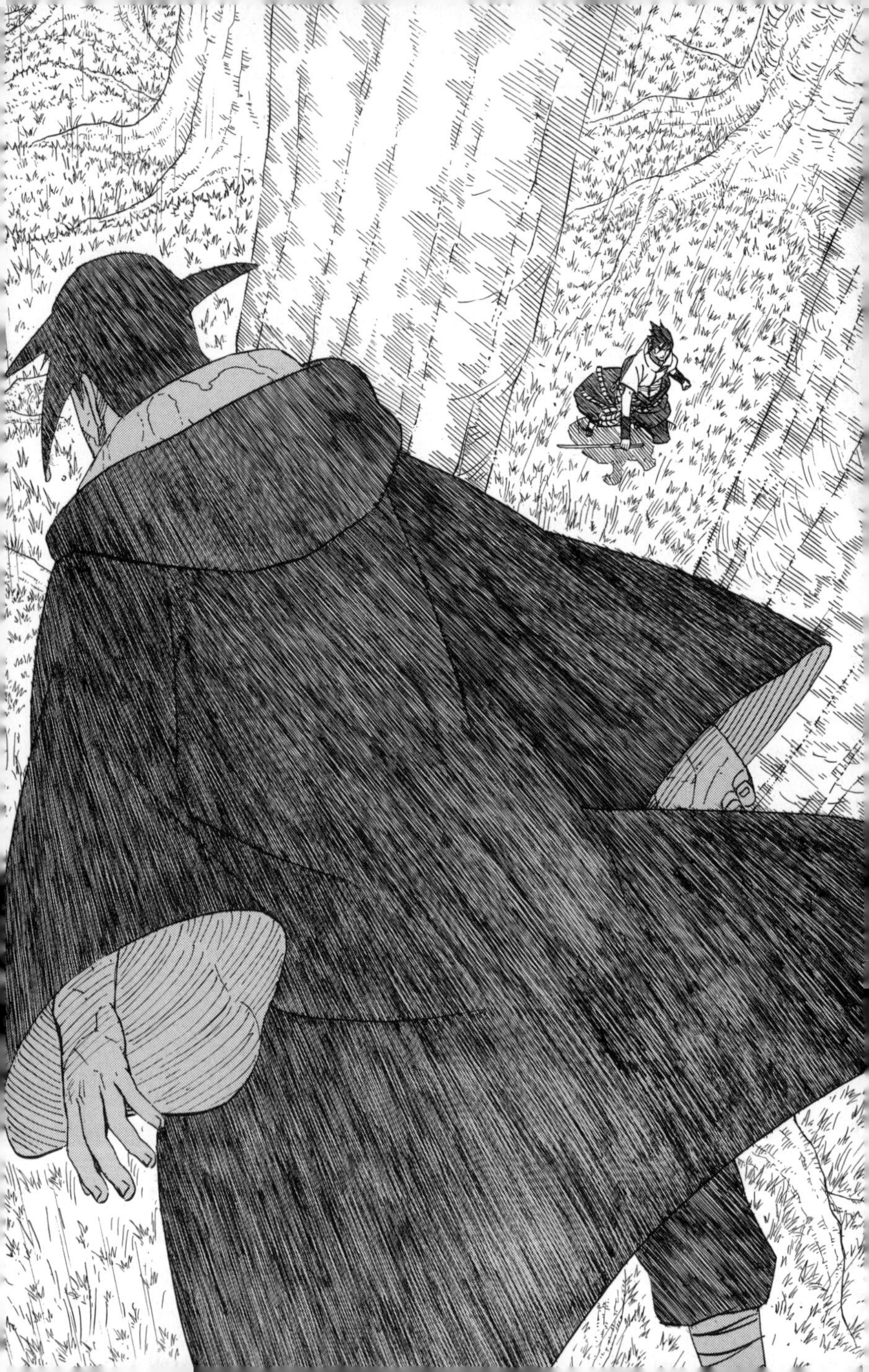

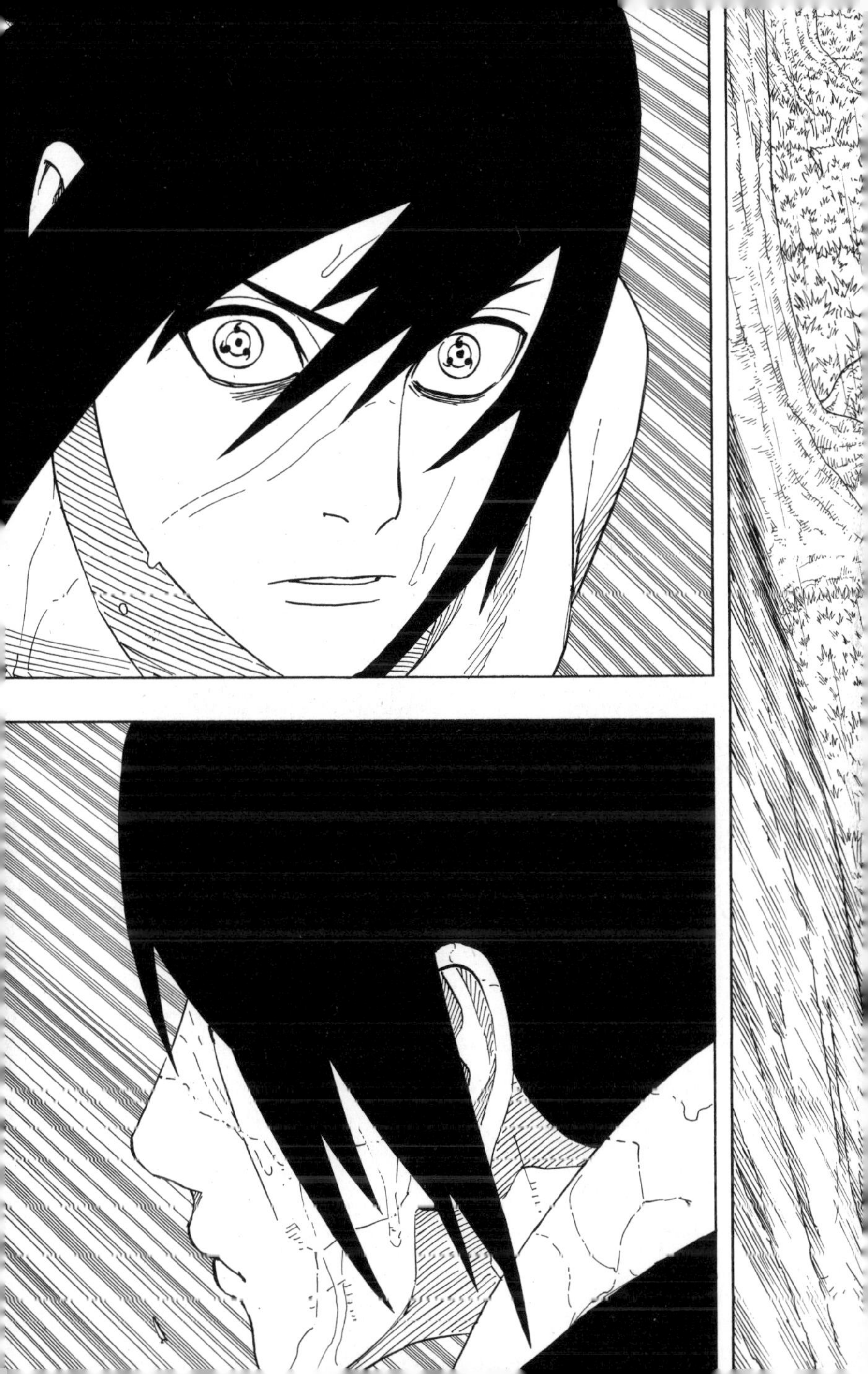

GLOSSAR

S. 151
Wat? Nu?
A...Ausgerechnet jetzt!

S. 153
Meester Muu het den Erkennen-Muut!
Meister Muu hat den Erkennungs-Sinn!

S. 155
Gaud!
Okay!

S. 159
Mang de Punde koent ieh de Arme nich mehr bören.
Unter dem Gewicht können Sie Ihre Arme nicht mehr heben.

Man schöllde lang leven... dann erlevt man... wat an Verännerungen.
Man sollte lange leben... Da erlebt man... einiges an Veränderungen.

S. 160
Wat ik noch seggen wull: Ik bün Tsuchikage.
Ich bin übrigens... Tsuchikage.

S. 161
Dann laat eens hörn. Maar de Kampf is nich toende. Wi moet wieter!
Dann lass mal hören. Aber der Kampf ist nicht zu Ende. Wir müssen weiter!

Maak et kott un bünnig, wieldat wi toan neegste Slachtfeld trekken!
Mach es kurz und bündig, während wir zum nächsten Schlachtfeld ziehen!

S. 162
Ik begriepe...
Verstehe...

S. 211
Ik hebb in Kampf kägen Mester Muu to veel Chakra opslieten...
Ich habe im Kampf gegen Meister Muu zu viel Chakra verbraucht...

Jinton kann ik nicht mehr bruken...
Jinton kann ich nicht mehr benutzen...

S. 29
Wi könt us nich wieder torügge trekken!
Wir können uns nicht weiter zurückziehen!

Laat us hier den Fiend towedder treden!
Lass uns hier den Feinden entgegentreten!

Eerst griepen wi de twee ut de Feern an.
Zuerst greifen wir zwei sie aus der Ferne an.

Dann süch wi, wat se deit!
Sehen wir, wie sie reagieren!

S. 38
Jinton von de letzte Tsuchikage...
Jinton vom letzten Tsuchikage...

Sein Klemm is stark as voerdem...
Seine Kraft ist stark wie früher...

S. 42
Nich alleens dat...! He is uk de Kommandeur von de Groaten Kampfrement von de Ninja-Allianz!
Nicht nur das... Er ist auch Kommandeur des Großen Kampfregiments der Ninja-Allianz!

He is foer seine Kage heller jung, mar alle annerkennen em.
Er ist zwar für einen Kage sehr jung, aber alle achten ihn.

S. 49
Dat weet ik.
Das weiß ich.

S. 50
Nee, Mester Muu. Düsset mal wer ik dat nich daun.
Nein, Meister Muu. Dieses Mal werde ich so was nicht tun.

S. 51
Greept an!
Greift an!

S. 77
Unnerschätz mi nich!
Unterschätzen Sie mich nicht!

Mang de Ööl-Schicht, de een Jung noahbillet, is Water.
Unter der Öl-Schicht, die einen Jungen nachbildet, ist nur Wasser.

Bemerkenswert is, as he siene Temperatur klormaakt.
Bemerkenswert ist, wie er seine Temperatur regelt...

Wenn bi eene Aktion dat Ööl booben batz heet ward, dann dampt dat Water man bannig...
Wenn bei einer Aktion das Öl an der Oberfläche schlagartig heiß wird, dann dampft das Wasser darunter enorm...

S. 227
... un explodiert.
... und explodiert.

Achterno köhlt de Hagel en af, he ward wedder lütt und maakt sik parat foer de neegste Explosion!
Danach kühlt der Hagel ihn ab, er wird wieder klein und macht sich bereit für die nächste Explosion.

He verkrupt sik enerwaegens!
Er versteckt sich irgendwo!

Scheer du di nich um den Bunshin, greep dat Original an!
Kümmer dich nicht um den Bunshin, greif das Original an!

S. 228
Düsse Kunst het dat an sik, dat dat Original vun aehr fix maddelig maakt ward!
Diese Kunst hat es an sich, dass das Original von ihr rasch geschwächt ist!

S. 229
Aargh! Mien Puckel...!
Aargh! Mein Rücken!

Ik kann mi even nich roegen!
Ich kann mich kaum bewegen!

Nu geit dat nich anners as se slichtweg to lädieren!
Jetzt geht es nicht anders als sie einfach kaputtzuschlagen!

S. 213
Ik bin nu anners as vördem!
Ich bin jetzt anders als früher!

Hah... Dat het mi noch fehlt...
Hah... Das hat mir gerade noch gefehlt...

S. 214
Guaaah! Mien Puckel!
Guaah! Mein Rücken!

S. 221
Wi hebb em...
Wir haben ihn...

S. 222
I...Is dat villichte...
I...Ist das etwa...

S. 223
Nee... dat is et nich...!
Nein... das ist es nicht...!

Dat is... Mizukages Ninjutsu de unenliken Splinterung... kägen de sülvst mien Vörgänger Mester Muu dat nich licht het...
Es ist... Mizukages Ninjutsu der unendlichen Sprengungen... gegen die selbst mein Vorgänger, Meister Muu, es nicht leicht hatte...

S. 225
Doer de Waterdamp-Explosion is de Luft in Himmel scheten, is dort afkoold und het Hagel bildet!
Durch die Wasserdampf-Explosion wurde die Luft in den Himmel geschleudert, ist dort abgekühlt worden und hat Hagel gebildet!

S. 226
Dat is een Bunshin mit Ööl un Water ut Mizukages Liev.
Das ist ein Bunshin mit Öl und Wasser aus Mizukages Körper.

Maar well jümmers he uk ween mach, wi moet em upholen!
Aber wer immer er auch sein mag, wir müssen ihn aufhalten!

S. 286
Kiek em nich inne Ogen!
Schaut ihm nie direkt in die Augen!

S. 289
Een splitten Lief kann Jinton nich bruken...
Ein gespaltener Körper kann Jinton nicht nutzen...

Soeker! Bewacht Meester Muu!
Aufspürer! Bewacht Meister Muu!

S. 290
Bigaoht wi mit de Madara!
Fangen wir mit Madara an!

S. 292
Sin Ogen sin Mangekyo-Sharingan worden!
Seine Augen sind bereits Mangekyo-Sharingan geworden!

S. 294
Man to, Kazekage!
Auf geht's, Kazekage!

Uk de Sandhupen um di herümme is nu licht!
Auch der Sand um dich herum ist jetzt leicht!

S. 301
Gevt nich to freuh up!
Resigniert nicht zu früh!

Gevt nich up, ehr dat ich dat verseukt hebbt!
Gebt nicht auf, bevor ihr es versucht habt!

Dau wat du kanns!
Tut, was ihr könnt!

S. 303
Glieksen...glieksen toev ik dat Ding up!
Gleich... gleich halte ich das Ding auf!

S. 316/317
Naruto...Danke...Den Rest kriecht wi kloar...
Naruto... Danke... Den Rest erledigen wir...

S. 230
Je mehr he sich roegt, desto heeter ward he, und dat Water bigaht to dampen...
Je mehr er sich bewegt, desto heißer wird er, und das Wasser fängt zu dampfen an...

Dat het uphört to hageln... He kann wedder explodiere!
Es hagelt nicht mehr... Er kann wieder explodieren!

S. 232
Vetell us dat!
Verraten Sie es uns!

Wat meenst du damit...?
Was meinen Sie damit...?

S. 251
De anners on de Slachtfelder bruukt seker hülp!
Auf den anderen Schlachtfeldern brauchen sie sicher Verstärkung!

Dat geit mi wedder gaut...
Es geht mir wieder gut...

S. 278
Dat is nich to gloeven... he het sich wedder spalten...!
Unglaublich... Er hat sich wohl gespalten...!

S. 279
D...dat is...
D...Das ist...

Du büss doar...
Du bist also da...

S. 281
Maar dann...
Aber dann...

De Kerl mit de Maske...well kann dat ween?!
Der Kerl mit der Maske... Wer kann das sein?!

S. 283
Ik weet dat nich.
Ich habe keinen blassen Schimmer.

Wegen dat ik de Pien von de Vördem kenn, bünn ik in de Laag, mi eenen beteren Weg för de Zukunft to överleggen!
Gerade weil ich die Schmerzen der Vergangenheit kenne, bin ich fähig, mir einen besseren Weg für die Zukunft vorstellen zu können!

Düsse Kreeg is anners!
Dieser Krieg ist anders!

Mit düssen Kreeg willt wi wat anners winnen as in de vergahne Kreege!
Durch diesen Krieg wollen wir etwas anderes gewinnen als in den vergangenen Kriegen!

S. 322

Ik hebb de Jungen bekiekt und leernt, dat de Tied nich umsünst vergoahn is...
Ich habe die Jungen beobachtet und gelernt, dass die Zeit nicht umsonst vergangen ist...

De Welt leert ut de Vergangenheit un kricht et kloar, woll sachte, maar seeker - in Richt Freden.
Die Welt lernt aus der Vergangenheit und entwickelt sich – langsam zwar, aber sicher – in Richtung Frieden.

Eenst... hess du mi mien Geweten verlieren laaten.
Einst... hast du mich mein Gewissen verlieren lassen.

Ik smiet di daal... un finn mien Geweten wedder.
Ich besiege dich... und finde mein Gewissen wieder!

Du schöss slaapen, un nich de Welt...!
Du sollst schlafen, und nicht die Welt...!

S. 323

Korrekt! Maar düsset mal nehm ik dat Angebot an!
Stimmt! Aber diesmal akzeptiere ich das Angebot!

Jau! För mi sulvst! För de Zukunft!
Ja! Für mich selbst! Für die Zukunft!

Wi defft di!
Wir schlagen dich!

Ennlik...De Tiet is riep, min Geweten wedder to.
Endlich... Die Zeit ist reif, mein Gewissen wieder zu finden...

Düssen Gegensman is reell!
Dieser Gegner ist dafür genau der richtige!

S. 319

Ik fecht kägen em!
Ich kämpfe gegen ihn!

S. 320

Worummo?! Dat is nicht korrekt!
Warum?! Das stimmt nicht!

Meester Hashirama het us...
Meister Hashirama hat uns...

S. 321

Wi Ninja hebb all düsse Joahre fechtet...
Wir Ninja haben all die Jahre gekämpft...

Jümmers int Interesse von den eegenen Grunn un dat eegene Dörp!
Immer im Interesse des eigenen Landes und des eigenen Dorfes.

Den annern Grünnen un Dörpen hebb wi dorbi jümmers wat afnehmt!
Den anderen Ländern und Dörfern haben wir dabei immer etwas genommen!

Wi hebbt afnehmt, us hebbt se wat afnehmt, dann hebb wi wedder wat afnehmt un dann wedder annersrüm...!
Wir haben genommen, uns wurde genommen, dann haben wir wieder genommen und dann wieder umgekehrt...!

De Hass het wassen un wassen, wi hebbt dree Kreege föhrt!
Der Hass wuchs und wuchs, wir haben drei Kriege geführt!

Ik leev länger as du! Un was ik leert het, het mi wedder torügge bracht!
Ich lebe länger als du! Und was ich gelernt habe, hat mich wieder zum Ausgangspunkt gebracht!

Maar… nu, da ik mit jau tohope fecht hebb, föhl ik anners as fröher.
Aber… nachdem ich mit euch zusammen gekämpft habe, fühle ich mich anders als früher.

Nu will ik as Tsuchikage von de Ninja-Allianz hier weern…!
Jetzt will ich als Tsuchikage von der Ninja-Allianz hier sein…!

Uk de Dörper, de fröher kein Verbinnung het hebbt, koamen sik nu näher un ännern sik…
Auch die Dörfer, die früher keine Verbindung hatten, kommen sich nun näher und ändern sich…

Un dann… könt sik uk de Kuddelmuddel von de Ninja-Welt, de den ganzen Hass vorbracht het, sachte ännern!
Und damit… könnte sich auch die Unordnung der Ninja-Welt, die den ganzen Hass hervorgebracht hat, langsam ändern!

S. 351
Överlat us de Madara! Wi maakt em platt!
Überlass uns den Madara hier! Wir besiegen ihn sicher!

Wi daut den eersten Tritt, um den Fleuk det Hasses to breken!
Wir tun damit den ersten Schritt, um den Fluch des Hasses zu brechen!

Dafür bünnt wi verantwortlik, wi hebb eenst süllms… genau as Madara!
Dafür sind wir verantwortlich, da wir einst selbst den Hass erzeugt haben… genau wie Madara!

Maak di keene Sorgen un överlaat us de Kampf!
Mach dir keine Sorgen und überlass uns diesen Kampf!

Maar den annern Madara överlaaten wi di!
Aber den anderen Madara überlassen wir dir!

Dormit deist du den eersten Tritt, dat use Höpen wohr ward!
Damit tust du den ersten Schritt, um unsere Hoffnungen wahr werden zu lassen!

S. 332
De Lümmel ut Kumo…
Der Rotzlöffel aus Kumo…

Un Prinzessin Tsunade…!
Und Prinzessin Tsunade…!

S. 333
Ha…Dat lohnt sik, laang to leven…
Ha… Es lohnt sich wirklich, lange zu leben…

S. 334/335
Ik het nie dacht, dat alle fief Kage…
Ich hätte nie gedacht, dass alle fünf Kage…

… jichtenswann tohoope fechten!
… irgendwann einmal zusammen kämpfen würden!

S. 343
Düssen Kreeg föhrt wi nich, um di to behöden…
Diesen Krieg führen wir nicht nur, um dich zu schützen…

S. 346
Wi föhrt düssen Kreeg, um us all tohope to behöden!
Wir führen diesen Krieg, um uns alle gemeinsam zu schützen!

S. 347
He kommt! We greept em an!
Er kommt! Wir greifen ihn an!

Mizukage, Raikage, kumm un luster me!
Mizukage, Raikage, kommt und hört mir zu!

S. 348
Man to, Raikage!
Los geht's, Raikage!

S. 350
Luster mi, Naruto…
Hör zu, Naruto…

Ik hebb mi unnood de Ninja-Allianz angeslooten, nur um Akatsuki to slaagen.
Ich habe mich nur ungern der Ninja-Allianz angeschlossen, bloß um Akatsuki zu schlagen.

He, wat deist du da, Dweesbüddel?!
Hey, was tust du, Kack-Opa?!

Nu finn ik em nie wedder!
Jetzt finde ich ihn nie wieder!

S. 566
Verleeren...?
Verlieren...?

S. 567
Jupp, rutsnacken oever rutsnacken...
Ja, Ausreden über Ausreden...

S. 569
„Ik bün oold..." tellt nich!
»Ich bin schon alt...« gilt nicht!

Ik laat mi von düsse Rutsnackerei in Tokunft nich utbremsen!
Von keiner dieser Ausreden lasse ich mich in Zukunft ausbremsen!

Bünnt ihr waak?! Gaud! Dann kaamt in Gang för den Kaegenangreep!
Seid ihr wach?! Gut! Dann starten wir den Gegenangriff!

Wi willt segen!
Wir werden siegen!

S. 564
Ik bün oold... Ik kann nich mehr...
Ich bin alt... Ich kann nicht mehr...

He maakt wedder so'n dösiges Woordspeel...
Er macht wieder so ein blödes Wortspiel...

S. 565
Dat Teeken von de Dörp... Maar, ist dat nich eenfack en ganz normaalon Stehn?!
Das Symbol des Dorfes... Aber ist das nicht einfach nur ein ganz normaler Stein?!

Konoha het bannig grote Felsen-Billder as teeken... Mar use Tsuchikage kann nix missen...
Konoha hat imposante Felsen-Portraits als Symbol... Aber unser Tsuchikage ist zu geizig für so etwas...

Uk een dösiges Woordspeel maakt den Steen nich moier...
Auch ein blödes Wortspiel wertet den Stein nicht auf...

NAVIGATOR

DIE BIJU – MONSTERMÄSSIGE KRÄFTE!

In NARUTO gibt es **neun Biju**, die jeweils in bestimmten Personen, den **Jinchuriki**, versiegelt wurden. Die Biju sind **schreckliche Dämonen** mit einem bis neun Schwänzen, die enorme Mengen an **Chakra** in sich tragen. Da sie nun im **Vierten Ninja-Weltkrieg** eine große Rolle spielen, schauen wir sie uns doch mal genauer an…

二尾 NIBI, DAS ZWEISCHWÄNZIGE

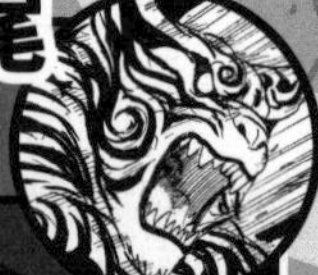

Name: Matatabi
Jinchuriki: Yugito Nii (getötet bei der Befreiung)
Besonderheiten: Hat einen drahtigen und leichten Körperbau, wie bei einer Katze. Außerdem kann es Feuer speien…

一尾 ICHIBI, DAS EINSCHWÄNZIGE

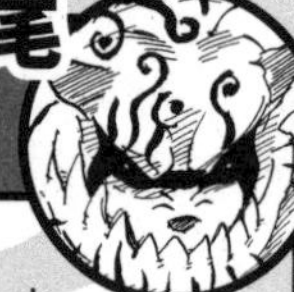

Name: Shukaku
Jinchuriki: Gaara (wurde bereits befreit, Gaara hat überlebt)
Besonderheiten: Als Gaara Shukaku noch in sich trug, konnte er nie schlafen, da Shukaku sonst die Kontrolle übernommen hätte…

四尾 YONBI, DAS VIERSCHWÄNZIGE

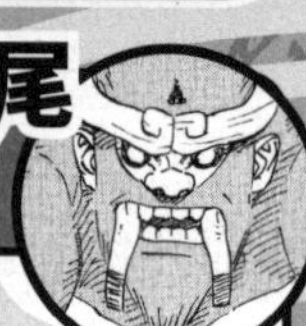

Name: Son Goku
Jinchuriki: Roshi (getötet bei der Befreiung)
Besonderheiten: Rikudo Sen'nin, der Urahn aller Ninja, hat es einst als »seinen Sohn« bezeichnet. Der König der heiligen Affen…

三尾 SANBI, DAS DREISCHWÄNZIGE

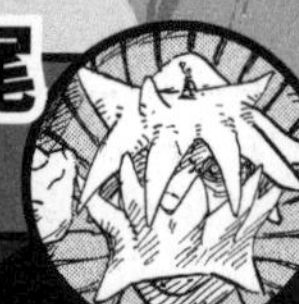

Name: Isobu
Jinchuriki: Yagura (getötet bei der Befreiung)
Besonderheiten: Kann sehr schnell schwimmen. Ist wie geschaffen für den Kampf im Wasser…

五尾 GOBI, DAS FÜNFSCHWÄNZIGE

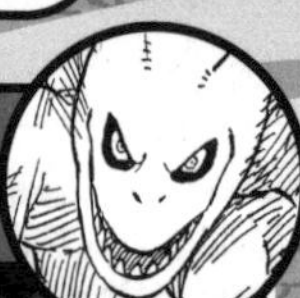

Name: Kokuoh
Jinchuriki: Han (getötet bei der Befreiung)
Besonderheiten: Im Kampf kommt er auf unglaubliche Geschwindigkeiten…

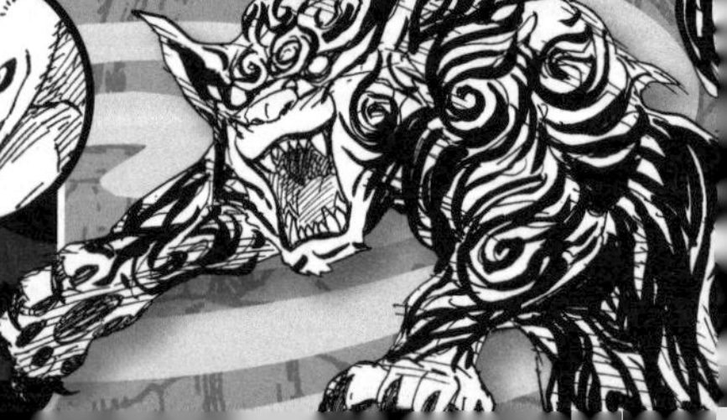

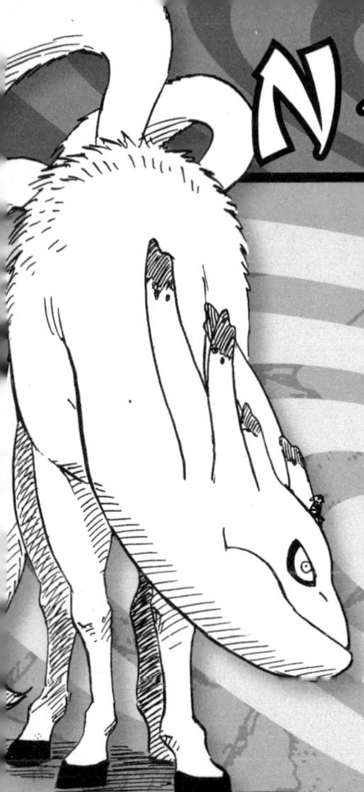

NARUTO-

ROKUBI, DAS SECHSSCHWÄNZIGE 六尾

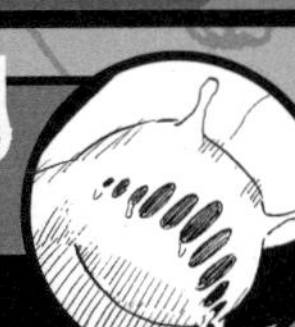

Name: Saiken
Jinchuriki: Utakata
(getötet bei der Befreiung)
Besonderheiten: Sein Körper ist von heftigem Schleim bedeckt…

SHICHIBI, DAS SIEBENSCHWÄNZIGE 七尾

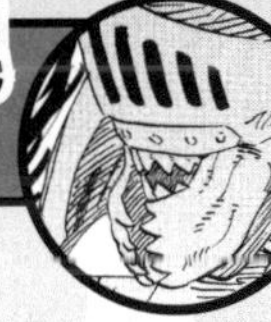

Name: Chomei
Jinchuriki: Fuu
(getötet bei der Befreiung)
Besonderheiten: Hat Flügel auf dem Panzer…

KYUBI, DAS NEUNSCHWÄNZIGE 九尾

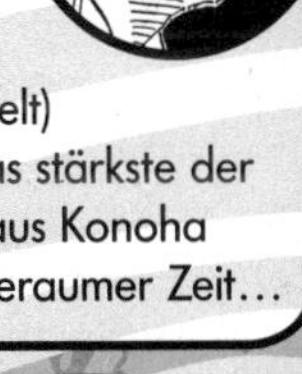

Name: Kurama
Jinchuriki: Naruto
(nach wie vor versiegelt)
Besonderheiten: Das stärkste der neun Biju. Die Ninja aus Konoha kontrollieren es seit geraumer Zeit…

HACHIBI, DAS ACHTSCHWÄNZIGE 八尾

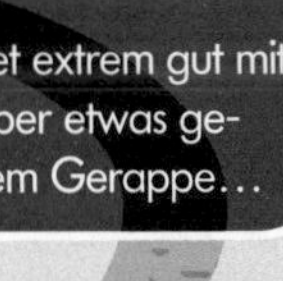

Name: Gyuki
Jinchuriki: Killerbee
Besonderheiten: Arbeitet extrem gut mit Killerbee zusammen. Ist aber etwas genervt von dessen ständigem Gerappe…

CARLSEN MANGA! CHECKLIST

BARFUSS DURCH HIROSHIMA
von Keiji Nakazawa
€ 12,00 (D) / € 12,40 (A)
O Band 2
€ 14,00 (D) / € 14,40 (A)
O Band 1, 3 bis 4

BARRAGE
von Kohei Horikoshi
€ 6,99 (D) / € 7,20 (A)
O Band 1 bis 2
In 2 Bänden abgeschlossen

BATTLE ANGEL ALITA – PERFECT EDITION
von Yukito Kishiro
€ 19,99 (D) / € 20,60 (A)
O Band 1 bis 3
€ 24,99 (D) / € 25,70 (A)
O Band 4
In 4 Bänden abgeschlossen
€ 29,99 (D) / € 30,90 (A)
O Band 4 im Schuber
€ 89,99 (D) / € 92,60 (A)
O Band 1-4 im Schuber

BATTLE ANGEL ALITA – LAST ORDER PERFECT EDITION
von Yukito Kishiro
€ 14,99 (D) / € 15,50 (A)
O 1 bis 3, 5 bis 9
€ 19,99 (D) / € 20,60 (A)
O Band 10
O Band 11 06/21
O Band 12 09/21
€ 16,99 (D) / € 17,50 (A)
O Band 4
In 12 Bänden abgeschlossen
€ 25,00 (D) / € 25,70 (A)
O Band 12 im Schuber mit Extra 09/21
€ 90,00 (D) / € 92,60 (A)
O Bände 1 bis 6 im Schuber mit Extra
€ 99,00 (D) / € 103,20 (A)
O Bände 7 bis 12 im Schuber mit Extra 09/21

BATTLE ANGEL ALITA – MARS CHRONICLE
von Yukito Kishiro
€ 6,95 (D) / € 7,20 (A)
O Band 1 bis 3, 5-6
O Band 7 07/21
€ 10,00 (D) / € 10,30 (A)
O Band 4
Bislang 6 Bände in Japan

ATTACK ON TITAN – DELUXE
von Hajime Isayama
€ 25,00 (D) / € 25,70 (A)
O Band 1 bis 8

ATTACK ON TITAN – INSIDE
von Hajime Isayama
€ 12,90 (D) / € 13,30 (A)
O Einzelband

ATTACK ON TITAN – LOST GIRLS
von Isayama, Seko & Fuji
€ 6,99 (D) / € 7,20 (A)
O Band 1 & 2
In 2 Bänden abgeschlossen

ATTACK ON TITAN – LOST GIRLS (Nippon Novel)
von Hiroshi Seko
€ 9,95 (D) / € 10,30 (A)
O Einzelband

ATTACK ON TITAN – NO REGRETS
von Hajime Isayama
€ 6,95 (D) / € 7,20 (A)
O Band 1 & 2
In 2 Bänden abgeschlossen

ATTACK ON TITAN – NO REGRETS FULL COLOR EDITION
von Hajime Isayama
€ 14,99 (D) / € 15,50 (A)
O Band 1 & 2
In 2 Bänden abgeschlossen

ATTACK ON TITAN – OUTSIDE
von Hajime Isayama
€ 12,90 (D) / € 13,30 (A)
O Einzelband

ATTACK ON TITAN – SHORT PLAY
von Isayama & hounori
€ 8,99 (D) / € 9,30 (A)
O Einzelband

ANONYMOUS NOISE
von Ryoko Fukuyama
€ 5,00 (D) / € 6,20 (A)
O Band 1
€ 6,99 (D) / € 7,20 (A)
O Band 2 bis 17
O Band 18 06/21
In 18 Bänden abgeschlossen

ARTE
von Kei Ohkubo
€ 10,00 (D) / € 10,30 (A)
O Band 1 bis 6
O Band 7 07/21
O Band 8 09/21
Bislang 13 Bände in Japan

ASSASSINATION CLASSROOM
von Yusei Matsui
€ 6,50 (D) / € 6,70 (A)
O Band 1 bis 21
In 21 Bänden abgeschlossen

ATTACK ON TITAN
von Hajime Isayama
€ 6,95 (D) / € 7,20 (A)
O Band 1 bis 32
O Band 33 09/21
In 34 Bänden abgeschlossen
€ 36,00 (D) / € 37,10 (A)
O Bände 1-5 im Schuber
O Bände 6-10 im Schuber
O Bände 11-15 im Schuber
O Bände 16-20 im Schuber
O Bände 21-25 im Schuber
O Bände 26-30 im Schuber

ATTACK ON TITAN – ANSWERS
von Hajime Isayama
€ 12,90 (D) / € 13,30 (A)
O Einzelband

ATTACK ON TITAN – BEFORE THE FALL
von Hajime Isayama
€ 6,95 (D) / € 7,20 (A)
O Band 1 bis 17
In 17 Bänden abgeschlossen

ATTACK ON TITAN CHARACTER GUIDE
von Hajime Isayama
€ 12,90 (D) / € 13,30 (A)
O Einzelband

12 JAHRE
von Nao Maita
€ 5,99 (D) / € 6,20 (A)
O Band 1 bis 14
€ 6,99 (D) / € 7,20 (A)
O Band 15 08/21
In 20 Bänden abgeschlossen

ABE SADA
von Kazuo Kamimura
€ 14,99 (D) / € 15,50 (A)
O Band 1 & 2
In 2 Bänden abgeschlossen

ACID TOWN
von Kyugo
€ 7,95 (D) / € 8,20 (A))
O Band 6
Bislang 6 Bände in Japan

AKIRA – ORIGINAL EDITION
von Katsuhiro Otomo
€ 19,90 (D) / € 20,50 (A)
O Band 1 bis 3
€ 22,90 (D) / € 23,60 (A)
O Band 4 bis 6
In 6 Bänden abgeschlossen

ALICE IN MURDERLAND
von Kaori Yuki
€ 7,95 (D) / € 8,20 (A)
O Band 1 bis 11
In 11 Bänden abgeschlossen

ALISIK
von Helge Vogt & Hubertus Rufledt
€ 8,99 (D) / € 9,30 (A)
O Band 1
€ 7,99 (D) / € 8,30 (A)
O Band 2 bis 4
In 4 Bänden abgeschlossen

ALPHA² – NEUEDITION
von Kamineo & Kamoi
€ 14,00 (D) / € 14,40 (A)
O Einzelband

ALPI - THE SOUL SENDER
von Rona
€ 7,00 (D) / € 7,20 (A)
O Band 1 07/21
Bislang 4 Bände in Japan

CARLSEN MANGA! CHECKLIST

DOUBT GESAMTAUSGABE

von Yoshiki Tonogai
€ 30,00 (D) / € 30,90 (A)
O **Sammelschuber** 07/21

DRAGON BALL

von Akira Toriyama
€ 6,50 (D) / € 6,70 (A)
O **Band 1 bis 42**
In 42 Bänden abgeschlossen

DRAGON BALL MASSIV

von Akira Toriyama
€ 5,00 (D) / € 5,20 (A)
O **Band 1**
€ 10,00 (D) / € 10,30 (A)
O **Band 2 bis 11**
O **Band 12** 07/21
O **Band 13** 09/21

DRAGON BALL SD

von Akira Toriyama (Original Story) & Naho Ohishi
€ 7,95 (D) / € 8,20 (A)
O **Band 1 bis 6**
Bislang 7 Bände in Japan

DRAGON BALL SIDE STORIES

von Akira Toriyama & dragongarow LEE
€ 5,00 (D) / € 5,20 (A)
O **Yamchu**

DRAGON BALL SUPER

von Toriyama & Toyotarou
€ 6,50 (D) / € 6,70 (A)
O **Band 1 bis 11**
O **Band 12** 06/21
€ 9,99 (D) / € 10,30 (A)
O **Band 5 im Schuber**
O **Band 10 im Schuber**
€ 29,99 (D) / € 30,90 (A)
O **Bände 1-5 im Schuber**
O **Bände 6-10 im Schuber**
Bislang 14 Bände in Japan

DREAMIN' SUN

von Ichigo Takano
€ 6,99 (D) / € 7,20 (A)
O **Band 1 bis 9**
€ 8,99 (D) / € 9,20 (A)
O **Band 10**
In 10 Bänden abgeschlossen

COYOTE

von Ranmaru Zariya
€ 7,99 (D) / € 8,30 (A)
O **Band 1 bis 3**
Bislang 3 Bände in Japan

CROSS ACCOUNT

von Tsunehiro Date
€ 6,99 (D) / € 7,20 (A)
O **Band 1 bis 4**
In 4 Bänden abgeschlossen

DEAD COMPANY

von Yoshiki Tonogai
€ 7,00 (D) / € 7,20 (A)
O **Band 1** 07/21
In 3 Bänden abgeschlossen

DEFENSE DEVIL

von Youn In-Wan & Yang Kyung-Il
€ 5,95 (D) / € 6,20 (A)
O **Band 1 bis 10**
In 10 Bänden abgeschlossen

DEPTH OF FIELD

von Enjo
€ 8,00 (D) / € 8,30 (A)
O **Band 1 & 2**
In 2 Bänden abgeschlossen

DEVILS & REALIST

von Utako Yukihiro & Madoka Takadono
€ 6,95 (D) / € 7,20 (A)
O **Band 11 bis 13**
€ 7,95 (D) / € 8,20 (A)
O **Band 14**
€ 8,95 (D) / € 9,20 (A)
O **Band 15**
In 15 Bänden abgeschlossen

DIALOGE MIT MIR SELBST

von Kabi Nagata
€ 18,00 (D) / € 18,50 (A)
O **Band 1 b& 2**
In 2 Bänden abgeschlossen

DIE STADT DER BESONDEREN KINDER

von Ransom Riggs & Cassandra Jean
€ 14,90 (D) / € 15,40 (A)
O **Einzelband**

BLACK LAGOON

von Rei Hiroe
€ 6,95 (D) / € 7,20 (A)
O **Band 4**
€ 7,95 (D) / € 8,20 (A)
O **Band 1-3, 5 - 8, 10-11**
€ 8,95 (D) / € 9,20 (A)
O **Band 9**
Bislang 11 Bände in Japan

BLOOM INTO YOU

von Nio Naketani
€ 6,99 (D) / € 7,20 (A)
O **Band 1 bis 7**
€ 7,99 (D) / € 8,30 (A)
O **Band 8**
In 8 Bänden abgeschlossen

BLUE FLAG

von Kaito
€ 7,99 (D) / € 8,30 (A)
O **Band 1 bis 7**
In 7 Bänden abgeschlossen

BLUE GIANT

von Shinichi Ishizuka
€ 8,00 (D) / € 8,30 (A)
O **Band 1** 09/21
In 10 Bänden abgeschlossen

BLUE GIANT SUPREME

von Shinichi Ishizuka
€ 8,00 (D) / € 8,30 (A)
O **Band 1 bis 5**
O **Band 6** 08/21
In 11 Bänden abgeschlossen

BORUTO – NARUTO THE NEXT GENERATION

von Kishimoto & Kodachi
€ 6,50 (D) / € 6,70 (A)
O **Band 1 bis 10**
O **Band 11** 07/21
Bislang 13 Bände in Japan

BUDDHA

von Osamu Tezuka
€ 22,90 (D) / € 23,60 (A)
O **Band 1 bis 10**
In 10 Bänden abgeschlossen

CHIISAKOBEE

von Minetaro Mochizuki
€ 14,90 (D) / € 15,40 (A)
O **Band 1 bis 4**
In 4 Bänden abgeschlossen

BECOMING A GIRL ONE DAY

von Akane Ogura
€ 5,99 (D) / € 6,20 (A)
O **Band 1 bis 4**
In 4 Bänden abgeschlossen

BECOMING A GIRL ONE DAY – ANOTHER

von Akane Ogura
€ 5,99 (D) / € 6,20 (A)
O **Band 1 bis 4**
In 4 Bänden abgeschlossen

BILLY BAT

von Naoki Urasawa & Takashi Nagasaki
€ 8,95 (D) / € 9,20 (A)
O **Band 4-7, 12-16**
€ 12,00 (D) / € 12,40 (A)
O **Band 1-3, 8-11, 17-20**
In 20 Bänden abgeschlossen

BL IS MAGIC!

von Oroken
€ 9,99 (D) / € 10,30 (A)
O **Band 1 bis 3**
In 4 Bänden abgeschlossen
O **BL is magic! Special: Extra Spells** 08/21

BL METAMORPHOSEN – GEHEIMNIS EINER FREUNDSCHAFT

von Kaori Tsurutani
€ 8,00 (D)/ € 8,30 (A)
O **Band 1 bis 3**
O **Band 4** 09/21
In 5 Bänden abgeschlossen

BLACK BUTLER

von Yana Toboso
€ 6,95 (D) / € 7,20 (A)
O **Band 1 bis 29**
O **Band 30** 07/21
€ 10,00 (D)/ € 10,30 (A)
O **Band 30 Limitierte Ausgabe mit Extra** 07/11
€ 14,90 (D) / € 15,40 (A)
O **Character Guide**
Bislang 29 Bände in Japan

CARLSEN MANGA! CHECKLIST

GELIEBTER AFFE
von Yoshihiro Tatsumi
€ 19,90 (D) / € 20,50 (A)
O **Einzelband**

GHOSTLY THINGS
von Ushio Shirotori
€ 7,00 (D) / € 7,20 (A)
O **Band 1**
O **Band 2** 07/21
In 4 Bänden abgeschlossen

HARU x KIYO
von Akira Ozaki
€ 5,00 (D) / € 5,20 (A)
O **Band 1**
€ 7,00 (D)/ €7,20 (A)
O **Band 2 bis 9**
In 9 Bänden abgeschlossen

HE'S MY VAMPIRE
von Aya Shouoto
€ 6,95 (D) / € 7,20 (A)
O **Band 1 bis 10**
In 10 Bänden abgeschlossen

HITOTSUBANA
von Minami
€ 8,00 (D) / € 8,30 (A)
O **Band 1 bis 7**
In 7 Bänden abgeschlossen

HOW TO DRAW MANGA
von Hikaru Hayashi u. a.
€ 9,95 (D) / € 10,30 (A)
O **Manga-Charaktere in Bewegung**
€ 16,90 (D) / € 17,40 (A)
O **Ninja und Samurai**
€ 17,90 (D) / € 18,40 (A)
O **Manga-Figuren entwickeln**
€ 19,90 (D) / € 20,50 (A)
O **Manga-Skizzen zeichnen**
O **Character Design – Tipps und Tricks**
O **Manga aus der richtigen Perspektive**
O **Oberflächen und Strukturen**
O **Manga-Figuren in ihrer Umwelt**
O **Perfekte Proportionen im Manga**
O **Grundlagen der Manga-Kunst**
€ 24,90 (D) / € 25,60 (A)
O **Kolorieren mit Copic-Stiften**
O **Kolorieren mit Aquarellbuntstiften**

FOLGE DEN WOLKEN NACH NORD-NORDWEST
von Aki Irie
€ 12,00 (D) / € 12,40 (A)
O **Band 1 bis 4**
Bislang 5 Bände in Japan

FOOD WARS – SHOKUGEKI NO SOMA
von Tsukuda & Saeki
€ 6,99 (D) / € 7,20 (A)
O **Band 1 bis 31**
O **Band 32** 06/21
O **Band 33** 08/21
In 36 Bänden abgeschlossen
€ 69,90 (D) / € 71,80 (A)
O **Bände 1-10 im Schuber**
O **Bände 11-20 im Schuber**
O **Bände 21-30 im Schuber**

FRUIT BASKET PEARLS
von Natuski Takaya
€ 11,00 (D) / € 11,40 (A)
O **Band 1**
O **Band 2** 06/21
O **Band 3** 08/21
In 12 Bänden abgeschlossen

GAMMA DRACONIS
von Eldo Yoshimizu & Benoist Simmat
€ 16,00 (D) / € 16,50 (A)
O **Einzelband** 07/21

GANGSTA.
von Kohske
€ 7,95 (D) / € 8,20 (A)
O **Band 1 bis 8**
Bislang 8 Bände in Japan

GANGSTA: CURSED.
von Kohske & Kamo
€ 7,99 (D) / € 8,30 (A)
O **Band 1 bis 5**
Bislang 5 Bände in Japan

GEGEN DEN STROM
von Yoshihiro Tatsumi
€ 44,00 (D) / € 44,60 (A)
O **Einzelband**

FAIRY TAIL+
von Hiro Mashima
€ 8,95 (D) / € 9,20 (A)
O **Einzelband**

FAIRY TAIL – HAPPY'S ADVENTURE
von Hiro Mashima & Kenshiro Sakamoto
€ 7,00 (D) / € 7,20 (A)
O **Band 1 bis 4**
O **Band 5** 08/21
In 8 Bänden abgeschlossen

FAIRY TAIL S
von Hiro Mashima
€ 6,99 (D) / € 7,20 (A)
O **Band 1 & 2**
In 2 Bänden abgeschlossen

FAIRY TAIL SIDE STORIES
von Hiro Mashima & Kyota Shibano
€ 6,99 (D) / € 7,20 (A)
O **Band 1 bis 3**
In 3 Bänden abgeschlossen

FAIRY TALE BATTLE ROYALE
von Soraho Ina
€ 7,00 (D) / € 7,20 (A)
O **Band 1 bis 4**
Bislang 4 Bände in Japan

FINAL FANTASY – LOST STRANGER
von Hazuki Minase & Itsuki Kameya
€ 12,99 (D) / € 13,40 (A)
O **Band 1 bis 5**
Bislang 6 Bände in Japan

FINAL FANTASY – OFFICIAL MEMORIAL ULTIMANIA BOOK
von Takatoshi Shiozawa
€ 39,99 (D) / € 41,20 (A)
O **VII - IX**
In 3 Bänden abgeschlossen

FOCUS 10
von Martina Peters
€ 6,99 (D) / € 7,20 (A)
O **Band 1 bis 9**
O **Band 10** 09/21
In 10 Bänden abgeschlossen

DR. STONE
von Inagaki & BOICHI
€ 7,00 (D) / € 7,20 (A)
O **Band 1 bis 11**
O **Band 12** 06/21
O **Band 13** 08/21
Bislang 19 Bände in Japan

DR. STONE REBOOT: BYAKUYA
von Inagaki & BOICHI
€ 7,00 (D) / € 7,20 (A)
O **Einzelband** 07/21

EDENS ZERO
von Hiro Mashima
€ 7,00 (D)/ €7,20 (A)
O **Band 1 bis 9**
O **Band 10** 07/21
€ 10,00 (D) / € 10,30 (A)
O **Band 7 - limitierte Ausgabe**
Bislang 13 Bände in Japan

EXISTENZEN UND ANDERE ABGRÜNDE
von Yoshihiro Tatsumi
€ 19,90 (D) / € 20,50 (A)
O **Einzelband**

FAIRY GIRLS
von Hiro Mashima
€ 6,99 (D) / € 7,20 (A)
O **Band 1 bis 4**
In 4 Bänden abgeschlossen

FAIRY TAIL
von Hiro Mashima
€ 6,50 (D) / € 6,70 (A)
O **Band 1 bis 63**
€ 9,99 (D) / € 10,30 (A)
O **Band 60 limitiert**
In 63 Bänden abgeschlossen

FAIRY TAIL ARTBOOKS
von Hiro Mashima
€ 19,95 (D) / € 20,60 (A)
O **Fantasia**
O **Harvest**

FAIRY TAIL – 100 YEARS QUEST
von Hiro Mashima & Atsuo Ueda
€ 7,00 (D) / € 7,20 (A)
O **Band 1 bis 5**
O **Band 6** 06/21
O **Band 7** 09/21
Bislang 10 Bände in Japan

CARLSEN MANGA! CHECKLIST

LIBERI-PROJEKT, DAS

von Tamasaburo
€ 6,95 (D) / € 7,20 (A)
O Band 1 bis 3
In 3 Bänden abgeschlossen

LIEBHABER, DER

von Kan Takahama
€ 22,00 (D) / € 22,70 (A)
O Einzelband

LITTLE WITCH ACADEMIA

von Sato & Yoshinari
€ 6,99 (D) / € 7,20 (A)
O Band 1 bis 3
In 3 Bänden abgeschlossen

LIQUOR & CIGARETTE

von Ranmaru Zariya
€ 8,00 (D) / € 8,30 (A)
O Einzelband

LUDWIG REVOLUTION GESAMTAUSGABE

von Kaori Yuki
€ 30,00 (D) / € 30,90 (A)
O Sammelschuber 09/21

LUPUS IN FABULA

von Kamineo
€ 7,95 (D) / € 8,20 (A)
O Band 1 bis 3
In 3 Bänden abgeschlossen

MACHIMAHO – MAGICAL GIRL BY ACCIDENT

von Souryu
€ 7,99 (D) / € 8,30 (A)
O Band 1 bis 7
O Band 8 07/21
Bislang 9 Bände in Japan

MAGUS OF THE LIBRARY

von Mitsu Izumi
€ 12,00 (D) / € 12,40 (A)
O Band 1 & 4
€ 14,00 (D) / € 14,40 (A)
O Band 2
€ 16,00 (D) / € 16,50 (A)
O Band 3
Bislang 5 Bände in Japan

KAMISAMA DARLING

von Kyoko Aiba
€ 6,99 (D) / € 7,20 (A)
O Band 1 bis 8
In 8 Bänden abgeschlossen

KATSURA & TORIYAMA SHORT STORIES

von Akira Toriyama & Masakazu Katsura
€ 6,95 (D) / € 7,20 (A)
O Einzelband

KILLING BITES

von Shinya Murata & Kazasa Sumita
€ 7,95 (D) / € 8,20 (A)
O Band 1-3, 5-14
€ 10,00 (D) / € 10,30 (A)
O Band 4
Bislang 17 Bände in Japan

KIMI NI NARE – FINDE DICH SELBST

von Ichigo Takano
€ 7,00 (D) / € 7,20 (A)
O Einzelband 07/21

KLEINE KATZE CHI

von Konami Kanata
€ 9,95 (D) / € 10,30 (A)
O Band 1 bis 11
€ 12,00 (D) / € 12,40 (A)
O Band 12
In 12 Bänden abgeschlossen

KOROSENSEI QUEST!

von Yusei Matsui & Kizuku Watanabe
€ 6,50 (D) / € 6,70 (A)
O Band 1 bis 5
In 5 Bänden abgeschlossen

LADY SNOWBLOOD (NEUEDITION)

von Kazuo Koike & Kazuo Kamimura
€ 19,99 (D) / € 20,60 (A)
O Band 1 & 2
€ 16,99 (D) / € 17,50 (A)
O Band 3
In 3 Bänden abgeschlossen

LETZTE REISE DER SCHMETTERLINGE, DIE

von Kan Takahama
€ 14,90 (D) / € 15,40 (A)
O Einzelband

IM – GREAT PRIEST IMHOTEP

von Makoto Morishita
€ 6,99 (D) / € 7,20 (A)
O Band 1 bis 10
€ 7,99 (D) / € 8,30 (A)
O Band 11
In 11 Bänden abgeschlossen

IN THIS CORNER OF THE WORLD

von Fumiyo Kouno
€ 12,99 (D) / € 13,40 (A)
O Band 1 bis 3
In 3 Bänden abgeschlossen

ITO, JUNJI

von Shinya Murata & Kazasa Sumita
€ 24,00 (D) / € 24,70 (A)
O Gyo Deluxe
O Shiver 07/21
€ 28,00 (D) / € 28,80 (A)
O Uzumaki Deluxe

JAPANISCH FÜR MANGA-FANS

von Thora Kerner & Jin Baron
€ 16,00 (D) / € 16,50 (A)
O Sammelband

JUDGE

von Yoshiki Tonogai
€ 7,95 (D) / € 8,20 (A)
O Band 1 bis 5
€ 8,95 (D) / € 9,20 (A)
O Band 6
In 6 Bänden abgeschlossen

JUMPING

von Asahi Tsutsui
€ 7,00 (D) / € 7,20 (A)
O Band 1 bis 4
In 4 Bänden abgeschlossen

JUNJO ROMANTICA

von Shungiku Nakamura
€ 6,95 (D) / € 7,20 (A)
O Band 9, 11-12, 19-22
O Band 23 06/21
€ 10,00 (D) / € 10,30 (A)
O Band 1-8, 10,13-18
Bislang 25 Bände in Japan

H.P. LOVECRAFT

von Gou Tanabe
€ 12,00 (D) / € 12,40 (A)
O H.P. Lovecrafts Die Farbe aus dem All
O H.P. Lovecrafts Der Hund und andere Geschichten
O H.P. Lovecrafts Der leuchtende Trapezoeder
€ 18,00 (D) / € 18,50 (A)
O H.P. Lovecrafts Berge des Wahnsinns Band 1 bis 2
O H.P. Lovecrafts Cthulhus Ruf 08/21
€ 22,00 (D) / € 22,70 (A)
O H.P. Lovecrafts Der Schatten aus der Zeit

HUNTER X HUNTER

von Yoshihiro Togashi
€ 6,95 (D) / € 7,20 (A)
O Band 1 bis 36
Bislang 36 Bände in Japan

I AM SHERLOCK

von TAKATA & Io
€ 7,00 (D)/ € 7,20 (A)
O Band 1 bis 4
In 4 Bänden abgeschlossen

I HAD THAT SAME DREAM AGAIN

von Yoru Sumino & Izumi Kirihara
€ 7,00 (D) / € 7,20 (A)
O Band 1 bis 3
In 3 Bänden abgeschlossen

I HEAR THE SUNSPOT

von Yuki Fumino
€ 7,99 (D) / € 8,30 (A)
O Band 1
€ 9,99 (D) / € 10,30 (A)
O Band 2
Bisher 2 Bände in Japan

I HEAR THE SUNSPOT – LIMIT

von Yuki Fumino
€ 7,99 (D) / € 8,30 (A)
O Band 1
€ 8,99 (D) / € 9,30 (A)
O Band 2
€ 9,99 (D) / € 10,30 (A)
O Band 3 07/21
In 3 Bänden abgeschlossen

CARLSEN MANGA! CHECKLIST

NARUTO MASSIV

von Masashi Kishimoto
€ 5,00 (D) / € 5,20 (A)
O **Band 1**
€ 9,99 (D) / € 10,30 (A)
O **Band 2 bis 24**
In 24 Bänden abgeschlossen

NARUTO – THE MOVIE

von Masashi Kishimoto
€ 7,95 (D) / € 8,20 (A)
O **Geheimmission im Land des ewigen Schnees Band 1 & 2**
O **Die Legende des Steins Gelel Band 1 & 2**
O **Sondermission im Land des Mondes 1 & 2**

NARUTO – THE MOVIE: SHIPPUDEN

von Masashi Kishimoto
€ 12,95 (D) / € 13,40 (A)
O **Naruto - The Movie: Shippuden**
O **Naruto - The Movie: Shippuden-Fesseln**
O **Naruto - The Movie: Shippuden - Die Erben des Willens des Feuers**
O **Naruto - The Movie: Shippuden - Lost Tower**

NEON GENESIS EVANGELION

von Gainax & Yoshiyuki Sadamoto
€ 6,95 (D) / € 7,20 (A)
O **Band 1 bis 14**
In 14 Bänden abgeschlossen

NO EXIT

von Haruhi Seta
€ 6,99 (D) / € 7,20 (A)
O **Band 1 bis 13**
In 14 Bänden abgeschlossen

OKITENEMURU

von Hitori Renda
€ 7,99 (D) / € 8,20 (A)
O **Band 9**
In 9 Bänden abgeschlossen

OLD BOY

von Tsuchiya Garon & Minegishi Nobuaki
€ 12,00 (D) / € 12,40 (A)
O **Band 1 bis 4**
In 4 Bänden abgeschlossen

MURCIÉLAGO

von Yoshimura Kana
€ 7,99 (D) / € 8,30 (A)
O **Band 1 bis 14**
O **Band 15** 06/21
Bislang 17 Bände in Japan

MY HERO ACADEMIA

von Kohei Horikoshi
€ 6,99 (D) / € 7,20 (A)
O **Band 1 bis 27**
O **Band 28** 08/21
Bislang 30 Bände in Japan
€ 10,00 (D) / € 10,30 (A)
O **My Hero Academia - Ultra Archive**
€ 12,99 (D) / € 13,40 (A)
O **My Hero Academia - Ultra Analysis**

MY HERO ACADEMIA SMASH

von Kohei Horikoshi & Hirofumi Neda
€ 5,00 (D) / € 5,20 (A)
O **Band 1 bis 5**
Bislang 5 Bände in Japan

MY HERO ACADEMIA TEAM UP MISSION

von Kohei Horikoshi & Yoko Akiyama
€ 7,00 (D) / € 7,20 (A)
O **Band 1**
Bisher 2 Bände in Japan

MY ROOMMATE IS A CAT

von Tsunami Minatsuki & Asu Futatsuya
€ 7,00 (D) / € 7,20 (A)
O **Band 1 bis 4**
O **Band 5** 06/21
O **Band 6** 09/21
Bislang 7 Bände in Japan

MY SECRET WHICH I CANNOT TELL YOU

von Kyoko Aiba
€ 6,99 (D) / € 7,20 (A)
O **Einzelband**

NARUTO

von Masashi Kishimoto
€ 6,50 (D) / € 6,70 (A)
O **Band 1 bis 72**
In 72 Bänden abgeschlossen
O **Der siebte Hokage und der scharlachrote Frühling**

MERMAID PRINCE

von Kaori Ozaki
€ 8,00 (D) / € 8,30 (A)
O **Einzelband**

MOB PSYCHO 100

von ONE
€ 6,66 (D) / € 6,90 (A)
O **Band 1 bis 15**
€ 7,77 (D) / € 8,00 (A)
O **Band 16**
In 16 Bänden abgeschlossen

MONSTER – PERFECT EDITION

von Naoki Urasawa
€ 20,00 (D) / € 20,60 (A)
O **Band 1 bis 8**
€ 24,00 (D) / € 24,70 (A)
O **Band 9** 08/21
In 9 Bänden abgeschlossen

MORIARTY THE PATRIOT

von Takeuchi & Miyoshi
€ 9,99 (D) / € 10,30 (A)
O **Band 1 bis 9**
O **Band 10** 06/21
O **Band 11** 08/21
Bislang 13 Bände in Japan
€ 16,00 (D) / € 16,50 (A)
O **Band 10 mit Extra – limitierte Auflage** 06/21
€ 99,00 (D) / € 101,80 (A)
O **Band 1 bis 10 im Sammelschuber – limitierte Auflage** 06/21

MOTHER'S SPIRIT

von Enzo
€ 7,99 (D) / € 8,30 (A)
O **Band 1 & 2**
Bislang 2 Bände in Japan

MOTOKARE RETRY

von En Hanaya
€ 6,99 (D) / € 7,20 (A)
O **Band 1 bis 7**
In 7 Bänden abgeschlossen

MOVING FORWARD

von Nagamu Nanaji
€ 5,00 (D) / € 5,20 (A)
O **Band 1**
€ 7,00 (D) / € 7,20 (A)
O **Band 2 bis 7**
O **Band 8** 08/21
In 11 Bänden abgeschlossen

MAID-SAMA

von Hiro Fujiwara
€ 5,95 (D) / € 6,20 (A)
O **Band 1 bis 18**
In 18 Bänden abgeschlossen
O **Maid-sama Marriage**

MANGA LOVE STORY

von Katsu Aki
€ 6,95 (D) / € 7,20 (A)
O **Band 70 bis 76**
Bislang 81 Bände in Japan

MANGA-ZEICHENSTUDIO

von Kaneda Koubou u.a.
€ 19,90 (D) / € 20,50 (A)
O **Hände und Füße**
O **Gesichter und Emotionen**
O **Manga Master Book**
O **Mädchen in coolen Posen**
O **Emotionen und Mimik ausdrucksstark zeichnen**
O **Manga Basics**
O **Figuren & Hintergründe**
€ 20,00 (D) / € 20,60 (A)
O **Charmante Charaktere**
€ 24,90 (D) / € 25,60 (A)
O **Spannende Geschichten erzählen**

MANN MEINES BRUDERS, DER

von Gengoroh Tagame
€ 10,00 (D) / € 10,30 (A)
O **Band 1 bis 4**
In 4 Bänden abgeschlossen

MASHIMA HERO'S

von Hiro Mashima
€ 7,00 (D) / € 7,20 (A)
O **Einzelband**
€ 10,00 (D) / € 10,30 (A)
O **Einzelband Limitierte Edition**

MEINE LESBISCHE ERFAHRUNG MIT EINSAMKEIT

von Kabi Nagata
€ 15,00 (D) / € 15,50 (A)
O **Einzelband**

MELANCHOLISCHER MORGEN, EIN

von Shoko Hidaka
€ 9,95 (D) / € 10,30 (A)
O **Band 8**
In 8 Bänden abgeschlossen

CARLSEN MANGA! CHECKLIST

ROSEN BLOOD
von Kachiru Ichizue
€ 10,00 (D) / € 10,30 (A)
O **Band 1**
O **Band 2** 07/21
Bisher 3 Bände in Japan

RYUKO
von Eldo Yoshimizu
€ 14,99 (D) / € 15,50 (A)
O **Band 1 & 2**
In 2 Bänden abgeschlossen

SACRIFICE TO THE KING OF BEASTS
von Yu Tomofuji
€ 6,99 (D) / € 7,20 (A)
O **Band 1 bis 11**
O **Band 12** 06/21
O **Band 13** 09/21
In 13 Bänden abgeschlossen

SAKURA – I WANT TO EAT YOUR PANCREAS
von Yoru Sumino
€ 7,99 (D) / € 8,20 (A)
O **Band 1 & 2**
In 2 Bänden abgeschlossen

SAKURA DREAMS BUCH UND TERMIN-KALENDER 2022
von Melanie Schober
€ 10,00 (D) / € 10,10 (A)
O **Kalender** 06/21

SAMURAI8
von Masashi Kishimoto & Akira Okubo
€ 7,00 (D) / € 7,20 (A)
O **Band 1 bis 5**
In 5 Bänden abgeschlossen

SANTA MARIA HEARTLAND
von Rise Torio
€ 8,50 (D) / € 8,80 (A)
O **Einzelband**

SARABA, YOKI HI – SOLANGE WIR ZUSAMMEN SIND
von Yuki Akaneda
€ 7,00 (D) / € 7,20 (A)
O **Band 1**
O **Band 2** 08/21
Bisher 6 Bände in Japan

PLUTO: URASAWA X TEZUKA
von Tezuka, Urasawa & Nagasaki
€ 14,90 (D) / € 15,30 (A)
O **Band 1-3, 6-7**
€ 12,90 (D) / € 13,30 (A)
O **Band 4-5**
€ 16,90 (D) / € 17,40 (A)
O **Band 8**
In 8 Bänden abgeschlossen

POISON CITY
von Tetsuya Tsutsui
€ 7,99 (D) / € 8,30 (A)
O **Band 1 & 2**
In 2 Bänden abgeschlossen

PONE – POSUKA DEMIZU ARTBOOK
von Posuka Demizu
€ 20,00 (D) / € 20,60 (A)
O **Artbook**

Q (KU)
von Tatsuya Shihira
€ 7,99 (D) / € 8,30 (A)
O **Band 1 bis 3**
€ 8,99 (D) / € 9,30 (A)
O **Band 4**
In 4 Bänden abgeschlossen

REAKTOR 1F – EIN BERICHT AUS FUKUSHIMA
von Kazuto Tatsuta
€ 12,99 (D) / € 13,40 (A)
O **Band 1 bis 3**
In 3 Bänden abgeschlossen

RENTAL GIRLFRIEND
von Reiji Miyajima
€ 7,00 (D) / € 7,20 (A)
O **Band 1 bis 8**
O **Band 9** 07/21
O **Band 10** 09/21
Bislang 16 Bände in Japan

REQUIEM OF THE ROSE KING
von Aya Kanno
€ 9,99 (D) / € 10,30 (A)
O **Band 1 bis 12**
O **Band 13** 08/21
Bislang 14 Bände in Japan

OUR SUMMER HOLIDAY
von Kaori Ozaki
€ 7,99 (D) / € 8,30 (A)
O **Einzelband**

OVERLORD
von Maruyama & Miyama
€ 6,99 (D) / 7,20 (A)
O **Band 1 bis 12**
€ 7,99 (D) / € 8,30 (A)
O **Band 13**
O **Band 14** 09/21
Bislang 15 Bände in Japan

OVERLORD Official Comic À La Carte Anthology
von Kugane Maruyama, diverse
€ 7,00 (D) / € 7,20 (A)
O **Band 1 bis 3**
Bislang 3 Bände in Japan

PANDORAHEARTS
von Jun Mochizuki
€ 6,95 (D) / € 7,20 (A)
O **Band 1, 5-6, 10-15, 17, 19**
€ 7,95 (D) / € 8,20 (A)
O **Band 18**
€ 8,95 (D) / € 9,20 (A)
O **Band 22**
€ 10,00 (D) / € 10,30 (A)
O **Band 2-4, 7-9, 16, 20-21, 23**
€ 14,00 (D) / € 14,40 (A)
O **Band 24**
In 24 Bänden abgeschlossen

PERSONAL PARADISE NEUEDITION
von Melanie Schober
€ 6,99 (D) / € 7,20 (A)
O **Band 1 bis 7**
O **Brave Brother 1.0**
lim. Ausgabe mit Schuber

PLEASE LOVE ME
von Aya Nakahara
€ 5,00 (D) / € 5,20 (A)
O **Band 1**
€ 7,00 (D) / € 7,20 (A)
O **Band 2 bis 8**
O **Band 9** 06/21
O **Band 10** 09/21
In 10 Bänden abgeschlossen

ONE PIECE
von Eiichiro Oda
€ 6,50 (D) / € 6,70 (A)
O **Band 1 bis 97**
O **Band 98** 09/21
Bislang 99 Bände in Japan

ONE PIECE: FLUCH DES HEILIGEN SCHWERTS
von Eiichiro Oda
€ 7,95 (D) / € 8,20 (A)
O **Band 1 & 2**
In 2 Bänden abgeschlossen

ONE PIECE PARTY
von Andoh & Oda
€ 6,50 (D) / € 6,70 (A)
O **Band 1 bis 6**
Bislang 6 Bände in Japan

ONE PIECE – SANJIS LECKERE PIRATENREZEPTE
von Eiichiro Oda
€ 24,90 (D) / € 25,60 (A)
O **Kochbuch**

ONE PIECE QUIZ BOOK
von Eiichiro Oda
€ 14,00 (D) / € 14,40 (A)
O **Einzelband**

ONE PIECE Z
von Eiichiro Oda
€ 9,95 (D) / € 10,20 (A)
O **Band 1 & 2**
In 2 Bänden abgeschlossen

ONE WEEK FRIENDS
von Matcha Hazuki
€ 6,99 (D) / € 7,20 (A)
O **Band 1 bis 7**
In 7 Bänden abgeschlossen

OPUS
von Satoshi Kon
€ 14,90 (D) / € 15,40 (A)
O **Band 1 & 2**
In 2 Bänden abgeschlossen

ORANGE
von Ichigo Takano
€ 7,99 (D) / € 8,30 (A)
O **Band 1 bis 6**
Bislang 6 Bände in Japan

CARLSEN MANGA!

CHECKLIST

SUPER DRAGON BALL HEROES UNIVERSE MISSION

von Yoshitaka Nagayama
€ 6,50 (D) / € 6,70 (A)
O Band 1
O Band 2 [08/21]
Bislang 2 Bände in Japan

TAKANE UND HANA

von Yuki Shiwasu
€ 5,00 (D) / € 5,20 (A)
O Band 1
€ 6,99 (D) / € 7,20 (A)
O Band 2 bis 14
O Band 15 [07/21]
In 18 Bänden abgeschlossen

TANIGUCHI, JIRO

von Jiro Taniguchi
€ 12,90 (D) / € 13,30 (A)
O Der Gourmet 2
€ 14,90 (D) / € 15,40 (A)
O Der Gourmet
€ 16,00 (D) / € 16,50 (A)
O Der Kartograph
O Die Schrift des Windes
€ 16,90 (D) / € 17,40 (A)
O Ihr Name war Tomoji
€ 20,00 (D) / € 20,60 (A)
O Im Jahrtausendwald
€ 22,00 (D) / € 22,70 (A)
O Unruhige Geister und stille Gefährten
€ 25,00 (D) / € 25,70 (A)
O Der spazierende Mann (erw. Neuausgabe)
€ 28,00 (D) / € 28,80 (A)
O Der Himmel ist blau, die Erde ist weiß – Gesamtausgabe

TEMPEST CURSE

von Martina Peters
€ 6,95 (D) / € 7,20 (A)
O Band 1 bis 3
In 3 Bänden abeschlossen

THE ART OF SPLATOON

von Nintendo
€ 40,00 (D) / € 41,20 (A)
O Artbook

THE BOOK OF LIST - GRIMM'S MAGICAL ITEMS

von Izuco Fujiya
€ 6,95 (D) / € 7,20 (A)
O Band 1 bis 5
€ 8,95 (D) / € 9,20 (A)
O Band 6
In 6 Bänden abeschlossen

SOUL EATER MASSIV

von Atsushi Ohkubo
€ 5,00 (D) / € 5,20 (A)
O Band 1
€ 8,00 (D) / € 8,30 (A)
O Band 2 bis 4
O Band 5 [06/21]
O Band 6 [08/21]
In 12 Bänden abgeschlossen

SOUL EATER GUIDE BOOK

von Atsushi Ohkubo
€ 8,95 (D) / € 9,20 (A)
O Einzelband

SOUL EATER SOUL ART

von Atsushi Ohkubo
€ 24,90 (D) / € 25,60 (A)
O Band 2

SPLATOON

von Sankichi Hinodeya
€ 6,99 (D) / € 7,20 (A)
O Band 1 bis 10
O Band 11 [07/21]
Bislang 13 Bände in Japan

STILLE WASSER

von Kan Takahama
€ 16,90 (D) / € 17,40 (A)
O Einzelband

SUNNY

von Taiyo Matsumoto
€ 16,00 (D) / € 16,50 (A)
O Band 1 & 2
O Band 3 [07/21]
In 6 Bänden abgeschlossen

SÜSSE KATZE CHI: CHI'S SWEET ADVENTURES

von Konami Kanata & Kinoko Natsume
€ 8,00 (D) / € 8,30 (A)
O Band 1 bis 4
In 4 Bänden abgeschlossen

SUPER DRAGON BALL HEROES

von Yoshitaka Nagayama
€ 6,50 (D) / € 6,70 (A)
O Band 1 bis 3
Bislang 3 Bände in Japan

SHERLOCK

von Jay, Gatiss & Moffat
€ 12,99 (D) / € 13,40 (A)
O Band 1, 2 und 4
€ 14,99 (D) / € 15,50 (A)
O Band 3
€ 39,99 (D) / € 41,20 (A)
O Band 1 bis 3 im Schuber
Bislang 4 Bände in Japan

SHIBA – EIN HUND ZUM VERLIEBEN

von Mayumi Muroyama
€ 7,00 (D) / € 7,20 (A)
O Einzelband

SHIKIGAMI

von Yasaiko Midorihana
€ 10,00 (D) / € 10,30 (A)
O Einzelband

SKETCH EVERY DAY

von Simone Grünewald
€ 20,00 (D) / € 20,60 (A)
O Zeichenbuch

SKIP BEAT!

von Yoshiki Nakamura
€ 6,95 (D) / € 7,20 (A)
O Band 1-8, 10-17, 19-21, 24-33, 35-37, 41-45
€ 8,00 (D) / € 8,30 (A)
O Band 9, 18, 22-23, 34, 38-40
Bislang 45 Bände in Japan

SKULL PARTY

von Melanie Schober
€ 6,95 (D) / € 7,20 (A)
O Band 1 bis 4
In 4 Bänden abgeschlossen

SNACK WORLD

von Level-5, & sho.t
€ 7,00 (D) / € 7,20 (A)
O Band 1 & 2
In 2 Bänden abgeschlossen

SOUL EATER

von Atsushi Ohkubo
€ 6,50 (D) / € 6,70 (A)
O Band 2, 4, 6-11, 13-18 & 24
€ 7,95 (D) / € 8,20 (A)
O Band 25
In 25 Bänden abgeschlossen

SCHATTENARIE

von Zofia Garden & Anne Delseit
€ 6,95 (D) / € 7,20 (A)
O Band 1 & 2
In 2 Bänden abgeschlossen

SCHNEEBALLEN

von Inga Steinmetz
€ 12,00 (D) / € 12,40 (A)
O Schneeballens Fall
€ 14,00 (D) / € 14,40 (A)
O Schneeballen – Verliebt in Japan

SCHOKOHEXE, DIE

von Rino Mizuho
€ 6,50 (D) / € 6,70 (A)
O Band 1-3, 5-7, 10-17
O Band 18 [07/21]
€ 10,00 (D) / € 10,30 (A)
O Band 4, 8-9
Bislang 20 Bände in Japan

SEARCH AND DESTROY

von Osamu Tezuka & Atsushi Kaneko
€ 15,00 (D) / € 15,50 (A)
O Band 1 & 2
€ 18,00 (D) / € 18,50 (A)
O Band 3 [09/21]
In 3 Bänden abgeschlossen

SEKAIICHI HATSUKOI

von Shungiku Nakamura
€ 6,95 (D) / € 7,20 (A)
O Band 1, 3, 8-12
€ 10,00 (D) / € 10,30 (A)
O Band 2-7
€ 6,95 (D / € 7,20 (A)
O Band 13 [06/21]
Bislang 15 Bände in Japan

SEVEN DEADLY SINS

von Suzuki Nakaba
€ 6,50 (D) / € 6,70 (A)
O Band 1 bis 37
O Band 38 [07/21]
O Band 39 [09/21]
In 41 Bänden abgeschlossen

CARLSEN MANGA! CHECKLIST

YAMADA-KUN AND THE SEVEN WITCHES

von Miki Yoshikawa
€ 5,95 (D) / € 6,20 (A)
O **Band 1-5, 7-8, 10-17, 19-28**
€ 10,00 (D) / € 10,30 (A)
O **Band 6, 9, 18**
In 28 Bänden abgeschlossen

YOKOHAMA STATION FABLE

von Gonbe Shinkawa & Yuba Isukari
€ 8,00 (D) / € 8,30 (A)
O **Band 1** 06/21
In 3 Bänden abgeschlossen

YUNAS REISE ZUM ICH ODER MY SEX CHANGE EXPERIENCEE

von Yuna Hirasawa
€ 10,00 (D) / € 10,30 (A)
O **Einzelband** 08/21

ZWEI ESPRESSO

von Kan Takahama
€ 12,90 (D) / € 13,30 (A)
O **Einzelband**

ZOMBIE 100 - BUCKET LIST OF DEAD

von Makoto Yukimura
€ 7,00 (D) / € 7,20 (A)
O **Band 1**
O **Band 2** 08/21
Bisher 7 Bände in Japan

VIGILANTE – MY HERO ACADEMIA ILLEGALS

von Horikoshi, Furuhashi & Court
€ 6,99 (D) / € 7,20 (A)
O **Band 1 bis 8**
O **Band 9** 06/21
Bislang 11 Bände in Japan

VINLAND SAGA

von Makoto Yukimura
€ 7,95 (D) / € 8,20 (A)
O **Band 1 bis 23**
O **Band 24** 09/21
Bislang 25 Bände in Japan

WALKINDER, DIE

von Abi Umeda
€ 6,99 (D) / € 7,20 (A)
O **Band 1 bis 14**
O **Band 15** 07/21
Bislang 18 Bände in Japan

WEEKLY SHONEN HITMAN

von Kouji Seo
€ 7,00 (D) / € 7,20 (A)
O **Band 1 bis 3**
O **Band 4** 06/21
O **Band 5** 08/21
Bislang 13 Bände in Japan

WER BIST DU ZUR BLAUEN STUNDE

von Yuhki Kamatani
€ 10,00 (D) / € 10,30 (A)
O **Band 1 bis 3**
€ 12,00 (D) / € 12,40 (A)
O **Band 4**
In 4 Bänden abgeschlossen

WET MOON

von Atsushi Kaneko
€ 19,90 (D) / € 20,50 (A)
O **Band 1 & 2**
€ 24,90 (D) / € 25,60 (A)
O **Band 3**
In 3 Bänden abgeschlossen

YAKUZA GOES HAUSMANN

von Kousuke Oono
€ 7,50 (D) / € 7,80 (A)
O **Band 1 bis 4**
O **Band 5** 06/21
Bislang 6 Bände in Japan

3/11 – TAGEBUCH NACH FUKUSHIMA

von Yuko Ichimura & Tim Rittmann
€ 12,90 (D) / € 13,30 (A)
O **Einzelband**

TO THE ABANDONED SACRED BEASTS

von Maybe
€ 6,99 (D) / € 7,20 (A)
O **Band 1 bis 9**
€ 7,99 (D) / € 8,30 (A)
O **Band 10**
O **Band 11** 09/21
Bislang 12 Bände in Japan

TORIYAMA SHORT STORIES

von Akira Toriyama
€ 5,95 (D) / € 6,20 (A)
O **Band 2 bis 4, 7**
€ 6,95 (D) / € 7,20 (A)
O **Band 6**
€ 7,95 (D) / € 8,20 (A)
O **Band 5**
Bislang 8 Bände in Japan

TRIAGE X

von Shouji Sato
€ 6,95 (D) / € 7,20 (A)
O **Band 1 bis 5**
€ 7,95 (D) / € 8,20 (A)
O **Band 6 bis 20**
O **Band 21** 09/21
Bislang 22 Bände in Japan

UNLUCKY YOUNG MEN

von Fujiwara & Otsuka
€ 19,90 (D) / € 20,50 (A)
O **Band 1 & 2**
In 2 Bänden abgeschlossen

UNSERE FARBEN

von Gengoroh Tagame
€ 10,00 (D) / € 10,30 (A)
O **Band 1 & 2**
O **Band 3** 08/21
In 3 Bänden abgeschlossen

VAMPIRE KNIGHT – MEMORIES

von Matsuri Hino
€ 6,99 (D) / € 7,20 (A)
O **Band 1 bis 5**
Bislang 6 Bände in Japan

THE CASE STUDY OF VANITAS

von Jun Mochizuki
€ 7,99 (D) / € 8,30 (A)
O **Band 1 bis 8**
Bislang 9 Bände in Japan

THE DEMON PRINCE

von Aya Shouoto
€ 6,95 (D) / € 7,20 (A)
O **Band 1 bis 16**
In 16 Bänden abgeschlossen

THE GOLDEN SHEEP

von Kaori Ozaki
€(D) 8,00 / €(A) 8,30
O **Band 1 bis 3**
In 3 Bänden abgeschlossen

THE HEROIC LEGEND OF ARSLAN

von Yoshiki Tanaka
€ 6,99 (D) / € 7,20 (A)
O **Band 1 bis 12**
O **Band 13** 09/21
Bislang 13 Bände in Japan
€ 7,50 (D) / € 7,80 (A)
O **Doppelpack 1+2**

THE KILLER INSIDE

von Hajime Inoryu & Shota Ito
€ 7,50 (D) / € 7,80 (A)
O **Band 1** 08/21
Bislang 9 Bände in Japan

THE PROMISED NEVERLAND

von Shirai & Demizu
€ 6,99 (D) / € 7,20 (A)
O **Band 1 bis 17**
O **Band 18** 06/21
O **Band 19** 09/21
In 20 Bänden abgeschlossen

THE ROYAL TUTOR

von Higasa Akai
€ 6,99 (D) / € 7,20 (A)
O **Band 1 bis 13**
O **Band 14** 09/21
Bislang 16 Bände in Japan
€ 7,50 (D) / € 7,80 (A)
O **Doppelpack 1+2**

NARUTO

PRODUZIERT MIT VERANTWORTUNG

MIX
Papier | Fördert gute Waldnutzung
FSC
www.fsc.org
FSC® C083411

CARLSEN MANGA! NEWS
jeden Monat neu per E-Mail
www.carlsenmanga.de
www.carlsen.de

CARLSEN MANGA
Deutsche Ausgabe/German Edition

Aus dem Japanischen von Miyuki Tsuji

First published in Japan in 1999 by SHUEISHA Inc., Tokyo.
German translation rights in Germany, Austria, Luxembourg and German-speaking Switzerland
arranged by SHUEISHA Inc. through VME PLB SAS, France.
Redaktion: Anne Berling, Jonas Blaumann
Textbearbeitung: Ina Schiele
Herstellung: Wiebke Düsedau & Ronny Willisch

Bei Fragen zum Produkt: carlsen.de/kontakt
ISBN 978-3-551-79546-5

HALT!

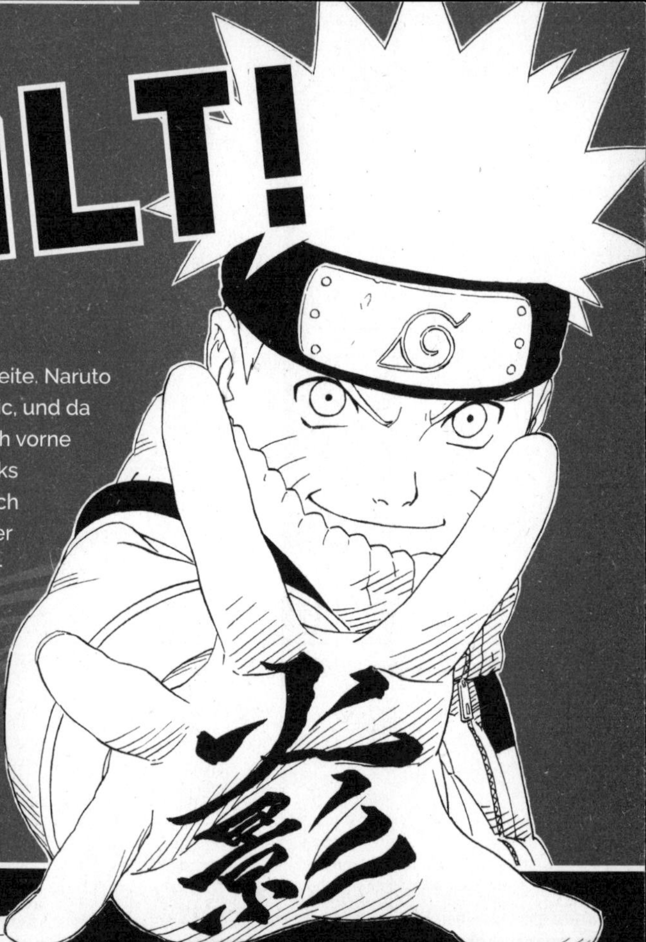

Das ist nicht die erste Seite. Naruto ist ein japanischer Comic, und da in Japan von hinten nach vorne und von rechts nach links gelesen wird, musst auch du diesen Comic von der anderen Seite aufschlagen und von hinten nach vorne lesen.

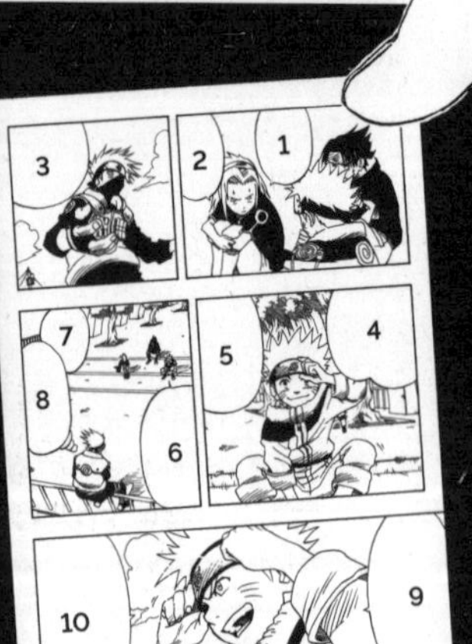

Auch die Bilder und Sprechblasen werden von rechts oben nach links unten gelesen, so wie es die Grafik hier zeigt. Schwer? Zuerst ungewohnt, doch es bringt richtig Spaß. Probiert es aus!

Viel Vergnügen mit **NARUTO** und der ganzen Ninja-Bande!